Der Halle-Prozess: Mitschriften

Linus Pook
Grischa Stanjek
Tuija Wigard
(Hgg.)

Spector Books

Inhalt

Vorwort

Am Mittwoch, dem 9. Oktober 2019, kurz vor 12 Uhr mittags, sitzt ein junger Mann in Halle (Saale) am Steuer eines Mietwagens und startet einen Livestream: »Hallo, mein Name ist Anon«, sagt er auf Englisch, »und ich denke, dass der Holocaust niemals stattgefunden hat.« Vor seinem Onlinepublikum beklagt er sich über Feminismus, Migration und den Geburtenrückgang in der westlichen Welt und sagt: »Und die Wurzel all dieser Probleme ist der Jude.« Dann fährt er los, steuert die Synagoge im Paulusviertel an. In dieser halten sich zu diesem Zeitpunkt 51 Gläubige auf, die gemeinsam Jom Kippur begehen, den höchsten jüdischen Feiertag. Der Mann parkt das Auto, das mit selbstgebastelten Langwaffen und Sprengsätzen beladen ist. Er ist entschlossen, in der Synagoge einen Anschlag zu verüben. Der Attentäter versucht, sich gewaltsam Zutritt zur Synagoge zu verschaffen, die nicht direkt an der Straße liegt, sondern von einer Friedhofsmauer umschlossen ist. Er schießt gegen die Eingangstür des Geländes, wirft Sprengsätze über die Mauer, hinter der sich der jüdische Friedhof befindet. Doch der Attentäter scheitert mit seinem Vorhaben, in die Synagoge einzudringen. Als eine Passantin sich über den Lärm beschwert, schießt er ihr in den Rücken. Das erste Todesopfer des Rechtsextremen Attentäters ist die 40-jährige Jana L. Er flucht, als er realisiert, dass er mit seinem Anschlagsplan auf die Synagoge gescheitert ist.
Er setzt sich in sein Fahrzeug und fährt los, um ein alternatives Anschlagsziel zu suchen. In der nahe gelegenen Ludwig-Wucherer-Straße sieht er einen Dönerimbiss. Dort hofft er, Muslim·innen töten zu können. Er parkt den Wagen, betritt das Lokal, schießt um sich, geht raus, wieder rein, schießt noch einmal auf einen jungen Mann, der sich hinter einem Kühlschrank versteckt und

um sein Leben fleht: Es handelt sich um Kevin S., das zweite Todesopfer an diesem Tag. Mittlerweile ist die Polizei in der Ludwig-Wucherer-Straße eingetroffen, sie steht in einiger Entfernung. Der Attentäter eröffnet das Feuer. Es folgt ein Schusswechsel, der Attentäter wird am Hals getroffen und geht kurz zu Boden. Als er wieder zu sich kommt, steigt er in den Wagen und flüchtet. Er verlässt Halle, auf seinem Weg verletzt er weitere unbeteiligte Passant·innen, einige davon schwer. Er raubt ein Auto und setzt seine Flucht in Richtung Süden fort. Um 13.38 Uhr gelingt es der Polizei, den Täter zu überwältigen. Am Tag nach seiner Festnahme wird er mit dem Helikopter zum Ermittlungsrichter des Bundesgerichtshofs nach Karlsruhe geflogen. Es wird Haftbefehl gegen ihn erlassen.

Ein Dreivierteljahr nach dem antisemitischen, rassistischen und misogynen Anschlag von Halle beginnt vor dem Oberlandesgericht Naumburg die Hauptverhandlung gegen den damals 28-jährigen Attentäter. Die Anklage wirft ihm unter anderem zweifachen Mord sowie versuchten Mord an 68 Personen vor. Aus Platzgründen – das Medieninteresse ist zu Beginn des Halle-Prozesses groß – findet er in den Räumlichkeiten des Landgerichts Magdeburg statt. 44 Plätze stehen der Presse in der zum Verhandlungssaal umgebauten ehemaligen Bibliothek des Gerichts Magdeburg zur Verfügung, 44 weitere Sitzplatzkarten werden per Losverfahren für einen Raum vergeben, in dem die Verhandlung für Journalist·innen per Ton übertragen wird.
Wir, die Herausgeber·innen dieses Buches, haben im Rahmen unserer ehrenamtlichen Tätigkeit für den Verein democ. Zentrum Demokratischer Widerspruch e. V. die Hauptverhandlung gegen den Attentäter von Halle über den Zeitraum vom 21. Juli bis 21. Dezember 2020 begleitet und zeitnah über die 26 Verhandlungstage auf Deutsch, Englisch und Hebräisch berichtet – mit einem Liveticker über Twitter, kurzen Berichten sowie ausführlichen Mitschriften zu den einzelnen Verhandlungstagen auf unserem Blog.
Seit Jahren arbeiten wir zu den Themen Antisemitismus, extreme Rechte und Terrorismus. Uns interessierte: Was genau geschah am 9. Oktober 2019? Wie radikalisierte sich der Attentäter? Welche politischen und gesellschaftlichen Verhältnisse ermöglichten seine Tat? Warum konnten die Sicherheitsbehörden ihn nicht stoppen? Und wie können die unterschiedlichen Perspektiven von Betroffenen einer breiteren Gesellschaft vermittelt werden?
Wir wollten abbilden, wie rechter Terror im Jahr 2020 vor Gericht verhandelt wird, und wie Betroffene ihre Perspektiven innerhalb dieses juristischen Rahmens einbringen können. Aus diesem Grund war immer mindestens eine·r unserer Autor·innen vor Ort. Die Prozessbeobachtung und insbesondere die Berichterstattung ist arbeitsintensiv: Jeder der zumeist rund siebenstündigen Verhandlungstage bedurfte viel Zeit zur Nachbereitung, oftmals mussten Namen oder Details, die akustisch nicht zu verstehen waren, nachrecherchiert werden. Die Hauptverhandlung dauerte fünf Monate und endete am

26. Prozesstag mit einer lebenslangen Freiheitsstrafe für den Angeklagten. Bei großen Verfahren wie dem Halle-Prozess ist die Medienaufmerksamkeit zu Beginn und zum Ende des Verfahrens häufig sehr hoch. Über die Dauer des Verfahrens lässt sie erfahrungsgemäß schnell nach. Die Öffentlichkeit erfährt letztlich wenig über die konkreten Abläufe im Gerichtssaal. Uns hat die Überzeugung angetrieben, dass es wichtig und notwendig ist, den Halle-Prozess kontinuierlich zu begleiten und Mitschriften aller Verhandlungstage anzufertigen, um sie für Journalist·innen, Wissenschaftler·innen und eine interessierte Öffentlichkeit zugänglich zu machen.

Da es nicht gestattet ist, Tonmitschnitte von Strafverhandlungen anzufertigen, sind alle Mitschriften aus unseren Notizen entstanden. Aufgrund der begrenzten Platzzahl mussten sich Medienvertreter vorab als Beobachter akkreditieren lassen, per Losverfahren wurde dann ein Platz je Medium vergeben. Wir selbst beobachteten den Prozess als akkreditierte Journalist·innen, was uns erlaubte, unsere eigenen Laptops in der Verhandlung zu benutzen, um den Verlauf und das gesprochene Wort so detailliert wie möglich mitzuschreiben. Allerdings sind wir keine Stenograf·innen. Diesem Umstand ist geschuldet, dass insbesondere in den frühen Protokollen teilweise bestimmte Aussagen nicht den jeweiligen Prozessbeteiligten zugeordnet werden konnten. Darüber hinaus ist es uns nicht immer möglich gewesen, die langen Verhandlungstage mit gleichbleibender Konzentration abzubilden. Es gab eine Vielzahl von Prozessbeteiligten, und es dauerte einen Moment, bis wir sie alle namentlich wiedererkennen konnten. Aus diesem Grund ist in den Mitschriften mitunter die Rede von »einer Nebenklagevertreterin« statt einer konkreten Rechtsanwältin. Auch wenn ein Großteil der Hauptverhandlung mündlich erfolgte, wurde sich im Verlauf der Verhandlung immer wieder auf Teile der Prozessakten bezogen, die der Öffentlichkeit und damit auch uns nicht vorlagen. Die Mitschriften spiegeln unsere Wahrnehmung des Prozesses im Moment der Niederschrift und unsere Erinnerung bei der Nachbearbeitung wider. Eine Garantie auf Vollständigkeit und Fehlerlosigkeit können wir vor diesem Hintergrund nicht geben. Es bleibt unser Versprechen, alle Vorgänge, Aussagen und Zwischenrufe nach bestem Wissen und Gewissen mitgeschrieben und gründlich ausformuliert zu haben.
In einigen Fällen erhielten wir von Anwält·innen ihre schriftlichen Gedächtnisstützen und Notizen, etwa zu den mündlich gehaltenen Schlussvorträgen. Wir haben diese zur Ausformulierung unserer Mitschriften genutzt. Entscheidend war aber auch in diesen Fällen stets das gesprochene Wort. Wir haben versucht, so nah wie möglich am Wortlaut zu bleiben, und uns bewusst dafür entschieden, möglichst wenig redaktionell einzugreifen. Wenn Aussagen inhaltliche Sprünge oder Widersprüche enthalten, wenn sie interpretationsbedürftig erscheinen oder ihnen schwer zu folgen ist, dann haben wir sie trotzdem so aufgeschrieben, wie sie vor Gericht zu hören waren.

Auch die antisemitischen und rassistischen Aussagen des Angeklagten haben wir mitgeschrieben. Uns ist bewusst, dass diese beim Lesen an einigen Stellen schwer zu ertragen sind. Wir sind überzeugt, dass die Aussagen von Zeug·innen und die Einsprüche von Nebenklagevertreter·innen eine ausreichende Kontextualisierung seines menschenverachtenden Weltbilds ermöglichen. Wir halten es für unabdingbar, die mörderische und hasserfüllte Ideologie des Angeklagten abzubilden, um sie für Wissenschaft und Zivilgesellschaft offenzulegen und für weitere Analysen zugänglich zu machen. Auslassungen haben wir nur in drei Fällen vorgenommen: Erstens, wenn es um Details zu den Waffen des Angeklagten ging. Wir wollen durch die Veröffentlichung der Mitschriften nicht riskieren, potenziellen Nachahmern den Bau oder die Beschaffung von Schusswaffen zu erleichtern. Zweitens, wenn es um konkrete Angaben zum Sicherheitskonzept der Synagoge ging – auch hier liegt es auf der Hand, dass diese sensiblen Informationen einem breiteren Publikum nicht bedenkenlos zugänglich gemacht werden können. Und drittens haben wir uns entschieden, private Details aus dem Leben der Zeug·innen, etwa die teils verheerenden psychischen Folgen der Tat, nur in der gebotenen Knappheit darzustellen.
Die Nachnamen der Zeug·innen wurden einheitlich mit den jeweiligen Anfangsbuchstaben abgekürzt. Die Nebenkläger·innen, die nicht in der Hauptverhandlung aussagten, wurden mit den Anfangsbuchstaben ihrer Vor- und Zunamen aufgeführt.
Es war der Wunsch einiger Betroffener an die Medienberichterstattung, dem Attentäter nicht die Bühne zu bieten, die er sich erhoffte – also seinen Namen nicht zu nennen, sein Gesicht nicht zu zeigen. Wir sind diesem Wunsch in unseren Mitschriften nachgekommen.
Aus der Terrorismusforschung ist bekannt, dass Attentäter häufig auch ein Wunsch nach Aufmerksamkeit umtreibt; eine Art negative Ikonisierung, die Nachahmer motivieren könnte. Auch um diese narzisstische Sehnsucht nicht zu erfüllen, ist es sinnvoll, die Betroffenen anstelle des Täters in der Berichterstattung in den Vordergrund zu rücken. Gleichzeitig ist es die Aufgabe eines Strafprozesses, die Schuldfrage zu klären und das richtige Strafmaß zu bestimmen. Ein solcher Prozess ist deshalb immer auch täterzentriert. Wir hatten jedoch den Eindruck, dass im Halle-Prozess die Hintergründe der Tat sowie die Ideologie des Angeklagten dargelegt werden können, ohne seinen Namen zu nennen.

Ein Strafprozess gegen einen antisemitischen und rassistischen Attentäter dient der Klärung der Tat und der Schuld des Angeklagten. Als öffentlicher Prozess bietet er aber auch die Möglichkeit, die Gesellschaft über Motive und Hintergründe des Attentats aufzuklären und Einblicke in das familiäre, subkulturelle und politische Umfeld zu geben, in dem sich der Täter radikalisierte. Auf der anderen Seite war der Halle-Prozess auch ein Zeugnis der vielfältigen Perspektiven der Betroffenen, die der Ideologie des Angeklagten vor Gericht couragiert etwas entgegensetzen konnten. Auch ihre Erzählungen hörbar zu machen, war uns ein zentrales Anliegen, denn gerade sie werden die Erinnerung an dieses Attentat prägen. Am 9. Oktober 2019, an Jom Kippur 5780, wurden Jana L. und Kevin S. ermordet und viele weitere Betroffene für immer aus ihrem bisherigen Leben gerissen – keine·r von ihnen wird vergessen. Vor dem Hintergrund der Geschichte des Rechtsterrorismus in Deutschland, des Versagens der staatlichen Behörden und der gesellschaftlichen Kontinuitäten von Antisemitismus und Rassismus schien es uns unerlässlich, die Hauptverhandlung für die Öffentlichkeit zugänglich zu machen. Der Halle-Prozess ist eine Zäsur, er erlaubt einen Einblick in den öffentlichen Diskurs zu rechtem Terror im Jahr 2020. Es ist ein historisches Ereignis, das künftige Generationen anhand der von uns gemachten Mitschriften nachvollziehen können.

Linus Pook
Grischa Stanjek
Tuija Wigard

Berlin, September 2021

Zum Ablauf des Strafverfahrens

Es war der größte Prozess in der Geschichte Sachsen-Anhalts: Nach 26 Prozesstagen, an denen über 80 Zeug·innen und Sachverständige und 45 Nebenkläger·innen beteiligt waren, endete im Dezember 2020 die Hauptverhandlung gegen den Attentäter von Halle. Der Staatsschutzsenat des Oberlandesgerichts Naumburg verurteilte den 28-jährigen Rechtsterroristen zu einer lebenslangen Freiheitsstrafe, stellte die besondere Schwere der Schuld fest und ordnete eine Sicherungsverwahrung an.
Der Urteilsspruch bildete den vorläufigen Schlusspunkt eines Strafverfahrens nach der Strafprozessordnung, das noch am Tag des Anschlags begann.
Nur wenige Stunden nach der Tat vom 9. Oktober 2019 hatte Generalbundesanwalt Peter Frank die Ermittlungen an sich gezogen, die er bis zur Anklageerhebung im April 2020 führte. Tätig wird der Generalbundesanwalt als Staatsanwaltschaft des Bundes unter anderem bei schweren Straftaten, die geeignet sind, die »äußere oder innere Sicherheit der Bundesrepublik Deutschland zu beeinträchtigen«, sich gegen deren Verfassungsgrundsätze richten und von »besonderer Bedeutung« sind.
Auf was das rechtsstaatliche Strafen überhaupt abzielt, formulierte das Bundesverfassungsgericht 1977 in einer vielzitierten Entscheidung zur Verfassungsmäßigkeit der lebenslangen Freiheitsstrafe: »Schuldausgleich, Prävention, Resozialisierung des Täters, Sühne und Vergeltung für begangenes Unrecht werden als Aspekte einer angemessenen Strafsanktion bezeichnet«.[1]

1 BVerfG, Urteil vom 21.6.1977, 1 BvL 14/76.

Die einzelnen Dimensionen des Strafens und deren vermeintliche und tatsächliche Konsequenzen, besonders im Bereich der Prävention durch Abschreckung und der Resozialisierung, sind Gegenstand andauernder, kontrovers geführter Debatten.
Die Abfolge des Verfahrens, das den Täter seiner Strafe zuführen soll, definiert die Strafprozessordnung. Das Strafverfahren lässt sich untergliedern in die Phasen des Ermittlungsverfahrens, des Zwischenverfahrens, des Hauptverfahrens und des Vollstreckungsverfahrens: Im Ermittlungsverfahren, das beim Verdacht einer Straftat von Amts wegen oder nach einer Anzeige eröffnet wird, sammeln die Strafverfolgungsbehörden Beweismittel, um die Tat und ihre Hintergründe zu ergründen. Die Polizei vernimmt dazu Zeug·innen, im Fall von Halle unter Führung des Generalbundesanwalts, befragt den Beschuldigten, sammelt physische Beweismittel wie Datenträger oder Tatmittel und wertet diese aus. Am Ende des Ermittlungsverfahrens kann die Staatsanwaltschaft das Verfahren einstellen, einen Strafbefehl beantragen oder öffentlich Anklage erheben. Eingestellt werden kann ein Verfahren etwa wegen Geringfügigkeit, wenn gegen Beschuldigte parallel wegen einer weitaus schwerer wiegenden Straftat ermittelt wird oder weil kein hinreichender Tatverdacht vorliegt. Als hinreichend gilt der Tatverdacht dann, wenn der Staatsanwaltschaft nach Aktenlage die Verurteilung des·r Beschuldigten am Ende einer Hauptverhandlung wahrscheinlicher erscheint als ein Freispruch.
Mit einem Strafbefehl wird eine Strafe verhängt, ohne dass der Fall in einer öffentlichen Sitzung aufgerollt wurde. Oft findet die Kommunikation zwischen den Verfahrensbeteiligten in diesen Fällen nur schriftlich statt. Strafbefehle, die nur bei Freiheitsstrafen bis zu einem Jahr möglich sind und in den meisten Fällen nur Geldstrafen umfassen, dienen dazu, die Justiz zu entlasten. Beschuldigte können durch ein solches Verfahren die Verfahrenskosten, die sie im Falle eines rechtskräftigen Urteils oder Strafbefehls zu tragen hätten, geringer halten. Sie ersparen sich außerdem Öffentlichkeit, die eine Hauptverhandlung mit sich bringt und die für viele Täter·innen mit Stress oder Scham besetzt ist. Entscheidet die Staatsanwaltschaft, dass ein Strafbefehl nicht angebracht ist, formuliert sie eine Anklageschrift, in der sie die Beweislage und die Straftaten, die sie verwirklicht sieht, darstellt, und reicht diese beim zuständigen Gericht ein. Im Fall des Anschlags von Halle brachte die Bundesanwaltschaft insgesamt 13 Straftaten zur Anklage. Einige der Handlungen des geständigen Täters, etwa die 51 versuchten Morde an den Besucher·innen der Synagoge, wurden dabei als »tateinheitlich« zusammengefasst und bildeten so eine einzige Tat.
Im Verlauf des Zwischenverfahrens entscheidet das zuständige Gericht dann über die Zulassung dieser Anklage. Es kann diese etwa ablehnen, wenn es zu dem Schluss kommt, dass kein hinreichender Tatverdacht vorliegt. Die Zuständigkeit eines Gerichts für das Hauptverfahren ergibt sich im Strafrecht

zum einen aus dem Tatort des Geschehens, zum anderen aus der erwarteten Schwere der Strafe: Zuständig ist zunächst das Amts-, Land- oder Oberlandesgericht, in dessen Bezirk die Straftat begangen worden ist. Am Amtsgericht können Freiheitsstrafen bis zu vier Jahren verhängt werden. Am Landgericht wird verhandelt, wenn eine höhere Freiheitsstrafe, die zwangsweise Unterbringung in der Psychiatrie oder die Sicherungsverwahrung zu erwarten ist oder »die Staatsanwaltschaft wegen der besonderen Schutzbedürftigkeit von Verletzten der Straftat, die als Zeugen in Betracht kommen, des besonderen Umfangs oder der besonderen Bedeutung des Falles Anklage beim Landgericht erhebt«,[2] wie es im Gerichtsverfassungsgesetz heißt. Das Oberlandesgericht schließlich ist, wie im vorliegenden Fall, in der ersten Instanz primär für sogenannte Staatsschutzdelikte zuständig: Darunter werden etwa terroristische Taten oder Taten gegen das Völkerstrafrecht gefasst. Für einige dieser Verbrechen ist das Oberlandesgericht nur dann zuständig, wenn der Generalbundesanwalt wegen der besonderen Bedeutung des Verfahrens selbst die Verfolgung übernommen hat.

In Sachsen-Anhalt, wo alle Taten des 9. Oktober 2019 verübt wurden, gibt es nur ein Oberlandesgericht: Zuständig war entsprechend der Staatsschutzsenat des Oberlandesgerichts Naumburg, welcher sich aus fünf Berufsrichter·innen zusammensetzt. Lässt das zuständige Gericht die Anklage im Zwischenverfahren zu und eröffnet es das Hauptverfahren, wie es im Verfahren gegen den Attentäter von Halle im Juni 2019 der Fall war, steht die Hauptverhandlung bevor: In dieser wird dann in einer oder mehreren öffentlichen Sitzungen über die mutmaßlichen Straftaten verhandelt und schließlich geurteilt. Die Hauptverhandlung ist dabei ihrerseits in unterschiedliche Phasen untergliedert: Nachdem die Vorsitzende Richter·in die Anwesenheit der Verfahrensbeteiligten und insbesondere die Identität des Angeklagten, ohne den keine Hauptverhandlung eröffnet werden darf, festgestellt hat, verliest die Staatsanwaltschaft die Anklageschrift. Im Anschluss daran wird der Angeklagte zur Sache vernommen: Macht er Angaben zu den Vorwürfen gegen ihn, spricht man von der Einlassung des Angeklagten. Anders als Zeug·innen ist er dabei keineswegs der Wahrheit verpflichtet, auch offensichtliche Lügen oder Schutzbehauptungen sind nicht verboten. Ein Geständnis, das Reue zeigt und mit dem er womöglich Zeug·innen schmerzhafte Aussagen vor Gericht erspart, kann aber strafmildernde Auswirkungen haben. Alle Aussagen eines Beschuldigten beziehungsweise Angeklagten sind freiwillig. Aus der Wahrnehmung seines Aussageverweigerungsrechts dürfen ihm keine Nachteile erwachsen. Nach dieser ersten Vernehmung des Angeklagten eröffnet die oder der Vorsitzende das Herzstück des Hauptverfahrens: die Beweisaufnahme. In dieser, die sich im Halle-Prozess über 20 Verhandlungstage erstreckte, sollen laut

2 § 24 Absatz 1 Satz 1 GVG.

Strafprozessordnung alle Tatsachen und Beweismittel erörtert werden, »die für die Entscheidung von Bedeutung sind«.[3] Wichtig sind dabei die Grundsätze der Mündlichkeit, der Unmittelbarkeit und der Öffentlichkeit: Die zuständigen Richter·innen dürfen ihr Urteil demzufolge nur auf das stützen, was sie selbst im Rahmen der öffentlichen Hauptverhandlung wahrgenommen haben und was mündlich thematisiert wurde. Es müssen daher eine Vielzahl von Zeug·innen, etwa Augenzeug·innen, Ermittler·innen oder Personen aus dem Umfeld des Angeklagten zur Sache angehört werden. Es werden Videos, Fotos oder Gutachten eingebracht und Sachverständige gehört, die bestimmte Aspekte der Tat aus wissenschaftlicher Perspektive beleuchten. Die Meinungen darüber, was »für die Entscheidung von Bedeutung« sei, gehen dabei zwischen den Verfahrensbeteiligten weit auseinander: So wünschten sich im vorliegenden Verfahren etwa einige Nebenklagevertreter·innen, man möge den Fall in wenigen Tagen abhandeln, es sei doch alles klar, während andere Nebenkläger·innen und ihre Anwält·innen darauf beharrten, dass auch die gesellschaftlichen Umstände, die zur Tat geführt hätten, und die Wirkung des Anschlags, die der Täter berechnend geplant habe, wichtig für das Urteil seien.

Das sogenannte Selbstleseverfahren, von dem auch im Halle-Prozess umfassend Gebrauch gemacht wurde, soll die Hauptverhandlung in einem Strafprozess verschlanken: Schriftstücke, die auf der Selbstleseliste stehen, sollen von den Verfahrensbeteiligten eigenständig und außerhalb der eigentlichen Verhandlung gelesen werden. Sie gelten dann als in die Hauptverhandlung eingebracht, obwohl sie in dieser nicht verlesen wurden. Das Verfahren ist nicht unumstritten. Es steht in einem Spannungsverhältnis zu den genannten Grundsätzen der Unmittelbarkeit und Mündlichkeit, denen zufolge ein Urteil nur auf dem basieren darf, was in der Hauptverhandlung thematisiert und mündlich erörtert wurde. Außerdem werden relevante Beweismittel auf diese Weise der Öffentlichkeit vorenthalten. Die Öffentlichkeit der Hauptverhandlung gilt aber als wichtiger rechtsstaatlicher Grundsatz, um eine gesellschaftliche Kontrolle der Arbeit der Justiz zu garantieren. Die Vorsitzende Richterin Ursula Mertens machte im Halle-Prozess deutlich, dass dieser Aspekt des Selbstleseverfahrens bei ihren Entscheidungen, welche Beweismittel auf die entsprechende Liste gesetzt wurden, teilweise ausschlaggebend gewesen sei: Einige Beweismittel habe sie nur deshalb auf die Selbstleseliste gesetzt, um ihnen keine Öffentlichkeit zu geben. Dies galt zum Beispiel für die Pamphlete des Angeklagten, mit denen er eine Bühne während der Verhandlung gesucht hätte, die sie ihm so aber habe nehmen wollen.

Geklärt werden soll in der Hauptverhandlung, ob der Angeklagte die ihm vorgeworfenen Taten begangen hat und ob er bei der Begehung der Taten

3 § 244 Absatz 2 StPO.

schuldfähig war. Dies wäre etwa dann nicht der Fall gewesen, wenn der Angeklagte aus pathologischen Gründen nicht in der Lage war, sein Unrecht einzusehen oder gemäß dieser Einsicht zu handeln; man spricht daher auch von den Fragen der Einsichts- und Steuerungsfähigkeit. Außerdem werden »Rechtfertigungsgründe« geprüft, das heißt, ob der Angeklagte zum Beispiel in Notwehr oder Nothilfe gehandelt hat. Beides konnte im Fall des Attentäters von Halle eindeutig verneint werden.

Die verschiedenen Verfahrensbeteiligten, das Gericht, die Staatsanwaltschaft, der Angeklagte mit seiner Verteidigung, die Nebenklage, die Zeug·innen und Sachverständigen nehmen verschiedene Rollen im Verfahren ein: Der fünfköpfige Staatsschutzsenat des Oberlandesgerichts Naumburg urteilte am Ende des Hauptverfahrens über die Schuld des Angeklagten und verhängte die eingangs genannten Strafen.

Bis dahin leitete er die Hauptverhandlung: So entschied der Senat beispielsweise über einige Regeln, die im Saal galten, wie das Verbot von Mobiltelefonen für Zuschauer·innen, die Erlaubnis, dass akkreditierte Journalist·innen Laptops nutzen durften oder die konkreten Hygienemaßnahmen hinsichtlich der Corona-Pandemie. Die Vorsitzende Richterin Ursula Mertens eröffnete und schloss die Sitzungen, führte durch die Beweisaufnahme, rief die Zeug·innen auf, erteilte den Verfahrensbeteiligten das Wort. Der stellvertretende Vorsitzende, Thorsten Becker, unterstützte die Richterin und hätte sie bei längerer Krankheit vertreten. Die Aufgabe des sogenannten Berichterstatters ist es primär, die Verhandlung und Entscheidungsfindung intern vorzubereiten und das schriftliche Urteil auszuformulieren. Im Staatsschutzsenat des Oberlandesgerichts Naumburg war es Richter Harald Scholz, der diese Aufgabe übernahm. Anders als der Name vermuten lässt, führt der Berichterstatter kein Protokoll: Nur an Amtsgerichten wird in Deutschland protokolliert, was die Angeklagten oder Zeug·innen zur Sache aussagen. Bei Verhandlungen in höheren Instanzen halten die Protokollierenden, anders als in vielen anderen Staaten, lediglich fest, wer gesprochen hat, nicht aber, was der Inhalt der Aussage war. Grundsätzlich werden Hauptverhandlungen auch nicht akustisch aufgezeichnet. Gleichwohl gab es in der Geschichte der BRD schon derartige Mitschnitte: So wurde etwa der Frankfurter Auschwitz-Prozess (1963 bis 1965) aufgezeichnet, um die Erstellung des Gerichtsprotokolls zu erleichtern. Damals sollten die Tonbänder zwar nach der Urteilsbegründung vernichtet werden, wurden aber auf Intervention des hessischen Generalstaatsanwalts Fritz Bauer teilweise vom Landgericht Frankfurt aufbewahrt und 1989 dem Hessischen Hauptstaatsarchiv Wiesbaden übergeben. 2013 veröffentlichte das Fritz Bauer Institut die erhalten gebliebenen Teile der Tonaufnahmen auf seiner Webseite. Vor dem Eindruck des Mammutprozesses gegen den NSU (2013 bis 2018), bei dem es keine Rechtsgrundlage für einen Mitschnitt gegeben hatte, was aufgrund der Bedeutung des Verfahrens öffentlich kritisiert worden war, entschloss sich der Gesetzgeber

im Frühjahr 2018, Tonaufnahmen dann zuzulassen, wenn eine Verhandlung von »herausragender zeitgeschichtlicher Bedeutung für die Bundesrepublik Deutschland«[4] sei. Von dieser Möglichkeit wurde für den Halle-Prozess erstmals Gebrauch gemacht. Abgesehen von wenigen gesetzlich geregelten Ausnahmefällen können aber auch diese Aufzeichnungen, die vom Landesarchiv verwahrt werden, frühestens 30 Jahre nach dem Tod der oder bei Einwilligung aller Beteiligten genutzt werden.
Zwei Beisitzerinnen, die Richterinnen Astrid Bode und Stephanie Tauscher, vervollständigten den Senat im Halle-Prozess. Aufgrund des Unmittelbarkeitsgrundsatzes müssen die Richter·innen, die ein Urteil fällen, während der gesamten Hauptverhandlung anwesend gewesen sein. Bei größeren Verfahren ist es daher üblich, dass ein·e oder mehrere Ergänzungsrichter·innen anwesend sind, sollte eine·r der Richter·innen ausfallen. Andernfalls würde das Verfahren scheitern. Nötig wurde ein solcher Ersatz auch im Verfahren gegen den Attentäter von Halle, bei dem die Richterin Stephanie Tauscher im Verlauf des Verfahrens erkrankte und ab dem 16. Verhandlungstag von der Richterin Antje Weiß-Ehm vertreten wurde.
Der Generalbundesanwalt, der in der Hauptverhandlung in Magdeburg in der Regel von zwei Staatsanwälten vertreten wurde, vertritt die Anklage und damit letztlich das Strafbedürfnis des Staats. In der Hauptverhandlung kann er Fragen an den Angeklagten und an die Zeug·innen richten, Beweisanträge stellen und Erklärungen abgeben. Nach Ende der Beweisaufnahme fasst er in seinem sogenannten Schlussvortrag (umgangssprachlich »Plädoyer«) aus seiner Sicht noch einmal die Ergebnisse der Beweisaufnahme zusammen, bewertet diese juristisch und beantragt am Ende eine konkrete Strafe.
Während es bei weniger schweren Straftaten nicht zwingend eine·n Verteidiger·in braucht, ist es bei Verbrechen wie den vorliegenden ausgeschlossen, dass sich Angeklagte selbst oder gar nicht verteidigen. Wenn sie sich wie der Attentäter von Halle nicht selbst um eine·n Verteidiger·in kümmern, werden ihnen bis zu drei Pflichtverteidiger·innen bestellt. Meist geschieht dies im Zwischenverfahren durch das Gericht, auch die Staatsanwaltschaft kann aber, wie im hiesigen Verfahren, schon im Ermittlungsverfahren eine Pflichtverteidigung bestellen. Aufgabe der Verteidigung ist es, die staatlich garantierten Rechte der Beschuldigten beziehungsweise Angeklagten konsequent durchzusetzen. Die Verteidigung darf, wie die Staatsanwaltschaft und Nebenklage, Beweisanträge stellen, Zeug·innen befragen und Erklärungen für ihre Mandant·innen abgeben. Nach der Beweisaufnahme formuliert auch sie einen Schlussvortrag. 45 Betroffene des Anschlags machten von ihrem Recht Gebrauch, als Nebenkläger·innen im Verfahren aufzutreten: In dieser besonderen Rolle haben sie mit ihren Anwält·innen das Recht, während der

4 § 169 Absatz 2 Satz 1 GVG.

gesamten Dauer des Verfahrens anwesend zu sein. Zeug·innen hingegen sind bis zum Tag ihrer Aussage von der Verhandlung ausgeschlossen. Sie können Beweisanträge stellen und in Erklärungen sowie in einem Schlusswort ihre Perspektiven auf das Verfahren einbringen. Auch steht ihnen das Recht auf Revision in Bezug auf die Taten, die sie betreffen, zu. Zeug·innen berichten dem Gericht von dem Geschehen, wie sie es erlebt haben, von den Ermittlungen oder von allen anderen Details, die das Gericht oder die Verfahrensbeteiligten für die Beurteilung der Schuld für wichtig halten. Wird jemand als Zeug·in vor Gericht geladen, muss er erscheinen und kann andernfalls sogar mit Zwang vorgeführt werden.
Nur engen Angehörigen eines Angeklagten oder Beschuldigten und Personen, die sich durch ihre Aussage selbst belasten würden, steht ein Zeugnisverweigerungsrecht zu. Die Familie des Attentäters von Halle – Mutter, Vater und Halbschwester – machte davon Gebrauch: Sie erschien vor Gericht, machte Angaben zu ihren Personalien und wurde wieder entlassen, nachdem sie das Zeugnisverweigerungsrecht in Anspruch genommen hatte.
Anders als der Angeklagte sind Zeug·innen der Wahrheit verpflichtet; eine Falschaussage ist mit einer Freiheitsstrafe von drei Monaten bis zu fünf Jahren unter Strafe gestellt. Entstehen Zweifel daran, dass ein·e Zeug·in die Wahrheit sagt, kann er·sie vereidigt werden: Er·Sie muss dann schwören, die Wahrheit zu sagen, wodurch sich die Mindestfreiheitsstrafe bei einer Falschaussage auf ein Jahr erhöht. Die Vereidigung soll das Gericht laut Strafprozessordnung allerdings nur dann vornehmen, »wenn es das Gericht wegen der ausschlaggebenden Bedeutung der Aussage oder zur Herbeiführung einer wahren Aussage nach seinem Ermessen für notwendig hält.«[5] Im Halle-Prozess wurde davon kein Gebrauch gemacht, und die Vorsitzende entließ die Zeug·innen stets unvereidigt.
Für Sachverständige gelten im Wesentlichen dieselben Regelungen wie für Zeug·innen: Auch sie müssen die Wahrheit sagen und sollen zur Aufklärung des Sachverhalts beitragen. Anders als Zeug·innen sind sie dabei nicht selbst in diesen verwickelt, sondern beleuchten bestimmte Aspekte der Tat aus wissenschaftlicher Perspektive. In der Hauptverhandlung von Magdeburg wurden unter anderem Sachverständige für Waffen, Sprengstoffe, zur Beurteilung der Onlinerezeption der Tat oder zur Auswirkung auf das jüdische Leben in Deutschland gehört. Die Sachverständigen, die ihre Qualifikation darlegen müssen, stellen in der Hauptverhandlung häufig zunächst ihre Gutachten oder ihre Einschätzung vor und beantworten dann Fragen der Verfahrensbeteiligten dazu. Sie müssen sich dabei an den aktuellen Stand der Forschung halten. Eine besondere Rolle spielte der Sachverständige zur Beurteilung der psychischen Konstitution des Angeklagten, der forensische

5 § 59 Absatz 1 Satz 1 StPO.

Psychiater Prof. Dr. Norbert Leygraf, der von der Psychologin Lisa John unterstützt wurde. Dieser hatte den Angeklagten im Vorfeld des Verfahrens untersucht und war während der Hauptverhandlung kontinuierlich anwesend, um auch das Verhalten des Angeklagten während der Verhandlung zu beobachten. Er bezog dieses in seine Beurteilung der Schuldfähigkeit mit ein, die er am Ende der Beweisaufnahme vorstellte und in der er dem Angeklagten die volle Schuldfähigkeit attestierte.

Nach den Schlussvorträgen der Bundesanwaltschaft, der Verteidigung und der Nebenklage fällte der Senat am 26. Verhandlungstag sein Urteil. Nach der mündlichen Urteilsverkündung am 21. Dezember 2020 hatte der Senat elf Wochen Zeit, eine schriftliche Urteilsbegründung zu formulieren. Die Frist für diese Begründung ergibt sich aus der Anzahl der vorherigen Verhandlungstage. In der 141-seitigen Urteilsbegründung stellte der Senat noch einmal die wesentlichen Erkenntnisse aus der Beweisaufnahme zusammen und würdigte diese juristisch. Die Nebenkläger İsmet T. mit seinem Anwalt Onur U. Özata und Aftax I. mit seiner Anwältin Ilil Friedman legten fristgerecht innerhalb einer Woche nach dem mündlichen Urteil Revision ein und begründeten diese dann nach Erhalt des schriftlichen Urteils schriftlich. Sie beantragten über ihre Anwält·innen jeweils, das Urteil in Bezug auf die Taten gegen sie aufzuheben und nur diese Taten an einen anderen Strafsenat des Oberlandesgerichts Naumburg zurückzuverweisen. In einer Revision wird das Urteil von einer höheren Instanz – in diesem Fall dem Bundesgerichtshof – überprüft. Dabei wird keine erneute Beweisaufnahme durchgeführt, sondern das Urteil lediglich auf Rechtsfehler hin untersucht; sprich, ob das Gericht einen konkreten Sachverhalt rechtlich falsch gewürdigt hat. Hat das Revisionsgericht keine rechtlichen Bedenken hinsichtlich des angegriffenen Urteils, verwirft es die Revision. Hat die Revision hingegen Erfolg, kann dies dazu führen, dass das Urteil aufgehoben und der Fall zur erneuten Verhandlung an eine andere Kammer des erkennenden Gerichts zurückverwiesen wird. Die genannten Nebenkläger kritisierten, dass das Gericht die Taten gegen sie nicht als versuchte Morde würdigte. İsmet T., Besitzer des Kiez Döner, hatte sich in unmittelbarer Nähe des Schusswechsels zwischen Polizei und dem Angeklagten befunden. Sein Anwalt Onur U. Özata hatte in seinem Schlussvortrag beantragt, die Schüsse in seine Richtung als versuchten Mord zu würdigen. Die Vorsitzende Richterin Ursula Mertens wandte sich in ihrer Urteilsbegründung direkt an den Nebenkläger: »Auch Sie waren im Kugelhagel, Sie waren in Lebensgefahr. Auch Sie sind ein Opfer dieses Anschlags.« Im juristischen Sinne könne man aber keine Tötungsabsicht annehmen, da man dem Angeklagten nicht habe nachweisen können, dass er von seiner Anwesenheit gewusst habe. Auch in Hinblick auf die Tat an Aftax I., der in Halle vom Attentäter mutmaßlich rassistisch motiviert mit dem Auto angefahren worden war, sagte die Vorsitzende, man habe nicht feststellen können, dass der Angeklagte diesen bewusst und vorsätzlich angefahren habe.

Der Angeklagte verzichtete auf eine Revision. Das Urteil ist damit, mit Ausnahme der Taten, die İsmet T. und Aftax I. betreffen, rechtskräftig. Über die Revisionen entscheidet nun der Bundesgerichtshof. Bis zu einer Entscheidung kann es dabei mehrere Monate bis Jahre dauern.

Linus Pook

Verzeichnis der Prozessbeteiligten

ANGEKLAGTER

Angeklagter, der namentlich nicht genannt wird, geboren 1992 in Lutherstadt Eisleben, zuletzt wohnhaft in Benndorf, jetzt JVA Burg

STAATSSCHUTZSENAT DES OBERLANDESGERICHTS NAUMBURG

Ursula Mertens, Richterin am Oberlandesgericht
Vorsitzende Richterin

Thorsten Becker, Richter am Oberlandesgericht
stellvertretender Vorsitzender, beisitzender Richter

Harald Scholz, Richter am Oberlandesgericht
Berichterstatter, beisitzender Richter

Astrid Bode, Richterin am Oberlandesgericht
beisitzende Richterin

Stephanie Tauscher, Richterin am Oberlandesgericht
beisitzende Richterin, bis zum Verhandlungstag 15

Antje Weiß-Ehm, Richterin am Oberlandesgericht
Ergänzungsrichterin, ersetzte Stephanie Tauscher ab dem 16. Verhandlungstag als beisitzende Richterin

BUNDESANWALTSCHAFT

Kai Lohse, Bundesanwalt

Stefan Schmidt, Oberstaatsanwalt

Christoph Birkenholz, Staatsanwalt

VERTEIDIGUNG

Thomas Rutkowski, Rechtsanwalt

Hans-Dieter Weber, Rechtsanwalt

NEBENKLAGE

Iona B.
war zur Tatzeit in der Synagoge, Aussage am 8. Verhandlungstag, Schlusswort am 24. Verhandlungstag, vertreten durch

Rechtsanwalt Mark Lupschitz
Schlussvortrag am 22. Verhandlungstag

Jeremy B.
Rabbiner, war zur Tatzeit in der Synagoge, Aussage am 8. Verhandlungstag, Schlusswort am 22. Verhandlungstag, vertreten durch

Rechtsanwältin Antonia von der Behrens
Schlussvortrag am 22. Verhandlungstag

M. B.

war zur Tatzeit in der Synagoge, vertreten durch

Rechtsanwalt Mark Lupschitz

Schlussvortrag am 22. Verhandlungstag

Rebecca B.

Rabbinerin, war zur Tatzeit in der Synagoge,
Aussage am 10. Verhandlungstag, vertreten durch

Rechtsanwältin Antonia von der Behrens

Schlussvortrag am 22. Verhandlungstag

Sarah B.

Polizeikommissarin, Polizei Halle, war in den Schusswechsel vor dem Kiez Döner involviert, Aussage am 13. Verhandlungstag, vertreten durch

mit Rechtsanwalt Christoph Günther

Schlussvortrag am 24. Verhandlungstag

Karen E.

war zur Tatzeit in der Synagoge, Aussage am 12. Verhandlungstag, vertreten durch

Rechtsanwalt Mark Lupschitz

Schlussvortrag am 22. Verhandlungstag

Christina F.

war zur Tatzeit in der Synagoge, Aussage am 9. Verhandlungstag, Schlusswort am 24. Verhandlungstag, vertreten durch

Rechtsanwältin Dr. Kati Lang

Schlussvortrag am 23. Verhandlungstag, teilweise vertreten durch

Rechtsanwältin Vanessa Kayser

Jacqueline Lauren F.

war zur Tatzeit in der Synagoge,
Aussage am 13. Verhandlungstag, vertreten durch

Rechtsanwältin Kristin Pietrzyk

Schlussvortrag am 22. Verhandlungstag

Talya F.

war zur Tatzeit in der Synagoge,
Schlusswort am 24. Verhandlungstag, vertreten durch

Rechtsanwalt Alexander Hoffmann

Schlussvortrag am 24. Verhandlungstag

Prof. Dr. Bernd H.
war zur Tatzeit im Kiez Döner,
Aussage am 11. Verhandlungstag, vertreten durch
Rechtsanwalt David Herrmann
Schlussvortrag am 24. Verhandlungstag

Kai H.
Betreiber einer Kfz-Werkstatt, wurde in Wiedersdorf
von dem Angeklagten überfallen, der ein Fluchtauto erpresste,
Aussage am 15. Verhandlungstag, vertreten durch
Rechtsanwalt Markus Goldbach
Schlussvortrag am 24. Verhandlungstag

Naomi H.-G.
war zur Tatzeit in der Synagoge, Aussage am 10. Verhandlungstag,
Schlusswort am 24. Verhandlungstag, vertreten durch
Rechtsanwältin Dr. Kati Lang
Schlussvortrag am 22. Verhandlungstag, teilweise vertreten durch
Rechtsanwältin Vanessa Kayser

Aftax I.
wurde von dem Angeklagten auf der Magdeburger Straße
angefahren, Aussage am 14. Verhandlungstag, vertreten durch
Rechtsanwältin Ilil Friedman
Schlussvortrag am 22. Verhandlungstag, teilweise vertreten durch
Rechtsanwalt Benjamin Derin

Daniel L.
Polizeimeister, Polizei Halle, war in den Schusswechsel vor dem Kiez
Döner involviert, Aussage am 13. Verhandlungstag, vertreten durch
Rechtsanwalt Jan Siebenhüner
Schlussvortrag am 24. Verhandlungstag

Karsten L.
Vater von Kevin S.,
Aussage am 12. Verhandlungstag, vertreten durch
Rechtsanwalt Erkan Görgülü
Schlussvortrag am 22. Verhandlungstag

Valentin L.

war zur Tatzeit in der Synagoge,
Aussage am 18. Verhandlungstag, vertreten durch

Rechtsanwältin Katrin Kalweit

Schlussvortrag am 23. Verhandlungstag

Y. L.

war zur Tatzeit in der Synagoge, vertreten durch

Rechtsanwalt Juri Goldstein

Schlussvortrag am 23. Verhandlungstag

Agata M.

war zur Tatzeit in der Synagoge,
Aussage am 9. Verhandlungstag, vertreten durch

Rechtsanwalt Mark Lupschitz

Schlussvortrag am 22. Verhandlungstag

Dagmar M.

wurde in Wiedersdorf von dem Angeklagten angeschossen,
Aussage am 15. Verhandlungstag, vertreten durch

Rechtsanwalt Florian Feige

Schlussvortrag am 23. Verhandlungstag

Anastassia P.

war zur Tatzeit in der Synagoge,
Schlusswort am 24. Verhandlungstag, vertreten durch

Rechtsanwältin Katrin Kalweit

Schlussvortrag am 23. Verhandlungstag

Max P.

Vorsteher der Jüdischen Gemeinde zu Halle, war zur Tatzeit
in der Synagoge, Aussage am 10. Verhandlungstag, vertreten durch

Rechtsanwalt Tobias Böhmke

Schlussvortrag am 24. Verhandlungstag

Alexander R.

war zur Tatzeit in der Synagoge, Aussage am 10. Verhandlungstag

---

Conrad R.
war zur Tatzeit im Kiez Döner, Aussage am 14. Verhandlungstag, Schlusswort am 24. Verhandlungstag, vertreten durch
Rechtsanwalt Sebastian Scharmer
Schlussvortrag am 24. Verhandlungstag, teilweise vertreten von
Rechtsanwältin Henriette Scharnhorst
teilweise vertreten von
Rechtsanwalt Dr. Peer Stolle

H. R.
war zur Tatzeit in der Synagoge, vertreten durch
Rechtsanwalt Mark Lupschitz
Schlussvortrag am 22. Verhandlungstag

Roman Yossel R.
Kantor der Jüdischen Gemeinde zu Halle, war zur Tatzeit in der Synagoge, Aussage am 8. Verhandlungstag, vertreten durch
Rechtsanwalt Juri Goldstein
Schlussvortrag am 23. Verhandlungstag

T. R.
war zur Tatzeit in der Synagoge, vertreten durch
Rechtsanwältin Assia Lewin
Schlussvortrag am 23. Verhandlungstag

Vladislav R.
war zur Tatzeit in der Synagoge, Aussage am 9. Verhandlungstag, vertreten durch
Rechtsanwältin Assia Lewin
Schlussvortrag am 23. Verhandlungstag

Y. R.
war zur Tatzeit in der Synagoge, vertreten durch
Rechtsanwalt Mark Lupschitz
Schlussvortrag am 22. Verhandlungstag

M. S.
Mutter von Kevin S., vertreten durch
Rechtsanwalt Christian Eifler
Schlussvortrag am 22. Verhandlungstag

Sabrina S.

war zur Tatzeit in der Synagoge,
Aussage am 13. Verhandlungstag, vertreten durch

Rechtsanwältin Kristin Pietrzyk

Schlussvortrag am 22. Verhandlungstag

A. T.

war zur Tatzeit in der Synagoge, vertreten durch

Rechtsanwalt Mark Lupschitz

Schlussvortrag am 22. Verhandlungstag

İsmet T.

Betreiber des Kiez Döner, geriet in den Schusswechsel vor dem Imbiss, Aussage am 12. Verhandlungstag, vertreten durch

Rechtsanwalt Onur U. Özata

Schlussvortrag am 22. Verhandlungstag

Rıfat T.

arbeitete zur Tatzeit im Kiez Döner,
Aussage am 12. Verhandlungstag, vertreten durch

Rechtsanwalt Onur U. Özata

Schlussvortrag am 22. Verhandlungstag

G. V.

war zur Tatzeit in der Synagoge, vertreten durch

Rechtsanwalt Mark Lupschitz

Schlussvortrag am 22. Verhandlungstag

A. A. W.

war zur Tatzeit in der Synagoge, vertreten durch

Rechtsanwältin Kristin Pietrzyk

Schlussvortrag am 22. Verhandlungstag

Christian W.

Bruder von Daniel W., wurde in Wiedersdorf von dem Angeklagten überfallen, der ein Fluchtauto erpresste, Aussage am 15. Verhandlungstag, vertreten durch

Rechtsanwalt Andreas Schulz

Schlussvortrag am 24. Verhandlungstag, teilweise vertreten von

Rechtsanwalt Markus Goldbach

Daniel W.

Bruder von Christian W., Taxiunternehmer, wurde in Wiedersdorf von dem Angeklagten überfallen, der ein Fluchtauto erpresst hat, Aussage am 15. Verhandlungstag, vertreten durch

Rechtsanwalt Andreas Schulz

Schlussvortrag am 24. Verhandlungstag, teilweise vertreten von

Rechtsanwalt Markus Goldbach

Dr. Ezra W.

war zur Tatzeit in der Synagoge,
Aussage am 12. Verhandlungstag, vertreten durch

Rechtsanwältin Dr. Kati Lang

Schlussvortrag am 23. Verhandlungstag, teilweise vertreten durch

Rechtsanwältin Vanessa Kayser

Jessica W.-E.

war zur Tatzeit in der Synagoge,
Schlusswort am 24. Verhandlungstag, vertreten durch

Rechtsanwalt Alexander Hoffmann

Schlussvortrag am 24. Verhandlungstag

Jens Z.

wurde in Wiedersdorf von dem Angeklagten angeschossen, Aussage am 15. Verhandlungstag, vertreten durch

Rechtsanwalt Florian Feige

Schlussvortrag am 23. Verhandlungstag

Y. Z.

war zur Tatzeit in der Synagoge, vertreten durch

Rechtsanwalt Gerrit Onken

Schlussvortrag am 22. Verhandlungstag

Betroffene, die namentlich nicht genannt werden möchte

war zur Tatzeit in der Synagoge,
Schlusswort am 22. Verhandlungstag, vertreten durch

Rechtsanwältin Antonia von der Behrens

Schlussvortrag am 22. Verhandlungstag

Betroffener, der namentlich nicht genannt werden möchte

Arbeitskollege von Kevin S., war zur Tatzeit im Kiez Döner, Verlesung der Aussage am 14. Verhandlungstag, vertreten durch

Rechtsanwältin Doreen Blasig-Vonderlin

Schlussvortrag am 24. Verhandlungstag

Ehepaar, das namentlich nicht benannt werden kann

war zur Tatzeit in der Synagoge, vertreten durch

Rechtsanwalt Miroslav Duvnjak

Schlussvortrag am 24. Verhandlungstag

ZEUG·INNEN

Abdülkadir B.

wurde vor dem Kiez Döner von dem Angeklagten beschossen, Aussage am 16. Verhandlungstag

---

Claudia B.

Mutter des Angeklagten, Aussageverweigerung am 4. Verhandlungstag

---

Malek B.

wurde vor dem Kiez Döner von dem Angeklagten beschossen, Aussage am 11. Verhandlungstag

---

Roland B.

Vater des Angeklagten, Aussageverweigerung am 4. Verhandlungstag

---

Darius D.

BKA, erarbeitete einen Vermerk zu Imageboards und der digitalen Rechten, Aussage am 7. Verhandlungstag

---

Erik D.

beobachtete die Tat gegen Aftax I., Tatkomplex Magdeburger Straße, Aussage am 14. Verhandlungstag

---

Karin D.

ehemalige Kollegin der Mutter des Angeklagten, Aussage am 4. Verhandlungstag

---

Oliver D.

Kriminalhauptkommissar, BKA in Meckenheim,
wertete Gutachten und Berichte zu den eingesetzten Waffen aus,
Aussage am 6. Verhandlungstag

Rainer D.

Kriminaloberkommissar, BKA in Meckenheim, führte
die Vernehmung des Angeklagten nach der Tat durch,
Aussage am 3. Verhandlungstag

Robert D.

Polizeikommissar, Polizei Halle, war in den
Schusswechsel vor dem Kiez Döner involviert,
Aussage am 13. Verhandlungstag

Sven E.

Kriminalhauptkommissar, BKA in Meckenheim, erstellte
den Bericht über Finanzermittlungen zum Angeklagten,
Aussage am 17. Verhandlungstag

Dirk F.

Polizeiobermeister, Polizei Halle, war in den
Schusswechsel vor dem Kiez Döner involviert,
Aussage am 13. Verhandlungstag

Peter F.

BKA in Meckenheim, wertete Datenträger des Angeklagten aus,
Aussage am 7. Verhandlungstag

Ronald F.

Polizeihauptmeister, Polizei Zeitz, nahm den Angeklagten fest,
Aussage am 16. Verhandlungstag

Jonas G.

Kriminalkommissar, BKA, wertete die
Dokumente aus, die der Angeklagte hochlud,
Aussage am 7. Verhandlungstag

Stanislaw G.

traf vor der Synagoge auf den Angeklagten,
als er Jana L. helfen wollte,
Aussage am 9. Verhandlungstag

Dagmar H.

ehemalige Grundschullehrerin des Angeklagten,
Aussage am 4. Verhandlungstag

Martin H.
ehemaliger Bundeswehrkamerad des Angeklagten,
Aussage am 4. Verhandlungstag

Raimond H.
Kriminalhauptkommissar, BKA in Meckenheim, trug Vermerke zu Tatmitteln zusammen, insbesondere zu den Spreng- und Brandsätzen,
Aussage am 6. Verhandlungstag

Shafi H.
Freund von Aftax I., der das Tatgeschehen beobachtete, Tatkomplex Magdeburger Straße,
Aussage am 14. Verhandlungstag

Darius K.
Kriminaloberkommissar, BKA in Wiesbaden, untersuchte am 30. Oktober 2019 den Tatort im Rahmen einer »Nachsuche«,
Aussage am 6. Verhandlungstag

Jens K.
Polizeihauptmeister, Polizei Zeitz, nahm Angeklagten fest,
Aussage am 16. Verhandlungstag

Stefan K.
Kriminalhauptkommissar, BKA, erstellte Bericht zur Vortatphase,
Aussage am 17. Verhandlungstag

Marcel L.
Kriminalkommissar, BKA, erstellte einen Personenbericht und wertete Dokumente des Angeklagten aus,
Aussage am 7. Verhandlungstag

Robert L.
Polizeikommissar, Polizei Merseburg, war in den Schusswechsel vor dem Kiez Döner involviert,
Aussage am 14. Verhandlungstag

Carmen M.
Hausleiterin, JVA Halle, zum Haftverhalten des Angeklagten,
Aussage am 17. Verhandlungstag

Marco N.
Kriminalhauptkommissar, LKA Berlin, sicherte Spuren in Wiedersdorf und im Fluchtwagen,
Aussage am 15. Verhandlungstag

Anne P.

Halbschwester des Angeklagten,
Aussageverweigerung am 4. Verhandlungstag

Gunnar P.

Bediensteter der JVA Burg, zum Haftverhalten des Angeklagten,
Aussage am 17. Verhandlungstag

Jens P.

Bediensteter der JVA Burg, zum Haftverhalten des Angeklagten,
Aussage am 17. Verhandlungstag

Nils P.

Kriminalkommissar, LKA, führte die Spurensicherung am Tatort Kiez Döner durch,
Aussage am 11. Verhandlungstag

Mandy R.

traf vor der Synagoge auf den Angeklagten,
Aussage am 9. Verhandlungstag

Michelle R.

Kriminaloberkommissarin, Kriminaltechnik, LKA Sachsen-Anhalt,
führte die Spurensicherung an der Synagoge durch,
Aussage am 8. Verhandlungstag

Yvonne R.

Kriminalhauptkommissarin, BKA, erstellte einen Bericht über die Musik, die der Angeklagte während des Tatgeschehens abspielte,
Aussage am 17. Verhandlungstag

Mario S.

Ex-Freund der Halbschwester des Angeklagten,
Aussage am 4. Verhandlungstag

Mollie S.

besuchte am Tag der Tat die Synagoge, war zur Tatzeit spazieren,
Aussage am 8. Verhandlungstag

Thomas S.

Fahrer eines Krankentransporters, der von dem Angeklagten bei seiner Flucht angefahren wurde,
Aussage am 14. Verhandlungstag

Viola T.
BKA, wertete das Gamingverhalten des Angeklagten auf der Plattform Steam aus, Aussage am 7. Verhandlungstag

Anja W.
ehemalige Kollegin der Mutter des Angeklagten, Aussage am 7. Verhandlungstag

Christian W.
Kriminaloberkommissar, BKA, erstellte einen Bericht in Hinblick auf mögliche Mittäter, Aussage am 16. Verhandlungstag

Heike W.
ehemalige Lehrerin des Angeklagten, Verlesung der Vernehmung am 14. Verhandlungstag

Margit W.
wurde vor dem Kiez Döner von einer Nagelbombe verletzt, Aussage am 11. Verhandlungstag

Roland W.
Psychologischer Dienst, JVA Halle, war dort für die psychologische Betreuung des Angeklagten zuständig, Aussage am 17. Verhandlungstag

SACHVERSTÄNDIGE

Michael Benstein
Erster Kriminalhauptkommissar, BKA in Wiesbaden, beurteilte die Waffen des Angeklagten, Aussage am 6. Verhandlungstag

Dr. Silke Cox
Leiterin des Fachbereichs »Brand und Raumexplosion«, BKA in Wiesbaden, beurteilte die Brandsätze, die der Angeklagte an der Synagoge benutzte, Aussage am 6. Verhandlungstag

Thomas Forster
BKA in Wiesbaden, beurteilte die Sprengsätze, die der Angeklagte benutzte, Aussage am 6. Verhandlungstag

Prof. Dr. Steffen Heide

Direktor des Instituts für Rechtsmedizin, TU Dresden, beurteilte die Verletzungen des Angeklagten nach der Tat, Aussage am 18. Verhandlungstag

Lisa John

Psychologin, beurteilte die Persönlichkeit des Angeklagten, Aussage am 18. Verhandlungstag

Prof. Dr. Rüdiger Lessig

Direktor des Instituts für Rechtsmedizin, Universitätsklinikum Halle, berichtete über die Obduktion von Kevin S., Aussage am 16. Verhandlungstag

Prof. Dr. Norbert Leygraf

forensischer Psychiater und Neurologe, beurteilte die Schuldfähigkeit des Angeklagten, Befragung des Angeklagten am 3. Verhandlungstag, Aussage am 18. und 20. Verhandlungstag

Dr. Matthias Quent

Leiter des Instituts für Demokratie und Zivilgesellschaft in Jena, beurteilte die Ideologie des Angeklagten und sprach über deren historischen Hintergrund, Aussage am 21. Verhandlungstag

Bernd Salziger

BKA in Wiesbaden, beurteilte Waffen und Munition des Angeklagten, Aussage am 16. Verhandlungstag

Karolin Schwarz

Fachjournalistin und Publizistin, beurteilte die Onlinerezeption der Tat, Aussage am 19. Verhandlungstag

Benjamin Steinitz

Geschäftsführer des Bundesverbands der Recherche- und Informationsstelle Antisemitismus (Bundesverband RIAS e. V.), schilderte die Auswirkungen der Tat auf das jüdische Leben in Deutschland, Aussage am 20. Verhandlungstag

Dr. Marko Weber

Leitender Oberarzt, Institut für Rechtsmedizin, Universitätsklinikum Halle, berichtete über die Obduktion von Jana L., Aussage am 16. Verhandlungstag

Lina Woydt

Assistenzärztin, Institut für Rechtsmedizin, Universitätsklinikum Halle, berichtete von der rechtsmedizinischen Untersuchung von Dagmar M. und Jens Z., Aussage am 16. Verhandlungstag

Die Personen, die nicht in der Hauptverhandlung aussagten, werden nur mit den Initialen ihrer Vor- und Nachnamen aufgeführt. Die Namen des Ehepaars, das von Rechtsanwalt Miroslav Duvnjak vertreten wurde, sowie der Anwalt des Nebenklägers Alexander R. blieben den Herausgeber·innen unbekannt.

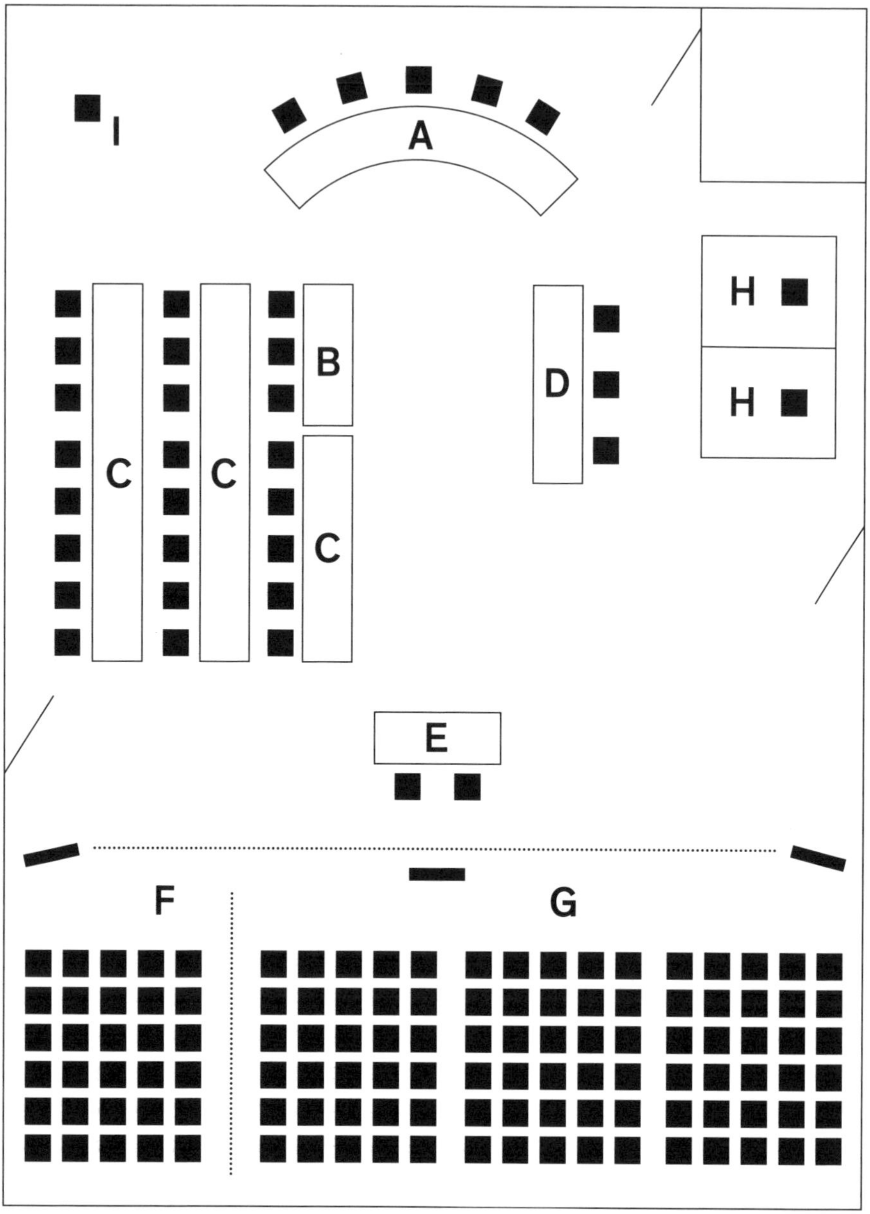

Nichtmaßstabsgetreuer Grundriss des Verhandlungssaals im Landgericht Magdeburg

Gerichtssaal

A	Staatsschutzsenat
B	Bundesanwaltschaft
C	Nebenklage
D	Angeklagter und Verteidigung
E	Zeugenstand
F	Betroffene, Nebenkläger·innen und Begleitpersonen
G	Publikum und Presse
H	Dolmetscher·innenkabinen
I	Protokollführerin

■	Stühle
▬	Bildschirme
········	Trennwände Glas

1. Verhandlungstag
21. Juli 2020

Der Angeklagte wird mit Hand- und Fußfesseln in den Saal geführt. Die Handfesseln werden ihm daraufhin abgenommen.

Die Vorsitzende Richterin Ursula Mertens eröffnet die Hauptverhandlung in der Strafsache gegen den Angeklagten vor dem Staatsschutzsenat des Oberlandesgerichts Naumburg.

Sie stellt die Anwesenheit der Dolmetscher·innen zwischen dem Russischen, Türkischen, Polnischen, Englischen und dem Deutschen fest.

Im Anschluss erläutert sie die besonderen Bedingungen des Verfahrens. Sie gehe mit Blick auf die Corona-Pandemie davon aus, dass alle Anwesenden keine Krankheitssymptome haben.

Sie selbst habe ein Verfahren mit derart vielen Beteiligten[1] noch nicht geführt. Sie erläutert die Regelungen der Pausen wie auch die Nutzung der

1 Insgesamt sind zu diesem Zeitpunkt 43 Nebenkläger·innen zum Verfahren zugelassen, später folgen noch zwei weitere. Sie werden von 22 Anwält·innen vertreten. Außerdem zählen die Bundesanwaltschaft mit jeweils zwei bis drei Vertretern, der Angeklagte mit seinen beiden Verteidigern und das fünfköpfige Gericht zu den Verfahrensbeteiligten. Das Gericht hatte vor Prozessbeginn mitgeteilt, dass insgesamt 147 Zeug·innen in den Akten geführt würden, von denen zunächst 21 geladen worden seien. Außerdem werden Sachverständige, etwa aus den Bereichen der Waffenkunde, Rechtsmedizin und Psychiatrie, erwartet. Im Gerichtssaal waren zudem 44 Sitzplätze für die Medienvertreter·innen und weitere 50 Plätze für die Zuschauer·innen reserviert. Diese Plätze waren am ersten Verhandlungstag restlos besetzt. In einem Medienraum mit Tonübertragung sind zudem etwa 30 weitere Journalist·innen anwesend.

Mikrofone. Maximal drei Mikrofone können gleichzeitig durch die Verfahrensbeteiligten genutzt werden.

Sie stellt die Anwesenheit der Vertreter der Bundesanwaltschaft, Bundesanwalt Kai Lohse und Oberstaatsanwalt Stefan Schmidt, fest. Der Angeklagte wird von den Rechtsanwälten Hans-Dieter Weber und Thomas Rutkowski vertreten. Sie verliest ferner die Namen der anwesenden Vertreter·innen der Nebenklage und der Sachverständigen.

Gegenstand der Hauptverhandlung ist die Anklageschrift des Generalbundesanwalts vom 3. April 2020, welche mit Beschluss vom 11. Juni 2020 zugelassen wurde.

Die Vorsitzende weist darauf hin, dass es vorab keine Absprachen zwischen den Verfahrensbeteiligten gegeben hat.

Anschließend belehrt sie den Angeklagten über seine Rechte, insbesondere über sein Aussageverweigerungsrecht. Sie stellt seine Personalien fest: Der Angeklagte sei am [x].[x].1992 in Lutherstadt Eisleben geboren worden, sei deutscher Staatsangehöriger und zuletzt wohnhaft in Benndorf gewesen. Er wurde am 9. Oktober 2019 vorläufig festgenommen und befand sich seit dem 10. Oktober 2019 ununterbrochen in Untersuchungshaft.

Er gibt an, sich zur Sache äußern zu wollen.

VERLESUNG DER ANKLAGE DURCH DIE BUNDESANWALTSCHAFT

Bundesanwalt Lohse verliest die Anklageschrift.

Laut Anklage hat der Angeklagte sich am 9. Oktober 2019 in Halle an der Saale durch 13 »rechtlich selbstständige Handlungen« strafbar gemacht. Im Folgenden werden die Taten einzeln aufgezählt.

Dem Angeklagten wird vorgeworfen, zwei Menschen »aus niedrigen Beweggründen und heimtückisch« ermordet zu haben und es in neun Fällen zum Nachteil von 68 Personen versucht zu haben, wobei er unter anderem die Mordmerkmale der Heimtücke, der niedrigen Beweggründe und der Ermöglichungsabsicht erfüllt habe. Neben mehrfachen körperlichen Misshandlungen und räuberischer sowie versuchter räuberischer Erpressung wird ihm vorgeworfen, »eine unter der Herrschaft des Nationalsozialismus begangene Handlung in einer Weise, die geeignet ist, den öffentlichen Frieden zu stören, geleugnet zu haben«.[2] Ebenso sei er vorsätzlich und grob verkehrswidrig zu schnell gefahren und habe fahrlässig Leib und Leben eines anderen Menschen gefährdet.

Bundesanwalt Lohse schildert im Anschluss den Tathergang aus Sicht der Bundesanwaltschaft. Erste und zweite Tat: Der Angeklagte sei am

2 Dieser Tatbestand bezieht sich auf die sogenannte Holocaustleugnung nach § 130 Absatz 3 StGB.

9. Oktober 2019 um kurz vor 12 Uhr bewaffnet mit acht Waffen und Sprengsätzen zur Synagoge der Jüdischen Gemeinde zu Halle (Saale) gefahren, um einen Mordanschlag auf die Besucher der Synagoge zu verüben. Er hatte dabei die Absicht, eine möglichst große Anzahl an Menschen zu töten.

Der Angeklagte habe aus antisemitischer, rassistischer und menschenfeindlicher Gesinnung heraus gehandelt. Er habe sich aus dem »sozialen Leben herausgedrängt« gefühlt und die Tat Monate zuvor geplant. Die Schusswaffen und Sprengsätze habe er selbst gebaut. Die Tat habe er zusätzlich in Anlehnung an den rechtsextremen Attentäter von Christchurch, Brenton T.,[3] begangen und habe ein Zeichen gegen die Verdrängung von Deutschen setzen wollen.

Er habe die Tat mit einer Kamera an seiner Schutzweste gefilmt. Die Kamera sei mit einem Smartphone verbunden gewesen, um das Geschehen per Livestream auf der Plattform Twitch zu übertragen. Unmittelbar vor der Ankunft in der Synagoge habe er einen Link mit drei selbstverfassten Dokumenten veröffentlicht, die Angaben zum Tathergang, zu den Waffen und zu seiner Motivation enthalten. In einem der englischsprachigen Dokumente habe er mit den Worten »Kill all Jews« dazu aufgerufen, alle Juden zu töten. Er habe damit Nachahmende zu ähnlichen Taten animieren wollen. Im Stream habe er in seinem einleitenden Kommentar den Holocaust »in Abrede« gestellt, indem er sagte »I think the Holocaust never happened«. Er habe Juden zudem als Wurzel von Problemen und als Ratten bezeichnet. Im Anschluss habe er sich dem Tatvorhaben zugewandt. Er sei dabei davon ausgegangen, dass aufgrund des Feiertags Jom Kippur besonders viele Besucher·innen in der Synagoge sein würden und er somit eine möglichst große Anzahl töten könne. Zum Tatzeitpunkt hielten sich in der Synagoge zu Halle 51 Personen auf.

Gegen 12 Uhr ging der Angeklagte, ausgerüstet mit einer Schusswaffe und einem Sprengsatz, zur Eingangstür der Synagoge – in der Vorstellung, mit dem Töten beginnen zu können, so der Bundesanwalt. Sein Vorhaben sei jedoch an der verschlossenen Tür der Synagoge gescheitert. Er habe daraufhin seine Waffe abgestellt und den Sprengsatz über die Mauer der Synagoge geworfen. Dabei habe er in der Absicht gehandelt, Personen, die sich auf der Freifläche des Hofes der Synagoge aufhielten, tödlich zu treffen wie auch Flüchtende erschießen zu können. Anschließend sei er zum Tor der Synagoge gegangen und dann zu seinem Fahrzeug. Er habe einen weiteren Sprengsatz in dem Türspalt platziert und detonieren lassen. Wenig später

3 Gemeint ist Brenton T., der rechtsextreme Attentäter von Christchurch, Neuseeland, der am 15. März 2019 zwei Terroranschläge verübt hat, bei dem er 51 Menschen tötete und weitere 50 Menschen verletzte.

habe er nochmals versucht, das Tor aufzudrücken – auch dieser Anlauf misslang jedoch. Er sei daraufhin an der Mauer entlanggelaufen. Kurze Zeit später habe er abermals versucht, die Tür zu öffnen, indem er auf diese geschossen habe. Zuerst habe seine Waffe eine Ladehemmung gehabt. Dann habe er aber drei Schüsse abfeuern können. Da sich die Tür trotzdem nicht öffnen ließ, habe er dreimal gegen sie getreten, auch dies ohne Erfolg. Anschließend sei der Angeklagte zurück zu seinem Pkw gegangen, habe unter anderem drei Molotowcocktails geholt und dabei weiter in der Vorstellung gehandelt, Personen verletzen und töten zu können. Er habe ferner versucht, die Synagoge in Brand zu setzen. Schließlich habe er sein Vorhaben aufgrund der ihm zur Verfügung stehenden Mittel als gescheitert angesehen und gegen 12.07 Uhr den Tatort mit seinem Mietfahrzeug verlassen.

Dritte Tat: Kurz vor der Sprengung der Tür sei Jana L. an dem Angeklagten vorbeigelaufen, ohne zu erkennen, dass der Angeklagte bewaffnet war. Er habe aus Verärgerung darüber, nicht in die Synagoge eindringen zu können, vier Schüsse in Tötungsabsicht auf Jana L. abgegeben. Er habe sie dabei aufgrund ihres Aussehens für minderwertig erachtet und »sprach ihr [somit] die Lebenswürdigkeit ab«. Weitere elf Schüsse habe er auf Jana L.s Körper abgegeben, als diese bereits am Boden lag. Dabei zerschoss er versehentlich den Reifen seines Mietwagens. Er habe Jana L. zudem als »Schwein« bezeichnet. Sie verstarb noch vor Ort an den Folgen der Schussverletzungen.

Vierte Tat: Unmittelbar nach den Schüssen auf Jana L. sei der Angeklagte zur Synagoge zurückgekehrt. Dort habe er Mandy R. wahrgenommen. Er habe seine Waffe zum Zielen angelegt und erkannt, dass diese abermals eine Ladehemmung hat. Mandy R. habe sich in dieser Zeit aus dem Schussfeld entfernen können. Der Angeklagte sei sich des Risikos für ihn bewusst gewesen, wenn er Mandy R. verfolgt hätte.

Fünfte Tat: Kurz nach der Begegnung mit Mandy R. habe der Angeklagte versucht, über das benachbarte Grundstück auf das Gelände der Synagoge zu gelangen. Stanislaw G., der zu diesem Zeitpunkt zufällig am Tatort vorbeifuhr, habe derweil den Körper von Jana L. bemerkt, ohne das vorherige Geschehen mitbekommen zu haben. Er habe angehalten, um Hilfe zu leisten. Der Angeklagte habe daraufhin seine Waffe auf ihn gerichtet, um auch ihn zu töten. Aufgrund der Ladehemmungen habe sich aber erneut kein Schuss lösen können. Nachdem der Angeklagte es ein zweites Mal versucht habe, habe er seine Waffe gewechselt, um mit dieser Stanislaw G. zu erschießen. Dieser habe jedoch die Zeit genutzt, um zu fliehen. Ein tödlicher Schuss sei demnach nicht mehr möglich gewesen, was auch dem Angeklagten bewusst geworden sei.

Sechste Tat: Im Anschluss habe sich der Angeklagte mit seinem Mietfahrzeug von der Synagoge entfernt und sich 12.09 Uhr dem Kiez Döner genähert. Aufgrund der »Frustration, keine große Anzahl von Menschen getötet zu haben«, habe er sich spontan entschlossen, eine andere Bevölkerungsgruppe anzugreifen, die er für »seine persönliche Misere« verantwortlich machte. Diese dort anzutreffen, vermutete er aufgrund des Namens des Imbiss. Der Angeklagte habe einen Sprengsatz auf den Dönerimbiss geworfen und sei in der Hofeinfahrt in Deckung gegangen. Der Sprengsatz sei dabei mit Nägeln gefüllt gewesen, um einen möglichst großen Schaden anzurichten. Der Angeklagte habe aber beim Werfen des Sprengsatzes die Eingangstür verfehlt. Ein Nagel habe Margit W. trotzdem treffen können, wovon diese ein Hämatom davongetragen habe. Danach habe der Angeklagte das Geschäft betreten, sei auf Kevin S., einen zufälligen Kunden, getroffen und habe zwei Schüsse auf ihn abgegeben, weil er ihn irrtümlicherweise für einen Muslim gehalten habe. Er habe Kevin S. zunächst verfehlt, wodurch dieser fliehen konnte. Der Angeklagte sei ihm aber gefolgt. Der ebenfalls anwesende Conrad R. sei währenddessen in den Toilettenraum geflohen. Der Angeklagte habe während der Verfolgung von Kevin S. Bernd H. wahrgenommen und seine Waffe auf ihn angelegt. Er habe zweimal versucht, in Tötungsabsicht zu schießen, sei aber aufgrund der Ladehemmung beide Male gescheitert. Bernd H. habe die zeitliche Verzögerung zur Flucht genutzt. Auch der dritte Schussversuch sei an einer Ladehemmung gescheitert, wodurch der Angeklagte davon ausgegangen sei, dass er Bernd H. nicht mehr töten könne. Daraufhin habe er Kevin S. zusammengekauert gefunden. Er habe erneut die Waffe angelegt und versucht, auf ihn zu schießen. Abermals habe sich aufgrund einer Ladehemmung kein Schuss gelöst. Auch der weitere Versuch einer Schussabgabe sei aus diesem Grund gescheitert. Ebenfalls sei ein Schussversuch auf den Arbeitskollegen von Kevin S., der namentlich nicht genannt werden möchte, gescheitert, wodurch auch dieser in der Zwischenzeit fliehen konnte. Der Angeklagte habe erkannt, dass dessen Verfolgung sinnlos gewesen wäre, und habe stattdessen erneut auf Kevin S. gezielt. Nochmals seien zwei Schussversuche gescheitert. Der Angeklagte habe seine Waffe erneut gewechselt und Kevin S. bei einem weiteren Schussversuch getroffen. Daraufhin habe er den Imbiss verlassen und sei zu seinem Mietwagen gegangen. Er sei dann wieder zurückgekehrt und habe erneut, mit einer neuen Waffe, auf den noch lebenden Kevin S. geschossen. Danach sei er wieder weggegangen, umgekehrt und habe zwei weitere Schüsse auf ihn abgegeben. Um 12.15 Uhr habe er die Gaststätte dann verlassen. Kevin S. erlag vor Ort multiplen Schussverletzungen, unter anderem durch Schüsse in Herz und Lunge.

Siebte Tat: In der Schillerstraße habe der Angeklagte auf einen tunesischen Staatsangehörigen gezielt. Aufgrund »seiner [vermeintlich] erkennbaren Abstammung« habe der Angeklagte die Absicht gehabt, ihn zu töten. Dieser habe aber fliehen können. Der Angeklagte habe einen Schuss abgegeben, das Opfer aber verfehlt. Auch in diesem Fall habe er erkannt, dass er keine Möglichkeit mehr habe, das Opfer einzuholen.

Achte Tat: Der Angeklagte sei mit seinem Mietfahrzeug einige Meter auf und ab gefahren. Nach kurzer Zeit habe er angehalten und sei bewaffnet ausgestiegen. Er habe Abdülkadir B. sowie eine unbekannte Person[4] gesehen und diese abermals aufgrund des »äußeren Erscheinungsbilds für Muslime« gehalten. Der Angeklagte sei ihnen einige Meter gefolgt und habe zwar auf sie geschossen, sie aber verfehlt. Er habe sie dabei »aufgrund ihrer Herkunft töten« wollen. Die Angegriffenen hätten Deckung gesucht, sodass auch ein weiterer Schuss sie verfehlt habe. Auch in diesem Fall habe der Angeklagte erkannt, dass er den Vorsprung der beiden nicht einholen könne.

Neunte Tat: Der Angeklagte sei auf der Ludwig-Wucherer-Straße einige Meter gefahren und dabei auf eine Funkstreife der Polizei gestoßen. Zu diesem Zeitpunkt hätten die Polizisten bereits via Funk über einen Schusswaffengebrauch Bescheid gewusst. Der Angeklagte habe sich durch die Polizeikräfte in seinem Vorhaben, Menschen zu töten, gehindert gesehen. Er sei aus seinem Pkw ausgestiegen und habe sich mit einer Waffe hinter der Fahrertür positioniert. Dann habe er sich hinter das Heck des Fahrzeugs begeben und drei Schüsse abgegeben. Er habe ferner versucht, einen Sprengsatz zu zünden, sei aber durch den Schuss aus der Maschinenpistole eines der Polizisten getroffen worden. Er sei zu Boden gefallen und einige Sekunden benommen gewesen. Da habe er erkannt, dass er der Polizei unterlegen sei und sich entschlossen, mit dem Pkw zu fliehen.

Zehnte Tat: Der Angeklagte habe versucht, so schnell wie möglich zu fahren, um sich der Verfolgung durch die Polizei zu entziehen. Er sei dabei mit einem Taxi zusammengestoßen und mit hoher Geschwindigkeit auf die Gegenfahrspur gewechselt. Während der Flucht habe er Aftax I. mit dem Seitenspiegel angefahren und seine Flucht danach fortgesetzt.

Elfte und zwölfte Tat: Der Angeklagte habe um kurz vor 13 Uhr sein Auto in Landsberg abgestellt, um die Flucht mit einem anderen Fahrzeug fortzusetzen. Er habe dabei seine teilweise selbstgebauten Schusswaffen mitgenommen. In einer Hofeinfahrt habe er von Jens Z., den er dort zufällig antraf, verlangt, ihm die Schlüssel seines Pkws auszuhändigen. Dieser habe angegeben, keine Schlüssel zu haben, woraufhin der Angeklagte aus Wut auf ihn geschossen habe. Er habe dabei dessen Tod »billigend in Kauf genommen« und herablassend gehandelt, da er ihn als »der Unterschicht zugehörig« betrachtet habe. Danach habe der Angeklagte auf die Beine von Dagmar M., der Partnerin von Jens Z., geschossen. Der Schuss habe ihren linken Gesäßbereich getroffen. Dagmar M. sei zudem gestürzt und habe eine Schürfwunde davongetragen. Der Angeklagte habe auch ihr gegenüber

4 Diese Person konnte bis zum Abschluss der Ermittlungen von der Polizei nicht identifiziert werden und ist somit als »unbekannte Person« gelistet.

»aus einer geringschätzigen Haltung heraus« gehandelt und mit seiner Tat zudem versucht, einen Pkw in seinen Besitz zu bringen, auch wenn beide Opfer dem Angeklagten die Schlüssel verweigerten. Er habe es für möglich gehalten, dass beide Geschädigten so verletzt sein könnten, dass sie stürben.

Dreizehnte Tat: Gegen 13 Uhr habe der Angeklagte sich zu einer Kfz-Werkstatt begeben, um sich einen weiteren Pkw zwanghaft zu beschaffen. Dort habe er von Christian W. die Herausgabe eines Taxis verlangt. Er habe mit einer Waffe dessen Bruder Daniel W. bedroht, woraufhin dieser ihm die Zündschlüssel gegeben habe. Der Angeklagte habe anschließend zwei Fünfzigeuroscheine auf den Boden geworfen.

Auf der Bundesstraße 91 wurde der Angeklagte nach einem Zusammenstoß mit einem Lkw schließlich festgenommen.

Er sei dementsprechend wegen Mords, versuchten Mords, versuchter räuberischer Erpressung mit Todesfolge, besonders schwerer räuberischer Erpressung, Volksverhetzung sowie gefährlicher Körperverletzung angeklagt.

Der geschädigte Aftax I. habe einen Strafantrag gestellt. Es bestehe ein besonderes öffentliches Interesse an der Strafverfolgung der Taten. Eine Unterbringung des Angeklagten in Sicherheitsverwahrung komme dabei in Betracht.

EINLASSUNG DES ANGEKLAGTEN

Die Vorsitzende belehrt den Angeklagten über sein Aussageverweigerungsrecht. Auf Nachfrage gibt er erneut an, aussagen zu wollen.

Die Vorsitzende erklärt, es würden zunächst sein Lebenslauf, daraufhin die Vorgeschichte der Tat und das allgemeine Tatgeschehen behandelt werden. Einzelheiten würden nach Inaugenscheinnahme des Videos besprochen werden. Gegebenenfalls müsse dies wiederholt werden. Die Verfahrensbeteiligten hätten dabei das Recht, Fragen zu stellen.

Die Vorsitzende fragt, wie seine Kindheit verlaufen sei. Der Angeklagte antwortet, dass dies unwichtig sei. Sie erwidert, sie würde nicht fragen, wenn sie nicht wüsste, dass seine Eltern geschieden seien, und fragt ihn, wie alt er bei der Scheidung gewesen sei. Er antwortet, er sei etwa »14 oder 15 Jahre um den Dreh« gewesen. Die Vorsitzende erwidert, dass es gut wäre, wenn er in zusammenhängenden Sätzen antworten würde. Die Frage, ob er die Trennung als belastend empfunden habe, verneint er. Seine Eltern und er hätten ein gutes Verhältnis gehabt. Auf die Bitte, mehr davon zu erzählen, gibt er an, die Tat habe keinen Bezug zur Familie gehabt. Die Vorsitzende erklärt, man frage sich natürlich, wie Menschen sich entwickelten, woraufhin der Angeklagte antwortet: »Man fragt sich natürlich, wie man diese Handlungen verhindern kann. Daran habe ich [aber] kein Interesse.« Anschließend fragt sie ihn nach seiner Schwester. Er gibt an, dass diese drei Jahre älter sei, und er ein gutes Verhältnis zu ihr und seinen Eltern habe. Die Fragen, ob er von weiteren Personen Besuch in der Untersuchungshaft erhalten habe und ob er eine Telefonerlaubnis habe, verneint er. Die Frage, ob er seine Schullaufbahn als unauffällig empfunden habe, bejaht er wiederum: »Ja, unauffällig.« Auf die Frage, ob er mit sechs Jahren eingeschult worden sei, antwortet er, dass das so gewesen sein müsse. Er bejaht auch, die Annahme, dass er die Grundschule bis zur sechsten Klasse besucht habe. »[Nach] zwölf Jahren« habe er seinen Abiturabschluss erhalten. Auf Nachfrage gibt er an, dass er dann nie eine Klasse wiederholt, eine Vorliebe für Biologie und eine Schwäche in Englisch gehabt habe.

Die Frage, ob er gute Freunde gehabt habe, verneint er. Sein Interesse sei das »Internet« gewesen. Er habe irgendwann als Teenager Zugang dazu erhalten. Die Vorsitzende fragt ihn, ob es sein »Haupthobby« gewesen sei. Er antwortet: »Neben vielen anderen, ja«, und erklärt, dass er nicht über Privatsachen reden wolle. Die Frage, ob ihn das Internet fasziniert habe, beantwortet er mit »in gewisser Weise, ja.« Besonders faszinierend sei dabei »die Möglichkeit, sich frei zu unterhalten«, gewesen, erklärt er auf Nachfrage. Die Vorsitzende hakt nach, ob es diese Möglichkeit nicht auch woanders gegeben habe, worauf er antwortet: »Nicht in Deutschland!« Die Vorsitzende fragt ihn, ob er mit anderen Menschen Kontakt gehabt habe. Er antwortet: »Ja, selten.« Er bestätigt, dass seine Schwester ihn manchmal mitgenommen habe und dass er das als »ganz nett« empfunden habe. Die Vorsitzende will wissen, ob sich etwas daraus entwickelt habe. Er antwortet, man habe halt ein paar Bekannte gehabt. Auf Nachfrage gibt er an, dass das aber nach und nach abgenommen habe. Als Ursache dafür bestimmt er »verschiedene Sachen« und fügt hinzu, dass diese unwichtig seien. Ob seine Schwester sich trotzdem bemüht habe, hakt die Vorsitzende nach. Er bestätigt: »Auf jeden Fall.« Die Vorsitzende fragt, ob er seine Schwester oft gesehen habe. Er bejaht und gibt an, auf entsprechende Nachfragen bezüglich seines Neffens nicht eingehen zu wollen, bestätigt aber, dass seine Schwester einen eigenen Haushalt führe.

Die Vorsitzende befragt den Angeklagten zu seinem Wehrdienst. Dieser gibt an, einen verkürzten Wehrdienst von sechs Monaten in der Panzergrenadiereinheit 401 in Hagenow, Niedersachsen,[5] geleistet zu haben. Nach Möglichkeit sei er dabei nach Hause gefahren. Der Wehrdienst sei aufgrund seiner fehlenden Sportlichkeit anstrengend gewesen und die Bundeswehr wiederum »keine richtige Armee«, sondern nur »Bürger in Uniform«. Die Frage, ob er jemals überlegt habe zu verweigern, verneint er mit: »Niemals!« Bei der Frage, ob er freundschaftliche Kontakte in der

5 Der Angeklagte spricht zwar von Niedersachsen, die Stadt befindet sich aber in Mecklenburg-Vorpommern.

Bundeswehr gehegt habe, gibt er an, nur einen Bekanntenkreis gehabt zu haben. In diesem seien außerdem nur Wenige gewesen.

Auf Nachfrage sagt er aus, dass er nach dem Wehrdienst ein Studium habe anfangen wollen, »Molekulare und Strukturelle Produktgestaltung«. Er habe dazu eine Einzimmerwohnung in Magdeburg angemietet. Nachfragen zu den genauen Daten lässt er mit der Begründung, dass diese dem Gericht vorlägen, nicht zu. Er erklärt aber, in einer der ärmsten Gegenden gewohnt zu haben. Er habe zum Beispiel in der Wohnung die Lüftung abkleben müssen, da ansonsten Insekten aus dieser herausgekommen wären, weil die Mieter über ihm »Drecksschweine« gewesen seien. Die Wohnung habe sich in einem Plattenbau befunden, der mittlerweile abgerissen worden sei. Dort habe er sich nicht sehr wohlgefühlt, fügt er hinzu.

Die Frage, ob er eine Fahrerlaubnis gehabt habe, bejaht er, ergänzt aber, dass er kein eigenes Auto besessen habe.

Sein Studium sei »mäßig« gelaufen, erklärt er auf Nachfrage. Es habe Fächer gegeben, die ihm Spaß gemacht hätten, aber auch welche, in denen er »richtig schlecht« gewesen war. Somit sei das Studium nicht die richtige Wahl gewesen, was der Angeklagte auf Rückfrage mit einem nachdrücklichen »Nein« betont. Er habe im zweiten Semester in den Studiengang Chemie gewechselt, weil ihm das »mehr gelegen« habe. Auf Nachfrage gibt er an, dass das dann besser gewesen sei.

Daraufhin fragt die Vorsitzende nach seiner Krankheit und bittet ihn, diese zu schildern. Er erwidert, dass er die Krankheit ungern schildern würde, sie habe die Akte immerhin vorliegen. Er habe sich über ein Jahr nicht richtig bewegen können, und habe auch heute noch Probleme damit. Sie fragt, wann es gut oder zumindest besser gegangen sei. Er antwortet, dass das drei bis vier Jahre später gewesen sei. Aus Geldgründen habe er in dieser Zeit wieder bei seiner Mutter gewohnt. Bei der Frage, wie seine Pläne zu diesem Zeitpunkt gewesen seien, lacht er und sagt, er habe keine mehr gehabt. Sie hakt nach, ob er »so in den Tag rein gelebt« habe. Er bestätigt das. Rehasport habe er nicht gemacht, ebenfalls keine Therapie. Einen Kuraufenthalt habe er, so denke er zumindest, abgelehnt. Auf Nachfrage begründet er, dass das »ja für alte Leute« sei. Dem widerspricht die Vorsitzende und weist darauf hin, dass es auch für junge Männer, die erkrankt seien, geeignet sei. Das sei jedenfalls der Grund gewesen, erwidert der Angeklagte. Er habe eben keine Lust dazu gehabt. Die Vorsitzende sagt, dass sie sich vorstellen könne, dass es Leidensdruck gegeben habe. Dem stimmt er zu und ergänzt, dass das nicht schön gewesen sei. Die Vorsitzende sagt, dass sie zu verstehen versuche, warum er nicht ein bisschen aktiv geworden sei, worauf er antwortet, dass das alles unwichtig sei. Sie erwidert, dass sie nicht wisse, ob es tatsächlich unwichtig sei. Der Angeklagte bekräftigt, dass er es aber wisse, und demnach nicht antworten möchte.

Ob er überwiegend zuhause und im Internet gewesen sei, will die Vorsitzende daraufhin wissen. Er bejaht und ergänzt, er habe auch Sport getrieben. Anfangs sei er nur gegangen, dann habe er Liegestütze und Sit-ups gemacht, irgendwann habe er dann mit dem Laufen begonnen. Er verneint dabei, jemals im Fitnessstudio gewesen zu sein.

Auf die Frage, ab wann es ihm wieder »richtig gut« gegangen sei, lacht er und sagt, er könne darauf keine Antwort geben. Stattdessen sagt er: »Nach 2015 habe ich entschieden, nichts mehr zu tun für eine Gesellschaft, die nichts mehr für mich tut und mich durch Muslime und Neger ersetzt.« Die Vorsitzende belehrt ihn daraufhin, dass sie keine Beschimpfungen hören möchte und ihn wegen solchen Verhaltens auch ausschließen könne. Sie dulde nicht, dass er in ihrem Gerichtssaal Straftaten begehe. Der Angeklagte erwidert, dass dieses Wort früher aber eine normale Bezeichnung gewesen sei. Die Vorsitzende erklärt, dass es nicht darum gehe, was früher einmal gewesen, sondern darum, was beleidigend sei: »Diese menschenverachtenden Äußerungen möchte ich hier von Ihnen nicht hören.« Sie fährt fort, dass er sich also entschieden habe, nichts für die Gesellschaft zu tun, und weist darauf hin, dass er damit auch entschieden habe, nichts für sich selbst zu tun. Er habe versucht, sich zu bessern, verteidigt sich der Angeklagte. Die Vorsitzende merkt an, dass ein außenstehender Dritter, dem man erzählen würde, dass der Angeklagte noch im Kinderzimmer wohne, denken würde, dass dieser nicht viel Wert auf seine Lebensqualität lege. Der Angeklagte lacht und sagt: »Keine Antwort.« Auf die Frage nach seinem Einkommen, gibt er an, dass seine Eltern ihn unterstützt hätten, er somit nie Sozialhilfe bekommen, aber auch nie geerbt habe. Lediglich kleine Geschenke hätte es zum Geburtstag gegeben.

Die Vorsitzende kommt auf seine Internetaktivität zu sprechen und fragt, ob es Personen gegeben habe, mit denen er gechattet hat und ob diese Chats mit Klarnamen abliefen. Der Angeklagte lacht. Natürlich habe er mit Menschen kommuniziert; er kenne diese Personen aber nicht persönlich und Telefonnummern hätten sie auch nicht ausgetauscht. Die Vorsitzende fragt weiter, ob jemand versucht habe, Kontakt zu ihm aufzunehmen. Der Angeklagte lacht nochmals und erklärt, dass das so nicht stattgefunden habe. Die Frage, ob seine Bekanntschaften außerhalb des Netzes, also abgesehen von der Familie, »gegen null« gegangen seien, bejaht er. Auf eine entsprechende Rückfrage erklärt er, dass es noch Personen neben der Kleinstfamilie gegeben habe, er darüber aber nicht reden wolle, zumal er selten Kontakt gehabt habe. Zu Familienfeiern sei er wiederum immer hingegangen. Auf die Frage hin, ob es auch Streit mit den Eltern gegeben habe, lacht er und sagt: »Natürlich«, seine Eltern hätten sich sehr große Sorgen gemacht. Ob sie das auch artikuliert hätten, fragt die Vorsitzende nach. Er bejaht. Zum beruflichen Hintergrund seiner Eltern gibt er an, dass seine Mutter Lehrerin sei und sein Vater als Dienstleister für den Rundfunk arbeite. Die Mutter unterrichte an der Grundschule, fährt er fort, unter anderem das Fach »Ethik«. Die Vorsitzende fragt, ob er selbst Ethik gehabt habe und wenn ja, wie lange. Er antwortet, dass er das aus dem Kopf nicht mehr wisse, aber es müsste ab der siebten Klasse gewesen sein. Die Vorsitzende kommt darauf zurück, dass seine Eltern sich zwar Sorgen gemacht, aber ihn zugleich unterstützt hätten, und fragt, mit welchen Beträgen sie das getan hätten. Er erklärt, dass sie seinen Lebensunterhalt und seine Krankenversicherung bezahlt hätten. Auf die Frage, was er im Monat gebraucht habe, antwortet er mit: »Keine Ahnung«, er habe jedenfalls möglichst wenig verbraucht. Auf Rückfrage bestätigt er, dass er bescheiden sei. Ob das Internet denn nicht auch Kosten verursacht habe, hakt die Vorsitzende nach. Der Angeklagte antwortet, dass er technische Geräte sehr lange, nämlich, bis sie kaputtgehen, benutzt habe. Die Frage, ob er sein technisches Grundverständnis von seinem Vater gelernt habe, bejaht er. Das meiste habe er sich aber selbst angeeignet.

Die Vorsitzende fragt, wie sein Leben verlaufen sei, ob es von Jahr zu Jahr gleich geblieben sei oder ob es eine Art »Cut« gegeben habe. Der Angeklagte bestätigt das und erklärt, dass die Flüchtlingskrise 2015 etwas Derartiges für ihn dargestellt habe. Das Problem seien dabei die Millionen Araber gewesen, die nach Deutschland geströmt und hereingelassen worden seien. Wie viele Flüchtlinge in seinem Heimatdorf gewesen seien, hakt die Vorsitzende nach. Plötzlich seien sie dagewesen, antwortet der Angeklagte. Sie fragt, ob ihn das beeinträchtigt habe. »Ich denke, ja«, bestätigt er etwas zögerlich. Die Vorsitzende sei »vielleicht noch nie von einem Muslim dumm angemacht worden«, fügt er hinzu, er aber schon. Ob er zuvor denn noch nie angemacht worden sei, möchte die Vorsitzende wissen. Nicht in diesem Umfang, erklärt er. Wie es in der Schule war, fragt sie weiter. Er sei kein beliebter Schüler gewesen. Es hätte »ein paar« Hänseleien gegeben, erklärt er auf Rückfrage. Was der »Aufhänger« gewesen sei, will die Vorsitzende wissen. Er antwortet, dass er denke, seine »geringe soziale Stellung« der Grund dafür gewesen sei. Warum er von dieser sozialen Stellung ausgehe, fragt sie und deutet damit die beruflichen Hintergründe seiner Eltern an. Der Angeklagte lacht und verweist auf Gruppendynamiken. Die Frage, ob das bedeute, dass er unbeliebt gewesen sei, bestätigt er mit: »Richtig«. Bei der Frage nach dem Grund seiner Unbeliebtheit, lacht er nur, und verneint daraufhin, dass er jemandem davon erzählt habe, sich unwohl gefühlt zu haben. Er erklärt, dass er »eher« keine Person sei, die über seine Probleme rede; er hätte kein Interesse daran.

Die Vorsitzende verweist nochmals auf das Jahr 2015 und gibt an, dass sie nicht verstehe, wie Menschen, die aus anderen Ländern kämen, ihn in seinem damaligen Wohnort beeinträchtigt hätten. Der Angeklagte lacht wieder. Wie viele Flüchtlinge seien denn hinzugekommen, fragt die Vorsitzende ihn, woraufhin er sie gereizt fragt, woher er das denn wissen solle. Er verneint die Annahme, dass es ein Flüchtlingsheim in seiner Umgebung gegeben habe. Die Flüchtlinge seien jedenfalls dezentral untergebracht worden – in »Kommunistenhäusern«,[6] fügt er hinzu. Sie seien die »Eroberer aus dem muslimischen Kulturkreis«. Ob er »dumm angemacht« worden sei, will die Vorsitzende genauer wissen. Er sei »drei Tage vor der Tat von drei Negern an die Seite gedrückt« worden in der Bahn. Von drei »Dunkelhäutigen?«, fragt sie nach. »Ja«, bestätigt dieser. Das passiere, dass man angemacht werde, erklärt die Vorsitzende. Sie würden sich »wie die Eroberer, die sie sind«, benehmen, erwidert der Angeklagte. Die Vorsitzende sagt, er habe ja nicht allzu viele Erfahrungen mit Menschen gehabt und fragt, ob ihn dementsprechend vieles ängstige. Er entgegnet, dass er wütend sei. Über Jahrhunderte habe man »sein Land verteidigt«, jetzt würden »die Feinde ins Land gelassen, ohne Widerstand«. An dieser Stelle unterbricht die Vorsitzende ihn und fragt, wo sein Name herkomme. Aus Elsass-Lothringen, antwortet der Angeklagte. Der Name habe einen »hugenottischen Hintergrund«, vermutet die Vorsitzende, er sei französisch. Er würde »rote Haare« bedeuten, was eine »rassistische Bezeichnung« sei, erklärt der Angeklagte. Wenn man recherchieren würde, so die Vorsitzende wieder, könnte man vermutlich eine Fluchtgeschichte in der Familie des Angeklagten finden. Der Angeklagte fragt, ob sie da von der »Vertreibung der Deutschen« spreche. Die Vorsitzende unterbricht ihn und erwidert, er könne das in Ruhe nachlesen. Daraufhin sprechen sie und der Angeklagte unverständlich durcheinander. Der Angeklagte wendet ein, dass sie ihm vorhin verboten habe, das Wort »Neger« zu benutzen. Die Vorsitzende erwidert, dass es »schon grenzwertig« sei, was er im Gerichtssaal von sich gebe.

Sie merkt anschließend an, dass sie die Eltern des Angeklagten sowie seine Schwester abladen möchte [Aufhebung der Ladung, Anm. d. Hgg.], da diese angegeben hätten, keine Aussagen machen zu wollen. Ob sie denn von seiner Tat belastet seien, fragt sie den Angeklagten. Dieser bestätigt, sie seien durch seine Tat sehr belastet.

Der Angeklagte fährt fort, dass er »eine Person am unteren Rand der Gesellschaft« sei. Wenn »Fremde kommen, rutsche [er] raus«. Er sei durch seine Krankheit bereits »rausgerutscht«, entgegnet die Vorsitzende; er habe keine Pläne und keine Ziele gehabt, das habe nichts mit den Flüchtlingen zu tun gehabt. »Doch, sehr!«, widerspricht dieser, lacht und fährt fort, dass »Muslime und Araber in alle Dörfer gedrängt« worden seien. Die Vorsitzende unterbricht ihn abermals. Sie habe bereits verstanden, dass er ein Problem mit Flüchtlingen gehabt habe, und fragt ihn, wann er angefangen habe, Pläne zu entwickeln. Der Angeklagte antwortet, dass er erstmals 2015 angefangen habe, sich zu bewaffnen – »aus Selbstschutzgründen«, »im Sommer 2015«. Er habe eine Waffe im Internet gekauft und bestätigt auf Nachfrage, dass er

6 Der Angeklagte meint hier möglicherweise einen Plattenbau aus der DDR.

diese bei der Tat zwar dabeigehabt, »aber nicht verwendet« habe. Bestimmte Dinge seien der »Einziehung unterlegen«, merkt die Vorsitzende daraufhin an. Er würde aber nicht freiwillig auf irgendwas verzichten, entgegnet der Angeklagte wiederum. Diese Dinge seien jetzt zumindest sichergestellt, fährt die Vorsitzende fort und fragt, was er sich vorstelle, was mit ihnen passieren solle. Er würde sie seiner Familie übergeben, damit diese sie »als kleine Wiedergutmachung« verkaufen könne, antwortet der Angeklagte. Die Vorsitzende fragt, wie viel die Schusswaffe gekostet habe, worauf der Angeklagte angibt, dass er 1200 Euro vermute. Er habe viel sparen und viel verkaufen müssen, ergänzt er; nach und nach habe er alles verkauft, was er nicht mehr gebraucht habe. Was genau er verkauft habe, fragt die Vorsitzende nach. »Alle möglichen Sachen«, darunter Spielzeug und Elektronik, antwortet dieser.

Ob die Mutter des Angeklagten sein Zimmer sauber gemacht habe, fragt die Vorsitzende weiter. Der Angeklagte antwortet, dass sein Zimmer immer abgeschlossen gewesen sei, und dass die Mutter keinen Schlüssel gehabt habe. Ob es andere Räume gegeben habe, die er allein genutzt und auf die nur er Zugriff gehabt habe, fragt sie weiter. Er bejaht und zählt sein ehemaliges Kinderzimmer im Haus seines Vaters auf. Er habe es »ursprünglich« verwendet, um Möbel zu lagern. Ob nur er einen Schlüssel gehabt habe, fragt sie nach. Er verneint, es stehe aber leer, und sein Vater gehe nicht hinein. Er wolle da nichts, bekräftigt er seine Aussage und fährt fort, dass »ein paar Sachen« von ihm noch im Keller und Werkzeug, das er verwendet habe, im Schuppen des Vaters gestanden hätten. Die Vorsitzende möchte wissen, ob man daraus einen Bezug zur Herstellung von Waffen ableiten könne. Er verneint. Auf Nachfrage gibt er an, dass der 3D-Drucker im ehemaligen Kinderzimmer bei seinem Vater gestanden habe. Ob der Vater ihn angesprochen habe, wozu er diese Geräte brauche, fragt die Vorsitzende weiter nach. Er verneint, sein Vater habe es für Spielzeug gehalten und sei auch nie dazugekommen, wenn er den 3D-Drucker verwendet habe. Die Vorsitzende spricht die Waffe des Angeklagten an. Dieser beschreibt ausführlich den Ablauf des Ladevorgangs und der Schussabgabe seiner Waffe. Auf die Frage, ob diese Waffe denn nicht ausgereicht hätte, antwortet er: »Bei Weitem nicht.« Was er sich dabei gedacht habe, als er die Waffe gekauft habe, will die Vorsitzende weiter wissen. Er antwortet: »als Selbstverteidigungswaffe«. »Gegen?«, fragt sie nach. »Muslime und Schwarze«, antwortet er. Wie es weitergegangen sei, hakt sie nochmals nach. Der Angeklagte antwortet, dass die Schusswaffe »nicht genug« und »ineffizient« gewesen sei und er sich deswegen weiter habe informieren müssen. Leider habe er dabei keine Kontakte und keinen Zugang zum Schwarzmarkt gehabt; auch im Internet habe er keine »illegalen Waffen« kaufen können. Oft seien es Betrügereien gewesen. Zudem seien sie teuer gewesen, und er hätte nicht genügend Geld gehabt. Die einzige Möglichkeit, sich zu bewaffnen, sei also der Eigenbau von Waffen gewesen, fügt er hinzu. Wann er festgestellt habe, dass er keine Waffen kaufen könne, fragt die Vorsitzende.

Es sei »Herbst bis Winter 2015« gewesen, »nach der großen Flüchtlingskrise, nach den Aufnahmen in der Tagesschau«. Er habe im Internet Pläne gefunden, wie er eine Waffe bauen könnte, und habe es dann selbst ausprobieren wollen. Sein Vater habe relativ viel Werkzeug gehabt, was er nutzen konnte, wenn der Vater nicht da war; er habe nicht viel selbst kaufen müssen, was wiederum praktisch gewesen sei. Sein Großvater sei außerdem gestorben; er habe sich alle Werkzeuge genommen, die funktioniert hätten. Die ersten Pläne habe er aus dem Internet gehabt. Dann habe er angefangen, selbst zu entwerfen. Ob er sich mit anderen darüber ausgetauscht habe und falls ja, auf welcher Plattform, fragt die Vorsitzende. Er habe sich »anonym mit Leuten darüber unterhalten«, antwortet er. Also gäbe es Gleichgesinnte, hakt sie nach. Er bejaht, es werde aber »natürlich nicht gesagt, man baut eine illegale Waffe«. Ob dies im »Darknet« gewesen sei. Er bejaht, »auch im Darknet«, dort gebe es jedoch »wenig Traffic«. Er habe jedenfalls 2016 angefangen, Waffen zu bauen. Es seien acht Waffen sichergestellt worden, sagt die Vorsitzende. Der Angeklagte bestätigt das. Über welchen Zeitraum er die Waffen gebaut habe, fragt sie. Mit Unterbrechung, drei Jahre, antwortet er und ergänzt, er habe nur arbeiten können, wenn sein Vater nicht zuhause gewesen sei, und er auch Motivation dazu gehabt habe. Ob es schleppend verlaufen sei, fragt die Vorsitzende nach. Der Angeklagte bejaht, es sei »komplex« gewesen, man habe sich ständig neue Handwerke wie zum Beispiel das Schweißen beibringen müssen. Er habe ja nicht einmal ein gerades Loch bohren können und alles erst lernen müssen. Die Vorsitzende fragt, wann er fertig geworden sei. Das wisse er nicht genau, sagt der Angeklagte. Er sei »relativ demotiviert« aufgrund der Ineffizienz seiner Waffen gewesen. Er habe die Waffen zwar getestet, aber nicht so häufig wie gewollt. Das sei sehr laut gewesen, und er habe einen »improvisierten Schalldämpfer« nutzen müssen. Das Pulver für die Munition habe er selbst hergestellt. Es seien Patronenhülsen markiert worden, sagt die Vorsitzende. »Ja, eine«, antwortet er. Wie viel Munition er gehabt habe, fragt sie weiter. Daraufhin antwortet er detailliert zur Anzahl und den jeweiligen Typen der Munition.

Die Vorsitzende sagt, er habe auch ein Schwert mit Lederhülle mit sich geführt. Der Angeklagte bestätigt und erklärt, es sei ein »Dekoartikel«, auch wenn er gedacht habe, dass es ein richtiges Schwert sei. Warum er es dennoch mitgenommen habe, fragt die Vorsitzende. Es sei »nicht zu nichts zu gebrauchen«, erklärt er, immerhin sei es ja ein Schwert. Er habe es zwar als »Deko« gekauft, aber es sei trotzdem ein »richtiges« Schwert, fügt er hinzu. Er würde sich schließlich »keine Fakes an die Wand hängen«. Er habe es sich von seinem Bundeswehrgehalt gekauft, erklärt er weiter. Die Vorsitzende erwidert, dass er noch ein Messer mit 16,5 Zentimeter Klingenlänge gehabt habe. »Ja«, bestätigt er, das hätte er schon ewig gehabt. Ebenso sei ein weiteres Messer mit 17 Zentimeter Klingenlänge »Marke Eigenbau« sichergestellt worden, fährt die Vorsitzende fort. Das habe er lediglich als Werkzeug mitgenommen, sagt der Angeklagte. Die Vorsitzende fragt nach seiner Ausrüstung am Tattag.

Den Helm habe er schon länger, es sei ein »echter Kampfhelm«, erklärt der Angeklagte. Er habe ihn aus der Zeit, in der die Bundeswehr ihre Bestände verkauft habe. Die Weste wiederum habe er von der Polizei gebraucht gekauft. Diese würde ihre abgelaufenen Westen als »Dekoartikel« verkaufen. Die Vorsitzende fragt, ob er diese Artikel im Internet gekauft habe. Er bejaht, doch habe er dazu seinen Wohnort verlassen müssen. Er fügt hinzu, dass er sich dafür das Auto seiner Mutter leihen oder mit dem Bus beziehungsweise mit der Bahn habe fahren müssen. Da er aber wenig Geld gehabt habe, sei er selten gefahren.

Die Vorsitzende fragt, ob er auch etwas anderes gemacht habe. Er sei durch den Wald gelaufen, antwortet er, sonst habe er nichts unternommen. Ob er sich als einen »einsamen Menschen« bezeichnen würde, möchte sie genauer wissen. Er bejaht, »er denke schon«. Wie es ihm dabei gehe, fragt sie weiter. Nach kurzer Pause antwortet er: »suboptimal«, und gibt auf Nachfrage an, dass er sich mehr soziales Umfeld gewünscht, aber zugleich keine Möglichkeiten dafür gesehen habe. Die Vorsitzende erwidert, dass er sich einer Gruppierung hätte anschließen können. Er verneint energisch: »Nein«, und fügt hinzu, dass das »alles Verfassungsschutzleute« seien – auch wenn er keine Angst davor gehabt habe, dass Gruppierungen vom Verfassungsschutz unterwandert seien, denn fast jede Gruppierung, die sich dafür einsetze, »dass Europa weiß bleibt«, sei vom Verfassungsschutz unterwandert.

Die Vorsitzende fragt, wann er sich entschieden habe, die Tat umzusetzen. Nach dem Anschlag in Christchurch, Neuseeland,[7] antwortet der Angeklagte. Auf Nachfrage erklärt er, dass das Spannende an diesem Anschlag gewesen sei, dass sich ein »weißer Mann« gewehrt habe, obwohl er gewusst habe, dass er »nicht [hätte] gewinnen« können. Der Mann habe es selbst in die Hand genommen, und ihm sei es dabei egal gewesen, was andere über ihn sagen würden. Man könne sich aber auch fragen, was »der weiße Mann« in Neuseeland überhaupt mache, entgegnet die Vorsitzende. Der Angeklagte sagt, dass die »mächtigste und stärkste Gruppe die Region« besiedle. Das Wichtigste sei es demnach, sich auszurüsten und zu kämpfen.

Ob seine Waffen zum Zeitpunkt des Attentats in Christchurch bereits fertig gewesen seien, fragt die Vorsitzende. Der Angeklagte bestätigt, dass die Waffen schon lange vorher fertiggestellt gewesen seien, wobei er die Waffen zwar gebaut, aber zwischendurch auch pausiert habe. Trotzdem habe er, um »wirklich was machen zu können«, nur noch »Kleinigkeiten« tätigen müssen. So habe er zu diesem Zeitpunkt beispielsweise nur drei Magazine gehabt. Ob er die Magazine selbst hergestellt habe, fragt die Vorsitzende. Der Angeklagte bestätigt, dass er noch »Pulver« übriggehabt habe, deswegen sei ihm auch die Idee gekommen, Sprengsätze zu bauen, um auch verschlossene Türen aufsprengen zu können.

7 Am 15. März 2019.

Wann er den Plan entwickelt habe, die Tat konkret in Halle umzusetzen, fragt die Vorsitzende. In Halle sei die nächste Synagoge gewesen, erklärt er. Sie sagt, er habe die ganze Zeit von Muslimen gesprochen, warum habe er dennoch die Synagoge gewählt. Der Angeklagte seufzt, holt Luft und sagt, die Juden seien die »Hauptursache am weißen Genozid«, sie würden eine »neue Weltordnung errichten« wollen. Die Vorsitzende unterbricht den Angeklagten: »Herr Angeklagter…« Dieser spricht dennoch, zum Teil unverständlich, weiter, unter anderem von: »Weltstadt« und »Protokollen«. Die Vorsitzende unterbricht ihn abermals: »Das stoppe ich jetzt!«, und fragt nochmals, wann er auf die Idee gekommen sei, seine Aggressionen »nicht nur gegen Muslime, sondern auch gegen Juden« zu richten. Er antwortet, die Juden seien die Organisatoren und seien es auch 2015 gewesen. Ob es also auch schon damals Thema war, fragt die Vorsitzende. Es sei nach und nach gekommen, erklärt er. Damals sei nur das Bild der Muslime, die das Land eroberten, präsent gewesen. Die Vorsitzende fragt, wie es denn mit Christen sei. Der Angeklagte antwortet, dass »diese semitische Weltsicht, diese Religion« aus der Vorstellung, dass alle Menschen unter Gott gleich seien, »einer der Hauptgründe« sei, warum »die Muslime und die Schwarzen« sich ansiedeln könnten. Die Vorsitzende fragt, ob er meine, dass ihre beziehungsweise unsere »christliche Werteordnung […] Ursache allen Übels« sei. Er erwidert energisch, dass das nicht seine, sondern ihre »christliche Werteordnung« sei. Die Vorsitzende bestätigt das. Der Angeklagte fügt hinzu, dass diese Werteordnung »nicht Ursache allen Übels« sei, aber zu einer »multikulturellen Entwicklung« führe. Die Vorsitzende verweist daraufhin auf die Hugenotten und den möglichen Fluchthintergrund seiner Urgroßeltern. Der Angeklagte lacht und ergänzt, er habe kein Problem mit Religion, er habe ein Problem mit »Semitismus«. Er erklärt, dass das Judentum ja sowohl »ein Glaube als auch eine Abstammung« sei. Die Vorsitzende hakt nochmals nach, warum er eine Synagoge und keine Moschee ausgewählt habe. Der Angeklagte erwidert, dass es dabei auf die Frage ankomme, ob man »das Symptom oder die Ursache bekämpfen« wolle. Wann genau der Entschluss gekommen sei, die Synagoge anzugreifen, fragt sie weiter. April bis Mai letzten Jahres,[8] antwortet der Angeklagte. Die Frage, ob er mit irgendjemandem darüber gesprochen habe, verneint er: »Nein, selbstverständlich nicht!« Auch die Nachfrage, ob er darüber mit jemandem im Internet gechattet habe, verneint er; er habe die Tat niemals angekündigt. Es sei der »beste Weg [gewesen], um [nicht] verhindert zu werden«. Es sei Jom Kippur, der höchste jüdische Feiertag, gewesen, der Tag »an dem die Juden für das nächste Jahr schon mal beten, dass sie sich nicht an Verträge halten« müssten, erklärt er weiter. Wann er das erste Mal die Synagoge besichtigt habe, fragt die Vorsitzende. Er wisse es nicht genau, es müsse im

8 Gemeint ist das Jahr 2019.

Sommer gewesen sein; er habe die offene Tür jedenfalls zuvor gesehen.[9] Er gibt auf Nachfrage an, dass er nicht versucht habe, den Garten zu betreten, und betont, dass dies ja aufgefallen wäre. Er hätte zwar hineingeschaut, allerdings nicht viel gesehen. Er habe aber bereits gewusst, und dann auch gesehen, dass es dort einen Friedhof gebe, aber »leider nicht« herausfinden können, wie der Hof im Genauen aufgebaut sei. Er habe außerdem »starke Befürchtungen« gehabt, dass die Videoüberwachung ihn entdeckt habe. Der Angeklagte gibt weiter an, dass er versucht habe, möglichst viel über das Grundstück »in Erfahrung zu bringen«. Dafür sei er mit dem Auto seiner Mutter unterwegs gewesen, wobei er habe aufpassen müssen, dass ihn niemand nach seinem Vorhaben fragt, vor allem, weil seine Mutter »schon mal nachgefragt« habe und »ich lüge ungern«, ergänzt er. Polizei habe er dabei vor Ort nicht gesehen, fährt er fort. Für den 9. Oktober 2019 habe er sich im selben Moment, in dem er die Synagoge als Ziel ausgewählt habe, entschieden. Erst habe er überlegt, das Vorhaben um ein Jahr zu verschieben, um mehr Vorbereitungszeit zu haben, aber »um das Ganze in Bewegung zu halten«, sei er davon dann wieder abgekommen. Die Vorsitzende fragt nach den weiteren Vorbereitungen für den Tag. Er erklärt, dass er noch viel habe tun müssen, beispielsweise die Waffen prüfen, Sprengstoff sowie die Zünder herstellen und alles testen. Die Sprengsätze habe er aber »leider« nie testen können. Die Einrichtung des Streams sei zudem aufwändig gewesen. Eine Kamera habe er zwar bereits besessen, bei der Tat habe er aber als Helmkamera ein Smartphone genutzt. Ursprünglich sei dafür eine andere Kamera vorgesehen gewesen, aber es hätte sich herausgestellt, dass sich das Streamen mit dieser als schwierig gestaltete; sein Computer sei außerdem zu alt gewesen. Die Vorsitzende weist darauf hin, dass er eine zweite Kamera mit sich geführt habe, auf der jedoch wenig zu sehen gewesen sei. Der Angeklagte bejaht. Er habe einen Laptop und ein Ersatzgerät mit sich geführt, um den Link mit den Dokumenten im Internet veröffentlichen zu können. Die Vorsitzende fragt nochmals, ob er den Sprengstoff, die Waffen, die Munition und die Technik seit dem Zeitpunkt der Besichtigung der Synagoge organisiert habe. Er erwidert, dass er die Waffen und die Ausrüstung bereits vorher gehabt habe, auch weil er zuvor die Idee gehabt habe, eine Moschee anzugreifen.

Sie fragt den Angeklagten nach dem Pkw, den er am Tattag benutzt habe. Er erklärt, dass er ihn über das Internet gemietet und zwei Tage vor der Tat abgeholt habe. Er bestätigt, dass er dafür mit dem Zug nach Halle gefahren

9 Im Verlauf des Prozesses stellte sich heraus, dass der Angeklagte im August 2019 zwei »Erkundungsfahrten« zur Synagoge von Halle unternommen hatte.

sei. Ob er sich in Halle auskennen würde, fragt die Vorsitzende weiter. Er erklärt, dass er ein halbes Jahr in Halle gelebt und dort Chemie studiert habe und sich demnach dort »etwas« auskennen würde. Die Vorsitzende fragt, ob irgendjemand zuhause ihn auf den Mietwagen angesprochen habe. Er verneint, er habe aufgepasst, dass niemand etwas mitbekomme. Später habe er in Zeugenaussagen aber gelesen, dass es »das halbe Dorf« mitbekommen habe, obwohl er das Beladen des Autos absichtlich über drei Tage ausgedehnt hatte. Die »Einsatzausrüstung« habe er aber bis zum letzten Tag in seiner Nähe haben wollen, falls es vorher zu einer Hausdurchsuchung gekommen wäre. Seine Mutter habe sich kurz zuvor den Knöchel verstaucht oder angebrochen, fügt er hinzu. Er habe Decken über die Sachen im Auto gelegt. Ob ihn jemand auf den Inhalt des Autos angesprochen habe, fragt die Vorsitzende. Er erwidert, dass er allgemein keinen Kontakt gehabt habe und bestätigt, dass seiner Mutter auch nichts aufgefallen sei.

Es sei zu Verzögerungen beim Upload der Dokumente gekommen, weswegen sich auch alles verspätet habe, fährt der Angeklagte fort. Im Haus seines Vaters habe er sich umgezogen, sein Vater sei aber nicht da gewesen. Er denke, dass er um 11 Uhr losgefahren und um kurz vor 12 Uhr in Halle angekommen sei – »dummerweise« sei er dabei aber durch die Innenstadt gefahren.

Er erklärt, dass er auf die Türen fokussiert gewesen sei und gehofft habe, dass um 12 Uhr eine Pause sein würde. Auf Nachfrage bestätigt er, dass er gehofft habe, dass die Türen offen gestanden hätten. Ob er gedacht habe, dass er gesehen werden würde, fragt die Vorsitzende. Das wäre ihm egal gewesen, entgegnet er, er sei immerhin in »voller Montur« ausgestiegen. An den genauen Ablauf der Tat könne er sich nicht mehr erinnern; er habe jedenfalls einen Sprengsatz geworfen und eine Frau erschossen. Außerdem habe er versucht, die Tür aufzusprengen. Er sei auch »rumgelaufen«, um auf anderen Wegen auf das Gelände zu gelangen. Die Vorsitzende fragt, warum er keine Leiter dabeigehabt habe, woraufhin er antwortet, dass dies eine »gute Frage« sei, er aber auch schwer beladen gewesen sei und sich auch hätte die Knöchel verletzen können, wenn er heruntergefallen wäre. Die Vorsitzende fragt, ob er überlegt habe, die Tat auch mit einer zweiten Person als Assistenz durchzuführen. Der Angeklagte lacht und sagt, er »kenne niemanden gut genug, um mit dem einen Terroranschlag durchzuführen.«

Die Vorsitzende sagt, man sehe auf dem Video, dass er nicht in die Synagoge hereingekommen, und auch dass er deswegen frustriert gewesen sei. Er bejaht und fügt hinzu, dass das »Stresslevel« zu diesem Zeitpunkt angefangen habe, er habe gefilmt und dabei versagt. Warum er denn die Tat live übertragen habe, will sie wissen. Weil »die Übertragung wichtiger als die Tat selbst« gewesen sei, gibt der Angeklagte an. Es gehe darum, anderen zu zeigen, dass diese nicht allein seien, und dass es andere Leute gebe, die bereit seien, zu kämpfen.

Wann er Frau Jana L. wahrgenommen habe, fragt die Vorsitzende. Er wisse nur, dass jemand ihn von der Seite »angeredet«, »angeschnauzt« habe; an die genauen Worte kann er sich aber auf Nachfrage nicht erinnern. Er habe jedenfalls etwas wie »wenn ich hier vorbeilaufe« gehört. Sie fragt, als was er die Stimme identifiziert habe und ob diese Hallisch, Hochdeutsch beziehungsweise in einem Dialekt gesprochen habe. Er lacht und sagt, dass er das in diesem Moment nicht mitbekommen habe, er habe einfach die Waffe angelegt und abgedrückt. Die Vorsitzende sagt, dass man im Video sehen würde, dass die Frau ihm bereits den Rücken zugewandt habe. Der Angeklagte lacht wieder, er könne nichts dafür, dass sie ihn erst beleidigt und sich dann weggedreht, »naja, mich angeschnauzt« habe. Die Vorsitzende sagt, dies sei aber für einen Unbeteiligten, der einen derartigen Krach mitbekomme, nachvollziehbar. Der Angeklagte verneint, er schnauze in der Regel keine Unbeteiligten an. Die Frau sei aber weitergegangen, erwidert die Vorsitzende. Sie frage sich, warum er dennoch auf sie geschossen habe. »Kurzschlussreaktion«, entgegnet er – das sei ein großes Problem gewesen und »hätte ich es nicht gemacht, hätten mich alle ausgelacht«. Wer ihn ausgelacht hätte, will die Vorsitzende genauer wissen. »Alles was reichen würde, einen Rechten zu stoppen, ist ein dummer Kommentar«, entgegnet der Angeklagte. Ob er sich als einen Rechten bezeichnen würde, fragt sie ihn daraufhin. Er selbst würde es nicht unbedingt tun, wisse aber, dass andere das so sehen würden. Sie hält ihm vor, dass er nicht gewusst habe, wer Jana L. sei. Diese habe vielleicht eine ähnliche Einstellung wie er gehabt. Er beteuert nochmals, dass es eine Kurzschlussreaktion gewesen sei. Die Vorsitzende fragt weiter, warum er denn dann ein weiteres Mal auf Frau Jana L. geschossen habe. »Zur Sicherheit«, erwidert dieser kurz und ergänzt, dass man es »durchziehen« müsse. Die Frage, ob er Jana L. habe töten wollen, beantwortet er damit, dass diese direkt vor seiner Autotür gelegen habe und ihn so hätte beim Einsteigen »ergreifen« beziehungsweise entwaffnen können. Ob Jana L. denn so aussah, als ob sie den Angeklagten hätte »ergreifen« können, hakt die Vorsitzende nach. Der Angeklagte stammelt, dass es einen »weißen Krieger« gegeben habe, der in Norwegen eine Synagoge angegriffen habe und von einem 70-Jährigen entwaffnet wurde.[10] Hätte Jana L. nichts gesagt, wäre es ihm auch egal gewesen, fügt er hinzu, aber wenn man etwas anfange, müsse man es auch »zu Ende bringen«. Ob er die Lebenszeichen von Jana L. geprüft habe, fragt die Vorsitzende. Er verneint, »nochmal ein Magazin rein«, dann sei er sich sicher gewesen. Sie fragt, ob er sich erinnern könne, Jana L. beleidigt zu haben. Er bejaht, er habe sie wohl »Schwein« genannt. Es sei das Erste, was ihm eingefallen und »unterbewusst« abgelaufen sei. Auch

10 Gemeint ist der Anschlag vom 10. August 2019, bei dem eine Moschee in Bærum, Norwegen angegriffen wurde.

sei es nicht geplant gewesen, sie zu erschießen. Die Vorsitzende fragt, ob er kein Mitleid habe. Es tue ihm sehr leid, dass er sie erschossen habe, entgegnet dieser und pausiert, es sei weder geplant noch gewollt gewesen. Die Mutter von Jana L. hätte als Nebenklägerin auftreten können, sagt die Vorsitzende, sie habe sich aber von ihrem Anwalt getrennt. Sie, die Vorsitzende, gehe davon aus, dass es ihr »unglaublich schlecht« gehe. Der Angeklagte solle daran denken, wie es seiner Mutter gehen würde, wenn er auf diese Weise erschossen worden wäre. »Unglaublich schlecht«, vermutet dieser. Die Vorsitzende stimmt ihm zu und sagt, der Mutter von Jana L. gehe es nämlich auch so. Ihre Tochter sei lediglich dort lang gegangen und habe etwas gesagt. Sie selbst hätte in dieser Situation auch etwas gesagt, dann würde auch sie jetzt dort liegen. Das nenne man Mitleid beziehungsweise Empathie, fährt die Vorsitzende fort und fragt, ob er das im Nachhinein auch so sehe. Dieser bestätigt, er würde es bereuen, er habe »viele Weiße angeschossen«, das habe er nicht gewollt. Man wisse nicht, welchen Hintergrund Jana L. habe, wendet die Vorsitzende ein. Sie und der Angeklagte sprechen durcheinander. Die Geschichte werde aktiv umgeschrieben, sagt der Angeklagte. Er habe kein modernes Geschichtsbuch im Gefängnis erhalten, habe sich dennoch viel mit Geschichte beschäftigt, bemerkt der Angeklagte.

Er habe dann erneut versucht, so der Angeklagte weiter, das Tor mit dem Sprengstoff zu öffnen, es sei aber nur der Zünder explodiert. Vor der Explosion sei er aber noch in Deckung gegangen. Die Vorsitzende fragt, ob er Stimmen oder Schreie gehört habe. Er verneint, er habe Brandsätze über die Mauer geschmissen und erst später festgestellt, dass diese nicht gezündet hätten. Ursprünglich habe er eine andere Zündvorrichtung geplant gehabt, davon sei er aber abgekommen, da er befürchtet habe, er würde sich bei der Autofahrt selbst verletzen.

Er gibt an, dass vor der Synagoge ein Mann gewesen sei.[11] Er habe gehofft, dass dieser aus der Synagoge sei und habe versucht, zweimal auf ihn zu schießen. Es habe aber Ladehemmungen gegeben, und die Person sei dann weggefahren. Warum er auf die Person geschossen habe, hakt die Vorsitzende nach. Er habe vermutet, dass er »ein Jude aus der Synagoge« sei und bejaht, dass er den Mann dann auch habe töten wollen.

Die Vorsitzende fragt, ob er eine weitere Frau, die Zeugin Mandy R., wahrgenommen habe. Er antwortet, dass er sich zwar umgeschaut, aber nicht abgedrückt habe, da es erneut Ladehemmungen gegeben habe. Die Vorsitzende fragt, ob er denn auch auf diese Frau gezielt habe. Er bejaht, denn »es hätte ja auch ein Schwarzer sein können«, und dann hätte man abdrücken können. Er verneint, dass er die Frau verfolgen wollte, er habe in erster Linie in die Synagoge gewollt. Die Vorsitzende fragt, was man tun müsse, um

11 Gemeint ist der Zeuge Stanislaw G.

Ladehemmungen zu beheben. Der Angeklagte stockt immer wieder, antwortet dennoch sehr detailliert, wie man in einem solchen Fall vorgehen müsse. Daraufhin fragt sie, was er in der Synagoge habe tun wollen. »Gegen meine Feinde, die Juden vorzugehen«, antwortet er, und fügt auf die Nachfrage, wie genau das hätte passieren sollen, »mit den Waffen« hinzu, und dass er das auch hätte »spontan entscheiden müssen«. Die Sprengsätze seien jedenfalls dafür da gewesen, Räume »zu klären«, fährt er fort. Was er sich vorgestellt habe, in der Synagoge vorzufinden, fragt die Vorsitzende weiter. Er gibt an, dass er nicht gewusst habe, wie es innen aussehen würde, weswegen er viel Ausrüstung benötigt habe. Ob er wusste, wie viele Menschen in der Synagoge sein würden, fragt die Vorsitzende. Er verneint, er habe nicht einmal gewusst, ob die Synagoge genutzt wurde, sie hätte immerhin auch ein Denkmal sein können. Es sei schade, dass er die Synagoge nicht zum Beispiel am Tag des offenen Denkmals besucht habe, sagt die Vorsitzende. Der Angeklagte erwidert, dass er dafür keine Zeit gehabt habe. Dann hätte er sich mit den Dingen beschäftigen können und nicht mit dem Morden von Menschen, fügt die Vorsitzende hinzu.

Sie fragt weiter, wann klar gewesen sei, dass er es nicht schaffe, in die Synagoge zu gelangen. Der Angeklagte erklärt ausführlich, warum seine Waffen schwächer gewesen sei, als gewollt, und er deshalb festgestellt habe, dass die Waffe nicht ausreiche, um die Tür aufzuschießen. Deswegen sei er schlussendlich auch losgefahren. Er fügt hinzu, dass er zuvor noch die Reifen seines Wagens zerschossen habe, was wiederum ein großes Problem gewesen sei. Die Vorsitzende fragt, was er sich dabei gedacht habe und was in diesem Moment in ihm vorging. Der Angeklagte antwortet, dass er sich »global lächerlich gemacht« habe, in einem »unglaublichen Maß«. Ob er sich denn als Versager fühlte, fragt die Vorsitzende nach. Er wiederum fragt: »Fühlten?« und erklärt, dass das »offensichtlich« so sei.

Die Vorsitzende fragt, ob er an die tote Jana L. gedacht habe. Er verneint, unter Adrenalin denke man keine komplexen Gedankengänge, es funktioniere »unterbewusst«. Er habe eine Person erschossen, die nicht zu seinen Feinden gehöre, er sei an der Synagoge gescheitert und die Polizei bereits informiert worden. Zusätzlich sei sein Fahrzeug zerstört worden. Er habe gehofft, die Straße runter rollen zu können, um in die Innenstadt zu kommen »die immer voller Muslime und Neger« sei. Dort habe er weiter gegen seine Feinde vorgehen wollen – gegen »das Symptom« jedoch, und »nicht [mehr] die Ursache«.

Er gibt auf Nachfrage an, dass er erst kurz vor dem Dönerimbiss erkannt habe, dass es sich um einen solchen handele. Ob er selbst einmal in einem Dönerimbiss gewesen sei, fragt die Vorsitzende. Er bejaht, als 18-Jähriger sei er in einem gewesen. Was für Menschen dorthin gehen würden, fragt die Vorsitzende. Der Angeklagte antwortet, es seien größtenteils Menschen, die kein Problem mit Muslimen hätten, und befürchtet bei entsprechender Rückfrage, dass auch seine Schwester kein Problem mit Muslimen habe. Ob er durch die Schwester wisse, dass in einem Dönerimbiss viele Menschen seien, fragt die Vorsitzende weiter. Das habe sich seit der Flüchtlingskrise geändert, antwortet der Angeklagte.

Im Imbiss seien der Mitarbeiter Herr Rıfat T. hinter dem Tresen sowie weitere Besucher gewesen, sagt die Vorsitzende. Der Angeklagte bejaht, »natürlich«, und fragt, worauf sie hinauswolle. Sie antwortet, sie wolle wissen, wie es dazu gekommen sei, dass er Muslime habe töten wollen, aber lediglich Kevin S. getötet habe. Der Angeklagte antwortet, dass er einen Sprengsatz zur »Desorientierung« habe schmeißen wollen. Daraufhin macht er ausführliche Angaben zur Zusammensetzung und beabsichtigten Wirkung des Sprengsatzes.

Die Vorsitzende sagt, Margit W. sei unmittelbar in der Nähe gewesen. Der Angeklagte sagt, dass sie einen Teil des Sprengsatzes abbekommen habe, und ihm das »sehr leid« tue, es sei »zu dumm« gewesen, den Sprengsatz zu schmeißen. Die Vorsitzende sagt, es sei »nicht normal«, dass eine »unbeteiligte Dame« unterwegs sei und ihr dann so etwas passiere. Natürlich könne so etwas passieren, erwidert aber der Angeklagte.

Rechtsanwalt Hoffmann, Vertreter der Nebenklage, bittet anschließend um eine Pause. Die Vorsitzende unterbricht die Sitzung für 45 Minuten. Nach etwa einer Stunde wird die Sitzung fortgesetzt. Die Vorsitzende Richterin stellt die Anwesenheit der Beteiligten fest und setzt die Vernehmung des Angeklagten fort.

Wie viele Personen er wahrgenommen habe, fragt die Vorsitzende. Der Angeklagte antwortet, dass eine Person an der Tür des Kiez Döners gestanden habe, diese habe »muselig« ausgesehen. Deswegen habe er auf diese geschossen, doch die Waffe habe erneut geklemmt. Links habe eine weitere Person gesessen, fährt er fort. Er habe »zwei, drei, vier« Mal abgedrückt, wobei er aber nicht genau wisse, wie oft. Der Mann sei jedenfalls nach hinten gerannt. Auch ein Anderer, der zuvor auf der linken Seite gewesen sei, sei über die Treppe geflohen. Er sei dabei davon ausgegangen, dass ein Magazin ausreiche. Die Magazine am Körper habe er aber unter Zeitdruck gefertigt, und drei »gute Magazine« bereits am Anfang, bei der Synagoge »verlustigt«. Er habe ein oder zwei Menschen bei den Kühlschränken gesehen, aber er sei größtenteils damit beschäftigt gewesen, die »Lage zu klären«. Er spricht von »schwarzen, krausen Haaren«, sodass er davon ausgegangen sei, dass die Person im Dönerimbiss ein Muslim gewesen sei. Es gebe ja schließlich auch »Helle«, erklärt sich der Angeklagte, zum Beispiel aus den Maghrebstaaten. Die Vorsitzende fragt, ob er denn gesehen habe, dass eine Person recht jung war. Der Angeklagte antwortet, dieser habe das Alter der »meisten Muslime hier« gehabt. Die Vorsitzende drückt daraufhin ihr Unverständnis darüber aus. Der Angeklagte erläutert weiter, dass man nur Millisekunden habe, man Entscheidungen treffen müsse, ob »da Einer ist oder nicht?« Dementsprechend sei er davon ausgegangen, dass er »wahrscheinlich Einer« sei. Er ergänzt, dass er zudem noch anmerken möchte, dass niemand auf die Idee gekommen sei, ihn »wegzutackeln«[12] und er, anstelle der Angegriffenen – sich »weggetackelt« hätte.

Die Vorsitzende sagt, dass der Arbeitskollege von Kevin S., der namentlich nicht genannt werden möchte, seitdem arbeitsunfähig sei und es ihm sehr schlecht gehe. [...] Das Problem sei dabei aber auch, dass der Angeklagte nicht so viel mit Menschen zusammen gewesen sei. Dieser sagt, dass das Beste, was er in der Situation »für den Kampf« habe machen können, gewesen sei, »nach Arabern in der Stadt zu suchen«. Die Vorsitzende entgegnet, dass der Arbeitskollege von Kevin S. aber kein Araber sei. Er sagt, dass er das erst bei der Vernehmung erfahren habe.

Die Vorsitzende erklärt, dass das Tatvideo an diesem Tag nicht mehr gezeigt werde. Im Video sehe man, dass ein Mann um sein Leben betteln würde. Der Angeklagte entgegnet, dass man deswegen aber nicht aufhören könne, sondern in diesem Moment noch habe »weiterkämpfen« können. Er glaube, die Vorsitzende sei »noch nie in so einer Situation« gewesen. Anwesende im Gerichtssaal lachen. Bei »so einer Aktion« höre man keine Akzente raus, fügt er noch hinzu. Ob er in einem Rausch gewesen sei, fragt die Vorsitzende. Er antwortet, dass er in einem typischen Adrenalinrausch gewesen sei, aber so etwas noch nie zuvor erlebt habe. Sie erwidert, dass er im Allgemeinen noch nicht viel erlebt habe, da er zurückgezogen gelebt habe. Er gibt weiter an, dass keiner etwas machen würde, dass [zum Beispiel] die Identitäre Bewegung sich »explizit mit der Grundlage gegründet« habe, »keine Gewalt anzuwenden« und selbst sie sei bereits als extremistisch eingeschätzt worden. Das bedeute wiederum, dass es keinen friedlichen Weg gebe. Er selbst lebe bereits in einem Dorf in Ostdeutschland und wisse nicht, wo er sonst hingehen könne. Die Vorsitzende merkt an, dass sie bereits viele Menschen verurteilt habe, viele Muslime aber nicht darunter gewesen seien. [...] Wäre der Mann ein Muslim gewesen, hätte er »überhaupt kein Problem gehabt, ihn zu töten«, erwidert der Angeklagte und erklärt anschließend, warum er Ladehemmungen hatte. Er sagt, er habe auf jemanden geschossen, es habe sich um einen Muslim handeln müssen, immerhin sei dieser »relativ dunkel«, vermutlich aus den Maghrebstaaten, gewesen. Der Angeklagte beschreibt technisch und detailliert seine Handlungen. Die Vorsitzende wendet ein, dass er, der Angeklagte, mit einer Waffe erneut in den Dönerimbiss gegangen sei, um Kevin S., den »gedachten Muslim, zu erschießen«. Der Angeklagte bestätigt das und ergänzt, dass er ihn angeschossen habe und auch dass er davon ausgegangen sei, dessen Gesicht getroffen zu haben. Die Vorsitzende erwidert, dass im Video zu hören sei, wie er sage: »Der ist ja immer noch nicht tot.« Der Angeklagte erklärt, dass auch das »unterbewusst«

12 Gemeint ist »umzustoßen«.

passiert sei, man müsse »das halt schnell entscheiden«, und lacht dabei. Danach ergänzt er, dass die Ladehemmungen zu viel Zeit gekostet hätten.

Die Vorsitzende fragt, was der Plan des Angeklagten gewesen sei, als er den Dönerimbiss verlassen habe. Dieser antwortet, dass er »möglichst viele Muslime und Schwarze auf der Straße« habe töten wollen und dann sich selbst. Sie fragt ihn, ob er ein Polizeiauto gesehen und dies als Bedrohung wahrgenommen habe. Er antwortet, dass er einen »großen Fehler« begangen habe, da er nicht näher herangerollt sei. Ob der Angeklagte Angst gehabt habe, fragt die Vorsitzende weiter. Dieser lacht, es werde einem schon »leicht mulmig«, und fügt hinzu, dass er gewusst habe, dass er entweder gewinnen oder sterben würde. Ob er denn Angst gehabt habe, zu sterben, fragt sie nochmals. »Mögen« tue er es jedenfalls nicht, antwortet er, er sei nicht suizidal, sondern wollte lediglich seinen Feind bekämpfen. Auf die Frage, ob er frustriert gewesen sei, sagt er aus, dass er »relativ stark versagt« habe. Er habe nichtsdestotrotz »keine suizidalen Absichten« gehabt, weil er die Möglichkeit gesehen habe, »die Lage zu drehen«, auch wenn die Polizei besser ausgerüstet gewesen sei und die bessere Kommunikation besessen habe. Die Schussweite habe er außerdem vorher nicht testen können, wobei dies nicht so wichtig sei, sondern vielmehr die Energie, die aus den Waffen komme. Er sei erschrocken gewesen, als er das Gutachten vom Sachverständigen gelesen habe, die dort ermittelte Energie läge immerhin »an der Grenze der Tödlichkeit«. Die Vorsitzende sagt, sie wundere sich, dass er dies nicht in einem einsamen Waldstück getestet habe. Er erklärt, dass jeder Versuch, Waffen zu testen, das Risiko bedeutet hätte, erwischt zu werden. Zusätzlich spricht er technisch detailliert über die Wirksamkeit von Waffen, so lasse beispielsweise die Energieübertragung nach und könne »nicht mehr effizient töten«. Er habe außerdem Sprengsätze gehabt, um sie gegen die Polizeikräfte einzusetzen, fügt er hinzu. Bei der Frage, ob dies denn geklappt habe, lacht er und verneint. Er habe einen »großer Fehler« begangen: Beim Versuch, aus dem Auto ein Feuerzeug zu holen, wurde er angeschossen, obwohl er extra zwei Feuerzeuge an seinem Körper dabeigehabt habe. Die Vorsitzende fragt, wie der Angeklagte von der Polizei angeschossen worden sei. Ihm sei schwarz geworden, antwortet dieser. Er habe gedacht, dass er jetzt tot sei. Nach ein paar Sekunden sei es jedoch wieder hell geworden, sein Gehirn habe aber trotzdem nicht mehr richtig funktioniert. Er habe starke Schmerzen im Nacken verspürt und die Befürchtung gehabt, dort getroffen worden zu sein. Von da an sei »viel unterbewusst« gelaufen. Er habe seine Waffen genommen und sei weggefahren und könne sich auch nicht mehr erinnern, ob er die Zündung angemacht habe. Dann sei er noch einmal an der Polizei wie auch an der Synagoge vorbeigefahren, wobei er das nicht gemacht hätte, wenn ihm bewusst gewesen wäre, wo er hätte lang fahren müssen. Er habe mehrere Überholmanöver unternommen, alles sei dabei relativ anstrengend gewesen. Es sei ihm außerdem »schwammig vor Augen« geworden. Er

»habe auch einen Schwarzen angefahren«, fügt er hinzu und lacht. Er hätte dabei »erstmal kein Problem« gehabt, hätte er »ihn direkt erwischt«; seinem Ziel hätte es jedenfalls entsprochen. Das Problem sei aber gewesen, dass er »komplett weg war in den Gedanken«. Die Vorsitzende erwähnt einen Zusammenstoß mit einem Taxi, woraufhin der Angeklagte erklärt, dass dort zwei Männer gestanden hätten. Bei einem, dem Vorderen nämlich, habe er sehen können, »dass es ein Schwarzer war«. Die Vorsitzende fragt, ob er auf diesen zugehalten habe. Der Angeklagte sagt, dass die Bordsteinkante sehr hoch gewesen sei und er nicht »rüber ziehen« konnte. Wenn diese niedriger gewesen wäre, »hätte ich rüber gezogen«, aber er habe sich zugleich auch nicht selbst gefährden wollen. Er sei also weitergefahren und habe sich normal in den Verkehr eingeordnet. Er verneint, dabei Verkehrsschilder wahrgenommen zu haben, das Auto sei schließlich auch kaputt gewesen, weswegen er auch unberechenbar gefahren sei. Am Anfang und später, als er erneut an der Synagoge vorbeigefahren sei, habe er Sirenen wahrgenommen. Er sei dann aus Halle raus und auf die Landstraße gefahren, vermutlich sei dort auch der zweite Reifen geplatzt. Er beschreibt detailliert, wie schnell er gefahren sei und spricht erneut davon, dass alles »unterbewusst« abgelaufen sei. Er habe ein Polizeiauto vor einem Gebäude gesehen, es sei aber »zum Glück niemand da« gewesen. Er habe daraufhin das Sichtfeld der Bundesstraße verlassen müssen, da er Angst vor Polizeihubschraubern gehabt habe. Auch habe er zwischendurch eine Pause machen und sein mitgebrachtes Wasser trinken müssen.

Auf der Flucht, so der Angeklagte weiter, habe er noch gesehen, dass der Stream gesperrt war, was »schlecht« gewesen sei, da »die Übertragung viel wichtiger [war], als die Handlung an sich«. Die Vorsitzende fragt, ob er denn wolle, dass das Video verbreitet werde. Der Angeklagte bejaht.

Er sagt, er habe dann ein Taxi gesehen, und das sei gut gewesen. Dann habe er eine zweite Person gesehen. Er spricht dabei zunehmend angeregter. Er sei auf einen älteren Mann zugegangen. Ob es sein Auto sei, habe er diesen dann gefragt, und dass er ihm den Schlüssel geben solle. Der Mann habe die Frage aber verneint. Daraufhin habe er gerufen: »Das ist eine Pistole!« und so erneut den Schlüssel gefordert. Der Angeklagte lacht und sagt, er habe nochmals gesagt: »Das ist eine Pistole!«, um den Mann wiederholt aufzufordern, den Schlüssel herauszugeben und hinzugefügt, dass er ja keine Zeit gehabt habe. Die Vorsitzende hakt ein, dass sie denke, dass es dem Mann egal gewesen sei, dass er keine Zeit gehabt habe, woraufhin der Angeklagte kichert und sagt, er habe nur auf das Grundstück des Mannes und weg von der Straße gewollt. »Wenn dich jemand nicht ernst nimmt, bist du kurz davor, entwaffnet zu werden. Dann habe ich abgedrückt.« […] und ergänzt, dass er Linkshänder sei. Die Vorsitzende sagt, »angeschossen« höre sich harmlos an, und fragt, ob er ihn am Kopf habe treffen wollen. Er erwidert, dass er lediglich gewollt habe, dass der Mann verstehe, dass er den Schlüssel herausgeben solle, und ergänzt, dass er keine körperliche Kraft mehr habe aufwenden können. Die Vorsitzende sagt, dass sie in ihrer beruflichen Laufbahn mitbekommen habe, dass sehr wenige Leute auf den Körper zielten, die Pistole an den Hals oder Richtung Kopf zu halten, sei aber »nochmal eine andere Nummer«. Der Angeklagte erwidert, dass er »doch keinen Weißen [habe] anschießen« wollen. Die Vorsitzende führt weiter aus, dass Jens Z. zu Boden gegangen sei und fragt, ob der Angeklagte die Lebensgefährtin wahrgenommen habe. Dieser antwortet, dass plötzlich eine zweite Person aufgetaucht sei und er seine Waffe wieder habe laden müssen. Er habe ihr dann in die Beine geschossen, fügt die Vorsitzende hinzu, und die Frau sei zu Boden gegangen. Der Angeklagte bestätigt und gibt an, dass die Frau ihren Mann gefragt habe, was er denn wolle, woraufhin er geantwortet habe: »Den Autoschlüssel«. Der Angeklagte betont, dass er auf diese Leute aber nicht habe schießen wollen. »Naja«, das habe er aber getan, wendet die Vorsitzende ein. Der Angeklagte erwidert, dass ihn das »sehr betroffen« habe, dass er »Weiße angeschossen habe«. Ob er sich geschämt habe, fragt sie ihn. Er bejaht, »ein wenig«. Auf die Frage, ob er sich Gedanken darüber gemacht habe, ob die beiden Hilfe bräuchten, erklärt er, dass sie ja noch hätten reden können. Sie hätten zwar eine Schussverletzung gehabt, aber sich noch unterhalten können. Er habe dann überlegt, was er jetzt machen könne; dass sie angeschossen seien, sei zwar »ziemlich schlecht« gewesen, aber habe ihn da auch nicht wegbringen können. Die Vorsitzende hakt nochmals nach, ob er denn Mitleid gehabt habe. Der Angeklagte bejaht und ergänzt, dass er schließlich nur den Autoschlüssel gewollt habe.

Die Vorsitzende sagt, dass er dann zur Werkstatt gegangen sei und fragt, welche Waffe er dabeigehabt habe. Der Angeklagte antwortet, dass es die gleiche Waffe gewesen sei, halb in der Tasche. Er sei bekleidet gewesen mit der Jacke, den Stiefeln, aber ohne den Helm und den Patronengurt. Er sei dahin gelaufen und sei ziemlich aufgelöst gewesen, dass er die beiden Anderen angeschossen habe. Er habe zudem eine weinerliche Stimme gehabt, was »ziemlich schlecht« gewesen sei, weil ihn so »doch niemand ernst« genommen habe. Auf Nachfrage gibt er an, er könne sich nicht ganz erinnern, ob er die Waffe auf die Personen gerichtet habe. Er habe jedenfalls nur ein Auto gewollt, um wegzukommen. Ob er das auch so kommuniziert habe, fragt die Vorsitzende. Wieder gibt der Angeklagte an, dass er sich daran nicht mehr erinnern könne.

Er habe bereits erklärt, so der Angeklagte, dass die Waffe nicht sehr stark gewesen sei. Das habe er noch vom Testen gewusst, deswegen sei sie »ja größtenteils nur als Drittwaffe gedacht« gewesen. Er habe sie »im Halfter« getragen, um sie aus der Nähe einsetzen zu können. Den Personen in der Werkstatt habe er gesagt, dass er bereits auf zwei Leute geschossen habe, und dass er die Schlüssel wolle, »bitte«. Ob er dabei »gefuchtelt« habe, wisse er nicht mehr, gehe aber davon aus. Er habe nur im Kopf gehabt, »wie schief das alles läuft«, und dass er »zwei Weiße angeschossen« habe – zu diesem Zeitpunkt habe er aber auch noch nicht gewusst, dass die Person im Dönerimbiss auch »ein Weißer« gewesen sei. Er sei also »ziemlich fertig« und der Rucksack schwer gewesen. Außerdem hätte sein einer Arm nicht mehr richtig funktioniert. [...] Er spricht angeregt weiter, dass das Taxi, das er gestohlen hatte, zudem ein Automatikauto gewesen sei und er noch nie in einem solchen gesessen habe. Das sei »ziemlich schlecht in einer solchen Situation« gewesen. Er habe einen schwarzen Knopf gesehen und ihn gedrückt, alles sei mit einem Mal aufgeleuchtet, »wie in der beschissenen Enterprise.« Ein Auto habe zu fahren und »kein Elektronikspielzeug zu sein«, fügt er hinzu, und auch dass »jetzt viel unterbewusst« gelaufen sei und er [zum Beispiel] auf das falsche Pedal getreten sei. Die Vorsitzende macht einen Witz im Zusammenhang mit einer Bedienungsanleitung.

Auf der Autobahn sei dann hinter ihm ein Blaulicht angegangen, sagt der Angeklagte. Früher sei er nur »billige Autos« gefahren, das Taxi aber habe eine »ganz andere Qualität«, eine »ordentliche Leistung« gehabt und sei »schnell und leise« gefahren. Er habe versucht, die Polizei abzuhängen, das hätte aber aufgrund des dichten Verkehrs nicht geklappt. Der Angeklagte beschreibt weiter die Verfolgungsfahrt und gibt an, dass ihm dabei schwindelig geworden sei. Er kichert und fährt damit fort, dass ein Polizeiauto von vorn gekommen sei und er sich habe überlegen müssen: »Was machste jetzt?!« Widerstand bei der Festnahme hätte er jedenfalls nicht mehr leisten können. Er fügt hinzu, er habe vergessen zu sagen, dass er zwei Fünfzigeuroscheine hinterlassen habe und das Taxi habe »nicht schrotten« wollen. Die Vorsitzende fragt, wofür die 100 Euro gewesen sein sollten. Er antwortet, dass er ursprünglich die Idee gehabt habe, eine Taxifahrt zu erzwingen. Ob das eine Nutzungsentschädigung gewesen sein sollte, fragt sie weiter. Der Angeklagte lacht und bejaht. Die Vorsitzende sagt, dass das jetzt leider nicht reiche. Der Angeklagte gibt an, dass er 500 bis 600 Euro dabeigehabt habe, auch »für die Zeit danach«. Die Vorsitzende will wissen, ob er die Hoffnung gehabt habe, nach Hause zurückzukommen. »Absolut nicht!«, antwortet der Angeklagte, Nicht-Wiedersehen sei das eine, aber viel schlimmer sei es, was er seinen Eltern damit angetan habe. Die Vorsitzende fragt, ob ihm das vorher klar gewesen sei. Er bejaht und fährt fort, vom »Kampf« und »multikulturellen Staat« zu sprechen. Er habe sich entschieden, dass es »keinen anderen Weg gibt als den Kampf, weil es hier sonst verbraun[en]« würde, denn der Zuzug von Flüchtlingen führe »zur Verbraunung der Gesellschaft«.

Die Vorsitzende fragt, ob er sich in der JVA wohlfühle. Der Angeklagte lacht und verneint. Er bekomme doch Essen und sei versorgt, erwidert sie. Es fühle sich so an, als sei man in der Bundesrepublik Deutschland in Gefangenschaft, antwortet er und ergänzt, dass man nach seinen Regeln »alles tun [müsse], um nicht ausgelöscht zu werden«.

Die Vorsitzende eröffnet anschließend die Fragerunde für die anderen Verfahrensbeteiligten. Diese solle am darauffolgenden Tag fortgesetzt werden.

Eine Vertreterin der Nebenklage, die Rechtsanwältin Kristin Pietrzyk, sagt, sie fühle sich nicht in der Lage, Fragen zu stellen, ohne das Video gesehen zu haben. Die Vorsitzende erklärt, dass das Video am nächsten Tag gezeigt werde, und ergänzt, dass dabei jene Beteiligten, die das Video nicht sehen wollen, die Möglichkeit haben, später dazuzukommen.

Im Anschluss weist Richter Harald Scholz darauf hin, dass der Angeklagte sich über seine Grundwehrdienstzeit zwar »despektierlich« geäußert habe, zugleich aber auch versucht habe, sich nochmals bei der Bundeswehr zu bewerben. Der Angeklagte stammelt und sagt, dass er sich schlecht über das System Bundeswehr geäußert habe, da es »absurd« sei, »wie ein Staat seine wichtigsten Leute«, die ihn erhalten und beschützen würden, »gängeln« würde. Warum er diese Bewerbung denn zurückgezogen habe, fragt Richter Scholz nach. Er habe sie aus medizinischen Gründen zurückgezogen, antwortet der Angeklagte, seine Verfassung sei zu diesem Zeitpunkt relativ schlecht gewesen. Der Richter fragt, was der Grund der Krankheit gewesen sei und ob diese einen Zusammenhang mit Drogen gehabt habe. Der Angeklagte verneint. Richter Scholz wendet ein, dass aber laut einem Gutachten deutlich Drogen als Ursache für seine Krankheit diagnostiziert wurden.

Die Vorsitzende beendet anschließend die Verhandlung. Sie bittet die Vertreter·innen der Presse, am nächsten Tag während der Einlasskontrolle zügiger zu sein.

Mitschrift von Grischa Stanjek

2. Verhandlungstag
22. Juli 2020

Um 9.50 Uhr wird der Angeklagte in den Raum gebracht. Die Vorsitzende Richterin Ursula Mertens begrüßt die Anwesenden um 10 Uhr und stellt die Teilnehmer·innen fest.[1]

Im Vorfeld des Verhandlungstags wurden Schriftsätze ausgeteilt, darunter ein Brief von der Zeugin Heike W. Der Brief wird verlesen. Heike W. wendet sich mit einer ärztlichen Bescheinigung der Nicht-Verhandlungs- und Reisefähigkeit an das Gericht. Danach verliest die Vorsitzende Briefe der Familie des Angeklagten [Mutter, Vater und Halbschwester], in denen die Familienmitglieder ihr Recht auf Zeugnisverweigerung geltend machen. Die Briefe habe sie von der Verteidigung erhalten, sagt die Vorsitzende. Sie sagt, sie werde die Zeugen [die Familienmitglieder des Angeklagten, Anm. d. Hgg.] für nächsten Donnerstag abladen. Als Drittes wird ein Schriftsatz vorgelesen, der erst gestern beim Oberlandesgericht eingegangen war. Es handelt sich um die Beantragung der Zulassung für die Nebenklage für ein weiteres Ehepaar, die auch Synagogenbesucher gewesen seien. Dem stehe wohl nichts entgegen, so die Vorsitzende.

1 In der Regel hat die Vorsitzende Richterin zum Verhandlungsbeginn Änderungen bei den Prozessbeteiligten zum Vortag bekannt gegeben. Die Herausgeber·innen konnten die Namen der anwesenden Prozessbeteiligten nicht immer vollständig mitschreiben.

Eine Nebenklagevertreterin schaltet sich ein. Die Familie des Angeklagten sei ja noch nicht abgeladen, sie bittet darum, dass die Familie sich erklärt. Die Vorsitzende Richterin will später am Tag noch einmal Gelegenheit zur Stellungnahme geben. Die Nebenklagevertretung bittet Rechtsanwalt Thomas Rutkowski von der Verteidigung, zu erklären, wie der Brief der Familie zustande gekommen sei. Die Mandantschaft habe Bedenken, dass Rutkowski Zeugen beraten habe, obwohl er als Verteidiger den Angeklagten vertrete und hier eine Interessenkollision gegeben sei. Da alle Schreiben inhaltsgleich seien, solle Rechtsanwalt Rutkowski erklären, ob eine Beratung stattgefunden habe und warum die Zeugen dieses Schreiben zunächst an ihn und nicht direkt an das Oberlandesgericht geschickt hätten. Rechtsanwalt Rutkowski möchte sich dazu äußern, wie das Schreiben »in seinen Machtbereich gelangt« sei und erklärt, es habe sich in seinem Briefkasten befunden. Eine Beratung habe nicht stattgefunden. Die Nebenklagevertreterin Rechtsanwältin Kristin Pietrzyk antwortet, wenn das Schreiben im Briefkasten gelegen habe, könne man ja nicht nachvollziehen, ob das Zeugnisverweigerungsrecht tatsächlich ausgeübt werde, da nicht nachvollziehbar sei, ob es von den Familienmitgliedern stamme. Da habe man berechtigte Zweifel an der Autorenschaft. Der Nebenklagevertreter Rechtsanwalt David Herrmann schaltet sich ein. Wenn die Briefe kommentarlos im Briefkasten gelegen hätten, sei nicht einmal eine Zweckbestimmung veranlasst worden, dass das Schreiben zum Gericht gelangen solle. Die Vorsitzende erläutert, dass auch am 14. Juli 2020 drei Schreiben ohne Absender zur Gerichtsakte gelangt seien, die von der Poststelle jeweils abgestempelt worden seien. Dort würden sich diese Schreiben auch mit Unterschriften befinden. Rechtsanwalt Sebastian Scharmer von der Nebenklage fragt, ob es die Briefumschläge dazu auch gebe. Die Vorsitzende Richterin antwortet, die würden nicht aufgehoben.

Die Vorsitzende Richterin sagt, es sei besprochen worden, dass einige Verfahrensbeteiligte davon Abstand nehmen wollen würden, das Video in Augenschein zu nehmen, das jetzt über die Bildschirme abgespielt würde. Diese hätten nun Gelegenheit, den Saal zu verlassen. Anschließend wird ein Video von der Tat auf Monitoren im Gerichtssaal abgespielt.

Das Video ist mit einer Kamera aufgenommen worden, die der Angeklagte an seiner Ausrüstung befestigt hatte. Nach einigen Szenen, in denen man den Angeklagten nur fluchen hört, beginnt er, das Geschehen auf Englisch zu kommentieren. Das englische Original wird auf Deutsch übersetzt: »Der Holocaust ist nie passiert, die Quelle all dieses Übels ist der Jude.« Der Angeklagte hantiert mit einer Waffe. »Niemand erwartet es.« Er hat keinen Erfolg dabei, in die Synagoge einzudringen. »Fuck, ach scheiß drauf, vielleicht kommen sie ja raus.« Er geht wieder zum Auto, kramt herum, holt einen Sprengsatz raus, geht damit zum Tor und platziert den Sprengsatz an der

Tür. Dann entfernt er sich schnell. Eine Passantin kommt vorbei und fragt, was das denn hier sei. Er erschießt sie von hinten mit mehreren Schüssen. Er kommt nicht auf das Gelände der Synagoge. Er ärgert sich sichtlich, schießt abermals auf den Körper der am Boden liegenden Passantin. Ein Passant taucht auf, der den Körper sieht. Der Attentäter versucht zu schießen, aber seine Waffe hat augenscheinlich eine Ladehemmung. Er kehrt zum Tor der Synagoge zurück und schießt darauf. Da nichts passiert, läuft er zu seinem Auto zurück. Er schimpft rum, weil er »verkackt« habe. Sagt »scheiß drauf« und fährt weiter. Er ärgert sich, weil er sich unbeabsichtigt in den Reifen seines eigenen Autos geschossen hat. »Ich bin ein Versager, ich kann keinen Scheiß. Ich versuche, welche zu töten, [...] sterben wie der Loser, der ich bin, fuck. Einmal Verlierer, immer Verlierer.« Er hält am Kiez Döner an, geht in den Imbiss und schießt auf Menschen, die versuchen zu fliehen oder sich zu verstecken. Ein Mann weint und sagt: »Bitte nicht«. Er schießt auf ihn und sagt: »Fresse, Mann.« Danach verlässt er das Lokal. »Scheiße, Scheiße«, sagt er. Er schießt auf Passanten, sie fliehen. Dann betritt er wieder den Dönerimbiss. Er schießt noch mehrmals auf den reglosen Körper des Mannes. Dann gibt er Schüsse auf der Straße ab. Der Attentäter sagt: »Alle Waffen haben versagt, Mann.« [...]

Der Angeklagte grinst, während das Video gezeigt wird, insbesondere in den ersten Minuten. Das Video scheint ihn zu amüsieren. Ein Nebenklagevertreter unterbricht während der Inaugenscheinnahme des Videos, um die Aufmerksamkeit des Sachverständigen auf das Grinsen des Angeklagten zu lenken.

Nachdem das Video vollständig abgespielt wurde, richtet die Vorsitzende das Wort an die Nebenklage. Sie sagt, alle hätten registriert, dass der Angeklagte zwischendrin gegrinst habe. Die Vorsitzende weist darauf hin, dass die Verfahrensbeteiligten ohne Rechtsverlust Erklärungen bis zum Beginn des Fortsetzungstermins abgeben könnten, man könne also auch noch schriftlich etwas einreichen. Es folgt eine Pause von 45 Minuten.

BEFRAGUNG DES ANGEKLAGTEN DURCH DIE ANKLAGE

Die Vorsitzende Richterin erteilt dem Bundesanwalt Kai Lohse das Wort. Er habe nun die Gelegenheit, dem Angeklagten Fragen zu stellen. Der Bundesanwalt sagt: »Wir stehen alle noch unter dem Eindruck des Videos.« Er versuche nun, eine Überleitung herzustellen. Er fragt den Angeklagten, was er empfunden habe, als er das Video gesehen habe. Dieser antwortet, es sei schon »ziemlich schiefgelaufen«. Dann sagt er, er könne die Frage nicht beantworten. Der Bundesanwalt sagt, er habe beobachtet, dass der Angeklagte, je länger das Video lief, desto deprimierter und enttäuschter gewirkt habe. Am Anfang habe er den Eindruck gehabt, etwas in Richtung Stolz bei ihm festgestellt zu haben. Er fragt den Angeklagten, ob das richtig sei. Der Angeklagte antwortet, er habe über ein, zwei Sachen schmunzeln müssen, über dämliche Witze, die er gemacht habe. Der Bundesanwalt fragt ihn, wie oft er das Video gesehen habe. Der Angeklagte antwortet, nur einmal, bei der polizeilichen Vernehmung. Der Bundesanwalt erklärt, er wolle das Video noch einmal chronologisch durchgehen und mit der Situation vor der Abfahrt beginnen.

Der Angeklagte habe ja verschiedene Dinge vorbereitet, das Streaming in Gang gesetzt und später auch Musik angemacht. Er fragt den Angeklagten, ob er das mit Bedacht gemacht habe, wann er welche Musik spielte. Dieser antwortet: Ja, das sei alles vorher durchdacht und geplant gewesen, auch die Musiktitel seien bewusst gewählt gewesen. Bundesanwalt Lohse fragt, ob sie auch ein Kommentar zur Tat haben sein sollen, was er bejaht: Das könne man so sagen. Der Bundesanwalt spricht noch einmal die gestrige Aussage an, wo der Angeklagte angegeben hatte, die Verbreitung sei ihm wichtiger gewesen als die Tat selbst, was der Angeklagte noch einmal bestätigt.

Bundesanwalt Lohse fragt ihn, welche Ziele er mit der Verbreitung angestrebt habe, der Angeklagte will dazu keine Aussage machen. Bundesanwalt Lohse bezieht sich auf die polizeiliche Vernehmung, wo der Angeklagte drei Ziele genannt habe: Möglichst viele Menschen zu töten, Demoralisierung auszulösen und Leute zum Kampf zu motivieren. Er fragt, ob das so richtig sei. Der Angeklagte bejaht dies: Das seien seine Ziele gewesen, die er im Dokument genannt habe. Der Bundesanwalt fragt ihn nach der Gewichtung der drei Ziele. Der Angeklagte sagt, am wichtigsten sei gewesen zu zeigen, dass man sich wehren könne. Das Zweitwichtigste sei gewesen, die Moral zu heben und die eigentliche Tat sei auf Platz drei.

Bundesanwalt Lohse sagt, der Angeklagte habe das Video im Internet verbreitet, was dieser bestätigt. Der Bundesanwalt fragt, ob das Ziel gewesen sei, möglichst viele Menschen zu erreichen. Der Angeklagte antwortet: »Ja, genau.« Der Bundesanwalt führt an, er habe gestern gesagt, dass er sich global lächerlich gemacht habe. Er fragt ihn, ob er das in globalem Maßstab gesehen habe. Der Angeklagte bestätigt das: Wenn man etwas ins Internet setze, habe das globale Auswirkungen.

Dann kommt Bundesanwalt Lohse auf die Situation an der Synagoge zu sprechen. Er sagt, der Angeklagte habe geschildert, er habe »Rot gesehen« und ein hohes Stresslevel gehabt, was der Angeklagte bejaht, das sei so gewesen, nachdem er die Tür nicht aufgekriegt habe. Der Bundesanwalt fragt ihn, ob das sein Vermögen, sich an Einzelheiten zu erinnern, beeinträchtige. Er verneint das. Er erinnere sich schon an Einzelheiten, nur nicht mehr so gut an die Abfolge. Bundesanwalt Lohse sagt, der Angeklagte habe die Videos kommentiert und fragt, ob das spontane Äußerungen gewesen seien oder ob er das geplant habe. Er antwortet, das seien »Spontanäußerungen« gewesen, das sei größtenteils »unterbewusst« passiert, er rede ja sozusagen mit sich selbst. Bundesanwalt Lohse fragt noch einmal, ob er also mit den weiteren Handlungen, nachdem er die Tür nicht habe öffnen können, spontan reagiert habe, was dieser bejaht.

Bundesanwalt Lohse fragt ihn, welches Ziel er verfolgt habe, als er die Sprengsätze über die Mauer geworfen habe. Der Angeklagte erklärt, er habe ja gewusst, dass dahinter wenig sei. Er habe gehofft, dass etwas Feuer fange. Er lacht. Es sei gar nicht so leicht, etwas anzuzünden. Er habe das gemacht, weil er noch irgendetwas habe tun wollen, auch wenn die Wahrscheinlichkeit sehr gering gewesen sei, dass er etwas hätte anzünden können. Aber die Hoffnung sei da gewesen.

Anschließend kommt Bundesanwalt Lohse auf die Begegnung mit der Passantin Jana L. zu sprechen. Er sagt, wenn er den Angeklagten richtig verstanden habe, hätte er den Vorsatz gehabt, jeden, der ihn bei seinem Anschlag störe, anzugreifen. Er antwortet mit »Ja«, jeder, der ihn daran hindere oder angehe. Er habe viel darüber nachgedacht, wie er handeln wolle, wenn jemand versucht, ihm die Waffe zu entreißen, deshalb habe er auch so viele Ersatzwaffen mitgebracht.

Der Bundesanwalt fragt ihn, ob er während der Begegnung mit Jana L. den Eindruck gehabt hätte, dass er an seiner Tat gehindert würde. Er antwortet, das sei eine sehr schnelle Spontanentscheidung gewesen und lacht. Er habe nicht richtig nachgedacht. Bundesanwalt Lohse fragt den Angeklagten, ob das Erscheinungsbild von Jana L. eine Rolle gespielt habe, was dieser verneint. Der Bundesanwalt sagt, er frage das, weil der Angeklagte sich abschätzig über sie geäußert habe. Er antwortet, er bezeichne die Dinge so, wie er sie sehe. Bundesanwalt Lohse fragt ihn, was gewesen wäre, wenn jemand anderes ihn angesprochen hätte. Der Angeklagte antwortet, dass ziemlich sicher dasselbe passiert wäre, er habe »jetzt nichts gegen die Frau explizit«.

Danach befragt Bundesanwalt Lohse den Angeklagten zur Passantin Mandy R. Er fragt den Angeklagten, ob er, nachdem er Jana L. erschossen hatte, seine Gedanken darauf gerichtet habe, einen Umweg zu machen, um zu gucken, wer ihm noch gefährlich werden könnte, was der Angeklagte bejaht. Er wisse, dass Synagogen unter Polizeischutz stünden. Deshalb hätte er erst mal schauen müssen, wie die Situation sei, und ob sich dort möglicherweise ein Polizist befinde, der ihn erschießen könne. Bundesanwalt Lohse fragt ihn, ob er sich noch an die Situation mit Mandy R. erinnere. Der Angeklagte sagt, er habe die Waffe einmal hochgenommen und auf eine Person gezielt, die weit weg gewesen sei. Er habe vermutet, dass an der Waffe etwas klemme, und das habe er dann auch gesehen. Der Bundesanwalt entgegnet, er habe bei der Polizei gesagt, dass er sich nicht genau an die Situation erinnern könne. Er erwidert, er erinnere sich ungenau. Die Vernehmung sei auch ziemlich lang gewesen. Bundesanwalt Lohse fragt den Angeklagten, wie weit er sich noch an die Dinge erinnere und wie weit er die Dinge aus der

Vernehmung übernehme. Er antwortet, er könne sich an relativ viel erinnern. Manche Sachen würden sich überlagern. An die einzelnen Handlungen könne er sich alle erinnern.

Der Bundesanwalt spricht den Angeklagten auf ein Zitat aus dem Video an, nachdem das Eindringen in die Synagoge gescheitert war. Es laute in etwa: »Dann jetzt die Kanaken«. Er fragt, was da sein Gedankengang gewesen sei. Der Angeklagte antwortet, er sei an die Ursache nicht herangekommen, die Synagoge sei zu gewesen, also habe er wohl oder übel auf das Symptom wechseln müssen, also auf Muslime. Bundesanwalt Lohse fragt ihn, ob er sich diese Zielsetzung als Plan B überlegt habe. Der Angeklagte antwortet, er habe im Vorfeld überlegt, dass er immer noch mit dem Auto woanders hinfahren könnte. Das sei dann aber nicht möglich gewesen [wegen des angeschossenen Reifens, Anm. d. Hgg.], habe er gedacht. Er sei selbst erstaunt gewesen, wie weit er noch gekommen sei. Der Angeklagte lacht immer wieder bei seinen Ausführungen. Bundesanwalt Lohse fragt ihn, ob er Vorstellungen gehabt habe, wo Objekte in Halle sind, die er angreifen könne. Er antwortet, er habe nur gewusst, dass in Halle ein »Zentrum für Muslime« sei, da hätte er aber nicht hingelangen können, also habe er sich gesagt, »die Innenstadt ist voller Muslime«.

Oberstaatsanwalt Stefan Schmidt übernimmt die Befragung. Er fragt den Angeklagten nach der Person, die er auf der Magdeburger Straße angefahren hat und wie sich die Verkehrssituation für ihn dargestellt habe. Der Angeklagte lacht. Das sei schwer zu realisieren gewesen, er habe sehr versucht, sich zu konzentrieren. Da habe ein »Schwarzhäutiger« auf dem Bordstein gestanden. Oberstaatsanwalt Schmidt fragt, warum er das Fahrmanöver eingeleitet habe. Der Angeklagte sagt, das habe er gemacht, um möglichst schnell von der Polizei wegzukommen. Schmidt geht auf den Moment ein, als der Angeklagte erkannt habe, dass es sich um eine Person dunkler Hautfarbe handelt. Er bittet ihn, den Moment zu beschreiben. Der Angeklagte lacht laut, das sei ziemlich schwer, er habe überhaupt kein Zeitempfinden gehabt. Der Oberstaatsanwalt fragt ihn, ob er nach dem Zusammenstoß mit der Person gewusst habe, ob und wie er diese getroffen habe. Er sagt, er habe nicht gewusst, ob er den Mann getroffen habe, er wisse noch, dass er gedacht habe: »Das war ziemlich knapp.« Schmidt fragt ihn, ob er sich unmittelbar danach Gedanken gemacht habe, was mit der Person sei. Der Angeklagte lacht wieder laut: »Neeeein.« Er sei auf der Gegenfahrspur gewesen und hätte wieder auf die richtige Seite wechseln müssen. Der Oberstaatsanwalt hakt noch einmal nach, ob er sich Gedanken gemacht habe, ob die Person verletzt sei. Der Angeklagte lacht: »Nein.« Oberstaatsanwalt Schmidt fragt, ob er die Polizei wahrgenommen habe. Er verneint. Das sei aber unwichtig, denn sobald man einmal gemeldet werde, würden alle Kräfte zusammengezogen, und man müsse sich beeilen.

Oberstaatsanwalt Schmidt fragt, wie er sich das eigentlich vorgestellt habe, wie es weitergehen solle. Der Angeklagte lacht wieder. Er sei angeschossen worden, das sei ziemlich schlecht gewesen. Aber er hätte noch Waffen gehabt, also hätte er noch eine Chance gehabt weiterzukämpfen. Dazu müsse man aber erst mal aus der Gefahrensituation raus, danach könne man planen, was jetzt folge, das nächste Ziel suchen und so weiter.

Oberstaatsanwalt Schmidt fragt ihn, warum er das Feuergefecht mit der Polizei aufgenommen habe. Er sagt, er hätte nicht gedacht, dass das Auto noch irgendwie fahre. Da habe er dann »unterbewusst« sehr schnell versucht, sich da wegzubringen. Er habe größtenteils nicht nachgedacht und sei einfach losgefahren. Das seien allein die Instinkte. Da die Polizei dort gestanden hätte, habe er gedacht, dass er da nicht wegkomme, und er habe auch gedacht, dass die Polizisten schon außerhalb des Autos stünden. Der Oberstaatsanwalt wendet ein, die Polizei sei ja nicht sein primäres Angriffsziel gewesen, was der Angeklagte bejaht. Aber wenn er an seiner Tat gehindert werde, müsse er natürlich kämpfen, damit er weitermachen könne, sagt er.

Bundesanwalt Lohse ergreift wieder das Wort und kommt auf den Vorfall in Landsberg zu sprechen. Dort habe der Angeklagte versucht, ein Fahrzeug zu erbeuten und dabei Dagmar M. und Jens Z. angeschossen. Er fragt ihn, ob er sich vorgestellt habe, wie stark die Personen verletzt gewesen seien. Der Angeklagte antwortet, die verwendete Pistole sei sehr schwach gewesen, deshalb habe er es als nicht so schlimm eingeschätzt. Klar, eine Person sei am Hals getroffen worden, aber das sei er ja auch gewesen, und er habe noch weiterfahren können. Bundesanwalt Lohse fragt, ob er es für möglich gehalten habe, dass das Opfer sterben könnte. Der Angeklagte antwortet, möglich sei vieles, aber das sei unwahrscheinlich gewesen.

Oberstaatsanwalt Schmidt spricht an, dass der Angeklagte bei der Polizei seiner Erleichterung Ausdruck verliehen habe, dass die beiden Angeschossenen noch leben, was der Angeklagte bestätigt. Er sei natürlich froh gewesen, dass es ihnen gut gehe, weil er sie ja nicht einmal habe anschießen wollen.

Bundesanwalt Lohse sagt, bei der Festnahme habe der Angeklagte es als Fehler geschildert, dass er die Waffen nicht mitgenommen habe. Er fragt, ob der Angeklagte andernfalls noch versucht hätte, die Polizeibeamten anzugreifen. Dieser antwortet, das hätte er, so lange es gegangen sei, um dann schnell wegzukommen. Danach macht er noch Anmerkungen zu seinen Waffen.

Bundesanwalt Lohse sagt, er habe den Eindruck, dass es für den Angeklagten zwei Optionen gegeben habe: »Gewinnen oder Sterben«. Er fragt ihn, was er unter »Gewinnen« verstanden habe. Der Angeklagte antwortet: »Meine Feinde besiegen.« Bundesanwalt Lohse erwidert, das seien Millionen Menschen. Der Angeklagte antwortet: »Einer muss ja anfangen.«

Bundesanwalt Lohse fragt, ob er sich eigentlich in seiner Zeit im Studium oder bei der Bundeswehr mit anderen über Politik unterhalten habe, was der Angeklagte verneint. In Deutschland unterhalte man sich lieber nicht mit Fremden oder Bekannten über Politik, das könne schnell »schief ausgehen«. Der Bundesanwalt fragt nach seiner politischen Entwicklung. Er sagt, diese sei mit der Zeit stärker geworden. Aber er habe seit der Schule gewusst, dass es wichtige Tabuthemen gebe, die keiner anspreche. Bundesanwalt Lohse fragt ihn, ob er also gegenüber Dritten politische Themen gemieden, was er bejaht. Der Bundesanwalt sagt, der Angeklagte habe berichtet habe, dass er kein besonders sozial integrierter Mensch gewesen sei und auch keine Freundin gehabt habe. Der Angeklagte bestätigt das: »Leider nein«. Bundesanwalt Lohse: »Hätten Sie aber gern gehabt?« »Auf jeden Fall«, antwortet der Angeklagte.

Der Bundesanwalt fragt, ob er in dieser Hinsicht eine Konkurrenzsituation mit Geflüchteten empfunden habe. Er antwortet darauf, dass Muslime seine Gegner seien. Bundesanwalt Lohse sagt, er habe den Eindruck gewonnen, dass er genau analysiert habe, wo er Fehler gemacht habe. Er fragt den Angeklagten, ob er das im Nachhinein gemacht habe, was dieser bejaht. Das habe er erst gekonnt, nachdem er die Bewertung seiner Waffen durch die Ermittler gelesen habe. Der Bundesanwalt erklärt, dass er nicht empfinde, dass der Angeklagte sich die Frage gestellt habe, ob es ein Fehler gewesen sei, diese Sachen überhaupt zu tun. Er antwortet: »Die Synagoge anzugreifen, war kein Fehler. Das ist mein Feind. Die versuchen aktiv, die Weißen auszurotten.« Bundesanwalt Lohse wendet ein, dass der Angeklagte eines Tages sterben werde, er selbst auch und alle Menschen, die in dieser Zeit leben würden. Er fragt, ob daraus nicht folge, dass alle Menschen, unabhängig von Hautfarbe, Religion oder anderen Merkmalen, aus dieser Perspektive gleich sind und ob das nicht zur Folge habe, dass auch alle das gleiche Recht hätten zu leben. Der Angeklagte lacht. Bundesanwalt Lohse schließt mit der Aussage, dass der Angeklagte diese Überlegung mitnehmen solle, er habe wahrscheinlich einige Zeit, darüber nachzudenken.

BEFRAGUNG DES ANGEKLAGTEN DURCH DIE VERTEIDIGUNG

Die Vertreter der Verteidigung, die Rechtsanwälte Hans-Dieter Weber und Thomas Rutkowski, erhalten das Wort. Sie fragen den Angeklagten nach dem Fall Mandy R. Der Angeklagte sagt, er habe, soweit er wisse, keinen Schuss abgegeben.

Die Verteidigung spricht an, der Angeklagte habe erklärt, er habe keine Sozialhilfe angenommen. Er sagt darauf: »Ich stehe ungern in anderer Schuld.«

Rechtsanwalt Weber spricht danach über den Tatvorgang an der Synagoge und fragt den Angeklagten, wie er gestern auf die Frage nach dem Tathergang geantwortet habe. Der Angeklagte antwortet, er wisse nicht mehr, was er gestern gesagt habe. Er habe halt seine Gegner angreifen wollen. Er habe nicht gewusst, ob überhaupt Leute in der Synagoge gewesen seien, er habe nicht mal gewusst, wie der Hof aussah. Bei seiner Recherche habe er viele Synagogen im Internet gefunden. Da habe immer »Denkmal« gestanden. Er habe befürchtet, dass das Gebäude leer sei. Das wäre dann sehr lächerlich gewesen. Rechtsanwalt Weber hakt nach, ob das heiße, dass es keine konkreten Anhaltspunkte dafür gegeben habe, dass dort Leute sein würden. Der Angeklagte verneint. Rechtsanwalt Weber fragt seinen Mandanten, ob er bei der Synagoge Menschen beobachtet habe, als er sie vorher schon einmal angeschaut hatte, was dieser verneint. Da seien nur irgendwelche Passanten gewesen. Rechtsanwalt Weber schlussfolgert daraus: Da der Angeklagte das alles nicht gewusst habe, habe sich der Tatplan spontan entwickelt.

Rechtsanwältin Pietrzyk beanstandet diese Frage. Sie sagt, wenn Rechtsanwalt Weber die gestrige Aussage korrigieren wolle, solle er sie korrigieren. Aber er würde jetzt versuchen, funktional Schutzbehauptungen einzubauen. Das seien keine zulässigen Fragen, insbesondere weil es sowieso kein wörtliches Protokoll des Angeklagten gebe. Rechtsanwalt Weber sagt, da wolle er widersprechen. Alles würde aufgezeichnet werden. Die Vorsitzende Richterin schaltet sich ein. Die Dokumentation der Verhandlung sei für wissenschaftliche Zwecke und stehe nicht als Beweismittel zur Verfügung. Insofern bitte sie Verteidiger Weber darum, erst einmal offene Fragen zu stellen. Wenn er einen Vorhalt machen wolle, solle er mit »Ich habe in Erinnerung, dass Sie…« starten. Dann habe der Rest des Gerichts die Möglichkeit zu widersprechen. Rechtsanwalt Sebastian Scharmer von der Nebenklage ergreift das Wort. Er sagt, da Rechtsanwalt Weber seine Frage mit »Haben Sie gestern Folgendes gesagt, ...« begonnen habe, sei das per se eine unzulässige Frage.

Verteidiger Weber fragt den Angeklagten, ob es richtig sei, dass der Angriff auf die Synagoge eine spontane Entscheidung gewesen sei, da er nicht davon habe ausgehen können, dass sich in dieser Menschen befinden würden. Die Vorsitzende ergreift erneut das Wort. Sie habe es ganz klar so in Erinnerung, dass der Angeklagte gesagt habe, dass er den Plan gehabt habe, nach Halle zu fahren, um die Synagoge zu überfallen und sich danach überlegt habe, womöglich auf Muslime »umzustellen«. Er habe sich bewusst Jom Kippur herausgesucht, weil er davon ausgegangen sei, dass da viele Leute in der Synagoge sein würden. Rechtsanwalt Weber erwidert, er stelle nicht in Abrede, dass der Angeklagte das gesagt habe. Aber auf die Frage nach der konkreten Tathandlung habe er gesagt, dass er nicht wisse, ob dort Menschen seien, ob die Synagoge überhaupt besucht werde oder ob sie nur ein Denkmal sei. Sein Mandant habe gesagt, dort sei dann alles spontan abgelaufen.

Die Vorsitzende Richterin wendet ein, dass es ihre Erfahrung sei, dass man nur wörtlich protokolliere, wenn es auf den Wortlaut ankomme. Hier habe man es aber mit einer vielschichtigen Aussage zu tun. Da komme es nicht nur auf eine Sequenz im Tatablauf an, sondern auch entscheidend auf den Tatplan. Dann müsste man die ganze Aussage protokollieren, sagt sie. Sie denke, dass es auf den Wortlaut an dieser Stelle nicht ankomme. Verteidiger Weber ergreift das Wort, spricht aber nicht richtig ins Mikrofon, sodass seine Aussage unverständlich bleibt. Trotz mehrmaliger Ermahnung durch die Vorsitzende Richterin, direkt ins Mikrofon zu sprechen, setzt er seine Rede so fort. Die Vorsitzende sagt, sie habe jetzt nicht gehört, dass der Angeklagte nur mal die Synagoge besichtigen wollte und versucht habe, die Tür aufzuschießen. Rechtsanwältin Pietrzyk beanstandet, dass es nicht zulässig und durchschaubar sei, was die Verteidigung da mache. Dann solle sie bitte einen Antrag stellen, dann könne man Stellung dazu beziehen. Rechtsanwalt Weber bittet um eine 15-minütige Unterbrechung, um den Antrag zur Korrektur der Aussage ihres Mandanten anzufertigen. Es folgen 15 Minuten Pause.

Die korrigierte Aussage des Mandanten wird von der Verteidigung vorgetragen. Rechtsanwalt Weber sagt, die Aussage des Angeklagten habe gelautet, dass er nur den Hof gekannt habe und seine Recherchen ergeben hätten, dass es auch hätte sein können, dass es sich nur um ein Denkmal handele. Er habe ausgesagt, keinen konkreten Anhaltspunkt dafür gehabt zu haben, dass dort Leute seien; der Tatplan sei spontan entstanden. Rechtsanwalt Weber räumt ein, dass sein Mandant zwar gesagt habe, dass er Juden töten wolle, entscheidend sei aber, ob er bereits unmittelbar zum Töten angesetzt habe, als er die Tür zur Synagoge aufzusprengen versuchte.

Bundesanwalt Lohse beantragt, den Antrag abzulehnen, da eine solche Protokollierung voraussetze, dass es auf den genauen Wortlaut ankäme, was hier nicht der Fall sei, weil es um eine »Gesamtwürdigung« der Situation des Tatgeschehens gehe. Diese setze sich aus vielerlei Teilen der Aussagen zusammen, deshalb komme es auf diese spezifische Aussage nicht an. Rechtsanwalt Scharmer beantragt ebenfalls, den Antrag abzulehnen und fragt die Verteidigung, warum sie es nicht im Vorfeld beantragt habe, wenn sie es als so wesentlich betrachte.

Rechtsanwalt Jan Siebenhüner erläutert noch einmal für die Öffentlichkeit, dass eine Protokollierung in dieser Instanz nur möglich sei, wenn es auf eine Feststellung im hiesigen Verfahren ankomme. Das tue es dann, wenn Vorgänge und Äußerungen zum Beispiel Verfahrensfehler enthalten würden, auf die eine Revision gestützt werden könne oder Anlass für weitere Beweisanträge böten. Der Antrag sei unbegründet, weil Rechtsanwalt Weber nicht vorgetragen habe, warum es für das laufende Verfahren auf die Protokollierung ankomme. Die Vorsitzende sagt, dass der Antrag abgelehnt sei. Rechtsanwalt Weber beantragt die Herbeiführung eines Senatsbeschlusses.

Die Sitzung wird noch einmal für etwa 15 Minuten unterbrochen. Die Entscheidung, den Antrag abzulehnen, wird anschließend vom Senat bestätigt, da die Voraussetzungen nicht gegeben seien. Es komme bei der vom Verteidiger zitierten Aussage nicht auf den Wortlaut an, sondern auf deren Sinngehalt im Kontext der Gesamtaussage des Angeklagten.

Rechtsanwalt Weber befragt den Angeklagten zum Wurf des Sprengsatzes in Richtung des Dönerimbiss. Er fragt, was das für ein Wurfgeschoss gewesen sei und was für eine Wirkung es gehabt habe. Ein Vertreter der Nebenklage beanstandet die Frage, weil sie am Vortag eindeutig beantwortet worden sei. Auch Rechstanwalt Alexander Hoffmann, ebenfalls Vertreter der Nebenklage, beanstandet die Frage nach der Sprengkraft, die keine Frage der Wahrnehmung des Angeklagten sei, sondern eigentlich eine wissenschaftliche. Der Angeklagte habe bereits ausgesagt, dass er nicht die Möglichkeit gehabt habe, den Sprengsatz und andere Waffen zu testen.

Verteidiger Weber wendet sich daraufhin einer neuen Frage zu. Er fragt den Angeklagten, ob er beim Wurf des Sprengsatzes einen Tötungsvorsatz gehabt habe, oder ob es eine reine Vorbereitungstat[2] gewesen sei. Eine Vertreterin der Nebenklage beanstandet die Frage, da sie eine juristische Wertung abfrage. Rechtsanwalt Weber fragt, welche Absicht der Angeklagte mit dem Werfen des Sprengsatzes gehabt habe. Er antwortet, wie er am Vortag schon gesagt habe, habe der Sprengstoff Wasser gezogen, deshalb sei die Hauptladung nicht funktionstüchtig gewesen. Der Zünder habe aber immer noch eine kleine Sprengkraft gehabt, als Desorientierungsgranate habe sie immer noch funktioniert. Rechtsanwalt Weber fragt, ob er das gewusst habe, als er den Sprengsatz zündete. Der Angeklagte antwortet, da es schon bei der Synagoge nicht funktioniert habe, sei er davon ausgegangen, dass der Sprengsatz nicht zünden könne.

Rechtsanwalt Weber spricht an, dass der Angeklagte in Panik verfallen sei, als die Türsprengung nicht geklappt habe und dass er »Rot gesehen« habe. Er fragt, was das heißen solle. Der Angeklagte antwortet, sein Sichtfeld hätte sich leicht eingefärbt, es sei merkwürdig gewesen. Verteidiger Weber fragt, ob es eine Sinnestrübung gewesen sei. Sein Mandant lacht. Da frage er ihn medizinische Sachen. Das habe sich über sein normales Sichtfeld drüber gelegt. Sein Verteidiger fragt, ob er tatsächlich eine farbliche Veränderung

2 Der Begriff »Vorbereitungstat« meint in der Regel strafbare oder nicht-strafbare Handlungen, die der Vorbereitung einer Straftat dienen, aber noch nicht als unmittelbares Ansetzen zur eigentlichen Tat zu bewerten sind. Der Verteidiger zielt hier auf die Frage ab, ob der Angeklagte mit dem Werfen des Sprengsatzes bereits unmittelbar zum Tötungsversuch angesetzt habe.

gesehen habe. Er antwortet: »Ja, leicht.« Rechtsanwalt Weber fragt ihn, wann das das erste Mal aufgetreten sei. Der Angeklagte gibt an, dass es aufgetreten sei, als die Hauptladung nicht zündete und er gemerkt habe, dass er nicht in die Synagoge komme. Sein Verteidiger hakt nach, ob das gewesen sei, noch bevor er auf Jana L. geschossen habe, was dieser bejaht.

Anschließend kommt sein Verteidiger auf Jens Z. zu sprechen, von dem der Angeklagte die Autoschlüssel verlangt habe. Er fragt seinen Mandanten, welche Absicht er mit dem Schuss auf Jens Z. verfolgt habe. Er antwortet, wenn jemand einen aggressiv angehe, dann nehme der einen nicht ernst, dann müsse man was tun, damit der tue, was der Waffenträger verlangt. Er habe keinen Warnschuss setzen können, weil er nur noch einen Schuss in der Waffe gehabt habe. Er habe geschossen, damit Jens Z. verstehe, dass er ihm den Schlüssel geben müsse. Rechtsanwalt Weber fragt, ob der Angeklagte Jens Z. habe töten wollen, was er verneint.

Die Vorsitzende ermahnt Rechtsanwalt Weber, dass er offen fragen müsse, da es sonst suggestiv sei. Der Verteidiger fragt den Angeklagten, was er bezweckt habe. Sein Mandant sagt, er habe Jens Z. verletzen wollen, um den Schlüssel zu bekommen. Wenn er ihn hätte töten wollen, hätte er ihn auf dem Boden erschossen. Der Verteidiger fragt nach, ob er auf einen weiteren Schuss bewusst verzichtet habe. Der Angeklagte antwortet: »Klar«. Er wolle keine Weißen verletzen. Der Verteidiger fragt, welche Absicht sein Mandant bei Dagmar M. gehabt habe. Er antwortet, er habe ihr ins Bein schießen wollen, damit sie nicht die Polizei rufe. Rechtsanwalt Weber fragt, ob er eine weitergehende Absicht gehabt habe, was der Angeklagte verneint. Dann fragt Rechtsanwalt Weber nach seiner Absicht, als er dem Taxifahrer das Geld hingeworfen habe. Der Angeklagte antwortet, er habe ihn zur Fahrt zwingen wollen, das sollte für den Sprit und die Taxikosten sein.

Die Vorsitzende sagt, sie wolle noch einmal festhalten, dass er gerade gesagt habe, dass er weiße Menschen nicht erschießen wolle, verletzen aber sehr wohl. Der Angeklagte antwortet, er gehe nicht rum und schieße aus Spaß Weiße an, er habe aber in der Situation ein Auto gebraucht. Er sei sozusagen in einer Zwangslage gewesen. Die Vorsitzende fragt, ob es ihm schwerfalle, zu akzeptieren, dass andere Leute nicht seinen Wünschen entsprechen wollen würden. Der Angeklagte erwidert, das sei kein zielorientiertes Handeln bei einem Anschlag. Die Vorsitzende fragt, ob der Anschlag nicht vielleicht schon vorbei gewesen sei, was der Angeklagte verneint: Er habe noch Waffen gehabt, er habe also noch weiterkämpfen wollen.

Ein Vertreter der Nebenklage erkundigt sich, ob der Angeklagte Sorge wegen der Geräusche gehabt habe, die die Schüsse erzeugten und ob das ein Grund gewesen sei, warum er nicht weiter geschossen habe, was er verneint.

Ein Schuss allein sei nur schwer zu orten. Er habe zweimal geschossen, da wisse man sofort, wo die Schüsse herkommen würden. Hätte er die beiden töten wollen, hätte er es getan, so einfach sei das.

Verteidiger Rutkowski spricht das Tatgeschehen bei der Konfrontation mit der Polizei an. Der Angeklagte habe angegeben, dass er das Feuergefecht begonnen habe. Dieser erwidert, er habe sich der Verhaftung entziehen müssen, um weiterzukämpfen, deshalb habe er auch gegen die Polizei kämpfen müssen. Auf die Frage, was das Ziel der Auseinandersetzung mit der Polizei gewesen sei, wenn er gewusst habe, dass seine Schusswaffe auf diese Entfernung keine Wirkung entfalten könne, antwortete der Angeklagte, es wäre ihm lieber gewesen wegzukommen und weiterzukämpfen. Deshalb habe er gegen die Polizei kämpfen müssen, das Problem sei nur, dass die viel besser im Kämpfen sei als er. Er habe versuchen wollen, sie so weit zu bekämpfen, dass er fliehen könne. Rechtsanwalt Weber fragt seinen Mandanten, ob ihm in dem Moment, als er in Richtung der Polizei geschossen habe, bewusst gewesen sei, dass die Schusswirkung seiner Waffe nicht für die tödliche Wirkung ausreichen würde, und was er geglaubt habe, erreichen zu können. Er sagt, wahrscheinlich habe die Waffe nur noch verletzen können, die Energie nehme ja recht schnell auf die Entfernung ab. Rechtsanwalt Weber fragt, ob er das gewusst habe, bevor er geschossen habe. Sein Mandant antwortet, er habe vorher schon festgestellt, dass seine Waffe nur auf zehn Meter »effizient« sei. Zusätzlich habe er beim Schuss auf die Synagogentür und bei den Schüssen auf den Mann im Dönerimbiss bemerkt, dass die Waffe noch schwächer sei als erwartet.

Die Vorsitzende fragt, warum er nicht auf die Idee gekommen sei, einfach abzudrehen, als er die Polizeifahrzeuge gesehen habe. Der Angeklagte antwortet, er habe nicht damit gerechnet, dass das Auto noch weit fahre, sonst wäre er vielleicht nach Halle-Neustadt gefahren, zum »Muslimischen Zentrum oder wie das heißt«. Die Vorsitzende fragt, warum er nicht weggelaufen sei. Er antwortet, die Polizei sei dafür ausgebildet, Weglaufende zu schnappen, aber sie sei nicht oft in Feuergefechten. Er sagt, dass er sich an Stelle der Polizisten auch wegducken würde, so hoch sei deren Gehalt nicht, dass die sich da erschießen lassen würden. Rechtsanwalt Weber sagt, dann sei der Angeklagte ja doch geflüchtet. Dieser erwidert, die Polizei habe erst mal wieder ins Auto steigen und schauen müssen, ob noch Schüsse fallen, das bringe ein paar Sekunden. »Ist ganz praktisch«, bemerkt er und lacht.

Auf die Frage, ob seine Handlung auch damit zu tun gehabt habe, dass er verletzt war, antwortet er, das sei »unterbewusst« abgelaufen. »Ich sag mal Instinkt, fight or flight.« Er hätte im rationalen Zustand niemals so viel Gas gegeben, da die angeschossenen Reifen dafür hätten sorgen können, dass sich das Auto überschlägt oder ähnliches. Das sei ein riskantes Manöver gewesen. Auf die Rückfrage, ob er das getan habe, weil er verletzt gewesen sei, antwortet der Angeklagte: »Ja, also unterbewusst.« Es folgt eine 45-minütige Unterbrechung der Verhandlung.

BEFRAGUNG DES ANGEKLAGTEN DURCH DIE NEBENKLAGE

Es wird ein Bild vorgelegt, auf dem verschiedene Sprengvorrichtungen zu sehen sind.

Rechtsanwalt Scharmer sagt, es handele sich um ein Foto, dass vom Angeklagte veröffentlicht worden sein solle und Sprengvorrichtungen zeige, die er gefertigt habe. Er fragt ihn, welche davon er bei dem Angriff auf den Dönerimbiss benutzt habe. Der Angeklagte antwortet mit detaillierten Ausführungen, über die von ihm verwendeten und hergestellten Waffen. Dabei wägt er die Vor- und Nachteile bestimmter Sprengkörper im Hinblick auf ihre »Antipersonen-Wirkung« ab und beschreibt etwa eine geringe Letalität als nachteilig. Zuletzt spricht er über eine Sprengladung zum Türaufsprengen, in der keine Splitter drin gewesen seien. »Wenn man die einsetzt, will man sich ja nicht selbst verletzen«, sagt der Angeklagte und lacht.

Rechtsanwalt Erkan Görgülü richtet sich an den Angeklagten. Dieser habe gesagt, wenn er die Chance habe weiterzukämpfen, würde er weiterkämpfen. Er fragt ihn, ob er den Kampf jetzt als beendet sehe. Der Angeklagte antwortet: »Kein Kommentar.«

Rechtsanwalt Benjamin Derin, Bevollmächtigter der Rechtsanwältin Ilil Friedman, ergreift das Wort. Er spricht den Tathergang in der Magdeburger Straße an. Der Angeklagte erinnere sich ja mit bemerkenswerter Klarheit, dass er eine Schwarze Person wahrgenommen habe. Er fragt ihn, ob das für ihn besonders herausstechend gewesen sei. Er antwortet, das sei deutlich zu sehen gewesen. Rechtsanwalt Derin fragt nach, ob die Person in seinem Sichtfeld gewesen sei, also ob ihm klar gewesen sei, dass es jetzt zur Kollision komme. Der Angeklagte sagt, es sei ihm bewusst gewesen, dass es dazu kommen könnte, aber die Person habe sich umgedreht und sei zurückgegangen, deshalb sei es ja nicht so schlimm ausgegangen. Der Passant habe wahrscheinlich sein Auto gehört. Der Rechtsanwalt erwidert, der Angeklagte sei ja entgegen der Fahrtrichtung gefahren, er habe die Person ja angefahren und verletzt. Der Angeklagte entgegnet, das habe er später erfahren. Der Rechtsanwalt fragt, ob er versucht habe, auszuweichen. Er sagt, er habe keine großen Lenkbewegungen machen können, er habe einen angeschossenen Reifen gehabt und hätte sich überschlagen können. Rechtsanwalt Derin fragt, ob er also überlegt habe, ob er ausweichen könnte und nicht ausgewichen sei, weil er sich sonst selbst hätte gefährden müssen.

Der Angeklagte bejaht das. Der Nebenklagevertreter fragt, ob es eine Rolle gespielt habe, ob er beim Ausweichen das Leben der Person hätte schützen können. Der Angeklagte lacht und verneint. Der Rechtsanwalt fragt: »Obwohl ihnen klar war, dass es extrem gefährlich für die Person war?« Der Angeklagte sagt, es sei ja auch für ihn gefährlich gewesen. Der Rechtsanwalt fragt, ob er vielleicht eher ausgewichen wäre, wenn es eine weiße Person gewesen wäre. Der Angeklagte lacht: »Auf jeden Fall, ja.« Dann hätte er sich vielleicht gefährdet.

Ein weiterer Nebenklagevertreter fragt den Angeklagten, ob er einen Plan B gehabt habe. Der Angeklagte antwortet, er habe nur gewusst, dass es noch andere Synagogen gebe. Der Nebenklagevertreter fragt ihn, warum er das Wort »Weißer Krieger« benutzt. Er sagt, das sei ihm so eingefallen. Der Rechtsanwalt fragt, ob ihm bewusst sei, dass Anders B. und Brenton T. im Internet so genannt würden. Der Angeklagte antwortet: »Naja, sie sind weiß und sie sind Krieger.« Der Rechtsanwalt fragt, wo er diese Diskussion zu »Wenn jemand dich nicht ernst nimmt, bist du kurz davor entwaffnet zu werden« wahrgenommen habe. Der Angeklagte antwortet, das sei irgendwo im Internet gewesen.

Der Rechtsanwalt fragt den Angeklagten nach der Stelle im Video, bevor er versuchte, einen Sprengkörper in die Synagoge zu werfen und daraufhin sagte: »Vielleicht kommen die ja raus.« Der Rechtsanwalt fragt, was sein Ziel gewesen sei, wenn »die« rausgekommen wären. Der Angeklagte antwortet, dass er dann auf sie geschossen hätte, deswegen sei er da gewesen. Der Rechtsanwalt fragt, ob er den Sprengsatz also geworfen habe, damit sie rauskämen, um sie zu erschießen. Der Angeklagte sagt: »Natürlich« sei er da gewesen, um gegen Juden zu kämpfen und um auf Juden zu schießen.

Der Rechtsanwalt fragt nach der Musik, [die im Video während der Tat lief, Anm. d. Hgg.]. Es seien verschiedene Lieder gewesen, ob der Angeklagte das erste Lied sinngemäß zusammenfassen könne, was dieser bejaht. Dann fordert der Rechtsanwalt ihn auf, dies auch zu tun, was er ablehnt. Der Rechtsanwalt fragt ihn, ob er am 9. Februar 2019 die Synagoge ausgespäht habe. Der Angeklagte verneint, da wäre der Plan noch lange nicht ausgereift gewesen.

Der Rechtsanwalt fragt, wann der Plan zum Angriff auf die Synagoge gereift sei. Der Angeklagte sagt, es hätte ja ursprünglich eine Moschee werden sollen, aber dann habe er sich umentschieden. Da müsse man sich dann umschauen, wo Juden seien.

Der Rechtsanwalt sagt, er werde dem Angeklagten im Rahmen seiner Befragung keine Bühne geben, für das, was er sagen wolle. Er fordert ihn auf, seine Frage zu beantworten. Der Angeklagte lehnt das ab; er werde keine weiteren Fragen dieses Rechtsanwalts mehr beantworten. Die Vorsitzende schlägt vor, dass der Rechtsanwalt die Möglichkeit habe, dem Gericht seinen Fragenkatalog vorzulegen.

Ein weiterer Nebenklagevertreter erhält das Wort. Er fragt den Angeklagten zunächst nach den verwendeten Waffen, worauf dieser eingehend antwortet. Dann kommt der Rechtsanwalt auf den 3D-Drucker zu sprechen und fragt, ob der Angeklagte den mal jemandem gezeigt habe. Er gibt an, er habe den Drucker mal seinem Vater gezeigt, der habe ihn aber für Spielzeug gehalten. Der Rechtsanwalt fragt, ob sein Vater mal etwas angefasst habe, was er gedruckt habe. Er sagt, es könne sein, dass er ihm mal was »von dem kleinen Kruppzeug« gegeben habe, das nur zum Testen des Druckers gewesen sei. Die Waffen habe er nicht gesehen oder angefasst. Der Rechtsanwalt fragt, ob er dem Vater mal etwas Gedrucktes gegeben habe, was der Angeklagte verneint, er habe nie was für ihn gedruckt. Wenn dann in der Zeit, als er ihm den Drucker gezeigt habe.

Der Rechtsanwalt fragt, warum er ausschließe, dass der Vater mal in sein Zimmer gegangen sei. Der Angeklagte antwortet, weil sein Vater das nicht machen würde, er sei ein ehrenwerter Mann. Der Rechtsanwalt fragt den Angeklagten, ob dieser seinen Familienmitgliedern vertraue, und setzt hinzu: »anscheinend nicht«. Der Rechtsanwalt fragt, ob er selber sein Zimmer geputzt habe. Der Rechtsanwalt hakt nach, ob seine Mutter nie geputzt habe, was er bejaht. Er entgegnet: »Nein. Lassen Sie Ihre Mutter Ihr Zimmer putzen?« Sein Zimmer bleibe allgemein auch abgeschlossen, wenn er weg sei. Der Rechtsanwalt fragt, ob die Eltern das akzeptiert hätten. Er antwortet, sie hätten es nicht toll gefunden, aber er habe ihnen erklärt, dass er nicht wolle, dass jemand an seine Sachen gehe. Der Rechtsanwalt fragt, ob er es also für notwendig gehalten habe abzuschließen, obwohl er von Vertrauen rede. Er sagt, das seien zwei verschiedene Räume. Bei seinem Vater sei nur Werkzeug drin, bei seiner Mutter lägen Waffen im Bettkasten, da habe er zur Sicherheit abgeschlossen. Auch, weil seine Schwester manchmal mit ihrem kleinen Sohn komme, nachher passiere da noch etwas, »wenn der da rumkramt«.

Ein weiterer Vertreter der Nebenklage befragt den Angeklagten zum »Großen Austausch« und fragt ihn, ob er diese Verschwörungstheorie kenne. Der Angeklagte lacht und fragt, ob das jetzt auch schon eine Verschwörungstheorie sei. Auf die Nachfrage, ob er die Theorie nun kenne, antwortet er: »Ich kenne die Wahrheit.« Der Rechtsanwalt fragt, wann er zum ersten Mal davon erfahren habe. Er sagt, das habe er im »Manifest« von Brenton T. gelesen. Dass der »Große Austausch« stattfinde, habe er 2015 gesehen. Der Rechtsanwalt fragt ihn, ob er inhaltsgleiche Themen vor 2015 schon mal wahrgenommen habe. Der Angeklagte bejaht, er habe so was hin und wieder mal angelesen. Der Rechtsanwalt fragt, wo er so etwas gelesen habe. Der Angeklagte sagt, er wolle dazu keine Aussage machen, das sei im Internet gewesen. Der Rechtsanwalt sagt, es ergebe keinen Sinn, dass er eine Aussage verbreiten wolle, aber ihm nicht erzählen wolle, wo er die im Internet gelesen habe. Der Angeklagte erwidert, das ergebe sehr wohl Sinn: »Ich will hier niemanden anscheißen.«

Er wolle seine »eigenen Leute« schützen. Der Rechtsanwalt fragt nach, was »seine eigenen Leute« bedeute und ob er zu anderen Kontakt aufgenommen habe, was der Angeklagte verneint. Der Rechtsanwalt fragt, ob er nur verneine, um Personen zu schützen. Der Angeklagte gibt an, er sage »Nein«, weil er »Nein« meine. Der Rechtsanwalt fragt ihn, ob er ihm das mit dem Schützen erklären könne, was er verneint, das wolle er nicht. Der Rechtsanwalt fragt, ob er mal die These vertreten habe, dass Ausländer ihm die Arbeit wegnehmen würden. Der Angeklagte sagt, das könne passieren, dass die das machen. Der Rechtsanwalt erwidert, der Angeklagte habe doch gar nicht arbeiten wollen. Er fragt ihn, wann er die Meinung vertreten habe, dass Ausländer ihm die Arbeit wegnehmen würden. Der Angeklagte antwortet, dass er diese Meinung nicht vertreten habe, er habe nur gesagt, dass das etwas sei, was passieren könne. Der Rechtsanwalt fragt, ob er darüber mal mit anderen geredet hätte, was er verneint. Man treffe sich nicht mit Leuten auf ein Bier, um politische Diskussionen anzufangen. Der Rechtsanwalt fragt ihn, wann, in welcher Phase seines Lebens, ihm ein Nicht-Deutscher die Arbeit weggenommen habe. Der Angeklagte entgegnet, ob er ihm jetzt gesamtwirtschaftliche Strukturen erklären solle. Der Rechtsanwalt fragt, welchen Job er wegen eines Ausländers nicht bekommen habe. Er unterbricht den Angeklagten immer wieder, wenn dieser versucht auszuholen. Der Angeklagte lacht. Er habe es ihm erklären wollen, aber der Rechtsanwalt wolle seine Antwort nicht hören. Dieser erwidert, der Angeklagte wolle ihm irgendwelche Theorien erzählen, aber konkret könne er keine dieser Thesen füllen. Es wird etwas lauter zwischen den beiden. Der Rechtsanwalt sagt zu dem Angeklagten, dieser habe doch gar nichts Nützliches gemacht, stattdessen würde er hier erzählen, dass Ausländer ihm die Arbeit wegnehmen würden. Der Angeklagte erwidert, er habe diesen Satz nicht gesagt, er habe lediglich gesagt, dass so was auch zutreffen könne. Der Rechtsanwalt solle ihm nicht andere Worte in den Mund legen. Wenn ihm das so wichtig gewesen sei, stünde es im »Manifest«.[3] Der Rechtsanwalt spricht an, dass der Angeklagte seine Ansprache im Video mit »My Name is Anon« begonnen habe und fragt, was für einen Sinn das habe. Der Angeklagte antwortet, da habe er sich anscheinend nicht informiert, er würde ihm jetzt nicht das Internet erklären. Das sei »was von jungen Leuten«.

Der Rechtsanwalt sagt, dass auf einem Asservat, einem Magazin, dass mit dem 3D-Drucker gefertigt worden sei, die DNA von einer unbekannten Person gefunden worden wäre und fragt, wie der Angeklagte sich das erkläre. Dieser sagt, er habe wenig Ahnung, durch wie viele Hände sein »Zeug« gegangen sei, nachdem man es ihm abgenommen habe. Er fragt: »Seh ich so aus, als wüsste

3 Mit »Manifest« meint der Angeklagte hier vermutlich die drei Dokumente, die er vor seiner Tat gemeinsam mit seinem Livestream auf dem Imageboard Meguca verlinkte. Darin gab er Auskunft über sein Vorhaben, seine antisemitische und rassistische Ideologie sowie den Bau seiner Waffen.

ich, wie da DNA drankommt?« Der Rechtsanwalt erwidert, es hätte ja sein können, dass ein Freund es in der Hand gehabt habe. Er sagt: »Nein, überhaupt nicht.« Er habe das selbst gefertigt. Das einzige, was er sich vorstellen könne, wie die DNA an das Asservat gelangt sei, wäre, dass es irgendwie beim Auswaschen dazu gekommen sei. Diese Plastikdrucke habe man nach dem Druck auswaschen müssen, das habe er in der Küche von seinem Vater gemacht.

Der Angeklagte gibt an, er habe aus einem Papiercontainer Cornflakes-Packungen genommen und die Pappe für seine Waffen verwendet, so habe er nichts kaufen müssen. In seinem »Kommunistenblock«[4] würden diese Container mit anderen Haushalten geteilt. Vielleicht sei so die fremde DNA an das Asservat gelangt.

Rechtsanwalt Alexander Hoffmann spricht den Angeklagten auf eine seiner Aussagen im Video an: »Feminism is the cause of declining birth rates in the west, which acts as a scapegoat for mass imigration, and the root of all these problems is the jew.«[5] Er fragt ihn, ob er also der Meinung sei, dass der Feminismus daran schuld sei, dass zu wenige Deutsche oder Weiße geboren würden und die Juden hinter dem Feminismus steckten, was der Angeklagte bejaht, der Feminismus sei jüdisch. Die Vorsitzende Richterin wirft ein, dann habe das Judentum da ja etwas Nettes hervorgebracht. Der Angeklagte erwidert, das sei Ansichtssache.

Rechtsanwalt Hoffmann fragt den Angeklagten nach seinen Bezügen zum Nationalsozialismus. Er fragt, was er für ein Verhältnis zum NS habe. Der Angeklagte antwortet, er habe keine Verhältnisse, er habe keine Freundin. Der Rechtsanwalt fragt: »Wollen sie mich vergackeiern?«, was der Angeklagte bejaht. Rechtsanwalt Hoffmann fragt nach dem Zitat »Nobody expects the internet SS«.[6] Er will vom Angeklagten wissen, was dieser damit meine. Der Angeklagte sagt, dass es ein umgeschriebener Witz von Monty Python sei. Der Rechtsanwalt fragt, ob ihm die »Brigade Dirlewanger« etwas sage, was er bejaht. Die Frage, ob er die Musikband mit diesem Namen kenne, verneint er. Rechtsanwalt Hoffmann fragt ihn, woher er sein Wissen über Jom Kippur habe. Der Angeklagte antwortet, dass er das aus dem Internet habe. Auf die Nachfrage, wo er das im Internet gelesen habe, gibt der Angeklagte Wikipedia an. Der Rechtsanwalt fragt ihn, ob er sich in Vorbereitung auf den Anschlag auch die Internetseite der Jüdischen Gemeinde angeschaut habe, was er verneint. Wenn dann wäre das eine sehr wertvolle Quelle gewesen, aber er habe sie nicht gefunden.

4 Der Angeklagte meint hier möglicherweise einen Plattenbau aus der DDR.

5 »Der Feminismus ist schuld an den abnehmenden Geburtenraten in der westlichen Welt, die als Begründung herhalten für Masseneinwanderung, und die Wurzel all dieser Probleme ist der Jude.«

6 »Niemand rechnet mit der Internet-SS.«

Rechtsanwalt Hoffmann fragt den Angeklagten, wie das Passwort für den verschlüsselten Container auf dem Medienstick laute. Der Angeklagte antwortet, das würde der Rechtsanwalt wohl gern wissen, das werde er von ihm aber nicht bekommen. Der Rechtsanwalt fragt ihn, ob sich der Name des Containers auf Pepe den Frosch bezieht. Der Angeklagte antwortet, möglicherweise sei das so, möglicherweise auch nicht. Der Rechtsanwalt erwidert, er solle antworten oder nicht. Der Angeklagte sagt, er werde auf keine weiteren Fragen des Rechtsanwalts antworten, weil er das nicht müsse.

Die Vorsitzende sagt, auch Rechtsanwalt Hoffmann könne seine Frageliste beim Gericht einreichen.

Anschließend ergreift Rechtsanwalt Gerrit Onken das Wort. Er fragt den Angeklagten danach, dass dieser angegeben habe, dass ihm im Gespräch mit anderen zwischendurch einmal etwas »herausgerutscht« sei. Er fragt, was das gewesen sei. Der Angeklagte antwortet, er wisse es nicht, vielleicht was Tagespolitisches, wo herausgekommen sei, dass er Muslime nicht möge. Er wisse nicht, was er beim Biertrinken geredet habe, das sei ja das Wunder von Alkohol. Rechtsanwalt Onken fragt, ob ihm solche Sachen schon immer herausgerutscht seien, seit er Alkohol konsumiere. Der Angeklagte sagt, das sei selten passiert, er wolle nicht die Stimmung versauen. Der Rechtsanwalt fragt, wann diese Gedanken denn gekommen seien. Der Angeklagte antwortet, das sei von einem Tag auf den anderen gewesen. Er gibt 2015 als Zeitpunkt an, während der Flüchtlingskrise. Rechtsanwalt Onken fragt, was in den Jahren vorher gewesen sei, ob er solche Gedanken da nicht gehabt habe. Der Angeklagte antwortet, er habe davor nicht den Gedanken gehabt, in eine Synagoge zu gehen und Leute zu erschießen. Da habe es noch nicht so viele Muslime hier gegeben. Der Rechtsanwalt fragt nochmals, ob der Angeklagte also vor 2015 solche Gedanken nicht gehabt habe und auch die Gesellschaft nicht so wahrgenommen habe. Der Angeklagte sagt, er sei allgemein früher nicht sehr politisch gewesen.

Rechtsanwalt Onken fragt den Angeklagten, ob er einen Spitznamen habe, was dieser verneint. Der Rechtsanwalt spricht an, dass der Angeklagte davon gesprochen habe, »seine Leute« aus dem Internet schützen zu wollen. Er habe aber zugleich angegeben, dort niemals selbst kommuniziert zu haben. Rechtsanwalt Onken fragt, ob er dabei bleibe. Der Angeklagte fragt: »Was kommuniziert?« Der Rechtsanwalt antwortet, er meine das erst mal ganz allgemein, also ob er niemals in irgendein Forum irgendwas geschrieben habe. Der Angeklagte antwortet, natürlich habe er mal in irgendeinem Forum irgendeinen Kommentar zu irgendwas gemacht. Bei politischen Themen aber eher nicht, da das gut verfolgbar sei. Der Rechtsanwalt fragt, was mit Boards sei, die er als sicher betrachte, aber nicht benennen wolle. Der Angeklagte antwortet, die seien nicht sicher.

Rechtsanwalt Onken fragt den Angeklagten, ob er selbst aktiv kommuniziert habe. Dieser sagt, er habe eher weniger aktiv kommuniziert. Das habe er dann getan, wenn man mal »ein gutes Thema« gehabt habe. Der Rechtsanwalt fragt ihn, wie viele Menschen das seien, die er schützen wolle. Der Angeklagte antwortet mit der Gegenfrage, wie viele Internetanschlüsse es gebe. Der Rechtsanwalt erwidert, wenn der Angeklagte die Fragen nicht ernsthaft beantworten wolle, sollten sie das beenden und sagt: »Spielen Sie keine Spielchen.« Der Angeklagte antwortet, er spiele sehr gerne Spiele, deshalb würde er ihm jetzt keine Fragen mehr beantworten.

Rechtsanwältin Assia Lewin erhält das Wort. Sie fragt den Angeklagten, ob er sich für klug halte. Er sagt: »Nicht unbedingt.« Die Rechtsanwältin fragt ihn, ob er eine eigene Meinung habe. Er antwortet, natürlich habe er eine. Sie spricht an, dass er angegeben habe, keine Juden an der Synagoge gesehen zu haben. Er habe aber gesagt, dass er Passanten gesehen habe. Sie fragt, woran er denn erkannt habe, dass es keine Juden seien. Der Angeklagte antwortet, die seien an der Synagoge vorbeigelaufen oder auf der anderen Straßenseite und teilweise könne man Juden auch am Gesicht erkennen. Die Rechtsanwältin fragt, woran genau man das erkennen könne. Der Angeklagte sagt, er denke, das interessiere hier keinen, und er müsse da sein Wissen nicht teilen. Die Rechtsanwältin sagt, er habe geäußert, dass er nicht rumgehe und auf weiße Leute schieße. Muslime und Schwarze seien seine Gegner. Er antwortet, sie könne noch »Juden« hinzufügen. Sie fragt, zu welcher Kategorie denn Juden gehören würden. Er antwortet, sie gehörten zu den Semiten. Rechtsanwältin Lewin fragt ihn, ob Nationalität da eine Rolle spiele, was er verneint. Jeder Jude könne in Israel einen Pass beantragen. Die Rechtsanwältin fragt, ob es richtig sei, dass er geplant habe, die Synagoge anzugreifen, weil er Juden habe bekämpfen wollen und weil nach seiner Auffassung Juden die Flüchtlingskrise organisiert hätten. Er antwortet: »Ja, neben ganz viel anderem.«

Rechtsanwältin Lewin fragt, warum er also den Anschlag auf eine Synagoge geplant habe, wenn auch andere dafür verantwortlich seien. Er antwortet, in einer Synagoge seien Juden und keine anderen Leute. Da würden sich keine Unbeteiligten treffen. Die Rechtsanwältin fragt ihn, ob er schon einmal Juden getroffen habe. Der Angeklagte antwortet, das habe er hin und wieder. Wenn er mit ihnen geredet habe, dann übers Internet, eigentlich sei das aber eher weniger vorgekommen. Die Rechtsanwältin fragt, ob er einmal im realen Leben Juden getroffen habe und wie die ausgesehen hätten beziehungsweise wie er sie in seine Schwarz-Weiß-Kategorien einordne. Der Angeklagte antwortet, Juden seien keine Weißen, sie seien Semiten.

Die Rechtsanwältin sagt, er halte sich also für nicht besonders klug. Der Angeklagte gibt an, er halte sich für durchschnittlich intelligent. Rechtsanwältin Lewin fragt ihn, ob es sein könne, dass er überhaupt nicht erkennen könne, ob jemand ein Jude sei. Der Angeklagte antwortet, man sehe es nicht jedem an, das sei ja gerade das Gefährliche. Die Rechtsanwältin fragt, ob er also bei seinem Anschlag in Kauf genommen habe, möglicherweise andere zu treffen. Er antwortet, in der Synagoge seien Juden, keine anderen. Die Rechtsanwältin sagt: »Das war ihr Ziel?«, was er bejaht. Sie fragt ihn, ob er sagen würde, dass sein Plan aufgegangen sei. Er antwortet: »Nein, auf keinen Fall.«

Rechtsanwältin Lewin fragt ihn, ob er Reue fühle. Er antwortet, er fühle ein wenig Reue für die Weißen, die er erschossen habe. Sie fragt ihn, ob er sich wieder dafür entscheiden würde, eine Synagoge anzugreifen. Er sagt, er habe ja nicht gewusst, dass es so schiefgehen würde. Er würde es nicht tun, wenn er wüsste, dass er dann nur Weiße und keine Juden erschieße. Die Juden seien immer noch seine Feinde. Die Rechtsanwältin fragt, was er aus der Tat gelernt habe. Er antwortet, er habe zum Beispiel gelernt, wie viele Meter pro Sekunde die Mündungsenergie seiner Schusswaffe bemesse. Das habe er vorher nicht wissen können.

Die Rechtsanwältin fragt, ob ihm etwas an seiner Familie liege, was er bejaht. Klar liege ihm etwas an seiner Familie. Sie fragt, wie seine Familie damit zurechtkomme. Er antwortet: »Sehr, sehr schlecht.« Sie fragt ihn, ob er etwas in diese Richtung fühlt. Er antwortet, es treffe ihn sehr hart, dass seine Familie seinetwegen leiden müsse. Das sei lange das Einzige gewesen, was ihn daran gehindert habe, zu handeln. Die Rechtsanwältin fragt ihn, ob es das wert gewesen sei. Er antwortet, es sei es nicht wert, eine Synagoge anzugreifen, wenn man keine Juden töte. Die Rechtsanwältin fragt ihn, wer »seine Leute« sind, von denen er gesprochen habe. Er antwortet, das seien Weiße. Sie fragt ihn, ob sie auch dazugehöre. Er antwortet, sie sei Jüdin. Sie fragt ihn, woher er das weiß. Er sagt, er wisse das wegen ihres Namens. Sie antwortet, vielleicht habe sie den ja von ihrem Mann. Er erwidert, dann sei sie eine Kollaborateurin.

Die Rechtsanwältin spricht an, dass der Angeklagte angegeben habe, dass er keine Sozialhilfe in Anspruch habe nehmen wollen, weil er es nicht möge, abhängig von anderen zu sein. Sie fragt ihn, ob er sich geschämt habe, von den Gaben seiner Eltern zu leben. Er bejaht das. Die Rechtsanwältin fragt ihn, warum er nichts geändert habe. Er sagt, er habe keine Möglichkeit dazu gesehen, bei der hohen Arbeitslosenrate. Die Rechtsanwältin sagt, er ziehe es vor, von der Hand seiner Mutter zu leben, anstatt selbst erwerbswirtschaftlich tätig zu werden.

Ein weiterer Vertreter der Nebenklage erhält das Wort. Der Rechtsanwalt bezieht sich auf eine Aussage des Angeklagten, in der dieser erklärte, wenn man jetzt sage, »Stephan ist ein Nazi und ein Antisemit«, dann würde er dagegen halten, dass nicht jeder Antisemit ein Befürworter des Nationalsozialismus sei. Der Rechtsanwalt fragt den Angeklagten, wie er das meine. Der

Angeklagte sagt, die Gruppe der Antisemiten und die Gruppe der Nazis sei nicht deckungsgleich. Der Nationalsozialismus sei eine bestimmte Staatsvorstellung. Der Rechtsanwalt fragt ihn, wie das bei ihm sei. Er antwortet, dass er keine weiteren Kommentare dazu abgeben werde.

Anschließend geht das Wort an einen weiteren Nebenklagevertreter. Der Rechtsanwalt spricht an, dass der Angeklagte sich nach eigener Aussage ab und zu mit Leuten auf ein Bier getroffen habe und fragt, in welchem Zeitraum das gewesen sei. Der Angeklagte antwortet, das sei als Jugendlicher gewesen, nach seiner Operation dann so gut wie gar nicht mehr. Wegen seiner gesundheitlichen Verfassung habe er nicht mehr wirklich Alkohol getrunken, und man gehe halt ungern mit Leuten feiern, wenn man selbst nicht trinke und alle anderen schon.

Der Rechtsanwalt fragt den Angeklagten, ob er sich noch im Heimatort mit Leuten getroffen habe. Er antwortet, das sei unglaublich selten gewesen. Er glaube, er sei noch einmal auf einer Geburtstagsfeier gewesen, und das sei dann auch alles gewesen.

Der Rechtsanwalt fragt den Angeklagten, ob er bei der Vorbereitung auf die Tat auch zur Synagoge recherchiert habe, was er bejaht. Er habe aber nur wenig darüber gefunden, zum Beispiel zum Standort. Der Nebenklagevertreter fragt nach, was für weitere Informationen er gefunden habe. Er antwortet, er habe unter anderem die Anfahrt recherchiert. Der Rechtsanwalt fragt, ob er vor Ort weitere Infos an der Synagoge gefunden habe. Er antwortet, da sei so eine typische Gedenkplatte dran gewesen, wo »Synagoge« draufgestanden habe, wo man dann nicht wisse, ob das jetzt ein Denkmal sei oder noch in Benutzung.

Der Rechtsanwalt erwähnt, der Angeklagte habe bei der Polizei ausgesagt, dass er gewusst habe, dass es am Feiertag fünf Gebete gebe und an der Synagoge dran gestanden habe, dass mittags eine Pause gemacht werde. Der Angeklagte erwidert, seine Vermutung sei gewesen, dass vielleicht ein paar Menschen draußen seien. Dass es fünf Gebete gebe, habe er allgemein über Jom Kippur herausgefunden. Das werde von Gemeinde zu Gemeinde unterschiedlich gehandhabt. Er sei davon ausgegangen, dass es wenigstens ähnlich wäre. Der Rechtsanwalt entgegnet, »stand dran« klinge aber nach einem Aushang. Der Angeklagte sagt, er wolle keine weitere Aussage dazu machen, das sei dann eine ungenaue Formulierung gewesen.

Der Rechtsanwalt macht dem Angeklagten einen weiteren Vorhalt. Dieser habe gesagt, dass »dran gestanden« habe, dass mittags eine Pause gemacht werde. Aber dass es mittags gewesen sei, sei Zufall gewesen. Sein Plan sei es gewesen, früh aufzustehen, etwas zu essen, die Dateien hochzuladen und hinzufahren. Der Angeklagte bestätigt, ja, es habe viel zu tun gegeben und das müsse geplant werden, der genaue Zeitpunkt sei eher ein Zufall gewesen.

Rechtsanwalt Tobias Böhmke erhält das Wort. Er fragt den Angeklagten, wie viele jüdische Mitbürger er vor dem gestrigen Tag getroffen habe. Der Angeklagte antwortet, das könne er nicht sagen. Der Rechtsanwalt fragt, ob es nicht so sei, dass ihm nie real welche begegnet seien, was dieser verneint. Rechtsanwalt Böhmke sagt, er habe beim Video den Eindruck gehabt, dass der Angeklagte bei seiner Attacke auf die Besucher des Dönerimbiss keine Auswahl getroffen habe. Der Angeklagte erwidert, das sei des Rechtsanwalts Einschätzung. Auf dem Video sehe es anders aus, wenn man in der Situation sei, stehe man ziemlich unter Stress. Er habe aber versucht, so weit es ihm möglich gewesen sei, eine Auswahl zu treffen. Der Rechtsanwalt sagt, Kevin S. habe versucht, ihn vom Schießen abzuhalten, man habe dabei sein hallisches Idiom gehört. Der Angeklagte entgegnet, das würde man in so einer Situation nicht hören, und nur weil jemand einen Akzent habe, heiße das nicht, dass er einheimisch sei.

Der Rechtsanwalt sagt, er habe beim Schauen des Videos am Morgen des Verhandlungstags auf eine Geste des Mitleids bei ihm gewartet. Die Opfer seien ja in seiner Vorstellung gar nicht seine Feinde. Aber die Reue scheine ihm nur eine Phrase zu sein. Der Angeklagte erwidert, er zeige seine Gefühle nur äußerst ungern.

Im Anschluss erhält Rechtsanwalt Scharmer wieder das Wort. Der Nebenklagevertreter sagt, der Angeklagte nehme in seinen Dokumenten Bezug auf einen gewissen »Mark« und fragt, wer das sei. Der Angeklagte antwortet, das sei irgendeine Person aus dem Internet. Der Rechtsanwalt fragt, was er mit dieser Person zu tun gehabt habe. Der Angeklagte gibt an, er habe mit dem mal gechattet, und der habe ihm 0,1 Bitcoin geschickt. Auf die Frage, wo er mit Mark kommuniziert habe, antwortet der Angeklagte, das seien zwei Seiten gewesen. Eine der Seiten, wo er etwas freier habe reden können, sei im Darknet gewesen. Er will nicht sagen, um welche Seiten es sich handele. Der Angeklagte sagt, er habe im Darknet ein paar seiner Erkenntnisse zum improvisierten Waffenbau, die er bei seinen Experimenten gewonnen habe, geteilt. Er beschreibt diese Erkenntnisse. Der Angeklagte gibt an, er halte diese Information und die praktische Anleitung für wertvoll.

Rechtsanwalt Scharmer fragt, ob er darüber mit Mark gechattet habe, was der Angeklagte bejaht. Der Rechtsanwalt fragt, wie es zu der Spende gekommen sei. Er sagt, er habe mal aus Spaß zu Mark gesagt, dieser könne ihm ja was auf sein Bitcoinkonto zahlen und das sei dann auch passiert. Der Rechtsanwalt fragt, was er damit gemacht habe. Er gibt an, er habe es zu richtigem Geld gemacht, was recht anspruchsvoll gewesen sei. Der Rechtsanwalt fragt, wie und mit wem er das gemacht habe. Der Angeklagte antwortet, er werde nicht sagen, mit wem, er »scheiße keine Leute an«. Es sei schwer, das anonym zu machen, der beste Weg sei, sich physisch zu treffen. Das gehe anonym, ohne seinen Namen zu sagen beziehungsweise ihn dann auch später nicht zu nennen, wenn man danach gefragt werde »wie jetzt hier«. Er sei mit dem Käufer übers Darknet in Verbindung getreten, was gar nicht so einfach gewesen sei. Der Rechtsanwalt sagt, er stelle sich vor, da müsse man erst einmal ein bisschen suchen und ein paar Leute anschreiben. Der Angeklagte antwortet, man schreibe da keine Leute an, man mache ein Angebot. Er habe die Bitcoins gegen 1000 Euro bar angeboten, obwohl sie eigentlich mehr wert gewesen seien, der Käufer habe also Profit gemacht. Der Rechtsanwalt fragt, ob er also quasi gesagt habe »Hier, wer will?«, wie bei eBay. Der Angeklagte sagt, das sei jetzt keine Auktion, aber ein Angebot habe er reingesetzt. Dann habe sich jemand bei ihm gemeldet, es sei ein Platz ausgemacht worden, in einem Fastfood-Geschäft. Der Rechtsanwalt fragt, ob er sich also real mit der Person getroffen habe und dieses Geld in bar mitgebracht wurde, was dieser bejaht.

Der Rechtsanwalt fragt, wofür er das Geld genutzt habe. Der Angeklagte antwortet, das könne er nicht genau sagen, er habe es zum Beispiel genutzt, um sich Waffen oder Stahl zu kaufen. Auf die Rückfrage, ob er es also für die Anschläge benutzt habe, antwortet er: »Unter anderem.«

Rechtsanwalt Scharmer sagt, in der polizeilichen Vernehmung vom 27. September 2019 sei der Angeklagte gefragt worden, ob ihm die Bitcoins für bestimmte Versprechen überwiesen worden seien. Der Angeklagte erklärt, er habe zu Mark gesagt, dass er auf Muslime schießen würde. Mark habe ihm das Geld geschickt, weil er Muslime nicht gemocht habe. So was könne man im Darknet sagen. Der Rechtsanwalt sagt, der Angeklagte habe in der polizeilichen Vernehmung auf die zitierte Frage ausgesagt, dass ihm die Bitcoins nicht dafür überwiesen worden seien, dass er etwas versprochen habe. Aber er habe schon darüber gesprochen, dass er Waffen herstelle und die Baupläne noch hochladen werde. Der Angeklagte erklärt, das habe nichts direkt mit dem Anschlag zu tun, man könne so was auch einfach so hochladen. Der Rechtsanwalt fragt: »Um was zu machen?« Der Angeklagte antwortet, damit andere Leute sich schützen könnten gegen »Juden, Muslime, Schwarze, aggressive Ausländer« und Leute, mit denen man Streit habe.

Rechtsanwalt Scharmer fragt, wie viele Leute in dem Chat gewesen seien. Der Angeklagte antwortet, am Anfang seien es vier gewesen, zum Schluss nur noch Mark und er. Auf die Frage, wie der Chat hieß, antwortet er, die Seiten würden dauernd runtergenommen und andere hochkommen, die würden nicht lange bestehen, weil die Betreiber Anonymität schätzten. Der Rechtsanwalt fragt, ob er seine Informationen zum Waffenbau dann hochgeladen habe, als er den Bitcoin bekommen habe. Der Angeklagte antwortet, er habe das mal hochgeladen, aber nicht, weil das die Bedingung für den Bitcoin gewesen sei. Der Rechtsanwalt fragt, was er noch über Mark gewusst habe. Er antwortet, Mark sei Moderator von mehreren Seiten gewesen, unter anderem von einer im Videospielbereich. Ursprünglich sei er Moderator von 8chan gewesen, die Seite sei ja jetzt tot. Er sei auch Administrator von einer anderen Seite, vch.moe. Der Rechtsanwalt fragt nach weiteren Erkenntnissen über Mark. Der Angeklagte antwortet, er denke, Mark sei Jude, zumindest würden andere ihn so nennen. Der Rechtsanwalt erwidert, der Angeklagte würde das ja auch von anderen Leuten sagen, von denen er es nicht wisse.

Rechtsanwalt David Herrmann erhält das Wort. Er sagt zum Angeklagten, dieser habe durchblicken lassen, ein sehr analytischer Mensch zu sein. Er habe zum Beispiel ganz genaue Angaben zu Entfernungen oder seiner Ausrüstung gemacht. Auf der anderen Seite habe er aber gesagt, dass das Erschießen der beiden Menschen eine Kurzschlussreaktion gewesen sei, aus Kampfeseifer heraus, und er es bedauere, weil es Weiße seien, was dieser bejaht. Der Rechtsanwalt sagt zu ihm, dass er emotional gewirkt habe, als es um seine Familie gegangen sei, dass da ein Unterschied zwischen diesem Bedauern und der Aussage sei: »Es tut mir leid«. Er fragt ihn, ob er gegenüber seiner [weißen, Anm. d. Hgg.] Opfer echtes Bedauern spüre oder ob er sie als notwendigen Kollateralschaden im Zuge seines Kampfes sehe. Der Angeklagte antwortet, es sei beides. Der Rechtsanwalt sagt, der Angeklagte habe große Sorgfalt für den Stream aufgewendet. Eine seiner ersten Fragen bei der Vernehmung sei gewesen, ob der Stream »durchgekommen« sei. Er hätte sich an Außenstehende gewendet. Rechtsanwalt Herrmann fragt ihn, ob er sich von dem Stream ein Publikum erhofft habe und wenn ja, welches. Er antwortet: »Jeder, der es sehen will.« Die Frage, ob er bei Twitch Follower habe, verneint er. Der Rechtsanwalt wendet ein, das Senden bringe doch nicht so viel, wenn man keine Follower habe. Der Angeklagte antwortet, anscheinend tue es das doch, unterschiedliche Leute hätten sein Video geteilt und es verbreitet, auch ohne Follower. Der Rechtsanwalt fragt, ob Gleichgesinnte sich angesprochen fühlen sollten. Er antwortet, er kommentiere eben das, was er tue, er richte sich an jeden, der das Video sehe, das müssten keine Gleichgesinnten sein.

Rechtsanwalt Herrmann fragt ihn, ob er seine Tat im Nachhinein als wertvollen Beitrag für den Kampf ansehe, als Beispiel, wie man es nicht tun solle. Der Angeklagte antwortet, das sei kein wertvoller Beitrag gewesen, so solle man es nicht machen. Der Rechtsanwalt fragt ihn, ob er sich als Märtyrer sehe. Er erwidert: »Ich sitze doch hier.«

Der Rechtsanwalt spricht an, dass der Angeklagte gesagt habe, einer der größten Fehler sei, dass alle Menschen vor Gott gleich seien. Er fragt ihn, was dann seine moralische Instanz sei, wenn es nicht Gott oder die Nation sei. Der Angeklagte antwortet, er wolle die weiße Rasse erhalten, das sei sein oberstes Ziel.

Der Rechtsanwalt sagt zum Angeklagten, dieser habe gesagt, da, wo seine Familie sei, sei seine Heimat. Er habe Leid über sie gebracht, ob er damit nicht seine Heimat zerstört habe. Der Angeklagte verneint diese Frage. Die sei schon von Juden zerstört worden, die das Ziel des »braunen Weltbürgers« verfolgten.

Ein weiterer Vertreter der Nebenklage spricht an, dass der Angeklagte gesagt habe, dass er schlechte Erfahrungen bei Diskussionen um politische Themen gemacht habe. Er fragt, was das für Erfahrungen gewesen seien. Er antwortet, die könne er nicht genau benennen, es sei schon lange her. Wenn man in Deutschland etwas sage, was abseits vom Mainstream sei, würden einen alle anschauen, als wäre man außerirdisch. Der Rechtsanwalt fragt, wo er das erfahren habe. Er antwortet, die Erkenntnis habe er schon seit Jahrzehnten, er könne kein genaues Beispiel nennen.

Der Rechtsanwalt fragt in Bezug auf die »Flüchtlingskrise« 2015, woher er seine Informationen bezogen habe, auf die sich seine Sicht stütze, ob das Fernsehen, Zeitungen oder das Internet gewesen seien. Der Angeklagte sagt: »Aus allen Quellen.« Man müsse so viele Quellen wie möglich kennen, selbst die des Feindes. Der Rechtsanwalt fragt, was feindliche Quellen seien. Er antwortet, das sei die komplette »Mainstreampresse« in Deutschland und Amerika, die sei komplett in Judenhand. Der Rechtsanwalt fragt, was denn der Mainstream sei und wo er sich dann informiert habe. Der Angeklagte antwortet, er nenne keine Seiten.

Der Rechtsanwalt fragt, ob er sich bei der Tat berauscht gefühlt habe, was er verneint. Er fragt, ob er so eine Art Glücksgefühl oder Adrenalinkick gespürt habe. Er antwortet, bei so einem Adrenalinkick platze einem fast das Herz, das sei nicht gerade ein Glücksgefühl.

Der Rechtsanwalt fragt, ob er ein oder zwei Ausspähfahrten gemacht habe. Er antwortet, es seien zwei gewesen. Auf die Frage, ob er beide Male nichts gesehen habe, antwortet er, er sei nur an der Synagoge vorbeigelaufen, damit es nicht auffalle. Der Rechtsanwalt fragt, was er sich vom zweiten Ausspähen erhofft habe. Der Angeklagte antwortet, er habe mehr mitbekommen wollen, aber viel wichtiger sei es gewesen, die Fahrt zu üben. Der Rechtsanwalt fragt ihn, ob er sich noch für einen Krieger halte. Der Angeklagte antwortet: »Na, zumindest für keinen guten.« Er würde die Entscheidung anderen überlassen, ob sie ihn als Krieger sehen. Zurzeit sei er gefangen.

Die Vorsitzende schließt die Sitzung.

Mitschrift von Tuija Wigard

3. Verhandlungstag
28. Juli 2020

Um 9.52 Uhr wird der Angeklagte in den Saal geführt. Die Vorsitzende Richterin Ursula Mertens eröffnet die Sitzung zehn Minuten später. Sie vereidigt zunächst einen Dolmetscher und stellt fest, dass nahezu alle Beteiligten des letzten Verhandlungstages wieder anwesend sind. Die Bundesanwaltschaft werde weiterhin von Bundesanwalt Kai Lohse und Oberstaatsanwalt Stefan Schmidt vertreten. Ebenfalls sei die Reihe der Nebenkläger nahezu identisch mit der des letzten Verhandlungstages; lediglich Rechtsanwalt Gerrit Onken lasse sich entschuldigen, und Rechtsanwalt Alexander Hoffmann werde von Rechtsanwalt Erkan Zünbül vertreten. Zum ersten Mal anwesend sei zudem der Vertreter der erst letzte Woche zugelassenen Nebenkläger, Rechtsanwalt Miroslav Duvnjak. Als Verteidiger des Angeklagten sind weiterhin Rechtsanwalt Hans-Dieter Weber und Rechtsanwalt Thomas Rutkowski zugegen.

Die Vorsitzende fasst das Geschehen der ersten beiden Verhandlungstage zusammen: Stattgefunden habe bereits die Einlassung des Angeklagten und eine erste Fragerunde der Nebenklage. Diese solle nun an der Stelle fortgesetzt werden, an der sie beim letzten Mal aufgehört habe.

BEFRAGUNG DES ANGEKLAGTEN DURCH DIE NEBENKLAGE

Rechtsanwalt Christoph Günther, Vertreter der Nebenklage, der den Angeklagten bereits beim letzten Verhandlungstag befragt hatte, richtet eine zu ergänzende Frage an den Angeklagten. Er will wissen, was dessen Ziele in der Situation nach dem Wurf des Sprengsatzes vor dem Kiez Döner gewesen seien.[1] Dieser antwortet, dass er den Sprengsatz nicht geworfen habe. Er sei ihm heruntergefallen, dementsprechend habe es diese Situation auch nicht gegeben. »Das reicht als Aussage.« Rechtsanwalt Günther präzisiert die Frage, was sein Ziel gewesen sei, als er den Sprengsatz habe werfen wollen. Der Verteidiger des Angeklagten, Rechtsanwalt Hans-Dieter Weber, unterbricht ihn, er wolle die Frage beanstanden. Sie sei, so Weber, rein hypothetischen Charakters. Für eine Beanstandung sieht die Vorsitzende keinen Anlass, nimmt aber an, dass der Angeklagte nicht antworten wolle. Dieser bestätigt das.

Rechtsanwalt Günther macht ihm daraufhin einen Vorhalt aus der BKA-Vernehmung vom 24. November 2019. Während dieser Vernehmung habe der Angeklagte ausgesagt, dass er mit dem »Teil« ursprünglich einen Sichtschutz habe erzeugen wollen, um näher an die Polizeibeamten heranzukommen und sie mit seiner Schusswaffe treffen zu können. Er habe aber kein Feuerzeug griffbereit gehabt. Der Angeklagte erwidert, dass er in der Situation nur habe feststellen wollen, ob er sich auch zurückziehen könne. In der Vernehmung habe er sich zwar anders geäußert, doch nur, weil diese drei bis vier Stunden gedauert habe und die Vernehmungssituation »relativ anspruchsvoll« gewesen sei.

Rechtsanwalt Jan Siebenhüner, ebenfalls Vertreter der Nebenklage, fragt den Angeklagten, ob er es zumindest für möglich gehalten habe, dass er die Beamten durch die Schüsse aus der Schusswaffe hätte verletzen können. Dieser antwortet, dass er es für möglich gehalten habe, aber sich zugleich die Frage stelle, was mit »verletzen« gemeint sei, auf die Distanz habe seine Schusswaffe schließlich keine große Kraft gehabt.

Im Anschluss fragt Rechtsanwalt Siebenhüner, ob er die Schäden am beschossenen Polizeifahrzeug gesehen habe. Der Angeklagte verneint, fügt aber hinzu, dass er Fotos davon in den Akten gesehen habe. Um aus den zerschossenen Scheiben Schlüsse auf die Kraft der Schusswaffe zu ziehen, müsse man aber auch das Material der Scheibe berücksichtigen, erklärt er weiter. Er vermute, dass es sich dabei um ein Material gehandelt habe, das bereits bei einer kleinen Berührung zerspringe.

Die Frage, ob er zwischen der Tat und der Festnahme Kontakt mit seiner Familie gehabt habe, verneint er und ergänzt, dass erst später, in der Haft, ein Kontakt wieder zustande gekommen sei.

Daraufhin befragt Rechtsanwalt Siebenhüner den Angeklagten nach dessen Kindheit. Er beginnt mit dessen Vorbildern und dem Berufswunsch

1 Gemeint ist der Wurf eines Sprengsatzes in Richtung der Polizist·innen.

in seinen jungen Jahren. Der Angeklagte lacht und gibt an, beides nicht gehabt zu haben. Sein Lieblingsfach in der Schule sei Biologie gewesen. Geschichte, wie Rechtsanwalt Siebenhüner nachfragt, sei es auf keinen Fall gewesen. Gehänselt worden sei er nicht. »Wie können Sie sich dann erklären«, fragt der Rechtsanwalt weiter, »dass ein Mitschüler Ihnen die Tat zugetraut hat?« Abermals lacht der Angeklagte und fragt, wer so etwas gesagt habe. Der Rechtsanwalt nennt einen gewissen Herrn K., mit dem der Angeklagte Abitur gemacht haben soll. Dieser entgegnet, dass er keinen Herrn K. kenne und dass er als »unsozialer Mensch« die Schüler aus den anderen Klassen auch »eher weniger« gekannt habe. Die Einschätzung des Herrn K. könne er sich nicht erklären.

Der Rechtsanwalt möchte wissen, wo die Eltern des Angeklagten aktuell wohnen würden. Der Angeklagte gibt an, die Frage nicht zu beantworten, da er seiner Familie nicht schaden wolle. Der Rechtsanwalt hakt dennoch nach, ob sie in Helbra wohnen würde. Der Angeklagte wiederholt, dass er nicht antworten werde.

Auf entsprechende Fragen teilt er mit, dass er von seiner Familie gegenwärtig finanziell nicht unterstützt werde. Sie würden hin und wieder telefonieren, man könne aber nicht sagen, dass ihn die Familienmitglieder »auffangen« würden. Es gehe ihm bei den Telefonaten auch eher darum, zu erfahren, wie es ihnen gehe.

Rechtsanwalt Siebenhüner fragt, ob er wisse, warum seine Mutter versucht habe, sich umzubringen, woraufhin der Angeklagte antwortet: »Wegen der Tat.«

Bei der Frage, wie er zur Bundesrepublik Deutschland und der freiheitlich demokratischen Grundordnung stehe, lacht er nochmals und sagt: »Ein Staat, der die eigene Bevölkerung ersetzen will? Ein Traum.« Rechtsanwalt Siebenhüner will wissen, ob er Polizisten als Kollaborateure betrachte. Der Angeklagte verneint: »Eher nicht.«

Anschließend weist Rechtsanwalt Siebenhüner darauf hin, dass im Tatvideo zu sehen ist, wie er mit sich selbst spricht und fragt, ob er bereits vor der Tat Selbstgespräche geführt habe. Der Angeklagte verneint, auch während der Tat habe er keine Selbstgespräche geführt, er sei immerhin gefilmt worden und habe sich dementsprechend an die Zuschauer gerichtet.

Betäubungsmittel habe er nur sehr selten konsumiert, gibt er auf die entsprechende Frage des Rechtsanwalts an. »Welche?«, will dieser weiter wissen. Der Angeklagte antwortet, dass es Methamphetamine gewesen seien und fügt in ironischem Tonfall hinzu: »Wie es im Osten unter der armen Jugend vorkommt.«

Im Weiteren wird er gefragt, wie er seine Haft verbringen wolle, worauf er antwortet, dass er diesbezüglich ja ohnehin keine Wahl habe. Dem widerspricht der Rechtsanwalt und führt aus, dass er etwa eine Therapie machen könne, statt die Strafe nur abzusitzen. Darüber habe er sich keine Gedanken gemacht, erwidert der Angeklagte.

Abschließend will Rechtsanwalt Siebenhüner wissen, was er nach der Tat getan hätte, wenn sein Anschlag auf die Synagoge erfolgreich gewesen wäre. Der Angeklagte antwortet: »Noch sind meine Feinde nicht besiegt, es wurde nur ein Schlag gegen sie gesetzt.« Einen Plan, was er in der Synagoge genau habe tun wollen, habe er aber nicht gehabt; dies sei ohnehin nicht möglich gewesen, ohne die Örtlichkeiten genau zu kennen.

Im Anschluss setzt Rechtsanwalt Onur U. Özata, Vertreter der Nebenklage, die Befragung fort und stellt zunächst Fragen zu den Überlegungen des Angeklagten vor der Tat. Dieser gibt an, dass er davon ausgegangen sei, dass sich Juden in der Synagoge befinden würden. Wen genau er dort vorfinden würde, habe ihn dabei nicht interessiert. Auf die Frage des Rechtsanwalts, ob er alle habe töten wollen, antwortet er, dass das aufgrund seiner Waffen schwierig gewesen wäre. Die Frage, ob er sein Waffenarsenal trotzdem aufgebraucht hätte, verneint er, ergänzt aber, dass er es auf jeden Fall genutzt hätte.

Anschließend fragt ihn der Rechtsanwalt, ob er bei den Tötungen eine Unterscheidung zwischen Mann und Frau getroffen hätte. Der Angeklagte antwortet prompt: »Sie wollten Gleichberechtigung.« Dieselbe Antwort gibt er auf die Frage, ob er einen Unterschied hinsichtlich des Alters seiner Opfer gemacht hätte. »Sie hätten auch Greise erschossen?«, hakt der Rechtsanwalt nach, worauf der Angeklagte erwidert, dass er die Frage bereits beantwortet habe. »Sie hätten auch Kinder erschossen?«, vergewissert sich der Rechtsanwalt. Der Angeklagte antwortet: »Damit meine Kinder das in Zukunft nicht machen müssen, ja.« Ob es eine besondere Errungenschaft sei, ein jüdisches Kind zu erschießen, will Rechtsanwalt Özata weiter wissen. Der Angeklagte verneint, meint aber zu wissen, dass sich der Rechtsanwalt auf eine Aussage seines »Manifests« beziehe. Diese stünde dort zwar, doch die zentrale Botschaft sei es gewesen, dass »Feinde [Feinde] sind.« Der Rechtsanwalt entgegnet, dass es dem »Manifest« zufolge aber doch ein besonderes »Achievement« sei, ein jüdisches Kind zu töten. Der Angeklagte wiederholt, dass es für ihn kein besonderes »Achievement« gewesen sei. Es sei ihm nur darum gegangen zu verdeutlichen, dass »Feinde [Feinde] sind.« »Was haben Sie gegen ein jüdisches Kind?«, fragt der Rechtsanwalt dennoch nach. Der Angeklagte nuschelt in etwa, dass ein jüdisches Kind ihn in zehn Jahren ausbluten oder ausbeuten werde.

Rechtsanwalt Özata kommt nochmals auf das »Manifest«, genauer auf die Aussage, dass der Angeklagte jemanden mit einer Nagelbombe habe töten wollen, zu sprechen. Der Angeklagte erklärt, dass diese »Achievements« bloß auf die Waffen bezogen seien und keine besonderen Errungenschaften darstellen würden. Ob er das genauer erklären könne, hakt der Rechtsanwalt nach. »Ich könnte das tun, habe aber kein Interesse«, antwortet dieser, worauf der Rechtsanwalt erwidert, dass es aber alle hier sehr interessieren würde. Der Angeklagte wiederum sagt: »Ja natürlich, Sie sind ja meine Feinde. […] Ich erkläre aber meinen Feinden nicht alles«, und fügt hinzu, dass er kein

Interesse daran habe, dass seine Feinde alles wüssten und womöglich Vorkehrungen treffen könnten.

Rechtsanwalt Özata zitiert daraufhin aus dem »Manifest«, »Crusty Kebab: Burn down a mosque«, und fragt ihn, ob er das vorgehabt habe. Der Angeklagte antwortet, dass das einzig in Frage kommende Gebäude leider ein muslimisches Kulturzentrum und der Weg von der Synagoge dorthin zu weit gewesen sei, sodass er auf dem Weg hätte erschossen werden können. Außerdem habe er ohnehin keine genauen Pläne gehabt.

Erneut zitiert Rechtsanwalt Özata aus dem »Manifest« und fragt, was »Anudda shoah? Kill 6 jews« bedeuten solle. Der Angeklagte lacht und erwidert, dass er das ganz genau wisse. »Warum ›6 jews‹?«, will der Rechtsanwalt wissen. Der Angeklagte lacht abermals und sagt, der Rechtsanwalt solle keine absurden Fragen stellen.

Rechtsanwalt Özata fragt ihn daraufhin, was »Blue-screened. Kill a ZOG-bot.« im »Manifest« bedeuten solle. Der Angeklagte sagt, dass er ihm nicht alles beantworten wolle. Der Rechtsanwalt fährt fort, dass er darunter die Polizei verstehe. Der Angeklagte wiederum meint, dass es »Zionist Occupied Government« bedeuten würde und dass ein Bot jemand sei, der kein Jude sei, aber diesem trotzdem diene. Das »Blue-screened« habe außerdem nichts mit der Polizei zu tun, sondern beziehe sich auf einen technischen Begriff, ähnlich dem Greenscreen.

Ob er über seine Ansichten mit jemandem direkt gesprochen habe, fragt Rechtsanwalt Özata weiter. Der Angeklagte verneint und lacht dabei. Der Rechtsanwalt entgegnet, dass die Akten etwas anderes behaupten würden, woraufhin ihn der Verteidiger, Rechtsanwalt Weber, auffordert, einen konkreten Vorhalt zu machen. Der Rechtsanwalt erklärt, dass er das gleich machen werde, er habe dem Angeklagten lediglich die Gelegenheit geben wollen, zutreffende Angaben zu machen. Dieser betont nochmals, dass er mit seiner Familie nicht über seine Ansichten gesprochen habe. Wenn man in Deutschland über Politik spreche, sei die Stimmung sofort im Keller, fährt er fort. Der Rechtsanwalt hakt nach, ob er denn Zustimmung durch Bekannte erfahren habe. Auch das verneint der Angeklagte, ihm seien höchstens einmal »seichte« Kommentare »herausgerutscht«. Ob »Scheiß Jude« ein solch »seichter Kommentar« sei, fragt der Rechtsanwalt nach. Der Angeklagte antwortet lachend: »Das kommt auf die Weltsicht an, die man hat.« In jedem Fall aber sei »Scheiß Ausländer« ein »seichter Kommentar«, ebenfalls könne man auch sagen, dass man alle Ausländer umbringen solle. Der Rechtsanwalt hält ihm vor, dass er Mario S. gegenüber einmal: »Die Scheiß Juden sind an allem schuld«, gesagt haben solle. Dieser sagt, dass ihm das »im Suff« sicherlich einmal herausgerutscht sei, und dass man solche Themen nicht bei einem Bier besprechen solle. Mario S. habe die Aussage jedenfalls nicht gefallen, und man habe schnell das Thema gewechselt.

Rechtsanwalt Özata fragt, ob dem Angeklagten der Name Vanessa H. etwas sage. Er antwortet, dass er vermute, dass das der Name der Freundin eines Bekannten sei. Der Rechtsanwalt konfrontiert ihn damit, dass Vanessa H. gesagt habe, dass er einmal von »Ausländerpack« gesprochen habe. Der Angeklagte gibt an, sich daran nicht erinnern zu können. Über Politik gestritten habe er sich jedenfalls nicht, da er ohnehin nie darüber geredet habe. Der Rechtsanwalt fragt, ob er sich an den Geburtstag von Thomas W. im Jahre 2016 erinnern könne. Der Angeklagte verneint. Der Rechtsanwalt weist darauf hin, dass der Angeklagte auch damals: »Die Juden sind an allem schuld«, gesagt haben soll. Dieser gibt wieder an, zu diesem Zeitpunkt betrunken gewesen zu sein, und sich demnach nicht mehr erinnern zu können. Als der Rechtsanwalt ihn nach einer Auseinandersetzung, in deren Verlauf ein Messer gezogen worden sei [offen bleibt, von wem, Anm. d. Hgg.], fragt, gibt der Angeklagte lachend an, sich ebenfalls nicht erinnern zu können. Auch den Hinweis des Rechtsanwalts, dass dies ein gewisser Max F. ausgesagt habe, verneint der Angeklagte und lacht dabei.

Rechtsanwalt Özata fragt ihn daraufhin nach einem Buch über Handwaffen, das in seinem Zimmer beschlagnahmt worden sei. Der Angeklagte erwidert, dass er das Buch »als Witz« zum Geburtstag bekommen habe, sich aber nicht mehr erinnern könne, von wem. Zur Vorbereitung der Tat habe er es jedenfalls nicht genutzt, da es darin vor allem um die Technik und Geschichte industrieller Waffen ginge.

Die Frage, ob er sich Gewaltvideos angesehen habe, weist er als »unwichtige Frage« zurück, gibt aber auf Nachfrage an, dass er sich Hinrichtungsvideos des IS heruntergeladen und auch angesehen habe. Was das mit ihm gemacht habe, will der Rechtsanwalt genauer wissen, worauf der Angeklagte lachend antwortet: »Meine Feinde haben kein Problem, mich umzubringen.« Er bestätigt auch, dass er das Video »Turkish BBQ« kenne, in dem türkische Soldaten zu sehen seien, die vom IS ermordet werden würden, und sagt: »Ich habe nichts dagegen, wenn meine Feinde brennen.«

Was mit den Daten geschehen sei, wisse er nicht, das müsse der Rechtsanwalt das BKA fragen. Dieser hakt nach, was er denn mit den Daten auf dem Rechner in seinem Kinderzimmer gemacht habe, bevor er losgezogen sei, um Menschen zu ermorden. Der Angeklagte gibt an, er habe einen Zettel auf den Rechner gelegt, der sich an die Ermittler gerichtet habe. Er nennt zwar den Inhalt des Zettels, artikuliert sich dabei aber unverständlich. Anschließend fügt er hinzu, dass er davon ausgegangen sei, dass Ermittler kommen würden, wenn Juden angegriffen werden, denn »Juden sind ja die besseren Menschen in Deutschland.«

Rechtsanwalt Özata fragt ihn, ob er das Programm »CCleaner« kenne. Der Angeklagte bejaht und erklärt, dass es ein Festplattenbereinigungsprogramm sei. Er habe es gestartet, ehe er vor der Tat die Wohnung verlassen habe. Es sei ein Witz gewesen, mit dem Programm habe er nämlich auf die Datei »You« hinweisen wollen. Die Programme »Eraser« und »Registry Clean«, nach denen der Rechtsanwalt ihn fragt, habe er nicht gestartet, das hätte technisch keinen Sinn ergeben. Mit »CCleaner« aber habe er sämtliche Dateien, auch die temporären, löschen wollen. Bei der Frage nach dem Grund der Löschung, lacht er und ergänzt: »Also darauf keine Antwort mehr. [...] Die meisten Menschen wollen nicht, dass Menschen ihren Browserverlauf kennen.« Kompromittierende Dateien habe er damit jedenfalls nicht gelöscht; wenn es so gewesen wäre, hätte das BKA sie ohnehin rekonstruieren können. Das Bereinigen der Festplatte sei also in erster Linie ein Witz gewesen. Seine Witze würden aber nicht ankommen, entgegnet der Rechtsanwalt. Der Angeklagte sagt, dass diese schließlich auch nicht für ihn gedacht seien und dass er keine Witze erklären werde. Der Rechtsanwalt fragt, ob er Speichermedien verschlüsselt habe, damit der Staat nicht darauf zugreifen könne. Der Angeklagte fügt ein: »Oder als Witz« hinzu.

Was ihm Meguca sage, fragt ihn der Rechtsanwalt anschließend. Das sei irgendeine Anime-Seite, erklärt der Angeklagte. Dass er auf ihr sein »Manifest« hochgeladen habe, sei reiner Zufall gewesen. »Sie waren ja auch viel auf Steam unterwegs«, hält ihm der Rechtsanwalt vor. Und fügt hinzu, dass der Angeklagte dort unter anderem ein einzelnes Spiel 246 Stunden gespielt habe. »Gar nicht mal so viel«, meint der Angeklagte.

Discord, nach dem Rechtsanwalt Özata ihn weiter fragt, sage ihm nur dunkel etwas. Es sei irgendein Chat-Programm, das er aber nicht genutzt habe.

Auch über seine Spiele habe er keinen Kontakt zu anderen gehabt. Den Nicknamen »Kommissar« kenne er nicht, nach dem der Rechtsanwalt ihn fragt. Der Angeklagte ergänzt, dass der Name ihm zumindest nichts sage. In den Akten habe er aber gesehen, dass er diesen in seiner Jugend verwendet haben soll. Er fügt hinzu: »Es wird wirklich viel geforscht, wenn sich jemand einzeln gegen das jüdische System stellt. Unglaublich.«

Rechtsanwalt Özata weist darauf hin, dass es 2018 auf der Seite Kiwi Farms einen Zugriff mit dem Namen gegeben habe. Der Angeklagte verneint, Kiwi Farms hätte er noch nie genutzt, »Kommissar« sei außerdem ein relativ verbreitetes Wort. Auch den Nicknamen »fag0t« habe er nicht genutzt, so würde er sich niemals nennen.

Als Nächstes befragt der Nebenklagevertreter Rechtsanwalt Florian Feige den Angeklagten. Er fragt, mit welcher Waffe dieser auf Jens Z. gezielt habe. Der Angeklagte antwortet, dass es die metallene, blaue Waffe gewesen sei, mit der er auch Kevin S. getroffen habe.

Der Rechtsanwalt fragt ihn, ob er nach den Schüssen etwas in das Blumenbeet geworfen habe. Dieser antwortet, dass er möglicherweise Patronenhülsen geworfen habe. Feige hält ihm daraufhin ein Foto vor. Der Angeklagte beschreibt, dass der Gegenstand im Blumenbeet, der auf diesem Foto zu erkennen sei, die Gürtelschnalle des Holsters seiner Waffe sei. Das Holster habe er abgezogen, weil er damit nicht durch das Dorf habe gehen wollen. Die Schnalle aus Klettband habe er wiederum noch an der Kleidung gehabt. Sie sei später ins Blumenbeet gefallen.

Im Anschluss fragt Rechtsanwalt Andreas Schulz, abermals ein Vertreter der Nebenklage, den Angeklagten, ob er sich derzeit in der U-Haft als Häftling oder als Kriegsgefangener sehe. Er erklärt, dass der Hintergrund seiner Frage der Umstand sei, dass in den Vernehmungsakten so oft die Ausdrücke »Kampf« oder »Krieg« auftauchen würden. Der Angeklagte antwortet, dass ein Kriegsgefangener einen Staat habe, der hinter ihm stehe, er aber habe das nicht, auch wenn er gern ein Kriegsgefangener sein würde.

Rechtsanwalt Schulz nimmt daraufhin Bezug auf die Befragung des Angeklagten durch den Bundesanwalt Lohse. Dieser habe gefragt, was gewesen wäre, wenn nicht Jana L., sondern jemand anderes an der Synagoge vorbeigekommen wäre. Der Angeklagte habe geantwortet, es wäre vermutlich dasselbe passiert. Dementsprechend möchte Rechtsanwalt Schulz wissen, wie er auf ein jüdisches Kind reagiert hätte. Der Angeklagte fragt, woran er dieses hätte erkennen sollen. Der Rechtsanwalt zählt Beispiele wie die Kippa oder eine Kette mit Davidstern auf. Der Angeklagte sagt: »Wie gesagt: Feind ist Feind.« Rechtsanwalt Schulz hakt nach: »Das heißt, ein jüdisches Kind hätten Sie erschossen?« »Wenn ich es sicher gewusst hätte, ja«, antwortet der Angeklagte. Wie es mit einem muslimischen Kind oder einem »Kind aus Afrika« sei, will der Rechtsanwalt weiter wissen. Der Angeklagte überlegt und gibt dann an, dass das eine schwierige Frage sei, wahrscheinlich aber auch ein solches Kind ein Ziel gewesen wäre.

Rechtsanwalt Schulz fragt ihn, ob er sich für verrückt halte. Der Angeklagte antwortet, dass er sich nicht als verrückt ansehe. Verrückt sei es, sein eigenes Volk auslöschen zu wollen. Ob er denn die psychiatrische Exploration gelesen habe, fragt Rechtsanwalt Schulz nach. Der Angeklagte lacht und bejaht. Er kenne das vorläufige Ergebnis: »Komplexe Persönlichkeitsstörung.« Wenn jemand nicht in das Muster passe, fügt er hinzu, sei das sofort eine Störung, und wenn man es nicht erklären könne, sei es außerdem komplex.

Rechtsanwalt Schulz fragt ihn nun nach dem Verhältnis von Juden und Muslimen in seinem Weltbild. Muslime könnten ja »Israel haben«, wenn da keine Juden mehr seien, antwortet der Angeklagte. Er habe einmal gesagt, wenn sie, die Muslime, mit ihrer Sodomie lang genug warten könnten, um es hinzubekommen, eine Synagoge zu sprengen, dann könnten sie auch ein Stück Land als Lohn dafür haben.

Rechtsanwalt Schulz hält ihm eine Aussage aus seiner Vernehmung vor: »Ich muss einen Juden nicht kennen, um so zu denken. Ich kenne Frau Merkel auch nicht, aber mit der Flüchtlingskrise hat sie ordentlich in die Suppe gepisst.« Auch habe er sich einmal über Nicolas Sarkozy geäußert. Der Angeklagte bestätigt diese Aussagen. Er trägt eine angebliche Äußerung Sarkozys über einen Austausch der Bevölkerung vor, spricht dabei aber undeutlich, und ergänzt, dass seinen Nachforschungen zufolge Sarkozy »übrigens ein Vierteljude« sei.

Rechtsanwalt Schulz fragt ihn daraufhin nach seinem Fluchtversuch in der Haftzeit. Der Angeklagte gibt an, dass er über einen Zaun geklettert sei. Sein Ziel sei es gewesen, rauszukommen, ansonsten wäre es schließlich kein Fluchtversuch gewesen, sondern Sport. Am zweiten Zaun sei er aber gescheitert. Er wisse nicht, was er nach einer geglückten Flucht getan hätte, seine Kampfausrüstung habe er ja nicht mehr besessen. Er habe gedacht: »Eins nach dem anderen. Erst rauskommen und dann sehen wir weiter.«[2]

Ein Anwalt der Nebenklage fragt nochmals nach den »Achievements«. Er möchte wissen, ob diese, ähnlich einem Computerspiel, als Ziele gedacht gewesen seien, die man abarbeiten müsse. Der Angeklagte meint wieder, dass das nur ein Witz gewesen sei.

Auf die Frage von Rechtsanwalt Schulz, ob es so gedacht gewesen sei, dass tatsächlich eine andere Person seine »Achievements« abhaken würde, möchte er nichts mehr sagen: »Wie gesagt, ich möchte das nicht ausführen. Vor allem nicht gegenüber meinen Feinden.«

Rechtsanwältin Kristin Pietrzyk, Vertreterin der Nebenklage, befragt daraufhin den Angeklagten bezüglich des Suizidversuchs seiner Mutter. Sie zitiert aus dem Abschiedsbrief, den diese an ihre Tochter, die Halbschwester des Angeklagten, geschrieben habe: »Sie haben ihn zerstört. Vergiss das nie. […] Ich liebe meinen Sohn. […] Er hat sein Leben gegeben für die Wahrheit, für euch. Er wollte nur eines: Die Wahrheit. Er hat es nicht geschafft. Sie lügen.« Der Angeklagte sagt, dass seine Mutter unter dem Einfluss von Tabletten und Alkohol gestanden habe, als sie diesen Brief geschrieben habe. Die Rechtsanwältin will wissen, ob er mit seiner Mutter über Juden gesprochen habe. Er verneint. »Wie kommt sie zu antisemitischen Verschwörungstheorien?«, fragt sie weiter. Wieder verweist der Angeklagte auf Tabletten und Alkohol als Ursache. Die Rechtsanwältin erwidert, dass ihr dieser Umstand bewusst sei, so wie sich der Angeklagte betrunken rassistisch äußern würde, würde sich seine Mutter in diesem Zustand antisemitisch äußern.

2 Der Angeklagte war bei einem Fluchtversuch aus der JVA Halle am 30. Mai 2020 unbeaufsichtigt über einen 3,40 Meter hohen Zaun geklettert und in ein angrenzendes Gefängnisgebäude gelangt. Daraufhin wurde er in die JVA Burg verlegt.

Sie fragt ihn, ob seine Mutter seinetwegen Englisch gelernt und gesprochen habe. Er verneint, sie habe kein Englisch sprechen können, aber seinetwegen einige Wörter gelernt. Die Rechtsanwältin fragt, ob er seiner Mutter Schriften des Christchurch-Attentäters Brenton T. gegeben habe. Er verneint wieder und lehnt die Frage, ob er mit seiner Mutter politische Gespräche geführt habe, als »unwichtige Frage« ab. Die Rechtsanwältin erwidert, dass diese Beurteilung nicht in seinem Kompetenzbereich liege. Zur Frage, wie seine Mutter politisch denke, möchte der Angeklagte dennoch keine Antwort geben.

Das Verhältnis zu seiner Schwester beschreibt er im Weiteren mit: »Es geht.« Auf die Frage, wie seine Schwester zu der Einschätzung komme: »Er hat Hass auf Ausländer, vor allem auf Juden«, antwortet er, dass es ihm »vielleicht rausgerutscht« sei. Wenn man in Deutschland eine Einstellung wie er habe, sei es »richtig, richtig schwer, sich sein ganzes Leben lang verstellen zu müssen.« Rechtsanwältin Pietrzyk will wissen, ob ihm jemand widersprochen habe, doch er beteuert, dass es keine politischen Diskussionen gegeben habe. »Doch, die gab es!«, widerspricht ihm die Rechtsanwältin. Er wiederum beharrt darauf, dass es sie nicht gegeben habe. Selbst wenn ihm einmal ein dummer Kommentar »rausgerutscht« sei, seien die Reaktionen seines Umfelds immer negativ gewesen.

Im weiteren Verlauf spricht die Rechtsanwältin die Tatsache an, dass der Angeklagte seine Sprengsätze wegen der Explosionsgefahr nicht zu Hause, sondern im Haus seines Vaters gelagert habe, und stellt ihm die Frage: »Sollte lieber Ihr Vater sterben als Sie?« Der Angeklagte widerspricht. Die Gefahr dieser Sprengsätze stellten die Splitter dar, die aber durch eine Wand aufgehalten worden wären. Außerdem hätten sie unter seinem Bett im Haus des Vaters gelegen, maximal wäre demnach er selbst gefährdet gewesen.

Daraufhin will Rechtsanwältin Pietrzyk wissen, wer Maximilian Z. aus Cottbus sei. Der Angeklagte gibt überrascht an, dass das jemand sei, der ihm einen Brief geschrieben habe, und dass er ihm geantwortet habe. Den Inhalt dessen möchte er nicht verraten und ergänzt zunehmend lauter, dass er hier nichts zu privatem Briefverkehr sagen werde. Mit »Gleiche Antwort«, reagiert er auch, als ihn die Rechtsanwältin nach Sarah B. aus Helbra, K. J. aus Aschersleben, Andrea U. aus Halle und Viktoria S. aus Bernburg befragt. An dieser Stelle schaltet sich auch sein Verteidiger, Rechtsanwalt Weber, ein und erklärt, dass sein Mandant bereits ausgesagt habe, dass er keine weiteren Fragen beantworten werde.

Dennoch fragt die Rechtsanwältin den Angeklagten, woher er sein Wissen zum Judentum habe. Dieser gibt erneut an, keine weiteren Fragen mehr zu beantworten. »Warum denn nicht? Weil es für Sie ungemütlich wird?«, hakt die Rechtsanwältin nach, woraufhin die Vorsitzende sie ermahnt, dass sie die Entscheidung des Angeklagten zu akzeptieren habe.

Rechtsanwalt Özata setzt nachfolgend die Befragung fort. Er fragt den Angeklagten, ob dieser sich an die Reaktion der Polizei erinnern könne, nachdem er bei dem Schusswechsel getroffen worden und kurzzeitig benommen gewesen sei. Dieser verneint.

Danach wird er nach den Einschränkungen seines Wagens befragt, dessen Reifen er vor der Synagoge versehentlich selbst zerschossen habe. Das Auto sei nur langsam zu beschleunigen und zu bremsen gewesen, erklärt der Angeklagte. Außerdem habe es zur Seite gezogen, vermutlich nach links. Er könne sich aber nicht mehr richtig erinnern.

Auf die Frage, warum er den Haustürschlüssel zum Haus seines Vaters weggeschmissen habe, als er es kurz vor der Tat in Kampfmontur verlassen habe, antwortet er, dass es eine symbolische Geste gewesen sei. Er hätte ein Zeichen setzen wollen, dass er nicht mehr zurückkehre, und sein Vorhaben wirklich »durchziehen« werde. Er ergänzt: »Entweder ich werde erschossen oder ich kämpfe weiter.« Als er den Pkw mietete, den er bei der Tat nutzte, habe er sein Vorhaben noch abbrechen können. Nach dem Wegwerfen des Schlüssels sei das aber nicht mehr möglich gewesen.

Rechtsanwalt Özata fragt ihn, wie und warum er Englisch gelernt habe. Er gibt an, dass er sich die Sprache vor allem über das Internet angeeignet habe, um verschiedene technische Probleme am Computer, etwa beim Installieren von Spielen, besser lösen zu können. In der Schule sei Englisch aber sein schlechtestes Fach gewesen.

Daraufhin fragt ihn Rechtsanwalt Özata nach den Liedern der Hamas und der Kassam-Brigaden, die auf seinem Rechner gefunden worden seien. Er erklärt, dass er sich für Kriegslieder aller möglichen Völker interessiert habe. Selbst jüdische Lieder einer »faschistischen Partei aus Israel« habe er sich angehört, sie hätten ihm gut gefallen. Außerdem höre er die Musik seiner Feinde, wie er auch ihre Bücher lese.

Auf die Frage, wo er gedient habe, antwortet der Angeklagte, dass er in Hagenow, in Niedersachsen, stationiert war, woraufhin Rechtsanwalt Özata erwidert, dass der Ort in Mecklenburg-Vorpommern liege. Der Angeklagte meint wiederum, dass er sich nicht mehr richtig erinnern könne. Vielleicht sei er auf dem Weg dahin durch Niedersachsen gefahren.

Rechtsanwalt Özata will von ihm wissen, ob er einen Metalldetektor gehabt habe, was dieser bestätigt. Er habe ihn bei eBay Kleinanzeigen gekauft und genutzt, um Münzen zu suchen.

Die Frage des Rechtsanwalts, ob er ihn richtig verstanden habe, dass er seine Feinde zwar habe umbringen wollen, aber nicht sicher gewusst habe, wer in der Synagoge anwesend sein würde, weil er es für möglich gehalten habe, dass diese auch ein Museum hätte sein können, bestätigt der Angeklagte. Er fügt hinzu, dass er sich in diesem Fall gar noch mehr blamiert hätte. »Es hätte ja auch eine Schulklasse drin sein können«, erwidert der Rechtsanwalt. Der Angeklagte meint, dass das unmöglich sei, da Juden keine

Nicht-Juden in ihre Synagogen lassen würden. Er reagiert überrascht, als der Rechtsanwalt ihn dahingehend korrigiert, dass das sehr wohl möglich sei. »Wenn Sie an der Zugangsrampe gewesen wären. Wie hätten Sie selektiert? Wer hätte nach links und wer nach rechts gehen müssen?«, will der Rechtsanwalt weiter wissen. Der Angeklagte sagt, am höchsten Feiertag würden ja wohl Juden in einer Synagoge sein. Außerdem hätte er sie an dem »Gebetsgewand«, dem Gebetsschal oder der Kippa erkennen können. Auf die Frage, woher er das wisse, lacht er zunächst und sagt mit ironischem Unterton, dass das »geheimes Templerwissen« sei. Dann ergänzt er, dass es relativ bekannte Informationen seien, die er sich über die Jahre angeeignet habe, ohne dass es etwas mit der Tatvorbereitung zu tun gehabt habe. So etwas wisse man eben, so wie er auch gelernt habe, was ein Muslim sei.

Daraufhin konfrontiert ihn Rechtsanwalt Özata mit seiner Aussage, dass Synagogen besonders geschützte Objekte seien. Der Angeklagte bestätigt das und ergänzt, dass er aufgrund dieser Einschätzung nicht davon ausgegangen sei, dort wieder lebend herauszukommen. Der Rechtsanwalt hält ihm eine weitere Aussage aus der Vernehmung vor, nämlich: »Die Synagoge anzugreifen, war kein Fehler, denn da sind meine Feinde drin.« Abermals bestätigt der Angeklagte seine Aussage. Der Rechtsanwalt zieht den Rückschluss, dass er somit sehr wohl gewusst habe, dass sich Juden in der Synagoge befinden würden. Der Angeklagte entgegnet, dass Juden eben in eine Synagoge gehören würden, wirklich sicher habe er nur gewusst, dass in Berlin Synagogen von Juden besucht werden würden. Berlin wiederum sei ihm zu weit weg gewesen, er wäre schließlich nicht mit einem Auto »voller Waffen durch die Republik« gefahren.

Auf die Frage, warum er in der Vernehmung gesagt habe, dass sein erbeuteter Fluchtwagen blinke »wie die Enterprise«, lacht er und sagt: »Ich hasse *Star Trek* mit einer Leidenschaft, das können Sie sich nicht vorstellen.« Er kenne *Star Trek* zwar nicht gut, aber gut genug, um es zu hassen. »Was ist bei Ihnen ›gut genug kennen, um etwas zu hassen?‹«, hakt Rechtsanwalt Özata nach. Der Angeklagte redet sich in Rage, dass *Star Trek* ein multikulturelles, jüdisches, schwules Space Imperium sei. Dort werde umgesetzt, was die Kommunisten wollen würden. »Nachdem alle Probleme gelöst sind, reisen sie durchs Universum und tun den [...] Kommunismus bringen.« Autos und andere Maschinen würden wegen *Star Trek* so aussehen wie sie heute aussehen. »Neben Juden ist *Star Trek* schuld?«, vergewissert sich der Rechtsanwalt. Der Angeklagte entgegnet, dass in Hollywood die Juden den Ton angeben und sich damit auch noch brüsten würden.

Rechtsanwalt Özata spricht ihn auf eine weitere Aussage aus seiner Vernehmung an, in der er behauptet, dass er Gefühle nur ungern zeigen würde. Wieder bestätigt der Angeklagte. »Warum dann das ständige Grinsen?«, will der Rechtsanwalt wissen und ergänzt: »Warum lachen Sie über ›Crusty Kebab‹? Warum lachen Sie bei Ihren eigenen Witzen, die hier niemand versteht?«

Der Angeklagte wiederholt, dass die Witze nicht für die Anwesenden gedacht seien. Der Rechtsanwalt unterbricht ihn: »Das ist eine Gefühlsregung. Das ist ein Widerspruch.« Der Angeklagte verneint das.

An dieser Stelle schaltet sich die Vorsitzende ein und ergänzt mit sarkastischem Unterton, dass es für den Angeklagten schließlich auch eine besondere Situation sei, immerhin habe er in den letzten drei Verhandlungstagen mit mehr Menschen gesprochen als in den letzten Jahren.

Rechtsanwältin Pietrzyk nimmt nochmals Bezug auf die vorangegangenen Fragen zu der sogenannten Musik »der Feinde« des Angeklagten und fragt, welche Bücher »seiner Feinde« er denn gelesen habe. »Wie wäre es mit dem Koran?«, fragt dieser zurück, und sagt, dass er dazu nichts mehr sagen möchte.

Die Frage der Rechtsanwältin, ob er während der Tat Musik gehört habe, die auf einen Attentäter Bezug nehme, der mittels eines Fahrzeuges zehn Menschen getötet hat,[3] bestätigt er. Er listet außerdem die Lieder, die er während der Tat gehört habe, auf: »Power Level« von Mr. Bond, »Happy, happy friends«, ein weiterer Titel, den er unverständlich artikuliert, der »Suicide Prototype«-Soundtrack und »Alek M.« von Egg White. Letzteres sei dabei das Lied, auf das sich die Rechtsanwältin mit ihrer Frage bezogen habe. Diese fragt erneut, ob er damit Bezug auf den Attentäter genommen habe, der zehn Menschen getötet hat. Der Angeklagte antwortet, dass er nicht wisse, wie viele Menschen dieser getötet hat. Rechtsanwältin Pietrzyk hakt nach, ob er das, während er Auto gefahren sei, gehört habe. Er gibt an, dazu nichts weiter sagen zu wollen.

Rechtsanwältin Pietrzyk fragt ihn daraufhin, warum er in einer Vernehmung Anetta Kahane erwähnt habe. Er antwortet, dass diese ganz weit oben auf seiner Feindesliste stehe.

Rechtsanwalt Schulz übernimmt wieder die Befragung. Er will wissen, was der Angeklagte gemacht hätte, wenn auch die Männer mit dem Taxi ihm dieses nicht überlassen hätten. Der Angeklagte gesteht, dass das ein Problem gewesen wäre, immerhin habe er auch nicht noch mehr Weiße anschießen wollen. Er fügt hinzu, dass beide auf keinen Fall seine Feinde gewesen seien.

Die Vorsitzende fragt ihn daraufhin, ob er wisse, dass es bei *Star Trek* den Vorgänger des 3D-Druckers gegeben habe. Er bejaht, die Waffen seien dort aber ziemlich schlecht gewesen. »Das war bei Ihnen ja auch so«, sagt die Vorsitzende.

3 Gemeint ist der Attentäter von Toronto, Alek M., der am 23. April 2018 mit einem gemieteten Fahrzeug zehn Menschen getötet und 16 weitere verletzt hat.

Ein Anwalt der Nebenklage hält ihm nun Bilder der Synagoge vor. Darauf sieht man deutlich ein einzelnes Schild neben dem Tor der Synagoge. Der Rechtsanwalt beschreibt demnach: »Da sieht man ein Schild: ›Jüdische Gemeinde Halle – Synagoge‹.« Die Vorsitzende schaltet sich ein, und ergänzt, dass sie die Synagoge kürzlich vor Ort besucht und einen Schaukasten entdeckt habe, in dem unter anderem eine Telefonnummer stünde. Unter der könne man sich melden, wenn man den Gottesdienst besuchen wolle. Der Angeklagte erwidert, dass er das aber nicht gemacht habe. Auch habe er den Schaukasten nicht gesehen.

Nachfolgend hält Rechtsanwältin Dr. Kati Lang, Vertreterin der Nebenklage, dem Angeklagten seiner Aussage aus der Vernehmung vor, dass er sich bei der Auswahl der Musik für seinen Livestream etwas gedacht habe; schließlich lebe man in Unterhaltungszeiten. Sie will wissen, ob er das Töten unterhaltsam finde. Er verneint, fügt aber hinzu, dass wir zweifelsohne in Unterhaltungszeiten leben würden.

Rechtsanwältin Lang zeigt ihm ein Albumcover, das bei ihm gefunden worden sei und fragt ihn, wann er das erste Mal Mr. Bond gehört habe. In dem Lied »Power Level« hieße es auf Englisch, »Leistungsstufe, […] vertrete den Faschismus, […] lasse rote Pillen auf die Schwuchteln regnen«. Der Angeklagte erklärt, dass er das vielleicht anders verstanden habe, er sei schließlich nur durchschnittlich begabt. Dabei nuschelt er stark, sodass die Rechtsanwältin nachfragen muss, was er denn gesagt habe. Er wiederum meint, dass sie ihn schon verstanden habe.

Rechtsanwältin Lang fragt nun, ob die Zusammenstellung von Liedern, die mit dem englischen Ausdruck für »die Judenfrage« auf seinem PC beschriftet sei, von ihm selbst stamme. Der Angeklagte bejaht, auch das Cover habe er selbst entworfen. Die Rechtsanwältin will wissen, was es mit dem darauf zu sehenden sogenannten Moon Man auf sich habe. Der Angeklagte sagt, dass er zur Beantwortung der Frage zunächst wissen müsse, ob dieser nach seiner Tat als Symbol verboten worden sei. »Wissen Sie, wofür ›Moon Man‹ steht?«, entgegnet die Rechtsanwältin. Der Angeklagte lacht. Rechtsanwältin Lang wendet daher deutlich ein: »Entweder Sie beantworten die Fragen ernsthaft, oder wir lassen das. Das ist hier keine Show.« Der Angeklagte meint aber, dass es sehr wohl eine ernsthafte Antwort gewesen sei.

Die Frage, ob er ein »Incel« sei, verneint er. Auf die Nachfrage, warum er dennoch ein Lied von Egg White beziehungsweise The Eggman gehört habe, gibt er an, dass das eben ein gutes Lied sei.

»Haben Sie jemals ein Schullager besucht?«, fragt die Rechtsanwältin weiter. Der Angeklagte meint, den Ort nicht zu kennen. »Das ist ein Wort«, entgegnet die Rechtsanwältin, woraufhin er nicht mehr antwortet.

Sie fragt ihn, ob er kinderpornografische Seiten aufgesucht habe, und hält ihm dabei vor, dass er eine Domain, die Orientierung im Darknet biete, aufgerufen und dort Rubriken für eben solche Inhalte geöffnet habe. Er erklärt, dass er auf dieser Seite nach allem Möglichen geschaut habe.

Rechtsanwältin Lang will wissen, ob er ein Unterforum genutzt habe, das unter anderem Journalisten in den USA nutzen würden, um etwa sensible Informationen von anonymen Quellen zu erhalten. Sie fragt auch, ob er erwogen habe, dort den Link zu seinem Stream und den Bekenntnisdokumenten zu veröffentlichen. Der Angeklagte behauptet, nicht zu wissen, wovon sie spreche.

Sie hält ihm anschließend vor, dass im Tatvideo zu hören sei, wie er sage: »Scheiß drauf, vielleicht kommen sie ja raus«, und fragt ihn, was er denn dann getan hätte. »Ich wäre gegen sie vorgegangen«, antwortet er. Die Rechtsanwältin wendet ein, »Wenn ich Sie richtig verstehe, war alles Nicht-Deutsche der Feind.« Der Angeklagte behauptet, dass er nicht »Nicht-Deutsch« gesagt habe, auch »Ausländer« würde er nicht sagen, denn »nicht jeder Ausländer ist Musel«. Rechtsanwältin Lang wiederum meint, dass er sich sehr wohl eindeutig geäußert habe und fügt hinzu: »Sie verbreiten nationalsozialistische und faschistische Ideologien. Genau das sind Sie: Ein Nazi.« Der Angeklagte will zu einer Erwiderung ansetzen, die Vorsitzende unterbricht ihn aber. Sie erteilt der nächsten Nebenklagevertreterin das Wort.

Diese fragt ihn, welche Werte in seiner Familie wichtig gewesen seien. Er antwortet, dass es die normalen Werte der BRD gewesen seien, und zählt Ordnung, Respekt und einige andere auf. Ob er diese Werte verinnerlicht habe, fragt sie weiter. Er sagt, dass er andere Werte entwickelt habe. Die Rechtsanwältin fragt, ob seine Mutter denn nicht versucht habe, ihn auf den rechten Weg zu bringen und etwa angedroht habe, ihn rauszuschmeißen. Der Angeklagte bejaht, Letzteres sei ein- oder zweimal der Fall gewesen.

Auf die Frage, ob er wisse, was seine älteren Familienmitglieder, etwa der Großvater, zur Zeit des Holocaust gemacht hätten, schildert er, dass seine Großeltern sehr jung gewesen seien. Sein Großvater habe als Siebenjähriger durch einen Tieffliegerangriff sein Bein verloren. Seine Großmutter wiederum sei sehr klein gewachsen, weil sie nach dem Krieg habe hungern müssen. Er habe aber mit beiden nicht über den Krieg gesprochen, da es für seine Großeltern sicherlich belastend gewesen wäre. »Vielleicht hat sie ja belastet, dass Juden umgebracht wurden? Kinder, mit denen sie vielleicht befreundet waren?«, stellt die Rechtsanwältin in den Raum. Er entgegnet, dass er nicht davon ausgehe, sie seien schließlich noch Kinder gewesen.

Die Rechtsanwältin verweist darauf, dass er den Eindruck erwecke, für die eigene Familie Gefühle aufbringen zu können. Der Angeklagte bestätigt das, für die eigene Gruppe sei das eben der Fall. Die Rechtsanwältin sagt, dass er zwar viel über Gruppen rede, deren Definition aber nie stringent sei. Wo Juden, Muslime oder Schwarze hingehören würden, könne er nicht erklären. Der Angeklagte lacht und entgegnet, dass er es ziemlich klar erklärt habe. Die Rechtsanwältin widerspricht, es gebe in seinem Denken immerhin viele offene Fragen und Widersprüche.

Sie will daraufhin wissen, wann er begonnen habe, sich als Krieger zu betrachten, wenn er doch mit den »normalen Werten der BRD« aufgewachsen sei. Dieser antwortet, dass er kein richtiger Krieger sei, dazu hätte er einen seiner Feinde erwischen müssen. Im Auto habe er aber vorgehabt, Krieger zu werden, und sagt: »Wenn man nichts macht, ist man kein Krieger.« Heute, ergänzt er, würde er sich vielmehr als Gefangenen sehen.

Die Vorsitzende richtet sich nun an die Nebenklage: Sie habe keine Handhabe, das Fragerecht einzuschränken, aber vielleicht solle die Nebenklage darüber nachdenken, keine Fragen mehr zu stellen, die dem Angeklagten die Gelegenheit geben könnten, seine Ideologie, die schwer erträglich sei, weiter vorzutragen.

Anschließend fragt Rechtsanwältin Pietrzyk den Angeklagten nach seiner Antwort auf die Frage, ob er ein »Incel« sei. Zwar habe der Angeklagte diese Frage verneint, wenn man aber »Incel« googeln würde, würde man erfahren, dass »Incels« Männer seien, die »unfreiwillig im Zölibat«[4] leben würden. Zudem würde man ein Bild des Angeklagten finden. Dieser erklärt, dass für diese Menschen das Zölibat das Wichtigste für ihre Identität sei. Die Rechtsanwältin hakt nach: »Und was ist das bei Ihnen? Ihr Antisemitismus? Ihr Rassismus?« »Mein Interesse für Waffen«, antwortet der Angeklagte.

Ein anderer Nebenklageanwalt sagt, alle hätten nun viel über »schwarz, braun und weiß« gehört. Er wolle nun gern einmal etwas über »gelb« hören, auch wenn der Angeklagte das so nicht ausdrücken würde, nämlich über Japaner. Der Angeklagte fragt, was genau seine Frage sei. Der Rechtsanwalt erklärt, dass er wissen wolle, wie Japaner einzuordnen seien. Der Angeklagte antwortet, dass er ihnen gegenüber Respekt hege, da Japaner Weiße nicht angreifen wollen würden. Die Frage, ob es noch einen weiteren Grund gebe, bejaht er, wolle diesen aber nicht ausführen.

Rechtsanwältin Lang bittet das Gericht, darauf zu achten, dass weder der Angeklagte noch die Anwaltschaft rassistische Ausdrücke nutze. Die Vorsitzende sagt, dass es klar sei, dass das Rechtsorgan solche Aussagen nicht fördern wolle. Es stelle sich aber zugleich die Frage, ob man entsprechende Fragen, die solche Antworten erst zulassen würden, überhaupt an den Angeklagten richten müsse.

4 »Incel« aus dem Englischen, »Involuntary celibate«, für unfreiwilliges Zölibat.

Rechtsanwalt Juri Goldstein, ebenfalls Vertreter der Nebenklage, will dem Angeklagten einen Vorhalt aus der Vernehmung machen und gibt dazu die entsprechende Stelle in den Akten an. Der Verteidiger, Rechtsanwalt Weber, unterbricht ihn und erklärt, dass sich sein Mandant zu derselben Stelle bereits vor zehn Minuten geäußert habe. Rechtsanwalt Goldstein fährt dennoch fort und hält dem Angeklagten die Aussage vor: »Wenn sie rausgekommen wären, hätte ich geschossen.« Er will wissen, ob diese zutreffend sei. Der Angeklagte bejaht.

Was die erste Frage gewesen sei, die er an seinen Verteidiger gerichtet habe, will Rechtsanwalt Goldstein weiter wissen. »Sind Sie Jude?«, antwortet der Angeklagte und lacht dabei. Er habe schließlich keinesfalls von einem Juden verteidigt werden wollen. Rechtsanwalt Goldstein fragt ihn anschließend, ob er ein Nazi sei. Dieser wartet lange und antwortet dann etwas Unverständliches. Auf Rechtsanwalt Goldsteins Nachfrage: »Wie bitte?«, erwidert er nur: »Kein Kommentar.« »Sind Sie ein Faschist?«, fragt Rechtsanwalt Goldstein weiter. Wieder antwortet er: »Kein Kommentar.« Daraufhin sagt Rechtsanwalt Goldstein, dass er noch eine Frage habe, die dem Angeklagten gefallen werde, nämlich, ob er Antisemit sei. Dieser bestätigt: »Das bin ich!«

Mehrere Nebenkläger·innen regen eine Pause mit der Begründung an, dass der Verhandlungssaal sehr stickig sei. Die Vorsitzende möchte aber vorher noch den Abschiedsbrief der Mutter des Angeklagten verlesen. Einige Bildschirme der Nebenklage, auf denen die Akten dargestellt werden, funktionieren allerdings nicht. Deshalb ordnet sie nun doch um 12 Uhr die Mittagspause an.

Pünktlich um 13 Uhr wird die Hauptverhandlung fortgesetzt.

Rechtsanwältin Lang sagt, ihr Mandant Dr. Ezra W. wolle Fragen zur Person des Angeklagten direkt an diesen stellen.

Zunächst funktioniert die technische Übertragung der Simultanübersetzung für den Mandanten nicht richtig. Sie wird übermäßig laut abgespielt, dass die Fragen weder im Englischen noch in der deutschen Übersetzung verständlich sind. Die Vorsitzende entscheidet daher, dass die Übersetzung nicht simultan, sondern abschnittsweise erfolgen soll.

Der Nebenkläger Ezra W. gibt an, dass sich seine Fragen auf das Verständnis des tiefen Hasses gegenüber Menschen, die der Angeklagte nie gesehen hat, beziehen würden.

Er fragt, für welche Menschen im Denken des Angeklagten Platz im Nahen Osten sei. Dieser antwortet, dass er in jedem Fall nicht mehr bereit sei, Juden zu dulden, für Muslime gelte dasselbe. Diese würden den Plan, Europa zu erobern, seit 1300 Jahren ausführen, dafür habe er keine Akzeptanz mehr.

Ezra W. erklärt, dass er Jude sei und der Angeklagte behauptet habe, dass Dinge wie Stärke, Schönheit oder Gesundheit von den Juden abgelehnt würden.

Er fragt ihn: »Können Sie sagen, was Sie damit meinen?« Der Angeklagte antwortet, dass er das gern erläutern würde. Die Juden hätten als Teilgruppe, die sich von einer größeren Gruppe ernähre, kein Interesse an dem Wohlergehen dieser größeren Gruppe. Im Gegenteil verfolgten sie das Ziel, diese zu schwächen. Ezra W. erwidert: »Reden wir über mich. Inwiefern schwäche ich die Gruppe?« Der Angeklagte antwortet, die BRD sei so schwach, dass sich der Nebenkläger entschieden habe, in die BRD zu ziehen, das sei ein Zeichen ihrer Schwäche. Der Nebenkläger erwidert, dass er Gesundheit doch möge, und fragt den Angeklagten nochmals, inwiefern dieser meine, dass er als Jude Gesundheit ablehnen würde. Der Angeklagte antwortet: »Gesellschaftlich gesehen.« Der Nebenkläger bedankt sich für diese Klarstellung und fragt weiter: »Wo sehen Sie den destruktiven Instinkt in mir?« »Ich kenne Sie persönlich nicht. Ich denke mal, Sie sind Professor?«, antwortet der Angeklagte. Der Nebenkläger unterbricht ihn und erklärt, dass er das nicht sei. Der Angeklagte wiederum meint, dass er das in der Zeitung gelesen hätte. Ezra W. setzt an, um zu erklären, dass er lediglich unterrichte. Der Angeklagte lässt ihn aber nicht aussprechen und fährt fort: »Ich denke, dass Sie Mathematiker sind? Sie haben ein Interesse [daran], dieses Wirtschaftssystem weiterzubringen.« Der Nebenkläger sagt anschließend, dass er sich lediglich mit Zahlentheorie beschäftige.

Anschließend sagt Ezra W., dass der Angeklagte letzte Woche erwähnt habe, dass er gern eine Freundin gehabt hätte, und will nun wissen, ob ihm eine Freundin bei dem Anschlag im Weg gestanden hätte. »Auf jeden Fall«, antwortet der Angeklagte. Auch eigene Kinder hätten ihm vermutlich im Weg gestanden, aber das könne er nicht sicher wissen, da er eben keine habe. Im Übrigen, fügt er hinzu, sei es über Jahrtausende üblich gewesen, dass Männer trotz Kindern gekämpft hätten. Dass das heute anders sei, sei Teil der europäischen Schwäche.

Ezra W. fragt, ob es ein Kollateralschaden gewesen wäre, wenn sich die Mutter des Angeklagten erfolgreich das Leben genommen hätte. Der Angeklagte verneint, vor allem in Bezug auf das Ergebnis seiner Tat wäre es nicht bloß ein Kollateralschaden gewesen.

Der Angeklagte hasse Menschen, die er nie getroffen habe, hält der Nebenkläger weiter fest. Das gelte für Juden ebenso wie beispielsweise für die Kanzlerin. Er will von ihm wissen, ob es für ihn leichter oder schwerer gewesen wäre, die Menschen zu töten, wenn er sie vorher einmal getroffen hätte. Dieser antwortet, dass er Juden nicht für ihre einzelnen Taten angreife. Wenn er etwa Anetta Kahane als Leiterin der NGO ... [dem Angeklagten fällt augenscheinlich der Name der NGO nicht ein, Anm. d. Hgg.] angreife, falle es ihm wesentlich leichter.

Im Anschluss stellt die Vorsitzende fest, dass es zunächst keine weiteren Fragen durch die Nebenklage gebe. In Richtung des Angeklagten sagt sie, sie wolle noch festhalten, dass er zwar viel von »Kampf« und »Krieg« rede, für den Großteil der Bevölkerung ein Kampf aber eine Auseinandersetzung sei, und keinesfalls sein Vorgehen, das mit den Worten des Strafgesetzbuches als heimtückisch beschrieben werden könne. Er habe demnach nicht gekämpft, sondern sich jahrelang in seinem Kinderzimmer versteckt.

VERLESUNG DES ABSCHIEDSBRIEFS DER MUTTER DES ANGEKLAGTEN

Die Vorsitzende verliest daraufhin ein Asservat, das unter einem Bett gefunden wurde. Es handele sich dabei um den Abschiedsbrief, den die Mutter des Angeklagten während eines Suizidversuchs an ihre Tochter, die Halbschwester des Angeklagten, verfasst habe:

> »Meine liebe Anne, ich hätte nie gedacht [...] die Presse steht schon vor der Tür [...] Ich hab euch lieb, aber so kann ich keinem Menschen in die Augen schauen. [...] Dieser Staat hat mich und Stephan so im Stich gelassen. Das Leben könnte wunderbar sein, [...] ist es aber nicht. Du weißt, wie ich immer über meine Kräfte gegangen bin, um ihn zu retten. Geschafft habe ich es aber nicht [...] Niemand kann sich meine Verzweiflung vorstellen [...] Roland hatte mich angerufen, war dann hier und hat mir das alles im Fernsehen gezeigt. Ich konnte, wollte das nicht glauben. [...] Sag meinem lieben Alex, dass ich ihn sehr vermissen werde. [...] Ich weiß, dass ich euch im Stich lasse, aber ich kann nicht mehr. [...] Ein weiteres Leben kann ich mir nicht vorstellen. Ich hab euch so lieb. [...] Sicher wirst auch du durch die Hölle der Medien gehen müssen. [...] Keine Ahnung, wie lang die Tabletten brauchen, um zu wirken.
>
> Du fehlst mir schon so lange. Aber ich hatte so gehofft, dass ich ihn wieder ins Leben zurückholen könnte. [...] Da die Presse schon hier war, ist klar, dass Stephan dabei war. Ich wollte es nicht glauben, aber bevor ich endgültig gehen muss, schalte ich das Fernsehen an und sehe ihn ein letztes Mal. Er hatte eine gute Seele, keinem Insekt konnte er etwas tun. [...] Sie haben ihn mir zerstört.
>
> An die verdammte [...] Welt: Ich liebe meinen Sohn. Ihr habt ihn zerstört. Gegen euch war ich machtlos.
>
> Liebe Anne, ich kann dir nicht mehr schreiben, [...] Ich weiß, [...] meine Tabletten wirken nicht so schnell [...] habe [...] Chance.
>
> Sie haben so viele Bilder von ihm. Ich glaube es immer noch nicht, dass Stephan das getan haben soll. Ich weiß nicht, was ich glauben soll. Er hat alles erzählt und wie oft hatte er einen echten Ärger. Ich hasse diese Welt, sie ist nicht mehr echt. Er wurde angeschossen. Das Fernsehen zeigt es ja. Natürlich können sie ihn nicht anzeigen [...] Sie fühlen, dass Juden freie Hand hatten. Er hat sein Leben gegeben für die Wahrheit, für euch. [...]

> Er wollte nicht, dass wir leiden. Aber ich kann […] Er wollte nur eins: Die Wahrheit. Er hat es nicht geschafft. Sie lügen. Wie […] unschuldig. Aber ihr wisst es nicht.«[5]

Unterhalb des Briefes befinde sich noch eine weitere Passage, die aber unleserlich sei. Zudem seien durchgestrichene »Judensterne« sichtbar, fügt die Vorsitzende hinzu. Daraufhin richtet sie sich an den Angeklagten und sagt: »Ihre Mutter treibt das Thema Juden auch um, nicht?« »Absolut nicht, nein«, antwortet der Angeklagte. Er denke, dass der Brief nur das Resultat einer Kombination aus Alkohol und Medikamenten sei.

BEFRAGUNG DES ANGEKLAGTEN DURCH DEN SACHVERSTÄNDIGEN PROF. DR. NORBERT LEYGRAF (FORENSISCHER PSYCHIATER)

Im Anschluss befragt Prof. Dr. Norbert Leygraf den Angeklagten zu seiner Bauchverletzung im Jahre 2013. Er will von ihm wissen, was das für eine Sportverletzung gewesen sei. »Kein Kommentar«, antwortet der Angeklagte. Der Sachverständige Leygraf weist darauf hin, dass im Arztbrief über die Aufnahme im Krankenhaus vom 11. April 2013 etwas von Kampfsport stehe, den der Angeklagte betrieben haben soll. Wieder antwortet er: »Kein Kommentar.« Der Sachverständige Leygraf fährt fort, dass der Angeklagte damals gesagt haben solle, dass er die Beschwerden zum ersten Mal während einer Vorlesung am ersten Tag des Semesters gehabt habe. Der Angeklagte bestätigt das. Der Sachverständige fragt ihn, ob er möglicherweise während der Semesterferien ähnliche Beschwerden gehabt habe. Der Angeklagte vermutet, dass es so sein könne, es sei aber auch lange her. Psychiater Leygraf hakt nach, ob es sein könne, dass er bereits am 17. Februar 2013 wegen ähnlicher Beschwerden im Krankenhaus gewesen sei. Damals habe er angegeben, am Vorabend Amphetamine konsumiert zu haben. »Kann sein«, erwidert der Angeklagte. Der Sachverständige meint, er frage das, weil der Angeklagte vorhin von Drogenkonsum in seiner Jugend gesprochen habe. Im Februar 2013 sei er aber bereits 21 Jahre alt gewesen. Der Angeklagte entgegnet, dass er dazu nichts sagen könne, immerhin wisse er auch nicht mehr, wann und warum er das letzte Mal Amphetamine konsumiert habe.

Der Sachverständige knüpft an die Aussage des Angeklagten an, in der er behauptet habe, dass er nicht wissen würde, ob die Synagoge in Betrieb

5 Der Abschiedsbrief der Mutter des Angeklagten soll von ihr am Tag des Attentats verfasst worden sein.

6 § 257 Absatz 2 StPO gibt der Staatanwaltschaft und der Verteidigung die Möglichkeit, nach jeder einzelnen Beweiserhebung eine Erklärung zu eben dieser abzugeben. Nach § 397 Absatz 1 Satz 3 steht dieses Recht auch den Nebenkläger·innen zu.

gewesen sei. In seinem »Pre Action Report« habe er allerdings geschrieben, dass er die Synagoge ausgewählt habe, weil sie der nächste Ort mit Juden sei. Der Angeklagte gibt wieder an, dass es eben eine Synagoge sei, und in einer Synagoge Juden sein sollten. Er wüsste auch andere Orte, aber die seien noch mehr gesichert gewesen. Der Sachverständige fragt ihn, ob er sich Gedanken darüber gemacht habe, was er tun würde, wenn niemand in der Synagoge gewesen wäre. Der Sachverständige fügt hinzu, dass der Angeklagte schließlich detaillierte Überlegungen angestellt habe, wie er vorgehen würde, wenn er nicht in die Synagoge hineingekommen wäre. Der Angeklagte gibt an, dass das derselbe Plan gewesen sei. Der Sachverständige erwidert, dass das nicht sein könne, sein Plan für das letztere Szenario sei es gewesen, die Besucher der Synagoge mit Feuer aus der Synagoge zu treiben. Dieser Plan ergebe für den Fall, dass die Synagoge leer gewesen wäre, keinen Sinn. »Wenn keiner da ist, kann ich keinen herzaubern«, erwidert der Angeklagte und fragt, was er denn sonst hätte tun sollen. »Das, was sie gemacht haben«, antwortet der Psychiater, nämlich sich andere Opfer zu suchen. Ob das denn auch der Plan gewesen sei, will der Sachverständige weiter wissen. Der Angeklagte antwortet, dass es natürlich der Plan gewesen sei, in die Innenstadt oder zum »muslimischen Kulturzentrum« zu gehen. Zu weit vorauszuplanen, sei aber zugleich nicht effizient gewesen.

Die Vorsitzende fragt ihn daraufhin, ob es wegen eines Magendurchbruchs zwei Krankenhausaufenthalte gegeben habe. Der Angeklagte bestätigt das. Er sei dort etwa zwei Wochen gewesen. Angaben zur ambulanten Versorgung und zur Dauer der Genesung, nach denen die Vorsitzende ihn fragt, könne er aber nicht machen. »Man fragt sich ja, wieso Sie so lange Zuhause waren«, sagt die Vorsitzende. »Ich habe alles gesagt, kein Kommentar«, meint der Angeklagte wiederum. Die »Flüchtlingskrise« sei doch 2015 gewesen, demnach zwei Jahre später, merkt die Vorsitzende weiter an. Der Angeklagte wird ungehalten und entgegnet: »Muss ich mich wiederholen? Kein Kommentar!« Er sei für zwei Semester in Magdeburg immatrikuliert gewesen, ehe er ohne erbrachte Leistungsnachweise nach Halle gewechselt sei. Die Vorsitzende will wissen, warum es in Magdeburg mit dem Studium nicht geklappt habe. Er antwortet wieder, dass er sich dazu nicht äußern möchte.

Rechtsanwältin Lang gibt im Anschluss daran eine Erklärung nach § 257 StPO[6] für ihren Mandanten Dr. Ezra W. ab. In der Erklärung heißt es, dass sich der Angeklagte auch vor Gericht offen antisemitisch geäußert habe. Der Nebenkläger hatte und habe keine Illusion, dass der Angeklagte seine Taten bereue. Seit der Wiedervereinigung habe es in Deutschland mehr als 200 Tote antisemitischer und rassistischer Gewalt gegeben. Zuletzt starben am 19. Februar 2020 zehn Menschen in Hanau. Der Angeklagte sei ein Rassist und ein Antisemit. Das sei weder zu pathologisieren, noch durch die

Lebensumstände, um die es nun im Verfahren auch gehe, zu entschuldigen. Sein Ziel sei es gewesen, Juden und vermeintlich Undeutsche zu töten. Wenn es nun in der Öffentlichkeit und im Gericht so dargestellt werden würde, dass er allein gehandelt habe, möge das im eng strafrechtlichen Sinne korrekt sein. Der Angeklagte bewege sich aber im digitalen Raum, und habe zudem angestrebt, Nachahmer zu motivieren. In seinem Fall seien aus Worten Taten geworden. Es sei deshalb wichtig, die Taten von Utøya und Oslo, von Halle und schließlich von Hanau nicht als Einzeltaten anzusehen; die digitalen Verbindungen seien teils lose, aber nicht unstrukturiert. Die Betroffenen sollten in Angst und Schrecken versetzt werden; das habe gerade in Deutschland eine besondere Bedeutung. Der Angeklagte habe weitere weiße Männer zu Taten ermutigen wollen. Man dürfe demnach nicht den Fehler machen, das zu verharmlosen, indem nur eine Person angeklagt würde, und indem das Bild erzeugt würde, die Taten seien durch die Lebensumstände des Angeklagten zu entschuldigen. Der Nebenkläger gebe diese Erklärung zudem nicht ab, um etwas zu kommentieren, sondern um zu widersprechen.

AUSSAGE DES ZEUGEN RAINER D. (BKA, ZUR VERNEHMUNG DES ANGEKLAGTEN)

Als Nächstes wird der Zeuge Kriminaloberkommissar Rainer D. befragt. Die Vorsitzende belehrt ihn über seine Zeugenpflichten und stellt seine Personalien fest. Rainer D. ist 51 Jahre alt und als Kriminaloberkommissar beim BKA Meckenheim tätig.

Sie erklärt, dass Rainer D. den Angeklagten ab dem 22. November 2019 und an den vier darauffolgenden Tagen in der JVA Halle vernommen, und im Anschluss daran einen umfassenden Personenbericht erstellt habe. Ebenfalls seien bei den Vernehmungen seine Kollegen Herr V. und Herr W. anwesend gewesen. Sie möchte zunächst Rainer D. befragen, um anschließend klären zu können, ob die Vorladung der anderen Polizeibeamten erforderlich sei.

Daraufhin berichtet der Zeuge von der Vernehmung. Dieser sei zunächst ein Gespräch der Bundesanwaltschaft mit dem Verteidiger des Angeklagten, Rechtsanwalt Weber, vorausgegangen. Rechtsanwalt Weber habe nicht beantworten können, ob sein Mandant zur Aussage bereit sei, dieser sei noch hin und her geschwankt. Das BKA habe daher den Anlass einer notwendigen, ergänzenden, erkennungsdienstlichen Behandlung, in deren Verlauf etwa auch Fingerabdrücke genommen werden würden, nutzen wollen, um mit dem Beschuldigten in Kontakt zu treten. Dieser habe dabei sinngemäß gesagt: »Wo Sie schon einmal da sind, was wollen Sie wissen?« Rechtsanwalt Weber sei bei den Vernehmungen nicht anwesend gewesen, aber selbstverständlich über die Termine informiert worden. Daher habe es keine Bedenken darüber gegeben, dass mit den Vernehmungen auch begonnen werden könne.

Bei der notwendigen ergänzenden erkennungsdienstlichen Behandlung hätten seine Kollegen und er den Angeklagten zum ersten Mal gesehen. Der Angeklagte habe dabei in sich gekehrt gewirkt und auf den Boden geschaut, trotzdem sei er kooperativ gewesen. So habe er etwa einen Fehler der Beamten korrigiert, die einen Fingerabdruck auf dem einen Bogen dem falschen Finger zuordnen wollten.

Die Vorsitzende fragt anschließend nach dem Dokument »Your F&A Guide«, nach dem der Angeklagte schon in der ersten Vernehmung befragt worden sei. Rainer D. bestätigt, dass sie den Angeklagten gefragt hätten, was der Name des Dokuments zu bedeuten habe. Dieser habe erklärt, dass es für »Frage und Antwort« stehe, zugleich aber auch einen Witz verstecke: Wenn man das »E« am Ende wegnehmen würde, sei der Titel auch als »You're Faggot« zu lesen, was er mit »Du bist 'ne Schwuchtel« übersetzen würde. Er ergänzt, dass der Angeklagte das sehr lustig gefunden habe. Er habe auch angegeben, das Dokument auf Englisch geschrieben zu haben, um ein möglichst breites Publikum zu erreichen. Dabei sei es hauptsächlich um Muslime gegangen, weil Juden in Deutschland zu sehr bewacht werden würden. Außerdem habe er im Dokument Bezug auf ein Onlinespiel genommen, das Rainer D. zwar selbst nicht kenne, aber in dem es wohl darum ginge, dass sich der Protagonist am Ende des Spiels erhängen müsse. An dieser Stelle unterbricht ihn der Angeklagte: Das Erhängen des Protagonisten sei nicht das Ende des erwähnten Spiels und in der Überschrift »Your F&A Guide« sei ein »E« versteckt. Die Vorsitzende sagt aber, dass das jetzt nicht wichtig sei.

Rainer D. sagt weiter aus, dass es dem Angeklagten bereits in der Vernehmung viel um den von ihm intendierten Witz gegangen sei. Es sei regelrecht aus ihm herausgeplatzt, wie gut der Witz sei, und dass er am Anfang stehen müsse, da er sonst nicht wirken würde. Für wen der Witz gedacht gewesen sei, fragt die Vorsitzende. Der Witz sei für alle Menschen, die das Dokument lesen würden, bestimmt, antwortet Rainer D. Der Angeklagte habe die Zielgruppe des Textes als jene Menschen, die wie er selbst denken würden, beschrieben, als »weiße Männer, die nicht mit den Umständen zufrieden sind«. Die Vorsitzende fragt: »Die auch Zuhause im Kinderzimmer sitzen?« Rainer D. antwortet, dass der Angeklagte es auf diese Weise nicht gesagt habe. [...]

Er schildert anschließend, dass er Schwierigkeiten habe, die fünf Vernehmungen in seiner Erinnerung auseinanderzuhalten. Die Vorsitzende meint, dass das nicht allzu schlimm sei, es hätten schließlich alle die Akten vorliegen.

Sie fragt ihn, ob er noch wisse, wann »Your F&A Guide« verfasst worden sei. Der Zeuge sagt aus, dass er sich nicht mehr erinnern könne. Die Vorsitzende richtet nun dieselbe Frage an den Angeklagten. Dieser sagt, dass das »nach T.«[7] gewesen sein müsse, im April ungefähr. Die Vorsitzende meint, dass sie das auch noch in den Akten nachlesen könnten.

Zu den Waffen würde sie Rainer D. nicht befragen, fährt die Vorsitzende fort, da habe sie schließlich spezielle Experten der Polizei für Ende August eingeladen. Auch müsse sie nicht noch einmal die Ausführungen des Angeklagten dazu hören.

Dann fragt sie Rainer D. nach der Vernehmung vom 23. November 2019, in der es um Juden gegangen sei. Der Zeuge gibt an, dass der Angeklagte ihnen mitgeteilt habe, den Tatentschluss nach Brenton T.s Tat in Christchurch gefasst zu haben und mit Ausspähhandlungen im Sommer 2019 begonnen zu haben. In dieser Zeit habe er sich auch entschlossen, den Feiertag Jom Kippur, für seinen Anschlag auszuwählen. Wenn es 2019 nicht geklappt hätte, hätte er die Tat auf Jom Kippur im darauffolgenden Jahr verschieben wollen. Er habe sich von dem Datum erhofft, dass besonders viele Juden in der Synagoge sein würden. Außerdem sei es seine Überlegung gewesen, dass zu Jom Kippur auch viele Juden in der Synagoge sein würden, die dort nur ein- bis zweimal im Jahr hingehen. Diese Juden würden ihm besonders schaden, da sie international in der Wirtschaft aktiv sein würden. Demgegenüber hätten orthodoxe Juden, die oft in die Synagoge gingen, gar keine Zeit, ihm wirklich zu schaden, da sie zu sehr von ihren religiösen Angelegenheiten eingenommen seien. Über Jom Kippur habe er sich über Wikipedia informiert. Die Vorsitzende sagt, dass man das schließlich auch von Evangelen oder Katholiken kenne, dass sie nur zu Weihnachten in die Kirche gehen würden und will wissen, ob der Angeklagte sich das auch so für Juden vorgestellt habe. Der Zeuge bejaht dies.

Die Vorsitzende sagt, der Angeklagte habe sich nicht sonderlich gut in Halle ausgekannt. Der Zeuge bestätigt, das müsse so gewesen sein, sonst hätte er sich nicht schon auf dem Weg zum Anschlagsziel verfahren. Möglicherweise sei er auch mit dem Auto nicht zurechtgekommen. Für seine Ausspähfahrten habe er den Wagen der Mutter genutzt und sei kurz vor der Synagoge zu Fuß weitergegangen. Er habe mehrere Kameras am Tor der Synagoge und am danebenliegenden Friedhof wahrgenommen und habe somit den Innenhof der Synagoge auch als Sackgasse identifizieren können. Er habe auch den Livestream-Aspekt seiner Tat getestet und geprüft, so wie der Empfang und die Upload-Rate vor Ort seien. In der Vernehmung habe der Angeklagte die Route auf einer Karte rekonstruieren können. Er habe angegeben, sich zunächst verfahren zu haben, konnte sich dann aber am Wasserturm in Halle wieder orientieren.

7 Gemeint ist Brenton T., der rechtsextreme Attentäter von Christchurch, Neuseeland, der am 15. März 2019 zwei Terroranschläge verübt hat, bei dem er 51 Menschen tötete und weitere 50 verletzte.

Die Vorsitzende sagt, dass Rainer D. den Angeklagten auch gefragt habe, was dieser sich bei der Tatvorbereitung vorgestellt habe. Rainer D. antwortet, der Angeklagte habe sich erhofft, dass das Tor zum Friedhof offenstehen würde, und er auf diese Weise eindringen könnte; er habe schließlich möglichst viele Menschen töten wollen. Die Vorsitzende fragt, wie es um die Bewachung der Synagoge gestanden habe. Rainer D. gibt an, dass der Angeklagte ausgesagt habe, dass muslimische und jüdische Gotteshäuser immer gut bewacht seien. Weiter sagt er, dass er zugleich nicht verstehe, worauf die Vorsitzende mit ihrer Frage hinauswolle, sie hätten den Angeklagten schließlich nicht fragen können, warum keine Polizei vor Ort gewesen sei. Die Vorsitzende fragt, ob denn auch beim Ausspähen keine Polizei vor Ort gewesen sei. Der Zeuge bestätigt: »Genau.«

Der Angeklagte habe in der Vernehmung auch gesagt, dass er während der Tat im Kampfmodus gewesen sei. Kampfmodus und normales Leben hätte er dabei strikt getrennt. »Der Plan war dann, in die Synagoge rein und den Feind bekämpfen?«, fragt die Vorsitzende. Der Zeuge bejaht wieder. Auch wenn Polizisten nicht zu seinen Feinden gehört hätten, hätte er sie sofort getötet, wenn sie ihn in seinem Kampfmodus an der Tat gehindert hätten. So habe es der Angeklagte zumindest ihm gegenüber angegeben.

Seine Sprengsätze, fährt Rainer D. fort, seien dafür gedacht gewesen, Feuer zu legen. Der Angeklagte sei davon ausgegangen, den Hof der Synagoge betreten zu können, aber nicht weiter in das Gebäude gelangen zu können. Da hätte er dann die Brandsätze in die Synagoge werfen wollen. Während der Tat, bei der er bereits am Tor zum Hof scheiterte, habe er noch gehofft, eine Holzbank oder Ähnliches zu finden, sodass die Gemeindemitglieder aus der Synagoge kommen würden. Der Angeklagte habe sie auf diese Weise rauslocken und dann auf der Straße erschießen wollen.

Die Vorsitzende zitiert aus den Vernehmungsakten: »Man muss bereit sein, im Kampf zu sterben.« Sie sagt, der Angeklagte habe demnach keinen »suicide by cop« angestrebt, sondern im Kampf sterben wollen. Sie fragt, ob er denn Polizisten zu seinen Feinden gezählt habe. Rainer D. verneint, und wiederholt, dass der Angeklagte im Kampfmodus jeden rücksichtslos erschossen hätte, der sich ihm in den Weg gestellt hätte. Er habe nicht gewusst, wie die Reichweite seiner Schusswaffen gewesen sei, habe sich aber darauf eingestellt, Sprengsätze zu werfen, um im Falle eines Schusswechsels näher an die Polizei heranzukommen. Er sei also bereit gewesen, kämpfend im Kugelfeuer zu sterben, fügt der Zeuge hinzu.

Die Vorsitzende fragt, ob der Angeklagte auch seinen Frust über die gescheiterte Tat geäußert habe. Der Zeuge bestätigt, man höre schließlich auch im Tatvideo, dass der Angeklagte sehr frustriert gewesen sei. Er habe etwa schon beim Versuch, die Synagoge aufzusprengen, am Knall gehört, dass nicht die Sprengladung an sich, sondern nur der Zünder umgesetzt habe. Da habe er, laut seiner eigenen Aussage, im körperlichen Sinne

Rot gesehen.[8] Er sei also sehr unter Stress gewesen, als Jana L. ihn angesprochen habe. Nachdem er auf sie geschossen und sich weggedreht habe, habe er sich noch einmal umgedreht und in ihren Rücken geschossen. In der Vernehmung hätten sie ihm vorgehalten, dass doch keine Gefahr mehr von ihr ausgegangen sei, er habe aber erwidert, dass schon Millionen von Soldaten gestorben seien, weil sie zu viel Milde gezeigt hätten; »Feind am Boden, nochmal drauf« sei demnach seine Marschroute gewesen. Er hätte ihnen noch den relativ unbekannten Fall eines Attentäters in Norwegen[9] geschildert, der über einen angeschossenen Mann hinweg gestiegen, von diesem dabei am Fuß festgehalten, und somit an der Tat gehindert worden sei. Das habe er nicht riskieren wollen.

Zu Mandy R. und dem Mann im Transporter, die in der Nähe der Synagoge in sein Visier gerieten, habe der Angeklagte nicht viele Angaben gemacht. An den Mann im Transporter habe er sich nicht einmal mehr erinnern können. Dass die Waffe in dessen Richtung gezeigt habe, sei wiederum ein antrainiertes Verhalten von Ego-Shootern, bei denen die Waffe immer in die Blickrichtung ziele.

Die Vorsitzende will wissen, wie es dann weitergegangen sei. Der Zeuge gibt an, dass der Angeklagte vom »Umschwenken auf Sekundärziele« gesprochen habe. Seine Angaben seien aber unscharf gewesen: Mal habe er davon gesprochen, dass er nach Hautfarbe töte, dann wieder ein Kunstwort für Muslime und »Andersfarbige« genutzt. Der Dönerimbiss sei absolut nicht geplant gewesen, habe er noch angegeben. Nach seiner Vorstellung hätte der Kampf mit der Polizei unmittelbar an der Synagoge stattfinden müssen. Er sei schließlich davon ausgegangen, dass er von dem Ort gar nicht wegkommen würde. Der Angeklagte habe aber gemerkt, dass sein Reifen platt gewesen sei, nachdem er versehentlich in diesen geschossen hatte, und sich gedacht, dass er am besten bergab rollen könne. Daher habe er sich für die Straße entschieden, die ihn schließlich zum Imbiss geführt habe. Er habe dabei im Vorfeld die Vorstellung gehabt, dass ein Dönerimbiss nur von Muslimen besucht werde und dass er entsprechend Muslime treffen würde. Im Imbiss selbst habe er dann alle Personen, so auch Kevin S., als Muslime wahrgenommen. Die Vorsitzende sagt, dass der Angeklagte vor Gericht ausgesagt habe, dass es egal sei, wer genau sich in einem Dönerimbiss aufhalte, es seien ohnehin »Unterstützer«. Rainer D. erwidert, dass er das ihnen gegenüber

8 Der Angeklagte meint, dass er in seinem Gesichtsfeld rote Flecken gesehen habe. Das Rotsehen, von dem er spricht, unterscheidet sich von der Wortbedeutung rotsehen, mit der die Beherrschung verlieren, gemeint ist.

9 Gemeint ist der Anschlag vom 10. August 2019, bei dem eine Moschee in Bærum, Norwegen angegriffen wurde.

nicht ausgesagt habe. Ihm sei vielmehr das »Differenzieren nach Abstammung« wichtig gewesen, und er habe für sich in Anspruch genommen, dass er eben diese Differenzierung vornehmen könne. So habe er geschildert, dass ein blaues Auto vor dem Imbiss entlanggefahren sei und er die erhobene Waffe heruntergenommen habe, da in diesem seiner Wahrnehmung nach nur Weiße gesessen hätten.

Die Vorsitzende sagt, sie springe nun zur Situation in der Vernehmung, in welcher der Angeklagte gefragt worden sei, wann er das erste Mal die Idee gehabt habe, eine solche Tat zu begehen. Der Zeuge schildert, dass der Angeklagte drei Ereignisse angeführt habe, die ihn zur Tat beeinflusst hätten: Im Jahre 2013 sei er gesundheitlich schwer krank gewesen, dem Tod näher als dem Leben, und habe ein Jahr gebraucht, um sich wieder bewegen zu können. Sein Studium habe er danach nicht wieder aufgenommen. Er sei von der Menschheit und den Ärzten enttäuscht gewesen. Zwei Jahre später, im Jahr 2015, sei die »Flüchtlingskrise« für ihn eine Zäsur gewesen. Er habe Flüchtlinge als sehr aggressiv wahrgenommen und erwähnt, dass sich das christliche Spanien bereits im Mittelalter gegen die Muslime habe wehren müssen und nun in einer ähnlichen Situation sei. In ihm sei die Überzeugung entstanden: »Ich muss mich jetzt bewaffnen.« Der Angeklagte habe damals seine erste Waffe gekauft, die er während der Tat auch dabeigehabt, aber nicht benutzt habe. Ende 2015 habe er dann angefangen, Waffen selbst zu bauen. Zu diesem Zeitpunkt sei er seiner Aussage nach enttäuscht, unzufrieden und bewaffnet gewesen. Als drittes Ereignis habe er die Tat von Christchurch angegeben und in der Vernehmung sinngemäß gesagt, dass er damals gedacht habe: »Der tut doch was, der ist auch unzufrieden. Ich könnte doch auch Menschen umbringen.« Den Tatentschluss habe er also am 15. März 2019 getroffen, habe aber noch Zweifel gehabt. Selbst zwei Tage vor der Tat habe er, als er den Mietwagen, den er während der Tat nutzte, ausgeliehen habe, noch gezweifelt, ob er die Tat wirklich »durchziehen« solle. Sicher sei er erst gewesen, als er in Kampfmontur und bewaffnet das Haus seines Vaters verlassen und den Schlüssel weggeworfen habe.

Die Vorsitzende zitiert nun aus dem Personenbericht, den der Zeuge verfasst hat. Demnach habe der Angeklagte über die Zeit zwischen 2013 und 2015 nichts gesagt. Ihr, der Vorsitzenden, erscheine es nicht plausibel, dass er in dieser Zeit nichts getan habe, um sein altes Leben wiederzuerlangen; so hätte er ja vorher in Magdeburg und Halle studiert. Rainer D. stimmt dem zu und schildert die Lebenssituation des Angeklagten. Das Studium habe ihm nach Aussage seiner Großmutter Spaß gemacht. Der Angeklagte habe rund 120 Euro BAföG erhalten und sei auch von seinen Eltern unterstützt worden. Nach seiner Erkrankung habe er zunächst im Haus seines Vaters gelebt. Dort sei es ihm mit seinen Einschränkungen leichter gefallen, sich zu bewegen. Dieses Wohnverhältnis habe aber nicht lange gehalten, sodass er wieder zu seiner Mutter gezogen sei. Sie habe ihm die Krankenkasse bezahlt und »das Leben ermöglicht«, indem sie ihm auch die Wohnung, die Nahrung und das Auto finanziert habe. Die Vorsitzende merkt an, dass der Angeklagte schließlich auch bescheiden gelebt habe. Sein Vater habe die finanzielle Unterstützung nach Ende des Studiums eingestellt, schildert der Zeuge weiter. Seine Mutter habe ihm aber weiterhin 200 Euro im Monat gezahlt. Die Vorsitzende spekuliert, dass sie dies in der Hoffnung getan haben könnte, dass er sein Studium wieder aufnehme. Sie fragt den Zeugen, ob das nicht vorhandene Geld für den Angeklagten eine Rolle bei der Tat gespielt habe. Der Zeuge gibt an, dass kein Geld zu haben, einen wichtigen Aspekt der Tat tangiere. Die Mission des Angeklagten sei schließlich auch gewesen zu zeigen, dass man auch mit wenig Geld und selbstgebauten Waffen etwas tun könne.

Die Vorsitzende fragt daraufhin nach der Vernehmung vom 27. November 2019, in der die Aussage: »Schlüssel weg, jetzt ziehe ich es durch«, und der Sprengsatz auftauchten. Rainer D. sagt, der Angeklagte habe sich in der Vernehmung zu dem Sprengsatz und zu den Brandsätzen eindrücklich geäußert. Sie, die Vernehmungsbeamten, hätten hören wollen, was sie sich aufgrund des Videos bereits hatten denken können. Als sie ihn gefragt hätten, sei die Antwort wie eine Explosion aus ihm herausgekommen: »Natürlich wollte ich sie erschießen, dafür war ich ja da!« Der Zeuge imitiert dabei den Angeklagten, schreit nahezu, und beugt sich weit über den Zeugentisch. Er gibt noch an, dass es des Angeklagten Ziel gewesen sei, die Besucher der Synagoge mit den Brandsätzen herauszulocken und sie dann zu erschießen.

Bei der Frage, ob der Angeklagte auch einmal Selbstkritik geäußert habe, muss Rainer D. lange überlegen: »Selbstkritik? Mhm ...« Die Vorsitzende präzisiert: »Na, weil ja nicht alles so gelaufen ist. Man könnte auch sagen, er ist grandios gescheitert.« Rainer D. erklärt, dass der Angeklagte an vielen Stellen ausgesagt hätte, dass er vieles falsch gemacht oder vergessen habe. So sei er beim Schusswechsel mit den Polizisten etwa am Hals getroffen worden, als er sich zu dem Auto hinunterbeugte, um ein Feuerzeug für seinen Sprengsatz zu holen, dabei habe er zwei Ersatzfeuerzeuge in seinen Hosentaschen getragen und habe sie schlichtweg vergessen. Auch die Toten, die er nicht habe erschießen wollen, oder der zerschossene Reifen hätten ihn verärgert.

Im Anschluss fragt die Vorsitzende nach der Situation mit Mandy R. vor der Synagoge. In einer Vernehmung habe der Angeklagte ausgesagt, er wisse nicht mehr, ob er auf sie gezielt habe, erklärt der Zeuge. Der Angeklagte sei aber im Kampfmodus gewesen und habe seine Feinde sehr wohl töten wollen; die Waffe hätte allerdings geklemmt.

Die Vorsitzende fragt, was der Angeklagte zu der Taschenlampe am Lauf seiner Waffe gesagt habe. Der Zeuge antwortet, dass der Angeklagte sein Ziel auch bei Rauch und unter schwierigen Bedingungen habe umsetzen wollen. Dafür hätte ihm die Taschenlampe dienen sollen.

Die Vorsitzende zitiert nochmals aus den Vernehmungsakten. Es geht um die Schüsse auf Jana L., als diese bereits am Boden lag. Der Angeklagte habe dazu »der Feind am Boden… drauf!« gesagt. Rainer D. erklärt, dass es in diesem Moment um die bereits geschilderte Situation aus Norwegen gegangen sei. Der Angeklagte habe sichergehen wollen, dass von Jana L. keine Gefahr ausgehe.

Die Vorsitzende spricht nun die Situation im Dönerimbiss an, zu der sich der Angeklagte eingelassen habe. Sie will wissen, wie der Angeklagte während der Inaugenscheinnahme des Tatvideos auf seine Aussage: »Lebt der immer noch?«, reagiert habe. Der Zeuge muss eine Weile überlegen und gibt dann an, dass die Reaktion unauffällig gewesen sei. Sie hätten das Video aber auch nicht ständig gestoppt.

Woran der Angeklagte später den Polizeiwagen erkannt habe, könne er wiederum nicht sagen. Die Vorsitzende sagt, dass sie selbst in einer derartigen Situation vor der Polizei eher flüchten würde und wundert sich, warum der Angeklagte das nicht ebenfalls getan habe, sondern aus dem Auto gestiegen sei. Rainer D. meint, dass der Angeklagte die Polizisten habe erschießen wollen, damit er in die Innenstadt gelangen und dort nach Hautfarbe töten könne. Sie hätten ihn gefragt »Warum flüchten Sie?«, da dieses Verhalten nicht zu dem Vorhaben, im Kampf zu sterben, gepasst habe. […] Er sei aber in das Auto gestiegen, weg- und noch einmal an der Synagoge vorbeigefahren. Wobei er sich vermutlich eher verfahren habe, ergänzt die Vorsitzende den Zeugen aus den Akten. Auf der Magdeburger Straße sei es dann zur Kollision mit einem »schwarzhäutigen Menschen« gekommen, woran der Angeklagte seiner Aussage nach aber nur vage Erinnerungen gehabt habe, so der Zeuge weiter. Er habe beispielsweise in der Vernehmung angegeben, dass er nur geradeaus gefahren sei, was nicht gestimmt habe. »Der Schwarze« sei auf die Straße und dann wieder zurückgetreten, doch auch daran habe er sich nicht erinnern können. Sie hätten ihn explizit gefragt: »Der erste Schwarze und Sie halten nicht an und erschießen ihn?« Der Angeklagte habe erwidert: »Ja, gute Frage«, und ergänzt, dass er ja auch auf der Flucht gewesen sei und nur weggewollt habe.

Die Vorsitzende fasst daraufhin das weitere damalige Geschehen zusammen. Der Angeklagte sei weiter mit dem Auto unterwegs gewesen, über die B100 gefahren und habe die Ortsgemeinde Landsberg erreicht. Er habe sehr unter Stress gestanden und das Auto nicht richtig im Griff gehabt; »für jemanden, der sich so mit Technik auskennt, erstaunlich.« So sei etwa der Scheibenwischer permanent an gewesen, obwohl es nicht geregnet habe. Er habe dann ein Auto mit Handbremse gesucht und in Landsberg bei mehreren Häusern geklingelt, es habe ihm aber niemand aufgemacht. Er habe dann einen älteren, grünen Wagen gesehen und diesen haben wollen. Als er jemanden hinter dem Haus gehört habe, sei er dorthin gegangen.

Rechtsanwalt Günther regt eine weitere Pause mit der Begründung an, dass es im Saal sehr stickig sei. Die Vorsitzende ordnet eine 45-minütige Pause an.

Pünktlich um 15.35 Uhr wird die Vernehmung fortgesetzt.

Die Vorsitzende fragt den Zeugen, wie der Angeklagte die Auseinandersetzung mit dem Besitzer des alten, grünen Autos geschildert habe. Rainer D. erzählt, dass der Angeklagte in der Vernehmung berichtet habe, wie er geklopft oder geklingelt habe. Er sei dann um das Haus herumgegangen und habe einen Mann, den er dort antraf, gefragt: »Ist das Ihr Auto?« Der Mann, Jens Z., habe das bejaht, das Auto aber nicht herausgeben wollen. Der Angeklagte habe daraufhin seine Schusswaffe gezeigt und ihm auf diese Weise unausgesprochen gedroht. Sie hätten dann minutenlang über das Auto diskutiert. Der Besitzer habe gesagt, dass der Angeklagte das Auto nicht erhalten werde und habe den Autoschlüssel auch nicht herausgegeben. Der Angeklagte habe dann auf den Besitzer geschossen, nachdem dieser etwas »Aufmüpfiges« gesagt habe. In der Vernehmung habe er gesagt, er habe Angst gehabt, andernfalls die Kontrolle über die Situation zu verlieren und entwaffnet zu werden. Eine Frau sei nach dem Schuss dazugekommen und habe den Mann aufgefordert, die Schlüssel auszuhändigen. Dieser Aufforderung sei der Mann aber nicht nachgekommen. Der Angeklagte habe dann die Waffe nachgeladen und auf die Beine der Frau geschossen, damit diese nicht die Polizei holen könne. Die Frau habe gesagt: »Bitte gehen Sie jetzt«, woraufhin er auch gegangen sei. Anschließend sei er zu einer Werkstatt gegangen, bei der mehrere Taxen gestanden hätten. Diese habe er bereits vorher gesehen, sich jedoch nicht hingetraut, da sich dort nicht eine, sondern drei Personen aufgehalten hätten, und er nur noch einen Schuss in seiner Waffe gehabt habe; er habe also Angst gehabt, überwältigt zu werden. Außerdem habe er bei Jens Z. ein altes Auto erpressen wollen, mit dem er sich sicherer gefühlt hätte. Nachdem er am Raub des grünen Autos gescheitert sei, habe er sich dann doch dazu entschieden, sich eine der modernen Taxen zu holen. Er habe dabei die Männer aufgefordert, ihm einen Wagenschlüssel zu geben und diesen auch zügig erhalten. Mit dem Auto sei er aber überfordert gewesen, er sei sich vorgekommen »wie im Raumschiff«. So habe er den Automatikwagen zwar anbekommen, dann aber in alter Gewohnheit kuppeln wollen und auf diese Weise zunächst gebremst. Danach sei er mit dem Taxi auf die Autobahn geflohen.

Die Vorsitzende liest aus der Vernehmung vor, dass einer der Männer dem Angeklagten vorgeschlagen habe, ihn wegen seiner offensichtlichen Schussverletzung ins Krankenhaus zu fahren. Der Angeklagte habe aber gesagt: »Nein, ich bin der meistgesuchte Verbrecher Deutschlands und habe schon zwei Menschen angeschossen.« Er habe sich beim Weggehen gewundert, dass sich die Männer nicht gewehrt hätten, und sich noch umgeschaut, ob sie ihn nun verprügeln würden.

Danach gibt die Vorsitzende an, keine weiteren Fragen zu diesem Themenkomplex zu haben.

Zu Rainer D. sagt sie, dass für morgen Mutter, Vater und Schwester des Angeklagten geladen seien. Wegen des möglichen Verwertungsverbots habe sie keine weiteren Fragen in diese Richtung.

Sie fragt ihn dann noch nach der finanziellen Situation des Angeklagten. Der Zeuge schildert, dass sie im Rahmen der Ermittlungen verifiziert hätten, dass der Angeklagte keine Sozialleistungen erhalten habe. Er habe sich einmal arbeitslos gemeldet, sei dann aber direkt in eine Maßnahme gesteckt worden und habe den Antrag zurückgezogen. Er hätte eigentlich nur eine Bescheinigung für die Bundeswehr gebraucht, fügt der Angeklagte an dieser Stelle hinzu. Rainer D. stimmt ihm zu, der Angeklagte sei bei der Bundeswehr gewesen. Er habe gerade noch zu dem Jahrgang gehört, der Wehrdienst habe leisten müssen. Er sei ein halbes Jahr Panzergrenadier gewesen und auch an Schusswaffen ausgebildet worden. Nach seiner »Bauchgeschichte«, der Erkrankung im Jahr 2013, habe er sich noch einmal bei der Bundeswehr beworben. Er habe dort einen Lebenslauf eingereicht und in diesem von einem Sportunfall gesprochen. Eine Einladung zum Bewerbungsgespräch habe er aber zwei Tage vorher abgesagt und sich danach nie wieder gemeldet. Die Sache sei für die Bundeswehr damit auch erledigt gewesen. Aus den Unterlagen sei ohnehin hervorgegangen, dass der Angeklagte schlechte Aussichten im Bewerbungsverfahren gehabt hätte; das habe er aber nicht gewusst.

Die Vorsitzende fragt, ob man den Unterlagen der Krankenkasse habe entnehmen können, welche Behandlungen stattgefunden hätten. Rainer D. antwortet, dass das aufgrund des Datenschutzes und der ärztlichen Schweigepflicht nicht zu ermitteln gewesen sei.

Die Vorsitzende und die anderen Richter·innen des Staatsschutzsenates geben an, dass sie keine weiteren Fragen haben. Im Anschluss wird Rainer D. von der Staatsanwaltschaft befragt.

Bundesanwalt Lohse fragt, was der Angeklagte zu seiner Bitcoin-Transaktion ausgesagt habe. Der Zeuge antwortet, dass der Angeklagte eine Spende oder Schenkung über 0,1 Bitcoin von einem »Mark« bekommen habe. Wer oder was »Mark« sei, sei aber unklar geblieben. Die Schenkung stamme aus einer Zeit, in der der Bitcoin-Kurs noch nicht so hoch gewesen sei. Es sei damals in manchen Chats oder Imageboards üblich gewesen, seine Adresse in der Hoffnung, »mal eine Spende zu bekommen«, zu posten. Den Zeitpunkt der Schenkung und die Umsetzung in Bargeld habe man nicht ermitteln können, sie könnten also nur Vermutungen anstellen. Es seien wohl rund 1000 Euro gewesen, das könnte zusammenfallen mit dem Kauf des Gewehrs im Jahr 2015.

Bundesanwalt Lohse fragt, wie der Angeklagte die 0,1 Bitcoin veräußert habe. Rainer D. gibt an, dass der Angeklagte sich offline mit einer Person in einem Kaufhaus getroffen habe, einem Kaufland oder Kaufhof in Eisleben. Dort habe er der Person einen USB-Stick übergeben, auf der die Bitcoin in einem Wallet gespeichert gewesen sei. Mit Laptops hätten sie dann vor Ort noch geschaut, ob der Transfer tatsächlich funktioniert habe, und der Angeklagte habe dann das Bargeld erhalten.

Der Bundesanwalt fragt anschließend nach einer Notiz, die beim Angeklagten gefunden wurde, und auf der unterschiedliche Orte, etwa im Harz und im Schwarzwald, notiert gewesen sein sollen. Rainer D. erklärt, dass der Angeklagte in der Vernehmung angegeben habe, dass es sich dabei um mögliche Fluchtorte gehandelt habe, an denen er auch sein Video noch einmal habe hochladen wollen.

Bundesanwalt Lohse fragt daraufhin, ob der Angeklagte etwas zu der Frage gesagt habe, ob er Kontakte mit Dritten gepflegt habe. Der Zeuge antwortet, dass das schwer zu sagen sei, immerhin habe der Angeklagte verschiedene Onlinekontakte gehabt. Einige Fragen diesbezüglich habe er bereitwillig beantwortet. Zu Avataren, Nicknamen oder Passwörtern habe er aber die Aussage mit der Begründung verweigert, er wolle die jeweiligen Boards und deren Betreiber schützen. Mit rechten Gruppen oder Personen habe er sich seiner Aussage nach nicht getroffen. Er habe gesagt, es gebe keine Gruppe, die so denken würde wie er, sonst wäre diese auch bereits verboten worden. Er sei auch nie auf rechten Demonstrationen oder Konzerten gewesen. Die Polizei habe auch beim Landesamt für Verfassungsschutz Sachsen-Anhalt, dem BND und dem MAD angefragt, nirgendwo hätten Erkenntnisse zu Kontakten des Angeklagten vorgelegen. Außerdem hätten die Ermittler mit einem Bekannten des Angeklagten aus dessen ersten Lebensjahren gesprochen. Dieser habe sinngemäß gesagt: »Ich bin der Rechte hier im Ort und wüsste, wenn er dabei gewesen wäre.« Auch andere Quellen seien durch das BKA direkt und ergebnislos angesprochen worden.

Bundesanwalt Lohse will nun wissen, wie der Angeklagte reagiert habe, als der Beschuss der Handwerker während der Inaugenscheinnahme des Videos zu sehen war.[10] Rainer D. meint, der Angeklagte habe die beiden beschossen, weil er sie für Muslime gehalten habe. Er sei sehr verwundert gewesen, dass er sie mit dem ersten Schuss nicht getroffen habe. Beim Ansehen des Videos sei er darüber außerdem aufrichtig enttäuscht gewesen.

Bundesanwalt Lohse fragt nach der Situation, in der der Angeklagte auf Jens Z. geschossen habe, und zitiert aus den Vernehmungsakten: »Ich konnte keinen Warnschuss abgeben. Ich habe abgedrückt, richtig zielen konnte ich

10 Gemeint sind Abdülkadir B. und ein namentlich unbekannt bleibender Mann, auf die der Angeklagte vor dem Kiez Döner geschossen hat.

aber nicht.« Der Zeuge gibt an, dass der Angeklagte keinen Warnschuss habe abgeben können, da er nur noch einen Schuss zur Verfügung gehabt habe. Mit dem vorgehaltenen Zitat habe er vermutlich gemeint, dass er nicht auf Kopf, Hals oder Brust gezielt habe.

Auf die Frage, wie der Angeklagte die Situation vor seiner Festnahme an der Baustelle beschrieben habe, antwortet der Zeuge, dass der Angeklagte einen Polizeiwagen wahrgenommen habe, und deshalb über Rot gefahren sei und einen Lkw touchiert habe. Beim Aussteigen hätte er seiner Aussage zufolge gern weitergekämpft, habe aber keine Waffe mehr gehabt.

Der Bundesanwalt befragt ihn zu der Personenbeurteilung, die er verfasst habe, insbesondere zum Internetverhalten und den Datenträgern des Angeklagten. Rainer D. berichtet, dass er die erste Internetauswertung nicht selbst vorgenommen, sondern von seinen Kollegen übernommen habe. Das habe er im Personenbericht auch mit Fußnoten kenntlich gemacht. Er erinnere sich, dass die Kollegen versucht hätten, den Firefox-Browser auszuwerten. Das sei aber schwierig gewesen, da der Angeklagte Proxy-Server und den TOR-Browser genutzt habe wie auch einen Registry Cleaner und Eraser habe laufen lassen.[11] Einige Spuren hätten sie trotzdem finden können. So habe man teils rekonstruieren können, welche Seiten der Angeklagte aufgerufen habe, allerdings nicht, was er auf diesen genau getan habe. Außerdem sei nicht auszuschließen, dass auch eine andere Person den PC genutzt habe.

Die Kollegen hätten die Daten jedenfalls nach verschiedenen, konkreten Gesichtspunkten ausgewertet. So habe man festgestellt, dass der Angeklagte alles zum Christchurch-Attentat gespeichert habe, was er habe finden können.

Die Spiele, die er genutzt habe, so der Zeuge weiter, seien recht normal und nicht spezifisch rechtsextrem oder antisemitisch gewesen. Der Angeklagte habe allerdings verschiedene Gewaltvideos gespeichert, wie etwa die Zerstückelung eines Kindes oder verschiedene Videos des IS.

Bundesanwalt Lohse fragt, ob dem Zeugen bestimmte Accounts erinnerlich seien. Dieser bittet um einen Vorhalt,[12] da er sich nicht an die Namen erinnere. Der Bundesanwalt übergeht seine Bitte und fragt nach den Steam- und Twitch-Accounts des Angeklagten. Der Zeuge sagt, dass er sich da nicht sicher sei, da er selbst nicht spiele, könne er sich die Spiele nur schlecht merken. Zur Nutzung der Chat-Funktion bei Steam könne er jedenfalls nichts sagen. E-Mail-Konten habe der Angeklagte aber verschiedene gepflegt, so beispielsweise eine eigene nur für eBay Kleinanzeigen, eine alte mit dem Namen »komissar1337« und auch weitere E-Mail-Adressen, für die er mitunter seinen realen Namen genutzt habe.

11 Mit dem Browser lässt sich anonym im Internet surfen. Die anderen Programme sind dazu gedacht, Dateien und Spuren auf einem PC zu vernichten.

12 Gemeint ist, dass dem Zeugen eine konkrete Stelle aus den Ermittlungsakten vorgehalten wird.

Im Anschluss beginnt die Befragung von Rainer D. durch die Nebenklage mit dem Rechtsanwalt Christian Eifler.

Rechtsanwalt Eifler will wissen, ob der Angeklagte in der Vernehmung Reaktionen gezeigt habe, als im Video die Ermordung von Kevin S. zu sehen gewesen sei, der »um sein Leben wimmerte«. Der Zeuge sagt, dass er glaube, der Angeklagte habe diese Situation gar nicht kommentiert.

Ein anderer Rechtsanwalt will wissen, ob der Angeklagte in der Vernehmung gelacht habe, woraufhin Rainer D. angibt, dass der Angeklagte immer wieder gelacht habe. Es sei regelrecht aus ihm herausgeplatzt. [...]

Daraufhin wird der Zeuge auf die unterschiedlichen Pausenlängen bei der Vernehmung angesprochen. Bei der ersten Vernehmung seien anderthalb Stunden Pause gemacht worden, bei der zweiten 19 Minuten und bei der dritten gar keine. Er begründet diese mit den Abläufen der JVA Halle. Sie hätten grobe Absprachen gehabt, sich aber auch nach den festen Pausenzeiten der JVA richten müssen. Der Angeklagte selbst habe die Pausen dabei nicht in Anspruch nehmen oder ausreizen wollen und habe etwa nach dem Einnehmen seines Mittagessens dazu aufgefordert, die Befragung nun fortzusetzen.

Nebenklagevertreterin Rechtsanwältin Ilil Friedman fragt, warum der Angeklagte vor der Straßenbahnhaltestelle die Spur gewechselt habe. Rainer D. gibt an, dass aus der Akte hervorginge, dass der Angeklagte das getan habe, um tatsächlich einfach die Spur zu wechseln. Ob er sich auch in der Vernehmung entsprechend geäußert habe, wisse er allerdings nicht mehr. Er selbst rekonstruiere es aber so: Der Angeklagte sei auf der rechten Spur gefahren, dann einer Menschenmenge, die aus einer Straßenbahn gekommen sei, ausgewichen und auf die linke Spur gewechselt. Dort sei es schließlich auch zur Kollision gekommen. Im Anschluss sei er wieder nach rechts gefahren. Rechtsanwältin Friedman hakt nach, ob er das aus der Vernehmung oder der Akte beschrieben habe. Der Zeuge gibt an, dass dies seine Schlussfolgerungen aus der Akte seien. In der Vernehmung habe der Angeklagte nur verwirrende Angaben gemacht. So habe er beispielsweise seinen Fluchtweg falsch eingezeichnet, nämlich so, als sei er generell auf der linken Spur und in die falsche Fahrtrichtung gefahren.

Rechtsanwältin Pietrzyk fragt, ob der Zeuge wisse, warum er den Angeklagten nach der Atomwaffen Division gefragt habe. Dieser antwortet, dass es auf den Datenträgern des Angeklagten entsprechende Hinweise gegeben habe, er selbst habe sie aber nicht gesehen. Die Rechtsanwältin hält ihm die entsprechende Stelle aus der Vernehmung vor: Die Vernehmungsbeamten hätten gesagt: »Wir haben auf Ihren Datenträgern die Atomwaffen Division gefunden«, und will wissen, wie der Angeklagte darauf reagiert habe. Rainer D. sagt, die Atomwaffen Division habe für den Angeklagten keine große

Bedeutung gehabt, er habe die entsprechenden Dateien in einem »shit-post-folder« abgespeichert. Offenbar habe er sie für interessant erachtet und sicherheitshalber abgespeichert; für den Fall, dass er sie noch einmal brauchen könnte. Rechtsanwältin Pietrzyk hält dem Zeugen die Antwort des Angeklagten aus den Vernehmungsakten vor: »Ich wäre froh, wenn sie echt wären.« Dann habe der Angeklagte wohl an der Echtheit gezweifelt, schließt der Zeuge. Die Antwort sei ihm aber nicht mehr erinnerlich gewesen.

Rechtsanwältin Pietrzyk will wissen, ob der Zeuge sich noch erinnern könne, was für einen Sprengsatz der Angeklagte über die Mauer der Synagoge geworfen habe. Dieser sagt, der Angeklagte habe den Sprengsatz nach dem Sprengstoff benannt, den er dafür verwendet habe, und vermutet, dass die Rechtsanwältin darauf hinauswolle, dass es eine bestimmte Art von Granate sei. Er könne aber nur wiedergeben, dass der Angeklagte nur den enthaltenen Sprengstoff zur Bezeichnung des Sprengsatzes genutzt habe.

Daraufhin fragt die Rechtsanwältin den Zeugen nach dem Verhalten des Angeklagten im Internet. Der Angeklagte habe laut dem Zeugen viel »shit posting« betrieben, also »Frechheiten« oder »Gemeinheiten« gepostet. Dies sei für ihn ein Ausdruck von Meinungsfreiheit gewesen. Er habe gesagt, Meinungsfreiheit sei nicht, wenn man »Guten Tag« sagen dürfe. Mehrfach sei er dabei, auch laut seinen eigenen Aussagen, bei verschiedenen Boards gesperrt worden. Die Rechtsanwältin hält dem Zeugen die Frage: »Waren Sie im Darknet? Was haben Sie da gemacht?«, aus der Vernehmung vor. Der Zeuge schildert, dass der Angeklagte darauf geantwortet habe, dass es dort langweilig sei, es gebe nur Imageboards, die »tot« seien oder Kinderpornografie. David S., der Attentäter von München,[13] habe angeblich seine Waffe aus dem Darknet gehabt, habe er noch hinzugefügt. Auch habe er angegeben, dass er selbst nichts Entsprechendes gefunden habe. Der Zeuge erinnere sich auch noch, dass der Angeklagte den Attentäter von München als schlechtes Beispiel angeführt habe. Dieser habe ja zweimal für Waffen bezahlt und keine einzige erhalten. Der Angeklagte habe einmal getestet, wie seriös die Waffenanbieter im Darknet seien und ein Bild einer angebotenen Waffe über die Google-Rückwärtssuche gesucht und es schließlich auch gefunden. Er habe daraus geschlossen, dass es ein Fake-Angebot sei und er »nur beschissen« werden würde. Rechtsanwältin Pietrzyk vergewissert sich, ob der Angeklagte David S. von sich aus erwähnt habe. Der Zeuge bestätigt das.

Die Rechtsanwältin will nun wissen, wie der Angeklagte den Sprengsatz bezeichnet habe, den er am Kiez Döner eingesetzt habe. Der Zeuge beginnt, die

13 Diese Aussage bezieht sich auf den rechtsradikalen Anschlag am und im Olympia-Einkaufszentrum in München am 22. Juli 2016. Der Täter, David S., tötete neun Menschen und verletzte fünf weitere.

Einsatzweise zu beschreiben. Die Rechtsanwältin unterbricht ihn, sie wolle nur wissen, wie der Angeklagte den Sprengsatz bezeichnet habe. Der Zeuge sagt, dass er nicht wisse, wie dieser genannt worden sei, sondern nur, wie er funktioniert habe. Rechtsanwältin Pietrzyk hält ihm die Aussage des Angeklagten aus der Vernehmung vor: »Von den Nagelbomben habe ich eine mit 300 Gramm Sprengstoff drin in den Döner werfen wollen.« Rainer D. gibt an, sich an diese Aussage erinnern zu können.

Die Rechtsanwältin will wissen, wie sich der Angeklagte auf Twitch bewegt habe. Dieser antwortet, dass sich der Angeklagte dort einige Monate vor der Tat einen Account unter dem Namen »spilljuice« angelegt habe, um die Tat später streamen zu können. Er fügt hinzu, dass der Angeklagte das Streamen auch getestet habe. »Hat er den Account nur dafür angelegt?«, hakt die Rechtsanwältin nach. Rainer D. bestätigt das. Er habe zudem gesagt, dass er aus El Paso[14] und Christchurch gelernt habe, und nicht Facebook für den Stream habe nutzen wollen, weil die Plattform nach dem Anschlag von Christchurch ihren Algorithmus so geändert habe, dass sie entsprechende Streams schneller offline nehmen könne. Er habe sich deshalb für Twitch entschieden, betont der Zeuge nochmals.

Die Rechtsanwältin fragt ihn, warum der Angeklagte eine seiner Dateien auf Japanisch benannt habe. Der Zeuge antwortet, dass der Angeklagte angegeben habe, dass zu viele Attentäter ihre Manifeste »Manifest« genannt hätten, und diese dann zu schnell gefunden und offline genommen worden seien. Daher habe er sich für den japanischen Namen entschieden. Außerdem stecke hinter diesem Namen auch ein Witz.

Die Rechtsanwältin fragt, warum der Angeklagte eine Sprühdose dabeigehabt habe. Der Zeuge erklärt, dass der Angeklagte diese mit sich geführt habe, um die Kamera an der Synagoge übersprühen zu können.

Pietrzyk spricht nun die Umwandlung der Bitcoins in Bargeld an. Ihr komme es seltsam vor, dass der Angeklagte eine Person, die an sich überall auf der Welt hätte leben können, online kennengelernt und diese dann ausgerechnet in Eisleben getroffen habe. Sie will wissen, ob Rainer D. einmal nachgehakt habe, warum sich die beiden Männer ausgerechnet in Eisleben getroffen hätten. Dieser berichtet, dass der Angeklagte geschildert habe, dass die Person nicht aus Eisleben komme, sondern stundenlang angereist wäre. Er habe auch angegeben, sie vorher nicht gekannt zu haben.

14 Hier ist von einem Attentat in El Paso die Rede, bei dem ein Rechter Attentäter am 3. August 2019 22 Menschen in einem Walmart-Supermarkt tötete und weitere 26 verletzte.

Auf die Frage, ob die Bauanleitungen der Waffen des Angeklagten mit anderen Waffen rechter Straftäter abgeglichen worden seien, gibt der Zeuge an, dass er damit nicht betraut gewesen sei, und dementsprechend nichts dazu sagen könne.

Im Anschluss fragt ihn Rechtsanwältin Lang, ob der Angeklagte etwas dazu gesagt habe, in welcher Sprache er sich mit seiner Mutter unterhalten habe. Der Zeuge antwortet, dass sie sich auf Deutsch unterhalten, teilweise jedoch auch in das Englische gewechselt hätten. Es sei aber nicht so gewesen, dass bestimmte Themen nur auf Deutsch, andere nur auf Englisch thematisiert worden seien.

Ein Rechtsanwalt fragt, wie der Hass des Angeklagten auf Flüchtlinge zustande gekommen sei. Rainer D. schildert, dass dieser durch die »Flüchtlingskrise« 2015 verstärkt worden sei. Es hätte sich in der Vernehmung aber auch nicht ergeben, dass der Angeklagte diesen nicht vorher schon gehabt habe. Sein Hass auf Juden wiederum sei eine allgemein gehaltene Verschwörungstheorie gewesen, nach dem Motto: »Das wisse man eben doch, man lese über Juden in den Nachrichten oder im Internet.«

Rechtsanwalt David Herrmann, ein weiterer Vertreter der Nebenklage, fragt, ob der Angeklagte im Dönerimbiss die sitzende Person mit weißen Haaren habe erschießen wollen, und auch woran das letztendlich gescheitert sei. Der Zeuge berichtet, dass der Angeklagte die Person vermeintlich als Muslim ausgemacht und deshalb habe erschießen wollen. Diese konnte aber erfolgreich entkommen.

Rechtsanwalt Herrmann will weiter wissen, ob der Zeuge die Funktionsweise von Imageboards erklären könne. Dieser verneint: »Leider kann ich das nicht.« Der Rechtsanwalt bittet daraufhin das Gericht, einen Experten zu diesem Thema einzuladen. Dessen Kenntnis sei schließlich wichtig, um zu verstehen, inwiefern sich der Angeklagte tatsächlich allein radikalisiert habe.

Die Nebenklagevertreterin Rechtsanwältin Doreen Blasig-Vonderlin fragt, ob die Vernehmungsbeamten dem Angeklagten bei der Inaugenscheinnahme des Tatvideos gesagt hätten, dass die beiden Männer im Video weiße Deutsche gewesen seien. Rainer D. sagt, dass sie das nicht getan hätten. Er nehme an, dass der Angeklagte es später irgendwie erfahren habe, das wisse er aber nicht genau. Er fügt hinzu, dass es üblich sei, dass sie in einer Vernehmung manches Wissen nicht mit dem Beschuldigten teilen würden.

Rechtsanwalt Siebenhüner befragt den Zeugen zu dem Computer des Angeklagten sowie zu der Hausdurchsuchung. Rainer D. gibt an, dass das BKA keine Hinweise auf andere Nutzer des Rechners gehabt habe. Zudem hätten sie nicht alle Daten sichern können, da der Angeklagte Proxy-Server, den TOR-Browser und eine Datenbereinigungssoftware genutzt habe. Er selbst, Rainer D., sei bei der Hausdurchsuchung zwar nicht dabei gewesen, wisse aber von Kollegen, dass es dort Hinweise darauf gegeben habe, dass der Angeklagte bereits vor der Tat von einer Durchsuchung ausgegangen sei. So habe er der Akte entnommen, dass der Angeklagte einen Zettel mit dem Wort »Niete« neben dem Waffenkoffer unter seinem Bett hinterlegt habe, der im Moment der Durchsuchung leer gewesen sei.

Rechtsanwalt Siebenhüner fragt, ob er ein bestimmtes, ungewöhnliches Verhalten durch den Angeklagten in der Vernehmung erlebt habe, er sei schließlich erfahrener Kriminalbeamter. Das unpassend häufige Lachen sei ihm aufgefallen, antwortet Rainer D. Selbstgespräche, nach denen der Rechtsanwalt weiter fragt, habe der Angeklagte in seiner Gegenwart nicht geführt.

Rechtsanwalt Özata hält dem Zeugen ein Foto der verschiedenen Sprengsätze vor, das einem der Dokumente, die der Angeklagte zur Tat hochgeladen hatte, entstammt. Er fragt, was auf diesem zu sehen sei. Der Zeuge beschreibt, dass sie das Foto dem Angeklagten in der Vernehmung gezeigt hätten und dieser ihnen alle darauf zu sehenden Waffen benannt und erklärt habe. Es seien alles selbstgefertigte Sprengsätze gewesen, mit deren Bau er etwa zwei Monate vor der Tat begonnen habe. Er hätte damals Schwarzpulver vom Munitionsbau übriggehabt und angefangen, daraus Sprengsätze zu bauen. Zu sehen seien auf dem Bild Sprengsätze aus Mandarinendosen, die er aus dem Müll seiner Eltern gehabt habe, und Rohrstücke, für die es schwierig gewesen sei, die benötigten Endstücke zu besorgen. Diese Rohrstücke seien ein Backup gewesen, das er aber nicht eingesetzt habe. Darüber hinaus sei auf dem Bild eine Tube mit einem roten Deckel zu sehen, die mit einem bestimmten Stoff gefüllt gewesen sei, der stark mit Hitze reagiere. Der Angeklagte habe dabei die Vorstellung gehabt, es bei beispielsweise Maschinen oder Autos des SEK einsetzen zu können, um diese mit der Hitze anzugreifen. Ihm selbst, dem Zeugen, sei es dabei unklar, wie der Angeklagte sich das genau vorgestellt habe, schließlich wäre das SEK vermutlich auch in der Nähe des eigenen Einsatzfahrzeuges gewesen. Außerdem seien auf dem Bild verschiedene Sprengsätze ohne Zündschnur zu sehen, die er bei der Tat dabeigehabt habe sowie ein Sprengsatz, den er später aus der Beintasche gezogen und beim Schusswechsel gegen die Polizisten eingesetzt habe wie auch eine Nagelbombe und diverse Zünder, die er selbst gebaut und in einem Wald ausprobiert habe. Diese Zünder hätten alle gut funktioniert, auch bei der Tat. Der Zeuge könne sich noch erinnern, dass nicht alle Sprengsätze, die der Angeklagte bei der Tat eingesetzt habe, auch auf dem Bild zu sehen gewesen seien.

Rechtsanwalt Özata fragt, ob der Angeklagte gesagt habe, was er mit den Sprengsätzen vorgehabt habe. Die Verletzungsabsicht habe dabei im Vordergrund gestanden, antwortet Rainer D., allerdings könne er sich nicht mehr genau erinnern. An dieser Stelle hält der Rechtsanwalt dem Zeugen eine Aussage aus der Vernehmung vor. Der zufolge habe der Angeklagte mit dem Sprengsatz Menschen verletzen wollen, um sie anschließend auch töten zu können. Rainer D. gibt daraufhin an, sich an diese Aussagen doch noch erinnern zu können.

Auf die Frage, was der Angeklagte mit einem bestimmten Sprengsatz vorgehabt habe, antwortet er, dass der Angeklagte geschildert habe, dass er sie mit der »Zielrichtung zu töten« habe einsetzen wollen. Er hätte auch gesagt, dass er die Nagelbombe in den Laden habe werfen wollen, um die Besucher zu irritieren, ähnlich wie Polizeikräfte Blendgranaten einsetzen würden. Er habe die Menschen im Anschluss also töten wollen. Rechtsanwalt Özata erwidert, dass er das in der Akte anders lese, und hält ihm nochmals die Stelle aus der Vernehmung »mit der Zielrichtung zu töten« vor. Der Zeuge räumt ein, dass er sich daran nicht mehr habe erinnern können.

Rechtsanwalt Özata hält ihm nachfolgend das Foto eines Schwertes vor [das sich ebenfalls in dem Dokument befand, das der Angeklagte am Tattag hochgeladen hatte, Anm. d. Hgg.]. Rainer D. erklärt, dass der Angeklagte das Schwert in seinen Pkw eingeladen und bei der Tat dabeigehabt habe, um nach einem gelungenen Attentat ein Siegerbild mit dem Schwert machen zu können, er habe es aber nicht als Waffe einsetzen wollen. Der Rechtsanwalt hakt nach, dass ein »Achievement« doch »Stab a muslim!« gelautet habe. Der Zeuge bejaht und ergänzt, dass der Angeklagte auch noch ein Messer dabeigehabt habe.

Rechtsanwältin Pietrzyk will sich ausdrücklich der Anregung von Rechtsanwalt Herrmann anschließen, einen Experten zu rechtsextremen Netzwerken im Netz einzuladen, und schlägt vor, Karolin Schwarz als Sachverständige zu laden. Diese sei ausgewiesene Expertin zu Online-Rechtsextremismus und den entsprechenden Plattformen.

Die Vorsitzende sagt, der Strafsenat werde diese Anregungen auf jeden Fall prüfen.

Sie entlässt den Zeugen Rainer D. und wünscht ihm eine gute Heimreise nach Meckenheim.

Die Vorsitzende Richterin schließt die Sitzung.

Mitschrift von Linus Pook

4. Verhandlungstag
29. Juli 2020

Die Vorsitzende Richterin Ursula Mertens setzt die Verhandlung pünktlich um 10 Uhr fort. Sie bittet die Justizwachtmeister, den Angeklagten künftig etwas später, nicht schon um 9.50 Uhr in den Saal zu führen, da ihr die rund zehn Minuten, die er so fotografiert werden könne, etwas zu lang erschienen. Die Vorsitzende stellt die gleiche Anwesenheit wie am Vortag fest. Lediglich für Rechtsanwalt Sebastian Scharmer sei heute in Untervollmacht Rechtsanwältin Henriette Scharnhorst anwesend.

Die Vorsitzende bittet darum, die Zeugin Claudia B. in den Saal zu holen. Sie teilt zum Ablauf des Verhandlungstages mit, dass der Zeuge Herr M. ein Attest eingereicht habe, dass er wegen seines Guillain-Barré-Syndroms nicht reisefähig sei. Sie habe die Krankheit gegoogelt und ihr erschließe sich nicht, dass eine Reise definitiv ausgeschlossen sei. Sie wolle da noch einmal beim Arzt nachhaken, der das Attest ausgestellt habe.

Der Strafsenat habe eine Selbstleseliste vorbereitet. Die Vorsitzende bittet darum, dass dazu bis zur nächsten Woche Stellung genommen werde.[1] Die aufgeführten Urkunden könnten für die Nebenkläger gegebenenfalls

1 Das sogenannte Selbstleseverfahren soll die Hauptverhandlung in einem Strafprozess verschlanken: Schriftstücke, die auf der Selbstleseliste stehen, sollen von den Verfahrensbeteiligten eigenständig außerhalb der eigentlichen Verhandlung gelesen werden. Sie gelten dann als in die Hauptverhandlung eingebracht, obwohl sie in dieser nicht verlesen wurden. Das Verfahren ist nicht unumstritten: Es steht in einem Spannungsverhältnis zum Unmittelbarkeitsprinzip, demzufolge ein Urteil nur auf dem basieren darf, was in der Hauptverhandlung thematisiert worden ist. Außerdem werden relevante Beweismittel so der Öffentlichkeit vorenthalten.

durch Dolmetscher übersetzt werden. Sie bittet die Nebenkläger und ihre Vertreter darum, dies selbst zu organisieren. Kosten würden übernommen.

AUSSAGEVERWEIGERUNG DER ZEUGIN CLAUDIA B. (MUTTER DES ANGEKLAGTEN)

Um 10.04 Uhr wird Claudia B. in den Saal geführt. Sie geht sehr langsam und gebückt. Die Vorsitzende belehrt sie über ihre Pflichten als Zeugin und ihr Zeugnisverweigerungsrecht und befragt sie zu ihren Personalien. Sie sei 55 Jahre alt und arbeitslos. Sie habe als Grundschullehrerin gearbeitet, wohne in Benndorf und sei die Mutter des Angeklagten. Claudia B. macht als Verwandte des Angeklagten von ihrem Zeugnisverweigerungsrecht Gebrauch und verlässt den Saal. Im Anschluss wird Roland B. in den Saal gebracht.

AUSSAGEVERWEIGERUNG DES ZEUGEN ROLAND B. (VATER DES ANGEKLAGTEN)

Die Vorsitzende belehrt Roland B. über seine Pflichten als Zeuge, sein Zeugnisverweigerungsrecht und befragt ihn zu seinen Personalien.

Roland B. sagt, er sei 62 Jahre alt und Rundfunk- und Fernsehmechaniker. Er wohnt in Benndorf und sei der Vater des Angeklagten.[2] Auch Roland B. macht von seinem Zeugnisverweigerungsrecht als Verwandter Gebrauch und verlässt den Saal.

AUSSAGEVERWEIGERUNG DER ZEUGIN ANNE P. (HALBSCHWESTER DES ANGEKLAGTEN)

Anne P. wird hereingebeten, über ihre Pflichten als Zeugin und das Zeugnisverweigerungsrecht belehrt und zu ihren Personalien befragt.

Anne P. ist 31 Jahre alt und arbeitslos. Sie sagt, sie sei Elektroniker für Betriebstechnik, wohne in Benndorf und sei die Halbschwester des Angeklagten, mit dem sie die gemeinsame Mutter teile. Die Vorsitzende erklärt Anne P., dass ihre bereits gemachten Aussagen bei der Polizei im Verfahren nicht verwertet werden dürften, wenn sie hier ihre Aussage verweigere. Sie brauche also nicht den Gedanken zu haben, dass es ja ohnehin egal sei, ob sie nun aussage, da sie bereits mit der Polizei gesprochen habe. Anne P. macht von ihrem Zeugnisverweigerungsrecht Gebrauch. Rechtsanwalt Alexander Hoffmann schaltet sich ein und stellt sich der Zeugin als Vertreter zweier Nebenklägerinnen vor. Er weist Anne P. darauf hin, dass ihr Bruder die Tat gefilmt habe, es also nicht darum gehe, ihn zu belasten. Ihre Aussage würde aber den Betroffenen möglicherweise helfen. Die Vorsitzende entzieht

2 Die Eltern des Angeklagten leben getrennt.

Rechtsanwalt Hoffmann das Wort. Zeuginnen dürften nicht beeinflusst werden, und das wisse er ja eigentlich auch. Anne P. verlässt den Saal. Die Vorsitzende bittet darum, deren Lebensgefährten in den Saal zu bringen.

AUSSAGE DES ZEUGEN MARIO S. (EX-FREUND DER HALBSCHWESTER DES ANGEKLAGTEN)

Die Vorsitzende belehrt den Zeugen über seine Pflichten und befragt ihn zu seinen Personalien. Mario S. gibt an, er sei 31 Jahre alt, wohne in Benndorf, sei gelernter Konstruktionsmechaniker und arbeite derzeit als Monteur. Er sei mit dem Angeklagten weder verwandt noch verschwägert. Er habe mit dessen Schwester Anne P. eine längere Beziehung geführt und einen gemeinsamen Sohn mit ihr. Eine Rechtsanwältin der Nebenklage möchte fürs Protokoll wissen, wer den Zeugen begleite. Seine Begleitung stellt sich als Frau S. vom Sozialen Dienst der Justiz vor. Sie hatte auch die Zeuginnen Claudia B. und Anne P. begleitet. Die Vorsitzende erläutert, dass sie den Ladungen aller Zeugen eine Telefonnummer des Gerichts beigelegt habe, bei der sie Begleitung hätten erfragen können, da so eine Aussage als Zeuge ja durchaus aufregend und belastend sein könne. Davon hätten offenbar alle außer Roland B. Gebrauch gemacht.

Die Vorsitzende befragt den Zeugen S. zu seinem Verhältnis zu Anne P. Er gibt an, dass der gemeinsame Sohn im Jahr 2016 geboren worden sei. Mit Anne P. sei er bis ungefähr zum zweiten Lebensjahr des gemeinsamen Sohns zusammen gewesen. Ihre Beziehung habe etwa vier bis fünf Jahre gedauert, also habe sie vermutlich 2013 begonnen. Genau könne er das aber nicht mehr sagen. Sie seien nun nicht mehr in einer Beziehung, seien aber sehr gut befreundet und hätten noch immer engen Kontakt, da ihnen das Wohl des Sohns sehr am Herzen liege. Er hätte mit Anne P. auch nach der Trennung noch eine Weile zusammengewohnt und sei Anfang 2019 ausgezogen. Die Frage der Vorsitzenden, ob er Anne P. noch aus der Schulzeit kenne, beantwortet er mit: »Nein, nicht dass ich wüsste.« Sie hätten sich vor 12 bis 13 Jahren kennengelernt. Zwar hätten sie wohl gemeinsam die Schule besucht, aber damals habe er sie nicht wahrgenommen. Welchen Schulabschluss Anne P. habe, wisse er nicht. Bis Anfang 2020 habe sie eine Umschulung gemacht, hätte dann auch eine Zusage für eine Stelle gehabt, die der Betrieb aber coronabedingt zurückgezogen habe. Seitdem sei sie arbeitslos.

Die Vorsitzende fragt S., was er über die Familie des Angeklagten erzählen könne. Der Zeuge berichtet, er habe die Mutter Claudia und den Angeklagten vor etwa acht Jahren bei einem gemeinsamen Essen in der Weihnachtszeit kennengelernt, zu dem er eingeladen war. Auch während der Beziehung sei er dann gelegentlich, häufig am Wochenende, solchen Einladungen der Mutter gefolgt. Meistens hätten die Essen im Haus des Vaters stattgefunden. Es sei dort netter gewesen als in der Wohnung der Mutter, und sein Sohn hätte später dort im Garten spielen können. Gekocht habe meist die Mutter, entweder im Haus ihres Ex-Mannes oder im Vorfeld in ihrer Wohnung. Zur Trennung von Claudia und Roland B. könne er nichts sagen. Diese habe stattgefunden, bevor er die Familie kennengelernt habe, und es sei nicht darüber gesprochen worden. Seit »dem Vorfall« [Mario S. spricht offenbar über den Anschlag, Anm. d. Hgg.] wohne Claudia B. wieder bei ihrem geschiedenen Mann. Mario S. finde das ganz gut, er hätte die Mutter in der Situation auch nicht allein gelassen.

Die Vorsitzende möchte wissen, was Anne P. über ihre Familie erzählt habe. Es sei doch üblich, dass man sich in einer Beziehung über die »Zeit, die vorher war«, unterhalte. Mario S. sagt, sie hätten nicht groß über ihre Familie geredet. Zwar habe es keine große Distanz zur Familie gegeben, gesprochen hätten sie aber eher über sich selbst. Anne P. habe ihm lediglich manchmal erzählt, wenn Claudia B. nach Hause gekommen sei und sich geärgert habe. Sie sei nämlich oft wegen ihrer Arbeit als Grundschullehrerin gestresst gewesen. Das könne er selbst gut verstehen, er sei nämlich auch nicht ganz einfach in der Schule gewesen. Die Vorsitzende fragt, ob die Mutter des Angeklagten mit ihrer Arbeit unzufrieden gewesen sei. Mario S. verneint das. Sie habe im Gegenteil sogar sehr viel Positives erzählt. Sie habe davon berichtet, wie sich die unterschiedlichen Schulkinder entwickeln würden und wie toll das sei. Sie habe nicht nur gemeckert, betont er. Die Vorsitzende bittet ihn, von Claudia B. zu erzählen. Mario S. sucht nach den richtigen Worten und sagt dann, sie sei »unterschiedlich« gewesen, »je nachdem, wie es so lief«. Sie sei kein optimistischer oder pessimistischer Mensch gewesen, »eher realistisch«. Sie habe im Moment gelebt. Wenn einmal etwas schlecht gelaufen sei, habe sie gesagt: »Ist egal, ist vorbei.« Sie sei nicht so ein negativer Mensch gewesen.

Wie Roland B., der Vater seiner Ex-Partnerin, gewesen sei, will die Vorsitzende wissen. Mario S. sagt, er würde ihn schon fast »arbeitswütig« nennen. Roland B. arbeite bei einem Internetanbieter. Vorher habe er schon beim RFD, dem Rundfunkdienst, in Eisleben gearbeitet und sei dann übernommen worden. Von der jetzigen Firma kenne Mario S. den Standort nicht. Roland B. sei oft gestresst gewesen, habe sich aber Zeit für Claudia B. oder den Enkelsohn genommen. Er sei nicht optimistisch oder pessimistisch gewesen. Mario S. wisse auch nicht, wie er ihn beschreiben solle. Der Zeuge wirkt nervös, immer wieder sucht er nach Worten. Die Vorsitzende fragt ihn, ob der Vater des Angeklagten eher verschlossen gewesen sei. Mario S. antwortet, er sei eher ruhig gewesen und sei beispielsweise nicht wütend geworden, wenn mal etwas falsch gelaufen sei. Er sei schon ein aufgeschlossener Mensch gewesen.

Wie es finanziell bei der Familie ausgesehen habe, wisse er nicht, antwortet Mario S. auf die entsprechende Frage der Vorsitzenden. Es sei Claudia B. und Roland B. nicht schlecht gegangen, »aber besser geht's immer«. Claudia B. habe in einem Plattenbau gewohnt, Roland B. in dem früheren gemeinsamen Haus. Das sei nicht groß, aber auch nicht klein und habe einen Garten.

Von der erweiterten Familie wisse Mario S. nichts. Bei Familienfeiern seien immer nur Claudia B., Roland B., der Angeklagte, Anne P. und manchmal er selbst anwesend gewesen. Zu einer Schwester der Mutter habe es manchmal Kontakt gegeben, weil deren Garten neben einem Kleingarten, den Claudia B. angemietet habe, gelegen habe. Freunde von Roland B. oder Claudia B. kenne er nicht. Die Mutter habe gelegentlich von einer Kollegin erzählt, »mit der sie geschwatzt hat«. Sie sei außerdem manchmal bei Treffen gewesen. Er wisse nicht, ob es sich dabei um Dates gehandelt habe. Sie hätte sich jedenfalls gelegentlich auch mit Männern getroffen. Von anderen Kontakten wisse er nichts, man habe sich eher auf die Familie konzentriert.

Die Vorsitzende fragt, wann Mario S. den Angeklagten kennengelernt habe. Er sagt, der Kontakt habe eigentlich nur aus knappen Begrüßungen bestanden. Am Anfang hätten sie fast gar nicht gesprochen, später dann kleinere Gespräche über seinen Sohn geführt. Die Vorsitzende will wissen, worüber man sich in der Familie denn, etwa beim Essen, unterhalten habe. Mario S. sagt, über den Alltag, über das, was in den Medien gekommen sei oder über Corona. Die Vorsitzende sagt, dass es Corona ja erst seit Anfang des Jahres gebe. Mario S. lacht verlegen und sagt: »Stimmt, mein Fehler.« Der Angeklagte sei sehr zurückhaltend und »für sich« gewesen. Als Anne P. und er selbst ihn etwa einmal gefragt hätten, ob er zu einem Treffen mit Freunden mitkommen wolle, habe er geantwortet: »Das sind eure Freunde, nicht meine.« Mario S. habe den Eindruck gehabt, der Angeklagte habe sich zwar schon mit ihnen »abgegeben, aber nicht so richtig.« Beim Essen sei also nur über belanglose Dinge gesprochen worden, will die Vorsitzende wissen, was er bejaht. Es sei auch vorgekommen, dass der Angeklagte beim Essen aufgestanden und weggegangen sei, weil er sich über irgendetwas geärgert habe. Der Angeklagte habe ihn auch wegen seines Übergewichts geärgert. Er habe oft nicht gewusst, ob das ein Necken oder ein richtiges Ärgern gewesen sei, sagt der Zeuge. Beim Essen habe es zwei Varianten gegeben: Entweder sei der Angeklagte dabei gewesen, aber schnell weggegangen und habe sich an seinen Computer gesetzt, oder er habe noch länger dabei gesessen, aber nur ab und zu einmal Kommentare abgegeben.

»Mochten Sie Herrn B.?«, fragt die Vorsitzende. Mario S. überlegt eine Weile. »Mögen ist jetzt Ansichtssache«, antwortet er. Er habe ihn nicht gehasst, aber sei sich selbst nicht sicher gewesen, ob er ihn möge, vor allem da der Angeklagte immer wieder versucht habe, ihn zu ärgern. Die Vorsitzende fragt, ob es Streit gegeben habe. Mario S. sagt, es habe ein- bis zweimal Auseinandersetzungen gegeben. Der Angeklagte habe sich mit seiner Mutter gestritten und sei sehr aufgebracht gewesen. Als er, Mario S., etwas zur Schlichtung gesagt habe, habe der Angeklagte ihn mit lauter Stimme angefahren und gesagt, er solle verschwinden. Die Vorsitzende will wissen, was denn Anne P. dazu gesagt habe. Mario S. sagt, sie habe dazu nicht viel gesagt, habe ihm allerdings einmal erzählt, dass Claudia B. ungerecht in der Behandlung der beiden Kinder gewesen sei. Sie hätte ihren Sohn stets bevorzugt, und sie selbst, Anne P., habe immer »die Schimpfe« bekommen.

Die Vorsitzende fragt Mario S., was er über die Studienzeit des Angeklagten in Magdeburg und Halle erzählen könne. Mario S. sagt, das sei schwierig. In Magdeburg habe der Angeklagte ja eine eigene Wohnung gehabt, damals habe man ihn wenig gesehen. Er hätte ihn einmal gefragt, was er studiere, aber daraus sei nur ein fünfminütiges Gespräch entstanden, und er habe nur die Hälfte verstanden, da der Angeklagte von Chemiefachwissen gesprochen habe.

Die Vorsitzende hält Mario S. eine Aussage aus dessen Vernehmung vom 16. Oktober 2019 vor. Damals habe er laut der Akten gesagt: »Ich würde ihn als Einzelgänger beschreiben«, was er bestätigt. Das BKA habe ihn gefragt, ob er ihn so beschreiben würde, und das habe einfach gepasst. Von der Mutter seien allerdings Versuche ausgegangen, ihn aus diesem Einzelgängertum herauszuholen. Sie hätte ihn und ihre Tochter gebeten, ihren Sohn mit rauszunehmen, da er größtenteils zu Hause gewesen sei. Ein paar Mal habe sich der Angeklagte auch darauf eingelassen und sei etwa »zu Biergetränken« mitgekommen. Irgendwann habe er sich aber auch distanziert. Die Vorsitzende fragt, ob Mario S. einen Freund vom Angeklagten kenne. »Ich kenne niemanden, den er als Freund bezeichnet hat«, antwortet Mario S.

»Kennen Sie Herrn M.?«, fragt die Vorsitzende. Mario S. bejaht, das sei ein guter Freund von ihm selbst. Herr M. solle etwas mit dem Angeklagten unternommen haben, sagt die Vorsitzende. Mario S. sagt, das sei gut möglich, er wisse aber nichts davon. »Stichwort Metalldetektor«, sagt die Vorsitzende.[3] »Das kann sein, aber da besteht ja keine Pflicht, mir das zu sagen«, erwidert Mario S. Einige Menschen im Saal lachen, die Vorsitzende gibt Mario S. recht und fragt, ob es denn ein bestimmtes Ereignis gegeben habe, wegen dem er selbst und der Angeklagte nichts mehr zusammen unternommen hätten. Mario S. bestätigt, dass es so ein Ereignis gegeben habe, er selbst könne sich allerdings nicht mehr daran erinnern, da er sehr betrunken gewesen sei. Er könne es nur so berichten, wie es ihm von seinem Bekannten Herrn K. erzählt worden sei: Demnach habe es bei einer Geburtstagsfeier eines Freundes einen Streit zwischen dem Angeklagten und einem anderen Kumpel gegeben. Der Angeklagte habe dann ein Messer gezogen. Die Vorsitzende fragt, ob dieser andere Kumpel ein Max gewesen sei. »Max F., ja«, bestätigt Mario S. Ob der Angeklagte ein Messer mit sich zu führen pflegte, fragt die Vorsitzende. Mario S. antwortet, wenn dem so gewesen sei, habe er nichts davon gewusst. Auf seinem Regal habe

3 Im weiteren Prozessverlauf wird noch einmal thematisiert, dass der Angeklagte gemeinsam mit M. mit einem Metalldetektor im Wald herumgelaufen sein soll.

allerdings ein Bundeswehrmesser oder so etwas Ähnliches gelegen. Ob ihm noch etwas im Zimmer aufgefallen sei, will die Vorsitzende wissen. Mario S. sagt, es sei ein ganz normales Zimmer gewesen. Der Angeklagte habe alte Bundeswehrsachen gehabt. Ein Schwert an der Wand, nach dem ihn die Vorsitzende fragt, sei ihm dort nie aufgefallen.

Wenn er bei der Mutter gewesen sei, habe der Angeklagte die Zeit vor dem Computer verbracht. Auch beim Vater sei er viel am Computer gewesen, manchmal aber auch im Schuppen. Er selbst habe gewusst, dass der Angeklagte dort mit Metall gebastelt habe. Weil er selbst ja Konstruktionsmechaniker sei, habe er das mitbekommen. Einmal habe der Angeklagte ihm eine Presse gezeigt, die er aus einem Wagenheber und ein paar Metallteilen gebaut habe. Wofür diese gewesen sei, habe er aber nicht gesagt. Die Vorsitzende fragt ihn, wie er die Erkrankung des Angeklagten, wegen der dieser nach eigener Aussage sein Studium abgebrochen habe, erlebt habe. Mario S. sagt, das sei eine schwere Zeit gewesen. Der Angeklagte habe eine Entzündung gehabt, »ich glaube der Bauchspeicheldrüse«. Seine Mutter sei dann fast jeden Tag bei ihm im Krankenhaus gewesen und habe sich große Sorgen gemacht. Auch der Vater habe seinen Sohn in dieser Zeit oft besucht. Er selbst sei nie im Krankenhaus gewesen, um den Angeklagten zu besuchen. Seine damalige Freundin Anne P. habe ihren Bruder ein paar Mal besucht. Wann das alles gewesen sei, wisse er nicht mehr genau, es habe zeitlich aber definitiv vor der Geburt seines Sohns stattgefunden. »Was wurde Ihnen denn gesagt, was er hatte? Sie sagen ›Bauchspeicheldrüse‹, meines Wissens war es ein Magendurchbruch«, sagt die Vorsitzende. Mario S. sagt, das wisse er nicht mehr genau, es sei ihm aber auf jeden Fall gesagt worden, dass es potenziell lebensbedrohlich sei. Wie lange die Erkrankung angedauert habe, könne er nicht sagen. Er habe sich, »ehrlich gesagt«, auch nicht wirklich dafür interessiert und nur »gute Besserung« gewünscht.

Die Vorsitzende fragt, ob es ein Thema in der Familie gewesen sei, wie sich die Zukunft des Angeklagten weiterentwickeln würde. Mario S. sagt, während des Studiums habe es darüber keine Gespräche gegeben. Später habe Roland B. versucht, seinem Sohn Arbeit zu besorgen. Claudia B. habe Anne P. und ihn gefragt, ob sie dem Angeklagten nicht »ein bisschen reinreden« könnten. Dass der Angeklagte auch ein psychisches Problem haben könnte, sei nicht besprochen worden. Er wisse noch, dass der Angeklagte manchmal Schmerzen gehabt habe, wenn das Wetter schlecht gewesen sei, aber mehr könne er dazu nicht sagen. Ob es Streit nach dem Motto »Reiß dich mal zusammen« gegeben habe, fragt die Vorsitzende. Mario S. erinnert sich an einen Streit zwischen dem Angeklagten und dessen Vater, Roland B. Der Vater habe gewollt, dass sich sein Sohn Arbeit suche. Dieser habe gewollt, dass ihn sein Vater in Ruhe lasse. Es habe dann kurzes Geschrei gegeben, ehe beide auseinandergegangen seien. Bei der Mutter habe es im Gegensatz dazu eher keinen Streit gegeben.

Die Vorsitzende sagt, dass gestern ein Brief der Mutter verlesen worden sei, in dem durchklinge, dass irgendwie andere schuld an dem Geschehenen sein könnten. »Was können Sie dazu sagen?«, fragt sie. Mario S. sagt, er habe den Brief gelesen und wisse auch, in welchem Zustand Claudia B. gewesen sei, als sie diesen verfasste. Er sei sehr geschockt gewesen, sowohl von dem Inhalt des Briefes als auch von der Situation. »Waren Sie am 9. Oktober bei Frau B.?«, will die Vorsitzende wissen, was er bejaht. Er sei an diesem Tag, dem Tag des Anschlags, arbeiten gewesen und habe abends mit Kopfhörern einen Film gesehen oder Musik gehört. Er habe dann gegen halb neun bemerkt, dass er Anrufe eines guten Freundes verpasst habe. Dieser habe ihm dann gesagt, was passiert sei. Er habe dann Kontakt mit Anne P. aufgenommen. Claudia B. sei zu diesem Zeitpunkt schon im Krankenhaus gewesen. Ob er vorher nicht von dem Anschlag in den Nachrichten gehört habe, fragt die Vorsitzende. Mario S. sagt, er gucke kein Fernsehen, wegen der Werbung und weil er mit dem Programm nicht zufrieden sei. Er habe an dem Tag auch sonst wenig mitgekriegt.

Die Vorsitzende fragt, ob der Angeklagte Interesse an Waffen gehabt habe. Mario S. sagt, in seinem Zimmer habe der Angeklagte »Bundeswehrkram« gehabt: Das erwähnte Messer, einen Helm und Patronenhülsen, die er mit seinem Metalldetektor gefunden habe.

Ob er Angst vor dem Angeklagten gehabt habe, beispielsweise in der Situation mit dem Messer, fragt die Vorsitzende, was Mario S. verneint. Er könne sich an diese Situation ja auch nicht mehr erinnern. Er habe den Angeklagten aber für eine Bedrohung gehalten. Dieser habe sich gern vor anderen bedrohlich aufgebaut und sei »Fremde« etwa einmal mit aggressiver Miene angegangen. Die Vorsitzende hakt nach, was das für eine Situation gewesen sei. Der Zeuge schildert, dass Anne P., der Angeklagte und er selbst einmal in Klostermansfeld einkaufen gewesen seien, weil Claudia B. sie darum gebeten habe. Vor einer Pizzeria hätten sich dann zwei Männer in einer anderen Sprache unterhalten, er wisse leider nicht, in welcher. Der Angeklagte hätte diese dann aggressiv angebrüllt, dass sie in Deutschland Deutsch reden sollten. Das sei bedrohlich gewesen. Anne P. und er hätten sich sofort distanziert und den Angeklagten später gefragt, was dieses Verhalten solle. Darauf habe dieser nur geantwortet, dass die Männer eben Deutsch reden sollten.

Die Vorsitzende fragt den Zeugen, ob der Angeklagte sich um den im Januar 2016 geborenen Sohn gekümmert habe. Mario S. sagt, der Angeklagte habe sich nicht allein gekümmert, aber »mit aufgepasst«. Er habe in diesen Situationen eine ganz andere Seite von ihm kennengelernt: »Ich habe ihn nie wirklich oft lächeln sehen, aber wenn er mit meinem Jungen gespielt hat, dann schon.« Die Vorsitzende hakt nach, warum der Angeklagte nicht auf den Neffen aufgepasst habe. Als arbeitsloser, alleinstehender Onkel hätte er doch eine Hilfe darstellen können. Der Zeuge sagt, Anne P. und er selbst hätten das dem Angeklagten vorgeschlagen. Sie hätten ihren Sohn auf jeden Fall in seine Obhut gegeben, mit ihm sei er ganz anders umgegangen, »nicht so reglos«. Der Angeklagte habe aber abgelehnt, da er sich die Kinderbetreuung nicht zugetraut habe.

Die Vorsitzende fragt, ob es Gespräche über Politik gegeben habe oder ob Mario S. sonst etwas zur politischen Einstellung des Angeklagten sagen könne. Er antwortet, es sei mal über die Flüchtlingskrise gesprochen worden. Er würde aber nicht sagen, dass man von diesem Thema auf die politische Meinung schließen könne, da er auch Leute kenne, die sagen würden, dass »da etwas falsch« laufe, aber nicht so eine Meinung wie der Angeklagte vertreten würden. Der Angeklagte habe gesagt, dass die Flüchtlinge alle nach Deutschland kämen und dass das falsch laufe. »Hat er gesagt, dass man Menschen töten müsse? Politiker, zum Beispiel Frau Merkel?«, fragt die Vorsitzende. Mario S. sagt, daran könne er sich nicht erinnern. Die Vorsitzende fragt, wie sich die anderen Familienmitglieder bei diesem Thema verhalten hätten. Claudia und Roland B. hätten den Fernseher ausgemacht, wenn es dort um Flüchtlinge gegangen sei und das Thema vermieden. Anne P. habe gesagt, dass sie die Politik auch nicht richtig finde, aber ihr Bruder sie in Ruhe lassen solle. Sie habe das gesagt, weil ihre Mutter und ihr Bruder bei dem Thema schnell laut geworden seien. Die beiden hätten zum Thema der Flüchtlingskrise unterschiedliche Meinungen gehabt und seien aneinander geraten. Ab und zu hätte Claudia B. ihrem Sohn allerdings auch zugestimmt.

Die Vorsitzende fragt, wie es denn mit dem Alkoholkonsum des Angeklagten ausgesehen habe. Mario S. sagt, dieser habe früher auch mal mitgetrunken. Er könne sich noch erinnern, wie der Angeklagte einmal richtig betrunken gewesen sei. Da habe er wie jeder andere Betrunkene gewirkt. Nach seinen gesundheitlichen Problemen und dem Krankenhausaufenthalt habe er allerdings gar nicht mehr getrunken. Die Vorsitzende fragt, ob er in der Situation mit dem Messer betrunken gewesen sei. Mario S. sagt, das wisse er nicht. Er selbst könne sich nicht mehr erinnern und habe über die Situation nur mit Herrn K. gesprochen, aber nicht mit dem Angeklagten selbst. Seine Mutter habe höchstens abends mal ein Glas Rotwein oder Sherry getrunken, sei aber nie betrunken gewesen.

Die Vorsitzende fragt nach dem Drogenkonsum des Angeklagten. »Ist mir nichts bekannt«, antwortet Mario S. Auch zu dem 3D-Drucker des Angeklagten, nach dem ihn die Vorsitzende fragt, könne er nichts sagen.

»Hat er mal etwas gesagt, warum er nicht arbeiten geht?«, fragt ihn die Vorsitzende. Er antwortet, der Angeklagte habe gesagt, er sei nicht damit einverstanden, für diesen deutschen Staat zu arbeiten. Es sei alles ungerecht: »Lohnverteilung, Arbeiterklasse, all diese Sachen«. Die Vorsitzende fragt, ob der Angeklagte das Gefühl gehabt habe, dass seine Eltern, Mario S. oder Anne P. immer ärmer würden. Mario S. sagt, das wisse er nicht. Die Eltern hätten aber keine Probleme gehabt, und auch Anne P. habe zwar nicht viel gehabt, sei aber dennoch zufrieden gewesen. Die Vorsitzende fragt, ob die Familie den Sohn in der Haft besuche. Mario S. berichtet, dass Anne P. ihren

Bruder nicht besuchen wolle, da sie »verärgert« sei, »dass er das gemacht hat«, und weil sie seinen Anblick nicht ertragen könne. Sie wolle mit ihm nichts mehr zu tun haben. Die Eltern würden den Kontakt hingegen suchen, würden ihren Sohn besuchen und auch mit ihm telefonieren.

Wie Anne P. die Tat am Tattag kommentiert habe, will die Vorsitzende von Mario S. wissen. Der Zeuge sagt, Anne P. habe direkt gesagt, sie könne die Tat nicht gutheißen, finde sie »absolut scheiße« und könne es nicht verstehen.

Der Angeklagte habe seine Ablehnung gegenüber Flüchtlingen und Juden vorher nicht direkt ausgedrückt. Er selbst habe das immer für Gerede gehalten. Er könne sich aber noch an die Aussage »Die Juden sind schuld« erinnern. Er habe damals nicht gewusst, ob das ein »Jux« oder ernst gemeint gewesen sei. Die Vorsitzende fragt Mario S., ob er oder jemand anderes aus der Familie dem widersprochen habe, was er verneint. Er habe sich aus diesen Gesprächen herausgehalten, er habe nicht mitdiskutieren wollen. Wenn es Diskussionen darüber gegeben habe, dann häufig mit der Mutter, die meist anderer Meinung gewesen sei.

Die Vorsitzende fragt nach, ob Mario S. auch nicht widersprochen habe, wenn sein kleiner Sohn dabei gewesen sei. Mario S. sagt, dann habe es eigentlich nie andere Themen als den Sohn gegeben.

Die Vorsitzende fragt die anderen Richter·innen, ob sie Fragen haben. Richterin Astrid Bode fragt, ob Mario S. sich Gedanken gemacht habe, was aus dem Angeklagten werden könnte. Mario S. sagt, er habe sich nicht genauer mit dieser Frage befasst, aber gedacht, dass der Angeklagte erst seiner Mutter auf der Tasche liegen werde und dann, »wenn die nicht mehr ist«, dem Staat.

Bundesanwalt Kai Lohse fragt Mario S., ob er sich erinnern könne, was der Angeklagte am Computer gemacht habe. Der Zeuge antwortet, er könne sich nur erinnern, dass der Angeklagte in »so Foren« aktiv gewesen sei oder »mal irgendwelche Spiele« gespielt habe. Es habe sich dabei um Strategiespiele oder Ego-Shooter gehandelt. Er selbst spiele so etwas auch manchmal, weil es ihm Spaß mache. Der Bundesanwalt fragt, ob das dann nicht ein gemeinsames Thema gewesen sei, über das sie sich hätten unterhalten können, was er bestätigt. Da sie aber nicht dieselben Spiele gespielt hätten, hätten sie nur einmal kurz darüber gesprochen.

Der Bundesanwalt hält ihm eine Aussage aus seiner Vernehmung vor, in der er gesagt habe, dass der Angeklagte ihm einmal gesagt habe, er bilde sich weiter. »Wissen Sie, was er da gemeint hat?«, fragt der Bundesanwalt, was Mario S. verneint. Der Bundesanwalt fasst zusammen, dass der Angeklagte auf der einen Seite gesagt habe, dass er sich nicht um Arbeit kümmere, weil man da zu wenig verdiene und auf der anderen Seite, dass er sich bewusst nicht gegenüber dem Staat »einbringen« wolle. Mario S. sagt, dazu könne er nichts sagen. Sie hätten versucht, mit ihm über Arbeit zu reden, aber irgendwann gedacht: »Okay, dann lassen wir es.« Der Bundesanwalt sagt, es könne ja sein, wenn so etwas passiert, dass man sich frage: »War da was? Wie ist das abgelaufen?« Mario S. schweigt und sagt dann, er wisse nicht, was er dazu sagen solle.

Bundesanwalt Lohse sagt, der Angeklagte habe vor Gericht geschildert, wie er tagsüber Waffen gebastelt habe. Ob Mario S. einmal darüber nachgedacht habe, ob es da Anzeichen gegeben habe. Mario S. sagt, er wisse nicht, wie es da für ihn Anzeichen gegeben haben sollte. Der Angeklagte habe die Waffen ja tagsüber im Schuppen seines Vaters gebastelt.

Wie er selbst die Tat empfunden habe, fragt der Bundesanwalt den Zeugen. Mario S. antwortet, er wisse es nicht. Er sei schockiert gewesen und wisse bis heute nicht, wie er darüber reden solle. Er hätte im Leben nicht erwartet, dass so etwas passieren würde. Bundesanwalt Lohse sagt, er verstehe, dass das schwer sei. Es gehe ihm nicht darum, Mario S. etwas vorzuwerfen. Er frage sich aber, ob es aus Mario S.' Perspektive etwas gäbe, wo er sich heute denke, da hätte jemand aus dem Umfeld eingreifen müssen. Der Zeuge sagt, das sei eine schwierige Frage. Er könne nur für sich selbst sprechen und wisse es nicht. Für die Familie könne er diese Frage nicht beantworten.

Verteidiger Hans-Dieter Weber fragt, ob sein Mandant im Freundeskreis von Mario S. auf Ablehnung gestoßen sei, wenn dieser ihn zu Treffen mitgenommen habe. Mario S. verneint das. Seine Freunde seien sehr offen. Einige seien dem Angeklagten gegenüber skeptisch gewesen, aber Abgrenzung habe es nicht gegeben. Der Rückzug sei allein von dem Angeklagten selbst ausgegangen.

Rechtsanwalt Erkan Görgülü fragt Mario S., ob die Internetseiten, auf denen sich der Angeklagte bewegt habe, deutsch- oder englischsprachig gewesen seien. Mario S. sagt, das könne er nicht beantworten, er sei immer zu weit weg vom Computer gewesen, um das mitzubekommen.

Rechtsanwalt Görgülü will wissen, wie Claudia B. auf die Aussagen ihres Sohns über Juden reagiert habe. Mario S. sagt, sie habe es nicht gutgeheißen. Der Rechtsanwalt hakt nach, was das bedeute: Mario S. habe bei der Polizei gesagt, die Mutter habe etwa: »Lass das!«, gesagt. Er fragt, ob das eine alibimäßige Äußerung nach dem Motto »Lass das, das macht man nicht« oder ein entschiedenes »Lass das, das ist falsch« gewesen sei. Mario S. sagt, das sei unterschiedlich gewesen. Meist sei es eher ein »Was soll das?« gewesen, teils habe sie aber auch energischer widersprochen.

Rechtsanwältin Kristin Pietrzyk fragt nach Herrn M., der ein guter Freund von Mario S. sei und will wissen, ob der Zeuge mit diesem einmal länger verreist gewesen sei, was er verneint.

Die Rechtsanwältin spricht über die Nervenkrankheit von Herrn M. Ein Bein sei davon betroffen, Mario S. wisse aber, dass die Krankheit auch schnell tödlich ausgehen könne. Die Rechtsanwältin fragt ihn, ob er wisse, wie lange Herr M. diese Krankheit schon habe. Mario S. überlegt eine Weile. Er glaube, Herr M. habe die Krankheit seit letztem Jahr, sagt er dann. Die Rechtsanwältin sagt, er brauche nicht zu spekulieren. Sie sagt, der Angeklagte habe in der Haft Briefe geschrieben. Sie lese dem Zeugen nun die Namen der Kontakte vor und wolle wissen, ob er diese kenne: Maximilian Z. aus Cottbus, Sarah B. aus Helbra, K. J. aus Aschersleben, Andrea U. aus Halle und Viktoria S. aus Bernburg. Mario S. sagt, er kenne all diese Namen nicht.

Rechtsanwältin Pietrzyk fragt Mario S. nach der Presse, die der Angeklagte aus Metallteilen gebaut habe und wo der Zeuge diese gesehen habe. Mario S. sagt, das sei in Helbra [Wohnort des Vaters, Anm. d. Hgg.] gewesen. Da gebe es doch einen Garagenkomplex, fragt die Rechtsanwältin. Mario S. sagt, er würde es eher Schuppen nennen. Es seien zwei Schuppen gewesen. In beiden sei er jeweils einmal drin gewesen. In dem einen habe es eine Tischkreissäge gegeben, in dem anderen habe viel altes Werkzeug auf dem Tisch gelegen.

Rechtsanwältin Pietrzyk fragt, ob sich der Angeklagte sportlich betätigt habe. Der Zeuge sagt, der Angeklagte habe »so ein Fitnessgerät« gehabt, er wisse nicht, wie das heißt. Damit habe der Angeklagte jedenfalls Klimmzüge, Sit-ups und Liegestütze gemacht, vermutlich so ab 2014.

Rechtsanwältin Pietrzyk fragt, ob Anne P. nach der Tat ein Schreiben vom Angeklagten bekommen habe, eventuell auch durch Dritte übermittelt. Mario S. sagt, das sei ihm nicht bekannt.

Rechtsanwältin Pietrzyk lässt sich von Mario S. bestätigen, dass er die Familie etwa einmal die Woche sehe. Sie fasst ihren bisherigen Eindruck zusammen: »Sie sehen sich einmal die Woche, essen zusammen, aber sprechen eigentlich über nichts.« Der Zeuge sagt dazu nichts. Die Rechtsanwältin fragt, ob die Stimmung manchmal besser geworden sei, wenn der Angeklagte den Esstisch verlassen habe. »Um ehrlich zu sein: Ja«, antwortet Mario S.

Rechtsanwältin Pietrzyk fragt, ob der Zeuge den Abschiedsbrief seiner »Schwiegermutter« gelesen habe. Mario S. sagt, er habe ihn bis zu der Stelle gelesen, an der es schwierig geworden sei, die Handschrift zu entziffern. Erinnern könne er sich aber nicht gut. Er habe ihn sich nicht eingeprägt, sondern sich eher um Anne P. gekümmert. Die Rechtsanwältin fragt, ob der Brief später noch einmal thematisiert worden sei. Der Zeuge sagt, Anne P. und er hätten nicht noch einmal darüber geredet. Wie das innerhalb der Familie aussehe, könne er nicht sagen.

Rechtsanwältin Pietrzyk will wissen, ob sich der Angeklagte mit ihm, Mario S., über das Attentat von Christchurch unterhalten oder ihm gar Dokumente dazu übergeben habe. »Nein, nicht dass ich wüsste«, antwortet der Zeuge.

»Wissen Sie, dass Frau P. mal ein Messer für Herrn B. an ihre Adresse geliefert bekommen hat?«, fragt Rechtsanwältin Pietrzyk. Der Zeuge sagt, das wisse er nicht.

»Wissen Sie, ob die Mutter eine SIM unter falschem Namen angemeldet hat?«, fragt die Rechtsanwältin weiter. Auch das verneint er.

Ob er wisse, dass eine Freundin von Claudia B. dieser einmal gesagt habe, dass ihr Sohn bei einem NPD-Treffen anwesend gewesen sein soll, fragt die Rechtsanwältin, was Mario S. wiederum verneint.

Rechtsanwältin Pietrzyk will wissen, ob Claudia B. in der Lage sei, einen USB-Stick zu verschlüsseln. Mario S. sagt, das glaube er eher nicht. Vielleicht könne sie es aber, wenn sie sich im Internet ein Programm dazu heraussuchen würde, so wie auch er es tun würde.

Ob Musik im Hause der Familie gehört worden sei, fragt Rechtsanwältin Pietrzyk, was der Zeuge bejaht. Der Angeklagte habe allerdings nicht wirklich Musik gehört, das sei eher von Claudia B. ausgegangen. Die Rechtsanwältin fragt, ob die Musik über ein Tablet abgespielt worden sei. Mario S. antwortet, für seinen Sohn sei Musik vom Tablet oder Rechner abgespielt worden. Rechtsanwältin Pietrzyk fragt nach Musik der Bands Frei.Wild und Böhse Onkelz. Mario S. sagt, diese Musik habe Claudia B. einmal von ihrer Tochter bekommen.

Rechtsanwältin Pietrzyk sagt, ihre Mandantin Sabrina S. wolle eine Frage direkt an den Zeugen stellen. Die Nebenklägerin bedankt sich auf Englisch für das Kommen des Zeugen. Ihre Aussage wird durch den Dolmetscher übersetzt. Sie verstehe, dass das, was der Angeklagte getan habe, für Mario S. und seine Familie nicht leicht sei. Sie fragt, wie der Zeuge das Geschehene seinem Sohn erklären werde. Mario S. sagt, das sei eine Frage, die er sich selbst jeden Tag stelle. Die Nebenklägerin Sabrina S. sagt, sie sehe die Dinge im Zusammenhang. Als der Angeklagte den Menschen vor der Pizzeria angeschrien habe, habe man gesehen, dass er der Mensch werden würde, der er heute sei. Sie fragt: »Wie würden Sie ihren Sohn davon abhalten, so zu werden, wie der Angeklagte ist, was hoffentlich nie passieren wird?« Mario S. überlegt. Momentan habe er auf diese Frage keine Antwort, das sei sehr schwierig. Er habe darüber schon nachgedacht, aber bis jetzt noch keine Antwort gefunden.

Rechtsanwalt Mark Lupschitz, Vertreter der Nebenklage, fragt den Zeugen, ob er Englisch spreche. Mario S. antwortet, er könne sich, wenn es sein müsste, über das Nötigste mit einem Engländer verständigen. Ob er sich erinnern könne, dass der Angeklagte Englisch gesprochen habe, fragt der Rechtsanwalt, was der Zeuge verneint.

Rechtsanwalt Lupschitz fragt, ob das Vokabular in den berichteten Situationen, in denen sich der Angeklagte rassistisch oder antisemitisch geäußert haben soll, unangemessen gewesen sei. Mario S. sagt, es sei schon unangemessen gewesen. Der Rechtsanwalt fragt nach bevorzugten Computerspielen des Angeklagten. Der Zeuge sagt, dazu wisse er nichts.

Rechtsanwalt Lupschitz liest eine Stelle aus dem Abschiedsbrief von Claudia B. vor, in der es »offensichtlich« um den seltener gewordenen Kontakt zu ihrem Enkel geht. »Das klingt nach Entfremdung. Können Sie das erklären?« Mario S. sagt, die Mutter seines Sohns und er, hätten viel zu tun gehabt. Außerdem sei Anne P. mit ihrer Umschulung sehr beschäftigt gewesen. Sie hätten daher die regelmäßigen Besuche am Wochenende abgebrochen. Das habe aber keinen bestimmten Grund gehabt, sondern sei eher eine Art Pause gewesen. Die Mutter habe auch gesagt: »Ihr meldet euch ja gar nicht mehr.« Der Rechtsanwalt will wissen, ob Mario S. mit Claudia B. über ihren Abschiedsbrief gesprochen habe, was er verneint. Er wolle den Zustand der Mutter dadurch nicht noch verschlechtern.

Rechtsanwältin Dr. Kati Lang, Vertreterin der Nebenklage, fragt, ob Mario S. mitbekommen habe, dass Claudia B. Englisch gelernt habe. Der Zeuge antwortet, er wisse, dass sie an der Schule eine Art Ausbildung in dieser Richtung gemacht habe. »Haben sich der Angeklagte und Frau B. auf Englisch unterhalten?«, fragt die Rechtsanwältin. Mario S. sagt, in seiner Anwesenheit hätten sie das nicht getan. Auch die Frage, ob er wisse, dass der Angeklagte seiner Mutter Schriftstücke auf Englisch gegeben habe, verneint er.

Rechtsanwältin Lang fragt, ob sich über Wahlen und darüber, ob es sinnvoll sei, wählen zu gehen, unterhalten worden sei. Mario S. sagt, das sei passiert, aber es sei eher darüber gesprochen worden, »ob Frau Merkel jetzt für eine weitere Amtszeit geeignet ist oder so. Nichts Schlimmes.« Die Rechtsanwältin sagt, sie würde erwarten, dass Claudia B. als Ethiklehrerin eine klare Meinung zum Wählen habe. Mario S. sagt, er gebe zu, dass er nicht wählen gehe. Claudia B. habe versucht, ihn zu überzeugen, doch wählen zu gehen. »Ist Ihnen bekannt, dass sich der Angeklagte gegenüber Herrn M. rassistisch geäußert hat?«, fragt die Rechtsanwältin. Mario S. sagt, er unterhalte sich mit Herrn M. nicht wirklich über den Angeklagten.

Rechtsanwalt Gerrit Onken, Vertreter der Nebenklage, bezieht sich auf Mario S.' Schilderung, dass er necken und ärgern in Bezug auf sein Gewicht teilweise nicht habe unterscheiden können. Er bittet ihn, den Unterschied zu beschreiben. Der Zeuge sagt, necken würde er unter Freunden machen, da sei klar, dass es nur Späße seien. Bei dem Angeklagten sei er sich da nicht so sicher gewesen. Rechtsanwalt Onken fragt, was der Angeklagte denn gesagt habe. Der Zeuge antwortet, das wisse er nicht. Das gehe »da rein und da raus«. Eine verletzende Wirkung habe es nach einiger Zeit aber gehabt. Zur Rede gestellt habe er den Angeklagten deswegen nie.

Rechtsanwalt Onken fragt, ob Mario S. mit Anne P. darüber gesprochen habe, was den Angeklagten reite, so mit ihm zu sprechen. Mario S. sagt, er wolle Anne P. zitieren: »Er ist schwierig.« Er, Mario S., habe das so hingenommen und für sich gut sein lassen.

Rechtsanwalt Onken fragt, wie der Habitus bei diesen Äußerungen des Angeklagten gewesen sei, ob er etwa gelacht oder geschrien habe. Der Zeuge sagt, es seien nur ein paar Worte und ein anschließendes »schäbiges Grinsen« gewesen.

Ob die Aussagen des Angeklagten selbstgefällig gewesen seien, fragt Rechtsanwalt Onken. »Manchmal ja, manchmal nein«, antwortet Mario S. Er habe das Gefühl gehabt, dass der Angeklagte ihn provozieren wolle. Darauf, dass ihm das nicht gelungen sei, habe der Angeklagte aber nicht groß reagiert.

Rechtsanwalt Onken sagt, »nichts Schlimmes«, wie Mario S. sage, sei ja eine Wertung. Er wolle aber vom Zeugen noch einmal ohne Wertung hören, was in der Familie so Politisches gesagt worden sei. Mario S. sagt, es sei diskutiert worden, ob Frau Merkel »noch taugt, nach dem, was sie gemacht hat«. Was sie denn gemacht habe, hakt Rechtsanwalt Onken nach. Es sei um das Thema der Flüchtlingskrise gegangen, antwortet der Zeuge: »Direkt gesagt, dass Frau Merkel was taugt, hat keiner. Dass sie nichts taugt, hat der Angeklagte gesagt.« Was Bundeskanzlerin Merkel in den Augen des Angeklagten und seiner Mutter denn falsch gemacht habe, will Rechtsanwalt Onken wissen. Der Zeuge lacht. Das wisse er auch nicht. An die Kritik könne er sich nicht erinnern. Rechtsanwalt Onken fragt, ob geäußert worden sei, dass zu viele Menschen einreisen würden. Mario S. stimmt zu, das könne sein. In seinem Freundeskreis halte er sich bei dem Thema zurück, habe aber Freunde »in allen politischen Himmelsrichtungen«. Rechtsanwalt Onken macht deutlich, dass es ihm nicht darum ginge, dass sich der Zeuge »outen« solle. Er wolle einfach wissen, wie der Sprachgebrauch im Freundeskreis gewesen sei. Der Zeuge holt tief Luft. Er habe Freunde in der rechten Szene, auch wenn er das nur ungern sage. Genauso habe er auch Freunde »auf der linken Seite«. Die Rechten seien sehr unfreundlich gegenüber Frau Merkel gewesen. Da seien Dinge gesagt worden wie: »Am besten müsste die weggemacht werden.«

Rechtsanwalt Onken fragt, ob Mario S. den Angeklagten aufgezogen habe, was er verneint. Das sei nicht seine Art, so etwas würde er nur mit wirklich guten Freunden machen.

Rechtsanwalt Onken fragt, ob Mario S. eine Erinnerung daran habe, was er bei der Polizei zum Stichwort »Freundin« gesagt habe. Der Zeuge sagt, er könne sich nicht erinnern, dass der Angeklagte jemals »so was in die Richtung« gehabt habe. Rechtsanwalt Onken fragt, ob er den Angeklagten damit geneckt habe. Mario S. sagt, er könne sich nicht erinnern. Rechtsanwalt Onken hält Mario S. vor, was dieser bei der Vernehmung durch die Polizei gesagt haben soll. Er soll nach einer Freundin gefragt worden sein und habe darauf geantwortet: »Also mit der Sache haben wir ihn immer aufgezogen. Dass er schwul war. Also nur aus Spaß.« Mario S. sagt, jetzt erinnere er sich. Das sei in seinem Freundeskreis so gewesen, da seien einige sehr direkt. Wie sie denn darauf gekommen seien, will Rechtsanwalt Onken wissen. Mario S. sagt, das sei nie ernst gemeint gewesen. Sie seien aber auf die Idee gekommen, weil der Angeklagte nie eine Freundin gehabt habe. Der Angeklagte habe sich über diese Sprüche sehr geärgert und so etwas gesagt wie: »Halt die Klappe.« Rechtsanwalt Onken fragt, ob der Angeklagte einmal mit seiner Schwester darüber gesprochen habe. Sie sei ja auch dabei gewesen, antwortet Mario S., und habe das Verhalten der Freunde nicht richtig gefunden. Er, Mario S., habe sie auch einmal gefragt, ob der Angeklagte schon einmal eine Freundin gehabt habe. Anne P. habe gesagt, da sei schon einmal etwas gewesen, aber sie wüsste es auch nicht genau. Rechtsanwalt Onken fragt, ob sich der Angeklagte mit ihm einmal über Fitnesstraining unterhalten habe. Der Zeuge sagt, er hätte den Angeklagten gefragt, warum er so viel trainiere. Der habe geantwortet, er mache das, um sich nach der OP fit zu halten. Ob der Angeklagte die Menschen bei der Pizzeria, die er beschimpft habe, gekannt habe, fragt Rechtsanwalt Onken, was der Zeuge verneint. Er habe sich vor diesen nicht besonders körperlich aufgebaut, sagt er auf Nachfrage des Rechtsanwalts.

Rechtsanwalt Onken fragt, ob der Angeklagte mal etwas gesagt habe wie: »Ich muss mich wehren«, »Die werden schon sehen« oder »Eines Tages…« Mario S. sagt: »Nein, nicht in meiner Anwesenheit.« Rechtsanwalt Onken will wissen, ob sich der Angeklagte nach Einschätzung des Zeugen eher als Opfer oder als aktiven Menschen gesehen habe. Der Zeuge schweigt lange. Das sei wirklich schwer zu sagen. Rechtsanwalt Onken bittet Mario S. um noch eine Einschätzung: Ob der Angeklagte in der Lage gewesen sei, seine eigene Position durchzusetzen, etwa in der Situation in der Pizzeria, und ob es ein Wesenszug von ihm sei, zu sagen, was er denke. Der Zeuge sagt, das sei eigentlich eher nicht so. Im Gespräch mit seiner Mutter habe der Angeklagte allerdings schon seine Meinung vertreten.

Rechtsanwalt Onken fragt Mario S. zur Haltung des Angeklagten zu Kommunikationsmitteln, die auch in der Vernehmung Thema gewesen seien. Der Zeuge berichtet, dass der Angeklagte ein Handy gehabt habe. Durch den BKA-Beamten habe er erfahren, dass er wohl auch ein zweites Handy besessen habe. Ein Freund von Kommunikationsmitteln sei der Angeklagte nicht gewesen. So habe er sich etwa nicht bei Facebook registrieren wollen und habe kein Smartphone benutzt, da man ihn damit über GPS hätte orten können. Er habe Angst gehabt, überwacht und verfolgt zu werden. Von wem oder warum er sich verfolgt gefühlt habe, wisse der Zeuge aber nicht.

Auf Anregung der Nebenklage wird die Hauptverhandlung für eine 45-minütige Pause unterbrochen. Sie wird um 13.22 Uhr fortgesetzt.

Rechtsanwältin Assia Lewin, Vertreterin der Nebenklage, befragt Mario S. zur Wohnung von Claudia B. Der Zeuge beschreibt diese als eine knapp 60 Quadratmeter große Plattenbauwohnung. Dort habe man sich frei bewegen können. Auch der Sohn von Mario S. habe sich dort frei bewegt und sei etwa auf dem Bett des Angeklagten herumgesprungen. Dass der Angeklagte sein Zimmer abgeschlossen hätte, habe Mario S. nie mitbekommen. Rechtsanwältin Lewin will wissen, welche Fächer Claudia B. in der Schule unterrichtet habe. Der Zeuge sagt, mehr als dass sie Deutsch unterrichtet habe, wisse er nicht.

Rechtsanwältin Lewin sagt, der Angeklagte habe auch von Ethik berichtet. Das könne sein, sagt Mario S., aber er wisse es nicht. Auch ob sie schon zu Wendezeiten unterrichtet habe, könne er nicht sagen.

Rechtsanwältin Lewin fragt, welche Werte seine langjährige Freundin Anne P. habe. Der Zeuge bittet, genauer zu fragen. Rechtsanwältin Lewin schlägt vor, dass ihr ja zum Beispiel die Familie, die Kirche, Fleiß oder Ordnung wichtig sein könnten. Mario S. sagt, vor der Geburt des Kindes sei es Anne P. wichtig gewesen, sich ein eigenes Leben aufzubauen und etwa im Job voranzukommen. Seit der Geburt stehe der Sohn im Mittelpunkt.

Rechtsanwältin Lewin fragt, ob Claudia B. etwas daran gelegen habe, wie sich ihre Schüler entwickelten, was er bejaht. Ihr sei das sehr wichtig gewesen, besonders bei Kindern, die sich eher schwergetan hätten oder »Rabauken« gewesen seien.

Ob der Erwerb von Fremdsprachen für Claudia B. sinnvoll gewesen sei, fragt Rechtsanwältin Lewin. Sie frage das wegen der Situation bei der Pizzeria. Mario S. sagt, für Claudia B. sei das sinnvoll gewesen. Fremdsprachen hätten einen Wert für sie gehabt. Rechtsanwältin Lewin fragt den Zeugen, ob der Angeklagte glücklich auf ihn gewirkt habe, wenn er mit seinem Neffen gespielt habe, was der Zeuge bejaht.

Rechtsanwältin Lewin will wissen, ob es für den Zeugen ein Problem gewesen sei, dass der Angeklagte so lange nicht gearbeitet habe. Mario S. sagt, seine persönliche Haltung sei es, dass man sich seinen Lebensunterhalt verdienen solle, aber er könne ja niemanden zwingen. Er habe es eben nicht ändern können, auch wenn der Angeklagte als Onkel auch eine Vorbildfunktion für seinen Sohn gehabt habe.

Die Wochenendbesuche bei Claudia und Roland B. kämen auch heute noch vor, aber nicht mehr so häufig wie früher. Manchmal sei er auch noch dabei, etwa wenn es um den Sohn gehe oder dieser Geburtstag habe. Worüber sie sich dann unterhalten würden, fragt die Rechtsanwältin. Mario S. antwortet, sie würden sich nicht über »den Vorfall« unterhalten. Darüber würde aus Rücksichtnahme auf die Mutter geschwiegen. Die Rechtsanwältin sagt, es sei anscheinend eine Familie, in der viel geschwiegen würde. Sie wolle Mario S. eine Frage stellen: »Meinen Sie, dass man Probleme durch Schweigen lösen kann?« Mario S. verneint das. »Dann sollten Sie vielleicht sprechen«, erwidert die Rechtsanwältin. »Ich spreche nur in bestimmten Familienkreisen nicht«, rechtfertigt sich Mario S. Die Rechtsanwältin unterbricht ihn: »Ich möchte Ihnen nicht zu nahe treten.«

Rechtsanwalt Juri Goldstein bezieht sich auf die Situation, in der der Angeklagte etwas wie »Die scheiß Juden sind schuld« gesagt haben soll. Ihn interessiere der Nebensatz des Zeugen: »Ich habe nicht widersprochen.« Warum er nicht widersprochen habe, fragt der Rechtsanwalt den Zeugen. Mario S. sagt, er habe sich nicht einmischen wollen. Zwar habe er eine völlig andere Meinung, aber er akzeptiere eben auch andere, auch wenn diese Meinungen nicht schön seien. Der Rechtsanwalt fragt, ob Mario S. da etwas gelernt habe, sich heute anders verhalten und ein Veto einlegen würde, wenn jemand so etwas äußere. Der Zeuge antwortet, eines habe er mit der Zeit gelernt, da er selbst auch in der rechten Szene tätig gewesen sei. Dann korrigiert er sich: »Was heißt tätig: Ich war in einer Gruppe.« Er habe gelernt, dass die Leute stur seien, und es nichts bringe, etwas zu sagen und zu widersprechen. Der Rechtsanwalt fragt, ob er wisse, was die schlimmste Aussage des Angeklagten gestern gewesen sei, was der Zeuge verneint. »Dass er auch Kinder getötet hätte. Und wenn man so etwas hört, sollte man vielleicht ein Veto einlegen. Das ist keine Kritik an Ihnen. Vielen Dank«, antwortet Rechtsanwalt Goldstein und setzt sich.

Rechtsanwältin Katrin Kalweit, Vertreterin der Nebenklage, bezieht sich auf die Befragung durch Rechtsanwältin Lewin und formuliert die Anschlussfrage, ob der Angeklagte mit im Zimmer gewesen sei, als Mario S.' Sohn auf dem Bett herumgesprungen sei. Der Zeuge sagt, das sei der Fall gewesen und der Angeklagte sei ärgerlich geworden. Der Junge solle nicht auf dem Bett herumspringen, damit es nicht kaputt gehe. Die Rechtsanwältin fragt, ob es Situationen gegeben habe, in denen jemand ohne den Angeklagten in dessen Zimmer gewesen sei. Der Zeuge sagt, das habe er nicht mitbekommen. Er wisse aber nicht, ob so etwas vorgekommen sei, wenn er, Mario S., nicht da gewesen sei.

Rechtsanwalt David Herrmann, Vertreter der Nebenklage, fragt, wo der Computer gestanden habe, den der Angeklagte genutzt habe. Der Zeuge sagt, der habe im Zimmer des Angeklagten gestanden. Beim Vater habe der Angeklagte den Computer des Vaters genutzt, der in dessen Schlafzimmer gewesen sei. Der Rechtsanwalt fragt, ob der Angeklagte ein Headset genutzt und etwa über TeamSpeak kommuniziert habe. Der Zeuge antwortet, der Angeklagte habe gelegentlich ein Headset aufgehabt, aber nicht darüber gesprochen. Der Rechtsanwalt fragt, ob Mario S. sagen würde: »In der Familie des Angeklagten gab es ein enges Familienband, da hat man sich umeinander gekümmert.« Der Zeuge antwortet, es sei die Frage, was man eng nenne. Der Draht der Mutter zu den Kindern sei eng gewesen, der des Vaters zu seinem Sohn etwas weniger eng. Der Rechtsanwalt sagt: »Sie können sich vorstellen, dass wir vor Gericht ganz kaputte Familien sehen. Würden Sie sagen, die Familie des Angeklagten war eine kaputte Familie?« Mario S. wartet lange.

Er wisse nicht, wie er antworten solle. Für die Zeit vor »der Sache« würde er definitiv nein sagen. Jetzt sei die Familie kaputt, aber ob das nur an der Sache liege, könne er nicht sagen.

Rechtsanwalt Herrmann fragt, wie Mario S. am Tag des Anschlags von dem Geschehenen erfahren habe. Der Zeuge wiederholt, er habe mit Kopfhörern einen Film geschaut oder Musik gehört und dabei Anrufe eines Kumpels verpasst. Den habe er dann irgendwann zurückgerufen, und der habe ihm erzählt, was passiert sei. Im Anschluss habe er dann Bilder gesehen. Er habe direkt gewusst, dass dort der Angeklagte zu sehen sei und habe das nicht recherchieren müssen. »Was haben Sie gedacht?«, fragt der Rechtsanwalt. »Ach, du Scheiße«, antwortet Mario S.

Er stelle nun eine sperrige Frage, sagt Rechtsanwalt Herrmann. Mario S. habe sich heute dankenswerterweise viel Zeit für die Verhandlung genommen. »Da ist ein Mann, der macht jahrelang gar nichts. Er beschimpft Männer, die eine fremde Sprache sprechen. Er nutzt ›unangemessenes Vokabular‹, zückt im Streit ein Messer, hat einen Panzer im Zimmer stehen. Stellen Sie sich vor, das würde ihr Sohn in 20 Jahren machen. Würden Sie nicht denken: ›Ist da nicht was im Busch?‹« Der Zeuge antwortet, er wisse nicht, worauf der Rechtsanwalt hinaus wolle. »Wenn es genauso ist, würde ich …« Der Rechtsanwalt unterbricht ihn: »Sie verstehen nicht, worauf ich hinaus möchte? Da müsste jeder normale Mensch hellhörig werden.« Mario S. sagt, er würde antworten, wenn er bitte ausreden dürfte. Der Rechtsanwalt sage das so, als sei alles auf einmal passiert. Aber die Dinge, die er eben aufgezählt habe, seien über Jahre passiert und er, Mario S., könne sich nicht um alles kümmern. Er hätte sein eigenes Leben. Aber dafür, dass er das alles nicht erkannt habe, müsse er sich entschuldigen. Der Rechtsanwalt sagt, das sei kein persönlicher Angriff gegen Mario S., sondern ein genereller Appell an ihn und »uns alle«: Solchen Dingen dürfe nicht mit Gleichgültigkeit begegnet werden. »Es gab die Anzeichen. Und wir dürfen sie nicht übersehen. Wir alle möchten nicht, dass solche Dinge geschehen.« Rechtsanwalt Hoffmann schaltet sich ein, dass die Übertragung des Dolmetschers nicht funktioniert habe und sein Mandant den letzten Teil nicht verstanden habe. Die Vorsitzende bittet Rechtsanwalt Herrmann, seine letzten Sätze noch einmal zu wiederholen, damit der Dolmetscher im Anschluss übersetzen könne. Rechtsanwalt Herrmann sagt, das sei gewissermaßen ein Appell nach § 257 StPO[4] gewesen: Ein Appell »an uns alle«, dass wir die Zeichen nicht übersehen sollten.

4 Nach § 257 StPO können sich Staatsanwaltschaft und Verteidigung nach jeder einzelnen Beweiserhebung, also etwa einer Zeugenaussage, zu dieser äußern. § 397 StPO verweist auf diesen Paragrafen und sichert dieses Recht auch der Nebenklage zu.

Die Vorsitzende fragt Mario S., ob in der Familie in Abwesenheit des Angeklagten darüber gesprochen worden sei, ob man professionelle Hilfe in Anspruch nehmen solle, etwa weil sein Verhalten in ein Krankheitsbild passe, was der Zeuge verneint.

Rechtsanwältin Doreen Blasig-Vonderlin, Vertreterin der Nebenklage, sagt, der Angeklagte habe ja gesagt, dass er sich daran störe, dass jetzt »alle« nach Deutschland kämen. Sie will von Mario S. wissen, wie viele Menschen mit Migrationshintergrund denn im Dorf leben würden. Der Zeuge sagt, das wisse er nicht. Für ihn seien alle Menschen gleich. Um die Frage zu beantworten, müsste er Zahlen zitieren, die er aber nicht kenne.

Rechtsanwalt Jan Siebenhüner, Vertreter der Nebenklage, sagt, es sei bei derartigen Taten oft wichtig, die Familie des Täters zu betrachten, die auch oft Opfer sei. Er fragt, ob die Familie nach der Tat Repressalien habe erleiden müssen. S. sagt, der Vater habe mit der Sache sehr zu kämpfen, probiere allerdings, es nicht zuzugeben. Anne P., er selbst und das gemeinsame Kind hätten versucht, erst einmal alles auszublenden. Direkte Repressalien gegenüber der Familie habe es nicht gegeben. Sie hätten versucht, dass ihr Sohn nichts mitbekomme, bis er alt genug sei.

Rechtsanwalt Siebenhüner fragt, ob die Mutter ihren Beruf aufgrund des Vorfalls aufgegeben oder verloren habe. Der Zeuge antwortet, sie habe ihn aufgegeben, was er auch gut verstehen könne. Die Tat wirke sich schließlich auch auf ihr Leben als Lehrerin aus. Ob der Familie danach Hilfe angeboten worden sei, fragt der Rechtsanwalt, was Mario S. bejaht. Durch das BKA sei ihnen nach der Tat Hilfe angeboten worden. Er selbst habe keine Hilfe in Anspruch genommen. Anne P. sei bei einem Psychologen gewesen. Claudia B. sei nach dem Suizidversuch ja ohnehin im Krankenhaus gewesen. Von Roland B. wisse er nicht, ob er Hilfe gesucht habe.

Rechtsanwalt Siebenhüner fragt, ob sich Mario S. auf die heutige Verhandlung vorbereitet habe. Er sagt: »Ich wüsste nicht wie.« Anne P. habe sich vorbereitet und habe eigentlich auch aussagen wollen. Ihr sei es aber kurzfristig doch zu viel gewesen. Sie sei dem Druck nicht gewachsen gewesen. Der Vater, Roland B., habe einen Anwalt konsultiert. Er, Mario S., wisse aber nicht welchen. Er selbst habe keinen Grund gesehen, sich mit einem Anwalt zu beraten.

Rechtsanwalt Siebenhüner fragt, ob andere Leute den Computer in der Wohnung der Familie des Angeklagten genutzt hätten. Mario S. antwortet: »Nein, nicht dass ich wüsste.« Die Mutter sei vielleicht beim Putzen daran gewesen. Der Rechtsanwalt sagt, dass der Angeklagte ausgesagt habe, dass sein Zimmer immer abgeschlossen gewesen sei, und er es selbst geputzt habe. Er vergewissert sich, dass es in der Wohnung Kinder-, Schlaf- und Wohnzimmer gegeben habe, was der Zeuge bestätigt.

Rechtsanwalt Onur U. Özata, Vertreter der Nebenklage, fragt, ob Mario S. das Tatvideo gesehen habe. »Leider ja«, antwortet er. Das sei in der Tatnacht gewesen. »Wie kommen Sie dazu, sich das anzugucken?«, fragt der Rechtsanwalt. Mario S. sagt, ein Freund habe ihn darauf hingewiesen, und er habe es dann gegoogelt. Der Rechtsanwalt hakt nach, ob das so einfach gewesen sei, es zu finden, was Mario S. bejaht. Zu dem Zeitpunkt sei das Video noch online und leicht zu finden gewesen. Was er konkret bei Google gesucht habe, wisse er nicht mehr. Er habe dann ein 30-Minuten-Video gesehen, das er sich rückblickend lieber nicht angesehen hätte. Er habe aber nicht alles gesehen, sondern bei dem zweiten Mord das Video ausgeschaltet. Gesehen habe er aber, wie der Angeklagte der Frau in den Rücken geschossen habe. »Wie sah die Frau aus?«, fragt Rechtsanwalt Özata. Mario S. sagt, sie sei vielleicht etwas älter gewesen und habe entweder viel Kleidung angehabt oder sei stämmiger gebaut gewesen. »Was meinen Sie mit ›stämmiger gebaut‹?«, fragt der Rechtsanwalt. Mario S. sagt: »Naja, so wie ich.« Der Angeklagte habe geschossen, weil die Frau etwas gesagt habe. Was sie gesagt habe, wisse er aber nicht mehr. »Er hat sie ›Schwein‹ genannt«, sagt der Rechtsanwalt. Das wisse er nicht mehr, sagt der Zeuge. Ob der Angeklagte eine Ablehnung gegenüber stämmigen Menschen gehabt habe, könne er nicht sagen.

Rechtsanwalt Özata fragt, was Mario S. gemeint habe, als er sagte, dass er »in der Szene unterwegs« gewesen sei. Der Zeuge bestätigt, er habe viele Freunde in der rechtsextremen Szene gehabt und sei mit diesen unterwegs gewesen. Sie hätten Bier getrunken, Leute angepöbelt oder sich mit der Polizei angelegt. »Welche Leute?«, hakt der Rechtsanwalt nach. Mario S. sagt, er habe das nicht gemacht, er sei nicht so. »Sie standen daneben und haben zugeguckt, oder was war Ihre Rolle?«, fragt der Rechtsanwalt. »Könnte man so sagen, ja«, erwidert der Zeuge. Seine ehemaligen Freunde hätten »ausländische Leute« angepöbelt und zum Beispiel »Verlasst Deutschland!« gerufen. Manchmal seien sie auch gröber geworden und hätten etwa Bierflaschen geworfen. »Was ist da noch passiert?«, fragt der Rechtsanwalt: »Sie standen daneben und haben gekichert?«

Die Vorsitzende weist Mario S. darauf hin, dass er sich mit seiner Aussage nicht selbst belasten müsse. Mario S. sagt, er habe sich eben einfach mit diesen Menschen rumgetrieben.

Rechtsanwalt Özata fragt den Zeugen, ob ihm der Name »MegaPredi« etwas sage, das sei ein Accountname, was dieser verneint. Ob er YouTube kenne, fragt der Rechtsanwalt, was dieser bejaht. »Haben Sie einen Account?«, fragt der Rechtsanwalt, was der Zeuge wiederum bejaht. »Wie heißt der Account?«, will der Rechtsanwalt wissen. »Warum soll ich Ihnen das sagen?«, fragt Mario S., der von den Fragen sichtlich überrascht ist. »Heißt der Account ›MegaPredi‹?«, fragt der Rechtsanwalt. Mario S. antwortet, das könne sein. Es sei ein alter Account, auf den er keinen Zugriff mehr habe. Was er dort für Videos hochgeladen habe, wisse er nicht mehr.

Die Vorsitzende fragt Rechtsanwalt Özata, wie alt der Account sei. Der Rechtsanwalt sagt, er wisse nicht, warum er das jetzt sagen solle und warum die Vorsitzende seine Befragung unterbreche.

Rechtsanwalt Özata richtet sich wieder an den Angeklagten. Es gebe auf dem Account ein Video, das eine Art Trinkwettbewerb zeige, an dem sich auch der Angeklagte beteilige. Mario S. sagt, das könne sein. »Da fällt der Satz: ›Das ist nicht dein Neger‹«, fährt der Rechtsanwalt fort. Mario S. fragt, was der Rechtsanwalt von ihm hören wolle. Er wisse es nicht mehr.

Die Vorsitzende fragt, wie der Account heiße. Rechtsanwalt Özata buchstabiert ihr den Namen »MegaPredi« und sagt, das Video, von dem er gesprochen habe, trage den Titel »OMG 2«. Es gibt leises Gelächter im Saal, besonders unter den Zuschauer·innen. Die Vorsitzende sagt, sie wisse nicht, was es zu lachen gebe.

Der Sachverständige Prof. Dr. Norbert Leygraf fragt, ob Mario S. den Angeklagten einmal lachen gehört habe. Mario S. sagt, das sei vielleicht beim Trinken einmal der Fall gewesen. »Wissen Sie, ob er Kampfsport gemacht hat?«, fragt der Psychiater. Der Zeuge sagt, das wisse er nicht.

Rechtsanwältin Pietrzyk fragt, ob die Gruppe, in der Mario S. gewesen sei, einen Namen gehabt habe. Mario S. verneint das. Es seien nur einzelne Leute gewesen, er wisse auch nicht, ob es diese noch gebe und ob sie ihre Meinungen geändert hätten.

Rechtsanwältin Pietrzyk fragt, wann seine Aktivitäten in dieser Szene und das Kennenlernen von Anne P. zeitlich zu verorten seien. Mario S. sagt, die Aktivitäten hätten vor dem Kennenlernen von Anne P. gelegen. Anne P. sei seines Wissens nach nicht in der rechten Szene aktiv gewesen. Ob sie vor ihm schon einen Freund aus dieser Szene gehabt habe, könne er nicht sagen: »Das sind Fragen, auf die ich keine Antwort habe, weil ich es nicht weiß.«

»Ist Ihnen mal gesagt worden, wo der Angeklagte die Tatmittel versteckt hatte?«, fragt Rechtsanwältin Pietrzyk. Mario S. sagt, das BKA habe ihm das gesagt. Sie seien beim Vater in Helbra größtenteils im Schuppen und in der Wohnung der Mutter im Zimmer des Angeklagten gelagert worden. »Wo genau?«, will die Rechtsanwältin wissen. Mario S. sagt, er wisse es nicht. »Ich löse es mal auf«, sagt die Rechtsanwältin, »unterm Bett, auf dem Ihr Sohn herumgesprungen ist.«

Die psychologische Sachverständige Lisa John fragt, wie Mario S. die intellektuellen Fähigkeiten des Angeklagten bewerte. »Das ist schwierig. Ich würde sagen, dumm war er nicht, aber schlau ist auch was anderes«, antwortet er. Die Mutter des Angeklagten habe ihn aber für sehr schlau gehalten. Woran sie das festgemacht habe, könne er nicht genau sagen, vermutlich an den Schulnoten.

Rechtsanwältin Pietrzyk fragt, ob Mario S. einen Dennis S. kenne. Er antwortet, der Name »S.« sage ihm etwas. »Yvonne S.?«, fragt die Rechtsanwältin weiter. Der Zeuge verneint, er kenne sie nicht. Auch die Band Kampfzone, nach der die Rechtsanwältin fragt, sage ihm nichts. Die Rechtsanwältin sagt, die Band sei in der Zeit, in der Mario S. in der rechten Szene aktiv gewesen sein will, ebenfalls in der Region aktiv gewesen. Sie fragt noch einmal, ob Mario S. die Band gekannt habe, was er verneint.

Rechtsanwältin Lang sagt, sie erlebe Mario S. bislang so, dass dieser sein Leben in Ruhe leben wolle und dieses Ereignis einen tiefen Einschnitt dargestellt habe. »Ist dieses Ereignis eine Schmerzgrenze, Stellung zu beziehen, gegen Rassismus zum Beispiel?«, fragt sie Mario S. »Eindeutig ja«, lautet die Antwort.

AUSSAGE DER ZEUGIN KARIN D. (EHEMALIGE KOLLEGIN DER MUTTER DES ANGEKLAGTEN)

Die Vorsitzende Richterin belehrt die Zeugin über ihre Pflichten und befragt sie zu ihren Personalien: Karin D. wohnt in Helbra, ist seit dem 1. Februar 2020 Rentnerin und war vorher Grundschullehrerin.

Die Vorsitzende fragt, woher Karin D. die Familie des Angeklagten kenne. Die Zeugin schildert, dass sie seit 1992 mit Claudia B. zusammengearbeitet und mit dieser auch privat Kontakt gehabt habe. Die Vorsitzende fragt, ob sie ihre Kollegin eine Freundin nennen würde. Karin D. sagt, den Begriff würde sie nicht nutzen, sie hätten aber oft Kaffee miteinander getrunken und seien auch einmal zusammen im Urlaub gewesen.

Die Vorsitzende befragt die Zeugin zu Claudia B. Sie sei an der Schule für Deutsch, Ethik und Gestalten zuständig gewesen und habe auch eine Ausbildung für den Matheunterricht gehabt, berichtet die Zeugin. Sie habe ihren Beruf geliebt, sei eine gute Lehrerin gewesen und habe stets ein gutes Verhältnis zu den Schülerinnen und Schülern gehabt. Die Vorsitzende fragt, ob die Zeugin wisse, warum Claudia B. nicht mehr als Lehrerin arbeite. Karin D. sagt, diese Information höre sie gerade zum ersten Mal.

Sie habe mit Claudia B. zuletzt kurz vor Weihnachten Kontakt gehabt. Die Vorsitzende fragt, warum sie seither keinen Kontakt mehr gehabt hätten. Karin D. schildert, sie habe damals mehrmals angerufen, um Claudia B. zu fragen, wie es ihr gehe. Darauf habe diese nicht reagiert. Nach längerer Zeit habe sie dann eine Textnachricht von ihr erhalten, dass sie nun weggezogen sei. Dieser Kontakt sei ihr dann zu wenig gewesen. Sie habe das Verhalten der Mutter des Angeklagten so aufgefasst, dass sie keinen Kontakt mehr wünsche. Dass Claudia B. wieder zu ihrem Mann ziehen würde, habe Karin D. schon erfahren, als Claudia B. nach ihrem Suizidversuch noch im Krankenhaus gelegen habe.

Die Vorsitzende fragt, was Claudia B.s Wünsche im Leben gewesen seien. Die Zeugin sagt, Claudia B. habe sich gewünscht, dass ihre Kinder ohne größere Probleme erwachsen würden und gesund seien. Sie habe Claudia B. schon 1993 kennengelernt,[5] damals sei diese noch unverheiratet und alles in Ordnung gewesen.

Claudia B. und sie, Karin D., hätten einmal Parallelklassen von der ersten bis zur vierten Klasse betreut. Damals habe es sich auch ergeben, dass sie ihre Kollegin zu Hause besucht habe. Bei dieser Gelegenheit habe sie auch ihren Sohn kennengelernt, der damals noch ein Kind gewesen sei. Die Vorsitzende fragt, was der Sohn für ein Kind gewesen sei. Sie beschreibt ihn als aufgewecktes Kind, das habe wissen wollen, wie alles funktioniere. So habe er etwa einmal eine Uhr auseinandergebaut, um zu verstehen, wie diese funktioniere. Der Angeklagte habe sich außerdem sehr für Tiere interessiert und habe sich sprachlich sehr gut ausdrücken können. Als Vorschulkind sei er Gleichaltrigen weit voraus gewesen. Freunde habe er aber nicht gehabt und generell nur wenig Kontakt außerhalb der Familie gesucht.

Die Vorsitzende sagt, Karin D. habe ja Kontakt zur Familie gehabt und sei etwa bei der Hochzeit gewesen. Sie will wissen, ob es Probleme in der Familie gegeben habe. Karin D. bestätigt den Kontakt. Probleme habe es nicht wirklich gegeben. Der Angeklagte sei zwar immer sehr zurückhaltend gewesen, aber ihre Kollegin habe betont, dass er ein kluger Kopf sei. Er sei ein Einzelgänger gewesen. Die Vorsitzende fragt, ob Claudia B. stolz auf ihren Sohn gewesen sei, was Karin D. bejaht. Die ältere Halbschwester Anne P. sei ruhiger und zurückhaltender, der Sohn der Mittelpunkt der Familie gewesen. Das habe aber an den Kindern selbst gelegen, Claudia B. liebe ihre Tochter genauso wie ihren Sohn.

Die Vorsitzende fragt, ob Karin D. den Angeklagten nach seiner Kindheit, aber vor seiner Krankheit noch einmal gesehen habe. Die Zeugin antwortet, er hätte seine Mutter und sie einmal irgendwo hingefahren. Er sei zurückhaltend, aber höflich gewesen. Probleme habe es mit ihm bis zu seiner Krankheit nicht gegeben.

Ob sie mitbekommen habe, dass er in Magdeburg studiert habe, fragt die Vorsitzende, was Karin D. verneint. Sie habe vom Studium erst erfahren, als er nach Halle gegangen sei. Damals sei er ja so krank gewesen, und Claudia B. habe große Angst gehabt, dass er sterbe. Sie hätte ihr erzählt, dass er große Schmerzen habe, die Ärzte sich aber keine Mühe geben und ihn als Simulanten hinstellen würden.

5 Zu Beginn der Befragung gibt sie 1992 an. Welche Jahreszahl korrekt ist, bleibt offen.

Die Vorsitzende fragt, ob Claudia B. auch von der Genesung berichtet habe. Karin D. sagt, das sei lange Zeit nicht der Fall gewesen. Sie schweigt eine Weile und ergänzt, während sie beginnt, leise zu weinen: »Da ich verpflichtet bin, die Wahrheit hier zu sagen: Was vielleicht kein gutes Licht auf mich wirft: Als im zweiten Jahr nach der Genesung immer noch nichts Gutes war, gab es mal ein Streitgespräch, wo ich gesagt habe: ›Der kann doch nicht immer nur im Zimmer sitzen, der wird ja depressiv.‹« Die Vorsitzende sagt, das werfe keinesfalls ein schlechtes Licht auf sie. Karin D. widerspricht: »Doch, die Geschichte geht ja leider noch weiter.« Sie habe ihrer Kollegin geraten, ihren Sohn rauszuschmeißen, wenn das so weitergehe, damit er lerne, »was das Leben so kostet.« Das habe Claudia B. ihr ein bisschen übel genommen. Karin D. betont, dass sie den Angeklagten ja auch habe verstehen können, ihr Mann sei auch so krank gewesen. Aber wenn man so jung sei, müsse man doch wieder zurück ins Leben kommen. Claudia B. habe ihr gesagt, sie könne ihn nicht rausschmeißen, dann würde er sich vielleicht das Leben nehmen. Sie müsse ihm helfen. Da es bei diesem Thema zu Streit gekommen sei, habe ihr Claudia B. später auch nichts mehr erzählt. Der Streit habe einen Bruch in ihrer Beziehung dargestellt. Er habe im Frühjahr 2015 stattgefunden. Danach hätten sie weniger Kontakt miteinander gehabt.

Die Vorsitzende fragt, ob Claudia B. nach dem 9. Oktober 2019 berichtet habe, was da geschehen sei oder warum. Karin D. sagt, Claudia B. habe ihr damals gesagt: »Er hat mich belogen und verraten.« Sie sei zerbrochen gewesen, antwortet Karin D.

Von anderen Freunden Claudia B.s wisse Karin D. nicht. Auch deshalb hätte Claudia B. ja nach der Krankheit ihres Sohnes die Initiative ergriffen, dass sich etwas tue.

Die Vorsitzende fragt, ob Karin D. sich mit ihrer Kollegin über Politik unterhalten habe. Das wisse sie nicht mehr, antwortet sie. Ob Claudia B. eine bestimmte politische Ausrichtung gehabt habe, fragt die Vorsitzende weiter, was Karin D. verneint. Sie würde sehr irritieren, was sie gestern im Liveticker des Prozesses über den Abschiedsbrief gelesen habe. Wenn sie das als Außenstehende lesen würde, würde sie denken, Claudia B. sei ja wirklich menschenfeindlich gesinnt. Ihr gegenüber habe sich Claudia B. allerdings nie, und damit meine sie wirklich nie, in einer rassistischen Art und Weise geäußert. Ihre Kollegin habe auch ihren Ethikunterricht gut gestaltet und darauf geachtet, dass Kinder, die nicht aus Deutschland gekommen seien, gut in die Klasse integriert worden seien.

Die Vorsitzende fragt, was Karin D. gedacht habe, als sie gehört habe, dass es sich bei dem Attentäter um den hier Angeklagten handele. Karin D. antwortet, sie habe geweint und gesagt: »Das kann nicht sein, das kann nicht sein.« Claudia B. habe sich immer Sorgen gemacht, dass er sich etwas antue, aber doch nicht anderen.

Richter Harald Scholz fragt, wer sich um das Zimmer des Angeklagten gekümmert habe. Karin D. antwortet, laut Claudia B. sei das Zimmer immer verschlossen gewesen, und ihr Sohn habe sich selbst darum gekümmert.

Rechtsanwalt Lupschitz fragt, ob Karin D. den Angeklagten mal beiseite genommen und sich mit ihm unterhalten habe, was Karin D. verneint. Der Rechtsanwalt fragt weiter, ob es etwas gebe, das sie dem Angeklagten jetzt hier sagen wollen würde. Die Zeugin schluchzt. Da wolle sie jetzt lieber schweigen: »Er hat nicht nur das Leben mir fremder Menschen zerstört, sondern auch das Leben seiner Familie.«

Rechtsanwalt Christian Eifler, Vertreter der Nebenklage, fragt, ob der Angeklagte tierlieb gewesen sei. Karin D. antwortet, er sei sehr tierlieb gewesen.

Der Sachverständige Leygraf sagt, Karin D. habe Anne P. als ruhig und zurückhaltend, »ganz im Gegensatz« zum Angeklagten, beschrieben. Auch dieser sei ja aber zurückhaltend gewesen. »Wie war der Angeklagte denn nun?«, fragt der Sachverständige die Zeugin. Sie sagt, der Angeklagte sei sehr lebhaft und immer der Mittelpunkt gewesen. Er sei nicht still gewesen, sondern habe es verstanden, sich in den Mittelpunkt zu rücken. Ruhig, wie sie es auch bei der Polizei gesagt habe, sei er in der Schule gewesen. »Wissen Sie etwas zu Freunden?«, fragt der Sachverständige, was Karin D. verneint. Darüber wisse sie überhaupt nichts, sie habe ja die Kinder auch aus den Augen verloren, als der Angeklagte zehn Jahre alt gewesen sei.

In der Schule sei der Angeklagte sehr gut gewesen. Claudia B. habe auch gemeint, er sei hochbegabt. Sie, Karin D., wisse allerdings nicht, ob ihre Kollegin das habe testen lassen. Über den Verlauf des Studiums habe Claudia B. ihr später allerdings nichts erzählt. Sie wisse nur, dass der Sohn erst in Magdeburg und dann in Halle studiert habe. Ob er mit viel Freude studiert habe, wie der Sachverständige fragt, wisse sie nicht.

AUSSAGE DER ZEUGIN DAGMAR H. (EHEMALIGE GRUNDSCHULLEHRERIN DES ANGEKLAGTEN)

Die Vorsitzende belehrt die Zeugin über ihre Pflichten und befragt sie zu ihren Personalien.

Dagmar H., 75 Jahre alt, wohnt in Helbra. Sie war die Grundschullehrerin des Angeklagten. Die Zeugin berichtet, dass sie den Angeklagten 1998 eingeschult habe und bis zum Jahr 2002 seine Lehrerin gewesen sei. Damals sei sie im zweiten Halbjahr ausgeschieden, weil sie schwer krank gewesen sei. Danach sei sie nicht mehr in den Schuldienst zurückgekehrt. Nur kurz sei sie noch einmal in seiner Klasse tätig gewesen, weil sie eine Klassenfahrt geplant und nicht gewollt habe, dass diese ausfalle oder ohne sie stattfinde.

Die Vorsitzende fragt, was die Zeugin auf ihrem Zettel stehen habe, auf den sie gelegentlich schaut. Dagmar H. sagt, sie habe sich hier die gerade genannten Daten notiert. Sie habe nicht an alle Kinder Erinnerungen, an den jungen Schüler, den sie beim Vornamen nennt, könne sie sich aber gut erinnern, da er der Sohn einer Kollegin gewesen sei. Die Vorsitzende fragt die Zeugin, ob sie auch privat Kontakt zur Mutter gehabt habe. Dagmar H. verneint, ihre Beziehung sei nur eine kollegiale gewesen. Der Angeklagte sei bei der Einschulung der Kleinste gewesen und bis zum Schluss geblieben. Er sei den anderen Kindern körperlich, aber nicht geistig unterlegen gewesen. Er sei ein kluges Kind gewesen und habe in Mathematik sehr gute Leistungen erbracht. »Sport war nicht so sein Ding.« Das habe ihn manchmal etwas unglücklich gemacht, weil er sehr ehrgeizig gewesen sei. Er habe sich dann auch im Sportunterricht Druck gemacht, da er immer der Beste habe sein wollen.

Die Vorsitzende fragt, ob der Angeklagte denn Freunde gehabt habe, was Dagmar H. verneint. Er habe in der Pause mit anderen Kindern gespielt, aber richtige Freunde habe er nicht gehabt. Gehänselt worden sei er aber auch nicht, das hätte sie mitbekommen.

Die Vorsitzende fragt, wie sich der Angeklagte bei der Klassenfahrt 2002 verhalten habe. Dagmar H. antwortet, sie könne sich noch gut an eine Situation erinnern, in der er allen etwas über Kröten erklärt habe. Sein Allgemeinwissen sei sehr gut gewesen. Er sei nicht isoliert, aber ein Einzelgänger gewesen. Es habe bei der Klassenfahrt auch eine Disco gegeben, aber das sei »nicht so sein Ding« gewesen. Die Vorsitzende hakt nach, ob ihn etwa die Erklärung zu den Kröten nicht isoliert habe, mit so etwas mache man sich ja nicht immer beliebt. Dagmar H. bestätigt, dass dieses Verhalten vor allem bei den anderen Jungen vielleicht nicht so gut angekommen sei. Die Vorsitzende fragt, ob der Angeklagte denn ein ganz normaler Schüler gewesen sei, wenn auch etwas klein, das gebe es ja mal, was Dagmar H. bejaht. Ihr sei aber noch etwas aufgefallen: Der Angeklagte habe keine Nähe zulassen können. Man habe ihn etwa nicht in den Arm nehmen können. Auch emotional habe er keine Nähe zugelassen und sei sehr introvertiert gewesen.

Der stellvertretende Vorsitzende Richter Thorsten Becker fragt, ob es mit dem Schüler Konflikte gegeben habe. Die Zeugin sagt, die habe es gegeben, aber er sei nie aggressiv gewesen, sondern habe sich nur mit Worten gewehrt. Gewalttätig geworden sei er nie.

Die Sachverständige John fragt, ob die Intelligenz des Angeklagten einmal getestet worden sei. Dagmar H. antwortet: »Bei mir nicht.« Die Sachverständige hakt nach, ob dieser also nicht so außerordentlich intelligent gewesen sei, dass man sage, man teste das mal. »Nein, also das nun auch nicht«, antwortet Dagmar H. Er sei einfach gebildet gewesen, habe viel aus dem Fernsehen gewusst, und seine Mutter sei ja schließlich auch Lehrerin gewesen.

Die Vorsitzende fragt, ob die Nebenklage schon wisse, ob am Montag, dem nächsten Verhandlungstermin, der nur eine Stunde dauern solle, Dolmetscher gebraucht würden. Rechtsanwältin Pietrzyk sagt, das würden sie dem Gericht rechtzeitig mitteilen, aber nicht in der öffentlichen Hauptverhandlung. Rechtsanwalt Hoffmann schließt sich an, dass er das bei dem bisher angekündigten Programm für den Montag genauso sehe, aber vielleicht könne die Vorsitzende zu diesem ja noch einmal etwas sagen. Die Vorsitzende sagt, das werde sie später tun.

AUSSAGE DES ZEUGEN MARTIN H. (EHEMALIGER BUNDESWEHRKAMERAD DES ANGEKLAGTEN)

Die Vorsitzende belehrt den Zeugen über seine Pflichten und befragt ihn zu seinen Personalien. Martin H. ist 29 Jahre alt, wohnt in Magdeburg und ist Student der Informatik.

Die Vorsitzende fragt, woher Martin H. den Angeklagten kenne. Der Zeuge antwortet, er habe sich mit dem Angeklagten im Jahr 2010 während der Grundausbildung im Wehrdienst drei Monate lang die Stube geteilt. Dies sei in der 5. Kompanie des Panzergrenadierbataillons 401 in Hagenow in Mecklenburg-Vorpommern gewesen.

Die Vorsitzende fragt, wie lang der Wehrdienst damals gewesen sei. Martin H. antwortet, der Wehrdienst habe zu Beginn seiner Dienstzeit neun Monate betragen, sei dann aber während der Zeit auf sechs Monate verkürzt worden. Die Grundausbildung habe drei Monate gedauert. Die Vorsitzende fragt, wie diese Zeit gewesen sei. Martin H. erzählt, dass ihre Stube zwischenmenschlich gewissermaßen zweigeteilt gewesen sei. Der eine Kamerad habe G. geheißen, den Namen des anderen wisse er nicht mehr. Beide seien aus Berlin gekommen. Diese beiden hätten das eine Grüppchen gebildet, auf der anderen Seite hätten er, Martin H., und der Angeklagte sich relativ gut verstanden. Im Alltag habe es Spannungen gegeben, vor allem zwischen dem Angeklagten und G. Es sei zum Beispiel darum gegangen, wann man abends ins Bett gehe. Auch sei der Angeklagte zu der Zeit noch nicht besonders sportlich gewesen. Sie hätten daher bei Übungen teilweise seine Ausrüstung getragen. Er, Martin H., erinnere sich zum Beispiel an einen Lauf, bei dem der Angeklagte nicht habe mithalten können und die anderen seine Ausrüstung mit zurückgetragen hätten. Das sei an sich auch kein Problem gewesen, der Angeklagte habe dann aber oft noch gemeckert.

Die Vorsitzende fragt, was das Problem mit dem Schlafengehen gewesen sei. Martin H. erklärt, das sei meist am Sonntagabend ein Konfliktthema gewesen. Am Montag hätten sie um 4.45 Uhr aufstehen müssen. Für Sonntag habe es abends aber keine Ruhezeit gegeben, man hätte auch erst Montagfrüh kommen können. Der Angeklagte sei immer sehr spät gekommen, das habe die anderen, vor allem G., gestört. Der Angeklagte habe wiederum gesagt: »Und ihr fragt euch immer, warum ich so spät komme.« Er habe damit darauf angespielt, dass er ausgeschlossen oder schlecht behandelt würde. Die Vorsitzende sagt, solche Konflikte gebe es ja vermutlich in vielen Stuben. Martin H. stimmt dem zu, das sei nicht unbedingt unnormal gewesen.

Ob ihm etwas am Angeklagten aufgefallen sei, fragt die Vorsitzende. Martin H. sagt, dazu müsse er etwas länger ausholen. Es entstehe in der Kompanie schnell eine Hierarchie und in dieser habe der Angeklagte »nicht unbedingt weit oben« gestanden. Er sei unfreundlich angesprochen worden. Als Spitznamen habe er »die Kartoffel« getragen. Er, Martin H., wisse nicht mehr, wie dieser Name entstanden sei. Die Vorsitzende fragt, ob der Zeuge etwas von den Lebensplänen des Angeklagten oder von seinem Elternhaus gewusst habe. Martin H. sagt, über seine Pläne und die Familie hätten sie nicht gesprochen, so eng sei ihr Verhältnis nicht gewesen. Er habe allerdings gewusst, dass der Angeklagte aus dörflichen Strukturen komme.

Über politische Einstellungen hätten sie auch nicht gesprochen, zumindest sei bei ihm diesbezüglich »nichts hängengeblieben«. Er habe allerdings schon bei der Polizei gesagt, dass es gut sein könne, dass der Angeklagte etwa »Jude« als Beleidigung benutzt habe. Er könne sich nicht an eine konkrete Situation erinnern, aber es sei damals unter ihnen sehr üblich gewesen, an viele Sätze Beleidigungen wie »Jude« oder »schwul« dranzuhängen, die nicht wirklich ernst gemeint gewesen seien. Er habe das bei der Polizei von sich aus so angegeben, weil er gedacht habe, dass das vielleicht für die Ermittlungen relevant sein könnte.

Richter Harald Scholz fragt Martin H., ob er den Angeklagten jemals wiedergesehen habe, was Martin H. bejaht. Er habe ihn einmal in Magdeburg in der Universität nach einer Vorlesung wiedergesehen. Der Angeklagte habe ihn damals angesprochen und begonnen, Smalltalk zu führen, was Martin H. so mache. Er habe ihn, Martin H., dann nach Bezugsquellen für Gras gefragt. Ihm sei dieses Gespräch etwas unangenehm gewesen. Auch wenn er während der Zeit des Wehrdienstes mit dem Angeklagten gut ausgekommen sei, habe er kein Interesse an einem weiteren Kontakt gehabt.

Der Richter sagt, Martin H. habe den Angeklagten in einer Vernehmung als tollpatschig beschrieben, was der Zeuge bestätigt. Der Angeklagte habe zum Beispiel oft vergessen, seine Stiefel zu putzen, was beim Antreten Probleme mit sich gebracht habe. Davon habe er, Martin H., aber nicht viel mitbekommen, da sie beim Antreten nach Größe weit auseinander gestanden hätten. Der Zeuge ist deutlich größer als der Angeklagte. Mehrere Menschen im Saal lachen, darunter auch der Angeklagte. Die Vorsitzende sagt, sie habe jetzt nicht gewusst, wie groß Martin H. sei, das sehe man so schlecht im Sitzen.

Richter Becker fragt, was sie in der Zeit der Grundausbildung so gemacht hätten. Der Zeuge antwortet, sie hätten keine spezielle Ausbildung genossen, sondern die einfache Waffenbedienung gelernt. Sie hätten aus Kostengründen auch relativ wenig scharf geschossen. Außerdem habe der Dienst aus sportlichen Aktivitäten, einem Biwak und der Rekrutenbesichtigung bestanden. An welchen Waffen sie geschossen hätten, fragt Richter Becker. Martin H. zählt die Standardpistole P8, die G36 und das MG3 auf. Die P8 und das MG3 hätten sie nur am Simulator genutzt. Er überlegt, ob sie schon in der Grundausbildung mit der Panzerfaust geschossen hätten, sagt dann: »Eher nein.«

Richter Becker fragt, ob der Angeklagte »gern geknallt« habe. Sie hätten in seiner Dienstzeit immer Leute gehabt, die gern geschossen hätten, und andere, die keine Lust gehabt hätten, weil sie dann die Waffe hätten putzen müssen, sagt Becker. Martin H. antwortet, der Angeklagte sei auf jeden Fall waffenaffin gewesen, genau wie er selbst. Daran sehe er auch erstmal nichts Schlechtes. Ein guter Schütze sei der Angeklagte aber nicht gewesen, da die Ausbildung sehr schwach gewesen sei. Damals habe beim Bund das Geld für eine gute Ausbildung gefehlt.

Rechtsanwalt Görgülü fragt, ob der Angeklagte noch zu anderen Kameraden engeren Kontakt gehabt habe. Der Zeuge sagt, er wisse von keinem, aber der Angeklagte müsse ja nach der Grundausbildung noch in einer anderen Stube gewesen sein. Der Rechtsanwalt sagt, damals sei ja Thomas de Maizière Verteidigungsminister gewesen, der die Bundeswehr eher geschwächt und an dem es viel Kritik gegeben habe. Er fragt, ob der Angeklagte sich dazu jemals geäußert habe. Martin H. verneint das. Für solche Themen seien sie damals zu sehr im Stress und mit sich selbst beschäftigt gewesen. Er habe als damaligen Verteidigungsminister auch eher zu Guttenberg im Kopf gehabt.[6]

Rechtsanwalt Lupschitz fragt, wie sich der Angeklagte unter Stress verhalten habe. Martin H. überlegt lange, sagt dann: »Wenn ich schon so lange überlege, wird es nicht richtiger. Es ist schwer, dass ich die Erinnerung nicht mit dem, was später war, vermische.« Der Rechtsanwalt sagt: »Vielen Dank.«

Rechtsanwalt Hoffmann sagt, Martin H. habe von viel Stress berichtet, es gebe ja normalerweise Richtung Abend aber ein paar Stunden Zeit. Er will wissen, was der Angeklagte da gemacht habe. Martin H. antwortet, sie hätten

6 Thomas de Maizière wurde am 3. März 2011, also während der Wehrdienstzeit von Martin H. und dem Angeklagten, als Nachfolger des zurückgetretenen Karl-Theodor zu Guttenberg Verteidigungsminister.

nicht viel Zeit gehabt. Sie hätten meistens abends noch putzen müssen und seien dann ins Bett gegangen. Der Rechtsanwalt hakt nach, ob es gar keine Freizeit gegeben habe. Martin H. sagt, irgendwann am Ende der Grundwehrdienstzeit hätten sie abends mal Feierabend gehabt und hätten in die Offiziersstube gedurft. Das sei Weihnachten 2011 gewesen.

Rechtsanwältin Lang hält dem Zeugen vor, dass er den Angeklagten in der polizeilichen Vernehmung rückblickend als »Klischee-Amokläufer« bezeichnet habe und will wissen, was er damit gemeint habe. Martin H. sagt, mit »Klischee-Amokläufer« habe er jemanden gemeint, der es irgendwann im Leben schwer gehabt und sich dann falsch entwickelt habe. Der Angeklagte sei insgesamt in der Gruppe nur schwer zurechtgekommen und sei sozial schwierig gewesen.

Rechtsanwältin Pietrzyk fragt: »Jetzt, wo Sie wissen, was passiert ist: Würden Sie das als Amoklauf bezeichnen?« Der Zeuge antwortet: »Nein, da muss man ja aufpassen, wie man das sagt.« »Gut, danke«, erwidert die Rechtsanwältin.

Der Sachverständige Leygraf fragt, ob Martin H. auch motorische Auffälligkeiten bei dem Angeklagten bemerkt habe, da er von »Tollpatschigkeit« gesprochen habe. Martin H. sagt, besonders sicher habe der Angeklagte nicht gewirkt. Manche Menschen würden ja Sicherheit ausstrahlen, da habe er auf jeden Fall nicht dazugehört. Der Sachverständige sagt, Martin H. habe bei der Polizei gesagt, der Angeklagte habe einen »komischen Gang, der unsicher wirkte«, gehabt. Der Zeuge sagt: »Okay.« Der Sachverständige fragt noch einmal nach dem Grund für die Einschätzung als »Klischee-Amokläufer«. Martin H. erklärt, dass der Angeklagte in der Hierarchie weit unten gestanden habe, aber sich anders als andere, die sich einfach damit arrangiert hätten und denen es egal gewesen sei, »mit Händen und Füßen« dagegen gewehrt habe. Der Sachverständige fragt, ob man sagen könne, dass der Angeklagte in der Hierarchie ganz unten gestanden habe. Martin H. erwidert, es habe auch andere gegeben, die nichts zu sagen gehabt hätten, aber die seien damit anders umgegangen.

Rechtsanwalt Hoffmann sagt, der Begriff des Mobbings, der oft verwendet werde, lasse ihn manchmal etwas ratlos zurück. Er wolle daher lieber fragen, ob der Angeklagte permanent gepiesackt worden sei. Der Zeuge sagt, ihm seien die Anlässe heute nicht mehr klar, aber es habe so etwas täglich gegenüber ihm gegeben. Körperliche Gewalt sei gegen den Angeklagten aber seines Wissens nach nicht ausgeübt worden. Dieser habe auch selbst ausgeteilt. Er habe diese Konflikte aber zumeist nur in der Stube mitbekommen. Auch beim Antreten habe es Probleme gegeben, aber da habe er ja zu weit weg gestanden.

Rechtsanwalt Özata fragt, ob es Kameraden mit Migrationshintergrund gegeben habe. Martin H. sagt, es habe ein oder zwei mit osteuropäischem Migrationshintergrund gegeben. »Muslime oder Juden?«, fragt der Rechtsanwalt. Der Zeuge antwortet, er meine, es habe da jemanden gegeben, aber er wisse es nicht mehr genau. Ob »Jude« eine gängige Beleidigung gewesen sei, will der Rechtsanwalt wissen, was Martin H. bestätigt. Auch »schwul« hätten sie oft gesagt, es sei aber nicht ernst gemeint gewesen. Erst später habe er reflektiert, dass es falsch sei, so etwas zu sagen, da es keine Beleidigung sein sollte. Unter jungen Männern sei so etwas aber vermutlich normal.

Rechtsanwalt Özata fragt, wie die Verpflegung gewesen sei. Martin H. beschreibt sie als »unheimlich furchtbar«. Das Essen sei schlecht gewesen, und sie hätten zudem wenig Zeit dafür gehabt.

Der Rechtsanwalt fragt, ob es die Gelegenheit gegeben habe, sich einmal von der Gruppe zu entfernen. »Zur Zeit der Grundausbildung auf keinen Fall«, antwortet Martin H.

Eine Rechtsanwältin fragt, ob Martin H. bei den Beleidigungen darüber nachgedacht habe zu intervenieren. Der Zeuge verneint das, er sei nicht reif genug gewesen. »Und heute?«, hakt die Rechtsanwältin nach. »Ja, ich denke darüber nach, dass ich das hätte tun sollen«, antwortet er.

KLÄRUNG DES WEITEREN VERFAHRENSABLAUFS

Die Vorsitzende teilt mit, dass in der nächsten Sitzung, am Montag, 3. August 2020, ein Behördengutachten vom 20. Mai 2020 zur benutzten Munition verlesen werde.

Sie bittet die Beteiligten außerdem um eine Stellungnahme zum von ihr vorbereiteten Selbstleseverfahren bis zum Beginn der nächsten Sitzung.

Rechtsanwältin Pietrzyk sagt, sie finde die Frist bis Montag »sehr sportlich«, schließlich müsse sie die Stellungnahme mit ihren Mandanten besprechen. Die Vorsitzende sagt, es sei ja eher eine juristische Frage, die eingeführt werde. Außerdem könnten die Nebenkläger auch, nachdem sie die Anordnung am Montag mache, noch einen Senatsbeschluss erzwingen.

Rechtsanwalt Hoffmann widerspricht: Es sei keineswegs nur eine juristische Frage, sie müssten die Selbstleseliste ja auch erst einmal prüfen. Es könne auch nicht angehen, dass die Nebenkläger dazu gezwungen würden, gegen die Anordnung vorzugehen.

Bundesanwalt Lohse sagt, man könne ja schauen, was bis Montag möglich sei, und dann weiter besprechen, was vom Konflikt übrig sei. Außerdem sei es ja auch später noch möglich, Urkunden, die auf der Selbstleseliste ständen, in der Hauptverhandlung zu besprechen.

Rechtsanwalt Hoffmann sagt, es wäre ja auch möglich gewesen, den Nebenkläger·innen die Selbstleseliste früher zukommen zu lassen. Er wolle gar nicht herumnörgeln, aber das Selbstleseverfahren bedeute, dass die Dokumente der Hauptverhandlung entzogen würden, und das sei eine Entscheidung, die durchaus mit den Mandanten abgestimmt werden müsste.

Rechtsanwältin Pietrzyk weist darauf hin, dass Lichtbilder immer in der Hauptverhandlung in Augenschein genommen werden müssten. Die Vorsitzende sagt, das sei ihr bewusst, sie würden die Lichtbilder natürlich gemeinsam anschauen. Sie werde schon ordentlich vorgehen, das sei schließlich der Grund, weshalb sie noch nie beim Bundesgerichtshof eine Aufhebung eines Urteils kassiert habe. Rechtsanwältin Pietrzyk sagt, sie habe darauf hingewiesen, weil sie es in anderen Verhandlungen schon anders erlebt habe.

Die Vorsitzende sagt, sie werde den Beteiligten die Liste zukommen lassen und bittet um Stellungnahme am Montag. Sie könnten dann gegebenenfalls weiter diskutieren.

Die Sitzung wird geschlossen.

Mitschrift von Linus Pook

5. Verhandlungstag
3. August 2020

Der Gerichtssaal ist an diesem Verhandlungstag vergleichsweise leer. Um 9.30 Uhr stellt die Vorsitzende Richterin Ursula Mertens die Anwesenheit fest, die sich zum Vortag nicht verändert hat. Lediglich Nebenklagevertreter Rechtsanwalt Gerrit Onken habe mitteilen lassen, dass sein Zug sich verspäte.

VERLESUNG DES KRIMINALTECHNISCHEN GUTACHTENS ZU DEN WAFFEN

Zunächst wird von der Vorsitzenden Richterin eine Urkunde verlesen. Es handelt sich dabei um ein Behördengutachten des BKA vom 20. Mai 2020. Darin berichte das Kriminaltechnische Institut Wiesbaden an das BKA in Meckenheim, der Betreff sei das Ermittlungsverfahren gegen den Angeklagten wegen versuchten Mords.

Es seien drei der selbstgebauten Schusswaffen des Angeklagten in Kombination mit der beim Anschlag verwendeten Munition untersucht worden. Es seien ballistische Untersuchungen der Waffen und Geschwindigkeitsmessungen der Geschosse durchgeführt worden. Dazu sei die Anfangsenergie der Geschosse mit einer Lichtschranke gemessen und deren Energieabgabe mittels des Beschusses von Gelatine, die als Ersatz für menschliches Gewebe diene, ausgewertet worden. Die Waffen aus dem Eigenbau des Angeklagten seien zudem mit handelsüblichen Vergleichswaffen aus der Sammlung des BKA abgeglichen worden.

Das Gutachten stellt die Befunde der Untersuchung detailliert dar.

INHALTSVERZEICHNIS DES GUTACHTENS

1. Untersuchungsantrag
2. Gegenstand der Untersuchung
3. Methodik und Untersuchungsgang
4. Objektive Befunde
5. Untersuchungsergebnisse zu den Waffen
6. Schlussfolgerung
7. Verbleib der Asservate

Das Gutachten komme für alle untersuchten Waffen zu dem Schluss, dass mit potenziell tödlichen Verletzungen gerechnet werden konnte. Auch wenn die ermittelte Wirkung der selbstgebauten Waffen teilweise unterhalb derer der handelsüblichen Waffen gelegen habe, hätte sie sich dennoch bei zwei von drei Waffen in derselben Größenordnung bewegt.

Die Vorsitzende legt daraufhin eine 20-minütige Unterbrechung ein, um auf Rechtsanwalt Onken zu warten.

ANORDNUNG DES SELBSTLESEVERFAHRENS

Nun stellt die Vorsitzende der Formalität halber auch die Anwesenheit von Rechtsanwalt Onken fest.

Im Anschluss weist sie darauf hin, dass sie Gelegenheit zur Stellungnahme im Hinblick auf das beabsichtigte Selbstleseverfahren gegeben habe.

Rechtsanwalt Alexander Hoffmann, Vertreter der Nebenklage, verliest infolgedessen eine Erklärung der Rechtsanwältin Antonia von der Behrens, ebenfalls Vertreterin der Nebenklage, die heute nicht persönlich anwesend sein könne. Er gibt an, sich der folgenden Erklärung anzuschließen.

Der beabsichtigte Umfang der Selbstleseanordnung, so Rechtsanwalt Hoffmann, gebe Anlass zu erheblichen Bedenken, soweit dieser maßgebliche polizeiliche und nachrichtendienstliche Vermerke zur Vorbereitung der Tat, einschließlich der Finanzierung, zur Onlinekommunikation des Angeklagten, zum Tatablauf, zu den Spuren an den Tatorten, zu der mit der Tat verfolgten Ideologie und zu den Reaktionen auf die Tat umfasse. Die Einführung zusammenfassender Vermerke zu komplexen Ermittlungshandlungen erscheine bedenklich und sei bereits im Hinblick auf § 250 StPO[1]

1 Laut § 250 StPO gilt im Strafprozess der Grundsatz der persönlichen Vernehmung: Beruht ein Beweis auf der Wahrnehmung einer Person, so ist diese persönlich in der Hauptverhandlung anzuhören.

und § 256 Absatz 1 StPO[2] problematisch, da häufig die Wiedergabe von Vernehmungsinhalten und sonstigen Ermittlungsergebnissen vermengt würden. Zudem würden sich unter den zur Selbstlese vorgesehenen Urkunden auch reine Vernehmungsprotokolle befinden. Die umfangreiche Selbstleseanordnung würde im Hinblick auf zentrale Vermerke und wesentliche Ermittlungsaspekte die Hauptverhandlung als Kernstück des Strafverfahrens, in dem die Tat- und Schuldfrage gestellt werde, entwerten. Zugleich fände die Anordnung des Selbstleseverfahrens seine Grenze dort, wo der Öffentlichkeitsgrundsatz tangiert sei. Dies sei der Fall, wenn die Öffentlichkeit ihre Kontrollfunktion nicht mehr ausüben könne, weil in der öffentlichen Hauptverhandlung die Tat- und Schuldfrage nur noch fragmentarisch behandelt werde. Auch gebe es wegen des Ausmaßes der rassistischen und antisemitischen Taten ein gesteigertes nationales wie auch internationales, öffentliches Informationsinteresse. Diesem habe die Vorsitzende unter anderem auch durch die Art des Akkreditierungsverfahrens Rechnung getragen. Die Verlagerung wichtiger Erkenntnisse in das Selbstleseverfahren würde diesem Informationsinteresse aber zuwiderlaufen, schließlich sei bei der Bestimmung des Umfangs der Selbstleseliste auch zu bedenken, dass die aufgeführten und für die öffentliche Hauptverhandlung als relevant erachteten Aspekte bisher fast ausschließlich durch den Angeklagten und das von ihm angefertigte Video eingeführt worden seien beziehungsweise durch den Vernehmungsbeamten. Diese Beweismittel hätten somit nur die Perspektive des Angeklagten wiedergegeben. Umso wichtiger sei es, in der öffentlichen Hauptverhandlung und nicht nur im Selbstleseverfahren auch die objektiven Ermittlungsergebnisse einzuführen.

Im Übrigen würde im Hinblick auf die benannten rechtlichen Bedenken und den Umfang der hiesigen Nebenklage angeregt, umfassende Vermerke zu zentralen Ermittlungsaspekten nicht im Selbstleseverfahren, sondern durch Ladung der Vermerksverfasser einzuführen. Dies gelte zum Beispiel für einen Vermerk zur Erkenntnislage über die Tathandlung und den damit einhergehenden Geschädigten, für eine Erkenntniszusammenstellung zur Vortatphase, für einen Vermerk zur Erkenntnislage über sonstige Personen und mögliche Unterstützer des Beschuldigten, für eine Arbeitshypothese zur verwendeten Symbolik an der Feldmütze des Beschuldigten (»Moon Man«), für Tatortfundberichte, für Erkenntnisse zum Angeklagten, für einen Vermerk zur Verbreitung von rechtsextremem Gedankengut und Gewaltaffinität in Internetforen und ähnlichen Plattformen, für Erkenntnisse zum

2 In § 256 Absatz 1 StPO werden eine Reihe von Dokumenten aufgelistet, die auch durch das bloße Verlesen in die Hauptverhandlung eingebracht werden können, ohne dass die Person, die das Dokument ausgestellt hat, persönlich erscheinen muss. Dazu zählen etwa Zeugnisse oder Gutachten öffentlicher Behörden oder Arztberichte, die unabhängig vom konkreten Tatvorwurf angefertigt wurden.

Gamingverhalten des Angeklagten aus Internetermittlungen, für eine Entwicklungshistorie der Dokumente, die der Angeklagte hochgeladen habe sowie für einen Vermerk über molekulargenetisches Material unbekannter Personen an Asservaten. Weiter werde angeregt, das Beweisthema für die im Ladungsplan vorgesehenen Ermittlungsbeamten, um die von diesen verfassten Vermerke, die Bestandteil der Selbstleseanordung seien, zu erweitern. Dies gelte zum Beispiel für Kriminalhauptkommissar D.,[3] der auch zu Erkenntnissen bezüglich der Verlinkung der durch den Angeklagten hochgeladenen Dokumente auf 4chan durch Martin W. anzuhören sei.

Abschließend weist Rechtsanwalt Hoffmann im Namen der Rechtsanwältin von der Behrens darauf hin, dass sich eine Vielzahl englischsprachiger Dokumente ohne Übersetzungen in der Selbstleseliste befinden würde, insofern würde davon ausgegangen, dass noch Übersetzungen angefertigt und eingeführt würden.

Bei der Verlesung der Stellungnahme kichert der Angeklagte immer wieder.

Mehrere Nebenklagevertreter·innen schließen sich der Stellungnahme an, darunter Rechtsanwältin Kristin Pietrzyk, Rechtsanwalt Mark Lupschitz und Rechtsanwalt Gerrit Onken.

Der Vertreter der Bundesanwaltschaft, Oberstaatsanwalt Stefan Schmidt, erhält das Wort. Er erklärt, von Seiten der Bundesanwaltschaft gebe es keine Bedenken bezüglich der Anordnung des Selbstleseverfahrens. Der Oberstaatsanwalt betont, dass die Anordnung nicht bedeute, dass wesentliche Teile der Hauptverhandlung vorenthalten bleiben sollten, er könne dies zumindest der Ankündigung der Vorsitzenden nicht entnehmen. Parallel zum Selbstleseverfahren müsse man schließlich auch die Ladung der Zeugen sehen, die wesentlichen Zeugen und Ermittlungsbeamten sollten immerhin vor Gericht gehört werden. Beim Selbstleseverfahren müsse man zwischen dem, was verlesen werde und dem, worauf man sich bei der Erkenntnisfeststellung stütze, unterscheiden, das bedeute, dass man Zeugenaussagen nicht im Selbstleseverfahren einführen wolle. Es spreche aus seiner Sicht nichts dagegen, dass der Senat zur Abrundung des Bildes, neben der persönlichen Ladung von Zeugen, diese Dokumente im Selbstleseverfahren einführen wolle.

Die Vorsitzende fragt Rechtsanwalt Thomas Rutkowski, den Verteidiger des Angeklagten, ob er sich ebenfalls äußern wolle. Dieser lehnt ab.

3 Gemeint ist hierbei vermutlich der Zeuge Darius D., der beim 7. Verhandlungstag am 26. August 2020 ausgesagt hat.

Sie verweist anschließend darauf, dass der Senat morgen die weitere Zeugenladung besprechen wolle und sich dabei an den einzelnen Tatkomplexen in zeitlicher Reihenfolge orientieren werde. Wenn Zeugenbeistände zu bestimmten Terminen verhindert seien, würde entsprechend bei der Ladungsplanung darauf Rücksicht genommen werden. Bezogen auf die Besucher der Synagoge würden eventuell nicht alle gehört werden, in diesen Fällen werde auf »Befindlichkeiten« Rücksicht genommen. Bezogen auf die übrigen Tatkomplexe gehe sie davon aus, dass man aber alle Zeugen vernehmen müsse.

Daraufhin wird die Anordnung des Selbstleseverfahrens verlesen. Die Vorsitzende erklärt, sie habe handschriftlich noch einige Punkte in Bezug auf die durch Rechtsanwalt Hoffmann verlesenen Ausführungen ergänzt. Die Prozessbeteiligten würden diese später schriftlich erhalten. [...]

Sie liest vor, dass die aus Anlage drei des heutigen Hauptverhandlungsprotokolls ersichtlichen Urkunden [Blatt eins bis zwölf des ausgehändigten Entwurfs, Anm. d. Hgg.] im Selbstleseverfahren in die Hauptverhandlung eingeführt werden sollen. Es könne bis zum nächsten Prozesstag, am 25. August 2020, Widerspruch eingelegt werden. Danach erläutert sie die Gründe für die Anordnung. Nach einem weiten Urkundenbegriff gemäß § 249 StPO[4] könnten Schriftstücke durch Verlesung oder durch Anordnung des Selbstleseverfahrens zum Gegenstand der Beweisaufnahme gemacht werden. Da einige Verfahrensbeteiligte Deutsch als Fremdsprache sprächen, könne man ihnen so ermöglichen, die Urkunden in ruhigerer Atmosphäre zur Kenntnis zu nehmen, wenn dies gewünscht sei. Sofern Hilfe von Dolmetschern benötigt würde, könnten dabei die Dolmetscher, die für das Verfahren beauftragt wurden, auf Kosten der Staatskasse beansprucht werden. Die Nebenkläger könnten über ihre Beistände die Urkunden für das Selbstleseverfahren erhalten; Kopie- und/oder Portokosten seien gegenüber der Landeskasse abrechenbar. Die Anordnung des Selbstleseverfahrens schließe nicht aus, dass Urkunden, die als besonders relevant angesehen würden, zusätzlich in der Hauptverhandlung vorgelesen werden können. Anträge und Anregungen dazu seien jederzeit möglich. Die Passagen, deren Verlesung Rechtsanwalt Hoffmann angeregt hatte, werde sie sich nochmals genau ansehen. Wenn Bilder und Skizzen Teil der Urkunden seien, müssten sie ohnehin in der Hauptverhandlung eingeführt werden, da sie nicht Teil des Selbstleseverfahrens sein könnten. Ferner sei ihr bewusst, so die Vorsitzende, dass im Hinblick auf Teile der Urkunden, möglicherweise Beweisverwertungsverbote bestehen könnten. Beweiserhebungsverbote

4 In § 249 StPO wird geregelt, wie mit Schriftstücken, die als Beweise dienen sollen, sogenannten Urkunden, umzugehen ist. Grundsätzlich sind diese in der Hauptverhandlung zu verlesen. Der Paragraf regelt aber auch eine wichtige Ausnahme, das sogenannte Selbstleseverfahren.

seien aber ihrer Meinung nach derzeit nicht ersichtlich. Die Anordnung werde allen Verfahrensbeteiligten schriftlich zur Verfügung gestellt.

Sie gibt an, bereits weitere Termine im November vorsorglich terminiert zu haben. Auch für die Schlussvorträge würde man noch viel Zeit brauchen, sodass alle Verfahrensbeteiligten zu Wort kommen könnten. Die Fortsetzungstermine würden ebenfalls jeweils um 9.30 Uhr beginnen. Sie behalte sich dabei vor, vorsorglich weiterhin dienstags und mittwochs zu blockieren, da sie nicht wissen könne, wie man bei der Beweisaufnahme voranschreiten werde.

Die Verhandlung wird für heute geschlossen.

Mitschrift von Tuija Wigard

6. Verhandlungstag
25. August 2020

Die Vorsitzende Richterin Ursula Mertens setzt die Hauptverhandlung gegen den Angeklagten nach einer rund dreiwöchigen Pause um 10.04 Uhr fort und stellt die Anwesenheit fest. Für Bundesanwalt Kai Lohse sei heute Staatsanwalt Christoph Birkenholz anwesend. Die Bundesanwaltschaft werde außerdem erneut von Oberstaatsanwalt Stefan Schmidt vertreten. Rechtsanwalt Tobias Böhmke werde von Rechtsanwalt Erkan Görgülü vertreten. Bei den übrigen Nebenklagevertreter·innen und den Verteidigern gebe es keine Änderungen zu der normalen Besetzung. Die Vorsitzende fragt, ob es Erklärungen zum Selbstleseverfahren gibt. Dies ist nicht der Fall.

Verteidiger Hans-Dieter Weber weist auf die Erklärung seines Kollegen, Rechtsanwalt Thomas Rutkowski, hin. Die Vorsitzende lässt diese verlesen. Mit dem Schreiben, das Rechtsanwalt Rutkowski beim Verlesen auf den 13. August 2020 datiert, schlägt die Verteidigung vor, den Diplom-Physiker Bernd Salziger als Sachverständigen für Waffen zu laden. Bernd Salziger habe das Gutachten vom 20. Mai 2020 geschrieben, in welchem er Feststellungen zu seinen Untersuchungen der Waffen mache, die vom Angeklagten verwendet worden seien. Rechtsanwalt Rutkowski führt aus, dass der Gutachter relevante Fragen zum tödlichen Potenzial der Schusswaffe, die der Angeklagte im Schusswechsel mit den Polizisten genutzt habe, ausgeklammert habe. Er, der Rechtsanwalt, wolle ihn zu diesen Bereichen noch einmal befragen.

Oberstaatsanwalt Schmidt erklärt dazu, dass das Gutachten zum tatsächlichen Tötungspotenzial der Waffe nur eines von vielen Indizien sei und für sich genommen gar keine Aussagekraft habe. Relevant sei die Vorstellung, die der Angeklagte während der Tat bezüglich der Wirkung seiner Waffe gehabt habe.

Der Sachverständige sei deshalb nicht notwendigerweise anzuhören. Man könne ihn aber aus Sicht der Bundesanwaltschaft gern anhören, da sich daraus keine wesentliche Verfahrensverzögerung ergeben würde.

Nebenklagevertreter Rechtsanwalt Alexander Hoffmann weist darauf hin, dass der Angeklagte vor Gericht gesagt habe, er habe durch die Akten gelernt, was für eine Wucht die von ihm gebauten Waffen und die Munition gehabt hätten. Was durch die Befragung des Sachverständigen objektiv herauskommen könne, sei dem Angeklagten also laut dessen Aussage neu. Die Frage nach seinem Vorsatz sei daher aus anderen Punkten herzuleiten. Er habe nach eigenem Bekunden die Vorstellung gehabt, dass man mit den von ihm gebauten Waffen töten könne.

Nebenklagevertreter Rechtsanwalt Jan Siebenhüner sagt, er sei nicht ganz der Meinung der Bundesanwaltschaft und des Kollegen. Der Angeklagte habe sich zwar eingelassen und gesagt, dass er über die Wirkung der Schusswaffen etwas gelernt habe. Das Gericht müsse später aber auch bewerten, ob es sich bei der Tat um eine versuchte Tötung oder um einen untauglichen Tötungsversuch gehandelt habe. Rechtsanwalt Siebenhüner regt daher an, den verlesenen Beweisermittlungsantrag zurückzustellen. Es sei schade, dass dieser nicht als Beweisantrag gestellt worden sei, da man so das Ziel der Verteidigung besser hätte erkennen können.

Verteidiger Weber stellt daraufhin einen Beweisantrag, der zu den Ausführungen Rechtsanwalt Siebenhüners passe. Er beantragt ein erweitertes Gutachten des sachverständigen Physikers Bernd Salziger. Den Antrag habe Rechtsanwalt Weber wegen seines Urlaubs auf dem Weg zum Gericht handschriftlich fertiggestellt. Er könne ihn daher nicht als Kopie einreichen.

Die Vorsitzende kündigt an, dass Abschriften des Antrags, die die Protokollantin anfertigt, in der Pause verteilt werden, und es für die Verfahrensbeteiligten bis morgen Gelegenheit zur Stellungnahme gebe.

Sie erinnert daran, dass Nebenklagevertreter Rechtsanwalt Juri Goldstein einen Antrag gestellt habe, dass die Zeugenaussagen seiner Mandanten verlesen werden. Die Vertreter der Bundesanwaltschaft hätten signalisiert, dass sie damit einverstanden seien. Die Vorsitzende will nun wissen, wie die Verteidigung und die anderen Nebenkläger das sehen würden. Nebenklagevertreterin Rechtsanwältin Dr. Kati Lang sagt, sie und einige andere Kolleg·innen hätten den genannten Antrag nicht erhalten. Die Vorsitzende nimmt das zur Kenntnis und will auch diesen noch verteilen lassen.

AUSSAGE DES ZEUGEN RAIMOND H. (BKA, ZU DEN SPRENG- UND BRANDSÄTZEN)

Die Vorsitzende belehrt den Polizeibeamten über seine Pflichten als Zeuge und befragt ihn zu seinen Personalien. Raimond H. ist 42 Jahre alt und arbeitet als Kriminalhauptkommissar beim BKA in Meckenheim.

Die Vorsitzende fragt Raimond H. nach seinem umfassenden Vermerk zu USBVs vom 29. Januar 2020. Hinter der Abkürzung verberge sich ihres Wissens nach der Ausdruck »Unkonventionelle Sprengvorrichtungen«, wofür das »B« in der Abkürzung stehe, wisse sie im Moment nicht mehr. Raimond H. sagt, dass USBV für »Unkonventionelle Spreng- und Brandvorrichtungen« stehe. Er habe für den Vermerk die Auswertungen der Gegenstände, die am Tatort, im Auto und in den Wohnräumen des Angeklagten gefunden worden seien, vorgenommen. Selbst habe er die Gegenstände nicht vorliegen gehabt, sondern lediglich andere Berichte ausgewertet und zusammengefasst.

Die Vorsitzende erwidert, sie gehe aber doch davon aus, dass sich Raimond H. die »Sachen« auch noch einmal angesehen habe, was dieser verneint. Er habe die fraglichen Gegenstände nicht vorliegen gehabt.

Die Vorsitzende sagt, dass sich der Angeklagte bereits umfassend zu den Waffen und Sprengvorrichtungen eingelassen habe. Sie wolle deshalb auf diese zunächst nicht eingehen, um seinen Aussagen nicht unnötig Raum zu geben. Sie will wissen, ob sich Raimond H. im Rahmen seiner Ermittlungen auch mit dem »Pre Action Report« befasst habe und ob ersichtlich sei, woher der Angeklagte seine Erkenntnisse über Waffen gehabt habe.[1]

Der Polizeibeamte antwortet, dass die Punkte eins bis vier in seinem Vermerk, unter denen es unter anderem um den »Pre Action Report« gehe, von einem anderen Kollegen geschrieben worden seien. Er habe sich diesen angesehen, die Schriftform stamme von besagtem Kollegen.

Die Vorsitzende lässt ein Bild, auf dem augenscheinlich selbstgebaute Sprengsätze zu sehen sind, für alle Anwesenden auf den Bildschirmen aufrufen. Sie will wissen, was darauf zu sehen sei. Raimond H. antwortet, das Bild entstamme dem »Pre Action Report«. Dies sei ihr Arbeitstitel für eines der Dokumente gewesen, das der Angeklagte online veröffentlicht habe.

Rechtsanwalt Hoffmann unterbricht die Befragung des Zeugen durch die Vorsitzende. Er wolle die Vorsitzende darauf aufmerksam machen, dass im Publikum in der ersten Reihe eine ihm bekannte Rechtsextreme ohne Mund-Nasen-Schutz sitze. Die Frau, die unter anderem durch ihre Teilnahme an Bekanntheit erlangte, winkt mit einem Papier und ruft, sie habe ein Attest.[2]

1 Beim »Pre Action Report« handelt es sich um Vorläuferdateien und um eine Datei, die der Angeklagte während seiner Tat online veröffentlichte.

2 Es handelt sich um die Rechtsextreme Katja K., die unter anderem durch ihre Teilnahme an Pegida-Veranstaltungen Bekanntheit erlangte.

Rechtsanwalt Hoffmann bittet die Vorsitzende darum, dieses Attest zu prüfen, da seines Wissens nach mehr Fälschungen als Originale solcher Atteste im Umlauf seien.

Die Vorsitzende Richterin kommt dieser Bitte nach. Sie lässt sich das Attest bringen und liest vor, dass Katja K. in diesem empfohlen werde, bei Anstrengung aus gesundheitlichen Gründen auf einen Mund-Nasen-Schutz zu verzichten. Da Katja K. hier ruhig sitze, solle sie den Schutz tragen, sagt die Vorsitzende. Katja K. kommt dieser Aufforderung nach.

Rechtsanwalt David Herrmann, Vertreter der Nebenklage, weist Rechtsanwalt Hoffmann darauf hin, dass Katja K. diesem den »Scheibenwischer« gezeigt habe, als er nicht hingeschaut habe. Er erwähne dies für den Fall, dass Rechtsanwalt Hoffmann dagegen vorgehen wolle. Rechtsanwalt Hoffmann sagt, er sei da nicht so empfindlich.

Die Vorsitzende liest weiter aus dem »Pre Action Report« vor und stellt Fragen dazu. Es geht dabei unter anderem detailliert um die selbstgebauten Waffen des Angeklagten.

Raimond H. sagt, dass an einer Glasflasche, die zum Bau eines Brandsatzes verwendet worden sei, DNA-Spuren der Mutter des Angeklagten gefunden worden seien. Die Vorsitzende fragt nach unbekannten DNA-Spuren. Der Zeuge sagt, unter einem Klebeband habe es Mischspuren gegeben, von denen nicht alle zuzuordnen gewesen seien.

Die Vorsitzende fragt nach einer Übersicht von Bestellungen, die der Angeklagte getätigt haben soll. Einer Bestellung vom Mai 2012, die als älteste in der Auflistung erscheint, sei zu entnehmen, dass diese mit der Herstellung von Sprengstoff in Verbindung stehen könnte. Auch 2014 seien noch verdächtige Bestellungen getätigt worden. Sie will wissen, woher diese Daten stammen würden. Raimond H. sagt, es seien durch Finanzermittler der Kriminalpolizei alle Transaktionen der letzten Jahre ausgewertet worden. Er habe aus deren Berichten die Bestandteile, die für die Fertigung der USBVs genutzt worden seien, herausgezogen.

Die Vorsitzende sagt, Raimond H. habe in seinem Bericht ein kleines Resümee gezogen, dass sich auf die Darstellung des Angeklagten beziehe, derzufolge er erst wenige Monate vor der Tat mit dem Bau der USBVs begonnen habe. Der Zeuge sagt, diese Darstellung habe sich weitestgehend mit ihren Ermittlungsergebnissen gedeckt, allerdings habe es eben schon relevante Bestellungen in den Jahren 2012 und 2014 gegeben.

Nebenklagevertreter Rechtsanwalt Sebastian Scharmer fragt, ob Raimond H. sagen könne, wie viele DNA-Spuren es gegeben habe, die nicht dem damals Beschuldigten oder seiner Mutter zugeordnet werden konnten. Der Zeuge sagt, da müsste er raten.

Rechtsanwältin Kristin Pietrzyk, Vertreterin der Nebenklage, fragt, ob Raimond H. die Übersicht der Detonationsorte in dem Vermerk angefertigt habe, was er verneint. Er habe die Orte aus verschiedenen Tatortberichten übernommen und auch eine Übersichtsgrafik stamme nicht von ihm, sondern von seiner Kollegin Frau R. Er habe diese einfach übernommen, so wie er es auch kenntlich gemacht habe.

Die Vorsitzende fragt den Zeugen nach einer späteren Tatortbegehung. Bei dieser sei ein Detonationskrater untersucht worden. Raimond H. sagt, seines Wissens nach sei der Krater schon direkt nach der Tat von seinen Kollegen gesichtet worden, er selbst sei nicht dabei gewesen. Bei der späteren Tatortbegehung seien noch weitere Waffenbestandteile gefunden worden. Die Vorsitzende sagt, dass diese zweite Begehung am 30. Dezember 2019 stattgefunden habe. [später ist mehrfach die Rede davon, dass sie tatsächlich am 30. Oktober 2019, also drei Wochen nach der Tat stattgefunden hat, Anm. d. Hgg.].

Rechtsanwalt Scharmer fragt, ob es Feststellungen gegeben habe, wie weit die eingesetzte USBV am jüdischen Friedhof gestreut habe. Raimond H. sagt, in einem Bericht sei festgestellt worden, dass man an einem gegenüberliegenden Haus Beschädigungen im zweiten Obergeschoss festgestellt habe. Rechtsanwalt Scharmer sagt, dass sich weitere Fragen an den Zeugen erübrigen würden, da dieser nur Ermittlungsergebnisse zusammengefasst habe. Die Vorsitzende stimmt dem zu. Dieses Vorgehen mache man normalerweise deutlich kenntlich, sagt sie zu Raimond H. Dieser erwidert, er habe das in seiner Befragung gerade eingeräumt. Die Vorsitzende sagt, das stimme, sein Vorgehen sei aber vor der Ladung als Zeuge nicht ersichtlich gewesen.

Der Zeuge wird unvereidigt entlassen.

Rechtsanwältin Pietrzyk regt an, die Ermittler, auf die sich Raimond H. in seinem Bericht bezogen habe, zu laden. Dies gelte insbesondere für den Ersten Kriminalhauptkommissar S., der einen Vermerk bezüglich der Detonationen an Synagoge und Friedhof verfasst habe. Die Vorsitzende sagt, S. habe sich telefonisch bei ihr gemeldet. Er sei im Ruhestand und habe sich nach dem Verfahren erkundigt. Er habe ihr gesagt, dass statt seiner Kriminaloberkommissar G. geladen werden könne. Dieser habe seinen Vermerk mitverfasst und sei auskunftsfähig. Rechtsanwältin Pietrzyk bittet darum, noch einmal zu prüfen, ob G., anders als Raimond H., auch wirklich auskunftsfähig sei.

Die Rechtsextreme Katja K. verlässt den Saal.

AUSSAGE DES ZEUGEN OLIVER D.
(BKA, ZU DEN SCHUSSWAFFEN)

Der Zeuge wird über seine Pflichten als Zeuge belehrt und zu seinen Personalien befragt. Oliver D. ist 49 Jahre alt und Kriminalhauptkommissar beim BKA in Meckenheim.

Die Vorsitzende fragt ihn nach seinem Bericht vom 15. Juni 2020, in dem er sich mit den Waffen des Angeklagten beschäftigt habe, dafür Gutachten und Berichte ausgewertet und in einen Zusammenhang gebracht habe. Der Bericht sei 300 Seiten lang, er müsse den nicht im Detail aufzählen. Sie wolle zunächst über die Übersicht zu den Waffen des Angeklagten sprechen, die am Anfang des Berichts stünde. Oliver D. schildert, dass er die Waffen, die gefunden worden seien, in einer Übersichtstabelle dargestellt habe. Er habe dort die Asservatennummer, den Fundort, die Bezeichnung der Waffe durch die Ermittler beim ersten Fund, den Namen der Waffe in den Dokumenten des Angeklagten, die Bezeichnung des Einsatzzwecks durch den Täter selbst, die Frage, ob sie selbst oder industriell hergestellt worden sei und das Kaliber der Waffe aufgeführt.

Die Vorsitzende geht die Liste der Waffen durch und stellt teils Fragen zu diesen. Fotos der Waffen, die vom BKA aufgenommen wurden, werden auch für die Zuschauer·innen gezeigt.

Die Vorsitzende fragt nach einem Foto vom August 2019, auf dem der Angeklagte mit einer Kappe zu sehen ist. Oliver D. sagt, es habe mehrere Fotos gegeben, auf denen der Angeklagte mit oder ohne Waffe posiert habe. Die Vorsitzende lässt ein Bild zeigen, auf dem er in Kampfausrüstung salutiert. Der Zeuge sagt, hier sehe man die volle Montur, die er auch bei der Tat getragen habe. Das Foto sei entstanden, kurz bevor der Angeklagte aufgebrochen sei. Es sei im Haus des Vaters aufgenommen worden.

Die Vorsitzende lässt erneut Bilder der Waffen aufrufen und stellt Fragen zu diesen.

Die Vorsitzende sagt, Oliver D. habe ja auch ermittelt, wie der Angeklagte an das Baumaterial für seine Waffen gelangt sei. Der Zeuge antwortet, er habe das nur zusammengefasst. Er habe alle Gegenstände aus Onlinebestellungen des Angeklagten aufgelistet, die bei der Tat auch tatsächlich benutzt worden seien. Er berichtet von den Bestellungen, die 2015 begonnen und sich ab 2017 intensiviert hätten. Die Bestellung von Werkzeugteilen habe einmal auch die Mutter des Angeklagten übernommen. Die Vorsitzende zeigt Screenshots aus dem Livestream der Tat, auf denen Markierungen an den Waffen zu sehen sind. Oliver D. sagt, bei diesen Bildern sei es darum gegangen, anhand dieser zu klären, ob der Angeklagte in der fraglichen Situation eine weitere Schussabgabe versucht habe. Nachdem er sein erstes Opfer erschossen und einen Sprengsatz ausgelöst habe, sei im Video zu sehen, wie er Richtung Wasserturm ziele, wo sich zwei Frauen befinden, die flüchteten. Bei den Bildern sei es um die Frage gegangen, ob er auf diese nur gezielt oder auch abgedrückt habe. Sie hätten dafür den Ladehebel auf den Bildern ausgiebig untersucht. Ob der Angeklagte wirklich abgedrückt habe, sei letztlich schwierig zu sagen. Der Angeklagte habe in der Vernehmung gesagt, er könne sich nicht daran erinnern, gezielt und abgedrückt zu haben.

Verteidiger Rechtsanwalt Weber fragt, ob es in der geschilderten Untersuchung des Ladehebels auf Bildern des Tatvideos um die Situation gegangen sei, in der Mandy R. betroffen gewesen sei, was der Zeuge bejaht.

Rechtsanwältin Pietrzyk fragt, ob Oliver D. auch mit der Rezeption der hochgeladenen Dokumente im Internet befasst gewesen sei, was der Zeuge verneint. Auch zu Erkenntnissen zu 4chan habe er nicht beigetragen. Die Vorsitzende sagt, es gebe in den Akten insgesamt drei Personen mit dem Nachnamen des Zeugen. Sie vermutet, Rechtsanwältin Pietrzyks Fragen beträfen den Ermittler Darius D., der für den morgigen Verhandlungstag geladen ist. Rechtsanwältin Pietrzyk sagt, das sei eben nicht der richtige D.

Nebenklagevertreterin Rechtsanwältin Katrin Kalweit bezieht sich auf eine vorherige Aussage Oliver D.s, derzufolge der Angeklagte angegeben habe, Werkzeuge, die er für die Herstellung der Waffen benötigt habe, im Anschluss über einen Aushang im Supermarkt verkauft zu haben. Rechtsanwältin Kalweit fragt, ob es dazu Ermittlungen gegeben habe. Der Zeuge antwortet, ihm seien jedenfalls keine Ermittlungsergebnisse bekannt.

Rechtsanwalt Goldstein stellt eine Frage zur Herstellung der Waffen.

Rechtsanwalt Scharmer stellt mit Vornamen und Dienstgraden dar, welche der drei Ermittler D. für welche Ermittlungen und Berichte zuständig gewesen seien.

Er fragt Oliver D., was dieser zu den Brüdern W.[3] sagen könne. Der Zeuge antwortet, diese seien als diejenigen festgestellt worden, welche die Dateien des Angeklagten im Internet weiter verbreitet hätten. Das habe für die Ermitt-lungen »dann nicht mehr so die Rolle gespielt«. Eine direkte Verbindung zu dem Angeklagten hätten sie nicht ermitteln können.

Rechtsanwalt Scharmer fragt, wer die Ermittlungen in diesem Bereich schwerpunktmäßig geführt habe. Oliver D. sagt, das müsse er noch einmal nachschauen. Sie hätten verschiedene Ermittlungsteams gehabt. Er meine, für die Ermittlungen zu den Brüdern W. sei das Team II zuständig gewesen. Er selbst sei mit den Ermittlungen nur am Rande befasst gewesen.

3 Gemeint sind Christian und Martin W., zwei Brüder aus Nordrhein-Westfalen, die tatrelevante Dokumente online verbreitet haben sollen. Nicht gemeint sind hier die Brüder Christian und Daniel W., die als Nebenkläger am Prozess gegen den Angeklagten aussagen.

Rechtsanwalt Scharmer sagt, es falle auf, dass er, Oliver D., den Vermerk gemacht habe, dass einer der Brüder W. keinen Bezug zur rechtsextremen Szene habe, dieser in seiner Vernehmung aber selbst gesagt habe, dass er bereits wegen Volksverhetzung verurteilt worden sei. Oliver D. sagt, ihm falle ein, dass er diesen Satz spät abends schnell für die Kollegen in Nordrhein-Westfalen, wo die Brüder wohnen würden, zusammengeschrieben habe. Er habe über die Erkenntnisse des BKA informieren wollen. Es sei spät gewesen, und von den Zuständigen sei sonst vermutlich niemand mehr im Büro gewesen. Daher habe er die Ermittlungsergebnisse seiner Kollegen übernommen. Rechtsanwalt Scharmer sagt, laut Aktenlage müsste dafür eigentlich sein Kollege S. zuständig gewesen sein. Oliver D. sagt, das könne sein. Rechtsanwalt Scharmer fragt, ob der Zeuge wisse, ob Christian W. vernommen worden sei. Oliver D. antwortet, seiner Erinnerung nach seien zwei Brüder vernommen worden.

Nebenklagevertreter Rechtsanwalt Andreas Schulz fragt, ob Oliver D. bekannt gewesen sei, dass es eine Europol-Warnung zur Verwendung von 3D-Druckern durch Rechtsterroristen gegeben habe. Der Zeuge sagt, das sei ihm nicht bekannt gewesen. Es habe aber während der Ermittlungen Diskussionen über vergleichbare Vorfälle gegeben.

Rechtsanwältin Pietrzyk fragt, ob der Zeuge die Brüder W. in den Verbunddateien des BKA abgefragt habe. Oliver D. sagt, das sei sicher gemacht worden. Ob er das gemacht habe, hakt Rechtsanwältin Pietrzyk nach. Der Zeuge sagt, das wisse er nicht mehr. Auch ob das Ergebnis in den Akten stünde, könne er nicht sagen. Rechtsanwältin Pietrzyk erwidert, sie habe es jedenfalls nicht vorliegen. Oliver D. sagt, er habe diese Ermittlungen »auf die Schnelle« gemacht.

Rechtsanwältin Pietrzyk bezieht sich auf seine vorherige Aussage, die Brüder W. seien nicht weiter relevant für die Ermittlungen gewesen. Sie fasst zusammen, dass da jemand Anleitungen und Aufrufe zum Mord bei der bekannten Seite 4chan wieder hochgeladen habe und will wissen, wie Oliver D. dazu komme, zu sagen, das sei nicht relevant. Der Zeuge antwortet, er habe natürlich nicht sagen wollen, dass man da nicht ermitteln müsste. Das »nicht relevant« habe sich auf die Frage bezogen, woher der Angeklagte seine Dateien selbst bezogen habe. Es habe sich gezeigt, dass die Dateien von dem Angeklagten kamen und die Brüder W. sie weiterverbreitet hätten, nicht umgekehrt. Die Ermittlungen zu den Brüdern W. seien dann so etwas wie ein Nebenschauplatz gewesen.

Rechtsanwältin Pietrzyk fragt, ob Oliver D. wisse, wie die Ermittlungen zu den Brüdern W. weitergegangen seien. Der Zeuge sagt, er wisse, dass diese sinngemäß gesagt hätten, sie hätten nicht gewusst, dass ihr Vorgehen strafbar gewesen sei. Mehr wisse er nicht. Rechtsanwältin Pietrzyk will wissen, ob Oliver D. wisse, ob die Brüder etwas zu ihrer Motivation gesagt hätten.

Oliver D. sagt, dazu könne er nichts mehr sagen.

Der Zeuge entschuldigt sich für die Verwirrungen mit den unterschiedlichen D.s. Rechtsanwältin Pietrzyk sagt, dass er dafür ja nichts könne.

Die Vorsitzende ordnet eine Pause an. Diese geht von 12.05 Uhr bis 13.15 Uhr.

Die Verhandlung wird pünktlich fortgesetzt.

AUSSAGE DER SACHVERSTÄNDIGEN DR. SILKE COX (BKA, ZU DEN BRANDSÄTZEN)

Die Sachverständige wird über ihre Pflichten als Sachverständige belehrt. So habe sie Angaben nach ihrem besten Wissen und Gewissen und dem aktuellen Stand der Wissenschaft zu machen. Sie wird zu ihren Personalien befragt. Dr. Silke Cox ist 61 Jahre alt, Diplom-Chemikerin und leitet beim BKA den Fachbereich »Brand und Raumexplosion«.

Sie hat das Gutachten zu Brandsätzen am 3. Januar 2020 erstellt. Der Generalbundesanwalt habe damals wissen wollen, ob der Angriff mit Brandsätzen auf die Synagoge eine potenziell tödliche Gefahr für die Besucher hätte darstellen können. Für Bundesanwalt Lohse hätten sich diesbezüglich Fragen ergeben, nachdem er selbst den Tatort angesehen habe. Silke Cox sei am 30. Oktober 2019 in Halle gewesen, um den Tatort zu begutachten.

Die Sachverständige hat einen USB-Stick mitgebracht und zeigt von diesem Videos von mehreren Versuchen, in denen sie die mögliche Brandsituation nachgestellt habe. Ausführlich stellt sie Versuche vor, mit denen sie untersucht habe, ob aus der Kombination der Brandsätze, ihrer Verwendung und den örtlichen Gegebenheiten eine konkrete Brand- und Lebensgefahr hätte entstehen können. Dies sei nicht der Fall gewesen, so Silke Cox.

Verteidiger Rechtsanwalt Weber bezieht sich auf den am Beginn des Verhandlungstags erwähnten Antrag Rechtsanwalt Goldsteins und stimmt zu, dass dieser die Aussagen seiner Mandanten verlesen dürfe. Die förmliche Zustimmung werde noch geklärt, sagt die Vorsitzende.

AUSSAGE DES SACHVERSTÄNDIGEN THOMAS FORSTER (BKA, ZU DEN SPRENGSÄTZEN)

Die Vorsitzende belehrt den Zeugen über seine Pflichten als Sachverständiger und befragt ihn zu seinen Personalien. Thomas Forster ist 57 Jahre alt und Sachverständiger für Wirkungsuntersuchung beim BKA in Wiesbaden.

Er hat zu seinen Untersuchungen eine PowerPoint-Präsentation vorbereitet.

Rechtsanwalt Scharmer fragt, ob diese zu den Akten komme. Die Vorsitzende sagt, sie kenne sie noch nicht, aber würde das dann so handhaben, dass eine Kopie zu den Akten komme.

Der Sachverständige berichtet, dass er die USBV geprüft und Versuche mit sogenannten Vergleichsvorrichtungen durchgeführt habe. Für diese sei teils ein anderer Sprengstoff verwendet worden, da die vom Angeklagten eingesetzten Materialien teilweise nicht handhabungssicher gewesen seien. Die Polizei könnte derart gefährliche Stoffe nicht sicher lagern, transportieren und nutzen. Den Versuchsaufbau zeigt Thomas Forster auch auf Fotos in seiner Präsentation. Laut Gutachten, das der Sachverständige vorstellt, sei bei den verwendeten USBVs durch Splitter in einem Radius von bis zu 157 Metern von tödlichen Verletzungen gemäß der NATO-Definition auszugehen. Gerichtsmediziner würden sagen, dass auch eine Energie, die weit unterhalb der NATO-Definition liege, tödlich sein könne. Durch den Luftdruck der verwendeten USBVs könne das Trommelfell bis zu einer Entfernung von 5 Metern, die Lunge bis zu einer Entfernung von 3 Metern verletzt werden. Die Richtung, in die Splitter fliegen, sei bei einer USBV nicht kontrollierbar. Teile der bei der Tat verwendeten Sprengsätze seien in einem 26 Meter entfernt liegenden Fenster im zweiten oder dritten Stock eingeschlagen, hätten den Raum durchquert und seien rund 3 Zentimeter tief in einen Türrahmen eingedrungen.

Während der Befragung des Sachverständigen durch Strafsenat, Verteidigung und Nebenklage schaltet sich der Angeklagte mehrfach direkt ein und stellt Detailfragen etwa zum verwendeten Sprengstoff oder dem Versuchsaufbau mit den Vergleichsvorrichtungen. Der Sachverständige beantwortet diese Fragen.

Rechtsanwalt Hoffmann merkt an, dass protokolliert werden solle, dass der Angeklagte im Rahmen der Befragung eine Erklärung abgegeben habe. Die Vorsitzende sagt, das werde gemacht.

Sie ordnet eine Pause von 14.25 Uhr bis 14.45 Uhr an.

Rechtsanwalt Schulz ist nach der Pause nicht mehr dabei.

AUSSAGE DES ZEUGEN DARIUS K.
(BKA, ZUR SPURENLAGE AM TATORT SYNAGOGE)

Der Zeuge wird über seine Pflichten belehrt und zu seinen Personalien befragt. Darius K. ist 30 Jahre alt und Kriminaloberkommissar beim BKA in Wiesbaden.

Er habe einen Vermerk zur sogenannten Nachsuche am 30. Oktober 2019 in der Nähe der Synagoge geschrieben, die er gemeinsam mit seinem Kollegen S. durchgeführt habe. Bei dieser Suche seien Brandsätze und Teile eines Sprengsatzes gefunden worden. Der Zeuge schildert die Vorgehensweise bei der Nachsuche und die Funde.

Die Verhandlung wird für 15 Minuten unterbrochen, weil für die nächste Zeugenbefragung etwas aufgebaut werden müsse. Die Vorsitzende sagt, sie wolle vermeiden, dass der Angeklagte bei diesem Aufbau dabei sei.

Die Verhandlung wird um 15.08 Uhr fortgesetzt.

Auf einem Tisch vor dem Zeugentisch sind die Waffen des Angeklagten aufgebaut. Sie sind in Folien und Papiere eingewickelt, die Formen sind aber größtenteils zu erkennen.

AUSSAGE DES SACHVERSTÄNDIGEN MICHAEL BENSTEIN (BKA, ZU DEN SCHUSSWAFFEN)

Die Vorsitzende belehrt den Sachverständigen zu seinen Pflichten und befragt ihn zu seinen Personalien. Michael Benstein ist 60 Jahre alt und Erster Kriminalhauptkommissar beim BKA Wiesbaden. Er habe sich für sein Gutachten mit den Schusswaffen des Angeklagten und Schusswaffenspuren befasst und will dieses in einem mündlichen Vortrag zusammenfassen. Er nimmt eine der Schusswaffen in die Hand und demonstriert, dass diese leer ist. Der Sachverständige erläutert die Funktionsweise und Geschichte der Waffe. Der Angeklagte lacht dabei auf. Die Vorsitzende sagt scharf zu ihm: »Da gibt es nichts zu lachen!«

Rechtsanwalt Siebenhüner fragt, ob es sich bei der Waffe um eine Nahkampfwaffe handele, was Benstein im Prinzip bejaht. Diese Art von Waffen seien für den Zweck gedacht: »Einmal rein in den Feind, Magazin leer schießen, wieder raus.« Während er das sagt, deutet er, ohne die Waffe in der Hand zu haben, so als ob er schießen würde, diese Bewegung an. Er dreht sich bei den Worten »Magazin leer schießen« einmal im Halbkreis in Richtung der Nebenklagevertreter·innen. Rechtsanwalt Siebenhüner grinst und bestätigt, dass er diesen Verwendungszweck auch so gelernt habe. Auch Michael Benstein grinst. Er fährt dann mit seinen Ausführungen zu einer anderen Waffe fort. Diese habe nicht funktioniert. Der Angeklagte unterbricht ihn: Sie habe »nachweislich funktioniert«. Sachverständiger Benstein antwortet: »Wir haben damit geschossen, wir haben sie nicht zum Schießen gebracht. Wenn Sie sagen, damit wurde geschossen, nehme ich das zur Kenntnis.« Auch bei einer weiteren Waffe unterbricht der Angeklagte ihn in ähnlicher Weise und verteidigt seine Waffe. Er habe diese selbst getestet, und sie hätte funktioniert. Später formuliert er selbst Fragen nach der Effizienz der Waffen und richtet diese an den Sachverständigen. Michael Benstein antwortet auf Fragen zur Zielgenauigkeit der Waffen, diese hänge davon ab, wie viel jemand »drauf habe«. Fragen des Rechtsanwalt Siebenhüner, ob bestimmte Schüsse beherrschbar gewesen seien, beantwortet der Sachverständige mehrfach ungenau und spekuliert über den juristischen Hintergrund der Frage. Erst als Rechtsanwalt Siebenhüner ausdrücklich darum bittet, einfach die Frage zu beantworten, kommt Michael Benstein dem nach.

In seinem Vortrag berichtet der Sachverständige auch von der verwendeten Munition, in die Hakenkreuze und SS-Runen eingeritzt gewesen seien.

Als die Vorsitzende den Sachverständigen entlassen will, unterbricht Rechtsanwalt Siebenhüner sie und bittet darum, Michael Benstein noch kurz als Sachverständigen im Saal zu behalten.

Rechtsanwalt Siebenhüner richtet eine Frage an den Angeklagten: Er habe am ersten Verhandlungstag erklärt, dass er die Waffen nicht getestet habe. Er sei explizit gefragt worden, ob er zum Schießen in den Wald gegangen sei und habe das verneint. Rechtsanwalt Siebenhüner will wissen, wie sich der Angeklagte diesen Widerspruch erkläre, er habe ja gerade davon gesprochen, dass er die Waffen getestet habe. Der Angeklagte antwortet, er habe deren Funktionstüchtigkeit getestet, aber nicht das gezielte Schießen etwa auf Scheiben. Zum Testen der Funktionsfähigkeit, bei dem er auch scharfe Munition verwendet habe, habe er den Schuppen seines Vaters genutzt.

Rechtsanwalt Herrmann fragt den Sachverständigen, ob es in einem Wohngebiet nicht zu hören sei, wenn scharf geschossen werde. Dieser bestätigt das, sagt aber, dass der Schall durch Schuppen oder Gebäude gedämpft gewesen sein könnte. Außerdem würde heutzutage ständig etwas knallen, man würde daher abstumpfen und sich bei dem Knall vielleicht nichts denken.

Rechtsanwalt Hoffmann bittet darum, dass im Protokoll vermerkt wird, dass der Angeklagte sich zur Sache eingelassen habe.

Die Vorsitzende kündigt an, dass die nächste Sitzung am 26. August erst um 10 Uhr und nicht wie angekündigt um 9.30 Uhr beginne.

Mitschrift von Linus Pook

7. Verhandlungstag
26. August 2020

Die Vorsitzende Richterin Ursula Mertens setzt die Hauptverhandlung fort. Sie begrüßt die Anwesenden: Als Sachverständiger sei erneut Prof. Dr. Norbert Leygraf zugegen. Rechtsanwalt Sebastian Scharmer werde von Rechtsanwältin Henriette Scharnhorst, Rechtsanwältin Ilil Friedman von Rechtsanwalt Benjamin Derin, Rechtsanwalt Andreas Schulz von Rechtsanwalt Markus Goldbach und Rechtsanwältin Katrin Kalweit wiederum von Rechtsanwalt Juri Goldstein vertreten. Die Staatsanwaltschaft sei durch Oberstaatsanwalt Stefan Schmidt und Staatsanwalt Christoph Birkenholz repräsentiert.

Als erste Zeugin wird Anja W. in den Saal gebeten.

AUSSAGE DER ZEUGIN ANJA W.
(EHEMALIGE KOLLEGIN DER MUTTER DES ANGEKLAGTEN)

Die Vorsitzende erfragt, ob die Fenster im Saal geöffnet seien, wie es schließlich aufgrund der Pandemie vorgesehen sei. Eine Wachtmeisterin antwortet, sie seien wegen des erwarteten Sturms geschlossen. »Ach, wenn der Sturm kommt, das bekommen wir schon mit«, erwidert die Vorsitzende. Die Fenster sollten geöffnet sein, da viele Menschen im Raum anwesend seien. Sie erkundigt sich bei Rechtsanwältin Antonia von der Behrens, ob sie an ihrem Platz bei geöffneten Fenstern nass werde. »Nein, im Moment nicht«, antwortet diese.

Im Anschluss wendet sich die Vorsitzende der Zeugin Anja W. zu und belehrt sie über ihre Pflichten. Anja W. ist 58 Jahre alt, wohnt in M. und ist seit

28 Jahren als Schulleiterin tätig. Sie sei Schulleiterin an der Schule gewesen, an der Claudia B., die Mutter des Angeklagten, tätig gewesen sei. Neun Jahre seien sie Kolleginnen gewesen.

Ob sie den Angeklagten kenne, fragt die Vorsitzende die Zeugin. Anja W. antwortet, dass sie sich zweimal begegnet seien. Einmal, als er seine Mutter begleitet habe, ein anderes Mal, als er Materialien für seine Mutter in der Schule abgegeben habe. Unterhalten hätten sie sich dabei nicht. An dem Tag, an dem er Materialien und eine Krankschreibung für seine Mutter abgegeben habe, seien sie sich aber im Sekretariat begegnet, und er habe freundlich gewirkt.

Die Zeugin verneint, mit Claudia B. befreundet gewesen zu sein, und erklärt, dass es eine ganz normale Beziehung unter Kolleginnen gewesen sei. Privaten Kontakt habe es nicht gegeben. »Was wussten Sie über die Familie?«, hakt die Vorsitzende nach. Anja W. gibt an, dass sie gewusst habe, dass Claudia B. einen Sohn und eine Tochter habe, zudem geschieden sei, und in Benndorf gewohnt habe. Darauf, dass sie Oma geworden sei, sei Claudia B. zudem sehr stolz gewesen. Das seien so die Pausengespräche gewesen, wenn sie gemeinsam Aufsicht gehabt hätten, fügt die Zeugin hinzu.

Was Claudia B. über den Angeklagten erzählt habe, will die Vorsitzende im Weiteren wissen. Die Zeugin antwortet, dass ihr dieser sehr wichtig gewesen sei. Sie habe ihn sehr geliebt und sich große Sorgen gemacht, als er so krank gewesen sei. Damals habe sie sich sehr für die richtige Behandlung eingesetzt. Dass er sich im Internet über alle möglichen Dinge belesen habe, habe Claudia B. über ihren Sohn auch erzählt. Der Vater habe wohl gewollt, dass er wieder eine Ausbildung beginne. Claudia B. habe aber gemeint, dass ihr Sohn noch nicht wieder ausreichend gesund sei. Über die Krankheit wisse sie nur, dass es irgendetwas im Bauch- oder Darmbereich gewesen und der Angeklagte im Jahre 2013 oder 2014 operiert worden sei.

Was Claudia B. darüber erzählt habe, was ihr Sohn mache, fragt die Vorsitzende. Anja W. antwortet, dass diese darüber nichts erzählt habe und auch den anderen Kolleginnen gegenüber nicht sehr aufgeschlossen gewesen sei. Sie hätten zwar Kontakt gehabt, der sei aber sehr von Claudia B.s Stimmung abhängig gewesen. Andere Kolleginnen hätten erzählt, dass es einen Rückzug gegeben habe, wendet die Vorsitzende an diesem Punkt ein und fragt, ob die Zeugin es auch so erlebt habe. Diese antwortet, dass sie 2011 ihren Dienst als Schulleiterin angetreten habe und seitdem immer gemeinsame Klassen mit Claudia B. gehabt habe. Sie sei die Klassenlehrerin und Claudia B. die Mathelehrerin gewesen. Das habe immer gut geklappt. In der Vorbereitungswoche des Schuljahres 2019/2020 habe sie dann aber eine Veränderung bemerkt, Claudia B. sei dünnhäutig und empfindsam gewesen. Mit einer Kollegin habe sie noch darüber gesprochen und gesagt: »Was ist nur mit ihr los?« Das habe sich dann aber wieder gelegt und sei besser geworden. Im September 2019 sei Claudia B. jedenfalls wieder gut drauf gewesen.

Ob Claudia B. sachlich und fachlich korrekt gewesen sei, fragt die Vorsitzende. »Immer«, antwortet Anja W. Sie verneint, nach dem 9. Oktober 2019 Kontakt mit ihr gehabt zu haben. Sie selbst sei in den Herbstferien im Urlaub gewesen und Claudia B. habe sich dann in der Klinik befunden. Nach den Ferien habe es zwar einen Krisenstab gegeben, aber keinen persönlichen Kontakt mit Claudia B. Mit den Schulkindern hätten sie ihr Karten gebastelt, woraufhin Claudia B. ihrerseits eine Karte geschrieben, sich entschuldigt und frohe Weihnachten gewünscht habe. Die Vorsitzende wendet ein, dass Claudia B. jetzt nicht mehr Lehrerin sei, und fragt, wie das zustande gekommen sei. Anja W. antwortet, dass es einen Auflösungsvertrag mit dem Landesschulamt gegeben habe, sie selbst wisse aber nicht mehr über die Hintergründe. Sie, Anja W., habe Claudia B. schriftlich darum gebeten, ihren Schlüssel und die Unterrichtsmaterialien abzugeben. Diese sei dann auch gekommen. Zu diesem Zeitpunkt sei sie selbst, Anja W., aber leider nicht in der Schule gewesen. Anschließend bejaht die Zeugin, dass Claudia B. Angestellte gewesen sei. Auf die Frage, ob sie von Dritten gehört habe, wie es Claudia B. gehe, erklärt sie, dass sie lediglich mit Karin D., die im Juli als Zeugin ihre Aussage vor Gericht gemacht habe, über Claudia B. gesprochen habe. Karin D., die einzige Kollegin, die engeren Kontakt zu Claudia B. gehabt habe, habe aber auch nur gewusst, dass sie nicht mehr als Lehrerin arbeite. Daraufhin weist die Vorsitzende auf eine Aussage der Zeugin beim BKA hin: Damals sei es auch um ein Gespräch gegangen, dass Claudia B. mit einer anderen Kollegin, Claudia W., geführt habe. Sie will wissen, was diese darüber wisse. Anja W. berichtet, dass Claudia B. der Kollegin gesagt habe: »Ich habe große Angst, dass bald was Schlimmes passiert.« Die Kollegin habe das gar nicht einordnen können und zunächst an eine Krankheit gedacht. Erst nach dem Anschlag sei ihr dieses Gespräch wieder eingefallen.

Sie selbst, Anja W., habe nie Konflikte mit Claudia B. gehabt, es habe aber mit anderen Kolleginnen Spannungen gegeben. Sie habe etwa einmal mit einer Kollegin zusammengestanden, und diese habe gesagt: »Wir müssen weiter auseinander stehen, Claudia denkt, wir reden über sie«, obwohl das »Quatsch« gewesen sei. Kurz darauf sei dann aber tatsächlich Claudia B. auf sie zugekommen und habe gesagt: »Sie haben mich auf dem Kieker.« Sie habe dann geantwortet, dass sie einmal darüber reden müssten, dass Claudia B. so dünnhäutig sei. Zu diesem Gespräch sei es aber nicht mehr gekommen, weil dann die Herbstferien begonnen hätten.

Die Vorsitzende gibt wieder, dass Anja W. gegenüber dem BKA gesagt habe, dass der Angeklagte wie »das blühende Leben« ausgesehen habe. Die Zeugin bestätigt das und fügt hinzu, dass er überhaupt nicht krank ausgesehen habe. Die Vorsitzende sagt, dass sie keine weiteren Fragen mehr habe.

Richter Harald Scholz fragt die Zeugin nach ihrer Aussage in der Polizeivernehmung. Sie habe damals über eine Situation gesprochen, die es mit einer Autismusbeauftragten gegeben habe und in der Claudia B. sehr emotional reagiert habe. Die Zeugin berichtet von dieser Situation: Die Beauftragte sei damals zu einem Gespräch an die Schule geholt worden, weil Eltern einen Autismusverdacht in Bezug auf ihr Kind gehabt hätten, und es sei dann gemeinsam darüber gesprochen worden. Im Anschluss sei Claudia B. aber in Tränen ausgebrochen und habe gesagt, dass sie sich jetzt sicher sei, dass ihr Junge Autist sei. Als Beispiel habe sie genannt, dass er jeden Morgen dieselbe Sorte Fisch zum Frühstück esse. Ereignet hätte sich dieses Gespräch im Schuljahr 2017/2018 oder 2018/2019.

Rechtsanwältin Kristin Pietrzyk, Vertreterin der Nebenklage, fragt, ob sich die Zeugin an ihre politische Einschätzung erinnern könne, die sie beim BKA abgegeben habe. Anja W. antwortet, sie habe dazu nichts gesagt. Sie wisse nur, dass sich der Angeklagte viel mit dem Koran beschäftigt habe. Rechtsanwältin Pietrzyk hält der Zeugin ihre Aussage aus der Vernehmung vor. Diese habe damals gesagt: »[Der Angeklagte] war eher rechts eingestellt. [Er] war dem Staat gegenüber nicht positiv eingestellt.« Die Zeugin bestätigt die Aussagen, der Angeklagte sei »überhaupt nicht damit einverstanden« gewesen, dass so viele Kulturen in Deutschland leben würden. Sie erklärt auf Nachfrage, dass man das den Gesprächen mit Claudia B. habe entnehmen können. Der Angeklagte sei »negativ gegenüber diesen Sachen« gewesen. Auf die Frage, ob sie das zeitlich einordnen könne, gibt sie an, dass das vielleicht im Schuljahr 2018/19 gewesen sei. Ob der Angeklagte die Haare immer so wie jetzt getragen habe, fragt Rechtsanwältin Pietrzyk. [Der Angeklagte trägt die Haare sehr kurz geschoren, Anm. d. Hgg.] Anja W. bestätigt, »Ja, so kenne ich ihn.« »Nicht länger?«, vergewissert sich die Rechtsanwältin. »Wenn ich ihn gesehen habe, war das so wie jetzt«, bekräftigt die Zeugin ihre Aussage.

Rechtsanwältin von der Behrens, Vertreterin der Nebenklage, fragt die Zeugin, ob sie sich an eine Kollegin Frau K. erinnere und was diese berichtet habe. Anja W. erklärt, dass Claudia W. Frau K. vermutlich berichtet habe, was in der Raucherpause gesagt worden sei. Die Rechtsanwältin hält Anja W. daraufhin ihre Aussage aus der Vernehmung vor, derzufolge die Kollegin K. ihr, Anja W., erzählt habe, dass Claudia B. wiederum berichtet habe, dass ihr Sohn nur noch Englisch mit ihr spreche. Die Zeugin bestätigt, »Ja, das stimmt«, Claudia B. solle damals zu Frau K. gesagt haben: »Glaubst du das, der [...] redet nur noch Englisch.« Frau K. habe ihr aber erst nach dem Anschlag von dieser Unterhaltung erzählt, fügt Anja W. hinzu.

Wie der Umgang an der Schule mit dem Anschlag gewesen sei, fragt Rechtsanwältin von der Behrens. Anja W. erzählt, dass nach den Ferien ein Gespräch mit ihr und einem Psychologen in der Grundschule in Helbra stattgefunden habe. Am ersten Schultag nach den Ferien habe es dann eine daraus resultierende Dienstbesprechung um 6.30 Uhr gegeben, in der der Umgang diskutiert worden sei. In den Klassen sei eine Fragerunde durchgeführt worden. Die Kinder seien aber alle durch ihre Eltern bereits vorbereitet gewesen und hätten sich vorbildlich verhalten: »Wir haben gestaunt, wie Kinder mit so etwas Schlimmem umgehen.« Claudia B. sei an der Schule sehr bekannt gewesen, da sie in allen Klassen Ethiklehrerin gewesen sei und außerdem selbst eine Klasse geleitet habe. »Was meinen Sie mit vorbildlich?«, fragt die Rechtsanwältin nach. Die Zeugin erklärt: »In ihrer Argumentation.« Die Kinder hätten Verständnis dafür gezeigt, dass Claudia B. nichts dafür könne. Die Kollegen und die Eltern hätten Claudia B. nach dem Anschlag auch wieder an der Schule aufgenommen, wenn sie das auch gewollt hätte.

Rechtsanwältin Pietrzyk fragt, ob Claudia B. mal über Bitcoin gesprochen habe. Anja W. gibt an, dass diese berichtet habe, dass ihr Sohn sich damit beschäftige. »Wie kommt man auf so ein Thema?«, fragt die Rechtsanwältin weiter. Anja W. antwortet, dass das eben in den Pausen gewesen sei. Da trinke man auf dem Flur mal einen Tee oder Kaffee zusammen. Dieses Gespräch habe 2016 oder 2017 stattgefunden, fügt Anja W. auf Nachfrage hinzu.

Rechtsanwalt Juri Goldstein, Vertreter der Nebenklage, fragt anschließend, ob sich Claudia B. irgendwie dazu positioniert habe, wenn sie davon erzählt habe, dass sich ihr Sohn negativ über andere Kulturen äußere. Ob sie etwa gesagt habe, dass ihr das Sorgen bereiten würde, oder ob die Einstellung eher »das ist halt so« gewesen sei. »Das ist halt so«, antwortet Anja W. Sie wüsste aber nicht, dass Claudia B. selbst auch so eingestellt gewesen sei.

Ob sie wisse, warum Claudia B. aufgehört habe, als Lehrerin zu arbeiten, setzt Rechtsanwalt Goldstein die Befragung fort. Die Zeugin antwortet, dass es darüber mit ihr kein Gespräch gegeben habe und dass sie es auch nicht verstehe. Sie wisse nur von dem Auflösungsvertrag mit dem Landesschulamt. Sie habe zwar nicht damit gerechnet, dass Claudia B. nach Helbra zurückkomme, aber habe sich zum Beispiel vorstellen können, dass sie unter einem anderen Namen in einer anderen Stadt wieder arbeiten würde. Auf die Nachfrage, ob man sagen könne, dass der Angeklagte der Grund dafür gewesen sei, dass Claudia B. ihre Tätigkeit aufgegeben habe, gibt Anja W. an, dass sie das nicht beurteilen könne.

Rechtsanwalt Christoph Günther, Vertreter der Nebenklage, fragt, ob man in der Schule die »Flüchtlingskrise« thematisiert habe. Die Zeugin erwidert, dass solche Themen für Grundschulkinder sicherlich etwas schwer zu verstehen seien. Sie hätten einige Flüchtlingskinder gehabt, die dann aber in größere Städte weitergezogen seien. Sie seien von den Kindern und Eltern in Helbra aufgenommen worden wie alle anderen Kinder auch. »Haben Sie mal im Unterricht von Frau Claudia B. hospitiert?«, fragt Rechtsanwalt Günther weiter. Anja W. verneint, fügt aber hinzu, dass sie mit Claudia B. oft über die Inhalte des Ethikunterrichts gesprochen habe. Sie habe gewusst, was in den einzelnen Klassen passiere, und wisse auch, dass Claudia B. immer gut vorbereitet gewesen sei. Auf die Frage, ob diese ein bestimmtes Weltbild im Unterricht vermittelt habe, berichtet die Zeugin weiter, dass sie stets die Klassenbücher kontrolliert habe und dass alles sehr korrekt gewesen sei. Claudia B. habe immer lehrplangemäß unterrichtet.

Rechtsanwältin Pietrzyk fragt, ob Claudia B. einmal etwas über die Hobbys ihres Sohnes erzählt habe. Anja W. sagt: »Ich weiß, was sie meinen«, und führt aus, dass Claudia B. immer froh gewesen sei, wenn es ihrem Sohn gut gegangen sei. Irgendwann habe sie gesagt: »Der [...] hat jetzt eine neue Sache, der lernt jetzt schweißen.« Die Zeugin glaube, dass Claudia B. damals auch gesagt habe, dass der Schwager des Sohns ihm das beigebracht habe. Die Rechtsanwältin macht der Zeugin einen Vorhalt aus der Vernehmung, in der sie diese Erinnerung in Zusammenhang mit der Tat gebracht habe. Demnach habe Anja W. nach der Tat an dieses Gespräch gedacht und sich, laut Aussage bei der Polizei, an einen Satz Claudia B.s erinnert: »Endlich hat mein Sohn eine Beschäftigung, die ihm Spaß macht. Er will jetzt schweißen lernen.« Im Nachhinein kämen einem diese Gedanken, erwidert die Zeugin. Damals, vor der Tat, habe sie sich ja auch nichts dabei gedacht, als sie gehört habe, dass er den Koran lese. »Jetzt im Nachhinein ergibt das alles ein Bild?«, fragt Rechtsanwältin Pietrzyk nach. »Für mich ein, ja, erschreckendes Bild«, antwortet Anja W. »Dass eigentlich alles auf dem Tisch lag?«, fragt die Rechtsanwältin weiter. »Ja, aber ich wollte damit nicht sagen, dass die Mutter gewusst hat, warum er schweißen lernt«, sagt die Zeugin.

Rechtsanwältin Assia Lewin, Vertreterin der Nebenklage, fragt die Zeugin, ob für Claudia B. Religion ein Thema gewesen sei, schließlich sei sie Ethiklehrerin gewesen. »Auch«, antwortet die Zeugin knapp. Ob im Zusammenhang mit den Flüchtlingskindern, die an die Schule gekommen seien, Religion thematisiert worden sei, könne sie auf entsprechende Nachfrage aber nicht eindeutig beantworten. Sie sei sich nicht sicher, ob die Flüchtlingskinder den Ethik- oder den katholischen Religionsunterricht besucht hätten. Sie wisse nur, dass Claudia B. diese Kinder, sie hätte sie zum Beispiel auch in Gestalten unterrichten können, nicht »hinten angesetzt« habe.

Welche Werte Claudia B. als solide, gut ausgebildete Lehrerin vermittelt habe, will Rechtsanwältin Lewin weiter wissen. »Die, die der Lehrplan vorgesehen hat«, entgegnet Anja W. »Nächstenliebe…«, schlägt die Rechtsanwältin vor, was die Zeugin bestätigt. Ob es im Unterricht irgendwie besprochen worden sei, als anders aussehende Flüchtlingskinder an die Schule gekommen seien, oder ob das den einzelnen Lehrkräften überlassen worden sei. »Das ist Auftrag der Lehrkräfte, das zu gestalten«, antwortet Anja W. Sie wisse aus dem Kopf nicht, was Claudia B. diesbezüglich unterrichtet habe, dazu müsste sie den Lehrplan und die Klassenbücher sehen. Diese habe sie damals aber immer kontrolliert. Andere Religionen seien sicher auch Thema gewesen, ergänzt die Zeugin. Wie sie es sich denn erkläre, dass Claudia B., die sie als fantastische Lehrerin beschreiben würde, auf engstem Raum mit ihrem Sohn zusammengelebt und als Ethiklehrerin Werte vermittelt habe, es aber nicht geschafft habe, ihrem eigenen Sohn, den sie liebe, die richtigen Werte zu vermitteln, hakt die Rechtsanwältin nach. »Fantastisch« habe sie nicht gesagt, korrigiert Anja W. die Rechtsanwältin, sondern »verlässlich«. Claudia B. habe sich zudem ins Private »nicht reingucken lassen«. Sie selbst schockiere das schon, dass eine Ethiklehrerin das nicht schaffe, sie sei aber nicht zu Spekulationen berechtigt. Claudia B. habe immerhin nie viel über ihr Privates geäußert, wiederholt sich die Zeugin.

Rechtsanwalt Goldstein fragt, ob es zum Ethikunterricht gehöre, Gotteshäuser zu besuchen. Die Zeugin gibt an, dass das regelmäßig gemacht worden sei. Es gebe zum Beispiel eine enge Beziehung zu der katholischen Kirche in Helbra und eine Tradition der Besuche. Auf die Frage des Rechtsanwalts, ob es auch möglich gewesen wäre, eine Synagoge zu besuchen, erwidert Anja W.: »Das glaube ich weniger, weil es sowas bei uns nicht gibt.« Könne das denn nicht auch ein Ausflugsziel sein, hakt Rechtsanwalt Goldstein nach. Die Zeugin antwortet, dass, wenn die Schule in Halle stehen würde, das sicher denkbar gewesen wäre.

Ob sie wisse, was der Angeklagte über Kinder in der Synagoge gesagt habe, so zum Beispiel, dass er auch sie erschossen hätte. Anja W. bestätigt, diese Aussagen zu kennen, und fügt hinzu, dass diese sie schockiert hätten.

Rechtsanwalt Mark Lupschitz, Vertreter der Nebenklage, erklärt, dass er sich zwar leider verspätet habe, nichtsdestotrotz gerne noch einige Fragen an die Zeugin stellen würde. Er fragt die Zeugin, ob Claudia B. schon immer Ethik unterrichtet habe. Diese antwortet, dass es das zu DDR-Zeiten nicht gegeben habe. Nach der Wiedervereinigung seien dann Lehrer für entsprechende Weiterbildungen in diesem Bereich gesucht worden. Sie wisse aber nicht, ob Claudia B. so eine Fortbildung besucht habe. Ausgebildete Lehrerin sei sie jedenfalls für Deutsch, Mathe, Sachunterricht und Gestalten gewesen. Das seien auch die Fächer gewesen, die sie immer noch unterrichtet habe.

Was im Sachunterricht gemacht werde, fragt Rechtsanwalt Lupschitz nach. Die Zeugin antwortet: »Über Tiere, über die Natur, über Menschen gesprochen. Über Sachsen-Anhalt.« »Also die Light-Version von Staatsbürgerkunde?«, hakt Lupschitz nach. »Wie bitte?«, erwidert die Zeugin. »Die Light-Version. Die Grundschulversion von Staatsbürgerkunde«, wiederholt sich der Rechtsanwalt. »Es gibt keine Staatsbürgerkunde«, antwortet die Zeugin.

»Heute sowieso nicht, Herr Lupschitz. Auch in Sachsen-Anhalt nicht«, ergänzt die Vorsitzende.

Die Zeugin wird entlassen.

Nebenklagevertreter Rechtsanwalt Günther regt an, Claudia W. als Zeugin zu laden. Die Vorsitzende stimmt dem Vorschlag zu, das werde sie machen.

AUSSAGE DES ZEUGEN JONAS G. (BKA, ZU VERSCHIEDENEN ELEKTRONISCHEN ASSERVATEN)

Die Vorsitzende belehrt den Zeugen über seine Pflichten und befragt ihn zu seinen Personalien. Jonas G. ist 24 Jahre alt, Kriminalkommissar und über das BKA zu laden. Der Angeklagte grinst währenddessen vor sich hin. Die Vorsitzende fragt den Zeugen, ob er mit dem Angeklagten, »der sich aus unerfindlichen Gründen amüsiert«, verwandt oder verschwägert sei. Jonas G. verneint.

Der Zeuge habe einen Vermerk am 22. Januar 2020 gemacht, fährt die Vorsitzende fort. Dieser bestätigt das. Er sei damals in der Asservatenauswertung eingesetzt gewesen. Er habe die elektronischen Datenträger ausgewertet. Bei diesem Vermerk gehe es um die verschiedenen Dokumente, die auf den unterschiedlichen Datenträgern festgestellt worden seien. Sein Auftrag sei es gewesen, diese inhaltlich zu umreißen und in ihrer jeweiligen Entwicklung darzustellen.

Die Vorsitzende fragt, ob er Seite 88 des Vermerks erläutern könne, vielleicht in einer Weise, in der auch sie das verstehe. Die entsprechende Seite wird den Verfahrensbeteiligten und dem Publikum über die Bildschirme gezeigt. Jonas G. beginnt mit der Erklärung der Seite: Es handele sich um ein Schaubild, das verdeutliche, wie die festgestellten Dokumente jeweils gefunden worden seien. Bei dem Backup-Ordner, der zu sehen sei, handele es sich um einen Unterordner des Ordners »Libre Office«, einer Textverarbeitungssoftware. Die Datenträger seien in der Wohnung der Mutter des Angeklagten gefunden worden. Das Dokument »Dokumentation10.pdf« enthalte den »Pre Action Report«, in dem in verschiedenen Kapiteln gewisse Tathandlungen aufgezählt werden würden. Es befänden sich darin auch die verschiedenen Waffen sowie ein Kapitel zu der Zielsetzung des Anschlags. Es gebe außerdem das Kapitel »The Plan«, also den Durchführungsplan der Tat. Die Vorsitzende führt an dieser Stelle an, dass sich der Zeuge jeweils auf kurze Auszüge aus den Dokumenten beschränken könne. Sie habe es extra auf die Selbstleseliste gesetzt, weil eine umfangreiche Präsentation in der Hauptverhandlung zur Verbreitung der Inhalte beitragen könne, wie es der Angeklagte immerhin auch beabsichtige.

Jonas G. fährt fort, dass es noch ein Dokument mit dem Titel »Manifest0.pdf« gebe, in dem sich unter anderem ein Selbstinterview befinde, in dem die Tatmotivation beschrieben werde. Gefunden worden sei außerdem die Datei »Full Upload« als ZIP-Datei auf mehreren Asservaten, unter anderem auf dem Laptop des Angeklagten im Fahrzeug. Diese Datei sei auch im Internet hochgeladen worden. Der ZIP-Ordner enthalte Bauanleitungen für Waffen wie auch die Dateien »Dokumentation.pdf« und »Read this first.pdf«. Die Datei »Dokumentation.pdf« stelle eine erweiterte Version der Datei »Dokumentation10.pdf« dar, die Ziele seien dort ausführlicher dargestellt. Auch ein Dokument mit japanischen Schriftzeichen, die auf Deutsch »Manifest« bedeuten würden, sei gefunden worden. Dieses unterscheide sich von der Datei »Manifest0.pdf«, welche in dieser Version nochmals ergänzt worden sei. Auch eine Abbildung sei geändert worden. Es sei außerdem davon auszugehen, dass es verschlüsselte Dateien gebe, fügt Jonas G. hinzu. Möglicherweise könnte es sich dabei um die genannten Dateien handeln, die sie im automatisch erstellten Backup-Ordner von »Libre Office« gefunden hätten.

Der Zeuge stellt anschließend die vorgefundene Ordnerstruktur vor, und weist auf einen Ordner mit dem Namen »BKA Niggas« hin. Die Vorsitzende bittet die Dolmetscher, es zu übersetzen. Ein Dolmetscher antwortet, sie hätten das nicht vorliegen. Die Vorsitzende bittet ihn, zu ihr nach vorn zu kommen und den Ordnernamen dort zu lesen und zu übersetzen. Der Dolmetscher sagt, dort stünde »BKA« und eben das »N-Wort«, und ergänzt: »Das möchte ich nicht unbedingt sagen.« »Was heißt das?«, hakt die Vorsitzende nach. Der Dolmetscher sagt, das heiße »BKA« und das »N-Wort« sei ein abwertendes Wort für Schwarze Menschen.

Die Vorsitzende bittet ihn, auch die erste Seite des »Manifests«, auf der sich eine Abbildung befinde, in Augenschein zu nehmen. Der Dolmetscher sagt, dort stünde »Dedomesticate yourself«, was in etwa mit »Verwildere dich« oder »Werde wieder wild« übersetzt werden könne, »domesticate« bedeute schließlich »domestizieren«. Was »White Men« hier wohl bedeute, fragt die Vorsitzende weiter. Es könne immerhin Menschen oder Männer heißen, und der Dolmetscher könne das, als Sachverständiger für Sprachen, vielleicht einschätzen. Dieser antwortet, dass in diesem Fall Männer gemeint sein müssen. Daraufhin bittet ihn die Vorsitzende, auch die nächste Seite, auf der mehrere rassistische und antisemitische Begriffe zu lesen sind, zu übersetzen.

Rechtsanwältin Dr. Kati Lang, Vertreterin der Nebenklage, wendet ein, dem Dolmetscher ersparen zu wollen, rassistische Ausdrücke aus dem Englischen auch noch in das Deutsche zu übersetzen. Die fraglichen Akten stünden ja auf der Selbstleseliste, und da gebe es auch eine sprachliche Einordnung. »Okay, dann war es das erstmal« willigt die Vorsitzende ein, und fragt den Zeugen, wie es denn weitergehe. Dieser zeigt eine Anime-Zeichnung. Der Dolmetscher übersetzt den dort zu lesenden Text: »Werde ein Techno-Barbar und bekomme gratis ein Katzenmädchen.«

Nebenklagevertreter Rechtsanwalt David Herrmann fragt anschließend, ob vom BKA auch die Bildsprache in den Dokumenten analysiert worden sei. Er will darüber hinaus wissen, was etwa die Zeichnung bedeute, was sie mit der Tat zu tun habe, was ein »Catgirl« sei und was der dazugehörige Text bedeute. Die Vorsitzende wendet ein, dass zu diesen Punkten andere Zeugen geladen worden seien. Diesem Einwand schließt sich Jonas G. an, und verweist ebenfalls auf die anderen Ermittler, die schließlich auch die entsprechenden Vermerke zu den Bildanalysen erstellt hätten.

Die Vorsitzende fragt daraufhin nach einem Zeitstrahl, der sich im Vermerk des Zeugen befinde. Dieser erklärt, dass sie mit einer Software die Zeitstempel der Dateien ausgewertet und so den Bearbeitungsverlauf einiger Dateien untersucht hätten. So sei die Datei »FundA.pdf« erstmals am 15. April 2019 bearbeitet worden. Der Zeitstrahl für die Datei »Read me first.pdf« zeige wiederum, dass sie vom 1. bis zum 5. Oktober 2019 bearbeitet worden sei. An dem Dokument »Manifest« sei den Ermittlungen zufolge ab dem 26. März 2019 gearbeitet worden, das ziehe sich bis zum 17. August 2019. Ab diesem Zeitpunkt sei die Datei mit dem Titel in japanischen Schriftzeichen bearbeitet worden. Hier sei letztmalig am 6. Oktober 2019 ein Zeitstempel festzustellen gewesen. An den Dateien zu den Waffen sei bis zum 21. September 2019 gearbeitet worden.

Die Vorsitzende gibt an, vorerst keine weiteren Fragen zu haben.

Rechtsanwältin Pietrzyk sagt, dass sie auch andere Asservate interessieren würden, darunter etwa ein Samsung-Mobiltelefon. Jonas G. bestätigt, dass er auch dieses Asservat ausgewertet habe. Er habe im Kopf, dass es das Asservat Nr. 3871 gewesen sei. Auf dem Telefon seien zwei Nachrichten gefunden worden; eine Nachricht an eine unbekannte Nummer, an die er sich nicht erinnere, und eine Nachricht an den Kontakt »Siggi« mit dem Inhalt »Nummer«. Ein weiterer Kontakt müsse Claudia B. gewesen sein. Diese Kontakte seien zunächst die Einzigen gewesen, die er festgestellt habe. Später habe es aber noch eine forensische Auswertung gegeben, in deren Verlauf andere Kontakte gefunden worden seien. Damit habe er allerdings nichts mehr zu tun gehabt.

Rechtsanwältin Pietrzyk fragt nach einer SD-Karte, zu der es einen Vermerk vom 6. Dezember 2019 gebe. Der Zeuge gibt an, dass deren Inhalt durch eine Wiederherstellungssoftware rekonstruiert worden sei. Dabei hätten sich aber die Dateinamen verschoben, was nicht mehr zu ändern sei. Gefunden hätten sie jedenfalls mehrere Dateien im MP3-Format. Der Zeuge möchte daraufhin aus den Liedern zitieren, doch Rechtsanwältin Pietrzyk unterbricht ihn, er müsse nicht rassistische und antisemitische Ausdrücke wiedergeben. Die Vorsitzende wendet ein, dass er das auch nicht getan habe. Rechtsanwältin Pietrzyk schlägt vor, dass der Zeuge die Inhalte einfach bewerten könne. Dieser beschreibt, dass sich in den Dateien Musiktitel mit rassistischen und antisemitischen Inhalten befunden hätten unter anderem vom Interpreten »Moon Man«. Das sei eine Art Maskottchen der rechtsextremistischen Alt-Right-Bewegung.

Rechtsanwältin Pietrzyk fragt ihn, was die Auswertung des Abschiedsbriefs der Mutter des Angeklagten ergeben habe. Er antwortet, dass aus der Sicht der Mutter Schwierigkeiten mit dem Angeklagten bestanden hätten, und sie versucht habe, ihn zu retten. Es seien drei Seiten mit vernünftigem Schriftbild gewesen, die restlichen Seiten seien unleserlich gewesen. »Sie haben ja Schlüsse gezogen in Bezug auf die Einstellung«, wirft die Rechtsanwältin ein. Jonas G. bejaht, es hätten Schwierigkeiten bestanden, und das Thema der Personengruppe der Juden werde immer wieder aufgeführt, auch durch das Malen von durchgestrichenen Davidsternen. »Sie bezeichnen das im Vermerk als ›antisemitische Verschwörungstheorie‹«, erinnert ihn Rechtsanwältin Pietrzyk. Dieser erklärt, dass das sein Fazit gewesen sei.

Die Rechtsanwältin fragt nach einer Sporttasche, die der Angeklagte bei sich geführt, und die der Zeuge ausgewertet habe. Dieser zählt auf, dass sich in dieser Hygieneartikel, Nahrungsmittel wie Kekse und Nüsse sowie Kleidungsstücke befunden hätten. In Zusammenhang mit der Aussage des Angeklagten, dass er in den Harz habe fliehen wollen, könnte es sich dabei um die Fluchttasche gehandelt haben. Die Nahrungsmittel hätten in etwa für zwei Tage gereicht.

»Außerdem haben Sie einen USB-Stick ausgewertet?«, fragt Rechtsanwältin Pietrzyk weiter. Jonas G. erklärt, dass das der eben beschriebene Datenträger mit den unterschiedlichen Dokumenten gewesen sei. Es handele sich dabei um einschlägige Musiktitel und verschiedene Thumbnails, einige dieser Bilder habe er in den Vermerk eingefügt. Eine Reihe der Bilder hätten dabei im Zusammenhang mit dem Anschlag in Christchurch gestanden. Diesen Stick habe der Angeklagte bei der Festnahme bei sich getragen. Nach eigener Aussage hätte er ihn als Backup bei sich getragen, um die Dateien nach einer möglichen erfolgreichen Flucht nochmals hochzuladen und seine Ansichten zu untermalen. Ein Container sei ebenfalls auf diesem Stick gewesen, ergänzt ihn Rechtsanwältin Pietrzyk. Laut Vermerk sei dieser 500 MB groß und verschlüsselt, sodass die Entschlüsselung veranlasst worden sei, erklärt Jonas G. »Ist das gelungen?«, will die Rechtsanwältin wissen. Der Zeuge gibt an, es nicht zu wissen. Zu dem Zeitpunkt, als er den Vermerk geschrieben habe, sei das jedenfalls nicht der Fall gewesen.

Ob es Auszüge aus Imageboards gegeben habe, fragt Pietrzyk weiter. Jonas G. bejaht, das seien Dateien mit der Endung ».txt« gewesen. Er habe aber nicht feststellen können, ob es sich um Beiträge des Angeklagten gehandelt habe oder ob sie heruntergeladen worden seien. Vielleicht könne er die Bilder und Videos, die man hier vermutlich nicht zeigen müsse, beschreiben, schlägt die Rechtsanwältin vor. Der Zeuge gibt an, dass es ihm schwerfalle, die unterschiedlichen Asservate auseinanderzuhalten, es gebe zum Beispiel Bilder mit »drastischen Gewaltinhalten«. Er erinnere sich etwa an eine Person, die sich mit deutlichen Schnittwunden am Boden befände. Ob es Bezüge zum Nationalsozialismus gebe, fragt Pietrzyk weiter. Der Zeuge antwortet, dass er das nicht wisse, woraufhin sie ihm einen Auszug aus dem Vermerk vorhält. Der Zeuge habe dort beschrieben, dass ein Bild marschierende Soldaten zeige, von denen einer einen Hitlergruß mache. Der Zeuge bestätigt die Aussage, das habe es gegeben. Ihm falle außerdem ein Anime mit Hakenkreuzen ein. Diese Bezüge zum Nationalsozialismus habe es auf jeden Fall gegeben, ebenfalls Bezüge zum Christchurch-Attentat, fügt er auf Nachfrage hinzu. So habe zum Beispiel eine Anime-Figur eine »Schwarze Sonne« getragen, dieses Symbol habe Brenton T. schließlich auch genutzt. »Ist Ihnen aufgefallen, dass die Person das ›White Power‹-Zeichen macht?«, fragt Rechtsanwältin Pietrzyk. Jonas G. antwortet, das sei ihm nicht aufgefallen, er kenne das Zeichen auch nicht. »Sie wissen auch nicht, dass Brenton T. das Zeichen bei der Haftvorführung gemacht hat?«, hakt Rechtsanwältin Pietrzyk nach. Der Zeuge verneint abermals. Auch antisemitische Stereotype in den Dateien seien ihm nicht erinnerlich. Rechtsanwältin Pietrzyk erinnert ihn daraufhin an Bilder, auf denen Inhaftierte eines KZs auf dem Weg in die Gaskammern gezeigt würden. Der Zeuge meint, jetzt, wo sie das sage, könne er sich erinnern. Auch an eine Anime-Figur, die mit Langwaffe auf einen Haufen Leichen zeige, während im Hintergrund eine Israel-Fahne brenne, erinnere er sich auf Nachfrage.

Die Vorsitzende bittet ihn, mitzuteilen, seit wann er seiner Tätigkeit nachgehe. Er antwortet, dass er im Oktober 2019 sein Studium beendet habe. »Ich finde es jedenfalls sehr bemerkenswert, wenn ich das so sagen darf, wie Sie hier Ihre Aussage machen«, lobt ihn die Vorsitzende. Der Zeuge bedankt sich.

Rechtsanwalt Onur U. Özata, Vertreter der Nebenklage, fragt im Anschluss, ob der Zeuge zusammenfassen könne, welche Bedeutung die Bilder für den Angeklagten gehabt hätten. Der Angeklagte habe sich eingehend mit Gewalt, Kriegsszenarien und antisemitischen wie auch rassistischen Inhalten beschäftigt, schildert der Zeuge. Er wolle noch auf etwas anderes hinaus, wendet Rechtsanwalt Özata ein: Der Zeuge habe sich in seinem Vermerk auch auf die Beschuldigtenvernehmung vom 22. November 2019 bezogen. Jonas G. bittet den Rechtsanwalt, ihm die entsprechende Stelle aufzurufen. Die Vorsitzende lässt daraufhin die Stelle nur für die Verfahrensbeteiligten über die Bildschirme anzeigen. Die Zuschauer·innen bekommen sie nicht zu sehen. Rechtsanwalt Özata weist darauf hin, dass im Vermerk aus der Vernehmung zitiert werde. Der Angeklagte habe sich damals beklagt, dass er die Dateien, die über 3000 Lieder und Animes enthalten, nicht wiederbekomme. Jonas G. sagt, dass er daraus schließe, dass sie ihm offenbar sehr wichtig seien.

Anschließend wird der Zeuge entlassen. Die Vorsitzende unterbricht die Verhandlung für 15 Minuten.

AUSSAGE DES ZEUGEN PETER F.
(BKA, ZU VERSCHIEDENEN ELEKTRONISCHEN ASSERVATEN)

Die Vorsitzende belehrt den Zeugen über seine Pflichten und befragt ihn zu seinen Personalien. Peter F. ist 33 Jahre alt und über das BKA in Meckenheim zu laden.

Peter F. habe für das BKA eine Reihe elektronischer Asservate ausgewertet und einen Bericht erstellt. Untersucht worden seien elektronische Gegenstände aus dem Fluchttaxi, die Dinge, die der Angeklagte bei der Festnahme bei sich geführt habe, Gegenstände aus seiner Wohnung, aus dem Mietwagen sowie das Handy, das zum Streaming genutzt worden sei und das er während der Tat aus dem Auto geworfen habe.

Insgesamt, so der Zeuge, habe es auf den unterschiedlichen Datenträgern eine Vielzahl von nationalsozialistischen, antisemitischen, homophoben und frauenfeindlichen Inhalten gegeben; viele der untersuchten Inhalte seien dabei im Anime-Stil gestaltet gewesen. Die Vorsitzende fragt, was Anime genau sei. Der Zeuge erläutert, dass es sich dabei um Animationen aus dem japanischen Raum handele, und der Angeklagte zahlreiche dieser Inhalte gespeichert habe, die in nationalsozialistischer Weise abgewandelt worden seien. So seien etwa Frauen im Anime-Stil mit Hakenkreuzen zu sehen, oder es würden in Animes Aufrufe zu Taten gegen Juden verbreitet werden. Die Vorsitzende sagt, einige dieser Inhalte müssten in Augenschein genommen werden, sie werde diese aber nicht auf den Bildschirmen der Zuschauer anzeigen lassen, weil sie nicht zur Verbreitung beitragen wolle. Daraufhin sehen sich die Verfahrensbeteiligten einige der Bilder und Videos an, während der Zeuge Peter F. sie erläutert.

Ob er auch Musikdateien untersucht habe, fragt ihn die Vorsitzende. Peter F. antwortet, dass sie auch in diesem Bereich viele Dateien mit gewaltverherrlichenden und rechtsextremen Bezügen festgestellt hätten. Auffällig sei außerdem gewesen, dass es in mehreren Bilddateien Bezüge zum »Moon Man« gegeben habe. Dies sei ein beliebtes Symbol in der rechten Szene, das ursprünglich einer McDonalds-Werbung entstamme, mittlerweile aber abgewandelt worden sei und für Memes genutzt werde. Was Memes seien, fragt die Vorsitzende nach. Der Zeuge erläutert, dass es sich dabei um ein Internetphänomen handele, ähnlich einer Karikatur, die der Angeklagte in antisemitischen, homophoben und frauenfeindlichen Varianten gespeichert habe.

Die Vorsitzende spricht anschließend an, dass die gerade in Augenschein genommenen Inhalte sich auf dem USB-Stick befunden hätten, andere Dateien wiederum auf einem anderen Stick gespeichert gewesen seien. Sie will wissen, ob der Angeklagte denn auch Dateien gelöscht habe. Der Zeuge antwortet, dass der Angeklagte vor allem Dokumente auf dem PC, den er bei seinem Vater stehen hatte, gelöscht habe. Auf diesem sei beim Eintreffen der Ermittler das Programm CCleaner gelaufen, mit dem Datenträger dauerhaft bereinigt werden könnten. Die Löschung aller Dateien sei zum Zeitpunkt des

Eintreffens zu 13 Prozent vorangeschritten gewesen. Die voraussichtlich vollständige Löschdauer habe er, Peter F., zwar errechnet, könne sich aber nicht mehr erinnern, jedenfalls hätte es noch mehrere Stunden dauern müssen. Er meine gar, sie hätte bei vier Tagen gelegen. Er sei sich diesbezüglich aber nicht ganz sicher.

Auf den Speichermedien sei jedenfalls viel vorhanden gewesen unter anderem auch verschlüsselte Container, so der Zeuge weiter. Seiner bisherigen Kenntnis nach sei da aber bislang noch keine Entschlüsselung gelungen, auch sei der Angeklagte nicht bereit gewesen, entsprechende Passwörter herauszugeben. Man habe aber einige gelöschte Dateien wiederherstellen können, etwa einen Backup-Ordner, in dem das Selbstinterview zu sehen gewesen sei. »Das lief auf dem PC-Tower zu Hause?«, fragt die Vorsitzende nach. Peter F. bejaht.

Der Ordner »Military Music« habe kriegsverherrlichende Musik serbischer Kämpfer und der Kassam-Brigaden der Hamas enthalten, erwähnt die Vorsitzende daraufhin. Der Zeuge bestätigt das, entsprechende Musik wie auch Kriegsvideos hätten sich auf mehreren Asservaten befunden.

Was »Onion-Links« seien, die sie gefunden hätten, fragt ihn die Vorsitzende anschließend. Er antwortet, dass das spezielle Links seien, die man für das Darknet brauche, da dort Internetseiten nicht über Suchmaschinen zu finden seien. Man bräuchte diese Links also, um sie mit dem TOR-Browser direkt aufrufen zu können. Der Angeklagte habe für das Darknet unter anderem die spezielle Suchmaschine DuckDuckGo und das Imageboard nanochan genutzt. Dabei handele es sich um ein Imageboard wie 8chan oder vch.moe, die der Angeklagte seiner Kenntnis nach ebenfalls genutzt habe. Man könne dort anonym und nicht nachvollziehbar surfen. Es sei dementsprechend schwierig, dort bestimmte Gruppen auszumachen, erklärt Peter F. weiter. Es gehe dort sehr dynamisch zu, so gebe es etwa ein Extra-Board für »politisch unkorrekte« Inhalte, auf dem sich Menschen mit rechtsgerichteter Meinung tummeln würden.

Die Vorsitzende fragt nach der Seite Onion Gear, die »im sogenannten TOR-Server« auftauche. Der Zeuge erklärt, dass damit der eben angesprochene TOR-Browser gemeint sei, mit dem man das Darknet besuchen könne. Außerdem hätten sie eine ProtonMail-Adresse und Hinweise auf Bitcoin-Wallets gefunden. Mit den Bitcoin-Wallets und den Links zu Bitcoin-Diensten, die auf dem PC-Tower gefunden worden seien, sei die Fachdienststelle aber nicht weitergekommen. Auf dem Desktop des PC seien zudem beim Eintreffen der Ermittler die Dateien absichtlich so platziert worden, dass sie zusammen den Ausdruck »all you neet to know« ergeben hätten. Das »neet« stehe dabei in dieser Schreibweise für eine Person, die keine Bildungseinrichtung besuche oder über eine Arbeit verfüge.

Die Vorsitzende fragt ihn nach einem Zeichen, das den Verfahrensbeteiligten auf den Bildschirmen angezeigt wird. Peter F. erklärt, dass das ein japanisches Videospiel sei, das damals noch in der Entwicklung gesteckt habe.

Die Vorsitzende deutet daraufhin auf eine Reihe weiterer Dateien. Der Zeuge erläutert, dass es sich dabei unter anderem um Anime-Videos mit antisemitischen und nationalsozialistischen Bezügen handele.

Daraufhin sagt die Vorsitzende, dass in dem Bericht des Zeugen Bezug auf die »neet.jpg«-Datei genommen werde und dass dort stünde, dass der Angeklagte auf diesem Bild mit einer Schirmmütze zu sehen sei, an der ein »Moon Man«-Button befestigt sei. Den Button könne sie hier aber nicht sehen. Peter F. erklärt, dass dieser recht klein sei. Aufgenommen worden sei das Foto am 8. August 2019, das habe der Angeklagte in der Vernehmung auch bestätigt. Sie hätten zudem nachvollzogen, dass der »Moon Man« bei einem Onlineshop als individueller Druck bestellt worden sei.

Dann kämen im Bericht Hinweise zu den Waffen, sagt die Vorsitzende. Diese seien aber bereits gestern ausreichend thematisiert worden, weswegen sie gern etwas über den Laptop, der sich im Mietwagen befunden habe, hören würde. Der Zeuge berichtet, dass auf dem Desktop ein Musikalbum mit rechtsextremen Bezügen gefunden worden sei. Außerdem hätten sie eine Verknüpfung zum TOR-Browser, ein Vodafone-Programm zur Herstellung der mobilen Internetverbindung und eine Datei mit dem Namen »Last Words« gefunden.

Die Vorsitzende spricht das Fazit des Zeugen an, in dem von einer Vielzahl von Anime-Inhalten und nationalsozialistischen wie auch antisemitischen Bezügen die Rede sei, und fragt: »Wenn Sie sagen ›Vielzahl‹, wie viele denn ungefähr?« Dieser antwortet, dass das aus der Erinnerung heraus schwer zu sagen sei. Schließlich seien es insgesamt tausende Dateien gewesen. Auch die Bilder würden in Bezug auf ihre Anzahl in diese Richtung gehen. Es seien Tausende gewesen, vielleicht rund 3000.

Infolgedessen fragt die Vorsitzende nach dem Vodafone-Stick, der im Auto gefunden worden sei. Dieser habe dort im Laptop gesteckt, erläutert Peter F. Er sei zum Hochladen der Dateien benutzt worden. Soweit er wisse, sei die genutzte Rufnummer auch auf den Beschuldigten registriert gewesen. Was bei der Auswertung der Telefon-, SMS- und WhatsApp-Kontakte herausgekommen sei, fragt ihn die Vorsitzende weiter. Das sei wenig ergiebig gewesen, antwortet der Zeuge. Das Samsung-Handy sei nur mit den Voreinstellungen versehen gewesen. Es habe noch ein weiteres Telefon gegeben, das der Mutter zugeordnet worden sei. Da habe es ebenfalls Kontakte gegeben, die darauf hätten schließen lassen, dass es vom Angeklagten genutzt worden sei, doch auch diese seien nur sehr wenige gewesen, die zudem erklärt und zugeordnet werden konnten.

Daraufhin fragt die Vorsitzende den Angeklagten, wann das Samsung-Telefon gekauft worden sei. »Irgendwann im Frühsommer«, antwortet dieser. Er habe es explizit wegen der modernen Kamera für das Streaming gekauft. Peter F. ergänzt, dass das auch die Ermittlungsergebnisse bestätigen würden; seiner Kenntnis nach sei es am 2. August 2019 registriert worden.

Im Anschluss fragt Rechtsanwältin Pietrzyk, ob sich auf dem Stick, den der Angeklagte bei sich geführt habe, Bezüge auf andere Anschläge befunden hätten. Der Zeuge gibt an, dass er dazu nochmals in dem Vermerk nachsehen müsse. Es habe jedenfalls entsprechende Videos gegeben, vor allem mit Bezügen auf das Christchurch-Attentat. Wo genau diese gespeichert gewesen seien, sei für ihn aufgrund der Mehrfachspeicherungen »gedanklich aber schwierig nachzuvollziehen«. Ob diese Videos sich auf dem Stick befunden hätten, den der Angeklagte bei sich gehabt habe, hakt Rechtsanwältin Pietrzyk dennoch nach. Der Zeuge erwidert, dass er das zwar nicht sagen könne, wenn es aber im Vermerk so stünde, sei es auch so gewesen.

Die Rechtsanwältin fragt ihn, ob er sich an Videomitschnitte von TV-Beiträgen antisemitischer Moderatoren und Verschwörungstheoretikern aus den USA erinnern könne. »Ja, auf jeden Fall«, antwortet Peter F. An Namen könne er sich aber nicht erinnern. »Alexander Emerick Jones?«, fragt Rechtsanwältin Pietrzyk nach. Er bejaht. »Erinnern Sie sich an ein Video der ›Atomwaffen Division‹?« Der Zeuge bejaht erneut, das habe sich auf zwei Speichermedien befunden. Es sei ein Video mit dem Aufruf »Join your local Nazis« gewesen. »Werden da Fahnen verbrannt?«, fragt Pietrzyk weiter. »Ja, USA-, Israel-, Regenbogen-, ich meine auch eine UN-Fahne«, zählt Peter F. auf.

Rechtsanwältin Pietrzyk fragt, ob Dateien von einer Doxing-Seite gefunden worden seien und ob er »Doxing« erklären könne. Der Zeuge erläutert, dass »Doxing« das öffentliche Bereitstellen von persönlichen Daten, meist für missbräuchliche Zwecke, sei. Ob da Privatadressen auf den Speichermedien zu finden gewesen seien, will die Anwältin wissen. Peter F. gibt an, sich nicht wirklich erinnern zu können, und dass die Auswertung außerdem von einem Kollegen vorgenommen worden sei.

Rechtsanwältin Pietrzyk fragt daraufhin nach der Anregung eines staatsanwaltlichen Auskunftsersuchens an den Anbieter Steam, die der Zeuge vermerkt habe, und möchte von ihm wissen, ob er an dieser Stelle weiter ermittelt habe. Dieser erklärt, dass die zuständige Fachdienststelle in diese Richtung weitergemacht habe. Die Vorsitzende ergänzt, dass die Anregung vom 16. Oktober 2019 stamme, dementsprechend relativ zeitnah gemacht worden sei.

Im Anschluss befragt Rechtsanwalt Lupschitz den Zeugen. Er möchte wissen, ob man sagen könne, dass der Angeklagte mit Doppeldeutigkeiten gearbeitet habe. »Je nachdem, wie man das nimmt«, antwortet dieser, er selbst würde das nicht so feststellen. Der Angeklagte habe allerdings über sich selbst gesagt, dass das sein Humor sei; das zeige sich etwa im Spiel mit dem Wort »neet«.

Rechtsanwalt Lupschitz fragt, ob der Zeuge annehme, dass es Zufall sei, dass das Foto mit dem »Moon Man« am 8. August 2019 aufgenommen worden sei. Dieser gibt an, dass das eine gute Frage sei und dass man das den Angeklagten fragen müsse. Man könne aber feststellen, dass das Datum einen bestimmten symbolischen Zweck habe; die 88 werde in der rechten Szene als Formel für »Heil Hitler« genutzt.

Die Vorsitzende fragt den Zeugen an dieser Stelle, ob er in einer Abteilung tätig sei, die sich mit rechten Tendenzen beschäftige. Peter F. erklärt, dass er mal beim Staatsschutz gewesen sei, doch eigentlich aus dem Bereich »Ausländerkriminalität« komme, ehe er für die Ermittlungsgruppe »Concordia« zur BAO[1] hinzugezogen worden sei. Mittlerweile sei er sogar dauerhaft dorthin gewechselt.

Wie viele Beamte des BKAs damals insgesamt mit dem Fall beschäftigt gewesen seien, fragt die Vorsitzende weiter, »175?« Der Zeuge antwortet, dass das ungefähr hinkommen könne, genauere Angaben seien aber möglicherweise nicht von seiner Aussagegenehmigung gedeckt. An diesem Punkt schaltet sich Oberstaatsanwalt Schmidt ein. Er meine nicht, dass das eine staatsgefährdende Information sei und dass er selbst gerne etwas dazu sagen könne. Die Anzahl der mit dem Fall Beschäftigten habe geschwankt, in der Spitze seien es bis zu 260 Ermittler gewesen.

Rechtsanwältin Lewin fragt den Zeugen, ob es in der rechten Szene normal sei, derart viel englischsprachige Inhalte zu konsumieren, sie hätte schließlich erwartet, dass man sich eher auf deutschsprachige Medien beziehe. Peter F. antwortet, dass er zwar noch recht neu in dem Bereich sei, dass man aber sehr wohl feststellen könne, dass sich der Rechtsextremismus international immer mehr vernetze. So sei etwa das Christchurch-Attentat für den Angeklagten seiner eigenen Aussage nach »inspirierend« gewesen. Man finde sich in diesem Bereich heute aufgrund der ideologischen Orientierung zusammen, nicht aufgrund der Staatsangehörigkeit.

Rechtsanwalt Benjamin Derin, Vertreter der Nebenklage, will daraufhin von dem Zeugen wissen, ob er auch mit der Auswertung der Musikdateien betraut gewesen sei. Dieser antwortet, dass er sie sich zwar angehört, die eigentliche Auswertung aber die Kriminalkommissarin R.[2] vorgenommen habe. In seinem Vermerk habe er sich primär auf ihre Erkenntnisse bezogen. So hätten die Lieder einen entsprechenden Szenehintergrund gehabt, oft seien bekannte Titel aus unterschiedlichen Musikrichtungen uminterpretiert worden, so etwa aus dem Rap. Ihm gehe es um Alek M., erklärt Rechtsanwalt Derin. Peter F. gibt an, sich daran nicht zu erinnern. Ob ihm denn bewusst sei, dass Alek M. der Attentäter gewesen sei, der in Toronto

1 BAO für »Besondere Aufbauorganisation«.

2 Gemeint ist hier vermutlich Zeugin Michelle R., die am 8. Verhandlungstag am 1. September 2020 ausgesagt hat.

Menschen überfahren habe, hakt Rechtsanwalt Derin nach. Der Zeuge gibt erneut an, dass er das nicht wisse und mit dieser Auswertung auch nicht betraut gewesen sei.

Rechtsanwältin von der Behrens fragt den Zeugen, ob er wisse, wann der CCleaner auf dem PC-Tower des Angeklagten gestartet worden sei. Aus dem Stegreif könne er das nicht sagen, meint dieser, es stünde aber im Vermerk. Vermutlich sei es am Morgen oder am Vorabend des Tattags gewesen. Auch ob man noch versuche, an die verschlüsselten Container heranzukommen, wisse er nicht. Er sei seit Mitte Dezember nicht mehr in die Ermittlungen involviert gewesen, damals sei das jedenfalls noch versucht worden. Er wisse aber auch, dass man, wenn Angriffe auf Verschlüsselungen erfolglos seien, irgendwann entscheide, diese abzubrechen. Das habe auch etwas mit den polizeilichen Serverkapazitäten zu tun. Weitere Auskunft dazu könne vermutlich Kriminalhauptkommissar Andreas D. geben.

Rechtsanwalt Günther fragt, ob der Desktophintergrund des PC-Towers irgendeine Bedeutung habe. Peter F. beschreibt, dass dort eine Hand zu sehen gewesen sei, die ein Loch oder einen Ring forme. Es handele sich dabei um ein Kinderspiel, in dem man den anderen dazu bringe, in dieses Loch hineinzuschauen. Was das in diesem Kontext für eine Bedeutung gehabt habe, wisse er aber nicht.

Rechtsanwältin Pietrzyk fragt, ob Europol in den Umgang mit den verschlüsselten Devices eingebunden worden sei. Er müsse ein bisschen aufpassen, was er dazu sagen könne, antwortet der Zeuge. Die Rechtsanwältin entgegnet, dass der Generalbundesanwalt anwesend sei und das gegebenenfalls beurteilen könne. »Wie war Europol eingebunden?«, wiederholt sie ihre Frage. Peter F. gibt an, dass er das tatsächlich nicht wisse und bei so einer Frage auch in einen Bereich komme, in dem er eventuell eine erweiterte Aussagegenehmigung bräuchte. Oberstaatsanwalt Schmidt sagt, dass er das bis zum nächsten Verhandlungstag in Erfahrung bringen könne.

Der Zeuge wird daraufhin entlassen.

AUSSAGE DER ZEUGIN VIOLA T. (BKA, ZUM GAMINGVERHALTEN DES ANGEKLAGTEN)

Die Zeugin wird über ihre Pflichten belehrt und zu ihren Personalien befragt. Viola T. ist 41 Jahre alt und beim BKA als Tarifbeschäftigte angestellt. Sie hat das Gamingverhalten des Angeklagten untersucht und es in einem Bericht vom 10. Dezember 2019 dargestellt.

Die Vorsitzende bittet die Zeugin, kurz ihren fachlichen Hintergrund und dann den Bericht vorzustellen. Diese erklärt, dass sie seit zweieinhalb Jahren beim BKA tätig sei. Vorher habe sie Kommunikations- und

Sozialwissenschaften sowie Germanistik studiert. Sie sei unter anderem an der Universität Bonn als wissenschaftliche Mitarbeiterin im Bereich der Medienwissenschaft tätig gewesen und habe sich dort mit Hasskommentaren im Internet beschäftigt. Vor dieser Tätigkeit sei sie Journalistin gewesen. Seit April 2018 sei sie nun Sachbearbeiterin der Internetauswertung im Bereich des Rechtsextremismus beim BKA.

Sie habe im Dezember 2019 einen Vermerk gemacht, in dem sie die Internetermittlungen zum Gamingverhalten des nun Angeklagten zusammengefasst habe. Dieser Vermerk würde sich im Wesentlichen auf die Beantwortung eines Auskunftsersuchens der Staatsanwaltschaft durch die Firma Valve Corporation stützen. Die Valve Corporation, die die Vertriebsplattform Steam betreibe, habe Daten zu zwei Accounts mit den Namen »Pharaszai« und »Antag« übermittelt, die mit den E-Mail-Adressen des Beschuldigten verknüpft gewesen seien. Den Ermittlern seien 44 Spiele genannt worden sowie die jeweilige Spieldauer in Stunden. Es habe sich vor allem um Ego-Shooter wie »Rising Storm«, »Wall Thunder« und »Counter-Strike: Source« gehandelt, aber auch Rollenspiele seien dabei gewesen. Außerdem habe der Angeklagte im Jahr 2017 das Spiel »World of Guns: Gun Disassembly« gespielt, eine Art Waffensimulator, bei dem der Nutzer verschiedene Waffen auseinander- und wieder zusammenbauen und im Anschluss auf Pappscheiben schießen könne. Insgesamt habe es sich um legale, kommerzielle Videospiele gehandelt, die von sehr vielen Nutzern gespielt werden würden. Sie hätten keine antisemitischen oder rechtsextremen Inhalte in diesen Spielen feststellen können. Die Valve Corporation habe ihnen zudem mitgeteilt, dass sie Chatdaten nur für zwei Wochen speichere. Da die letzten Aktivitäten der genannten Nutzer am 30. August 2019 stattgefunden hätten, lägen daher keine Daten aus diesem Bereich vor. Insgesamt hätten die beiden Accounts sieben »Freunde« auf der Plattform gehabt. Diese hätten alle aus den Jahren 2014 und 2015 gestammt und seien nicht weiter auffällig gewesen.

Es habe noch einen anderen Account gegeben, so Viola T. weiter, der mit einer E-Mail-Adresse verknüpft gewesen sei, die sie aus den Ermittlungen gekannt habe. Hier habe es aber kaum Daten gegeben, insgesamt sei der Account sowieso nur eine Stunde genutzt worden.

Auch an andere Publisher seien Auskunftsersuchen gestellt worden, die Anfragen hätten aber keine Ergebnisse gebracht, gibt die Zeugin an.

Bei Steam sei ihnen zu jedem der 44 Spiele eine Anzahl der Stunden, die jeweils mit diesen verbracht worden sei, genannt worden. Sie wüssten allerdings nicht, auf welchen Zeitraum sich diese Daten beziehen würden. Erinnerlich sei ihr etwa die Zahl von 266 Stunden, die das Spiel »Counter-Strike« gespielt worden sei.

Die Vorsitzende fragt, was das Spielen auf dieser Plattform koste. Viola T. antwortet, dass das vom Spiel abhänge. Sie habe dazu einige Erkenntnisse im Vermerk zusammengetragen.

Die Vorsitzende sagt, dass es Spiele gebe, bei denen man allein spiele, und andere, bei denen man gemeinsam spiele, und fragt die Zeugin, ob man denn nicht sagen könne, mit wem der Angeklagte gespielt habe. Diese antwortet, dass man vor allem bei Shootern zusammenspielen würde, die Chatdaten würden aber eben nur 14 Tage gespeichert werden. Ob darüber hinaus erfasst werden könne, wer mit wem zusammenspiele, wisse sie aber nicht.

Die Vorsitzende fragt, ob es üblich sei, dass man etwa einen Namen wie »Antag« nutze und keinen Klarnamen. Die Zeugin bestätigt, das sei so üblich, und fügt hinzu, dass sie die Accounts nur über die verwendeten E-Mail-Adressen hätten ausmachen können. »Aber wir halten fest: das sind legale Spiele. Das ist also nichts im Darknet«, sagt die Vorsitzende. Die Zeugin stimmt zu und ergänzt, dass das jedenfalls für die Spiele der Valve Corporation gelte.

Richter Scholz fragt, von welchen rechtsextremistischen Spielen die Zeugin denn gesprochen habe, was deren Inhalte seien und wie man diese finden könne. Diese erklärt, dass es ihrer Kenntnis nach bei Steam überhaupt keine rechtsextremistischen Spiele zu erwerben gebe. Sie wisse auch nicht, wie man an entsprechende Spiele komme, bei denen die Rechtslage in Deutschland eindeutig sei. Sie habe dazu jedenfalls keine Kenntnisse.

Rechtsanwältin Pietrzyk fragt die Zeugin, ob sie untersucht habe, ob man bei verschiedenen Spielen sogenannte Deutsche Kampagnen, bei denen man Wehrmachtssoldaten steuere, habe spielen können. Diese verneint, das habe sie nicht untersucht.

Ob sie sich »World of Guns« einmal angesehen habe, fragt die Rechtsanwältin weiter. Die Zeugin verneint wieder. Die Einordnung, man könne dort Waffen zerlegen und zusammenbauen, würde zwar auf ihren Recherchen basieren, selbst gespielt habe sie das Spiel aber nicht. Ob andere Ermittler die Spiele gespielt hätten, könne sie ebenfalls nicht sagen. Die Vorsitzende wendet ein, dass im Bericht auftauche, das am 19. November 2019 auf die Accounts zugegriffen worden sei.

Rechtsanwältin Pietrzyk sagt, dass die Zeugin auch extrahierte Firefox-Artefakte ausgewertet habe, und bittet sie aufzuzählen, welche Imageboards besucht worden seien. Viola T. antwortet, die Untersuchung des Toshiba-Laptops habe ergeben, dass der Angeklagte die Imageboards vch.moe, nanochan und Julay.World besucht habe. Auf allen drei Boards fänden sich antisemitische, rechtsextremistische, gewaltverherrlichende und frauenfeindliche Inhalte. Das Board vch.moe habe der Angeklagte auch in der Datei »Read this first.pdf« genannt. Am 12. Oktober 2019 hätten sich dort 124.000 Postings von 4762 Nutzern befunden. Die User würden anonym und ohne Registrierung posten. In den Beiträgen seien rechtsextreme und antisemitische Bezüge zu finden, außerdem gebe es viele Anime- und Manga-Inhalte. Äußerungen, die dem Angeklagten zuzuordnen seien, habe man aber nicht identifizieren können. Auf Julay.World wiederum hätten sich am 7. November 2019 444.000 Postings in 77 Boards befunden. Es gebe dort ein explizit faschistisches Unterboard. Ansonsten weise Julay.World eine große thematische Bandbreite auf, was typisch für Imageboards sei. So würden Waffen thematisiert, Frauen als Sexualobjekte dargestellt und kinderpornografische Zeichnungen verbreitet. Das Imageboard nanochan wiederum sei über das TOR-Netzwerk zu erreichen. Im Unterboard »/pol/« würden sich viele antisemitische und fremdenfeindliche Threads finden. Auch der Attentäter von Christchurch werde dort glorifiziert. Bei der Auswertung der Geräte hätten sich außerdem Hinweise ergeben, dass der Angeklagte auch das Zeronet genutzt habe. Dies sei ein dezentrales Netzwerk zur Vermeidung von Zensur.

Rechtsanwältin Pietrzyk fragt, ob Viola T. Kollegen habe, die die Rezeption des Anschlags und des gerade stattfindenden Prozesses auf Imageboards untersuchen würden. Viola T. meint, sie erinnere sich, dass diese Reaktionen immer wieder recherchiert worden seien. Gerade in der Anfangszeit habe es auf den Imageboards starke Reaktionen gegeben.

Rechtsanwältin Lang fragt die Zeugin, ob sie sich erinnern könne, welche Spiele 2018 und 2019 gespielt worden seien, und zählt dazu drei auf. Viola T. sagt, dass das die Spiele aus dem Jahr 2019 gewesen seien. Im Jahr 2018 habe der Angeklagte »Let it Die« gespielt. Ob ihr »Darkest Hour Europe '44-'45« etwas sage, fragt Rechtsanwältin Lang nach. Die Zeugin erklärt, dass der Angeklagte dieses Spiel 2017 insgesamt 29 Stunden gespielt habe. Sie hätten aber nicht nachvollziehen können, von welchen Geräten aus die Spiele gespielt worden seien. Die Rechtsanwältin verweist darauf, dass in der Auskunft seitens der Valve Corporation auch Zugriffsorte vermerkt worden seien. Es sei dort für den 7. April 2017 der Zugriff aus Zwickau, für den 12. Januar 2017 aus Chemnitz und für den 24. und 25. Januar 2019 aus Hessen aufgeführt worden. Viola T. sagt, dass sie diesbezüglich Rücksprache mit fachkundigen Kollegen gehalten habe. Diese hätten ihr gesagt, dass die lokalen Zuordnungen der IP-Adressen üblicherweise sehr ungenau seien. Technisch könne sie selbst den Grund dafür allerdings nicht erklären. Rechtsanwältin Lang will daraufhin wissen, welcher Kollege das denn erklären könne. Die Zeugin gibt an, sich an den Namen nicht erinnern zu können, diesen aber bei Bedarf in ihren Unterlagen im Zeugenraum nachsehen könne. Die Rechtsanwältin bittet darum, der Zeugin den Zugriff auf diese Unterlagen zu gewähren. Der Großteil der Zugriffe sei laut Auskunft der Anbieter aus Sachsen-Anhalt erfolgt, weswegen diese Abweichungen relevant seien. Die Vorsitzende sagt, dass, wenn es nur um den Namen des Ermittlers gehe, das gleich in der Pause gemacht werden könne.

Rechtsanwalt Herrmann stellt anschließend eine Frage zu den Imageboards. Die Zeugin habe gesagt, rekapituliert Rechtsanwalt Herrmann, dass es in einem Board 100.000 Postings von 5000 Usern gegeben habe, dass diese aber nicht registriert werden würden. Ihm stelle sich nun die Frage, wie man die Postings denn dann den Usern zuordnen könne, ganz anonym laufe das ja offenbar nicht ab. Die Zeugin erklärt, dass man das Posting eintippe, welches dann eine ID-Nummer bekäme. Wenn derselbe Nutzer nun ein weiteres Posting verfasse, bekomme es eine andere ID-Nummer. Imageboards seien darauf ausgelegt, so wenig Daten wie möglich zu speichern. Die totale Useranzahl ließe sich in der Regel aber über die IP-Adressen ermitteln. Rechtsanwalt Herrmann hakt nach, ob dann nicht eine Rückverfolgung der User über die IP-Adresse möglich sei. Die Zeugin bestätigt das, es gebe aber viele Möglichkeiten, die eigene IP-Adresse zu verschleiern. Außerdem würden die Adressen in der Regel maximal für zehn Tage gespeichert werden. Die Imageboardbetreiber würden außerdem, wenn sie überhaupt ermittelbar seien, in der Regel nicht gern mit Sicherheitsbehörden zusammenarbeiten. Ob die Imageboards also ein Tummelplatz für alle seien, die irgendetwas Verbotenes machen wollten, ob sie zudem allen Menschen zugänglich seien und ob die Urheber der Postings jeweils nicht ermittelt werden könnten, fragt Rechtsanwalt Herrmann nochmals nach. »Richtig«, antwortet Viola T. knapp.

Rechtsanwältin Scharnhorst, Vertreterin der Nebenklage, fragt, ob denn versucht worden sei, die IP-Adressen bei den genannten Imageboards herauszufinden. Die Zeugin antwortet, dass das bei den genannten Boards nicht versucht worden sei, Kontakt habe aber zum Betreiber von Meguca bestanden.[3] Dieser sei zwar gefragt worden, mit welcher IP-Adresse der »Last Post« des Angeklagten veröffentlicht worden war, er habe aber mitteilen lassen, dass keine Daten vorliegen würden. Der Post habe sich in einem Unterboard befunden, das am 12. Oktober 2019 gelöscht worden sei, dabei seien auch alle Daten vernichtet worden. Rechtsanwältin Scharnhorst fragt, ob man bei der Ermittlung somit auf die Zusammenarbeit mit den Betreibern angewiesen sei oder ob es nicht auch entsprechende Zwangsmaßnahmen gebe. »Da habe ich keine Erkenntnisse«, antwortet die Zeugin. Ob es also so sei, dass die Ermittler eine E-Mail schreiben würden und bei der Antwort der Betreiber, es gebe keine Daten, »am Ende« seien, hakt Rechtsanwältin Scharnhorst nochmals nach. »Dazu kann ich nichts sagen. Ich gehe davon aus«, erwidert Viola T.

3 Der Betreiber des Boards, Jānis Pētersons, soll laut eigener Aussage am 16. Oktober 2019 in Lettland vom BKA kontaktiert worden sein, nachdem das ZDF-Magazin »frontal21« ihn aufgespürt und in der Sendung vom 15. Oktober 2019 thematisiert hatte, dass das BKA ihn bis dahin nicht habe ausfindig machen können.

Rechtsanwalt Özata fragt die Zeugin, ob sie etwas zum beschriebenen Löschvorgang des Unterboards sagen könne. Diese erklärt, dass der Betreiber von Meguca gesagt habe, dass das Unterboard von einem User mit dem Namen »Rakete« administriert worden sei. Dieser habe das Board am 12. Oktober 2019 gelöscht und alle Daten vernichtet. Der User sei außerdem aktuell nicht mehr erreichbar gewesen. »Und mit dem Betreiber ist nur per E-Mail kommuniziert worden?«, hakt Rechtsanwalt Özata nach. Viola T. bestätigt das, soweit sie wisse, sei er nicht geladen oder persönlich erreicht worden. Der Rechtsanwalt will wissen, ob bekannt sei, wie der Meguca-Betreiber heiße, oder ob das habe ermittelt werden müssen. Viola T. sagt, dass der Name in einem Fernsehbericht genannt worden sei. Den »Last Post« und Meguca hätten die Ermittler vorher gekannt, der Name des Betreibers sei ihnen aber erst durch diesen Bericht bekannt geworden. Zu dem Unterboard, auf dem der Post verfasst worden war, könne sie auf entsprechende Nachfrage des Rechtsanwalts wiederum nichts sagen, weil es schon gelöscht worden sei. Auch über die mögliche spezifisch thematische Ausrichtung sei ihr nichts bekannt. Rechtsanwalt Özata vergewissert sich, ob nach der E-Mail an den Meguca-Betreiber nichts weiter unternommen worden sei, um dessen Angaben auf Plausibilität zu prüfen und nachzusehen, was da genau gelöscht worden sein soll. Viola T. sagt, dass das Posting an sich über eine »Web Archive Machine« einsehbar gewesen sei und dass sie versuche sich zu erinnern, ob noch weitere Ermittlungen angestellt worden seien. Nach einigen Sekunden sagt sie: »Nein, mehr weiß ich nicht.« Auch warum der Angeklagte ausgerechnet Meguca ausgewählt habe, sei für die Ermittler nicht nachvollziehbar.

»Können Sie mir etwas zu Discord sagen?«, fragt Rechtsanwalt Özata sie weiter. Die Zeugin führt aus, dass das eine Chatapplikation sei, die der Vernetzung von Gruppen diene. Sie werde von vielen Nutzern genutzt; insbesondere Gamer würden den Dienst nutzen, um sich zu sogenannten Voice Chats zusammenzuschließen. Auf den Datenträgern des Angeklagten seien Discord-Fragmente gefunden worden. Sie wisse aber nicht mehr, ob das auf dem PC-Tower oder auf dem Toshiba-Laptop gewesen sei. Es habe sich in jedem Fall nur um Fragmente gehandelt, die keine Rückschlüsse zugelassen hätten, ob der Angeklagte Discord tatsächlich genutzt habe. Möglich sei die Kommunikation aber ohnehin auch direkt über Steam gewesen.

Obwohl der Angeklagte viele Multiplayer-Spiele gespielt habe, hätten sie keine Kontakte nachweisen können, hakt Rechtsanwalt Özata weiter nach. Viola T. bejaht; erst über die Anfrage an Valve Corporation habe man sieben Freunde ausmachen können, diese hätten aber alle aus den Jahren 2014 und 2015 gestammt. »Wissen Sie, ob er in Gruppen oder Clans aktiv war?«, fragt der Rechtsanwalt. Die Zeugin gibt an, auch dazu keine Kenntnisse zu haben, sie gehe aber davon aus, dass dazu ermittelt worden sei. Sie selbst sei damit nicht befasst gewesen, fügt sie abschließend hinzu.

Rechtsanwältin Lang fragt, ob bei Valve Corporation nach weiteren Daten angefragt worden sei. Viola T. verneint, sie wisse nichts von einer erneuten Anfrage. Das bedeute also, dass auch nicht erfragt worden sei, welche Spielstände und Kampagnenfortschritte zuletzt gespeichert wurden, vergewissert sich die Rechtsanwältin. Die Zeugin gibt erneut an, dass es keine entsprechende Nachfrage gegeben habe. Welche Erkenntnisse sie habe, wie man bei Steam spiele, und wie die Spielstände gespeichert würden, fragt Rechtsanwältin Lang weiter und will wissen, ob die Zeugin die Spiele selbst gespielt habe. »Ich bin keine Gamerin«, antwortet diese, beim BKA gebe es aber Personen, die solche Kenntnisse hätten. Auf die Frage, wer das wäre, führt sie an, dass sie nicht wisse, ob diese Information von ihrer Aussagegenehmigung umfasst sei. Die Vorsitzende merkt an, dass sie das auch nicht wisse, aber die Zeugin den Namen der Person gegebenenfalls auch später nachreichen könne. Rechtsanwältin Lang hakt nach, ob sie es demnach richtig verstehe, dass das BKA sie, die keine Ahnung von Steam und Gaming habe, zentral damit beauftragt habe, die Auswertung der Angaben der Valve Corporation vorzunehmen. »Ja«, antwortet die Zeugin knapp.

Ein Nebenklageanwalt fragt abschließend, wer Sven W. sei. Viola T. antwortet, dass das eine mutmaßliche Kontaktperson des Angeklagten gewesen sei, es hätten sich aber keine weiterführenden Erkenntnisse ergeben. »Können Sie sagen, warum gerade der?«, fragt der Rechtsanwalt. Das könne sie nicht, antwortet diese. Die Zeugin wird anschließend entlassen.

Die Vorsitzende gibt an, ein Schreiben der Rechtsanwältin von der Behrens einbringen zu wollen, und fragt diese, ob sie dies selbst verlesen könne. Rechtsanwältin von der Behrens antwortet, dass das Schreiben nicht für die Hauptverhandlung bestimmt gewesen sei. Die Vorsitzende erklärt, dass Rechtsanwältin von der Behrens angeregt habe, den Vermerk von Kriminalhauptkommissar D.[4] zum Gewicht der Ausrüstung des Angeklagten auf die Selbstleseliste zu setzen. Sie, die Vorsitzende, sehe aber nicht, dass das nötig sei.

Offen sei indes die Frage nach den Gebrüdern W., die wiederholt aufgekommen sei. Oberstaatsanwalt Schmidt sagt, für das Verfahren sei die Landesstaatsanwaltschaft in Düsseldorf zuständig. Ob das Verfahren mittlerweile rechtskräftig abgeschlossen sei, könne er dabei nicht sagen.

4 Während der Verhandlung blieb offen, welche·r der zahlreichen BKA-Beamt·innen mit dem Nachnamen D. an dieser Stelle gemeint war.

VERLESUNG EINES BKA-SCHREIBENS AN DIE BUNDESANWALTSCHAFT (ZU BITCOIN-TRANSAKTIONEN DES ANGEKLAGTEN)

Die Vorsitzende bittet den Oberstaatsanwalt um die Verlesung eines Schreibens, in dem die Erkenntnisse zu den Ermittlungen rund um die Bitcoin-Aktivitäten des Angeklagten zusammengefasst würden. Dieser verliest zügig das rund fünfseitige Dokument. Demnach berichtete das BKA der Staatsanwaltschaft im Januar 2020 den folgenden Erkenntnisstand: Der Angeklagte habe in der Datei »Read this first.pdf« einen »Mark«, der als vch.moe-Betreiber Mark M. identifiziert worden sei, beschuldigt, ihm 0,1 Bitcoin gespendet zu haben. Anhand der Auswertung der Datenträger des Angeklagten seien zwei Bitcoin-Adressen ausgemacht worden. Beide Adressen hätten keine Verbindungen zu der behaupteten Transaktion aufgezeigt, es sei nur ein einziges Mal ein sehr geringer Betrag von umgerechnet wenigen Cent transferiert worden. Beim Angeklagten sei außerdem ein Zettel mit einer Reihe von Wörtern, die als sogenannte Seed Phrase der Rekonstruktion einer Bitcoin-Wallet dienen könnten, gefunden worden. Es hätte hier aber ein für die Wiederherstellung notwendiges Wort gefehlt, das der Angeklagte nicht habe verraten wollen. Andere Bitcoin-Adressen seien nicht bekannt geworden. Aus einem FBI-Schreiben an das BKA vom 28. Januar 2020 gehe außerdem hervor, dass Mark M. die behauptete Transaktion gegenüber den US-Behörden bestritten habe.

Zusammenfassend lasse sich demnach festhalten, dass die Verwicklung Mark M.s mit dem Angeklagten und dem Anschlag sowie die Existenz der Spende weder be- noch widerlegt werden könne.

AUSSAGE DES ZEUGEN DARIUS D. (BKA, ZU IMAGEBOARDS UND DER DIGITALEN RECHTEN)

Die Vorsitzende belehrt den Zeugen über seine Pflichten und befragt ihn zu seinen Personalien. Darius D. ist 24 Jahre alt und seit dem 1. Oktober 2019 beim BKA tätig. Er wird in der Abteilung »Operative Einsatz- und Ermittlungsunterstützung« eingesetzt.

Die Erkenntnisse, die er in einem Vermerk zusammengefasst habe, habe er sich im vergangenen Jahr durch Open-Source-Recherche erarbeitet.

Die Vorsitzende fragt ihn, was er zusammenfassend berichten könne. Darius D. sagt, in Imageboards und Foren gebe es eine digitale Rechte. Es fände sich in diesen Foren ein Sammelsurium an Verschwörungstheorien sowie antisemitischen, rassistischen und antifeministischen Meinungen. Häufig würden diese mit Memes ausgedrückt werden. Die Szene decke sich teilweise mit Offline-Bewegungen wie der Alt-Right-Bewegung. Die Vorsitzende wendet ein, dass Imageboards zunächst ein neutraler Begriff für Foren sei, in denen sich Menschen treffen würden, um Meinungen auszutauschen. Sie fragt ihn, was denn konkret in den Foren, die er untersucht habe, vorgelegen habe. Der Zeuge stimmt der Vorsitzenden zu, Imageboards seien an sich ein neutrales Medium. Es gebe aber Unterboards, die in bestimmte politische Richtungen gehen würden. Ein Beispiel sei das Unterforum »/pol/« bei 4chan. Dort würden in alle Richtungen politische Themen diskutiert werden, häufig gehe es dabei um Verschwörungstheorien oder Antisemitismus.

Auf die Frage der Vorsitzenden Richterin, ob man da einfach reinkomme, und ob diese entsprechend nichts mit dem Darknet zu tun haben würden, erklärt der Zeuge, dass es unendlich viele Imageboards geben würde. Manche befänden sich im Darknet, im Deep Web, es gebe aber auch bekannte Boards, die öffentlich seien. Bei einigen, wie bei Reddit, bewege man sich auch nicht anonym, sondern müsse ein Benutzerkonto erstellen.

Die Vorsitzende fragt nochmals, was Memes seien. Darius D. erläutert, dass es sich dabei um ein Internetphänomen handele. Memes seien meist Zeichnungen, Videos oder Bilder mit einem humoristischen Hintergrund. Es würden etwa Situationen dargestellt, die jeder kenne. Teils hätten sie aber auch einen politischen Hintergrund.

Wie sich der Angeklagte in diesen Boards bewegt habe, fragt die Vorsitzende anschließend. Der Zeuge gibt wieder, dass der Angeklagte vor allem Schnittmengen mit der Szene der »Incels« gehabt habe. Dies sei ein Überbegriff für Männer, die im »unfreiwilligen Zölibat« leben würden. Es gebe Subkulturen im Internet, die sich als »Incels« begreifen würden. In diesen Kreisen würden etwa Feindbilder wie der »Alpha-Mann« aufgebaut, demgegenüber sich »Incels« chancenlos fühlen würden. Vermischt sei dieses Denken oft mit antifeministischen Verschwörungstheorien vom rechten Rand. Das Leben des Angeklagten weise dabei Parallelen zu den Kennzeichen der »Incel«-Szene auf. Er sei sexuell inaktiv gewesen und habe sich selbst als »neet« bezeichnet, was für »Not in Education, Employment or Training« stehe. Der Gegenspieler des »neet« sei im Denken der »Incels« der sogenannte Alpha-Mann. Viele Nutzer in Imageboards würden sich mit einer solchen Denkweise identifizieren, ohne dass sie aber »Incels« genannt werden würden.

»Bevor wir weitermachen«, unterbricht die Vorsitzende die Befragung, wolle sie wissen, ob sich die Zeugin Viola T. nun im Zeugenraum befinde, um sich nach dem Namen des relevanten Kollegen zu erkundigen. Rechtsanwältin Lang sagt, sie habe gerade aus dem Verhandlungssaal gemusst und habe dabei Viola T. auf dem Flur telefonieren sehen. Ihr sei aber nicht klar, mit wem sie jetzt sprechen müsse. Die Vorsitzende bittet darum, dass jemand nach der Zeugin sehen solle.

Anschließend wendet sie sich wieder dem Zeugen Darius D. zu, und fragt ihn, was er zur Gewaltaffinität in Imageboards zu sagen habe. Es könne dort eine hohe Gewaltaffinität ausgemacht werden, antwortet dieser. So würden Links zu Streams von Gewalttaten gepostet werden, wie es auch der Angeklagte bei Meguca getan habe. Auch gebe es Aufrufe zur Gewalt gegen die genannten Feindbilder. Einige Attentäter hätten in diesen Boards zudem eine gewisse Vorbildrolle, das gelte etwa für den Christchurch-Attentäter Brenton T. oder Alek M., den Attentäter von Toronto.

Die Zeugin Viola T. betritt in diesem Moment den Verhandlungssaal. Sie sagt, sie habe die E-Mail-Adresse des Kollegen leider nicht herausfinden können. Rechtsanwältin Lang fragt sie daraufhin, mit wem sie telefoniert habe. Die Zeugin antwortet, dass sie mit einem Kollegen telefoniert habe, um herauszufinden, ob dieser Zugriff auf eine Ablage habe, in der die Informationen möglicherweise gespeichert seien. »Das heißt, es gibt eine Ablage, die nicht aktengegenständlich ist?«, fragt Rechtsanwältin Lang. Die Vorsitzende entgegnet, dass das normal sei, sie würde sich hier ja auch handschriftliche Notizen machen.

Rechtsanwalt Alexander Hoffmann, Vertreter der Nebenklage, unterbricht sie mit dem Hinweis, dass das eine Frage an die Zeugin Viola T. gewesen sei. Es gehe hier offenbar nicht um handschriftliche Notizen, entgegnet Rechtsanwältin Lang, sondern um Ablagen, auf die ein Kollege Zugriff haben könnte. Was sich auf diesen denn befinden würde, fragt sie die Zeugin. »Nichts«, antwortet diese, die Ablagen gebe es auch nicht mehr. Die Vorsitzende meint, dass sie zur Kenntnis genommen habe, dass die Zeugin Viola T. die E-Mail-Adresse nicht nennen könne, und ergänzt, mit Blick auf Rechtsanwältin Lang und Rechtsanwalt Hoffmann, dass es sich hier nicht um eine inquisitorische Befragung handele.

Sie wendet sich anschließend wieder dem Zeugen Darius D. zu und bittet die Verfahrensbeteiligten, ihre Fragen zu stellen.

Rechtsanwältin Pietrzyk zitiert aus dem Vermerk, den der Zeuge angefertigt habe. Er habe dort geschrieben, wie Imageboards in den Medien dargestellt würden. Sie will wissen, ob er sich die Boards denn auch selbst angesehen habe. Dieser entgegnet, dass er das selbstverständlich getan habe. Bei dem besagten Satz sei es vielmehr darum gegangen, kenntlich zu machen, dass bestimmte Informationen selbst in den Medien verbreitet seien. »Welche Boards haben Sie denn besucht?«, fragt ihn die Rechtsanwältin. Er erwidert, dass es ein Jahr her sei, und er sich nicht mehr genau erinnern könne. Sicher sei er sich aber, dass er 4chan und Reddit und einige weitere besucht habe. »Haben Sie auf 4chan eine positive Rezeption dieser Tat wahrgenommen?«, fragt ihn die Anwältin. Auch daran könne er sich nicht genau erinnern, antwortet Darius D., der Tenor sei jedenfalls vielmehr Häme gewesen. Eine Auswertung der Rezeption oder Screenshots von entsprechenden Postings habe er aber nicht gemacht und ergänzt: »Das war nicht meine Aufgabe.« Rechtsanwältin Pietrzyk sagt, dass sie sich die Quellen zu Imageboards angeschaut habe, die im Vermerk angegeben würden. Es handele sich dabei um einen ZEIT-Artikel aus dem Jahr 2017 und um einen Wikipedia-Artikel.

Darius D. sagt, dass es ihm bei diesen Quellen darum gegangen sei zu zeigen, dass das Phänomen weit bekannt sei.

Rechtsanwältin Scharnhorst fragt ihn, ob es auf 4chan so etwas wie eine Moderation gebe. Der Zeuge antwortet, dass er über den spezifischen Aufbau des Boards leider nichts sagen könne. Er wisse auch nicht, welcher Ermittler mehr darüber erzählen könne.

Auf Rechtsanwalt Herrmanns Frage, ob eine Art »Bestreifung« dieser Internetbereiche stattfinde, gibt Darius D. an, dass er glaube, dass die Beantwortung dieser Frage nicht von seiner Aussagegenehmigung gedeckt sei. »Habe ich mir das so vorzustellen«, setzt Rechtsanwalt Herrmann wieder an, »dass es so etwas wie ein Stadtteil hier in Magdeburg ist, in dem es überhaupt keinen Sinn ergibt, Streife zu fahren, weil man im Zweifelsfall eh nichts machen kann?« Der Zeuge sagt, dass es Boards gebe, die ihre User anonymisieren würden. Rechtsanwalt Herrmann entgegnet, dass hier, im Verlauf der Hauptverhandlung, zu sehen sei, dass bei der Polizei im Onlinebereich immer jemand anderes zuständig sei oder sich gewisse Abläufe überhaupt nicht nachvollziehen ließen. Die Polizei sei der Zeit demnach völlig hinterher. »War das eine Frage?«, will der Zeuge nach einigen Sekunden wissen. Es sei einfach frustrierend, antwortet Rechtsanwalt Herrmann.

Rechtsanwalt Gerrit Onken, Vertreter der Nebenklage, meint daraufhin, dass er bei der Aussage des Zeugen: »Das war nicht meine Aufgabe«, stutzig geworden sei, und bittet ihn, diese nochmals zu erklären. Darius D. gibt an, dass er das bereits getan habe. Der Rechtsanwalt bittet ihn, die Ausführungen zu wiederholen. Darius D. erklärt, dass es seine Aufgabe gewesen sei, die Hintergründe der Tat in der Welt der Onlineforen zu beleuchten. »Und dabei finden Sie die Rezeption der Tat«, ergänzt ihn Rechtsanwalt Onken, »und machen dann keine Screenshots und keine Vermerke?« Sie würden sich bei dieser Art der Aussagen im Kreis drehen, fährt er, sich an den Zeugen richtend, fort. Er könne seine Frage auch anders stellen: »Ist Ihnen die Aufgabe explizit abgenommen worden, die Rezeption zu erfassen? Haben Sie eigenverantwortlich entschieden, das auszusparen?« Darius D. erwidert, dass er eine klare Aufgabe gehabt habe, nämlich einen Vermerk zu den Hintergründen der Tat im Internet zu erarbeiten. Strafrechtlich relevante Kommentare, auf die er während seiner Recherche gestoßen sei, seien dabei auch aufgenommen worden, diese müssten aber nicht unbedingt im Vermerk auftauchen.

Die Vorsitzende unterbricht an dieser Stelle die Auseinandersetzung, sie wolle zur Aufklärung beitragen. Sie gehe davon aus, dass der Zeuge Darius D. nur ein Rädchen gewesen sei, es habe schließlich an anderer Stelle eine Auswertung der Vermerke gegeben. »Wie viel Zeit hatten Sie denn?«, fragt sie den Zeugen. Er habe wenige Tage gehabt, antwortet dieser. Die Vorsitzende sagt, dass sie sich schließlich auch ein bisschen mit den Ermittlungsabläufen auskenne, es seien in solchen Fällen viele Personen involviert. Der Zeuge stimmt ihr zu, »genau«, und ergänzt, dass er, ohne zu viel über die Struktur verraten zu wollen, sagen könne, dass ein großer Personalkörper arbeitsteilig aktiv ermittelt habe.

Er wolle sich jetzt sein Fragerecht zurücknehmen, unterbricht Rechtsanwalt Onken das Gespräch der beiden, und wendet sich an den Zeugen: »Schön, dass Sie sich vielen Erklärungen der Vorsitzenden angeschlossen haben.« Daraufhin fragt er ihn, ob die Dinge, die er zur Rezeption gefunden habe, denn aktenkundig geworden seien oder ob er diese einfach ignoriert habe. Der Zeuge antwortet, dass er die allgemeine Stimmung im Internet zusammengefasst habe. Ob er dabei Screenshots oder Ähnliches zur Rezeption gemacht habe, könne er aber nicht mehr sagen.

Rechtsanwältin Lang will von dem Zeugen wissen, ob er sich den Begriff »Techno-Barbarian« näher angesehen habe. Dieser verneint, es sei nicht seine Aufgabe gewesen. Ein Kollege müsse das aber erledigt haben.

Rechtsanwältin Pietrzyk fragt ihn, ob er sich ein Pseudonym habe geben müssen, als er auf den Boards unterwegs gewesen sei. Darius D. sagt, das sei von Board zu Board unterschiedlich gewesen. Bei 4chan werde zum Beispiel jeder User als »Anon« geführt, worauf sich der Angeklagte in seinem Video auch bezogen habe. Die Rechtsanwältin fragt ihn nochmals, ob er sich ein Pseudonym habe geben müssen. »Nein«, antwortet er. An andere Boards außer 4chan erinnere er sich auch nicht konkret. »Wie lange haben Sie sich diese Boards angeschaut?«, hakt sie nach. Auch daran könne er sich nicht erinnern, teilt der Zeuge mit, es sei jedenfalls über einen längeren Zeitraum hinweg gewesen. »Sind Ihnen auf den Boards Kennnummern zugeteilt worden?«, fragt die Rechtsanwältin weiter. Darius D. gibt abermals an, es nicht mehr zu wissen, er erinnere sich nur an »Anon« bei 4chan.

Die Frage, ob er Wörter, die der Angeklagte genutzt habe, während seiner Recherche wiedergefunden habe, bejaht er. »Welche?«, fragt Pietrzyk weiter. »›Kike‹, ›mudslimes‹«, beginnt Darius D. seine Aufzählung. Die Rechtsanwältin unterbricht ihn energisch: »Sie müssen sie nicht wiederholen!« Er könne sie einfach umschreiben. »Sie haben doch danach gefragt, ich hatte das extra nicht getan«, wendet die Vorsitzende ein. »Und Sie hören auf zu lachen!«, richtet sie sich in scharfem Ton an den Angeklagten.

Ob der Zeuge mitbekommen habe, dass in einem der Boards einmal Regeln aufgeführt worden seien, setzt Rechtsanwältin Pietrzyk ihre Befragung fort, was der Zeuge verneint.

Pietrzyk resümiert abschließend, dass der Zeuge Darius D. eigentlich keine eigene Untersuchung und Analyse der Boards vorgenommen habe, sondern sich primär auf andere Quellen berufen habe.

Daraufhin wird der Zeuge entlassen. Die Vorsitzende kündigt eine 10-minütige Pause an. Anschließend fügt sie hinzu, dass sie nochmals klarstellen wolle, dass hier ein Beamter zu einem sehr spezifischen Themengebiet befragt worden sei, und sie die Empörung nicht ganz nachvollziehen könne.

AUSSAGE DES ZEUGEN MARCEL L.
(BKA, ZUR PERSON DES ANGEKLAGTEN UND ZU DEN VON IHM ONLINE VERÖFFENTLICHTEN DOKUMENTEN)

Die Vorsitzende belehrt den Zeugen über seine Pflichten und befragt ihn zu seinen Personalien. Marcel L. ist 37 Jahre alt und Kriminalkommissar beim BKA. Er habe im Zuge der Ermittlungen unter anderem einen Personenbericht erstellt und eine Einschätzung zum »Pre Action Report« verfasst.

Sie interessiere vor allem Letzteres, sagt die Vorsitzende. Sie versucht den Bericht auf den Bildschirmen der Beteiligten aufrufen zu lassen und findet ihn nicht. Sie schimpft vor sich hin und sagt, jetzt müsse sie einmal über die Aktenstruktur meckern. Oberstaatsanwalt Schmidt erklärt ihr, wo der Vermerk zu finden sei. Die Vorsitzende ruft daraufhin das Dokument für die Verfahrensbeteiligten und die Zuschauer·innen auf.

Der Zeuge Marcel L. erklärt, dass es sich beim »Pre Action Report« um das erste Dokument gehandelt habe, das ihm vorgelegt worden sei. Es sei in fünf Unterpunkte untergliedert, von denen er aber nur zu den letzten drei Punkten gearbeitet habe. Die ersten beiden, »Weapons« und »Equipment«, habe er demnach nicht bewertet, sondern lediglich die Punkte »Objectives«, »The Plan« und »Achievements« analysiert. In dem Unterpunkt »Objectives« sage der Angeklagte, dass er drei Ziele habe: Erstens wolle er beweisen, dass selbstgebaute Waffen funktionsfähig seien, zweitens, dass er weiße Männer »empowern« könne und drittens, dass er Juden töten wolle. Konkreter werde er dann im Kapitel »The Plan«, in dem beschrieben werde, wie der Angriff im Genauen erfolgen solle. Das Ziel sei es dabei, möglichst viele Jüdinnen und Juden zu töten. Das werde schon daran deutlich, so der Zeuge, dass der Angeklagte Jom Kippur als Angriffstag ausgewählt habe, da er davon ausgegangen sei, dass an diesem Tag besonders viele Juden in der Synagoge sein würden.

Er erinnere sich noch an eine bestimmte Sprache in dem Dokument, berichtet der Zeuge weiter. So seien ihm einige Abkürzungen und Ausdrücke wie »Walhalla« oder »Waifus« vorher nicht bekannt gewesen, die zum Teil aus der Anime-Welt stammen würden.

Im Abschnitt »The Plan« schreibe der Angeklagte auch über Eventualitäten, wie die, dass er es aufgrund von Sicherheitsvorkehrungen nicht schaffen könnte, die Synagoge zu betreten. Laut des Dokuments wolle er sich in einem solchen Fall kurzfristig entscheiden, wie im Weiteren zu verfahren sei.

Der dritte Teil, den er untersucht habe, »Achievements«, gestalte sich optisch anders. Es würde dort etwa das Töten jüdischer Kinder als Ziel aufgeführt werden. Diese Glaubensgemeinschaft stünde besonders im Fokus, es würden aber auch Muslime und Christen als mögliche Ziele genannt werden. Er habe diesen Teil des Dokuments so ausgewertet und gedeutet, dass dort bestimmte Missionen formuliert werden würden, die es zu erreichen gelte.

Die Vorsitzende fragt, ob es beim BKA Personal für die Übersetzungen aus dem Englischen gebe. Sie habe diese Passagen extra auf die Selbstleseliste gesetzt, damit die Tiraden nicht im Saal wiederholt werden müssten. Marcel L. sagt, dass es entsprechende Übersetzer beim BKA gebe.

Daraufhin bittet sie ihn, seine Bewertung vom 17. Oktober 2019 zum »Spirituellen Leitfaden« vorzustellen. Marcel L. erklärt, dass dem Leser der Aufruf »Kill all Jews« in großer und fetter Schrift ins Auge springe. Es gebe dann noch eine Reihe kleinerer Sätze, insgesamt umfasse das Dokument aber nur vier Seiten. Der Tötungsaufruf von der ersten Seite werde ergänzt, er solle sich nämlich auch auf andere Bevölkerungsgruppen erstrecken. Das Dokument sei insgesamt sonderbar. So würden Vokabeln auftauchen, die er vorher nicht gekannt habe, fährt der Zeuge fort. Das gelte etwa für »Techno-Barbarian«. Recherchen zu diesem Begriff hätten ergeben, dass es sich dabei um eine Fantasiefigur aus einem Tabletopspiel, einem Rollenspiel mit Zinnfiguren, handele. Auch die Bezeichnung »Spiritueller Leitfaden« sei seltsam gewesen. Man würde erwarten, so der Zeuge, dass es sich um religiöse oder rituelle Ausführungen handele, dem sei aber nicht so gewesen. Auf der letzten Seite des »Manifests« seien dann wieder Manga-Figuren abgebildet. Zu sehen sei ein »Catgirl« und eine kleinere Fußnote erkläre dann, dass der Leser ein »Catgirl« als Belohnung für die Durchführung des Tötungsauftrags erhalten würde. Die Vorsitzende fragt, ob es sich demnach um einen Leitfaden für unzufriedene, weiße Männer handeln würde, die mit dem »Catgirl« belohnt werden sollten. Marcel L. stimmt zu: »Genau.« Auf der ersten Seite würde außerdem der Satz »Dedomesticate Yourself« ins Auge fallen. Diesen habe er als Aufruf zur Gewalt verstanden, das antisemitische Motiv würde dabei eine untergeordnetere Rolle spielen.

Die Vorsitzende spricht den Zeugen darauf an, dass er doch auch das Posting im Board Meguca untersucht habe, und will von ihm wissen, wie er da rangekommen sei. Dieser antwortet, dass er einen Screenshot davon zur Verfügung gestellt bekommen habe, er selbst habe aber nie ein Imageboard besucht.

Was er zum »F&A-Guide« sagen könne, fragt ihn die Vorsitzende daraufhin. Marcel L. erklärt, dass sich in diesem übelste Beschimpfungen von unterschiedlichen Religionsgemeinschaften insbesondere von Juden befunden hätten. Der Angeklagte erwähne in dem Selbstinterview unter anderem auch das Jahr 2015. Damals habe er Aufstände erwartet, da diese aber ausgeblieben seien, müsse er nun selbst zur Tat schreiten.

Im »F&A-Guide« werde auch der Anschlag von Christchurch als der Moment benannt, in dem sich der Angeklagte zur Tat entschlossen habe. Es gebe einen Vermerk vom 12. Oktober 2019 zum Bezug auf Christchurch, wendet die Vorsitzende ein. Der Zeuge führt aus, dass der Modus Operandi von Halle in erheblichem Maße dem von Christchurch zu gleichen schien. Der Attentäter von Christchurch habe aber ein umfangreicheres schriftliches Dokument ins Internet gestellt. Er habe einen Vergleich der Schriften des Angeklagten mit dem »Christchurch-Manifest« angestellt. Es sei dabei deutlich, dass Brenton T. seine Ideologie viel mehr ausbreiten würde, und – bei einer Seitenzahl im mittleren, zweistelligen Bereich – weitaus tiefer ins Detail gehen würde. Die Dokumente seien zudem in einem unterschiedlichen Stil verfasst worden. Der Christchurch-Attentäter schreibe ausführlich über Wirtschafts- und Umweltpolitik, über Rassismus und über Fremdenfeindlichkeit. Derartige ideologische Ausführungen würden bei dem Angeklagten gänzlich fehlen. Brenton T. habe zwar ebenfalls ein Selbst-Interview geführt, das Motiv des Antisemitismus würde bei ihm aber eine wesentlich geringere Rolle als bei dem Angeklagten spielen. Brenton T. erkläre etwa, dass er grundsätzlich fremdenfeindlich sei, und Fremde einfach in ihren Kulturkreisen verbleiben sollten, was bei dem Angeklagten abermals nicht auftauche. Dass die Dokumente von ihrer Machart so grundlegend unterschiedlich seien, habe bei ihm, Marcel L., somit den Eindruck erweckt, dass der Angeklagte seine Ideologie nicht originär von Brenton T. bezogen habe, jedenfalls nicht, was den Antisemitismus angehe; immerhin habe sich Brenton T. gar vom Antisemitismus distanziert.

Rechtsanwalt Hoffmann wendet ein, dass sich, wenn er den Zeugen richtig verstehe, Brenton T. nicht antisemitisch geäußert habe. Marcel L. korrigiert ihn, dass es heißen müsse, dass der Antisemitismus bei Brenton T. weniger vordergründig sei. »Und hintergründig?«, fragt der Rechtsanwalt nach. Marcel L. sagt, dass Brenton T. zum Beispiel schreiben würde, dass er mit Juden kein Problem habe, wenn sie sich in ihrem Land befänden. Daraus könne man natürlich trotzdem den Schluss ziehen, dass er mit ihnen sehr wohl ein Problem habe, wenn sie nicht dort leben würden. Rechtsanwalt Hoffmann zitiert daraufhin aus dem »Manifest« Brenton T.s. Dieser schreibe, dass ein Jude, der in Israel lebe, nicht sein Feind sei, solange er nicht sein Volk schädige oder untergrabe. Rechtsanwalt Hoffmann bekräftigt, dass das in seinen Ohren extrem ausgrenzend und antisemitisch klinge, ihn wundere daher die Einschätzung des Zeugen, es gebe einen großen Unterschied zwischen dem Antisemitismus des Angeklagten und dem Brenton T.s. »Ja, absolut richtig«, antwortet der Zeuge. Diese Passage habe er aber auch als Beweis dafür herangezogen, dass es auch bei Brenton T. Hinweise auf Antisemitismus gebe. »Wenn Sie die ideologische Aussage zusammenfassen müssten, was wäre das?«, fragt ihn der Rechtsanwalt. Marcel L. gibt an, das nicht zu können.

Ob er denn berücksichtigt habe, dass der Angeklagte nicht nur eine jüdische Einrichtung, sondern möglicherweise auch noch ein muslimisches Zentrum habe angreifen wollen, fragt Rechtsanwalt Hoffmann weiter. Marcel L. antwortet, dass aus den Dokumenten ersichtlich sei, dass Hass und Abneigung gegenüber anderen Glaubensgemeinschaften vorliege. »Haben Sie geprüft, ob diesen Dokumenten Ethnozentrismus oder Ethnopluralismus zugrunde liegt?«, fragt der Rechtsanwalt weiter. Der Zeuge entgegnet, dass es nicht seine Aufgabe gewesen sei, Überschriften zu finden, sondern den Inhalt zu bewerten. Er habe sich nicht mit Ethnozentrismus beschäftigt. Er habe aber doch im Ergebnis gesagt, dass es wesentliche Unterschiede zwischen den Inhalten der Dokumente gebe, wendet Rechtsanwalt Hoffmann ein. »Der größte Unterschied war, inwiefern die Ideologie ausgebreitet werden sollte«, erwidert Marcel L. An diesem Punkt bringt sich die Vorsitzende ein. Sie sehe gerade, dass das eine Dokument elf Seiten, das von Brenton T. hingegen 74 Seiten habe. »Wie kommen Sie zu der Einschätzung, dass sich keine Bezüge aufeinander erkennen lassen?«, fährt Rechtsanwalt Hoffmann einfach fort. Der Zeuge erklärt, dass wenn man beide Texte lesen würde, sich selbstverständlich Bezüge erkennen lassen würden, das gelte vor allem für das Selbstinterview. Rechtsanwalt Hoffmann erwidert, dass im Vermerk aber stehen würde, dass signifikante Unterschiede in der Aufmachung der Sprache und dem Inhalt der beiden Dokumente festgestellt werden könnten. Marcel L. sagt, dass sich der Angeklagte in weiten Teilen mit Waffen beschäftige und diese bei Brenton T. gar keine Rolle spielen würden. Bei ihm gehe es vielmehr darum, ein ansprechendes, ideologisches Dokument zu verbreiten, das sogar mit lyrischen Einschüben versehen sei. Auch würde es keine Hinweise auf die Vorliebe zu japanischen Comicfiguren oder zu Computerspielen geben. Rechtsanwalt Hoffmann wendet ein, dass er den Ausdruck »The Great Replacement« gelesen habe, der einem schließlich auch an anderer Stelle begegne, etwa bei der AfD, die die Idee verbreite, die Bevölkerung solle ausgetauscht werden. Auch Brenton T. sage, er wehre sich dagegen, wie es ebenfalls der Angeklagte tue. Rechtsanwalt Hoffmann resümiert: »Da sehe ich totale Parallelen.« Er finde die Schwerpunktsetzung der Dokumente einfach zu unterschiedlich, antwortet Marcel L. »Sie sehen keinen aggressiven Antisemitismus in den Halle-Texten?«, hakt Rechtsanwalt Hoffmann nach. »Doch, natürlich«, antwortet der Zeuge. »Und bei Brenton T.?«, fragt Hoffmann weiter. In den »T.-Texten« sei der Antisemitismus subtiler oder hintergründiger, meint Marcel L., Brenton T. scheine Juden nicht die Rolle der primären Opfer zuzuschreiben. Ob Brenton T. Juden, die dort leben, wo sie eben leben, als Feinde betrachte, hakt der Rechtsanwalt nochmals nach. Der Zeuge bejaht: »Ja.« »Dann haben wir doch eine Gemeinsamkeit zwischen den beiden«, fährt der Rechtsanwalt fort. Nach einer kurzen Pause sagt Marcel L., dass er dazu nichts mehr sagen könne. »Keine weiteren Fragen«, beendet Rechtsanwalt Hoffmann seine Befragung.

Rechtsanwältin Pietrzyk fragt, ob es Hinweise auf die gewollte Weiterverbreitung des Dokuments gegeben habe. Der Zeuge antwortet, dass man das so sehen könne, dass der Angeklagte die Verbreitung gewollt habe. Er erinnere sich aber nicht mehr, ob das wortwörtlich aus dem Dokument hervorgegangen sei. Ob er Brenton T. vorher schon einmal gelesen oder vorher schon einmal von der Idee des »Great Replacement« gehört habe, fragt sie ihn weiter. Der Zeuge gibt an, dass ihm beides vor den Ermittlungen nicht bekannt gewesen sei. Ob ihm denn bekannt sei, dass in der Idee des »Großen Austauschs« ursprünglich zum Beispiel im Frankreich der 1960er-Jahre, die Juden als diejenigen ausgemacht würden, mit denen die Bevölkerung ausgetauscht werden solle, und dieses Feindbild erst 2001 durch Muslime ausgetauscht worden sei.

Rechtsanwältin Lewin unterbricht Rechtsanwältin Pietrzyk an dieser Stelle: Sie wolle ihr nicht zu nahe treten, aber es sei vielleicht sinnvoll, wieder zurück zum Gegenstand der Verhandlung zu kommen. Rechtsanwältin Scharnhorst erwidert, dass sie es durchaus für relevant empfinde, was hier diskutiert werde. Wenn ein Zeuge Bewertungen anstelle, sei es schließlich relevant, auf welcher Grundlage das geschehe. Rechtsanwalt Jan Siebenhüner, Vertreter der Nebenklage, sagt, er wolle Rechtsanwältin Lewin beipflichten, und kurz etwas zum deutschen Strafprozess erläutern. Dieser diene im Wesentlichen der Wahrheitsfindung und der Bewertung der individuellen Schuld des Angeklagten. In dieser Hauptverhandlung würden aber teils Fragen gestellt werden, die man menschlich zwar verstehen könne und die im Interesse der Nebenkläger gestellt werden würden, die an dieser Stelle aber dennoch nichts zu suchen hätten. Er wolle darum bitten, dass diese Fragen eingestellt werden würden, denn auf dem Deckel der Akten würde immer noch »der Name des Angeklagten stehen«, beendet die Vorsitzende seinen Satz. Genau darum gehe es hier, fährt diese fort. Es wäre daher richtig, nach dem Angeklagten zu fragen und nicht nach irgendwelchen anderen Rechtsextremisten, die im Übrigen noch nicht einmal rechtskräftig verurteilt worden seien. Sie lasse diese Fragen zwar zu, wolle sich aber dagegen verwehren, dass der Zeuge Marcel L. an dieser Stelle vorgeführt werde. Er sei weder Historiker noch Politologe. Rechtsanwältin Pietrzyk erwidert, dass, wenn es die StPO zulasse, man ihre Fragen ablehnen könne. Sie müsse an dieser Stelle aber klären, auf welcher Grundlage der Zeuge Bewertungen vorgenommen habe.

Rechtsanwalt Herrmann appelliert daraufhin, dass die Nebenklage an dieser Stelle nicht auseinanderbrechen solle, da man dieselbe Stoßrichtung habe. Er wolle außerdem Rechtsanwältin Pietrzyk und Rechtsanwalt Hoffmann nicht zu nahe treten, aber glaube persönlich, dass das Ausbreiten dieser Theorie, die »völliger Quatsch« sei, hier vor Gericht letztlich dem Angeklagten selbst in die Karten spiele. Die Vorsitzende stimmt dem zu, man könne sich mit den Theorien des Angeklagten und des Brenton T. nicht ernsthaft auseinandersetzen. »Doch!«, ruft Rechtsanwältin Lang dazwischen. »Man muss sich damit auseinandersetzen, das hat in der Geschichte zu sechs Millionen Toten geführt.« Große Teile des Publikums applaudieren. »Und ich widerspreche dem laut!«, ruft sie über den Applaus hinweg. »Aber ich nicht, oder wie?«, entgegnet die Vorsitzende scharf. Die Antwort der Rechtsanwältin Lang geht in der allgemeinen Unruhe zunächst unter. Sie endet jedenfalls damit, dass der Generalbundesanwalt die Ermittlungen an sich gezogen habe, das BKA diese geführt und ausgerechnet diesen Ermittler mit der Bewertung beauftragt habe.

»Gut, haben wir noch Fragen an den Zeugen?«, fragt die Vorsitzende, nachdem sich die Aufregung im Saal gelegt hat.

Rechtsanwalt Onken sagt, er habe noch eine Frage: Ob dem Zeugen vorherige Erkenntnisse über Imageboards bekannt gewesen seien, als er diesen Vermerk gemacht habe. »Nein«, antwortet dieser knapp. »Haben Sie danach mit dem Kollegen D.[5] gesprochen? Oder ist Ihnen noch etwas bekannt geworden?«, fragt er weiter. Marcel L. verneint abermals, er habe sich jetzt erstmals wieder mit dem Fall beschäftigt. Rechtsanwalt Onken weist den Zeugen darauf hin, dass Darius D. über den Begriff des »Zionist Occupied Government« geschrieben habe, und darüber, dass der Begriff der »Umvolkung« eng mit Antisemitismus verbunden sei. Der Zeuge antwortet, dass ihm das dennoch nicht bekannt gewesen sei.

Im Anschluss wird er entlassen.

Rechtsanwalt Hoffmann sagt, er wolle eine Erklärung nach § 257 StPO[6] abgeben. Die Vorsitzende meint, dass er das schriftlich machen könne, da einige Kollegen ihren Zug erreichen wollten. Rechtsanwalt Hoffmann entgegnet, dass er das aber jetzt machen wolle, weil es wichtig sei und zudem nur zwei Minuten dauere. Er wolle erklären, dass die Bewertung im Vermerk des Zeugen unter der Nummer 5, nämlich dass es keine Bezüge zu den Schriften Brenton T.s gebe und dass signifikante Unterschiede vorlägen, falsch sei. Der Zeuge habe keine Bewertung des Komplexes »The Great Replacement« vornehmen können, weil ihm dazu die Kenntnisse gefehlt hätten. Warum diese Frage dennoch wichtig sei, ergebe sich aus der StPO; die Motive seien schließlich wichtig und für die Bestrafung relevant. Und wenn sich ein Angeklagter, sei es auch mit einer zusätzlich eigenen Nuance, auf eine andere

5 Gemeint ist Darius D.

6 § 257 Absatz 2 StPO gibt der Staatsanwaltschaft und der Verteidigung die Möglichkeit, nach jeder einzelnen Beweiserhebung eine Erklärung zu eben dieser abzugeben. Nach § 397 Absatz 1 Satz 3 StPO steht dieses Recht auch den Nebenkläger·innen zu.

Tat beziehe, sei das wichtig für die Beurteilung der Tat und für die Bestrafung. Wenn jemand eine Tat begehe, um damit Vorbild für andere zu sein, sei das nämlich ein wesentliches Merkmal der Tat selbst.

Rechtsanwältin Lang und Rechtsanwältin Pietrzyk schließen sich der Erklärung an. Einige weitere Rechtsanwält·innen der Nebenklage bekunden ebenfalls ihre Zustimmung durch Zurufe.

Die Vorsitzende sagt, sie werde versuchen, für den nächsten Verhandlungstag Frau Michelle R. zu laden.

Im Anschluss schließt sie die Sitzung.

Mitschrift von Linus Pook

8. Verhandlungstag
1. September 2020

Um 9.41 Uhr eröffnet die Vorsitzende Richterin Ursula Mertens die Sitzung und stellt die Anwesenheit fest. Die Fenster des Gerichtssaals sind zum Lüften geöffnet. Von draußen sind Redebeiträge der Kundgebung des Bündnis »Initiative 9. Oktober« zu hören. Die Vorsitzende zeigt sich irritiert und sagt, sie höre eine Rede und fragt, woher diese komme. Sie wird darauf hingewiesen, dass sie von draußen kommt. Die Vorsitzende fragt, ob da eine Konferenz stattfinden würde und fragt, warum die Menschen dort ein Megafon dabei haben.

AUSSAGE DER ZEUGIN MOLLIE S. (ZUM TATKOMPLEX SYNAGOGE)

Die Vorsitzende bedankt sich bei Mollie S., dass sie als Zeugin zur Verfügung steht und belehrt sie über ihre Pflichten. Sie erklärt, dies bedeute nicht, dass das Gericht denke, dass die Zeugin nicht die Wahrheit sage, und dies kein Misstrauen ihr gegenüber darstelle. Die Zeugin spricht auf Englisch, ihre Aussagen werden von einer Dolmetscherin ins Deutsche übersetzt.

Die Vorsitzende fragt Mollie S. nach ihrem Alter. Sie sagt, sie sei 32 Jahre alt. Die Vorsitzende fragt, was die Zeugin beruflich mache. Sie arbeite für eine jüdische NGO. Der Angeklagte lacht. Die Vorsitzende ermahnt ihn und sagt, es gebe hier nichts zu lachen. Der Angeklagte sagt, »natürlich« sei das lustig, was die Vorsitzende verneint. Sie erwidert, dass dies »ein Sitzungssaal und keine Theaterveranstaltung« sei. Der Angeklagte sagt, die Vorsitzende könne ihn ja des Saals verweisen. Die Vorsitzende sagt, es gebe hier keinen Anlass, weil der Angeklagte sich »normalerweise angemessen« verhalte.

Die Vorsitzende bittet die Zeugin zu schildern, wie es dazu gekommen sei, dass sie den 9. Oktober 2019 in Halle verbrachte habe. Mollie S. sagt, sie sei mit einer Gruppe für Jom Kippur, dem heiligsten jüdischen Tag, nach Halle gefahren. Die Vorsitzende fragt, ob sie amerikanische Staatsbürgerin sei, was sie bejaht. Sie lebe aber derzeit in Berlin. Die Vorsitzende fragt, mit wie viel Personen die Zeugin unterwegs gewesen sei. An die genaue Zahl könne sie sich nicht erinnern, antwortet diese. Ob sie mit den Menschen befreundet gewesen sei, fragt die Vorsitzende. Einige Teilnehmende habe sie bereits gekannt und einige zum ersten Mal getroffen, antwortet die Zeugin.

Die Vorsitzende fragt, ob sie am 9. Oktober 2019 das erste Mal in der jüdischen Gemeinde in Halle gewesen sei, was Mollie S. bejaht. Was der Grund gewesen sei, nach Halle zu fahren, fragt die Vorsitzende. Sie seien als Gruppe nach Halle gefahren, um als Gemeinde zusammen zu feiern.

Wie der Gottesdienst normalerweise ablaufe, will die Vorsitzende wissen. Die Zeugin erklärt, dass die Festivitäten am Vorabend beginnen würden. Der eigentliche Feiertag beginne früh am Morgen und ende spät am Abend.

Die Vorsitzende fragt, ob sie bereits am Vortag angereist sei und ob sie schon in der Synagoge gewesen sei, was Mollie S. beides bejaht. Wann es morgens losgehe, fragt die Vorsitzende. Normalerweise würde es um 8 Uhr morgens beginnen, aber sie sei nicht so früh gekommen, sie wisse es nicht mehr genau, sagt die Zeugin.

Die Vorsitzende fragt, ob der Gottesdienst in der jüdischen Gemeinde so aussehe, dass man nach und nach dazukomme, was Mollie S. bestätigt. Die Vorsitzende sagt, sie sei katholisch, da gehe »das Ganze pünktlich los«. Die Zeugin entgegnet, dass die jüdischen Gemeindemitglieder in der Regel auch pünktlich sein sollten. In der Schule sei sie früher nicht pünktlich gewesen. An Jom Kippur solle man aber pünktlich sein. Einige Nebenkläger·innen lachen. Die Zeugin ergänzt, Jom Kippur sei ein langer Tag und die Gebete würden über den ganzen Tag gehen.

Die Vorsitzende bittet die Zeugin, die Synagoge in Halle zu beschreiben. Sie sucht etwas in den Akten und sagt, sie habe Probleme etwas auf ihrem Computer zu finden. Eine Person hilft ihr. Die Vorsitzende verweist auf eine Lichtbildmappe und sagt, auf Blatt 99 würde man einen Gang sehen. Sie wolle das der Zeugin noch mal in Erinnerung rufen, sagt sie. Auf den Bildschirmen im Gerichtssaal wird ein Bild von der Synagoge gezeigt. Man sehe Reste der Laubhütte, sagt die Vorsitzende und zeigt weitere Fotos auf den Bildschirmen. Die Vorsitzende zeigt ein Foto, auf dem der Vorplatz zwischen Mauer und Synagogengebäude zu sehen sei. Ob dieses Bild den Eingang zeige, fragt die Vorsitzende. Die Zeugin gibt keine Antwort. Ob sie sich nicht erinnern könne, fragt die Vorsitzende. Eine Rechtsanwältin sagt, dass dies nicht die Eingangssituation zeige. Ob sie sich wieder erinnern könne, fragt die Vorsitzende. Ja, so sehe es aus, sagt Mollie S. Die Vorsitzende sagt, dass sie keine Bilder aus dem Inneren der Synagoge habe und fragt, ob es einen

Gebetsraum gebe. Die Zeugin sagt, sie sei mit dieser Synagoge nicht so vertraut. Es würde jedoch Zeug·innen geben, die genauere Angaben machen könnten. Sie sei nicht da gewesen, sagt Mollie S. Sie erinnere sich, dass ein Friedhof daneben gelegen habe und von einer Mauer umgeben gewesen sei.

Die Vorsitzende bittet die Zeugin, den Vormittag zu schildern. Diese erzählt, sie habe die Synagoge verlassen, bevor der Angreifer die Synagoge erreicht habe. Nach dem Morgengebet habe sie frische Luft schnappen und einen Spaziergang machen wollen. Hätte sie dies einige Minuten später getan, wäre sie wahrscheinlich nicht hier.

Sie habe ihr Gebetsbuch auf ihrem Platz liegen lassen. Der Sicherheitsmann habe hinter ihr die Tür verschlossen. Sie sei in der Nachbarschaft herumgelaufen und sei im Park gewesen, von wo aus sie nichts habe sehen können. Sie sei aus der Synagoge herausgegangen und einmal im Kreis gelaufen. Die Gegend habe sie nicht gekannt, sagt die Zeugin. Die Vorsitzende fragt, wie lange die Zeugin unterwegs gewesen sei und ob sie zufällig auf eine Uhr oder das Handy geschaut habe. Die Zeugin sagt, dass sie wegen Jom Kippur keine Uhr getragen und nichts bei sich geführt habe. Sie habe nur einen Schal mitgenommen, da sie gedacht habe, dass sie ein paar Minuten später wieder zurückkehren würde. Sie habe sich im Park auf eine Bank gesetzt. Dann habe sie sehr laute Geräusche aus der Richtung der Synagoge gehört. Sie habe gedacht, dass ein technisches Problem oder ein Defekt der Straßenbahn diese verursacht habe.

Was sie dann gemacht habe und ob die Zeugin sich Gedanken gemacht habe, ob etwas passiert sei, fragt die Vorsitzende. Mollie S. sagt, dass es nach dem ersten lauten Geräusch erst einmal ruhig gewesen sei. Es habe keine Panik gegeben, aber sie habe gewusst, dass sie auf der Bank sitzenbleiben sollte. Dann habe sie ein zweites Geräusch gehört, sagt sie. Wie lange sie auf der Bank gesessen habe, wisse sie nicht. Mollie S. sagt, dass alle Personen, die sie gekannt habe, zu diesem Zeitpunkt in der Synagoge gewesen seien und sie nichts bei sich getragen habe. Zu dem Zeitpunkt, als sie zurückgekehrt sei, habe die Polizei bereits die Synagoge bewacht. Die Zeugin sagt, sie habe eine tote abgedeckte Person gesehen. Später habe sie erfahren, dass dies Jana S. gewesen sei. Die Polizei sei sehr irritiert gewesen, wer die Zeugin sei und welche Verbindung sie zur Synagoge habe. Jemand in der Synagoge habe irgendwann realisiert, dass sie, Mollie S., fehle und habe dies dem Gemeindepräsidenten mitgeteilt, sagt die Zeugin. So habe die Polizei sie schließlich zuordnen können. Dies seien einige Minuten Chaos gewesen. Die Polizei habe von ihr verlangt, dass sie irgendwohin, nur nicht in die Synagoge gehe. Alle Leute, die sie gekannt habe, seien aber in der Synagoge gewesen, sagt die Zeugin erneut.

Die Vorsitzende fragt, ob sie von der Polizei wieder in die Synagoge gelassen worden sei, was Mollie S. verneint. Der Gemeindepräsident sei herausgekommen, um sie zu identifizieren. Dann seien sie über die Seite am

Friedhof wieder in die Synagoge gegangen, sagt Mollie S. Der Wachmann habe die Tür hinter der Zeugin verschlossen, sagt die Vorsitzende. Ob die Zeugin mitbekommen habe, ob er die Tür mit einem Riegel oder einem Schlüssel verschlossen habe, fragt sie weiter. Die Zeugin sagt, dass sie sich im Detail nicht erinnern könne. Sie könne sich nur erinnern, dass er zugeschlossen habe und dass sie sich dann sicher gefühlt habe.

Ob sie nichts bemerkt habe, als sie auf die Straße gegangen sei, fragt die Vorsitzende. Mollie S. verneint und sagt, dass eine Synagoge für sie ein Ort sei, an dem sie sich sicher fühle. Sie habe sich auch bei ihrem Spaziergang in der Nachbarschaft sicher gefühlt, um frische Luft zu schnappen und am heiligen Feiertag nachzudenken, sagt die Zeugin. Wie die Situation gewesen sei, als die Zeugin zurückkehrte, fragt die Vorsitzende. Mollie S. sagt, einige Menschen hätten gebetet. Sie seien besorgt gewesen, aber die Gebete seien weitergegangen.

Wie lange sie in der Synagoge verblieben seien, fragt die Vorsitzende. Sie seien nicht sicher gewesen, was passieren würde, sagt die Zeugin. Es habe viel Hin und Her gegeben. Es habe einige Stunden gedauert, und dann hätten sie das Nachmittagsgebet beendet, erklärt Mollie S. Wann das zu Ende gewesen sei, will die Vorsitzende wissen. Die Zeugin sagt, dass sie dies nicht sagen könne. Sie habe gedacht, es gebe feste Zeiten, sagt die Vorsitzende. Mollie S. sagt, sie seien unterbrochen worden, und es habe deswegen länger gedauert.

Die Freunde der Zeugin seien in der Synagoge gewesen, sagt die Vorsitzende. Diese hätten erzählt, was sie erlebt hätten. Sie fragt, was die Informationen der Zeugin gewesen seien, was passiert sei. Mollie S. sagt, dass es »wie gesagt« lange Zeit unklar gewesen sei. Es habe viele Fehlinformationen gegeben. Es sei nicht klar gewesen, dass es sich um einen aktiven Schützen [»active shooter«] gehandelt habe. Erst bei der Evakuierung ins Krankenhaus hätten sie erfahren, dass sie in Sicherheit seien, sagt die Zeugin. Die Vorsitzende fragt, ob die Zeugin wisse, wann sie im Krankenhaus angekommen seien. Mollie S. sagt, dass es abends gewesen sei. Es sei noch nicht ganz dunkel gewesen. Sie hätten noch das Abschlussgebet durchführen können.

Die Vorsitzende fragt, ob die Zeugin am hohen Feiertag keine Wertgegenstände dabei gehabt habe, was die Zeugin bejaht. Ihre persönlichen Dokumente seien im Hotel gewesen.

Es sei ja auch üblich, dass an Jom Kippur gefastet werde, sagt die Vorsitzende. Wann die Zeugin das letzte Mal gegessen habe, fragt sie. Mollie S. antwortet, dass sie seit dem Vorabend gefastet habe und den ganzen Tag nichts gegessen habe. Die Vorsitzende sagt, dass sie gehört habe, dass sie koscheres Essen mitgebracht hätten, was die Zeugin bejaht. Ob sie das abends hätte essen können, fragt die Vorsitzende. Mollie S. sagt, dass andere Zeugen dazu besser antworten könnten. Sie habe es zu sich genommen, aber sie habe das Essen nicht organisiert. Sie könne dazu keine Aussagen machen.

Die Vorsitzende fragt, wie lange die Zeugin in Deutschland sei. Mollie S. antwortet, sie lebe seit anderthalb Jahren hier. Ob sie aus beruflichen Gründen nach Deutschland gekommen sei, will die Vorsitzende wissen. Sie sei nach Deutschland gekommen, um mit jüdischen Gemeinden in ganz Europa zu arbeiten, sagt Mollie S.

Die Vorsitzende fragt die Zeugin, wie sie heute über den Anschlag denke. Sie könne nur über ihre persönliche Erfahrung sprechen, sagt Mollie S. Unmittelbar danach sei es ihr »ganz gut« gegangen. Sie habe sich stark gefühlt. Nach mehreren Monaten sei es ihr immer schlechter gegangen. »Emotionale Schwierigkeiten« hätten sich eingestellt, und sie sei nicht mehr in der Lage gewesen zu arbeiten. Ein Arzt habe schließlich eine Posttraumatische Belastungsstörung, PTBS, diagnostiziert. Mithilfe von Experten, Familie und ihrer Gemeinde sei es ihr gelungen, diese zu überwinden. Es sei ihr lange Zeit nicht gut gegangen, und sie habe sich nicht wie sie selbst gefühlt. Ab Februar habe sie sich wieder wie sie selbst gefühlt, sagt die Zeugin. Sie baue wieder jüdisches Leben auf und baue Brücken zwischen den Religionen. Sie habe immer noch die Hoffnung, dass Menschen sich ändern könnten. Das Ereignis sei tief mit ihrer Familiengeschichte verbunden. Ihr Großvater sei ein Überlebender des Holocausts gewesen. Lange Zeit sei er der einzige Überlebende gewesen. Sie habe sich seit der Geburt mit ihm verbunden gefühlt. Ihr Großvater habe sie als erstes Enkelkind immer beschützen wollen. Mollie S. sagt, die ganze Familie – über hundert Angehörige – seien während des Holocausts getötet worden. Sie gehöre nun auch zu den Überlebenden, sagt Mollie S. Sie stehe hier nun für frühere, aber auch für spätere Generationen.

Ob die Familie und der Großvater aus den USA wollen würden, dass die Zeugin zurückkomme, fragt die Vorsitzende. Ihre Familie sei nach dem Vorfall nicht begeistert gewesen, sagt Mollie S. Die traurige Realität sei, dass dies die Realität in der ganzen Welt sei, auch in den USA. Die Vorsitzende fragt, ob die Zeugin weiterhin in Berlin bleiben wolle. Die Zeugin antwortet, dass sie wegen dieses Vorfalls nicht gehen werde. Die Vorsitzende sagt, dass das Wort »Vorfall« sehr untertrieben sei und sagt zur Dolmetscherin, dass dies nicht richtig übersetzt worden sei [im Englischen sprach Mollie S. von »incident«, was als »Vorfall«, aber auch als »Ereignis« übersetzt werden kann, Anm. d. Hgg.].

Die Zeugin sagt, vor Jom Kippur habe ihr Großvater sie in jedem Jahr in Tränen gesegnet. Sie zitiert auf Englisch und Hebräisch: »Möge Gott dich segnen und dich beschützen. Möge das Licht Gottes auf dich scheinen und möge Gott dir gnädig sein. Möge die Gegenwart Gottes mit dir sein und dir Frieden geben.« Die Zeugin sagt, sie werde nicht direkt zum Angreifer sprechen und führt fort: »Du hast dich mit der falschen Person angelegt.« Der Angeklagte habe sich mit der falschen Nebenklage angelegt, mit den falschen Menschen, sagt Mollie S. Nach dem heutigen Tag werde er ihr keine Qualen mehr bereiten. »Es endet hier und heute«, sagt die Zeugin.

Nebenklagevertreter Rechtsanwalt Alexander Hoffmann sagt, er möchte anmerken, dass der Angeklagte immer wieder lache, wenn bestimmte Wörter wie »Holocaust« fallen würden. Dies sei eines deutschen Gerichtssaals nicht würdig; dies sei keines Gerichtssaals würdig.

Der Verteidiger des Angeklagten Rechtsanwalt Hans-Dieter Weber sagt, er wolle die Schuldfähigkeit des Angeklagten nicht in Abrede stellen. Es sei erforderlich, solche Aussagen des Angeklagten »hervortreten zu lassen«. Er bittet die Psychologin Lisa John, »das Ganze zu würdigen«.

Die Vorsitzende entlässt Mollie S., bedankt sich für ihre Bereitschaft auszusagen und sagt, die Zeugin könne ihre Auslagen geltend machen.

Rechtsanwältin Dr. Kati Lang bittet um eine 15-minütige Pause. Die Vorsitzende sagt, es werde jetzt eine Pause geben und kündigt an, dass danach das Video der Überwachungskamera der Synagoge in Augenschein genommen werde. Es werde die Möglichkeit geben, den Saal zu verlassen.

Die Sitzung wird unterbrochen.

AUSSAGE DER ZEUGIN IONA B. (NEBENKLÄGERIN, ZUM TATKOMPLEX SYNAGOGE)

Die Vorsitzende fragt die Zeugin Iona B., ob sie einen Dolmetscher brauche, was die Zeugin verneint. Sie belehrt sie und betont, dass dies nicht bedeute, dass sie den Aussagen der Zeugin nicht glaube.

Was die Zeugin beruflich mache, fragt die Vorsitzende. Sie habe einen Masterabschluss in »Internationaler Sicherheit« aus Edinburgh, sagt Iona B. Der Angeklagte hebt seine Augenbrauen.

Ob die Zeugin mit dem Angeklagten verwandt oder verschwägert sei, fragt die Vorsitzende. »Nicht, dass ich wüsste«, sagt die Zeugin.

Die Vorsitzende bittet die Zeugin kurz zu schildern, »wie es sich bei Ihnen gestaltet hat«, als die Zeugin am 9. Oktober 2019 in Halle gewesen sei. Wie bereits Mollie S. erzählt habe, seien sie mit einer Gruppe von Base Berlin aus Berlin angereist, sagt die Zeugin. Die Vorsitzende fragt nach, wie die Gruppe heiße, worauf die Zeugin Base Berlin von Hillel International[1] antwortet. Iona B. sagt, sie seien für Jom Kippur nach Halle gereist. Dies sei ein Tag zum Fasten und um in sich zu gehen. Sie hätten die lokale Gemeinde, welche schon etwas älter sei, beleben und den Tag in Frieden verbringen wollen. »Das hat leider nicht so ganz geklappt«, bemerkt sie. Ob dies ihr

1 Base Hillel Deutschland ist eine pluralistische, jüdische Organisation für junge jüdische Menschen in Berlin.

erster Besuch gewesen sei, fragt die Vorsitzende, was die Zeugin bejaht. Die Vorsitzende will wissen, ob die Zeugin Max P., den Vorsteher der Gemeinde, gekannt habe, was diese verneint. Sie sei mit dem Zug angereist und ins Hotel gefahren. Die anderen habe sie später in der Synagoge getroffen.

Die Vorsitzende will wissen, ob das Anliegen von Base Berlin sei, Kontakt mit älteren Gemeinden und älteren Menschen herzustellen. Das würde sie eher nicht so sagen, sagt die Zeugin. Dazu könne der Rabbiner etwas sagen, der später aussagen würde.

Die Zeugin habe also das erste Mal die Gemeinde besucht, sagt die Vorsitzende, was Iona B. bejaht. Wie habe sich der 9. Oktober vormittags gestaltet, fragt die Vorsitzende. Der Fastentag habe schon vorher angefangen, erzählt Iona B. Dazu hätten sie sich am Abend vorher gemeinsam in der Synagoge getroffen. Deswegen sei sie am nächsten Tag etwas übermüdet aufgestanden. Früh hätten sie in der Synagoge mit dem Gebet angefangen. Sie habe natürlich alle Sachen im Hotel gelassen. Morgens gegen 8 Uhr sei sie zum Morgengebet gegangen, wenn sie sich richtig erinnere. Alles sei vorerst wie geplant verlaufen. Sie habe den Tag oben auf der Empore für Frauen verbracht. Dann gegen Mittag habe sie einen »extrem lauten Knall« von draußen gehört. Sie habe direkt am Geländer gestanden und sich darüber gebeugt, um zu sehen, ob vielleicht etwas umgefallen sei. Sie habe sich gefragt, wo das Geräusch hergekommen sei. Das Gebet sei normal weiter verlaufen, und kurz danach habe sie einen zweiten, etwas leiseren Knall gehört. Vorn am Eingang habe sie Männer sehen können, die sich auf Russisch aufgeregt darüber unterhalten hätten, was sie auf dem Bildschirm gesehen hätten. Die Zeugin spreche kein Russisch. In der Aufregung sei nur auf Russisch gesprochen worden. Die Männer hätten nach oben geschaut und gesehen, dass die anderen auf der Empore nicht in Bewegung seien. Viele aus der Gruppe hätten nur Englisch gesprochen, sagt Iona B. Die Männer hätten nach oben geschaut und dann auf Englisch gesagt, dass sie schnell laufen sollten. Das sei das erste Mal gewesen, dass sie sich Sorgen gemacht und Angst gehabt habe, weil sie an der Stimme und der Mimik erkannt habe, dass der Mann unten auch Angst gehabt habe. Daraufhin seien sie von der Empore losgelaufen. Es habe nur einen Weg gegeben, der am Eingang vorbeigeführt habe. Wäre der Angeklagte dort hereingekommen, hätte es keine Möglichkeit gegeben, von dort wegzukommen, sagt die Zeugin. Man habe den Rauch von draußen riechen können. Sie hätten gedacht, dass möglicherweise dumme Jugendliche Feuerwerkskörper angezündet hätten. Die Zeugin sagt, sie hätten riechen können, dass etwas brenne. Jemand habe gesagt, es schieße wohl jemand auf die Synagoge. Es sei gesagt worden, dass sie von den Fenstern fern bleiben sollten, weil jemand schießen würde. Sie sagt, sie habe durch das Fenster auf den Hof schauen müssen, aber habe nichts sehen können. Sie hätten dann eine Weile oben gesessen. Wen sie mit »wir« meine, fragt die Vorsitzende. Die Zeugin antwortet: »alle Gemeindemitglieder«. Ein paar seien unten geblieben und hätten die Türen verbarrikadiert.

Die Vorsitzende fragt, ob sie einen kurzen Blick auf den Bildschirm habe werfen können. Zu diesem Zeitpunkt nicht, sagt die Zeugin, da sie sehr schnell vorbeigelaufen sei. Sie hätte es nur gerochen, und das habe sie noch gut in Erinnerung. Ob sie nur den Friedhofsbereich gesehen habe, fragt die Vorsitzende, was die Zeugin bejaht. Was in ihr vorgegangen sei, will die Vorsitzende wissen. Iona B. sagt, sie habe ja nicht gewusst, was passiere. Sie habe sich auch nicht wirklich vorstellen können, dass jemand ausgerechnet in Halle versuchen würde, auf eine Synagoge zu schießen. Das sei ihr »total abstrus« vorgekommen. Sie hätten gewartet, was als Nächstes passieren würde. Die Vorsitzende fragt, wie lange die Gruppe gewartet hätte. Dies könne sie schwer einschätzen. Vielleicht zehn Minuten, aber es könne auch länger gewesen sein. Ob sie überlegt hätten zu fliehen, will die Vorsitzende wissen, was Iona B. verneint. Sie seien oben in der Synagoge gewesen, und es sei eher darum gegangen, sich zu verbarrikadieren. Die Vorsitzende sagt, Leute hätten Stühle vor die Tür gestellt. Selbst habe sie das nicht gesehen, sagt die Zeugin. Wann die Polizei gekommen sei, fragt die Vorsitzende. Iona B. sagt, sie wisse nicht mehr, was der Auslöser gewesen sei, dass sie nach unten gegangen seien. Sie hätten lange im Gemeinschaftsraum verbracht. »Sehr lange«, fügt sie hinzu. Unten hätten sie dann alle durchgezählt und geschaut, ob der jeweilige Zimmernachbar anwesend sei. Dabei hätten sie festgestellt, dass Mollie S. gefehlt habe. Sie habe im Hotel angerufen und den Manager gefragt, ob sie dort wäre. Er sei hochgegangen und habe geguckt, ob sie im Zimmer sei. Die Zeugin sagt, sie hätten keine Ahnung gehabt, was draußen vorgegangen sei. Sie hätten »die ganze Zeit darauf gewartet, dass ein Polizist in die Synagoge kommt und aufklärt, was draußen passiert« sei. Sie habe in England Kriminologie studiert und ein Verständnis dafür, wie das ablaufe. Es gebe dort »Community Officers«, die für die Kommunikation zuständig seien. Es habe sie gewundert, dass es »keine gute Kommunikation mit der Polizei« gegeben habe. »Zumindest nicht mit uns«, sagt sie. Sie vermute, dass der Gemeindevorsteher mit der Polizei kommuniziert habe. Sie sei davon ausgegangen, dass ein Polizist kommen würde, um sie zu unterrichten. Lange hätten sie dort gesessen und nicht gewusst, was draußen passiert sei, ob noch Gefahr bestünde, ob jemand erschossen worden sei, wer erschossen worden sei oder ob jemand tödlich verletzt worden sei. Es seien Gerüchte umgegangen, was sie als »sehr nervend« beschreibt. Es habe »keine Kommunikation seitens der Polizei« stattgefunden, sagt die Zeugin.

Die Vorsitzende fragt, ob sie die Absicht gehabt hätten, die Synagoge zu verlassen, was Iona B. verneint. Ihnen sei gesagt worden, dass sie nicht hätten rausgehen könnten. Wer dies gesagt habe, fragt die Vorsitzende. Dies könne sie nicht sagen, antwortet Iona B. Vermutlich hätten die Leute, die mit der Polizei geredet hätten, das weitergegeben. Sie hätten Fragen gehabt, die nicht beantwortet worden seien. Irgendeine Kommunikation scheine es gegeben zu haben. Nach ihrer Einschätzung sei diese »nicht ausreichend«

gewesen. Laut den Akten hätte sich dies lange hingezogen, sagt die Vorsitzende. Iona B. stimmt dem zu und sagt, sie seien irgendwann zum Gebet übergegangen. Wie es dann weitergegangen sei, fragt die Vorsitzende. Sie wisse noch, was sich eingebrannt habe, sagt die Zeugin. Oben habe es Fenster gegeben, durch die man nicht habe durchschauen können und immer nur das Blaulicht gesehen habe. Sie habe sich gewundert, warum die ganze Zeit Polizeiautos hin und her gefahren seien. Ihr sei dadurch klar geworden, dass noch mehr passiert sei. Es habe sich bei ihr eingebrannt, dass sie die Blaulichter habe sehen können, die vorbeigefahren seien, sagt die Zeugin erneut. Irgendwann nachmittags sei sie runtergegangen. Es seien die ersten Berichte reingekommen, dass zwei Menschen erschossen worden seien und dass der Angreifer versucht habe zu fliehen. Erst dann sei klar geworden, was wirklich passiert sei. Es sei zu dem Zeitpunkt von der Polizei noch nicht bestätigt worden, aber es schien klar gewesen zu sein, dass zwei Menschen getötet worden seien. Dies erschien ihr »nicht real«, sagt die Zeugin. »Unwirklich?«, fragt die Vorsitzende noch mal nach. Iona B. stimmt ihr zu. Die Zeugin habe sich in einem Alptraum befunden, sagt die Vorsitzende. Ob es ein Alptraum sei, habe sie nicht gewusst, sagt die Zeugin. Sie habe es noch nicht richtig verarbeiten oder wirklich glauben können. Ob sie für die zwei Verstorbenen ein Gebet sprechen könnten, habe sie ihre Rabbinerin gefragt. Sie sei wieder hoch auf die Empore gegangen. Die Zeugin sagt, sie habe es »halt einfach nicht fassen« können. Es sei ihr »unwirklich« erschienen und habe »keinen Sinn ergeben, dass das so hier passieren« könne.

Sie hätten gesehen, dass ein SEK-Beamter hereingekommen sei. Dieser habe »aber eben so wie der Attentäter beschrieben wurde« ausgesehen. Sie sei davon ausgegangen, dass es ein Polizist sei, aber sie habe dies »sehr befremdlich« gefunden. Sie hätten nun evakuiert werden sollen, sagt die Zeugin. Es habe dann über eine Stunde gedauert, bis sie »wirklich raus konnten«. Einige seien zurückgegangen und hätten das Abendgebet gebetet. Sie sei draußen geblieben. Die Zeugin erinnert sich, dass sie »ewig gewartet« hätten. Vom Moment der Ankündigung, die Synagoge verlassen zu können, bis zur Evakuierung, habe es über eine Stunde gedauert, und es sei dabei »hin und her« gegangen. Erst habe es geheißen, dass sie in Zweiergruppen, dann in Dreiergruppen rausgehen sollten. Man habe ihnen gesagt, was als Nächstes passieren werde. Sie würden draußen noch mal durchsucht und die Personalien aufgenommen werden. In Dreiergruppen hätten sie rausgehen dürfen. Es habe ein Hin und Her gegeben, ob sie koscheres Essen mitnehmen dürften oder nicht. Jedem sei erlaubt worden, eine Tasche mitzunehmen. Sie hätten Taschen gesucht, weil sie nichts dabei gehabt hätten, sagt die Zeugin. Sie hätten sich so aufgeteilt, dass immer eine deutschsprachige Person in jeder Dreiergruppe mit dabei gewesen sei, um zu übersetzen. Dann seien sie auf die Straße gegangen. Auf dem Friedhof seien überall SEK-Beamte gewesen. Sie hätten gesehen, dass auf der Straße ein Sichtschutz aufgestellt worden sei.

Ihren Personalausweis habe sie nicht dabei gehabt, weil sie diesen im Hotel gelassen habe, sagt Iona B. Dann seien sie durchsucht und die Personalien hinter dem Sichtschutz aufgenommen worden. Die Zeugin spricht von vielen Pressevertretern, die viel fotografiert hätten. Sanitäter hätten sie befragt, ob sie Verletzungen haben. Dies habe alles außerhalb des Sichtschutzes stattgefunden, wo Fotografen sie fotografiert hätten. Sie habe das als eine »sehr befremdliche Situation« empfunden. Die Polizei habe ihr untersagt, die Tüte und persönliche Gegenstände mitzunehmen. Es habe geheißen: »Nein, das geht nicht.« Sie habe angefangen zu erklären und zu übersetzen, warum sie Essen dabei gehabt haben. Dann sei es weitergegangen und ein Polizist habe zu einem anderen gesagt: »Ja ja, das sind alles Juden da drin.« Sie habe in diesem Moment lachen müssen, sagt die Zeugin, weil »da Polizisten im Einsatz waren, die keine Ahnung hatten, dass wir Juden sind, obwohl das Stunden nach der Tat« gewesen sei.

Die Vorsitzende sagt, es sei in der Tat so, dass es den ein oder anderen Hallenser gebe, der nicht gewusst habe, dass dort eine Synagoge sei. Die Zeugin sagt, das sei bereits fünf Stunden nach dem Anschlag passiert. Allgemein sei die Art und Weise, wie der Polizist das gesagt habe, »einfach befremdlich«.

Ob die Zeugin oder jemand anderes der Polizei gesagt hätte, dass sie unglücklich seien, den Fotografen ausgeliefert gewesen zu seien, fragt die Vorsitzende, was die Zeugin verneint. Sie habe sich persönlich gewundert, warum der Bus nicht hinter dem Sichtschutz gestanden habe, da die Fenster nicht verdunkelt gewesen wären. Dort hätten sie noch mal eine Stunde gesessen, während Journalisten sie von der anderen Straßenseite fotografiert hätten. Es habe sich »alles so unnötig angefühlt, dass alles noch mal schwerer gemacht wurde, und wir den Fotografen ausgeliefert« gewesen seien, sagt die Zeugin.

Die Vorsitzende verteidigt das Vorgehen der Polizei in der »unübersichtlichen Lage«. Nebenklagevertreterin Rechtsanwältin Antonia von der Behrens sagt, sie finde die Art der Befragung durch die Vorsitzende »unglücklich«, da es nicht darum gehe, das Verhalten der Polizei zu erklären oder zu verteidigen, was die Vorsitzende zurückweist: Das sei nicht ihre Absicht gewesen. Die Zeugin sagt, sie hätte sich gewünscht, dass eine bessere Kommunikation stattgefunden hätte. Es sei klar, dass die Polizei Aufgaben zu erledigen habe, aber es sei »organisatorisch nicht ideal« gewesen. Die Vorsitzende sagt, dass sie zum Ausdruck habe bringen wollen, dass sie »das genauso sehe«.

Iona B. sagt, sie seien zum Krankenhaus gefahren worden. Im Eingangsbereich seien sie von Ärzten gefragt worden, ob sie Verletzungen hätten. Lustigerweise seien sie in die Cafeteria gebracht worden. Weil sie noch zwei weitere Stunden Fastenzeit gehabt hätten, hätten sie gefragt, ob sie in einen anderen Raum könnten. Dann hätten sie eine Weile warten und noch mal ihre Personalien abgeben müssen, sagt die Zeugin. Ob es noch einmal Kommunikation mit der Polizei gegeben habe, fragt die Vorsitzende. Sie habe versucht, mit der Polizei eine Lösung bezüglich der Klamotten eines Kindes, die in der Synagoge verblieben seien, zu finden, sagt Iona B. Der Rabbiner Jeremy B. werde später selber darüber sprechen.

Die Vorsitzende fragt, wie die Zeugin die Geschehnisse im Nachhinein empfunden habe. Iona B. sagt, es habe sie sehr getroffen, dass jemand vor der Synagoge erschossen worden sei. Morgens habe sie bei der Polizei angerufen, um mit der Mutter von Jana L. Kontakt aufzunehmen, da sie und Mitglieder der Gemeinde die Beerdigung besuchen wollten, sagt Iona B. Dies habe erstaunlich gut funktioniert. Die Mutter von Jana L. habe sie angerufen, weil die Polizei die Nummer weitergegeben habe. Wie es der Zeugin dann ergangen sei, fragt die Vorsitzende. Iona B. sagt, am ersten Tag sei der Adrenalinpegel ziemlich hoch gewesen. Sie habe es geschafft, die Tickets umzubuchen, und sie habe sofort nach Hause fahren können. Bei Edeka habe sie sich etwas zu Essen gekauft und einen Blumenstrauß, um etwas Farbenfrohes in der Wohnung zu haben, sagt die Zeugin. Am nächsten Tag hätten sie sich zum Schabbat getroffen. Sie habe es als sehr hilfreich empfunden, dass die Leute von Base sich fantastisch um sie gekümmert hätten. Sie hätten psychologische Hilfe bekommen, irgendwann auch von einer israelischen Psychologin. »Extrem gut betreut« habe sie sich gefühlt. Sie sei nicht darauf angewiesen gewesen, auf das zu warten, was vom Staat käme. Das habe ihr persönlich enorm geholfen. Iona B. sagt, danach sei auch die restliche Kommunikation mit dem Staat »nicht immer ganz leicht« gewesen.

Die Vorsitzende sagt, dass die Zeugin Mollie S. von ihrer Posttraumatischen Belastungsstörung erzählt habe und fragt Iona B., wie es bei ihr gewesen sei. Sie sei die ersten Tage nur erschöpft gewesen und habe viel geschlafen, sagt die Zeugin. Nach zehn Minuten sei sie sofort k. o. gewesen. Nach zwei Monaten habe sie noch mal psychologische Hilfe in Anspruch genommen, um sicherzugehen, dass sie das nicht zu sehr mitnehme. Das einzige, was für sie »noch sehr belastend« sei, sagt Iona B. und stockt. Sie wisse noch nicht, ob sich das jemals ändern werde. »Ich komme einfach nicht darüber hinweg, dass zwei Menschen tot sind und ich nicht eine von ihnen bin«, sagt die Zeugin. »Mir persönlich wäre es lieber gewesen, wenn er auf mich geschossen hätte, und nicht stattdessen zwei Leute umgekommen wären, die nichts damit zu tun hatten«, sagt sie und stockt wieder. Der Angeklagte sagt leise »mir auch«. Die Zeugin sagt, sie wisse nicht, ob sie jemals die Schuldgefühle überwinden könne. Sie könne dem Attentäter verzeihen, dass er versucht habe, sie umzubringen, aber nicht dafür, dass er stattdessen zwei Menschen getötet habe. »Das werde ich nie verstehen.«

Die Vorsitzende fragt, ob die Zeugin etwas zu Jana L. erzählen könne. Der Vater von Kevin S. sei bereit auszusagen, bei der Mutter von Jana L. scheine das nicht der Fall zu sein. Ob die Zeugin dazu was sagen könne. Sie habe mehrmals mit der Mutter von Jana L. gesprochen, und sie sei bei der Beerdigung gewesen, so Iona B. Sie habe mit Leuten gesprochen, die Jana L. gekannt hätten.

Dadurch habe sie das Gefühl, Jana L. als Menschen und nicht nur als Tote zu verstehen. Das habe es »schwerer gemacht zu verstehen, dass sie statt mir tot ist«, sagt die Zeugin.

Wie sie das Leben in jüdischen Gemeinden empfinden würde, fragt die Vorsitzende. Was nach diesen Vorfällen in ihnen vorgehe, will sie weiter wissen. Die Zeugin und ein Vertreter der Nebenklage besprechen sich und bitten um fünf Minuten Pause.

Die Vorsitzende verkündet eine Pause von zehn Minuten, die Sitzung wird unterbrochen.

Eine Justizbeamtin ermahnt im Zuschauerbereich Robert Farle, Landtagsabgeordneter der AfD, da er seinen Mund-Nasen-Schutz nicht richtig tragen würde. Dieser sagt, er sei für den Landtag hier.

Die Sitzung wird nach einigen Minuten fortgesetzt. Die Vorsitzende kündigt an, dass sie warte, bis alle wieder Platz genommen hätten. Sie ermahnt einen Rechtsanwalt, dass seine Robe fehle und lacht. Sie bittet darum, das Fenster zu öffnen. Sie stellt die Anwesenheit aller Beteiligten fest und erteilt der Zeugin Iona B. erneut das Wort.

Die Zeugin bittet die Vorsitzende darum, die letzte Frage vor der Pause zu wiederholen. Diese sagt, sie habe hören wollen, welche Gedanken sich Iona B. nach dem Anschlag gemacht habe und was das mit ihr und der Gemeinschaft gemacht habe. Sie sagt, sie glaube, dass sie das vorher anders formuliert habe. So schockierend das auch für alle gewesen sei, antwortet die Zeugin, jüdisches Leben habe schon mehr durchstehen müssen, und sie würden weiter machen. »Das wird uns auch mit Sicherheit nicht abhalten, in eine Synagoge zu gehen und offen jüdisches Leben zu leben. Das lassen wir uns nicht von ihm und von niemandem nehmen.«

Die Vorsitzende fragt nach der Polizeipräsenz vor der Synagoge. Die Zeugin sagt, sie sei gewohnt gewesen, dass Polizei vor der Tür stehe und habe sich am Tag zuvor gewundert, dass diese fehle. Sie sei vorher bei »übermäßiger Polizeipräsenz« immer skeptisch gewesen, weil dies auch Aufmerksamkeit auf sich ziehe. Nach den Erlebnissen jetzt sei es leider notwendig. Wenn die Polizei da gewesen wäre, wäre Jana L. wahrscheinlich noch am Leben, sagt die Zeugin. Sie sei nun »weniger kritisch«, was hohe Polizeipräsenz angehe.

Die Vorsitzende bedankt sich und fragt, ob die Zeugin noch weitere Fragen habe. Iona B. verneint.

Die Vorsitzende bedankt sich erneut und entlässt die Zeugin.

Die Vorsitzende fährt fort, dass sie von Nebenklagevertreter Juri Goldstein informiert worden sei, dass sein Mandant anwesend sei. Ebenso sei Jeremy B. anwesend, sagt die Vorsitzende.

Rechtsanwältin Lang sagt, dass sie wahrgenommen habe, dass an der Stelle, an der sich die Zeugin Iona B. sehr berührt gezeigt habe, dass Jana L. an ihrer Stelle gestorben sei, der Angeklagt gesagt habe, dass ihm das auch anders lieber gewesen wäre. Rechtsanwältin Lang zitiert die Aussage der Zeugin, dass es ihr lieber gewesen wäre, wenn der Angeklagte auf sie geschossen hätte. Der Angeklagte habe an dieser Stelle gelacht und »mir auch«, gesagt, fügt Rechtsanwältin Lang an. Nebenklagevertreter Rechtsanwalt David Herrmann habe das genauso wahrgenommen. Der Verteidiger Rechtsanwalt Hans-Dieter Weber entgegnet, er stelle das in Abrede. Er würde direkt neben dem Angeklagten sitzen und habe nichts gehört. Die Vorsitzende spricht Oberstaatsanwalt Stefan Schmidt an, er würde ja direkt gegenüber sitzen. Dieser sagt, er verstehe die Empörung, aber laut Strafprozessordnung sei dies kein protokollierungswürdiger Vorgang, und es bedürfe seiner Ansicht nach keiner Protokollierung der vom Angeklagten gemachten Bemerkung. Die Vorsitzende stimmt zu und sagt, der Angeklagte habe am ersten Tag gesagt, dass er bereue, nicht mehr Leute umgebracht zu haben. Rechtsanwalt Hoffmann sagt, er widerspreche Oberstaatsanwalt Schmidt. Es wäre schön, wenn ein Vertreter der Bundesanwaltschaft dem Angeklagten Aufmerksamkeit schenken würde, auch wenn dieser nicht an der Reihe sei. »Solches Verhalten« habe den ganzen Tag stattgefunden. Er wundere sich, dass keiner der Richter das mitbekommen habe und bitte darum, mehr darauf zu achten. Rechtsanwalt Hoffmann sagt, es sei maßgeblich, dass der Angeklagte sich nicht nur allgemein antisemitisch äußere, sondern es auf eine Person konkretisiere und zehn Meter von einer betroffenen Person entfernt sage: »Ich hätte dich getötet.« Die Vorsitzende sagt, man könne einen Kompromiss finden und schriftlich festhalten, dass einzelne Rechtsanwälte beantragen würden, das wörtlich zu protokollieren. Nebenklageverteidiger Rechtsanwalt Mark Lupschitz sagt, er wolle sich Rechtsanwalt Hoffmann anschließen. Es sei die Schuld des Täters, die im Raum stehe, und dazu gehöre auch das Nachtatverhalten. Die Vorsitzende sagt, dass sie dem zustimme, aber das Problem sei, dass sie das »leider nicht gehört habe.« Wer es alles gehört habe, fragt sie. Rund sechs Vertreter·innen der Nebenklage sowie Nebenkläger·innen melden sich. Man werde das so aufnehmen, sagt die Vorsitzende.

Die Vorsitzende sagt, der für 14.30 Uhr geladene Zeuge Jeremy B. sei anwesend. Sie habe sich kurz mit ihm unterhalten. Der Mandant von Rechtsanwalt Goldstein sei auch anwesend, da er die Abladung nicht rechtzeitig erhalten habe, aber er könne trotzdem aussagen.

AUSSAGE DES ZEUGEN JEREMY B. (NEBENKLÄGER, ZUM TATKOMPLEX SYNAGOGE)

Die Vorsitzende bittet Jeremy B., vorn im Zeugenstand Platz zu nehmen. Sie sagt, es würde eine Dolmetscherin benötigt. Der Zeuge spricht größtenteils auf Englisch, eine Dolmetscherin übersetzt ins Deutsche. Die Vorsitzende belehrt den Zeugen über seine Pflichten und sagt, dass dies kein Misstrauen sei. Jeremy B. nennt seinen Namen inklusive Mittelnamen und sagt, dass der Mittelname der Name seiner Mutter und jene Feministin sei. Die Vorsitzende fragt, wie sie ihn ansprechen soll und ob »B.« richtig sei. Jeremy B. bejaht dies und sagt »oder Rabbi B.« Die Vorsitzende fragt, wie er es sich wünschen würde. Er antwortet, unter den gegebenen Umständen wünsche er sich, mit »Rabbi« angesprochen zu werden. Normalerweise sei er zufrieden »Jeremy« oder »Herr B.« genannt zu werden. »Rabbiner B.« sei perfekt, sagt er auf Deutsch. Einige Menschen im Gerichtssaal lachen.

Die Vorsitzende fragt, wie alt er sei und Rabbiner Jeremy B. antwortet auf Deutsch »33«. Welchen Beruf er habe, fragt sie. Er sei Rabbiner, sagt dieser. Ob er mit dem Angeklagten verwandt oder verschwägert sei, fragt die Vorsitzende. Er denke nicht, sagt der Rabbiner.

Er solle von seinen Eindrücken berichten, sagt die Vorsitzende. Der Zeuge bedankt sich und sagt, dass seine Frau und er Base Berlin betreiben würden. Seine Frau sei auch Rabbinerin und er denke, dass sie am nächsten Verhandlungstag aussagen werde.

Der Zeuge sagt, Jom Kippur sei der heiligste jüdische Tag. Die Vorsitzende habe erwähnt, dass sie katholisch sei – der Tag sei mit Ostern vergleichbar, erklärt Rabbiner Jeremy B. Sie hätten überlegt, diesen Tag in einer anderen Synagoge, wo weniger Menschen seien, zu verbringen, um Leben in die Gemeinde zu bringen. Deswegen hätten sie sich entschieden, nach Halle zu kommen. Der Gemeindevorsteher sei von dem Plan begeistert gewesen. Sie seien dann mit einer Gruppe von zwanzig Menschen gefahren. Jom Kippur sei sein liebster Tag des Jahres, sagt der Rabbiner. Er wolle an dieser Stelle hinzufügen, dass es ein Tag des In-sich-Gehens, des Nachdenkens und des Gedenkens sei. Er beantworte dazu gerne weitere Fragen.

Sie seien am 8. Oktober 2019 in Halle angekommen und hätten ein Auto und das koschere Essen für das Ende von Jom Kippur abgeholt. Er sei mit zwei Freunden, seiner Frau und ihrer gemeinsamen Tochter angereist. Am Anfang sei alles sehr gut verlaufen. Sie seien von der lokalen Gemeinde herzlich empfangen worden, und er habe dies als eine positive Erfahrung wahrgenommen. Am nächsten Morgen hätten sehr früh die Gebete begonnen, wann genau könne er nicht sagen. Davor hätten einige Anwesende meditiert.

Die Vorsitzende sagt, der Zeuge habe gesagt, er könne mehr zu Jom Kippur sagen. Der Rabbiner sagt, Jom Kippur sei das Ende eines zehntägigen Zeitraums der Buße und Reue. Dieser Zeitraum beginne mit Rosch ha-Schana, dem jüdischen Neujahr, und ende mit Jom Kippur. In der jüdischen Tradition sei dies der Zeitraum, in dem Gott über unser Schicksal im kommenden Jahr entscheide. Laut der jüdischen Liturgie werde an Rosch ha-Schana, das Schicksal geschrieben und an Jom Kippur besiegelt. In vielerlei Hinsicht diene Jom Kippur als Wegweiser für das kommende Jahr. Er spreche für sich selbst, sagt Rabbiner Jeremy B.: Er nehme diese Liturgie jetzt ganz anders wahr als zuvor. Der Zeuge fragt, ob es weitere Fragen zu Jom Kippur gebe.

Der stellvertretende Vorsitzende Richter Thorsten Becker fragt, ob es bei Jom Kippur auch so sei, dass es abends losgehe. »Normalerweise« gehe der Tag ja um Mitternacht los. Ja, das entspräche der jüdischen Tradition, sagt der Rabbiner. Der jüdische Tag beginne am Abend, denn der Abend komme im Buch Genesis zuerst, sagt Rabbiner Jeremy B.

Sie hätten am 8. Oktober ihre letzte Mahlzeit eingenommen und bis zum nächsten Tag bis etwa 19.30 Uhr oder 20 Uhr gefastet. Jom Kippur beginne mit dem schönen Gebet Kol Nidre, das an diesem Tag wundervoll gesungen worden sei. Es gehe darum, dass die Vergangenheit vergangen sei und man neu beginne.

Am nächsten Morgen sei um 10 Uhr eine Babysitterin aus Berlin nach Halle gekommen, um auf ihr Kleinkind aufzupassen, denn Kinder in diesem Alter bräuchten ständig Aufmerksamkeit. Dann hätten sie ihre Telefone und ihr Geld weggepackt. Die Babysitterin habe ihre Tochter um 10.30 Uhr von der Synagoge abgeholt. Der Sicherheitsmann habe danach abgeschlossen.

Jom Kippur sei in vier Gebete unterteilt. Alle Gebete wie das Morgengebet Schacharit und Musaf würden zusammen fünf bis sechs Stunden dauern. Danach würde üblicherweise eine kurze Pause eingelegt werden, gefolgt von den Gebeten am Nachmittag. Am Ende käme das Abschlussgebet. Zwischen dem Morgengebet und dem Zusatzgebet werde aus Thorarollen vorgelesen. Dieses Lesen sei in sechs Teile unterteilt. Ungefähr in der Mitte des dritten Teils hätte es Aufruhr wegen der Bilder der Sicherheitskameras gegeben, und draußen hätten sie Explosionen gehört, sagt der Zeuge. Da er nicht nah an den Monitoren gewesen sei, habe er nichts sehen können und könne darüber nicht viel sagen. Menschen hätten auf Russisch gesprochen und gesagt, was auf den Bildern der Kameras zu sehen gewesen sei. Der Kantor habe gesagt, dass alle nach hinten gehen sollten, wo seine Frau und er untergebracht gewesen seien, sagt Rabbiner Jeremy B. Sie hätten versucht, sich mit allem, was sie hätten finden können, zu verbarrikadieren. Der Kantor und eine Gruppe von Männern hätten »heldenhaft« gehandelt, sagt der Rabbiner. Er sei sehr dankbar für ihr »heldenhaftes Verhalten«. In der Zeit, als alle oben versucht hätten, sich in Sicherheit zu bringen, habe er versucht, die Leute zu beruhigen und zu verstehen, was passiert sei.

Der Zeuge sagt, er erinnere sich an die Ereignisse ganz deutlich. Es sei unwirklich und wie »eine Art Zwischenwelt« gewesen. Dies passe zum Thema des Feiertags, denn einerseits seien sie einer Gefahr ausgesetzt und andererseits hätten sie versucht, Ruhe zu bewahren. Das sei das, was bei ihm in Erinnerung bleibe, »diese Zwischenwelt«. Er habe in den letzten Monaten viel über Traumata und ähnliche Beschreibungen gelesen.

Jemand habe ihn informiert, dass die Polizei gekommen sei. Das sei gefühlt nach einer sehr langen Zeit gewesen. Das habe er dann auch den anderen gesagt. Als sie verstanden hätten, dass sie länger in der Synagoge bleiben müssten, hätten sie den Gottesdienst exakt dort fortgesetzt, wo sie aufgehört hätten, weil der Kantor darauf bestanden habe, sagt der Rabbiner. Es sei die stärkste Gebetserfahrung, die er je in seinem Leben gemacht habe, und dafür müsse er dem Kantor danken. Sie hätten auch das Zusatzgebet etwas später abgeschlossen. An dieser Stelle sei ihnen mitgeteilt worden, dass sie evakuiert werden sollten. Sie hätten geschaut, wo alle Mitglieder seien und dabei festgestellt, dass zwei Personen nicht da gewesen seien, was ihnen Sorgen bereitet habe. Sie hätten Kontakt mit der Babysitterin aufnehmen wollen. Der Rabbiner sagt, er habe dann etwas getan, was er noch nie zuvor getan habe, nämlich sein Telefon an Jom Kippur angeschaltet. Er habe erfahren, dass beide Mitglieder unversehrt und in Sicherheit seien. Er habe die Babysitterin erreicht und ihr gesagt, sie solle in dem Café bleiben, in dem sie sich gerade aufhalte. Sie sei an dem Tag unglaublich stark gewesen, habe aber ein schreckliches Trauma davongetragen und deswegen Deutschland später verlassen.

Rabbiner Jeremy B. beschreibt die Interaktion mit der Polizei als »sehr schwierig«. Seine Frau sei sehr verstört gewesen, da ihre Tochter nicht zu ihnen habe kommen dürfen. In der nächsten Woche würde seine Frau aussagen, er werde nicht für sie sprechen. Er sagt, sie hätten bei der Evakuierung das koschere Essen mitnehmen wollen. Am Anfang hätten die Polizisten ihnen verboten, irgendetwas mit in den Bus zu nehmen, da es »gegen Bestimmungen verstoßen« würde. Schließlich hätten sie sich einigen können. Er sei nach oben gegangen und habe das Essen in seinen Koffer getan und den Koffer heruntergebracht. Dann habe ein Polizist gesagt, dass er den Koffer nicht mit in den Bus nehmen dürfe, weil dieser zu groß sei. Rabbiner Jeremy B. sagt, er habe erklärt, dass sie sich bereits geeinigt hätten. Die Polizeikräfte hätten gesagt, er sei zu groß, da jeder nur eine kleine einzelne Tasche mitnehmen dürfe. Aus irgendeinem Grund habe er kleine Mülltüten mitgebracht, sagt der Zeuge. Sie hätten dann den Koffer geöffnet, das Essen in die kleinen Tüten umgefüllt und an alle verteilt. Er sagt, er erzähle diese Geschichte, weil es ein surreales und abstruses Erlebnis gewesen sei, weil sie in dieser Situation Opfer eines traumatisierenden Ereignisses gewesen seien. Er sagt, er möchte anmerken, dass er niemanden beschuldigen wolle, aber er glaube, dass das Verhalten der Polizei verbesserungswürdig sei.

Der Zeuge spricht von einem »zweiten Vorfall«: Die Polizei habe die Babysitterin mit seiner Tochter nicht durch die Absperrung und nicht in den Bus gelassen. Er möchte dem Gemeindevorsteher danken, da dieser deswegen Kontakt mit der Polizei aufgenommen und verhandelt habe. Rabbiner Jeremy B. sagt, er habe klargemacht, dass er die Synagoge ohne seine Tochter nicht verlassen werde, und er sei nicht gegangen, bevor er die Bestätigung von seiner Frau erhalten habe, dass seine Tochter im Bus sei.

Als sie im Bus gewesen seien, habe er eine katholische Nonne darin bemerkt. Ursprünglich sei sie im Bus gewesen, um spirituelle Beratung anzubieten. Er denke, diese Idee, religiösen Menschen in dieser schwierigen Situation beizustehen, käme aus einer guten Richtung. Es sei aber wichtig anzumerken, wie »triggernd« das für jüdische Menschen sei, da es eine lange Geschichte von Zwangskonversion dahin gebe, ihre Religion aufzugeben. In dieser Situation mit einer katholischen Nonne konfrontiert zu werden, sei »verstörend« gewesen. Er wolle niemanden beschuldigen, sagt der Zeuge. Es biete eine Gelegenheit zu lernen. Menschen müssten wissen, dass Juden in schwierigen Zeiten mit anderen Juden zusammen sein wollten, sagt Rabbiner B.

Wie Zeugin Iona B. bereits erzählt habe, seien sie im Bus gut sichtbar gewesen. Irgendwann habe jemand einen Witz für die Fotografen gemacht. Da habe er das erste Mal an diesem Tag gelacht. Diese scherzhaften Gesichter seien auf den Titelseiten von vielen deutschen Zeitungen gelandet. Er sagt, viele Zeitungen hätten gedacht, es sei angemessen, ein Foto seines 15 Monate alten Kindes auf der Titelseite einer Tageszeitung zu drucken. Er würde nichts von seiner Tochter veröffentlichen.

Er habe sich gefühlt, als habe die Polizei sie »wie Verdächtige und nicht wie Opfer« behandelt, sagt der Zeuge. Er habe erlebt, dass er eine Last für sie gewesen sei. Der Zeuge sagt, er wolle niemandem etwas unterstellen, er wisse nicht, was in ihnen vorgegangen sei. Das Gefühl der Sorge, Liebe oder Zuneigung habe er nicht wahrgenommen. Besonders deutlich sei dies im Kontrast zum Empfang im Krankenhaus gewesen. Das Krankenhauspersonal habe sie »mit Liebe überschüttet«. Es mache ihn »immer noch ganz emotional«, weil sie dort so viel Zuwendung erfahren hätten. Er habe eine tiefe Menschlichkeit im Krankenhaus verspürt. Die Menschen dort hätten gefragt, was sie tun könnten, um zu helfen.

Der Zeuge sagt, im Krankenhaus hätten sie mit dem Abschlussgebet weitergemacht. Ungefähr zur Hälfte sei ein Polizeibeamter gekommen und habe gesagt, dass sie aufhören müssten, da das De-briefing durchgeführt werden müsse. Das Krankenhauspersonal habe interveniert und so verhindert, dass sie ihr Abendgebet hätten abbrechen müssen, sagt der Rabbiner. Er erläutert, dass es beim Abschlussgebet darum gehe, Gottes Gnaden zu erfahren. Er sagt, zwei Deutsche hätten über ihren Glauben gestritten.[2]

Schließlich hätten sie das koschere Essen gegessen und über die nächsten Schritte langsam nachdenken können. Sein Plan sei es gewesen, zur Synagoge zurück zu gehen, aber die Polizei habe gesagt, dass dies nicht gehe, weil es ein Tatort sei. Dies habe er verstanden, aber er habe gedacht, jemand

2 Diese Äußerung bezieht sich auf die Auseinandersetzung, bei der ein Mitarbeiter des Krankenhauses einen Polizisten davon überzeugte, das Gebet nicht zu unterbrechen.

könne ihre Sachen aus der Synagoge holen. Man habe ihnen dann gesagt, dass niemand die Synagoge betreten dürfe. Als er gefragt habe, wo sie in dieser Nacht schlafen könnten, habe man ihm auf Deutsch geantwortet: »Sie müssen auf den Staat warten.« Er habe jedoch nicht auf den Staat warten wollen, sagt der Zeuge. Zum Glück hätten sie selbst ein Hotel buchen können. Die Polizei habe dann eine große Show mit vielen Polizeiwagen gemacht, als sie zurück zum Hotel gebracht worden seien. Sie habe Polizeibeamte draußen postiert, um sie zu beschützen. Als sie am nächsten Tag das Hotel verlassen hätten, habe niemand gefragt, ob sie Hilfe oder Ähnliches bräuchten. Die Beamten hätten mit ihren Waffen dagesessen und geraucht.

Mit Mühe sei es ihnen am nächsten Tag gelungen, ihr Auto abzuholen. Er würde all das erzählen, weil er denke, dass die Polizei es besser könne. Er sei sich sicher, dass bei der Polizei gute Menschen seien. Diese seien auf die dramatische Situation nicht eingestellt gewesen, aber sie könnten sich verbessern.

Er wolle große Dankbarkeit gegenüber dem Gericht und der Nebenklage zum Ausdruck bringen, dass er hier die Gelegenheit habe, sprechen zu können. Außerdem wolle er sein tiefstes Mitgefühl gegenüber den Familien von Kevin S. und Jana L. ausdrücken. Oft denke er an sie und das Opfer, das diese erbracht hätten. Er werde an Kevin S. und Jana L. für den Rest seines Lebens denken.

Er sei vor zwölf Jahren das erste Mal nach Berlin gekommen. Er habe sich in diese Stadt verliebt, und er glaube weiterhin an jüdisches Leben in diesem Land. Vor diesem schrecklichen Erlebnis sei er sich nicht sicher gewesen, ob er bleiben wolle. Nun sei er sich sicher, sagt Rabbiner Jeremy B. Jüdisches Leben werde »weitergehen, blühen und wachsen«. Es sei für ihn ein Privileg, an diesem teilhaben zu dürfen. Der Zeuge sagt: »Wir verstecken uns nicht, wir stehen zusammen, wir werden gehört.« Einige Gäste im Gerichtssaal applaudieren. Der Rabbiner sagt, sie hätten an diesem Tag mehrfach das Lied »Am Israel Chai« gesungen – »das jüdische Volk wird weiterleben«.

Rabbiner Jeremy B. sagt, die deutsche Gesellschaft müsse sich beteiligen. Gemeinsam könnten sie eine multikulturelle Gesellschaft voller Liebe, Ehre und Respekt aufbauen. Es gebe nur eine Person, die an diesem Tag schuldig sei. Alle seien verantwortlich, eine bessere Welt aufzubauen.

Die Vorsitzende bedankt sich. Ein Teil der Zuschauer·innen applaudiert. Sie sagt, es sei ihnen wichtig gewesen zu erfahren, wie der Zeuge den Tag empfunden habe. Es sei wichtig, dass der Zeuge berichtet habe, dass sie teilweise nur als Objekt behandelt worden seien. Das würde sicherlich weitergegeben werden, sagt die Vorsitzende. Der Zeuge bedankt sich. Sie interessiere noch, wie es dem Zeugen nach diesen Geschehnissen ergangen sei. Sie fragt, ob Rabbiner Jeremy B. sich in Behandlung begeben habe. Der Rabbiner sagt, er habe viel Beratung und viel Therapie in Anspruch genommen. Er habe Hochs und Tiefs, gute Tage und schlechte Tage. Mit Ausnahme der Geburt seiner Tochter, habe kein Ereignis ihn so stark beeinflusst, wie dieses, sagt der Zeuge. Er sei sehr dankbar in einer Zeit zu Leben, in der die Therapie akzeptiert und empfohlen werde. Das erinnere ihn an seine Vorfahren, die schreckliche Traumata erlitten und keinen Zugang zu Therapien gehabt hätten.

Ob die Prozessbeteiligten Fragen hätten, will die Vorsitzende wissen. Der Angeklagte sagt, er habe eine Frage an B. Der Zeuge korrigiert ihn: »Rabbiner B.!« Der Zeuge habe ausführlich beschrieben, wie er Probleme mit den Einsätzen der Polizei und den Vorschriften gehabt habe, sagt der Angeklagte und fragt, ob der Zeuge gewohnt sei, »eine Sonderbehandlung[3] zu kriegen«. Die Vorsitzende sagt, darauf könne der Angeklagte keine Antwort erhalten. Der Rabbiner sagt, er versuche jedem Menschen mit Liebe und Respekt zu begegnen und hoffe, dass jeder Mensch es so halte.

Die Vorsitzende entlässt den Zeugen und kündigt eine verdiente Mittagspause bis 14 Uhr an.

AUSSAGE DES ZEUGEN ROMAN YOSSEL R. (NEBENKLÄGER, ZUM TATKOMPLEX SYNAGOGE)

Um 14.15 Uhr wird die Verhandlung fortgesetzt. Die Vorsitzende stellt fest, dass alle Beteiligten anwesend seien. Sie bittet den Zeugen Roman Yossel R. und seinen Rechtsanwalt Goldstein vorn Platz zu nehmen. Sie belehrt den Zeugen und fragt nach seinem Alter und Beruf. Roman R. sagt, er sei 32 Jahre alt, Projektleiter einer jüdischen Jugendorganisation und Vorbeter in Halle. Die Vorsitzende fragt, ob er mit dem Angeklagten verwandt oder verschwägert sei, was er verneint. Sie bittet ihn, seine Erlebnisse zu schildern.

Der Zeuge sagt, er habe als Vorbeter in der Kanzel gestanden, und es sei aus der Thora vorgelesen worden. Er kenne die Straße und die Gegend, daher habe er sofort gewusst, dass es ein ungewöhnlicher Laut gewesen sei, und er habe sich umgeschaut. Der Sicherheitsmann habe zum Gemeindevorsteher Max P. gesagt, »da ist jemand draußen.« Roman R. sagt, er sei zum Bildschirm gegangen und habe das Auto des Angeklagten gesehen. Zu diesem Zeitpunkt habe er eine der Sachen gesehen, die er niemals vergessen werde: wie Jana L. umgefallen sei. Als er das gesehen habe, sei er alarmiert gewesen. Er habe noch nie gesehen, wie ein Mensch gestorben sei. Sofort habe er gewusst, dass die Lage ernst sei. Im Rahmen seiner Jugendarbeit habe er selbst Sicherheitsbelehrungen durchführen müssen. Das sei die traurige Realität in Deutschland. Kinder und Jugendliche im Alter zwischen 13 und 19 Jahren müssten sich

3 Nationalsozialistischer Tarnbegriff für die Ermordung von Menschen.

das anhören. Deswegen habe er bis zu einem gewissen Grad gewusst, was Sache gewesen sei. Was das heiße, fragt die Vorsitzende. Der Zeuge sagt, das bedeute: Wenn man draußen etwas höre, bleibe man drinnen; wenn drinnen etwas sei, bleibe man draußen. Er sagt, sie hätten dieses eine Bild gesehen und hätten nicht sehen können, ob es weitere Täter gegeben habe. Das Auto sei groß gewesen, sagt Roman R. Er habe den Leuten gesagt, dass alle aufstehen sollten, um den Raum zu verlassen. Der Zeuge sagt, er werde das nie vergessen. Es sei das zweite Erlebnis, das ihn immer verfolgen werde: Unter den Zuschauern hätten ältere Leute im Alter von 60 bis 70 Jahren gesessen. Diese hätten ihm verwundert in die Augen geschaut. Das seien Menschen, die aus einem Land geflohen seien, das sie teilweise verfolgt habe, aus der Sowjetunion. Es habe in bestimmten Städten »Judenquoten« an Universitäten gegeben, hätten sie ihm erzählt. Sie seien in ein Land, das Täterland, gekommen aber mit Hoffnung. Roman R. sagt, in diesem Moment habe er sich nicht vorstellen können, dass er ihnen sagen müsse, dass sie in Halle an Jom Kippur fliehen müssten. Ihm sei langsam klar geworden, dass es ein Terroranschlag sei. Diese Menschen hätten am Anfang gedacht, dass es nur Kinder seien, die mit Feuerwerk spielten. »Bitte, bitte geht!«, habe er gesagt. »Nein, das sind doch nur Kinder«, hätten sie geantwortet. Er sei zum Bildschirm gegangen und habe die Bilder verfolgt. Er könne sich nicht genau erinnern und wolle nichts Falsches sagen. Den Angeklagten habe er in voller Montur mit Waffe auf die Tür zukommen sehen. Es sei klar gewesen, dass dieser eine Waffe habe. Da die Tür aus Holz gewesen sei, habe er gedacht, es sei gleich zu Ende. Eine wichtige Lehre aus dem Training sei es gewesen, sich Zeit zu verschaffen. Er habe den Leuten gesagt, Stühle zu holen, um sich zu verbarrikadieren. Zu diesem Zeitpunkt hätten nicht alle das Ausmaß verstanden.

Vor der Tür habe der Angeklagte angefangen zu schießen. »Jeder Schuss war ein Schuss ins Herz«, sagt Roman R. Es habe tatsächlich Menschen gegeben, die gesagt hätten: »Lass uns rausgehen und kämpfen.« Sie hätten eine Person zurückhalten müssen. Dann seien ein zweiter und dritter Schuss erfolgt, der Angeklagte sei von der Tür weggegangen und wieder zurückgekommen. Dann habe er Sachen über die Mauer geworfen. Er habe gedacht, es seien Granaten und habe gesagt »duckt euch«, aber es habe keine Explosionen gegeben. Das Ganze sei ihm wie eine Ewigkeit vorgekommen. Anschließend sei der Angeklagte ins Auto gestiegen und weggefahren. Es sei nicht klar gewesen, ob dieser weg gewesen sei oder ob er versuchen würde, über den Hintereingang reinzukommen, sagt der Zeuge. Das seien die schlimmsten Momente, weil sie den Täter und das Fahrzeug nicht mehr gesehen hätten: »Zeit der Unklarheit«. Später als das erste Einsatzfahrzeug der Polizei aufgetaucht sei, habe er aufgeatmet. Sie hätten vorsichtig die Tür geöffnet und links und rechts vor der Tür Sektflaschen mit Flüssigkeit gesehen. Wie ein Wunder seien diese auf dem Rasen gelandet und hätten nur leichte Schäden hinterlassen. Sie hätten die Tür wieder geschlossen, weil sie dachten, es sei gefährlich.

Roman R. sagt, sein jüdischer Name sei Yossel. Jemand habe gesagt: »Yossel, Yossel wir müssen weitermachen, müssen beten.« Er habe geantwortet, dass gerade ein versuchter Terroranschlag stattgefunden habe. Es gebe anscheinend draußen eine Person, und sie wüssten nicht, ob sie tot sei. Erst dann sei die Schockwelle und »großes Getümmel« gekommen, aber keine Panik. »Jedenfalls viele Fragen«, sagt der Zeuge. Er habe dann entschieden, das Gebet fortzusetzen. Später seien sie mit Begleitschutz rausgeleitet worden. Sie seien gefragt worden, wer sie seien. Er habe gesagt, er sei Zeuge und sei zur Polizeistation gefahren worden. Zu diesem Zeitpunkt habe es geheißen, dass es mehrere Angriffe gegeben habe. Eine russische Nachrichtenseite habe von einer Geiselnahme und einem Angriff auf einen Edeka gesprochen. Die Polizei habe gesagt, es sei alles unter Kontrolle. Der Zeuge sagt, Halle habe ausgesehen wie ein Kriegsgebiet. Überall seien verschiedene Polizeiabzeichen unter anderem aus Nordrhein-Westfalen und Thüringen zu sehen gewesen, und überall hätten Polizeiautos gestanden. Erst dann habe er das Ausmaß verstanden. Er sei gefragt worden: »Wer sind Sie überhaupt? Wo ist Ihr Personalausweis?« Er habe wegen des Feiertags keinen dabei gehabt, sagt Roman R. Dann sei er gebeten worden, sich hinzusetzen. In der Lobby sei er von Polizisten umgeben gewesen. Er habe weiter gefastet. Da er gedacht habe, dass draußen weiter geschossen werde, habe er sich unsicher gefühlt. Er habe gedacht, vielleicht handele es sich um einen koordinierten Angriff; vielleicht auch in Berlin. Er habe Angst um seine Freunde und Familie gehabt. Ein Polizist aus Merseburg habe bei der Vernehmung gesagt, dass es sich um einen Einzeltäter handele und sie noch schauen würden, was los sei.

Auf der Polizeistation habe es palettenweise Wasser in Flaschen gegeben, er habe nach Wasser gefragt. Jemand habe »Nein!« gesagt. Eine weitere Person habe dann gesagt, er könne gern eine nehmen, sie seien gerade im Stress. Roman R. sagt, er müsse erwähnen, dass es an Jom Kippur üblich sei, keine Lederschuhe zu tragen.[4] Deswegen habe er Crocs getragen. Er habe mit diesen draußen im Regen gestanden und gefragt, wie er nach Hause komme. Man habe ihm gesagt: »Gehen sie einfach.« Er habe gefragt, ob er Geld leihen könne. Der Zeuge sagt, er habe im Regen gestanden und sei nass geworden. Er habe schließlich den Gemeindevorsitzenden getroffen und dieser habe ihm Geld geliehen. So habe er zurück zum Hotel gelangen können und dann nach Hause.

Die Vorsitzende fragt, ob er nicht im Krankenhaus und auch nicht im Bus gewesen sei. Der Zeuge stimmt dem zu.

4 Da Lederschuhe früher als Luxusartikel galten, tragen viele Jüdinnen und Juden an Jom Kippur keine Lederschuhe. Andere erinnert Leder an Schlangenhaut, die als unrein gilt.

Sie habe in den Akten gesehen, dass die Vernehmung um 17.45 Uhr begonnen habe, sagt die Vorsitzende, was Roman R. bejaht. Er habe nicht gewusst, wo seine Freunde und Mitbeter gewesen seien. Nach der Vernehmung sei er ohne irgendwelche Informationen oder Angebote für Seelsorge entlassen worden. Max P. habe ihn hinaus begleitet. Er sei wie im Delirium gewesen. Dann seien die Anrufe gekommen, und Leute hätten wissen wollen, was passiert sei, sagt Roman R. Er habe dann ein Video auf Instagram gepostet und seine Eindrücke geschildert.

»Das Schlimme« sei, sagt der Zeuge, dass er 1999 als Kontingentflüchtling nach Deutschland gekommen sei. Seine Mutter habe gesagt: »Roman, komm, wir fahren nach Deutschland für eine bessere Zukunft und ein besseres Leben.« Damals habe das Judentum noch keine Rolle gespielt. Seine Mutter habe vom Judentum nichts gewusst. Es habe nur geheißen: »Du bist Jude«. Was das hieße, habe er nicht gewusst. Roman R. sagt, den einzigen deutschen Satz, den er gekannt habe, sei gewesen »Gitler kaput« – also »Hitler ist tot«. Er habe sich erst mal zurechtfinden müssen, und er sei sehr schüchtern gewesen. Er habe viel Hilfe und Unterstützung von den Behörden erlebt. Warum sie das machen würden, habe er sich gefragt. Man habe ihnen eine Wohnung und eine Basis zum Leben gegeben. Der Zeuge sagt, er habe das Land lieb gewonnen und sich nach mehreren Jahren angefangen, als deutscher Staatsbürger zu identifizieren. Er sei darauf stolz gewesen. Wegen seiner Arbeit sei er viel gereist. In den USA sei er von amerikanischen Juden dafür angegriffen worden. Diese hätten gesagt: »Das sind doch Nazis!« Nein, das stimme nicht, habe er gesagt. Es sei ein ganz anderes Land. Er habe das Land, seine Rechte und die Kultur verteidigt. Zum Zeitpunkt, als die Tat geschehen sei, habe er gedacht: »Was? Ich bin Deutscher, ich habe nichts getan. Der einzige Grund, warum wir angegriffen wurden, ist, dass wir Juden sind?« Seine Welt sei erschüttert gewesen, und sein erster Gedanke sei gewesen, nach Israel zu ziehen, das Land zu verlassen. Dieser Gedanke sei mehrere Tage geblieben. Seine ganze Welt sei zerrüttet gewesen. »Du machst alles, wie es sein soll«, habe er gedacht. Und trotzdem helfe es nicht. Der Zeuge sagt, er habe vergessen zu sagen, er habe sich entschieden in Deutschland jüdisch zu leben. Er trage Kippa, er sei religiös und orthodox. Er habe gedacht: »Du willst Jude sein? Das ist dein Preis.« Sein Preis sei, dass er »irgendwann von irgendjemandem erschossen« werde, egal was er tue. Er könne noch so gut Deutsch sprechen, noch so gut die Kultur kennen, er sei immer noch ein Jude. Er sei in das Land gekommen und hätte arbeiten, studieren und Roman R. sein können. Aber er habe sich bewusst entschieden, Yossel zu sein und in der Synagoge zu beten.

Nach dem Anschlag sei seine ganze Identität instabil gewesen, sagt der Zeuge. Dann seien die Solidaritätsbekundungen gekommen. Bereits am Freitag danach sei er in die Synagoge gegangen, um seine Freunde zu sehen. Er sei zwei Stunden vor Schabbat gekommen. Dann habe es geheißen, dass sich draußen Menschen versammelt hätten.

»Ich will, dass du es weißt«, sagt der Zeuge in Richtung des Angeklagten. Die Straße sei voll gewesen. Tausende Menschen seien gekommen und hätten gesungen. Die wenigsten davon seien Juden gewesen, sagt Roman R. Da seien Menschen gewesen – alt, jung, Hallenser, Menschen aus ganz Deutschland. Sie hätten ihre Solidarität bekundet und Schalom, Frieden, gesungen. Sie hätten gesagt: »Wir werden diesen Ort nicht verlassen. Wir werden diese Synagoge mit unserem eigenen Leib beschützen.« Dann habe er verstanden, dass dies das Deutschland sei, das er kenne. »Was Du gemacht hast«, sagt Roman R. zum Angeklagten, habe »Solidarität, Liebe und Toleranz« hervorgerufen. Der Angeklagte habe zwei Menschen umgebracht und viele Menschen mit Traumata hinterlassen, aber danach sei Liebe und Toleranz gekommen. Er habe sich deswegen entschieden, hierzubleiben und seine Zukunft und seine Familie hier aufzubauen. Der Angeklagte müsse mit den Taten für den Rest seines Lebens leben. »Was Du getan hast, hat nichts gebracht!«, sagt der Zeuge zum Angeklagten. Viele Anwesende klatschen laut.

Die Vorsitzende fragt, ob er später auch Probleme hatte und ob der Zeuge psychologische Betreuung gebraucht habe. Roman R. sagt, er habe viele Unterhaltungen mit Freunden gehabt und noch nicht das Bedürfnis, Hilfe in Anspruch zu nehmen. Manchmal wenn er in der Synagoge vorbete, gebe es diese Pause, und er denke darüber nach, was er gemacht hätte, wenn sie gewusst hätten, dass der Angeklagte allein gewesen sei. Er frage sich, ob sie dann hätten rausgehen und mit Steinen und Messern hätten kämpfen sollen, um zu verhindern, dass mehr Menschen sterben. Außerdem schaue er, wenn er bete, reflexartig zur Kamera. Er sagt, wenn er rübergucke, gucke die ganze Gemeinschaft rüber. Es sei ein »schrecklicher Reflex«, der hoffentlich irgendwann verschwinde. Er sagt, in anderen Momenten denke er an das Bild, als Jana L. umgefallen sei und an den Blick einer alten Person mit dem Schock in den Augen. Das quäle ihn. Die Vorsitzende sagt, der Zeuge sei mit elf Jahren nach Deutschland gekommen, wenn sie das richtig verstanden habe und fragt nach seiner Mutter. Mit seiner Mutter sei es schwierig, sagt Roman R. Sie würden viel diskutieren. Sie sage etwa zu den Corona-Demonstrationen, dass dies Nazis seien, und sie das Land verlassen müssten. Er sage dann, das sei nur die Minderheit und nicht die Mehrheit. Seine Großmutter sage jedes Mal, wenn er nach Halle fahre: »Bitte, pass auf dich auf.« Er habe glücklicherweise keine psychischen Traumata davongetragen, sagt der Zeuge.

Die Vorsitzende bedankt sich beim Zeugen und fragt, ob es Fragen gebe.

Rechtsanwalt Goldstein fragt, was Roman R. von diesem Verfahren erwarten würde. R. antwortet, dass er es sehr stark finde, dass der staatliche Apparat zeige, dass er das Verbrechen ahnde, und die Tat nicht unter den Teppich gekehrt werde. Es sei nicht mehr wie früher. Deswegen sei es ein großes Signal, auch für die Weltöffentlichkeit. Er müsse sagen, dass er am Anfang sehr skeptisch gewesen sei auszusagen. Er habe Angst und Unsicherheit gespürt.

Jetzt fühle er sich in sicheren Händen und sei zuversichtlich, dass aus Fehlern gelernt werde.

Die Vorsitzende bedankt sich, entlässt den Zeugen und verkündet eine 20-minütige Pause.

AUSSAGE DER ZEUGIN MICHELLE R. (LKA SACHSEN-ANHALT, ZUR SPURENSICHERUNG AM TATORT SYNAGOGE)

Die Vorsitzende setzt die Verhandlung um 15.15 Uhr fort und stellt die Anwesenheit aller Beteiligten fest. Sie begrüßt die Kriminaloberkommissarin Michelle R. und belehrt diese. Die gibt an, 34 Jahre alt zu sein und beim Landeskriminalamt in Magdeburg zu arbeiten. Sie sei mit dem Angeklagten nicht verwandt oder verschwägert.

Die Vorsitzende sagt, sie entnehme den Akten, dass die Zeugin am 9. Oktober 2019 zur Mittagszeit in Halle angekommen sei. Sie beziehe sich auf den Bericht der Kriminaloberkommissarin vom 16. Oktober 2019. Dort stehe, dass die Tatortgruppe des LKA zur Unterstützung nach Halle angefordert worden wäre. Sie fragt, was ihre Aufgaben gewesen seien und was sie gemacht habe. Die Aufgabe der Gruppe sei die Spurensicherung an beiden Haupttatorten gewesen, sagt die Zeugin. Ihre eigene Aufgabe sei die Spurensicherung im Bereich der Synagoge gewesen.

Die Vorsitzende verweist auf ein Foto aus den Akten. Darauf sehe man das Tor und die Mauer im Hintergrund. Sie bittet die Zeugin zu berichten, was sie gemacht und festgestellt habe. Sie hätten eine Tatortbegutachtung durchgeführt und Fotos gemacht sowie die Vermessung und Spurensicherung durchgeführt, sagt die Zeugin. Die Vorsitzende verweist auf ein Foto von einem Karton. Die Zeugin sagt, in diesem Karton sei eine Sprengvorrichtung, welche von der USBV[5]-Gruppe des LKA sichergestellt worden wäre. Diese habe zuvor den Tatort begutachtet. Die Vorsitzende befragt die Zeugin zu einem weiteren Foto. Sie erklärt die Funktionsweise des abgebildeten Geräts zur Untersuchung von Sprengsätzen, was sie aber nicht benutzt habe. Da es gefährlich gewesen sei, habe die USBV-Gruppe die vorgefundenen Sprengsätze gesichert.

Die Vorsitzende will wissen, warum der Körper von Jana L. so lange auf der Straße gelegen habe. Die Kriminaloberkommissarin sagt, dass erst die Synagoge und die Anwohner hätten evakuiert werden müssen, da die Sprengsätze noch nicht gesichert worden seien. Danach erst seien »die Vorrichtungen« entfernt worden.

Die Vorsitzende fragt, ob man nicht wusste, ob diese noch hätten gefährlich sein und explodieren können, was die Zeugin bejaht. Auf Nachfrage

5 Abkürzung für Unkonventionelle Spreng- oder Brandvorrichtung.

der Vorsitzenden sagt die Zeugin, dass sie zu zweit im Team gewesen seien. Was ihre Erkenntnisse gewesen seien, fragt die Vorsitzende. Es sei von einer LebEL-Lage, einer lebensbedrohlichen Einsatzlage, die Rede gewesen, als sie aus Magdeburg nach Halle verlegt worden seien. Sie seien lediglich für die Tatortarbeit zuständig gewesen. Parallel hätten noch andere Gruppen gearbeitet.

Die Vorsitzende und die Zeugin sprechen über ein weiteres Foto von einem Sprengsatz. Die Richterin ruft ein weiteres Bild aus der Akte mit einer Karte auf. Das Bild ist auf den Bildschirmen im Zuschauerbereich zu sehen. Sie sagt auf der Karte sei als Quelle Google Maps angegeben. Die Zeugin beschreibt ihre Arbeitsweise auf Bitte der Vorsitzenden.

Die Vorsitzende ruft das Foto einer Laptoptasche auf. Ein weiteres Bild zeigt den Tatort mit einem Pfeil auf den Leichnam. Die Vorsitzende zitiert die Beschreibung aus dem Bericht und fragt, ob die Zeugin gewusst habe, dass der Rucksack zum Leichnam gehört habe. Die Zeugin bejaht und sagt, sie sei sich aber nicht sicher gewesen.

Die Zeugin und die Vorsitzende sprechen über eine Skizze des Tatorts sowie weitere Fotos. Die Kriminaloberkommissarin gibt Auskunft über die sichergestellten Spuren wie Patronenhülsen, Munitionssplitter und Flaschen. Sie macht genaue Angaben zur Anzahl der sichergestellten Gegenstände. Die Vorsitzende und die Zeugin sprechen über Fotos von Einschusslöchern an der Synagogentür und die festgestellten Spuren. Beide sprechen über zahlreiche weitere Fotos vom Tatort, die unter anderem das Fahrzeug des Angeklagten, Detonationskrater sowie weitere Spuren zeigen.

Die Vorsitzende sagt, sie habe gehört, dass eine Nachsuche stattgefunden habe, was die Zeugin bejaht. Die Zeugin sagt, das habe sie angeregt, da sie erst nachts mit der Sicherung begonnen hätten. Sie habe angeregt, auch mit einem Metalldetektor zu suchen. Das habe sie so an das BKA weitergegeben. Es habe irgendwann auch geregnet, sagt die Vorsitzende, was die Zeugin bestätigt. Es habe stark geregnet, bevor »die Sicherheit hergestellt wurde«. Die Vorsitzende zitiert aus einem Bericht. Darin heißt es, dass gegen 17.30 Uhr mit der Evakuierung begonnen worden sei und gegen 18.30 Uhr mit der »Untersuchung der Sprengsätze«, was die Zeugin bestätigt.

Die Vorsitzende bedankt sich und fragt, ob die Prozessbeteiligten Fragen hätten.

Der Verteidiger Rechtsanwalt Weber sagt, Michelle R. habe gesagt, dass die Darstellung nicht maßstabsgerecht gewesen sei. Er fragt, ob die Zeugin ihm sagen könne, wie weit es von der ersten Tür zur zweiten Tür sei. Die Kriminaloberkommissarin sagt, dass ein Team des LKA Berlin dies vermessen habe, und sie keine Angaben dazu machen könne. Rechtsanwalt Weber fragt, ob sie schätzen könne, was Michelle R. verneint. Sie sagt, sie sei »ganz schlecht« im Schätzen. Ob sie sagen könne, von wem es vermessen wurde, fragt Rechtsanwalt Weber. Da gebe es ein offizielles Team des LKA Berlin, sagt die Zeugin.

Die Vorsitzende sagt, sie suche nach der Akte. Rechtsanwalt Weber fragt, ob der Abstand vergleichbar sei mit dem Abstand zwischen Richterbank und Zeugenstuhl. Die Vorsitzende sagt, das wisse sie auch nicht.

Oberstaatsanwalt Schmidt sagt, wo die Skizze des LKA Berlins zu finden sei. Die Skizze ist auf den Bildschirmen sichtbar. Die Zeugin sagt, auf der Skizze sei ein Maßstab. Daran lasse sich die Entfernung ablesen. Die Prozessbeteiligten schauen sich die Skizze an. Der Angeklagte spricht leise mit Rechtsanwalt Weber und zeigt etwas auf dem Bildschirm. Rechtsanwältin Lang fragt, ob die Unterhaltung zwischen dem Angeklagten und Rechtsanwalt Weber Teil der Hauptverhandlung sei. Die Vorsitzende sagt, das wolle sie auch fragen. Ob eine Unterbrechung notwendig sei, fragt sie. Die Vorsitzende und Rechtsanwalt Weber sprechen über den Inhalt der Skizze und den Aufbau des Grundstücks der Synagoge. Die Vorsitzende sagt zu Rechtsanwalt Weber, dass sie noch mal unterbrechen könnten. Rechtsanwalt Weber stimmt zu.

Die Verhandlung wird für zehn Minuten unterbrochen.

Die Vorsitzende setzt die Verhandlung fort.

Rechtsanwalt Weber sagt, seine Frage sei jetzt geklärt worden. Er gehe laut Skizze jetzt von 15 Metern von der ersten Tür zur Eingangstür aus. Er fragt die Zeugin, welche Beschaffenheit die Haupteingangstür in die Synagoge habe. Sie gehe davon aus, dass es eine Holztür sei. Rechtsanwalt Weber fragt, ob sie es genau wisse, was Michelle R. verneint. Sie habe die Tür nicht untersucht. Ob sie was zu den Maßen, dem Gewicht und der Dicke sagen könne, fragt Rechtsanwalt Weber. Dazu könne sie nichts sagen, sagt die Zeugin. Wer dazu etwas sagen könne, fragt der Verteidiger. Das könne sie nicht sagen, erwidert die Zeugin. Man müsse schauen, was das BKA dazu untersucht habe. Er habe keine weiteren Fragen, sagt Rechtsanwalt Weber.

Die Vorsitzende entlässt die Zeugin und bedankt sich.

INAUGENSCHEINNAHME DES VIDEOS DER ÜBERWACHUNGSKAMERA DER SYNAGOGE

Die Vorsitzende sagt, dass sie das Video der Überwachungskamera abspielen möchte. Wer den Saal verlassen wolle, könne dies gern tun. Mindestens vier Personen verlassen den Raum. Das Video erscheint auf den Bildschirmen. Sie sagt, das Video sei zwei Stunden und 38 Minuten lang. Sie werde jetzt vorspulen und springt zum Beginn des Videos. Das stumme Video wird abgespielt. Zu sehen ist ein Auto, das anhält. Der Angeklagte steigt aus, holt Sachen aus dem Auto und verschwindet danach aus dem Bild. Wenig später lässt der Angeklagte etwas fallen. Seine Füße sind wieder im Bild zu sehen. Der Angeklagte schießt auf Jana L., die daraufhin stürzt. Er geht um das Auto herum. Ein weißer Lieferwagen fährt am leblosen Körper vorbei, hält und schaltet Warnblinker an. Der Angeklagte läuft zurück zum

Auto. Der Lieferwagen fährt weiter. Zwei weitere Autos fahren vorbei. Der Angeklagte schießt mehrfach auf die Tür [00:36:43] und versucht, die Tür einzutreten [00:37:02]. Mehrere Autos fahren vorbei. Der Angeklagte versucht, die Fahrertür des Autos zu öffnen. Diese ist durch den leblosen Körper von Jana L. versperrt [00:37:25]. Der Angeklagte wirft einen Gegenstand [00:38:01] und ein weiteres Auto fährt vorbei. Er wirft weitere Gegenstände [00:38:33]. Ein weiteres Auto fährt vorbei [00:38:42]. Der Angeklagte fährt davon [00:38:56]. Personen kommen und schauen auf den am Boden liegenden Körper [00:39:48]. Drei Personen beugen sich nach vorn. Eine Person kommt aus dem Nachbarhaus, redet mit den drei Personen gestikulierend. Mehrere Autos fahren am leblosen Körper vorbei. Eine weitere Person mit gelbem T-Shirt kommt dazu [00:41:35]. Die Personen laufen herum und zeigen auf den Boden. Weitere Autos fahren vorbei. Eine Person geht schnell auf dem Gehweg vorbei. Die Person mit dem gelben T-Shirt läuft durch das Bild und rennt davon [00:44:22]. Ein Polizeiauto erscheint [00:44:37]. Eine Polizistin schickt Leute weg [00:46:20]. Das Auto des Angeklagten fährt mit hoher Geschwindigkeit auf den Gehweg an der Synagoge, der Polizei und dem leblosen Körper vorbei. Im Gerichtssaal schüttelt eine Nebenklägerin immer wieder den Kopf. Der Angeklagte starrt auf den Bildschirm.

Die Vorsitzende sagt, dass das Eintreffen des Angeklagten bei Minute 31:47 und sein Verlassen bei Minute 38:56 zu sehen gewesen sei. Bei Minute 49:42 sei eine schnelle Fahrt des Angeklagten über den Gehweg zu sehen und ab Minute 44 das Eintreffen der Polizei.

Rechtsanwalt Herrmann sagt, es dränge sich die Frage auf, warum keiner der Polizisten Jana L. auch nur ansatzweise berührt oder Erste Hilfe geleistet habe. Ein Rechtsanwalt sagt, dass dazu bereits ein Verfahren wegen unterlassener Hilfeleistung laufe. Die Vorsitzende sagt, sie habe das auch in der Zeitung gelesen.[6]

VERLESUNG EINES SCHREIBEN DES OBERSTAATSANWALTS STEFAN SCHMIDT VOM 31. AUGUST 2020 ZU DEN BRÜDERN CHRISTIAN UND MARTIN W., DIE ZUR TAT GEHÖRENDE DATEIEN ONLINE VERBREITET HABEN SOLLEN

Die Vorsitzende sagt, sie habe ein Schreiben von Oberstaatsanwalt Schmidt vom 31. August 2020 verteilt und erteilt ihm das Wort. Er sagt, es gehe um die angelegte Beiziehung von Verfahrensakten der Staatsanwaltschaft Düsseldorf und liest das Schreiben vor. Rechtsanwältin von der Behrens ruft, dass das Schreiben übersetzt werden müsse. Ein Verfahrensbeteiligter gibt eine

6 Das Strafverfahren gegen die Polizistin ist nicht Teil dieser Verhandlung.

Kopie des Schreibens an eine Übersetzerin. Rechtsanwältin Lang bittet um eine kurze Unterbrechung, da Nebenkläger·innen wegen des Videos den Saal verlassen hätten.

Die Vorsitzende unterbricht die Verhandlung für fünf Minuten.

Die Vorsitzende setzt die Verhandlung nach rund fünf Minuten fort und stellt fest, dass alle Beteiligten anwesend seien. Sie erteilt Oberstaatsanwalt Schmidt erneut das Wort. Er sagt, er werde das Schreiben zusammenfassen, da es schriftlich vorliege.

Das genannte Ermittlungsverfahren sei nicht mehr bei der Staatsanwaltschaft Düsseldorf, sondern bei der Staatsanwaltschaft Mönchengladbach anhängig, da die Beschuldigten umgezogen seien. Laut Staatsanwaltschaft hätten die Ermittlungen keinerlei Anhaltspunkte ergeben, dass es Kontakte zwischen den dort Beschuldigten und dem Angeklagten gegeben habe. Die sichergestellten Datenträger hätten keine Hinweise gegeben. Der Beschuldigte Christian W. sei offensichtlich verantwortlich, das Video verbreitet zu haben. Sein Bruder Martin W. habe davon nichts mitbekommen, und das Verfahren gegen ihn sei eingestellt worden. Es sei Anklage gegen Christian W. erhoben worden und die Hauptverhandlung sei für den 3. November 2020 angesetzt, sagt Oberstaatsanwalt Schmidt. Eine Notwendigkeit zur Beiziehung der Akten sei nicht geboten, da sich aus ihnen nichts Bedeutsames zur Schuld des Angeklagten ergeben könne.

Die Vorsitzende sagt, sie gebe Gelegenheit zur Stellungnahme. Rechtsanwältin von der Behrens sagt, bis jetzt sei die Anmerkung nur informell gewesen. Sie beantrage hiermit die Beiziehung des genannten Verfahrens bei der Staatsanwaltschaft Mönchengladbach. Sie erwidere wie folgt: Es habe »für Tat und Schuld eine sehr große Relevanz«, und es handele sich nicht um ein Randdetail, wie Oberstaatsanwalt Schmidt es einschätze. Der Angeklagte habe sehr viel Mühe aufgewandt, um seine Tat im Internet zu verbreiten. Er habe versucht, dafür zu sorgen, dass das Video im Internet geteilt werde. Dies sei wesentlicher Bestandteil dessen, was der Angeklagte angestrebt habe. Das Strafverfahren zeige, dass dieses Bestreben zum Teil erfolgreich gewesen sei. Christian W. habe das Video geteilt und dies müsse aufgeklärt werden. Gerade der letzte Verhandlungstag habe gezeigt, dass das BKA Mühe gehabt habe, die Online-Verhaltensweise des Angeklagten darzustellen.

Die Vorsitzende diktiert ihrer Protokollantin und sagt, dass Rechtsanwältin von der Behrens die Beiziehung der Akten der Staatsanwaltschaft Mönchengladbach beantrage, da die Akten sehr wohl für die Schuldfrage relevant seien. Rechtsanwältin Ilil Friedman, Rechtsanwältin Kristin Pietrzyk, Rechtsanwalt Lupschitz, Rechtsanwältin Lang, Rechtsanwalt Hoffmann, Rechtsanwalt Onur U. Özata und Rechtsanwältin Henriette Scharnhorst schließen sich dem Antrag an.

Rechtsanwalt Hoffmann sagt, sie hätten in der Verhandlung erfahren, dass die Verbreitung des Videos dem Angeklagten wichtiger sei als die Tat selbst. Dieser habe auch gesagt, dass er »seine Leute schützen« wolle, weswegen er keine Angaben zu seinen Kontakten gemacht habe. Einer der beiden Brüder sei angeblich »zufällig« auf die Dokumente des Angeklagten gestoßen. Es müsse also eine Internetaktivität in den in Rede stehenden Foren stattgefunden haben. Es sei in den Akten kein Wort darüber verloren worden, ob die Aktivität von Christian W. auf den entsprechenden Boards ausgewertet worden sei.

Rechtsanwalt Hoffmann sagt, er sei sehr verstört, wenn er den letzten Satz des Vermerks von Oberstaatsanwalt Schmidt lese, in dem es heiße »der Tatrichter ist nicht zu ausufernder Aufklärung verpflichtet […]. Dies würde in diesem Fall auch dann nicht gelten, wenn der Nebenklagebeistand mit der beantragten Beiziehung eine mögliche Tatbeteiligung Dritter im Blick haben sollte, da selbst dies die Schuld- und Straffrage hinsichtlich des Angeklagten prinzipiell unberührt lassen würde.« Oberstaatsanwalt Schmidt meine also, selbst wenn eine Tatbeteiligung aufgedeckt werden könne, sei die Beiziehung überflüssig. Dies würde er zurückweisen. Natürlich sei die Beiziehung notwendig.

Rechtsanwalt Markus Goldbach sagt, er möchte sich dem Antrag ebenfalls anschließen.

Die Vorsitzende sagt, dass sie sich beraten werden und dass sie für heute mit dem Programm durch wären.

Rechtsanwältin Lang sagt, sie möchte sich der Anregung von Rechtsanwalt Herrmann anschließen, die zuerst am Tatort erschienenen Polizeibeamten zu hören. Aus der Beweisaufnahme würde man wissen, dass Personen in der Synagoge live gesehen hätten, was vor der Synagoge geschehen sei. Somit habe auch das »Handeln oder Nicht-Handeln der Beamten« Auswirkungen auf das Sicherheitsempfinden der Betroffenen und auf die Folgen der Tat. Die Vorsitzende fügt hinzu, dass die Beamtin ein Aussageverweigerungsrecht habe. Sie werde dies auch besprechen.

Die Vorsitzende schließt die Sitzung um 16.49 Uhr.

Mitschrift von Grischa Stanjek

9. Verhandlungstag
2. September 2020

Um 9.32 Uhr eröffnet die Vorsitzende Richterin Ursula Mertens die Sitzung und stellt die Anwesenheit fest.

AUSSAGE DES ZEUGEN VLADISLAV R. (NEBENKLÄGER, ZUM TATKOMPLEX SYNAGOGE)

Als Erstes wird der Zeuge Vladislav R. befragt. Die Vorsitzende belehrt ihn über seine Zeugenpflichten und stellt seine Personalien fest. Vladislav R. ist 56 Jahre alt und als Sicherheitsbeauftragter in der Synagoge zu Halle tätig.

Aus den Akten wisse sie, so die Vorsitzende, dass er auch am 9. Oktober 2019 in der Synagoge gewesen sei. Der Zeuge bejaht. Die Vorsitzende bittet ihn, zu schildern, wie der Tag für ihn abgelaufen sei. Die Aussagen des Zeugen werden aus dem Russischen ins Deutsche übersetzt.

Vladislav R. berichtet, dass er an diesem Tag um 8.30 Uhr zur Arbeit gekommen sei, und bereits viele Leute vor Ort gewesen seien, es sei ja Jom Kippur gewesen. Zunächst sei der Gottesdienst wie gewöhnlich gewesen. Gegen 12 Uhr habe er gesehen, dass ein Auto in der Höhe des Friedhofs angehalten habe. Aus diesem sei ein Mann gestiegen, der dunkel gekleidet gewesen sei. Er habe eine Waffe in der Hand gehabt, die ihn, Vladislav R., dunkel an eine »Pumpgun« erinnert habe. Er habe aber gewusst, dass so eine Waffe weder bei der Armee noch bei der Polizei verwendet werde. Er habe keine Panik auslösen wollen und sei deshalb zum Vorsitzenden der Gemeinde gegangen und habe leise zu ihm gesagt, dass da ein bewaffneter Mann sei. Als er die eindeutige Gefahr erkannt habe, habe er zu den Menschen in der Synagoge gesagt, dass sie bitte nach oben gehen sollten, um sich in Sicherheit zu bringen. Dann habe er noch die Türen abschließen müssen. Dadurch, dass ein freundschaftliches Verhältnis zu den Anwohnern der Straße bestanden habe, habe er niemals die Türen abgeschlossen, sondern nur die Nebentür am Tor, wo der Schlüssel auch noch gesteckt habe. Deshalb sei er aus der Synagoge rausgegangen und habe die Schlüssel rausgezogen. Sie hätten dann beide Türen abgeschlossen, sie mit Stühlen verbarrikadiert und auf die Ankunft der Polizei gewartet.

Er habe wahrgenommen, so der Zeuge weiter, wie der Angeklagte etwas auf das Gelände der Synagoge geworfen habe und auch, wie er auf die Tür sowie auf einen Menschen, der vorbeigelaufen sei, geschossen habe. Da habe er aber noch nicht gewusst, dass das eine Frau gewesen sei. Er habe außerdem gesehen, dass ein weiteres Auto neben dem Menschen auf dem Boden angehalten habe, der Fahrer den Angeklagten auch zunächst angesprochen habe, und dann schnell wieder weggefahren sei.

Nachdem der Angeklagte erfolglos abgezogen sei, sei einige Minuten später die Polizei gekommen. Er, Vladislav R., habe daraufhin das Gelände abgesucht und dabei festgestellt, dass dort eine zerbrochene Flasche mit entflammbarer Flüssigkeit sowie zwei weitere, nicht zerbrochene Flaschen lagen. Als die Polizei ankam, seien sie alle gebeten worden, in der Synagoge zu bleiben. Sie seien aber in etwa 45 oder 50 Menschen gewesen und alle hätten frische Luft schnappen wollen, vor allem die, die oben gewesen seien. Dort seien die Räumlichkeiten sehr klein und die Luft schon sehr abgestanden gewesen. Sie hätten bis 17 Uhr in der Synagoge bleiben und warten müssen, bis die Polizei fertig gewesen sei. Er und die anderen vier Personen, die am Monitor waren, seien später zur Polizei gebracht und dort befragt worden. Nach der Vernehmung habe er endlich nach Hause gehen können, es sei sehr spät gewesen.

Die Vorsitzende fragt den Zeugen, wie lange er schon als Sicherheitsbeauftragter in der Synagoge tätig sei. Dieser antwortet, er sei dort seit 2016 beschäftigt.

Auf die Frage, ob es dort ein Sicherheitskonzept gebe, antwortet Vladislav R., dass er nach diesem Attentat zum ersten Mal zu einer Schulung gegangen sei, bei der die Teilnehmer unterrichtet worden seien, wie sie sich bei solchen Angriffen verhalten sollten. Auf Nachfrage der Vorsitzenden gibt er an, dass er sich zwar nicht sicher sei, aber eventuell die ZWST[1] die Schulung organisiert habe. Die Vorsitzende hakt nach, ob es also von der jüdischen Gemeinde organisiert gewesen sei. Der Zeuge erwidert, dass er keine Falschaussage machen wolle, aber denke, es sei von der ZWST organisiert worden.

1 Zentralwohlfahrtsstelle der Juden in Deutschland.

Die Vorsitzende sagt, dass sie sich zwar nicht auskenne, aber meine, dass der Zeuge doch alles richtig gemacht habe, auch ohne Schulung. Er habe dafür gesorgt, dass die Leute Ruhe bewahrt hätten, und nicht in Panik geraten und auf die Straße gelaufen seien. Das sei schon schwer genug gewesen. Es höre sich für sie so an, dass er die Leute sehr gut geschützt habe. Sie fragt ihn, ob die Türen normalerweise offen seien, woraufhin der Zeuge sich zum Sicherheitskonzept der Synagoge äußert.

Die Vorsitzende fragt anschließend, wie es denn am 9. Oktober 2019 gewesen sei. Vladislav R. antwortet, an dem Tag sei alles wie immer gewesen. Er sei informiert worden, das Studenten aus Berlin ankommen sollten. Er habe gewusst, dass diese aus England kämen, aber in Berlin leben und studieren würden. Eingelassen habe er sie aber nicht, das habe jemand anderes getan.

Jom Kippur sei ein besonderer Feiertag, fährt der Zeuge fort. Die überwiegende Zahl der Personen, die kämen, würden ihren Verstorbenen gedenken und Kerzen anzünden wollen. Der größte Teil der Besucher komme erst gegen 10 Uhr zum ersten Gebet. Da gebe es die größte Ansammlung.

Die Vorsitzende fragt, ob man im Herbst 2019 ohne Anmeldung zum Gottesdienst habe kommen können. Vladislav R. bejaht und ergänzt, dass das bis zu diesem Tag kein Problem gewesen sei.

Die Vorsitzende sagt, sie hätten gestern von einer Zeugin gehört, dass diese irgendwann vor 12 Uhr, etwa gegen 11.45 Uhr, die Synagoge verlassen habe. Sie fragt den Zeugen, ob er das mitbekommen habe. Dieser antwortet, dass sehr viele Personen an diesem Tag rein- und rausgekommen seien, unter anderem ein Student mit seiner Ehefrau und einem kleinen Kind. Er könne sich erinnern, dass eine Frau ungefähr um diese Zeit rausgegangen sei. Ihre Kommilitonen hätten später besorgt gefragt, wer da auf der Straße liegen würde, und hätten Angst gehabt, dass sie getroffen worden sei. Die Vorsitzende fragt ihn, ob er mitgegangen sei, wenn jemand die Synagoge verlassen und dann auch kontrolliert habe, ob die Tür wieder abgeschlossen sei. Vladislav R. gibt an, dass es zu seinen Aufgaben gehören würde, rauszuschauen und nachzusehen, ob alles in Ordnung sei, nachdem jemand die Synagoge verlassen habe. Er sei aber andererseits verpflichtet, immer am Monitor zu bleiben und habe deshalb alles am Monitor beobachtet.

Auf der Straße gebe es ein Verkehrszeichen, schildert der Zeuge weiter, das das Parken verbiete. Ab und zu parke dort trotzdem jemand. Vor einem Jahr habe es auch so einen »Vorfall« gegeben. Er sei zur Arbeit gekommen und habe gesehen, dass vor der Tür, auf die später geschossen worden sei, ein Bus geparkt habe. Neben dem Bus habe ein Koffer gestanden. Er sei zur Seiteneingangstür gegangen und habe sich umgezogen. Daraufhin habe er der Gemeinde Bescheid gegeben, und es sei die Polizei gerufen worden. Als diese gekommen sei, sei der Bus bereits weg gewesen und nur noch der Koffer stehen geblieben. Letztendlich habe sich die Situation als harmlos herausgestellt. Er wisse aber bis heute nicht, ob es ein Scherz gewesen sei, oder ob jemand habe wissen wollen, wie sicher die Synagoge sei. Die Vorsitzende klärt ihn auf, man habe herausgefunden, dass zu diesem Zeitpunkt gegenüber ein Umzug gewesen sei und jemand etwas vergessen habe. Das habe also als harmlos aufgeklärt werden können. Vladislav R. antwortet, dass das zwar sein könne, er aber niemals an so einen Gegenstand gehen und den ohne Gummihandschuhe aufmachen würde. Es gebe »so viele Meldungen«, wie solche Sachen dann explodieren würden.

Die Vorsitzende kommt anschließend darauf zurück, dass der Zeuge soeben gesagt habe, dass er verpflichtet sei, am Monitor zu bleiben und gesehen habe, dass ein Auto vor der Synagoge gehalten habe. Bis jetzt sei aber noch nicht zur Sprache gekommen, dass der Angeklagte wohl auch geklingelt habe. Vladislav R. erwidert, dass der Angeklagte zwar seine Hand ausgestreckt habe, während des Gottesdienstes aber alle Vorrichtungen abgeschaltet gewesen seien, so etwa auch die Klingel und die Handys. Selbst am Schabbat dürfe man nicht einmal Straßenbahn fahren.

Auf die Frage, ab wann ihm klar gewesen sei, dass es jetzt gefährlich werden könne, berichtet er, das sei zu dem Zeitpunkt gewesen, als er eine unbekannte Waffe in den Händen dieses Mannes gesehen habe. Die Vorsitzende fragt den Zeugen nach seiner Aussage, dass die Waffe wie eine »Pumpgun« ausgesehen habe. Er korrigiert sie, dass sie zumindest so ähnlich ausgesehen habe.

Sie fragt ihn, wie es ihm nach den schlimmen Ereignissen ergangen sei. Er antwortet, als das alles losgegangen sei, habe er eigentlich keine Angst um sich selbst gehabt. Er habe Angst um die Menschen in der Synagoge gehabt, darunter sei auch seine Mutter gewesen. »Ich hatte Angst um die Menschen, und ich wollte sie beschützen«, fügt Vladislav R. hinzu. Die Vorsitzende fragt ihn nochmals, wie es ihm nach der Tat ergangen sei. Vladislav R. gibt an, dass er erst nach ein bis zwei Monaten Probleme mit dem Einschlafen gehabt habe, und fügt hinzu, er habe es seiner Lebenserfahrung zu verdanken, dass er das alles verkraftet habe. Die Frage, ob er psychologische Hilfe in Anspruch genommen habe, verneint er: »Bis jetzt nicht.« Auf die Frage, ob es ihm wieder besser gehe, antwortet er, dass er bei einem Neurologen in Behandlung sei. Er habe Kopfschmerzen. Die hätte er zwar früher auch gehabt, jetzt träten sie aber häufiger auf. Die Vorsitzende erwidert, er habe ja schließlich auch eine sehr große Verantwortung gehabt und habe sie auch heute noch. Sie könne sich denken, dass das belastend sei. Er sei seiner Verantwortung sehr gerecht geworden, fährt sie fort. Sie hoffe, dass es ihm bald wieder besser gehen würde.

Abschließend bedankt sie sich bei dem Zeugen.

Verteidiger Rechtsanwalt Hans-Dieter Weber fragt das Gericht nach dem Vorhalt, dass der Angeklagte geklingelt habe und möchte wissen, woher dieser stamme. Die Vorsitzende erklärt, das habe sie der Vernehmung des Zeugen vom 9. Oktober 2019 entnommen.

Als Nächstes bezieht sich Rechtsanwalt Weber auf eine Skizze des Synagogengeländes, die den Prozessbeteiligten und Zuschauer·innen im Gerichtssaal über die Monitore gezeigt wird. Er fragt den Zeugen nach dem Haupttor des Geländes und will wissen, welche Sicherungsvorkehrungen da getroffen worden seien. Der Zeuge gibt an, dass das Tor immer abgeschlossen sei. Der Rechtsanwalt fragt nochmals, wie genau das Tor denn abgesichert sei, ob das ein normales, handelsübliches Schloss sei. Die Vertreterin des Zeugen, Rechtsanwältin Assia Lewin, wendet an dieser Stelle ein, dass sie diese Frage aus sicherheitsrechtlichen Gründen nicht beantworten würden. Die Vorsitzende merkt an, man habe ja auch Bilder von dem Tor in der Akte gesehen, auf denen man erkennen könne, wie es geschlossen gewesen sei. Rechtsanwalt Weber erwidert, dass er da nicht erkannt habe, was den Verschluss herbeigeführt habe. Die Vorsitzende schlägt vor, den Gemeindevorsitzenden zu dieser Sache zu befragen, da Vladislav R. schließlich nur Angestellter der Synagoge sei. Rechtsanwalt Weber konkretisiert daraufhin seine Frage: Er wolle wissen, welche Art von Verschluss es beim Haupttor gegeben habe. Die Vorsitzende nimmt das zur Kenntnis. Oberstaatsanwalt Stefan Schmidt wendet ein, dass man darüber nachdenken könne, Fragen mit Sicherheitsbedenken unter Ausschluss der Öffentlichkeit zu stellen, da solche Fragen berechtigt seien.

Rechtsanwalt Alexander Hoffmann, Vertreter der Nebenklage, erhält das Wort. Er merkt an, dass die Frage, so wie sie gestellt sei, unzulässig gewesen sei. Wenn, dann müsse man fragen, wie die Tür damals gesichert gewesen sei. Die heutige Sicherung spiele keine Rolle.

Rechtsanwalt Weber erwidert, dass seine Frage genauso gemeint gewesen sei.

Im Weiteren fragt Rechtsanwalt Weber nach einer bestimmten Skizze des Synagogengeländes und will wissen, ob eine bestimmte Linie einen Zaun darstelle. Rechtsanwältin Dr. Kati Lang, Vertreterin der Nebenklage, beanstandet diese Frage mit der Begründung, dass der Zeuge die Skizze nicht selbst angefertigt habe. Rechtsanwalt Weber fällt ihr ins Wort und wird dabei laut. Rechtsanwältin Lang entgegnet, dass er aufhören solle, ihr ins Wort zu fallen. Sie möge es nicht, wenn Männer ihr ins Wort fallen würden. Rechtsanwalt Weber erwidert seinerseits, dass sie aufhören solle, ihn anzuschreien, es sei sein Fragerecht. Rechtsanwältin Lang widerspricht und betont, dass er ihr ins Wort gefallen sei.

Die Vorsitzende schlägt vor, sich nochmals die Lichtbilder von dem Synagogengelände anzusehen und lässt diese auf allen Monitoren aufrufen.

Der Nebenklagevertreter Rechtsanwalt Tobias Böhmke fragt den Zeugen, ob er wisse, ob die Tür zur Straße vor und am Anfang des Gottesdienstes verschlossen gewesen sei. Dieser antwortet, dass die Tür zum Synagogengelände immer abgeschlossen sei. Die Vorsitzende fragt, ob denn die Tür zum Synagogengebäude normalerweise offen sei. Vladislav R. gibt an, dass sie früher immer offen gewesen sei.

Auf die Frage, wie seine 83-jährige Mutter den Vorfall verkraftet habe, antwortet der Zeuge, dass sie das Ganze sehr schlecht verkraftet habe. Sie sei sehr besorgt gewesen, da er sozusagen an vorderster Stelle gewesen sei. Ihr gehe es immer noch schlecht, aber sie wolle sich nicht an Ärzte wenden. Sie sage, dass er, Vladislav R., bei ihr sei, und dass das ausreiche. Die Vorsitzende fragt, ob der Zeuge seine Mutter nicht dazu überreden könne, vielleicht doch einmal zum Arzt zu gehen, und ergänzt, dass diese sicherlich auch viel in ihrem Leben erlebt habe. Der Zeuge bestätigt, dass seine Mutter bereits einiges durchgemacht habe. So sei die Familie seines Großvaters während des Kriegs in den fernen Osten zwangsumgesiedelt worden, da, wo auch ein autonomes Gebiet für Juden organisiert worden sei. Erst nach dem Krieg sei die Familie dann in die Ukraine übergesiedelt. Er ergänzt auf Nachfrage, dass sie 1996 schließlich nach Deutschland gekommen seien.

Die Vorsitzende bedankt sich bei dem Zeugen und sagt, dass er seine Auslagen geltend machen könne. Sie wünsche ihm alles Gute und bittet ihn, seiner Mutter gute Besserung zu bestellen.

Die Verhandlung wird für 15 Minuten unterbrochen.

AUSSAGE DER ZEUGIN AGATA M. (NEBENKLÄGERIN, ZUM TATKOMPLEX SYNAGOGE)

Anschließend wird die Zeugin Agata M. begrüßt, über ihre Zeugenpflichten belehrt und zu ihren Personalien befragt. Die Zeugin ist 24 Jahre alt und macht derzeit ihren Abschluss in jüdischer Theologie. Ihre Aussagen werden aus dem Polnischen übersetzt.

Die Vorsitzende sagt, dass die Zeugin zum Tatzeitpunkt in Halle gewesen sei, und sie davon ausgehe, dass sie mit der Gruppe von jungen Leuten unter der Organisation von Rabbiner Jeremy B. und Rabbinerin Rebecca B. nach Halle gereist sei. Sie fordert die Zeugin auf, den Tag aus ihrer Sicht zu schildern.

Agata M. erzählt, sie sei bereits am 8. Oktober 2019 angereist, weil der Feiertag schon am Vorabend beginne. Sie sei mit dem Zug gekommen und habe sich mit den anderen Leuten aus der Gruppe erst im Hotel getroffen. Als sie sich auf den Weg zur Synagoge begeben hätten, sei ihr aufgefallen, dass dort keinerlei Polizei gewesen sei, was sie verwundert habe. Der Leiter der Gemeinde habe sie dann in Empfang genommen und durch die Synagoge begleitet. Sie hätten dann am Abend miteinander gebetet. Sie sei von der Atmosphäre sehr gerührt gewesen. Die Gruppe habe sich gedacht, dass es gut wäre, den Feiertag in einer kleineren Stadt zu verbringen und in Gemeinschaft anderer Menschen desselben Glaubens diesen Tag zu begehen. Nach dem Gebet seien sie in die Stadt gegangen und hätten sich dort auf einen Spaziergang begeben. Es sei sehr nett gewesen und eine gute Gelegenheit, um sich besser kennenzulernen. Agata M. ergänzt: »Ich kannte nur wenige Leute aus der Gruppe, und heute sind alle diese Menschen meine Freunde.«

Am nächsten Tag habe sie sich früh zu einer Meditation begeben, noch bevor die Gebete angefangen hätten. Sie habe sich an der Situation sehr erfreut und sich in Gänze der Atmosphäre hingeben wollen. Sie habe »mit ihrer ganzen Seele und ihrem ganzen Körper« daran teilhaben wollen. Die Gebete seien sehr ruhig gewesen, und sie sei emotional sehr involviert gewesen. Ihre Emotionen seien hochgekocht, und sie habe ihre Gedanken vollständig auf diesen Feiertag ausgerichtet.

Sie hätten dann begonnen, die Thora zu lesen. Dann habe sie eine Art Knall gehört und zunächst geglaubt, dass die Thora heruntergefallen sei. Als Nächstes habe sie den Vorbeter gesehen, wie er in eine bestimmte Richtung in der Synagoge gelaufen sei. Sie habe bemerkt, dass unter den Anwesenden eine Art Panik ausgebrochen sei. Agata M. erklärt, sie habe sich dabei im oberen Teil der Synagoge befunden, auf dem Balkon, der für die Gebete der Frauen bestimmt sei. Sie sei die Treppe herunter- und auf die Ecke zugelaufen, in der sich der Monitor befunden habe, habe aber nichts erkennen können und sei dann in den zweiten Raum gelaufen. In dieser Zeit hätten einige aus der Gruppe begonnen, die Türen zu verbarrikadieren. Als Nächstes hätten sie ein Zeichen bekommen, sich in die oberen Räumlichkeiten zu begeben. Sie erinnere sich daran, dass viele der älteren Leute Schwierigkeiten gehabt hätten, die Treppe hoch zu kommen. Ihr sei aufgefallen, dass im Allgemeinen Panik geherrscht habe, dass es sehr eng gewesen sei auf dem Flur und dass es sich um eine Stresssituation gehandelt habe. Sie alle hätten einfach nicht gewusst, wie lange diese Situation andauern würde. Nach einiger Zeit seien sie dann wieder nach unten gegangen und hätten ihre Gebete fortgesetzt. Sie könne aber nicht sagen, in welchem Zeitraum das stattgefunden habe. Sie erinnere sich an diesen Tag »wie durch einen Nebel«.

Sie habe auch einen Anruf von einer Freundin erhalten, fährt Agata M. fort, und habe dann an ihre Eltern und Freunde geschrieben, dass es ihr gut gehe und ihr nichts passiert sei, da sie bemerkt habe, dass sie über Facebook viele Nachrichten erhalten habe. Während der Zeit, in der sie auf die Evakuierung gewartet hätten, sei sie sehr aufgeregt gewesen. Aber sie müsse auch sagen, solange sie sich in der Synagoge befunden habe, habe sie sich sicher gefühlt.

Später seien sie dann in Gruppen von zwei bis drei Personen aufgeteilt worden. Zum damaligen Zeitpunkt habe sie noch überhaupt kein Deutsch gesprochen, und es habe ihr sehr viel daran gelegen, mit einer Person zusammenzukommen, die Deutsch gekonnt habe. Sie erinnere sich daran, dass die Polizeibeamten ihnen die Tüten mit dem Essen hätten wegnehmen wollen, aber sie nicht verstanden habe, was sie zu ihr gesagt hätten. Sie wisse, so die Zeugin weiter, dass das eine Frage sei, wie bestimmte Dinge gehandhabt werden, und wie die Regeln dafür seien. Sie hätten keine Ausweise dabeigehabt und alle hätten ein Schild mit ihrem Namen erhalten. Sie habe sich wie jemand gefühlt, der sich im Krieg befinde, insbesondere weil sie als Person mit einer Nummer versehen worden sei.

Dann hätten sie im Bus gesessen. Es sei ihr vorgekommen, als ob sie dort sehr lang hätten sein müssen. Einige Leute seien eher ruhig gewesen, andere wiederum sehr beunruhigt, sie hätten sich unter Stress gefühlt. Als Nächstes seien sie dann ins Krankenhaus gefahren worden. Von den Schildern, die sie bekommen hätten, seien die Nummern abgelesen und an einen Scanner weitergeleitet worden, fährt Agata M. fort und ergänzt: »Ich entschuldige mich, dass ich das immer wieder hervorhebe, aber für mich hat es eine sehr große Bedeutung gehabt, weil ich an die Zeit aus dem Zweiten Weltkrieg erinnert wurde.«

Aus dem Krankenhaus erinnere sie sich, dass sie dort sehr herzlich empfangen worden seien. Sie hätten ihre Gebete beenden können, und es sei möglich gewesen, gemeinsam zu singen und zu tanzen. Sie habe sich gefreut, dass ihnen, in Anführungsstrichen, nichts Schlimmeres passiert sei. Sie erinnere sich auch noch an das Fastenbrechen und daran, wie sie nach dem ganzen Adrenalinschub und dem Stress das erste gemeinsame Essen zu sich genommen hätten. In das Hotel seien sie später von einer Polizeiarmada eskortiert worden.

Sie habe noch etwa 24 Stunden danach unter Adrenalin gestanden, schildert die Zeugin weiter. Sie habe nicht realisieren können, was vorgefallen sei. Das sei ihr erst langsam möglich gewesen, als sie mit dem Zug Richtung Berlin gefahren sei. Sie erinnere sich, dass jeder Klang einer Sirene oder jeder Rettungswagen bei ihr ein Gefühl der Angst hervorgerufen habe. Sie ergänzt: »Die Tatsache, dass wir uns dort als Gruppe befunden haben und gemeinsam dort waren, hat mir sehr viel Kraft gegeben. Ich möchte euch allen danken, die ihr dort gewesen seid. Dank euch habe ich mich damals stärker gefühlt und fühle mich auch heute stärker.« Obwohl sie danach an den Symptomen einer Posttraumatischen Belastungsstörung gelitten habe, könne sie am heutigen Tag sagen, dass sie sich stärker und kräftiger fühle: »Das Leben wird mit Sicherheit nicht mehr das Gleiche sein und so, wie ich durch dieses Ereignis gereift bin, hoffe ich und denke, dass auch nachfolgende Generationen und die Gesellschaft durch dieses Ereignis an Reife gewinnen werden.«

Sie stelle sich aber immer die Frage, ob es wirklich notwendig gewesen sei, dass es zu einer solchen Tragödie habe kommen müssen: »Ist es wirklich notwendig gewesen, dass zwei Personen ums Leben kommen und andere verletzt wurden? Möge die Gesellschaft sehen, dass Antisemitismus nach wie vor besteht!«

Zum heutigen Tag glaube sie sagen zu können, dass der Angeklagte mit Sicherheit seine Aufgaben im Geschichtsunterricht nicht erfüllt habe. Was sie traurig stimme sei, was sie über sein Umfeld gehört habe, sagt die Zeugin und fragt: »Hat meine Familie nicht genug gelitten während des Kriegs? Muss ich hier tatsächlich hervorheben, dass ich am Leben bin dank meiner Großelterngeneration, die durch verschiedene Lager gehen mussten?« Sie habe dabei, so Agata M. weiter, die erste Generation sein wollen, die in Freiheit leben könne. Ihre Eltern seien unter dem sowjetischen Regime groß geworden, und erst seit den 1990er Jahren könne man tatsächlich von einem freien Polen sprechen. Es sei jedoch nicht frei von Antisemitismus.

Als sie den Entschluss gefasst habe, zum Studium nach Deutschland zu kommen, habe ihr Großvater sie gebeten, nicht in die Synagoge zu gehen. Er habe es für wirklich gefährlich gehalten. »Mein Herz läuft über vor Trauer, wenn ich sehe, dass der Antisemitismus immer noch nicht beendet ist.« Als Historikerin habe sie sich mit anderen Epochen befasst, in denen Antisemitismus geherrscht habe, unter anderem im Mittelalter. Heute sei es notwendig zu sagen: »Stopp! Es reicht!«

Die Vorsitzende bedankt sich daraufhin bei der Zeugin: »Das haben Sie uns wirklich gut erläutert und erklärt, und ich denke, dass uns das alle sehr beeindruckt hat.«

Sie fragt Agata M., wie lange sie bereits in Deutschland sei. Diese antwortet, dass sie seit eineinhalb Jahren hier lebe, und ergänzt, dass dieses terroristische Attentat mit Sicherheit nicht ihrem Traum entgegenstehen werde, ihr Studium hier, in diesem Land, zu beenden. »Und dieses Attentat wird mich mit Sicherheit nicht daran hindern, dass ich die Synagoge aufsuche oder von meinem Glauben abweiche. Ganz im Gegenteil: Ich bin heute ein viel stärkerer Mensch geworden, und ich kann sagen, dass mich dieses Erlebnis bestärkt hat, in meinem Glauben und in meiner religiösen Überzeugung. Ich bin zutiefst davon überzeugt, dass Gott sein Volk Israel nicht vergessen wird.« Sie glaube fest daran, was im Psalm 121,4 zu lesen sei: »Der Hüter Israels schläft und schlummert nicht.«

Die Vorsitzende sagt abschließend, dass es nicht notwendig gewesen sei, dass sie Opfer eines Attentats habe werden müssen, um Stärke zu erlangen. Sie fragt die Zeugin, ob die Posttraumatische Belastungsstörung auch bei ihr erst Monate später eingesetzt habe. Diese erzählt, dass sich die Symptome eigentlich sehr schnell gezeigt hätten. Sie habe aufhören müssen zu arbeiten und nicht alle Lehrveranstaltungen besuchen können.

Die Vorsitzende bedankt sich nochmals bei der Zeugin und überreicht ihr das Formular für die Auslagen.

Die Verhandlung wird für kurze Zeit unterbrochen.

AUSSAGE DER ZEUGIN CHRISTINA F. (NEBENKLÄGERIN, ZUM TATKOMPLEX SYNAGOGE)

Als nächste Zeugin ist Christina F. geladen. Sie wird von der Vorsitzenden über ihre Zeugenpflichten belehrt und zu ihren Personalien befragt. Christina F.

ist 30 Jahre alt und in Philosophie und Geschichte promoviert. Auf die Frage, ob sie über ihre Anwälte zu laden sei, bittet die Zeugin darum, dass dies auch tatsächlich eingehalten werde, da es bereits Briefe an ihre private Adresse gegeben habe.

Rechtsanwältin Lang bittet das Gericht, ihre Mandantin zunächst einen Freivortrag halten zu lassen, ehe sie befragt werde. Die Vorsitzende kommt der Bitte nach und ergänzt, sie gehe davon aus, dass die Zeugin berichten werde, was sie erlebt habe.

Christina F. sagt, sie wolle vorausschicken, dass sie im März 2019 für einen ursprünglich einjährigen Studienaufenthalt nach Paris gezogen sei. Zum Tatzeitpunkt habe sie bereits in Paris gelebt. Sie sei damals nicht sicher gewesen, wo sie Jom Kippur verbringen solle, weil sie am Tag danach in Berlin habe sein wollen, da ihr Studienwerk dort das 10-jährige Bestehen gefeiert habe. Sie habe den Feiertag einhalten wollen, und da man an Jom Kippur nicht reise, sei es klar gewesen, dass sie bereits vorher anreisen müsse. Rabbiner Jeremy B. und Rabbinerin Rebecca B. hätten ihr von ihren Plänen erzählt, mit einer kleinen Gruppe nach Halle zu fahren, was ihr, Christina F., als gute Kompromisslösung erschienen sei.

Am Morgen des 8. Oktober 2019 sei sie aus Paris nach Berlin geflogen und nach Halle gefahren, wo sie eine der Ersten gewesen sei, die im Hotel angekommen seien. Den Nachmittag habe sie recht entspannt verbracht, bis sich die Gruppe getroffen habe. Eins sei ihr dabei gleich aufgefallen: Sie kenne das aus Berlin, dass vor jeder Synagoge mindestens zwei Polizisten stehen würden. Sie habe also gedacht, sie laufe auf dem Weg zur Synagoge einfach so lange die Straße entlang, bis sie die Polizisten sehen und damit auch die Synagoge finden würde. Deswegen sei sie zunächst auch an der Synagoge vorbeigelaufen und habe nochmals nachsehen müssen. Sie sei etwas verwundert gewesen – auch, weil an der Mauer ein Schild mit der Aufschrift »Synagoge« gehangen habe. Sie habe kurz gedacht, Halle sei schließlich klein, vielleicht brauche man das hier nicht. Sie habe in der Gemeinde dann auch nachgefragt. Dort habe man ihr erzählt, dass sie sich bereits lange und ohne Erfolg, um Polizeischutz bemüht hätten. Sie ergänzt, dass sie sich darüber sehr gewundert habe.

Am 9. Oktober 2019 sei sie früh aufgestanden und habe noch einen Spaziergang gemacht, bevor sie dann gegen 8.30 Uhr als eine der Ersten in der Synagoge angekommen sei. Da es eine orthodoxe Synagoge sei, gebe es eine Frauenempore, erklärt Christina F., und ergänzt, dass sie aber bewusst im unteren Bereich geblieben sei, denn auch dort gebe es einen, mit einem Vorhang abgetrennten, Frauenbereich. Dort habe sie direkt hinter Rabbinerin Rebecca B. Platz genommen.

Beim Lesen der Thora habe sie dann zwei laute Knallgeräusche gehört. Ihr erster Gedanke sei gewesen, dass es sich um einen Terroranschlag handele und dass sie sich alle ducken müssten. Sie habe den Gedanken aber wieder verworfen, da es doch absurd gewirkt habe und erst einmal keine Panik ausgebrochen sei. Sie habe versucht, in Richtung des Eingangsbereiches zu sehen und zu verstehen, was passieren würde. Sie habe dann gemerkt, dass die Stimmung in der Synagoge gekippt und das Gebet unterbrochen worden sei. Auch habe sie gesehen, dass sich der Gemeindevorsitzende und der Sicherheitsmann im Eingangsbereich unterhalten hätten. Sie habe nichts verstanden, es sei ihr aber klar gewesen, dass die Lage ernst sei.

Schräg links vor ihr, berichtet Christina F. weiter, sei ein Freund von ihr plötzlich aufgesprungen und zum Hintereingang gelaufen. Sie habe zu diesem Zeitpunkt bereits verstanden gehabt, dass die Lage ernst sei und dass draußen eine Person in Kampfmontur versuche, in die Synagoge einzudringen. Unklar sei gewesen, wo sich der Angreifer genau befinde, und ob er auf der Straße oder bereits auf dem Gelände sei. Ihr einziger Gedanke sei gewesen: »Der Freund von mir stirbt jetzt nicht allein.« Also sei sie ihm hinterhergerannt und habe gesehen, dass er die Hintertür verbarrikadiere. Sie hätten dann eine weitere Tür mit Tischen verbarrikadiert. Als sie ihn fragte, was gerade passiere, habe er gesagt, dass er keine Ahnung habe.

Die anderen Betenden seien ihnen entgegengekommen, und sie habe sich bewusst entschieden, noch mal in den Gebetsraum zurückzugehen. Dort habe sie ihre Jacke und ihren Schal gelassen, beides Kleidungsstücke von unglaublich großem, emotionalen Wert für sie. Es seien Erbstücke von ihrer verstorbenen Großmutter und ihrem verstorbenen Vater. Sie sei also noch mal in den Gebetsraum zurückgegangen und dann den anderen Betenden in den hinteren Raum gefolgt. Dort habe sie auch gestanden, als der Gemeindevorsitzende die Polizei angerufen habe. Sie habe ihn sagen hören, dass es ein Terroranschlag sei. Das sei das erste Mal gewesen, dass sie verstanden habe, wie ernst und gefährlich die Lage sei. So richtig verstanden habe sie das aber erst viel später. Auch heute noch habe sie immer wieder Schwierigkeiten zuzulassen, dass dieses Attentat wirklich passiert sei. Sie ergänzt, das Trauma sei sehr groß.

Sie erinnere sich auch an den Adrenalinstoß, so Christina F., der tagelang angehalten habe. Sie habe dann den Tag damit verbracht nachzusehen, wie es den anderen gehe. Der Vorbeter habe ihr gesagt, sie könne hochgehen und den älteren Menschen helfen. Als sie ihn gefragt habe, was sie als Nächstes tun könne, habe er gesagt, dass alle von den Fenstern weg müssten. Sie sei dann wieder nach oben gegangen und habe allen gesagt, dass sie sich ducken sollten. Der Kantor habe dann mit dem Gemeindevorsitzenden und dem Sicherheitsbeauftragten im Eingangsbereich vor dem Überwachungsbildschirm gestanden. Sie habe den Kantor gefragt, ob er okay sei und was eigentlich los sei. Er habe verneint und ihr gesagt, dass da ein Mensch auf der Straße liege. Ihr erster Impuls sei gewesen, dass sie da rausmüsse, um Erste Hilfe zu leisten, aber es sei gleichzeitig vollkommen klar gewesen, dass sie niemals hinausgelassen werden würde. Sie habe erst ein paar Tage später verstanden, dass die Person auf der Straße tatsächlich tot, und dass es Jana L. gewesen sei.

Der Gemeindevorsitzende habe dann auch irgendwann gesagt, dass die Polizei jetzt da sei und ihr den Polizeiwagen auf dem Bildschirm gezeigt. Sie habe gefragt, warum die denn nichts machen würden, denn es sei zu sehen gewesen, dass sich niemand um die am Boden liegende Jana L. gekümmert habe. »Es war eine Katastrophe zu sehen, wie ein Mensch am Boden liegt und sich niemand dafür interessiert.«

Sie hätten dann eine erste Entwarnung bekommen, und es habe geheißen, dass sie irgendwann evakuiert werden würden. Ihr sei es in dem Moment unglaublich wichtig gewesen, weiter zu beten. Sie habe die Kontinuität gebraucht, und es habe ihr viel Stärke gegeben, dass die, die wollten, gemeinsam weiter gebetet hätten.

Anschließend seien sie in Kleingruppen evakuiert worden. Sie sei dabei in der vorletzten Gruppe gewesen. Als sie hinausgebracht worden seien, habe eine Art Korridor zwischen der Polizei und der Feuerwehr zum Bus geführt. Sie habe sich gewundert, erinnert sich die Zeugin, dass es ein ganz normaler Bus gewesen sei, ohne Sicherheitsglas oder besondere Sicherheitsvorkehrungen, und dass sie im Sichtfeld der Medien auf der anderen Straßenseite hätten warten müssen. Es habe sie auch verstört, dass der Gemeindevorsitzende und der Kantor nicht in den Bus gebracht, sondern direkt von der Polizei mitgenommen worden seien. Sie habe keine Ahnung gehabt, was eigentlich passierte. Es habe keinerlei Kommunikation oder Informationen gegeben.

Die einzige positive Erinnerung, die sie an diesen Tag habe, berichtet Christina F., sei das Krankenhaus gewesen. Die Erinnerung daran sei heute noch sehr emotional. Dort hätte ein Team aus Ärzten und Pflegern Spalier gestanden. Die erste Person, die sie angesprochen hätte, sei der stellvertretende ärztliche Leiter gewesen. Er habe sie herzlich willkommen geheißen und gesagt, dass sie dort keine Patienten, sondern Gäste seien. Das sei das Allerwichtigste gewesen, und »da habe ich das erste Mal verstanden, dass ich in Sicherheit bin, dass ich kein Störfaktor bin und dass es okay ist, dass ich jetzt hier bin.« Sie hätten dann im Krankenhaus weiter gebetet und anschließend gemeinsam das Fasten gebrochen.

Sie habe sich bewusst dafür entschieden, ihre Mutter erst anzurufen, als Jom Kippur vorbei gewesen sei. Unmittelbar nach dem Ende des Gebets habe sie dann eine Mitarbeiterin des Krankenhauses nach einem Telefon gefragt. Da das Festnetz des Krankenhauses nicht funktioniert habe, habe diese ihr ohne zu zögern ihr Privathandy gegeben. So habe sie ihre Mutter erreichen können und zum ersten Mal ausgesprochen, dass sie okay sei.

Wegen des Telefonats habe sie anscheinend eine Ansage der Polizei verpasst und deshalb nicht gewusst, dass sie aussagen müsste, bevor sie das Krankenhaus verlassen könnte. Sie wisse noch, dass plötzlich, schräg hinter ihr, ein Mann aufgetaucht sei, den sie noch nie vorher gesehen habe. Es sei anscheinend ein Polizist in Zivil gewesen. Der habe: »Na, wollen Sie jetzt?«, zu ihr gesagt, und sie habe sich irrsinnig erschrocken und ihn gefragt, wer er sei und worum es gehe. Er sei dann patzig und genervt gewesen, und habe gesagt, wenn sie das Krankenhaus verlassen wolle, müsse sie aussagen. Sie habe ihm gesagt, dass sie das nicht gewusst habe, worauf er nur genervt geantwortet habe: »Kommen Sie jetzt mit, oder was?« Sie seien dann in einen Nebenraum gegangen, und es sei »unglaublich angsterfüllend« für sie gewesen, mit einem fremden Menschen die Cafeteria zu verlassen. Der Polizeibeamte habe sie nach ihrem Ausweis gefragt. Sie habe geantwortet, dass sie keinen dabeihabe, weil Jom Kippur sei, und sie nichts bei sich tragen dürfe. Der Polizist habe dann zu ihr gesagt: »Das ist aber komisch«, worauf sie erwidert habe: »Das ist nicht komisch, das ist Judentum und so fangen wir gar nicht erst an.« Er sei von ihr genervt gewesen, und sie habe nicht das Gefühl gehabt, dass er sich dafür interessiert habe, was sie zu sagen gehabt habe. Sie habe eher den Eindruck gehabt, eine nervige Belastung für ihn zu sein. Am Ende des Gesprächs habe sie ihm ihre Kontaktdaten regelrecht aufdrängen müssen. Er habe nicht danach gefragt, sie sei aber davon ausgegangen, dass sie nochmals kontaktiert werden würde, um als Zeugin aufzutreten. Sie habe ihn auch nach dem weiteren Prozedere gefragt, und er habe genervt geantwortet: »Ja, ich nehme ihre Adresse schon.« Es sei ihr sehr unangenehm gewesen, so Christina F., ihre Adresse herauszugeben, aber sie habe gewusst, dass es wichtig sei. Sie habe den Beamten noch gefragt, ob er ihr sagen könne, was genau passiert und was der Stand der Dinge sei. Er habe geantwortet, dass sie das seine Kollegen fragen müsse, die den Mann gefasst hätten. Sie habe überhaupt kein Sicherheitsgefühl vermittelt bekommen.

In der Cafeteria habe sie anschließend gesehen, fährt die Zeugin fort, wie Rabbiner Jeremy B. mit einem weiteren Polizisten diskutierte. Sie habe gehört, dass er, Rabbiner Jeremy B., und seine Frau, Rabbinerin Rebecca B., mit ihrer Tochter in der Synagoge hätten übernachten sollen, und die Babynahrung noch in der Synagoge gewesen sei, zu der kein Zugang möglich gewesen sei. Daraufhin habe sie, Christina F., eine Mitarbeiterin des Krankenhauses gebeten, die Versorgung des Babys zu ermöglichen, was diese auch sofort getan habe. Es sei auch nicht klar gewesen, wo die Notschlafstelle für die Familie sein würde und wann sie dorthin könnte. Sie habe dann im Hotel angerufen und nach einem Schlafplatz gefragt. Der Rezeptionist habe ihr mitgeteilt, dass alle Zimmer belegt seien. Sie habe nochmals nachgehakt und gesagt, dass sie einen Schlafplatz für einen Überlebenden aus der Synagoge und seine Familie bräuchte. Der Rezeptionist habe ihr daraufhin erklärt, dass gerade die letzten drei Zimmer von der Polizei reserviert worden seien. Sie, Christina F., vermute, die Reservierungen seien für die zusätzlichen Einsatzkräfte gewesen. »Ich meinte dann: Gut, dann sind die wohl für uns und eins davon hätte ich gern.« Somit habe es dann auch ein Zimmer für Rabbiner Jeremy B. und Rabbinerin Rebecca B. gegeben. Am Ende des Tages seien sie dann mit dem Bus zum Hotel gebracht worden.

Ihr sei klar gewesen, dass sie den Polizisten nicht vertrauen könne, und dass diese nicht wüssten, was sie tun. Sie habe einem Polizeibeamten gesagt, sie steige erst in den Bus ein, wenn sie einen Namen und eine Telefonnummer von einer zuständigen Ansprechperson am nächsten Tag erhalten würde. Zu diesem Zeitpunkt seien die anderen bereits im Bus gewesen und hätten dort gesungen, unter anderem ein Lied mit dem Text »Am Israel Chai«. Sie sei von dem Polizisten gefragt worden, ob sie wisse, was »die da drin« singen würden, woraufhin sie angefangen habe, den Text zu übersetzen. Der Polizeibeamte sei ihr ins Wort gefallen und habe gesagt: »Ja, also Israelis...« Sie sei dann in die Position gekommen, den Unterschied zwischen Israelis und nicht-israelischen Juden zu erklären. Den Polizisten habe das nicht interessiert, er habe sich eher über ihre Erklärung amüsiert.

Christina F. fügt hinzu, dass sie es unglaublich finde, dass die Polizei für ihre Verstärkung Hotelzimmer reserviert habe, gleichzeitig aber eine traumatisierte Kleinfamilie an eine Notschlafstelle verwiesen habe, von der nicht einmal klar gewesen sei, wann und wo es sie geben würde. Sie finde es unfassbar, dass der Angeklagte mehr über Juden und das Judentum wisse als die Polizei. Sie habe in den Tagen danach mit RIAS[2] in Berlin telefoniert. Von ihnen habe sie dann auch gehört, dass sie in ihren Erfahrungen mit der Polizei noch glimpflich davon gekommen sei, und es andere Betroffene gebe, die durch die Vernehmung der Polizei ein sekundäres Trauma davongetragen hätten.

Sie habe noch unter Schock gestanden, so die Zeugin weiter, aber sich am Freitag [Beginn des Schabbats, Anm. d. Hgg.] mit Müh und Not gezwungen, ohne Handy in die Synagoge in Berlin zu gehen. Sie habe dort eine Auseinandersetzung mit dem Sicherheitspersonal gehabt, die dazu geführt habe, dass sie das erste Mal geweint habe. Das sei wichtig gewesen. Es habe ihren Schockzustand beendet und auch langfristig dazu geführt, dass die Trauma-Symptomatik eingesetzt habe. Sie habe kaum mehr geschlafen.

Als sie dann wieder nach Paris gefahren sei, habe es sich für sie wie eine Flucht angefühlt. In Paris sei sie von ihrer Gemeinde und ihrem Rabbiner unglaublich großartig aufgefangen worden. Er habe ihr bereits eine Therapeutin gesucht gehabt, die auf Traumata spezialisiert gewesen sei. Dieses Angebot habe sie aber erst nach vier Wochen in Anspruch genommen, da sie so lange gebraucht habe, um zu merken, dass es wirklich nicht allein gehe. Es habe die Reaktion anderer gebraucht. So habe zum Beispiel ihr Rabbiner zu ihr gesagt: »Du bist ganz grau« und ein Freund von ihr habe gemeint: »Wenn ich dir in die Augen sehe, dann ist da niemand.«

Zu ihrer Traumasymptomatik hätten Ein- und Durchschlafstörungen,

2 Recherche- und Informationsstelle Antisemitismus.

Panikattacken an Orten mit vielen Menschen, Gedächtnisprobleme, Alpträume und Blackouts gehört. Manchmal habe sie plötzlich an einem Ort gestanden, ohne zu wissen, wie sie dort hingekommen sei. Sie habe wochenlang versucht, ihren Alltag zu organisieren, indem sie sich alles, was sie getan habe, aufgeschrieben habe. Sie sei überhaupt nicht fähig gewesen, in ihren Alltag zurückzukehren oder ein normales Leben zu führen. Sie habe auch psychosomatische Symptome wie Hautreaktionen und Haarausfall gehabt. An ihrer Dissertation habe sie monatelang nicht arbeiten können. Es sei schon schwer genug gewesen, durch den Tag zu kommen, einzukaufen und sich zu ernähren. Die Symptome hätte sie vor allem bis Januar 2020 gehabt, sie würden sie aber noch bis heute begleiten. Während des Lockdowns oder nun zum Prozessbeginn seien sie abgeschwächt wiedergekommen. So habe sie seit zwei Wochen kaum geschlafen.

Was sie gerettet habe, ergänzt die Zeugin, sei, abgesehen von ihrer Psychotherapeutin, das Boxtraining gewesen. Es habe sehr viele Tage gegeben, an denen gar nichts gegangen sei, und sie nicht mal aus dem Bett gekommen sei. Sie habe es aber trotzdem noch zum Sport geschafft. Das sei es gewesen, was ihr Resilienz gegeben habe.

Es habe sich langfristig viel für sie verändert. Sie lebe immer noch in Paris, auch wenn der Aufenthalt ursprünglich nur für ein Jahr geplant gewesen sei. Sie habe im Verlauf des letzten Jahres festgestellt, dass sie nicht nach Deutschland ziehen könne. Das sei zu einem Teil diesem Anschlag, aber auch zu einem großen Teil der Polizei und ihrem unsensiblen Umgang mit den frisch Traumatisierten geschuldet. Sie habe »überhaupt kein Vertrauen« mehr in deutsche Autoritäten. Sie lebe hier in Angst und Misstrauen: »So kann kein Mensch leben. Eine Zukunft in Deutschland kann ich mir nicht vorstellen.«

Abschließend wolle sie den Bogen zu heute spannen. Sie sei erschöpft: »Ich bin vor allem emotional erschöpft, weil ich unglaubliche Angst habe, dass wir schon wieder nicht gehört werden und schon wieder nicht ernst genommen werden.« Sie fühle sich in Deutschland nicht ernst genommen. Sie sehe das an der Inaktivität der Politiker und an der Gesellschaft, die nicht sehe, dass es ein historisch gewachsenes Problem des Antisemitismus gebe, das ernst genommen werden müsse. Und sie sehe es auch an diesem Prozess. Sie, als Nebenkläger·innen, müssten als Bittsteller beim Bundesministerium für Justiz anfragen, damit sie teilnehmen könnten. Sie hätten eine Pauschalzahlung erhalten, aber das reiche bei Weitem nicht.

Zudem kritisiert die Zeugin die nicht vorhandene, sprachliche Sensibilisierung des Gerichts, das seit dem ersten Tag inhaltlich unreflektiert die Sprache des Täters reproduziere.

Die Vorsitzende bedankt sich bei der Zeugin und fragt sie, seit wann sie in Deutschland sei. Diese sagt, dass sie seit Februar 2017 hier lebe. Auf die

Frage, ob sie vorher in Österreich gelebt habe, antwortet sie: »Größtenteils, aber nicht durchgängig.« Die Frage, ob sie noch in psychotherapeutischer Behandlung sei, bejaht sie.

Anschließend bedankt sich die Vorsitzende abermals bei der Zeugin und überreicht ihr das Formular zur Reisekostenerstattung.

Sie kündigt eine Unterbrechung an, man habe sich eine kleine Pause verdient. Der Angeklagte lacht. Die Vorsitzende sagt, dass er sich aus Respekt vor allen Personen zusammennehmen solle. Jeder Mensch habe Respekt verdient, das müsse er doch eigentlich wissen.

Es folgt eine kurze Unterbrechung.

AUSSAGE DER ZEUGIN MANDY R. (BETROFFENE, ZUM TATKOMPLEX SYNAGOGE)

Anschließend wird Frau Mandy R. als Zeugin befragt. Die Vorsitzende belehrt sie über ihre Zeugenpflichten und befragt sie zu ihren Personalien. Mandy R. ist 43 Jahre alt und als Krankenschwester tätig.

Die Vorsitzende sagt, am 9. Oktober 2019 seien »schlimme Ereignisse« passiert. Mandy R. habe an diesem Tag die Straßenbahn genutzt. Sie bittet die Zeugin, aus ihrer Sicht zu schildern, wie alles abgelaufen sei.

Die Zeugin sagt, sie sei an jenem Tag gegen 12 Uhr aus der Straßenbahn ausgestiegen. Beim Aussteigen habe es eine laute Detonation gegeben. Sie habe die Schienen überquert und dort warten müssen, als die Ampeln an der Kreuzung rot gewesen seien. Zwei andere Frauen seien über die Straße gegangen, sie selbst sei um die Ecke gegangen. Dort habe jemand mit Helm und Gewehr gestanden. Es sei eine komische Situation gewesen, so die Zeugin weiter, und sie habe die Straßenseite gewechselt. Dann habe der Angeklagte eine Frau »umgeschossen« und es sei ihr in dem Moment nur durch den Kopf gegangen: »Renn!« Sie sei in die nächste Parkeinfahrt gelaufen und habe sich hinter einem Auto versteckt.

Die Vorsitzende fragt die Zeugin, warum sie die Straßenseite gewechselt habe. Diese antwortet, dass sich dort ein Auto und »diese Person« befunden hätten. Es sei alles »ein bisschen komisch« gewesen, und sie habe sowieso die Straße überqueren wollen. Die Vorsitzende fragt, ob sie gewusst habe, dass dort die Synagoge war. Die Zeugin bejaht. Die Frage, ob sie gewusst habe, dass an diesem Tag ein hoher jüdischer Feiertag gewesen sei, verneint sie. Auf die Frage, ob ansonsten noch Leute auf der Straße gewesen seien, antwortet Mandy R., dass sie nur mit einer anderen Frau aus der Straßenbahn in die Straße eingebogen sei.

Die Vorsitzende sagt, die Zeugin habe die Schüsse auf Jana L. mitangesehen und fragt sie, ob sie dabei das Gesicht des Angeklagten habe sehen können. Diese antwortet, sie habe den Helm und die Kampfmontur von der Bundeswehr sehen können. Auf Nachfrage gibt sie an, dass sie seine Waffe bereits habe erkennen können, als sie um die Ecke gekommen sei. Zu dem Zeitpunkt habe sie aber noch gedacht, dass es sich um die Bundeswehr oder Ähnliches handeln müsse. Die Vorsitzende sagt, das müsse man erst einmal realisieren, was da passiere, auf einer Straße, auf der man immer langgehe.

Sie bittet die Zeugin, nochmals die Situation zu schildern, bevor sie sich geduckt habe. Mandy R. sagt, das seien nur Sekunden gewesen. Ihr Kopf habe ihr gesagt, dass sie wegrennen und sich »abducken« solle. Danach habe es minutenlang nur geknallt. Die Vorsitzende hakt nach, ob sich das auf Jana L. beziehe. Die Zeugin erklärt, es habe auch danach noch geknallt. Sie sei in eine Parkeinfahrt gelaufen, habe sich hinter ein Auto geworfen und versucht, die Polizei zu rufen. »Geknall« habe sie immer noch gehört. Die Vorsitzende fragt, ob der Angeklagte die Waffe auf sie gerichtet habe. Die Zeugin gibt an, sie wisse nicht, ob der Angeklagte auf sie geschossen habe, sie nehme es aber an. Sie wisse, dass er sie registriert habe, weil er in ihre Richtung geblickt habe. Die Schüsse seien ohrenbetäubend gewesen. Sie habe gegen 12.05 Uhr versucht, die Polizei zu rufen, doch dort sei besetzt gewesen. Danach habe sie ihren Mann angerufen und ihn gebeten, er solle kommen. Dieser sei eine Viertelstunde später auch da gewesen, solange habe sie noch ausharren müssen. Irgendwann sei es still gewesen, aber dann habe es wieder Schüsse gegeben, wobei sie gehört habe, dass diese weiter weg gewesen seien.

Die Vorsitzende gibt wieder, dass in ihrer polizeilichen Vernehmung vom 14. Oktober 2019 auch Uhrzeiten ihrer Anrufe bei der Polizei auftauchen würden, und fragt die Zeugin, ob sie diese auf ihrem Handy gespeichert habe. Was sie bejaht.

Als die Polizei da gewesen sei, schildert sie, habe sie einen Beamten gefragt, ob sie noch eine Zeugin bräuchten, aber dieser habe nur geantwortet, dass sie schnell in das Auto einsteigen, wegfahren und sich in Sicherheit bringen solle. Die Vorsitzende fragt, wie es denn dann zu ihrer Vernehmung gekommen sei. Mandy R. erklärt, dass sie von zuhause aus noch einmal die Polizei angerufen habe und die Beamten sie daraufhin kontaktiert hätten.

Auf die Frage, ob sie sich danach in ärztliche Behandlung begeben habe, berichtet Mandy R., dass sie vier Wochen lang krank gewesen und ihr eine-Posttraumatische Belastungsstörung diagnostiziert worden sei. Sie habe nicht schlafen, nicht essen und auch nicht rausgehen können. Es sei erst einmal gar nichts gegangen. In der Woche nach dem Anschlag habe sie mit einer Pfarrerin gesprochen und innerhalb ihrer Familie und ihres engen Freundeskreises die Geschichte behandelt. In therapeutische Behandlung habe sie sich nicht begeben. Die Vorsitzende fragt, ob sie dies angestrebt habe. Die Zeugin sagt, der Kontakt zur Pfarrerin habe ihr schon sehr geholfen. Sie habe erkannt, dass sie sich Zeit lassen müsse, um das Ganze verarbeiten zu können. Ihr Umfeld habe ihr dabei geholfen. Die Vorsitzende fragt, ob sie nach vier Wochen wieder arbeiten gegangen sei. Mandy R. bejaht.

Die Vorsitzende sagt, sie habe gehört, es sei eine Aufregung für die Zeugin gewesen, in das Gericht zu kommen. Diese bejaht und erklärt, dass es ihr seitdem wieder schlechter gehe. Die Vorsitzende fragt, ob sie seitdem über die Situation gesprochen habe. Die Zeugin antwortet, das habe ihr nichts ausgemacht. Es habe sie keiner direkt darauf angesprochen, aber sie habe gewusst, wen sie hätte anrufen können, wenn sie doch hätte reden wollen. Die Vorsitzende sagt, manche Betroffenen würden öffentlich sprechen wollen und andere würden das nicht wollen. »Ich nicht«, sagt Mandy R.

Die Vorsitzende bedankt sich bei der Zeugin.

Der Angeklagte ergreift das Wort, Er wolle noch sagen, dass ihm leid täte, was er ihr angetan habe. Mandy R. entgegnet, sie habe dazu nichts weiter zu sagen und ergänzt: »Freiheit ist das höchste Gut des Menschen. Ich bin frei, und ich hoffe, dass dieser Mensch nie wieder einen Tag in Freiheit verbringt.«

AUSSAGE DES ZEUGEN STANISLAW G. (BETROFFENER, ZUM TATKOMPLEX SYNAGOGE)

Als letzter Zeuge wird der 73-jährige Rentner Stanislaw G. begrüßt, über seine Zeugenpflichten belehrt und zu seinen Personalien befragt.

Die Vorsitzende erklärt, dass Stanislaw G. am 9. Oktober 2019 in der Humboldtstraße unterwegs gewesen sei und bittet ihn, zu schildern, was er erlebt habe.

Stanislaw G. erzählt, dass er am besagten Tag auf dem Weg zur Arbeit gewesen sei. Er habe eine Anstellung bei einer Firma, bei der er Arbeiten im Auftrag des Landesverwaltungsamts erledige. Er sei auf dem Weg zum Gericht gewesen, als ihm jemand mit einer merkwürdigen Uniform und Waffen aufgefallen sei. Er habe sich noch gefragt, ob vielleicht ein Film gedreht werden würde. Dann habe er neben einem parkenden Auto jemanden liegen sehen. Er habe nicht gewusst, ob es ein Mann oder eine Frau gewesen sei. Er habe jedenfalls angehalten und sei ausgestiegen, um festzustellen, ob er Hilfe leisten könne. In dem Moment habe aber jemand hinter ihm, aus einem oberen Stockwerk, »Weg, weg!« gerufen. Er habe erst niemanden gesehen, dann aber jemanden gesehen, der mit angelegter Waffe auf ihn gezielt habe. Der Zeuge habe sich dann umgedreht und sei in sein Auto gestiegen. Im Spiegel habe er nochmals erkennen können, dass derjenige irgendetwas an der Waffe gemacht habe. Er, Stanislaw G., habe an eine Ladehemmung gedacht.

Nach dem Einsteigen, habe es erstmal Probleme dabei gegeben, das Auto zu starten. Der Schlüssel habe nicht gleich in das Zündschloss gepasst. Dann sei er losgefahren und habe noch erwartet, dass Schüsse in seine Richtung kommen würden. Er sei um die Ecke gefahren und habe angehalten, um die Polizei zu rufen. Beim zweiten Versuch habe die Polizei sich gemeldet. Ein Beamter habe ihm gesagt, dass er dort warten solle, die Kollegen würden gleich kommen. In dieser Zeit habe er zwei Detonationen gehört und habe dann die Polizeiautos kommen sehen. Er habe etwa 20 Minuten gewartet und sich dann gedacht, dass er weiter zum Gericht müsse. Er sei dann gefahren.

Die Vorsitzende fragt den Zeugen, wie die Polizei später an seine Adresse gekommen sei, schließlich sei er am 21. Oktober 2019 vernommen worden. Der Zeuge sagt, er habe nochmals bei der Polizei angerufen.

Auf die Frage, wie es ihm seitdem gehe, antwortet Stanislaw G., er denke, das Ganze gut verkraftet zu haben. Er verneint, in ärztliche Behandlung gemusst zu haben.

Die Vorsitzende fragt ihn, ob er an dem Tag ganz normal seine Arbeit fortgesetzt habe. Der Zeuge bejaht, erst zuhause habe er erzählt, was los gewesen sei. Am nächsten Tag habe er einen Anruf von seiner Firma erhalten. Sein Chef habe von dem Geschehen aus der Presse erfahren. Journalisten hätten in den Videoaufnahmen des Täters sein Auto erkannt. Stanislaw G. fügt auf Nachfrage hinzu, dass er aber keinen Kontakt zur Presse gewollt habe. Sein Chef habe ihm gleich Urlaub angeboten, und er sei dann weg gewesen.

Die Vorsitzende kommt nochmals auf die Situation in der Humboldtstraße zu sprechen. Sie sagt, als der Zeuge die Person auf dem Boden habe liegen sehen, habe er helfen wollen. Der Zeuge ergänzt, jemand habe ihm zugerufen: »Weg, schnell weg!« In diesem Moment habe er erkannt, dass irgendetwas nicht stimme. Dann habe er den Mann gesehen, der habe schießen wollen. Die Vorsitzende sagt, sie habe in der Aussage des Zeugen gesehen, dass dieser auch gleich gewusst habe, dass die Kleidung des Angeklagten nichts mit der Polizei oder der Bundeswehr zu tun gehabt habe und dass der Zeuge diese als »Fantasieuniform« bezeichnet habe. Stanislaw G. bestätigt das und ergänzt, er habe gleich gemerkt, »dass da etwas faul ist«.

Die Vorsitzende bittet ihn, die Situation mit der Waffe noch einmal zu schildern. Der Zeuge erklärt, er habe schnell in seinen Wagen einsteigen wollen. Er wisse nicht, ob er dann noch einmal nachgesehen oder in den Spiegel geguckt habe, als er gesehen habe, dass der Mann an seiner Waffe »arbeite«. Sie hakt nach, ob er gemerkt habe, dass geschossen worden sei. Stanislaw G. verneint und meint, erkannt zu haben, dass die Waffe nicht funktioniert habe. Die Vorsitzende fragt, ob er »Klickgeräusche« gehört habe. Der Zeuge gibt an, dass er Hörgeräte brauche, und diese an jenem Tag nicht dabeigehabt habe.

Nebenklagevertreter Rechtsanwalt David Herrmann erhält das Wort und richtet sich an den Zeugen: »Wir haben hier viel Schreckliches gehört und dass sie den Mut hatten, in dieser Situation einem Menschen zu helfen, dafür haben Sie meine volle Anerkennung.« Die Vorsitzende sagt, man habe auf dem Video viele Fahrzeuge sehen können, die vorbeigefahren seien. Stanislaw G. bestätigt, ebenfalls gesehen zu haben, dass ihm jemand entgegengekommen sei.

Die Vorsitzende bedankt sich bei dem Zeugen und sagt, er könne seine Auslagen geltend machen. Sie sagt, dass der nächste Verhandlungstag am 8. September 2020 um 9.30 Uhr beginne.

Die Verhandlung wird geschlossen.

Mitschrift von Tuija Wigard

10. Verhandlungstag
8. September 2020

Die Sitzung beginnt um 9.39 Uhr. Die Vorsitzende Richterin Ursula Mertens stellt die Anwesenheit fest. Sie sagt, an den letzten beiden Verhandlungstagen habe es manchmal Applaus nach den Aussagen der Zeugen gegeben. Sie habe es nicht so aufgefasst, dass der Applaus zur Störung der Hauptverhandlung gedacht gewesen sei. Gleichwohl sei das Gericht gehalten, dafür zu sorgen, dass die Verhandlung in ruhiger, neutraler Atmosphäre ablaufe. Deshalb bitte sie darum, von Applaus Abstand zu nehmen. Sie habe es so verstanden, dass der Applaus der Unterstützung der geschädigten Zeugen dienen sollte. Das könne man auch anders gewährleisten, zum Beispiel in der Pause nach den Aussagen.

AUSSAGE DER ZEUGIN REBECCA B. (NEBENKLÄGERIN, ZUM TATKOMPLEX SYNAGOGE)

Als erste Zeugin wird Rebecca B. mit ihrer Vertreterin, Rechtsanwältin Antonia von der Behrens, von der Vorsitzenden Richterin begrüßt. Eine Dolmetscherin übersetzt die Aussagen der Zeugin aus dem Englischen ins Deutsche. Die Vorsitzende belehrt die Zeugin über ihre Zeugenpflichten und befragt sie zu ihren Personalien, die 30-Jährige ist von Beruf Rabbinerin.

Die Vorsitzende sagt, die Zeugin sei im letzten Jahr schon ab Dienstagabend in Halle zu Besuch gewesen, um dort am folgenden Tag Jom Kippur zu begehen, was Rebecca B. bestätigt. Die Vorsitzende bittet sie, erst mal ihre Erinnerungen an die Geschehnisse zu schildern. Die Zeugin sagt, sie äußere sich sehr gern dazu. »Ich möchte dem Gericht zunächst mitteilen, dass ich aus einer Familie von Shoahüberlebenden stamme.«[1] Ihr Großvater Michael habe das Getto in Łodz überlebt und ein Großvater aus Polen habe die politische Deportation nach Sibirien überlebt. Ihre Großmutter Irene, die aus der ehemaligen Tschechoslowakei stamme, habe Auschwitz überlebt. Ihre andere Großmutter Olga, die aus einem Ort in der heutigen Ukraine komme, habe Auschwitz, Zwangsarbeit und Bergen-Belsen überlebt. Seit sie ein Kind gewesen sei, habe sie, Rebecca B., gewusst, dass ihre bloße Existenz angesichts ihrer Familiengeschichte einem Wunder gleichkomme. Später, als sie älter geworden sei, sei ihr auch klar geworden, dass mit dieser Geschichte ein intergenerationales Trauma verbunden sei. Überdies habe während der meisten Zeit ihrer Kindheit kein Teil der Großeltern etwas von der Vergangenheit erzählt. Sie habe gewusst, dass ihre Großmutter Olga ein schweres Trauma erlebt habe, als sie in Auschwitz sofort durch Dr. Mengele von ihrer Mutter getrennt worden sei. Sie habe das gewusst, weil ihre Tante Dreysel nach der Mutter ihrer Großmutter benannt worden sei. Aufgrund der Tatsache, dass ihre Großeltern ihre Geschichte nicht mit ihnen hätten teilen können, habe sie sich als junge Erwachsene entschieden, nach Deutschland zu gehen, um hier zu leben und mehr herauszufinden. Und so habe sie sich im Mai 2019 entschlossen, mit ihrem Ehemann und ihrer Tochter nach Deutschland zu ziehen, um hier zu leben, um sich der Geschichte zu stellen, aber auch um die jüdische Gemeinde hier zu unterstützen. Allerdings sei sie aufgrund der Taten des Angeklagten für ihren Geschmack zu sehr mit der Geschichte konfrontiert worden: »Meine Aussage handelt von einem tiefsitzenden Familientrauma, das reaktiviert wurde.« Damit das Gericht verstehen könne, was sie am 9. Oktober durchgemacht habe, sei es wichtig, dass sie einige Details der Geschichte ihrer Großmutter Olga teile. Ihre Großmutter habe eine Geschichte der Trennung und des Überlebens erlebt, als sie 1944 in Auschwitz angekommen sei. Sie sei am 19. Mai aus ihrer Heimatstadt im Konzentrationslager angekommen. Bei ihr seien ihre beiden Schwestern und ihre Mutter Dreysel gewesen. Die Zeugin erzählt, ihre Großmutter sei heute 91 Jahre alt und lebe in New York. Um sich an die Details der Geschichte zu erinnern, habe sie sie zwei Abende zuvor angerufen. Rebecca B. sagt, sie wolle einiges von dem teilen, das ihre Großmutter ihr erzählt habe, einfach um deutlich zu machen, was in ihr selbst vorgegangen sei. Sie zitiert ihre Großmutter Olga: »Meine Mutter hat zu uns gesagt: ›Schaut mal, Kinder, es sieht gar nicht so übel aus hier. Es wird Musik gespielt, es gibt schöne Häuser, vielleicht wird alles gut.‹ Da standen wir in Reihen an, um nach Birkenau gebracht zu werden. Ich war 16 und klammerte mich an meine Mutter,

1 Die Originalzitate wurden nachträglich von Jan-Frederik Bandel aus der Mitschrift übersetzt. Sie stammen nicht von der Dolmetscherin während der Zeuginnenaussage.

und Dr. Mengele sagte, dass ich in einer anderen Schlange warten müsse, genau wie meine Schwestern. Meine Mutter hatte ein Stück Brot unter dem Arm, und als wir auseinandergingen, sagte sie: ›Ich möchte, dass du dieses Brot nimmst.‹ Ich erinnere mich, wie Dr. Mengele ihr auf den Kopf schlug, als sie es mir gab, und wie sie dann zu Boden stürzte. Ich wollte zurück, um meiner Mutter zu helfen, aber sie ließen mich nicht. Und immer habe ich mich schuldig gefühlt, weil ich meine Mutter nicht retten konnte. Das blieb so über Jahre und Jahre, und ich habe meine Mutter nie wiedergesehen.«

Die Zeugin erzählt, ihre Großmutter habe ihr während des Telefonats beschrieben, wie Auschwitz ausgesehen habe. Sie habe ihr erzählt, wie sie Feuer und Knochen aus den Schornsteinen kommen gesehen habe. Sie habe den Himmel dort als Hölle auf Erden beschrieben. »Ich erwähne das hier, auch wenn ich weiß, wie schwierig das ist, denn all das ist wichtig, um das Wesen meines Traumas zu verstehen.« Ihre Großmutter habe erzählt, dass sie 45 Cousins und Cousinen während des Kriegs verloren habe. Und sie habe berichtet, dass sie nach sieben Wochen in Auschwitz für eine Verlegung ausgewählt worden sei. Sie sei zur Zwangsarbeit nach Gelsenkirchen in Deutschland geschickt worden. Ihr Job sei es gewesen, in der Bombenräumung zu arbeiten. Danach habe sie zur Zwangsarbeit nach Essen gemusst, wo sie in der Waffenfertigung für Krupp tätig gewesen sei. »Schließlich wurde sie ein letztes Mal verlegt, diesmal nach Bergen-Belsen, sie rechnete damit, dort zu sterben. Ich erwähne hier eine letzte Geschichte, die sie mir über Bergen-Belsen erzählt hat. Ich erwähne sie nur, um zu betonen, wie tief das Trauma sitzt, das noch immer in unserer Familie existiert.« Ihre Großmutter habe in Bergen-Belsen einmal ein Loch im Tor zur Küche des Lagers bemerkt. Ihre beiden Schwestern, mit denen sie zusammen geblieben war, hätten beide hohes Fieber gehabt, und sie wollte ihnen helfen. Gemeinsam mit zwei anderen Mädchen habe die Großmutter entschieden, sich in die Küche zu schleichen, um dort etwas zu essen oder zu trinken für sie zu bekommen. Als sie aus der Küche herausgekommen seien, habe ihre Großmutter drei Gewehrschüsse gehört. Das eine Mädchen neben ihr sei in den Bauch geschossen, das andere am Bein getroffen worden. Die kranke Schwester der Großmutter habe das von Weitem mit angesehen und gedacht, dass auch sie, Rebecca B.s Großmutter, tödlich getroffen worden sei, da sie am Boden gelegen habe. Aber die Großmutter sei blutüberströmt aufgestanden und weggerannt. Sie habe nur überlebt, weil die dritte Kugel nicht getroffen habe.

Ihre Großmutter sage häufig, selbst nach all diesen Erlebnissen: »Schau mich jetzt an. Schau, was ich geschafft habe, so eine tolle Familie.« Ihre Großmutter sei die Einzige, die wirklich verstehe, was sie selbst durchgemacht habe. Weil sie, Rebecca B., nicht wirklich damit aufgewachsen sei, über die Shoah zu reden, sei es manchmal hart für sie, über die Erfahrungen ihrer Großeltern zu sprechen. Sie habe manchmal das Gefühl, dass es zu privat sei oder zu verletzend für sie sein könne. »Meine Oma hat mir ausdrücklich gesagt, dass ich alles, was sie mir erzählt, mit anderen teilen sollte.« Ihre Großmutter habe ihr gesagt: »Hab keine Angst.« Rebecca B. fährt fort: »Meine Großmutter hatte nie Gelegenheit, vor einem deutschen oder auch vor einem internationalen Gericht eine Aussage zu machen, und heute habe ich diese Gelegenheit; und ich will, dass dieses Gericht weiß, dass die Shoah zwar vorüber ist, aber noch immer nachwirkt. Sie ist nicht einfach eine historische Tatsache, sie ist etwas, das für uns auch heute noch gegenwärtig ist.«

Anschließend berichtet die Zeugin über ihre Erlebnisse vom 9. Oktober. Da das Gericht schon viel über die allgemeinen Tatsachen gehört habe, wolle sie sich gern auf einen Aspekt konzentrieren, der ihr und ihrer Familie widerfahren sei. Wie ihr Mann schon berichtet habe, seien sie nach Halle gefahren, um dort an den Gottesdiensten teilzunehmen. Auch ihre Tochter, die zu dem Zeitpunkt 15 Monate alt gewesen sei, sei dabei gewesen. Die Zeugin bittet darum, dass der Name ihrer Tochter anonym gehalten werde.

Da es schwierig sei, sich mit einem 15 Monate alten Kind auf den Gottesdienst zu konzentrieren, hätten sie ihre Babysitterin aus Berlin gebeten, am Morgen des 9. Oktober zu ihnen zu kommen. Diese sei gegen 10.30 Uhr angekommen und habe die Synagoge auf dem üblichen Weg betreten. Die Babysitterin habe einige Sachen für ihre Tochter zusammengesammelt. Sie hätte lose Pläne gehabt, zum Beispiel einen Spaziergang zu machen oder auf einen Spielplatz zu gehen. Sie hätten damit gerechnet, dass es gegen 14 Uhr eine Pause während des Gottesdienstes geben würde. Zu diesem Zeitpunkt hätte die Babysitterin zurückkommen sollen, um Milch und Essen abzuholen. Die Babysitterin habe gegen 10.45 Uhr mit ihrer Tochter die Synagoge verlassen, »und es ist bekannt, was kurz darauf geschehen ist«. Um kurz nach 12 Uhr habe immer noch Panik und Verwirrung geherrscht. Sie habe die Babysitterin angerufen, um ihr zu sagen, dass es einen Notfall gegeben habe. Die Babysitterin sei nicht an ihr Handy gegangen, sie habe noch dreimal versucht, sie anzurufen: »Ich drehte allmählich durch. Ich machte mir wahnsinnige Sorgen.« Es sei zu diesem Zeitpunkt immer noch nicht klar gewesen, was draußen passierte, und sie hätte nicht gewusst, wo ihre Tochter und die Babysitterin seien. Nach 13 Uhr habe sie die Babysitterin dann erreicht, und es habe sich herausgestellt, dass diese ihr Telefon abgestellt habe, weil die Tochter geschlafen habe. Inzwischen hätten sie gewusst, dass es eine Schießerei gegeben habe, nicht aber, ob der Täter gefasst worden sei. Sie habe der Babysitterin gesagt, sie solle im Kindercafé bleiben, wo sie sich gerade aufgehalten habe. »Wenn ich versuche, mich an diese Situation zu erinnern, gerate ich in eine Panik, die mich überwältigt«, sie spüre das bis heute wie an jenem Tag. Sie sei dann den ganzen Tag mit der Babysitterin in Verbindung gewesen, und sie hätten versucht zu klären, wie sie wieder zusammenkommen könnten. Aber bis etwa 16 Uhr hätten sie keine Vorstellung gehabt, wie es weitergehen solle. Zu diesem Zeitpunkt sei klar gewesen, dass sie evakuiert werden sollten, aber sie habe nicht weg gewollt. Die Synagoge habe sich in diesem Moment sicher angefühlt: »Ich wollte, dass jemand begreift, dass die Synagoge jetzt ein sicherer Rückzugsort war, und meine Tochter reinlässt.« Und egal, wie sehr sie gewollt habe, dass ihr jemand zuhöre, und wie sehr sie habe sagen wollen, dass ein 15 Monate altes Kind zu seiner Mutter gehöre, sie habe es niemandem deutlich machen können. »In dieser Situation ging es nur darum, den Anordnungen der Polizei zu folgen. Wir mussten uns in Reihen aufstellen, und wir mussten uns herumstreiten, bis wir etwas zu essen mitnehmen durften für die Zeit nach dem Fasten. Man sagte uns, dass wir kleine Gruppen bilden müssten, und uns wurde klar, dass meine Tochter und die Babysitterin jetzt nicht zu uns kommen konnten, da sie zum Zeitpunkt des Anschlags nicht in der Synagoge gewesen waren.« Die beiden hätten anderen Befehlen Folge leisten müssen. Die Zeugin räumt ein, das höre sich vielleicht für diejenigen vernünftig an, die mit polizeilichen Vorgehensweisen und der Evakuierung eines Tatorts vertraut seien. Aber sie frage sich, ob es wirklich vernünftig für irgendjemanden klinge, dass sie an diesem Tag so lange und ohne absehbares Ende von ihrer Tochter habe getrennt sein müssen. »Wie jede Mutter habe ich natürlich Angst, von meinen Kindern getrennt zu sein. Aber bei mir war es noch etwas anderes, nämlich das Trauma, das ich von meiner Großmutter geerbt habe, die an den Toren von Auschwitz von ihrer Mutter getrennt wurde.« Damit sei diese ganze Situation, die durch den Angeklagten verursacht und durch die Polizei verstärkt worden sei, extrem traumatisch gewesen.

Schließlich hätten sie dann die Synagoge in kleinen Gruppen verlassen können. Es sei zu diesem Zeitpunkt immer noch nicht klar gewesen, wann sie ihre Tochter wiedersehen würde. Also hätten sie und ihr Mann einen Plan gemacht: Sie habe mit einer der ersten Gruppen die Synagoge verlassen und mit der Babysitterin über das Telefon in Verbindung gestanden. Zu diesem Zeitpunkt sei die Babysitterin bereits zur Polizeiabsperrung am Wasserturm gelaufen, wo die Beamten die Angaben der Opfer aufgenommen hätten. Ein Polizeibeamter habe dort ihre, Rebecca B.s, Informationen aufgenommen, und sie habe bereits mit der Babysitterin telefoniert. Währenddessen habe ihr Mann, der noch in der Synagoge gewesen sei, der Polizei gesagt, dass er die Synagoge nicht verlassen würde, bis er die Bestätigung erhalten hätte, dass seine Tochter bei ihrer Mutter sei. Dann sei die Babysitterin durch die Polizeiabsperrung gekommen, und sie wären wieder vereint gewesen. Sie ihren Mann angerufen, und der habe dann die Synagoge verlassen. »Zu diesem Zeitpunkt hatte ich noch nicht wirklich begriffen, was ich überlebt hatte. Ich war völlig benommen und erschöpft. Die Babysitterin weinte auch, sie war von ihren Gefühlen total überwältigt.« Die Babysitterin sei mit ihnen in den Bus gekommen, auch wenn das für die Polizei verwirrend gewesen sei.

Sie hätten sich aber einfach durchgesetzt. Schließlich habe die Babysitterin sich entschieden auszusteigen und nach Berlin zurückzufahren, da das für sie besser gewesen sei.

Die Zeugin sagt, sie wolle noch etwas zu ihrem Aufenthalt im Krankenhaus sagen. Die Mitarbeiter seien sehr freundlich zu ihr und ihrer Familie gewesen. Sie hätten Spielzeug, Windeln und Essen für ihre Tochter bereitgestellt. Es sei ihnen allen nicht erlaubt gewesen, in die Synagoge zurückzukehren. Damit sei klar gewesen, dass sie weder Geld noch Übernachtungssachen für ihre Familie gehabt hätten. Das Krankenhauspersonal hätte ihnen durch seine verständnisvolle Art den Aufenthalt dort erleichtert, so hätten sie sich anerkannt gefühlt. Sie sei noch zu gestresst gewesen, um Pläne zu machen. Es sei unklar gewesen, wo sie die Nacht verbringen würden, aber ihr Mann habe sich darum gekümmert, und sie seien dann im Hotel untergekommen, wo auch einige der anderen Synagogenbesucher gewesen seien. »Das war auch eine sehr belastende Situation, aber das Personal hat unseren Stress bemerkt und hat sich sehr gut um mich und meine Tochter gekümmert. Deshalb möchte ich dem Krankenhauspersonal öffentlich meinen Dank aussprechen und sagen, dass die Mitarbeiter dort als Vorbilder gelten dürfen, wie man teilnahmsvoll mit Traumatisierten umgeht.« Damit sei ihre Geschichte vom 9. Oktober abgeschlossen.

Für einige Tage sei es sehr schwierig für sie gewesen, zu essen und zu schlafen. Während der nächsten beiden Monate habe auch ihre Tochter Probleme mit dem Schlafen gehabt. Sie habe im Bett ihrer Eltern geschlafen, obwohl sie dort nicht mehr geschlafen habe, seit sie acht Wochen alt gewesen sei.

»Das Phänomen des intergenerationalen Traumas, das jüdische Erfahrungen betrifft, ist nichts, das nur in meiner Geschichte vorkommt. Ich bin nicht die Einzige in diesem Land, der es so geht.« Sie glaube, dass Deutschland mit der Tatsache umgehen müsse, dass, auch wenn nur noch wenige Holocaustüberlebende am Leben seien, »deren Kinder und Enkel Erfahrungen machen, die wir nicht ignorieren sollten. [...] Das betrifft auch einige offizielle Vorschriften, die psychisches Leid verursachen können.«

Sie sei diesem Land dankbar, dass es Ressourcen für die Sicherheit der jüdischen Community, zum Schutz vor Antisemitismus, zur Sicherung der Demokratie und zur Gewährleistung von Gerechtigkeit bereitstelle. »Ich möchte meinen Teil dazu beitragen und dieses Land bitten, darin noch besser zu werden.« Sie sei dankbar, dass sie heute die Möglichkeit habe, Gerechtigkeit zu suchen, nicht nur für sich, sondern auch für ihre Familie. Der Täter habe keinen Erfolg gehabt, und er werde keinen Erfolg haben. »Ich bin der lebende Beweis dafür. Leute wie er werden nicht erfolgreich sein. Die schrecklichen Ereignisse werden mich nicht von meiner Arbeit abhalten, die jüdische Gemeinde in Deutschland zu stärken und zu unterstützen.« In der jüdischen Tradition würde man sagen, dass gute Taten dazu führten, dass eine Seele nach dem Ableben erhöht werde. Sie hoffe, mit ihrer Aussage die Erinnerung an Jana L. und Kevin S. zu erhöhen, die ihr Leben durch die Hände eines schrecklichen Menschen verloren hätten. »Es ist meine Hoffnung, dass wir in ihrem Namen Gutes tun können, um eine bessere Gesellschaft zu erschaffen.«

Die Vorsitzende bedankt sich bei der Zeugin für die eindringliche Aussage und dafür, dass sie bereit gewesen sei, ihre Familiengeschichte zu erzählen. Sie fragt Rebecca B., ob ihre Tochter sich wieder erholt habe. Die Zeugin antwortet, sie habe sich glücklicherweise nach zwei bis drei Monaten erholt. Die Vorsitzende fragt, ob die Zeugin psychologische Hilfe in Anspruch habe nehmen müssen. Rebecca B. antwortet, sie sei in Traumatherapie und das helfe ihr, diese Erfahrungen zu verarbeiten und einen Abschluss zu finden. Die Erinnerungen seien nicht verschwunden, aber sie könne inzwischen besser damit leben. Die Vorsitzende fragt, ob sie von ihrem Therapeuten einen Ausblick erhalten habe, wann es für sie sichtbar besser werden würde. Die Zeugin verneint diese Frage. Die Vorsitzende bedankt sich bei Rebecca B., dass sie gekommen sei und sagt, sie könne ihre Auslagen geltend machen.

Der Angeklagte versucht, das Wort zu ergreifen. Rechtsanwältin von der Behrens beantragt, die Sitzung zu unterbrechen. Die Vorsitzende sagt, Erklärungen seien nicht in Anwesenheit eines Zeugen zu machen.

Die Sitzung wird bis 10.55 Uhr unterbrochen.

Nach der Unterbrechung kommt die Vorsitzende auf den Angeklagten zurück, der eine Erklärung habe abgeben wollen. Dieser sagt, der Moment sei jetzt vergangen. Dann sagt er etwas schlecht Verständliches, wobei trotzdem deutlich wird, dass es sich um eine Einlassung zum Holocaust handelt. Ein Nebenklagevertreter beanstandet dies und sagt, hier sei nicht der Platz, um Holocaustleugnung vorzutragen. Die Vorsitzende sagt zum Angeklagten, sein Verteidiger habe ihm das sicherlich erklärt, dass er hier nicht irgendwelche Thesen zu verbreiten habe, sondern Erklärungen zu Zeugenaussagen machen könne. Der Angeklagte sagt, er habe sich ja direkt auf die Zeugenaussage bezogen und behauptet: »Für die Wahrheit interessiert sich ja in Deutschland keiner.« Die Vorsitzende sagt, das werde sie nicht weiter diskutieren, dafür sei der Gerichtssaal nicht der richtige Ort. Der Angeklagte fragt, warum es verboten sei, wenn der Gerichtssaal der einzige Ort sei, wo man das machen könne. Die Vorsitzende unterbricht ihn.

Rechtsanwalt Jan Siebenhüner, Vertreter der Nebenklage, wendet sich an den Angeklagten und sagt, er habe es auch schon einmal den Kollegen auf seiner Seite erklärt, dass der Gerichtssaal dafür da sei, sich mit den Taten des Angeklagten zu befassen, und dass seine Auffassungen dabei nur eine untergeordnete Rolle spielen würden. Er solle sich doch am besten mit seinen eigenen Taten auseinandersetzen, da spiele irgendein Geschichtswissen keine Rolle. Der Angeklagte sagt, es spiele doch eine Rolle, wenn ihm Volksverhetzung vorgeworfen werde. Rechtsanwalt Siebenhüner erwidert etwas, doch die Vorsitzende beendet die Diskussion.

Sie fährt mit der Vernehmung der Zeugin Naomi H.-G. und ihrer Nebenklagevertreterin Rechtsanwältin Dr. Kati Lang fort.

AUSSAGE DER ZEUGIN NAOMI H.-G. (NEBENKLÄGERIN, ZUM TATKOMPLEX SYNAGOGE)

Rechtsanwältin Lang sagt, sie würden dem Angeklagten keine Bühne für seinen Antisemitismus bieten, sie würden sich dies hier nicht anhören. Die Vorsitzende begrüßt Naomi H.-G. und belehrt sie über ihre Zeugenpflichten. Die Aussagen der Zeugin werden aus dem Englischen übersetzt. Naomi H.-G. wird zu ihren Personalien befragt. Die 29-jährige ist Rabbinerin in Ausbildung.

Die Vorsitzende bittet die Zeugin, erst einmal in freier Rede von ihren Erlebnissen am 9. Oktober zu berichten. Naomi H.-G. erklärt zunächst: »Ich habe mich dagegen entschieden, meine Aussage auf Deutsch zu machen, da es für mich leichter ist, Abstand von dem Leid zu wahren, das meine Familie über Generationen erfahren hat, wenn ich auf Englisch aussage.« Dann beginnt sie ihr Statement mit einem Zitat von Heinrich Heine: »Denk ich an Deutschland in der Nacht, dann bin ich um den Schlaf gebracht« Sie erzählt, sie komme aus einer Familie die seit dem frühen 17. Jahrhundert tief in Deutschland verwurzelt sei. »Sie haben hart dafür gearbeitet, akzeptiert zu werden. Doch meine Familie hat einen bitteren Preis bezahlt, da sie glaubte, dass der Antisemitismus, besonders der Nationalsozialismus, nur eine Phase sei und vorübergehen würde. Ein Teil meiner Familie konnte Deutschland gerade noch rechtzeitig verlassen, meine engste Familie allerdings ist zu lang im Land geblieben. Trotz der Grausamkeiten, die sie durchmachen mussten, haben sie entschieden, nach dem Krieg in Deutschland zu bleiben und sich dort wieder ein Leben aufzubauen und auch am Wiederaufbau eines neuen Deutschland mitzuwirken. Gleichzeitig haben sie versucht, mit dem dunklen, leidvollen Kapitel, das hinter ihnen lag, abzuschließen.« Sie sei in dem Glauben erzogen worden, dass die deutsche Nation ihre Lektion aus der Vergangenheit gelernt habe. Und gleichzeitig habe sie um die Geschichte ihrer Familie gewusst. »Doch dieses Vertrauen sei mit der Zeit geschwunden.« Als sie älter geworden sei, habe sie nicht mehr beantworten können, warum ihre Familie geblieben sei. Sie habe selbst unangenehme Erfahrungen gemacht und habe auch von Anfeindungen gegenüber anderen Minderheiten gehört. Wenn sie ihre Familie im Ausland besucht oder neue Menschen kennengelernt habe, sei sie immer gefragt worden: »Wie kannst du im Land der Täter leben?« Die Zeugin erzählt:

»Ich habe dann entschieden, dass ich es nicht mehr kann. Ich bin nach Israel gegangen und habe beschlossen, dort zu bleiben. Ich bin ausgewandert, um mir dort ein Leben aufzubauen, in der Gewissheit, dass ich niemals nach Deutschland zurückkehren würde. Wozu auch?«

2018 habe sie dann von der Eröffnung einer neuen Rabbinatsausbildungsstätte in Berlin gehört. Sie sei nicht davon begeistert gewesen, in Deutschland zu studieren, aber dieses Programm sei ihr wie die richtige Wahl erschienen. Wenn es die Rabbinatsausbildungsstätte nicht gegeben hätte, so wäre sie im Ausland geblieben. »Doch mir ist die Vorstellung ans Herz gewachsen, am Wiedererstarken jüdischen Lebens in Deutschland mitzuwirken.« Und so habe sie sich für die Ausbildung zur Rabbinerin eingeschrieben. »Ich empfand es als Berufung, das Vermächtnis meiner Familie anzunehmen und auf Versöhnung hinzuarbeiten, Brücken zu bauen, wo andere Mauern bauen, für eine bessere Zukunft zu arbeiten.« Die jüdische Community in Berlin sei ihr ans Herz gewachsen, weshalb sie beschlossen habe, ihren Besuch in Israel zu verkürzen. Ursprünglich habe sie geplant gehabt, Jom Kippur in Israel zu verbringen. Sie habe ihre Freunde und Mentoren, Rabbiner Jeremy B. und Rabbinerin Rebecca B., in ihrer Arbeit unterstützen wollen, eine Gemeinde zu erneuern, die immer älter werde. Dann sei das Attentat passiert.

»Es wurde schon so viel gesagt über die Erfahrung dieses Tages, über das unwirkliche Gefühl, über die absurde Behandlung seitens der Polizei, aber auch über das Zugehörigkeitsgefühl.« Über die letzten Monate hätten sie diese Ereignisse natürlich zu der Frage getrieben, was sie eigentlich hier mache. Sie sei während fast aller Verhandlungstage anwesend gewesen und habe den Aussagen von Zeugen, vom Schwager des Angeklagten, von seinem Mitbewohner, von Sachkundigen und von Fachleuten des BKAs zugehört. Die Zeugin sagt, sie würde nun gern auf Heines Zitat, »Denk ich an Deutschland in der Nacht, dann bin ich um den Schlaf gebracht«, zurückkommen. »Ich sage das, weil wir uns auf einem sehr beschwerlichen Weg befinden.« Trotz der Tatsache, dass die Tödlichkeit der Waffen im Detail besprochen worden sei und wie nah der Angeklagte seinem Ziel gekommen sei, sie zu ermorden, gebe es immer noch die etwas verdrehte Idee, »dass eine Tür verhindert habe, dass Schlimmeres geschieht, und uns das Leben gerettet habe. Das entspricht nicht den Tatsachen.« Der Angeklagte habe Brand- und Sprengsätze über die Mauer geworfen, die Menschen hätten töten können. Es komme ihr so vor, als würden diese Tatsachen von den Medien ignoriert werden. Stattdessen würden sie lieber auf die Geschichte der »guten Tür«, aus »guter deutscher Eiche«, zurückgreifen. Dieses Narrativ sei den realen Geschehnissen unangemessen, und es würde davon ablenken, was wirklich passiert sei. »Dieser Drang, den einen guten Deutschen ausfindig zu machen, dem es gelungen ist, Jüdinnen und Juden zu retten, gehört nicht hierher. Worum es mir geht, ist dass die deutsche Politik und die deutsche Gesellschaft tatsächlich neu darüber nachdenken, was für den Schutz der

Minderheiten und der verwundbarsten Mitglieder dieser Gesellschaft getan wird. Ein Gefühl der Sicherheit. Weder ich noch die jüdische Gemeinschaft, noch irgendjemand sonst sollte darum bitten müssen. In einem Rechtsstaat ist es die Aufgabe der politischen Organe, die Sicherheit ihrer Bürger zu garantieren.«

Sie könne nicht verstehen, wie die BKA-Beamten mit gutem Gewissen sagen könnten, dass sie ihr Bestes getan hätten, um das Online- und Gamingverhalten des Täters zu ermitteln und einen weiteren Anschlag dieser Art zu verhindern. Sie hätten sich keine Imageboards angesehen, nicht die Spiele ausprobiert, die der Angeklagte gespielt habe, und nicht auf die Ähnlichkeiten mit den Anschlägen auf der ganzen Welt in Oslo, Utøya, Christchurch, El Paso, München oder dem Mord an Walter Lübcke geachtet. Die Narrative, die das Fundament für diese schrecklichen Taten bildeten, seien nicht genauer untersucht worden. Der Angeklagte habe öfter klargemacht, dass er nur ein kleines Rädchen im größeren Geschehen sei.

»Für die meisten Deutschen, auch in diesem Gericht, scheint jüdisches Leben etwas zu sein, das in Deutschland ausgestorben ist, das der Vergangenheit angehört. […] Ich möchte zu einem Judentum beitragen, das offen ist, das lebendig ist, aktiv, das im Dialog steht mit seiner Umgebung und teilhat an der Gesellschaft.« Sie würde sich gern in einer Synagoge zu Hause fühlen, sich dort wohl fühlen. »Ich würde die Anwesenden gern etwas fragen: Wenn Sie wüssten, dass Sie Ihr Zuhause mit kugelsicheren Türen und Fenstern ausstatten müssen, wie angenehm schiene es Ihnen dann, an diesem Ort zu leben, den Sie jetzt Ihr Zuhause nennen?« In den letzten Tagen habe sie viel über diese Frage nachgedacht. Die Sicherheitsmaßnahmen um die Synagoge herum würden nicht dazu führen, dass sie sich sicherer fühle. Sie fände es eher alarmierend und bekomme das Gefühl, dass irgendwas am Diskurs in der Gesellschaft nicht stimme. »Ich würde gern weiterhin am Vermächtnis meiner Familie festhalten und Brücken bauen, wo andere Mauern bauen.« Das Ziel sei es, eine bessere Gesellschaft aufzubauen, die auf Respekt, Liebe und gegenseitiger Wertschätzung aufgebaut sei.

Die Vorsitzende bedankt sich bei der Zeugin und fragt sie, ob sie vorhabe, hier zu bleiben und ihre Ausbildung zur Rabbinerin zu beenden. Naomi H.-G. antwortet, dass sie derzeit noch nicht sicher sei. Sie befinde sich gerade noch in der Ausbildung, wisse aber längerfristig nicht, wohin es sie verschlage. Sie fühle sich durch die Ereignisse der jüdischen Gemeinde hier eng verbunden, aber Israel sei der Ort, wo sie sich am sichersten fühle.

Der Angeklagte ergreift das Wort und richtet sich an die Zeugin. Er sagt, sie wolle Brücken statt Mauern bauen. Er fragt, ob sie von einer Brücke oder von einer Mauer geschützt worden sei. Die Frage wird sofort von der Anwältin der Zeugin, Rechtsanwältin Lang, beanstandet. Die Vorsitzende sagt, das sei keine Frage, sein Rechtsanwalt könne ihm das erklären.

Es folgt eine 10-minütige Unterbrechung.

AUSSAGE DES ZEUGEN ALEXANDER R. (NEBENKLÄGER, ZUM TATKOMPLEX SYNAGOGE)

Anschließend wird der 52-jährige Zeuge Alexander R. begrüßt, über seine Zeugenpflichten belehrt und zu seinen Personalien befragt. Die Vorsitzende sagt, sie hätte den Zeugen geladen, weil sie von einigen Besuchern der Synagoge berichtet bekommen wolle, was sie am 9. Oktober erlebt hätten. Sie fragt den Zeugen, ob er Mitglied der Jüdischen Gemeinde zu Halle sei, was er bejaht. Er sei seit 20 Jahren Mitglied der Gemeinde. Die Vorsitzende fragt ihn, ob er eine Aufgabe in der Synagoge habe. Der Zeuge sagt, er unterstütze den Kantor bei der Thoralesung an der Bima [von der Bima wird die Thora verlesen, Anm. d. Hgg.] und helfe beim Gottesdienst. Es gibt ein Missverständnis, weil die Vorsitzende »Beamer« verstanden hat, sie fragt den Zeugen, ob er technische Unterstützung leiste. Dieser stellt klar, dass er keinen Beamer bediene, sondern der Tisch gemeint sei, auf dem die Thora liege. Der Zeuge sagt, Jom Kippur sei ein besonderer Tag für Juden, ein strenger Fastentag, man dürfe nicht essen und nicht trinken. Er habe sich am Tattag in der Synagoge befunden und wie immer dem Kantor bei der Lesung der Thora geholfen. Dann habe er irgendwelche Bewegungen gesehen, was normalerweise nie passiere, weil alle aufs Gebet konzentriert seien. Er habe eine wachsende Spannung unter den Synagogenbesuchern bemerkt und gesehen, dass Leute durch die Synagoge gegangen seien. Dann sei er zum Wachmann gegangen und habe dort auf den Monitor geguckt. Dort habe er einen Mann mit einer Waffe gesehen, der zweimal auf die Tür geschossen habe. Er habe ein bisschen seitlich zum Monitor gestanden. Der Attentäter sei sehr dunkel gekleidet gewesen, als ob er eine militärische Uniform trüge. Dann hätten sie alle mitgekriegt, dass es sich um einen Angriff auf die Synagoge handelte. Sie hätten dann versucht, die Türen zu verbarrikadieren und die Leute in Sicherheit zu bringen.

Die Vorsitzende fragt ihn, ob er auch eine Waffe gesehen hätte. Alexander R. bejaht, er habe eine Schusswaffe gesehen. Der Mann habe zweimal auf die Tür geschossen und dabei so komische Bewegungen gemacht. Die Waffe sei keine automatische gewesen, der Mann habe immer nachladen müssen. Der Zeuge sagt, er sei dann zurückgegangen, und sie hätten die Verbarrikadierung der Tür mit Stühlen und anderen Gegenständen organisiert. Danach hätten sie auf die Polizei gewartet. Er habe keine Uhr und kein Handy bei sich gehabt, es sei schwer zu sagen in welcher Reihenfolge alles geschehen sei. Er habe erst relativ spät mitbekommen, was passiert sei, weil er so auf das Gebet konzentriert gewesen sei. Die Vorsitzende fragt, ob er Kontakt mit Polizeibeamten gehabt habe. Der Zeuge antwortet, Kontakt habe er nur an jenem Tag gehabt. Die Vorsitzende sagt, sie hätten jetzt schon mehrfach gehört, dass es ein Problem gewesen sei, dass die Synagogenbesucher so wenig Informationen bekommen und nicht gewusst hätten, was genau ablaufe, was er bestätigt. Es habe zuerst überhaupt keine Informationen gegeben, erst viel später dann seien sie informiert worden. Er sagt, er sei dann mit zwei anderen Synagogenbesuchern ins Polizeirevier gebracht worden, während die anderen ins Krankenhaus gefahren seien. Dort sei Jom Kippur dann beendet worden. Die Vorsitzende sagt, laut Vernehmungsprotokoll habe seine Vernehmung um 16.55 Uhr begonnen. Der Zeuge sagt, das könne sein. Die Vorsitzende fragt ihn, ob er an diesem Tag auch Familie mit in der Gemeinde gehabt habe. Der Zeuge sagt, seine Tochter sei mit ihm dort gewesen. Sie sei dann ins Krankenhaus gebracht worden, von wo er sie dann abgeholt habe. Die Vorsitzende fragt, ob er gewusst habe, dass seine Tochter im Krankenhaus gewesen sei, was er bejaht. Er sei nach der Vernehmung erst einmal nach Hause gefahren, habe sie von dort mit dem Handy angerufen und dann aus dem Krankenhaus abgeholt. Auf die Frage nach dem Alter seiner Tochter sagt er, sie sei 21 Jahre alt.

Die Vorsitzende bittet ihn, zu berichten, wie es ihm danach ergangen sei. Er antwortet, es habe viele Angebote für psychische Rehabilitation gegeben, vom Weißen Ring. Die Jüdische Gemeinde habe für ihre Mitglieder eine Fahrt mit einem Psychologen organisiert, er habe aber nicht teilgenommen, weil er habe arbeiten müssen. Er habe kein so starkes Trauma davongetragen und benötige keine psychologische Hilfe. Er lebe das ganz normale Leben weiter und sei eigentlich nicht psychisch getroffen, er habe nicht so stark gelitten. Die Vorsitzende sagt, das sei ja bei jedem Menschen anders, man könne vorher nicht wissen, wie man reagiere. Sie fragt danach, wie es seiner Tochter ergangen sei. Alexander R. sagt, bei ihr sei auch alles relativ gut. Er finde, so müsse es bleiben. Die Vorsitzende fragt, ob sich das Gemeindeleben verändert habe. Der Zeuge sagt, natürlich habe es sich verändert. Es gebe jetzt mehr Sicherheitsmaßnahmen, und die Polizei stehe vor der Synagoge. Das mache die Mitglieder nervös, »aber so ist unser Leben«. Die Vorsitzende fragt, ob das Attentat also eine große Überraschung für ihn gewesen sei. Er sagt, es sei ein unerwartetes Ereignis gewesen, dass so etwas in einer Stadt wie Halle passiere. Die Vorsitzende fragt, warum da an dem Tag kein Polizeischutz gewesen sei und ob sie sich als Gemeinde da Gedanken gemacht hätten. Der Zeuge sagt, die Polizei sei sicher gewesen, dass nichts passiere und habe gesagt, dass die Situation unter Kontrolle sei. Jetzt würde die Polizei ständig da stehen, anders als vor der Tat. Der jüdische Kalender sei ja eigentlich bekannt, zumindest an den Feiertagen hätte auch vor der Tat jemand da sein sollen.

Die Vorsitzende fragt, ob er mit anderen Gemeindemitgliedern darüber gesprochen habe, warum keine Polizei da gewesen sei, als er zur Synagoge gekommen sei. Er verneint, das sei kein Thema gewesen, weil schon lange keine Polizei vor der Synagoge gewesen sei. Es sei normal gewesen, dass da niemand da gewesen sei. Die Vorsitzende sagt, man habe von den Berliner Besuchern gehört, dass sie es gewohnt seien, dass jüdische Einrichtungen bewacht seien. Sie fragt ihn, ob er mit ihnen Kontakt gehabt habe. Der Zeuge verneint das, er sei aber auch in anderen Gemeinden in München und

Darmstadt gewesen, und da stünden am Schabbat zwei Beamte mit Fahrzeug vor der Synagoge, auch schon in der Zeit vor dem Attentat. Er finde, auch vor der Synagoge zu Halle hätte schon vor der Tat ein Polizist positioniert sein sollen.

Rechtsanwältin Assia Lewin, Vertreterin der Nebenklage, richtet sich an den Verteidiger Rechtsanwalt Thomas Rutkowski. Sie sagt, sie habe beobachtet, wie er etwas vom Bildschirm abgeschrieben habe, was nicht für die Öffentlichkeit gedacht gewesen sei. Sie werde ihn persönlich dafür haftbar machen, wenn das an seinen Mandanten gelange. Rechtsanwalt Rutkowski sagt, sie könne sich beruhigen, er habe nichts abgeschrieben und sie könnten draußen noch einmal darüber sprechen.

Es folgt eine Mittagspause bis 13.15 Uhr. Die Verhandlung wird pünktlich fortgesetzt.

Die Vorsitzende sagt, Rechtsanwalt Juri Goldstein habe ausrichten lassen, dass er erst um 14 Uhr komme und darum bitte, erst dann mit der Vernehmung des Zeugen Max P. zu beginnen, weil er diesen persönlich kenne. Sie werde deshalb noch eine Unterbrechung einlegen.

Die Vorsitzende sagt, sie habe ein Schreiben der Leiterin der JVA Burg ausgeteilt. Sie liest aus dem Schreiben vor. Bezugnehmend auf die gerichtliche Verfügung vom 17. August 2020 werde in der Anlage die Gefangenenpersonalakte des Angeklagten überreicht. Naturgemäß seien der Personalakte eines Untersuchungsgefangenen nur dann Hinweise zum vollzuglichen Verhalten zu entnehmen, wenn es zu Auffälligkeiten gekommen sei. Da der Angeklagte bisher kein auffälliges Verhalten gezeigt habe, seien auch keine Auffälligkeiten dokumentiert. Die Vorsitzende sagt, zu den Vorkommnissen am 30. Mai 2020 seien in den Personalakten keine Unterlagen enthalten.[2] Die Unterlagen zum 30. Mai lägen dem Justizministerium vor und würden von dort angefordert. In der Gefangenenpersonalakte seien unheimlich viele Formulare und Beschlüsse, es seien aber auch ein paar Einschätzungen des psychologischen Dienstes enthalten. Sie werde die Akte für das Verfahren bezogen auf die relevanten Teile erstellen lassen; anhand der Seitenzahlen könne man dann sehen, was nicht kopiert worden sei. Das würde sie dann zur Einsicht auslegen. Sie fragt nach dem Einverständnis der Prozessbeteiligten.

Rechtsanwältin von der Behrens sagt, sie sei grundsätzlich einverstanden, bitte aber darum, die Akte nicht zurückzuschicken, sondern die Gelegenheit zu nutzen, noch einmal direkt in dieser nachzuschauen, da die Einschätzung

2 Am 30. Mai 2020 hatte der Angeklagte versucht, aus der JVA Halle zu fliehen. Seine Bewacher hatten ihn während eines Hofgangs allein gelassen. Der 28-Jährige war über einen 3,40 Meter hohen Zaun geklettert und hatte fünf Minuten ohne Aufsicht nach Auswegen aus dem Gefängnis gesucht, bevor ihn Justizbedienstete wieder fassten. Der Untersuchungshäftling wurde daraufhin in die JVA in Burg gebracht. Der gescheiterte Fluchtversuch war nicht Teil der Verhandlung im Halle-Prozess.

der Wichtigkeit ja auch einmal differieren könnte. Die Vorsitzende sagt, das werde sie so machen. Sie werde die Akte erst zurückschicken, wenn alle die Gelegenheit gehabt hätten, sich diese anzuschauen.

Verteidiger Rechtsanwalt Hans-Dieter Weber sagt, er würde gerne die Gelegenheit haben, als erster die Akte einzusehen. Rechtsanwältin Lang sagt, sie bestehe darauf, die Akte zuerst einzusehen, da sie ja den Antrag gestellt habe. Die Vorsitzende schlägt vor, sie könnten sie ja zusammen einsehen. Rechtsanwältin Lang sagt, das möchte sie nicht. Die Vorsitzende gibt Rechtsanwalt Weber die Gelegenheit, seine Argumente vorzutragen. Dieser sagt, die Akte betreffe in erster Linie den Angeklagten, und er würde sie auch wegen einer eventuellen Beanstandung als Erster einsehen wollen. Nebenklagevertreterin Rechtsanwältin Kristin Pietrzyk entgegnet, es obliege nicht der Verteidigung, Einfluss auf den Inhalt der Akten zu nehmen. Das Argument der Verteidigung gehe insofern fehl.

Oberstaatsanwalt Stefan Schmidt sagt, die Akte sei ja schon beigezogen, gegebenenfalls könne noch Beanstandung gegen die Vervielfältigung erhoben werden. Das gehe aber auch bei einer anderen Reihenfolge der Einsichtnehmenden. Die Vorsitzende sagt, das müsse sie sich noch überlegen.

Es folgt eine Unterbrechung bis 14 Uhr.

AUSSAGE DES ZEUGEN MAX P. (NEBENKLÄGER, ZUM TATKOMPLEX SYNAGOGE)

Die Vorsitzende begrüßt den Zeugen Max P. und seinen Rechtsbeistand Rechtsanwalt Tobias Böhmke. Sie belehrt Max P. über seine Zeugenpflichten. Ein Übersetzer aus dem Russischen unterstützt ihn, falls etwas nicht ganz klar sein sollte. Der Zeuge wird zu seinen Personalien befragt. Auf die Frage nach seinem Beruf, antwortet Max P., er sei Geschäftsführer der Jüdischen Gemeinde zu Halle.

Die Vorsitzende fragt ihn, wie lange er dieses Amt schon bekleide. Er antwortet, er sei schon seit 1999 Vorsitzender der jüdischen Gemeinde und seit 2002 auch deren Geschäftsführer. Die Vorsitzende bittet ihn, zu schildern, wie Jom Kippur normalerweise abgelaufen sei, vor dem Oktober letzten Jahres. Sie fragt, ob Kontakt zur Polizei bestanden und wie das Sicherheitskonzept ausgesehen habe.

Der Zeuge sagt, Kontakt zwischen der Polizei und der jüdischen Gemeinde habe es immer gegeben. Sie hätten eine spezielle Kontaktperson gehabt und sich regelmäßig mit dieser unterhalten. Das sei nicht so oft wie jetzt gewesen, aber Kontakt habe immer bestanden. Es habe keine speziellen Termine bezüglich bestimmter Ereignisse gegeben, sie hätten einfach regelmäßig Kontakt gehabt, auch mit dem Polizeidirektor von Halle. Regelmäßig bedeute ein- bis zweimal im Jahr. Was das Sicherheitskonzept anbelange, habe es eine regelmäßige Prüfung der Sicherheitslage durch die Sicherheitsbehörden gegeben. Die Sicherheitslage sei von der Polizei eingeschätzt worden und dementsprechend sei über Maßnahmen entschieden worden. Die jüdische Gemeinde sei dabei nicht einbezogen worden; die Entscheidung sei ohne ihre Mitsprache bei der Polizei getroffen worden, sie seien dann benachrichtigt worden. An Feiertagen habe kein Polizeiwagen vor der Tür gestanden. »Wir haben uns daran gewöhnt, dass es in Halle so läuft, und wir haben deshalb unser Sicherheitskonzept unabhängig von der Polizei selber erstellt.« Ein Punkt sei gewesen, dass die Eingangstür zum Grundstück stets geschlossen gewesen sei, was auch am 9. Oktober eine Rolle gespielt habe.

Die Vorsitzende fragt, was bei den Treffen mit der Polizei besprochen worden sei. Der Zeuge antwortet, dass die Sicherheitslage nach bestimmten Kriterien mit Zahlen bewertet werde. Ihnen sei dann gesagt worden, dass es ausreiche, dass ein Polizeiauto unregelmäßig an der Synagoge vorbeifahre und kontrolliere, ob alles in Ordnung sei. So sei die Situation fast immer gewesen, das hätten sie so zur Kenntnis genommen. Ab und zu, insbesondere nach Ereignissen wie dem Anschlag in Berlin auf dem Breitscheidplatz im Jahr 2016, hätten Gemeindemitglieder Befürchtungen geäußert, dass so was auch in Halle passieren könne. Er habe das an die Polizei weitergeleitet, aber die habe gesagt, dass sie die Lage kontrollierten und die Situation in Ordnung sei. Man könne selbstverständlich kaum erwarten, dass so etwas passiere.

Die Vorsitzende kommt auf den 8. und 9. Oktober zu sprechen. Sie fragt den Zeugen, wie der Feiertag sich für ihn gestaltete habe und was das Sicherheitskonzept der Gemeinde gewesen sei. Der Zeuge sagt, das Sicherheitskonzept an Jom Kippur sei das gleiche wie an allen Feiertagen und am Schabbat gewesen und macht einige Angaben dazu.

Die Vorsitzende fragt, wie der Kontakt zu der Gruppe zustande gekommen sei, die sich für Jom Kippur aus Berlin angekündigt habe. Max P. antwortet, der Kontakt sei über den Kantor zustandegekommen, der auch in Berlin wohne. Der sei ein junger Mann, kenne viele Leute und habe ihm erzählt, dass es eine Gruppe von jungen Menschen gebe, die gern mit ihnen in Halle Jom Kippur feiern wollen würden. Er habe das sehr gut gefunden, weil viele ihrer Besucher ältere Menschen seien, und wenn zwanzig junge Leute dazukämen, sei das sehr vorteilhaft für die Gemeinde. Er sei sehr froh gewesen, dass in diesem Jahr Jom Kippur etwas anders sein würde.

Die Vorsitzende fragt, wie sich der Tag für ihn gestaltet habe. Der Zeuge sagt, er sei ungefähr um 11 Uhr da gewesen. Er habe einen Schlüssel zur Synagoge, den habe er aber nicht dabei gehabt, weil Jom Kippur gewesen sei.[3]

3 Das unnötige Tragen von Gegenständen außerhalb des Hauses wird im Judentum als eine Art Arbeit betrachtet, die der Heiligkeit bestimmter Feiertage unwürdig ist. Aus diesem Grund ist das Tragen von Gegenständen als eine »Arbeitsform« am wöchentlichen Schabbat und hohen Feiertagen wie Jom Kippur verboten.

Auch Menschen, die an anderen Tagen nicht alles richtig machten, würden an diesem Tag versuchen, möglichst korrekt religiös zu handeln. Er sei angekommen, und ihm sei die Tür geöffnet worden. Er sei hineingegangen, und man habe dann angefangen, die Thora zu lesen. Er sei zur Thora gerufen worden. Bei der Thora stehe auf der Bima der Kantor, der die Thora lese, und eigentlich noch vier weitere Leute. Das sei relativ eng. Zwei davon seien ständig dort, das seien Menschen, die für den Kantor Aushilfe leisteten. Und zwei weitere würden zur Thoralesung dazugerufen. Er sei gerufen worden, eine Weile geblieben, dann habe er seinen Platz abgegeben. Es seien viele junge Leute da gewesen. Im Saal sei viel los gewesen. Er habe auf seinem Platz gesessen, als jemand ihm gesagt habe, dass Vladislav R., der am Monitor gesessen habe, ihn sprechen wolle. Er sei zu ihm gegangen, und Vladislav R. habe zu ihm gesagt, dass da draußen etwas los sei, dass es Schüsse oder Explosionen gegeben habe. Er habe auf den Monitor geschaut, alles sei relativ schnell abgelaufen. Er werde das nie vergessen, er habe gesehen, dass jemand angeschossen, beziehungsweise erschossen worden sei. »Jetzt wissen wir, es war Jana.« Sie hätten nicht gewusst, wer das gewesen sei und ob derjenige, der geschossen hatte, »ein Guter« sei oder umgekehrt. Sie hätten nur gewusst, dass es eine Auseinandersetzung gebe, die auch mit Waffen geführt werde. Sie hätten Explosionen gesehen und auch teilweise gehört, sie hätten nicht gewusst, was dort explodierte. Dann habe er auf dem Monitor einen bewaffneten Mann in Uniform gesehen. Er habe gedacht, das sei »ein Guter«, also ein Polizist oder ein Kämpfer von einer Spezialeinheit. Aber der Mann habe angefangen, auf die Tür zu schießen, da habe er sofort verstanden, dass es umgekehrt sei. Er habe dann sofort die Polizei gerufen, was schwer gewesen sei, weil sein Telefon wegen Jom Kippur ausgeschaltet gewesen sei. Er habe erst einmal mit zitternden Händen sein Telefon einschalten müssen und habe dann in der Panik 112 gewählt. Er habe erzählt, dass es einen bewaffneten Anschlag auf die Synagoge zu Halle gebe. Dann hätten sie auf die Polizei gewartet. »Es scheint, dass das eine Ewigkeit war.« Später habe er verstanden, dass die Polizei nach zehn Minuten gekommen sei. Die Vorsitzende fragt, wie die Kommunikation innerhalb der Synagoge gewesen sei. Der Zeuge sagt, er könne nicht sagen, dass jemand die Leitung der Maßnahmen übernommen habe. Mehrere Männer hätten gleichzeitig die Initiative ergriffen, und alle drei Türen der Synagoge seien mit allen möglichen Möbelstücken verbarrikadiert worden. Sie hätten versucht, ältere Menschen und Frauen zu verstecken. Als der erste Polizeiwagen auf dem Monitor zu sehen gewesen sei, sei das eine Erleichterung gewesen.

Die Vorsitzende spricht an, dass Max P. in der Vernehmung gesagt habe, dass es weiteren Telefonkontakt gegeben habe. Der Zeuge erklärt, er habe nach dem Anruf bei der Polizei gleich den Zentralrat der Juden in Deutschland informiert, damit die Information möglichst schnell in allen jüdischen Organisationen bundesweit bekannt werde. Er habe nicht gewusst, ob es sich möglicherweise um eine organisierte Aktion gehandelt habe, die auch in anderen Städten laufe. Der Zentralrat habe die Information sofort an alle Gemeinden weitergeleitet. Dann habe Max P. seine Familie angerufen und seine Frau gebeten, seine Töchter zu informieren. Er habe auch Mitarbeitern der Gemeinde, die zu Hause gewesen seien, Bescheid gesagt, damit sie die Familien der Synagogenbesucher informieren konnten, dass die unmittelbare Gefahr vorbei sei. Sie alle in der Synagoge hätten nicht gewusst, wie viele Attentäter es gebe und an wie vielen Orten geschossen worden sei. Sie hätten nur über sein Handy Kontakt zur Außenwelt gehabt. Die Vorsitzende sagt, sie habe gesehen, dass er auch Kontakt mit Herrn F. von der Polizei gehabt habe. Der Zeuge bejaht das, Herr F. sei der jahrelange Ansprechpartner vor dem 9. Oktober gewesen. Er habe ihm gesagt, dass alle Polizeibeamten mit dem Fall beschäftigt seien und dass er von der Polizei kontaktiert werde. Es sei klar gewesen, dass er im Einsatz gewesen sei und nicht lange mit ihm habe sprechen können. Die Vorsitzende fragt, ob ihm geraten worden sei, in der Synagoge zu bleiben. Max P. sagt, er habe allen Menschen, die im Hof gewesen seien, gesagt, dass sie wieder in den Gebetssaal kommen sollten. Dann hätten sie spontan entschieden, den Gottesdienst fortzusetzen. Er sei allerdings draußen an der Tür geblieben, weil er immer wieder habe telefonieren müssen. Es habe ständig Anrufe gegeben, unter anderem vom amerikanischen Generalkonsul, der israelischen Regierung und der Presse. Er sei ununterbrochen von verschiedenen Organisationen und Bekannten angerufen worden. Auch die Polizei habe einige Male Kontakt aufgenommen, aber das sei wesentlich später gewesen. Die Vorsitzende fragt, ob er die Informationen, die er erhalten habe, auch an die anderen Gemeindebesucher weitergeleitet habe. Der Zeuge sagt, er habe nur die Anweisungen der Polizei weitergeleitet. Die Vorsitzende sagt, sie hätten jetzt mehrfach gehört, dass auch Sprengsätze auf dem Gelände verteilt gewesen seien. Sie fragt ihn, welche Informationen er dazu von der Polizei erhalten habe. Max P. antwortet, es sei kein Geheimnis gewesen, dass da Molotowcocktails im Hof gelegen hätten, das hätten mehrere Menschen von der Synagoge aus auch gesehen. Sie hätten gesehen, dass eine Flasche einige Meter vom Haupteingang zum Gebäude entfernt gelegen habe. Diese Flasche sei teilweise kaputt gewesen, aber Gott sei Dank nicht explodiert. Die Flüssigkeit darin sei teilweise ausgelaufen, und es habe nach Chemikalien gerochen. Auch jetzt, nach vielen Monaten, gebe es an dieser Stelle kein Gras mehr. Sie müssten die Erde austauschen, so der Zeuge, um dort Gras zu pflanzen. Zudem habe es noch eine intakte Flasche gegeben, die in der Laubhütte im Garten der Synagoge gelegen habe. Wesentlich später hätten sie dann auch noch Spuren von der Explosion eines Sprengsatzes und einer Flasche auf dem Friedhof gefunden. Vier oder fünf Sprengsätze oder Flaschen seien geworfen worden. Die Vorsitzende fragt, ob er Anweisung von der Polizei erhalten habe, wie sie sich mit diesen Dingen verhalten sollten.

Er antwortet, die Polizei habe gesagt, dass sie die Objekte auf keinen Fall berühren und im Haus bleiben sollten. Sie hätten dann beide Flaschen mit großen Eimern bedeckt, da die Flaschen relativ heiß gewesen seien, und sie direkt in der Sonne gelegen hätten. Sie hätten Angst gehabt, dass sie wegen der Hitze explodieren könnten. Die Vorsitzende fragt, ob die Angst vor einer möglichen Explosion den anderen Synagogenbesuchern mitgeteilt worden sei. Der Zeuge sagt, er gehe davon aus, habe das aber selber nicht getan, und er sei auch nicht derjenige gewesen, der die Idee gehabt habe, diese Flaschen abzudecken. Es habe eine Gruppe von ein paar Männern gegeben, die relativ aktiv geholfen hätten. Er habe alles übernommen, um den Kontakt mit der Außenwelt zu halten, alles andere hätten andere Menschen in den Griff bekommen. Dafür sei er dankbar. Es habe einen Mann gegeben, der habe rausgehen wollen, als der Attentäter noch da gewesen sei, um ihn zu entwaffnen. Sie hätten ihn aufgehalten. Es gebe unterschiedliche Reaktionen bei unterschiedlichen Menschen.

Die Vorsitzende sagt, es habe einen Roboter gegeben, der die Sachen [Brand- und Sprengsätze, Anm. d. Hgg.] untersucht und weggeräumt habe. Sie fragt den Zeugen, ob er das mitbekommen habe. Dieser antwortet, sie hätten den Roboter auf dem Friedhofsgelände gesehen, hätten aber nicht gewusst, was der dort mache. Die Vorsitzende fragt, ob nachher weiter gebetet worden sei. Max P. sagt, die absolute Mehrheit sei im Gebetssaal geblieben. Die älteren Menschen seien sehr aufgeregt gewesen. Es seien wirklich betagte Menschen. Sie alle hätten sich um sie gekümmert, und es sei wichtig gewesen, dass sie etwas zu essen bekommen hätten, auch wenn das an Jom Kippur nicht erlaubt sei. Auch die jüngeren Menschen und er selbst seien nervös gewesen. Er habe den Eindruck, dass die Älteren das psychisch besser überstanden hätten als die Jüngeren. Er vermute, das habe damit zu tun, dass viele der älteren Menschen aus der ehemaligen Sowjetunion kämen. Möglicherweise hätten sie noch Erinnerungen an die Zeit im Zweiten Weltkrieg und seien Holocaustüberlebende. »Vielleicht haben die in ihrer Kindheit Sachen gesehen, die auch in Erinnerung bleiben.«

Die Vorsitzende sagt, er sei dann ins Polizeirevier gebracht worden, was der Zeuge bestätigt. Er glaube, das sei nach 16 Uhr gewesen. Die Evakuierung sei gut organisiert gewesen, obwohl man es noch besser machen könnte, weil die Presse alles habe beobachten können. Sie seien fotografiert und aufgenommen worden, als sie zum Bus gegangen seien. Er selbst sei zum Polizeipräsidium gefahren, die Hauptgruppe sei mit dem Bus ins Krankenhaus gefahren. Die Polizei habe den Transport zum Krankenhaus organisiert. Er wisse bis heute nicht, nach welchen Kriterien eine Gruppe zum Krankenhaus und eine andere ins Präsidium gebracht worden sei. Mit ihm im Präsidium sei ein Mann gewesen, der kürzlich einen Herzinfarkt gehabt habe. »Er hätte eigentlich ins Krankenhaus gesollt.« Im Präsidium sei es dem Mann dann nicht gut gegangen, und man habe einen Arzt rufen müssen.

Max P. sagt, es sei damals für sie wichtig gewesen, dass etwas weiterlaufe. Sie hätten auch zu der Zeit nicht gewusst, was los gewesen sei und dass der Attentäter angeblich allein gewesen sei; es habe unterschiedliche Gerüchte gegeben. Zum Beispiel habe ihm eine Mitarbeiterin erzählt, dass an verschiedenen Orten intensiv geschossen würde. Es hätte ganz unterschiedliche Falschinformationen gegeben, die sie nicht hätten überprüfen können.

Die Vorsitzende fragt, wie er das alles verkraftet habe. Max P. sagt, am 9. Oktober sei er immer aktiv gewesen und habe keine Zeit gehabt zu verstehen, was wirklich los sei. Er habe die Informationen weitergeleitet, aber keine Zeit gehabt, diese zu verarbeiten. Es habe viele Anrufe gegeben, auch von der israelischen und der deutschen Regierung. Er habe zum Beispiel mit Benny Gantz [israelischer Generalleutnant und Politiker, damals Oppositionsführer in der israelischen Knesset, Anm. d. Hgg.] gesprochen. Es habe auch immer wieder Kontakt zu verschiedenen Medien gegeben, er habe wirklich absolut keine Zeit gehabt. Er habe auch Kontakt zu Wolfgang Schneiß gehabt, dem Beauftragten für jüdisches Leben und gegen Antisemitismus in Sachsen-Anhalt.

Max P. berichtet, dass er nicht weit weg vom Hallenser Marktplatz wohne. Als er abends dort gewesen sei, habe es schon eine spontane Solidaritätskundgebung mit der jüdischen Gemeinde und den Familien der Verstorbenen gegeben. Es hätten schon hunderte Kerzen dagestanden. Er habe auch eine Kerze angezündet, da habe er langsam verstanden, was los sei. Er habe erfahren, dass zwei Menschen verstorben seien. »Das ist das Schlimmste, was an diesem Tag passiert ist. Das ist das, was nie wieder zurückkommt: zwei Leute, die ihr Leben verloren haben.« Er habe am nächsten Morgen erst wirklich verstanden, wie nah sie dem Tod gewesen seien. Zeit, um darüber nachzudenken, habe er aber nicht gehabt. Um 6 Uhr habe er einem israelischen Radiosender ein Interview gegeben, fast im Minutentakt seien unzählige Anfragen eingegangen. Gleich am nächsten Tag hätten der Bundespräsident und der Innenminister sie besucht, auch Reiner Haseloff [Ministerpräsident von Sachsen-Anhalt, Anm. d. Hgg.] sei da gewesen. Die Tatsache, dass er die ganze Zeit mit Presse und Politikern beschäftigt gewesen sei, habe ihm geholfen. Einige Rabbiner seien aus Solidarität zu Besuch gekommen, zum Beispiel aus Montreal. Es habe eine spontane Solidaritätskundgebung gegeben, eine Kette von Menschen habe sich zwischen der Synagoge und dem Kiez Döner versammelt. Der Zeuge sagt, damals hätten mehr als 2000 Menschen vor der Synagoge gestanden. »Da habe ich verstanden, dass die absolute Mehrheit der Menschen, ganz normale, gute Menschen sind, und dass Menschen wie der Täter eine absolute Minderheit sind. Das ist der Unterschied zwischen dem Jahr 1938 und dem Jahr 2019.« Er erklärt, auch im Jahr 1938 sei die Synagoge von Nazis angegriffen worden, aber dieser Unterschied sei wichtig. »Ich hoffe sehr, dass die jüdische Gemeinschaft, die Demokratie und die Freiheit in unserer Gesellschaft weiter gute Chancen haben, solche Sachen zu überstehen.«

Die Vorsitzende fragt den Zeugen, ob er aus dieser Erkenntnis einen Optimismus gewonnen habe, der ihn dazu bewogen habe, keine therapeutische Hilfe in Anspruch zu nehmen. Max P. sagt, er habe begonnen, therapeutische Hilfe in Anspruch zu nehmen, aber erst ein bisschen später. Es gebe bestimmte Sachen, die er nach dem Anschlag als Veränderung an sich erkenne. Er habe gedacht, dass die Hilfe das vielleicht etwas lindern könne. Als Beispiel für die Wirkung des Anschlags auf ihn führt er die Silvesternacht 2019/2020 an. Die Geräusche seien sehr unangenehm für ihn gewesen. Er habe sich nicht irgendwo im Keller versteckt, aber es sei zum ersten Mal in seinem Leben sehr unangenehm für ihn gewesen. Er könne das nicht beschreiben, aber er sei wütend gewesen, dass geschossen werde. Da habe er verstanden, dass diese therapeutische Hilfe wirklich nötig sei.

Die Vorsitzende dankt dem Zeugen Max P. für die eindringliche Schilderung. Sie sagt, sie würde nun gern mit ihm ein paar Fotos durchgehen, wegen einiger Unklarheiten aus der letzten Woche. Es werden diverse Fotos vom Synagogengelände in Augenschein genommen und besprochen. Ein Bild von mehreren möglichen USBVs,[4] Flaschen mit Flüssigkeit, werden gezeigt. Der Zeuge sagt, es habe einen chemischen Geruch gegeben, und die Flüssigkeit sei auch auf den Rasen gelangt. Es werden weitere Bilder aus der Umgebung der Synagoge auf den Monitoren vorgeführt.

Anschließend wird eine vom BKA gefertigte Lichtbildmappe in Augenschein genommen. Es handelt sich um die Dokumentation der Nachsuche auf dem Außengelände der Synagoge. Die Vorsitzende fragt den Zeugen, ob er da auch vor Ort gewesen sei. Max P. sagt, entweder er oder jemand anderes seien dabei gewesen. Die Fotos werden durchgegangen, und der Zeuge wird dazu befragt. Es werden Bilder vom Zugang auf den Friedhof gezeigt. Max P. sagt, dass eine Spezialeinheit von der Polizei über die Mauer auf das Friedhofsgelände gekommen sei, als sie sich noch in der Synagoge befunden hätten. Das habe man aus dem oberen Stockwerk gesehen. Die Vorsitzende fragt, was die da gemacht hätte. Der Zeuge sagt, das hätten sie nicht gewusst, sie seien selbst sehr überrascht gewesen. Die Vorsitzende sagt, sie habe keine weiteren Fragen.

Verteidiger Rechtsanwalt Weber erhält das Wort und sagt, ihm stelle sich noch eine Frage. Er wolle wissen, ob die Türen zur Synagoge offen gewesen seien. Der Zeuge macht daraufhin Angaben zu den Sicherheitsvorkehrungen der Synagoge.

4 Unkonventionelle Spreng- und Brandvorrichtungen.

Rechtsanwalt Erkan Görgülü, Vertreter der Nebenklage, sagt, der Angeklagte habe sich ja am ersten Verhandlungstag dahingehend eingelassen, dass er nicht gewusst haben will, dass die Synagoge in Betrieb sei, und es sich auch um ein Museum hätte handeln können. Er, Rechtsanwalt Görgülü, habe sich die Internetseite der Synagoge angesehen; da stehe ein Monatsplan, man könne dort immer noch den Kalender einsehen. Er würde gern wissen, ob die Angaben, die dort heute zu sehen seien, auch damals schon dort gestanden hätten. Der Zeuge sagt, sie hätten nach dem Attentat aufgehört, den Kalender zu aktualisieren. Davor habe man aber alles über die Gottesdienste in zwei Sprachen lesen können. Es sei alles dort transparent gemacht worden, alle Veranstaltungen wie Gottesdienste oder Seniorentreffen seien regelmäßig aktualisiert worden. Rechtsanwalt Görgülü sagt, da sei Jom Kippur am 9. Oktober 2019 eingetragen, mit der Angabe einer Dauer von elf Stunden. Max P. sagt, er gehe davon aus, dass das damals schon so dagestanden habe.

Rechtsanwalt Böhmke, der Anwalt des Zeugen, fragt, wer die Internetseite jghalle.de betreue. Der Zeuge antwortet, er mache das. Er habe die Seite nicht programmiert, aber er betreue sie zu 95 Prozent. Die Frage, ob auf der Internetseite auch deutlich werde, welches Gebäude als Synagoge genutzt werde, bejaht der Zeuge. Im Impressum gebe es die ganzen Informationen, was die Gemeinde betreffe, und da sehe man auch die Anschrift vom Gemeindezentrum und der Synagoge. Der Zeuge wird gefragt, ob man, wenn man eine Internetrecherche durchführe, zu dem Ergebnis gelange, dass das von ihm als Synagoge genutzte Gebäude ein Museum sei. Max P. antwortet, wenn man verstehe, was das Wort Synagoge bedeute, verstehe man, was in einer Synagoge passiere. »Da finden Gottesdienste statt, das ist ganz normal.«

Rechtsanwalt Böhmke sagt, er würde seinem Mandanten gern die Gelegenheit geben, etwas zu seiner Motivation zum Nebenklageverfahren zu sagen. Max P. sagt, das sei sehr wichtig für ihn. Es sei für ihn nicht selbstverständlich gewesen, als Nebenkläger aufzutreten. Er habe überlegt, ob er das möchte und brauche und habe sich dann doch entschieden, es zu tun. Dafür habe es zwei Argumente gegeben: Nachdem er in den Medien gelesen habe, wie der Prozess ablaufen würde, habe er verstanden, dass vielleicht das zweite Argument noch wichtiger sei als das erste; deshalb beginne er damit. Er sei selbst Vater von zwei Töchtern, und es habe unterschiedliche Zeiten mit den heranwachsenden Kindern gegeben, Jugendliche seien manchmal schwierig. Es habe auch Situationen gegeben, wo er als Vater seiner Tochter die Möglichkeit gegeben habe, sich etwas zu kaufen, um Ruhe zu haben. Aber er habe immer im Auge behalten, was seine Tochter mache, das sei selbstverständlich. Er bekomme immer Rechnungen, wenn mit seiner Kreditkarte etwas bezahlt werde. Er könne sich kaum vorstellen und glaube gar nicht, dass es möglich sei, dass jemand jahrelang mit seiner Mutter zusammenlebe, so einen Anschlag heimlich vorbereite und Mutter und Vater nicht Bescheid wüssten. Er wolle gern glauben, dass die Eltern nicht gewusst hätten, dass gerade an Jom Kippur 2019 die Synagoge in Halle angegriffen werden solle. »Aber ich bin absolut überzeugt, und das sage ich der Bundesanwaltschaft, dass es nicht möglich ist, dass die Eltern keine Ahnung hatten, dass ihr Sohn etwas vorbereitet.« Ihr Sohn habe keine Arbeit gehabt und sei finanziell vollständig von den Eltern abhängig gewesen. Er frage sich, wie es sein könne, dass man so eine Operation vorbereite, ohne dass die Eltern sich Gedanken machten, dass so etwas möglich sei. Das erinnere ihn ein bisschen an Erklärungen, die er in der ehemaligen UdSSR mehrmals gehört habe. Manche, die früher ein paar Kilometer von Konzentrationslagern entfernt gelebt hätten, hätten behauptet, dass sie nicht gewusst hätten, was dort passiere, obwohl der Rauch aus dem Krematorium einfach zu beobachten gewesen wäre. Oder ältere Menschen, die in den 1930er Jahren in der Großstadt gelebt hätten, hätten angeblich nicht gewusst, dass in der Stalinzeit 20 Kilometer von Kiew entfernt Millionen aus Hunger fast ermordet wurden.[5] Wenn man sie fragen würde, würden sie sagen, sie hätten nichts gewusst, sie seien nicht informiert worden. Max P. sagt, er gehe davon aus, dass die Menschen es damals nicht hätten wissen wollen, so wie diese Eltern nicht hätten wissen wollen, was ihr Sohn vorbereitet habe. Er hoffe sehr, dass die Rolle der Eltern im Rahmen des Prozesses noch stärker zum Thema gemacht werde. Wenn ein Kind in der Familie so ein Gedankengut von Kindheit an mitbekomme, wundere es ihn nicht, dass so etwas passieren könne. Er könne nicht verstehen, wie jemand der so ein Gedankengut habe, als Lehrerin in einer Schule tätig sein könne. Es gebe auch andere Kinder, und die würden zuhören, was die Lehrerin sage.

Anschließend erklärt Max P., warum er sich außerdem dafür entschieden habe, als Nebenkläger am Prozess teilzunehmen. Es gebe viele Antisemiten auf der Welt. Das sei für ihn schon immer ein Rätsel gewesen. Er fragt, wie es dazu komme, dass jemand der antisemitisch sei – und es sei nicht verboten, Juden nicht zu mögen –, sich entscheide, so etwas zu tun. Es sei eine Sache, wenn man jemanden mit einer anderen Hautfarbe, einer anderen »Rasse« oder einer Glatze nicht möge. »Die andere Sache ist, diesen Menschen anzugreifen und zu ermorden. Das sind zwei verschiedene Sachen. Für mich ist es wichtig zu verstehen, wie es zu diesem Umschlagen im Kopf des Attentäters gekommen ist, so dass er vom ›normalen‹ Antisemiten zum Mörder wurde.« Das zu verstehen, sei auch für andere Situationen wichtig.

5 Der Zeuge spielt hier vermutlich auf die durch Stalin herbeigeführte Massenhungersnot von 1933 in der Ukraine und in der gesamten Sowjetunion an, die das Ergebnis des Fünfjahresplans von 1928 bis 1932 war. Die ukrainischen Bauern wurden ihrer Saat durch Parteibrigaden und Geheimpolizei beraubt. Millionen verhungerten infolge, die Zahl der Toten ist bis heute unbekannt. Vgl. *Timothy Snyder: Bloodlands. Europa zwischen Hitler und Stalin*, München: dtv 2016, S. 46 ff.

»Wie kann jemand einen anderen Menschen ermorden, nur weil er anders ist als ich?« Er habe gehofft, als Nebenkläger mehr Möglichkeiten zu haben, zumindest zu versuchen, das zu verstehen.

Eine Nebenklagevertreterin fragt den Zeugen, wie hoch der finanzielle Schaden gewesen sei, der durch den Anschlag entstanden sei. Er antwortet, er habe das nicht nachgerechnet. Es sei wahrscheinlich falsch, über den finanziellen Schaden zu sprechen. »Der höchste Schaden sind zwei Menschen, die umgebracht worden sind, und das kann man nicht in Geld messen.« Der finanzielle Schaden falle im Vergleich zu diesem anderen Schaden absolut nicht ins Gewicht. Tür und Tor der Synagoge seien kaputt, was man auch auf dem Video sehen könne, aber das sei nicht wirklich das Thema, das sie interessiert habe. Zudem sei der finanzielle Schaden auch ein indirekter. Sie müssten sich jetzt anders absichern und wesentlich mehr in die Sicherheit investieren. Vieles müssten sie noch ändern, andere Sachen hätten sie schon geändert, das koste Geld.

Eine andere Nebenklagevertreterin fragt, ob jetzt mehr oder weniger Menschen in die Synagoge kämen. Der Zeuge sagt, es sei schwer zu messen, ob wegen des Anschlags mehr oder weniger Menschen kämen. Für ihn sei der wichtigste Tag der erste Schabbat nach dem Anschlag gewesen. Es seien viele Menschen in die Synagoge gekommen, auch junge Leute, die jahrelang nicht mehr in der Synagoge gewesen seien, Leute aus Berlin und Mönchengladbach sowie mehrere Rabbiner. Sie seien gekommen, um sie zu unterstützen. Es seien 2000 Menschen gekommen [zu einer Solidaritätsveranstaltung vor der Synagoge, Anm. d. Hgg.]. Das seien ganz normale Menschen gewesen, die sich hätten solidarisch zeigen wollen, das sei die Hauptsache. Was den Alltag betreffe, sei es schwer zu sagen, da wegen der Corona-Auflagen momentan ohnehin nur wenige Leute gleichzeitig in die Synagoge kommen dürften. Sie hätten die älteren Menschen, die am 9. Oktober da waren, gebeten erst einmal vom Gottesdienst fernzubleiben, weil sie zur Risikogruppe gehörten, und sie nicht riskieren wollen würden, dass etwas passiere. Sie hätten keine Veranstaltung abgesagt, die jüdischen Kulturtage seien sehr gut besucht gewesen. »Das Leben geht weiter.«

Eine Nebenklagevertreterin sagt, Max P. habe sehr eindringlich von der Solidarität erzählt, die sie erfahren hätten. Sie fragt, ob sich daraus irgendwelche Interaktionen oder Projekte, auch mit der Nachbarschaft, ergeben hätten. Der Zeuge antwortet, es würden immer wieder an Schabbat in einigen Fenstern gegenüber der Synagoge Plakate und Aushänge mit Solidaritätsbekundungen aufgehängt. Es habe eine Kinderkundgebung gegeben, wo 3000 bis 4000 Kinder aus den Halleschen Schulen zur Synagoge gekommen seien. Das sei wichtig, weil die Kinder die Zukunft dieses Landes seien.

Auf die Frage, ob er sagen würde, dass die Gesellschaft gestärkt aus dem Anschlag hervorgegangen sei, antwortet er: Hätte es die zwei Mordopfer nicht gegeben, würde er das vielleicht bestätigen. Trotzdem sei nach dem Anschlag seine Einstellung zur Situation in der Gesellschaft wesentlich optimistischer geworden.

Die Bundesanwaltschaft sagt, die Polizei habe zehn Minuten gebraucht, bis sie vor Ort gewesen sei und fragt, ob er das für zu viel halte. Der Zeuge sagt, für ihn sei es zu spät, der Innenminister sehe das möglicherweise anders. Im Nachhinein seien alle klüger, das sei klar. Am 9. Oktober habe es sich angefühlt wie ein oder zwei Stunden. »Wir wussten nicht, ob man die Tür durchkriegt, es wurde geschossen. Es war eine Ewigkeit.« Erst später habe er dann in Ruhe die Zeit zwischen dem Anruf bei der Polizei und dem Moment, als er die Polizei auf dem Monitor gesehen habe, gemessen. Die Vorsitzende fragt, ob das Thema im Nachhinein nochmal mit ihm als Gemeindevertreter analysiert worden sei. Max P. antwortet, es sei mit der Polizei und dem Innenministerium besprochen worden. Dabei sei es aber meistens mehr um die Zukunft als um die Vergangenheit gegangen. Der Zeuge sagt, er sei immer wieder mit der Frage konfrontiert worden, wie der Anschlag in der Gemeinde aufgenommen worden sei. Bei der Mitgliederversammlung im Dezember habe es keine einzige Frage zum Attentat gegeben. Es habe sehr viele Fragen gegeben, die die Sicherheit für die Zukunft betroffen hätten. Er gehe also davon aus, dass diejenigen, die in der Synagoge gewesen seien, das nicht brauchen würden und diejenigen, die nicht dort gewesen seien, genug Anstand hätten, zu verstehen, dass diejenigen die dort waren, nicht sehr gern darüber sprächen.

Die Vorsitzende fragt den Zeugen, ob er wisse, wann die letzte Gefährdungsanalyse vor der Tat erstellt worden sei. Max P. antwortet, er wisse nicht, wie oft das gemacht worden sei, und wer das gemacht habe. Er wisse nur, dass ein Polizeischutz der Synagoge im Ergebnis nicht für notwendig befunden worden sei. Nach dem Attentat auf dem Breitscheidplatz in Berlin im Jahr 2016 hätten sie in der Synagoge Chanukka gefeiert. Damals hätten sie wirklich Angst gehabt, es seien wesentlich mehr Leute als an Jom Kippur 2019 anwesend gewesen. Damals habe er explizit um Unterstützung gebeten, was er eigentlich sehr selten gemacht habe, und sie sei ihnen nicht zugestanden worden, mit der gleichen Erklärung, es sei nicht nötig. Seitdem hätten sie entschieden, nach ihren Möglichkeiten selber Sicherheitsmaßnahmen zu ergreifen.

Rechtsanwalt Christoph Günther, Vertreter der Nebenklage, sagt, er habe eine Frage zum Tor, das kaputtgegangen sei. Auf einem der in Augenschein genommenen Bilder sehe man einen Roboter vor dem Tor stehen. Er fragt, wie das Tor geöffnet worden sei. Der Zeuge antwortet, der Roboter sei stark genug gewesen, um es zu öffnen. Danach hätten sie es reparieren müssen, das hätten sie nach dem Anschlag mit dem Sprengstoff aber ohnehin gemusst. Der Rechtsanwalt sagt, Max P. habe gesagt, dass er etwas positiver in die Zukunft schaue. Er fragt, wie in der Halleschen Gemeinde das Sicherheitsgefühl sei, generell in diesem Land. Der Zeuge antwortet, das sei eine schwierige und eine individuelle Frage. Er könne nur über sich selbst reden. Jeder Mensch habe sein eigenes Empfinden. Er könne nicht über die Gefühle von allen Menschen in der jüdischen Gemeinde sprechen. Er fühle sich seit dem 9. Oktober hier wesentlich mehr zuhause als zuvor, weil er gesehen habe, dass die absolute Mehrheit der Menschen – ganz egal, welcher Hautfarbe oder Religion – alle gegen Hass, gegen Mord und gegen Nazis vereint seien.

Rechtsanwalt Weber, Verteidiger des Angeklagten, erhält das Wort. Er sagt, dass sein Mandant gern eine Einlassung zum Vorhalt des Nebenklageanwalts Rechstanwalt Görgülü machen würde. Die Vorsitzende entlässt zunächst den Zeugen. Sie bedankt sich bei ihm, dass er da gewesen sei und so ausführlich über die Geschehnisse in der Gemeinde berichtet habe.

Rechtsanwältin Lang fragt, ob es sich um eine »257er-Erklärung«[6] handele oder um eine Einlassung zur Sache. Rechtsanwalt Weber sagt, es gehe um eine 257er-Erklärung. Der Vorhalt sei ein Zitat von einer Internetseite gewesen, die Antwort des Zeugen sei nur gewesen, dass dieser das nicht bestätigen könne. Sein Mandant wolle sich dazu erklären. Die Vorsitzende fragt, ob es also doch eine Einlassung zur Sache sei, was Rechtsanwalt Weber bejaht: »Dann machen wir beides draus.«

Es folgt eine 15-minütige Unterbrechung.

Der Angeklagte sagt, Rechtsanwalt Görgülü habe den Zeugen Max P. nach einer Internetseite gefragt. Er habe schon in seiner Einlassung gesagt, dass er diese nicht gekannt habe. Max P. habe außerdem gesagt, dass jede Synagoge als solche verwendet werde. Das stimme einfach nicht, in Deutschland gebe es viele historische Stätten.

Rechtsanwalt Böhmke sagt, sein Mandant habe nicht gesagt, dass jede Synagoge so benutzt werde. Er habe gesagt, dass auf der Internetseite angegeben sei, welches Gebäude als Synagoge genutzt werde. Der Angeklagte

6 § 257 Absatz 2 StPO gibt der Staatsanwaltschaft und der Verteidigung die Möglichkeit, nach jeder einzelnen Beweiserhebung eine Erklärung zu eben dieser abzugeben. Nach § 397 Absatz 1 Satz 3 StPO steht dieses Recht auch den Nebenkläger·innen zu.

widerspricht, der Zeuge habe allgemein gesagt, dass Synagogen für Gottesdienste verwendet würden. Die Vorsitzende fragt ihn, ob er denn andere Synagogen kenne. Der Angeklagte überlegt und sagt, Erfurt habe eine, die ein Denkmal sei. Das habe er einmal irgendwo gelesen. Die Vorsitzende fragt, ob es noch weitere Fragen gebe.

Rechtsanwalt Onur U. Özata, Vertreter der Nebenklage, fragt den Angeklagten, ob er schon mal eine Reise ins Ausland unternommen habe, was dieser verneint. Er habe nicht viel Urlaub gemacht. Er sei einmal kurz in Frankreich gewesen, da sei er aber nur kurz über die Grenze gefahren. Das sei ein Tagesausflug als Jugendlicher gewesen. Rechtsanwalt Özata fragt, ob er andere touristische Reisen innerhalb Deutschlands unternommen habe. Der Angeklagte antwortet, er sei als Kind einmal an der Ostsee gewesen, das sei alles gewesen.

Die Vorsitzende sagt, sie würde die Internetseite, von der die Rede gewesen sei, jetzt mal näher beleuchten. Sie bittet Oberstaatsanwalt Schmidt beim BKA jemanden zu fragen, der sich damit auskenne, denn wenn sie die Seite jetzt aufrufe, sehe sie nur den Ist-Zustand.

INAUGENSCHEINNAHME VON LICHTBILDERN DER WOHNORTE DES ANGEKLAGTEN

Anschließend wird eine Lichtbildmappe in Augenschein genommen, die Fotos von der gemeinsamen Wohnung des Tatverdächtigen und dessen Mutter in Benndorf enthält. Die Mappe wurde am 15. Oktober vom BKA-Beamten M. erstellt, die Aufnahmen stammen vom 9. Oktober.

Es werden Bilder von der Vorder- und Rückseite des Wohnhauses, vom Zugang zur Wohnung und den Innenräumen auf den Monitoren im Gerichtssaal gezeigt. Darunter befinden sich auch Aufnahmen aus dem Zimmer des Tatverdächtigen. Man sieht ein Regal, einen Kleiderschrank und ein Bett. Auf einer Übersichtsaufnahme eines Holzregals sind Buchungsunterlagen für ein Mietfahrzeug, eine Packung mit vier Chinaböllern und ein Buch über Handwaffen zu erkennen. Es folgen Detailaufnahmen dieser Gegenstände. Danach werden Übersichtsaufnahmen des Kleiderschranks gezeigt, auf denen unter anderem Militärkleidung und ein Stahlhelm zu sehen sind. Die Vorsitzende fragt den Angeklagten, ob er mehrere Helme besessen habe, was dieser bejaht. Er habe den zweiten Stahlhelm mal gegen vier Flaschen Bier eingetauscht. Sie will wissen, ob niemand gefragt habe, was er damit wolle. Der Angeklagte sagt, das sei nur Deko. Die Vorsitzende wundert sich, dass Deko im Schrank liege. Der Angeklagte erwidert, es sei ja nicht jeden Tag Fasching.

Es folgen Lichtbilder vom Computer des Angeklagten und von seinem Bettkasten. In Letzterem sind Einweghandschuhe und eine Jacke mit Camouflagemuster zu erkennen. Die Vorsitzende fragt ihn, ob er die auch normal getragen habe. Der Angeklagte antwortet, das habe er nur selten. Zum Schluss werden Bilder von den zur Wohnung gehörenden Kellerräumen gezeigt.

Anschließend wird eine weitere vom BKA gefertigte Lichtbildmappe in Augenschein genommen. Darin befinden sich Fotos von der Gartenlaube der Familie des Angeklagten und dem Kleingartengelände, auf dem sich diese befindet. Die Vorsitzende fragt den Angeklagten, ob er die Gartenlaube benutzt habe, was er verneint. Er habe sie nicht für seine Sachen genutzt. Er möge die Gartenlaube nicht und sei nur selten da gewesen.

Eine weitere Lichtbildmappe beinhaltet Fotos vom Haus und Grundstück des Vaters des Angeklagten. Die Aufnahmen stammen vom 10. Oktober 2019, die Mappe wurde am 11. Oktober erstellt. Es werden diverse Übersichtsaufnahmen gezeigt, darunter Bilder der Garage und der Werkstatt auf dem Grundstück. Die Vorsitzende fragt den Angeklagten, ob sein Vater die Metallwerkstatt auch benutzt habe. Dieser sagt, das habe er selten. Wenn, dann habe sein Vater oben in der Holzwerkstatt gearbeitet. Die Vorsitzende fragt, ob das auch das Elternhaus seines Vaters sei, was der Angeklagte verneint. Sein Vater habe das Haus erst nach der Wende gekauft.

Es folgen Aufnahmen von der Holzwerkstatt, die sehr chaotisch aussieht. Die Vorsitzende sagt, das sehe ja eher nach Abstellkammer aus. Danach werden Bilder aus der Metallwerkstatt gezeigt. Sie fragt, ob der Angeklagte die Metallwerkstatt genutzt habe, was dieser bejaht. Diese sei aufgeräumt. Wenn er irgendwo arbeite, müsse da Ordnung sein, erklärt der Angeklagte. Die Vorsitzende sagt, das sei ja alles sehr akkurat, ob er das so hingelegt habe, was er bejaht. Es wird ein Bild von einer Gasflasche in Augenschein genommen. Die Vorsitzende fragt, was es damit auf sich habe. Eine weitere Lichtbildmappe enthält Fotos vom Zimmer des Beschuldigten im Haus seines Vaters. Der Angeklagte gibt an, dort nicht übernachtet zu haben. Es folgen Fotos von Sofa, Bettkasten, Kartons, der Auffindesituation einiger Asservate und einem Staubsauger.

Danach werden weitere Fotos von dem Werkstattraum gezeigt, auch darunter Aufnahmen, die die Situation zeigen, als die Asservate gefunden wurden. Die Vorsitzende fragt ihn, ob er seine Werkstatt abgeschlossen habe. Der Angeklagte sagt, das habe er hin und wieder, wenn sein Neffe da gewesen sei. Es habe nur einen Schlüssel gegeben, der habe dann wahrscheinlich in seinem Zimmer gelegen. Es folgen weitere Aufnahmen vom Obergeschoss der Holzwerkstatt und der Garage des Vaters.

Eine Nebenklagevertreterin erhält das Wort. Sie sagt, die Metallwerkstatt sei in einem sehr aufgeräumten Zustand. Sie fragt den Angeklagten, ob er das immer so gemacht habe oder extra zum Schluss der Arbeiten aufgeräumt habe. Der Angeklagte antwortet, er habe natürlich immer aufgeräumt, aber nicht so gründlich, er habe normalerweise nicht so stark den Boden gefegt. Die Rechtsanwältin fragt, ob er also auch Waffen und Ausrüstungsgegenstände weggeräumt habe. Der Angeklagte antwortet, die hätten nicht in der Werkstatt, sondern in seinem Zimmer im Bettkasten gelegen.

Die Vorsitzende beendet die Sitzung und sagt, am nächsten Tag beginne die Verhandlung um 9.30 Uhr mit den Zeugen Margit W. und Bernd H.

Mitschrift von Tuija Wigard

11. Verhandlungstag
9. September 2020

Die Vorsitzende Richterin Ursula Mertens eröffnet die Sitzung und stellt die Anwesenheit fest.

AUSSAGE DER ZEUGIN MARGIT W.
(BETROFFENE, ZUM TATKOMPLEX KIEZ DÖNER)

Die Vorsitzende begrüßt die Zeugin Margit W. und belehrt sie über ihre Zeugenpflichten. Sie bittet sie anschließend, von ihren Erlebnissen am 9. Oktober 2019 zu berichten.

Margit W. schildert, wie sie an diesem Tag zufällig in der Ludwig-Wucherer-Straße unterwegs gewesen und von einem Nagel aus einem Sprengsatz am Fuß verletzt worden sei, den der Angeklagte in Richtung des Kiez Döners geworfen habe. Der Angeklagte habe dabei drei Meter von ihr entfernt gestanden. Die Situation sei vollkommen unwirklich gewesen, beschreibt die Zeugin weiter: »Er hat nichts gesagt und ich auch nicht, und das war sicherlich mein großes Glück, sonst wär's mir so gegangen wie der Frau an der Synagoge.«

Die Vorsitzende fragt, ob sie wegen des Schmerzes in ihrem Fuß einen Schmerzenslaut von sich gegeben habe. Die Zeugin sagt, dass sie das sicherlich getan habe. Die Vorsitzende fragt, ob sie beim Weitergehen nicht mehr an den Schmerz gedacht habe. Margit W. antwortet, dass sie nur gedacht habe: »Wenn der dich verfolgt oder von hinten schießt…« Sie habe eine auffällige, magentafarbene Regenjacke angehabt und habe eigentlich nur nach Hause gewollt. Sie ergänzt, dass der Angeklagte sie nicht verfolgt habe.

Die Vorsitzende möchte wissen, ob die Zeugin noch weitere Schüsse gehört habe. Die Zeugin bejaht.

Auf die Frage, ob sie sich zuhause alle Verletzungen angesehen habe, schildert Margit W., dass sie ein Loch in ihrem Schuh gehabt habe, an der Stelle, an der der Nagel sie getroffen habe. Diesen habe sie bereits unterwegs rausgezogen. Erst zuhause habe sie gemerkt, dass da noch ein Nagel in der Lasche des Schuhs gesteckt habe, der sie aber nicht verletzt habe. Der Herr von der Rettungsstelle habe ihr gesagt, dass er einen Rettungswagen vorbeischicken werde, und die Sanitäter seien recht schnell gekommen, hätten sich ihre Verletzung angesehen und ihre Beobachtungen zu Protokoll gegeben. Sie hätten eigentlich die Anweisung gehabt, sie ins Krankenhaus zu bringen, hätten dann jedoch die Anweisung von der Leitstelle gekriegt, dass sie warten müssten und nicht rausfahren dürften, weil noch nicht geklärt war, wo der Täter sei. Dann hätten sie fast anderthalb Stunden zuhause gesessen, bis die Rettungssanitäter sie ins Krankenhaus haben bringen dürfen.

Die Vorsitzende fragt anschließend, wie lange sie im Krankenhaus behandelt worden sei. Die Zeugin sagt, sie sei gegen 15.30 Uhr dort gewesen und habe gleich eine Psychologin zur Seite gestellt bekommen. Diese habe gedacht, dass sie Aufmunterung brauche und habe wissen wollen, wie es ihr gehe. Dann habe eine Chirurgin ihren Zeh geröntgt. Der sei nicht gebrochen gewesen. Ihr Fuß sei dann getapt worden. Danach habe sie auf das BKA gewartet. Sie sei dann von fünf Personen vernommen worden, auch die Oberärztin sei dazugekommen. Nach 22 Uhr habe ihr Mann sie dann in Empfang nehmen dürfen. Die Vorsitzende erwähnt, dass die Vernehmung um 18.30 Uhr begonnen habe, und fragt die Zeugin, ob auch sie demnach den ganzen Tag beschäftigt gewesen sei. Margit W. bejaht.

Die Vorsitzende fragt, wie es ihr in der Folge ergangen sei. Die Zeugin antwortet, dass die Oberärztin sehr nett gewesen sei, und sie gefragt habe, ob sie einen Partner habe. Sie hätte gesagt, dass sie ihr ein Bett zur Verfügung stellen würde, wenn sie alleinstehend wäre, damit sie nicht allein sein müsse. Sie seien dann um 22.15 Uhr zuhause gewesen. Sie habe nicht so gut schlafen können. »Im Nachhinein hab ich gesagt: Das war dein zweiter Geburtstag.«

Auf die Frage, ob sie danach in psychologischer Behandlung gewesen sei, gibt Margit W. an, man habe ihr im Krankenhaus gesagt, dass sie jederzeit wiederkommen könne, denn man verarbeite so etwas oft erst nach Wochen oder Monaten. Sie habe aber keinen psychischen Beistand gebraucht, ihre Familie und ihre Enkelkinder hätten sich sehr um sie gekümmert.

Die Vorsitzende sagt, ihr sei also die Situation, als sie vor dem Dönerimbiss gestanden habe, erst einmal gar nicht bewusst gewesen. Die Zeugin bejaht. Auch vom Tod von Jana L. und Kevin S. habe sie erst später aus dem Fernsehen erfahren. Die Vorsitzende fragt, ob sie erst einmal habe »Land gewinnen« wollen. Margit W. bestätigt das.

Auch die Frage, ob die Verletzung folgenlos verheilt sei, bejaht die Zeugin. Wenn sie länger laufe, merke sie noch, dass sich da eine Haut gebildet habe, aber sonst habe sie keine Probleme damit.

Die Vorsitzende bedankt sich bei der Zeugin.

Ein Nebenklagevertreter fragt anschließend, ob sie wisse, wie lang die Nägel gewesen seien, die in ihren Schuhen gesteckt hätten. Margit W. sagt, sie würde sie auf fünf bis sechs Zentimeter schätzen. Die Vorsitzende wendet ein, dass sie von zwei Zentimetern ausgegangen sei. Margit W. sagt, dass sie vielleicht auch drei bis vier Zentimeter lang gewesen sein könnten.

Die Vorsitzende sagt, sie hoffe, dass Margit W. das Ganze weiterhin gut verkrafte, und bedankt sich bei ihr. Die ihr entstandenen Kosten könne sie schriftlich geltend machen.

Daraufhin sagt die Vorsitzende zu Rechtsanwalt David Herrmann, dass sie jetzt mit seinem Vater weitermachen würde.[1]

AUSSAGE DES ZEUGEN PROF. DR. BERND H. (NEBENKLÄGER, ZUM TATKOMPLEX KIEZ DÖNER)

Die Vorsitzende begrüßt den 74-jährigen Zeugen Prof. Dr. Bernd H. und belehrt ihn über seine Zeugenpflichten.

Die Vorsitzende sagt, Bernd H. habe sich am 9. Oktober 2019 in Halle aufgehalten, weil dort die Jahrestagung der Leopoldina stattgefunden habe. Der Zeuge verneint, er sei wegen einer Redaktionskonferenz dort gewesen.

Anschließend beginnt er, von seinen Erlebnissen zu erzählen. Sein Termin sei für 13.30 Uhr angesetzt gewesen, deshalb habe er davor noch einen Imbiss zu sich nehmen wollen, da die Nachmittage normalerweise sehr lang seien. Er sei die Ludwig-Wucherer-Straße entlang gefahren, weil er sich erinnert habe, dass dort früher einmal ein Imbiss gewesen sei. Das Glück habe es so gewollt, dass unmittelbar zwischen dem Dönerimbiss und der Apotheke ein Kurzzeitparkplatz frei gewesen sei. Das sei ja ein Sechser im Lotto gewesen, und so sei er in den Dönerimbiss gekommen, fügt der Zeuge hinzu.

Er habe den Imbiss ungefähr um 12.05 Uhr betreten. Dort sei man noch nicht so richtig auf Kundschaft vorbereitet gewesen; es habe an einem Tisch eine Besprechung mit einem, wie er glaube, Handelsvertreter stattgefunden. Dieser sei dann bald gegangen, und er habe seine Bestellung aufgeben können. Es habe geheißen, dass es ein paar Minuten dauern könne. Er, Bernd H., habe ja eine zweistündige Autofahrt hinter sich gehabt und habe sich gedacht, er könne die Zeit nutzen, um auf die Toilette zu gehen. Dazu habe man eine

1 Der Zeuge und Nebenkläger Prof. Dr. Bernd H. ist der Vater des Rechtsanwalts David Herrmann.

etwa fünf- bis sechsstufige Treppe hinaufsteigen müssen. Das sei gut gewesen, so der Zeuge, weil sich dieses Wissen später als vorteilhaft erwiesen habe. Er habe sein Essen bekommen und gewohnheitsmäßig zum Essen seine Weitsichtbrille abgelegt. Dann seien zwei Maler hereingekommen und ein junger Mann mit Kopfhörern, der seine Bestellung aufgegeben habe. Er, Bernd H., habe währenddessen zu essen angefangen.

Plötzlich, fährt der Zeuge fort, habe es einen Knall gegeben, von der Sorte, dass er gedacht habe: »Welcher Idiot zündet jetzt Polenböller?!« Dann habe er hochgesehen, aber nichts weiter sehen können. Ungefähr zu diesem Zeitpunkt sei dann auch ein Schuss durch die Schaufensterscheibe gegangen. Als Naturwissenschaftler sei er völlig von dem zersplitternden Glas fasziniert gewesen; es sei genauso in Zeitlupe geschehen, wie es immer dargestellt werden würde. Einer der anderen Anwesenden sei mit einer »artistischen Bewegung« einem Geschoss ausgewichen. Der Zeuge erklärt, dass er zu diesem Zeitpunkt das Geschehen nur als faszinierendes Ereignis registriert habe. Auch als er den Attentäter gesehen habe, habe er nur gedacht, dass da jemand Halloween vorgezogen habe. Der Mann habe einen Helm aufgehabt, den er für einen Bauhelm gehalten habe. Er habe auch eine Helmkamera aufgehabt, wohl eine schwarze Jacke getragen und zudem einen Gegenstand bei sich gehabt, den er für ein Paintball-Gewehr gehalten habe. Der Zeuge fügt hinzu dass er keinerlei militärische Erfahrung habe, und somit keinen Zusammenhang zwischen dem Schuss durch die Scheibe und dem Gewehr in der Hand des Attentäters hergestellt habe.

Den Angeklagten habe er nur zur Hälfte gesehen, weil er im hinteren Teil des Raums gesessen habe. Von dort aus könne man die etwas tiefer liegende Straße und die Treppenstufen nicht genau erkennen. Es sei für ihn auch nicht sichtbar gewesen, dass der Angeklagte eine Camouflagehose getragen habe. Am Gesicht des Täters sei merkwürdig gewesen, dass dieser so einen »schnutigen Mund« gehabt habe, »so eine Schnute«. Wie er sich das jetzt zusammenreime, sei das eine stark vorgeschobene Unterlippe gewesen, wie sie jemand im Zustand wilder Entschlossenheit entwickle. Der Attentäter habe unten im Türeingang gestanden, und einer der Maler habe gerufen: »Raus hier, der erschießt uns sonst alle!« Das sei der Arbeitskollege von Kevin S. gewesen, dem er bis heute zutiefst dankbar sei. Er habe ihn, Bernd H., damit aus seinem Staunen und seiner Fassungslosigkeit befreit.

Nun habe es das Problem gegeben, fährt der Zeuge fort, dass die Tische und Stühle im Imbiss so eng gestellt gewesen seien, dass man sich habe herauswinden müssen. Er sei damit beschäftigt gewesen, sich aus dem Stuhl herauszuschälen, weswegen er auch nicht mehr gesehen habe, was am Tresen passiert sei. Er sei dann aufgestanden und die Treppe hochgegangen, mit dem Gedanken, jetzt bloß nicht zu fallen. Er habe die Schüsse gehört, diese seien aber alle gleichlautend für ihn gewesen, deshalb habe er Attentäter und »polizeiliche Aktivität« nicht unterscheiden können, als die Polizei später dazugekommen sei.

Er habe sich dann in Richtung der hinteren Räume bewegt und dabei die Toilettentür vermieden, weil ihm klar gewesen sei, dass das eine »Mausefalle«, ein fensterloser Raum, gewesen wäre. Schließlich sei ihm zu diesem Zeitpunkt klar gewesen, dass jemand, der wild entschlossen sei, auf Menschen zu schießen, auch auf eine Toilettentür schießen würde. Er sei dann glücklicherweise von dem Arbeitskollegen von Kevin S. überholt worden. Dieser habe eine Tür rechts neben der Toilette geöffnet, es habe sich dabei um eine Abstellkammer mit einem Fenster zum Innenhof gehandelt. Der Arbeitskollege von Kevin S. habe sämtliche Dinge vom Fensterbrett gewischt, das Fenster geöffnet und sei raus auf die große Mülltonne darunter gesprungen. Er, Bernd H., habe ihm hinterher geguckt und nicht gewusst, wo er hingelaufen sei. »Ich dachte, das traust du dir auch zu.« Nach einer kurzen Weile sei auch er schließlich auf die Mülltonne gesprungen, habe aber nicht gedacht, dass seine Schuhe auf dem Mülltonnenndeckel keinen Halt haben würden. Er sei ein bisschen linkslastig auf der Mülltonne aufgekommen und auf seine linke Körperseite gefallen. Er habe versucht, das abzufedern und habe sich dabei eine sehr schmerzhafte Prellung zugezogen. Was eine Prellung sei, kenne er von einem früheren Ereignis, als er einmal im Garten auf seinen Rücken gefallen sei. Er habe dann erst mal Schnappatmung gehabt. »Von diesem Moment an weiß ich, dass ich eine furchtbare Angst hatte, dass der Attentäter hinterherkommen könnte«, schließlich habe er ja die Schüsse noch gehört.

Der Zeuge sagt, er wolle noch hinzufügen, dass er auf der Treppe Richtung Abstellraum jemanden habe rufen hören: »Bitte nicht schießen!« Er sei sich nicht sicher, ob er auch gehört habe: »Ich habe doch Kinder.« Auf jeden Fall habe er aber gehört: »Bitte nicht schießen!« Das weitergehende Schießen habe ihn glauben lassen, dass der Täter ihm hinterherkommen könne. »Ich habe eine furchtbare Angst gehabt, dass er einfach durchs Fenster schießen könnte.«

Er habe sich dann aufgerappelt, schildert der Zeuge weiter. Der Hof sei in etwa so groß wie zwei Drittel eines Fußballfelds gewesen. Es habe nur ein Fahrzeug auf dem Hof gestanden und in diesem habe eine Dame gesessen, die telefoniert habe. Er habe versucht, mit seinem Handy klarzukommen und dabei Zweifel gehabt, dass es an seiner Geschicklichkeit im Umgang mit dem Handy liege, es habe jedenfalls nichts geklappt. Er habe dann die Dame gebeten, die Polizei zu rufen, und sich hinter das Auto gesetzt. Die Dame habe ihm gesagt, dass er sich beruhigen und erst einmal atmen solle. Sie sei sehr ruhig und gefasst gewesen, obwohl »Geballer« zu hören gewesen sei. Er habe das bis zum Schluss nicht verstanden. Sie habe beruhigend auf ihn eingesprochen. Er habe mit dem Rücken zur Hauswand gesessen und gefragt, ob im gegenüberliegenden Haus jemand wohne. Die Frau habe gesagt, dass da niemand sei, und entsprechend habe sich die Hoffnung für ihn zerschlagen, dort zu klingeln und Einlass zu bekommen. Er habe zu ihr gesagt: »Gott sei Dank ist jemand auf die Idee gekommen, die Tür zum Hof zu schließen.« Sie habe geantwortet, dass die Tür automatisch schließe.

Die Schießerei sei noch länger zu hören gewesen. Als sie dann nach einer Weile aufgehört habe, seien die beiden zur Tür gegangen und hätten durch den Spalt die Polizei erkennen können. Daraus habe er geschlossen, so der Zeuge, dass auch die Polizei am Schusswechsel beteiligt gewesen sei. Die besagte Dame aus dem Innenhof habe dann die Tür geöffnet und sie seien hinaus auf den Bürgersteig getreten. Dort habe es »ein Gewusel« gegeben, und die Polizei habe in energischem Tonfall versucht, Ordnung zu schaffen. Der Zeuge fügt hinzu, dass das für ihn völlig verständlich gewesen sei, es sei schließlich in dieser frühen Situation kein Überblick möglich gewesen. Später sei der Einsatzleiter zu ihm gekommen und habe sich für den barschen Ton entschuldigt. Er habe die Entschuldigung unangemessen gefunden, da es verständlich gewesen sei, dass eine Einsatzgruppe erst einmal Unbeteiligte mit Energie in die Hauseingänge bringen müsse. Es sei unklar gewesen, ob es nicht mehrere Attentäter gegeben habe, und somit hätten sich die Umstehenden aus der Schusslinie entfernen sollen.

Nach einer Weile hätten sie sich dann auf die andere Straßenseite begeben sollen. Dort habe sich ein asiatisches Restaurant befunden. »Die Herrschaften dort haben ihren Laden geschlossen und alle mehr oder weniger betroffenen Personen sind gebeten worden, sich dort zu versammeln, sind dort beherbergt worden.« Sie hätten sich auch im Außenbereich bewegen können. Zwischenzeitlich sei er noch einmal zu dem Arbeitskollegen von Kevin S. gegangen, der an der Straße gegen einen Zaun gelehnt habe. Inzwischen sei auch der Chef des Malerbetriebs dazugekommen. Er, Bernd H., habe zu dem Arbeitskollegen von Kevin S. gesagt, dass dieser etwas bei ihm gut habe. Der Chef habe gesagt, dass das entsetzlich sei und dass dieser Junge doch behindert gewesen sei, und es außerdem die erste Stelle gewesen sei, die er in seinem Leben angetreten habe. [Es geht um Kevin S. sowie um seine Anstellung in dem Malerbetrieb, Anm. d. Hgg.] »Ich bin doch verantwortlich dafür, ich weiß ja nicht einmal, wo seine Mutter wohnt.« Der Arbeitskollege von Kevin S. habe sich Vorwürfe gemacht und gesagt, wenn er seine Bemmen[2] dabeigehabt hätte, dann wären sie nicht in den Dönerimbiss gegangen.

Der Zeuge ergänzt, er habe bei seinen Ausführungen noch vergessen zu sagen, dass er seine Brille vermisst habe und gesagt habe, er wolle die Brille aus dem Dönerimbiss holen. Da habe die Dame [aus dem Auto, Anm. d. Hgg.] gesagt, dass er da jetzt nicht rein könne, weil das ein Tatort sei. Er habe es dabei als erstaunlich empfunden, dass jemand, der das Gleiche miterlebt habe,

2 Bemmen steht für belegte Brote.

das Geschehen mit so sachlicher Distanz betrachten könne. Der Zeuge fügt hinzu, dass man auch erwähnen müsse, dass in der Anfangszeit ein heftiges Kommen und Gehen in dem Imbiss möglich gewesen sei. Später habe er das Gerücht gehört, dass Kevin S. tot sei und den Kellner des asiatischen Restaurants danach gefragt. Dieser habe ihm dann ein Handyfoto gezeigt, was ihn, Bernd H., konsterniert zurückgelassen habe. Er habe es komisch gefunden, dass man offenbar vor der Polizei Tatortaufnahmen habe machen können.

Er habe dann um Erlaubnis gebeten, sich auf eine der Bänke legen zu dürfen, weil die Schmerzen noch sehr stark und das Atmen beschwerlich gewesen seien. Irgendwann habe dann sein Sohn Kontakt zu ihm aufgenommen, der gerade eine Gerichtsverhandlung in Gera hinter sich gebracht hatte. Sein Sohn habe zu ihm gesagt: »Du fährst jetzt nicht mit dem Auto nach Hause. Du machst gar nichts. Ich fahre dich nach Hause.« Unterwegs habe sein Sohn ihn dann überzeugt, dass es klug wäre, in die Notaufnahme zu gehen. In Göttingen sei er dann in der Notaufnahme untersucht worden. Am nächsten Tag habe er dann Schmerzmittel von seinem Hausarzt geholt.

Er sei in seiner Familie aufgefangen und durch seine wunderbare Frau gestärkt worden, fährt der Zeuge fort, und die wisse, wie sie mit ihm umzugehen habe. Sie habe dafür gesorgt, dass Ruhe im Haus geherrscht habe. Es gebe einige Differenzen innerhalb der Familie darüber, wie lange er geschlafen habe. Er habe ja wieder aufstehen müssen, Ende November hätte er eine Vortragseinladung nach Wien gehabt, und Arbeit sei eine gute Hilfe in solchen Situationen.

Er habe für eine ziemlich lange Zeit auf Geräusche sehr schreckhaft und auf laute Knallgeräusche aggressiv reagiert. Diese seien für ihn lange nicht erträglich gewesen. Soweit er das beurteilen könne, gehe es ihm jetzt aber gut.

Die Vorsitzende bedankt sich für die »eindrückliche Schilderung«: »Wir haben schon das Gefühl, dabei gewesen zu sein, so wie Sie das geschildert haben.«

Sie fragt, ob er das Gefühl gehabt habe, wochenlang geschlafen zu haben, und ob er Beruhigungsmittel bekommen habe. Der Zeuge sagt, er habe opiumhaltige Schmerzmittel erhalten, und dass er diese nur empfehlen könne. »Wenn wir unter uns wären, würde ich sagen, das ist die gute Dröhnung.« Die Vorsitzende fragt, wie lange er die Medikamente habe nehmen müssen. Bernd H. antwortet, er glaube, dass es sechs Wochen gewesen seien, aber auch, dass seine Frau es besser wisse.

Die Frage, ob er psychologische Hilfe in Anspruch genommen habe, verneint er und fügt hinzu: »Als erzogener Preuße wird das anders bewältigt, man macht nicht so viel Aufhebens um sich.«

Die Vorsitzende sagt, sie habe gehört, dass er auch zeitnah von der Presse besucht worden sei. Der Zeuge bejaht, das habe ihn geärgert. Er habe am Samstag sein Auto aus Halle abholen können und dann auch eine Aussage beim BKA gemacht. Am Sonntagabend habe es dann geklingelt und vor der

Haustür hätten drei Personen gestanden, die gesagt haben, dass sie von *Spiegel Online* seien und ihn gern zu dem Vorgang befragen würden. Er habe ihnen gesagt, dass sie sich an die Polizei wenden sollten. »Ich habe mich über die Unverfrorenheit sehr geärgert, dass sich jemand, der mit Geschichten Geld verdient, herausnimmt, jemanden ungefragt und zeitlich so nah zu behelligen, und dass es möglich war, meine Privatadresse zu diesem Zeitpunkt in Erfahrung zu bringen.« Es müsse einen direkten Zugang zur polizeilichen Aussage oder zur Ermittlungsakte gegeben haben, fügt Bernd H. hinzu. Die Vorsitzende sagt, dass sie es sich auch nicht erklären könne; da müsse jemand die Adresse weitergegeben haben.

Anschließend werden die Skizzen, die der Zeuge vom Tatort angefertigt hat, auf den Monitoren sowohl für die Prozessbeteiligten als auch für die Zuschauer·innen gezeigt. Bernd H. erklärt, dass es sein Vorschlag gewesen sei, während der Vernehmungen die Skizzen anzufertigen, weil er es als mühsam empfunden habe, den Vorgang zu erklären: Die Skizzen habe er angefertigt, damit man verstehen könne, wie die Abläufe seiner Erinnerung nach gewesen seien.

Es werden Skizzen vom Kiez Döner und der unmittelbaren Umgebung in Augenschein genommen. Anhand der Skizzen erklärt der Zeuge, wo sich welche Personen zu welchem Zeitpunkt befunden hätten. Er sagt, er »kriege es bis heute nicht in den Kopf«, dass der Arbeitskollege von Kevin S. in seiner Erinnerung zwar vor ihm die Treppe hochgelaufen sei, das aber zugleich nicht sein könne, weil dieser zunächst mit Kevin S. hinter die Kühlschränke geflüchtet sei. Er müsse ihn dann auf dem Weg nach hinten überholt haben, vermutet Bernd H. weiter, die genaue Abfolge bleibe ihm aber verschlossen.

Zur Schießerei im Gastraum könne er wenig sagen, er habe nicht mitbekommen, dass der Angeklagte versucht haben soll, auf ihn zu schießen. Er sei zu konzentriert auf die Stühle und die Treppe gewesen; alles, was in seinem Rücken und am Tresen passiert sei, sei jenseits seiner Wahrnehmung gewesen.

Die Vorsitzende fragt ihn, ob er eine Art »Tunnelblick« gehabt hätte, als die Scheibe zerborsten sei. Der Zeuge verneint, er sei auf das physikalische Ereignis konzentriert und davon fasziniert gewesen.

Anschließend wird die Skizze einer Waffe sowie des Hinterraums des Imbiss gezeigt. Anhand dieser erklärt der Zeuge nochmals die Details seiner Flucht.

Bernd H. gibt an, insgesamt dreimal zur Sache befragt worden zu sein. Das erste Mal sei »relativ sportlich« durch einen in Zivil gekleideten Herren erfolgt, der sich Notizen in ein Oktavheft gemacht habe. Das habe er überraschend gefunden. Dann habe es auch eine Befragung im asiatischen Restaurant gegeben. Er habe das dann überflüssig gefunden, da man ihn dasselbe ja schon für die Mitschrift im Oktavheft gefragt habe. »Man wurde immer dasselbe gefragt, das langweilt dann auch.«

Aus dem Asiarestaurant seien dann mehrfach Aktivitäten vor dem Dönerimbiss zu beobachten gewesen, berichtet Bernd H. weiter. Gegen 12.50 Uhr sei dann auch der Krankenwagen mit der Notärztin vorgefahren. »Ich fand, das dauerte schon ziemlich lang.« Bernd H. erklärt, dass das keine belastbare Aussage sein solle, sondern eine gefühlte Zeitangabe widerspiegele. Man wisse ja, dass Einsatzkräfte gemäßigten Schrittes laufen, um nicht außer Atem zu geraten, aber selbst für eine Einsatzkraft seien sie schon betont langsam gegangen. Dann sei allen klar gewesen, dass Kevin S. tot ist, da dieser vom Krankenwagen nicht mitgenommen worden sei. Es habe dann das Gerücht gegeben, dass auch weiter unten, nämlich am Ende der Straße, geschossen werden würde. Dieses Gerücht schien dann auch durch ein »riesenhaftes, gepanzertes« Fahrzeug der Polizei, das Richtung Steintor gefahren sei, bestätigt zu werden. Nach einer Weile sei, »wie eine römische Phalanx«, eine »feldmarschmäßig gekleidete Truppe« vorbeigekommen, die Richtung Steintor lief. Als Nächstes sei ein Roboter gekommen. Er, Bernd H., habe daraufhin einen Polizisten gefragt, wofür der sei. Dieser habe ihm erklärt, dass es sein könne, dass irgendwo Sprengfallen seien. Bevor der gepanzerte Wagen vorbeigekommen sei, seien zwei Polizisten mit Maschinenpistolen – er bitte dabei, diesen Ausdruck mangels fehlender militärischer Qualifikation nicht auf die Goldwaage zu legen – in das Haus gegangen. Man betrete das Haus von der Toreinfahrt her, es habe keinen direkten Eingang an der Straße. Er erinnere sich, dass die Polizisten dann das Haus auf die Möglichkeit hin, dass sich dort ein weiterer Attentäter befinden könnte, durchsucht hätten. Danach erst sei der Roboter angekommen.

Gegen 17 Uhr, berichtet Bernd H. weiter, sei sein Sohn dann da gewesen, um ihn abzuholen. Dieser habe ja nicht durch die Innenstadt fahren können, in der alles weitläufig abgesperrt gewesen sei. Zwei nette Zivilbeamte hätten ihn dann in einen grünen Opel Astra verfrachtet, um ihn aus dem abgesperrten Gebiet zu bringen. Sein Sohn habe ihn dann in dem Auto ausfindig machen können. Dann habe der Regen eingesetzt, und sie seien Richtung Göttingen gefahren. »In der Notaufnahme habe ich dann meine Frau gesehen und wir waren fröhlich, weil wir beieinander waren.«

Die Vorsitzende fragt anschließend, warum er nicht bereits in Halle ins Krankenhaus gegangen sei. Bernd H. erklärt, dass er das sicherlich abgelehnt habe, weil ihm ja klar gewesen sei, woher der akute Schmerz gekommen sei. Er gehe dann lieber in eine ihm bekannte Klinik und zu einem ihm bekannten Arzt.

Verteidiger Rechtsanwalt Hans-Dieter Weber fragt den Zeugen, ob er wahrgenommen habe, dass Schüsse direkt auf ihn gerichtet gewesen seien. Dieser antwortet, das habe er nicht wahrgenommen. Er habe mittlerweile aber erfahren, dass mindestens zweimal die Absicht des Täters bestanden habe, auf ihn zu schießen. In der Situation selbst habe er jedoch nicht sehen können, was hinter ihm passiert sei.

Rechtsanwalt Juri Goldstein, Vertreter der Nebenklage, fragt den Zeugen, wie er das Verfahren empfinde, und was er sich davon erwarte. Der Zeuge antwortet, dass dies eine Frage sei, die er bereits befürchtet habe, da er glaube, dass ihm ein Urteil über ein Gerichtsverfahren nicht zustehe. Es sei das erste Strafverfahren, an dem er teilnehme, und er würde dazu nur ungern etwas sagen. Der Zeuge fügt hinzu: »Was ich vom Prozess erwarte, ist, dass der Gesellschaft am Ende durch das Verfahren und die Einlassungen aller Beteiligten klargemacht wird, dass hier ein zutiefst verabscheuungswürdiges Verbrechen vorliegt, und leider Gottes dieses Verbrechen aus der Mitte der Gesellschaft, aus der vielleicht etwas schlafmützigen Mitte der Gesellschaft, heraus entstehen konnte.«

Der Zeuge sagt, er erinnere sich an die Aussage des Zeugen Max P. Er habe auch Kinder. Es sei für ihn schlecht vorstellbar, dass der Angeklagte, ohne von seiner unmittelbaren Umwelt wahrgenommen worden zu sein, in eine solche Entwicklung hineingeraten sein soll – die Entwicklung »seiner Verbohrtheit und seiner rassistischen und menschenverachtenden Haltung«.

Die Vorsitzende fragt den Zeugen, was ihn motiviert habe, als Nebenkläger am Prozess teilzunehmen. »Meine Wut, hätte ich spontan gesagt«, antwortet dieser zunächst. Er wolle seine Antwort aber nochmals überdenken, da er finde, dass diese mit dem Abstand von elf Monaten kontrollierter sein müsse. »Ich möchte gerne, und das ist das Ziel der Nebenklage, dass dem Täter deutlich gemacht wird, dass er sich auf einen in unserer Gesellschaft völlig abwegigen Entwicklungsweg begeben hat. Dass das nicht nur abwegig ist, sondern auch mit unserer Rechtsordnung und moralischem Empfinden überhaupt nichts zu tun hat. Wir sind stolz, dass die Franzosen eingesehen haben, dass es in ihrer Revolution sinnvoll ist, allen Menschen Gleichwertigkeit zuzubilligen. Eine friedliche und prosperierende Gesellschaft kann es nur geben, wenn die Menschen einander achten.« In der Achtung, fährt Bernd H. fort, müsse es für den Anderen auch eine moralische Wertschätzung geben. Es gebe kein Kriterium, nach dem einer sagen könne, der oder der habe sein Recht auf Leben verwirkt. Das sei seine tiefe Überzeugung, und er glaube, dass das moralisch-ethische Fundament unserer Gesellschaft mit den Artikeln des Grundgesetzes es ebenfalls so sehe. Jemand mit Abitur und einer Ethiklehrerin als Mutter werde darüber ja einmal nachgedacht haben und hätte einsehen müssen, dass diese Anmaßung, jemandem wegen seines Glaubens oder seiner sozialen wie auch biologischen Herkunft das Lebensrecht abzusprechen, nicht gehe. Das sei die Essenz, auf die er hinauskäme, fügt er hinzu in Bezug auf die Frage der Vorsitzenden, sei das der Grund, warum er sich der Nebenklage habe anschließen wollen. »Ich habe gedacht, ich muss dem Angeklagten als Teil der Zivilgesellschaft gegenübertreten und ihm sagen: ›Du hast verdient, was das Gericht voraussichtlich über dich sprechen wird!‹« Bernd H. ergänzt, das »Du« sei ein rhetorisches, kein abwertendes »Du« gewesen.

Die Vorsitzende fragt ihn, ob er Anthropologe sei. Der Zeuge bejaht. Sie bedankt sich bei ihm und sagt, er könne seine Auslagen geltend machen.

Im Anschluss weist sie nochmals darauf hin, dass Applaus nicht erwünscht sei. Sie sagt auch, dass nach der Pause das Video von der zweiten Kamera des Angeklagten eingeführt werden soll. Der Nebenklage sei es dabei vorbehalten, den Verhandlungssaal erst einmal nicht zu betreten.

Es folgt eine Unterbrechung bis 11.15 Uhr.

Daraufhin setzt die Vorsitzende die Verhandlung fort. Sie erklärt, dass das folgende Video lediglich eine leicht andere Perspektive als das erste, bereits in Augenschein genommene Video, bereitstelle. Deshalb müsse man sich die Ausführungen des Angeklagten nicht nochmals anhören.

Im Anschluss wird das von der Bodycam des Angeklagten aufgezeichnete Video der Tat in Augenschein genommen.

Es folgt eine weitere Unterbrechung.

Kurz darauf wird die Verhandlung fortgesetzt.

AUSSAGE DES ZEUGEN NILS P. (LKA, ZUR SPURENLAGE AM TATORT KIEZ DÖNER)

Die Vorsitzende begrüßt den Zeugen Kriminalkommissar Nils P. vom LKA. Sie belehrt ihn über seine Wahrheitspflichten und nimmt seine Personalien auf.

Die Vorsitzende sagt, sie habe von ihm einen Bericht zur Tatortarbeit im Bereich der Ludwig-Wucherer-Straße vorliegen. Dort habe er die kriminaltechnische Tatortarbeit nach dem Anschlag durchgeführt, und das Ganze sei auch fotografisch gesichert worden. Insofern würde sie vorschlagen, dass der Zeuge chronologisch, anhand der Lichtbilder, von seiner Arbeit berichte und auch erzähle, wo die Besonderheiten gewesen seien.

Anschließend wird der Bericht des Zeugen vom 15. Oktober 2019 auf allen Monitoren gezeigt, während der Zeuge mit seinen Schilderungen beginnt.

Nils P. erzählt, er sei gegen 13 Uhr informiert worden, dass es im Stadtgebiet von Halle zur Schussabgabe gekommen sei und infolgedessen zwei Menschen ums Leben gekommen seien. Sie seien ungefähr um 16.45 Uhr am Tatort in der Ludwig-Wucherer-Straße angekommen. Da hätten noch diverse Einsatzkräfte im Bereich des Tatorts gestanden, sodass dieser noch nicht zur Bearbeitung frei gewesen sei. Am eigentlichen Tatort, dem Kiez Döner, sei noch die USBV-Gruppe zugange gewesen, weshalb dieser für sie noch nicht begehbar gewesen sei. Nachdem sich die Einsatzfahrzeuge entfernt haben, hätten sie sich einen Überblick verschaffen müssen, allerdings unter Zeitdruck, weil sie gewusst hätten, dass ein Gewitter aufziehe. Weil sie die Spuren aber hätten sichern müssen, habe es Priorität gehabt, die Straße zuerst zu bearbeiten. Der komplette Straßenzug sei abgesperrt und von ihnen abgesucht worden. Sämtliche Spuren seien markiert und durchnummeriert worden. Sie hätten bei der Hausnummer acht angefangen und dann in westlicher Richtung alles abgesucht, markiert und dokumentiert. Die letzten Asservate, die sie hätten finden können, haben bei den Hausnummern 13 und 14 gelegen. Die aufziehende Witterung habe es schwerer gemacht, ein Kollege habe aber noch Luftaufnahmen mit einer Drohne machen können. Aufgrund der Bebauung habe man allerdings keinen Vermessungsflug machen können. Während der Spurenaufnahme auf der Straße sei ein weiterer Kollege mit der Vermessung beschäftigt gewesen und habe alles mit dem Laserscanner vermessen. Die Spuren und ihre Fundorte seien in den Asservatenlisten aufgeführt, darunter zum Beispiel ein Metallstück, Patronenhülsen, Einschüsse, Schrotpatronen und ein USBV-Rest.

Es werden diverse Übersichtsfotos des Tatorts in Augenschein genommen, auf denen die Lage der Spuren dargestellt ist.

Nebenklagevertreter Rechtsanwalt Onur U. Özata fragt nach einem Fahrzeug, das auf einem der Bilder zu sehen sei. Der Zeuge erklärt, wenn er sich richtig erinnere, sei das ein Fahrzeug mit einem Defekt in der Heckscheibe gewesen. Es sei für sie aber an jenem Tag nicht von hoher Relevanz gewesen, sie hätten es dennoch zur späteren Untersuchung abschleppen lassen. Rechtsanwalt Özata fragt, ob sich das Fahrzeug schon während des Tatgeschehens dort befunden habe. Der Zeuge antwortet, dass es sich bei den Bildern um Momentaufnahmen des Zeitpunkts, an dem sie dort gearbeitet hätten, handele. Der Rechtsanwalt hakt nach, ob er also seine Frage nicht beantworten könne. Der Zeuge bestätigt, ob das Auto während des Tatgeschehens dort gestanden habe, könne er nicht sagen.

Es werden weitere Aufnahmen von verschiedenen Spuren gezeigt.

Die Vorsitzende fragt, ob es so ablaufe, dass er und seine Kollegen erst mal alles markieren würden und dann eine »Drohne drüber gehe«. Der Zeuge bejaht.

Es folgen Teilansichten der Straße und Detailansichten von weiteren Spuren, so zum Beispiel von Patronen und vermutlichen Einschlägen in der Wand.

Anschließend fragt die Vorsitzende den Zeugen nach seiner Arbeit im Dönerimbiss. Dieser schildert, dass die USBV-Gruppe dort bereits vorher tätig gewesen sei und dass im Bericht stehe, was für Veränderungen diese vorgenommen hätte. Unter anderem sei die Position des Leichnams verändert worden, weil man nicht habe ausschließen können, dass sich weitere USBVs am Tatort befänden. Man habe den Leichnam mithilfe einer Leine, die an dem Gürtel des Opfers befestigt worden sei, von der Stelle weggezogen, an der er lag. Zudem sei die Position des Kühlschranks verändert worden. All das habe man gemacht, um festzustellen, ob noch irgendwo Sprengvorrichtungen seien. Erst danach hätten sie als Gruppe hineingehen können. Im Laden hätten sich diverse Munitionsarten auf dem Fußboden und auf den Möbelstücken befunden. Insbesondere sei eine Schusswaffe zu erwähnen, »augenscheinlich Selbstlabor«, fügt der Zeuge hinzu.

Eine Nebenklagevertreterin bittet die Vorsitzende darum, den Bildschirm für die Öffentlichkeit auszuschalten, wenn die Bilder des Leichnams von Kevin S. gezeigt werden. Die Vorsitzende sagt, dass sie das im Blick habe und da auch ganz achtsam sei.

Es wird anschließend ein Bild von dem Treppenaufgang zum Dönerimbiss gezeigt, danach wird der Monitor für die Zuschauer·innen ausgeschaltet. Der Zeuge zeigt den vorherigen Liegeplatz des Leichnams.

Die Vorsitzende fragt ihn, ob die Spuren auf dem Boden auch Munition seien. Der Zeuge weist auf ein Magazin zwischen zwei Kühlschränken hin.

Anschließend wird ein Bild der Waffe des Angeklagten in Augenschein genommen, die unterhalb der Tische gelegen habe. Auf einem weiteren Bild ist wieder der Bereich zu sehen, in dem sich Kevin S. befand, bevor er weggezogen wurde. Es sind Blutspuren zu sehen. Der Zeuge sagt, dadurch, dass viel verändert worden sei, sei keine originale Lagedarstellung mehr für sie möglich gewesen, dementsprechend hätten sie das aufgenommen, was sie vorgefunden haben.

Es folgen Detailaufnahmen von Munition und Waffe.

Die Vorsitzende fragt, mit wie vielen Kollegen er bei der Spurensicherung zugange gewesen sei. Der Zeuge antwortet, dass sie vier Kollegen von der Tatortgruppe gewesen seien und noch zwei Kollegen der Polizeiinspektion Halle. Sie seien insgesamt also zu sechst gewesen.

Die Vorsitzende erklärt, dass sie die Bilder des Leichnams nun übersprungen habe und dass man noch einen Rechtsmediziner hören werde, der berichten könne, welche Verletzungen Kevin S. erlitten habe.

Auf die Frage eines Nebenklagevertreters, ob er sich an die Höhe des Einschusses in der Scheibe erinnern könne, antwortet der Zeuge, dass es seiner Erinnerung nach etwa auf Brusthöhe gewesen sei. Der Rechtsanwalt macht ihm daraufhin einen Vorhalt, dass im Bericht geschrieben stehe, dass an der Fensterscheibe rechts des Eingangs in einer Höhe von circa 1,70 bis 1,80 Metern ein Loch mit etwa sieben Zentimetern Durchmesser festgestellt worden sei. Der Zeuge antwortet, wenn das da so stehe, dann sei das auch so gemessen worden.

Der Rechtsanwalt fragt, ob der Zeuge sich an ein Projektil erinnern könne, das gefunden worden sei. Nils P. antwortet, dass sich im unteren Bereich der Scheibe ein kleines Kügelchen befunden habe, es sich aber bei der Scheibe um eine Doppelverglasung gehandelt habe, sodass es für sie vor Ort nicht möglich gewesen sei, da ranzukommen.

Die Vorsitzende bedankt sich beim Zeugen, auch dafür, dass er so kurzfristig zur Verfügung gestanden habe.

Es folgt eine weitere Unterbrechung bis 14.30 Uhr.

AUSSAGE DES ZEUGEN MALEK B. (BETROFFENER, ZUM TATKOMPLEX KIEZ DÖNER)

Die Vorsitzende stellt die Anwesenheit nach der Pause fest und begrüßt Malek B. als Zeugen. Sie bedankt sich bei ihm, dass es kurzfristig geklappt habe, belehrt ihn über seine Zeugenpflichten und befragt ihn zu seinen Personalien. Malek B. ist 26 Jahre alt und Student.

Die Vorsitzende erklärt, dass sie hier wegen der Ereignisse vom 9. Oktober 2019 säßen, und dass der Zeuge ja nicht weit von der Ludwig-Wucherer-Straße entfernt wohne. Malek B. bestätigt das. Er gibt auch an, am besagten Tag vor Ort gewesen zu sein. Die Vorsitzende bittet ihn, seine Erlebnisse zu schildern.

Malek B. berichtet, dass er am 9. Oktober 2019 auf dem Weg zur Universität gewesen sei. Auf einmal sei der Angeklagte da gewesen. Er wisse nicht, was genau passiert sei. Er habe hinter sich geguckt und eine Waffe gesehen und glaube, dass der Angeklagte auf ihn geschossen habe. Dann sei er weggelaufen, erst zum Steintor, dann zur Polizei.

Die Vorsitzende bittet den Zeugen, noch einmal die Situation zu schildern, in der er den Angeklagten gesehen habe. Sie will wissen, was dieser angehabt habe, und ob er etwas gesagt habe. Malek B. sagt, das habe er vergessen. Er habe nur einmal Augenkontakt gehabt, dann sei er weggerannt. »Ich habe hinter mich geguckt, und er war hinter mir. Ich wusste nicht, was ich machen soll. Nur weg, nur weg!« Die Vorsitzende fragt, ob er Schüsse gehört habe. Malek B. bejaht. Sie fragt, ob er daraufhin gedacht habe: »Nur weg!« Der Zeuge bejaht wieder. Die Vorsitzende fragt nun, ob der Zeuge mitgezählt habe, ob der Angeklagte mehrfach auf ihn geschossen habe. Malek B. antwortet, dass er das nicht genau wisse; sein Ziel sei nur gewesen, von dort wegzukommen.

Die Frage, ob er Todesangst gehabt habe, bejaht er. Er gibt wiederholt an, zum Steintor gerannt zu sein und nicht zu wissen, ob er verfolgt worden sei, da er sich nicht umgeschaut habe. Die Vorsitzende fragt, ob er gesehen habe, dass der Attentäter auf andere geschossen habe. Der Zeuge verneint.

Daraufhin spricht die Vorsitzende an, er habe gesagt, dass er zum Bahnhof gelaufen sei. Sie fragt ihn, ob er dort die Polizei gerufen habe. Der Zeuge verneint wieder. Er sei zur Polizei im Bahnhof gelaufen, weil er gewusst habe, dass es dort immer Polizisten gebe, und er somit keine rufen müsse.

Die Vorsitzende sagt, er sei am 12. Oktober zwischen 16.10 Uhr und 17.34 Uhr vernommen worden. Da habe er ausgesagt, dass er zunächst gar keine Waffe gesehen habe. Sie möchte von ihm nun wissen, ob er die Waffe in der Hand des Angeklagten gesehen habe. Malek B. gibt an, es nicht mehr zu wissen. Die Vorsitzende sagt, sie stelle sich vor, dass man ja auch nicht damit rechne. Der Zeuge bejaht und fügt hinzu, dass er jeden Tag den gleichen Weg gehe. Die Vorsitzende macht ihm einen Vorhalt aus der Vernehmung: »Ich habe eine Waffe in seinen Händen gesehen und bin dann direkt weggerannt.« Der Zeuge gibt wieder an, dass er es, zumindest jetzt, nicht mehr ganz genau wisse; er wisse nur noch, dass er dann zur Polizei gegangen sei und dass er mitbekommen habe, dass jemand gestorben sei. Die Vorsitzende fragt, ob er gar nicht mehr genau sagen könne, wie es war, und nur noch wisse, dass er einfach losgerannt sei. Malek B. bejaht.

Daraufhin fragt sie ihn, wie er die Ereignisse verkraftet habe. Malek B. sagt, er habe sie »eigentlich gut« verkraftet. Manchmal bekomme er Albträume und fühle sich unsicher, aber manchmal ginge es auch. Die Vorsitzende fragt, ob er in Behandlung sei. Der Zeuge verneint. Die Vorsitzende wendet ein, dass er vielleicht nochmals darüber nachdenken solle. Malek B. gibt ihr recht, und fügt hinzu, dass er das eigentlich machen müsste, vor allem, weil er manchmal »kleine Krisen« kriege und auch Schlafstörungen habe. Die Vorsitzende bittet daraufhin, die Zeugenbetreuung des Gerichts, mit Herrn Malek B. zu sprechen.

Die Vorsitzende Richterin bedankt sich anschließend bei dem Zeugen, verabschiedet ihn und gibt ihm das Formular für die Auslagen.

Danach wird die Sitzung beendet.

Mitschrift von Tuija Wigard

12. Verhandlungstag
15. September 2020

Die Vorsitzende Richterin Ursula Mertens eröffnet die Sitzung und stellt die Anwesenheit fest. Es werden die Namen aller Prozessbeteiligten vom letzten Verhandlungstag verlesen. Es gibt keine Änderungen.

AUSSAGE DES ZEUGEN KARSTEN L. (NEBENKLÄGER, VATER VON KEVIN S.)

Der Zeuge wird über seine Pflichten belehrt und zu seinen Personalien befragt. Er wird von seinem Anwalt Erkan Görgülü begleitet, der neben ihm sitzt. Karsten L. ist 44 Jahre alt und Gerüstbauer. Er ist der Vater des getöteten Kevin S.

Die Vorsitzende Richterin bittet den Zeugen, zunächst von Kevin zu erzählen. Sie will wissen, wie seine Schullaufbahn ausgesehen, was er gemacht und was ihn ausgemacht habe. Der Vater berichtet, dass es sein Sohn anfangs aufgrund einer Behinderung nicht leicht gehabt habe. Er habe bei der Geburt einen epileptischen Anfall erlitten und dadurch geistige Beeinträchtigungen gehabt. Sein Sohn habe aber stets um ein normales Leben gekämpft. Seine schulischen Leistungen seien mit der Zeit immer besser geworden, und er habe so seinen Traumberuf bekommen und eine Ausbildung zum Maler begonnen. Die Vorsitzende Richterin bittet den Zeugen, von der Schullaufbahn seines Sohns zu erzählen. Der Vater fährt fort, zwischenzeitlich sei es sehr kritisch gewesen, ob Kevin die Schule überhaupt schaffen würde. Er sei in Landsberg auf einer Förderschule gewesen und habe sich alle Fortschritte selbst erkämpft. Er sei immer sehr fleißig, höflich und zuvorkommend gewesen. Auf das, was er erreicht habe, sei er stolz gewesen. Der Zeuge weint leise, während er weiterspricht. Sein Sohn sei gern zur Schule und zu seinen Praktika in einer kleinen Malerfirma gegangen. Er habe die Praktika immer in derselben Firma gemacht, am 1. Oktober 2019 habe dann dort seine Ausbildung begonnen. Bis zum Sommer sei er noch zur Schule gegangen, berichtet der Vater. »Wie ist er auf die Idee gekommen, Maler zu werden?«, fragt die Vorsitzende. Kevin habe die Arbeit super gefunden und sich im Betrieb sehr wohlgefühlt, erzählt der Zeuge. Ihm seien dort Aufgaben gegeben worden, die er selbst habe lösen können. Darauf sei er sehr stolz gewesen. Der Chef des Betriebs habe immer für Kevin gekämpft, damit er sein Praktikum habe weitermachen können. Rund zwei Jahre habe dieses gedauert, parallel sei sein Sohn zur Schule gegangen. Ob Kevin bei seiner Mutter gelebt habe, fragt die Vorsitzende, was der Zeuge bestätigt. Die Mutter und er seien getrennt, er habe aber jeden Tag mit seinem Sohn telefoniert und ihn oft besucht. Irgendwann habe Kevin auch von seinem Wohnort Merseburg allein zu seinem Vater nach Wuppertal fahren können. »Sie hatten auch ein gemeinsames Hobby?«, fragt die Vorsitzende, was der Zeuge bejaht. Ihr gemeinsames Hobby sei Fußball und der HFC, der Hallesche FC, gewesen. Früher sei er selbst nie so aktiv zum Fußball gegangen, das habe er erst mit seinem Sohn gemacht. Kevin habe sich dort ganz allein einen riesigen Freundeskreis aufgebaut. Darauf sei sein Sohn sehr stolz gewesen, und er selbst auch. Seine Freunde hätten ihn bei Auswärtsspielen, oder wenn ihm jemand etwas habe antun wollen, beschützt. Immer hätten sie auf ihn aufgepasst, er habe sich nie Sorgen um seinen Sohn machen müssen. Ob er dann allein zu Auswärtsspielen gefahren sei, will die Vorsitzende wissen. »Ja, wir haben ihm vertraut«, antwortet der Vater. Sie hätten gewusst, dass ihm nichts passieren könne und immer jemand für ihn da sei. Ob sie sich denn viele Sorgen gemacht hätten, als Kevin ein Baby und Kind gewesen sei, fragt die Vorsitzende, was der Zeuge bestätigt. Sie hätten als Eltern ein gutes Verhältnis gehabt und hätten sich bei wichtigen Entscheidungen immer zu dritt geeinigt. Auch nach der Trennung vor rund zehn Jahren seien sie jedes Jahr zusammen im Urlaub gewesen und zum Beispiel nach Triest gefahren. Ob Kevin ihr einziges Kind gewesen sei, will die Vorsitzende wissen, was der Zeuge bejaht. »Aber sie hatten schon einmal eins?«, fragt die Vorsitzende. Karsten L. erzählt von ihrem ersten Kind, dass zu früh geboren und kurz nach der Geburt gestorben sei. Sie hätten dann erst mal kein weiteres Kind gewollt, aber es später nochmal probiert. »Und dann kam Kevin.« Auch die Mutter habe ihren Sohn immer beschützt. »Sie ist eine richtig tolle Mutter. Ich bin auch stolz auf sie.« Welche Pläne Kevin fürs Leben gehabt habe, will die Vorsitzende wissen. Kevin habe arbeiten und sich den Fußball selbst finanzieren wollen, berichtet der Vater. Darauf sei er stolz gewesen. Er habe ja eine Behinderung gehabt, aber habe seine Karten für Fußballspiele trotzdem immer selbst kaufen wollen. Von den Spielen habe er dann immer

Bilder geschickt und sei sehr stolz darauf gewesen. Die Karten habe er über die Jahre alle gesammelt. Die Vorsitzende bemerkt, dass er seine Lehre vermutlich zu Ende habe bringen wollen, was der Zeuge bestätigt. Aber eine Sache, fügt der Vater hinzu, habe Kevin gestört, nämlich, dass die Woche nur fünf Tage hat. Er habe eigentlich noch mehr arbeiten wollen, weil es ihm so Spaß gemacht habe. Ob es einmal Thema gewesen sei, dass Kevin allein oder in einer Wohngruppe wohnen könne, fragt die Vorsitzende Richterin. Der Zeuge antwortet, sie hätten darüber nachgedacht, aber das sei schwierig gewesen. Kevin habe schwer mit Geld umgehen können, und daher seien sie zu dem Ergebnis gekommen, dass das Alleinwohnen erst einmal nichts werde. Betreut worden sei er im Alltag vor allem von seiner Mutter.

»Was haben Sie am 9. Oktober denn mitbekommen?«, fragt die Vorsitzende. Karsten L. beginnt heftiger zu weinen. Um 11.45 Uhr haben sie noch telefoniert. Kevin habe in den Dönerimbiss gehen wollen, aber seine Mutter habe dazu »Nein« gesagt, weil er ein bisschen übergewichtig gewesen sei. In solchen Situationen habe Kevin dann ihn angerufen, um sich die Erlaubnis zu holen. Kevin habe immer versucht, die Eltern ein bisschen gegeneinander auszuspielen, »aber auf eine nette Art und Weise«, fügt der Vater hinzu. Als Kevin ihn angerufen habe, habe er ihm gesagt: »Hol dir den Döner.« Um kurz nach 12 Uhr habe ihn dann Kevins Mutter angerufen und gesagt: »Kevin geht nicht ans Telefon.« Auch er selbst habe seinen Sohn nicht mehr erreicht. Sie hätten ihn dann nach einer Weile über eine App geortet und gesehen, dass er in der Ludwig-Wucherer-Straße gewesen sei. Dann hätten sie mehrfach versucht, seinen Arbeitgeber anzurufen. »Aber nichts...nichts«, sagt Karsten L. und weint lange. Rechtsanwalt Görgülü legt ihm eine Hand auf die Schulter und redet leise mit ihm. »Die Unsicherheit war bestimmt groß«, sagt die Vorsitzende nach einer Weile. Ja, sie hätten probiert, alle Freunde und Bekannte zu erreichen, sagt der Zeuge. »Wie haben Sie das erfahren, dass Kevin erm...?«, fragt die Vorsitzende und korrigiert sich dann rasch, »erschossen wurde?« Ein Freund habe ihn angerufen und gesagt: »Ich habe ein Video«, erzählt L. Er habe sich das Video dann angesehen und direkt gesagt: »Das ist Kevin.« Er habe dann dessen Mutter angerufen. »Und sie hat gesagt: ›Kevin lebt.‹ Und ich habe gesagt: ›Nein.‹« Der Vater von Kevin S. wird von Weinkrämpfen geschüttelt. Die Vorsitzende sagt, sie könnten an dieser Stelle auch abbrechen. Sie wisse nicht, was Karsten L. ihnen noch sagen wolle, aber sie könnten es auch lassen, wenn es zu belastend sei. Auch Rechtsanwalt Görgülü könne sonst für ihn sprechen. Der Zeuge schluchzt. Rechtsanwältin Kristin Pietrzyk schlägt eine Unterbrechung vor, was die Vorsitzende bejaht. Die Verhandlung werde für 15 Minuten unterbrochen und dann würde man weitersehen.

Nach einer 20-minütigen Pause stellt die Vorsitzende fest, dass alle wieder da seien, »und auch Sie, Herr L.« Er habe ihr gesagt, dass er zur Zeugenbefragung weiter zur Verfügung stehen wolle. Sie würde gern von ihm wissen, wie es ihm und der Mutter heute gehe. Er antwortet, sie seien beide in psychologischer Behandlung. Das sei anfangs komisch gewesen, weil sie das ja nicht gekannt hätten. Es sei schwer gewesen festzustellen, dass sie das brauchen würden. Er sei bis heute in psychologischer Betreuung. Die Vorsitzende bedankt sich beim Zeugen und fragt dessen Anwalt Görgülü, ob dieser noch Fragen habe. Er antwortet: »Nein, er hat alles gesagt.« Der Zeuge wird entlassen.

Die Vorsitzende sagt, dass der nächste Zeuge aktuell noch nicht da sei, und sie nicht wisse, ob er noch käme, was sie nun recherchieren müsse. Sie würde daher nach einer Pause die Zeugin Karen E. vorziehen.

Rechtsanwalt David Herrmann sagt, die Vorsitzende habe ja um eine Mitteilung gebeten, falls die Nebenklage Regungen des Angeklagten beobachte, die das Gericht nicht bemerke. Dieser Bitte wolle er hiermit nachkommen. Während Karsten L. geweint habe, habe der Angeklagte zweimal mit den Augen gerollt. »Haben Sie mit den Augen gerollt?«, fragt die Vorsitzende den Angeklagten. »Nein«, antwortet dieser. Die Vorsitzende ordnet eine Pause bis 11 Uhr an.

Um 11.07 Uhr wird die Verhandlung fortgesetzt. Die Vorsitzende sagt, dass der nun vorgesehene Zeuge nicht habe geladen werden können. Sie habe mit Rechtsanwalt Mark Lupschitz ausgemacht, dass nun zunächst seine Mandantin Karen E. gehört werde.

AUSSAGE DER ZEUGIN KAREN E. (NEBENKLÄGERIN, ZUM TATKOMPLEX SYNAGOGE)

Die Vorsitzende Richterin belehrt die Zeugin über ihre Pflichten und befragt sie zu ihren Personalien. Karen E. ist 60 Jahre alt, hat lange Zeit als Journalistin in Europa gearbeitet, hauptsächlich in Österreich für den ORF und die Deutsche Welle. Später habe sie ein jüdisches Kulturzentrum im Süden Österreichs mitgegründet und sei heute wieder Studentin, berichtet die Zeugin. Sie studiere nun Jüdische Theologie und Rabbinat in Potsdam.

Die Vorsitzende bittet die Zeugin zu schildern, wie sie Jom Kippur in der Halleschen Synagoge erlebt habe. Karen E. sagt, sie wolle zunächst etwas dazu sagen, was hier im Gerichtssaal vielleicht noch nicht so oft gesagt worden sei. Sie habe das Gebet in der Synagoge zu Halle als sehr berührend empfunden. Es sei ein sehr inniges Gebet gewesen, das gezeigt habe, wie stark das jüdische Leben in Deutschland sei. Sie finde es wichtig, das zu betonen. Das jüdische Leben in Deutschland solle nicht durch derartige Taten gestört werden. Die Erinnerung, die bei ihr überwiege, sei, wie toll dieser Gottesdienst in Halle gewesen sei. Sie habe dabei viel über Menschen gelernt, sagt sie. Ob es ihr erster Besuch in Halle gewesen sei, fragt die Vorsitzende, was die Zeugin bejaht. Sie hätten mit dem Besuch die Jüdische Gemeinde zu Halle unterstützen wollen. Am Vorabend hätten sie sich bereits in der Synagoge getroffen. »Waren Sie mit engen Freunden dort oder mit Angehörigen?«, will die Vorsitzende wissen. Nicht mit Angehörigen, antwortet die Zeugin. Ihre Familie wohne verstreut in Europa und den USA. Aber mit Freunden sei sie da gewesen. Ob sie von Anfang an dabei gewesen sei und sich auf der Frauenempore befunden habe, will die Vorsitzende weiter wissen, was die Zeugin beides bejaht. »Wie haben Sie zum ersten Mal gemerkt, ›hier ist irgendwas nicht in Ordnung‹?«, fragt die Vorsitzende weiter. Karen E. berichtet, sie habe zunächst Explosionen gehört und gedacht, dass es sich vielleicht um Molotowcocktails von irgendwelchen Jugendlichen handele.

Sie gehöre der ersten Generation von amerikanischen Juden an und sei dort unter deutschen und polnischen Juden aufgewachsen, die einige Jahre vor ihrer Geburt, vor oder während des Kriegs, in die USA gegangen seien. »Sie kennen die Geschichte der Shoah, aber eigentlich sind diese Bilder schwarz-weiß«, erklärt die Zeugin. In diesem Moment seien für sie die Bilder aber in Farbe gewesen, und sie habe gedacht: »Was, schon wieder? Das kann nicht sein.«

Die meisten der Menschen in der Synagoge seien nach den Explosionen nach oben gegangen. Sie seien dabei eigentlich recht rational und »calm« [ruhig] gewesen. Welche Informationen sie dann bekommen hätten, fragt die Vorsitzende. Das sei eigentlich recht wenig gewesen, sagt Karen E. Sie hätten gewusst, dass Schüsse gefallen seien und jemand versucht habe, in die Synagoge hineinzukommen. Viele Informationen hätten sie ehrlich gesagt nicht gehabt, weil ihre Mobiltelefone aus gewesen seien. Erst nach und nach seien dann die Neuigkeiten zu ihnen gedrungen, dass es auch andere Schüsse in Halle gegeben habe. Es habe sie alle überrascht, dass so lange keine Polizei gekommen sei und sie keine Informationen bekommen haben. Der Vorsitzende der Gemeinde und der Sicherheitsmann hätten sich aber um alles gekümmert, und sie, Karen E., habe es am besten gefunden, sich zurückzuhalten. Die Gebete seien weiter gegangen und hätten Kraft gegeben. Ob sie mitbekommen habe, ob Leute versucht hätten, aus der Synagoge zu flüchten, fragt die Vorsitzende, was die Zeugin verneint. Wie sie dann die Situation im Krankenhaus und im Bus erlebt habe, fragt die Vorsitzende weiter. Die Zeugin sagt, wenn es in diesen Situationen wirklich um ihrer aller Sicherheit gegangen sei, sei das ein bisschen »daneben gegangen«. Sie hätten vor allem diskret aus der Synagoge gehen wollen. Was dann aber passiert sei, habe die Vorsitzende sicher schon gehört: Zunächst seien sie ohne Informationen in der Synagoge gelassen worden, als sie dann endlich herausgekommen seien, sei das mit »viel Theater« verbunden gewesen. Sie habe nicht verstanden, warum sie eigentlich als Täter angesehen worden seien. Sie hätten sich ausweisen müssen und ihre Taschen seien kontrolliert worden. Das Gleiche sei später noch einmal vor der ganzen Presse passiert. Da habe sie sich eigentlich als ein Objekt gefühlt, sagt die Zeugin.

Im Krankenhaus sei die Belegschaft dann aber sehr, sehr nett gewesen und habe ihnen ermöglicht, Jom Kippur zu feiern. Das hätten sie dann auch gemeinsam gemacht. Sie habe dann abends die Absicht gehabt, nach Hause zu fahren. Sie habe dafür allein zum Bahnhof gehen müssen, da die Straßenbahn wegen der ganzen Situation nicht funktioniert habe und auch kein Taxi gefahren sei. Sie habe dann allein den nächsten Zug nach Berlin genommen.

Wie sie den Anschlag verkraftet habe, und ob sie etwa in Behandlung sei, fragt die Vorsitzende die Zeugin. Diese sagt, sie sei persönlich nicht in Behandlung. Sehr schockiert seien aber ihre erwachsenen Töchter gewesen, die in Europa aufgewachsen seien, sich als Teil der europäischen Gesellschaft fühlen würden und dann aus den Medien hätten erfahren müssen, was ihrer Mutter widerfahren sei. Sie haben über den Computer von dem Anschlag erfahren und haben ja gewusst, dass sie dort gewesen sei. Das habe sie schockiert. Sie selbst habe psychisch keine großen Probleme gehabt, sagt Karen E. Jetzt sei sie ja in Potsdam, sagt die Vorsitzende und fragt die Zeugin, ob sie überlegt habe, das Land zu verlassen. Diese antwortet, die Gefahr sei ja nicht nur eine deutsche Gefahr, sondern eine für die ganze Zivilgesellschaft. Sie habe Angst, dass man das nicht ernst nehme. Der Täter verstehe ja sehr wenig von Juden, die Gefahr sei aber, dass er nicht allein sei. Er habe zwar allein gewirkt, sei aber von »White Supremacy«-Gruppen ausgebildet, motiviert, angefeuert und unterstützt worden. Diese seien nicht nur in den USA, sondern auch in Deutschland aktiv. Wenn man diese Gruppen nicht ernst nähme und auf ihre Vernetzung schaue, dann sei dieser Strafprozess für sie eigentlich bedeutungslos, sagt die Zeugin.

Ihr Anwalt Rechtsanwalt Lupschitz fragt, ob sie denn meine, dass diese Netzwerke und Verbindungen ausreichend gesehen würden, was sie entschieden verneint. Es gebe ganz viele Verbindungen, etwa zu Christchurch und anderen Taten. Diese Verbindungen würden nicht richtig beobachtet. Das BKA zeige so viel Untätigkeit und Desinteresse in diesem Bereich. Das sei vor allem schockierend, weil man kein BKA-Experte sein müsse, um etwas über diese Zusammenhänge herauszufinden. So gebe es zum Beispiel ein Kollektiv von Künstlern und Wissenschaftlern, die gerade ein Projekt gemacht hätten, bei dem sie mehr über »White Supremacy« herausbekommen hätten als diese Ermittler.[1] Die Tat habe sich auch gegen weiße, deutsche Christen gerichtet, fährt Karen E. fort. Sie richte sich gegen alle. Sie fragt: »Wollen wir in einer Gesellschaft leben, in der so etwas passiert? Und ich habe Angst, dass wir es jetzt hier vermasseln, wenn man diese Gefahr nicht ernst nimmt.« Große Teile der Zuschauer·innen und einige Nebenkläger·innen applaudieren. Die Zeugin wird unvereidigt entlassen.

1 Sie spricht offenbar über das Projekt »Global White Supremacist Terror«, das unter anderem von der Künstlerin und Nebenklägerin Talya F. initiiert worden ist.

Die Vorsitzende fragt Rechtsanwältin Dr. Kati Lang, ob ihr Mandant Ezra W. vor oder nach der Pause aussagen wolle. Rechtsanwältin Lang antwortet, ihr Mandant bitte um eine halbstündige Unterbrechung und wolle dann seine Aussage machen. Die Vorsitzende sagt, dann werde das so gemacht. Sie unterbreche nun bis 12 Uhr, dann werde Ezra W. angehört, und danach werde die Mittagspause gemacht.

Die Verhandlung wird um 12.02 Uhr fortgesetzt.

AUSSAGE DES ZEUGEN DR. EZRA W. (NEBENKLÄGER, ZUM TATKOMPLEX SYNAGOGE)

Die Vorsitzende Richterin belehrt den Zeugen über seine Pflichten und befragt ihn zu seinen Personalien. Ezra W. ist 32 Jahre alt und als Postdoc der Mathematik in der Wissenschaft tätig. Die Vorsitzende fragt, ob die korrekte Anrede also Dr. W. laute. Der Zeuge zuckt mit den Schultern, das müsse nicht sein. »Doch, das muss dann sein, Herr Dr. W.«, sagt die Vorsitzende. Sie bittet den Zeugen, zu erzählen, wie er den 8. und 9. Oktober in Halle erlebt habe. Ezra W. macht seine Aussage auf Englisch, sie wird von einem Dolmetscher übersetzt.

Ezra W. sagt, er wolle zuerst darauf hinweisen, dass er hier Notizen bei sich habe, die er sich noch am Abend des 9. Oktobers mehrere Stunden lang gemacht habe, um alles so genau wie möglich wiedergeben zu können. Er werde davon nicht alles vortragen, aber es diene ihm als Stütze beim Erzählen. Einer der Gründe für die Notizen sei, dass er es damals in der Synagoge schon interessant gefunden habe, wie sich Gerüchte verbreitet haben. Viele Informationen seien damals falsch gewesen, deshalb sei es ihm wichtig gewesen, seine Erinnerungen festzuhalten. Als Erstes erinnere er sich an einen sehr lauten Knall. Er habe gedacht, dass vielleicht ein Sicherheitstisch umgefallen sei, dann habe er geglaubt, vielleicht sei einer der älteren Menschen umgekippt. Der Gottesdienst sei dann unterbrochen worden, und viele Leute seien zur Tür gerannt, um zu schauen, was da los gewesen sei. Er selbst sei in einem anderen Teil des Raums gewesen und dort auch geblieben. Kurz darauf habe es einen zweiten Knall gegeben und danach eine Reihe von Schüssen, die sich wie Schüsse aus einem Maschinengewehr angehört haben. Zu diesem Zeitpunkt sei klar gewesen, dass etwas nicht stimme. Er könne sich erinnern, dass er ein beklemmendes Gefühl in seiner Brust gehabt habe, aber dass er dieses Angstgefühl noch unter Kontrolle gehabt habe. Sie hätten dann Anweisungen von Roman Yossel R. bekommen, der etwas über die Kamera gesehen hatte, das ihm Angst gemacht habe. Diese Angst habe sich dann übertragen und Roman R. habe gesagt, dass alle nach oben laufen sollten. Er sei sofort losgelaufen. Andere hätten noch die Türen verbarrikadiert, aber da sei er nicht dabei gewesen. Oben sei er dann fast überrascht gewesen, wie ruhig alle anderen gewesen seien. Das habe ihm selbst geholfen, auch die Ruhe zu bewahren, und dafür wolle er den anderen Menschen in der Synagoge danken. Nach etwa 10 bis 15 Minuten seien sie dann nach unten gegangen und hätten die ersten Gerüchte gehört. Da er selbst nicht auf die Kamerabilder geschaut habe, habe er nur diese Gerüchte gehabt. Es habe geheißen, dass ein regloser Körper auf der Straße liege und auf diese Person mit einem Luftgewehr geschossen worden sei. Der Zeuge überlegt kurz und sagt dann, er habe gerade nachgedacht, wie er dieses Gerücht erklären solle, aber vielleicht könne er das besser zu einem späteren Zeitpunkt machen. Es habe geheißen, dass die reglose Person ein Mann sei, der aber nichts mit dem Angriff zu tun gehabt habe. Ein Auto solle vorbeigefahren sein, und von dort aus soll auf den Mann geschossen worden sein. Ihm sei das alles damals wie eine Sache vorgekommen, die gar nichts mit ihnen zu tun gehabt habe. Es sei ihm eher wie ein Streit zwischen zwei Menschen vorgekommen, der zufällig vor der Tür passiert sei. Es habe dann noch die Anweisung von der Polizei gegeben, in der Synagoge zu bleiben und nicht rauszugehen, da der Täter noch nicht gefasst worden sei. Da es nichts zu tun gegeben habe, hätten sie dann, wie Karen E. gesagt habe, mit dem Gottesdienst weitergemacht. Er müsse sagen, dass sich das einige Tage später ungut angefühlt habe. Es habe da diese Differenz gegeben zwischen seinem eigenen Erleben und Denken in dem Moment und der Tatsache, dass draußen Menschen gestorben seien. Ihm persönlich habe das Gebet in diesem Moment gleichwohl Stärke gegeben. Er habe sich darauf konzentrieren können, und in psychologischer Hinsicht sei das eine sehr gesunde Reaktion gewesen. Der Teil des Gebets, der dann dran gewesen sei, sei eine Lesung aus der Bibel, wie sie Teil des Jom-Kippur-Gottesdienstes sei. Dieser Teil des Rituals beschäftige sich mit dem Sündenbock. In den folgenden Wochen habe das für ihn eine symbolische Bedeutsamkeit entwickelt. Er glaube, dass sich der Antisemitismus im Kern mit der kreativen Erfindung eines Sündenbocks beschäftige. Es gehe dabei um die Unfähigkeit, selbst Verantwortung zu übernehmen und daher einen Sündenbock zu suchen. Verknüpft seien seine Gedanken dazu aber auch mit Jana L. Er habe nie die Ehre gehabt, sie persönlich kennenzulernen. In den Wochen nach dem Anschlag habe er aber die Gelegenheit gehabt, ihre Mutter kennenzulernen. Er wolle hier sagen, dass sie eine gute, starke, demütige Frau sei. In der jüdischen Tradition würde man sie als Eshet Chayil bezeichnen, als mutige Frau. Sie habe nichts von dem Leid verdient, was durch den Täter über sie gekommen sei.

Nach dieser Bibellesung sei das Jiskor-Gebet gesprochen worden, das für die Mitglieder der Gemeinde gedacht sei, die ein enges Familienmitglied verloren hätten. Da seine Eltern »Gott sei Dank« am Leben seien, verlasse er zu diesem Gebet üblicherweise den Raum. Das habe er auch an diesem Tag so gehandhabt. Auch andere Synagogenbesucher hätten den Raum verlassen, und dies sei wieder ein Moment gewesen, in dem Gerüchte ausgetauscht worden seien. In diesem Moment habe er zum Beispiel das Gerücht gehört, dass es sich vielleicht nur um Böller von Kindern gehandelt habe. Er glaube heute, dass das psychologisch vielleicht ein Versuch gewesen sei, alles kleiner zu machen, um damit besser umgehen zu können. Sie seien dann in den Raum zurückgegangen, um am Musaf-Gebet teilzunehmen. Dieses sei das Herz des Jom-Kippur-Gottesdienstes. Während des Gebets hätten sie Polizeisirenen und Helikopter gehört, aber das habe das Gebet auf eine gewisse Art noch intensiver gemacht. Später sei es schwierig gewesen, dieses religiöse Erlebnis und die Realität, die draußen stattgefunden habe, zusammenzubekommen. In dem Moment sei es aber ohne Zweifel das gewesen, was er habe tun müssen.

Nach dem Musaf-Gebet habe es eine neue Runde von Gerüchten gegeben. Einige Leute hätten ihre Mobiltelefone eingeschaltet, es habe so wieder Kontakt mit der Außenwelt gegeben. Zu den Gerüchten gehörte unter anderem, dass bis zu sieben Menschen getötet worden seien und bis zu 70 Geiseln in einem EDEKA festgehalten würden. Es habe außerdem geheißen, dass es in zwei weiteren Städten Taten gegeben habe, und dass es sich möglicherweise um drei Täter handele, von denen einer gefasst worden sei. Er glaube heute, dass diese Art von Verwirrung daher gekommen sei, dass an verschiedenen Orten etwas passiert sei.

Normalerweise sei innerhalb des Jom-Kippur-Gottesdienstes dann der Zeitpunkt gewesen, um mit den Nachmittagsgebeten weiterzumachen. Die Polizei habe sie aber evakuieren wollen, und es sei beschlossen worden, die Gebete zunächst ruhen zu lassen. Es habe sich in diesem Moment seltsam angefühlt, dass sie evakuiert werden sollten. Er habe aber die Sorge verstanden, dass es noch weitere Bomben geben könne. Aus religiöser Sicht sei das aber eine sehr ernste Sache gewesen, weil er normalerweise am Schabbat nicht einmal Auto fahren würde. An Jom Kippur sei das völlig ausgeschlossen. Im jüdischen Gesetz könne man diese Feiertage aber natürlich unterbrechen, um Leben zu retten.

Ein Polizist in voller Ausrüstung habe dann gesagt, dass die Synagoge mit einem Bus in Richtung Krankenhaus verlassen werden solle. Sie seien dann in Gruppen, zu jeweils vier Männern und vier Frauen, aus der Synagoge gegangen. Noch immer habe er das schaurige Bild im Kopf, wie schwer bewaffnete Polizisten draußen an Jom Kippur auf den Grabsteinen des jüdischen Friedhofs gestanden habe. Im Bus sei er dann schockiert gewesen, wie viele Menschen dort gewesen seien. Er habe hunderte Polizisten und dutzende Ärzte gesehen, außerdem »viele, viele« Journalisten auf der anderen Seite des Busses. Im Krankenhaus seien sie dann sehr warm in Empfang genommen worden. Ihnen sei gesagt worden, sie seien Gäste und keine Patienten. Ihnen sei auch Essen angeboten worden, aber da an Jom Kippur gefastet werde, hätten sie das abgelehnt.

Roman Yossel R., der die Gebete angeleitet habe, sei im Krankenhaus von der Polizei befragt worden, und deshalb habe er selbst dann mit dem Segen der anderen das Gebet angeleitet. Er habe das gern gemacht und sich dabei stark gefühlt. Sein Vater leite diese Gebete sonst auch an, deshalb habe es sich für ihn in diesem Moment richtig angefühlt. Er wolle kurz etwas zum religiösen Hintergrund erklären. Die Bildsprache sei an Jom Kippur sehr dramatisch. Es gehe um ein Gericht, das zwischen Leben und Tod für alle Menschen entscheide. Das Abschlussgebet Neïlah heiße wörtlich »Das Schloss« und solle das Bild eines Tores hervorrufen, das sich langsam schließe. Der Zweck dieses Bildes sei, die Menschen anzuregen, Buße zu tun. Dies sei der Kern von Jom Kippur: Die Umkehr zu Gott sei das Hauptthema. Er sei in diesem Moment also bereit gewesen, das Gebet anzuleiten, sagt Ezra W. Er habe sich vorgestellt, dass die Gebete der Welt auf ihre Schultern niedergingen, weil Juden auf der ganzen Welt diesen Tag begehen und dieses Gebet sprechen würden. Das Gebet sei nicht unbedingt erfolgreich gelaufen, auch wenn er sein Bestes gegeben habe. »Das waren die Notizen zu diesem Tag«, schließt der Zeuge seinen Bericht.

Die Vorsitzende fragt ihn, ob er noch am Abend zurück nach Berlin gefahren sei, was der Zeuge verneint. Er sei in Halle geblieben und habe gar nicht richtig realisiert, was geschehen sei. »Wann haben Sie es realisiert?«, fragt die Vorsitzende. Er lacht. »Jetzt?«, sagt er fragend. Welche Folgen der Anschlag bei ihm gehabt habe, fragt die Vorsitzende. Ezra W. sagt, er sei bei einem Psychotherapeuten gewesen, den er schon ein Jahr vor der Tat aufgesucht habe, und habe dort fünf Termine bekommen. In diesen Terminen sei es auch um Jom Kippur gegangen, aber auch um alle anderen Dinge, um die es bei einem Therapeuten so gehe. Die Folgen seien allerdings auch jetzt im Rahmen des Prozesses noch spürbar. Er könne jedoch sagen, wie es ihm in den Wochen nach der Tat gegangen sei: Er habe sehr viel Adrenalin in sich gehabt und, wie das so sei, sei dieser Adrenalinspiegel immer hoch und runter gegangen. Mal sei ihm bewusst geworden, dass er so etwas wie eine Nahtoderfahrung gehabt habe, manchmal sei er sehr müde gewesen. Das seien wohl die normalen Reaktionen des Körpers. Er habe auch versucht, mit dem Ganzen rational umzugehen und die positiven Aspekte zu sehen. Darunter falle zum Beispiel die Dankbarkeit für das Leben an sich und die damit verbundene größere Wertschätzung für das Leben. Es habe das erwähnte Spannungsfeld zwischen dem gegeben, wie er sich gefühlt habe, nämlich eigentlich ganz gut, und dem, wie es anderen Menschen ergangen sei, die nicht so viel Glück gehabt hätten wie er. Einige Worte, die ihm bei der Verarbeitung sehr geholfen hätten, habe er von dem Pastor von Jana L.s Familie gehört. Dieser habe vom »Wunder von Halle« gesprochen, dass so viele überlebt hätten, und von der »Wunde von Halle«, mit der jetzt alle umgehen müssten. Wenn er in diesem Bild bleibe, könne er sagen: Kurz nach der Tat habe er vor allem das Wunder gespürt, und jetzt, auch durch den Prozess, gewinne die Wunde an Bedeutung.

Er wolle noch ein paar Dinge über seine Ziele und sein Anliegen sagen. Er sei immer jemand gewesen, der seine jüdische Identität durch kreative

Inhalte wie jüdische Musik, die Weisheit der Thora oder die hebräische und jiddische Sprache definiert habe. Antisemitismus habe sich für ihn immer wie eine lästige Ablenkung von diesen Aspekten angefühlt. Er habe immer abgelehnt, dass Antifeminismus einen Einfluss auf diese Identität als Jude habe. Er korrigiert sich: Nun habe er Antisemitismus und Antifeminismus durch einen Freudschen Versprecher vertauscht. Er habe immer abgelehnt, dass Antisemitismus seine Identität als Jude bestimme. Nun sei er aber in einer Situation, in der Antisemitismus sein erstes Jahr als Jude in Deutschland sehr geprägt habe. Er sei also in einer Rolle, um die er nicht gebeten habe, und wolle nun die Stimme, die er habe, nutzen, um zu einem kulturell breiteren Leben in Deutschland beizutragen. Für ihn sei die Kernbotschaft des Judentums, die er weiterverbreiten wolle, die Wertschätzung des Heiligtums des Lebens. Ein jüdisches Vorbild sei für ihn seine Großmutter, die 96 Jahre alt sei und den Zweiten Weltkrieg überlebt habe. Sie habe in ihrem Leben viel Leid erlebt. Wenn er aber ihre Werte richtig verstehe, wenn er richtig verstehe, was sie aus dem Verlust des Lebens durch die Shoah gelernt habe, sei das die Wertschätzung des Lebens an sich. Seine Großmutter lebe heute in Boston in der Nähe seiner Eltern. Seine Mutter kümmere sich um sie, und seine Großmutter wisse nichts von dem Anschlag und dem Prozess, und sie werde auch nie etwas davon hören. »Baruch Haschem«, Gott sei gedankt, sei ein Satz, den sie jeden Tag sage. Und es gebe ein Lied, das sie immer singe. Er wolle vor Gericht nicht lügen, sagt Ezra W., aber er glaube, dass seine Großmutter dieses Lied noch immer an jedem einzelnen Tag singe. Dieses Lied sei ein Symbol für das Kernstück des Judentums: das Heiligtum des Lebens. Er wolle ein Stück davon mit allen hier teilen. Er singt ein paar Zeilen des Lieds.

Die Vorsitzende fragt den Zeugen, seit wann er in Deutschland sei, und was er hier mache. Ezra W. antwortet auf Deutsch, dass er seit August 2019 in Deutschland sei. Vorher habe er seinen Bachelor-Abschluss in den USA gemacht und seinen Master und Doktor in Israel. Im vergangenen Jahr sei er dann in Prag gewesen. In Deutschland habe er ein bisschen die Sprache gelernt. »›Ein bisschen‹ würde ich nicht sagen«, bemerkt die Vorsitzende. Er spreche doch sehr gut. Der Zeuge bedankt sich. Er wolle in Deutschland bleiben.

Die Richterin fragt, ob jemand vom Gericht, der Verteidigung, der Bundesanwaltschaft oder der Nebenklage eine Frage habe. »Ich habe eine Frage«, sagt der Angeklagte. Die Vorsitzende erwidert, sie frage gerade die Nebenklage. Dort habe offenbar niemand eine Frage. »Haben Sie wirklich eine Frage?«, fragt sie den Angeklagten scharf.

Rechtsanwalt Gerrit Onken, Vertreter der Nebenklage, sagt, er wolle anregen, dass der Angeklagte seine Fragen schriftlich formuliere und der Vorsitzenden zunächst vorlege. Verteidiger Rechtsanwalt Hans-Dieter Weber entgegnet, dem widerspreche er aus seinen bereits genannten Gründen: Es gehe bei den

Fragen womöglich auch um die Schuldfähigkeit seines Mandanten. Die Vorsitzende sagt, es sei hier die Frage, ob der Zeuge Ezra W. sich diese Dinge anhören müsse. Man müsse überlegen, ob diese Äußerungen des Angeklagten vor ihm passieren müssten. Rechtsanwältin Lang wirft ein, soweit sie sehe, seien weder Norbert Leygraf noch Lisa John, die psychiatrischen und psychologischen Sachverständigen, anwesend. Insofern spreche nichts gegen die von Rechtsanwalt Onken vorgeschlagene Vorgehensweise. Die Richterin sagt, es sei ein JVA-Psychologe anwesend, der mit Psychiater Leygraf und Psychologin John im Austausch stünde. Rechtsanwältin Pietrzyk meint daraufhin, es gehe hier ja darum, dass der Angeklagte überhaupt keine wirklichen Fragen stelle, sondern sich lediglich direkt an den Zeugen richten wolle. Der Angeklagte sagt, er habe eine religiöse Frage, es handele sich um nichts Schlimmes. Dann stelle sich die Frage, ob das überhaupt verfahrensrelevant sei, erwidert Rechtsanwältin Lang. Die Vorsitzende schlägt vor, dass der Zeuge Ezra W. entlassen und der Sachverhalt in der Mittagspause geprüft werde. Rechtsanwalt Weber sagt, dagegen müsse er sich verwahren: Wenn sein Mandant eine Frage habe, könne der Zeuge natürlich nicht entlassen werden. Die Vorsitzende widerspricht: Sie könne den Zeugen entlassen und gegebenenfalls erneut den Angeklagten in den Zeugenstand holen. Rechtsanwältin Lang sagt, sie wolle gleich sagen, dass ihr Mandant natürlich keine Fragen beantworten werde, die nicht verfahrensrelevant seien. Ein Vertreter der Bundesanwaltschaft meldet sich zu Wort: Es sei prozessual schwierig, den Zeugen zu entlassen, wenn noch jemand eine Frage habe. Die Vorsitzende entgegnet, das könne sie sehr wohl tun, und das werde sie jetzt auch machen.

Die Vorsitzende sagt, dass sie als nächste Zeugen İsmet T. und dann Rıfat T. vorgesehen habe. Deren Anwalt Rechtsanwalt Onur U. Özata sagt, er würde die umgekehrte Reihenfolge vorschlagen.

Die Verhandlung wird bis 14.15 Uhr unterbrochen.

Nach der Unterbrechung fragt die Vorsitzende Richterin den Verteidiger Rechtsanwalt Weber, welche Frage sein Mandant denn habe. Der Angeklagte sagt, Ezra W. habe gesagt, es ginge an Jom Kippur darum, Buße zu tun. Im Christentum tue man ja Buße für vergangene Taten, seines Wissens nach büße man im Judentum allerdings für Taten im Voraus, also für künftige Taten. »Ich denke, diese Frage ist ziemlich relevant für die Motivation meiner Tat«, sagt der Angeklagte. Die Vorsitzende entgegnet dem Angeklagten, der Zeuge habe mit seiner Motivation nichts zu tun. Wenn sich der Angeklagte über Religion unterhalten wolle, sei Ezra W. nicht der richtige Ansprechpartner. Sie verstehe außerdem den Zusammenhang seiner Frage nicht. »Herr Weber, können Sie das erklären?«, fragt sie den Verteidiger. Rechtsanwalt Weber sagt, das könne er natürlich nicht, aber er sehe gerade, dass Ezra W. da sei. Vielleicht wolle dieser ja die Frage einfach beantworten. Rechtsanwältin Lang sagt, wenn der Kollege das tatsächlich einfordere, werde sie die Frage natürlich beanstanden, da sie keinen Verfahrensbezug habe. Die Vorsitzende fragt Oberstaatsanwalt Stefan Schmidt, ob er zu der Sache etwas sagen wolle. Dieser sagt, die Beanstandung sei richtig. Die religiösen Überzeugungen des Zeugen seien nicht verfahrensrelevant. Die Vorsitzende sagt, sie denke auch, dass diese Sache nicht verfahrensrelevant sei. Sie werde daher die Frage nicht zulassen. Der nächste Schritt wäre es dann, einen Beweisantrag zu stellen. Rechtsanwalt Weber signalisiert, dass er das nicht tun werde. Ezra W. sagt, er würde gern das Gespräch über Religion und Mathematik fortführen, aber denke nicht, dass das hier der geeignete Ort dafür sei. Rechtsanwältin Lang ergänzt, dass ihr Mandant ihr auch gesagt habe, dass er zu einem solchen Gespräch in einem passenden Rahmen bereit sei, wenn der Angeklagte das in ein paar Jahren noch wolle.

AUSSAGE DES ZEUGEN RIFAT T. (NEBENKLÄGER, ZUM TATKOMPLEX KIEZ DÖNER)

Die Vorsitzende belehrt den Zeugen über seine Pflichten und befragt ihn zu seinen Personalien. »Ihr Name ist İsmet T.?«, fragt sie, was sein Rechtsanwalt Onur U. Özata korrigiert. Er sei Rıfat T. Er ist 32 Jahre alt, arbeitet im Kiez Döner und ist über seinen Rechtsanwalt Özata ladungsfähig. Er antwortet auf Türkisch, ein Dolmetscher übersetzt ins Deutsche.

»Wir haben Sie geladen, weil auch Sie im Oktober schlimme Dinge erlebt haben. Wie lange leben Sie denn schon in Halle?«, fragt die Vorsitzende. Rıfat T. sagt, er lebe seit fünf Jahren in Halle. Er habe erst bei seinem Bruder gewohnt, heute lebe er mit seiner Frau und zwei gemeinsamen Kindern zusammen. Seit wann er in dem Laden seines Bruders beschäftigt sei, fragt die Vorsitzende weiter. Rıfat T. antwortet, er habe zuvor bei Izzet gearbeitet. Das sei der Vorname des Vorbesitzers des Imbiss, erklärt der Dolmetscher. Die Vorsitzende kommentiert, dass das ja ein bekannter Name in Halle sei. Sie fragt den Zeugen, ob er also am Tag des Anschlags im Laden gearbeitet habe, dessen Besitzer zu diesem Zeitpunkt Izzet C. gewesen sei, was der Zeuge bestätigt. Er habe an diesem Tag um 9.30 Uhr aufgemacht und nach und nach seien Kunden gekommen und hätten Bestellungen aufgegeben.

Er habe zu diesen gesagt, dass sie Platz nehmen sollten. Der erste Döner sei schon fertig gewesen, und er habe gerade den zweiten vorbereitet, als er den Angreifer habe kommen sehen. Dieser habe so etwas wie eine grüne Uniform getragen. Zunächst habe er gedacht, das sei vielleicht ein Soldat oder Sicherheitsmann. Als er gerade den zweiten Döner habe fertigmachen wollen, habe der Mann dann eine Bombe durch die Tür in den Laden werfen wollen. Auf der linken Seite des Kiez Döners sei so etwas wie ein Garagentor, dort habe sich der Angreifer dann eine Zeit lang versteckt. Dann habe er versucht, mit der Waffe in der Hand auf den Laden zu schießen. Mit der ersten Kugel habe er die Scheibe getroffen. Wenn er sich richtig erinnere, sei Kevin S. zu diesem Zeitpunkt an der Tür gewesen. Der Angreifer sei dann in den Laden gekommen, und er selbst habe sich hinter dem Salattresen versteckt. Was dann passiert sei, habe er nicht sehen können, weil er sich ja weggeduckt habe. Er habe sich auch nicht getraut herauszukommen. Von der anderen Seite des Tresens habe er nur »Bitte nicht, bitte nicht schießen!« gehört. Da sei er sich sicher gewesen, dass der Täter ihm den Rücken zudrehe, und in diesem Moment sei er schnell aus dem Laden entkommen. Gegenüber liege das Hongkong-Restaurant. Dorthin sei er geflüchtet und habe seinen Bruder angerufen, um zu berichten, was geschehen sei. Sein Bruder habe gesagt, er komme. Ein Kunde des Kiez Döners habe ihm dann ein Handzeichen gegeben und etwas signalisiert wie: »Lass uns hinter das Restaurant gehen.« Er habe aber noch weitere Schüsse gehört, erinnert sich Rıfat T., und nicht gewusst, was vor sich gehe. Er sei deshalb wieder zurück zum Hongkong-Restaurant gegangen. Von dort aus habe er dann gesehen, wie der Angreifer und die Polizisten sich gegenseitig beschossen hätten. Nach diesem Vorfall sei der Täter dann an ihm vorbeigefahren. Er sei dabei wieder Richtung Synagoge gefahren. Eine Polizistin habe ihn dann gefragt, wohin der Angreifer gefahren sei. Er habe die Richtung angezeigt und habe anschließend seinen Bruder vor dem Laden getroffen. Gemeinsam seien sie dann in den Kiez Döner gegangen, ehe die Polizei sie ins Hongkong-Restaurant gebracht habe. Dort hätten sie dann gewartet. Viele Reporter seien gekommen und hätten mit ihnen gesprochen. Abends seien sie dann nach Hause gegangen. Am nächsten Tag erst sei er dann zur Polizei gegangen, um seine Aussage zu machen.

Die Vorsitzende bedankt sich für den Bericht. Sie vergewissert sich, ob Rıfat T. gedacht habe, es handele es sich um einen Polizisten oder Soldaten, als er den Angreifer das erste Mal gesehen habe. Der Zeuge antwortet, er habe nicht gedacht, dass es ein Polizist sei. Anhand der Kleidung habe er aber gedacht, es könne vielleicht ein Soldat sein. »Wann wussten Sie, dass etwas nicht in Ordnung ist?«, fragt sie. Rıfat T. antwortet, nachdem der Angreifer die Bombe geworfen habe. Nach der ersten Schussabgabe sei er dann hinter der Theke in Deckung gegangen. Die Vorsitzende fragt, ob der Zeuge den Angreifer auch habe schießen sehen, oder ob er das nur gehört habe. Rıfat T. sagt, dass er den ersten Schuss noch gesehen habe. Als er dann Kevin S. »Bitte nicht, bitte nicht schießen!« sagen gehört habe, sei er aus dem Laden gerannt. Der Angreifer sei zu diesem Zeitpunkt am Tisch in der Nähe der Kühlschränke gewesen, und er selbst sei geduckt durch den Haupteingang auf die Straße hinausgelaufen. Die Vorsitzende sagt, sie habe von Prof. Dr. Bernd H., einem weiteren Zeugen der Nebenklage, gehört, dass er sich später auch im asiatischen Restaurant aufgehalten habe. Rıfat T. entgegnet, das könne sein, das habe er in der Situation nicht wahrgenommen. Er fragt nach, ob die Vorsitzende Richterin den älteren Herrn meine und bestätigt dann, dass dieser auch im Kiez Döner und später im Hongkong-Restaurant gewesen sei. Die Vorsitzende sagt, dass ihm der Name Bernd H.s nichts sage, sei ja nachvollziehbar.

Sie fragt den Zeugen, wann er Gelegenheit gehabt habe, mit Journalisten zu sprechen. Das sei so ein bis zwei Stunden nach der Tat im Hongkong-Restaurant gewesen. So genau könne er das nicht mehr sagen. Die Vorsitzende bemerkt, das habe nur am Rande etwas mit der Sache zu tun, aber sie würde gern wissen, ob einer der Polizisten etwas dagegen gehabt habe, dass er mit den Journalisten gesprochen habe, was Rıfat T. verneint. Ob er sich vor Ort in ärztliche Behandlung begeben habe, fragt sie. Rıfat T. sagt, das habe er erst danach getan. Er sei bis heute bei einem Psychologen in einer Klinik in Halle in Behandlung. Die Vorsitzende Richterin bittet den Zeugen, seinen Zustand zu beschreiben. Er erzählt, er könne nicht gut schlafen und könne eigentlich auch nicht mehr im Laden arbeiten. Sein Bruder wolle diesen aber nicht aufgeben, gerade nach diesen Ereignissen. Er wolle seinem Bruder zur Seite stehen und helfe daher weiter im Laden. Er helfe morgens bei den Vorbereitungen und gehe dann wieder nach Hause. Die Vorsitzende fragt, ob er denn bei seinem Bruder angestellt sei. Dieser habe den Laden ja übernommen, oder gewissermaßen von Izzet C. geschenkt bekommen. Rıfat T. erklärt, dass der Laden auf die Frau seines Bruders angemeldet sei, er also ihr Angestellter sei. Wie es seiner Familie gehe, fragt die Vorsitzende. Der Zeuge erklärt, dass seine Kinder zu klein seien, um mit der ganzen Sache etwas anzufangen. Seine Frau sei durch die Situation, wie viele andere, natürlich sehr beeinträchtigt worden. »Das heißt sie leidet auch?«, fragt die Richterin. »Es ist nicht mehr ganz so schlimm«, antwortet Rıfat T. Die Vorsitzende fragt, welche Pläne er denn jetzt für die Zukunft habe. Der Zeuge antwortet, er wolle sich wie alle deutschen Bürger hier für dieses Land einsetzen.

Die Vorsitzende Richterin fragt die Verfahrensbeteiligten, ob sie Fragen hätten. Das ist nicht der Fall. Rıfat T. sagt, er wolle noch eines sagen: Er hoffe, dass das Gericht hier zu einem gerechten Urteil komme.

AUSSAGE DES ZEUGEN İSMET T. (NEBENKLÄGER, ZUM TATKOMPLEX KIEZ DÖNER)

Die Vorsitzende belehrt den Zeugen über seine Pflichten und fragt nach seinen Personalien. İsmet T. ist 46 Jahre alt, er ist der ältere Bruder von Rıfat T. und über seinen Anwalt, Rechtsanwalt Özata, zu laden.

Der Zeuge beginnt seine Aussage mit dem Satz: »Gott sei Dank« sei er mit dem Angeklagten weder verwandt noch verschwägert. Er will auf Deutsch aussagen. Kurz wird diskutiert, dass Rıfat T. dann seine Aussage nicht verstehen könne. »Ich kann ihm später berichten«, sagt İsmet T. Die Vorsitzende sagt, dass hier jeder das Recht habe, direkt alles mitzubekommen. Ein Dolmetscher werde Rıfat T. die Aussage übersetzen.

Die Vorsitzende fragt den Zeugen, was passiert sei, nachdem sein Bruder ihn am Tag des Anschlags angerufen habe. İsmet T. berichtet, dass er kurz vorher wegen einer Bestellung telefoniert habe und dann etwas habe erledigen müssen. Drei bis vier Minuten vor dem Anschlag habe er daher den Laden verlassen. Zu diesem Zeitpunkt seien nur sein Bruder und ein Gast, Bernd H., im Laden gewesen. Dann habe sein Bruder ihn angerufen, und er habe sofort zum Laden zurückgewollt. Er habe rennen wollen, aber habe irgendwie nicht laufen können, er habe keine Kraft in den Beinen gehabt, erzählt İsmet T. eindringlich. Dann seien zwei Bauarbeiter gekommen, die gesagt hätten: »Geh nicht hin!« Er hätte die beiden gekannt, weil sie immer zum Essen in seinen Laden gekommen seien. Einer der beiden habe gesagt: »Der Mörder hat viele getötet und tötet dann auch dich.« Es sei für ihn dann alles »wie ausgeschaltet« gewesen, weil er gewusst habe, dass sein Bruder und Bernd H. noch im Laden waren. Der Weg sei ihm so lang vorgekommen, und es sei alles wie ausgeschaltet gewesen, wiederholt er. Er sei weiter gerannt, bis kurz vor der Apotheke. Dann habe er einen Schuss gehört und sich hinter einem Haus versteckt. Er habe kurz nachgedacht und sei dann zwei, drei Autos weiter gerannt, um dort in Deckung zu gehen. Dann sei die Polizei gekommen, und es habe einen Schusswechsel zwischen dem Täter und den Beamten gegeben. Er habe sich auf den Boden gehockt und so gesehen, dass der Angeklagte nach den Schüssen zu Boden gegangen sei. Er habe geglaubt, er würde am Boden bleiben, aber dann sei der Angreifer wieder aufgestanden, ins Auto gestiegen und weggefahren. Die Polizei sei ihm dann gefolgt. Er selbst sei zum Laden gerannt und habe gesehen, dass sein Bruder da sei, berichtet İsmet T. Kurz habe er Luft geholt und habe ein Wasser aus dem Kühlschrank holen wollen. Dabei habe er dann gesehen, dass da jemand am Boden gelegen habe. Den Namen des Mannes habe er damals nicht gekannt. Er glaube, es sei dann noch jemand im Laden gewesen, sagt der Zeuge. Er meine, das sei Myriam S., die Partnerin von Izzet C., gewesen. Er sei dann zu dem Mann gegangen, der am Boden lag, und habe geprüft, ob dieser noch atme. Dann habe er den Notruf gewählt und gesagt, dass der Mann tot sei. Er habe das Telefon dann an Myriam S. weitergegeben. Zu diesem Zeitpunkt habe er nicht gewusst, dass der Stammkunde Conrad R. in der Toilette eingeschlossen gewesen sei. Die Polizei sei dann gekommen und habe ihnen »so unangenehm« gesagt, dass sie weit weggehen sollten. Sie hätten sich zwar gefragt wieso, aber dann sei Conrad R. gekommen, sie hätten ihm ein Wasser gebracht und seien dann zusammen zum Hongkong-Restaurant gebracht worden. Conrad R. sei so geschockt gewesen, dass er nicht habe sprechen können. İsmet T. sagt, im Restaurant habe er sich dann sehr schlecht gefühlt, habe Magenkrämpfe gehabt und ärztliche Hilfe gebraucht. Als er an die frische Luft habe gehen wollen, habe ein Polizist ihm sehr unfreundlich gesagt, dass er nicht rausgehen dürfe. Ein Mitarbeiter des Restaurants habe ihm dann eine Tablette gegeben, und er habe sich etwas besser gefühlt. Sie hätten dann Kaffee bekommen und gewartet. Vor der Tür seien Polizisten gewesen, die alles durchgecheckt hätten. Das sei schrecklich gewesen: »Um diesen Tag zu beschreiben, habe ich keine Worte.« Für den Mörder aber habe er Worte: »Er ist ein Feigling.« Wer jemandem in den Rücken schieße und jemanden umbringe, sei kein Mensch. Bis zur heutigen Aussage habe er es ausgehalten, sagt İsmet T., der bei jedem Verhandlungstag anwesend war. Aber dann habe er diese Situation nicht mehr aushalten können, und er müsse das jetzt hier sagen.

Er möge das Wort Ausländer nicht, sagt İsmet T. Alle Menschen würden von Adam und Eva kommen, und alle seien Ausländer auf dieser Welt. Man lebe da, wo man sich sicher und wohl fühle und wo man leben wolle. Er habe über die Gesellschaft nachgedacht, sagt er. Was ihn sehr gestört habe, und er nicht habe verstehen können, sei gewesen, dass er zunächst nicht habe Nebenkläger sein können. Der Bundesanwalt habe behauptet, der Angeklagte habe ihn nicht töten wollen. Er kenne sich auch mit Waffen aus, sagt İsmet T., weil er beim Militär gewesen sei. Es gebe Waffen, die könnten auch auf 800 oder 3000 Meter treffen. Wenn es nach ihm gehe, würde er eine Welt ohne Waffen gründen. »Ich bitte das Gericht, dass sie feststellen, dass er mich auch treffen wollte«, sagt İsmet T.[2]

Wenn die Vorsitzende keine Fragen habe, würde er gern noch etwas auf Türkisch sagen. Die Vorsitzende antwortet, sie könne ihre Fragen auch gleich stellen, dann könne er erst einmal weitersprechen. İsmet T. spricht nun auf Türkisch, der Dolmetscher übersetzt: »Kevin und Jana sind nicht für umsonst gestorben«, beginnt İsmet T. Den Wert ihres Todes könne man nicht bemessen. Sie seien vielleicht körperlich nicht anwesend, aber sie würden bis in alle Ewigkeit in den Herzen leben. Er könne mit Sicherheit sagen, dass viele so denken würden wie er: »Niemand hat es verdient, auf so eine Art und Weise zu sterben. Warum ist ein Leben so wenig wert? Deutschland ist ein Vorbild. In vielen Dingen ist man sehr stark, macht viele Dinge wunderbar. Aber ich frage mich, wieso solche Vorfälle seit Jahren immer wieder geschehen und nicht verhindert werden. Ich bin mir absolut sicher, dass der deutsche Staat, wenn er sich dieser Dinge wirklich ernsthaft annimmt, sie auch in den Griff bekommen würde. Dafür muss man gemeinsam arbeiten, zusammenarbeiten.« Viele Dinge würden nicht wahrgenommen und ignoriert werden, sagt İsmet T. Seine Familie sei nach Deutschland gekommen, um Gutes zu tun: »Unser Ziel war es nie, Schaden anzurichten. Meine Sichtweise auf Deutschland hatte sich für kurze Zeit verändert. Zwei Monate vor dem Vorfall wollte ich die deutsche Staatsbürgerschaft beantragen, hatte auch alle Unterlagen eingeholt. Ich habe mich über mein Handy auf diese Prüfung vorbereitet.[3] Aber nach diesem Vorfall war es so: Es macht keinen Unterschied, ob ich die deutsche Staatsbürgerschaft habe oder nicht. Ich habe keinen Sinn mehr

2 Die Bundesanwaltschaft hatte im Vorfeld und in der Anklage deutlich gemacht, dass sie im Falle İsmet T.s nicht von einem versuchten Tötungsdelikt ausgehe. Dieser Einschätzung widerspricht İsmet T. hier.

3 Gemeint ist wohl der Einbürgerungstest.

darin gesehen. Solange ich dunkle Haare habe, einen dunklen Teint, macht es keinen Unterschied, ob ich in meiner Tasche einen deutschen Pass trage oder nicht. Nach dieser feigen Tat habe ich viele wunderbare Menschen kennengelernt. Ich war mir danach sicher: Sicher gibt es in jedem Land böse Menschen, aber das Böse wird immer verlieren. Ich habe ganz großherzige, ganz liebe Menschen kennengelernt. In erster Linie möchte ich der Opferberatung, Frau Antje Arndt und ihrem Team danken, dann haben wir noch eine Kiez-Soli-Gruppe, dann auch noch den Menschen, die sich solidarisch gezeigt haben, vom ersten Tag an auch in dieser Gerichtsverhandlung. Und auch allen, die uns aus der Ferne materiell und auch ideell unterstützt haben, möchte ich im Namen der Familie T. danke sagen. Menschen sind zum Leben da. Im Koran gibt es eine kurze Stelle, da heißt es: »Mühe dich so im Leben, als wenn du niemals sterben würdest, lebe aber auch so, als ob du jeden Tag sterben könntest.« Eines Tages wird jeder sterben müssen. Aber niemand hat es verdient, auf diese Weise sterben zu müssen. Kann man sich überhaupt vorstellen, was das für ein Kraftakt ist, ein Kind großzuziehen? Was das für ein Schmerz ist für eine Mutter oder einen Vater, ihr Kind zu verlieren? Nach so einem Verlust kann man einer Mutter oder einem Vater die ganze Welt zu Füße legen. Aber niemand wird ihnen diesen Schmerz nehmen können. Wegen dieses Feiglings erzähle ich seit elf Monaten meiner Mutter gegenüber Lügen. Ich sage, dass es mir gut geht, dass alles okay ist, obwohl das nicht stimmt. Obwohl ich immer bemüht war, meiner Mutter die Wahrheit zu sagen. Meine Eltern schaffen es, auch wenn sie 4000 Kilometer weit weg wohnen, an jedem Schritt teilzuhaben, zu sehen, ob ich mich auch auf dem richtigen Weg befinde. Aber dieser Feigling hat über Jahre irgendwelche Pläne geschmiedet, irgendwelchen Kram beschafft. Und niemand soll das mitbekommen haben? Also ich glaube das nicht. So eine Tat ist auch nicht die Tat eines Einzelnen. Das ist die Tat von mehreren. Es bedarf einer nachforschenden Aufklärung, damit dieses schöne Land nicht noch einmal von solch einer Tat erschüttert wird. Der Mensch verdient es zu leben, weil er einfach ein Mensch ist. Es spielt keine Rolle, ob er schwarz, weiß oder eine andere Hautfarbe hat. Es spielt auch keine Rolle, ob er Muslim, Jude oder Christ ist. Der Mensch wird geboren, um zu leben«, beendet İsmet T. seine Ausführungen und führt dann noch fort: Die ganze Technologie des 21. Jahrhunderts sei vom Menschen geschaffen worden.

Rechtsanwalt Weber unterbricht den Zeugen. Dessen Aussagen seien rein philosophischer Natur: »Weil er nicht als Nebenkläger zugelassen wird, versucht er jetzt, sich hier so Gehör zu schaffen.« Die Vorsitzende sagt, dass İsmet T. als Nebenkläger zugelassen sei. Er habe sich doch aber beschwert, dass er nicht zugelassen worden sei, erwidert der Angeklagte. »Zunächst nicht zugelassen«, korrigiert die Vorsitzende. Sie meine, dass der Gerichtssaal das richtige Forum für İsmet T.s Aussage sei. Er habe dem Zeugen doch schließlich auch zugehört, fragt sie den Angeklagten.

»Ich habe ja keine andere Wahl«, erwidert dieser. Die Vorsitzende bittet den Zeugen, mit diesem Teil seiner Aussage langsam zum Ende zu kommen. Rechtsanwalt Özata sagt, er bitte Rechtsanwalt Weber dringend, die Akten zu lesen. Zum wiederholten Male zeige er hier seine Unkenntnis der Akten. Dass er an dieser Stelle unterbreche, während sein Mandant im Prozess ungestört antisemitischen und rassistischen Quatsch von sich gebe, sei beschämend. Mehrere Zuschauer·innen klopfen, einige Anwält·innen der Nebenklage signalisieren ihre Zustimmung ebenfalls durch Klopfen.

İsmet T. sagt, er finde die Reaktion von Rechtsanwalt Weber nachvollziehbar, weil dieser selbst sicher noch nie in so einer Situation gewesen sei. Niemand könne das nachvollziehen, der es nicht selbst erlebt habe. Abschließend wolle er noch etwas zu dem Feigling sagen, setzt İsmet T. seine Aussage fort: »Sie haben nicht gewonnen. Sie haben auf ganzer Linie versagt. Mein Bruder lebt und ich lebe. Doch entstanden ist noch mehr Zusammenhalt und Liebe. Wir haben keinen Hass. Wir werden nicht weggehen, wir werden nicht aufgeben.« Er werde bald Vater, sagt İsmet T., und er werde alles dafür tun, dass sich sein Kind für dieses Land einsetze und dass die Bösen, wie der Angeklagte einer sei, sich schämen werden. »Kevin und Jana vergessen wir nicht. Im Koran gibt es noch einen Satz: ›Wer einen Menschen tötet, tötet die ganze Menschheit.‹ In diesem Schmerz werden wir gemeinsam leben. Das werden wir gemeinsam tun. Als Türken, Deutsche, Muslime, Christen, Juden. Wer über uns falsch denkt, ist selber falsch«, endet İsmet T.

Die Vorsitzende fragt den Zeugen, ob sie das richtig sehe, dass er während der elf oder zwölf Jahre, die er jetzt in Deutschland sei, immer gearbeitet habe, was er bejaht. Er möge es zu arbeiten. Er habe viele Schwierigkeiten erlebt, aber immer weitergearbeitet. Darum sei er stolz auf sich.

Die Vorsitzende zeigt ihm eine Straßenkarte und fragt, wo er sich wann bewegt habe. İsmet T. zeigt es auf der Karte. Was er von den Polizeiautos mitbekommen habe, fragt sie ihn. Der Zeuge antwortet, er habe auf der Straße, nachdem er sich hinter einem Auto versteckt hatte, aufstehen und aus seiner Deckung kommen wollen, aber ein Polizist habe ihm ein Handzeichen gegeben, dass er liegenbleiben solle. Dann sei er am Boden geblieben, bis der Angeklagte und die Polizei weggefahren seien. Richter Harald Scholz fragt, wie groß die Entfernung zum Angeklagten in etwa gewesen sei, als er diesen zum ersten Mal gesehen habe. İsmet T. schätzt die Distanz auf 30 bis 40 Meter, aber das könne man schlecht schätzen.

Rechtsanwalt Jan Siebenhüner, Vertreter der Nebenklage, fragt, ob sich der Zeuge erinnern könne, hinter welchem Auto er sich versteckt habe, als der Täter auf die Polizei geschossen habe. İsmet T. sagt, dass könne er nicht mehr so genau sagen. Er wisse nur noch, dass er näher an dem Täter gewesen sei als die Polizei, und dass es viele Wege gebe, getroffen zu werden. Rechtsanwalt Siebenhüner erwidert, ihm gehe es nicht darum, infrage zu stellen, warum er sich in Deckung gebracht habe. Das sei völlig nachvollziehbar. Er wolle nur fragen, ob der Zeuge wisse, was das für ein Auto gewesen sei. »Ein weißes Auto«, antwortet İsmet T.

Rechtsanwalt Özata sagt, er habe noch eine Frage: »Welche Veränderung haben Sie an Ihrem Bruder bemerkt?« İsmet T. antwortet, Rıfat T. sei der Einzige in der Familie, der alle zum Lachen bringen könne. Er habe früher immer für gute Stimmung gesorgt. Seit dem Anschlag habe er diese Eigenschaft völlig verloren: »Und es bringt mich um, das so zu sehen.« Er wolle, dass sein Bruder wieder fröhlich sein und Spaß haben könne. Er habe zwei Kinder, und sie alle würden diese dazu erziehen wollen, gut zu sein. Wenn sie das aber machen würden und dann wieder so etwas passiere, würden die Kinder sagen: »Ihr habt uns erzogen, gut zu sein, und jetzt erleben wir es anders.« Er wolle, dass es seinem Bruder wieder gut gehe.

Die Vorsitzende sagt, dass die Verhandlung morgen um 9.30 Uhr fortgesetzt werde und schließt die Sitzung um 15.39 Uhr.

Mitschrift von Linus Pook

13. Verhandlungstag 16. September 2020

Die Vorsitzende Richterin Ursula Mertens setzt die Hauptverhandlung gegen den Angeklagten um 9.51 Uhr fort.

Sie stellt zunächst die Anwesenheit fest: Rechtsanwältin Ilil Friedman werde heute von Rechtsanwalt Benjamin Derin, Rechtsanwalt Andreas Schulz von Rechtsanwalt Markus Goldbach und Rechtsanwalt Sebastian Scharmer wiederum von Rechtsanwältin Henriette Scharnhorst vertreten.

Anschließend sagt die Vorsitzende, dass entgegen ihrer Anweisungen in den vergangenen Sitzungen teilweise applaudiert worden sei. Es sei ihrem Empfinden nach zwar kein »tosender Applaus« gewesen, wie sie es in der Zeitung gelesen habe, gleichwohl toleriere sie das nicht. Sie bitte daher die Wachtmeister, ihr gegebenenfalls die klatschenden Personen zu benennen. Es seien in solchen Fällen immerhin auch Ordnungsgelder und Saalverweise möglich. Sie könne verstehen, dass man den Betroffenen Unterstützung bieten wolle, das ginge aber auch auf anderem Wege. Sie fügt hinzu, dass sie es als würdelos empfinde, wenn sie tatsächlich zu den genannten Mitteln greifen müsse, das wolle sie schließlich nicht.

Nebenklagevertreter Rechtsanwalt Alexander Hoffmann gibt anschließend eine Stellungnahme dazu ab. Er habe den Applaus an keiner Stelle als Störung der Verhandlung erlebt. Es habe sich jeweils nur um kurzen Applaus zu Zeitpunkten gehandelt, an denen ohnehin kein Verfahrensbeteiligter gesprochen habe. Der Applaus sei daher nicht als Störung, sondern als Ausdruck einer tiefen Verbundenheit mit den Betroffenen sowie als Zeichen der Ergriffenheit zu verstehen. Als tatsächlich würdelos würde er es empfinden, wenn die angedrohten Mittel gegen Menschen verhängt werden würden, die seinen Mandanten nahestünden. »Eine Störung der Verhandlung war zu keinem Zeitpunkt zu erkennen«, schließt er seine Stellungnahme ab.

Rechtsanwalt Jan Siebenhüner, Vertreter der Nebenklage, sagt, dass er sich wie Rechtsanwalt Hoffmann, ebenfalls Vertreter der Nebenklage, an die Öffentlichkeit wenden wolle. Er dreht sich entsprechend dem Publikum zu und sagt, das Problem an dem Applaus sei, dass dieser Einfluss auf den Angeklagten nehme. Dem Gericht würden potenziell Beweismittel entzogen werden, wenn bei dem Angeklagten der Eindruck entstünde, er könne sich vor Gericht, auch unter dem Druck der Menschenmasse, nicht zur Sache äußern. Der Applaus gefährde somit die Neutralität des Angeklagten. Man solle sich doch nur vorstellen, es kämen Unterstützer des Angeklagten, die die gleichen Argumente wie der Kollege Rechtsanwalt Hoffmann vorbringen würden. Das Klatschen sei im deutschen Strafprozess nicht vorgesehen: »Wir wollen hier am Ende keine Marktplatzatmosphäre wie im Mittelalter.« Es solle schließlich nicht der Eindruck entstehen, es seien sich bereits alle einig.

Eine Nebenklägerin fragt Rechtsanwalt Siebenhüner, ob er tatsächlich den Eindruck habe, dass der Angeklagte hier eine Gelegenheit auslasse, sich zu äußern. Im Gegenteil, insistiert sie, nutze dieser doch die Bühne, wann immer sie ihm geboten werde.

Nebenklagevertreterin Rechtsanwältin Kristin Pietrzyk hält Rechtsanwalt Siebenhüner zudem vor, dass die Öffentlichkeit und die Presse keineswegs neutral sein müssten. »Die fällt hier kein Urteil.« Neutral müsse einzig das Gericht sein. Anschließend wendet sie sich dem Gericht zu: Hier würden Anwälte sitzen, die beim NSU-Prozess haben ertragen müssen, wie die Familie Yozgat von verteidigenden Anwälten niedergebrüllt worden sei, als sie in Tränen ausgebrochen sei. Die Anwälte haben auch ertragen müssen, wie Nazis in Johlen ausgebrochen seien, als klar geworden sei, dass André Eminger und Ralf Wohlleben freikommen würden. Dann wendet sie sich der Vorsitzenden zu und fragt: »Wollen Sie sich da einreihen?«

Die Vorsitzende sagt, sie wolle nun die Verhandlung fortsetzen und entsprechend mit der ersten Zeugin beginnen.

AUSSAGE DER ZEUGIN JACQUELINE LAUREN F. (NEBENKLÄGERIN, ZUM TATKOMPLEX SYNAGOGE)

Die Zeugin Jacqueline Lauren F. wird über ihre Pflichten belehrt und zu ihren Personalien befragt. Die Vorsitzende erklärt, dass die Zeugin zunächst mit der Schilderung der Ereignisse mit ihren eigenen Worten beginnen werde, ehe sie dazu befragt werde. Die Aussagen der Zeugin werden aus dem Englischen übersetzt.

Jacqueline F. gibt an, zunächst etwas dazu sagen zu wollen, wie das Trauma ihr Leben beeinflusst habe; es sei immerhin bereits viel zu den Geschehnissen gesagt worden. Der größte Unterschied in ihrem Erleben sei der, dass sie diejenige gewesen sei, die festgestellt habe, dass Mollie S. nicht da gewesen sei. Sie habe auf den Monitor der Überwachungskamera geblickt und Jana L. gesehen, die zu diesem Zeitpunkt bereits mit einer blauen Decke verdeckt gewesen sei. Sie alle hätten eine Zeit lang gedacht, dort läge ihre Freundin Mollie S. Diese sei aber kurz darauf zur Synagoge zurückgekommen. Sie, Jacqueline F., habe den Sicherheitsverantwortlichen dann ein Bild ihrer Freundin Mollie S. gezeigt, um sie identifizieren zu können, sodass sie wieder in die Synagoge gebracht werden konnte. In dem Moment, in dem sie auf den Monitor geblickt habe, habe sie aber gedacht, ihre Freundin Mollie läge dort. Ihr sei später auch sehr klar gewesen, dass unter dieser Decke ein Leben liege. Unter dieser Decke habe schließlich Jana L. gelegen, eine Person, die sie alle nicht gekannt haben. Sie bitte daher das Gericht, dass hier auch Zeugen geladen würden, die über Jana L. berichten könnten, wie auch gestern über Kevin S. gesprochen worden sei. Man müsse hier vor Gericht mehr über sie erfahren. Die Vorsitzende sagt, sie habe die Mutter von Jana L. angeschrieben, ob sie als Zeugin vor Gericht auftreten wolle. Sie habe ja auch die Gelegenheit gehabt, als Nebenklägerin in Erscheinung zu treten. Die Mutter habe sich aber noch nicht zurückgemeldet, und sie, die Vorsitzende, habe sie daher nicht geladen, da sie auch nicht wisse, wie die Mutter es verkraften würde.

Jacqueline F. fährt anschließend mit ihrer Schilderung der Bedeutung des Traumas fort: Am 11. September 2001 sei sie sechs Jahre alt gewesen. Ihr Vater sei an diesem Tag morgens zu seiner Arbeit nach Manhattan aufgebrochen, die Familie habe damals in New Jersey gelebt. Zu seiner Arbeit im World Trade Center sei er jeden Tag mit dem Zug gefahren, nach Hause gekommen sei er an diesem Tag aber zu Fuß. Nach »sehr, sehr« langer Zeit sei er erst zuhause angekommen, habe nach Rauch gerochen und sei sofort in sein Zimmer gegangen, in dem er für lange Zeit geblieben sei. Diese Zeit habe sich für sie wie Monate angefühlt. Bis heute habe sie nur einen Teil von dem gehört, was ihm widerfahren sei. Sie wisse aber, dass er inmitten einer großen Menschenmenge gerannt sei, dass er viele Tote gesehen habe. Die öffentlichen Verkehrsmittel und der Handyempfang hätten nicht funktioniert. Vier Stunden sei er also zu Fuß gegangen, ehe er einen Zug nach Hause nehmen konnte. Es sei dann der Moment gekommen, an dem seine Realität auf ihre getroffen sei: »Er kam nach Hause, roch nach Rauch, ich war sechs Jahre alt.« Dieses Trauma ihres Vaters sei eng mit ihrem eigenen Leben verbunden, fährt die Zeugin fort. Dies gelte genauso für die Tragödie des Holocaust, die vor Gericht bereits Gegenstand gewesen sei. Sie wisse noch, dass ihr Vater sich damals verändert habe. Er sei immer noch liebevoll gewesen, aber er habe sich verändert, und der Grund dafür sei dieses Ereignis gewesen.

Als ihr letzten Oktober durch den Terroranschlag ihr eigenes Trauma widerfahren sei – in diesem Fall nicht aufgrund ihrer US-amerikanischen, sondern aufgrund ihrer jüdischen Identität – habe sie anhand des Beispiels ihres Vaters sofort gewusst, dass sie dieses Trauma für immer verändern würde. Sie versuche sich damit zu trösten, dass sich die Gesellschaft entwickelt habe, dass es heute leichtere Zugänge zu therapeutischer Hilfe gebe und dass das Gericht den Nebenklägern offen gegenüberstehe. Sie habe aber dennoch das Gefühl, dass sich nicht alles verändert habe. Die Bürokratie, mit der sie sich habe auseinandersetzen müssen, um finanzielle Unterstützung nach dem Anschlag zu bekommen, habe einem Labyrinth geglichen. Auch um eine Therapie habe sie sich sechs Monate lang bemühen müssen. Halle habe sie nach dem Anschlag völlig allein verlassen, zu Fuß sei sie dabei von dem Krankenhaus zum Bahnhof gegangen. »Auch ich roch nach dem Tag, der hinter mir lag. Ich wusste, mein Gesicht würde anders aussehen.« Zuhause habe ihr Partner ihr die Tür geöffnet, und sie sei dann schließlich zusammengebrochen.

Ein Jahr sei nun seitdem vergangen, fährt Jacqueline F. fort. Sie liebe Deutschland, ein Land, das sie ihr Zuhause nenne. Sie müsse aber trotzdem feststellen, dass es aufseiten der Polizei Probleme mit dem Umgang mit Traumata und den Identitäten von Minderheiten gebe. Seit dem Anschlag vom 11. September 2001 hätten sich antisemitische Erzählungen verbreitet. So gebe es etwa die antisemitische Erzählung des »Großen Austauschs«. Heute müsse man aber feststellen, dass sich die Polizei damit gar nicht beschäftige und sich auch nicht auskenne. Die Verbindungen zwischen Christchurch und Halle seien nicht gesehen worden, man müsse hier vor Gericht gar hören, dass es die Beamten für nicht notwendig erachteten, sich mit diesem Kontext zu beschäftigen. »Aber wenn wir uns mit diesem Kontext nicht befassen, wie können wir dann verstehen, was hier passiert ist?«, fragt die Zeugin in den Raum hinein. Die Auseinandersetzung mit dem Anschlag sei die Gelegenheit, einen Präzedenzfall im Umgang mit »White Supremacy« zu schaffen. Vor einigen Monaten sei das US-Heimatschutzministerium zu der Einschätzung gekommen, dass »White Supremacy« die größte Sicherheitsbedrohung der nächsten Jahre darstelle. Wenn man den Angeklagten aber einfach als »lone wolf« betrachte, könne man nicht begreifen, wie seine Taten in diesem Kontext zu verorten seien. Die Zeugin ergänzt: »Es gibt keine ›lone wolfs‹, nicht in der globalisierten Welt.« Wenn man den Angeklagten aber auf diese Weise betrachte, könne man die globale Dimension seiner Tat nicht einschätzen. Die Onlinewelt sei eine Art Hafen für diese Kreise geworden. Die Täter müssten sich heute nicht mehr in persona treffen, um sich austauschen zu können, sondern würden online Botschaften verbreiten, die den Hass glorifizierten. Auch stehe der Angriff des Angeklagten in Verbindung zu anderen Vorfällen, die in der Vergangenheit stattgefunden haben. Dass sich vieles online abspiele, sehe man zudem bereits daran, dass der Angeklagte in seinem Stream Englisch gesprochen habe.

In ihr stecke das generationsübergreifende Trauma der Shoah, erklärt Jacqueline F. weiter. Als Kind habe sie das Trauma des 11. September 2001 erlebt, und jetzt sei ihr der Anschlag in Halle widerfahren. Sie appelliere an das Gericht, diese Online-Communitys genauer zu untersuchen, die Aktivitäten im Darknet zu beleuchten und zu beachten, dass der Anschlag auch als Vorläufer für weitere Angriffe dienen sollte. »Aufgrund des Preises, den ich gezahlt habe, glaube ich, dass es die Pflicht des Gerichts ist, hier Licht ins Dunkel zu bringen und Gerechtigkeit zu schaffen«, beendet die Zeugin ihre Aussage.

Die Vorsitzende fragt sie daraufhin, seit wann sie in Deutschland lebe. Jacqueline F. antwortet, dass sie seit drei Jahren in Deutschland sei. Auf die Frage, ob sie überlegt habe, Deutschland zu verlassen, antwortet sie: »Ich hoffe zu bleiben.«

Die Vorsitzende spricht die lange Suche nach einem Therapieplatz an und fragt, ob sie jetzt noch in Behandlung sei. Die Zeugin bejaht, sie habe eine wunderbare Therapeutin gefunden. Das habe jedoch sehr lange gedauert, und sie wisse, dass es anderen Nebenklägern genauso ginge.

»Was hat sie bewogen, Nebenklägerin zu werden?«, fragt die Vorsitzende weiter. Jacqueline F. schildert, dass sie enttäuscht gewesen sei, als sie sich zum ersten Mal mit der Möglichkeit der Nebenklage beschäftigt habe. Für alle Besucher der Synagoge habe es diese Gelegenheit gegeben, aber für viele andere nicht. Wenn sie berücksichtige, dass der Angeklagte ein ganzes System aus Antisemitismus, Islamophobie, Sexismus und Fremdenfeindlichkeit verinnerlicht habe, überrasche sie das. »Warum erkennt das Gericht nur die an, die von Antisemitismus betroffen sind? Wenn ich mir mein Leben anschaue, die Mikroaggressionen, denen ich als Jüdin und Frau ausgesetzt bin: Niemand ist nur antisemitisch. Es ist immer ein Ökosystem aus Hass. Deshalb habe ich mich als Nebenkläger angeschlossen«, schließt sie ihre Erklärung.

Die Vorsitzende fragt in die Runde, ob es weitere Fragen an die Zeugin gebe. Das ist nicht der Fall.

Die Zeugin wird daraufhin entlassen.

Rechtsanwalt Hoffmann sagt, man dürfe ja nicht applaudieren, er wolle seinen Respekt gegenüber der Zeugin aber durch Aufstehen ausdrücken und steht auf. Mehrere Nebenkläger·innen, Nebenklagevertreter·innen und Zuschauer·innen schließen sich ihm an.

AUSSAGE DER ZEUGIN SABRINA S. (NEBENKLÄGERIN, ZUM TATKOMPLEX SYNAGOGE)

Die Vorsitzende belehrt die Zeugin über ihre Pflichten und befragt sie zu ihren Personalien. Sabrina S. ist 23 Jahre alt und arbeitet für Base Berlin, eine Organisation für junge jüdische Menschen in Berlin.

Die Zeugin erklärt, dass sie zunächst darüber sprechen wolle, wie sie nach Halle gekommen sei, und anschließend darüber, wie es nach dem Anschlag gewesen sei. Auch ihre Aussagen werden aus dem Englischen übersetzt.

Sabrina S. erzählt, dass sie aus Philadelphia komme. Ihre Eltern seien in den 90er Jahren aus der Ukraine in die USA emigriert. Ihre Mutter sei Jüdin, ihr Vater nicht. Das Judentum könne so viele Bedeutungen haben wie es Juden gebe. Dieses Verständnis sei für sie sehr wichtig. »Wir sind nicht in erster Linie Jüdinnen und Juden, sondern Menschen, die auch Juden sind.« Ihre Familie sei aus der UdSSR gekommen und aus wirtschaftlichen Gründen emigriert. Ihre Eltern hätten gewollt, dass sie auf das College und auf die Universität gehe, das sei ihr Traum gewesen. Niemand aus ihrer Familie sei nämlich zuvor auf einer Universität gewesen. Sie habe ihr Studium gerade beendet. Zur Zeit des Anschlags habe sie an ihrer Abschlussarbeit gesessen, und diese danach auch abgeschlossen. Ihr Vater sei Bauarbeiter und ihre Mutter Sekretärin. Zuhause sei das Judentum nicht praktiziert worden, sie hätten keine jüdischen Feiertage gefeiert oder eine entsprechende Identität entwickelt. Sie habe aber dennoch gewusst, dass sie jüdisch seien. Ihre Mutter habe in der Sowjetunion verschiedene antisemitische Erfahrungen machen müssen. Opfer der Shoah habe es in ihrer Familie aber nicht gegeben, ihre Großeltern seien in der Sowjetunion russische Soldaten gewesen. Vor diesem geschilderten Familienhintergrund sei sie nicht nur Jüdin, sondern auch Frau, Linke, Migrantin, Gay. Es gebe viele Facetten ihrer Identität. Sie komme außerdem aus einer armen Familie, auch das habe sie sehr geprägt: »Ich wäre also ein umfassendes Ziel gewesen.«

Jeder könne zum Ziel von rechtem Terror werden, fährt Sabrina S. fort. Wenn sie sich hier im Saal umsehe, würden alle aussehen wie Jana L. oder Kevin S. oder İsmet T. Um Opfer von rechtem Terror zu werden, müsse man sich nicht in einer Synagoge befinden. »Der rechte Terror ist nicht nur eine Gefahr für eine bestimmte Gruppe, sondern eine Gefahr für uns alle.« Daher höre das Problem auch nicht auf, wenn der Angeklagte ins Gefängnis müsse. Sie selbst wäre froh, wenn sie ihn in ihrem Leben nie wieder sehen müsste, aber das Problem wäre damit nicht gelöst. Sicherheitsmaßnahmen könnten nie das Problem der Radikalisierung lösen. Auch wenn der Angeklagte ins Gefängnis gehe, und man Rund-um-die-Uhr-Bewachung für Synagogen anbiete, würde das Problem an sich nicht gelöst werden. Selbst wenn die Polizei früher am Tatort eingetroffen wäre, und sie hätte beschützen können, wäre das Problem dadurch nicht gelöst worden.

Die Tat sei keine Überraschung gewesen, betont die Zeugin. Es habe Vorläufertaten gegeben, und diese Situation sei vergleichbar mit dem Spiel »Russisch Roulette«, bei dem man eine Kugel in den Revolver stecke, und es nur eine Frage der Zeit sei, bis etwas passiere. Sie wolle nochmals betonen: »Jeder von uns hätte Opfer sein können.« Auch wenn Synagogen beschützt werden würden, der Täter ins Gefängnis gesteckt werde, und jüdische Kinder mit

Polizeischutz nach Hause eskortiert werden würden, würde das Problem des Rechtsextremismus und der »White Supremacy« nicht gelöst werden.

Manchmal gehe sie an einer Shisha-Bar vorbei, so die Zeugin weiter. Vier Monate nach dem Angriff von Halle habe es einen Anschlag auf eine solche Bar gegeben, bei dem Menschen ermordet worden seien. Wenn sie heute an der Bar in ihrer Nachbarschaft vorbeigehe, würden die Menschen dort aber noch immer sitzen und fröhlich sein. Das gebe ihr Hoffnung. Ihr Vertrauen in die Polizei, den Staat und die Justiz sei zwar zerstört, aber dass sie Menschen sehe, die Opfer von Rassismus geworden seien und trotzdem ihr Leben weiterleben würden, gebe ihr Hoffnung. Das sei Stärke.

Dass ihr Vertrauen in die Justiz und die Gesellschaft gebrochen sei, habe einen Grund. Sie habe dem Schwager des Angeklagten die wichtigste Frage gestellt, nämlich wie er verhindern wolle, dass sein Sohn ein Nazi, und somit wie der Angeklagte, werde. Der Schwager habe darauf mit »Ich weiß nicht« geantwortet. Die Antwort sei aber nicht schwierig. Niemand werde über Nacht wie der Angeklagte. Die Gesellschaft gehe diesen Weg der Radikalisierung ein Stück weit mit ihm, und derjenige, der sich radikalisiere, gehe ihn schließlich mit seinen Onlinekontakten weiter. Diese Sache sei wichtig genug, um sie auch dreimal zu wiederholen. Mit einer Bekannten habe sie kürzlich über deren Sohn gesprochen. Sie habe sich die Frage gestellt, was sie tun müsse, damit ihr Sohn kein Rechtsextremer werde. »Aber man weiß es einfach: Wenn man ihn mit Liebe für andere Menschen großzieht, dann wird er kein Rechtsextremer.« Wenn Politiker heute aber sagen würden, dass Migranten in Deutschland nicht willkommen seien, dann seien auch Juden hier nicht willkommen. Wenn sich Menschen sicher genug fühlen würden, um zu sagen, dass der Islam nicht zu Deutschland gehöre, dann würden auch Juden nicht zu Deutschland gehören. Und auch wenn man alle Sicherheitsmaßnahmen erhöhe, sei das keine Antwort auf die Frage, wie man verhindere, dass der eigene Sohn zu einem Nazi werde.

»Das war's«, schließt Sabrina S. daraufhin ihre Aussage.

Die Vorsitzende fragt die Zeugin, wie lange sie schon in Deutschland lebe, und was ihre weiteren Pläne seien. »Drei Jahre«, antwortet diese. Wie es jetzt weitergehe, wisse sie aber nicht. Sie stehe sehr unter Druck, nicht nur wegen des Verfahrens, sondern auch, weil sich ihr Blick auf die Gesellschaft geändert habe. Sie wolle weit weg, aber spüre auch die Verantwortung, hier ein Leben aufzubauen.

Ob sie eine Therapie gemacht habe, fragt die Vorsitzende weiter. Die Zeugin antwortet, dass sie eine Kurzzeittherapie gemacht, aber keinen langfristigen Therapieplatz gefunden habe.

Daraufhin erwähnt die Vorsitzende, dass es bemerkenswert sei, dass sie ihre Abschlussarbeit kurz nach dem Anschlag beendet habe. Sabrina S. erklärt, dass sie mit dem Schreiben der Arbeit im Oktober 2019 begonnen und das Studium dann im Dezember 2019 beendet habe.

Auf die Frage, warum sie Nebenklägerin habe sein wollen, erklärt sie, dass Traumata bei den Menschen unterschiedlich funktionierten. Sie selbst habe direkt nach der Tat wenig Veränderungen wahrgenommen und erst einmal alles beiseite geschoben. Sie merke aber jetzt, dass die Dinge sie einholen würden. Sie habe Nebenklägerin werden wollen, um Teil des Verfahrens zu sein. »Ich wollte nicht, dass das Verfahren ohne mich läuft«, fügt sie abschließend hinzu.

Die Zeugin wird anschließend entlassen.

Rechtsanwalt Erkan Görgülü, Vertreter der Nebenklage, sagt, es gehe nun um ein anderes Tatgeschehen, und fragt, ob er dem Angeklagten vorher eine Frage stellen könne. Die Vorsitzende stimmt dem zu.

Rechtsanwalt Görgülü gibt daraufhin wider, dass der Angeklagte am ersten Tag ausgesagt habe, dass er die Polizei wahrgenommen und viermal geschossen habe. Der Angeklagte habe gedacht, davon würde zumindest das Fenster des Streifenwagens kaputtgehen, und habe sich noch gewundert, dass es nicht kaputtgegangen sei. Daraufhin habe er gedacht: »Schnell weg.« Der Rechtsanwalt fragt den Angeklagten, ob er das immer noch so sagen würde. Dieser bejaht. Rechtsanwalt Görgülü bittet anschließend darum, dass dies zu Protokoll genommen werde, da es sehr relevant sei. Wenn jemand denke, dass ein Auto kaputtgehen würde, dann nehme er auch in Kauf, dass ein Mensch von dieser Kugel sterben könne. Die Aussage müsse daher protokolliert werden. Der Angeklagte erwidert, dass es ihm da nicht um die Tödlichkeit gegangen sei, sondern um die Frage, ob die Kugel überhaupt ankomme. Rechtsanwalt Görgülü sagt, dass das Gericht dies würdigen müsse. Feststehe aber, dass er seine Aussage gerade noch einmal bestätigt habe.

Die Vorsitzende fragt Rechtsanwalt Görgülü, ob er die zu protokollierende Aussage bereits schriftlich vorbereitet habe. Dieser verneint, er könne sie aber verschriftlichen. Die Vorsitzende bittet ihn, es zu tun, sie werde dann auf Basis dieser Fassung Gelegenheit zur Stellungnahme geben.

Sie unterbricht die Verhandlung für 15 Minuten.

Die Verhandlung wird fortgesetzt.

AUSSAGE DES ZEUGEN DIRK F. (POLIZEI HALLE, ZUM TATKOMPLEX KIEZ DÖNER)

Die Vorsitzende belehrt den Zeugen über seine Pflichten und befragt ihn zu seinen Personalien. Dirk F. ist 51 Jahre und verbeamteter Polizeiobermeister. Zu laden ist er über die Polizeidirektion Halle. Die Vorsitzende erklärt, dass der Zeuge am 9. Oktober 2019 im Streifenwagen im Einsatz gewesen sei. Sie bittet ihn, seine Erlebnisse zu schildern.

Dirk F. spricht leise und angestrengt. Am 9. Oktober 2019 habe sie im Streifenwagen der Funkspruch erreicht, dass sie in die Humboldtstraße fahren sollten, da es in der Nähe Schüsse und Detonationen gegeben haben solle. Sie seien dann zu dritt, Daniel L., Sarah B. und er selbst, in diese Richtung gefahren. Sie hätten zweimal neue Informationen zum Standort des möglichen Täters bekommen, zuletzt habe es dabei geheißen, dass er in der Ludwig-Wucherer-Straße sei, und sie dementsprechend dorthin fahren sollten. Unterwegs hätten sie dann am Steintor kurz gestoppt, um die LebEL-Ausrüstung[1] anzulegen. Diese haben sie aber nur in zweifacher Ausführung im Wagen dabeigehabt. Da er der Älteste unter ihnen gewesen sei, und nur Daniel L. und Sarah B. Fortbildungen für diese Einsatzlagen besucht hätten, hätten sie entschieden, dass er nur die Schutzweste anbehalten und sich zurückhalten solle. Sarah B. habe vorher den Wagen gesteuert, er sei dabei auf dem Beifahrersitz gewesen. Am Steintor habe er dann mit Daniel L. den Platz getauscht und sei auf die Rückbank gewechselt. Auf der Ludwig-Wucherer-Straße hätten sie den Wagen auf den Schienen quer gestellt und seien hinter ihm in Deckung gegangen. Der Täter, der so etwas wie einen Kampfanzug angehabt habe, habe anschließend direkt das Feuer auf sie eröffnet.

Die Vorsitzende fragt ihn, ob er den Täter habe sehen können, sein Körper sei schließlich durch das Auto geschützt gewesen. Dirk F. antwortet, dass er durch die Scheibe habe schauen müssen und so auch mehrere Schüsse habe sehen können. Er selbst habe zur Sicherung hinten auf der Rückbank gelegen, die beiden anderen hätten sich jeweils zu den Seiten abgesichert.

Auf die Frage, ob er gewusst habe, ob es mehrere Täter gegeben habe, und wie ihr Informationsstand gewesen sei, gibt er an, dass sie nur von einem Täter und ansonsten nur wenig gewusst hätten.

Die Vorsitzende will wissen, ob auch er, Dirk F., bewaffnet gewesen sei. Dieser bejaht, er habe aber nur die Dienstpistole P6 getragen und ansonsten keine besondere Schutzausrüstung gehabt. Er habe außerdem seine persönliche Schutzweste getragen, die nur gegen einfachen Beschuss schütze.

»Aus der Akte wissen wir: Herr Daniel L. hat das Feuer erwidert«, fährt die Vorsitzende fort. Der Zeuge sagt, dass er selbst die Maschinenpistole nicht bedient habe, weil Daniel L. der bessere Schütze sei. Ein paar Mal habe er zu ihm, Daniel L., gesehen, und dabei auch die Feuerstöße gesehen.

Es sei schließlich alles sehr schnell gegangen, ergänzt ihn die Vorsitzende und fragt, ob er mitbekommen habe, dass andere Polizisten in einem Zivilfahrzeug dazugekommen seien. Dirk F. gibt an, dass sie den Wagen erst bei der Verfolgung des Angeklagten bemerkt hätten.

Als der Täter geflohen sei, fährt der Zeuge fort, haben sie die Verfolgung direkt aufgenommen. Zunächst seien sie in Richtung Schillerstraße gefahren, haben das Auto des Täters dort aber verloren. Ein Passant habe wohl

1 LebEL steht für »Lebensbedrohliche Einsatzlage«.

die Richtung angezeigt, das habe er selbst von der Rückbank aus aber nicht sehen können, weil er in diesem Moment nach hinten abgesichert habe. Sie seien dann zum Dienstsitz nach Halle-Neustadt gefahren, hätten dort das Fahrzeug getauscht sowie Schutzausrüstung und Bewaffnung für andere Polizeikräfte eingesammelt. Diese hätten sie am Sammelpunkt weitergeben wollen. Anschließend seien sie zu einem Sammelpunkt der Einsatzkräfte gefahren. Dort sei dann aufgeteilt worden, wer was zu tun habe. Die drei hätten dann in der Franckestraße die Straße gesperrt.

»Wie lang waren Sie im Dienst?«, fragt ihn die Vorsitzende. Der Zeuge sagt, sie seien um 18.10 Uhr »ausgelöst« worden. Wie das gekommen sei, wisse er nicht, vielleicht habe da ein Verantwortlicher auf die Information reagiert, dass auf sie geschossen worden war, und daher ihre Schicht beenden lassen. Geendet habe sein Dienst dann aber noch nicht, es habe schließlich noch die erste Zeugenvernehmung mit ihnen gegeben. Bis Mitternacht sei er somit im Dienst gewesen.

Ob er in ärztlicher Behandlung oder Therapie gewesen sei, fragt die Vorsitzende weiter. Der Zeuge bejaht. »Würden Sie uns das schildern?«, bittet sie ihn daraufhin. Dirk F. erzählt, dass er nach dem Anschlag zunächst habe weiterarbeiten wollen. Er sei dazu aber irgendwann psychisch nicht mehr in der Lage gewesen und habe sich somit Hilfe beim Polizeiarzt und Frau F., der Polizeiseelsorgerin, gesucht, die ihn auch heute zur Verhandlung begleitet habe. Er habe gemerkt: »Der Dienst auf der Straße, das wird nicht mehr so sein, wie es mal war.« Man könne dabei schon sagen, fährt er fort, dass er nur noch mit Angst rausgefahren sei. Es sei dann entschieden worden, dass er in den Innendienst wechseln solle.

Die Vorsitzende fragt, ob er sich habe krankschreiben lassen. Dirk F. gibt an, erst ab Januar 2020 eine Krankschreibung gehabt zu haben. »Und heute?«, hakt sie nach. Er erzählt, dass er in seiner Wohnung einen Brand gehabt habe, den er nur knapp überlebt habe. Sein Geschirrspüler habe diesen ausgelöst. Er sei wegen des Brands die letzten drei Monate krankgeschrieben gewesen und erklärt auf wiederholte Nachfrage, dass er zu einem Seelsorger gehe.

Seit wann er Polizist sei, will die Vorsitzende weiter wissen. Dirk F. sagt, er sei seit 1988 Polizeibeamter. Zu DDR-Zeiten sei er bei einer Volkspolizeibereitschaft gewesen und nach der Wende, bis zum Oktober 1994, bei der Bereitschaftspolizei der BRD. Dann sei er in den Streifendienst gewechselt. Die Vorsitzende wendet ein, dass er in diesen Jahren sicherlich viele, schwierige Einsätze gehabt habe, und fragt ihn: »Was war hier anders?« Dirk F. schildert, dass er es selbst zunächst nicht habe einsehen wollen, aber seine Kollegen hätten etwas gemerkt. Früher sei er immer ein lustiger Typ gewesen und seit diesem Ereignis sei er das nicht mehr. Er sei dann von Vorgesetzten angesprochen worden, dass es besser wäre, in den Innendienst zu wechseln. Das habe er zunächst nicht einsehen wollen. Er habe jedoch unter Schlafstörungen, Herzrasen und einer Posttraumatischen Belastungsstörung gelitten. »Ist das jetzt vorbei?«, fragt die Vorsitzende. Der Zeuge antwortet, dass, seit er die Vorladung zur Verhandlung bekommen habe, diese Symptome wieder da seien. In den letzten Monaten habe er aber erst mal den Brand zu verdauen gehabt.

Richter Thorsten Becker fragt, ob der Zeuge mitbekommen habe, welche Waffe der Angeklagte genutzt habe. Es sei eine Langwaffe gewesen, gibt Dirk F. an, mehr habe man aber nicht erkennen können. Sie habe aber einen »ordentlichen Knall« gehabt. Die vier oder fünf Einschläge am Wagen hätten sie außerdem erst später bemerkt, als sie den Wagen getauscht hätten.

»Wie gefällt Ihnen jetzt der Dienst?«, fragt ihn Richter Becker. Dirk F. antwortet, dass ihm der Innendienst gut gefalle. Er nehme Anzeigen auf, und es sei ein normaler Job. Seit er so arbeite, sei er auch ruhiger, fügt der Zeuge hinzu.

Nebenklagevertreter Rechtsanwalt Mark Lupschitz will daraufhin wissen, ob in solchen Fällen eine Person das Kommando habe, oder ob jeder für sich schieße. Der Zeuge erklärt, dass in solch einem Szenario jeder so, wie er es einmal gelernt habe, handele. Man spreche sich dabei per Augenkontakt ab.

»Haben Sie mitbekommen, dass der Angeklagte angeschossen wurde?«, fragt Rechtsanwalt Lupschitz ihn. Dirk F. verneint, das hätten sie zu diesem Zeitpunkt nicht gewusst.

Rechtsanwältin Scharnhorst, Vertreterin der Nebenklage, fragt, ob der Zeuge Erinnerungen an den Ablauf der Funksprüche bezüglich der Humboldtstraße habe. Dieser antwortet, dass es im ersten Funkspruch um die Humboldtstraße gegangen sei, die anderen Funksprüche könne er zeitlich aber nicht mehr einordnen. »Was haben Sie für eine Erinnerung an den Inhalt des Funkspruchs?«, fragt die Rechtsanwältin weiter. Der Zeuge erinnere sich, dass die Rede von »Schüssen und Detonationen« gewesen sei. Das sei zumindest der markante Funkspruch gewesen.

Daraufhin wird der Zeuge entlassen.

Rechtsanwalt Görgülü hat die Aussage, die er protokollieren lassen möchte, nun verschriftlicht und stellt entsprechend einen Antrag auf Protokollierung. Der Angeklagte habe am ersten Verhandlungstag gesagt, er habe am Polizeiauto eine Person wahrgenommen, die er für einen Polizeibeamten gehalten habe. Beschädigungen an dem Auto habe er nicht wahrgenommen, obwohl er zumindest damit gerechnet habe, dass das Fenster kaputtgehe. Das Auto sei aber wohl zu weit weg gewesen: »Da dachte ich, dass die Reichweite nicht ausreicht. Da habe ich gedacht, ich muss weg.« Diese Aussage habe der Angeklagte heute wiederholt, so Rechtsanwalt Görgülü. Wichtig sei diese aber für die Frage des Eventualvorsatzes der Verletzung, gegebenenfalls gar der Tötung der Polizeibeamten. Der Angeklagte habe die Reichweite der Waffe für nicht ausreichend gehalten, nachdem er geschossen habe, ein Rücktritt vom Versuch könne aber nicht festgestellt werden.

Die Vorsitzende sagt, dass der Antrag den Verfahrensbeteiligten in der nächsten Pause ausgehändigt werde, sodass diese Stellung dazu nehmen könnten.

AUSSAGE DES ZEUGEN DANIEL L. (NEBENKLÄGER, POLIZEI HALLE, ZUM TATKOMPLEX KIEZ DÖNER)

Die Vorsitzende belehrt den Zeugen über seine Pflichten und befragt ihn zu seinen Personalien. Daniel L. ist 33 Jahre alt und Polizeimeister. Er ist über das Polizeirevier in Halle zu laden. Die Vorsitzende bittet auch ihn, die Geschehnisse vom 9. Oktober 2019 zu schildern.

Daniel L. gibt an, an besagtem Tag um 5.45 Uhr Dienstbeginn gehabt zu haben und auf dem Revier gewesen zu sein. Im Laufe des Vormittags habe ihn ein leitender Beamter gebeten, den Streifenwagen von Sarah B. und Dirk F. bei einem Einsatz zu unterstützen. Es sei dabei wohl um eine renitente Person in Halle-Neustadt gegangen. Während sie auf dem Weg gewesen seien, sei der Funkspruch eingegangen, ob es freie Wagen gebe, die in die Humboldtstraße fahren könnten. Zunächst habe sich kein Wagen auf diesen Funkspruch gemeldet, kurz darauf habe es aber geheißen, dass nun jemand anderes in Halle-Neustadt sei, worauf sie Bescheid gegeben haben, in die Humboldtstraße fahren zu können. Sarah B. habe dann nachgefragt, was dort los sei. Es habe geheißen, dass vor Ort eine Person auf Menschen schieße und auch dass eine Person bereits tödlich getroffen worden sei. Kurz darauf sei dann ein weiterer Funkspruch eingegangen, dass eine weitere Person durch Schusswaffengebrauch getötet worden sei. Sie hätten sich daher entschieden, die LebEL-Ausrüstung, sprich einen speziellen Schutzhelm und eine Weste, anzulegen wie auch die Maschinenpistolen zu laden. Es sei dann wiederum der Funkspruch eingegangen, dass es Schüsse in der Ludwig-Wucherer-Straße gegeben habe, und dass sie dahin fahren sollten. Der Zeuge ergänzt: »So schnell haben wir die Westen noch nie angelegt.«

In der Ludwig-Wucherer-Straße habe Sarah B. anschließend den Wagen abgestellt, und er habe gleich gesehen, dass dort ein dunkler Pkw wie auch eine Person in Kampfausrüstung mit Langwaffe gestanden habe. Für eine halbe Sekunde habe er gedacht, dass es ein Polizist in Zivil sein könnte. Die Person und sie, die Polizisten, seien quasi zeitgleich ausgestiegen, woraufhin die Person umgehend das Feuer eröffnet habe. Sie seien dann in Deckung gegangen. Dabei sei nochmals geschossen worden. Als er, Daniel L., dann nach der Person geschaut habe, habe er diese erst nicht mehr wahrnehmen können. Dann sei der Mann aus der Deckung gekommen und er, Daniel L., habe zwei Schüsse aus der Maschinenpistole auf ihn abgegeben. Der Angeklagte sei dann nicht mehr zu sehen gewesen, und der Zeuge habe gedacht, der Angeklagte würde hinter dem Auto sitzen oder hocken. Es sei dann eine Zeit lang nichts passiert, und seine Kollegin habe zu ihm gesagt, er solle das Feuer einstellen, weil sich von hinten ein Wagen genähert habe. Das habe er selbst aber nicht bemerkt gehabt. Am Rand der Straße hätten sich auch etwa fünf Zivilpersonen befunden, und er habe noch gedacht: »Man muss sich jetzt gut überlegen, was hier passiert.« Dann habe er gesehen, wie der Täter ins Auto gestiegen sei und habe abermals Schüsse aus der Maschinenpistole auf diesen abgegeben.

Sie seien ihm dann mit dem Auto in die Schillerstraße gefolgt, hätten ihn aber eine Ecke weiter verloren. Ein Passant habe dort dann heftig gewunken und damit signalisiert, dass der flüchtige Täter in die Herderstraße gefahren sei, weswegen auch sie in diese Richtung gefahren seien. Den Angeklagten hätten sie aber nicht mehr gesehen.

Daraufhin, fährt der Zeuge fort, hätten sie in der Paracelsusstraße gewartet und gedacht, dass der Angeklagte vielleicht zurückkomme. Dies sei aber nicht der Fall gewesen, und sie hätten anschließend mit der Absuche in Richtung Halle-Neustadt begonnen. Für diese Richtung hätten sie sich auch deshalb entschieden, weil dort das Islamische Kulturzentrum sei.

Dass der Täter verletzt gewesen sei, habe er zu diesem Zeitpunkt nicht gewusst, gibt Daniel L. weiter an.

In der Zwischenzeit sei am Riebeckplatz die Sammelstelle für Einsatzkräfte errichtet worden. Mit dem Streifenwagen seien sie zum Revier in Halle-Neustadt gefahren und hätten dort die Amokausrüstung in den Wagen geladen.[2] Erst dabei hätten sie die Beschädigungen am Wagen wahrgenommen. Insgesamt habe es einen Durchschuss und drei Einschüsse auf der Beifahrerseite gegeben. Eine Innendienstmitarbeiterin sei aus dem Gebäude gekommen, habe den Wagen gesehen und ihnen mitgeteilt, dass sie so nicht weiterfahren könnten. Die drei hätten sich dann angesehen und gesagt, dass die Kollegin eigentlich recht habe. Daraufhin hätten sie den Wagen gewechselt, seien zur Sammelstelle am Riebeckplatz gefahren und hätten dort in der Nähe eine Absperrung gesichert. Am späten Nachmittag sei diese dann aufgelöst worden und vom Kriseninterventionsteam in der Polizeiinspektion betreut worden. Dort habe man sie auch für die ersten Befragungen abgeholt. Gegen halb zwölf nachts habe er schließlich Feierabend gehabt.

Die Vorsitzende fragt, wie die Schüsse in der Ludwig-Wucherer-Straße begonnen hätten. Der Zeuge schildert, dass der Täter gleichzeitig mit ihm ausgestiegen sei, und innerhalb einer Sekunde der erste Schuss gefallen sei. Sie seien dann hinter dem Fahrzeug in Deckung gegangen. Auf die Frage, ob

2 Gemeint ist wohl eine spezielle Schutzausrüstung für Einsatzlagen wie bei einem Amoklauf.

er wisse, wo der erste Schuss des Angeklagten hingegangen sei, gibt er an, dass dieser direkt auf sie, die Polizisten, gezielt habe und dass er, Daniel L., das auch eindeutig habe sehen können. Er habe dabei mindestens vier Schüsse in ihre Richtung eindeutig wahrgenommen. »Haben Sie vom Nachladen etwas mitbekommen?«, fragt die Vorsitzende. Daniel L. verneint, in so einer Stresssituation gehe man bei jedem Schuss in Deckung, und müsse sich danach jeweils kurz orientieren. Er habe daher kein Nachladen wahrgenommen.

Wie die Kommunikation mit seiner Kollegin, Sarah B., gewesen sei, fragt die Vorsitzende ihn anschließend. Daniel L. sagt, dass das kein normales Gespräch gewesen sei, sie hätten sich angeschrien. Sarah B. habe gerufen, dass er schießen solle, und das habe er dann auch getan. Ob ihm klar sei, dass sein Schuss noch Schlimmeres verhindert habe, fragt ihn die Vorsitzende. Der Zeuge antwortet: »Das hoffe ich, ja.«

Wie die Betreuung im Nachgang gewesen, und wie es ihm mit all dem gegangen sei, will sie weiter wissen, schließlich habe er auch das Kriseninterventionsteam angesprochen. Daniel L. schildert, dass alle Kollegen, die Erstkontakt mit dem Täter gehabt haben, in einen Raum gerufen worden seien. Es sei dann erzählt worden, was passiert sei, woraufhin man sich auch ausgetauscht hätte. Im ersten Moment habe das geholfen. Zu den Folgen könne er sagen, dass er nach Feierabend »fix und fertig« gewesen sei und trotzdem nicht habe schlafen können. Auch in den folgenden Nächten sei das nicht möglich gewesen. Er sei schließlich auch freigestellt und von einem Arzt krankgeschrieben worden. In der Woche der Krankschreibung habe er zudem Kontakt zu einer Polizeipsychologin gesucht. Diese Behandlung sei heute abgeschlossen, es habe in etwa zehn Termine gegeben. Eineinhalb Wochen nach dem Anschlag sei er schließlich wieder im Dienst gewesen.

Ob er denn dann im Innendienst gewesen sei, hakt die Vorsitzende überrascht nach. Der Zeuge antwortet, dass er direkt wieder im Außendienst gewesen sei und auch gedacht habe: »Das Leben muss weitergehen.« Seit dem 1. September dieses Jahres[3] sei er nun im Lage- und Führungsdienst, das habe aber nichts mit dem Anschlag zu tun.

Eine andere Richterin fragt ihn, ob er wisse, wo seine Kollegin den Wagen abgestellt habe, und wie groß die Distanz zum Angeklagten in etwa gewesen sei. Daniel L. schätzt die Distanz auf rund 50 Meter. Die Vorsitzende lässt eine Google-Maps-Karte aufrufen, auf der Daniel L. die Orte markiert hat. Dieser bestätigt, dass die Skizze von ihm stamme, und erklärt, wo sich der Angeklagte, der Streifenwagen und das zivile Polizeifahrzeug befunden hätten.

3 Gemeint ist das Jahr 2020.

Richter Becker fragt, ob er die Einschläge am Auto mitbekommen habe. Daniel L. verneint, er habe sich in dieser Extremsituation wie in einem Tunnel gefühlt und die Einschläge nicht mitbekommen.

Der Verteidiger, Rechtsanwalt Hans-Dieter Weber, fragt den Zeugen, wie es zu der beschädigten Heckscheibe am Streifenwagen gekommen sei. Daniel L. erklärt, dass er nach seinen ersten Schüssen in Deckung gegangen sei und sich dabei versehentlich ein Schuss gelöst habe, der durch die Heckscheibe gegangen sei.

Rechtsanwalt Lupschitz erwähnt, dass der Zeuge gesagt habe, dass nach den Schüssen eine Zeit lang nichts passiert sei. Er mache ihm nun keinen Vorwurf, aber würde gerne wissen, wie man sich das vorstellen müsse. Der Zeuge erklärt, dass er gedacht habe, dass der Täter hinter der Autotür hocke und nichts mache. Der Rechtsanwalt fragt, ob es Regelungen gebe, wann man in solchen Fällen vorrücke, oder ob der Täter theoretisch auch sehr lange dort hätte hocken können. Daniel L. bestätigt, dass der Täter im Grunde hätte sehr lange verharren können. Man müsse in solchen Fällen immerhin auch auf weitere Kräfte warten. Das große Ziel sei es schließlich, dass der Täter nicht flüchten könne. Zudem könne man auf offener Straße nicht einfach weiter schießen.

Rechtsanwalt Lupschitz fragt, ob auf das fahrende Fahrzeug des Angeklagten Schüsse abgegeben worden seien, als dieser zur Flucht ansetzte. Daniel L. bestätigt, dass er das getan habe. Er sei derjenige mit der Maschinenpistole gewesen, die anderen hätten demnach auch nicht geschossen, da ihnen klar gewesen sei, dass nur seine Pistole auf diese Entfernung eine Wirkung entfalten würde.

Nebenklagevertreterin Rechtsanwältin Assia Lewin fragt, ob in dem Funkspruch bezüglich der Humboldtstraße von der Synagoge gesprochen worden sei. Daniel L. verneint, erst in dem Funkspruch zur Ludwig-Wucherer-Straße sei gesagt worden, dass vor der Synagoge Schüsse gefallen seien. In der ersten Meldung zur Humboldtstraße sei lediglich die Straße genannt und mitgeteilt worden, dass der Täter bereits weg sei.

Wie viele Schüsse er auf das fahrende Fahrzeug abgegeben habe, will die Rechtsanwältin im Weiteren wissen. »Vier oder fünf«, gibt der Zeuge an. Er habe dabei direkt auf das Fahrzeug gezielt. Lewin hakt nach, ob er nicht auf die Reifen gezielt habe. Daniel L. erwidert, dass es das Ziel gewesen sei, das Wegfahren zu verhindern, er habe daher einfach in Richtung des Wagens geschossen. Genauer könne man auf ein fahrendes Fahrzeug kaum schießen. Es zu stoppen sei ihm aber in diesem Fall nicht gelungen.

Daraufhin hält Rechtsanwältin Lewin ihm vor, dass er gesagt habe, dass er und seine Kollegin sich angeschrien hätte. Sie fragt ihn, was sie genau gerufen habe, ob es zum Beispiel »Schieß!« gewesen sei. Daniel L. erwidert, dass er das nicht mehr genau wisse.

Rechtsanwalt Gerrit Onken, Vertreter der Nebenklage, fragt, warum gerade er, Daniel L., die Maschinenpistole getragen habe. Der Zeuge erklärt, dass seine Kollegin Sarah B. schließlich gefahren sei, und es deshalb klar gewesen sei, dass er die Maschinenpistole nehmen würde. Sie hätten sich in der Situation beide sicherer als Dirk F. gefühlt, auch weil sie bereits die LebEL-Ausbildung absolviert gehabt hätten.

Rechtsanwalt Onken spricht an, dass Daniel L. Einzelschüsse abgegeben habe, und fragt, ob er das irgendwie habe einstellen müssen. Dieser erklärt, dass die Waffe leer und gesichert im Fahrzeug gewesen sei. Er habe sie vor dem Schießen laden und auch entsichern müssen und dabei auch den Einzelschuss ausgewählt.

Der Rechtsanwalt bittet ihn, seine Körperposition beim Schießen zu beschreiben. Daniel L. schildert, dass er sich auf den Knien bewegt und auch auf diese Weise auf den Täter gewartet habe. Beim Schuss selbst sei sein rechtes Bein am Boden und sein linkes aufgestellt gewesen. Für ihn sei das die sicherste Position gewesen.

Rechtsanwalt Onken fragt, auf was genau der Zeuge gezielt habe. »Auf die Tür«, antwortet dieser. Es sei sehr schwierig, auf bewegte Ziele zu schießen, und es habe ihn auch Überwindung gekostet, trotz der Passanten am Straßenrand, zu schießen. Er wolle ihm keinen Vorwurf machen, fährt Rechtsanwalt Onken fort, sondern nur nachhaken, ob der Zeuge demnach über Kimme und Korn den Täter anvisiert habe. Dieser bekräftigt seine vorherige Aussage, indem er den Rechtsanwalt dahingehend korrigiert, dass er vielmehr auf die Tür gezielt habe. Der Täter sei dann sozusagen in den Schuss hineingelaufen, als er aus seiner Deckung gekommen sei.

Auf die Frage, wann die Kommunikation mit Sarah B. genau stattgefunden habe, gibt der Zeuge »nach den zwei Schüssen« an. Diese seien unmittelbar nacheinander erfolgt, und er habe anschließend zu dem Täter gesehen und erkannt, dass dieser auf dem Boden sitze oder hocke. »Okay. Was passiert denn dann? Schuss, die Person hockt da. Sehen Sie da etwas?«, fragt Rechtsanwalt Onken nach. Er habe wahrgenommen, dass sich hinter der geöffneten Autotür eine Person befunden habe, führt Daniel L. aus. Der Bordstein habe aber den Abstand zwischen der Tür und der Straße verringert, sodass es sehr schwer gewesen sei zu erkennen, ob die Person gehockt oder gelegen habe. »Sie sehen vorher eine Person, die steht. Und danach steht sie nicht mehr. Wie verschwindet die Person aus Ihrem Blickfeld?«, fragt Rechtsanwalt Onken weiter nach. Der Zeuge gibt an, keine Erinnerungen mehr zu haben. Er habe weder Füße noch irgendetwas anderes erkennen können, es sei nur ein dunkler Bereich gewesen. Der Rechtsanwalt entgegnet, dass er nun eine noch schwierigere Frage stellen werde, und fragt: »Wie lange passierte dann gar nichts?« Daniel L. antwortet, dass es vor Ort gefühlt Bruchteile von Sekunden gewesen seien; heute wisse er, dass es 15 Sekunden gewesen sind. »Haben Sie in der Zeit mit den Kollegen gesprochen?«, fragt Rechtsanwalt Onken. Er habe in Erinnerung, dass seine Kollegin Sarah B. in der Zeit durchgegeben habe, dass sie in einen Schusswechsel verwickelt seien. Anweisungen oder Absprachen habe es aber nicht gegeben. Sie hätten lediglich gewartet. Ob denn jemand zum Täter geschaut habe, hakt Rechtsanwalt Onken nach. Daniel L. bejaht, die Kollegen hätten in Richtung des Fahrzeuges und des Täters geschaut. Eine Rückmeldung zur Wirkung der Schüsse hätten sie ihm aber nicht gegeben.

Rechtsanwalt Goldbach sagt, dass er sich zunächst bei dem Zeugen für dessen mutiges Handeln bedanken möchte, auch im Namen seiner Mandanten. »Möchten Sie dem Angeklagten etwas sagen?«, fragt er Daniel L. anschließend. Dieser überlegt eine Weile und gibt dann an, dass ihm gestern eine Frage eingefallen sei. Er fragt den Angeklagten: »Möchten Sie die beantworten?« Dieser nickt. Daniel L. sagt, dass er beim gestrigen Verhandlungstag selbst nicht anwesend gewesen sei, aber der Presse entnommen habe, dass »der Vati« von Kevin S. ausgesagt habe, und fragt den Angeklagten entsprechend: »Hat das etwas in Ihnen ausgelöst?« Dieser bejaht, es habe schließlich sein Scheitern gezeigt. Der Zeuge unterbricht ihn, »Nein!«, er meine so etwas wie Mitleid oder Reue. Der Angeklagte sagt, dass der Vater sehr aufgelöst gewesen sei, und das bereue er.

Rechtsanwältin Scharnhorst fragt den Zeugen, ob bei Sarah B.s Funkspruch über Unterstützung gesprochen worden sei. Dieser antwortet, dass, wenn man von einem Schusswechsel spreche, man das Wort »Unterstützung« nicht extra erwähnen müsse. Bei der Absuche hätten sie dann erfahren, dass Verstärkung in Zivil hinter ihnen gewesen sei.

Die Rechtsanwältin will weiter wissen, ob es im Anschluss an den Einsatz diesbezüglich eine Aufarbeitung gegeben habe. Daniel L. bejaht. Man habe ausgewertet, dass an dem Tag nur eine begrenzte Anzahl von Einsatzwagen im Einsatz war und die Auftragslage recht hoch gewesen sei. Alle Einsatzwagen hätten zwar ihre Einsätze direkt abgebrochen, seien aber eben über das ganze Stadtgebiet verteilt gewesen.

Rechtsanwalt Siebenhüner fragt seinen Mandanten, ob er sich an irgendwelche Schutzmaßnahmen erinnern könne, die vor oder nach dem Attentat ergriffen worden seien. Daniel L. antwortet, dass die Synagoge nun zu einem Bereich gehöre, der regelmäßig »bestreift« werde.

Auf die Frage seines Anwalts, ob er, Daniel L., die Kritik an der Polizei, die immerhin recht viel geübt worden sei, teilen könne, gibt dieser an, dass er die Kritik zwar vernommen habe, aber dass aus der Presse und der Politik auch viel Lob gekommen sei. Nachvollziehen könne er die Kritik aber nicht wirklich. Er wolle dabei ein Beispiel nennen: Es werde etwa kritisiert, dass die Polizei zu spät vor Ort gewesen sei. Er habe seine Kollegin aber noch nie so schnell fahren sehen. Auch an der Polizistin, die zuerst am Tatort gewesen sei, habe es viel Kritik gegeben. Diese könne er ebenfalls nicht nachvollziehen. In einer LebEL-Situation sei es die oberste Priorität, den Tatort zu sichern. So würden erst danach Rettungskräfte an die Situation herangeführt werden – eine Vorgabe, die die Kollegin befolgt habe. Hätte sie sich erst um das Opfer gekümmert, und wäre dann der Täter wiedergekommen, wäre die Kollegin womöglich handlungsunfähig gewesen.

Rechtsanwalt Siebenhüner gibt anschließend an, dass er dem Gericht noch ein Gutachten übergeben wolle, in dem seinem Mandanten zumindest Teilsymptome einer Posttraumatischen Belastungsstörung diagnostiziert würden.

Rechtsanwalt Lupschitz sagt, dass seine Mandantin Iona B. noch eine Frage habe. Diese bedankt sich zunächst bei dem Zeugen für seinen Einsatz. Dann fragt sie ihn, ob sie ihn richtig verstanden habe, dass er in Bezug auf die polizeilichen Abläufe keinen Fehler bei dem Einsatz gesehen habe. Dieser erklärt, dass er vor allem die Kritik mitbekommen habe, dass die Polizei zu langsam gewesen sei. Dazu könne er nur sagen, dass sie alles gegeben hätten und auch, dass sie alle eine derartige Situation vorher noch nie erlebt hätten. Die Mandantin erwidert, dass ihr dies sehr wohl klar sei, und sie ihn auch nicht persönlich kritisieren wolle, sie aber doch festhalten müsse, dass sie zum Beispiel unzureichend vor der Presse geschützt worden seien und dass es an der Synagoge eine schlechte Kommunikation seitens der Polizei gegeben habe. Daniel L. sagt, dass er das verstehen könne, er selbst sei aber nicht dabei gewesen, dementsprechend könne er zu dieser Situation nur sagen, dass mit einer Evakuierung erst begonnen werden könne, wenn etwa sichergestellt sei, dass es keine Sprengsätze oder Ähnliches mehr vor Ort gebe.

Die Vorsitzende wendet sich der Nebenklägerin zu und sagt, dass der Zeuge für diese Kritik nicht der richtige Ansprechpartner sei, und wenn sie sich mit ihm darüber austauschen wolle, die Pause die geeignete Stelle sei.

Die Nebenklägerin entgegnet, dass ihre Frage jetzt erst komme. Sie wolle wissen, ob es einen kritischen Austausch über diese möglichen Fehler gegeben habe. Daniel L. antwortet, dass er eventuell eine Aussagegenehmigung brauche, um etwas zu der Auswertung des Einsatzes sagen zu können. Die Nebenklägerin sagt, dass sie lediglich sein persönlicher Eindruck interessieren würde.

Die Vorsitzende unterbricht sie mit dem Hinweis, dass der Zeuge doch kein Sachverständiger sei. Rechtsanwältin Pietrzyk lacht auf. Die Vorsitzende fragt sie, ob sie etwas dazu sagen wolle. Die Rechtsanwältin erklärt, dass sie nur geschnauft habe, weil die Nebenklägerin doch nach dem persönlichen Eindruck des Zeugen in Bezug auf die Auswertung des Einsatzes gefragt habe, und das keinesfalls eine Frage an einen Sachverständigen sei. Sie finde durchaus, so Rechtsanwältin Pietrzyk weiter, dass diese Diskurse in die Öffentlichkeit gehören würden. Die Vorsitzende erwidert, dass der Zeuge bei den Auswertungen nicht dabei gewesen sei und seine Aussagen bezüglich der Fehler der Polizei schließlich auch relativiert habe.

Sie fährt anschließend fort, dass sie vor der Pause noch die Videos vom Schusswechsel zeigen wolle.

Rechtsanwalt Hoffmann hakt ein, dass ihm nicht klar sei, ob die Befragung des Zeugen nun abgeschlossen sei oder nicht. Die Vorsitzende erklärt, dass sie sich die Videos mit dem Zeugen ansehen wolle.

Daraufhin werden drei Videos vom Schusswechsel gezeigt. Der Zeuge erläutert diese knapp, Nachfragen gibt es keine.

Der Zeuge wird anschließend entlassen.

Nach einer Stunde Pause wird die Verhandlung um 13.50 Uhr fortgesetzt.

AUSSAGE DER ZEUGIN SARAH B. (NEBENKLÄGERIN, POLIZEI HALLE, ZUM TATKOMPLEX KIEZ DÖNER)

Die Vorsitzende belehrt die Zeugin über ihre Pflichten und befragt sie zu ihren Personalien. Sarah B. ist 33 Jahre alt und über die Polizeiinspektion in Halle zu laden.

Die Vorsitzende bittet sie, die Geschehnisse des 9. Oktober 2019 zu schildern und erklärt, dass die Zeugin an diesem Tag die Leiterin des Streifenwagens gewesen sei. Sarah B. korrigiert die Vorsitzende dahingehend, dass sie am besagten Tag nur die Streifeneinsatzführung innegehabt habe. Die Vorsitzende bedankt sich für den Hinweis.

Anschließend berichtet die Zeugin, dass sie am 9. Oktober 2019 um 5.37 Uhr ihren Dienst angetreten sei. Bis zum Vormittag sei das Dienstgeschehen normal gewesen, dann hätten sie nach Halle-Neustadt zu einer renitenten Person fahren sollen. Da diese am Vormittag schon einmal auffällig gewesen sei, habe sie, Sarah B., Verstärkung für diesen Einsatz angefordert, und es habe sich angeboten, dass Daniel L. mitkäme. Auf dem Weg habe es dann den Funkspruch gegeben, dass jemand in der Humboldtstraße gebraucht werde. Zunächst hätten sie darauf nicht reagiert. Kurz darauf sei dann aber die Information gekommen, dass andere Kollegen den Einsatz in Neustadt übernehmen würden. Sie habe daher bei der Zentrale nachgefragt, ob sie zur Humboldtstraße fahren sollten. Es habe dann geheißen, dass jemand versuche, in die Synagoge einzudringen. Auch habe es geheißen, dass es Schüsse und Sprengsätze gegeben habe und dass eine Person bereits tot sei. Sie haben sich dann mit der Besatzung aus Halle-Neustadt, die auch dazu kommen wollte, am Steintor treffen wollen, um dort die richtige Ausrüstung anzulegen. Sowohl Daniel L. als auch sie hätten bereits die LebEL-Ausbildung absolviert, weshalb es klar gewesen sei, dass sie die Ausrüstung tragen würden. Nachdem sie die Ausrüstung angelegt haben – die Besatzung aus Halle-Neustadt sei währenddessen nicht dazu gekommen – sei dann der Funkspruch gekommen, dass sich der Täter in der Ludwig-Wucherer-Straße, in einem Dönerimbiss, befinde. Sie habe ungefähr gewusst, wo sich dieser Imbiss befinde und sei demnach mittig auf der Straße hingefahren. Es habe dann ein Passant wild gestikuliert, und sie habe den Wagen quer auf die Straße gestellt. Dabei habe sie einen dunklen VW wahrgenommen, der auf der Straße gestanden habe. Über den Täter habe sie durch den Funkspruch bereits gewusst, dass er mit einer Schussweste und einem Helm bekleidet sei. Nachdem sie ausgestiegen sei, habe sie direkt eine entsprechend gekleidete Person neben dem VW feststellen können. Diese habe unmittelbar Schüsse auf sie abgegeben. Sie habe dann ihre Kollegen angeschrien, dass sie mit ihr hinter den Einsatzwagen kommen sollten. In dieser Zeit sei weiterhin geschossen worden. Daniel L. habe daraufhin das Feuer erwidert, während sie versucht habe, ihn zu unterstützen und dazu eine rückseitige Sicherung des Wagens aufgebaut habe, auch weil sie nicht gewusst habe, ob andere Täter involviert seien. Sie habe dann gesehen, wie sich dem Täter von hinten ein Pkw genähert habe, woraufhin sie ihren Kollegen Daniel L. mit »Stopp!« angeschrien habe, damit dieser die Schüsse einstelle. Es sei dann kurz still und der Täter nicht mehr zu sehen gewesen. Möglicherweise habe er hinter der Autotür gelegen, aber sie habe das nicht richtig erkennen können. Sie hätten nicht viel Zeit gehabt, um die Situation zu beobachten, ehe der Täter auch schon in sein Auto eingestiegen und in die Schillerstraße davongefahren sei.

Sie hätten sich dann kurz sammeln müssen und seien ihm unmittelbar danach gefolgt. Zunächst habe es Sichtkontakt zum Fahrzeug des Täters gegeben, aber der sei dann abgerissen worden, wodurch sie ihn verloren hätten. Ein Passant habe ihnen daraufhin die Richtung angezeigt, und sie hätten kurz angehalten, um diesen zu fragen, wo der Täter genau eingebogen sei. Der Passant habe gesagt, der Wagen sei in die zweite Straße, die Herderstraße, eingebogen, die wiederum in die Hollystraße münde. Dort hätten sie aber im Verkehr festgesteckt, trotz sämtlicher Warnsignale. Als sie hätten weiterfahren können, habe sie ein Funkspruch erreicht, dass der Täter nun die Humboldtstraße passiere und weiter in die Paracelsusstraße einbiege. Dementsprechend haben sie dort kurz verweilt und so auf den Täter gewartet. Direkt neben ihnen habe zudem ein ziviles Polizeifahrzeug gestanden, das dann mit der Absuche des Nahbereichs begonnen habe. Nach einer Weile seien auch Daniel L., Dirk F. und sie selbst, Sarah B., zur Absuche im

Innenstadtbereich gegangen und im Anschluss zum Dienstsitz nach Halle-Neustadt gefahren.

Die Vorsitzende fragt die Zeugin, wie lange sie schon Polizistin sei. Sarah B. antwortet, dass sie 2014 ihr Studium begonnen habe und 2017 zusätzlich ihre Ausbildung.

Ob es ihr erster Schusswechsel gewesen sei, will die Vorsitzende wissen. Die Zeugin bejaht. So etwas gehe nicht spurlos an einem vorüber, es sei schwierig gewesen. Sie habe unter Schlafstörungen gelitten. Man reflektiere sich immer wieder, sei in den Gedanken auch bei den Opfern und habe damit gedanklich »gut zu tun«, sagt die Zeugin.

Daraufhin bittet die Vorsitzende sie zu schildern, wie es an dem Tag des Einsatzes weitergegangen sei. Sarah B. sagt, sie hätten in Halle-Neustadt das Auto getauscht und seien dann weiter im Einsatz gewesen. Wie Daniel L. und Dirk F. sei auch sie bis Mitternacht im Einsatz gewesen.

Ob sie sich danach in Behandlung begeben habe, fragt die Vorsitzende nach. Die Zeugin antwortet, dass sie am Abend vom Kriseninterventionsteam in Empfang genommen worden seien, und es im Anschluss eine psychologische Betreuung gegeben habe. Sie sei dann zehn Tage krankgeschrieben gewesen und danach wieder ganz normal im Streifendienst im Einsatz gewesen. Heute sei sie nach einer Abordnung in einem anderen Bereich eingesetzt und dementsprechend nicht mehr im Streifendienst tätig. Diesen habe sie nach dem Anschlag aber noch einige Monate geleistet.

Die Vorsitzende lässt nun Bilder des Funkstreifenwagens, ein VW Passat, anzeigen und bittet die Zeugin, diese zu erläutern. Zu sehen seien, erklärt Sarah B., eine beschädigte Heckscheibe und Einschläge am Vorderreifen, an der Beifahrertür, an der Signalbrücke und am hinteren Radlauf. Auch die Innenverkleidung sei durch einen Schuss, vermutlich den Schuss des Kollegen Daniel L., durch die Heckscheibe beschädigt worden. Die Vorsitzende fragt überrascht, ob sie mit diesem Auto noch weiter ihren Dienst hätten machen wollen und schmunzelt dabei, immerhin seien die Zeugin und ihre Kollegen wahrscheinlich stark unter Adrenalin gewesen. Sarah B. bestätigt das und ergänzt, dass sie schließlich noch den Auftrag gehabt und auch verfolgt hätten, den Täter handlungsunfähig zu machen. Erst eine Kollegin aus dem Innendienst habe sie in Halle-Neustadt darauf aufmerksam gemacht, dass das mit diesem Wagen wahrscheinlich wenig Sinn mache.

Wie lange sie dann noch im Einsatz gewesen sei, fragt die Vorsitzende im Weiteren. Die Zeugin gibt an, bis 19 Uhr die Absperrung gesichert zu haben, und gegen 20 Uhr in der Polizeiinspektion gewesen zu sein.

Rechtsanwalt Onur U. Özata, Vertreter der Nebenklage, fragt anschließend, ob die Zeugin unbeteiligte Personen auf der Straße gesehen habe. Diese bejaht, sie habe auf dem linken Fußgängerweg Passanten wie auch das beschriebene Fahrzeug des Täters wahrnehmen können.

Rechtsanwältin Lewin fragt die Zeugin, ob sie noch wisse, was sie ihrem Kollegen Daniel L. genau zugeschrien habe. Diese sagt, dass Daniel L. gefragt habe, ob er schießen solle, woraufhin sie ihn mit »Ja!« angeschrien habe. Zum anderen habe sie später »Stopp!« geschrien, als er habe aufhören sollen.

Die Frage von Rechtsanwalt Lupschitz, ob der Kollege denn ihre Erlaubnis gebraucht habe, wenn er doch erst sie gefragt habe, verneint die Zeugin und erklärt, dass dieser sich lediglich nochmals die Bestätigung seiner Vorgesetzten geholt habe. Er hätte aber auch ohne diese schießen können. »Aber er hat sich noch mal die Zeit genommen?«, will sich Rechtsanwalt Lupschitz vergewissern. Die Zeugin erwidert, dass das so klingen würde, als ob sie einen Kaffeeplausch gehalten hätten. Es seien aber nur Millisekunden gewesen. Unmittelbar nachdem auf sie geschossen worden sei, hätten sie jedenfalls das Feuer erwidert.

Ob die Person denn dann noch zu sehen gewesen sei, fragt Rechtsanwalt Lupschitz weiter. Sarah B. sagt aus, dass diese nicht zu sehen gewesen sei, es für sie zugleich aber nicht erkennbar gewesen sei, ob sie am Boden sitze oder liege. Der Rechtsanwalt erwidert, dass Daniel L. ausgesagt habe, dass dann eine Zeit lang nichts passiert sei, und fragt: »Was haben Sie da gemacht? Da werden Sie ja auch nicht Kaffee getrunken haben.« Die Zeugin erklärt, dass sie hätten schauen müssen, ob der Täter Sprengvorrichtungen habe und auch, wo er genau sei. Sie hätten demnach probiert, wieder Blickkontakt zum Täter herzustellen. Der Rechtsanwalt erklärt, dass er ihr keinen Vorwurf machen wolle, sondern bloß eine Frage zur Ausbildung stellen würde, nämlich, ob es nicht angedacht sei, dass man in einer solchen Situation nach vorn gehe. Sarah B. sagt, sie wolle in Bezug auf die polizeitaktischen Überlegungen nicht zu weit ausholen, aber fügt hinzu, dass man nicht vorrücken könne, wenn man nicht wisse, wo der Täter sei.

Rechtsanwalt Lupschitz fragt weiter, ob die Funkdisziplin an diesem Tag eingehalten worden sei, die Zeugin habe schließlich das Funkgerät im Streifenwagen bedient. Diese bejaht, die Disziplin sei natürlich eingehalten worden. Der Funkverkehr an sich sei allerdings sehr hoch und überlastet gewesen. Sie haben zu diesem Zeitpunkt viele Hundert Anrufe erhalten. »Dass da das ein oder andere nicht rüberkam, war an dem Tag sicherlich so«, ergänzt sie sich. »Aber Sie mussten keine Blitznachrichten abschicken?«, hakt der Rechtsanwalt nach. Sie hätten ja nur den Funkverkehr gehabt, erklärt die Zeugin. Rechtsanwalt Lupschitz erwidert, dass es doch die Möglichkeit gebe, zu sagen: »Ich bin derjenige, der gerade das Wichtige sagt.« Die Zeugin sagt, dass das nur die Einsatz- und Leitungsstelle könne, der Einzelne aber nicht. Da gebe es nur die Notruffunktion, aber die bringe nichts mehr, wenn alle sie betätigen würden.

»Was haben Sie gefunkt?«, fragt Rechtsanwalt Lupschitz weiter. Sarah B. gibt an, das nicht mehr zu wissen, es aber so etwas wie die Nummer ihres Wagens gewesen sein müsse und der Zusatz »steht unter Beschuss«, wie auch der Ort, die Ludwig-Wucherer-Straße. Ob sie denn davon ausgehe, dass das so reiche, vergewissert sich der Rechtsanwalt. Sarah B. antwortet, dass sie sehr wohl davon ausgehe, auch, weil die Situation an sich bereits bekannt gewesen sei. Rechtsanwalt Lupschitz bedankt sich bei der Zeugin, man habe dank ihrer Aussage nun ein umfassendes Bild.

Rechtsanwalt Goldbach wendet ein, dass der Kollege Daniel L. es so geschildert habe, dass es das eigentliche Ziel in solch einer Situation sei, den Täter an der Flucht zu hindern. Dem Angeklagten sei es hingegen darauf angekommen, die Polizisten zu verletzen, und auch, näher an sie heranzukommen, um tödlich schießen zu können. »Was haben Sie dabei empfunden, als sie das gehört haben?« Bevor die Zeugin antworten kann, bringt sich der Verteidiger, Rechtsanwalt Weber, ein und meint, die Frage beanstanden zu müssen, da diese Darstellung nicht der Einlassung des Angeklagten entspräche. Rechtsanwalt Goldbach erwidert, dass er es so wahrgenommen habe und die Frage daher auch aufrechterhalte.

Die Vorsitzende sucht in ihren Unterlagen.

Oberstaatsanwalt Stefan Schmidt erklärt währenddessen, dass es in diesem Fall darum gehe, was die Zeugin empfunden habe, als sie von den Überlegungen des Angeklagten gehört habe. Er glaube nicht, dass das für die Beurteilung der Schuldfrage relevant sei.

Die Vorsitzende verliest daraufhin den Antrag auf Protokollierung seitens des Rechtsanwalts Görgülü vom Vormittag, in dem es heißt, dass der Angeklagte verwundert gewesen sei, dass nicht einmal der Wagen kaputtgehe, und dann schnell weggewollt habe. Rechtsanwalt Goldbach zieht seine Frage entsprechend zurück.

Die Vorsitzende sagt, sie habe noch einmal etwas in der Aussage Daniel L.s bei der Polizei nachgelesen, nämlich: »Ich kann nicht sagen, wann wir an der Wucherer-Straße waren. Heute weiß ich, es war 12.16 Uhr«, und fragt die Zeugin, was sie dazu sagen könne, und was »heute« genau bedeute. Diese erwidert, dass sie nicht viel dazu sagen könne, vermute aber, dass das »heute« sich wohl darauf beziehe, dass diese Uhrzeit in einer Pressekonferenz des Ministers und auch in den Medien genannt worden sei. Sie selbst habe diese Zeit später auch der Einsatzdokumentation entnehmen können.

Rechtsanwältin Lewin fragt die Zeugin, ob sie habe erkennen können, mit welcher Waffe geschossen worden sei. Diese antwortet, dass sie mehr als eine Langwaffe nicht habe ausmachen können.

Anschließend fragt Rechtsanwalt Hoffmann, wie weit sie vom Einsatzwagen entfernt gewesen sei, als der Angeklagte auf sie geschossen habe. »50 Meter«, antwortet die Zeugin. Hoffmann erwidert: »Nein, am Einsatzwagen.« Sarah B. erklärt, dass sie direkt an diesem gestanden und ihn gar berührt habe. Ob sie gespürt habe, beginnt Rechtsanwalt Hoffmann seinen Satz, und fügt in Richtung der Verteidigung hinzu, dass diese einfach reinrufen solle, wenn das Folgende unzulässig sei, ob sie gespürt, gehört oder gefühlt habe, dass das Auto getroffen worden sei, als sie den Schuss gehört habe. Die Zeugin gibt an, blecherne Geräusche gehört zu haben, aber diese zugleich nicht richtig zuordnen habe können.

Im Anschluss erwähnt Rechtsanwalt Özata, dass man aus dem Video des Angeklagten wisse, dass dieser gesagt habe »Jetzt sterbe ich«, als er die Polizei erblickt habe. Er fragt die Zeugin entsprechend, ob ihr dieser Gedanke auch gekommen sei. Sie bejaht, wenn jemand mit einer Langwaffe auf einen ziele, denke man: »Das war es jetzt gleich.« Ob sie das bereits zuvor einmal erlebt habe, fragt Rechtsanwalt Özata nach. Sarah B. verneint. Halle sei zwar ein »Pflaster«, wo man viele schwierige Situationen erlebe, auch mit Waffen, aber eine Schussabgabe habe sie noch nicht erlebt.

Rechtsanwalt Onken sagt, er habe eine Anschlussfrage an Rechtsanwalt Lupschitz Befragung, und hält vor, dass die Zeugin eben gesagt habe, dass der Täter möglicherweise auch hinter der Fahrertür gelegen haben könnte. Sarah B. bestätigt diese Aussage. Rechtsanwalt Onken macht infolgedessen einen Vorhalt aus der polizeilichen Vernehmung, dort habe sie nämlich gesagt: »Ich meine, dass ich ihn in dem Moment an der geöffneten Fahrertür gesehen habe.« Die Zeugin bestätigt auch diese Aussage. Rechtsanwalt Onken sagt, dass er bei letztgenannter Formulierung bleiben wolle, und fragt sie, was sie denn dann dazu bewogen habe zu meinen, dass dort jemand liege. Sarah B. erklärt, dass alles grau gewesen sei, der Asphalt, das Fahrzeug und der Täter selbst. »Aber da war etwas. Können Sie das beschreiben?«, hakt Rechtsanwalt Onken nach und wiederholt, ob sie eine bildliche Erinnerung habe. Die Zeugin erwidert, dass sie diese gerade erläutert habe und auch nicht mehr dazu sagen könne. »Haben Sie mit Daniel L. kommuniziert, ob die Schussabgabe etwas bewirkt hat?«, fragt der Rechtsanwalt. Sarah B. verneint. »Und hat er mit Ihnen kommuniziert?«, setzt der Rechtsanwalt Onken nach. Die Zeugin sagt, dass sie nun kurz überlegen müsse. Sie seien sich eigentlich sicher gewesen, dass sie ihn nicht getroffen hätten, weil sich das Fahrzeug kurz darauf bewegt habe. Auf die abschließende Frage des Rechtsanwalts, ob denn dann nochmals gefeuert worden sei, erklärt sich die Zeugin als nicht aussagefähig: »Das weiß ich nicht.«

Rechtsanwalt Siebenhüner fragt im weiteren Verlauf, wie die Kollegen Daniel L. und Dirk F. während der Verfolgung des Täters und des Tauschs des Polizeiwagens gesundheitlich drauf gewesen seien. Die Zeugin schildert, dass Daniel L. sehr gefasst und fokussiert gewesen sei und auch, dass er weiter daran interessiert gewesen sei, dem Täter »entsprechend habhaft zu werden.« Dirk F. wiederum sei sehr in sich gekehrt und in dem Sinne nicht mehr anwesend gewesen. Ob das demnach ein Schock gewesen sei, fragt Rechtsanwalt Siebenhüner nach. »Ja«, bestätigt die Zeugin.

Rechtsanwalt Lupschitz wirft ein, die Zeugin habe von einer LebEL-Ausbildung gesprochen. Er wolle nicht fragen, was sie da gelernt habe, aber doch wissen, ob sie sich gut vorbereitet gefühlt habe und ob sie in dem Moment, in dem sie da gehockt habe, gedacht habe: »Gut, dass ich das gelernt habe.« »Ja, definitiv«, erklärt Sarah B., das seien solche Situationen, die man da durchspiele.

Der Anwalt der Zeugin, Rechtsanwalt Christoph Günther, überreicht dem Gericht daraufhin ein Attest über eine Posttraumatische Belastungsstörung. Seine Mandantin bestätigt dabei, dass dies in ihrem Sinne sei, und auch, dass die Angaben richtig seien.

Daraufhin wird die Zeugin entlassen.

AUSSAGE DES ZEUGEN ROBERT D. (POLIZEI HALLE, ZUM TATKOMPLEX KIEZ DÖNER)

Die Vorsitzende belehrt den Zeugen über seine Pflichten und befragt ihn zu seinen Personalien. Robert D. ist 29 Jahre alt und über die Polizeiinspektion in Halle zu laden.

Die Vorsitzende erklärt, dass auch Robert D. am 9. Oktober 2019 im Einsatz gewesen sei, wobei er in einem Zivilfahrzeug unterwegs gewesen sei.

Robert D. bestätigt beide Aussagen und schildert, dass er an diesem Tag dem zentralen Einsatzdienst zugehörig gewesen sei und um 11 Uhr den Dienst in Merseburg angetreten habe. Gegen 11.30 Uhr habe er sich auf den Weg zum zentralen Polizeigewahrsam gemacht, weil er eine Person zum Flughafen Frankfurt habe bringen sollen. Mit einem Kollegen habe er diese Person übernommen und letzte Einzelheiten vor Ort geklärt. Die Person habe währenddessen bereits im Einsatzwagen gesessen. Er sei dann von dem wachhabenden Kollegen darauf hingewiesen worden, dass eine lebensbedrohliche Einsatzlage über Funk gemeldet worden sei. Er, Robert D., habe sich diesem Funkspruch angenommen und gehört, dass eine mit Schusswaffen und Sprengsätzen bewaffnete Person unterwegs sein solle. Es seien wohl auch bereits Schüsse gefallen. Die Kollegen im Gewahrsam hätten die Person, die schon im Einsatzwagen gesessen habe, dann wieder zurückgenommen und seien mit Sonderwegerechten in Richtung des Tatorts gefahren. Unterwegs hätten sie ihre Ankunft über Funk angekündigt. Darüber sei dann zu hören gewesen, dass der Angreifer in einem Dönerimbiss in der

Ludwig-Wucherer-Straße sei. Er habe sich daher entschieden, die Anfahrt zur Synagoge abzubrechen und in die Ludwig-Wucherer-Straße zu fahren. Über Funk hätten sie währenddessen auch mitbekommen, dass bereits ein Einsatzwagen zur Synagoge gefahren sei und dort eine Person vorgefunden habe. Später sei auch die Information gekommen, dass diese Person wohl verstorben sei und auch, dass es zwei bis drei Täter geben könnte. Sie seien also in die Ludwig-Wucherer-Straße gefahren, er selbst habe dabei am Steuer gesessen. Da sie in einem zivilen Fahrzeug unterwegs gewesen seien, habe er per Funk durchgegeben, dass sie zunächst ohne Blaulicht die Straße durchfahren. Mehr Informationen zum dortigen Geschehen habe er aber nicht gehabt. Die Straße könne man außerdem wegen eines Hügels nicht gut einsehen, fügt der Zeuge hinzu. Auch hätten sie den Fahrstreifen für die Straßenbahn genutzt, um schneller voranzukommen.

Vor Ort habe er dann drei Kollegen und einen Einsatzwagen mit zerschossener Heckscheibe gesehen. Einer der Kollegen habe zudem eine Maschinenpistole gehabt. Dieser und eine weitere Kollegin hätten außerdem die LebEL-Ausrüstung getragen. Er habe dann angehalten und dabei Schüsse in seine Richtung wahrgenommen. In diesem Moment habe er aber das Fahrzeug nicht verlassen können und auch nicht wollen, da die Fahrertür dem Täter zugewandt gewesen sei. Er habe sich daher mit dem Oberkörper auf den Beifahrersitz fallen lassen und den Wagen auf eben dieser Seite verlassen. Sie hätten sich dann hinter den Wagen begeben, und er, Robert D., habe kurzzeitig eine offene Fahrertür am Fahrzeug des Täters wahrnehmen können. Er glaube, auch kurz dessen Kopf wahrgenommen zu haben, das sei aber nur ein Augenblick gewesen. Daraufhin habe er Schüsse gehört und gemeint, dass ein Schuss auch in seinem Wagen eingeschlagen sei. Er habe dann das Lage- und Führungszentrum informiert, dass auf sie geschossen werde.

Als er sich wieder der Situation zugewandt habe, habe er, vermutlich durch Rufe, wahrgenommen, dass der Wagen des Täters wegfahre. Er selbst habe das aber nicht gesehen. Im Verbund mit den Halleschen Kollegen hätten sie schließlich die Verfolgung aufgenommen. Die Straße sei sehr eng gewesen, aber sie hätten glücklicherweise keinen Gegenverkehr gehabt. Den Golf des Täters hätten sie irgendwann nicht mehr sehen können. Auf der Herderstraße habe er aber eine Person wahrgenommen, die in Richtung der Hollystraße gedeutet habe. Er selbst habe zwar keinen verbalen Kontakt zu dieser Person gehabt, aber sich dennoch dafür entschieden, in diese Richtung zu fahren. In der Hollystraße sei dann ein unbeteiligter Autofahrer wegen des Blaulichts sehr verunsichert gewesen, und so hätten sie diesen nicht überholen können. Über den Bürgersteig habe er dann aber irgendwann dessen Wagen und auch den Einsatzwagen überholt. An der nächsten Kreuzung habe er sich instinktiv entschieden, nach rechts abzubiegen und die Fahndung in Richtung der Merseburger Straße fortzusetzen. Ein UPS-Fahrer habe dann auf sich aufmerksam gemacht und gesagt, dass eine Person von einem silbernen Fahrzeug angefahren worden sei. Sie sei nun bei ihm und auch in Ordnung.

Es habe in diesem Bereich viele Verzweigungen gegeben, fährt der Zeuge fort, und er habe demnach beschlossen, die Absuche abzubrechen und im Nahbereich der Tatorte nach weiteren Tätern zu suchen. Gemeinsam mit seinem Kollegen habe er den Bereich abgesucht, aber nichts gefunden. Sie seien dann zur Kräftesammelstelle gefahren. Kurz darauf habe es geheißen, dass im Bereich Landsberg jemand Schüsse abgegeben habe und Personen verletzt worden seien. Sein Kollege und er seien dann auf die A9 gefahren, aber hätten keinen tatsächlichen Sichtkontakt zum Täter gehabt. Den nächsten Kontakt habe es erst an der B91, Richtung Zeitz, gegeben, als der Täter gestellt worden sei. Sie hätten das aus der Ferne gesehen, aber Abstand gehalten, um den Einsatzkräften den nötigten Raum zu geben. Vor Ort hätten sie dann ihren eigenen Wagen abgesucht, eine Delle am Kotflügel sowie ein Einschussloch ohne Austritt im Außenspiegel festgestellt. Dort sei das Projektil von hinten eingedrungen. Nachdem der Täter gestellt worden sei, seien sie dann wieder zurück zur Kräftesammelstelle gefahren. Bis 23 Uhr oder 23.30 Uhr sei er an diesem Tag im Dienst gewesen, fügt Robert D. anschließend hinzu.

Die Vorsitzende fragt, ob er sich erinnern könne, ob und wann er erfahren habe, dass es nur einen Täter gebe. Robert D. antwortet, dass er das nicht mehr genau wisse, es müsse aber erst in den späten Abendstunden gewesen sein.

»Wie ist es Ihnen danach ergangen?«, fragt sie ihn weiter. Er schildert, dass er von Anfang an im Kopf gehabt habe, dass man von Posttraumatischen Belastungsstörungen nicht wissen könne, wann und wie sie sich zeigen würden. Er habe nicht feststellen können, dass es ihm nach diesem Tag deutlich schlechter gegangen sei, aber er habe immer wieder Angst gehabt, dass das noch kommen würde. Bisher sei dieser Fall aber nicht eingetreten. Wenn er von dem Geschehen so erzähle, merke er aber, dass es ihn sehr mitnehme. In einem beruflichen Kontext, wie hier vor Gericht, ginge das noch, aber in Gesprächssituationen mit Menschen, die ihm sehr nahe stünden, oder mit seiner Lebensgefährtin nehme es ihn sehr mit.

Die Vorsitzende will wissen, ob sich sein Dienstalltag verändert habe. Robert D. gibt an, dass er seit dem 1. September 2020 im Innendienst der Kriminalpolizei sei, und ergänzt, dass das nichts mit dem Vorfall zu tun habe.

Auf die Frage, in welchen Positionen er seine Kollegen wahrgenommen habe, als sie am Tatort eingetroffen seien, gibt der Zeuge an, dass sie teils gekniet, teils gestanden hätten, aber er es auch nicht mehr ganz genau wisse. Derjenige Kollege, welcher mit ihm im Auto gewesen sei, sei nicht direkt ausgestiegen, sondern während des ersten Schusswechsels auf der Beifahrerseite in Deckung gegangen.

»Hatten Sie auch eine LebEL-Ausrüstung dabei?«, fragt die Vorsitzende weiter. Der Zeuge verneint. Sein Kollege und er haben nur Schutzwesten und Pistolen getragen. Diese seien damals die P6 gewesen, mit der man auf die Entfernung aber nicht schießen könne.

»Um die Unfallstelle mit dem UPS-Fahrer haben Sie sich aber nicht weiter gekümmert?«, fragt die Vorsitzende nach. Robert D. bestätigt das und erklärt, dass es oberste Priorität gewesen sei, den Täter zu stellen.

Der Zeuge wird anschließend entlassen.

Die Vorsitzende bittet daraufhin Rechtsanwalt Siebenhüner, das Attest zu verlesen, das dieser für seinen Mandanten Daniel L. eingereicht habe. Dieses stamme von einer Polizeiärztin für Psychotraumatherapie. Es werde bei ihm die Teilsymptomatik einer Posttraumatischen Belastungsstörung diagnostiziert. Auch werden der Verlauf der Symptome und der ärztlichen Termine beschrieben.

Im Anschluss wird auch das Attest für Sarah B. verlesen, welches dieselbe Ärztin erteilt habe. Es wird ein ähnlicher Krankheitsverlauf wie bei Daniel L. beschrieben.

Die Vorsitzende bittet sodann um Stellungnahmen zum Antrag des Rechtsanwalts Görgülü, der eine Aussage des Angeklagten protokollieren lassen möchte.

Oberstaatsanwalt Schmidt sagt, dass seiner Meinung nach kein Grund für eine Protokollierung vorliege. Es käme hier nicht auf den genauen Wortlaut, sondern auf den Inhalt der Aussage des Angeklagten an. Die Äußerung stelle auch keine Straftat dar, weswegen auch diese Begründung für eine Protokollierung wegfalle. Der Antragsteller deute zwar auf die besondere Bedeutung der Aussage hin, protokolliert werden sollten jedoch grundsätzlich nur ausschlaggebende Äußerungen, mit denen die ganze Sache »stehe oder falle«. Von einer solchen Bedeutung der Aussage könne man in diesem Fall aber nicht ausgehen. Für die Frage des Vorsatzes bei den Schüssen in Richtung der Polizisten müsse man schließlich das gesamte Vorgehen beachten. Dann könne man aber nicht sagen, dass die genannte Aussage ausschlaggebend sei. Eine Protokollierung sei daher nicht erforderlich.
Der Verteidiger, Rechtsanwalt Weber, erwähnt daraufhin, dass hier eine Aussage vom 21. Juli 2020 protokolliert werden solle, die sich überhaupt nicht mit seinen eigenen Mitschriften decke. Insofern stelle er schon in Abrede, dass diese Aussage überhaupt so getätigt worden sei.

Rechtsanwalt Görgülü erwidert, dass er sich nicht wiederholen wolle und verweist entsprechend auf den Antrag. Er habe dem Angeklagten einen Vorhalt gemacht und ihn anschließend gefragt, ob die Aussage so richtig sei. Dieser habe bejaht und sich somit die Äußerung in jedem Fall zu eigen gemacht. Zur Beurteilung der Tat seien außerdem zwei Dinge wichtig: Erstens ob der Täter es für möglich gehalten habe, jemanden zu töten. Zweitens ob es ihm möglich gewesen sei, jemanden zu töten. Die Protokollierung sei für die erste der beiden Fragen wichtig, so Rechtsanwalt Görgülü.[4]

Im Anschluss schließt die Vorsitzende um 15.30 Uhr die Sitzung.

Mitschrift von Linus Pook

4 Der Antrag wird am 21. Verhandlungstag, dem 18. November 2021, abgelehnt: Eine Protokollierung sei nur dann wichtig, wenn es auf den genauen Wortlaut einer Aussage ankomme, so der Senat. Das sei hier nicht der Fall gewesen, den Inhalt der Aussage hätten schließlich auch alle Anwesenden mitbekommen.

14. Verhandlungstag
22. September 2020

Die Vorsitzende Richterin Ursula Mertens eröffnet die Verhandlung um 9.30 Uhr.

AUSSAGE DES ZEUGEN CONRAD R.
(NEBENKLÄGER, ZUM TATKOMPLEX KIEZ DÖNER)

Als erstes wird Conrad R. in den Zeugenstand gerufen. Conrad R. wird über seine Pflichten belehrt und zu seinen Personalien befragt. Die Vorsitzende bittet ihn anschließend, seine Erinnerungen an den 9. Oktober 2019 zu schildern, und fügt hinzu, dass der Zeuge an diesem Tag in Halle unterwegs gewesen sei.

Conrad R. berichtet, dass er zur Mittagszeit Essen im Kiez Döner bestellt habe. Er habe am Tresen gestanden und nur zufällig durch die Tür geschaut, als von draußen ein Mann gekommen sei. Es sei ihm aufgefallen, dass dieser Helm und militärische Kleidung getragen habe. Das sei ihm merkwürdig vorgekommen, er habe den Gedanken gehabt, dass die Person verkleidet sei. Diese habe dann etwas in Richtung der Tür geworfen. Conrad R. berichtet, er habe gesehen, dass dieser Gegenstand eine Lunte gehabt habe. Der Gegenstand sei dann sehr, sehr laut explodiert. Zu diesem Zeitpunkt, so der Zeuge, habe er sich noch nicht im Zustand »allerhöchster Panik« befunden. Er habe gedacht: »Was für'n Idiot, wirft hier Böller rum!« Ab diesem Zeitpunkt werde seine Erinnerung hektisch und bruchstückhaft.

Die nächste klare Erinnerung sei, dass er zum Fenster hinausgeschaut und eine auf den Dönerimbiss gerichtete Waffe gesehen habe. »Es fällt ein

Schuss, dann wieder nur Panik. Ich renne von der Tür weg. Es ist laut, es wird geschrien. Ich verstecke mich erstmal hinter einer Wand. Neben mir steht ein älterer Herr in einem roten Pulli, mit seinem Handy. Er fragt ›110?‹ Ich sage: ›Ja, sollte man anrufen.‹«

Er habe dann in den Ladenbereich geblickt, wo einer der Mitarbeiter des Dönerimbiss hinter dem Tresen gekauert und ihm mit einem Zeichen Stillsein signalisiert habe. Der Mitarbeiter sei »ganz klar auch in totaler Angst« gewesen. Überall seien Rufe, gelegentlich Schüsse und laute Geräusche zu hören gewesen. Er habe bemerkt, dass Leute, vermutlich andere Gäste, an ihm vorbei- und den linken Treppenaufgang hinaufliefen. Er habe in dem Moment gedacht, wenn er da mitlaufe, und es da keinen Ausgang gebe, »werden wir alle erschossen«. Neben ihm habe sich eine kleine Toilette befunden, und er habe den Plan gefasst, sich dort zu verstecken. Die Toilette habe keinen richtigen Türgriff gehabt, nur der Rest eines Griffs sei vorhanden gewesen. Zum Verschließen habe man einen großen Schlüssel gebraucht, und er habe in dem Moment gedacht, dass das Verschließen zu laut sein würde. Also habe er die Tür nur zugehalten. Von draußen seien weiterhin Rufe, Schüsse und eventuell eine Explosion zu hören gewesen. Bei einem Geräusch sei er, Conrad R., dabei so zusammengezuckt, dass er die Tür kurz geöffnet und wieder geschlossen habe.

Zu diesem Zeitpunkt sei er von mehreren Angreifern ausgegangen, so der Zeuge weiter. Er habe sie zwar nicht gesehen, »aber in meinem Kopf war das so. Ich habe gedacht, dass es jetzt mit mir vorbei ist und habe in den Familienchat eine Abschiedsnachricht geschrieben.«

Als es etwas ruhiger wurde, habe er selbst die Polizei gerufen. Eine Frau habe den Notruf entgegengenommen und gesagt, sie wisse schon Bescheid, die Einsatzkräfte seien vor Ort. Conrad R. gibt an, dass er weiterhin in der Toilette gewartet und sich leise verhalten habe, da er davon ausgegangen sei, dass sich die Einsatzkräfte vor der Tür und die Angreifer im Ladeninneren befänden. Er habe sich ausgemalt, einfach loszurennen, wenn ein Angreifer ihn entdecken würde. Irgendwann habe er dann Rufe vernommen, in etwa »Sicher mal das!« und »Is' hier noch jemand?« Er habe dann auf sich aufmerksam gemacht, obwohl er es als falsch empfunden und sich unsicher gefühlt habe. Drei Beamte hätten daraufhin die Tür geöffnet. Er habe dann das Wappen der Polizei gesehen und gedacht: »Ok, ich sterbe heute nicht mehr.«

Conrad R. schildert, wie er dann nach draußen geführt worden sei und fügt hinzu, dass er das als einen sehr erleichternden Moment erlebt habe.

Die Vorsitzende fragt ihn nach der empfundenen Todesangst. Der Zeuge antwortet, dass er davon ausgegangen sei, in der Toilette vom Kiez Döner zu sterben. Er verneint die Frage danach, ob er vom Ausgang im hinteren Bereich gewusst habe.

Daraufhin fragt die Vorsitzende, wie lange er sich in der Toilette befunden habe. Conrad R. antwortet: »In meiner Erinnerung fühlt es sich an wie eine Stunde, aber durch den Anruf und die Nachricht kann ich rekonstruieren, dass es zwanzig Minuten waren.«

Auf die Frage, wie er das Erlebte verkraftet habe, gibt er an, dass es negativ sei, dass er oft den Gedanken habe, heute könne sein letzter Tag sein, und es nicht möge, sich in Räumen aufzuhalten, die keinen Ausgang haben. Positiv sei, dass er seit dem Anschlag versuche, sein Leben aktiver zu gestalten. Er schätze sein Erlebnis als eine Art Nahtoderfahrung ein und wolle nicht mehr so viel Lebenszeit verschwenden.

Die Frage der Vorsitzenden nach psychologischer oder psychotherapeutischer Betreuung beantwortet Conrad R. mit dem Hinweis, dass er sich bereits zuvor wegen einer Panikstörung in Behandlung befunden habe. Nach dem Anschlag sei ihm einmal von staatlicher Seite und vom Weißen Ring, Hilfe angeboten worden. Letztendlich sei er aber durch die Opferberatung in Betreuung, sowohl was das Organisatorische betreffe als auch die darüber hinausgehende Unterstützung. Er habe dort ein offenes Ohr gefunden und brauche deswegen andere Angebote nicht. Die Vorsitzende erkundigt sich, ob er die bereits vor dem Anschlag wahrgenommene Therapie fortführe. Conrad R. antwortet, dass die Treffen weiterhin stattfänden, jedoch unregelmäßig.

Auf die Frage, ob er am Tag nach dem Anschlag arbeitsunfähig gewesen sei, gibt der Zeuge an, dass er am nächsten Tag bei der Arbeit gewesen sei.

Daraufhin fragt ihn die Vorsitzende, ob er gesehen habe, wie der Täter geschossen habe. Der Zeuge sagt, er habe das Bild einer erhobenen Waffe klar vor Augen, könne sich aber nicht an das Splittern von Glas erinnern.

Auf diesen Punkt geht sein Vertreter, Rechtsanwalt Sebastian Scharmer, genauer ein und bittet seinen Mandanten zu beschreiben, wo er genau gestanden habe, als er gesehen habe, wie ein Mann gezielt oder geschossen habe. Conrad R. antwortet, er habe sich ziemlich nah bei der Eingangstür am Tresen, befunden. Rechtsanwalt Scharmer hakt nach, ob die Waffe des Mannes dabei auch in seine Richtung gezielt habe. Der Zeuge bejaht.

In Bezug auf die Situation in der Toilette fragt der Rechtsanwalt, wie es für ihn in dem Raum gewesen sei, auch in Hinblick darauf, dass er, Conrad R., bereits vorher eine Angst- und Panikstörung gehabt habe. Conrad R. meint, die Situation sei vergleichbar mit einer starken Panikattacke gewesen. Er habe Herzrasen, weiche Knie und ein Gefühl des Fallens verspürt. Als er einer Ohnmacht nahe gewesen sei, habe er sofort an ein Training in der Therapie zurückgedacht, wie sich der Körper bei einer Panikattacke verhalte, dass es vorbeigehe, und der Körper von selbst wieder zur Ruhe komme. Er habe sich dann auf seine Atmung konzentriert und sich die Umgebung beschrieben. Das habe ein Stück weit geholfen.

Rechtsanwalt Scharmer fragt anschließend, wie das Telefonat mit der Polizistin geendet sei. Conrad R. sagt, er habe noch im Ohr, wie die Polizistin »Auf Wiederhören« gesagt habe. Er habe gedacht, das sagt man, wenn man davon ausgehe, dass man jemanden wieder hören werde. Er selbst sei in dem Moment aber davon ausgegangen, dass dies die letzte Stimme gewesen sei, die er je gehört habe. Das Verhalten der Polizistin habe ihn jedenfalls »ziemlich baff« zurückgelassen. Scharmer fragt, ob er erwartet habe, dass die Polizistin in der Leitung bleibe, anstatt aufzulegen. »Im Nachhinein ja,« meint Conrad R., aber in der Situation selbst sei es in Ordnung gewesen. Der Rechtsanwalt fragt, ob er später noch einmal die Polizei angerufen habe. Conrad R. sagt, dass er vergessen habe, das zu erzählen. Er habe noch einmal angerufen und dabei geflüstert. Die Person am anderen Ende der Leitung habe aber gesagt, er solle bitte lauter sprechen. Der Rechtsanwalt wendet ein, dass das Verhalten der Polizisten somit wohl wenig hilfreich gewesen sei, und fragt nach dem Handeln der Polizeibeamten, als er, Conrad R., aus dem Laden geführt wurde. Er fragt, ob sich in diesem Moment jemand um ihn gekümmert habe. Der erste Augenzeuge und Mitarbeitende des Ladens hätten vor der Tür gestanden, führt der Zeuge aus. Unter ihnen sei auch der Mitarbeiter gewesen, der hinter dem Tresen gekauert und ihm das Zeichen zum Stillsein gegeben habe. Die Leute hätten gemeint: »›Alles ist gut, du hast es geschafft!‹ Aber sie sagten auch: ›Du bist total bleich.‹ Erst da wurde mir klar, dass nicht alles gut ist, nicht alle es geschafft haben, sondern dass im Dönerladen eine tote Person liegt.«

Erneut fragt Rechtsanwalt Scharmer nach dem Verhalten der Polizei. Diese habe sich um den Tatort gekümmert, sagt Conrad R., aber nicht um ihn. Er habe auf einer Bank gesessen, sei dann zu einem Beamten gegangen und habe diesem gesagt, dass er sich zu den anderen stellen wolle. Der Beamte habe gemeint, das sei in Ordnung. Wenig später sei dann auch ein anderer Beamter gekommen und habe kurz Informationen aufgenommen. Conrad R. fügt hinzu, dass der Beamte dabei »total empathielos« gewesen sei.

Die nächste Hilfe, die ihm zugekommen sei, so der Zeuge weiter, sei ein Rettungssanitäter gewesen, der erkannt habe, dass er sich in einem Schockzustand befunden habe. Der Sanitäter habe ihn direkt angesprochen und sei sehr hilfsbereit gewesen. Er sei dann aber wieder weggerufen worden und habe ihm, dem Zeugen, gesagt, er solle die 112 rufen, wenn noch etwas sei, die würden weiterhelfen. »Sind Sie mit dieser Ansage nach Hause geschickt worden?«, fragt Rechtsanwalt Scharmer nach. Conrad R. verneint, jemand habe ihn gefragt, ob noch Augenzeugen da seien, und eine Reporterin habe sich mit ihm hingesetzt und ihm Fragen gestellt. Sie sei sehr empathisch gewesen und habe gefragt, ob sie das Gespräch vor der Kamera wiederholen könnten. Er habe gedacht: »Ja, ich will darüber sprechen, ob mit Kamera oder ohne.« Ob außer der Reporterin und dem Sanitäter jemand Unterstützung geleistet habe, und ob es eine Begleitung nach Hause gegeben habe, fragt

Rechtsanwalt Scharmer weiter. Conrad R. verneint. Er sei einfach irgendwann gegangen. Es sei der Polizeisprecher aufgetaucht, der sei für die Presse dann auch interessanter gewesen.

Der Rechtsanwalt fragt den Zeugen anschließend, wie es für ihn gewesen sei, heute zum Gericht zu fahren, vor allem in Hinblick auf seine Angst- und Panikstörung. Conrad R. wiederholt, dass er sich ungern in Räumen aufhalte, in denen er nicht wisse, wie er hinauskomme, dass er zudem sehr ungern reise und große Gruppensituationen vermeide. Es sei ihm mehrmals angeboten worden, dass man das alles hätte anders machen können. Er habe das aber abgelehnt, auch wenn es ihm Angst bereitet habe, und ergänzt, einige Themen seien ihm so wichtig, dass die Angst zweitrangig sei.

Rechtsanwalt Hans-Dieter Weber, einer der Verteidiger des Angeklagten, bezieht sich anschließend auf eine Aussage des Zeugen. Dieser habe angegeben, im Kiez Döner gestanden und den Angeklagten gesehen zu haben. Dann sei die Bombe, die er, Conrad R., für einen Böller gehalten habe, explodiert. In der Aussage, so Weber weiter, habe der Zeuge zunächst gesagt, dass die Waffe auf den Dönerimbiss gerichtet gewesen sei. Auf Nachfrage des Rechtsanwalts Scharmer habe er aber angegeben, dass die Waffe auf ihn selbst gerichtet gewesen sei. Conrad R. antwortet, dass die Waffe so auf ihn gerichtet gewesen sei, wie »wenn ich in Ihre Richtung zeige, mein Zeigefinger nicht auf Ihre Nase [zeigt], aber es klar ist, dass ich auf Sie zeige.« Weber fragt, ob im Moment des Richtens der Waffe auch geschossen worden sei. Rechtsanwalt Scharmer beantragt sogleich, diese Frage zu beanstanden. Die Vorsitzende lässt die Beanstandung nicht zu und begründet dies damit, dass die Frage so noch nicht gestellt und somit auch noch nicht beantwortet worden sei. Conrad R. antwortet, die Waffe habe in seine Richtung gezielt, und es sei ein Schuss gefallen. Weber hakt nach, ob es in unmittelbarem, zeitlichen Zusammenhang gestanden habe. »Ja, natürlich«, antwortet der Zeuge.

Die Vorsitzende sagt, sie habe der Zeugenaussage entnommen, dass der Zeuge bereits am folgenden Tag die Mobile Opferberatung kontaktiert habe. Conrad R. sagt, er glaube, er habe die Mobile Opferberatung noch am selben Tag kontaktiert. Die Vorsitzende hält ihm daraufhin seine Aussage aus der Vernehmung vor, dass er abends Kontakt zur Mobilen Opferberatung aufgenommen habe. Conrad R. schildert, dass er Mitarbeitende der Beratung schon entfernt gekannt, aber nicht gewusst habe, dass diese beruflich in der Opferberatung tätig seien. Er habe am Tattag auf dem Marktplatz in Halle an einer Gedenkveranstaltung für die Toten des Anschlags teilgenommen und Bekannte getroffen, die ihn auf die Mobile Opferberatung hingewiesen hätten.

Rechtsanwalt Scharmer fragt den Zeugen abschließend, ob es Dinge oder Personen gebe, die seine Angst triggern würden. Conrad R. antwortet, dazu gehörten bewaffnete Menschen, die man aber glücklicherweise nicht häufig treffe. Schwer bewaffnete Polizisten seien auch ein Trigger. Sobald er solche sehe, sei er wieder im Dönerimbiss und die Tür der Toilette werde geöffnet beziehungsweise versetze ihn der Anblick schwer bewaffneter Polizisten wieder in die Situation, *bevor* die Tür aufgemacht worden sei.

ANTRAG DER RECHTSANWÄLTIN DOREEN BLASIG-VONDERLIN (NEBENKLAGEVERTRETERIN EINES NEBENKLÄGERS, DER NAMENTLICH NICHT GENANNT WERDEN MÖCHTE)

Nebenklagevertreterin Rechtsanwältin Blasig-Vonderlin stellt anschließend für ihren Mandanten, den Arbeitskollegen von Kevin S., der namentlich nicht genannt werden möchte, einen Antrag, verbunden mit der Bitte, den Namen ihres Mandanten so wenig wie möglich zu nennen. Auch die Presse bittet sie darum. Sie erklärt, dass jede Konfrontation mit dem Ereignis bei ihrem Mandanten zu massiven Retraumatisierungen führe. Sie beantragt, mehrere Atteste vorzulesen. Diese Berichte würden verdeutlichen, welche Auswirkungen die Tat auf ihren Mandanten habe.

Die Vorsitzende bemerkt, dass die Atteste gesammelt vorlägen und bittet einen Justizbeamten, sie zu kopieren. Sie fügt hinzu, dass der von der Rechtsanwältin Blasig-Vonderlin angestellte Adhäsionsantrag[1] bereits eingegangen sei.

Rechtsanwalt Weber beantragt für die Verteidigung bezüglich des Antrags, als Bevollmächtigter des Angeklagten bestellt zu werden.[2]

Nebenklagevertreter Rechtsanwalt Florian Feige gibt an, auch einen Adhäsionsantrag eingereicht zu haben.

Die Vorsitzende verliest anschließend die Atteste, in denen unter anderem eine akute Belastungssituation mit Symptomen wie Schlafstörung, Intrusion und Ängsten sowie einer damit einhergehenden Arbeitsunfähigkeit diagnostiziert wurden. Es wurde auch festgehalten, dass die Ereignisse in Hanau beim Patienten eine Retraumatisierung ausgelöst hätten.

1 Mithilfe eines Adhäsionsantrags können zivilrechtliche Ansprüche eines Geschädigten (zum Beispiel Schmerzensgeld) in einem Strafprozess geltend gemacht werden, ohne dass dafür ein eigener zivilrechtlicher Prozess geführt werden muss.

2 Der Rechtsanwalt ist zunächst als Verteidiger im Strafverfahren bestellt. Um den Angeklagten auch in den Adhäsionsverfahren zu vertreten, muss er auch für dieses Verfahren durch das Gericht als Verteidiger bestellt werden.

Rechtsanwältin Blasig-Vonderlin sagt, ihr Mandant sei »hochgradig traumatisiert«. Sie gebe nun in ihrem Namen eine mit dem Mandanten abgestimmte Erklärung zu den Attesten ab.

Die Rechtsanwältin schildert, dass ihr Mandant durch die Taten des Angeklagten gesundheitlich schwer beeinträchtigt sei. Er habe eine schwere Traumatisierung erfahren, die sein bisheriges Leben nachhaltig verändert habe. Gesundheitlich sei er nicht in der Lage, vor Gericht auszusagen; das Erlebte sei für ihren Mandanten kaum zu verarbeiten. Er habe Kevin S., den sie beim Vornamen nennt, gut gekannt und sich aufgrund dessen geistiger Behinderung für ihn verantwortlich gefühlt. Er erinnere sich an Kevins Lachen. Der Sohn ihres Mandanten sei zudem selbst beeinträchtigt, so Rechtsanwältin Blasig-Vonderlin weiter, weshalb er sich mit Kevins Krankheitsbild ausgekannt habe und ihn habe unterstützen wollen. Er mache sich noch heute Vorwürfe, dass er sein Mittagessen zuhause vergessen habe.

Eigentlich, so Rechtsanwältin Blasig-Vonderlin weiter, habe ihr Mandant vorgehabt, am 10. Oktober 2019 ganz normal zur Arbeit zu gehen, habe dies aber nicht gekonnt. Er sei dann ab dem 11. Oktober 2019 in einer Klinik in psychologischer Behandlung gewesen.

Ihr Mandant sei aktuell nicht in der Lage, allein die Wohnung zu verlassen und auf die Unterstützung von Freunden und Familie angewiesen. Er könne nicht ohne Hilfe einkaufen gehen und bekomme Panikattacken, wenn er die Wohnung allein verlasse. Den Weg von 500 Metern zur Wohnung seines Sohns müsse er deshalb mit dem Auto zurücklegen. Sein Bruder arbeite zudem auf einer Baustelle, auf der er selbst beschäftigt gewesen sei. Wenn er ihn besuche, führe das jedesmal zu Panikattacken; er ertrage den Geruch von Altbauputz nicht mehr.

Vor dem 9. Oktober 2019, fährt die Rechtsanwältin fort, sei ihr Mandant ein lebensfroher, unternehmungslustiger Mensch gewesen. Der Anschlag habe alles verändert. Er fühle sich hilflos, wisse nicht, ob er jemals wieder ein normales Leben führen könne, ob und wann es ihm gelingen werde, seine Wohnung ohne Unterstützung zu verlassen.

Einzig die Zeit mit seinem Sohn lindere seine schlechte Situation etwas, fügt Rechtsanwältin Blasig-Vonderlin abschließend hinzu.

Die Vorsitzende sagt zu Rechtsanwältin Blasig-Vonderlin, dass ihr Mandant ja auch von der Presse aufgesucht worden sei. Die Rechtsanwältin führt aus, dass relativ zeitig Daten an die Presse »durchgestochen« worden seien. So sei ihr Mandant vor Prozessauftakt zuhause von Journalisten aufgesucht worden. Er habe auch SMS und E-Mails erhalten. Sie, die Rechtsanwältin, finde dieses Verhalten unangemessen und ergänzt, es habe bei ihrem Mandanten zu weiteren Retraumatisierungen geführt. Ihr Mandant würde zwar gern vor Gericht erscheinen, um dem Angeklagten zu zeigen, was er angerichtet habe, aber er schaffe es einfach nicht. Er sei nicht mehr in der Lage, sein Leben zu verrichten und seine Familie zu ernähren. Einen Dönerimbiss zu betreten, führe zu einer schwierigen Situation für ihren Mandanten.

Die Vorsitzende sagt, die Rechtsanwältin habe ihren Mandanten zuhause aufgesucht. Diese bejaht, sie habe Hausbesuche gemacht. Die Aussage von Kevin S. Vater vor Gericht habe furchtbare Folgen für ihren Mandanten gehabt. Sie habe ihn kurz darauf zuhause aufgesucht und sich dann telefonisch mit ihm besprochen, denn auch ihr Zusammentreffen sei für den Mandanten ein schwerer Rückschlag gewesen. »Er ist nur froh, wenn der Prozess vorbei ist«, fügt Rechtsanwältin Blasig-Vonderlin hinzu.

Oberstaatsanwalt Stefan Schmidt sagt, dass die Verlesung zulässig sei und das Nicht-Laden des Zeugen akzeptiert werde.

Rechtsanwalt Weber stimmt dem im Namen der Verteidigung zu. Der Angeklagte schließt sich an.

Der Verhandlung wird für eine kurze Pause unterbrochen.

AUSSAGE DES ZEUGEN ERIK D. (ZUM TATKOMPLEX MAGDEBURGER STRASSE)

Als Nächstes wird Erik D. in den Zeugenstand gerufen. Er wird über seine Zeugenpflichten belehrt und zu seinen Personalien befragt. Erik D. ist Berufskraftfahrer und am Tattag Augenzeuge des Fluchtgeschehens des Täters auf der Magdeburger Straße gewesen.

Erik D. schildert, er habe sich ungefähr auf Höhe der Magdeburger Straße 33/35 befunden, als er plötzlich Reifen quietschen gehört habe. Ein Fahrzeug habe eine Person angefahren und sei dann links auf der falschen Spur an der Straßenbahnhaltestelle vorbeigefahren. Das Fahrzeug sei kurz danach wieder auf die richtige Spur gezogen, wahrscheinlich über eine rote Ampel gefahren und habe sich Richtung Riebeckplatz entfernt.

Die Vorsitzende konkretisiert, dass in der Zeugenvernehmung die Hausnummer 35 angegeben worden sei, und fragt den Zeugen, ob er den genauen Standpunkt noch gewusst oder nochmals nachgeschaut habe. Die Hausnummern Magdeburger Straße 33 und 35 lägen sehr nah beieinander, antwortet der Zeuge, er habe ungefähr auf dieser Höhe gestanden. Die Vorsitzende bittet ihn, sich genau zu erinnern: Er sei an dem frühen Herbsttag mit einer Lieferung beschäftigt gewesen, als er eine Auffälligkeit bemerkt habe. Sie fragt ihn, ob er mit dem Rücken zur Straße gestanden habe. Der Zeuge bejaht, er habe mit dem Gesicht zur Hauswand gestanden. Wegen eines Reifenquietschens habe er sich dann umgedreht und ein Auto gesehen, das direkt auf eine »Personengruppe von Farbigen« zugehalten habe. Die Vorsitzende fragt nach der gefühlten Geschwindigkeit des Fahrzeugs. Erik D. vermutet 70 oder 80 km/h, und sagt, es sei auf jeden Fall eine überhöhte Geschwindigkeit gewesen.

Die Vorsitzende fragt nach der Fahrzeugmarke. Der Zeuge erinnert sich an einen Golf Plus, »so'n Rentnerfahrzeug halt«. Ob er Beschädigungen am Auto wahrgenommen habe, fragt die Vorsitzende weiter. Auf der linken Fahrzeugseite seien vorn und hinten beide Reifen platt gewesen, gibt der Zeuge an. Die Frage, ob er einen Zusammenstoß zwischen dem Auto und einer Person gesehen habe, bejaht Erik D., einer der Männer sei am Bein erwischt worden. »Er saß auf jeden Fall noch da, längere Zeit. Es waren auch andere da, die haben sich direkt drum gekümmert«, so der Zeuge.

Die Vorsitzende zieht anschließend Lichtbilder des Tatorts hinzu, die in Augenschein genommen werden. Sie fragt, wo sich die Personengruppe genau befunden habe. Erik D. sagt, die Personen seien rüber gerannt, auf den Fußweg nach links. Sie hätten sich im hinteren Bereich der Straßenbahnstation befunden, seien wohl mit dieser auch dort angekommen.

Es werden weitere Lichtbilder in Augenschein genommen.

Die Vorsitzende weist den Zeugen auf eine kleine Skizze hin, in die er Dinge eingezeichnet habe. Ob es in der betreffenden Situation viel Verkehr gegeben habe, fragt sie ihn anschließend. Es sei verhältnismäßig wenig los gewesen auf der Straße, sagt Erik D. Normalerweise sei das anders. Zu dem Zeitpunkt sei aber vielleicht ein Mittagstief gewesen oder Ähnliches. Auf Nachfrage der Vorsitzenden gibt der Zeuge weiter an, dass er im Zusammenhang mit dem lauten Quietschen keine Straßenbahn wahrgenommen habe. Was er sich gedacht habe, wohin das Fahrzeug gewollt habe, fragt ihn die Vorsitzende. Erik D. sagt, es sei unwahrscheinlich gewesen, dass die Person im Fahrzeug sich verfahren habe. Somit habe er gedacht, es müsse irgendetwas nicht ganz richtig sein. In der Vernehmung, hält die Vorsitzende ihm an dieser Stelle vor, er solle auf die Frage, ob er den Eindruck gehabt habe, dass der Führer des Fahrzeugs mit Absicht auf die Person auf der Straße zugesteuert sei, geantwortet haben: »Ja, auf jeden Fall. Sonst würde man da ja nicht lang fahren.« Sie bittet ihn, sich daran zu erinnern, was er in dem Moment, in dem er das Anfahren beobachtet habe, gedacht habe. »Das klatscht halt an einem vorbei«, sagt Erik D. Er sei dann zur angefahrenen Person gegangen. Dort hätten weitere Menschen gestanden. »In dem Moment denkt man da noch nix«, sagt der Zeuge, aber es sei eine komische Situation gewesen. Der Verkehr der anderen Autos und Busse habe die Situation noch verschärft.

Die Vorsitzende führt aus, dass es vor der Kollision mit der Person einen Zusammenstoß des Täterfahrzeugs mit dem Bordstein gegeben habe. Sie fragt Erik D., an welcher Stelle diese genau stattgefunden habe. Das sei genau vor dem Gebäude in der Magdeburger Straße gewesen, sagt Erik D. Auf einem Foto wird nachvollzogen, dass es sich um das Gebäude des Halle Towers handelt. Dort habe sich am Schluss auch die Personengruppe aufgehalten, so Erik D.

Wie es ihm nach dem 9. Oktober 2019 ergangen sei, fragt die Vorsitzende anschließend. Der Zeuge antwortet, er habe ein paar mal schlecht geschlafen, ansonsten gehe es ja aber auch sonst überall weiter. Es sei also alles gut.

Oberstaatsanwalt Schmidt fragt, wie schnell sich die Person aus der Personengruppe bewegt habe, auf die das Auto zugesteuert sei. Die Personen seien gerannt, sie hätten wohl mitbekommen, dass das Auto auf sie zufahre, so der Zeuge. Auf die Frage, in welchem Tempo sich die Personen bewegt hätten, bevor es darum gegangen sei, dem Fahrzeug auszuweichen, wiederholt er, dass, als er hingeschaut habe, sie bereits gerannt seien.

Rechtsanwältin Ilil Friedman, Vertreterin der Nebenklage, meldet sich zu Wort und stellt sich als juristische Vertreterin von Aftax I. vor, der Person, die von dem Täter auf der Magdeburger Straße angefahren wurde. Sie fragt den Zeugen, ob der Fahrstil irgendwie auffällig gewesen sei. Erik D. bezeichnet ihn als »schnell und ruckig halt. Ruckartig.«

Die Vorsitzende fragt den Zeugen, ob er die Verfolgung aufgenommen habe. Er verneint. Da habe sie ihn jetzt verwechselt, sagt sie und entlässt den Zeugen.

AUSSAGE DES ZEUGEN AFTAX I. (NEBENKLÄGER, ZUM TATKOMPLEX MAGDEBURGER STRASSE)

Als nächster Zeuge spricht Aftax I. selbst. Er wird über seine Zeugenpflichten belehrt und zu seinen Personalien gefragt. Seine Aussagen werden abschnittsweise aus dem Somali ins Deutsche übersetzt.

Aftax I. beschreibt, dass er sich am Vortag des 9. Oktober 2019 krank gefühlt und einen Hausarzt aufgesucht habe. Dieser habe aber keine Sprechstunde gehabt. Auf einem Schild an der Tür sei ein Ersatzarzt angegeben gewesen. Bei diesem sei er dann auch vorstellig geworden, und der habe ihn eine Woche krank geschrieben. Am 9. Oktober 2019 habe er gegen 11 Uhr das Haus verlassen, um seinem Arbeitgeber die Krankenbescheinigung zu bringen. Er habe die Straßenbahnlinie 2 genommen, sei am Markt in die Linie 5 Richtung Bahnhof umgestiegen und habe die Bahn letztendlich an der Haltestelle Magdeburger Straße verlassen. Er sei hinten ausgestiegen und mit einem Freund unterwegs gewesen, der vor ihm hergelaufen sei. Als sie gerade auf die Gleise getreten seien, habe sein Freund gesagt: »Pass auf, pass auf!« Daraufhin habe er, Aftax I., sich umgedreht und gesehen, dass ein Auto auf ihn zusteuere. Es sei dabei schnell gefahren, »zu schnell«. Sein Freund habe nochmals gesagt: »Warte, warte!« Er selbst sei aber schon über den Bürgersteig getreten, das Auto sei angefahren gekommen und habe ihn getroffen. Er sei dann zu Boden gefallen, wo er kurz ohnmächtig geworden sei. Die linke Hand und das linke

Knie seien dabei verletzt worden. Er habe dann nichts mehr mitbekommen, fügt der Zeuge hinzu.

Einige Sekunden später, so Aftax I. weiter, habe er Menschen über sich wahrgenommen. Polizei und Krankenwagen seien eine halbe Stunde nach dem Zusammenstoß eingetroffen. Im Krankenwagen hätten ihn die Sanitäter dann auch untersucht. Die Handfläche und das Knie hätten sehr stark geblutet. Er habe sich jedenfalls gewundert, warum dieser Angriff passiert sei, und habe sich in einem Schockzustand befunden.

Danach, fährt der Zeuge fort, sei er im Krankenhaus behandelt worden; Knie und Hand seien verbunden worden. Jemand von den Krankenpflegern und Ärzten habe ihn gefragt, wie es ihm gehe und was passiert sei. Erst dann habe er realisiert, dass es sich nicht um einen Unfall, sondern um eine »Tat« gehandelt habe. Er habe erfahren, dass der Täter andere Menschen getötet habe und dass im Dönerimbiss Schüsse gefallen seien. Er wiederholt, dass er diese Informationen von dem Arzt im Krankenhaus bekommen habe. Vorher habe er nichts gewusst.

Der Zeuge beschreibt, dass er dann habe nach Hause gehen müssen. Es sei ihm dabei nicht gut gegangen, und er habe schlechte Gedanken gehabt. Nachdem er das Krankenhaus verlassen habe, sei er völlig orientierungslos gewesen und habe nicht gewusst, in welche Richtung er gelaufen sei. Er habe dann einen Freund angerufen, damit dieser ihn nach Hause bringe. Zuhause habe er sich allein gefühlt. Er lebe allein in Deutschland, habe hier keine Familie. »Ich war dann allein mit meinen Problemen«, fügt Aftax I. hinzu.

Nach fünf Tagen, er sei sich dabei nicht ganz sicher, ob es fünf Tage gewesen seien, habe er einen Anruf von der Polizei erhalten und sei vorgeladen worden. Zur Vernehmung sei ein Dolmetscher anwesend gewesen. Man habe ihm auch die Adresse und Telefonnummer der Mobilen Opferberatung genannt und darauf hingewiesen, dass er dort Hilfe bekommen könne. Er habe die Opferberatung dann auch aufgesucht, aber zunächst ängstlich, da er nicht gewusst habe, was ihn dort erwarte. Zuvor sei er beim Hausarzt gewesen und habe diesen gefragt, ob er ihm helfen könne. Die Opferberatung habe ihm jedenfalls geholfen. Anfänglich sei es schwer gewesen, weil er mit seinen Gedanken allein gewesen sei. Später habe die Opferberatung Kontakt zu Dr. U. [Psychologe in Halle, Anm. d. Hgg.] hergestellt. Da sei es ihm besser gegangen, weil er seine Probleme und Gedanken habe vermitteln können.

»Ich möchte weiterschauen«, ergänzt Aftax I. Deshalb habe er versucht, wieder zu arbeiten, habe aber bis heute Probleme. Er leide unter Schlaflosigkeit und Angstzuständen und traue dem Straßenverkehr nicht mehr. Manchmal stehe er an der Straße, die Ampel schalte auf grün, er schaue dennoch drei bis viermal zu beiden Seiten. Dann schalte die Ampel wieder auf rot, und er müsse wieder warten. Er gehe zwar trotzdem weiterhin arbeiten, aber manchmal gehe es ihm schlecht, und er könne nur drei Stunden arbeiten.

Vieles sei neu für ihn: Er traue sich seit dem Vorfall beispielsweise nicht mehr allein auf die Straße. Wenn er von der Arbeit zurückkomme, sei er gestresst und unruhig. Beim Einkaufen, auf der Straße, auf dem Weg zur Arbeit habe er immer ein mulmiges Gefühl, »das man nicht beschreiben kann, aber das man in sich hat«. Er sei vergesslich geworden, trotz seines jungen Alters. »Man kann das als Mensch nicht beschreiben, was ich alles so bei mir fühle«, fährt er fort. »Ich weiß nicht, ob man das wieder vergessen kann.« »Wenn man jeden Tag hört, zum Beispiel aus Hanau, dass ein Extremist Leute in Shisha-Bars getötet hat«, dann denke er daran, dass er früher auch ab und zu mit Freunden in Shisha-Bars Zeit verbracht habe. Das traue er sich nicht mehr; das ganze Leben sei eingeschränkt, wenn man jeden Tag solche Nachrichten höre. »Ich versuche oft, nach der Arbeit zuhause zu bleiben und meine Freizeit draußen einzuschränken, damit ich nicht so viel draußen bin. Das ist kein Leben. Nach dem 9. Oktober habe ich nichts mehr gesehen oder getan, was mir Freude bereitet. Ich freue mich nicht mehr«, schließt Aftax I. seine Aussage.

Die Vorsitzende fragt den Zeugen, ob er weiterhin bei Dr. U. in Behandlung sei. Aftax I. bestätigt, auch eine Betreuung durch die Mobile Opferberatung finde weiterhin statt. Die Mitarbeitenden würden helfen und seien auch heute da.

Die Vorsitzende erkundigt sich nach dem Schichtdienst seiner Arbeit. Er habe Nachtdienste und Frühschichten, sagt Aftax I., und arbeite in Vollzeit. Die Vorsitzende verliest Arbeitsunfähigkeitsbescheinigungen und weitere Bescheinigungen des Klinikums zur ambulanten Behandlung am 9. Oktober 2019 aus der Anlage zur Vernehmungsakte. Sie fragt den Zeugen anschließend, ob er danach nochmals wegen der Verletzungen beim Arzt gewesen sei. Er habe deshalb noch ein paar Mal einen Orthopäden aufgesucht, so Aftax I. Dieser habe gesagt, dass er sich vorstellen könne, dass er Schmerzen habe, er aber keine Ursache erkennen könne.

Die Vorsitzende lässt Aftax I. ein Lichtbild der Haltestelle Magdeburger Straße zeigen. Sie greift auf, dass er im hinteren Bereich, Richtung Steintor, ausgestiegen und dann auf die andere Straßenseite gelaufen sei. Ob er sich erinnern könne, an welcher Stelle er sich befunden habe, als sein Freund ihm zugerufen habe. Er sei mittig zwischen den Gleisen gewesen, als er das Rufen seines Freundes gehört habe, sagt Aftax I. Auf die Frage der Vorsitzenden, ob er das Auto gesehen habe, meint er, er habe sich umgedreht und dann ein schwarzes Auto gesehen. Mehr könne er nicht sagen, es sei sehr schnell gegangen. Nicht einmal eine Sekunde habe das gedauert, erklärt Aftax I. und ergänzt auf entsprechende Nachfrage, dass er auch den Fahrer nicht gesehen habe.

Wie er zu Fall gebracht worden sei, fragt die Vorsitzende weiter. Er wisse es nicht, sagt der Zeuge. Er sei in dem Moment geschockt gewesen. Er habe nur weglaufen wollen und sei dann hingefallen. Beide Verletzungen seien auf der rechten Körperseite, sagt die Vorsitzende daraufhin. Aftax I. verneint und korrigiert, dass sie links gewesen seien.

Oberstaatsanwalt Schmidt fragt, ob er sich zwischen dem Bemerken des anfahrenden Fahrzeugs und dem Zusammenstoß weiter bewegt habe. Aftax I. bejaht, er sei schneller in Richtung der anderen Straßenseite gelaufen, und ergänzt, eigentlich habe er ja nur die andere Straßenrichtung beobachten sollen, denn auf der Fahrspur hätte korrekterweise hinter ihm kein Auto sein dürfen. Der Oberstaatsanwalt bittet darum, auf einem Foto die Stelle gezeigt zu bekommen, an der der Zeuge angefahren worden sei. Aftax I. präzisiert anhand des Fotos die besagte Stelle auf der Straße vor dem Bordstein.

Rechtsanwältin Friedman fragt ihren Mandanten, ob es weitere Arbeitsunfähigkeitsbescheinigungen gegeben habe, und wie lange er insgesamt krank geschrieben gewesen sei. Insgesamt seien es im vergangenen Jahr circa vier oder viereinhalb Wochen gewesen, antwortet der Zeuge. Wie es ihm im Zusammenhang mit dem Prozess gegangen sei, fragt Friedman weiter. Seitdem er erfahren habe, dass der Gerichtsprozess anstehe, fühle er sich schlecht, so Aftax I. Er schlafe schlecht, habe Dr. U. aufgesucht, der habe ihm eine Bescheinigung ausgestellt, und sein Hausarzt habe ihn daraufhin bis zum heutigen Tag krankgeschrieben. Die Rechtsanwältin fragt, welche Auswirkungen das Erlebte auf sein Wohlbefinden in Halle habe und wie seine Zukunft in dieser Stadt aussehe. Er wolle in Halle nicht weiter wohnen und nicht weiter leben, sagt Aftax I. Er wolle und könne es auch nicht mehr. Er versuche einen Umzug zu beschleunigen, weil er viele schlechte Erinnerungen habe. »Nicht nur das jetzt«, betont er. Es gebe viele Schwierigkeiten, denen man tagtäglich ausgesetzt sei. Er wiederholt, nach dem Vorfall sei er dünnhäutig geworden und wolle hier nicht mehr leben. »Wann immer ich nachdenke, denke ich, dass ich hier lebend nicht mehr rauskomme. Ich versuche, woanders in Deutschland zu wohnen und neu anzufangen.«

Nach einer Unterbrechung wird die Verhandlung um 13.45 Uhr fortgesetzt.

AUSSAGE DES ZEUGEN SHAFI H. (ZUM TATKOMPLEX MAGDEBURGER STRASSE)

Als Nächstes tritt Shafi H. in den Zeugenstand. Shafi H. lebt in Halle und arbeitet wie Aftax I. als Lagerist. Am 9. Oktober 2019 hielt er sich mit ihm in der Magdeburger Straße auf. Die Vorsitzende bittet auch ihn, von seinen Erlebnissen zu berichten. Shafi H.s Aussage wird ebenfalls abschnittsweise aus dem Somali ins Deutsche übersetzt.

Shafi H. gibt an, dass er sich nur erinnern könne, dass er mit Aftax I. in der Magdeburger Straße aus der Straßenbahn gestiegen sei und bemerkt habe, dass ein Auto in ihre Richtung, über die Gleise, auf sie zugefahren sei. Er habe gesagt: »Renn weg, renn weg! Ein Auto kommt in unsere Richtung!«, und ergänzt, es sei ein Auto gewesen, das falsch gefahren sei. Er, Shafi H., sei jedenfalls schnell weggerannt. Dann habe das Auto seinen Freund Aftax I. getroffen.

Die Nachfrage der Vorsitzenden, ob sie die Straßenbahn im hinteren Bereich verlassen hätten, bejaht Shafi H. Sie hätten auf die andere Straßenseite gelangen wollen, als sie ausgestiegen seien. Am Anfang der Schienen habe er sich umgedreht und das über die Gleise fahrende Auto bemerkt. Aftax I. habe sich dabei hinter ihm aufgehalten, konkretisiert der Zeuge auf Nachfrage. Er, Shafi H., sei schließlich auch zuerst aus der Straßenbahn ausgestiegen. Am Fahrzeug des Täters habe er die dunkle Farbe bemerkt und dass es nicht groß gewesen sei. Außerdem sei das Fahrzeug sehr schnell gefahren und habe geschwankt.

Was er gemacht habe, als er das Auto gesehen habe, fragt die Vorsitzende. Er habe sich zu Aftax I. umgedreht und gesagt, dass dieser weglaufen solle. Dann sei er selbst auf die andere Straßenseite gelaufen, antwortet der Zeuge. Er habe die Straßenseite gut erreicht, aber nicht mehr hinter sich geschaut, wie weit das Auto entfernt gewesen sei. Ob er dann geschaut habe, wo sein Freund Aftax I. sei, fragt die Vorsitzende. Im Weglaufen habe er nicht geschaut, so der Zeuge. Als er aber dann auf dem Gehsteig angelangt sei, habe er gesehen, wie Aftax I. zu Boden fiel: »Ich stand genau vor dem Bürgersteig, er fiel genau vor meine Füße, seitlich.« Die Vorsitzende fragt, was die genaue Ursache des Falls gewesen sei, und auch, ob er gesehen habe, was mit dem Auto geschehen sei. Shafi H. gibt an, diese Fragen nicht beantworten zu können. Er habe lediglich beobachtet, dass das Auto, nachdem es in die falsche Richtung abgebogen sei, wieder auf die richtige Fahrspur gewechselt sei. Den Zusammenstoß zwischen Fahrzeug und seinem Freund Aftax I. habe er nicht gesehen, auch den Fahrer nicht.

Die Vorsitzende hält ihm anschließend einen Teil seiner Aussage aus der Polizeivernehmung vor. Er habe damals angegeben, das Auto sei dunkel gewesen, den Fahrer habe er aber nicht gesehen, da das Auto sich schnell bewegt habe. Shafi H. bestätigt das.

Auf Nachfrage gibt er an, keine weiteren Menschen an der Straßenbahnhaltestelle wahrgenommen zu haben. Er vermute, es seien nur Aftax I. und er selbst gewesen, die die Straße überquert hätten. Die Vorsitzende erläutert, dass die Haltestelle sich ja über mehrere Meter erstrecke, man den Halt also an unterschiedlichen Stellen verlassen könne. Öfters sei von einer Personengruppe die Rede gewesen, deswegen frage sie nach weiteren, anwesenden Menschen. Er habe in den wenigen Sekunden keine weiteren Personen wahrgenommen, wiederholt Shafi H.

Er gibt abschließend an, dass er nicht verletzt worden sei, aber unter Schock gestanden habe. Die Vorsitzende fragt, ob er mit seinem Freund ins

Krankenhaus gefahren sei. Shafi H. verneint, er habe den Rettungswagen gerufen. Als dieser eingetroffen sei, habe er den Ort verlassen, um einen Termin bei der Ausländerbehörde wahrzunehmen, der verpflichtend gewesen sei.

VERLESUNG EINES KRIMINALTECHNISCHEN BERICHTS ZU EINEM FAHRZEUG, MIT DEM DER ANGEKLAGTE MIT SEINEM FLUCHTWAGEN KOLLIDIERT WAR

Es werden nun zwei Protokolle in die Verhandlung eingebracht. Ein Protokoll betrifft die kriminaltechnische Tatortarbeit; Spuren, die an einem VW Caddy gesichert worden seien, mit dem das Fahrzeug des Täters in der Nähe des Steintors kollidiert war. Das Protokoll beinhaltet einen Lageplan der betreffenden Unfallstelle. Die Kollisionsstelle ist in der Nähe des Steintors.

Die Verhandlung wird daraufhin bis 14.50 Uhr unterbrochen.

Nach der Pause kommt es zur Inaugenscheinnahme einer Zeichnung des Geschehens an der Straßenbahnhaltestelle Magdeburger Straße.

VERLESUNG DER AUSSAGE EINES ZEUGEN, DER NICHT GENANNT WERDEN MÖCHTE (ZUM TATKOMPLEX KIEZ DÖNER)

Die Vorsitzende ordnet anschließend an, dass das Vernehmungsprotokoll des Arbeitskollegen von Kevin S. verlesen und zum Gegenstand der Beweisaufnahme gemacht werde. Der Zeuge sei auf unabsehbare Zeit nicht reise- und verhandlungsfähig.

Die Vorsitzende verliest die Aussage des Arbeitskollegen von Kevin S. Er habe angegeben, Malermeister in Halle zu sein und in der betreffenden Firma Kevin S. kennengelernt zu haben. Dieser sei zu hundert Prozent geistig behindert gewesen, der Arbeitskollege beschreibt ihn als einen sehr fröhlichen Menschen.

Am 9. Oktober 2019, so der Arbeitskollege, sei er gemeinsam mit Kevin S., den er im Folgenden stets beim Vornamen nennt, auf einer Baustelle in der Adam-Kuckhoff-Straße im Einsatz gewesen. Sie hätten gemeinsam in einer Fleischerei gefrühstückt. Um 12 Uhr habe er dann eine Nachricht von Kevin erhalten, der sich im oberen Teil der Baustelle befunden habe, dass es Zeit für das Mittagessen sei. Er, der Arbeitskollege, habe vorgeschlagen, im Kiez Döner essen zu gehen. Er habe seinen Döner bereits erhalten, Kevin habe noch am Tresen gestanden. Er, der Arbeitskollege, habe dann mit seiner Freundin telefoniert, als er einen Knall gehört habe. Kevin habe den Knall wohl ebenfalls gehört, denn er habe sich zur Tür gewandt. Es sei dann ein zweiter Knall zu hören gewesen, und er, der Arbeitskollege, habe dann auch das Splittern der Scheiben gesehen. Außer ihm seien noch zwei weitere Personen im Laden gewesen, unter anderem ein älterer Mann mit grauen Haaren am Nachbartisch.

Kevin habe jedenfalls »den Krach« auch gehört und sich zur Tür gewandt. In dem Moment sei der Täter in den Raum gekommen und habe geschossen. Der Arbeitskollege habe das als »unlogisch« wahrgenommen. Er sei jedenfalls noch am Telefon gewesen und habe zu seiner Freundin gesagt, dass jemand mit einer Waffe den Imbiss betrete. Kevin sei neben den Kühlschrank gesprungen und habe dabei einfach nur überleben wollen. Kevin habe zwar Schutz gesucht, seinen Arbeitskollegen aber nicht mehr wahrgenommen, denn der Täter sei auf ihn, den Arbeitskollegen, zugekommen. Im Glauben, dass dieser ihn erschießen wolle, habe er ihn angefleht, dass er zwei Kinder habe. Der Täter habe zwar noch auf ihn gezielt, aber dann nicht mehr geschossen. Er, der Arbeitskollege, sei daraufhin aufgesprungen und habe den Kühlschrank bewegt. Er habe kurz überlegt, den Kühlschrank auf den Täter zu werfen oder ihm die Waffe zu entreißen. Er wisse aber nicht mehr, ob er das versucht habe. Er habe furchtbare Angst gehabt und wisse nicht mehr, was er im Einzelnen gemacht habe. Seine Freundin habe am Telefon alles mitgehört. Er könne es nicht mehr genau sagen, vermute aber, dass er den Kühlschrank umgeworfen habe.

Dann sei er über eine Treppe in den Hinterraum gelangt. Dort habe sich ein weißhaariger Mann befunden. Er habe das Fenster geöffnet, sei hinausgesprungen und über den Hof geflüchtet. Auf Nachfrage könne er aber nicht sagen, was genau mit Kevin passiert sei. Er habe sich um niemanden mehr gekümmert, es sei ihm nur um die Flucht gegangen.

Im Hinterhof hätten sich Leute befunden, so der Arbeitskollege weiter. Denen habe er zugerufen, dass jemand schieße und sie die Tür zumachen sollten. Er habe dann in einer Wohnung mit der dort ansässigen Familie gewartet. Dort habe er noch einen Knall gehört. Für Außenstehende, ergänzt der Arbeitskollege, sei es wahrscheinlich schwer, die Geräusche als Schüsse zu identifizieren.

Er habe irgendwann das Telefonat mit seiner Freundin beendet, seinen Arbeitgeber angerufen und diesem berichtet, dass er nicht wisse, was mit Kevin sei.

Am Durchgang neben dem Dönerimbiss habe er, der Arbeitskollege, noch eine junge Frau getroffen, vermutlich die Inhaberin des Imbisses. Mit ihr habe er kurz gesprochen und sie gefragt, was mit seinem Kollegen sei. Sie habe geantwortet, dass er es nicht geschafft habe.

Um 12.45 Uhr habe ihn eine Warnmeldung betreffend eines Schusswechsels auf seinem Handy erreicht. Er habe sich in der Wohnung einer fremden Frau aufgehalten. Als er seinen Arbeitgeber auf der Straße erkannt habe, habe er die Wohnung verlassen und sei zu ihm gegangen.

Die Vorsitzende liest weiter vor, welche Angaben der Arbeitskollege von Kevin S. zum Täter habe machen können. Dieser sei um die 30 Jahre alt gewesen, wobei er keine Angaben zur Größe machen könne. Der Mann schien kräftig zu sein und habe sehr kalt und emotionslos gewirkt. Auf seinem Helm habe sich eine Kamera befunden. Er habe außerdem khakigrüne Kleidung getragen, die an die Uniform einer Polizeispezialeinheit erinnert habe. Die Waffe des Täters sei eine schwere Schusswaffe gewesen. Auf die Frage, ob er den Täter wiedererkennen würde, habe der Arbeitskollege in der Vernehmung angegeben, aus der Tathandlung heraus wahrscheinlich nicht, aber er habe das Bild des Täters in den Medien gesehen und würde ihn wahrscheinlich deswegen wiedererkennen. Aus der Tathandlung heraus habe er aber keine Erinnerung an sein Gesicht.

Der Arbeitskollege gibt abschließend an, keine körperlichen Verletzungen vom 9. Oktober 2019 davongetragen zu haben. Er habe aber seelische Schmerzen. Mittlerweile stehe fest, dass er stark traumatisiert sei. Er traue sich nicht mehr vor die Tür und habe Angst vor Menschen.

Zum Zeitpunkt der Vernehmung gibt er an, noch für zwei Wochen arbeitsunfähig geschrieben zu sein.

Die Vorsitzende beendet damit die Verlesung des Vernehmungsprotokolls des Arbeitskollegen von Kevin S.

AUSSAGE DES ZEUGEN THOMAS S. (ZUM FLUCHTVERHALTEN DES ANGEKLAGTEN)

Der nächste Zeuge ist Thomas S., der als selbstständiger Unternehmer Krankentransporte leistet. In diesem Kontext war er am 9. Oktober 2019 im Stadtgebiet von Halle tätig.

Die Vorsitzende fragt zunächst nach seiner Fahrt vom 9. Oktober 2019, die ihn durch das Stadtgebiet von Halle geführt habe. Er habe zwei Patienten zu einer Therapiesitzung bringen müssen und sei dafür in die Innenstadt von Halle gefahren, beginnt Thomas S. seine Schilderungen. An einer Ampelkreuzung sei jemand über Rot gefahren, dann sei von hinten Blaulicht gefolgt. Der Zeuge sei zunächst an den Straßenrand, später weiter gefahren. Als er in die Straße am Steintorplatz eingebogen sei, sei von rechts ein Auto über die Schienen gefahren, wo normalerweise kein Fahrzeug fahren dürfe. Das Auto habe sein eigenes Fahrzeug leicht »touchiert«, es sei dabei mit hoher Geschwindigkeit unterwegs gewesen. Der Zeuge fügt hinzu, in dem Moment »perplex« gewesen zu sein, zugleich aber habe hinterherfahren wollen.

Am Marktplatz habe er von mehreren Taxifahrern erfahren, dass eine Schießerei stattgefunden habe. Er habe gedacht, dann brauche er wegen des Vorfalls nicht gleich zum Polizeirevier zu fahren. Er habe also die Patienten zurückgebracht und in Köthen den Unfall gemeldet. Dort sei ihm gesagt worden, dass es sich wahrscheinlich um den Täter der Schießerei gehandelt habe.

Anschließend geht die Vorsitzende auf eine Skizze ein, die der Zeuge zur Polizeivernehmung angefertigt hatte. Es wird erörtert, dass der Angeklagte das Auto des Zeugen am Anfang des Steintorplatzes »touchiert« habe. In Richtung der Magdeburger Straße sei der Zeuge dann an einer roten Ampel stehen geblieben.

Auf die Frage der Vorsitzenden, ob der Täter Schlangenlinien gefahren sei oder ob es sich eher um einen kontrollierten Fahrstil gehandelt habe, gibt Thomas S. an, dass er es nicht genau sagen könne. Das Fahrverhalten habe auf ihn den Eindruck von Ausweichbewegungen gemacht.

Der Zeuge wird entlassen und die Verhandlung für fünf Minuten unterbrochen.

AUSSAGE DES ZEUGEN ROBERT L. (POLIZEI MERSEBURG, ZUM TATKOMPLEX KIEZ DÖNER)

Anschließend wird Robert L. in den Zeugenstand gerufen. Robert L. ist als Polizeikommissar im Polizeirevier Merseburg tätig. Der Zeuge wird über seine Pflichten belehrt und zu seinen Personalien befragt.

Die Vorsitzende führt ein, dass der Zeuge am Tattag in einem zivilen Wagen unterwegs gewesen sei. Geplant sei gewesen, dass er mit diesem Wagen Personen transportiere.

Der Zeuge erläutert, dass er Personen aus dem Polizeigewahrsam in der Merseburger Straße habe abholen sollen. Sein Kollege D.[3] habe noch Sachen für diese Verbringung vorbereitet, er selbst habe sich schon im Auto befunden. Er habe dann den Funkspruch gehört, dass im Paulusviertel vermutlich eine Person um sich schieße. Daraufhin hätten sich der Kollege und er dazu entschieden, den eigentlichen Auftrag abzubrechen und stattdessen Schutzwesten anzuziehen und in Richtung Paulusviertel zu fahren. Sie hätten zwar einen zivilen »Bulli« gefahren, aber ein Blaulicht angesteckt. Über Funk hätten sie sich angemeldet und durchgegeben, dass sie den Einsatz unterstützen würden. Eine Funkmeldung habe sie informiert, dass der Täter letztmalig in der Ludwig-Wucherer-Straße auf der Höhe eines Dönerimbisses gesehen worden sei. Ihnen seien zwei Dönerimbisse in der Straße bekannt gewesen, weswegen der Kollege vorgeschlagen habe, die Straße abzufahren, um den Täter zu lokalisieren.

Sie seien dann vom Steintorplatz kommend auf die Ludwig-Wucherer-Straße gefahren. Die Straße beginne mit einer leichten Erhöhung und sei deshalb nicht komplett einsehbar. Erst auf dem höchsten Punkt der Straße hätten sie dann den querstehenden Funkstreifwagen gesehen. Die Kollegen hätten sich außerhalb ihres Sichtfelds vor ihrem Fahrzeug in Deckung befunden, der Täter wiederum sei auf der entgegengesetzten Seite gewesen. In entsprechender Entfernung hätten sie das Täterfahrzeug und eine Person

3 Gemeint ist Robert D., Polizist in Halle.

mit Helm erkannt. Sie hätten dann angehalten, denn es sei ihnen relativ klar gewesen, dass es sich um den Täter handele. Auch sei wahrnehmbar gewesen, dass die Person einen Gegenstand in der Hand halte, diesen gar hochhalte. Dann habe es einen lauten Knall gegeben, und aus dem Gegenstand habe sich eine Rauchwolke entwickelt. Es sei also klar gewesen, dass der Täter auf sie, die Polizisten, schieße.

Der Täter und sein Fahrzeug hätten sich leicht links von ihrem Fahrzeug befunden, weswegen er, Thomas S., habe in Deckung aussteigen können. Seinem Kollegen Robert D. sei das nicht möglich gewesen. Thomas S. berichtet weiter, er sei hinter das Fahrzeug gegangen, auf die rechte hintere Seite, und habe versucht, Personen, die sich im Nahbereich aufhielten, wegzuschicken. Einige seien auch gleich wieder in die Seitenstraße abgebogen. Einem Fahrer habe er gestikulierend mitteilen können, dass er in eine andere Richtung verschwinden solle. Von Anfang an habe es geheißen, dass es sich vermutlich um mehrere Täter handele, fügt der Zeuge hinzu.

Die Vorsitzende wendet ein, dass er, Thomas S., wahrscheinlich gedacht habe, dass noch andere Täter hätten von hinten kommen können. Der Zeuge bejaht, deshalb habe er von hinten nachgesichert. Sein Kollege habe dann Bescheid gegeben, dass er in das Fahrzeug steigen solle, und sie seien dann weggefahren.

Der Täter sei dann mit seinem Fahrzeug in die Schillerstraße gefahren. Sie hätten versucht, den Täter zu verfolgen, ihn aber in der Schillerstraße verloren. Den Zeitvorsprung des Täters hätten sie nur grob abschätzen können und sich dann für eine Straße entschieden. Es sei vor allem Glück gewesen, dass sie die richtige Straße gewählt hätten. Leider habe ihnen aber ein älterer Herr in einem Fahrzeug den Weg versperrt, weswegen sie in Zeitverzug geraten seien. Sie hätten in Erwägung gezogen, so der Zeuge weiter, dass der Täter in Richtung Riebeckplatz gefahren sei, deshalb seien sie dann die Magdeburger Straße entlang gefahren.

Zwei Personen hätten dort auf sich aufmerksam gemacht, ein Paketzusteller und eine weitere Person. Der Paketzusteller habe gestanden, die zweite Person habe auf dem Boden gelegen. Sie hätten gesagt, dass die auf dem Boden liegende Person gerade angefahren worden sei. Die kurze Beschreibung des Fahrzeugs habe gepasst, weswegen man sich relativ sicher gewesen sei, dass der Täter Richtung Riebeckplatz gefahren sein müsse.

Als sie Richtung Riebeckplatz weitergefahren seien, schildert Thomas S., hätten sie die Spur des Täters verloren. Im Nahbereich hätten sie noch ein paar Straßen abgefahren und dann beschlossen, sich richtig auszurüsten. Dafür seien sie zum Revier gefahren, um sich Waffen und Schutzausrüstung zu besorgen. Sie seien dann wieder in die Polizeigewahrsamsstelle gefahren, weil sie vorher mit den Kollegen Rücksprache gehalten hätten, dass dort ausreichend Waffen vorhanden seien. Sie hätten auf weitere Aufträge gewartet, bis wieder über Funk bekannt gegeben worden sei, dass im Saalekreis eine weitere Person angeschossen worden sei. Sie seien dann auch dorthin verlegt worden. An einem Sammelpunkt hätten sie noch Rücksprache mit den Kollegen gehalten. Einer habe sie darauf aufmerksam gemacht, dass es Beschädigungen an ihrem Fahrzeug gebe, so zum Beispiel ein Einschussloch mit Projektil an der rechten Seite des Motorblocks.

Es wird ein Foto der Beschädigung gezeigt.

Rechtsanwalt Onur U. Özata, Vertreter der Nebenklage, fragt den Zeugen, ob er während des Schusswechsels auf der Ludwig-Wucherer-Straße Passanten wahrgenommen habe. Thomas S. bejaht, er habe eine Person wahrgenommen, die sich hinter einem Stromkasten versteckt habe, in der Nähe der Kreuzung Ludwig-Wucherer-Straße/Gütchenstraße.

VERLESUNG DER VERNEHMUNG DER ZEUGIN HEIKE W. (EHEMALIGE LEHRERIN DES ANGEKLAGTEN)

Anschließend ordnet die Vorsitzende an, dass die Aussage von Heike W. durch Verlesen in die Hauptverhandlung eingeführt wird. Sie sei, durch Attest ausgewiesen, dauerhaft nicht reise- und verhandlungsfähig.

Die Vorsitzende gibt wieder, dass Heike W. Lehrerin sei und in einer Befragung am 14. Oktober 2019 über den Angeklagten Folgendes ausgesagt habe: Er sei ein kleiner, blonder Junge gewesen, immer freundlich und unauffällig. Sprachen seien »nicht sein Ding gewesen«, eher die Naturwissenschaften.

Er sei zwar kein Außenseiter gewesen, sie könne aber nicht mehr sagen, mit wem er unterwegs gewesen sei. Auch darüber, ob jemand aus seiner Klasse ebenfalls aus Helbra gewesen sei, könne sie keine Angaben machen. Sie nennt aber zwei Personen namentlich, die länger mit dem Täter in einer Klasse gewesen seien: Tobias D. und Jens R. Die ganze Klasse sei ruhig und unauffällig gewesen.

Über den Täter wisse sie jedenfalls nur, dass dessen Eltern sich getrennt hätten und dass ihm das zu schaffen gemacht habe. Als kleines Kind solle das wohl besonders schwierig für ihn gewesen sein. Das habe ihr die Mutter »vielleicht« im Elterngespräch gesagt, schließlich sei sie, Heike W., ja später auch Klassenlehrerin gewesen. Sie könne aber nicht mehr angeben, wer den Angeklagten in den Hauptfächern unterrichtet habe.

Sie müsse sagen, dass sie nie Schwierigkeiten mit ihm gehabt habe und ergänzt, dass er immer ein freundlicher und hilfsbereiter Schüler gewesen sei.

Damit beendet die Vorsitzende das Verlesen der Aussage von Heike W.

Anschließend wird die Verhandlung um 16.06 Uhr geschlossen.

Mitschrift von Christina Brinkmann

15. Verhandlungstag
23. September 2020

Die Vorsitzende Richterin Ursula Mertens setzt die Hauptverhandlung um 9.30 Uhr fort und stellt die Anwesenheit fest. Rechtsanwältin Dr. Kati Lang werde heute von der Rechtsanwältin Vanessa Kayser vertreten, die Sachverständigen Lisa John und Prof. Dr. Norbert Leygraf seien heute nicht anwesend.

Die Vorsitzende erklärt, der Senat habe den Adhäsionsantrag für die Zeugin Dagmar M. bekommen, dieser sei auch ausgeteilt worden. Es wird zu Protokoll genommen, dass der Angeklagte diesen auch bekommen habe.

Rechtsanwalt Florian Feige, Vertreter der Nebenklage, fügt hinzu, auch er habe per Fax einen Adhäsionsantrag für Jens Z. eingereicht. Der Verteidiger des Angeklagten, Hans-Dieter Weber beantragt Prozesskostenbeihilfe für die Verteidigung gegen den Antrag.

AUSSAGE DES ZEUGEN JENS Z. (NEBENKLÄGER, ZUM TATKOMPLEX WIEDERSDORF)

Jens Z. betritt den Saal und wird von Rechtsanwalt Feige zum Zeugentisch begleitet. Der Angeklagte schaut zunächst nach unten und blickt den Zeugen nicht an, als dieser sitzt, wendet er sich ihm zu. Der Zeuge wird über seine Pflichten belehrt und zu seinen Personalien befragt. Er ist 52 Jahre alt und derzeit arbeitslos. Die Vorsitzende leitet die Zeugenbefragung mit der Feststellung ein, der Zeuge habe am 9. Oktober 2019 schlimme Dinge erlebt und sei verletzt worden. Sie bittet ihn, den Tag beziehungsweise seine Erinnerungen daran zu schildern.

Jens Z. erklärt, er habe an dem Tag in der Nachtschicht gearbeitet. Seine Lebensgefährtin habe ihn von der Arbeit abgeholt, und er habe zu Hause, also im Garten, noch etwas machen wollen. An dieser Stelle muss der Zeuge schlucken und unterbricht seine Antwort. Nach kurzer Pause fährt er fort und berichtet, dass es irgendwann am Hoftor geklopft habe. Er sagt: »Und wo ich die Tür aufmache, gucke ich in eine Pistole.« Da habe der Angeklagte vor ihm gestanden und von Jens Z. die Autoschlüssel gefordert. Der Zeuge sagt: »Ich habe erklärt, dass ich den Schlüssel nicht habe und ohne Vorwarnung hat er mit der Pistole gespielt.« Jens Z. habe sich dann umgedreht, um wegzulaufen, da habe er im Nacken gemerkt, dass da – der Zeuge sucht nach den richtigen Worten. »Dass Sie getroffen worden sind«, beendet die Vorsitzende seinen Satz, was Jens Z. bejaht. Die Vorsitzende Richterin sagt: »Ich kann mir vorstellen, ich kann mir in Ansätzen vorstellen, dass das sehr schwierig für Sie ist. Wenn Sie eine Pause brauchen, können wir eine machen. Aber vielleicht ist es besser, wenn Sie die Aussage heute zu Ende bringen.« Jens Z. fährt mit der Aussage fort: Er sei dann weggelaufen und habe seiner Lebensgefährtin zurufen wollen, dass sie im Haus bleiben solle. Der Angeklagte, oder wie man ihn bezeichnen wolle, so Jens Z. weiter, sei hinter ihm hergelaufen, aber da sei auch schon seine Lebensgefährtin im Hof gewesen. Der Angeklagte habe ihr von hinten in die Hüfte geschossen, habe sie dann liegen gelassen und sei nach hinten wieder in den Garten gelaufen. Der Zeuge erklärt, der Angeklagte habe ihn dann erneut mit seiner Pistole bedroht. Er sagt weiter: »Irgendwann hat er davon abgelassen, ist dann über den Hof zum Tor raus und war weg. Das war's eigentlich schon.«

Die Vorsitzende sagt, vielleicht könne man noch einmal über die Situation sprechen. Sie habe Bilder von Jens Z.s Hof, ob sie es richtig sehe, dass das sein Grundstück sei, was der Zeuge bejaht. Das sei die Garage. Sie fordert den Zeugen auf, das Bild zu beschreiben, worauf dieser erwidert, es sei aber das falsche Tor, es sei das linke Tor. Die Vorsitzende fährt mit der Maus über das Bild und versichert sich, dass das Tor, auf das der Mauspfeil zeigt, das richtige sei. Ja, das sei das Hoftor, antwortet Jens Z. Sie möchte weiter wissen, ob das Hoftor normalerweise abgeschlossen sei. Der Zeuge antwortet: »Normalerweise ist das abgeschlossen. Nur, dass ich an dem Tag über die Straße noch Holz sägen wollte.«[1] Sie fragt nach: »Wurde denn geklopft, oder wie war das an dem Tor?«, was Jens Z. bestätigt: »Er hat geklopft, ja.« Die Vorsitzende stellt fest: »Und Sie sind ohne Arg erst mal hingegangen und haben geschaut, was da los ist.« »Genau«, antwortet der Zeuge. Die Vorsitzende zeigt eine Skizze, die Jens Z. bei der Vernehmung angefertigt hat und gleicht seine Aussage mit seiner Skizze ab. Dabei bestätigt der Zeuge, dass er die Tür geöffnet und

1 Der Zeuge meint den Unterstand auf der anderen Straßenseite, in dem sich das Holz befand, das er zersägen wollte.

sofort in die Pistole geschaut habe. Die Richterin möchte wissen, ob die Pistole auf seinen Oberkörper gerichtet gewesen sei. »Nee, direkt ins Gesicht hat er mir gezielt.« »Wie weit war die Waffe von Ihrem Gesicht entfernt?«, möchte die Vorsitzende wissen. »Zwei Meter vielleicht.« Die Vorsitzende Richterin fragt weiter, was die Person mit der Pistole genau gesagt habe. Jens Z. erklärt, dass er nach dem Autoschlüssel für sein Auto gefragt habe, das vor der Garage stand. »Hat er sonst noch etwas gesagt, sonst schieße ich oder so?«, möchte die Vorsitzende wissen. »Nee, das hat er noch nicht«, sagt Jens Z. Sie fragt weiter nach, ob er sich dann umgedreht habe und weggelaufen sei. Er antwortet: »Nee, ja, er hat mich zwei- oder dreimal gefragt, ob ich 'nen Schlüssel für das Auto habe. Das wurde ihm anscheinend nicht klar, und irgendwann hat er dann angefangen, mit seinen Fingern an seiner Pistole zu wackeln.« Die Vorsitzende hakt nach, ob er an seiner Waffe hantiert habe, was der Zeuge bejaht. Die Vorsitzende Richterin stellt fest, dass Jens Z. danach weggelaufen sei und möchte wissen, ob er den Schuss auf ihn gehört habe. Der Zeuge sagt: »Den hab' ich gehört, ja.« Weiter möchte sie wissen, ob er denn erst später oder gleich gemerkt habe, dass er verletzt worden sei. Jens Z. entgegnet, dass er das sofort gemerkt habe, als es dann ruhig gewesen sei. Sie sagt: »Wir haben da ja auch eine Untersuchung von der Rechtsmedizin. Die wird uns dann sagen, wo sie verletzt worden sind. Aber vielleicht können Sie uns das trotzdem mal zeigen.« Der Zeuge zeigt auf seinen Nacken und erklärt, dass die Kugel im linken Nackenbereich eingedrungen sei und dann an der Wirbelsäule vorbei hinten drin steckengeblieben sei. Die Vorsitzende fragt, ob er gleich zu Boden gegangen sei, oder ob er es geschafft habe, weiterzulaufen. »Ich bin stehen geblieben, Gott sei Dank, und bin dann weggelaufen«, so Jens Z. Irgendwann sei er dann weiter in Richtung Hof gelaufen. Die Vorsitzende Richterin möchte wissen, ob das der Hof sei, der auf der Skizze aufgemalt sei, was der Zeuge bejaht. Weiter fragt sie nach, ob dessen Lebensgefährtin schon herausgekommen sei, worauf er erklärt, dass sie noch eine Wohnung in der Scheune hätten. Aus dieser sei sie gekommen. Jens Z. bestätigt die Nachfrage der Vorsitzenden Richterin, ob er dann weiter in den Garten gelaufen sei und präzisiert: Er sei nicht nach dem Schuss auf seine Lebensgefährtin, sondern währenddessen weiter in den Garten gelaufen. »Ich wollte ihr zurufen, sie soll drin bleiben, aber da war sie schon rausgelaufen.« Die Vorsitzende bittet den Zeugen zu zeigen, wo genau der Gartenbereich sei. Jens Z. zeigt den Bereich auf der Skizze, wobei ihn Rechtsanwalt Feige bei der Erklärung unterstützt. Daraufhin möchte die Vorsitzende wissen, wie weit der Zeuge vom Angeklagten entfernt gewesen sei, was dieser mit 10 bis 15 Metern angibt. Ob er aus dieser Distanz noch habe beobachten können, was noch passiert sei, möchte sie wissen, was Jens Z. bejaht. Die Vorsitzende bittet den Zeugen, dies darzustellen. Dieser entgegnet, dass der Angeklagte, wie er bereits gesagt habe, ohne Vorwarnung seiner Lebensgefährtin in den Rücken geschossen habe, oder Hüfte, oder wie man es nennen möge. Der Angeklagte sei dann an ihm vorbeigelaufen und sei mit der Waffe auf die Frau zugelaufen. Die Vorsitzende fragt, was der Angeklagte zu Jens Z.s Lebensgefährtin gesagt habe und der Zeuge antwortet, er glaube, der Angeklagte hätte sie auch gefragt, wo der Autoschlüssel sei. Weiter interessiert sich die Vorsitzende Richterin dafür, was der Angeklagte dann tat, als er wieder beim Zeugen war. Jens Z. erklärt »Da hat er anscheinend was in seinen Hosentaschen gesucht, hat es aber nicht gefunden und ist dann vom Hof gelaufen.« Die Vorsitzende fragt weiter nach, ob der Angeklagte noch etwas gesagt habe, und Jens Z. entgegnet, er glaube nicht. Daraufhin will sie wissen, ob es dem Angeklagten um das Auto gegangen sei, um den Autoschlüssel, was der Zeuge bejaht. Auf ihren Vorhalt, Jens Z.s Lebensgefährtin habe: »Gib ihm doch den Schlüssel!«, oder so ähnlich gesagt, entgegnet der Zeuge: »Kann sein, weiß ich nicht mehr.«

Die Vorsitzende fragt den Zeugen, wie es ihm danach ergangen sei, als der Täter den Hof verlassen habe. Jens Z. erklärt, dass er zunächst etwas gesucht habe, womit er seinen Hals habe verbinden können, ein altes T-Shirt. Dann hätten sie erst mal alle Türen zugeschlossen, also Jens Z., denn seine Lebensgefährtin habe nicht mehr so richtig laufen können. Und dann hätten sie die Polizei gerufen. Ob noch jemand auf dem Grundstück gewesen sei, möchte die Vorsitzende wissen, denn auf der Skizze stünde »Wohnhaus Eltern.« Jens Z. entgegnet, dass, Gott sei Dank, nicht alle da gewesen seien. Die Vorsitzende sagt, dass der Zeuge irgendwann ins Krankenhaus gebracht worden sei, was dieser bestätigt. Er fügt hinzu, dass es ziemlich spät gewesen sei. Die Vorsitzende Richterin möchte wissen, wann er ins Krankenhaus gebracht worden sei. Es sei so irgendwann kurz vor halb zwei gewesen, so Jens Z. Sie fragt: »Wissen Sie noch, wie lange es gedauert hat, bis die Polizei gekommen ist?« Der Zeuge antwortet: »Da sie uns am Anfang am Telefon nicht glauben wollten, dass uns jemand angeschossen hat, hat es ziemlich lange gedauert, über 20, vielleicht 25 Minuten.« Die Vorsitzende hakt nach: »Was wollte man Ihnen nicht glauben?« »Dass uns jemand angeschossen hat. Es kam dann unser Nachbar, und wir mussten erst mal dem Nachbarn unser Telefon geben, bis einer von der Polizei geglaubt hat, dass irgendwas passiert ist«, antwortet der Zeuge. Die Vorsitzende Richterin nimmt Bezug auf die Vernehmung, wo der Zeuge ausgesagt haben soll, dass da bereits ein Hubschrauber über ihnen gekreist sei. Der Zeuge bestätigt, dass der Hubschrauber während des Telefonats bereits da war. »Was in Halle passiert war, wussten Sie zu dem Zeitpunkt aber noch nicht?«, fragt sie nach. Jens Z. sagt aus, dass sie davon weder was gemerkt noch was gehört hätten.

Die Vorsitzende bittet den Zeugen zu schildern, wie es ihm danach ergangen sei. Als er ihre Frage nicht genau versteht, wird sie ausführlicher: Als er dann im Krankenhaus gewesen sei, wie seine Behandlung gewesen sei und wie lange das gedauert habe. Der Zeuge antwortet, sie seien nur zehn Tage im Krankenhaus gewesen und seien dann nach Hause gekommen. Sie möchte wissen, ob der Zeuge und seine Lebensgefährtin in irgendeiner Weise betreut worden seien. »Nein, nicht wirklich«, antwortet er. Weiter fragt die Vorsitzende nach den körperlichen Verletzungen, wie sich der Gesundheitszustand des Zeugen entwickelt habe. »Ständige Kopfschmerzen«, antwortet der Zeuge. »Auch jetzt noch?«, fragt die Richterin. »Auch jetzt noch. Die Augen haben auch angefangen zu drücken.« Als die Vorsitzende wissen möchte, ob er Druck im Kopf habe, zeigt der Zeuge auf seinen Kopf und sagt: »Hier komplett.« Die Richterin fragt den Zeugen, ob und wie lange er arbeitsunfähig sei. Er antwortet, dass er seit den Geschehnissen arbeitsunfähig ist. Der Zeuge benutzt das Wort »arbeitslos«, was die Vorsitzende Richterin irritiert, und sie fragt nach, wie sie das zu verstehen habe. Jens Z. antwortet: »Ja, weil mein Vertrag irgendwann ausgelaufen ist.« Die Firma, bei der er angestellt gewesen sei, habe ihn nicht übernommen. »Einen kranken Menschen übernimmt man nicht.« »Sie hatten einen befristeten Vertrag?«, fragt die Richterin. »Ja«, sagt Jens Z. Sie erkundigt sich, was die Ärzte sagen würden, wie sich der Zustand weiter entwickeln werde. Der Zeuge antwortet: »Das weiß noch keiner so richtig. Weil keiner weiß, wie schnell die Nerven wieder nachwachsen, oder wieder zusammenwachsen.« Die Vorsitzende fragt weiter, ob er und seine Lebensgefährtin denn psychologische und psychotherapeutische Unterstützung bekommen haben, was der Zeuge bejaht. »Haben Sie auch immer noch psychologische Unterstützung?«, will die Richterin wissen. »Wir haben wieder einen neuen Psychologen jetzt, ja«, sagt der Zeuge. Sie fragt: »Gab es da irgendwelche Probleme?« Der Zeuge antwortet, dass man sich mit diesen Menschen ja auch unterhalten können müsse. Er sagt: »Und der erste war nicht so der Richtige. Seit dieser Woche haben wir einen Neuen.« »Also Sie haben das Gefühl, dass man Ihnen bis jetzt nicht so richtig helfen konnte?«, fragt die Vorsitzende. »Nein«, antwortet der Zeuge knapp.

Rechtsanwalt Feige fragt ihn: »Hatten Sie mitbekommen, ob und wenn ja, wann der Angeklagte die Waffe nachgeladen hat?« Der Zeuge verneint dies. Weiter fragt der Anwalt nach, ob die Kugel operativ habe entfernt werden müssen. Jens Z. antwortet, dass sie in der Universitätsklinik Halle operativ entfernt worden sei. Auf Nachfrage bestätigt der Zeuge, dass dies gelungen und alles vollständig entfernt worden sei. Der Rechtsanwalt möchte weiter wissen, wie die Nachbehandlung ausgesehen habe. Der Zeuge sei nach zehn Tagen aus dem Krankenhaus entlassen worden und dann ambulant behandelt worden. Rechtsanwalt Feige möchte wissen, wie lange das gedauert habe. Der Zeuge antwortet: »Drei, vier Wochen.«

Die Vorsitzende sagt, sie habe den Zeugen nicht belasten wollen, es stehe noch das Gutachten der Rechtsmedizin von der Sachverständigen Lina Woydt aus, das würde auch noch in die Verhandlung eingeführt werden.

Oberstaatsanwalt Stefan Schmidt, Vertreter der Bundesanwaltschaft, bittet den Zeugen zu schildern, wie es ihm und seiner Lebensgefährtin erging, als der Täter sich vom Grundstück entfernt habe. Er fragt, ob der Zeuge und seine Lebensgefährtin gestanden oder ob sie gelegen hätten. Der Zeuge Jens Z. antwortet, er habe sich irgendwann auf einen Stuhl gesetzt, nachdem er und seine Lebensgefährtin alles zugeschlossen hätten. Seine Lebensgefährtin habe versucht, mal zu stehen, mal zu sitzen.

Rechtsanwalt Weber stellt fest, der Zeuge habe gesagt, dass er, nachdem der Schuss gefallen war, weitergelaufen sei und möchte wissen, ob das so richtig sei, was der Zeuge bejaht. »Ich halte Ihnen vor, mein Mandant hat gesagt, dass sie hingefallen seien«, sagt der Rechtsanwalt. Der Zeuge verneint es. Rechtsanwalt Weber wiederholt den Sachverhalt, den der Zeuge geschildert habe: Der Zeuge habe eine Schussverletzung erlitten, sei dann in Richtung Haus gelaufen, seine Lebensgefährtin sei ihm entgegengekommen, dann habe es den Schuss auf die Lebensgefährtin des Zeugen gegeben. Der Verteidiger möchte wissen, was denn anschließend passiert sei. Der Angeklagte habe dann auch noch die Lebensgefährtin des Zeugen aufgefordert, ihm den Schlüssel zu geben. Der Anwalt möchte wissen, ob das davor oder nachdem der Angeklagte auf die Frau geschossen habe, passiert sei. Der Zeuge antwortet, »Ich glaube, nachdem er auf sie geschossen hat.« Der Verteidiger fragt: »Und was passierte dann noch?« Jens Z. antwortet, der Täter sei an seiner Lebensgefährtin vorbeigelaufen und dann zu ihm gekommen. »Um sie noch mal aufzufordern?«, will der Anwalt wissen. Der Zeuge sagt: »Nee, da hat er nur mit seiner Pistole gespielt.« Der Verteidiger hakt nach, was es denn heißen solle: gespielt. Ob er versucht habe zu schießen. Der Zeuge erklärt: »Er hat irgendwas gesucht. Ich weiß nicht, ob vielleicht die Kugeln alle waren?«

Rechtsanwalt Feige möchte wissen, welche körperlichen Einschränkungen der Zeuge sonst habe. Jens Z. antwortet, dass die ganze rechte Körperhälfte betroffen sei, weil die Nerven nicht funktionierten. Der Anwalt fragt weiter, wie es ihm, vom Körperlichen abgesehen, ginge. Es sei ja eine psychische Belastung gewesen, wie sich das heute noch auswirke. Wenn jemand vor dem Zeugen stehen würde, auf ihn zukäme, jemand hinter ihm stünde, ob es Situationen gebe, die der Zeuge meiden würde. »Ja, Menschenmengen und Leute von hinten«, antwortet Jens Z. Der Nebenklagevertreter fragt weiter, ob das heiße, dass sich irgendwas beim Einkaufen oder im Leben massiv geändert habe, im Unterschied zum Vorjahr. Der Zeuge sagt: »Ja, nur noch das Nötigste. Also Menschenmengen meiden.« Ob sich sein Tagesrhythmus geändert habe, möchte sein Nebenklagevertreter wissen: »Gibt es da irgendwelche Besonderheiten im Vergleich zu vorher?« Darauf entgegnet der Zeuge, dass er nachts nicht mehr schlafen könne.

Die Vorsitzende Richterin sagt, sie gehe davon aus, dass beim Zeugen auch eine Posttraumatische Belastungsstörung diagnostiziert worden sei, was der Zeuge bestätigt.

Rechtsanwalt Feige sagt, in der Vernehmung der Lebensgefährtin des Zeugen, tauche auf, sie habe ein Leben vor dem Anschlag gehabt und eins danach. Gestern habe das Gericht auch von einem Zeugen gehört, der nicht kommen könne. Der Anwalt möchte wissen, wie das beim Zeugen Jens Z. sei. Dieser antwortet: »Das Gleiche. Ein komplett anderes Leben.« Der Zeuge ringt um Fassung und atmet schwer auf.

Nebenklagevertreterin Rechtsanwältin Kristin Pietrzyk fragt den Zeugen: »Dieses Spielen, was Sie vorhin beschrieben haben, können Sie das einer Handlung zuordnen, können Sie das konkreter machen?« Der Zeuge antwortet: »Also beim zweiten Mal? Er hat irgendwas in seiner Hose gesucht, an seinem Gürtel. Er hat, glaube ich, auch irgendwas in den Garten geschmissen. Irgendwas Schwarzes.« Rechtsanwältin Pietrzyk macht dem Zeugen einen Vorhalt aus der Vernehmung, der Zeuge habe gesagt: »Sie ist direkt hingefallen. Wahrscheinlich von dem Druck oder Schuss, vorn auf den Weg gefallen. Er versuchte nachzuladen und kam noch mal zu mir gelaufen. Das weiß ich, weil er an den Gürtel gegriffen hat. Ich weiß es nicht, aber möglicherweise hat das Nachladen nicht funktioniert.« Das soll er damals bei der Polizei so gesagt haben, ob er das heute noch so erinnere. Der Zeuge bejaht, der Täter habe irgendwas gesucht, irgendwohin gegriffen. Rechtsanwältin Pietrzyk sagt: »Damals haben Sie das Wort ›nachladen‹ benutzt, das erinnern Sie heute nicht mehr?« Der Zeuge entgegnet: »Weiß ich nicht.« Rechtsanwältin Pietrzyk sagt: »Ich will Sie nicht stressen, das ist hier keine Leistungskontrolle, wenn Sie sich nicht erinnern, dann ist es gut.« Der Zeuge schüttelt den Kopf und verneint.

Die Vorsitzende hakt nach: »An den Patronengürtel erinnern Sie sich noch.« Was er bejaht, etwas Schwarzes sei da gewesen.

Nebenklagevertreter Rechtsanwalt Jan Siebenhüner sagt, die Lebensgefährtin des Zeugen sei auch verletzt worden, ob ihnen jemand habe helfen müssen, damit sie ihren Haushalt führen könnten. Jens Z. sagt: »Ja, am Anfang konnten wir ja gar nichts machen, wir konnten ja nicht mal mehr einkaufen. Aber wir wohnen mit meinen Eltern auf dem Hof zusammen, da hat jeder was gemacht.« Rechtsanwalt Siebenhüner möchte wissen, ob man also sagen könne, diese hätten ihren Haushalt geführt. Jens Z. antwortet: »Ja, wir sind auch erst mal zu ihnen nach vorne ins Haus gezogen, weil meine Lebensgefährtin nicht mehr die Treppe hochkommt.« Ob da in Zukunft noch Unterstützung und Hilfe notwendig sei, möchte der Anwalt wissen, und der Zeuge antwortet, dass dies abzuwarten sei, das wisse man noch nicht.

Die Vorsitzende beschließt die Befragung: »Vielen Dank, dass Sie da waren, ich hoffe, dass die Behandlung jetzt etwas besser läuft. Ich weiß nicht, was da bisher schiefgelaufen ist, aber das war sicher ein traumatisches Erlebnis.«

Es gibt eine Unterbrechung von 15 Minuten.

AUSSAGE DER ZEUGIN DAGMAR M. (NEBENKLÄGERIN, ZUM TATKOMPLEX WIEDERSDORF)

Die Vorsitzende Richterin begrüßt Dagmar M. im Zeugenstand, nimmt ihre Personalien auf und belehrt sie über ihre Zeugenpflichten. Die Zeugin ist 51 Jahre alt und arbeitet bei einem Rechtsanwalt. Neben ihr sitzt ihr Rechtsanwalt Feige.

Die Vorsitzende erklärt der Zeugin, dass bereits mit ihrem Lebensgefährten die Skizze ihres Grundstücks in Augenschein genommen worden sei und lässt sich von ihr bestätigen, dass vorn ein alter Scheunenbereich sei, wo sich auch die Wohnung der Zeugin und ihres Lebensgefährten befinde, und das dort ein Tor zur Straße sei.

Danach fragt die Vorsitzende, ob die Zeugin schildern könne, was sie von diesen Ereignissen noch in Erinnerung habe. Dagmar M. erklärt: »Mein Lebensgefährte wollte nach seiner Nachtschicht draußen auf der Straße mit seiner Kettensäge Holz sägen und dann hab' ich ein komisches Geräusch gehört. Ich hab' gedacht diese Kettensäge wäre explodiert, implodiert oder gerissen. Ich bin dann runtergelaufen, hab' gesehen, dass der voller Blut war und wollte zu ihm hinlaufen und bin mit einem Mal, platsch, dagelegen. Wusste gar nicht, warum. Dann wollte ich wieder aufstehen, und dann habe ich ihm ins Gesicht geguckt.« Die Vorsitzende Richterin fragt nach: »Also ›ihn‹, den Angeklagten, hatten Sie zuvor nicht gesehen. Sie haben sich auf Ihren Lebensgefährten konzentriert, der zu diesem Zeitpunkt schon blutüberströmt war. Wir wissen, dass Sie im unteren Rückenbereich getroffen worden sind. Irgendeinen Schuss oder sowas haben Sie nicht gehört?« Die Zeugin antwortet, sie habe zwei Schüsse gehört, einer würde wohl ihrer gewesen sein, aber das fühle sich irgendwie wie zeitversetzt an.

Die Vorsitzende möchte wissen, ob die Zeugin den Moment, als sie verletzt wurde, mitbekommen habe. Dagmar M. antwortet: »Ja, indem ich auf der Nase lag. Es hat mich nach vorne geschmissen.« Weiter möchte die Vorsitzende wissen, ob die Zeugin erst dann den Angeklagten gesehen habe. Die Zeugin sagt, sie habe ihn gesehen, als sie wieder habe aufstehen wollen. Die Richterin fragt: »Wie weit war der Angeklagte zu dieser Zeit von Ihnen entfernt?« Dagmar M. gibt an, dass, als sie aufstehen wollte, der Angeklagte sehr dicht an ihr gewesen sei. Die Vorsitzende will wissen: »Was hat er denn zu Ihnen gesagt?« Die Zeugin sagt: «Er braucht 'nen Autoschlüssel.« »Und was haben Sie gesagt?« »Ich hab' den nicht. Ich lauf' nicht den ganzen Tag mit dem Autoschlüssel rum«, antwortet die Zeugin. Die Vorsitzende Richterin fragt: »Das haben Sie ihm so gesagt?« Ja, sie habe gesagt, dass sie keinen Schlüssel habe, sagt die Zeugin. Auf Nachfrage erzählt sie, wie es danach weitergegangen sei: »Dann hat er mit diesem Teil vor mir rumgefuchtelt. Hat da rumgefummelt. Kam dann wieder zurück und sagte, er braucht ein Auto, er sei verletzt. Er hat rumgejammert wie so ein Mamasöhnchen.« Der Angeklagte schmunzelt, als die Zeugin ihn als Muttersöhnchen bezeichnet. Die Vorsitzende Richterin wiederholt: Der Angeklagte habe gesagt, er brauche ein Auto, er sei verletzt. Die Zeugin antwortet: »Wie so'n Weichei. Da wussten wir noch nicht, was er vorher abgezogen hat.« Die Vorsitzende stellt noch mal fest, dass die Zeugin und ihr Lebensgefährte noch nichts von den Ereignissen in Halle gewusst hätten, weiter möchte sie von ihr wissen, wie der Angeklagte gesprochen habe, ob er weinerlich geklungen habe. Die Zeugin wiederholt: »Wie so'n Muttersöhnchen so rumgejammert.« Sie ahmt das weinerliche Jammern nach. »Wirklich nur rumgejammert. Er bräuchte ein Auto, er sei verletzt.«

Die Vorsitzende fragt, was dann passiert sei. »Dann hat er irgendwas gebrummelt und ist vom Hof gegangen.« Die Vorsitzende Richterin möchte nun wissen, ob die Zeugin mitbekommen habe, dass der Angeklagte noch mal zu ihrem Lebensgefährten gegangen sei und fragt, ob sie wiederholen könne, was er da gemacht habe. Die Zeugin nickt und fährt fort: »Er war ja erst bei mir. Dann ist er zurück zu meinem Lebensgefährten, und dann ist er vom Hof.«

Die Vorsitzende fragt, ob sie die Waffe gesehen habe, die er gehabt habe. Die Zeugin sagt: »Ja, die sollte ich auch beschreiben. Die leuchtete für mich wie so'n Ölfleck, weiß nicht, ob das am Wetter lag, aber als Waffe – ich habe selten mit Waffen zu tun.« Die Vorsitzende merkt an, die Zeugin habe bei der Polizei ausgesagt, dass die Waffe wie ein Regenbogen geglitzert habe. Die Zeugin bestätigt ihren Eindruck, dass sie wie ein Ölfleck gewirkt habe. Die Vorsitzende fragt: »Sie haben gesagt, das hätte für Sie ein Stahlrohr sein können?« Die Zeugin sagt: »Das war alles, das waren so kurze…« und zuckt mit den Schultern. Die Vorsitzende möchte wissen, ob die Zeugin auch Patronen gesehen habe, oder wie er Patronen dort hineingetan habe. Darauf antwortet Dagmar M., er habe irgendwo herumgewühlt in der Tasche oder so, sie habe ja diese ganze Situation irgendwo… Die Zeugin scheint an dieser Stelle etwas verloren. Die Vorsitzende fängt die Zeugin auf und sagt: »Das war ja aus dem Nichts heraus. Ein ganz normaler Tag. Sie gehen irgendwie raus und hören ein komisches Geräusch und dann kommt alles zusammen.« Die Zeugin blickt mit gesenktem Blick auf den Tisch vor sich und gibt ein bejahendes Murmeln von sich. Die Vorsitzende setzt noch mal an: »Es ging ihm also um das Auto, um den Autoschlüssel?« Die Zeugin nickt. Sie fährt fort: »Sie sollen dann gesagt haben, dass ihr Lebensgefährte den Autoschlüssel geben soll.« Die Zeugin sagt: »Das weiß ich nicht mehr. Weil es gibt nur einen einzigen Autoschlüssel für das Auto.« Die Vorsitzende fragt, wie es dann weiter gegangen sei, als der Angeklagte vom Hof gegangen sei. Die Zeugin sagt: »Da hat mein Lebensgefährte mich gefragt, ob ich das Handy besorgen kann, damit wir telefonieren können. Das habe ich dann geholt, habe dann die 110 gewählt. Da weiß ich, dass ich zuerst drei Einsen und 'ne Null gewählt habe vor lauter Aufregung. Dann hatte ich die Leitstelle dran. Dann musste ich gefühlt zwanzigmal meinen Namen sagen, dann hatte ich gesagt, was Sache ist und dass mein Lebensgefährte da verblutet. Das hat der gar nicht wirklich wahrgenommen! Ich sollte rausgehen und gucken, wo der Schütze ist. Dann kam irgendwann der Polizeihubschrauber. Der ist aber nur über uns hinweggeflogen. Da sollten wir winken. Aber der ist einfach weitergeflogen.« Die Zeugin fängt an zu weinen. Als sie sich etwas beruhigt, fährt sie fort: »Und dann kam nach 'ner knappen Viertelstunde, Gott sei Dank, unser Nachbar. Und dann hab' ich dem, mit den Worten: ›Sag Du denen mal, was Sache ist, die glauben uns nicht‹, das Handy gegeben. Und darauf kam dann, um kurz vor halb zwei, ein Polizist. Einer! Der kam in die Garage rein und hat gesehen, was Sache ist, und sagte: ›Ach du Scheiße!‹ Einer! Und der hat den Heli über Funk bestellt. Ist dann wieder in die Garage, hat gefragt, ob noch jemand verletzt ist. Und sagte wieder: ›Ach du Scheiße!‹ Ich hab' dann gnädigerweise einen Krankentransport gekriegt, keinen Rettungstransport, nur einen Krankenwagen.« Die Vorsitzende fragt, was mit ihrem Lebensgefährten gewesen sei. Die Zeugin antwortet, der habe einen Heli gehabt. Und als sie in dem Krankentransport drin gelegen habe, sei die Tür aufgerissen worden und ein Polizist habe gerufen, er wolle den Autoschlüssel. Sie habe gefragt warum. Er habe gesagt, das würde sie gar nichts angehen. Sie habe den Schlüssel dann aus der blutigen Hosentasche gezogen. Und sie könne wetten, dass er sie noch aus dem Krankenwagen gezogen hätte, wenn sie den Schlüssel nicht gehabt und ihm gegeben hätte. An dem Tag, an dem sie entlassen worden seien, sei ein Polizist gekommen und habe ihnen den Schlüssel gebracht. Auch der habe nicht gewusst, warum sie den Schlüssel hätten abgeben müssen.

Die Vorsitzende sagt: »Und in diesem Auto war ja der Angeklagte gar nicht. Den Schlüssel hatten Sie ja die ganze Zeit. Frau M., das tut mir leid, dass Sie das alles erleiden mussten.« Die Vorsitzende Richterin sagt, die Zeugin selber habe von ihrer Verletzung gar nicht so viel mitgekriegt. »Ich hab' das irgendwann mitgekriegt, weil ich von der Leitstelle so genervt war, dass die mir das nicht geglaubt haben. Ich hab' mich in der Garage an den Türrahmen gelehnt. Und dann habe ich da diesen großen Blutflatschen gesehen.« Die Vorsitzende ergänzt, dass der Lebensgefährte der Zeugin damit beschäftigt gewesen sei, die Blutung am Hals mit irgendeinem alten T-Shirt zu stillen, und dann habe sie die große Blutlache gesehen. Die Zeugin bejaht murmelnd. Die Vorsitzende Richterin möchte wissen, wie lange sie denn im Krankenhaus gewesen seien. Ihr Lebensgefährte habe gesagt zehn Tage. Sie fragt Dagmar M., ob es bei ihr auch so gewesen sei. Die Zeugin bejaht wieder murmelnd. Die Vorsitzende fragt: »Wie ist bei Ihnen die Behandlung verlaufen?« Dagmar M.

gibt an, im Krankenhaus sei ja dann festgestellt worden, dass bei ihr die Verletzungen schwerer gewesen seien als bei ihrem Lebensgefährten, aber sie habe ja einen Krankentransport bekommen, ohne Arzt. Es sei bei beiden eine Not-OP gewesen. Das Personal im Krankenhaus sei sehr nett gewesen, sie seien auf der Intensivstation gewesen, die hätten dann auch versucht, die Presse von ihnen abzuschirmen. »Apropos, da haben Sie in der Vernehmung noch ausgeführt, dass ein Reporter der *Bild* in dem Bereich gewesen wäre«, fügt die Richterin hinzu. Die Zeugin sagt, es gebe ein Foto von ihrem Lebensgefährten, wie der in den Heli steige. Die Vorsitzende möchte wissen, ob sich das dann darauf bezogen habe und liest von Seite 3 ihrer Vernehmung: »Man hat mir dann am Telefon gesagt, dass ich mal nach oben sehen soll, ob ich den Hubschrauber sehe. Den habe ich dann auch gesehen. Ich wundere mich schon, warum die Polizei da so rumfliegt und uns dann nicht direkt hilft. Die haben ihn doch verfolgt, und er hat in aller Seelenruhe die Zeit durchs Dorf zu gehen, um sich zu schießen und das Taxi zu klauen. Da kommt man sich schon etwas verarscht vor. Es war sogar ein *Bild*-Reporter vor der Polizei im Dorf, das kann doch nicht sein.« Die Zeugin sagt, das Foto, das der *Bild*-Reporter von ihrem Lebensgefährten geschossen habe, sei ja im Internet überall zu sehen gewesen.

Die Vorsitzende Richterin kommt auf den Krankenhausaufenthalt zurück: »Nach zehn Tagen sind Sie entlassen worden, es gab eine Not-OP, wie lief Ihre Behandlung weiter ab?« Die Zeugin antwortet, die Verbandswechsel seien täglich gewesen, bis kurz vor Weihnachten, weil die Schusswunde von innen nach außen habe zuwachsen müssen. Physiotherapie hätten sie sehr zeitnah bekommen, aber sie hätten bis heute noch keine Reha. Den ersten Psychologentermin hätten sie im Juni 2020 gehabt, weil sich keiner zuständig gefühlt habe. Sie habe auch noch gesagt, so die Vorsitzende, dass im Frühling Corona dazu gekommen sei, aber seitdem sei ja auch noch ein bisschen Zeit gewesen. Dagmar M. sagt: »Ich hab' sämtliche Psychologen in Halle abtelefoniert und jeder hat gesagt, er ist nicht zuständig. Irgendwann hab' ich dann mal bei der KV angerufen – einer hat mir den Tipp gegeben – dann habe ich so einen komischen Code gekriegt, und dann durften wir zu einem Psychologen.« Der erste Psychologe, den sie aufsuchten, habe gesagt, er sei nicht für sie zuständig, aber dann hätten sie doch zu ihm gehen dürfen. Die Vorsitzende sagt, dass es aber der gewesen sei, mit dem sie nicht so zufrieden gewesen seien. Ihr Lebensgefährte habe gesagt, sie hätten gewechselt. Die Zeugin antwortet: »Ja, man fühlt sich schon mal nicht gut aufgehoben, wenn man sagt, man sei nicht zuständig, dann kann man zu so einem Menschen kein Vertrauen aufbauen.« Die Vorsitzende Richterin fragt nach: Die Zeugin habe gesagt, dass der Verband bis nach Weihnachten habe gewechselt werden müssen. »Bis kurz vor Weihnachten«, korrigiert die Zeugin. Was danach gewesen sei, möchte die Richterin wissen. Dann sei die Wunde zugewachsen, so die Zeugin. Die Vorsitzende fragt, wie es bei ihrem Lebensgefährten gewesen sei. Dieser habe auch Physiotherapie bekommen. Die Vorsitzende Richterin korrigiert sich: »Ich meine die Behandlung, von wegen Lymphdrainage und so weiter.« Die Zeugin antwortet: »Lymphdrainage hat er zweimal die Woche, und der Physiotherapeut ist täglich bei uns.« Die Vorsitzende meint, dass sie heraushöre, dass die Zeugin seit diesem Ereignis auch arbeitsunfähig sei. Und ob arbeitsunfähig, krankgeschrieben bedeute. Die Zeugin nickt bejahend. Sie möchte weiter wissen, ob es für Dagmar M. eine Perspektive gebe. Die Zeugin sagt, wenn sie arbeiten gehen könnte, würde sie sofort wieder arbeiten gehen. Sie habe einen tollen Job, einen tollen Chef.

Die Vorsitzende erklärt, sie habe auch schon den Lebensgefährten der Zeugin gefragt. Dieser habe angegeben, sie habe gesagt, dass sie ein Leben vor dem 9. Oktober 2019 gehabt hat und eins danach. Was sich denn verändert habe. Die Zeugin antwortet: »Es hat sich alles verändert.« Die Richterin fordert sie auf: »Dann schildern Sie mal, was sich alles verändert hat.« Dagmar M. erzählt: »Man traut sich ja gar nicht mehr wirklich aus dem Haus. Man kann nichts mehr großartig machen. Ich hab' mein Enkelkind, das im August geboren wurde, bisher noch nicht gesehen, weil ich die Strecke nicht fahren kann. Ich konnte nicht zur Hochzeit von meiner Tochter, weil es uns so besch... eiden ging. Wir sind dann später hingefahren. Die Familie hat Verständnis, aber normalerweise wäre man zur Geburt des Enkelchens hingefahren, wäre vielleicht auch jedes zweite Wochenende gefahren. Wir wären auch zur Hochzeit gefahren. Das wird jetzt wirklich auf das Minimalste mit vielen Zwischenstopps beschränkt.«[2] Die Vorsitzende stellt fest, dass allein schon so eine normale Autofahrt sie schwer belaste, das höre sie jetzt raus, die Zeugin versuche wahrscheinlich auch, große Menschenansammlungen zu vermeiden. Wie es denn mit Einkäufen aussähe. Die Zeugin sagt, nur wenn sie unbedingt sein müssten. Die Richterin fährt fort, der Lebensgefährte der Zeugin habe geschildert, dass sie Unterstützung von ihren Schwiegereltern bekämen. Die Zeugin sagt: »Auch oder von seinem Bruder. Lieferservice ist unser bester Freund.« Die Vorsitzende möchte außerdem wissen, wie es im Freundeskreis so sei, habe sich da was verändert, gebe es Treffen mit anderen Leuten. Die Zeugin sagt: »Man fährt da nicht mehr hin. Ich hatte auch noch 'ne Nebenbeschäftigung in der Gastro auf 400-Euro-Basis. Das kann man auch nicht mehr machen. Mich haben große Menschenansammlungen nie gestört. Man war auch mal spontan, ist ins Steintor-Varieté nach Halle gefahren. Man kann kein Bus mehr fahren, man möchte am liebsten überhaupt nicht rausgehen. Wobei es zuhause ja auch nicht unbedingt schön ist, weil man jedes Mal auf den Tatort guckt.«

2 Die Zeugin kann seit der Schussverletzung in der Hüfte nicht mehr sitzen und muss bei längeren Autofahrten immer wieder Pausen einlegen.

Rechtsanwalt Feige befragt die Zeugin, wie sich die gesundheitlichen Folgen ihrer Schussverletzung auswirkten. Dagmar M. antwortet: »Ich sag mal so: Sachen wie Fahrradfahren... oder bei uns kann man eigentlich ganz toll spazieren gehen. Das fällt alles weg.« Der Anwalt fragt weiter: »Thema Treppensteigen, wie hat sich Ihre Wohnsituation seitdem verändert?« Sie wohnten jetzt im Gästezimmer bei den Schwiegereltern, so die Zeugin, und hätten vom Weißen Ring einen Treppenlift bekommen, weil sich niemand anderes dafür zuständig fühlen würde. Dass man wenigstens von einem Raum in den anderen komme, die Treppe hoch. Bei ihnen sei das gar nicht möglich gewesen.

Die Vorsitzende möchte wissen, ob die Zeugin damit ihre Wohnung meine. Die Zeugin erläutert: »Unsere Wohnung ist eine ausgebaute Scheune, mit so Treppen, tripptrapp.« Die Vorsitzende beschreibt, wie sie sich die Treppe vorstellt, da könne man keinen Treppenlift einbauen. Die Zeugin bestätigt, dass man da nichts einbauen könne, das sei nicht möglich. Rechtsanwalt Feige fragt weiter: »Gab es andere bauliche Veränderungen, die noch vorgenommen werden mussten?« Dagmar M. antwortet, eine Badewanne sei gefühlt drei Meter hoch. Sie hätten nur eine Badewanne gehabt. Jetzt hätten sie eine Dusche. Selber eingebaut. Eine Bodentiefe. Rechtsanwalt Feige sagt: »Das Verfahren ist ja auf Grund der Zielsetzung des Angeklagten politisch und medial stark aufgeladen. Wie geht es Ihnen denn damit in dieser Gesamtsituation?« Sie antwortet, sie finde das schlimm: »Und ich mein', ich gehöre religiös ja auch zu einer Randgruppe hier. Und da weiß ich nicht, ob ihm das auch Spaß gemacht hat.« Rechtsanwalt Feige fragt, ob sie noch etwas sagen wolle. Die Zeugin sagt, die einzigen, die wirklich was für sie gemacht hätten, seien die vom Weißen Ring, sie hätten ihnen auch eine Reise ermöglicht und – ob sie das wohl sagen dürfe – jemand aus der Synagoge habe ihnen auch einen Gutschein für eine Woche im Hotel geschenkt. Und das finde sie super. »Ich sag, das ist dann auch mal so eine Zielgruppe, die gemerkt hat, dass es uns gibt. Weil... die Verletzten sind irgendwo hinten runtergefallen.« Rechtsanwalt Feige fragt nach, was sie damit genau meine. Die Zeugin sagt, es gebe jetzt eine Gedenkfeier am 9. Oktober für die beiden Tatorte. Daraufhin habe der Weiße Ring dort angerufen und gesagt, es gebe drei Tatorte. Und dann hätten sie eine korrigierte Einladung bekommen.

Der Nebenklagevertreter Rechtsanwalt Gerrit Onken möchte der Zeugin etwas aus der Vernehmung vorhalten und sie dazu etwas fragen. Es soll sich nach ihrer Schilderung in der Vernehmung Folgendes ereignet haben: Als sie auf allen Vieren kniete und wieder habe aufstehen wollen, habe er mit seiner Waffe rumgespielt und rumgefuchtelt. Die Zeugin habe ausgesagt: »Ich denke, er hatte keine Munition mehr. Ich habe nur gesehen, dass er irgendwas weggeschmissen hat. Das ging alles innerhalb von Sekunden vorbei. Ich kann mich hauptsächlich an das hasserfüllte Gesicht erinnern, wie ein Irrer. In der Presse sah er ganz anders aus. Auf Nachfrage kann ich sagen, dass er das Ding auf mich gerichtet hat. Also er hat nicht einfach nur damit hantiert, sondern es direkt auf mein Gesicht gerichtet.« Rechtsanwalt Onken sagt: »Meine erste Frage wäre: Können Sie sich an die Vernehmung erinnern?«, worauf die Zeugin erwidert: »Ich weiß, dass die Polizei da war.« Der Rechtsanwalt sagt, in ihrer Vernehmung sei protokolliert »auf Nachfrage kann ich sagen…« Er möchte wissen, ob diese Situation, die sie hier schildere, in der er eine Waffe in ihr Gesicht gehalten habe, ob er da schon auf sie geschossen habe. Die Zeugin sagt, das sei danach gewesen. Rechtsanwalt Onken fragt, ob der Angeklagte dann noch irgendwas gemacht, irgendwas gesagt habe. Die Zeugin antwortet: »Rumgejammert. Wegen seiner Verletzung rumgejammert. Deswegen ist er ja dann auch vom Hof gegangen, weil er keinen Schlüssel kriegte, wie so ein bedröppeltes Kind.« Der Angeklagte murmelt irgendwas vor sich hin. Rechtsanwalt Onken fährt fort: »Bevor er sozusagen die Waffe noch mal auf Sie gerichtet hat, haben Sie da irgendwas mitbekommen, was er noch gemacht hat?« Die Zeugin sagt: »Vorher muss er ja noch meinen Lebensgefährten abgeknallt haben, das war ja das mit der Kettensäge.« Rechtsanwalt Onken korrigiert die Frage, er meine direkt in dem Kontakt, den sie zum Angeklagten gehabt habe. Habe der zum Beispiel einen Abzug betätigt bei der Waffe, was sie direkt mitbekommen habe. Das sei ja alles sehr schnell gegangen. Die Zeugin antwortet, das wisse sie nicht. Der Rechtsanwalt fragt, ob sie noch mal zeigen könne, wie er die Waffe auf sie gerichtet habe. Dagmar M. sagt: »Das ist, der stand vor mir, ich hab' dieses Ding wahrgenommen, was ich gesagt hatte: in diesen schillernden Farben. Also ich hab' mir eine Waffe anders vorgestellt.« Rechtsanwalt Onken möchte wissen, wie die Körperhaltung des Angeklagten gewesen sei, ob er so mit ausgestrecktem Arm [zeigt die Pose] vor der Zeugin gestanden sei. Die Zeugin sagt: »Nein, der war dichter dran. Das war wirklich dicht.«

Die Vorsitzende Richterin möchte die Zeugin entlassen und sagt: »Ich hoffe, dass sich Ihre Verletzungen in jeglicher Form verbessern und drücke die Daumen.«

Rechtsanwalt Weber meldet sich zu Wort, der Angeklagte würde eine ergänzende Einlassung abgeben wollen. Die Vorsitzende möchte die Zeugin erst mal entlassen, doch Nebenklagevertreter Rechtsanwalt Onur U. Özata fragt, ob das nicht Sinn mache, dass die Zeugin dann noch bleibe, damit sie gegebenenfalls noch Fragen dazu stellen könnten. Die Vorsitzende sagt: »Ob das notwendig wird, und ob Frau M. das will, das steht ihr ja offen. Frau M., können Sie noch kurz dableiben? Wollen Sie sich das anhören?« Rechtsanwalt Weber erklärt, es sei eine ganz kurze Erklärung und diesmal wisse er, was sein Mandant sagen würde. An die Zeugin gerichtet fügt er hinzu, es würde sie nicht belasten. Widerspruch aus den Reihen der Nebenklage von Rechtsanwalt Onken und Rechtsanwältin Pietrzyk. Rechtsanwalt Feige erklärt, seine Mandantin wolle vom Angeklagten gar nichts mehr hören, wenn das eine Entschuldigung sein solle, so lege sie keinen Wert darauf.

Unterbrechung für 15 Minuten.

Nach der Unterbrechung darf der Angeklagte seine Erklärung abgeben. Er sagt: »Auf die Gefahr, mich zu wiederholen, wollte ich noch mal sagen: Natürlich wollte ich sie nicht *er*schießen, und das Rumgefuchtel war das Nachladen der Schusswaffe. Ich hatte auch noch Patronen in der Jackentasche, rund zehn vom Gefühl, ich hab' nicht gezählt, aber so eine Handvoll. Aber ich denke, so zehn waren es. Die haben mir nicht den Schlüssel gegeben, dann bin ich mit meiner geladenen Pistole wieder gegangen.« Die Vorsitzende Richterin möchte wissen, was er da auf den Boden geworfen habe. Der Angeklagte antwortet, das seien Patronenhülsen gewesen, sie seien am Befestigungsgurt des Holsters gewesen, das am Bein befestigt gewesen sei, aber das habe noch einen Gurt gehabt. Er habe dem Zeugen Jens Z. die Waffe vorgehalten und ihm mehrmals gesagt, dass er den Schlüssel haben wolle. Der Angeklagte sagt: »Da hatte ich gesagt: Lass mich erst mal rein, da hat er mich angeraunzt.« Die Vorsitzende fragt, ob er auch gesehen habe, dass Jens Z. blutüberströmt gewesen sei. Der Angeklagte verneint und sagt: »Ich dächte mich auch zu erinnern, dass er zu Boden gefallen ist, weil ich gehe ja nicht an einem vorbei, drehe ihm den Rücken zu... das ist taktisch totaler Unsinn, deswegen bin ich an ihm vorbeigelaufen, als er am Boden lag.« Die Vorsitzende sagt, der Angeklagte habe auch mal erklärt, dass es grundsätzlich ein Problem sei, einen Warnschuss abzugeben. Er antwortet, dass es ein Problem sei, einen Warnschuss abzugeben, weil man die Waffe ja nicht nachladen könne, also man könne es versuchen, das dauere aber zehn Sekunden. Dann sei es das gewesen. Die Vorsitzende hakt nach: »Wenn Sie Frau M. nicht verletzen wollten, hätten Sie auch einen Warnschuss abgeben können.« Er habe überhaupt keinen Schuss abgeben wollen, so der Angeklagte. Er habe das bei seiner ersten Einlassung, glaube er, gesagt, dass er die Waffe gedreht habe, damit er sie richtig sehe, das sei dieses Rumgespiele, das sei nur »ich habe 'ne Waffe, gib mir das Auto« gewesen. Die Vorsitzende wendet ein: »Ja, aber da hatten Sie doch schon geschossen.« Der Angeklagte bestätigt und führt aus, er habe, wie er schon gesagt habe – er wiederhole sich gern – ihn angeschrien, er möge ihn wenigstens reinlassen, von der Straße. Dann habe der Zeuge Jens Z. gesagt – er wisse jetzt nicht den genauen Wortlaut – »Was willst du von mir?« Er sei ja angeschossen gewesen. Die Lebensgefährtin von Jens Z. habe er in dem Moment gar nicht gesehen. Die Vorsitzende Richterin sagt: »Die war ja auch noch nicht da.« Zudem stehe im Gutachten der Rechtsmedizin ja, dass da auch Schmauchspuren an seinem Körper gewesen seien. Der Angeklagte antwortet, dass er ja vor ihm gestanden habe, so wie in einem normalen Gespräch. Er hätte den Arm nicht austrecken können, so nah sei er an ihm dran gewesen. Der Angeklagte sagt: »Wie man sich halt normal unterhält. Ich habe irgendwo gelesen, dass, wenn man etwas ›erräubern‹ will und die Waffe zeigt und die Person einen nicht ernst nimmt, man kurz vor der Situation steht, entwaffnet zu werden.« Und in dieser Situation solle man einen Warnschuss abgeben. Bei einer Einzelschusswaffe sei das natürlich schwer, weil man dann quasi entwaffnet sei und keine Waffe mehr habe. Der Angeklagte fährt fort: Er[3] möge vielleicht nicht realisiert haben, dass das eine Einzelschusswaffe gewesen ist, aber wenn er dann gegen einen vorgehe, »dann hat man ja gar nichts mehr in der Hand. Und mit Niederringen wär' es halt auch nicht gegangen, deswegen war es eben erforderlich, die[4] anzuschießen.« Die Vorsitzende merkt an, dafür, dass er Jens Z. und Dagmar M. nicht habe verletzen wollen, seien die beiden sehr schwer verletzt worden. Der Angeklagte sagt: »Ja, ist ziemlich schlecht ausgegangen.« Die Vorsitzende entgegnet: »Sehr milde ausgedrückt.«

Der Verteidiger, Rechtsanwalt Weber, ergreift das Wort: »Mir geht es darum, dass er noch circa zehn Schuss in der Tasche hatte.« Er würde das Gericht dazu bitten, die Asservatenliste aufzurufen.

Nebenklagevertreter Rechtsanwalt Tobias Böhmke sagt, an den Angeklagten gerichtet, er habe seine Aussage gehört, aber dass er die Zeugen nicht habe verletzen wollen, dies halte er für unglaubhaft, schließlich habe er ja abgedrückt. Die Frage, die sich ihm aufdränge, sei, warum er denn, wenn er so nah vor dem Zeugen Jens Z. gestanden habe, die Waffe nicht auf die Beine gerichtet habe, sondern in Halshöhe geschossen habe, aus der Gesprächsdistanz. Das finde er völlig unverständlich. Der Angeklagte antwortet, er habe ja nicht gezielt, er habe sie so gehalten, wenn er sie so halte, könne sie ja einer wegschlagen [schlägt sich mit einer Hand auf die andere]. Sie müsse ja ungefähr in eine Richtung zielen.

Rechtsanwalt Böhmke sagt: »Also ich stelle mir das so vor, Herr Z. dreht sich um und geht weg. Sie schießen aber auf Kopfhöhe. Warum haben Sie nicht auf die Beine gezielt?«

Der Angeklagte antwortet: »Weil ich nicht gezielt habe. Sie muss ja ungefähr in seine Richtung gehalten werden. Ich hab' abgedrückt, wie ich die Waffe gehalten habe. Sie müssen bedenken, ich habe hier einen Einschuss, das geht ein bisschen schwer.« Der Angeklagte sagt, er habe bei dem zweiten Schuss [auf Dagmar M., Anm. d. Hgg.] den Arm hochnehmen und die Hand stützen müssen. Bei Jens Z. habe er den Rucksack gehalten, der sei relativ

3 Gemeint ist der Zeuge Jens Z.

4 Gemeint sind Dagmar M. und Jens Z.

schwer gewesen, da seien die andere Schusswaffe und der Laptop drin gewesen. Rechtsanwalt Böhmke: »Sie haben geschossen, ohne zu zielen?« Der Angeklagte bejaht.

Nebenklagevertreter Rechtsanwalt Sebastian Scharmer merkt an: »Es sollte doch eine Erklärung kommen, die Frau M. nicht belasten sollte, und das soll jetzt die Erklärung sein? Ernsthaft? Sie haben gesagt, dass diese Aussage die Zeugin nicht belasten wird.« Verteidiger Weber antwortet: »Ich habe gesagt, dass es sie nicht belasten wird.« Rechtsanwalt Scharmer merkt an: »Ist ein bisschen zynisch, finden Sie nicht?« Rechtsanwalt Weber antwortet: »Das weise ich zurück, Herr Kollege!« Er fügt hinzu, das sei jetzt ausführlicher vorgetragen worden, als er erwartet habe. Es sei nur um die zehn Schuss in der Jacke gegangen. Der Angeklagte moniert, er habe nicht entschieden, das zu sagen, er wisse gar nicht, warum man ihn so angehe.

Rechtsanwalt Feige stellt klar: »Das, was Sie da anführen, das betrifft den Zeitpunkt der Festnahme. Das hat nichts mit der Situation hier zu tun. In der Ablage der Fahrertür waren auch Patronen, da greift man dann vielleicht wahllos wieder rein, um sich aufzumunitionieren.« Der Angeklagte antwortet: »Im Rucksack waren keine zehn Schuss, das stand klar in den Akten: Da drin waren die andere Schusswaffe und Magazine, die passen nicht in die Waffe.«

Rechtsanwalt Siebenhüner fragt: »Sie haben den Tatort in Landsberg mit einer geladenen Waffe verlassen?«, was der Angeklagte bejaht.

Rechtsanwalt Siebenhüner möchte weiter wissen, ob die beiden Zeugen noch im Schussfeld gewesen seien. Der Angeklagte sagt: »In meiner Erinnerung waren beide auf dem Boden.« Rechtsanwalt Siebenhüner möchte es genauer wissen: Ob der Zeuge Jens Z. sich in seinem Schussfeld aufgehalten habe. Der Angeklagte antwortet: »Nein, ich ziel' ja nicht auf den Boden.«

Rechtsanwalt Siebenhüner fragt weiter: »Aber im potenziellen Schussfeld?« Der Angeklagte sagt: »Ja.« »Sie wollten also nicht noch mal auf ihn zielen?«, fragt der Rechtsanwalt, was der Angeklagte bestätigt.

Nebenklagevertreter Rechtsanwalt Andreas Schulz meldet sich zu Wort: »Die Frau M. hatte die Wahrnehmung, dass Sie weinerlich waren. Ist diese Wahrnehmung zutreffend?« Der Angeklagte antwortet: »Ich war nicht erfreut drüber, dass ich den Herrn Z. angeschossen hatte. Das ging komplett daneben. Ich hatte auch den Eindruck, dass meine Stimme ein bisschen hoch war, das könnte sein, ja.«

AUSSAGE DES ZEUGEN KAI H. (NEBENKLÄGER, ZUM TATKOMPLEX WIEDERSDORF)

Nach einer Pause wird die Sitzung um 11.20 Uhr fortgesetzt. Die Vorsitzende belehrt den Zeugen über seine Pflichten als Zeuge und befragt ihn zu seinen Personalien. Kai H. ist 37 Jahre alt und selbstständiger Kfz-Meister. Neben dem Zeugen hat sein Nebenklagevertreter Rechtsanwalt Markus Goldbach Platz genommen. Die Vorsitzende eröffnet die Befragung und sagt: »Auch Sie haben an den 9. Oktober 2019 sicherlich Erinnerungen. Bitte erzählen Sie uns zunächst geschlossen, wie für Sie der Tag oder die Mittagsstunden verlaufen sind.« Der Zeuge Kai H. beginnt zögerlich, er habe eine Reifenreparatur an zwei Taxen durchgeführt. »Ich habe währenddessen einen Knall in Richtung der Familie Z. gehört. Ich habe rausgeschaut und – wie weit ist es entfernt? Vielleicht 200 bis 250 Meter – eine Person gesehen, die in das Tor reingeht. Ich hatte das Knallen auch mit einem möglichen Sturz von einer Leiter verbunden, dachte mir also nichts weiter dabei. Ist jetzt alles gut, habe mir keine Gedanken gemacht. Und als ich dann aus dem Büro wieder Richtung Werkstatt lief, kam der Christian W. schon und sagte: ›Kai, Kai da steht jemand!‹« Es sei warm gewesen, und die Werkstatttür habe offen gestanden. Er habe den Angeklagten vor der Werkstatt gesehen und dachte, das sei ein Kunde und brauche Hilfe. Kai H. sagt, er habe dann gesehen, dass der Angeklagte verletzt gewesen sei, denn er habe sich mit einem Tuch selbst die Wunde abgedrückt. Er habe in der anderen Hand ein Stahlrohr gesehen, das blau geschimmert habe und dachte, ja, das sei sicherlich eine Waffe. Der Zeuge sagt weiter, er habe gedacht, das sei ein Jungjäger, der sich selbst verletzt habe, und jetzt müsse er den noch ins Krankenhaus fahren, das passe ihm gar nicht, weil er keine Zeit habe. Das seien alles so Hirngespinste gewesen. Der Angeklagte habe gesagt: »Ich bin ein gesuchter Schwerverbrecher« und habe in die Richtung des Hauses Jens Z.s gezeigt und gesagt: »Ich habe da drüben zwei Leute erschossen.« Der Zeuge sagt: »Er sagte ›erschossen‹. Und: ›Ich brauche ein Auto. Das will ich mit euch nicht auch machen.‹ Dann war Daniel, der Taxibesitzer, schon neben mir.« Der Angeklagte habe auf das Taxi gezeigt, das er gewollt habe. »Ich wusste, das ist ernsthaft. Ich habe mir auch Sorgen gemacht und wollte, dass es schnell vorübergeht.« Daniel habe nicht lange gewartet und habe dem Angeklagten den Schlüssel zugeworfen. Dieser habe gefragt, ob es vollgetankt sei, was Daniel W. bejaht habe. Auch habe der Angeklagte noch einen wichtigen Satz gesagt, nämlich: »Ich weiß, ihr werdet jetzt die Polizei rufen, aber bitte gebt mir noch zehn Minuten.« Er habe in seine Hosentasche gegriffen und habe fünfzig Euro rausgezogen, und sie auf die Straße geworfen. Dann sei er losgegangen, habe sich noch mal herumgedreht, habe noch mal fünfzig Euro aus seiner Hosentasche gezogen, und sie auch auf die Straße geworfen. Es sei einfach skurril gewesen. Und es habe lange gedauert, er habe das Auto nicht anbekommen. Und dann sei er mit quietschenden Reifen stadteinwärts losgefahren, am Haus von Familie Z. vorbei. Daniel W. habe gesagt, er könne das Auto durch das Taxisystem tracken, er fahre hinterher. Kai H. sagte: »Du kannst das machen, ich kümmere mich um die Nachbarn.« Daniel W. sei in sein Taxi gestiegen und dem Angeklagten hinterher. Er habe den Sanikasten von der Wand geholt, so einen großen für die Industrie. Dann sei er dort auf der Straße vor verschlossener Tür und Tor gestanden. Und er habe drei-, viermal lautstark über die Mauer gerufen, ob jemand Hilfe brauche. Dann sei, woher wisse er nicht mehr, Herr V., ein direkter Nachbar von Familie Z., gekommen. Kai H. habe gesagt: »So und so, blablabla, Auto gestohlen, Waffe, Schuss.« Der Nachbar habe gesagt, er könne von seinem Grundstück in deren Grundstück rüber. Der Zeuge habe geantwortet: »Mach, mach, mach«. Der Nachbar sei in seinem Grundstück verschwunden. Dann sei schon das Garagentor aufgegangen. Ob das jetzt von Herrn V. oder Familie Z. gewesen sei, wisse er nicht. Mit Familie Z. meine er Dagmar M. und Jens Z. Und dann habe er schon gesehen, dass da zwei schwer verletzte Personen gewesen sind. Er habe Erste Hilfe geleistet. Er habe sich mehr Sorgen um Jens Z. gemacht, wegen der Halsverletzung. Die Gesäßverletzung von Dagmar M. habe er erst später wahrgenommen und habe gesehen, dass Jens Z. sich selbst schon einen Druckverband gemacht hat und habe gesagt ›drück drauf, drück drauf‹. »Ich hab's mir nur kurz angeschaut und gesagt: ›Ich hab einen Notruf abgesetzt. Mir wurde gesagt, dass Hilfe kommt.‹ Jens Z. wollte mir unbedingt noch zeigen, wo eine Patronenhülse ist. Er wollte immer wieder aufstehen und mir diesen Patronengurt zur Beweissicherung geben. Ich sagte: ›Bleib entspannt, bleib ruhig.‹« Kurze Zeit später sei ein einzelner Polizist gekommen. Ein älterer Herr, der dann gesagt habe: »Ach du Scheiße, was ist denn hier los?«, da er selbst geschockt gewesen sei. Der Polizist habe zu Dagmar M. gesagt, sie solle sich hinlegen, da sie sich an der Wand angelehnt habe. Kurze Zeit später sei die Presse gekommen, die *Bild*. Wiederum kurz danach sei der Rettungshubschrauber gekommen und habe sich um die Verletzten gekümmert. Er sei erleichtert gewesen, da er gewusst habe, der Polizist sei da und kümmere sich um die Verletzungen. Er sei ziemlich erleichtert gewesen, dass er Unterstützung gehabt habe. »Ich bin raus, weil ich mitbekommen habe, der Polizist kümmert sich um die Schwerverletzten. Draußen habe ich dem Piloten angedeutet, wo er landen kann. Ich wusste, da ist ein ordentlicher, fester Boden. Der ging nieder, und dann habe ich den Notarzt schnell zu dem Grundstück geführt und habe schon gesagt, was es für Verletzungen sind. Dann habe ich quasi alles übergeben. Auch meine Sorge habe ich an den Notarzt übergeben. Ich wusste jetzt ist alles safe, alles schön.« Danach habe er sich Sorgen um Daniel W. gemacht. Seine Werkstatt sei von der Polizei als Hotspot gewählt worden und mehrere Hundertschaften seien dort gewesen und von dort aus ausgeschwärmt. »Ich konnte gar nicht arbeiten. Wollte ich natürlich auch nicht.«

Die Vorsitzende möchte wissen, wie es dem Zeugen danach ergangen sei. Der Zeuge sagt, als er dann nach der Befragung wieder habe gehen können, habe sein Handy pausenlos geklingelt. Die Presse habe den Ort gewusst. Seine Werkstatt und seine Telefonnummer seien online zu finden. Er habe ja auch gewollt, dass keine Falschmeldungen rausgehen, er habe immer in drei, vier Sätzen erzählt. Es sei halb zehn am Abend gewesen, als er endlich zu Hause gewesen sei. Seine Frau habe ihm eine Pizza warmgemacht, sein ältestes Kind habe an dem Tag Geburtstag gehabt, und sein Handy habe immer und immer wieder geklingelt. Dann sei die *New York Times* dran gewesen, und er habe gesagt, sie sollen nicht böse sein, aber er könne nicht. Er habe danach weiterarbeiten müssen, die Kunden hätten gewartet, er habe versucht, weiterzuarbeiten, er habe die Aufträge erfüllen müssen, aber die Presse und auch viele Anwohner des Dorfes haben sich erkundigen wollen, was passiert sei. Er sei nicht zum Arbeiten gekommen, auch vom Kopf her nicht. Es sei eine Ausnahmesituation gewesen.

Die Vorsitzende fragt: »Haben Sie denn in irgendeiner Art und Weise psychologische Unterstützung in Anspruch genommen?« Der Zeuge sagt, es sei ihm Hilfe angeboten worden, aber er habe die Unterstützung von seiner Frau gehabt, sie sei Polizistin, mit ihr habe er alles besprechen können. Auch mit den anderen Nebenklägern habe er alles besprechen können. Kai H. sagt: »Zum Beispiel habe ich auch einen dunkelhäutigen Gesellen, also Angestellten, der war krankgeschrieben, da denkt man, was wäre passiert, wenn. Man kann sich das einfach nicht ausmalen. Sei es drum, es ist zum Glück nicht mehr passiert. Das ist echt schon wahnsinnig schlimm, was passiert ist.« Die Vorsitzende sagt, sie komme noch mal auf die Situation zurück, als er den Angeklagten das erste Mal wahrgenommen habe. Da habe er bei der Vernehmung vom 9. Oktober gesagt: »Gleichzeitig sah ich dann, dass die Person eine Schusswaffe in der rechten Hand hielt und mich beziehungsweise uns damit bedrohte.« Die Vorsitzende fragt: »Haben Sie die Situation noch vor Augen?« Kai H. antwortet, der Angeklagte habe die Waffe auf Brusthöhe gehabt, habe beim Reden immer wieder die Waffe gezeigt, habe nicht immer auf sie gezielt, habe sie nie auf Kopfhöhe gehalten oder so angelegt. Er habe ihnen aber deutlich zu verstehen gegeben, dass er, wenn sie ihm den Schlüssel nicht geben würden, die Waffe einsetzen würde. Die Vorsitzende möchte wissen: »Wie weit stand er da von Ihnen weg?« »Zwei Meter, schätze ich«, antwortet der Zeuge. Die Vorsitzende fügt die Frage hinzu, wie weit Daniel W. und Christian W. von ihm weggestanden hätten. Der Zeuge sagt, sie seien genau neben ihm gewesen.

Die Vorsitzende fragt, ob der Angeklagte auch auf sie hätte zielen können. »Hätte man machen können, der Platz war da«, sagt Kai H. Die Richterin merkt an, der Angeklagte habe gesagt, er habe gerade vorn schon welche erschossen, da habe der Zeuge kombiniert, da sei was Schlimmes passiert, was er bestätigt. Die Richterin fragt noch mal genauer nach, ob diese Worte

›ich habe vorne welche erschossen‹, ob das so gefallen sei. »So ein Satz prägt sich sehr deutlich ein. Das kann ich zu hundert Prozent sagen: erschossen«, antwortet der Zeuge. Die Vorsitzende Richterin möchte wissen, ob er deswegen auch die extreme Sorge gehabt habe. Der Zeuge sagt: »Ja, ja, richtig, genau.«

Die Vorsitzende Richterin möchte noch die Bilder der Werkstatt in Augenschein nehmen. Sie fragt den Zeugen, ob er die Werkstatt schon länger habe. Er antwortet, dass er sie seit fünf Jahre habe. Das erste Bild kommentiert er: Da schaue man in Richtung des Ortes Queis, die Mauer sei schon sein Gelände. Zum zweiten Bild sagt er, das sei rechts in Richtung Tor, weiter gehe es zur Familie von Jens Z. Die Vorsitzende sagt: »Wenn Sie es so beschreiben, dann spielte es sich aber zu keinem Zeitpunkt drinnen ab?« Zeuge Kai H. bestätigt dies und fügt hinzu, der Angeklagte habe nie die Werkstatt betreten. Es werden weitere Bilder gezeigt, und die Vorsitzende stellt fest, dort sei der weitere Straßenverlauf zu sehen. Der Zeuge fügt hinzu: »Das ist der Blick von der Werkstatt aus dem Tor. Das grüne Auto auf der Straßenseite ist der Tatort.« Die Vorsitzende zeigt das Bild Nummer 24, und der Zeuge erklärt, das sei gleichzeitig die Fluchtstrecke des Angeklagten. Er sei in Richtung Gröbers abgebogen. »Da geht es dann auch zur Autobahn?«, will sie wissen. »Richtig«, antwortet der Zeuge.

Verteidiger Rechtsanwalt Weber sagt: »Sie haben auf Nachfrage des Gerichts wiederholt, was der Angeklagte gesagt hat, unter anderem ›vorne‹ habe er zwei Leute erschossen. Mir geht es um die Vokabel ›vorne‹.« Der Zeuge antwortet: »Ob er vorne oder hinten gesagt hat…« Der Rechtsanwalt sagt, Fakt sei, der Angeklagte habe zwei Leute erschossen, aber im Bereich Synagoge und Döner. Ob es auch sein könne, dass er ›vorhin‹ gesagt habe? Der Zeuge verneint, er habe auch auf das Grundstück gezeigt, was in einer ganz anderen Richtung liege. Halle sei die andere Richtung. Rechtsanwalt Weber fragt, ob er in irgendeiner Weise auf das Nachbargrundstück gezeigt habe, was Kai H. bejaht. Der Zeuge wird um 11.42 Uhr entlassen.

Die Vorsitzende erkundigt sich bei Rechtsanwalt Goldbach, der auch den nächsten Zeugen, Daniel W., betreut, ob dieser zur Befragung bereit sei oder ob eine kurze Pause nötig sei. Daniel W. sagt, dass es gehe.

AUSSAGE DES ZEUGEN DANIEL W. (NEBENKLÄGER, ZUM TATKOMPLEX WIEDERSDORF)

Die Vorsitzende Richterin begrüßt den Zeugen Daniel W. im Zeugenstand, nimmt seine Personalien auf und belehrt ihn über seine Pflichten als Zeuge. Er ist 41 Jahre alt und selbstständiger Unternehmer. Neben ihm sitzt Rechtsanwalt Goldbach, der W. gemeinsam mit Rechtsanwalt Schulz vertritt.

Die Vorsitzende Richterin eröffnet die Befragung und sagt, das Gericht habe gerade über den 9. Oktober gehört, über die Geschehnisse in der Werkstatt. Der Zeuge sagt, sein Bruder und er hätten vorgehabt, Winterreifen aufzuziehen und seien dafür zu Kai H. gefahren. Sie seien schon fast fertig gewesen, dann habe Kai H. auf einmal gesagt: »Hast du das Knallen hören?«, und er habe geantwortet: »Nee, ich hab' nichts gehört.« Dann habe es noch mal geknallt, und dann habe er gesagt: »Jetzt habe ich es auch gehört.« Daniel W. sagt: »Da waren leise Hilferufe, da sind wir auf die Straße, haben aber nichts gesehen. Dann haben wir gedacht, da ist bestimmt nur jemand von der Leiter gefallen. Damit war das für uns erledigt.« Das eine Auto sei schon voll mit Rädern gewesen, und dann habe er seinen Bruder gebeten, das andere Auto vorzufahren, damit sie mit den Rädern nicht so weit zu tragen hätten. Das Auto habe kurz vor der Bushaltestelle gestanden. Der Bruder sei losgelaufen und sei zurückgekommen und habe gerufen : »Kai, Daniel, hier ist jemand!« Dann sei erst Kai raus. »Dann stand er da und hat gesagt, er sei ein gesuchter Schwerverbrecher und hat gesagt, er hätte schon zwei Leute erschossen, und dann wollte er ein Auto. Dann hab' ich gesagt, guck mal, wie wir aussehen, dich kann hier keiner fahren. Dann hat er gesagt, er braucht nur das Taxi ohne uns«, sagt der Zeuge. Dann habe Kai H. gesagt: »Daniel, der hat 'ne Waffe!« Und erst da sei ihm bewusst geworden, dass er eine Waffe in ihre Richtung gehalten habe. Und dann habe er ihm den Schlüssel gegeben und der Angeklagte habe in die Hosentasche gegriffen und ihm fünfzig Euro gegeben.

»Verschwinde einfach, geh!«, habe er zum Angeklagten gesagt. Dieser sei zum Auto gegangen, dann habe er sich herumgedreht und gesagt, »Ich weiß, ihr ruft eh' die Polizei, aber bitte gebt mir doch zehn Minuten.« Der Angeklagte habe noch mal fünfzig Euro auf den Boden geworfen und sei zum Taxi gegangen. Dann hätten sie geschaut, ob er wirklich abfahre. »Der hat sich mit dem Auto angestellt und ist dann, nachdem er 30 bis 40 Sekunden rumgemacht hat, losgefahren. Wir haben kurz durchgeatmet und dann realisiert, was passiert ist«, sagt der Zeuge. Dann habe er seinen Bruder gebeten, ihm seinen Autoschlüssel zu geben, damit er hinterherfahren könne, um einfach zu gucken, in welche Richtung der unterwegs sei. Er habe zwar orten können, wo das Auto sei, aber das sei ihm schon klar gewesen, dass der Angeklagte das irgendwann rausschmeißen würde, das sei ein Smartphone. Die Vorsitzende sagt: »Das ergab sich aus Ihrer Vernehmung bei der Polizei, dass Sie ihm bewusst das Auto an der Bushaltestelle ›gegeben‹ haben, weil das zu orten war.« Der Zeuge bestätigt dies und fügt hinzu, dass er das getan hat, weil er das gewusst habe, und es seines gewesen sei, dafür habe er die Verantwortung gehabt. Und kurz darauf habe er gewusst, dass er das Funkgerät noch angehabt hat und habe es orten können. »Dann hab' ich nur zu Kai gesagt, guck mal, ob hier was ist, wenn er sagt, er hat zwei Leute erschossen«, sagt Daniel W. Er selbst sei dann in das Auto gestiegen und habe den Angeklagten an der Kreuzung Queis gesehen. Dieser sei Richtung Wiedemar gefahren, er sei hinterher und habe immer Abstand gehalten 200 bis 300 Meter, also sicheren Abstand. Der Angeklagte sei ruhig gefahren, habe keine aggressiven Fahrmanöver gemacht. Der Zeuge sagt: »Dann sind wir in Wiedemar reingekommen, durch das Dorf durch und kurz vor der Autobahn auf der rechten Seite stand schon die erste Polizeistreife.« Er habe dann den Angeklagten an der Polizeistreife vorbeifahren lassen, denn er habe gedacht, wenn die Polizisten ihn nicht anhielten, brauche er dem auch nicht hinterherfahren. Er habe den Polizisten gesagt, der habe sein Taxi gestohlen, sie sollten ihm hinterherfahren, doch die Polizisten hätten gemeint, sie seien ein Kontrollposten für Halle. Der Angeklagte lacht. »Da hab' ich nur gesagt, der hat gerade in Wiedersdorf zwei Leute erschossen, hinterher! Dann stellte sich raus, dass die von Wiedersdorf nichts wussten und wir von Halle nichts«, so der Zeuge weiter. Dann habe der Polizist gefragt, in welche Richtung er denn gefahren sei. Daniel W. sagt: »Er hätte Richtung München, Richtung Delitzsch und Richtung Berlin fahren können, keine Ahnung. Dann hab' ich versucht zu orten, hab' ja gesehen, dass das Gerät an der Straße zwischen Queis und Wiedersdorf rausgeworfen worden war«, sagt der Zeuge. Der Polizist habe erst mal einen Funkspruch gemacht und habe ihn da stehengelassen. Der Zeuge fährt fort: »Dann hab' ich erst mal eine geraucht und gedacht: Wie kommste wieder an dein Auto ran? Hab' gedacht: Wenn du einen Unfall hast, kann dich Mercedes auch orten. Und dann bin ich auf die Idee gekommen und hab bei Mercedes angerufen. Der Mitarbeiter hat gesagt: Das können wir machen, da musst du aber erst herkommen und die Datenschutzvereinbarung unterschreiben. Ich sag': Würd' ich gerne machen, geht aber nicht! Macht, was ihr machen müsst, der hat zwei Leute erschossen, macht einfach, kümmert euch irgendwie. Wenn das rechtliche Konsequenzen für den Mitarbeiter gehabt hätte, hätte ich dafür gerade gestanden.« Etwa sieben bis acht Minuten später habe der Mitarbeiter angerufen und gesagt, das Auto sei da und da, Abfahrt Zeitz. Er habe gesagt: Gut, dass reiche erst mal. Daniel W. sagt: »Und dummerweise habe ich aufgelegt und das Gespräch beendet. Dann bin ich zu den Polizisten hin, hab' gesagt: Das Auto bewegt sich auf B91 Richtung Zeitz. Dann hat er mich angeschrien, woher ich das denn jetzt weiß, weil ich ja vorher gesagt habe, dass ich das Auto nicht mehr orten kann. Da hat er mich kurz Maß genommen, dass das seine Aufgabe ist, das Auto zu orten. Ich sag: Das mach ich nicht jeden Tag! Dann habe ich die nächste Rüge bekommen, warum ich aufgelegt hätte. Ich habe dann wieder angerufen, und Gott sei Dank war da keine Warteschleife, und ich hatte den gleichen Mitarbeiter dran. Alles Weitere haben der Polizist und der Mercedes-Mitarbeiter unter sich ausgemacht. Ich habe dann später gesehen, dass er den Standort geschickt hatte. Und um 13.40 Uhr hieß es dann: Der Täter wurde gestellt.« Die Vorsitzende sagt, sie habe noch mal in seiner Vernehmung nachgesehen, er habe um 13.03 Uhr mit der Taxizentrale telefoniert. Ob er das in seinem Handy nachvollzogen habe. Der Zeuge antwortet um 13.03 Uhr sei er schon hinter ihm hergefahren. Um 13.17 Uhr habe er mit der Vertragswerkstatt telefoniert. Die Vorsitzende merkt an: »Das spielte sich also in gut einer Stunde ab, das muss man sich mal so klarmachen.« Die Vorsitzende möchte noch wissen, wie es beim Zeugen weitergegangen sei, wie er denn die Vorfälle verkraftet habe, wann er denn sein Taxi wiederbekommen habe. Sie schlägt vor, mit dem Materiellen anzufangen. Daniel W. sagt, das Taxi habe er am 8. Dezember 2019 wiederbekommen. Da sei das Problem gewesen, dass das Auto erst bei der Untersuchung gewesen sei, dann habe er das beim Abschleppdienst abholen können, da sei ihm dann mitgeteilt worden, dass das Auto noch nicht vollständig und das Navigationsgerät ausgebaut worden sei, und das habe er nicht wiedererhalten, sondern habe ein neues einbauen müssen, wofür er keine Ausgleichzahlung erhalten habe. Die Vorsitzende fragt, ob er das Taxi auch wieder habe einsetzen können und das auch getan habe. Der Zeuge antwortet, dass er einen Verdienstausfall gehabt habe. »Und in der Zwischenzeit?«, fragt die Vorsitzende. »Da hab' ich einen Ausfall«, wiederholt der Zeuge. Ob er dafür Ersatz bekommen habe, verneint er. Die Vorsitzende hakt weiter nach, was mit der Betriebsausfallversicherung sei. So was habe er nicht, antwortet Daniel W.

Rechtsanwalt Schulz erklärt, dass sein Mandant seine Ansprüche geltend gemacht habe. Es habe einen Zuständigkeitsstreit gegeben, ob Land oder Bund zuständig seien, und dann habe der Generalbundesanwalt schnell und nachhaltig reagiert, und sie hätten das Geld für das Steuerungsgerät wieder erhalten. Die Frage des Versicherungsausfalls müsse noch über den Generalbundesanwalt geregelt werden. Die Vorsitzende möchte wissen, wie viele Taxen er im Betrieb habe. Der Zeuge antwortet: »Sieben. Wenn eins weg ist, macht sich das bemerkbar.« Die Vorsitzende stellt fest, der Zeuge sei körperlich nicht verletzt, aber sie fragt, wie er es psychisch verkraftet habe. Daniel W. antwortet: »Es gibt schon so Tage, da denkst du drüber nach. Uns hätte es schlimmer treffen können, ja.« Die Vorsitzende sagt: »Es war schon schlimm genug.« Weiter möchte sie wissen, ob er denn psychologische Betreuung in Anspruch genommen habe. Der Zeuge antwortet, wenn es Gespräche gebe, dann spreche er mit seiner Familie oder mit Kai H. und Christian W. Er schluchzt. Die Vorsitzende sagt, es habe sich auch so angehört, als sei er auch mit Kai H. eng verbunden, was der Zeuge bejaht.

Oberstaatsanwalt Schmidt möchte den Zeugen gern auf eine Stelle aus dem Vernehmungsprotokoll bei der Polizei ansprechen, es gehe um Äußerungen des Angeklagten ihm gegenüber. Als er das Fahrzeug gewollt habe, habe er darauf verwiesen, dass er schon zwei Leute erschossen habe. Oberstaatsanwalt Schmidt liest vor: »Und er sagte: ›Ich will auf keinen Fall auf einen von euch schießen, ich habe da vorne schon jemanden angeschossen.‹ In dem Moment wurde mir erst einmal bewusst, was los ist.« Der Zeuge vervollständigt: »Das will ich mit euch nicht machen, ich hab' da drüben schon zwei Leute erschossen, gebt mir einfach das Taxi.« Rechtsanwalt Weber sagt: »Ich komme auch noch mal zu der Aussage: Ich habe da vorne schon... ich bin ein Schwerverbrecher.« Der Zeuge korrigiert, der Angeklagte habe gesagt, er sei ein »gesuchter Schwerverbrecher«. Der Rechtsanwalt fragt, ob der Zeuge dabei bleibe, dass der Angeklagte gesagt habe, dass er »da vorne« zwei erschossen habe. Ob er heute noch bestätigen kann, ob das der exakte Wortlaut gewesen sei: Da vorne jemanden erschossen. Der Zeuge sagt: »Ich bin der Meinung, dass er gesagt hat, dass er ›da drüben‹ schon jemanden erschossen hat.« Rechtsanwalt Weber möchte wissen, ob es dazu Handbewegungen gegeben habe. Daniel W. sagt: »Er hatte die Waffe auf Hüfthohe auf uns gerichtet, Handbewegungen habe ich keine gesehen.«

Rechtsanwalt Scharmer sagt, bei der Verfolgung mit dem Taxi, die mutig gewesen sei, sei der Zeuge dann von der Polizei abgebügelt worden, obwohl er zur Verfolgung des Täters beigetragen habe. Er möchte wissen, ob sich da eigentlich mal jemand von der Polizei gemeldet und sich entschuldigt oder ihm gedankt habe. Der Zeuge verneint. Rechtsanwalt Scharmer sagt: »Dachte ich mir. Danke.«

Nebenklagevertreter Rechtsanwalt Mark Lupschitz fragt: »Sie standen dann erst mal neben dem Fahrzeug und haben eine geraucht?« Der Zeuge bejaht. Der Rechtsanwalt möchte wissen, ob er sich erinnere, was die Beamten in der Zeit gemacht hätten, ob das nach Arbeit ausgesehen habe. Der Zeuge antwortet: »Auf alle Fälle! Ja. Der hat was ins Funkgerät erzählt, wir wussten ja nicht, was in Halle passiert war. Der hat mächtig Spuk gemacht ins Funkgerät, und nach ein, zwei Minuten kam viel Polizei.« Ob das ein, zwei Minuten gedauert habe, möchte Rechtsanwalt Lupschitz wissen. Der Zeuge bestätigt dies und sagt, der Polizist habe gefunkt, und dann sei nach ein, zwei Minuten überall Polizei zu sehen gewesen.

Rechtsanwalt Schulz fragt, ob er Kontakt mit dem Bundesbeauftragen der Bundesregierung, dem Opferschutzbeauftragten, gehabt habe. Daniel W. fragt nach, ob er Dr. Edgar Franke meine, mit dem habe er schriftlich Kontakt gehabt. Rechtsanwalt Schulz möchte wissen, was er geschrieben habe. Der Zeuge sagt, sie hätten kurz vor Corona einen Termin gehabt. Ob er ihm angeboten habe, ihn zu besuchen oder dass er nach Berlin fahren könne, möchte Rechtsanwalt Schulz wissen. Der Zeuge antwortet: »Beides.« Der Rechtsanwalt fragt: »Und ist er gekommen?« »Nein«, antwortet der Zeuge.

Der Zeuge wird um 12.05 Uhr aus dem Zeugenstand entlassen.

Die Vorsitzende Richterin gibt zu Protokoll, dass auch der Adhäsionsantrag vom 21. September 2020, der den Nebenkläger Jens Z. betreffe, zugestellt worden sei. Rechtsanwalt Weber beantragt auch Prozesskostenhilfe. Die Vorsitzende sagt, sie gehe nicht davon aus, dass die nächste Vernehmung lange gehen würde, und lässt den Wachtmeister fragen, ob der Zeuge Marco N., der auch eine Präsentation habe, etwas früher kommen könne.

Aus der Nebenklage kommt die Beschwerde, dass die Luft in dem Raum schlecht sei. Es wird eine Lüftungspause anberaumt.

Nach einer Unterbrechung geht die Sitzung um 12.26 Uhr weiter.

Die Vorsitzende Richterin erklärt, dass der Zeuge B. nicht habe geladen werden können, weil er umgezogen sei, deswegen sei er umgeladen. Daher komme nach dem Zeugen Christian W. nur noch ein Zeuge.

AUSSAGE DES ZEUGEN CHRISTIAN W. (NEBENKLÄGER, ZUM TATKOMPLEX WIEDERDSDORF)

Die Vorsitzende Richterin belehrt den Zeugen über seine Pflichten und befragt ihn zu seinen Personalien. Christian W. ist 38 Jahre alt, Taxifahrer und Geschäftsführer der Firma seines Vaters.

Die Vorsitzende fragt, welche Erinnerungen er an den 9. Oktober habe. Der Zeuge antwortet: »Wir waren mittags bei Kais Garage in der Werkstatt, um Winterreifen montieren zu lassen, und als ich mein Auto mit den Rädern vollgeladen hatte, sagt mein Bruder zu mir, ich soll sein Auto in die Werkstatt fahren. Das Auto stand 80 bis 90 Meter von der Garage weg. Ich bin dann zu dem Auto gegangen, und als ich an dem Auto von meinem Bruder war, kam mir eine Person auf der Straße entgegen und fragte, ob das mein Taxi sei. Er sagte: ›Ich will das Taxi haben.‹ Er muss hier weg. Ich hab' ihm angeboten, einen Kollegen zu rufen.« In diesem Moment habe der Angeklagte aus seiner Jackentasche eine Waffe gezogen, habe sie erst auf Kopfhöhe und dann in Brusthöhe auf den Zeugen gehalten und wiederholt, er wolle das Taxi. Dem sei der Zeuge nicht so richtig nachgekommen, weil er das nicht wirklich realisiert habe. Christian W. sei rückwärts zurückgelaufen, zur Garage und habe nach Kai H. und Daniel W. gerufen. Diese seien gekommen und hätten mit dem Angeklagten geredet. Kai H. habe als Erster bemerkt, dass der Angeklagte verletzt sei. Christian W. sagt: »Daniel und Kai haben sich dann wegen des Schlüssels unterhalten, den ich ja hatte, den hat mir Daniel dann weggenommen und ihm den dann gegeben. Er sagte auch, er sei ein gesuchter Schwerverbrecher, drehte sich um und ging mit dem Schlüssel zu dem Auto.« Der Angeklagte sei aber noch mal zurückgekommen und habe fünfzig Euro auf die Straße geworfen. Er habe Probleme mit dem Starten gehabt. Als er weggefahren sei, habe Daniel W. zum Zeugen gesagt, er solle ihm seinen Schlüssel geben, er könne das Taxi verfolgen. Kai H. sei dann rausgegangen auf die Straße und sei zu den Nachbarn gelaufen und habe gerufen, ob jemand Hilfe brauche, er sei zurückgekommen, habe den Sanikasten geholt und sei wieder verschwunden. Der Zeuge sagt, es sei, ehrlich gesagt, wie ein kleiner Tunnel für ihn gewesen, er habe rechts und links nicht realisiert, was da passiert sei. Er wisse noch, es kam relativ schnell ein Streifenwagen und habe gefragt, wo das Auto hingefahren sei, in welche Richtung. Er habe gesagt, Richtung Queis, dann seien die Polizisten wieder weggefahren, eine Besatzung mit zwei Mann. Nach einiger Zeit sei ein Polizist alleine mit dem Streifenwagen gekommen, sei aber dann dort geblieben. Und dann, so der Zeuge, sei es relativ schnell gegangen, ein Rettungshubschrauber sei gekommen.

Die Vorsitzende fragt, ob der Zeuge sofort realisiert habe, dass das eine Waffe gewesen sei. Manche hätten auch von einem Rohr gesprochen. Der Zeuge antwortet: »Nicht auf den ersten Blick, aber als er vor uns stand, hatte ich die im Blick und habe gesehen, dass es eine Waffe ist. Sah nicht aus wie eine typische Waffe.« Die Vorsitzende möchte wissen: »Beim ersten Zusammentreffen, war das schon in der Nähe dieses Werkstatttors?« Der Zeuge verneint, das sei genau am Taxi gewesen. Ob er zuerst gedacht habe, will die Vorsitzende wissen, ob es sich um einen normalen Gast handele. Der Zeuge bejaht. Ob er auch deswegen die Ansage gemacht habe, er könne jetzt nicht, könne aber jemanden rufen. Der Zeuge bejaht auch dies. Und diese Bedrohung, so die Vorsitzende weiter, sei dann nach diesem Wortwechsel ›Ich will das Taxi jetzt‹, gekommen, was der Zeuge erneut bejaht. Die Vorsitzende sagt, der Zeuge habe gesagt, die Waffe sei erst in Richtung des Kopfes gewesen. Der Zeuge sagt, nach dem Vorschlag, einen Kollegen zu holen, habe er die Waffe gezogen. Er habe sie dann relativ hüftnah gehalten. Die Richterin fragt, wann er denn Hilfe geholt habe. Christian W. sagt, gleich in diesem Augenblick, als er die Waffe gehabt habe, sei er langsam rückwärts gelaufen und habe dann Kai H. und Daniel W. gerufen, und sie hätten dann hinter ihm gestanden. Die Vorsitzende bittet den Zeugen, noch mal diese Szene zu schildern, als der Angeklagte sich quasi vorgestellt habe. Der Zeuge sagt: »Er kam einfach auf mich drauf zu, fragte mich, ob mir das Taxi gehört. Er meinte, er braucht ein Taxi, und er muss weg hier.« Die Richterin korrigiert sich, sie habe die Situation gemeint, als sein Bruder und Kai H. auch dabei gewesen seien. Der Zeuge sagt: »Er sagte dann irgendwas, hat dabei immer mit der Pistole auf uns gehalten, dass er der meistgesuchte Verbrecher Halles ist oder so was, er hat schon Leute erschossen, und das will er nicht mit uns machen. Und wir sollen ihm einfach nur den Autoschlüssel geben.« Die Vorsitzende möchte wissen, wie der Angeklagte gewirkt habe, ob er klar oder verwirrt gewirkt habe oder wie der Zeuge ihn beschreiben würde. Der Zeuge sagt, so im Nachhinein mit leicht zitternder Stimme, dass man gleich gedacht habe, irgendwas stimme nicht. Die Richterin bittet den Zeugen, es zu beschreiben. Christian W. sagt, der Angeklagte habe mit relativ leiser Stimme gesprochen, habe nicht gebrüllt, sei nicht aggressiv gewesen. Die Vorsitzende fragt, ob er die Wunde am Hals wahrgenommen habe. Der Zeuge sagt: »Ich habe das erst wahrgenommen, als Kai H. gesagt hat: ›Du bist ja verletzt!‹, da habe ich das wahrgenommen.« Es sei auch mit irgendwas abgebunden gewesen, aber davor habe er es gar nicht so gemerkt, da habe er den Blick auf die Waffe gerichtet. Die Vorsitzende Richterin sagt, nun sei er vor den Geschehnissen bei seinem Taxi gewesen, ob er schon vorher irgendwelche ungewöhnlichen Geräusche in der Nachbarschaft wahrgenommen habe, was der Zeuge verneint. Die Vorsitzende fragt: »Was hat denn das Ganze mit Ihnen gemacht?« Der Zeuge sagt, er habe sich dann erst mal in die Werkstatt gesetzt und versucht, klar zu denken, und dann habe er einfach nur versucht, seinen Bruder zu erreichen. Da sei ja laufend besetzt gewesen. Und ja, das sei eigentlich ein furchtbarer Nachmittag gewesen, wo keiner richtig gewusst habe, was sei. Die Vorsitzende möchte wissen, was weiter passiert sei, was mit seinem Bruder gewesen sei. Wann der Zeuge gewusst habe, dass es dem Bruder gut gehe. Christian W. sagt, es sei spät gewesen, das sei abends gewesen, um acht, da habe er angerufen, der Akku vom Handy sei leer gewesen, er habe vom Polizeirevier in Delitzsch angerufen. Die Richterin möchte weiter wissen, wie es dem Zeugen selber gehe. Wie er das Ganze verkraftet habe, ob er psychologische Hilfe in Anspruch genommen habe, ob ihm was angeboten worden sei. Der Zeuge antwortet, es sei ihm was angeboten worden, aber er habe das mit Familie, Freunden und so untereinander versucht. Die Richterin fragt, ob er mal arbeitsunfähig gewesen sei. Der Zeuge verneint, er habe gleich am nächsten Tag weitergearbeitet, er habe Ablenkung gebraucht.

Rechtsanwalt Scharmer meint, der Zeuge habe gesagt, Kai H. sei zu den Nachbarn gelaufen, habe geschaut, ob jemand Hilfe brauche und den Sanikasten geholt, und dann sei alles wie ein Tunnel. Er fragt, ob der Zeuge wisse, warum Kai H. zu den Nachbarn gelaufen sei.

Christian W. antwortet in dem Moment habe er es nicht gewusst, hinterher habe Kai H. gesagt, dass er schon einen Knall gehört habe und dass er sich habe denken können, dass irgendwas in Richtung der Nachbarn passiert sei. Rechtsanwalt Scharmer sagt, der Zeuge habe schon gesagt, es sei wie ein Tunnel, ob er sich an ein Gespräch erinnere, dass da vor Ort was passiert sei. Auf Nachfrage des Zeugen erklärt Rechtsanwalt Scharmer, er wolle wissen, was zwischen Kai H., Daniel W., dem Angeklagten und dem Zeugen passiert sei. Christian W. antwortet, dass Kai H. nur zu seinem Bruder gesagt habe, er solle den Schlüssel hergeben. Den habe Daniel W. ihm dann weggenommen und habe diesen dem Angeklagten gegeben, dann sei Daniel W. kurz danach mit dem Auto des Zeugen verschwunden gewesen.

Die Verhandlung wird von 12.40 Uhr bis 14 Uhr unterbrochen.

AUSSAGE DES ZEUGEN MARCO N. (LKA BERLIN, ZUR SPURENLAGE AM TATORT WIEDERSDORF)

Die Vorsitzende Richterin belehrt den Zeugen über seine Pflichten und befragt ihn zu seinen Personalien. Marco N. ist 44 Jahre, Kriminalhauptkommissar und über das LKA Berlin zu laden.

Die Vorsitzende eröffnet die Befragung und sagt: »Wir hatten kurz telefoniert, weil Sie sagten, dass Sie 3D-Aufnahmen von Tatortarbeiten haben. Zeigen Sie uns die doch mal. Berichten Sie, wie es überhaupt dazu kam, dass die Polizei Berlin in Halle tätig geworden ist.« Der Zeuge erklärt, es sei so gewesen, dass am 9. Oktober 2019 sein Dienststellenleiter einen Anruf aus Halle erhalten habe, vom Kollegen U., glaube er. Er sei informiert worden, dass in Halle ein Anschlag passiert sei. Sie seien ersucht worden, mit einem Team der Spurensicherung nach Halle zu fahren. Das hätten sein Kollege S. und er gemacht, sie seien nach Halle geschickt worden und seien dort mit Sonder- und Wegerechten[5] hingefahren. Auf dem Weg nach Halle seien sie dann nach Wiedersdorf umgeleitet worden, das zehn Kilometer von Halle entfernt liegt. Sie seien noch nicht in Halle gewesen und seien dann nach Wiedersdorf weitergefahren. Die Vorsitzende möchte wissen, was dann gewesen sei, welche Informationen sie gehabt hätten. Der Zeuge führt aus: »Die Information, dass ein Täter ein Auto erpresst hat – oder ein Auto von Bewohnern eines Grundstücks erpressen wollte, dass das nicht gelungen ist, und dass es zu zwei Schüssen auf eine männliche und eine weibliche Bewohnerin gekommen sein soll – das waren die Informationen. Die Vorsitzende Richterin fragt, ob Adressen durchgegeben worden seien oder ob sie von Kollegen in Empfang genommen worden seien. Der Zeuge gibt an: »Wir wurden am Ortseingang von den Kollegen in Empfang genommen, die haben die Adresse gesagt.« Die Vorsitzende bittet den Zeugen, es anhand der Karte zu schildern. Der Zeuge sagt aus, es sei dort der Ortsteil Wiedersdorf zu sehen, zwischen den Autobahnen A14 und A9. Es sei die L168 zu sehen, über die sie in den Ort gelangt seien und, dort vor dem Haus von Jens Z. und Dagmar M. habe ein Fahrzeug gestanden, bei dem es sich um das Fluchtfahrzeug gehandelt habe. Und das Grundstück, wo die Schüsse gefallen sein sollten, befinde sich dort. Der Zeuge zoomt in die Aufnahme hinein.

Im Folgenden wird eine Luftaufnahme des Grundstücks erörtert. Darauf sind rote Punkte zu sehen. Die Icons seien verschiedene Kameraaufnahmen, die von dem Grundstück von oben gemacht worden seien. Das System basiere darauf, dass die Kamerastandpunkte aufgezeichnet würden. Sie

5 Hierbei sind die Einsatzfahrzeuge von der StVO befreit (Sonderrechte) und dürfen außerdem Wegerechte in Anspruch nehmen. Hierfür müssen sie blaues Blinklicht und das Einsatzhorn verwenden.

hätten von der Einsatzleitung die Spurensicherungsaufträge bekommen, Spuren am Fahrzeug, das erbeutet worden sein soll, dann auf dem Grundstück und an dem mutmaßlichen Fluchtfahrzeug, was da noch gestanden habe. Der Zeuge sagt: »Das Fahrzeug, das erbeutet worden ist, haben wir beschlossen, auf Grund von Witterungsbedingungen sicherstellen zu lassen. Wir haben den Kollegen vor Ort den Auftrag erteilt, es sicherzustellen, um es in beheizter Halle durchschauen zu lassen. Es sollten USBV-verdächtige Gegenstände im Fluchtauto gewesen sein, deswegen durften wir da nicht ran.«

Das nächste Bild zeigt den Weg in die Hofdurchfahrt. Sie führe zu einem Unterstand. Vor der linken Garagentür sei eine Hülse gefunden worden, sie habe nicht weit von der Hauswand entfernt gelegen. Das sei eine Detailaufnahme einer Hülse, nach der Bodenprägung zu urteilen stammt sie von einem brasilianischen Hersteller. Die hätten sie gesichert und an Kriminalhauptkommissarin L. übergeben. Wenn man jetzt in die Garage hineingehe, sehe man eine typische Garage, zweckmäßig eingerichtet. Der Zeuge dreht das Bild auf dem Bildschirm zur besseren Sichtbarkeit. In der Garage sei eine blutsuspekte Spur an einem Tuch gewesen, rechts in Höhe von circa 80 Zentimetern, davon hätten sie eine DNA-Spur gesichert. Eine weitere blutsuspekte Spur hätten sie an der Wand gesichert. Auch dort hätten sie Abrieb gesichert. Weitere Feststellungen hätten sie in der Garage nicht machen können. Wenn man in den Garten hineingehe, dann biete sich folgendes Bild: Dort sei die Garage, aus der sie gerade gekommen seien, dann daneben ein Unterstand, neben der begrünten Fläche gehe ein befestigter Weg einmal quer durchs Grundstück. Das Wohnhaus, daneben Pavillon und Pool. Die Spuren, die sie hier gesichert hätten, seien überwiegend blutsuspekte Spuren.

Sie hätten hier auf dem Weg, der zur Straße führe, auch eine blutsuspekte Spur gefunden. Es handele sich dabei um Tropfspuren, die sich teils mäanderförmig bis zum Garten und Weg hinzögen. Sie hätten aus dieser Tropffährte ebenfalls blutsuspekte Spuren gesichert. An der Ecke des Hauses hätten sie eine Anhäufung von Tropfspuren festgestellt, das habe sich dann weiter in den Gartenbereich hineingezogen. Aus dieser Tropffährte seien verschiedene DNA-Spuren gesichert worden. Der Zeuge erklärt weiter: Wenn man sich jenen Bereich anschaue, zwischen dem Pool und dem Pavillon, da habe man am Eingang vom Pool eine weitere Hülse festgestellt, gleiches Kaliber, selbe Herstellerprägung wie die, die sie im Bereich der Straße sichergestellt hätten. Auch diese sei sichergestellt worden. In dem Bereich seien nicht nur Hülsen, sondern auch weitere blutsuspekte Spuren, nicht nur Tropfspuren, sondern noch eine Poolbildung von einer Spur, gefunden worden. Der Zeuge sagt, er müsse anmerken, dass sie nicht sofort mit der Spurensicherung haben beginnen können, weil gleich nach ihrer Ankunft ein starker Platzregen eingesetzt habe, so dass ein Teil der Blutspuren sich verändert hatte, aber noch erkennbar gewesen sei. Auf der Blumenrabatte sei ein Teil eines Gurtes aus Nylongewebe, ein olivgrüner Gurt mit Schnalle gefunden worden. Weiter in Richtung Haus hätten sie relativ viele blutsuspekte Spuren gefunden und gesichert. Die Haustür sei verschlossen gewesen, ihnen sei aber versichert worden, dass dort keine Tathandlungen stattgefunden hätten. Im Eingangsbereich habe es eine große Anzahl blutsuspekter Spuren gegeben, auch dort hätten sie Abrieb gesichert. Diese Spuren hätten sich auf dem Läufer und an einem Gummistiefel vor der Haustür fortgesetzt. An der Klinke zur Hauseingangstür habe es ebenfalls blutsuspekte Kontaktspuren gegeben. In Richtung des Hauses von Jens Z. und Dagmar M. habe man keine weiteren Spuren gefunden, hier sei der Ausgang zu der anderen Straße. Das sei das, was sie da gesichert hätten.

Die Vorsitzende fragt: »Haben Sie Scheinwerfer aufgestellt?« Der Zeuge sagt: »Es war ein ganz großes Problem, wir hatten keine ausreichende Lichtquelle zur Verfügung. Wir haben das dann mit der Taschenlampe gemacht, weshalb wir nachher der Einsatzleitung auch angeraten haben, am nächsten Tag noch mal bei Tageslicht das Grundstück aufzusuchen. Bei Dunkelheit ohne Licht ist es schwer, das zu durchsuchen.«

Die Vorsitzende schlägt vor, wenn es keine weiteren Fragen gebe, die andere Lichtbildmappe zu öffnen. Die Vorsitzende sagt, das sei eine Lichtbildmappe, die den Kofferraum betreffe. Sie fragt den Zeugen: »Sie haben gesagt, Sie hatten mit dem Fahrzeug nichts mehr zu tun, haben Sie nicht mal reingeschaut?« Der Zeuge verneint. Da hätten sie nicht ran gedurft. »Das haben wir nur aus der Ferne sehen können.« Die Vorsitzende sagt, sie solle trotzdem mal in Augenschein genommen werden, ohne den Zeugen.

Da es keine weiteren Fragen gibt, wird der Zeuge um 14.23 Uhr entlassen.

INAUGENSCHEINNAHME VON LICHTBILDERN DES KOFFERRAUMS DES GEMIETETEN FLUCHTFAHRZEUGS

Es sind Bilder des Fahrzeugkofferraums des Angeklagten zu sehen. Die Vorsitzende Richterin verliest schnell die Bildunterschriften. Es werden verschiedene chemische Substanzen aufgezählt. Einige von ihnen seien auch unidentifizierbar geblieben. Die Vorsitzende fragt den Angeklagten, was auf dem Bild zu sehen sei. Er antwortet: »Das ist ein Patronengurt für Schrotpatronen, Sie sehen die Messingköpfe.« Die Vorsitzende möchte weiter wissen, was auf einem Bild der Fahrertürablage zu sehen sei. Es ist ein Bild der Fahrertürablage. Der Angeklagte sagt, das sei ein Gerät zum Anzünden von Pulver. Die Vorsitzende zeigt auf ein Klebeband, fragt was das dort sei. Der Angeklagte bestätigt, das sei eine Rolle Klebeband. Die Vorsitzende kommentiert die Bilder: Sie zählt die Waffen auf, dann fragt sie: »Was ist das hier? Plastiktütchen?« Der Angeklagte erklärt, das sei Verbandszeug. Die Vorsitzende scrollt weiter. »Noch ein Rucksack, was zu essen... Und dieses hier?« Der Angeklagte gibt über Munition und Zündstoff Auskunft, die er mit seinem

3D-Drucker hergestellt habe. Die Vorsitzende scrollt weiter: »Beschädigung vom Auto. Munition, ne?! Kennen wir ja auch schon die Waffen. Der Helm mit dem Smartphone obendrauf…« Die Vorsitzende stellt fest, das seien jetzt die Lichtbilder gewesen. Sie richtet sich an den Angeklagten, er habe ganz schön viel zurückgelassen, wie es dazu gekommen sei. Er antwortet, er habe nicht so viel transportieren können, schon der Rucksack sei zu schwer gewesen. Die Vorsitzende wendet ein, aber er habe sich doch ein anderes Auto organisieren wollen, da hätte man das doch transportieren können. Der Angeklagte erwidert: »Die haben mich gesehen, da räum' ich nicht ein und aus, es ging um Geschwindigkeit, wenn da die Polizei kommt, dann war es das.« Die Richterin möchte wissen, was ihn veranlasst habe, genau die Sachen mitzunehmen, die er dabeigehabt habe. Der Angeklagte sagt, er habe nicht gewusst, wie stark seine eigene Verletzung gewesen sei. Deshalb habe er nur die wichtigsten Waffen mitgenommen.
Rechtsanwalt Feige sagt: »Nachdem wir den Tatkomplex Wiedersdorf mit den Betroffenen durchgesprochen haben, warum sind Sie nach jahrelanger Vorbereitung ausgerechnet auf der Flucht nach Wiedersdorf gekommen?« Der Angeklagte antwortet, das sei reiner Zufall. Nachdem er angeschossen worden sei, sei er einfach geradeaus gefahren. Bis ihm vor Wiedersdorf der zweite Reifen geplatzt sei, dann habe er nur noch 20 bis 30 Stundenkilometer fahren können, er habe dann anhalten müssen.

INAUGENSCHEINNAHME VON LICHTBILDERN DES GEMIETETEN FLUCHTFAHRZEUGS

Die Vorsitzende Richterin verliest die Bildunterschriften: Schussbeschädigungen, Patronenhülsen, zerplatzter Reifen, Blutspuren Fahrertür…

Rechtsanwalt Lupschitz sagt: »Noch eine Frage an den Angeklagten: Sie haben gesagt, dass Sie nach Wiedersdorf abgebogen sind, weil der zweite Reifen geplatzt ist.« Der Angeklagte bejaht. Der Anwalt fährt fort, so wie er die Akte bisher gelesen habe, seien beide in Halle durchschossen worden. Der Angeklagte antwortet, er könne nur sagen, der zweite Reifen sei da geplatzt. Er wisse nicht, ob er da geplatzt sei oder nur auseinandergefallen sei. Aber so sei er sicherlich nicht weit gefahren. Wie der Reifen da auf dem Bild aussehe, habe er nur den Hinterreifen zerschossen. Rechtsanwalt Lupschitz fragt, ob man davon ausgehen müsse, dass er durch Halle nur mit einem kaputten Reifen gefahren sei, was der Angeklagte bejaht. Oder vielleicht sei schon der Einschuss gewesen, aber der Reifen noch ganz. Was Rechtsanwalt Lupschitz da sehe, sei natürlich ein komplett zerstörter Reifen.

Die Vorsitzende kündigt an, dass am folgenden Verhandlungstag, am Mittwoch, davon auszugehen sei, dass die Verhandlung wieder gegen 16.20 Uhr enden werde, die Reihenfolge der Zeugen sei etwas durcheinander, morgens sollten die beiden Polizisten, die an der Verhaftung beteiligt gewesen seien, als erste kommen, die genaue Reihenfolge sage sie noch. Rechtsanwalt Feige sagt zu dem Beiordnungsantrag[6] des Verteidigers Rechtsanwalt Weber bezüglich der Adhäsionsanträge: Das seien nur Anträge dem Grunde nach, da sehe er für eine Verteidigung keine großen Erfolgsaussichten. Die Vorsitzende fragt nach, ob der Einwand von Rechtsanwalt Feige erfolgt sei, weil der Angeklagte die Tat dem äußeren Ablauf nach geständig bestätigt habe, was Rechtsanwalt Feige bejaht. Rechtsanwalt Weber möchte einwenden, dass Schadensersatzforderungen auch Verschulden voraussetzten, die Frage der Schuldfähigkeit sei noch nicht geklärt. Die Vorsitzende gibt Gelegenheit zur Stellungnahme bis nächsten Mittwoch, auch an die Bundesanwaltschaft.

Um 14.40 Uhr wird die Sitzung geschlossen.

Mitschrift von Duška Roth

6 Rechtsanwalt Weber möchte seine Beiordnung als Pflichtverteidiger auf die Adhäsionsanträge ausweiten.

16. Verhandlungstag
13. Oktober 2020

Um 9.36 Uhr eröffnet die Vorsitzende Richterin Ursula Mertens die Sitzung und stellt die Anwesenheit fest. Sie erklärt, sie habe eine Mitteilung zur Gerichtsbesetzung zu machen. Gestern habe sie eine Anordnung gemacht: In der Strafsache gegen den Angeklagten werde festgestellt, dass Ergänzungsrichterin Antje Weiß-Ehm an Stelle von Richterin Stephanie Tauscher berufen werde. Ein Ergänzungsrichter trete zur Hauptverhandlung ein, wenn ein zur Entscheidung gerufener Richter zur weiteren Mitwirkung verhindert sei. Richterin Tauscher sei seit dem 28. September arbeitsunfähig erkrankt und vom 7. Oktober 2020 bis zum 21. Dezember 2020 weder reise- noch verhandlungsfähig. Die Vorsitzende sagt, sie sehe aus Ermessensgründen davon ab, die Verhandlung zu unterbrechen, da die Fortsetzung der Hauptverhandlung unter Mitwirkung von Richterin Tauscher auch innerhalb der verlängerten Frist nicht möglich sei. Grundsätzlich sei es geboten, die Hauptverhandlung zunächst zu unterbrechen, wenn ein Richter erkranke. Wenn aber von vornherein feststehe, dass eine Fortsetzung mit der Richterin auch nach Ablauf der maximalen Frist nicht möglich sei, sei der Beschleunigungsgrundsatz zu berücksichtigen, und die Hauptverhandlung solle mit einem Ergänzungsrichter fortgeführt werden.

Anschließend belehrt die Vorsitzende die für den heutigen Tag geladenen Sachverständigen über ihre Pflichten. Sie seien verpflichtet, ihre Gutachten nach bestem Wissen und Gewissen und nach dem ihnen bekannten Stand der Wissenschaft anzufertigen. Sie dürften die Gutachten verweigern, wenn sie mit dem Angeklagten verwandt oder verschwägert seien. Auch Sachverständige könnten vor Gericht vereidigt werden.

AUSSAGE DES SACHVERSTÄNDIGEN BERND SALZIGER (BKA, ZU DEN EINGESETZTEN SCHUSSWAFFEN)

Die Vorsitzende begrüßt den Sachverständigen für Ballistik, Bernd Salziger vom Bundeskriminalamt Wiesbaden, der über die Wirkung von Munition über weitere Entfernungen angehört werden solle. Der Sachverständige erklärt, er habe schon im Vorfeld ein Gutachten erstellt, sei aber um dessen Ergänzung im Hinblick auf die Schussdistanz bei den vom Angeklagten abgegebenen Schüssen auf Polizeibeamte in der Ludwig-Wucherer-Straße gebeten worden. Die Vorsitzende bittet den 55-Jährigen, zunächst seine Personalien zu Protokoll zu geben. Sie bittet ihn, ausgehend von seinen »Ausgangsversuchen« noch einmal zusammenzufassen, wie er vorgegangen sei und wie es um die Wirkungsweise der Munition bestellt sei. Der Sachverständige macht genaue Angaben zur Vorgehensweise bei der Untersuchung der Schusswaffe, die der Angeklagte gegen die Polizist·innen eingesetzt hatte. Ihre Wirkung sei auf 70 Meter beurteilt worden, was der Schussentfernung im Schusswechsel mit den Polizisten entspräche. Die Berechnungen hätten auf Geschwindigkeitsmessungen, Schüssen auf ballistische Ersatzmedien – die menschliche Haut und Muskelgewebe simulierten – und Schüssen mit Vergleichsmunition aus der Sammlung des Bundeskriminalamts beruht. Sachverständiger Salziger stellt die Ergebnisse dieser Untersuchungen detailliert dar. Zudem sei eine Aussage zur Treffgenauigkeit erbeten worden. Seine Untersuchungen hätten gezeigt: Ob man mit der verwendeten Waffe treffe oder nicht, hänge von der Person ab, erklärt der Sachverständige. Es sei möglich, erfordere aber Übung. Insgesamt habe sich gezeigt, dass bei den Schüssen auf die Polizeibeamten mit potenziell tödlichen Verletzungen zu rechnen gewesen sei.

Anschließend werden Lichtbilder von zwei Fahrzeugen in Augenschein genommen, die am Tattag in der Nähe der Schießerei mit der Polizei gestanden haben. Die Vorsitzende fragt den Sachverständigen Salziger, ob er die Fotos kenne, was dieser verneint. Die Vorsitzende sagt, es sei eine Beschädigung am Außenspiegel des ersten Fahrzeugs in Höhe von 1,24 bis 1,26 Meter sichtbar. Es werden Übersichtsaufnahmen des Fahrzeugs und eine Detailaufnahme des Projektils im Außenspiegel gezeigt. Die Vorsitzende fragt, ob diese mit den Erkenntnissen des Sachverständigen korrespondieren würden. Dieser antwortet, er wisse nicht, wo das Fahrzeug gestanden habe, und habe es nicht selbst begutachtet, aber es widerspreche seinen Erkenntnissen nicht. Es sei natürlich ein anderes Verhalten der Geschosse als bei seinen Versuchen mit Gelatine zu erwarten: Der menschliche Körper sei ein weiches Medium. Beim Schuss auf Glas oder Blech komme es auch zu Geschossdeformationen. Die dargestellten Beschädigungen würden sich für ihn mit einem Schuss aus der angegebenen Waffe decken. Anschließend wird ein Bild von einem Streifenfahrzeug gezeigt, das sich ebenfalls am Tatort befand. Die Vorsitzende sagt, die Heckscheibe sei von den Beamten selbst zerschossen worden. In der Beifahrertür gebe es eine lochartige Vertiefung in Höhe von 71 bis 72 Zentimetern. Der Sachverständige Salziger sagt, dass er diesen Bericht kenne. Da sei auch zu sehen, dass eine Bleikugel im Vorderrad gefunden worden sei. Die Vorsitzende sucht das entsprechende Bild und lässt es über die Bildschirme anzeigen. Der Sachverständige erklärt, man sehe die Wirkung dieser Geschosse: Um einen Reifen mit einer Bleikugel zu durchschießen, sei eine hohe Energie notwendig. Es werden weitere Aufnahmen vom beschädigten Reifen, der Bleikugel im Vorderrad und der Blechbeschädigung gezeigt. Die Vorsitzende fragt den Sachverständigen Salziger, ob das seinen Untersuchungen entspreche, was dieser bejaht. Es sei nicht so einfach, einen Vorderreifen zu durchschlagen, die Energie sei hier ausreichend gewesen. Sie entspreche der Energie, die man bei den Vergleichsschüssen festgestellt habe.

Anschließend stellt Verteidiger Hans-Dieter Weber eine Frage zum ermittelten Flugbahnabfall bei Schüssen mit der untersuchten Waffe des Angeklagten. Er will wissen, wie die Waffe gehalten werden müsse, ob das Anheben der Waffe deutlich sichtbar sei. Der Sachverständige beantwortet die Frage.

Nebenklagevertreter Rechtsanwalt Onur U. Özata erhält das Wort. Er sagt, dass er İsmet T. vertrete, der sich auf der Ludwig-Wucherer-Straße in circa 30 Metern Entfernung vom Attentäter befunden habe. Rechtsanwalt Özata erkundigt sich, ob es da nicht »denklogisch« richtig sei, dass auf diese Distanz erst recht mit einer tödlichen Wirkung zu rechnen sei. Der Sachverständige sagt, die entsprechenden Ergebnisse habe er ausgedruckt, damit man das feststellen könne. Er erklärt die Ergebnisse der vorgenommenen Messungen und kommt zu dem Schluss: Ein Schuss aus einer Entfernung von 30 Metern sei bei den ermittelten Geschossgeschwindigkeiten potenziell tödlich. Potenziell heiße, dass die Wirkung davon abhänge, wo das Opfer getroffen werde.

Die Vorsitzende fragt die Sachverständigen Prof. Dr. Rüdiger Lessig, Dr. Marko Weber und Lina Woydt, ob sie noch ergänzende Fragen hätten. Sachverständiger Lessig möchte wissen, was die Kleidung des Menschen bewirke. Der Sachverständige Salziger erklärt, inwiefern Kleidung einen Einfluss auf die Einsinktiefe haben könne.

Die Vorsitzende bedankt sich und entlässt den Sachverständigen Salziger.

AUSSAGE DER SACHVERSTÄNDIGEN PROF. DR. RÜDIGER LESSIG, DR. MARKO WEBER, LINA WOYDT (RECHTSMEDIZINER·INNEN, ZUR OBDUKTION DER GETÖTETEN JANA L. UND KEVIN S. SOWIE ZUR UNTERSUCHUNG DER GESCHÄDIGTEN DAGMAR M. UND JENS Z.)

Bevor die Verhandlung weitergeht, weist die Vorsitzende daraufhin, dass es regelmäßige Lüftungspausen gebe. Man müsse in circa einer halben Stunde eine Pause machen. Anschließend begrüßt die Vorsitzende die drei Sachverständigen für Rechtsmedizin, Prof. Dr. Rüdiger Lessig, Dr. Marko Weber und Lina Woydt, und nimmt ihre Personalien auf. Die 26-jährige Woydt arbeitet als angstellte Ärztin am Institut für Rechtsmedizin Halle, der 29-jährige Dr. Weber ist Facharzt für Rechtsmedizin. Prof. Lessig ist 62 Jahre alt und Direktor des Instituts für Rechtsmedizin an der Martin-Luther-Universität Halle-Wittenberg.

Die Verfahrensbeteiligten nehmen während der Ausführungen der Sachverständigen die entsprechenden Lichtbilder von Leichenschau und Obduktion in Augenschein. Die Monitore für die Presse- und Zuschauerplätze werden aus Gründen des Persönlichkeitsschutzes abgeschaltet.

Der Sachverständige Weber berichtet zunächst über die Leichenschau von Jana L. und Kevin S. Danach legt er die Sektionsergebnisse der Untersuchung von Jana L. dar.[1]

Nach den Ausführungen des Sachverständigen Weber, fährt der Sachverständige Lessig mit den Ergebnissen der Obduktion von Kevin S. fort. Diese sei am 9. Oktober ab 23.30 Uhr durchgeführt worden.

Woydt, die dritte Sachverständige für Rechtsmedizin, war mit der rechtsmedizinischen Untersuchung der Geschädigten Jens Z. und Dagmar M. betraut. Sie beginnt ihre Aussage mit den Untersuchungsergebnissen der Verletzungen von Dagmar M. Beide Überlebenden hätten im Universitätsklinikum Halle (Saale) gelegen und seien von ihr am 10. Oktober 2019 auf polizeiliche Anforderung hin untersucht worden. Da die beiden Verletzten im selben Patientenzimmer gelegen hätten, hätten die Untersuchungen direkt hintereinander stattgefunden. Sie habe Dagmar M. vor der Untersuchung aufgeklärt, dass sie als Geschädigte untersucht werde. Sie habe sich einverstanden erklärt und zugestimmt, dass die Sachverständige Woydt den OP-Bericht einsehen und in das Gutachten einbeziehen dürfe. Zur Vorgeschichte habe sie erzählt, dass sie am 9. Oktober 2019 in ihrem Haus gewesen sei und draußen einen Knall gehört habe. Ihr Lebensgefährte sei draußen gewesen, um Holz zu sägen.

1 Die Ergebnisse der rechtsmedizinischen Untersuchungen werden hier zum Schutz der Persönlichkeit der Opfer nur stark gekürzt wiedergegeben.

Sie sei aus dem Haus gerannt. Dort sei ihr direkt in die linke Gesäßhälfte geschossen worden, ohne dass sie vorher den Angreifer habe identifizieren können. Dann habe sie den Mann mit der Waffe gesehen; er habe nach ihren Autoschlüsseln verlangt, die sie aber nicht dabeigehabt habe. Dann habe sie gesehen, dass ihr Lebensgefährte ebenfalls verletzt worden sei, und daraufhin habe sie den Notruf gewählt. Beide seien am selben Tag aufgenommen und operiert worden. Die Erklärung von Dagmar M. passe plausibel zu den festgestellten Verletzungen, sagt die Sachverständige. Durch die Verletzung habe keine akute Lebensgefahr bestanden. Es müsse jedoch angemerkt werden, dass bei einer Verletzung im Bein und Beckenbereich immer große Gefäße in der Nähe liegen. Wenn diese »erwischt« worden wären, wären die Verletzungen lebensgefährlich gewesen. Eine potenzielle Lebensgefahr sei also gegeben gewesen. Richter Harald Scholz stellt eine Frage zum genauen Verlauf des Schusskanals, die von der Sachverständigen umgehend beantwortet wird.

Die Sachverständige fährt mit dem Bericht über die Untersuchung von Jens Z. fort. Auch ihn habe sie darüber aufgeklärt, dass sie als Sachverständige ihn als Geschädigten untersuchen wolle. Auch er habe sich einverstanden erklärt, dass sie den OP-Bericht in die Zeugenaussage einbeziehe. Er habe erzählt, dass er am 9. Oktober aus seinem Haus gegangen sei, um Holz zu holen. Dann habe ein unbekannter Mann vor ihm gestanden und ihn aufgefordert, ihm die Autoschlüssel auszuhändigen. Dabei habe er mit der Waffe auf sein Gesicht gezielt. Der Mann habe so nah vor ihm gestanden, dass der Geschädigte seine Waffe mit ausgestrecktem Arm hätte berühren können. Als der Attentäter auf ihn geschossen habe, habe er in diesem Moment den Kopf zur Seite gedreht und sei deshalb im Nacken getroffen worden. Zum weiteren Tathergang habe Jens Z. auf die Angaben seiner Frau verwiesen. Er sei noch am Tattag mit dem Hubschrauber ins Universitätsklinikum Halle gebracht worden. Es haben keine neurologischen Beeinträchtigungen bestanden, sodass auch bei ihm keine akute Lebensgefahr bestanden habe. Dennoch weist die Sachverständige Woydt darauf hin, dass im Kopf- und Halsbereich viele Strukturen verlaufen, deren Verletzung den Tod bedeuten könne. Man müsse also auch hier in jedem Fall von potenzieller Lebensgefahr sprechen. Der stellvertretende Vorsitzende Thorsten Becker stellt eine Frage zur Stärke der Blutung, die von der Sachverständigen beantwortet wird.

Der stellvertretende Vorsitzende Richter Becker befragt den Sachverständigen Lessig noch einmal dazu, was der Sachverständige für Ballistik, Salziger, am Morgen zu Schüssen aus 70 Metern Entfernung berichtet habe. Sachverständiger Lessig erklärt, dass bei der untersuchten Schussabgabe sämtliche lebenswichtige Organe vom Geschoss hätten erreicht und verletzt werden können. Nebenklagevertreter Rechtsanwalt Özata fragt noch einmal nach der Einschätzung Professor Lessigs zu einer Entfernung von 30 Metern. Dieser antwortet, entscheidend sei, wo das Opfer getroffen werde.

Das Herz liege recht dicht unter dem knöchernen Brustkorb. Zu seiner Verletzung reiche die ermittelte Geschossgeschwindigkeit völlig aus.

Die Vorsitzende bedankt sich bei den Sachverständigen und entlässt sie.

Es folgt eine Mittagspause. Um 13.30 Uhr wird die Verhandlung fortgesetzt.

AUSSAGE DES ZEUGEN ABDÜLKADIR B. (BETROFFENER, ZUM TATKOMPLEX KIEZ DÖNER)

Die Vorsitzende stellt die Anwesenheit fest. Sie begrüßt Abdülkadir B., den nächsten Zeugen. Sie fragt ihn, ob er seine Aussage auf Deutsch machen wolle, was dieser bejaht. Zur Unterstützung gebe es einen Dolmetscher, falls ihm ein Wort fehle. Die Vorsitzende belehrt ihn über seine Zeugenpflichten und nimmt die Personalien des 36-jährigen Verputzers auf.

Sie sagt zu Abdülkadir B., er habe am 9. Oktober 2019 während seiner Mittagspause ein schlimmes Erlebnis auf der Ludwig-Wucherer-Straße gehabt und bittet ihn, es zu schildern. Der Zeuge sagt, er sei an dem Tag um kurz vor 12 Uhr von seiner Arbeit losgelaufen und habe Döner essen gehen wollen. So 50 oder 60 Meter vor dem Dönerladen sei ein Auto sehr schnell an ihm vorbeigefahren und habe auf der Fahrbahn gedreht. Er habe einen Knall gehört, woraufhin er sich nach dem Fahrzeug umgeschaut habe. Zuerst habe er gedacht, das Auto sei kaputt. Es sei jemand ausgestiegen, der wie ein Soldat ausgesehen, und den er daher erst auch für einen solchen gehalten habe. Dieser habe die hintere Tür aufgemacht und ein Gewehr herausgeholt. Da habe Abdülkadir B. geahnt, dass etwas nicht in Ordnung sei. Er habe sich gesagt: »Renn, renn!« Er habe versucht, im Zickzack zwischen den Autos zu laufen. Er habe drei Schüsse gehört, die auf ihn gefeuert worden seien. Dann sei er um die Ecke gebogen und habe noch einen Jugendlichen gesehen, der hinter ihm her gerannt sei, und noch einen weiteren Bauarbeiter. »Ich bin so schnell gerannt, wie ich konnte.« Er habe noch den Mitarbeiter vom Dönerimbiss gesehen [İsmet T., Anm. d. Hgg.] und ihm zugerufen, dass er nicht weitergehen solle, weil da ein Mann mit Waffe sei. Dann sei er zurück zur Baustelle gelaufen, habe seinen Chef angerufen und ihm erzählt, was passiert sei. An der Baustelle habe er sein Auto genommen und sei zurück zur Ludwig-Wucherer-Straße gefahren. Er habe angehalten, um Bescheid zu sagen, was passiert sei. Er habe unter Schock gestanden und einfach heim gewollt. Die Polizei habe den Leuten gesagt, dass sie weggehen sollten. Er sei dann nach Hause gefahren.

Die Vorsitzende Richterin fragt, ob er also noch einmal nach dem Rechten habe schauen wollen, was der Zeuge bejaht. Er habe Bescheid sagen wollen, dass jemand auf ihn geschossen habe. Die Vorsitzende fragt, ob er da bereits das Gefühl gehabt habe, dass der Angriff etwas mit dem Dönerimbiss zu tun gehabt habe. Der Zeuge sagt, er habe nicht gewusst, ob der Attentäter wegen ihm oder dem Dönerimbiss gehalten habe. Die Vorsitzende fragt, ob er also nicht habe einordnen können, warum auf ihn geschossen wurde, was der Zeuge bestätigt. Er habe nur ans Wegrennen gedacht. Ihm hätten danach eine Woche lang die Beine wehgetan, wegen der schweren Sicherheitsschuhe, die er anhatte. Er sei so schnell gerannt, wie er konnte. Die Vorsitzende fragt, ob das Laufen mit diesen Schuhen schwergefallen sei, was er bejaht. Er habe alles gegeben. Die Vorsitzende fragt nach, ob er aus Richtung der Bäckerei Steinecke vom Steintor hochgekommen sei, als er den Schuss bemerkt habe, was der Zeuge bestätigt. Er habe zum Dönerimbiss gewollt. Sie fragt nach seiner Angabe, dass er rechts abgebogen sei. Er antwortet, er sei in die nächste Straße, circa 200 Meter weiter, eingebogen. Sie fragt, ob er da auch İsmet T. gesehen habe. Der Zeuge sagt, er kenne İsmet T. Vor diesem Tag habe er ihn nur vom Sehen gekannt. Er sei ihm entgegengekommen, und er, Abdülkadir B., habe ihm gesagt, dass er da nicht lang gehen solle, weil da jemand mit einer Waffe sei. Die Vorsitzende erklärt, dass der Bruder von İsmet T. im Dönerladen gewesen sei, da mache man sich ja auch Sorgen. Der Zeuge sagt, das habe er nicht gewusst.

Die Vorsitzende fragt nach den Geschehnissen nach der Tat und der Arbeitsunfähigkeit des Zeugen. Der Zeuge erklärt, er habe eigentlich den Job, den er zur Zeit des Anschlags gehabt habe, beenden wollen: Es hätte nur zwei, drei Tage zur Fertigstellung [auf der Baustelle, Anm. d. Hgg.] gedauert. Aber er habe dort nicht mehr hingewollt, und sein Chef habe dann andere Mitarbeiter geschickt. Er habe eine Woche lang auf einer anderen Baustelle gearbeitet und gemerkt, dass er nicht arbeiten könne. Sein Chef habe ihm frei gegeben, und er habe gekündigt. Die Vorsitzende fragt, wie lange er nicht gearbeitet habe. Abdülkadir B. antwortet, das seien etwa sechs, sieben Monate gewesen. Sie fragt ihn, wie es ihm dabei gegangen sei, und warum er nicht habe arbeiten können. Der Zeuge sagt, er habe keine Lust mehr gehabt, irgendwo hinzugehen. Er habe durch den Vorfall bemerkt, dass jederzeit etwas Schlimmes passieren könne. Er habe nicht mehr zu Baustellen gehen wollen, und er habe am liebsten nur zu Hause bei seinen Kindern bleiben wollen. Die Vorsitzende fragt, ob er einen Arzt aufgesucht habe, was er verneint. Sie sagt, es habe ja Angebote gegeben. Er bejaht das, er habe aber gemerkt, dass es besser für ihn sei, zu Hause zu bleiben. Die Vorsitzende sagt, ihm sei es ja nicht gut gegangen. Er erwidert, nach einiger Zeit habe sich sein Zustand verändert, jetzt gehe es ihm wieder gut. Er gehe seit fünf Monaten wieder arbeiten. Die Vorsitzende sagt, er könne die Unterstützung immer noch in Anspruch nehmen, er wisse ja nicht, was da im Laufe der Jahre noch auf ihn zukomme. Sie habe von vielen Menschen gehört, denen schlimme Dinge passiert seien, dass das nicht so einfach allein zu bewältigen sei.

Die Frage, ob er am 16. Oktober letzten Jahres von der Polizei vernommen worden sei, bejaht der Zeuge. Die Vorsitzende sagt, er habe drei Schüsse in seine Richtung bemerkt und fragt, wo er sich da befunden habe. Er antwortet, das sei kurz vor den Autos, zwischen den Autos und danach bis zur nächsten Straßenecke gewesen. Die Vorsitzende bedankt sich beim Zeugen und legt ihm nahe, es sich zu überlegen, ob er das Unterstützungsangebot nicht doch in Anspruch nehmen wolle. Er erhält das Formular, mit dem er seine Auslagen geltend machen kann.

Es folgt eine Unterbrechung bis 14.15 Uhr.

AUSSAGE DES ZEUGEN JENS K. (POLIZEI ZEITZ, ZUR FESTNAHME DES ANGEKLAGTEN)

Als nächster Zeuge ist Polizeihauptmeister Jens K. vom Polizeirevier Zeitz geladen. Die Vorsitzende belehrt ihn über seine Zeugenpflichten und befragt den 54-Jährigen zu seinen Personalien. Sie bittet ihn, seine Erlebnisse vom 9. Oktober 2019 zu schildern. Der Zeuge sagt, er habe damals theoretisch um 14 Uhr Dienstbeginn gehabt. Er sei jedoch eine Stunde früher da gewesen, und seine Kollegen und er seien bezüglich der Lage in Halle eingewiesen worden. Sein Kollege und er haben erfahren, dass der Attentäter mit einem Fluchtfahrzeug unterwegs sei. Sie hätten sich dann entschieden, Richtung A9 zu fahren und dort Stellung zu beziehen. Sie hätten gewusst, wie das Fluchtfahrzeug aussah. An der Kreuzung Werschen habe sich eine Baustelle befunden. Als sie durch diese Baustelle fuhren, einspurig und mit 30 km/h, hätten sie ein Taxi mit Hallenser Kennzeichen gesehen, dass Richtung Zeitz gefahren sei. Sie hätten sich entschieden, dem Taxi nachzufahren und hätten es als das Fluchtfahrzeug erkannt. Per Funk hätten sie das weitergegeben und sich mit Sondersignal an das Taxi gehängt. Der Fahrer habe beschleunigt, ein anderes Fahrzeug gerammt und sei dann nach rechts auf die Fahrspur Richtung Zeitz gewechselt. Dort sei die Straße einspurig gewesen, und zufällig habe sich auf der Spur ein LKW befunden. Das Taxi sei dann gegen den LKW und eine Betonbegrenzung gefahren. Jens K. und sein Kollege seien dann aus dem Fahrzeug ausgestiegen und hätten den Täter nach fünf, sechs Metern gestellt. Es habe an dieser Stelle keine Ausweichmöglichkeit gegeben. Die Vorsitzende fragt den Zeugen, ob er gesehen habe, wie der Fahrer das Taxi verlassen habe, was er bejaht. Der Fahrer sei über eine circa 50 Zentimeter hohe Betonabgrenzung gesprungen, dahinter sei eine Baugrube gewesen. Sie hätten ihn aufgefordert, sich hinzulegen, und er habe das nach kurzem Zögern auch gemacht. Die Vorsitzende fragt, ob der Angeklagte von dort noch hätte weiterlaufen können, was der Polizeihauptmeister bejaht. Sie fragt, wie das abgelaufen sei. Der Zeuge sagt, dem Flüchtigen sei zugerufen worden, stehen zu bleiben. Auf Nachfrage der Vorsitzenden gibt Jens K. an, dass er und sein Kollege angedroht hätten, von ihrer Schusswaffe Gebrauch zu machen. Der Täter sei etwa fünf bis sechs Meter entfernt gewesen. Sie hätten ihn dann zu Boden bringen können. Die Vorsitzende fragt, ob sie mitbekommen hätten, dass er verletzt gewesen sei. Der Zeuge sagt, das hätten sie zu diesem Zeitpunkt noch nicht bemerkt. Er sei noch aktiv gewesen. Die Vorsitzende sagt, sie hätten ihn also aufgefordert, sich auf den Boden zu legen. Der Zeuge antwortet, dass der Angeklagte das nach zwei Aufforderungen auch getan habe. Sie hätten ihn dann gefesselt. Da sie gewusst hätten, dass Sprengstoff im Spiel gewesen sei, hätten sie ihn durchsucht. Sein Kollege hätte ihn belehrt, und sie hätten über Funk die Kollegen informiert. Kurze Zeit später sei Verstärkung eingetroffen. Am Körper des Angeklagten habe sich Munition, aber keine Schusswaffe befunden. Es sei nicht bekannt gewesen, mit wie vielen Tätern man es zu tun habe. Er, Jens K., sei an das Fenster des Autos getreten und habe nicht gewusst, was sich darin befinde. Das Fahrzeug habe getönte Scheiben gehabt. Auf dem Beifahrersitz habe ein Rucksack gelegen, er sei da aber nicht näher herangegangen, da sie nicht gewusst hätten, ob sich im Auto Sprengsätze befänden.

Die Vorsitzende bittet den Zeugen zu schildern, welchen Eindruck der Angeklagte auf ihn gemacht habe. Jens K. antwortet: »Sehr gefasst und sehr ruhig.« Die Vorsitzende Richterin fragt, ob er Gespräche mit dem Angeklagten geführt habe. Der Zeuge sagt, sein Kollege sei bei dem Angeklagten gewesen, und er habe nicht mit ihm gesprochen. Die Vorsitzende bedankt sich.

Der stellvertretende Vorsitzende Richter Thorsten Becker spricht an, dass Jens K. und ein Kollege Schusswaffengebrauch angedroht hätten. Er fragt, ob sie die Waffe bereits aus dem Holster geholt und in Anschlag gebracht hätten, was der Zeuge bejaht. Er wisse nicht, ob der Angeklagte das habe sehen können. Sie hätten ihre Waffen aus dem Holster geholt und seien auf ihn zugegangen.

Der Zeuge wird entlassen.

AUSSAGE DES ZEUGEN RONALD F. (POLIZEI ZEITZ, ZUR FESTNAHME DES ANGEKLAGTEN)

Anschließend wird sein Kollege Polizeihauptmeister Ronald F. begrüßt und über seine Zeugenpflichten belehrt. Die Vorsitzende nimmt die Personalien des 59-Jährigen auf.

Sie lobt die Beamten für ihre Idee, auf die B91 Richtung Weißenfels zu fahren. Das sei »sehr, sehr gut« gewesen. Sie bedankt sich für diese sehr gute Entscheidung. Dann bittet sie den Zeugen Ronald F., seine Erlebnisse zu schildern. Dieser erzählt, dass Jens K. und er im Baustellenbereich gerade die Kreuzung passiert hätten, als sie weiter vorn auf der Behelfsspur ein Taxi Richtung Zeitz bemerkten. Das Kennzeichen habe mit dem Kennzeichen des Fluchtfahrzeugs übereingestimmt, das ihnen vorher mitgeteilt worden war. Sie hätten sofort die Verfolgung aufgenommen. Das Taxi sei bei Rot an einer stehenden Kolonne Richtung Zeitz vorbeigefahren und rechts abgebogen.

Dann sei es zu dem Verkehrsunfall gekommen. Sie hätten sich mit ihrem Streifenwagen unmittelbar dahinter befunden. Der Taxifahrer sei über die Leitplanke gesprungen. Auf ihre Anweisung habe er sofort die Hände hochgenommen und sich zu Boden gelegt. Dort sei er fixiert worden. Sie hätten über Funk mitgeteilt, dass sie ihn gestellt hätten und hätten dann auf Verstärkung gewartet. Als diese eingetroffen sei, sei die Person durchsucht worden. Dabei hätten sie bemerkt, dass der Attentäter am Hals verletzt sei und daraufhin sofort einen Krankenwagen angefordert. Der Angeklagte sei dann abtransportiert worden. In seinen Hosentaschen haben sich circa elf Schuss Munition, ein USB-Stick, eine Kamera und etwas Geld befunden. Unter seiner Jacke habe er eine Schussweste getragen. Nach dem Abtransport seien er und sein Kollege Jens K. mit der Absicherung des Tatorts beschäftigt gewesen.

Die Vorsitzende fragt, ob er beim Angeklagten gewesen sei, als sich sein Kollege mit dem Taxi befasst habe. Der Zeuge bejaht, er sei mit einem Kollegen des SEK, das schnell eingetroffen sei, beim Angeklagten gewesen. Er habe ihn sofort [als Beschuldigten, Anm. d. Hgg.] belehrt. Die Vorsitzende fragt, wie der Angeklagte reagiert habe. Der Zeuge sagt, er habe den Angeklagten nicht zur Sache befragt. Der Angeklagte habe seinen Namen genannt, und der sei dann überprüft worden. Sonst sei er nicht auffällig gewesen und habe auch sonst nichts gesagt. Er habe die ganze Zeit auf dem Boden gelegen.

Es werden Lichtbilder von dem Ort der Festnahme in Augenschein genommen. Darauf sind etwa die Fahrbahnbegrenzung und die Baugrube zu sehen.

Die Vorsitzende fragt, ob der Angeklagte hätte weiterlaufen können. Polizeihauptmeister Ronald F. antwortet, dieser hätte in die Baugrube springen können oder nach vorne in Richtung der Polizeibeamten laufen. Die Vorsitzende bedankt sich beim Zeugen und entlässt ihn.

AUSSAGE DES ZEUGEN CHRISTIAN W. (BKA, ZU MÖGLICHEN MITTÄTERN)

Als letzter Zeuge des Tages wird Kriminaloberkommissar Christian W. vom Bundeskriminalamt begrüßt und über seine Zeugenpflichten belehrt. Die Vorsitzende nimmt die Personalien des 33-Jährigen auf.

Der Zeuge gibt an, dass es seine Aufgabe gewesen sei, die Besucherlisten aus der Synagoge noch einmal zu aktualisieren. Seine Kollegen hätten die Personalien aller Synagogenbesucher handschriftlich aufgenommen. Er habe diese dann zusammengetragen und durch Staatsbürgerschaft und ladungsfähige Adressen ergänzt. Die Vorsitzende sagt, er habe 52 Personen aufgeführt, auch wenn eine davon kurz außerhalb der Synagoge gewesen sei. Aber 52 Namen seien ihm so übermittelt worden.

Die Vorsitzende fragt nach dem Bericht zur Bestimmung der Entfernung zwischen dem Beschuldigten und dem Polizeibeamten beim Schusswechsel in der Ludwig-Wucherer-Straße. Dieser Bericht sei von Kriminaloberkommissar Christian W. angefertigt worden. Der Zeuge erklärt, die Grundlage des Vermerks sei die Tatsache, dass sich aus den Zeugenaussagen der Polizeibeamten verschiedene Entfernungsangaben zwischen 50 und 70 Metern ergeben hätten. Er habe das nochmal verifizieren sollen. Aus der Tatortvermessung, die die Kollegen am Tatort gemacht hätten, hätten sich zwei Spurenfelder ergeben. Eines, das den Standort des Schützen markiere und das Glassplitterfeld, in dessen Nähe sich der Streifenwagen der Kollegen befunden habe. Man habe das feststellen können, da eine Autoscheibe zu Bruch gegangen sei. Bei der Vermessung habe sich ein Abstand zwischen 67,1 und 71,8 Metern ergeben. Das Ergebnis sei nochmal mit dem Tatvideo als Anhaltspunkt für den Standpunkt des Schützen abgeglichen worden.

Es werden diverse Lichtbilder in Augenschein genommen, darunter Bildextraktionen aus dem Video, das der Angeklagte gemacht hatte, in dem die Standorte der eingesetzten Polizeibeamten sichtbar und markiert sind.

Die Vorsitzende spricht nun einen umfangreichen Bericht an, den Christian W. angefertigt habe. Der Betreff des Berichts vom 8. Januar 2020 lautet: »Erkenntnislage zu sonstigen Personen und möglichen Unterstützern des Beschuldigten«. Den Auftrag zur Erstellung des Berichts habe der Zeuge von seinem Vorgesetzten in Absprache mit der Bundesanwaltschaft erhalten. Christian W. sagt, er habe die Erkenntnislage zu potenziellen Unterstützern zusammentragen sollen. Dazu habe er verschiedene Komplexe gebildet, zu denen er in verschiedenen Punkten den Sachstand der Ermittlungen zusammengetragen und anschließend ein Fazit gezogen habe.

Die Vorsitzende weist den Zeugen darauf hin, dass die Familienangehörigen von ihrem Zeugnisverweigerungsrecht Gebrauch gemacht haben. Das bedeute, dass man keinen Gebrauch von Angaben machen dürfe, die »die Herrschaften« im Rahmen der Ermittlungen gemacht haben, und unter denen es auch eventuelle Hinweise auf Beteiligte aus der Familie gegeben habe.

Christian W. erklärt, der Vermerk beschäftige sich mit der kompletten Ermittlungsakte. Der erste betrachtete Komplex seien das Tatvideo und diverse Zeugenvideos gewesen. Daraus sei hervorgegangen, dass der Angeklagte bei der Tatausführung allein gehandelt habe. Auf keiner der Videoaufzeichnungen habe man irgendwelche Mittäter feststellen können.

Ein zweiter Punkt seien die hochgeladenen Dokumente des Angeklagten. Man sehe ja auch im Video, dass dort ein Forenbeitrag erstellt worden sei. Auch aus den Dokumenten hätten sich keine Anhaltspunkte für Unterstützer ergeben. Es werde zwar erwähnt, dass ein »Mark« eine Bitcoin-Spende getätigt haben soll. Das habe sich in den Ermittlungen aber soweit nicht bestätigt.

Zudem, so der Zeuge, habe er sich auf einen zusammenfassenden Bericht über die Zeugenaussagen bezogen. Zusätzlich habe er sich auch einige

Vernehmungen separat angeschaut, also Primärquellen begutachtet. Im Rahmen sämtlicher Zeugenvernehmungen, über 320, die auch weit in die Vergangenheit des Angeklagten zurückreichten, habe es keine Anhaltspunkte für Kontakte zu Personenkreisen gegeben, die den Angeklagten bei der Tatvorbereitung oder -ausführung unterstützt haben könnten. Der Angeklagte sei durchgängig als Einzelgänger beschrieben worden, der keinen Kontakt zu anderen gesucht habe. Die Vorsitzende fragt, ob der Angeklagte also als Einzelgänger gelte, der ausschließlich Kontakt in seiner Familie gehabt habe, was der Zeuge bejaht. Sonstige Kontakte aus der Studienzeit und der Bundeswehr hätten bestätigt, dass Kontakt hauptsächlich mit der Familie bestanden habe.

Die Vorsitzende sagt, der Angeklagte habe die Waffen ja selbst gefertigt, und fragt, ob die Waffen Rückschlüsse auf Beteiligte zuließen. Der Zeuge antwortet, das habe bisher nicht festgestellt werden können. Es gebe einen umfangreichen Waffenbericht, auf den er sich bezogen habe, aber die konkreten Umstände, also dass man diese Waffenanleitungen frei im Internet beziehen könne, würden darauf hindeuten, dass man die Waffenherstellung allein vornehmen könne. Seine Kollegen hätten ihm ebenfalls erklärt, dass man das auch allein vornehmen könne. Insbesondere bei der Herstellung der Sprengstoffe dürfte das Vorwissen des Angeklagten ausgereicht haben, um diese zusammenzumischen. Zu dem Zeitpunkt, als er, Christian W., seinen Bericht erstellt habe, habe es noch kein abschließendes Gutachten zu den Waffen gegeben. Das sei im März nachgeliefert worden. Auch aus den Erkenntnissen zu den Waffen des Angeklagten hätten sich keine Anhaltspunkte für Mitwisser oder Helfer ergeben. Man habe lediglich zwei DNA-Spuren von Familienangehörigen und einige unbekannte DNA-Spuren gefunden.

Die Vorsitzende fragt nach den Handykontakten des Angeklagten. Der Zeuge erklärt, man habe alle Kommunikationsmittel ausgewertet und die retrograden Verbindungsdaten eingeholt. Man habe keine signifikanten Kontakte festgestellt, die auf Mittäter oder Mitwisser hindeuten würden. Der Angeklagte habe kaum über die Geräte kommuniziert.

Anschließend fragt die Vorsitzende nach den Familienangehörigen des Angeklagten und näheren Personen, wie Mario S. Der Zeuge sagt, Mario S. sei der Ex-Lebensgefährte der Schwester des Angeklagten. Die beiden hätten ein gemeinsames Kind, und Mario S. habe zum Teil auch in Kontakt mit dem Angeklagten gestanden. Es sei von Mario S. und der Schwester des Angeklagten immer wieder versucht worden, den Angeklagten in den gemeinsamen Freundeskreis zu integrieren, was mehr schlecht als recht funktioniert habe. Der Angeklagte habe laut Mario S. wohl auch kein Interesse gehabt, dazuzugehören. Mario S. habe Schweißerkenntnisse und habe dem Angeklagten mal beim Schweißen helfen wollen. Laut Mario S. habe das Schweißgerät aber zu diesem Zeitpunkt nicht funktioniert, und es sei nicht dazu gekommen. Im Gegensatz dazu habe der Angeklagte in der Vernehmung gesagt, dass Mario S. beim Schweißen »mal draufgeguckt«

haben soll. Man habe aber nicht den Zusammenhang ermitteln können beziehungsweise, ob Mario S. gewusst habe, was der Angeklagte habe schweißen wollen.

Die Vorsitzende fragt den Zeugen, was er zu Mark M. sagen könne. Dieser sei durch Angaben in einem hochgeladenen Dokument des Angeklagten aufgetaucht. Kriminaloberkommisar Christian W. erklärt, besagter Mark M. solle laut dem Dokument »Read me First« Board Owner von 8chan gewesen sein und dem Angeklagten als Unterstützung zur Tatausführung 0,1 Bitcoin überwiesen haben. Mark M. sei ermittelt worden, er soll tatsächlich Forenbetreiber von 8chan gewesen sein. Im Nachgang seines eigenen Berichts sei Mark M. vom FBI vernommen worden. Man habe aber nicht feststellen können, dass er tatsächlich etwas gespendet habe. Es gebe keine Beweise für diese angebliche Spende.

Anschließend kommt die Vorsitzende auf Martin W. zu sprechen. Dieser soll in den Foren von 4chan die Links zu den tatrelevanten Dokumenten eingestellt haben. Er sei im engeren Fokus, weil es sein könne, dass er zur Verbreitung angewiesen worden sei. Der Zeuge erklärt, dass sich der Verdacht soweit nicht bestätigt habe beziehungsweise noch ein Verfahren anhängig sei. Die Vorsitzende sagt, dabei gehe es wohl um zwei Brüder, gegen die Anklage erhoben worden sei.

Sie fragt noch einmal nach dem Schwager des Angeklagten, Mario S., der angegeben habe, nichts von den Aktivitäten des Angeklagten mitbekommen zu haben. Kriminaloberkommissar Christian W. sagt, es gebe keine Hinweise, dass Mario S. etwas gewusst habe. Die Erkenntnislage ginge dahin, dass es keine Mitwisserschaft gegeben habe.

Die Vorsitzende spricht den Hinweis von Frau E. an, die angegeben hatte, mit einem Alexander K. per WhatsApp gechattet zu haben. Dieser soll gesagt haben, dass er von allem gewusst habe. Der Zeuge sagt, dass sich auch dieser Hinweis soweit nicht bestätigt habe. In Vernehmungen habe Alexander K. ausgesagt, dass alles gelogen gewesen sei und Drogen im Spiel gewesen seien.

Die Vorsitzende kommt auf die Zuschauer des Livestreams von der Tat bei Twitch.tv zu sprechen. Christian W. sagt, das Video sei als Livestream unter dem Benutzernamen »spilljuice« verfügbar gewesen. Sie hätten eine Anfrage an Twitch beziehungsweise Amazon gestellt. Daraufhin sei ihnen mitgeteilt worden, dass es fünf Livezuschauer gegeben habe, durch eine Dopplung von IP-Adressen seien es aber faktisch nur drei gewesen. Diese hätten jeweils 10, 15 oder 30 Minuten zugeschaut. Zwei Zuschauer seien in den USA festgestellt worden, einer in der Schweiz, in Zürich. Die Ermittlungen hätten dies aber nicht weitergehend verifizieren können. Beim Anbieter in Zürich hätten keine Protokolle mehr vorgelegen.

Auch bei der Auswertung sonstiger Spuren oder Hinweise habe es keine Anhaltspunkte für Mittäter oder Helfer gegeben. Die Zusammenfassung der

Finanzermittlungen habe ergeben, dass es auch dort keine Anhaltspunkte für finanzielle Unterstützer gegeben habe, da keine regelmäßigen Einzahlungen oder Zahlungen von unbekannten Dritten auf dem Konto des Angeklagten eingegangen seien. Dieser habe nur dann Einzahlungen getätigt, wenn er online etwas habe kaufen wollen. Er sei grundsätzlich misstrauisch gewesen und habe Banken nicht vertraut.

Die elektronischen Asservate seien zum Zeitpunkt der Erstellung des Berichts noch nicht gänzlich ausgewertet gewesen. Bei den Ermittlungen habe man insbesondere darauf geachtet, ob die Tatdokumente oder die Vorlagen für den 3D-Druck durch den Angeklagten selbst erstellt oder von außen an ihn herangetragen worden seien. Letzteres habe sich nicht bestätigen lassen. Es sei jedoch darauf hinzuweisen, dass der Angeklagte versucht habe, Daten vom Hauptrechner zu löschen. Es sei nicht festgestellt worden, dass es bezüglich der hochgeladenen Dateien andere Mitwirkende gegeben haben könnte.

Auch auf dem Telefon des Angeklagten, das er für den Stream benutzt habe, habe es keine weiteren Hinweise zu Kontakten anderer Personen gegeben. Er habe noch Bilder von sich selbst, der Tatbekleidung und den Waffen damit aufgenommen. Zudem habe man ein älteres Tastenhandy mit 13 Kontakten gefunden, aber auch darin keine relevanten Bezüge zu bestimmten Personen festgestellt.

Es habe Spuren gegeben, die darauf hätten hinweisen können, dass der Angeklagte bei einer rechten Veranstaltung gesehen worden sei. Die Ermittlungen zu diesem und anderen Spurenkomplexen seien alle mit negativem Ergebnis abgeschlossen worden. Es gebe keine Anhaltspunkte für potenzielle Unterstützer. Man habe mehr als 100 Hinweise bearbeitet, es hätten sich jedoch keine Erkenntnisse ergeben, die auf potenzielle Unterstützer hindeuten würden. Der Angeklagte selbst habe angegeben, dass er keine Helfer gehabt habe, mit Ausnahme von besagtem Mark M. Zu seinen Internetkontakten habe er keine Angaben gemacht. Diese Kontakte seien noch nicht aufgeklärt, es gebe keine weiteren Anhaltspunkte für weitere Unterstützer.

Der Unterkomplex »Waffen« deute darauf hin, dass der Angeklagte die Waffen selbst gebaut habe, ohne Hilfe von außen. Die Herstellung soll schon ab 2015 begonnen haben, damals noch ohne konkreten Tatentschluss. Dieser solle sich erst mit dem Attentat von Christchurch gefestigt haben.

Die Vorsitzende fragt den Kriminaloberkommissar Christian W., ob er mal bei den Vernehmungen dabei gewesen sei. Er verneint, er habe lediglich eine Zusammenfassung auf Grundlage der Protokolle geschrieben. Sein Fazit sei, dass es keine konkreten Anhaltspunkte dafür gegeben habe, dass es bestimmte, identifizierbare Personen gegeben habe, die in Kontakt mit dem Angeklagten gestanden und bei der Tatvorbereitung hätten helfen können. Durch die Videos sei weitgehend bestätigt, dass er die Tat allein ausgeführt habe. Die Zeugenvernehmungen hätten nicht zur Feststellung von möglichen Kontaktpersonen, die ihm hätten helfen können, geführt. Der Angeklagte solle ja auch Waffen auf dem Grundstück von seinem Vater hergestellt haben, die Anwohner hätten ihn aber immer nur allein gesehen. Es hätten sich keine Anhaltspunkte dafür ergeben, dass der Angeklagte Unterstützer gehabt habe.

Nebenklagevertreterin Rechtsanwältin Kristin Pietrzyk erhält das Wort. Sie fragt den Zeugen, ob sie ihn richtig verstanden habe, dass er dieses Fazit nur im Hinblick auf Personen ziehe, die die Ermittler namentlich kennen würden, nicht aber im Hinblick auf die Onlinekontakte des Angeklagten. Christian W. bejaht, diese habe man weitestgehend nicht ausfindig machen können. Die verschiedenen Plattformen würden mit Anonymität werben, und man habe keine Protokolle bekommen können. Rechtsanwältin Pietrzyk hakt nach, ob sein Fazit also nur für das »Real Life« gelte, nicht aber für das Onlineleben. Der Zeuge antwortet, so könne man das sagen.

Anschließend erhält Rechtsanwalt Alexander Hoffmann von der Nebenklage das Wort. Er fragt, ob dem Zeugen die Pläne vorgelegen hätten, die als Vorlage zur Fertigung der Waffe dienten. Dieser antwortet, dazu könne er keine Auskunft geben, weil er die Asservatenauswertung nicht persönlich vorgenommen habe. Rechtsanwalt Hoffmann sagt, der Zeuge habe angegeben, dass solche Anleitungen sehr detailliert seien. Er möchte wissen, ob das auf konkrete Kenntnisse bezogen war oder eine allgemeine Einschätzung zu irgendwelchen Plänen im Internet. Der Zeuge erklärt, die Waffensachverständigen hätten festgestellt, dass sich solche Anleitungen mit relativ einfachen Mitteln online finden ließen. Er wisse aber nicht, ob tatsächlich eine davon auf dem Rechner des Angeklagten festgestellt worden sei. Auf die Frage des Rechtsanwalts, wo es solche Anleitungen gebe, antwortet der Zeuge, man finde die im Internet. Er könne jetzt keine konkrete Seite nennen, das sei aber recht einfach. Rechtsanwalt Hoffmann hakt nach, ob er überprüft habe, wie genau die Waffen nach welchen Plänen gebaut worden seien. Der Zeuge erwidert, das hätten die Waffensachverständigen gemacht. Er habe aber selbst mal recherchiert und eine Anleitung gefunden. Er macht genauere Angaben dazu, in welcher Form sich die Anleitung für eine der Schusswaffen des Angeklagten finden lasse. Man könne diese Anleitung einfach im Internet herunterladen.

Rechtsanwalt Hoffmann sagt, der Zeuge habe ausgesagt, dass die Vorkenntnisse des Angeklagten bei der Herstellung der Sprengstoffe ausreichend gewesen sein dürften. Er fragt, von welchen Erkenntnissen er, der Kriminaloberkommissar, ausgegangen sei. Dieser antwortet, diese Annahme habe sich auf das Chemiestudium des Angeklagten bezogen. Die Frage, ob der Angeklagte einen Abschluss in Chemie habe, verneint er. Rechtsanwalt Hoffmann fragt, ob der Zeuge wisse, ob der Angeklagte jemals bei seinem Studium anwesend gewesen sei. Kriminaloberkommissar Christian W. antwortet, sie hätten Zeugen aus der Studienzeit vernehmen lassen. Der Angeklagte soll nicht so häufig da gewesen sein, habe aber schon umfangreicheres Wissen gehabt. Rechtsanwalt Hoffmann fragt, ob die Zeugen also zum Wissen des Angeklagten in Bezug auf Explosiva befragt worden seien. Christian W. sagt, soweit er wisse, sei das geschehen. Der Rechtsanwalt sagt, der Angeklagte habe online Tipps bekommen, wie er seine Munition verbessern könne, und fragt den Zeugen, ob er dazu etwas gefunden habe. Dieser sagt, das sei ihm nicht bekannt geworden. Es sei aber nicht auszuschließen, dass es noch einen Vermerk dazu gebe.

Rechtsanwalt Hoffmann fragt, was der Zeuge zu Martin W. und der Veröffentlichung des Links ermittelt habe. Der Kriminaloberkommissar antwortet, er habe nicht selbst ermittelt, nur Ergebnisse zusammengefasst. Martin W. solle im Forum 4chan den Link zu den Dokumenten des Angeklagten weiterverbreitet haben. Sein Sachstand sei, dass Martin W. gesagt habe, dass er nichts mit der Sache zu tun gehabt habe. Er habe dann bei der Vernehmung seinen Bruder ins Spiel gebracht, dieser habe aber keine weitere Aussage getätigt. Rechtsanwalt Hoffmann fragt nach dem Zeitfenster zwischen der Veröffentlichung der Dokumente und der Weiterverbreitung durch Martin W. Der Zeuge sagt, dazu könne er keine Auskunft geben. Er wisse auch nicht, ob der PC von Martin W. untersucht worden sei.

Der Rechtsanwalt fragt, was ihn zur Aussage gebracht habe, dass sich die Hinweise gegen Alexander K. nicht verdichtet hätten. Der Zeuge antwortet, der Hinweis auf Alexander K. sei ursprünglich von einer Freundin Alexander K.s gekommen: Alexander K. habe sich vorher an diese gewandt, und dabei sei zur Sprache gekommen, dass er etwas von dem Anschlag gewusst habe. Alexander K. und Frau E. seien noch einmal befragt worden, die Endsachbearbeitung sei aber nicht durch ihn vorgenommen worden. Er habe sich das Endergebnis angeschaut und das Fazit des sachbearbeitenden Kollegens übernommen. Rechtsanwalt Hoffmann fragt, ob der Zeuge wisse, ob die Datenträger von Alexander K. überprüft worden seien. Christian W. sagt, er wisse von einem Handy, könne aber nicht sagen, ob es ausgewertet worden sei. Rechtsanwalt Hoffmann sagt, die elektronischen Asservate seien also noch nicht ausgewertet worden, was der Zeuge bejaht. Der Rechtsanwalt sagt, sein Bericht beruhe also auf vorläufigen Erkenntnissen, was der Kriminaloberkommissar bejaht. Soweit er wisse, seien noch nicht alle Asservate abgearbeitet gewesen.

Oberstaatsanwalt Stefan Schmidt erhält das Wort. Er erklärt, dass die Auswertung der verschlüsselten Datenträger noch auf unbestimmte Zeit laufe. Bis auf einen USB-Stick habe man die Datenträger bisher nicht entschlüsseln können. Die Erfolgsaussichten seien eher gering.

Anschließend richtet Rechtsanwältin Pietrzyk das Wort an den Zeugen und fragt nach dem Erstellungsdatum des Berichts. Christian W. sagt, sein Fazit beziehe sich auf den Aktenstand vom 6. Januar 2020. Die Rechtsanwältin fragt, ob er wisse, ob noch etwas dazugekommen sei. Der Zeuge antwortet, nach seinem Kenntnisstand sei nichts dazugekommen, was ihn bewogen hätte, das Fazit zu aktualisieren. Nach seinem Kenntnisstand sei es also weiter so aufrechtzuerhalten. Die Rechtsanwältin sagt, er habe kein vollständiges Bild, könne also auch kein abschließendes Fazit ziehen. Der Zeuge erwidert, er habe Zugriff auf die vollständige Akte. Rechtsanwältin Pietrzyk sagt, es habe aber keinen Zugriff auf die Datenträger gegeben und das Onlineumfeld habe man nicht ermitteln können. Kriminaloberkommissar Christian W. bestätigt: »So gesehen: ja.«

Der Zeuge wird entlassen. Die Vorsitzende Richterin erklärt, er könne seine Auslagen schriftlich geltend machen.

Sie sagt, sie habe noch etwas zum Verfahren mitzuteilen. Sie habe für den 3. November 2020 noch Prof. Dr. Steffen Heide eingeladen, der die rechtsmedizinische Untersuchung des Angeklagten nach der Festnahme durchgeführt habe. Für den 4. November sei Karolin Schwarz, Expertin für Rechtsextremismus und Onlinesubkulturen, geladen. Rechtsanwältin Dr. Kati Lang habe schon vor geraumer Zeit einen Antrag dazu gestellt. Sie, die Vorsitzende Richterin, habe außerdem auch einen Anruf von Rechtsanwältin Antonia von der Behrens erhalten, die erläutert habe, dass die Expertin Karolin Schwarz einschlägige Internetseiten im Hinblick auf das Verhalten der Nutzer nach dem Anschlagsgeschehen untersucht habe. Deshalb sei Karolin Schwarz als sachverständige Zeugin geladen worden. Die Expertin habe auch Dinge gespeichert, die mittlerweile längst gelöscht seien.

Zudem habe sie, die Vorsitzende, eine letzte Selbstleseliste ausgehändigt. Die Vorsitzende bittet um Nachricht, falls etwas fehlen sollte.

Die Sitzung wird geschlossen.

Mitschrift von Tuija Wigard

17. Verhandlungstag 14. Oktober 2020

Die Vorsitzende Richterin Ursula Mertens eröffnet um 9.47 Uhr die Sitzung und stellt die Anwesenheit fest.

Sie begrüßt die zwei Bediensteten der Justizvollzugsanstalt Burg, Herrn Gunnar P. und Herrn Jens P., und belehrt sie über ihre Zeugenpflichten.

AUSSAGE DES ZEUGEN GUNNAR P. (JVA BURG, ZUM HAFTVERHALTEN DES ANGEKLAGTEN)

Anschließend nimmt die Vorsitzende die Personalien des Zeugen auf. Gunnar P. ist 45 Jahre alt und als Hauptsekretär im Justizvollzugsdienst tätig.

Die Vorsitzende erklärt, sie habe ihn, geladen, weil sie sich Erkenntnisse zum Angeklagten erhoffe. Er sei schließlich seit Sommer 2020 in der JVA Burg.

Sie fragt den Zeugen, inwieweit er Kontakt mit dem Angeklagten habe und was seine Funktion in Bezug auf diesen sei. Gunnar P. antwortet, er habe seit Anfang Juni in der Sicherheitsstation der JVA Burg Kontakt mit dem Angeklagten. Er mache dabei den täglichen Ablauf mit ihm, verpflege ihn, sichere das Duschen ab und so weiter.

Die Vorsitzende sagt, sie wisse, dass der Angeklagte dort allein sei, und es keine Kontakte zu anderen Gefangenen gebe. Gunnar P. bestätigt das. Der Angeklagte werde komplett einzeln bearbeitet. Sie fragt ihn, wie sie sich so eine Sicherheitsstation vorstellen könne. Der Zeuge antwortet, da säßen noch andere, aber er dürfe aus Datenschutzgründen nicht weiter darüber sprechen. Der Angeklagte sei mit anderen auf der Station, könne sich mit ihnen aber nicht verständigen. Er sei in seinem Haftraum oder auch im Badezimmer stets allein. Dasselbe gelte für seinen Aufenthalt im Freien. Auch das Duschen finde unter Bewachung statt. Außerhalb des Haftraums werde er immer von mindestens zwei Bediensteten begleitet. Der Haftraum sei außerdem videoüberwacht. Die Vorsitzende fragt nach der Ausstattung des Haftraums. Gunnar P. gibt an, dass eine Grundausstattung vorhanden sei.

Auf die Frage, als was für eine Person er den Angeklagten kennengelernt habe, antwortet er, dass er wisse, dass dieser Besuch von seinen Eltern bekomme und Telefonate führe. Ansonsten habe er keine Kontakte. Der Kontakt zu den Beamten sei auf das Dienstliche beschränkt, zumindest gelte das für ihn. Der Angeklagte bekomme einmal täglich Zeitungen. Ansonsten kenne er die Umgangsformen. Er sage »Ja, bitte« und »Nein, danke«, was auf der Station manchmal selten sei. Der Zeuge fügt hinzu: »Ansonsten kann ich nichts Positives oder Negatives sagen. Er ist eben da.« Die Vorsitzende fragt, ob denn auch mal Unterhaltungen bei den Tätigkeiten stattfinden würden. Gunnar P. gibt an, dass der Angeklagte auch Kontakt mit dem psychologischen Dienst und der Seelsorge gehabt habe. Er persönlich halte die Gespräche aber sehr kurz. Der Angeklagte habe nicht versucht, Gesprächskontakt mit ihm aufzunehmen. Der Kontakt sei immer nur ganz normal dienstlich gewesen, alles Weitere lasse er, Gunnar P., außen vor.

Die Vorsitzende will wissen, ob er seit Ende Juni Auffälligkeiten bemerkt habe. Der Zeuge antwortet, der persönliche Tagesablauf des Angeklagten sei immer gleich, soweit er das einschätzen könne. Die Vorsitzende hakt nach, ob er seit Ende Juni Veränderungen oder Stimmungsschwankungen bemerkt habe. Gunnar P. antwortet, dass manchmal eine Gefühlsregung zu sehen sei, wenn man den Angeklagten auf der Kamera beobachte. Sonst sei er aber immer korrekt, und es gebe keine großen Gefühlsschwankungen. Der Zeuge gibt an, dass er keine »Stimmungshochs oder -tiefs« beim Angeklagten bemerkt habe. Ihm sei auch nicht aufgefallen, dass sich im Zusammenhang mit dem Prozess etwas verändert habe.

Nebenklagevertreterin Rechtsanwältin Kristin Pietrzyk erhält das Wort. Sie fragt, welche Zeitungen der Angeklagte erhalte. Der Zeuge gibt an, dass er die *FAZ* und die *Süddeutsche* bekomme. Auf die Frage der Vorsitzenden, ob der Angeklagte diese Zeitungen auf eigenen Wunsch erhalte, erklärt der Zeuge, dass sie von der JVA gestellt würden. Es gebe keine lokalen Zeitungen, bloß die *FAZ* und die *SZ*, die mehrfach in jedem Haus verteilt würden.

Rechtsanwalt Jan Siebenhüner, Vertreter der Nebenklage, fragt, wie der Angeklagte mit der Einzelhaft zurechtkomme. Der Zeuge antwortet, soweit er es einschätzen könne, käme dieser recht gut damit zurecht.

Nebenklagevertreter Rechtsanwalt Andreas Schulz erkundigt sich nach den sportlichen Aktivitäten des Angeklagten. Der Zeuge erklärt, es sei maximal das erlaubt, was im Haftraum mit eigenem Körpergewicht machbar sei. Alles andere sei untersagt. Der Angeklagte mache seinen Sport nachts, wenn die Arbeit auf der Station eingestellt werde. Er könne nicht sagen, was über den Monitor festgestellt werde.

Rechtsanwältin Assia Lewin, fragt, ob die Seelsorge christlich sei, zu der der Angeklagte Kontakt habe. Gunnar P. sagt, er glaube, dass es sich um einen evangelischen Pfarrer handele. Kontakt bestünde ein- oder zweimal die Woche, die Gespräche würden dabei unterschiedlich lang dauern.

Oberstaatsanwalt Stefan Schmidt gibt zu bedenken, dass man beim Thema Seelsorge den Rechtsschutz im Auge behalten müsse. Das Vollzugsverhalten müsse zwar geklärt werden, aber der Bereich der Seelsorge sei sehr persönlich. Die Vorsitzende erwidert, dass der Zeuge dazu inhaltlich auch nichts sagen könne. Rechtsanwältin Lewin erklärt, sie habe sich nur gewundert, da der Angeklagte doch gesagt habe, dass er nichts von Religion halte. Insofern sei es interessant, dass er Kontakt zur Seelsorge in der Haft habe. Sie habe natürlich keine inhaltlichen Fragen gestellt. Die Vorsitzende stimmt ihr zu.

Rechtsanwältin Lewin fragt, ob die Unterhaltungen des Angeklagten also auf Seelsorger, den sozialen Dienst und Familienbesuche beschränkt seien. Der Zeuge bejaht.

Ein Nebenklagevertreter fragt, ob die Einzelhaft durch das Verhalten des Angeklagten oder durch Gefährdungen durch Mitgefangene begründet sei. Der Zeuge verweist auf seine Aussagegenehmigung und erklärt, dass es ihm nicht erlaubt sei, darüber zu sprechen.

Rechtsanwältin Antonia von der Behrens fragt, ob der Angeklagte Zugang zur Gefängnisbibliothek habe, was der Zeuge bejaht. Auf die Frage, ob der Angeklagte die Bibliothek auch nutze, antwortet Gunnar P., dass er das teilweise tue. Er, Gunnar P., wisse auch, welche Bücher der Angeklagte lese, könne das aber aus Datenschutzgründen nicht sagen.

Oberstaatsanwalt Schmidt sagt, dass der Aufklärungsbereich hier erschöpft sei, wenn es um persönliche Bücher gehe, die der Angeklagte sich ausleihe. Rechtsanwältin von der Behrens fragt allgemeiner, ob der Angeklagte politische Bücher lese, was der Zeuge verneint.

Der Zeuge wird entlassen.

AUSSAGE DES ZEUGEN JENS P. (JVA BURG, ZUM HAFTVERHALTEN DES ANGEKLAGTEN)

Anschließend wird Jens P. als Zeuge begrüßt und nach seinen Personalien befragt. Jens P. ist 40 Jahre alt und ebenfalls als Hauptsekretär im Justizvollzugsdienst beschäftigt. Die Vorsitzende sagt, auch Jens P. würde den Angeklagten seit Ende Juni kennen, was dieser bestätigt. Sie fragt ihn, wie der Kontakt mit dem Angeklagten genau aussehe. Der Zeuge erklärt, der Kontakt bestünde nur im Alltäglichen, so beispielsweise bei der Essenausgabe, der Bestandskontrolle, dem Duschen, also allem Notwendigen, was gemacht werden müsse. Auf Nachfrage der Vorsitzenden gibt er an, dass es insgesamt drei bis vier Personen seien, mit denen der Angeklagte auf der Station Kontakt habe. Es bestehe dabei lediglich Kontakt zu Bediensteten und zu Fachdiensten wie dem Sozialdienst.

Die Vorsitzende fragt den Zeugen, wie sein Verhältnis zum Angeklagten sei. Er erklärt, es sei »rein dienstlich bedingt«. Da sei kein Verhältnis oder Ähnliches. »Das ist mein Job und fertig«, sagt der Zeuge. Sie fragt ihn, ob er im Zusammenhang mit seiner Tätigkeit schon mal Gespräche mit dem Angeklagten geführt habe und ob ihm dabei irgendwas aufgefallen sei. Sie will wissen, ob sie nicht mal über das Wetter oder Ähnliches geredet haben. Der Zeuge sagt, das haben sie natürlich. Der Angeklagte könne »Danke«, »Bitte« und »Guten Morgen« sagen, und das werde natürlich erwidert. Auf die Frage, ob der Angeklagte auch schon mal erzähle, wie es ihm gehe, antwortet Jens P., dass er dies eher nicht tue.

Sie fragt, ob sich sein Eindruck über die Zeit verändert habe oder immer gleich geblieben sei. Er antwortet, dass ihm nichts aufgefallen sei, auch nicht im Zusammenhang mit dem Prozessbeginn. Die Frage, ob der Angeklagte sich ihm gegenüber mal über die Prozesstage geäußert habe, verneint Jens P. und ergänzt, der Angeklagte sei ein relativ ruhiger Gefangener. Die Vorsitzende sagt, sie habe keine weiteren Fragen.

Rechtsanwalt Schulz fragt ihn, welche Voraussetzungen man mitbringen müsse, um vom normalen Vollzug in die Sicherheitsabteilung zu kommen. Jens P. antwortet, das könne er nicht sagen. Das sei anstaltsintern, und er dürfe darüber keine Angaben machen. Schulz fragt, ob man ganz allgemein gefährlich sein müsse. Der Zeuge antwortet, das würden andere Leute festlegen.

Rechtsanwalt Siebenhüner fragt den Zeugen, ob der Angeklagte einen Fernseher in der Zelle habe. Der Zeuge sagt, er dürfe keine Angaben zur Ausstattung von Hafträumen machen, das erlaube ihm seine Aussagegenehmigung nicht. Die Vorsitzende sagt, dass die Leiterin der Justizvollzugsanstalt noch kommen werde. Sie, die Vorsitzende, könne sich nicht vorstellen, dass die Möblierung nicht von der Aussagegenehmigung gedeckt sei.

Rechtsanwalt Siebenhüner beantragt die Überprüfung der Aussagegenehmigung, da seine Handlungsmöglichkeiten davon abhängen würden.

Die Vorsitzende bittet den Zeugen, seine Genehmigung auszuhändigen und unterbricht die Verhandlung für 10 Minuten.

Anschließend erklärt sie, dass sich die vorliegende Aussagegenehmigung auf das Vollzugsverhalten erstrecke. Ausdrücklich nicht erfasst seien Angaben zu Organisation und Einrichtung der Sicherheitseinrichtung wie auch zu Mitgefangenen. Die Anstaltsleiterin sage, dass die Ausstattung eines Gefangenenraums nicht im engeren Sinne zu den sicherheitsrelevanten Dingen gehöre.

Der Zeuge gibt daraufhin an, dass der Angeklagte momentan keinen Fernseher habe, aber einen beantragt habe. Den würde er dann auch erhalten, sobald er da sei.

Die Vorsitzende fragt, ob es korrekt sei, dass die Bediensteten der Sicherheitsabteilung angewiesen seien, den Kontakt auf das dienstlich Notwendige zu beschränken. Jens P. bejaht und sagt, dass er auch keinen persönlicheren Kontakt haben wolle. Die Frage, ob er es abblocke, wenn jemand versuche, ein Gespräch anzufangen, bejaht er nochmals. Der Angeklagte habe aber nicht versucht, ein Gespräch anzufangen.

Die Vorsitzende bedankt sich beim Zeugen und entlässt ihn.

AUSSAGE DER ZEUGIN YVONNE R.
(BKA, ZUR MUSIK, DIE DER ANGEKLAGTE WÄHREND DER TAT ABSPIELTE)

Anschließend begrüßt die Vorsitzende Yvonne R. als nächste Zeugin. Sie belehrt sie über ihre Zeugenpflichten und nimmt ihre Personalien auf. Yvonne R. ist 43 Jahre alt und Kriminalhauptkommissarin beim Bundeskriminalamt. Die Vorsitzende sagt, die Zeugin habe sich in ihrem Bericht vom 28. November 2019 mit der Musik beschäftigt, die während des Tatgeschehens abgespielt worden und in den vom Angeklagten aufgenommenen Tatvideos zu hören sei. Sie bittet die Zeugin, darüber zu berichten.

Diese erklärt, ihre Aufgabe sei es gewesen, die Musik auszuwerten, die der Angeklagte während der Tatzeit abgespielt habe. Sie habe die Musiksequenzen identifizieren sollen, die auf dem Video zu hören gewesen seien. Dafür habe sie sich durch die Videoaufnahmen bewegt. Die Musik sei über einen Lautsprecher abgespielt worden, der sich am Rücken der Schutzweste des Angeklagten befunden habe.

Es werden mehrere Lichtbilder von der »taktischen Weste« des Angeklagten und dem sichtbaren Lautsprecher in Augenschein genommen. Zudem ist ein MP3-Player zu sehen, mit dem der Lautsprecher verbunden gewesen sei. Laut der Zeugin habe sich im MP3-Player eine SD-Karte befunden, auf der zwölf Songs gespeichert waren.

Es wird eine Liste der Songs und eine Liste der Abspielreihenfolge in Augenschein genommen. Die Zeugin erklärt, die Playlist sei zu zwei unterschiedlichen Uhrzeiten zusammengestellt worden: Die ersten drei Lieder um 18.27 Uhr, die anderen Lieder um 20.41 Uhr. Der letzte Zugriff sei am 7. Oktober 2019 gewesen.

Es wird eine Übersicht gezeigt, die darstellt, wann in dem Video welches Lied abgespielt worden sei. Die Zeugin sagt, dass die Musik kaum wahrnehmbar gewesen sei, wenn der Angeklagte sich außerhalb des Autos bewegte. Sie zu erkennen, sei teilweise nur möglich gewesen, weil sie sie vorher schon alle »haarklein« angehört habe.

Die Vorsitzende fragt, ob die Reihenfolge irgendein System gehabt habe. Yvonne R. sagt, wenn der Angeklagte seinen Plan normal hätte umsetzen können und in die Synagoge gelangt wäre, dann wären die ersten Songs der Playlist dort zu hören gewesen, darunter »Power Level« von Mr. Bond, »Happy, happy Friends«, »The GQ«, »Suicide Prototype« und »Alek M.«[1] von Egg White.

Der Anfang der Playlist seien für sie die wichtigsten Sequenzen gewesen, insbesondere »The GQ«, »Power Level« und »Alek M.«. Der Song »Power Level« würde rassistische und antisemitische Begriffe enthalten, aber auch Begriffe, die sich auf Verschwörungstheorien aus der NS-Zeit bezögen. Sie habe, so die Zeugin weiter, die Songs »The GQ« und »Alek M.« auch transkribieren und übersetzen lassen, da sie diese für tatrelevant gehalten habe.

Der Interpret von »Power Level«, Mr. Bond, habe den Song komplett umgetextet,[2] sodass man ihn eindeutig als rassistisch und antisemitisch verstehen könne. Der Rapper, um den es gehe, sei ein rechter Rapper aus Österreich. Er habe fünf Alben publiziert, darunter eines mit dem Titel *Mein Kampf Mixtape Vol. 1488*. Sie erklärt, dass 1488 eine Abkürzung für »gewisse Aussagen« aus dem rechten Milieu sei.

Auf den Monitoren im Gerichtssaal werden Bilder von den Albumcovern von Mr. Bond gezeigt, die die Zeugin bei Discogs abgerufen habe, einer Onlinedatenbank, die ihren Sitz in den USA habe. Yvonne R. erklärt, dass sie gezielt habe suchen müssen, um auf Google gewisse Inhalte und Informationen zu diesen Songtexten zu finden. Die Frage, ob sie Vorkenntnisse in diesem Bereich gehabt habe, verneint sie und ergänzt, dieser spezielle Auftrag habe sie dazu veranlasst, sich damit zu befassen.

1 Der Song handelt vom gleichnamigen rechtsextremen Attentäter von Toronto.

2 Bei Mr. Bond handelt es sich um einen sogenannten Parody Rapper – unter diesem Label werden häufig bekannte Songs gecovert, dabei jedoch mit neuen, rassistischen Texten versehen. Der Song »Power Level« ist angelehnt an den Titel »Mask Off« des US-amerikanischen Rappers Future.

Nach den Ausführungen der Zeugin erklärt die Vorsitzende, dass sie in der öffentlichen Verhandlung gar nicht weiter auf die Inhalte der erwähnten Lieder eingehen wolle.

Danach kommt die Zeugin auf einen weiteren Song zu sprechen, »The GQ«, den man auch auf dem Toshiba-Laptop des Angeklagten habe feststellen können. Dort sei er im Dateiordner »Midnight Genocide Collection« angelegt gewesen, neben 13 anderen Songs von »Moon Man«. Den Titel des Albums habe sie im Internet recherchiert, aber nichts dazu gefunden, der Angeklagte habe es möglicherweise selbst zusammengestellt. Der »Moon Man« sei auch auf einem vermutlich selbst kreierten Titelbild des Angeklagten zu sehen gewesen. »Moon Man« sei ein Meme, das von der Darstellung des Mc-Donalds-Maskottchens abgeleitet und mit einer Text-to-Speech-Stimme assoziiert sei, die rassistische Parodien verschiedener Rapsongs rezitiere. Der »Moon Man« werde häufig als Mitglied des Ku-Klux-Klans dargestellt. Er werde in Foren wie 4chan und 8chan verbreitet und häufig mit der Alt-Right- und »White-Supremacists«-Bildsprache in Verbindung gebracht. Die Vorsitzende fragt die Zeugin, was sie zu diesen Foren sage könne. Yvonne R. antwortet, dass sie nicht viel dazu sagen könne, »eigentlich so gut wie gar nichts«. Soweit sie das aber in Erinnerung habe, seien das Foren, in denen sich Menschen mit rechtsradikaler Gesinnung verabreden und kommunizieren würden.

Anschließend geht es um den Song »Alek M.« von Egg White, der von dem rechtsextremen Attentat von Toronto handelt, bei dem 12 Menschen ums Leben kamen und 16 weitere verletzt wurden. Die Zeugin erklärt, der Inhalt des Songs sei frauenfeindlich und der Interpret ein bekennender »Incel«. »Incel« sei die Selbstbezeichnung einer Internetsubkultur aus den USA, die nach eigener Aussage im »unfreiwilligen Zölibat« leben würde. Ihre Anhänger würden einer Ideologie der »hegemonialen Männlichkeit« anhängen. Ihre Gefühle und Überzeugungen würden sie ausdrücken, indem sie Hass auf Frauen äußern und ihren Anspruch geltend machen würden, ein Recht auf Sex zu haben. Dazu gehöre auch die Billigung sexueller Gewalt.

Die Vorsitzende fragt, ob sie also vor allem die ersten drei Lieder im Hinblick auf antisemitische und rassistische Äußerungen als tatrelevant einstufen würde, was die Zeugin bejaht. Die restlichen Songs habe sie hauptsächlich der sogenannten Anime-Musik zugeordnet. Zu diesen Songs habe sie sich Videos angeschaut, die im Internet aufzufinden seien. »Anime« stehe für alle in Japan produzierten Animationsfilme – diese Musik sei dort oft als Soundtrack zu finden. Teilweise sei es ihr möglich gewesen, Songs übersetzen zu lassen oder englischsprachige Texte zu finden. Wo sie keine Übersetzung habe finden können, habe sie versucht, anhand der Videos eine Einschätzung abzugeben. Die Zeugin berichtet auch über einen weiteren Song aus der Playlist, in dem es vor allem um Liebe, Liebeskummer und unerfüllte Träume gehe. Sie habe dabei keinen unmittelbaren Bezug zur Tathandlung feststellen können. Anschließend gibt sie ihre Einschätzung zu weiteren Songs aus dem Bereich der Anime-Musik ab. Sie habe jeweils keinen unmittelbaren Bezug zur Tat feststellen können.

In ihrem Fazit erklärt die Zeugin, dass sie bei den ersten drei Songs auf der Playlist einen unmittelbaren Bezug zur Tathandlung habe erkennen können. Die Songs der Anime-Musik und ein weiterer Song, der in keine bestimmte Kategorie passe, stehe im Gegensatz dazu und sei eher für die Bewertung der Persönlichkeit und der Lebenssituation des Angeklagten von Bedeutung. Sie sagt, dass – wäre es dem Angeklagten gelungen, in die Synagoge einzudringen – die drei tatrelevanten Songs dort abgespielt und somit auch von den Besuchern der Synagoge gehört worden wären.
Eine Richterin fragt die Zeugin, ob sie habe feststellen können, in welcher Lautstärke die Songs abgespielt worden seien. Die Zeugin antwortet, dass ihrer damaligen Einschätzung nach, die Songs auf alle Fälle in Zimmerlautstärke gelaufen seien, da die Musik im Auto sehr gut hörbar gewesen sei, auch wenn das Radio zusätzlich im Hintergrund gelaufen sei.

Ein Vertreter der Nebenklage spricht den Song über den Anschlag in Toronto an. Er möchte wissen, was das Spezifische an der »Begehungsweise« dieses Anschlags gewesen sei. Yvonne R. erklärt, dass sie sich inhaltlich nicht sehr genau mit diesem Anschlag auseinandergesetzt habe, sondern im Internet nur grob recherchiert habe. Der Attentäter habe den Anschlag damals mit einem Auto verübt und sei in eine Menschenmenge gefahren. Der Rechtsanwalt fragt, was die Handlung innerhalb des Lieds sei. Sie antwortet, dass es darum gehe, wie der Attentäter durch die Menge fahre und dabei Menschen töte. Unterdessen äußere er sich frauenfeindlich, sinngemäß: »Ich fahre durch die Menschenmenge, während die Hure meinen Schwanz lutscht.« Dies drücke das Weltbild von »Incels« aus, die ihren Hass auf Frauen mit erniedrigenden Worten ausdrücken würden. Der Rechtsanwalt sagt, dass sie, die Zeugin, angegeben habe, dass die »Incel«-Szene überwiegend aus weißen Männern bestehe. Yvonne R. bejaht das. Er fragt weiter, inwiefern diese Szene mit der Alt-Right-Szene assoziiert sei und welche Bedeutung Weiß-Sein dort habe. Die Zeugin erklärt, dass auf das Weiß-Sein Bezug genommen werde – teilweise im Sinne der NS-Rassenlehre, die die Vorherrschaft und Überlegenheit der Weißen behaupte. Das hieße, dass Weiße in dieser Vorstellung sozusagen »über allen«, und so auch über anderen Hautfarben, stehen würden und diese »hegemoniale Männlichkeit« bei weißen Männern noch mehr zum Vorschein komme. Der Rechtsanwalt fragt, ob sie in ihren Recherchen auch darauf gestoßen sei, inwieweit rassistische Vorstellungen und insbesondere die Wut auf »schwarze Männer« dabei eine Rolle spielen würden. Die Zeugin verneint. Er fragt, ob sie einen Zusammenhang zwischen der »Incel«- und der Alt-Right-Szene sehe. Yvonne R. sagt, dass sie sich nicht tiefergehend damit beschäftigt habe.

Auf die Frage, ob das Lied über den Anschlag in Toronto leicht zu finden sei, gibt sie an, dass sie es gezielt gesucht und nicht sofort gefunden habe. Zumindest habe sie es nicht dem Mainstream zugeordnet und auch keinen Songtext gefunden – diesen habe sie niederschreiben müssen. Es handele sich um szenebezogene Musik. Der Rechtsanwalt fragt, wie der Stil des Lieds zu beschreiben sei und ob er aggressiv sei. Die Zeugin sagt, der Song sei sehr aggressiv. Es werde mehr geschrien als gesungen. Einige Textpassagen seien dabei sehr schwer zu verstehen, und sie ergänzt, es sei eine Art ohrenbetäubender, schreiender Lärm. Der Anwalt fasst zusammen: Das Lied sei also aggressiv und schnell. Yvonne R. bestätigt auf Nachfrage, dass es eine aufputschende Wirkung haben könnte. Anschließend fragt der Nebenklagevertreter, ob sie es aufgrund der Lieder für möglich halte, dass der Attentäter von Toronto eine Art Vorbildfunktion für den Angeklagten gehabt habe, was die Zeugin bejaht.

Rechtsanwalt Onur U. Özata fragt, ob sie eine Ähnlichkeit zwischen dem Tatverhalten des Angeklagten und dem Songtext sehe. Sie antwortet, dieser sei ja laut seines Videos nicht in eine Menschenmenge gefahren. Sein ursprünglicher Plan sei es gewesen, in die Synagoge einzudringen und nicht mit dem Auto irgendwo reinzufahren.

Rechtsanwalt David Herrmann erklärt zunächst, dass sein intensiveres Nachfragen keine Kritik an der Zeugin persönlich sei, sondern an den Strukturen. Er fragt nach einem der Songs, bei dem sie keinen unmittelbaren Tatbezug festgestellt habe. Er sagt, es gebe beim BKA doch sicher Abteilungen, die sich mit Subkulturen wie dem Rockermilieu beschäftigen würden, was die Zeugin bejaht. Anschließend fragt er, ob es auch Abteilungen gebe, die sich mit Internetphänomenen auskenne. Die Zeugin bejaht abermals und erklärt, sie könne da aber wegen ihrer Aussagegenehmigung nicht in der Tiefe antworten. Die Frage, ob sie Teil dieser Abteilung sei, verneint sie. Rechtsanwalt Herrmann fragt weiter, ob diese Abteilung mit der Auswertung dieser Themen befasst gewesen sei. Die Zeugin erwidert, dass sie dazu keine Aussage treffen könne. Er fragt weiter, ob sie der englischen Sprache mächtig sei und betont, dass es ihm nicht darum gehe, sie zu kritisieren. Die Zeugin bejaht wieder. Der Rechtsanwalt fragt sie, ob sie erklären könne, was ein Meme sei. Sie antwortet, es handele sich dabei um Internetphänomene, Bilder oder Sequenzen, die sozusagen wiedergegeben werden können. Dabei könne es sich um selbst kreierte oder um bestehende Elemente handeln, die aus dem Kontext gerissen und umgewandelt werden würden. Das stehe meistens für gewisse Standpunkte oder Einstellungen. Wenn man aus der Szene sei, wisse man bei solchen Memes genau, was gemeint sei.

Rechtsanwalt Herrmann fragt weiter, ob ihr bekannt sei, dass im »Manifest« des Angeklagten viele Mangazeichnungen mit NS-Referenzen enthalten gewesen seien. Sie verneint, damit habe sie sich nicht beschäftigt.

Er fragt, ob sie retrospektiv sagen würde, dass es für die Beurteilung wichtig gewesen wäre zu wissen, dass Mangas eine wichtige Rolle auf Imageboards spielen würden. Die Zeugin erklärt, dass sie aus damaliger Sicht versucht habe, die Songs so neutral wie möglich zu beurteilen und ergänzt, dass sie die Anime-Songs möglicherweise anders gesehen hätte, wenn sie das gewusst hätte. Der Rechtsanwalt fragt, ob es beim BKA eine »Kompetenzbündelung zu einer solchen Gemengelage« gebe, in diesem Fall NS-Gedankengut und Internet-Popkultur. Er möchte zudem wissen, ob es dort irgendeinen kompetenten Ansprechpartner gebe, der sich mit so was auskennen würde. Yvonne R. gibt an, dass sie dazu wegen ihrer Aussagegenehmigung keine Aussage treffen dürfe. Herrmann sagt, er würde gern an das Gericht appellieren, auszumachen, wer derjenige sei – sofern es einen gebe. Keiner der Zeugen habe bisher eine ganzheitliche Kenntnis dieser Phänomene gehabt. Er fügt hinzu: »Ich bin der Überzeugung, wenn wir hier einen internetaffinen 18-Jährigen hinsetzen würden, könnte der uns mehr sagen als sämtliche BKA-Beteiligten. Ich bin maßlos enttäuscht und entsetzt.«

Oberstaatsanwalt Stefan Schmidt erhält das Wort. Er befindet, es sei der Zeitpunkt gekommen, etwas Grundsätzliches zu sagen. Bezüglich der zuletzt gestellten Fragen möchte er betonen, dass man beim BKA strikt zwischen dem BKA als Teil der Strafverfolgungsbehörde und dem BKA als Sicherheitsbehörde im Rahmen der Gefahrenabwehr unterscheiden müsse. Die Zeugin sei als Ermittlungsperson des Generalbundesanwalts aufgetreten und habe ihren Auftrag zur vollsten Zufriedenheit erfüllt. Er könne verstehen, dass hier Fragen nach Konsequenzen gestellt werden würden. Diese hätten aber in diesem Strafverfahren nichts zu suchen, da sie im Rahmen der Gefahrenabwehr auch die künftige Behandlung solcher Phänomene beträfen. Selbst wenn man beim BKA eine entscheidende Person namhaft machen könnte, würde diese Person sich niemals vor Gericht hinsetzen und über die Konzepte der strategischen Internetaufklärung des BKA berichten. Das würde diese schließlich wertlos machen.

Rechtsanwältin Pietrzyk antwortet, dass sie glaube, es liege ein Missverständnis vor. Es interessiere sie nicht, was das BKA im Rahmen der Prävention für Schlüsse daraus ziehe, sondern wie Personen eine Wertung abgäben, die Auswirkungen auf das Strafmaß habe, und diese bewerten könne, wie gefährlich die Tat gewesen sei und auf welchen ideologischen Hintergründen sie aufbaue. Da würde sie natürlich wissen wollen, welche Vorkenntnisse die Zeugin habe. Das habe nichts mit Gefahrenabwehr zu tun.

Oberstaatsanwalt Schmidt erwidert, dass diese Wertungen ihre persönlichen Schlüsse seien. Diese könne man teilen oder auch nicht. Es sei aber nicht so, dass diese Bewertungen sich letztlich auf das Strafmaß auswirkt, da sie

jeweils im Vorfeld der Schlussplädoyers gezogen würden. Wenn man ein anderes Meinungsbild habe, könne man dies ja auch äußern.
Rechtsanwalt Alexander Hoffmann sagt, er verstehe nicht, warum der Oberstaatsanwalt an den auf dem Tisch liegenden Fragen des Kollegen vorbeirede. Dieser habe gefragt, ob die Zeugin wisse, dass Animes auch in anderer Form in den Veröffentlichungen des Angeklagten eine Rolle gespielt hätten. Die Zeugin habe dies verneint. Da liege es doch auf der Hand, dass man hier eine Zeugin habe, die sich irrsinnig Mühe gegeben habe, das alles aufzuarbeiten – ein wichtiger Teil der Informationen sei ihr aber nicht zugänglich gemacht worden. Die Frage, ob es Personen gebe, bei denen die Kompetenz zu Memes, Anime-Sprache, Internetaufklärung und so weiter sich bündele, sei die Frage, warum nicht eben diese Personen die Ermittlungen durchgeführt haben. Der Oberstaatsanwalt rede aber daran vorbei und tue so, als ob es hier um eine Bewertung von Zeugenaussagen gehe.

Rechtsanwalt Herrmann sagt, es sei natürlich klar, dass er hier keine Konzepte der obersten Sicherheitsbehörden erfrage, »aber die Bundesanwaltschaft kann doch nicht allen Ernstes mit den Ermittlungsergebnissen, die hier geliefert worden sind, zufrieden sein. Das ist einfach keine vollständige Polizeiarbeit.« Es verstärke nicht gerade das Vertrauen der Bevölkerung in die Polizeiarbeit, wenn sie das Gefühl habe, da sei ein ganzes Feld, das niemand verstehe. Der Angeklagte würde lachen, »immer wenn wir an die Grenzen unseres Verständnisses kommen«. Er, Rechtsanwalt Herrmann, finde es jedenfalls wichtig, es hier zur Sprache zu bringen, und dass die Bundesanwaltschaft da vielleicht etwas selbstkritischer herangehe.

Die Vorsitzende sagt, es sei Tatsache, dass der Angeklagte seine Grundhaltung bereits ausführlich dargelegt habe. Diese werde auch in den drei analysierten Songs deutlich. Er habe auch zugegeben, dass er zutiefst rassistisch, frauenfeindlich, antisemitisch und allgemein menschenverachtend sei. Insofern sei es die Frage, inwiefern solche soziologischen Betrachtungen etwas mit diesem Gerichtsverfahren zu tun haben.

Die Zeugin wird wieder hereingebeten.[3]

Rechtsanwalt Özata fragt sie, ob ihr beim Erstellen des Vermerks bewusst gewesen sei, dass dem Angeklagten auch vorgeworfen werden würde, auf seiner Flucht eine »schwarze Person« angefahren zu haben. Yvonne R. antwortet, das sei ihr nicht bekannt gewesen. Sie habe es also auch nicht bei der Frage berücksichtigt, ob die Musik einen Tatbezug habe.

3 Die Zeugin war zwischenzeitlich gebeten worden, den Verhandlungssaal für eine Weile zu verlassen.

Die Vorsitzende bedankt sich und sagt, die Zeugin könne ihre Auslagen schriftlich geltend machen. Die Zeugin wird entlassen.

Rechtsanwalt Hoffmann sagt, er habe noch eine »257er Erklärung zur Zeugenvernehmung«[4] am Vortag abzugeben. Zudem würde er gern eine weitere Erklärung zur Zeugenvernehmung vom heutigen Tag abgeben.

Rechtsanwältin Dr. Kati Lang erklärt, sie würde gerne noch einen Beweisantrag stellen.

Rechtsanwalt Siebenhüner möchte außerdem noch zwei Fragen an den Angeklagten stellen. Dieser gibt aber an, daran kein Interesse zu haben, weil das jetzt alles schon viel zu lange dauere, und es schon halb elf sei. Auf die Frage, ob es nach der Pause machbar wäre, erwidert er, dass es dann noch später sei.

Die Vorsitzende sagt zum Angeklagten, es werde heute auch noch später werden, »aber schön, wenn Sie noch Termine haben«.

Anschließend erteilt sie Rechtsanwalt Hoffmann das Wort, der seine Erklärung zur soeben gehörten Zeugin abgibt. Er spricht der Zeugin zunächst seine Achtung aus. Die Leistung und die Arbeit, die hier gemacht wurde, seien unglaublich, wenn man in dieser Thematik noch keine Vorkenntnisse habe. Allerdings müsse er etwas hinzufügen: Wenn man eine Sachbearbeiterin hinsetze und ihr diese Aufgaben gebe und ein Lied vorkomme, in dem Bezug auf eine Tat genommen werde, bei der jemand Menschen mit einem Auto überfahre, und man ihr nicht mitteile, dass es auch eine Situation im Falle des Angeklagten gegeben habe, wo geprüft werden müsse, ob er diese Person habe überfahren wollen, dann »entwerte der Auftrag unter Reduzierung der Informationen ihre Arbeit«. Das sei dann nicht mehr viel wert. Er finde es erschreckend, dass »sie in dieser Form herausstellen« müssten, dass sich dieses Lied eventuell genau, und nicht nur im allgemeinen Sinne, auf die Tat beziehe. Das habe man der Bewertung der Zeugin entzogen.

Mehrere Nebenklagevertreter schließen sich der Erklärung Rechtsanwalt Hoffmanns an, darunter Rechtsanwalt Mark Lupschitz, Rechtsanwalt Florian Feige und Rechtsanwalt Özata.

Anschließend gibt Rechtsanwalt Hoffmann eine weitere Erklärung zur Vernehmung des Zeugen Kriminaloberkommissar Christian W. am Vortag ab.

4 § 257 Absatz 2 StPO gibt der Staatsanwaltschaft und der Verteidigung die Möglichkeit, nach jeder einzelnen Beweiserhebung eine Erklärung zu eben dieser abzugeben. Nach § 397 Absatz 1 Satz 3 StPO steht dieses Recht auch den Nebenkläger·innen zu.

Der Zeuge habe in seinem Vermerk das Fazit gezogen, dass es keine Anhaltspunkte dafür gebe, dass der Angeklagte Mitwisser, Helfer oder Helfershelfer gehabt habe. Er habe allerdings auf Nachfrage auch angegeben, dass die Ermittlungen zu den Kontaktpersonen nur begrenzt möglich gewesen seien, die der Angeklagte selbst benannt habe beziehungsweise, die offensichtlich gewesen seien. Ermittlungen zu den Personen, mit denen der Angeklagte möglicherweise online Kontakt gehabt habe, seien dabei nicht möglich gewesen, da ein großer Teil der Festplatte des von ihm genutzten Computers entweder verschlüsselt oder bereits gelöscht gewesen seien.[5] Die Onlinekontakte habe man weitestgehend nicht mehr nachvollziehen können, insbesondere auch, weil der Angeklagte dazu keine Angaben gemacht habe und die Onlineplattformen, die er genutzt habe, großen Wert auf Anonymität der Nutzer legten.

Auf die Frage, ob während der Ermittlungen Pläne beziehungsweise Vorlagen für den Bau der Waffen und Sprengstoffe gefunden werden konnten, habe der Zeuge angegeben, dass er dazu keine Auskunft geben könne, da er die Asservatenauswertung nicht persönlich durchgeführt habe. Auf die Frage, wie er zu der Aussage gekommen sei, dass der Angeklagte mit seinen Vorkenntnissen in der Lage gewesen sei, solche Waffen und Sprengkörper zu bauen, habe der Zeuge angegeben, dass er davon ausgegangen sei, dass der Angeklagte diese Kenntnisse in seinem Chemiestudium erworben habe. Auf Nachfrage habe er aber auch ausgesagt, dass der Angeklagte sein Studium abgebrochen habe und keine konkreten Erkenntnisse vorlägen, die auf konkretes Wissen in Zusammenhang mit Sprengstoffen rückschließen ließen.

Auf die Frage wiederum, ob der Zeuge in seinem Vermerk die Aussage des Angeklagten einbezogen habe, dass dieser im Internet Tipps zur Verbesserung der Munition erhalten habe, habe Christian W. geantwortet, dass er keine Kenntnis davon gehabt habe. Auf dieser Basis könne das vom Zeugen gemachte Fazit keiner Überprüfung standhalten, da keine ausreichenden Erkenntnisse aus den Computerdaten sowie seinen Onlinekontakten vorlägen. Bei einem Angeklagten, der nach eigener Aussage und den objektiven Umständen nach einen großen Teil seiner Kontakte online pflegte, sei eine solche Beurteilung überhaupt nicht möglich. Es sei davon auszugehen, dass eine Beurteilung, ob der Angeklagte Mitwisser oder Helfer gehabte habe, auf Basis der bisherigen Beweisaufnahme schlicht nicht möglich sei.

5 Sein Kollege Peter F. vom BKA in Meckenheim hatte in seiner Zeugenaussage beim 7. Verhandlungstag am 26. August 2020 angegeben, dass von der Festplatte des Angeklagten nur 13 Prozent verschlüsselt oder gelöscht gewesen seien.

Mehrere Nebenklagevertreter·innen schließen sich der Erklärung an, darunter Rechtsanwältin Lang, Rechtsanwalt Feige, Rechtsanwalt Özata und Rechtsanwältin von der Behrens.

AUSSAGE DES ZEUGEN ROLAND W. (PSYCHOLOGISCHER DIENST DER JVA HALLE, ZUM HAFTVERHALTEN DES ANGEKLAGTEN)

Anschließend wird der Zeuge Roland W. begrüßt und zu seinen Personalien befragt. Roland W. ist 53 Jahre alt und als Diplompsychologe beim psychologischen Dienst der JVA Halle tätig.

Die Vorsitzende sagt, den Unterlagen nach habe der Zeuge Kontakt mit dem Angeklagten gehabt, als dieser in der JVA Halle gewesen sei. Sie fragt, wie sich das gestaltet habe.

Zunächst überreicht der Zeuge der Vorsitzenden seine Aussagegenehmigung, die sie anschließend verliest. Die Genehmigung erstrecke sich ausschließlich auf das vollzugliche Verhalten des Angeklagten. Ausdrücklich nicht erfasst seien Abläufe in der Anstalt und Angaben zu anderen Mitgefangenen wie auch Angaben zum Fluchtversuch am 30. Mai 2020. Alle Vorgänge, die Gegenstand laufender Verfahren seien, seien nicht von der Aussagegenehmigung erfasst.

Die Vorsitzende fragt den Zeugen anschließend, inwieweit er Kontakt mit dem Angeklagten und welchen Eindruck er von diesem gehabt habe. Roland W. erklärt, dass sich zu Beginn der Unterbringung des Angeklagten in der JVA die Frage nach der psychologischen Betreuung gestellt habe, da der Bundesgerichtshof angekreuzt habe, dass er suizidgefährdet sei. Er habe feststellen sollen, ob diese Gefahr bestehe oder nicht. Am Anfang habe er an jedem Arbeitstag Kontakt zum Angeklagten gehabt. Diese Kontakte seien immer in einem Vermerk zusammengefasst und zur Gefangenenakte gelegt worden.

Die Vorsitzende sagt, die Akten würden ihnen vorliegen. Sie interessiere vor allem aber eine allgemeine Einschätzung und Besonderheiten, die ihm aufgefallen seien, etwa Veränderungen des Verhaltens. Der Zeuge erklärt, es sei gleich beim ersten Gespräch klar gewesen, dass aufgrund der Schwere der Anschuldigungen erst mal Kontakt hergestellt werden müsse. Das erste Gespräch habe nicht länger als 15 oder 20 Minuten gedauert. Er habe den Angeklagten gefragt, ob dieser Bedarf habe, mit jemandem zu reden, was dieser bejaht habe. Daraufhin habe er ihn aufgeklärt, dass das Besprochene einer bedingten Schweigepflicht unterliege, und er möglicherweise vor Gericht aussagen müsse. Der Zeuge fügt hinzu, dass der Angeklagte aufgeregt gewesen sei. Bei ihm selbst sei das ähnlich gewesen – so einen großen Fall habe er noch nicht gehabt. Am nächsten Tag sei es dem Angeklagten gesundheitlich nicht so gut gegangen. Er habe über Einschränkungen berichtet.

Ihm sei aufgefallen, so der Zeuge weiter, dass der Angeklagte relativ schnell zu seinen Tatmotiven übergegangen sei und bei der Schilderung dieser Vorstellungen häufig gelacht habe. Dieses Lachen sei, zumindest für ihn, in der Situation unangemessen gewesen. Das habe sich im Laufe der Gespräche ab und zu wiederholt, der »unpassende Affekt« habe sich dabei nicht verändert. Sie hätten sich darüber unterhalten, wie sich der Angeklagte in der Haft akkommodieren könne und wie er mit den Haftbedingungen zurechtkomme. Dieser habe Fragen zum Ablauf gestellt. Nach drei oder vier Sitzungen sei deutlich geworden, dass der Angeklagte nicht suizidgefährdet gewesen sei. Die Einschränkungen, die mit der Suizidgefahr verbunden waren, seien dann nicht mehr notwendig gewesen. Er, Roland W., habe dann versucht, die Gespräche auf einmal in der Woche zu reduzieren. Wenn er den Angeklagten fragte, ob er die Gespräche fortführen wolle, habe dieser immer bejaht.

Zum Verhalten des Angeklagten könne er nicht viel sagen. Er sei meistens mit Hand- und Fußfesseln unterwegs gewesen, es sei ein normales Gespräch möglich gewesen.

Die Vorsitzende sagt, es gebe einen Bericht des Zeugen vom 21. Oktober 2019. Der Angeklagte habe sich zunehmend entspannt. Er habe lächeln und sogar lachen können, als Erfahrungen mit Mädchen aus der Gymnasialzeit thematisiert worden seien. Der Zeuge sagt, es habe sich ein Verhaltensmuster angedeutet, dass durch Distanziertheit und eine eingeschränkte Bandbreite von Gefühlsausdrücken im Zwischenmenschlichen gekennzeichnet sei. Das werde aber Prof. Dr. Norbert Leygraf noch wesentlich besser berichten können. Er, Roland W., wolle darauf aufmerksam machen, dass beim Angeklagten mit einer bestimmten Verhaltensweise zu rechnen sei, bei der man sich häufiger frage, ob diese nicht deplatziert sei. Auch eine gewisse emotionale Kälte und Affektivität seien auffällig. Es sei immer dann ein etwas erregterer Habitus bemerkbar, wenn der Angeklagte über die zur Tat führende Motivation spreche.

Der Zeuge berichtet weiter, sie hätten ab und zu kontroverse Diskussionen gehabt. Wenn er, Roland W., Gegenargumente gebracht habe, seien sie vom Tisch gewischt worden. In solchen Situation sei häufig ein unpassendes Lachen aufgekommen. Er habe den Angeklagten gefragt, ob er merke, dass die Bediensteten drumherum zum Beispiel seine Aussagen über eine jüdische Weltverschwörung nicht sehr witzig fänden, und es darüber auch nichts zu lachen gebe. Er, Roland W. habe dann [auf die jüdische Weltverschwörung, Anm. d. Hgg.] dem Angeklagten erwidert, dass alles, was ihm bekannt sei, nicht auf so etwas hindeute. Da sei dann immer eine Diskussion entstanden, in der sich der Angeklagte sehr aufgeregt habe und überzeugt gewesen sei, dass weiße Menschen keine Chance mehr auf dieser Welt hätten.

Die Vorsitzende fragt, ob der Angeklagte etwas dazu gesagt habe, wie sich sein Weltbild entwickelt habe. Der Zeuge bejaht, sie hätten sich auch über sexuelle Erfahrungen unterhalten. Der Angeklagte habe angegeben, dass es Annäherungsversuche gegenüber Mädchen gegeben habe, die aber nicht zum Erfolg geführt hätten. Es habe auch einige Aussagen über seine Mutter und seine Schwester gegeben. Der Angeklagte habe bedauert, dass die beiden Frauen nicht zuhause seien und viele Kinder bekämen. Das läge daran, dass die jüdische Weltverschwörung die Leute überzeugt habe, dass Frauen arbeiten könnten und nicht so viele Kinder bekommen müssten. Von dieser Thematik seien sie dann auch zu den bereits erwähnten Verschwörungstheorien gekommen.

Die Vorsitzende fragt, ob eine Reflexion oder Entwicklung zu erkennen gewesen sei. Der Zeuge antwortet, dass das nicht der Fall gewesen sei. Der Angeklagte sei »von diesen Dingen« überzeugt gewesen. Solche verfestigten Denkweisen und die Überzeugung, dass man selbst recht habe und andere nicht, seien beinahe unmöglich zu durchbrechen.

Die Vorsitzende sagt, der Angeklagte habe vor Gericht gesagt, dass seine Familie ihm leid tun würde – »anderes Mitleid« sei nicht zu vernehmen gewesen. Der Zeuge bestätigt diesen Eindruck. Der Angeklagte habe die zwei Todesopfer in den Gesprächen zwar einmal bedauert, allerdings habe er, Roland W., dabei emotional keine »große Schwingungsfähigkeit mitbekommen«. Über die Verletzten aus Landsberg sei zudem einmal das Wort »Kollateralschaden« gefallen.

Die Vorsitzende fragt den Zeugen, ob er den Angeklagten mal damit konfrontiert habe, was seiner Ansicht nach die Erklärung dafür sei, dass er nicht in der Lage sei, sich in andere hineinzuversetzen. Roland W. sagt, so direkt habe er das nicht getan. Im vorletzten Gespräch hätten sie sich über die Weltanschauung des Angeklagten ausgetauscht. Es sei darum gegangen, dass er, als weißer Mann, zu den Verlierern der Gesellschaft gehören würde. Er, der Zeuge, habe ihn damit konfrontiert, dass er auf einem völlig anderen Standpunkt stehe und andere Menschen auch andere Meinungen haben könnten. In diesem Augenblick sei der Angeklagte hochgesprungen, habe den Ton erhoben und sei im Gesprächsraum »herumgetigert«. Nach einer Ermahnung habe er sich aber wieder gesetzt. Dabei habe er nicht unpassend gelacht, vielmehr habe man seine Wut spüren können.

Im Grunde genommen, so Roland W. weiter, sei er derjenige gewesen, der sich über Monate mit dem Angeklagten unterhalten habe – wahrscheinlich mehr als alle anderen in den letzten sieben Jahren. Und obwohl die Bediensteten der JVA versucht hätten, die Haftbedingungen für ihn ein bisschen zu lockern, habe der Angeklagte ihm mit seinem Verhalten gezeigt, dass er ihn [Roland W., Anm. d. Hgg.] angreifen könnte. Er habe den Angeklagten auch einmal gefragt, wie er sich das erkläre. Darauf habe dieser aber keine Antwort gehabt. Da sei auch das erste Mal gewesen, dass zwei oder drei Minuten lang Ruhe gewesen sei. Er habe dem Angeklagten dann gesagt, dass sie das fortführen könnten, wenn er noch einmal mit ihm sprechen wolle. Der Angeklagte habe angegeben, nichts dagegen zu haben. Eine Woche darauf hätten sie dann ihr abschließendes Gespräch gehabt.

Auf Nachfrage der Vorsitzenden, gibt der Zeuge an, der Ausbruch sei irgendwann im Mai 2020 gewesen.

Sie stellt fest, dass der Angeklagte in der Verhandlung bislang nach außen hin einigermaßen ruhig gewesen sei. Der Zeuge bestätigt, dass sei bei ihm auch so gewesen. Die extreme Erregung sei eher die Ausnahme gewesen.

Die Vorsitzende spricht daraufhin einen Bericht des Zeugen an, der von einem Gespräch handele, zu dem der Angeklagte einen Brief seiner Schwester mitgebracht habe. Diese habe im Brief geschildert, wie sich die Öffentlichkeit auf die Familie gestürzt habe, und dass die Mutter sich das Leben habe nehmen wollen und in die Psychiatrie habe aufgenommen werden müssen. Die Schwester habe ihn gefragt, was er sich dabei gedacht habe und nicht einmal die Zielgruppe [gemeint sind Jüdinnen und Juden, Anm. d. Hgg.] getroffen habe. Sie habe geschrieben, dass – wäre die Mutter nicht entdeckt worden – drei Menschen gestorben wären. Der Zeuge berichtet, dass es in diesem Fall kein Lachen seitens des Angeklagten gegeben habe. Sie hätten sich ernsthaft unterhalten können. Der Brief habe ihn »tatsächlich ein bisschen getroffen«. Wie tief das ging, könne er nicht beurteilen, weil es kein Weinen oder einen Ausbruch gegeben habe, was üblicherweise zu erwarten gewesen wäre.

Die Vorsitzende fragt, ob er den Angeklagten mal damit konfrontiert habe, dass dieser es ja auch in der Hand gehabt habe, seinem Leben einen positiven Impuls zu geben. Der Zeuge antwortet, darüber hätten sie kurz gesprochen, so zum Beispiel dass es vor allem durch das Studium eine Möglichkeit gegeben habe, etwas aus sich zu machen. Dann habe sich der Angeklagte wegen einer schlimmen Krankheit aber zunehmend zurückgezogen. In den kommenden Jahren habe er nach eigener Angabe vor allem in seinem Zimmer gesessen. Es habe ein Jahr gedauert, bis er wieder einigermaßen fit gewesen sei.

Die Vorsitzende fragt, warum es vor einem Termin im Mai 2020 eine zweimonatige Unterbrechung der Gespräche gegeben habe. Der Zeuge sagt, er wisse nicht mehr genau, warum der Angeklagte einen Termin am 9. April 2020 abgelehnt habe. Es habe vielleicht mit Besuch zu tun gehabt. Vorher sei er selbst krankgeschrieben gewesen.

Die Vorsitzende fragt anschließend nach einem Gespräch vom 6. Mai 2020, in dem es um den Prozess gegangen sei. Sie möchte wissen, ob sich etwas im Verhalten des Angeklagten verändert habe. Der Zeuge verneint. Es sei darum gegangen, was dieser zum Prozess anziehen wolle. Das sei ihm wichtig gewesen. Außerdem habe er ein paar Fragen zum Ablauf gehabt.

Die Vorsitzende spricht eine Passage an, in der der Zeuge vermerkt habe, dass der Angeklagte über die große Anzahl der Nebenkläger aus der Synagoge berichtet habe. Sie fragt, wie es dazu gekommen sei. Der Zeuge sagt, der Angeklagte habe das erwähnt, weil viele Briefe von der Nebenklage bei ihm gelandet seien. Er habe wissen wollen, »wie das mit der Nebenklage eigentlich ablaufe« und ob sie ihm auch so viele Fragen stellen dürfe wie das Gericht. Die Frage, ob der Angeklagte in diesem Gespräch irgendwelche menschlichen Regungen gezeigt habe, verneint er. Die Vorsitzende fragt, ob der Angeklagte geäußert habe, was er sich vom Prozess erwarte. Der Zeuge sagt, der Angeklagte habe nicht erwartet, wieder rauszukommen. Er habe hinzugefügt, dass er das auf sich nehme und ein Zeichen damit setzen wolle. Er habe auch gesagt, dass er kein Problem damit hätte, wenn die Todesstrafe gegen ihn verhängt werden würde. Das habe ihn, Roland W., nochmals zu dem Schluss gebracht, dass der Angeklagte auch sich selbst gegenüber relativ gleichgültig sei.

Die Frage der Vorsitzenden, ob der Angeklagte mit dem wenigen Kontakt in der Haft gut zurechtgekommen sei und eine gewisse Isolationsfreudigkeit gezeigt habe, bejaht der Zeuge. Sie fragt, ob er – mit Ausnahme »des kurzen Verlusts der Impulskontrolle« – ein gleichbleibendes Verhalten bei dem Angeklagten beobachtet habe. Der Zeuge sagt, dieses Aufspringen sei einer von solch kurzen Impulsen gewesen, die der Angeklagte gezeigt habe. Berichte, wie dass er »Fremdsprachler« angeschnauzt habe, könne man seiner Meinung nach auch in diesen Bereich einordnen.

Rechtsanwalt Erkan Görgülü fragt, warum das Thema Kleidung erörtert worden sei und was der Angeklagte dazu gesagt habe. Der Zeuge gibt an, dass das Thema im Rahmen der Nachfrage des Angeklagten, wie der Prozess ablaufe und ob man die eigene Kleidung tragen dürfe, aufgekommen sei. Er habe auf eine besondere Jacke mit Aufschrift bestanden, die er gern getragen hätte. Der Rechtsanwalt spricht daraufhin die Aussage des Zeugen an, dass der Angeklagte nicht damit gerechnet habe, noch mal rauszukommen. Er fragt ihn, ob sie sonst über Zukunftspläne gesprochen hätten. Roland W. antwortet, der Angeklagte sei realistisch, wenn er mit den Leuten rede. Er versuche, keine Zukunftspläne mit Menschen zu schmieden, die auch keine haben würden. Es sei klar gewesen, dass der Angeklagte angenommen habe, dass er ein Leben lang im Gefängnis bleiben würde.

Rechtsanwältin Pietrzyk fragt den Zeugen, ob der Angeklagte mit ihm darüber gesprochen habe, ob er Unterstützer gehabt habe. Dieser bestätigt, darüber gesprochen zu haben. Der Angeklagte habe ihm gesagt, er habe sich zurückgezogen, seine Unterstützter seien diejenigen gewesen, die er über das Internet und in diesen ominösen Chats gekannt habe. Pietrzyk fragt, ob der Angeklagte darüber gesprochen habe, dass seine Tat eine Botschaft an diese Leute gewesen sei. Der Zeuge bejaht, man könne das als indirekte Botschaft begreifen. Der Tatentschluss sei nach dem Attentat von Christchurch entstanden. Der Angeklagte habe gesagt, wenn der sich das traue, dann müsse sich das auch hier jemand trauen. Die Leute, mit denen der Angeklagte sich im Internet ausgetauscht hätte, würden sehr viel reden, und der Angeklagte habe zeigen wollen, dass man auch zur Tat schreiten müsse.

Rechtsanwältin Pietrzyk fragt, ob er noch weitere Attentate positiv erwähnt habe. Der Zeuge glaubt, der Angeklagte habe noch ein Attentat aus dem vorigen Jahr erwähnt. Er wisse aber nicht mehr, welches es war, vielleicht das Attentat von Charleston.[6]

Die Anwältin fragt den Zeugen, ob er mit dem Angeklagten darüber gesprochen habe, dass im Prozess auch seine psychische Gesundheit bewertet werden würde, was Roland W. bejaht. Pietrzyk fragt weiter, was der Angeklagte dazu gesagt habe, und was für ein Ergebnis er sich gewünscht hätte. Der Zeuge berichtet, der Angeklagte habe betont, dass er nicht als unzurechnungsfähig dargestellt werden wolle. Der Angeklagte würde sich fürchterlich aufregen, so die Einschätzung des Zeugen, wenn das so aussähe. Sie hätten das Gutachten über das Gefängnis bekommen. Der Angeklagte sei mit dem Ergebnis nicht einverstanden gewesen.

Rechtsanwältin Assia Lewin fragt, ob es zu Gesprächen darüber gekommen sei, wie zufrieden der Angeklagte mit seinen Taten sei. Der Zeuge sagt, zufrieden sei er nicht. Sein oberstes Ziel sei die Synagoge gewesen, und der Massenmord sei ja gescheitert. Wegen des Scheiterns sei bei dem Angeklagten Wut und Frustration aufgekommen, ein »gewisser Adrenalinspiegel« sei da gewesen. Plötzlich habe ihn alles gestört, deshalb habe er dann auch den ein oder anderen mit der Waffe bedroht. Zu den zwei Todesopfern sei es gekommen, so der Zeuge weiter, weil der Angeklagte unbedingt habe Aufsehen erregen wollen. Lewin fragt, ob der Angeklagte etwas zur Auswahl seiner Opfer gesagt habe. Der Zeuge sagt, er habe schon sein Bedauern geäußert. Die Opfer seien nicht diejenigen gewesen, die er gezielt habe töten wollen. Allerdings habe er dann eben wahllos diejenigen erschossen, die er vor die Waffe bekommen habe. Die Frage, ob sich der Angeklagte als Versager bezeichnet habe, bejaht der Zeuge. Reue habe der Angeklagte keine gezeigt.

Rechtsanwalt Schulz sagt, er habe die Gefangenenakte gelesen. Dort sei über weite Teile die Suizidprävention thematisiert worden. Der Zeuge erklärt, es sei seine Hauptaufgabe gewesen, die Suizidgefahr zu klären. Der Bundesgerichtshof habe ihn als »gefährdet eingestuft«, da er beim Ermittlungsrichter

6 Während einer Bibelstunde in einer Kirche in Charleston (South Carolina) erschoss der 21-jährige weiße US-Bürger Dylann R. am 17. Juni 2015 neun Schwarze US-Amerikaner·innen.

gesagt hätte, dass er darauf vorbereitet gewesen sei zu sterben. Man habe gedacht: »Der wollte die Leute erschießen und nimmt sich vielleicht hinterher das Leben.« In den Gesprächen habe er sich viel Zeit gelassen und mehrere Tage gewartet, bis er sich entschlossen habe zu sagen, dass keine Gefahr vorliege. Rechtsanwalt Schulz sagt, er habe einen Hinweis gefunden, dass der Angeklagte Papierkleidung[7] bekommen habe. Der Zeuge erklärt, das geschehe dann, wenn jemand als suizidgefährdet bewertet worden sei. Als JVA hätten sie die Aufsichtspflicht und müssten darauf achten, dass sich die Leute nicht suizidieren. Den Gefangenen werde dann häufig alles weggenommen, damit sie dazu keine nutzbaren Utensilien hätten. Der Angeklagte habe sich darüber gewundert, und es habe ihn gestört.

Der Rechtsanwalt fragt nach der Gesprächsatmosphäre. Er will wissen, ob die Gespräche auf gleichberechtigter Ebene stattgefunden haben oder nach bestimmten Vorgaben geführt worden seien. Der Zeuge verneint. Er versuche, relativ objektiv und ohne Vorurteile mit den Leuten zu reden. Aus Sicherheitsgründen seien aber immer Bedienstete dabei gewesen. Am Anfang müsse man eine Beziehung zum Gefangenen aufbauen. Danach könne man sich in bestimmte Thematiken hineinarbeiten.

Rechtsanwalt Hoffmann hat eine Frage zum Thema Fluchtversuch. Er bittet den Zeugen, sich die Fragen anzuhören und dann zu schauen, ob er sie beantworten dürfe. Er fragt, ob es nach dem Fluchtversuch eine Äußerung des Angeklagten bezüglich seiner Motivation gegeben habe. Der Zeuge gibt an, zu diesem Zeitpunkt wegen eines Fahrradunfalls ausgefallen gewesen zu sein. Danach sei der Angeklagte verlegt worden. Er habe dazu also keine Informationen.

Rechtsanwalt Christoph Günther fragt, ob sie darüber gesprochen hätten, ob der Angeklagte »seinen Kampf« als beendet ansehe. Der Zeuge sagt, der Angeklagte sehe seinen Kampf nicht als beendet an. Er habe ihm gegenüber geäußert, dass er drei Möglichkeiten für sich gesehen habe: Bei dem Anschlag erschossen zu werden, irgendwohin zu flüchten und den Kampf aus dem Untergrund fortzuführen oder verhaftet zu werden. Er habe mit dem Angeklagten darüber gesprochen, was dieser gemacht hätte, wenn er hätte flüchten können. Der Angeklagte habe angegeben, dass er dann den Kampf aus dem Untergrund weitergeführt hätte. Der Rechtsanwalt will wissen, ob der Angeklagte seinen Kampf fortsetzen wollte, wenn er – hypothetisch betrachtet – noch einmal freikäme, was der Zeuge bejaht.

7 Papierkleidung dient der Suizidprävention; sie soll verhindern, dass Gefangene sich mit ihrer eigenen Kleidung strangulieren.

Rechtsanwalt Siebenhüner fragt, ob sich der Angeklagte mal über seine Kindheit geäußert habe. Der Zeuge sagt, darüber hätte er wenig gesprochen. Er, der Zeuge, habe ein paar Mal versucht, das aufzuarbeiten, weil die Informationen sehr spärlich gewesen seien. Solange der Angeklagte in der Grundschule gewesen sei, sei alles relativ normal verlaufen. Dann hätte es immer weniger Freunde gegeben. Im Gymnasium habe der Angeklagte von zwei Freunden berichtet. An der Universität sei es etwas besser gelaufen, wobei die Kontakte wieder komplett abgebrochen seien, als er krank gewesen sei. Rechtsanwalt Siebenhüner sagt, das sei ungewöhnlich, normalerweise breche der Kontakt zu Freunden nicht ohne Weiteres ab, nur weil man krank oder im Krankenhaus sei. Der Zeuge sagt, dass die Kindheit des Angeklagten einigermaßen normal verlaufen sei, die Jugend wiederum weniger, und er nach seiner Operation schlussendlich gar keine Kontakte mehr gehabt habe. Die Frage, ob der Angeklagte unter der Isolation leide, verneint der Zeuge.

Siebenhüner fragt anschließend nach dem Verhältnis des Angeklagten zu seinen Eltern. Roland W. antwortet, da könne er nur indirekt Schlüsse ziehen. Es habe ein bisschen gedauert, bis die Eltern zu Besuch hätten kommen können. Der Angeklagte habe sich Gedanken darüber gemacht, dass die Tat auch seine Familie treffen würde, doch erst nachdem er mit seinen Eltern gesprochen und erfahren habe, wie schlimm deren Verfolgung durch die Presse gewesen sei, habe er gesagt, dass er sich das nicht so schlimm vorgestellt hätte. Er habe nichts von einer Vertrauensperson in der Familie berichtet.

Rechtsanwältin Lang fragt, ob der Angeklagte mal berichtet habe, was er zeichnen würde. Der Zeuge bejaht, er habe ihm einiges gezeigt. Dann berichtigt er sich, der Angeklagte habe ihm die Zeichnungen nicht selbst gezeigt, er habe Einsicht gehabt, da auch die Postkontrolle über ihn laufe. Dabei habe er eine Zeichnung von einem Mädchen mit hochgezogenen Schultern gesehen, zu der der Angeklagte einige Bemerkungen gemacht habe. Da habe so etwas wie »Mehr kann man nicht machen« gestanden. Die Rechtsanwältin fragt, ob er diese Bemerkung in Bezug zur Zeichnung habe setzen können. Er antwortet, er habe es in Bezug zum Brief setzen können, der Angeklagte habe einer jungen Frau geantwortet. Lang will wissen, ob er diese Frau schon vorher gekannt habe. Der Zeuge verneint, das sei so ein Brief, den prominente Täter manchmal von draußen kriegen würden. Die Rechtsanwältin fragt, ob der Angeklagte Briefkontakte pflegen würde. Der Zeuge sagt, der Angeklagte werde angeschrieben, und wenn er wolle, antworte er darauf. Auf die Frage nach seiner Kenntnis über die Häufigkeit der Kontakte, antwortet der Zeuge, dass seien zwei oder drei gewesen, die er mitbekommen habe.

Die Vorsitzende greift wegen des Rechts auf Persönlichkeitsschutz in die Befragung ein. Rechtsanwältin Lang sagt, es sei ihr nicht um den Inhalt der Briefe gegangen, sondern um die Häufigkeit, um zu zeigen, dass der

Angeklagte soziale Kontakte habe. Roland W. ergänzt, in einem Vermerk sei auch niedergeschrieben, was der Angeklagte über diese zwei oder drei Personen gedacht habe.

Rechtsanwalt Lupschitz sagt, der Zeuge habe die Prominenz des Falls angesprochen. Er fragt, ob das mit dem Angeklagten thematisiert worden sei. Roland W. bejaht, das sei offensichtlich gewesen. Sie hätten jetzt nicht explizit über das Thema Prominenz gesprochen, aber es sei dem Angeklagten klar gewesen, dass sein Fall hohe Wellen schlage. Er verneint die Frage, ob der Angeklagte gesagt habe, dass er Nutzen daraus schlagen wolle. Es habe aber auch keine Hinweise gegeben, dass die Prominenz ihm irgendwie unangenehm sei.

Rechtsanwältin Pietrzyk fragt nach der Zeichnung von dem Mädchen. Roland W. sagt, die habe der Angeklagte selbst gezeichnet. Pietrzyk fragt, ob ihn mal jemand außerhalb der Familie besucht habe. Der Zeuge gibt an, nur von der Familie zu wissen.

Roland W. berichtet abschließend, dass der Angeklagte kein Problem mit der Todesstrafe gehabt hätte. Er hätte erklärt, dass er dann wenigstens keine Belastung für den Steuerzahler wäre. Das hieße aber nicht, dass er selbst Hand anlegen würde.

Die Vorsitzende entlässt den Zeugen.

Es folgt eine Unterbrechung bis 14 Uhr.

Nach der Pause macht Rechtsanwältin Lang einen Beweisantrag: Sie beantragt, Mick Prinz von der Amadeu Antonio Stiftung zu laden, der ein Experte für die politische Wirkungsweise von Gaming Communitys sei. Dabei solle es auch um die Nutzernamen wie »Ostpreuße« und »komissar1337« gehen, die der Angeklagte mutmaßlich auf der Spieleplattform Steam genutzt habe. Dieser habe schließlich bereits 2011 ein Steamprofil angelegt. Mick Prinz habe dazu Recherchen angestellt und Screenshots angefertigt. So weise beispielsweise die Tatsache, dass der Angeklagte bereits 2011 eine geschichtsrevisionistische Selbstbezeichnung als Username genutzt habe, darauf hin, dass seine Eigendarstellung, sich erst 2015 radikalisiert zu haben, nicht zutreffe. Der sachverständige Zeuge könne nähere Auskunft zur Codierung der Usernamen des Angeklagten und damit zu dessen Bewegung im digitalen Raum geben. Mick Prinz könnte als sachverständiger Zeuge zum Gamingverhalten des Angeklagten aussagen, der Spiele gespielt habe, in denen man in einer Nachstellung der Kriegshandlungen des Zweiten Weltkriegs die Rolle der Wehrmacht einnehmen könne, und ein Spiel, bei dem Waffen auseinander- und zusammengebaut würden. Das könnte möglicherweise einen Lerneffekt in Bezug auf Waffen bewirkt haben. Der Angeklagte habe zudem viele Ego-Shooter benutzt.

Der sachverständige Zeuge würde auf Inhalt und Funktionsweise der häufig gespielten Ego-Shooter eingehen können. Das sei auch deshalb von Relevanz, weil die BKA-Beamtin, die mit der Auswertung betraut gewesen sei, die Spiele nie gespielt habe.

Spiele, die Szenen aus dem Zweiten Weltkrieg darstellen, so Rechtsanwältin Lang weiter, ließen Rückschlüsse auf die Radikalisierung des Angeklagten zu. Auch wenn sein antisemitisches und rassistisches Weltbild bereits klar sei, sei noch zu ermitteln, inwieweit der Mord an Jana L. und Kevin S. auch sozialdarwinistischen Motiven gefolgt sei. Eine positive Bezugnahme auf den Nationalsozialismus bedeute gegebenenfalls auch, Schwächeren und Menschen mit Behinderung ein Recht auf Leben abzusprechen. Die besondere Wehrlosigkeit der späteren Todesopfer sei für den Täter wahrnehmbar gewesen. Jana L. sei völlig arglos gewesen, und Kevin S. habe nicht fliehen können. Der Angeklagte habe das verwundbarste Opfer getötet und sich den Umstand der besonderen Wehrlosigkeit zunutze gemacht. Die Spiele könnten eine mentale Vorbereitung auf die Tat dargestellt haben.

Im Hinblick auf den Umstand, dass der Angeklagte seine Waffen selbst habe herstellen können, kämen – bei 82 Stunden Spielzeit – dem Spiel »World of Guns« eine besondere Relevanz zu. Er könnte sein Wissen auf diese Weise erweitert haben. Der sachverständige Zeuge würde auch darstellen können, dass das Spiel auf eine besondere Affinität des Spielers zu Geometrie und zum Aufbau von Waffen schließen lasse. Rechtsanwältin Lang beantragt, den Sachverständigen einzuladen, zum Beweis der Tatsache, dass sich bei Steam rechte Akteure vernetzen würden, um Antisemitismus und Rassismus zu verbreiten. Mick Prinz könne nicht nur über die konkreten Spiele berichten, sondern auch generell über rechte Narration und Gaming sprechen. Dies sei insbesondere im Hinblick auf die Radikalisierung des Angeklagten relevant. Bisher habe man vor allem die Familie betrachtet – jetzt sei es wichtig, auch dieses Thema anzusehen.

Die Vorsitzende gibt bis zum 26. Oktober 2020 Zeit zur Stellungnahme.

Mehrere Nebenklagevertreter·innen schließen sich dem Antrag an, darunter Rechtsanwältin Pietrzyk, Rechtsanwalt Hoffmann, Rechtsanwalt Lupschitz, Rechtsanwalt Özata und Rechtsanwältin von der Behrens.

AUSSAGE DER ZEUGIN CARMEN M. (JVA HALLE, ZUM HAFTVERHALTEN DES ANGEKLAGTEN)

Anschließend begrüßt die Vorsitzende die Zeugin Carmen M., belehrt sie über ihre Zeugenpflichten und nimmt ihre Personalien auf. Carmen M. ist 54 Jahre alt und Hausleiterin in der JVA Halle.

Die Vorsitzende verliest wieder die ihr vorliegende Aussagegenehmigung. Sie umfasse ausschließlich das vollzugliche Verhalten des Angeklagten. Ausdrücklich nicht erfasst seien Aussagen zu anderen Mitgefangenen und den Ereignissen am 30. Mai 2020. Ferner auch Aussagen zu Vorgängen, die Gegenstand laufender Verfahren seien.

Die Vorsitzende sagt, sie interessiere das Verhalten des Angeklagten nach der Überstellung in die JVA Halle. Der Zeuge Roland W. habe bereits erzählt, dass sie, Carmen M., auch anwesend gewesen sei, wenn er im Rahmen des psychologischen Diensts mit dem Angeklagten gesprochen habe. Die Zeugin sagt, der Angeklagte sei ein sehr ruhiger und unauffälliger Gefangener. Er habe vieles einfach hingenommen, wie es kam. Er habe auch freundlich »Guten Tag« und »Danke« gesagt, dann sei das Gespräch beendet gewesen. Er habe keinen Kontakt zu Mithäftlingen gehabt. Einmal am Tag habe er zur immer gleichen Zeit für eine Stunde Hofgang gehabt.

Die Vorsitzende fragt, wie viele Bedienstete ihn betreut haben. Die Zeugin antwortet, bei einem normalen Stationsdienst seien bis zu drei Personen pro Schicht vor Ort gewesen.

Die Frage, ob es mal irgendwelche Aggressionen gegeben hätte, verneint sie. Sie könne sich lediglich an den 8. April 2020 erinnern, als sechs Monate Untersuchungshaft fast vorbei gewesen seien. Irgendjemand habe dem Angeklagten gesagt, dass eine Untersuchungshaft in der Regel nicht länger als sechs Monate dauere. Da sei er eher unruhig gewesen, weil er dachte, dass nun etwas in seinem Verfahren passieren würde. Die Vorsitzende fragt, ob sich das verbal geäußert habe. Carmen M. antwortet, der Angeklagte sei in seinem Haftraum herumgelaufen und habe einen Antrag auf sofortige Entlassung gestellt. Es habe dann ein Gespräch mit der Vollzugsleiterin gegeben, die ihm die Strafprozessordnung erklärt habe. Die Frage, ob das Verhalten ihr gegenüber angemessen und höflich gewesen sei, bejaht sie.

Die Frage, ob der Angeklagte versucht habe, ihr Gespräche über seine Ideologie »aufs Auge zu drücken«, verneint sie. Einmal, während der Freistunde, habe es eine Situation gegeben, in der es um Flüchtlinge gegangen sei. Da hätten die Kollegen das Gespräch sofort abgebrochen. Die Vorsitzende fragt, ob sie da auch entsprechende Weisung gehabt hätten, was Carmen M. bejaht.

Auf Nachfrage bestätigt die Zeugin, den Angeklagten als »isolationsfreudig« wahrgenommen zu haben, und ergänzt, dass das sehr außergewöhnlich sei.

Weiter gibt sie an, bei dem Angeklagten nie irgendwelche Emotionen festgestellt zu haben. Die Vorsitzende hakt nach, ob die Zeugin einmal Trauer oder Frust in Bezug auf seine Familie erlebt hätte. Carmen M. erklärt, sie sei beim ersten Besuch seiner Eltern dabei gewesen. Seine Mutter habe fürchterlich geweint. Da habe man schon sehen können, dass ihm das leid getan habe, aber wirklich viel reagiert habe er nicht. Die Schwester des

Angeklagten sei erschüttert gewesen, und es sei recht schnell klar gewesen, dass es wahrscheinlich ihr erster und letzter Besuch gewesen sei. Auf die Frage, wie der Angeklagte reagiert habe, antwortet die Zeugin: »Tja, wahrscheinlich so, wie man ihn kennt.«

Rechtsanwältin Lang fragt, ob es Hinweise auf einen Ausbruchsversuch gegeben habe. Die Zeugin erklärt, darüber nicht reden zu dürfen. Rechtsanwältin Lang sagt, sie sei bloß verwundert, weil die Zeugin soeben gesagt habe, dass er sich so verhalten habe, wie man es erwarten würde. Sie fragt: »Erwartet man, dass einer ausbricht?« Carmen M. erwidert, sie habe gemeint, dass er sich wie erwünscht verhalten habe, nicht wie erwartet. Er habe immer kurze, präzise Antworten gegeben. So wünsche man sich die Gefangenen – höflich. Sie dürfe inhaltlich nicht auf die »laufende Geschichte« [Ausbruchversuch des Angeklagten, Anm. d. Hgg.] eingehen.

Rechtsanwältin Lang fragt, ob der Angeklagte während seiner Hofgänge permanent unter Beobachtung gestanden habe. Carmen M. berichtet, dass er das in ihrer Anwesenheit immer gewesen sei. Die Rechtsanwältin sagt, sie habe es aus den Akten so verstanden, dass die Kamera nicht in der Lage sei, den gesamten Hof zu erfassen, wenn die Tür zum Hof offen stehe. Carmen M. erwidert, nicht berechtigt zu sein, darüber zu sprechen, das habe nichts mit dem Verhalten des Angeklagten zu tun. Auf die Frage, ob der Angeklagte das hätte erkennen können, antwortet sie, dass man die Kamera sehe. Die Vorsitzende sagt, dass die Zeugin eindeutig gesagt habe, dass sie nicht befugt sei, dazu Aussagen zu machen.

Rechtsanwältin Pietrzyk fragt die Zeugin, wer ihr die Genehmigung erteilt habe. Sie antwortet, das sei die stellvertretende Anstaltsleiterin gewesen. Pietrzyk fragt, ob sie Kenntnis darüber habe, dass diese dazu berechtigt sei, über Aussagegenehmigungen zu entscheiden. Sie fragt zudem, ob ihr erläutert wurde, warum bestimmte Teilbereiche nicht umfasst seien. Die Zeugin sagt, es liege ja auf der Hand, dass es sich dabei um eine ganz andere Geschichte handele. Es gehe da ja um ein Disziplinarverfahren.[8]

Die Vorsitzende sagt, dass man die Anstaltsleiterin selbst fragen müsse, um herauszufinden, warum diese eine einschränkende Aussagegenehmigung erteilt habe. Rechtsanwältin Pietrzyk sagt, dass sie eben deshalb frage, ob der Zeugin das mitgeteilt worden sei. Die Vorsitzende wirft ein, sie wisse

8 Der gescheiterte Fluchtversuch des Angeklagten am 30. Mai 2020 ist nicht Teil dieser Verhandlung. Die Bediensteten der JVA Halle hatten eigenmächtig und ohne Rücksprache mit dem Landesjustizministerium die Haftbedingungen des Angeklagten gelockert. Der gescheiterte Fluchtversuch hatte personelle Konsequenzen: Die stellvertretende Direktorin der JVA Halle wurde daraufhin versetzt. Siehe: »Fluchtversuch von Halle-Attentäter hat personelle Konsequenzen«, www.spiegel.de, letzter Zugriff, 2. September 2021.

nicht, ob das jetzt zielführend sei. Die Rechtsanwältin erwidert: »Ich schon.« Die Vorsitzende antwortet, sie bräuchten nicht zu diskutieren. Pietrzyk sagt, sie wolle auch nicht diskutieren, aber die Vorsitzende »grätsche ihr rein«, und sie wolle von ihrem Fragerecht Gebrauch machen.

Die Frage, ob sie zu der Zeit Dienst gehabt habe, verneint die Zeugin und möchte nicht angeben, wer sonst noch Dienst hatte. Sie werde hier nicht ihre Kollegen benennen und verweist auf den Datenschutz. Carmen M. sagt, dazu müsse die Anwältin die Anstaltsleitung befragen.

Die Vorsitzende fragt, ob es nun keine Fragen mehr gebe.

Rechtsanwältin Pietrzyk gibt an, noch eine Menge Fragen zu haben. Die Vorsitzende antwortet, das habe sie gehört, aber die Aussagegenehmigung sei beschränkt. Die Rechtsanwältin erwidert, das wisse sie nicht, woraufhin die Vorsitzende darauf verweist, sie gerade verlesen zu haben. Pietrzyk sagt, sie nehme wahr, dass es einen gewissen Unwillen seitens des Gerichts gebe. Die Vorsitzende sagt, das habe damit nichts zu tun, aber wenn es eine beschränkte Aussagegenehmigung gebe, könne man dazu nichts fragen.

Rechtsanwältin Lewin erhält das Wort und sagt zu der Zeugin: »Sie sagten, er habe sich benommen, wie man es sich von einem Gefangenen wünscht. Rückblickend betrachtet, hat er ja einen Ausbruchsversuch unternommen. Würden Sie sein Verhalten trotzdem unter diesem Eindruck immer noch so bezeichnen?« Die Zeugin sagt, sie könne nur über ihre Erfahrungen mit dem Angeklagten reden. Wie sie schon gesagt habe, sei sie bei dem Versuch nicht zugegen gewesen. Ihr und ihren Kollegen gegenüber sei er immer höflich und zuvorkommend gewesen. Mehr könne sie dazu nicht sagen. Lewin fragt, ob es nicht möglich sei, dass der Angeklagte versuche, sie durch sein Verhalten in eine entspannte Lage zu versetzen und Sympathien hervorzurufen. Carmen M. verneint, das denke sie nicht, und ergänzt, wenn dem so gewesen sei, hätte er es ja bei ihr versucht. Sie wiederholt, sie könne nur darüber sprechen, wie er sich ihr gegenüber verhalten habe. »Wenn Sie fragen, ob das Zweckverhalten war, kann ich nur sagen, er hat das bei mir nicht gemacht. Ich denke, das ist einfach eine Wesensart von ihm.« Die Rechtsanwältin fragt, ob sie ihn also nicht für besonders gefährlich in Bezug auf weitere Ausbruchsversuche halte. Die Zeugin sagt, sie wisse nicht, ob sie darauf antworten müsse. Die Vorsitzende sagt, das müsse sie nicht, schließlich sei sie keine Sachverständige.

Die Zeugin wird entlassen.

AUSSAGE DES ZEUGEN SVEN E. (BKA, ZU DEN FINANZERMITTLUNGEN)

Als nächstes wird Sven E. im Zeugenstand begrüßt. Die Vorsitzende belehrt auch ihn über seine Zeugenpflichten und stellt seine Personalien fest. Sven E. ist 37 Jahre alt und als Kriminalhauptkommissar beim BKA in Meckenheim tätig.

Die Vorsitzende erklärt, dass der Zeuge umfangreiche Finanzermittlungen gemacht habe und fragt ihn nach dem Ziel dieser Ermittlungen. Der Zeuge erklärt, dass es das Ziel gewesen sei, zu prüfen, was der Angeklagte für Konten und Kreditkarten gehabt habe. Auch hätte er schauen müssen, was der Angeklagte für Kontakte gehabt habe. Es hätte ja auch Zahlungskontakte mit Helfern geben können.

Die Vorsitzende fragt, was er herausgefunden habe. Sven E. sagt, sie hätten herausgefunden, dass der Angeklagte neben PayPal-Konten auch Konten bei der Sparkasse besessen habe. Er habe vor seinem 18. Geburtstag ein Sparkonto eröffnet und kurz darauf auch ein Girokonto. Die Vorsitzende fragt, was an Kontobewegungen festgestellt werden konnte. Der Zeuge berichtet zunächst von verschiedenen Zahlungseingängen. Am Anfang sei es mit Zahlungen von der Mutter losgegangen. Wahrscheinlich habe es sich da um ein bisschen Taschengeld gehandelt. Es seien jedenfalls etwa 30 Euro pro Monat über einen Zeitraum von zwei Jahren gewesen. Dann sei das Ganze auf 230 Euro umgestellt worden, bis die Zahlungen 2014 eingestellt worden seien. Vom Vater des Angeklagten seien während seines Studiums 200 Euro monatlich eingegangen. Dazu sei ein bisschen BAföG gekommen. Während der Bundeswehrzeit habe der Angeklagte Zuwendungen von der Bundeswehr erhalten. Später habe es dann auch ein bisschen Geld aus irgendwelchen Verkäufen von Sachen gegeben.

Die Vorsitzende spricht einen Bericht vom 24. Oktober 2020 an, in dem der Zeuge die Barabhebungen seit 2010 zusammengefasst habe: 2010 seien 1210 Euro abgehoben worden, 2014 790 Euro, 2015 430 Euro, 2015 120 Euro, 2017 20 Euro und 2019 550 Euro. Der Zeuge erklärt, im Studium habe es noch ein bisschen mehr Abhebungen gegeben. Danach seien es immer weniger geworden.

Die Vorsitzende fragt nach Zahlungen an irgendwelche Firmen. Sven E. berichtet, es habe Zahlungen an Waffenfirmen und Händler von Militaria,[9] an Chemieunternehmen und andere Unternehmen, die bestimmte Stoffe verkauften, gegeben. Auf Nachfrage der Vorsitzenden gibt er an, bei dieser Aufzählung Baumärkte nicht einbezogen zu haben. Er fügt hinzu, dass der Angeklagte Kartenzahlungen nur 2012/2013 vorgenommen habe, und unter den Empfängern Baumärkte – bis auf einmal der Toom Markt – gar nicht dabei gewesen seien.

Die Vorsitzende spricht die Finanzermittlungen im Hinblick auf das direkte Umfeld des Angeklagten an und fragt nach Auffälligkeiten. Der Zeuge sagt, der Angeklagte habe ja den Großteil der Waffen selbst gebaut. Sie hätten auf dem Konto des Vaters und ein bisschen auch bei der Mutter

9 Militaria sind historische Artefakte, die im Zusammenhang mit dem Militär stehen – zum Beispiel Uniformen, Ordenskunden, aber auch Waffen.

Bestellungen und Zahlungen an Unternehmen festgestellt, bei denen Sachen gekauft wurden, die für den Bau der Waffen verwendet worden sein könnten. Beim Vater gehe es da um Präzisionsrohre und Bleischrot. Über die Mutter habe der Angeklagte ein paar wenige Sachen gekauft – etwa 2012 einen Gefechtshelm, also nach seiner eigenen Bundeswehrzeit.

Die Vorsitzende fragt nach Hinweisen auf staatliche Unterstützungsleistungen. Sven E. sagt, die habe es nicht gegeben. Man habe nur BAföG-Zahlungen bis 2012 feststellen können, danach nichts mehr. Die Vorsitzende fragt, wie der Angeklagte denn dann sein Leben finanziert habe. Der Zeuge sagt, bis 2014 habe es Zahlungen von der Mutter gegeben und bis 2016/17 noch ein bisschen was vom Vater. Ansonsten habe man später hauptsächlich Bareinzahlungen feststellen können. Zwischendurch habe es einzelne Überweisungen von irgendwelchen Verkäufen gegeben, aber von dem Geld könne man keinen Lebensunterhalt bestreiten. Der Angeklagte, so Sven E., habe vermutlich auf Kosten der Eltern gelebt.

Die Vorsitzende sagt, aus dem Bericht gehe hervor, dass auf dem Girokonto des Angeklagten ab 2015 regelmäßig weniger als 500 Euro gewesen seien – letztlich dann die abgehobenen 550 Euro. Der Zeuge bestätigt das. Meistens habe der Angeklagte Bareinzahlungen getätigt und damit dann online etwas gekauft.

Die Vorsitzende sagt, im Bericht des Zeugen seien auch Barabhebungen der Mutter des Angeklagten aufgeführt. Ab 2014 sehe man da auch Barverfügungen. Sven E. berichtet, das habe er vor allem geprüft, weil es möglich gewesen wäre, dass sie ihrem Sohn größere Geldbeträge gegeben habe. 2015 habe der Angeklagte schließlich eine Langwaffe gekauft, und es habe sich die Frage gestellt, ob von der Mutter des Angeklagten größere Summen abgehoben worden seien. Sie hätten festgestellt, dass sie 2018 – als beim Angeklagten größere Bareinzahlungen begannen – relativ wenig Geld abgehoben habe. »Da hätte sie sich schon sehr viel beiseite legen müssen«. Sven E. fügt hinzu, dass die Frage, woher das Bargeld komme, das der Angeklagte bis 2019 einzahlte, somit offen bleibe. Dass es von der Mutter gekommen sei, sei zwar möglich, wenn diese Geld gelagert hätte. Dazu habe man aber keine direkten Erkenntnisse.

Die Vorsitzende fragt nach Hinweisen auf Bitcoin-Transaktionen. Der Zeuge sagt, im Auto des Angeklagten sei ein Zettel gefunden worden, auf dem elf Worte standen. Man habe schnell daran gedacht, dass es ein Wiederherstellungscode für Bitcoin sein könnte. Sie hätten sich dann mit Kollegen zusammengesetzt, die mehr Erfahrung damit hätten. Mit deren Hilfe sei es gelungen, den Seed[10] wiederherzustellen. Die Kollegen hätten es irgendwie geschafft, das zwölfte Wort, das fehlte, herauszufinden. Dabei gebe es nur eine begrenzte Anzahl an Möglichkeiten. So seien sie auch auf eine Wallet gestoßen, die mit hoher Wahrscheinlichkeit dahintersteckte. Nur wenige Bitcoins seien auf dieser Wallet gewesen, berichtet der Zeuge weiter.

Sie hätten dann festgestellt, dass die Bitcoin-Adresse mal gepostet worden sei. Da seien ein paar Zahlungseingänge von 2,60 bis 6,50 Euro festgestellt worden. Der Wert läge heute bei ungefähr 54 Euro.

Die Vorsitzende spricht die Möglichkeit an, ob der Angeklagte da 1000 Euro generiert hätte. Sven E. antwortet, dass sie dazu nichts haben feststellen können. Er geht auf die Aussage des Angeklagten ein, der behauptet habe, dass er eine Wallet auf einem Stick verkauft habe. Das sei technisch möglich. Der Angeklagte habe auch gesagt, dass er für 0,1 Bitcoin 1000 Euro bekommen habe. Dazu müsse man sagen, dass der Bitcoin extremen Kursschwankungen unterliege. Er hätte ihn somit nur zwischen Dezember 2017 und Januar 2018 oder Mitte des Jahres 2019 verkaufen können, denn nur da habe der Bitcoin einen so hohen Wert gehabt. Zudem, so Sven E. weiter, müsse man sagen, dass der Angeklagte versucht habe, seinen Rechner zu »clearen«. Da hätte man sonst vielleicht noch Anhaltspunkte für eine Wallet finden können, so sei das aber nicht mehr nachvollziehbar gewesen.

Die Vorsitzende fragt nach möglichen Reiseaktivitäten. Sven E. sagt, die Karte sei nur von 2010 bis 2013 eingesetzt worden – überwiegend für Verkehrstickets. Das würden sie wegen der Ticketpreise annehmen. Das sei hauptsächlich in der Zeit des Studiums gewesen.

Die Vorsitzende fragt anschließend nach Transaktionen im Zusammenhang mit Gaming. Dazu, so der Zeuge, könne er nicht viel sagen. Da müsse man den Kollegen Kriminaloberkommissar H., der sich mit dem Gaming auseinandergesetzt habe, fragen.

Die Vorsitzende fragt, ob es Zahlungen an Privatpersonen gegeben habe. Der Zeuge sagt, die habe es nur im Zusammenhang mit Geschäften gegeben, sprich auf eBay und bei Zahlungen mit Artikelnummern.

Anschließend kommt die Vorsitzende auf die Überlegungen zur Finanzierung der Tatwerkzeuge zu sprechen. Sven E. sagt, er glaube, dass der 3D-Drucker über eine Bareinzahlung finanziert worden sei, eine, bei der sie aber nicht wüssten, woher das Geld gekommen sei.

Die Vorsitzende spricht den Kauf eines Chemiemolekülbaukastens aus dem Jahr 2012 an. Der Zeuge sagt, damals habe der Angeklagte auch noch studiert. Ab 2013 habe er dann nichts mehr über sein eigenes Konto gekauft. Das sei erst 2017 wieder losgegangen. Am 1. Oktober 2019 habe er die kabellosen Lautsprecher über Amazon gekauft. Der Vater des Angeklagten habe

10 Eine Seed-Phrase ermöglicht den Zugriff auf eine Bitcoin-Wallet, in der Bitcoins verwahrt werden. Es handelt sich um eine Liste von 12 oder 24 englischen Wörtern, die zufällig aus einer Liste von möglichen 2048 Wörtern ausgewählt werden, mit deren Hilfe man eine Wallet jederzeit wiederherstellen und sich aneignen kann.

auch eine ganze Menge an Metallteilen bestellt. Spannhülsen und Spannstifte. Ob das für Waffen genutzt worden sei, wisse er, Sven E., aber nicht. 2017 seien über den Vater dann auch Präzisionsrohre bestellt worden, und es habe Bestellungen von Chemikalien gegeben.

Die Vorsitzende sagt, über den eBay-Account der Mutter habe man noch Einkäufe gefunden, die Tatrelevanz haben könnten, nämlich einen Gefechtshelm der Bundeswehr für nahezu 100 Euro.

Zusammenfassend, so sie weiter zu dem Zeugen, habe er also feststellen können, dass der Angeklagte überwiegend auf Kosten Dritter gelebt habe. Sven E. bestätigt das und sagt, der Angeklagte habe wahrscheinlich auf Kosten seiner Eltern gelebt.

Die Vorsitzende fragt, ob es irgendwann mal eine geringfügige Beschäftigung gegeben habe. Der Zeuge bejaht, das sei in den drei Monate nach der Bundeswehrzeit 2011 gewesen.

Auf Nachfrage der Vorsitzenden berichtet er außerdem, dass die Krankenversicherung des Angeklagten wahrscheinlich ab 2015 von seiner Mutter bezahlt worden sei.

Die Vorsitzende entlässt den Zeugen.

Es folgt eine kurze Unterbrechung.

AUSSAGE DES ZEUGEN STEFAN K. (BKA, ZUR VORTATPHASE)

Anschließend wird Stefan K. als Zeuge begrüßt und zu seinen Personalien befragt. Stefan K. ist als Kriminalhauptkommissar beim BKA beschäftigt.

Laut der Vorsitzenden habe Stefan K. einen Ermittlungsbericht vom 23. Januar 2020 erstellt, in dem es um eine Erkenntniszusammenstellung über das Verhalten des Angeklagten gegangen sei, das in das Geschehen vom 9. Oktober 2019 gemündet sei. Sie fragt ihn, wie er dabei vorgegangen sei. Der Zeuge sagt, zunächst habe er definieren müssen, was die Vortatphase umfasse. Dabei habe sich schnell herauskristallisiert, dass zwei Ereignisse eine prägende Rolle gespielt haben: Die Flüchtlingssituation 2015 und der Anschlag von Christchurch. Auf Basis dieser Ereignisse habe er begonnen, die Vortatphase zu definieren. Er habe sich bewusst nicht am Tatentschluss orientiert, es sei unklar gewesen, wann der Tatentschluss tatsächlich erfolgt sei. Er habe sich bei der Definition also am Tatvorhaben orientiert. Die engere Vortatphase sei dann die Zeit nach Christchurch gewesen.

Die Vorsitzende fragt, was er da genau festgestellt habe. Stefan K. berichtet, er habe verschiedene Ermittlungsergebnisse zusammengefügt und erst mal gesichtet. Das sei eine sehr umfangreiche Aufgabe gewesen, da es natürlich vielfältige Ermittlungsergebnisse gegeben habe. Dann habe er anhand der unterschiedlichen Ermittlungsergebnisse überprüft, ob das in die Definition der Vortatphasepasse und die Ergebnisse dann in seinen Bericht aufgenommen und entsprechend bewertet. Dabei sei es um verschiedene

Punkte gegangen, darunter die Vernehmung des Angeklagten, die Dokumente, die er vor der Tat hochgeladen habe und auch die Erkenntnisse aus den Zeugenaussagen.

In den Dokumenten, die der Angeklagte vor der Tat auf der Plattform Meguca hochgeladen habe, sei sein Hass auf bestimmte Gruppen und seine Tatmotivation deutlich geworden, deshalb habe er, Stefan K., sie mit in seinen Bericht aufgenommen. Ein weiterer Unterpunkt seien die Erkenntnisse aus den Zeugenvernehmungen zur Vorbereitung der Tat gewesen. Dabei sei es etwa um sportliche Aktivitäten, Waffenaktivitäten und allgemeine Gewohnheiten gegangen. Der Zeuge sagt, er habe viele Vernehmungen gesichtet und dabei wissen wollen, ob irgendwelche Aussagen zu Handlungen getroffen worden seien, die man als Vortathandlung definieren könne. Im Hinblick auf sportliche Aktivitäten des Angeklagten seien die Aussagen unterschiedlich gewesen. Die Beobachtung habe sich jedoch gehäuft, dass die sportliche Aktivität im letzten halben Jahr vor der Tat zugenommen habe. Der Zeuge sagt, er habe das für sich so interpretiert, dass der Angeklagte seine Fitness gestärkt habe, um sich auf das Anschlagsgeschehen vorzubereiten, das ja auch mit Anstrengung verbunden sei. Deshalb habe er die sportlichen Aktivitäten des Angeklagten auch als mögliche Vorbereitungshandlung aufgenommen.

Darüber hinaus habe es keine Zeugenaussagen gegeben, die als Vortathandlungen miteinander in Einklang zu bringen gewesen seien, berichtet Stefan K. weiter. Es seien zwar vereinzelt Knallgeräusche in der Nachbarschaft wahrgenommen worden, das sei aber alles sehr schwammig geblieben, deshalb habe er es nicht als direkte Vortatphase bestimmt. Die Vorsitzende sagt, es dürfte unstrittig sein, dass der Angeklagte Werkstatträume auf dem Grundstück seines Vaters gehabt und dort Sachen gebaut habe. Der Zeuge bejaht dies. Daraufhin fragt sie ihn zu seiner Zusammenfassung der Erkenntnisse aus den Finanzermittlungen, in denen auch dargelegt sei, wann der Angeklagte welche Ausrüstungsgegenstände gekauft habe. Neu sei ihr dabei der Bereich »Mietwagen«. Der Zeuge sagt, es sei wichtig für sie gewesen, den Zeitraum des Mietens möglichst lückenlos zu dokumentieren. Zudem, so Stefan K., hätten die Kollegen die Eckdaten für die Anmietung des Autos verzeichnet. Sie hätten viel Arbeit investiert, um alle technischen Möglichkeiten auszuschöpfen und auszuschließen, ob der Angeklagte Kontaktpersonen gehabt oder sonstige Vorbereitungen mit dem Mietwagen getroffen haben könnte. Sie hätten jegliche, tatrelevante Handlung »aufhellen« wollen, hätten aber kein Ergebnis erzielen können, dass in diese Richtung gedeutet habe.

Stefan K. schildert, dass Kollegen das Verhalten des Angeklagten nach 2015 und nach dem Attentat von Christchurch 2019 skizziert hätten, etwa im Hinblick auf Waffenkäufe und das Einrichten von Mail-Adressen. 2018 habe sich der Angeklagte für einen Freiwilligendienst bei der Bundeswehr beworben. 2019, eine Woche nach dem Attentat von Christchurch, habe er dann mit dem Kauf von diversen Gegenständen begonnen. Zu diesem Zeitpunkt habe der Angeklagte begonnen zu joggen. Zwei oder drei Wochen vor der Tat habe der Angeklagte auch begonnen, sein Zimmer aufzuräumen. Auf Nachfrage der Mutter habe er: »Ich brauche das nicht mehr«, geantwortet.

Anschließend erhält Rechtsanwalt Hoffmann das Wort. Er sagt, der Zeuge habe in seinem Bericht geschrieben, dass sich der Angeklagte, nachdem er die Synagoge in Halle als Ziel und Jom Kippur als Tattag festgelegt habe, auf die Tat vorbereitet habe. Er sei sportlich aktiv gewesen und habe Spreng- und Waffentests durchgeführt. Der Rechtsanwalt fragt, wen man als Zeugen für die Durchführung dieser Tests hören könne und ergänzt, dass der Zeuge Stefan K. schließlich nicht selbst ermittelt habe. Dieser bestätigt, dass es sich bei seinem Bericht um einen Indexbericht handele. Die Annahme, dass der Angeklagte diese Tests gemacht habe, beruhe auf dessen eigener Aussage. Rechtsanwalt Hoffmann fragt, ob der Zeuge das habe überprüfen können. Dieser verneint. Auf die Frage, ob jemand anderes das habe überprüfen können, gibt er an, dass er das nicht sagen könne. Der Rechtsanwalt fährt fort, dass der Angeklagte bei einem Waffentest ja sagen können müsste, wo dieser stattgefunden habe. Dann hätte man den betreffenden Ort auf Spuren prüfen können. Der Zeuge sagt, das Ergebnis, das er aufgeführt habe, basiere auf den Aussagen des Angeklagten. Er könne nicht sagen, ob das im Nachhinein noch jemand geprüft habe.

Rechtsanwalt Hoffmann fragt, wann der Bericht des Zeugen angefertigt worden sei. Stefan K. antwortet, der Bericht sei vom Januar 2020. Er habe nur die Dokumente einbezogen und zitiert, bei denen die Ermittlungen abgeschlossen und schon in die Akte aufgenommen gewesen seien. Der Rechtsanwalt fragt ihn, ob er wisse, ob noch weitere Erkenntnisse zu diesen Themen nach seiner Bearbeitung dazugekommen seien. Der Zeuge verneint, nach dem Bericht sei er aus dem Ermittlungsverfahren ausgeschieden. Er wisse es nicht. Der Rechtsanwalt fragt, ob es neben den Aussagen des Angeklagten noch andere Hinweise gebe, die ihn zu der Annahme brächten, dass der Angeklagte erst im Zusammenhang mit der »Flüchtlingskrise« 2015 angefangen habe, Schusswaffen zu bauen. Der Zeuge verneint.

Rechtsanwalt Hoffmann fragt weiter, ob es Ermittlungen zu Einkäufen von entsprechendem Material in den Jahren 2013 und 2014 gegeben habe. Stefan K. bejaht, schon 2012/2013 sei diverses, chemisches Material bestellt worden. Da habe der Angeklagte aber auch noch Chemie studiert. Ob man mit dem Material auch Sprengsätze hätte bauen können, wisse der Zeuge nicht. Er glaube aber, dazu seien Gutachten erstellt worden, und ergänzt, dass diese noch nicht abgeschlossen gewesen seien, als er seinen Bericht verfasst habe. Hoffmann sagt, um in der Gesamtschau festzuhalten, dass der Angeklagte im Zusammenhang mit der »Flüchtlingskrise« 2015 begann, sich zu bewaffnen, müsste man doch eigentlich diese Gutachten kennen, um diese

These überprüfen zu können. Stefan K. sagt, das könne er ihm nicht im Detail beantworten, ob die Gutachten ausreichen würden, um das zu überprüfen. Man könne ja maximal sagen, dass man mit den Chemikalien auch Sprengstoff herstellen könnte. Es gebe aber keinerlei Hinweise auf entsprechende Aktivitäten vor 2015, beziehungsweise drauf, dass der Angeklagte da schon versucht habe, Waffen herzustellen. Rechtsanwalt Hoffmann erwidert: »Ja, weil er das nicht gesagt hat.« Er fragt den Zeugen, ob er grundsätzlich davon ausgegangen sei, dass der Angeklagte in allen Punkten die Wahrheit sage. Stefan K. antwortet, das könne er nicht sagen, er habe ihn nicht vernommen.

Die Vorsitzende liest in Bezug auf die Schussübungen aus der Vernehmung des Angeklagten vor. Dieser gab an, einmal geschossen zu haben, als sein Vater nicht da gewesen sei. Das sei um Silvester gewesen, als bereits Böller verkauft worden seien. Rechtsanwalt Hoffmann antwortet, er wisse nicht, was sie ihm damit sagen wolle. Die Vorsitzende sagt, er habe wissen wollen, wo die Schussübungen stattgefunden haben, und diese Passage würde zeigen, dass sie im Hof stattgefunden hätten. Rechtsanwalt Hoffmann erklärt, dass er habe wissen wollen, was der Kriminalhauptkommissar seinem Bericht zugrunde gelegt habe.

Rechtsanwältin Pietrzyk fragt den Zeugen anschließend, ob er mal mit den Vernehmungsbeamten gesprochen habe, die den Angeklagten im Vorfeld der Berichtserstellung vernommen hätten. Sie sagt, der Zeuge habe vermerkt, dass der Angeklagte Fragen zu Onlineaktivitäten ausgewichen sei oder keine Angaben dazu habe machen wollen. Sie fragt ihn, ob er die Annahme dieses »Ausweichens« aus Erzählungen oder aus der Verschriftlichung der Vernehmung habe. Stefan K. antwortet, das sei ein Rückschluss gewesen, den er selbst gezogen habe. Es sei seine eigene Schlussfolgerung.

Anschließend ordnet die Vorsitzende noch eine, diesmal kleinere, Selbstleseliste an, die sie am Vortag ausgeteilt hatte. Es bestehen keine Einwände.

Die Sitzung wird geschlossen.

Mitschrift von Tuija Wigard

18. Verhandlungstag
3. November 2020

Der Angeklagte wird um 9.41 Uhr in den Saal geführt. Alle Anwesenden tragen FFP2-Masken, die zuvor am Einlass durch Justizbeamt·innen ausgegeben wurden. Eine ältere Besucherin wird von einer anderen Besucherin ermahnt, die Maske aufzusetzen.

Um 9.46 Uhr eröffnet die Vorsitzende Richterin Ursula Mertens die Sitzung. Sie entschuldigt sich für die Verzögerung aufgrund eines verspäteten Zugs aus Halle. Sie stellt die Anwesenheit der Prozessbeteiligten fest. Es gäbe kurzfristige Änderungen aufgrund der jüngsten Corona-Verordnungen. Sie habe sich von Prof. Alexander S. Kekulé von der Universität Halle beraten lassen, wie die Sicherheit im Saal gewährleistet werden könne. Sie habe entschieden, die Presseplätze kurzfristig nicht zu reduzieren. Zum Glück seien diese heute nicht voll belegt. Die Vorsitzende verweist auf die Pflicht, FFP2-Masken zu tragen, die Abstandsregeln einzuhalten und sagt, man werde abwarten, wie die Lage sich entwickelt. Es sei jedoch der Bereich der Nebenklage räumlich abgetrennt worden. Wer Kontakt zur Presse wolle, müsse sich einen anderen Ort suchen und könne dies nicht vor dem Sitzungssaal tun.[1]

1 Die Nebenklage nimmt an diesem Tag einen getrennten Aufgang und bekommt eigene Pausenräume. Der Kontakt zwischen Besucher·innen, Pressevertreter·innen und Nebenklage ist nicht mehr ohne Weiteres im Gerichtsgebäude möglich.

Rechtsanwältin Antonia von der Behrens fragt, wie es mit dem Angeklagten gehandhabt werde. Sie habe die Verfügung des Gerichts so verstanden, dass dieser keine Maske tragen müsse. Dies fände sie insbesondere im Hinblick auf seine Reaktionen auf das Gutachten »nicht uninteressant«.

Die Vorsitzende sagt zum Angeklagten, dass er die Maske abnehmen dürfe, da beide Verteidiger und das Sicherheitspersonal hinter ihm FFP2-Masken tragen würden.

Sie sagt, sie wisse selbst nicht, wie sich das Strafverfahren in Zeiten von Corona entwickeln werde. Sie sei vorherige Woche »ein bisschen überfordert« gewesen.

Die Vorsitzende bittet den Sachverständigen Prof. Dr. med. Steffen Heide Platz zu nehmen.

AUSSAGE DES SACHVERSTÄNDIGEN PROF. DR. STEFFEN HEIDE (RECHTSMEDIZINER, ZU DEN VERLETZUNGEN DES ANGEKLAGTEN NACH DER TAT)

Die Vorsitzende sagt, dass der Sachverständige bereits Erfahrung habe, vor Gericht auszusagen, belehrt ihn und bittet ihn, seine Personalien zu nennen.

Der Sachverständige Heide antwortet, er sei 53 Jahre alt und zum Zeitpunkt der körperlichen Untersuchung des Angeklagten leitender Oberarzt am Institut für Rechtsmedizin der Martin-Luther-Universität in Halle gewesen. Mittlerweile sei er Direktor des Instituts für Rechtsmedizin der Technischen Universität Dresden. Er sei mit dem Angeklagten nicht verwandt oder verschwägert.

Die Vorsitzende sagt, der Sachverständige habe den Angeklagten nach dessen Verhaftung rechtsmedizinisch untersucht, und bittet ihn, dies zu schildern.

Er sagt, er habe den Angeklagten am 9. Oktober 2019 um 17.30 Uhr in den Räumen des zentralen Polizeigewahrsams in Halle untersucht. Neben zahlreichen Polizeikräften sei außerdem die Rettungssanitäterin Frau E. vom Malteser Hilfsdienst anwesend gewesen. Für die Erstellung des Gutachtens habe er medizinische Befunde aus dem ärztlichen Aufnahmebericht des Klinikums Weißenfels vom gleichen Tag um 15.15 Uhr hinzugezogen.

Dort habe gestanden, dass der gefesselte Angeklagte von zwei SEK-Beamten mit einer Schussverletzung am Hals in die Notaufnahme gebracht worden sei. Laut Aussagen der SEK-Beamten habe er sich die Schussverletzungen selbst zugefügt, sagt der Sachverständige. Laut diesem Bericht sei der Patient ansprechbar, orientiert und blutarm gewesen. Die Pupillen seien gleich weit geöffnet, und die Reaktion der Pupillen auf Licht sei prompt erfolgt. Zudem sei eine Schussverletzung am Kopf mit Austrittswunde in der Nähe des dritten Halswirbelkörpers festgestellt worden. Es sei keine Lähmung und kein relevanter Blutverlust festgestellt worden. Durch eine Computertomografie sei eine schwerwiegende Verletzung der Gefäße ausgeschlossen worden. Bei einer gemeinsamen Beratung mit der ärztlichen Direktorin und den leitenden Ärzt·innen sei die Entscheidung gefällt worden, dass der Patient in polizeiliches Gewahrsam übergeben werden könne und eine Gewahrsamstauglichkeit bestehe. Er habe eine Tetanusprophylaxe sowie Antibiotika erhalten. Die Verletzung sei gesäubert und verbunden worden. Bei der Übergabe sei der Kreislauf des Patienten stabil und dieser »vollständig orientiert« gewesen. Es seien keine neurologischen Defizite, aber eine Verletzung von Muskel und Sehne in der Nähe des Halses festgestellt worden. Die Alkoholuntersuchung sei negativ ausgefallen.

Der Sachverständige sagt, er sei um ein erneutes Votum bezüglich der Gewahrsamstauglichkeit des Angeklagten gebeten worden. Er sei dann zu der Schlussfolgerung gekommen, dass eine Gewahrsamstauglichkeit aufgrund der Halsverletzung nicht gegeben sei und habe eine dauerhafte medizinische Überwachung empfohlen. Daraufhin sei der Angeklagte ins Klinikum Bergmannstrost Halle überstellt worden. Es sei dort eine operative Versorgung erfolgt. Entnommene Hautstücke seien an die Polizei ausgehändigt worden. Der Patient sei während der Behandlung kreislaufstabil gewesen. Nach der Operation sei seine Flugtauglichkeit attestiert worden.[2] Eine ärztliche Betreuung sei dabei nicht zwingend gewesen. Am Ankunftsort habe jedoch eine medizinische Betreuung erfolgen sollen. Über Nacht sei der Patient kreislaufstabil geblieben und habe keine Schmerzen gehabt. Auf Nachfrage habe sich der Patient »von suizidalen Absichten distanziert«. Ein weiterer Arzt habe die Suizidalität des Patienten untersucht, dies habe zu keiner Änderung der Flugtauglichkeit geführt. Im weiteren Verlauf der Untersuchungen habe dem Sachverständigen der Operationsbericht des Klinikums Bergmannstrost Halle vorgelegen. Die Operation sei am 9. Oktober 2019 um 22.11 Uhr durchgeführt worden, wobei eine sekundäre Wundversorgung stattgefunden habe. Einschuss- und Ausschusswunde am Hals seien ausgeschnitten worden und die entnommenen Hautstücke an die Polizei übergeben worden. Die Wunden seien anschließend vernäht worden. Die abschließende Diagnose habe gelautet: »intramuskuläre Schussverletzung der linken Halsseite«. Der Sachverständige habe auch die fotografische Dokumentation der Verletzungen erhalten. Er fragt die Vorsitzende, ob diese ihr vorliegen würde. Sie antwortet, dass sie diese nicht benötige.

Der Sachverständige sagt, er spreche nun über seine eigenen Befunde: Die Körpergröße des Angeklagten sei 170 Zentimeter, er sei 65 Kilogramm schwer und Linkshänder, wie er selbst angegeben habe. Zudem habe er keine

2 Sogenannte Schwerverbrecher werden meist mit Helikoptern transportiert, um dem Haftrichter vorgeführt zu werden, aber auch um an ihren eigenen Strafprozessen teilzunehmen. Der Angeklagte wurde an den Prozesstagen von der JVA Burg zu einem nahe gelegenen Flughafen geflogen und von dort nach Magdeburg gebracht.

chronischen Krankheiten und sei keiner Dauermedikation ausgesetzt. Auf Nachfrage habe der Angeklagte erklärt, dass er »mäßige Schmerzen im linken Halsbereich« gehabt habe. Der Angeklagte sei bewusstseinsklar, wach und »voll orientiert« gewesen. Er sei »bedingt kooperativ« und sei Aufforderungen gefolgt. Der Sachverständige beschreibt den Angeklagten als »im Affekt gespannt, in sich gekehrt«, aber er habe mit ihm kommuniziert. Es habe keine Anzeichen für Sinnes- oder Wahrnehmungstäuschungen gegeben. Die Umstände der Untersuchung seien eingeschränkt gewesen, da der Angeklagte in halb liegender Position teilweise fixiert gewesen sei. Die Dokumentation und Untersuchung sei schrittweise erfolgt, indem die Fixierung erst an einer und später an einer weiteren Stelle gelöst worden sei. Die Befunde seien erhoben worden, wie es unter diesen Umständen möglich gewesen sei.

Die Bilder 1 bis 3 zeigen, dass bei der Untersuchung des Kopfes keine Verletzung der Kopfhaut feststellbar gewesen sei. Es habe keine Blutungen am Hinterohr, den Augen oder der Mundschleimhaut gegeben. Am Hals links habe sich ein Verband befunden.

Die Bilder 4 und 5 würden an der linken Halsseite einen knapp ein Zentimeter großen, rundlichen Schussdefekt zeigen.

Die Vorsitzende sagt, sie habe die Bilder, von denen er soeben sprach, nun aufgerufen. Auf dem Bildschirm des Sachverständigen sind nun die Fotos sichtbar, die für Pressevertreter·innen sowie Zuschauer·innen nicht einsehbar sind. Der Sachverständige bestätigt der Vorsitzenden, dass dies die Bilder seien, von denen er sprach. Er habe den Angeklagten noch vor der Fotodokumentation anschauen können. Dabei habe er keine Schmauchspuren und keine Pulvereinsprenkelung feststellen können. Solche Spuren seien charakteristisch für Nahschüsse. Anfänglich sei man davon ausgegangen, dass die Schussverletzung selbst zugefügt wurde. Dafür habe es allerdings keine Hinweise gegeben. Die Verbände im Nacken habe er nicht entfernt, da dies Nachblutungen hätte verursachen können. Dies sei im Klinikum Bergmannstrost erfolgt, wie die Bilder zeigen würden. Auch hier seien keine Schmauchspuren und keine Pulvereinsprenkelung zu sehen gewesen.

Wie auf den Bildern 6 und 7 zu sehen, seien keine Verletzungen am Rumpf festgestellt worden. Auf dem Oberbauch des Angeklagten sei eine Narbe zu sehen.

Auf den Bildern 8 und 9 seien mehrere oberflächliche Hautschürfungen und Errötungen erkennbar. An den Handgelenken seien Rötungen und Hautschürfungen nach der Handfixierung zu sehen. Am linken Handgelenk, am Handrücken sowie am Unterarm habe er ebenfalls Hautrötungen nach der Fixierung der Hände festgestellt. Er habe Abstriche von allen Fingernägeln genommen und sichergestellt. Zuvor sei bereits eine Schmauchsicherung der Hände durch die Kriminaltechnik erfolgt.

Auf den Bildschirmen im Presse- und Zuschauer·innenbereich ist ein Auszug aus dem Bericht des Sachverständigen zu sehen.

Der Oberarzt sagt, es sei abschließend eine Durchschussverletzung des Halses festgestellt worden. Dabei sei der wahrscheinliche Einschuss an der Halsvorderseite und der wahrscheinliche Ausschuss am Nacken links unten neben der Halswirbelsäule gewesen. Eine Verletzung größerer Gefäße habe er nicht feststellen können. Anhaltspunkte, die für die Selbstbeibringung der Schussverletzung sprechen würden, seien nicht feststellbar gewesen. Die Hautrötungen und -schürfungen seien auf die Fixierung der Hände zurückzuführen gewesen. Andere Hautschürfungen seien durch stumpfe Gewalteinwirkung entstanden, die auf einen Sturz oder die Festnahme zurückzuführen seien.

Eine Chemisch-Toxikologische-Untersuchung am 9. Oktober 2019 um 19.35 Uhr habe ergeben, dass es »keine Hinweise für eine Beeinflussung durch Alkohol, Drogen oder Pharmaka« gegeben habe.

Die Vorsitzende bedankt sich bei dem Sachverständigen und sagt, sie habe den Bericht von ihm aufgerufen. Auf den Bildschirmen ist eine Seite mit Ergebnissen der Chemisch-Toxikologischen-Untersuchung zu sehen. Sie sagt, dass kein Cannabis, Kokain, Opiate oder Amphetamine nachgewiesen worden seien, was der Mediziner bestätigt.

Die Vorsitzende sagt, sie habe den Sachverständigen geladen, weil sie interessieren würde, wie der Angeklagte sich bei der Untersuchung verhalten habe. Die Frage bezüglich der möglichen Selbstverletzung und der Schussverletzung sei in der Verhandlung bereits in den Tagen zuvor aufgeklärt worden, da ein Polizeibeamter den Angeklagten bei einem Schusswechsel getroffen habe. Nun interessiere sie das Auftreten und Verhalten des Angeklagten. Sie fragt den Sachverständigen, wie lange er am 9. Oktober 2019 mit dem Angeklagten Kontakt gehabt habe. Er könne dies nicht genau sagen, aber er denke 30 bis 45 Minuten. Die Vorsitzende fragt, wie sich der Angeklagte gegenüber dem Sachverständigen geäußert habe. Der Sachverständige sagt, er möchte betonen, dass es für ihn ungewöhnliche Bedingungen gewesen seien, und er so einen Vorfall in 26 Jahren Berufstätigkeit noch nicht erlebt habe. Fixierungen habe er bereits erlebt, aber nicht, dass jemand halb liegend fixiert gewesen sei und daneben Menschen mit Maschinenpistolen gestanden hätten. Dies habe einen besonderen Eindruck hinterlassen, deswegen könne er sich noch sehr gut erinnern. Er wisse, dass er in den Raum gekommen sei und dass dort eine »ziemliche Stille« geherrscht habe. Der Angeklagte sei auf einer Liege fixiert gewesen. Er habe den Eindruck gehabt, dass der Angeklagte in den Raum gestarrt habe. Der Sachverständige habe sich selbst vorgestellt, worauf er zunächst keine Reaktion vom Angeklagten erhalten habe. Der Sachverständige habe erklärt, dass er den Angeklagten im Auftrag der Polizei untersuchen müsse, worauf dieser zugestimmt und auf Fragen geantwortet habe. Die Antworten seien »adäquat«, aber verzögert gewesen. Der Angeklagte habe alles befolgt, sei »ziemlich in sich gekehrt« und habe sowohl psychisch als auch körperlich »unheimlich gespannt« gewirkt.

Das sei für ihn »etwas Außergewöhnliches« gewesen, sagt der Sachverständige. Die Fragen, die er gestellt habe, habe der Angeklagte zwar beantwortet – mehr aber auch nicht. So habe er ihm gegenüber keine Angaben zum Tatgeschehen gemacht.

Die Vorsitzende bedankt sich und fragt, ob es weitere Fragen gebe.

Richter Harald Scholz fragt, ob die Schussverletzung den Angeklagten in der Beweglichkeit beeinträchtigt habe. Der Sachverständige sagt, dass er dies schwer sagen könne, da der Angeklagte bei der Untersuchung zumindest teilweise immer fixiert gewesen sei. Eine grobe Beeinträchtigung habe er nicht feststellen können, aber dies hätte genauer untersucht werden müssen, indem man den Angeklagten hätte sitzen oder gehen lassen müssen. Da die Schussverletzung lediglich mit Pflastern versorgt worden sei, habe er die Gewahrsamstauglichkeit als nicht gegeben angesehen.

Die Vorsitzende fragt, ob es weitere Fragen gebe. Da dies nicht der Fall ist, bedankt sie sich bei dem Sachverständigen und sagt, dass sie ihm zur Ernennung als Institutsdirektor des Instituts für Rechtsmedizin in Dresden gratuliere. Sie unterbricht die Sitzung für 10 Minuten zum Lüften.

AUSSAGE DES ZEUGEN VALENTIN L. (NEBENKLÄGER, ZUM TATKOMPLEX SYNAGOGE)

Die Vorsitzende setzt die Verhandlung um 10.33 Uhr fort und begrüßt den Zeugen Valentin L., der mit seiner Rechtsanwältin Katrin Kalweit im Zeugenstand Platz genommen hat. Die Vorsitzende belehrt den Zeugen bezüglich seiner Pflichten und fragt nach seinen Personalien.

Der Zeuge sagt, er heiße Valentin L. Auf die Frage der Vorsitzenden, wie alt er sei, antwortet er, »soweit ich weiß 31«. Anwesende im Saal lachen. Die Vorsitzende sagt, sie wolle hoffen, dass er das wisse und fragt, was er beruflich mache. L. sagt, er sei eigentlich Fotograf, aber arbeite seit mehreren Jahren als Grafikdesigner. Die Vorsitzende sagt, sie gehe davon aus, dass der Zeuge mit dem Angeklagten nicht verwandt oder verschwägert sei, was Valentin L. bejaht. Sie sagt, dass schon einige Besucher der Synagoge ausgesagt hätten und vor zwei bis drei Wochen habe ihr Rechtsanwältin Kalweit mitgeteilt, dass Valentin L. als Zeuge zur Verfügung stehe. Sie erteilt ihm das Wort und bittet ihn zu schildern, wie er den Tag [des Anschlags, Anm. d. Hgg.] erlebt habe und wie es ihm ergangen sei. Der Zeuge bedankt sich und sagt, dass es eine »sehr große Ehre« sei, heute aussagen zu können. Es sei etwas Besonderes, dass die Zeugen aussagen könnten. Dies mache den Prozess zu einem politischen Prozess. Es sei »sehr symbolisch«, dass er das Schlusswort der Zeugen sprechen könne, weil er die Reise aus Berlin organisiert habe. Man könne sagen, die Verantwortung liege auch bei ihm, da er entschieden habe, [zu Jom Kippur, Anm. d. Hgg.] nach Halle zu fahren. Deswegen habe er sich anfangs nicht am Prozess beteiligen wollen, weil er es »wegschieben« und »nichts damit zu tun haben« wollte. Mit der Zeit habe er verstanden, dass es »sehr nötig« gewesen sei teilzunehmen. Dennoch habe er vorerst nicht aussagen wollen. Erst als er zum ersten Mal die Gerichtsverhandlung besucht habe, habe er verstanden, dass es für ihn und für andere »sehr wichtig« sei. Dies sei seine Motivation.

An dem Tag [des Anschlags, Anm. d. Hgg.] hätten sie nie gedacht, dass »so was« passieren könnte. Sie seien nach Halle gefahren, um Ruhe zu haben und sich mit geistigen Fragen an Jom Kippur zu beschäftigen. Es gebe in Halle weniger Autos als in Berlin, was bereits eine Erleichterung sei. Sie hätten am Abend von Jom Kippur einen schönen Spaziergang durch die Stadt gemacht. Dabei seien sie jüdisch gekleidet gewesen und hätten keine bösen Blicke bekommen. Der Tag und der Spaziergang seien »wirklich wunderschön, angenehm und heimisch« gewesen. Als der Angriff losgegangen sei, seien sie mitten im Gebet, in der Thoravorlesung, gewesen – dem Kern von jedem Gottesdienst. Er habe nicht glauben können, dass etwas Schlimmeres passiere, weil man sich während der Thoravorlesung geschützt fühle. Die Thorarolle sei das Heiligste und wenn man davorstehe, fühle man sich geborgen. Das [Attentat, Anm. d. Hgg.] sei wirklich unerwartet gewesen. Er sei einer der Personen gewesen, die gesagt hätten, dass es vermutlich »einfach nur ein Streich« sei. Jemand habe ihnen Angst machen wollen, habe er gedacht. Ihm sei klar gewesen, dass jemand gekommen sei, um ihnen zu schaden, aber er habe nicht verstanden, dass bereits jemand getötet worden sei. Als er verstanden habe, dass es draußen eine Leiche gebe, habe er versucht, allen Hoffnung zu geben. Sie hätten versucht, nicht aufzugeben und gehofft, »dass alles nicht so schlimm« sei. Das Danach sei die »schwierigste Situation« gewesen, weil sie nicht gewusst hätten, ob der oder die Täter die Synagoge umstellt oder sich bereits auf dem Gelände der Synagoge befunden hätten. Als Leute versucht hätten, die vordere Tür zu verbarrikadieren, habe er versucht, die hintere Tür zu verbarrikadieren. Aus dem Fenster habe er versucht zu erkennen, ob der Täter bereits auf dem Friedhof gewesen sei. Zweimal habe er durch die Explosionen die Druckwellen an den Fenstern gespürt, als er herausgeschaut habe. Das sei »sehr gruselig« gewesen. »Genau daran« müsse er sich »die ganze Zeit erinnern«. Es wäre »sehr schlimm« gewesen, wenn der Täter von hinten hereingekommen wäre. Was danach passiert sei, sei sehr prägend gewesen. Die Synagoge zu verlassen, sei eine schwierige Entscheidung gewesen, weil sie dort in Sicherheit gewesen seien. Sie hätten dort mit dem Gebet weitergemacht und das »sehr gefühlvoll« gestaltet; »mit ganzem Herzen und ganzer Liebe zu Gott«. Deswegen wünsche er allen die Jom Kippur erlebten, dass sie sich mit Leben und Tod konfrontierten, aber dies nicht in der physischen Welt machen müssten. Man spreche im Allgemeinen von der geistigen und der physischen Welt. Es gehe nicht nur darum, ob man an

Gott glaube, sondern auch darum, was man fühle und welche Taten man davon ableite. Es sei im Judentum wichtig, sich an die Gebote der Thora zu halten. Aus der Synagoge herauszugehen, sei ein Verstoß gegen diese Gebote gewesen. Darüber habe bereits der Zeuge Ezra W. gesprochen: Man dürfe an diesem Tag nicht umherfahren und keine elektronischen Geräte wie Telefone benutzen. Man solle sich nicht mit der materiellen, sondern nur mit der geistigen Welt auseinandersetzen. Deswegen sei es für sie »sehr anstrengend« gewesen, als sie die Synagoge verlassen mussten. Sie seien von der Polizei »auseinandergenommen« worden – »teilweise auch erniedrigend«, fügt Valentin L. hinzu.

Die Polizei sei »nicht nur in materieller Sicht« sehr unvorbereitet gewesen. Er habe die Angst der Polizisten, die sie von der Synagoge abgeholt haben, spüren können. Diese hätten sie unterstützt und beschützt, aber als sie sie untersucht hätten, habe sich herausgestellt, dass sie nicht gewusst hätten, dass es ein jüdischer Feiertag sei oder was überhaupt jüdische Feiertage seien. Valentin L. sagt, das habe ihn »sehr tief getroffen«, ohne erwähnen zu wollen, dass die Polizei sie nicht beschützt habe, wodurch die Opfer entstanden seien; ohne jemanden zu beschuldigen. Das habe ihn noch mehr getroffen im Vergleich zu dem, was der Angeklagte getan habe, weil dies vermutlich nichts mit ihm zu tun gehabt habe. Sie hätten nicht gewusst, was passiere, aber die Polizei sei »in einem Zustand von einer Probe, von einer Übung« gewesen. Das habe ihn verunsichert, wiederholt der Zeuge.

Es sei bekannt, was danach passiert sei. Valentin L. sagt, er möchte ungern so viel Zeit der Verhandlung beanspruchen, werde aber gern weitere Fragen beantworten.

Die Vorsitzende sagt, das Gericht habe sich entschlossen, die Besucher der Synagoge zu befragen, weil diese bislang nicht so vernommen worden seien, und die Auswirkungen bei der Beurteilung einer Straftat besonders wichtig seien. Das sei der Kernbereich der Aufklärung in einem Strafverfahren. Deswegen sei es wichtig, dass der Zeuge heute gekommen sei. Ihr sei klar gewesen, dass der ein oder andere Besucher und das ein oder andere Gemeindemitglied damit Probleme gehabt hätten, aber auch die, die keine Probleme gehabt hätten, sollten ihre Eindrücke schildern können.

Der Zeuge sagt, dass es wichtig sei, was er gesagt habe, aber andere hätten das auch schon erwähnt. Die Vorsitzende stimmt dem zu und sagt, es seien jedoch Individuen gewesen, und jeder sei anders. »Gott sei Dank«, seien viele Menschen in der Synagoge gewesen, weswegen es möglich sei, verschiedene Perspektiven zu beleuchten, sagt Valentin L. Er möchte im Hinblick auf das [psychiatrische, Anm. d. Hgg.] Gutachten anmerken, dass Antisemitismus als eine Krankheit angesehen werden könne, aber nicht als Krankheit einer Person, sondern von einer Gesellschaft – »wie ein Tumor« – wenn man den menschlichen Körper als Metapher für die Gesellschaft sehe. Der Tumor habe sich leider weiter ausgebreitet.

Der Zeuge sagt, er sei im Jahr 2005 als Kontingentflüchtling nach Deutschland gekommen. Dies habe er sehr genossen und sei sehr froh darüber. Er habe viel Gutes und »sehr viel Liebe und Hoffnung« in der Gesellschaft wahrgenommen. Mit dem Antisemitismus habe er immer gedacht, dass es besser und nicht schlechter werde. Er habe immer die Hoffnung bewahrt, in Deutschland zu bleiben. Die deutsche Kultur habe er mit der jüdischen verbinden und der gesamten Gesellschaft etwas geben wollen. Deswegen habe er in der letzten Zeit angefangen, mehr jüdische Veranstaltungen zu organisieren. Die Reise [nach Halle, Anm. d. Hgg.] habe er nicht als Grafikdesigner, sondern als jüdischer Aktivist veranstaltet. Deswegen sei er sehr traurig, aber er wolle zurück zu dem Punkt, warum er aussage.

Er stimme der Vorsitzenden zu, dass er aussagen solle, aber erst nachdem er vor Ort gesehen habe, wie der Prozess ablaufe, sei er überzeugt gewesen und habe den Drang verspürt auszusagen. In einer der letzten Sitzungen der Verhandlung sei es wichtig zu sagen: »Ja, es gibt ein Problem.« Man sehe, wie wichtig es sei, da man trotz Corona und den Schwierigkeiten mit den Masken hier sei. Obwohl man sich woanders nur zu zehnt versammeln dürfe, sei man trotzdem hier. Es gehe anscheinend um eine sehr wichtige Sache. Nach drei Monaten wolle er nicht, dass der Prozess einfach vorbeigehe. Alle seine Freunde seien in der Zeit vor Ort gewesen, und er habe sich nicht getraut als Zeuge aufzutreten. Deswegen sage er heute aus. Er möchte darauf hinweisen: »Das Problem liegt an uns allen und nicht an dem Täter.« Das Problem liege an der Gesellschaft. »Der Einzeltäter« sei »nur ein Werkzeug des gesamtgesellschaftlichen Problems«. Er denke, dass man dies nur zusammen bewältigen könne. Bedingung sei, dass man einander zuhöre und miteinander kommuniziere. In der Psychoanalyse gebe es den Begriff »Verdrängung«. Seit vielen Jahren bemerke er, dass Juden und die jüdische Kultur in der deutschen Gesellschaft verdrängt würden. Es gebe Menschen, die Juden verdrängten und Menschen, die Juden lieben. Es gebe drei Kategorien: zum einen die, die verdrängen – das sei neutral zu verstehen; dann gebe es andere, etwa der Angeklagte, die Juden angreifen oder dächten, dass man sie bekämpfen müsse; und dann gebe es Menschen, die »übertriebene Liebe« für Juden empfänden. Psychologisch könne man sagen, dass das auch ein Problem sein könne – das sei »Fanatismus«.

Der Zeuge sagt, er wolle noch mal auf den Tag zurückkommen, an dem er in Halle gewesen sei. Er habe in diesem Jahr an Jom Kippur entschieden, seine Heimatsynagoge in Lübeck zu besuchen. Auch dort sei eine sehr kleine Gemeinde, die Unterstützung brauche. Sie hätten im Jahr zuvor überlegt, nach Lübeck statt nach Halle zu fahren, aber die Synagoge in Lübeck sei noch nicht komplett renoviert gewesen. Jetzt sei sie mittlerweile renoviert worden. Er habe dieses Mal das Gebet mitgestalten können und habe ein zentrales Gebet gesungen: das »Kol Nidre« – das »alle Gelübde«.

Das letzte Mal, als er im Gerichtssaal gewesen sei, habe der Angeklagte eine Frage gestellt. Der Angeklagte habe die Frage an Ezra W. gestellt, ob die Juden sich im Vorjahr von allen Gelübden und Schwüren befreien würden, um ihre »jüdischen hinterhältigen Taten« zu vollbringen, ohne dafür von Gott bestraft zu werden und deswegen auch die Gesetze des Landes missachten würden. Das sei ein sehr altes Vorurteil, sagt Valentin L. Man könne nun sagen: »Ja, klar – dieses Vorurteil kennen wir, deswegen werden wir nicht darauf antworten«, weil es falsch sei. Er habe gedacht, dass an dieser Stelle die Kommunikation gefehlt habe – ohne das zu verdrängen und zu sagen, dass diese Person ein »Nazi« oder ein »Faschist« sei; nicht Teil der Gesellschaft sei, weil er Menschen umgebracht habe. Trotzdem müsse man sich zuhören – das klinge banal –, aber es sei »eine der letzten Sachen, die uns geblieben« seien.

Er sei leider nicht bei den anderen Sitzungen dabei gewesen, bei denen der Angeklagte sich unschön geäußert habe, sagt der Zeuge. Die Frage sei dem Angeklagten anscheinend sehr wichtig gewesen. Er habe den Eindruck gehabt, dass diese Frage verdrängt wurde. Er glaube, dass diese Frage die Antwort auf die Tat sei, da der Angeklagte weiterhin daran glaube, dass die Juden dies machten. Der Zeuge zitiert aus dem Gebet »Kol Nidre« und sagt: »Alle Gelübde, Entsagungen, Bannsprüche, Umschreibungen und Nebenbezeichnungen derselben, Strafen und Schwüre, die wir geloben, schwören, als Bann aussprechen und als Verbot uns auferlegen, von diesem Versöhnungstage bis zum nächsten Versöhnungstage, der uns zu Gutem kommen möge, sie alle bereue ich, sie alle seien aufgelöst, erlassen, aufgehoben, ungültig und ohne Bestand: Unsere Gelübde seien keine Gelübde, unsere Schwüre keine Schwüre.« Der Angeklagte hört zu und macht sich Notizen. Valentin L. sagt, wichtig sei die Stelle »von diesem Versöhnungstage bis zum nächsten Versöhnungstage«. Das bedeute, dass man sich die Versöhnungstage als »Grenze« vom Übergang von einem Jahr zum anderen vorstelle. Er wolle betonen, dass es in der jüdischen Tradition Dinge gebe, die umstritten seien und zu denen mehrere Meinungen existierten. Man würde sagen »vom vorigen Jahr bis zu diesem und von diesem Jahr bis zum nächsten Jahr«. Der Verweis auf das nächste Jahr sei im Mittelalter eingeführt worden, um zu signalisieren, dass man keine Schwüre ablegen wolle, weil es nichts bringe. Das sei kein Gebet, sondern eine juristische Aussage. Bei Jom Kippur gehe es darum, dass man nur vor Gott Schwüre und Gelübde ablegen könne und nicht vor anderen Menschen. Ende des 19. Jahrhunderts sei in Russland zum Ende der Zarenzeit ein Kommentar mit dem Verweis auf Bürgerpflichten und Gesetze des Landes verfasst worden, an die man sich halten müsse.

Der Zeuge sagt, er habe nun mit seinen Erzählungen »Eure Zeit vergeudet«, aber er hoffe, dass es trotzdem etwas bringe. Er sei »sehr betroffen«, denn man sehe nicht nur in Deutschland, dass solche Taten fast jede Woche passieren würden. Es gehe nicht nur um antisemitische Taten, es gehe generell um Gewalt, die sich weltweit verbreite. Der Zeuge sagt: »Wir sollen uns alle schuldig fühlen.« Er fühle sich, wie bereits am Anfang gesagt, auch schuldig. Die Vorsitzende und die Anwaltschaft solle zu dem richtigen Urteil kommen. Ob Antisemitismus eine Krankheit sei, sei natürlich eine rhetorische Frage. Man säße auch hier, um die Wahrheit zu verstehen und zu berücksichtigen. Genau hier liege das Urteil. Der Zeuge sagt, dass er hier abschließen und sich bedanken wolle. Er hoffe, dass es etwas gebracht habe. Man glaube im Judentum daran, dass man über solche Kleinigkeiten sprechen und diese Sachen direkt ansprechen könne. Wenn man genau hinschaue, finde man die Antworten. Diese Frage [des Angeklagten, Anm. d. Hgg.] gebe es bei Wikipedia. Man könne sagen, der Angeklagte habe es nicht verstanden, weil er an die Verschwörungstheorie glaube. Die letzten Monate hätten gezeigt, dass die Leute an Verschwörungstheorien glaubten. Man müsse bei allen Menschen schauen, warum sie daran glaubten und woran das liege. Man müsse auch fragen: »Was verdrängst du?« Das wünsche er ihnen allen, sagt Valentin L. und bedankt sich.

Die Vorsitzende bedankt sich bei dem Zeugen und fragt, ob die Beteiligten Fragen hätten.

Der Angeklagte sagt, dass er eine Frage habe. Er fragt den Zeugen, ob er wisse, was dem Zaren unter den »teils jüdischen Bolschewiken« passiert sei. Die Vorsitzende entgegnet, dass L. diese Frage nicht beantworten müsse, da dies mit dem Verfahren nichts zu tun habe. Die Auseinandersetzung mit Theologie sei nicht Gegenstand des Verfahrens. Der Zeuge habe seine Eindrücke und Überlegungen zum Hintergrund der Tat geäußert. Das sei etwas anderes. Auf eine Diskussion mit dem Angeklagten müsse er sich nicht einlassen. Der Zeuge sagt, er habe die Frage des Angeklagten nicht verstanden. Das Publikum lacht. Valentin L. sagt, dass es ihm wichtig gewesen sei, dass der Angeklagte Fragen stellen könne. Leider habe er aber die Frage nicht verstanden. Er könne die Frage gerne wiederholen, sagt der Angeklagte. Vielleicht so, dass man sie verstehe, erwidert die Vorsitzende. Sie habe die Frage inhaltlich auch nicht verstanden. Der Angeklagte sagt, L. habe erwähnt, dass die Juden unter dem Zaren verpflichtet gewesen seien, zu ihrem Gebet einen Zusatz auf Russisch zu sprechen. Er habe deswegen gefragt, ob der Zeuge wisse, »was die jüdischen Bolschewisten dem Zaren angetan« hätten. Das stehe in den Geschichtsbüchern, sagt der Zeuge. Aber ob er es wisse, fragt der Angeklagte, was der Zeuge bejaht. Der Angeklagte sagt, dass er keine weiteren Fragen habe.

Die Vorsitzende bedankt sich beim Zeugen und entlässt ihn. Einige Zuschauer·innen klatschen kurz. Die Vorsitzende unterbricht die Verhandlung für 15 Minuten, um zu lüften.

AUSSAGE DER SACHVERSTÄNDIGEN LISA JOHN (PSYCHOLOGIN, ZUR LEISTUNGSFÄHIGKEIT UND PERSÖNLICHKEIT DES ANGEKLAGTEN)

Die Sitzung wird um 11.28 Uhr fortgesetzt. Die Vorsitzende bittet, die Sachverständige Lisa John Platz zu nehmen, belehrt sie zu ihren Pflichten und bittet sie, ihre Personalien anzugeben. Die Sachverständige sagt, sie sei 30 Jahre alt, arbeite für die LWL[3]-Maßregelvollzugsklinik Herne und sei mit dem Angeklagten weder verwandt noch verschwägert.

Die Vorsitzende fragt den Verteidiger des Angeklagten, Rechtsanwalt Hans-Dieter Weber, ob es etwas zu besprechen gebe und ob die Verhandlung unterbrochen werden solle, da er sich mit dem Angeklagten unterhielte. Rechtsanwalt Weber verneint und sagt, sein Mandant ziehe das Gutachten in Gänze in Zweifel und habe zahlreiche Fragen vorbereitet. Die Frage wäre, wann diese Fragen gestellt werden könnten. Die Vorsitzende sagt, dass der Angeklagte sich grundsätzlich Notizen machen könne. Der Angeklagte erwidert, dass er sehr gerne vorab etwas zum Gutachten von Norbert Leygraf sagen würde. Das sei wichtig, da auch der Zeuge Valentin L. zuvor gesagt habe, dass Antisemitismus eine psychische Krankheit sei. Es sei nicht nur die Sicht des Zeugen, Antisemitismus und Rassismus als psychische Krankheit zu erklären, sondern sie sei international verbreitet. Die Vorsitzende unterbricht den Angeklagten und sagt, sie entziehe ihm das Wort. Er könne seine Erklärungen zu seinen Einstellungen gern an anderer Stelle machen. Jetzt werde es um das Gutachten [von der Psychologin John, Anm. d. Hgg.] gehen. Der Angeklagte sagt, es gehe ihm nur um eine Sache. Die Vorsitzende entgegnet, der Angeklagte habe prinzipiell das Recht, Fragen zu stellen, aber nicht in diesem Moment. Eine allgemeine Erklärung zu seiner Einstellung sei hier deplatziert. Es sei nicht seine Einstellung, dass Antisemitismus als Krankheit erklärt werde, sagt der Angeklagte. Die Vorsitzende sagt, seine Überlegungen könne er an einer anderen Stelle vortragen und erteilt der Sachverständigen das Wort.

Die Sachverständige John sagt, dass sie zusätzlich zu dem Gutachten von Norbert Leygraf mit einem testpsychologischen Zusatzgutachten beauftragt worden sei, um die kognitive Leistungsfähigkeit und Persönlichkeit des Angeklagten zu untersuchen. Dazu habe sie den Angeklagten am 9. Dezember 2019 in der JVA in Halle besucht und für circa dreieinhalb Stunden untersucht. Zu Beginn habe sie gefragt, wie er sich fühle und ob er erholt sei, da es für die Untersuchung von Relevanz sei. Er habe geantwortet, dass er so erholt sei, wie es nur gehe. Er habe gesagt, dass er wie jeden Tag gegen 6 Uhr morgens aufgestanden sei und ein Fitnesstraining gemacht habe. Im Verlauf habe er

3 Landschaftsverband Westfalen-Lippe.

gesagt, dass seine Stimmung »mäßig« sei, und es ihm vor der Haft »nicht gut« gegangen sei. Nun sei es schlechter geworden. Er habe den Eindruck, dass seine Aufmerksamkeits- und Konzentrationsfähigkeit nachgelassen habe. Der Angeklagte habe angegeben, bereits in seiner Grundschulzeit an einem Intelligenztest teilgenommen zu haben. Er habe jedoch keine Erinnerungen an den Test und die Ergebnisse. Er wisse nicht, warum dieser auf Initiative seiner Mutter durchgeführt worden sei. Laut Aussage der ehemaligen Kollegin seiner Mutter Karin D. habe die Mutter zu ihm gesagt, dass er hochbegabt sei. Ob dies getestet worden sei, habe die Sachverständige nicht beantworten können. Es bleibe unklar, ob es tatsächlich einen Intelligenztest oder Ähnliches in der Kindheit des Angeklagten gegeben habe, sagt John. Der Angeklagte habe auf Nachfrage angegeben, dass er vor seiner Haft noch nie Kontakt mit Psychiatern oder Psychologen gehabt habe und sich noch nie aufgrund seiner psychischen Gesundheit in Behandlung befunden habe. Vor Jahren sei er aufgrund einer Darmblutung im Krankenhaus behandelt worden. Das habe er gegenüber Professor Leygraf ausführlich erwähnt. Als Kind habe er sich die Lippe verletzt, als er mit dem Kopf durch einen Glastisch gefallen sei.

In Bezug auf die Ergebnisse der testpsychologischen Untersuchungen möchte die Sachverständige zuerst auf die kognitive Leistungsfähigkeit eingehen: Sie habe den Hamburg-Wechsler-Intelligenztest für Erwachsene zur Erfassung von Niveau und Struktur der Intelligenz angewandt. Vier verschiedene Unterbereiche würden zusammen einen Intelligenzquotienten bilden. Der Bereich »Sprachverständnis« messe das erworbene Wissen und die Fähigkeit zum sprachlich schlussfolgernden Denken. Hier habe der Angeklagte einen IQ-Wert von 100 erreicht, was einem Prozentwert von 50 entspreche. Dies sei ein durchschnittliches Ergebnis. Im Index »Wahrnehmungsgebundenes logisches Denken«, welcher die Fähigkeit zum logischen Schlussfolgern beurteile, habe er einen IQ-Wert von 108 erreicht. Dies entspreche einem Prozentrang von 70 und sei ebenso ein durchschnittliches Ergebnis. Der Bereich »Arbeitsgedächtnis« beschreibe die Fähigkeit zur Wahrnehmung von Informationen, sich diese zu merken und zu einer Lösung zu verarbeiten. Der Angeklagte habe hier einen IQ-Wert von 112 erzielt, was einem Prozentrang von 79 entspreche und durchschnittlich sei. Im Index »Verarbeitungsgeschwindigkeit« habe der Angeklagte einen IQ-Wert von 103 erzielt, was einem Prozentwert von 58 entspreche und ebenso ein durchschnittliches Ergebnis sei. Aus den vier Unterbereichen ergebe sich ein Gesamt-IQ-Wert von 105, was mit 64 Prozent einem durchschnittlichen Gesamtergebnis entspreche.

Zur Erfassung der Persönlichkeit habe die Sachverständige drei Fragebögen eingesetzt: das Minnesota Multiphasic Personality Inventory (MMPI), das Freiburger Persönlichkeitsinventar (FPI) und das Narzissmusinventar (NI). Bei dem MMPI handele es sich um einen Breitbandtest zur Beschreibung wichtiger Persönlichkeitseigenschaften sowie psychischer Störungen und umfasse insgesamt 567 Selbstaussagen, denen der Proband entweder zustimmen oder die er ablehnen kann. Die Sachverständige habe dem Angeklagten diese Aussagen vorgelegt und gebeten, diese ehrlich und »aus dem Bauch heraus« zu beantworten. In der Auswertung würden dann die Items unterschiedlichen Skalen zugeordnet und die Antworten in Normwerte, sogenannte t-Werte, umgerechnet. Diese Werte könnten zwischen 20 und 80 liegen; Werte zwischen 40 und 60 würden als unauffällig gelten. Es gäbe immer die Gefahr, dass ein Proband beispielsweise Antworten gebe, die als sozial akzeptierter gälten. Um diese und andere Verzerrungen zu vermeiden, enthalte das MMPI sechs Validitätsskalen, die zeigten, ob das Ergebnis interpretierbar sei. Beim Angeklagten habe sich so gezeigt, dass er insgesamt bei der Beantwortung eine Tendenz gehabt habe, sich zu verstellen, um möglicherweise von ihm unerwünschte Charakterschwächen oder Probleme zu verheimlichen. Zusätzlich habe er verstärkt »Nein«-Antworten gegeben. Man müsse berücksichtigen, dass dies für eine »eher abwehrende Testhaltung« seinerseits spreche, und er seine Persönlichkeit »eher unauthentisch« habe darstellen wollen.

Die zehn Basisskalen würden Hypothesen über die Persönlichkeit und psychische Verfassung ermöglichen, um die psychiatrische Diagnostik zu unterstützen. Auf drei dieser Skalen habe der Angeklagte erhöhte Werte gezeigt: Auf der Skala »Depressionen« habe er einen erhöhten t-Wert von 65 erreicht. Er habe sich als »gehemmt, unzufrieden mit sich und der Welt und eher pessimistisch« beschrieben. Erhöhte Werte auf dieser Skala würden auf depressive Symptome verweisen, was dann im Rahmen einer klinischen Anamnese genauer untersucht werden müsste. Man könne die Items in weitere Unterbereiche differenzieren. Dort zeigte sich, dass der Angeklagte auf den Skalen »Niedergeschlagenheit« und »Körperbeschwerden« erhöhte Werte erreicht habe. Probanden mit erhöhten Werten auf der Skala »Niedergeschlagenheit« würden sich als unglücklich sowie depressiv beschreiben und hätten Schwierigkeiten, mit dem Alltag klarzukommen, hätten kein Interesse an ihrer Umgebung, fühlten sich unterlegen und in der Gesellschaft eher unwohl. Personen mit erhöhten Werten auf der Skala »Körperbeschwerden« würden glauben, nicht gesund zu sein und würden eine Vielzahl von körperlichen Symptomen angeben. Zudem habe der Angeklagte auf der Skala »Paranoia« erhöhte Werte erreicht, die in Subskalen differenziert werden könnten. Hier habe er auf der Skala »Naivität« einen erhöhten Wert erreicht und sich somit als »eher gutgläubig« beschrieben. Menschen mit erhöhten Werten würden glauben, dass sie hohe moralische Standards hätten. Im Bereich »soziale Introversion« habe er ebenso einen erhöhten Wert erreicht. Er habe sich als »reserviert, selbst erniedrigend, ernst, vorsichtig und eher sozial ungeschickt« beschrieben. Zusätzlich zu den Validitäts- und Basisskalen gebe es weitere Inhaltsskalen. Aufgrund der

Ergebnisse in den Validitätsskalen sollten diese nicht berücksichtigt werden, da sie durch willkürliche Antworten leicht zu verfälschen seien. Deswegen habe sie diese Ergebnisse in der Auswertung nicht berücksichtigt, sagt die Sachverständige.

Das Freiburger Persönlichkeitsinventar (FPI) diene der Beschreibung verschiedener Persönlichkeitsmerkmale auf zwölf verschiedenen Skalen. Der Fragebogen bestehe aus 138 Aussagen über Verhaltensweisen, Einstellungen und Gewohnheiten, die mit »Ja« oder »Nein« beantwortet werden können. Die Antworten des Angeklagten seien auf vier Skalen vom Erwartungswert abgewichen: Auf der Skala »Offenheit« habe er einen unterdurchschnittlichen Wert erreicht. Das bedeute, er habe sich als »eher verschlossen, selbstkritisch und insgesamt auf einen guten Eindruck bedacht« beschrieben, was bei der weiteren Interpretation der Ergebnisse beachtet werden müsse. Auf der Skala »körperliche Beschwerden« habe der Angeklagte einen überdurchschnittlichen Wert erreicht. Probanden mit hohen Werten auf dieser Skala würden in der Regel viele psychosomatische Beschwerden beschreiben. Ebenso habe der Angeklagte auf der Skala »Gesundheitssorgen« einen überdurchschnittlichen Wert erreicht. Er habe sich als jemanden beschrieben, der gesundheitsbewusst sei und sich aus Angst vor Krankheiten schone. Einen besonders niedrigen Wert habe er auf der Skala »Beanspruchung« erreicht und habe sich damit als »wenig beansprucht und wenig überfordert« beschrieben.

Das Narzissmusinventar sei ebenso ein Selbstbeschreibungsinstrument, und die Durchführung sei identisch mit den anderen beiden Verfahren. Es erfasse verschiedene Aspekte der narzisstischen Persönlichkeit und bestehe aus 163 Fragen, die sich vier Dimensionen zuordnen ließen, von denen der Angeklagte auf zwei Dimensionen abgewichen sei: »bedrohtes Selbst« und »Ideal-Selbst«. Die Dimension »bedrohtes Selbst« erfasse Instabilitäten wie Ohnmachtserleben, Impulskontrollverlust oder soziale Isolierung. Die Skala werde genauer differenziert: Im Bereich »basales Hoffnungspotential« habe der Angeklagte einen erhöhten Wert erreicht. Probanden mit erhöhten Werten hätten ein Vertrauen in eine Wende zum Besseren und seien zuversichtlich im Hinblick auf die Überwindung von Krisen. Mit der Dimension »Ideal-Selbst« würden sich Ängste erkennen lassen, in Beziehungen enttäuscht oder verletzt zu werden. Hier habe der Angeklagte im Bereich »Werteideale« einen erhöhten Wert erreicht. Personen mit erhöhten Werten würden die Grundsätze ihres eigenen Handelns als hoch bewerten und würden die Vorstellung teilen, anderen Menschen diesbezüglich überlegen zu sein.

Die Sachverständige sagt, sie spreche nun über den psychischen Befund und das Verhalten des Angeklagten während der Befragung. Er habe sich zunächst reserviert verhalten, sei im Verlauf »aufgetaut« und sei »um Kommunikation bemüht« gewesen, da er immer wieder Andeutungen auf die ihm vorgeworfene Tat gemacht habe. Er habe sich fast ausschließlich auf dieses Thema beschränkt, obwohl dies nicht Gegenstand der Untersuchung gewesen sei. Der Angeklagte sei bemüht gewesen, dass sie auf die Anspielungen auf die Tat vom 9. Oktober 2019 eingehe, um darüber mit ihr ins Gespräch zu kommen. Andere Gesprächsthemen hätten sich nicht ergeben, da er auf andere Fragen nur knapp oder »läppisch« geantwortet habe.

Die Motivation und Haltung des Angeklagten bei der Beantwortung der Fragebögen habe sie als angemessen empfunden. Es habe keine Anhaltspunkte gegeben, dass er eine niedrigere Leistungsfähigkeit simulieren würde. Ebenso habe er Aufgaben mit Zeitbegrenzung weit vor Ablauf der Frist beantwortet. Bei der Beantwortung der Fragebögen habe er sich teilweise »in abwertender Art und Weise« amüsiert. So habe er laut über die Aussage gelacht: »Ich kann in eine Gesellschaft Leben bringen.« Lachend habe er gesagt, dass er das bejahen müsse, denn »das habe er ja mit der Tat getan«.

Auf zwei Fragebögen habe er kleinere Korrekturen vorgenommen. So habe er die Aussage »Ich fühle mich wie ein Pulverfass kurz *vor* der Explosion« geändert in »Ich fühle mich wie ein Pulverfass kurz *nach* der Explosion«. Den Satz »Wenn ich Zuflucht zu körperlicher Gewalt nehmen muss, um meine *Rechte* zu verteidigen, so tue ich dies« habe er korrigiert in »Wenn ich Zuflucht zu körperlicher Gewalt nehmen muss, um meine *Existenz* zu verteidigen, so tue ich dies«. In der Aussage »Manchmal hat mich ein Mensch, der mir eine Sache verpatzt hat, so zur Weißglut gebracht, dass ich ihn hätte töten können« habe der Angeklagte das Wort »Mensch« durch »Jude« ersetzt. Alle Notizen und Anmerkungen auf den Fragebögen hätten sich auf die ihm vorgeworfene Tat bezogen. Bei den von ihm kommentierten Fragen habe er häufig aufgelacht. Das Lachen habe »unangepasst und etwas überzogen« gewirkt, so die Psychologin. Einige Antworten habe er deutlicher markiert, vermutlich um seine Zustimmung oder Ablehnung zu verdeutlichen. So habe er etwa die Aussage »Viele meiner gegenwärtigen Probleme ergeben sich aus dem Pech, das ich hatte« deutlich zustimmend markiert. Alle von ihm markierten Aussagen seien im Kontext der Tat zu interpretieren, so die Sachverständige.

Bei der Beantwortung des Fragebogens des Freiburger Persönlichkeitsinventars (FPI) habe der Angeklagte häufig angegeben, dass er sich nicht entscheiden könne. Auf Nachfrage habe er die Unentschlossenheit erläutert, aber habe sich nicht auf eine Antwortfindung einlassen wollen, da er seine Unentschlossenheit als gegeben und nicht veränderbar dargestellt habe. Zudem habe er gesagt, dass er aufgrund der Tat einige Aussagen nicht eindeutig beantworten könne. So denke er nicht, dass er der Aussage »Meine Bekannten halten mich für einen energischen Menschen« allgemein zustimme, aber er vermute, dass es nach der Tat anders sei. Manche Fragen habe er unbeantwortet gelassen. Zur Aussage »Ich glaube, dass ich mir beim Arbeiten mehr Mühe gebe als die meisten anderen Menschen« habe er angegeben, dass er dies nicht beantworten könne, da er noch nie gearbeitet habe. Als sie auf seine Studienzeit verwiesen habe, habe er dies zur Kenntnis genommen, aber dennoch die Frage nicht beantwortet. Auch die Aussage, dass er sein Leben noch einmal so leben würde, habe er unbeantwortet gelassen und ergänzt, dass er alles noch einmal so machen würde, aber nicht noch einmal inhaftiert werden wolle. Im Verlauf der Befragung habe sein Lachen abgenommen.

Abschließend könne sie in Bezug auf die kognitive Leistungsfähigkeit des Angeklagten keine Auffälligkeiten feststellen, sagt die Sachverständige. Das Ergebnis des Intelligenztests habe mit einem IQ von 105 im Durchschnitt gelegen. Im Minnesota Multiphasic Personality Inventory (MMPI) habe er eine Reihe depressiver Symptome gezeigt wie etwa Niedergeschlagenheit und das Erleben einer Vielzahl körperlicher Beschwerden. Er habe den Eindruck einer »misstrauischen, selbstbezogenen und unsicheren Person« gemacht, »die von ihren eigenen sozialen Standards überzeugt« sei. Er habe sich als sozial introvertiert und unangenehme Situationen vermeidend beschrieben. Im Freiburger Persönlichkeitsinventar (FPI) habe er sich als eine verschlossene, selbstkritische und unauffällige sowie auf einen guten Eindruck bedachte Person beschrieben. Er habe von vielen körperlichen Beschwerden berichtet und davon, sich aus Angst vor Krankheiten zu schonen, und dass er derzeit wenig beansprucht und unterfordert sei. Im Narzissmusinventar habe er eine optimistische Einstellung in Bezug auf die Überwindung von Krisen gezeigt und bewerte seine eigenen Grundsätze als hoch, wodurch er sich anderen überlegen fühle. Es sei jedoch zu beachten, dass die Antworten ein unauthentisches Bild wiedergäben, da die Validitätsskalen auf eine abwehrende Testhaltung des Angeklagten verwiesen, da er vermutlich Probleme und unangenehme Charakterzüge verschwiegen hat. Bei einer ehrlichen Beantwortung der Fragebögen hätte er vermutlich ein auffälligeres Ergebnis produziert, so die Psychologin. Zur Einordnung der Ergebnisse in das Gesamtbild der Persönlichkeit des Angeklagten verweise sie auf die Untersuchung durch ihren Kollegen Leygraf.

Die Vorsitzende bedankt sich und sagt, dass der Bericht der Sachverständigen als Vorbereitung für das Gutachten von Norbert Leygraf gedient habe, welches dieser heute noch vorstellen werde. Sie fragt, ob im Vergleich zu anderen Probanden weitere besondere Auffälligkeiten festzustellen seien.

Die Sachverständige sagt, dass die Bandbreite in der Regel sehr groß sei und jeder Proband unterschiedlich sei. Auffällig sei neben den genannten Punkten jedoch das Verhalten im zwischenmenschlichen Kontakt. Ihr sei insbesondere aufgefallen, dass der Angeklagte keinerlei prinzipielle Kommunikationsbemühungen gezeigt habe, aber immer dann, wenn es um das Tatgeschehen ging, ihr gegenüber sehr kommunikativ gewesen sei. So habe er Aussagen auf den Fragebögen immer wieder auf die Tat bezogen. Wenn er geredet habe, dann über die Tat. Es sei deutlich geworden, dass er nicht mit ihr als Untersucherin habe reden wollen, sondern allgemein bestrebt gewesen sei, über das Tatgeschehen zu sprechen.

Die Vorsitzende bedankt sich und gibt den Prozessbeteiligten die Möglichkeit, Fragen zu stellen.

Rechtsanwalt Weber sagt, die Sachverständige sei zu der Feststellung gekommen, dass viele Fragen möglicherweise nicht authentisch beantwortet worden seien und fragt, welchen Sinn der Test dann ergebe.

Sie habe versucht, das Ergebnis einzugrenzen, sagt die Sachverständige. Der Angeklagte habe verstärkt »Nein«-Antworten gegeben. Dadurch könne man davon ausgehen, dass er bei einem authentischeren Antwortverhalten Aussagen zugestimmt hätte, die er eigentlich gerne verschwiegen hätte. Sie denke, dass vieles, was er beschrieben habe, zutreffe, da er kein völlig willkürliches Antwortverhalten gezeigt habe. Sie denke, dass er einige Dinge »ein bisschen« verschwiegen habe.

Rechtsanwalt Weber fragt, an welchen konkreten Fragen sie festmache, dass er unauthentisch geantwortet habe und bittet die Sachverständige, Beispiele zu nennen.

Das könne man weniger an konkreten Fragen festmachen, antwortet sie. Es seien insgesamt mehr als 1000 Fragen, die mit »Ja« oder »Nein« beantwortet worden seien. Dort sehe man nicht, ob eine Frage richtig oder falsch beantwortet worden sei, da man nicht wisse, was wahr sei.

Die Sachverständige würde eine Bewertung vornehmen, sagt Rechtsanwalt Weber, wenn sie sage, dass der Angeklagte nicht alle Fragen wahrheitsgemäß beantwortet habe. Er fragt, welche Aussagen sie im Verdacht habe.

Das sei nicht so einfach, sagt die Sachverständige. Es gebe eine Validitätsskala bestehend aus sechs verschiedenen Skalen. Daraus würden sich Werte berechnen, die im Vergleich zu einer Normstichprobe zeigen würden, wie ehrlich das Antwortverhalten des Probanden sei. Sie könne ein Beispiel nennen: Die Lügenskala gebe an, mit welcher Wahrscheinlichkeit ein Proband falsche Aussagen treffe. Die Aussagen hierfür würden kleinere Mängel und Charakterfehler beschreiben, die sich die meisten Menschen eingestehen würden wie unter anderem die Aussagen »Manchmal denke ich Dinge, die zu schlecht sind, um darüber zu reden« oder »Ich sage nicht immer die Wahrheit«. Eine authentische Antwort wäre es, zuzustimmen, weil die meisten Menschen nicht immer die Wahrheit sagen würden. Wenn eine Person dieser Aussage nicht zustimme, erhöhe dies den Wert auf der Lügenskala, worauf man auf ein unauthentisches Bild schließen könne. Es gebe zudem die f-Skala, die prüfe, ob eine Person willkürlich antworte.

Es sei also nicht die eigene Bewertung der Sachverständigen, bemerkt Rechtsanwalt Weber. Er fragt, ob sie sich aus dem Vergleich der Ergebnisse mit Normwerten ergebe, was die Sachverständige bejaht.

Auf Seite 7 ihres Gutachtens habe sie geschrieben, dass der Angeklagte auf der Skala »Depressionen« einen erhöhten Wert erzielt habe. Er fragt, welche depressiven Symptome die Sachverständige festgestellt habe. Die

Sachverständige sagt, dass sie bereits beschrieben habe, dass er sich als »unglücklich, depressiv, nicht in der Lage, mit den Schwierigkeiten des Alltags fertig zu werden« beschrieben habe.

Ob sie darüber hinaus etwas festgestellt habe, fragt Rechtsanwalt Weber, was die Sachverständige verneint. Sie habe darüber hinaus keine weiteren Untersuchungen durchgeführt. Die klinische Anamnese habe später stattgefunden.

Rechtsanwalt Weber sagt, auf Seite 7 schreibe sie, dass der Angeklagte auf der Skala 6 »Paranoia« den Wert 68 erreicht habe, welcher auch erhöht sei. Er fragt, was das bedeute und was er sich darunter vorstellen könne. Die Sachverständige sagt, sie habe geschrieben, dass die Skala Misstrauen und Feindseligkeit im zwischenmenschlichen Umgang abbilde. Wenn ein Proband hier einen hohen Wert erreiche, bedeute dies, dass dieser sehr misstrauisch sei und ein hohes Maß an Feindseligkeit habe. Wenn jemand hier einen niedrigen Wert habe, könne dies bedeuten, dass die Person sehr wenig misstrauisch und feindselig beziehungsweise gutgläubig sei. Rechtsanwalt Weber fragt, welche Fragen dafür beantwortet werden müssten. Dies habe sie nicht genau aufgeführt, weil es sehr viele Skalen gebe, sagt die Sachverständige. Typische Fragen nach paranoiden Einstellungen seien etwa Aussagen wie »Ich bin der Meinung, man kann Menschen nicht vertrauen«, »In Freundschaften kann ich Menschen nicht vertrauen« oder »Manchmal habe ich das Gefühl, die ganze Welt ist gegen mich«. Rechtsanwalt Weber sagt, dass die Sachverständige Verfolgungsgedanken erwähnt habe. Die Skala würde die Differenzierung in verschiedene Subskalen ermöglichen, sagt sie. Eine Subskala sei die Skala »Verfolgungsgedanken«. Hier habe der Angeklagte keine auffälligen Werte gezeigt.

Der Angeklagte spricht leise, für die Öffentlichkeit nicht verständlich, mit Rechtsanwalt Weber. Das könne er nachher selbst fragen, sagt Rechtsanwalt Weber laut zum Angeklagten.

Rechtsanwalt Weber sagt, er würde als Laie Paranoia mit Verfolgungsängsten gleichsetzen. Er fragt, ob dies falsch sei. Die Sachverständige sagt, dass dies vermutlich der Name der Skala »Paranoia« auslöse. Es sei jedoch genau beschrieben, was mit dieser Skala gemeint sei: Misstrauen, Feindseligkeit im zwischenmenschlichen Umgang, Selbstbezogenheit, Unsicherheit. Der Angeklagte habe lediglich auf der Subskala »Naivität« einen erhöhten Wert. Dies habe erst mal nichts mit Verfolgungsgedanken zu tun. Ob es spezielle Fragen gebe, die auf Verfolgungsgedanken abzielen würden, fragt Rechtsanwalt Weber, was die Sachverständige bejaht. Rechtsanwalt Weber fragt, welche das seien. Sie könne die Fragen nicht auswendig, aber Beispiele seien Aussagen wie »Andere wollen mir was Schlechtes« oder »Ich fühle mich verfolgt«.

Er wolle noch auf das Narzissmusinventar im Bericht zu sprechen kommen, sagt Rechtsanwalt Weber und zitiert aus Seite 11 des Berichts. Die Sachverständige habe hier einen erhöhten t-Wert von 65 beim Angeklagten festgestellt. Er fragt, ob man hier eine Überbetonung, also eine psychische

Störung, feststellen könne. Die Sachverständige sagt, dass der Test darüber keine Auskunft gebe. Sie habe bereits erwähnt, dass Werte zwischen 20 und 80 erreicht werden könnten. Werte zwischen 40 und 60 seien der Normbereich. Somit sei der t-Wert 65 überdurchschnittlich, aber nicht massiv erhöht.

Rechtsanwalt Weber fragt, ob sie Beispiele für die gestellten Fragen geben könne und ob die Fragen auf die Tat bezogen gewesen seien. Die Sachverständige verneint und sagt, diese seien nicht tatbezogen, da es sich um einen Fragebogen mit verschiedenen Items handele. Ob es darin auch um die politische Gesinnung gehe, fragt Rechtsanwalt Weber, was die Sachverständige verneint. Rechtsanwalt Weber verweist auf den letzten Absatz auf Seite 13 des Berichts. Der Angeklagte habe die Aussage »Meine Bekannten halten mich für einen energischen Menschen« ergänzt und gesagt, dass er eigentlich nicht glaube, dass man ihn für energisch halte, aber denke, dass es nach der Tat anders sei. Ob man deswegen auf einen besonderen Geltungsdrang des Angeklagten schließen könne, fragt Rechtsanwalt Weber. Darauf könne man nicht schließen, und es sei nicht ihre Aufgabe gewesen das zu beurteilen, sagt die Sachverständige. Sie habe also nur den Umstand dokumentiert, dass der Angeklagte eine Korrektur auf dem Fragebogen vorgenommen habe, fragt Rechtsanwalt Weber, was sie bejaht. Sie habe als Ergänzung für ihren Kollegen, Professor Leygraf den Umstand dokumentiert, um das Verhalten während der Testsituation zu beschreiben. Rechtsanwalt Weber sagt, dass er keine weiteren Fragen habe.

Die Vorsitzende sagt, dass diese Beschreibung der Sachverständigen ein Beispiel dafür gewesen sei, dass der Angeklagte allgemeine Fragen konkret auf die Tat bezogen habe. Die Sachverständige stimmt dem zu und sagt, dass man bei einem testpsychologischen Gutachten das Drumherum, welche Kommunikation stattgefunden habe und wie der Proband sich verhalten habe, festhalte. Es sei jedoch um die Ergebnisse des Tests gegangen und nicht darum, aus dem sonstigen Verhalten Diagnosen abzuleiten.

Die Vorsitzende fragt den Angeklagten, ob er Fragen zu dem Test habe. Der Angeklagte sagt, er habe nur eine Frage »noch mal zur Bestätigung«: Er fragt, ob die meisten Werte nur leicht über 60 gewesen seien, was die Sachverständige bejaht.

Rechtsanwältin Assia Lewin sagt, sie interessiere sich sehr für die Aussage der Sachverständigen zum Narzissmusinventar. Demnach sei der Angeklagte stolz auf seine Wertvorstellungen gewesen. Dazu habe Rechtsanwalt Weber gefragt, welche Items diesbezüglich abgefragt worden seien. Sie bittet die Sachverständige, ein Beispiel zu nennen. Die Sachverständige sagt, dass dies generell formulierte Einstellungen und Aussagen seien wie »Ich bin davon überzeugt, dass meine moralischen Vorstellungen die richtigen sind«. Das sei allgemein formuliert. Rechtsanwältin Lewin fragt, ob der Angeklagte gesagt habe, dass er »zur Pflichterfüllung erzogen worden« sei. Die Sachverständige sagt, sie glaube, es sei eine Aussage im Fragebogen, die er verändert habe. Es sei eine Aussage aus dem Fragebogen, wo er seine Zustimmung, also sein Kreuz, sehr deutlich gemacht habe: »Ich bin zu einer Lebensplanung angeregt worden, die sich auf Pflicht aufbaut, und ich bin dieser Pflicht sorgfältig gefolgt«. Es sei eine von wenigen Antworten gewesen, bei der er seine Antwort sehr deutlich markiert habe. Ob sie darüber gesprochen hätten, fragt Rechtsanwältin Lewin, was die Sachverständige verneint.

Rechtsanwalt Jan Siebenhüner fragt, ob es in den Tests Anzeichen gegeben habe, dass der Angeklagte Dinge nicht so wahrnehme, wie andere es tun würden, was die Sachverständige verneint.

Die Vorsitzende sagt, dass die Sitzung für die Mittagspause und zum Lüften bis 13.15 Uhr unterbrochen werde.

AUSSAGE DES SACHVERSTÄNDIGEN PROF. DR. NORBERT LEYGRAF (FORENSISCHER PSYCHIATER, ZUR SCHULDFÄHIGKEIT DES ANGEKLAGTEN)

Die Vorsitzende setzt die Verhandlung um 13.19 Uhr fort und stellt die Anwesenheit der Beteiligten fest. Die Vorsitzende bittet den Sachverständigen, Platz zu nehmen und sein Gutachten zu verlesen.

Rechtsanwalt Weber sagt, dass der Angeklagte vorab ein paar Sachen richtig stellen wolle. Sein Mandant sei der Auffassung, dass er Aussagen, die im Gutachten vorkämen, so nicht gesagt habe. Die Vorsitzende fragt den Sachverständigen, welche Vorgehensweise er bevorzugen würde. Der Sachverständige sagt, dass der Angeklagte zuhören könne und dann gegebenenfalls richtig stellen könne.

Das vorliegende Gutachten sei ein vorläufiges Gutachten gewesen, sagt die Vorsitzende zum Angeklagten. Wenn das nun vorgetragene Gutachten Dinge falsch wiedergeben würde, könne er diese Punkte erklären. Der Angeklagte sagt, dass er dem Sachverständigen ungern ins Wort falle. Dies müsse er nicht tun, sagt die Vorsitzende. Es sei üblich, dass man sich Dinge erst anhöre. Das Ganze sei keine Talkshow, sagt die Vorsitzende. Anwesende im Gerichtssaal lachen. Der Sachverständige werde vortragen, was und wie er es verstanden habe. Wenn er denke, dass etwas falsch verstanden oder falsch wiedergegeben wurde, könne er dies richtigstellen. Der Angeklagte antwortet, dass er damit ein Problem habe, weil die Presse »instant« etwas herausschicken würde. Deswegen wolle er das nicht erst eine halbe Stunde später richtigstellen. Die Vorsitzende sagt, dass er das nicht verhindern könne, da es so oder so vorgetragen werde und an die Öffentlichkeit gelangen würde. Er habe kein Problem damit, dass es öffentlich werde, aber er würde es gern an dem jeweiligen Punkt anbringen. Die Vorgehensweise sei so, wie bereits gesagt: Erst habe der Sachverständige das Wort und dann kämen Kritik, Anmerkungen oder Ergänzungen, sagt die Vorsitzende. Anders kenne sie dies auch nicht. Man wisse ja jetzt noch nicht, was der Sachverständige sagen werde.

Der Sachverständige sagt, er sei Arzt für Neurologie, Psychiatrie und Psychotherapie, 67 Jahre alt und mit dem Angeklagten weder verwandt noch verschwägert.

Er habe den Angeklagten am 25. und 26. November und am 17. Dezember 2019 in der JVA Halle untersucht. Er habe mit dem Einverständnis des Angeklagten frühere Behandlungsunterlagen hinzugezogen. In insgesamt zwölfstündigen Untersuchungen sei er zwei Fragen nachgegangen: die Beurteilung der strafrechtlichen Schuldfähigkeit und die Beurteilung der Gefährlichkeitsprognose in Bezug auf die Unterbringung in einer Maßregelanstalt. Während der Exploration sei der Angeklagte zugewandt und kooperativ gewesen. Dies habe jedoch nur in den von ihm selbst gesteckten Grenzen gegolten. Er habe offen gezeigt, dass er dem Gutachten ambivalent gegenüberstehe, da er nur daran mitwirke, um nicht als psychisch gestört dargestellt zu werden, um »seiner Tat den eigentlichen Charakter zu rauben«. Er habe gesagt, dass es auch bei allen islamistischen Attentätern so gewesen sei, dass diese als psychisch gestört oder krank dargestellt werden würden. Wie auch vor Gericht sei der Angeklagte sehr zurückhaltend gewesen, als es um seine bisherige Lebensgeschichte ging und habe von sich aus dazu nichts erzählt. Fragen dazu habe er »wortkarg und einsilbig« beantwortet. Auf Nachfragen habe er oft keine weiteren Angaben machen wollen. Damit konfrontiert, habe er bestätigt, dass er wenig persönliche Details angeben wolle, da er nicht den Eindruck erwecken wolle, dass die Tat irgendwas mit persönlichen Problemen von ihm zu tun gehabt habe. Sobald es um seine Überzeugungen gegangen sei, sei der Angeklagte immer wieder in einen Redefluss gekommen, der kaum unterbrochen werden konnte. Als er versucht habe, den Angeklagten zu unterbrechen, habe dieser versucht weiterzureden, um mehr dazu sagen zu können. Er schien es genossen zu haben, umfassend und ausführlich über seine Gedankenwelt und Überzeugungen zu sprechen, ohne dabei jemals an einem Gespräch oder einem persönlichen Kontakt interessiert gewesen zu sein. Solange er den Angeklagten insbesondere über seine antisemitischen Überzeugungen reden lassen habe, habe er dies mit »erkennbarer Redefreude und einem gewissen Stolz« über sein vermeintliches Wissen getan, wobei er dabei entspannt gewirkt habe. Streckenweise habe er »überzogen und ungelenk« gestikuliert. Die Mimik sei »grob und überzeichnet« und die Sprache »theatralisch moduliert« gewesen.

Nachdem der Sachverständige angefangen habe, die Überzeugungen des Angeklagten kritisch zu hinterfragen, sei er immer angespannter geworden. Der Angeklagte sei immer lauter geworden und sei in »eine Art Predigtstil«

verfallen. Zwischenzeitig sei er ins Schwitzen geraten, sei mehrfach aufgestanden, habe von oben herab auf ihn eingeredet und dabei seinen Körper verdreht. Hier habe die Gesprächsbereitschaft zu kippen gedroht. Der Angeklagte habe mehrfach gesagt, dass er an der Befragung nicht teilnehmen müsse. An den ersten beiden Tagen der Untersuchung sei es möglich gewesen, ihn dazu zu überzeugen, die Befragung fortzusetzen. Er habe sich insbesondere dann beruhigt, wenn er technische Dinge habe erklären können, zum Beispiel warum eine automatische Waffe einfacher zu bauen sei als eine halbautomatische.

Beim Bericht über seine Tatplanung habe er ausführlich über sein sogenanntes Manifest gesprochen. Dabei habe er sich mit »kindlichem Stolz« über die darin enthaltenen vermeintlichen Witze gefreut. Die Darstellung des Tatgeschehens sei in Form eines Erlebnisberichts erfolgt. Bei der Schilderung beider Tötungsdelikte habe der Angeklagte keine emotionalen Reaktionen gezeigt.

Auf Fragen habe der Angeklagte oft mit einem »seltsamen kurzen, lauten Lachen« reagiert, wobei der Grund dafür unklar gewesen sei. Abgesehen von der anfänglichen Anspannung, dem Lachen und Hass habe er keine tiefergehenden emotionalen Bewegungen gezeigt. Lediglich im Kontext des Suizidversuchs seiner Mutter und im Zusammenhang mit seinem Neffen habe er sich kurz emotional berührt gezeigt.

Der Angeklagte habe sein Bedauern darüber ausgedrückt, dass er Menschen getötet habe, die nicht seiner »eigentlichen Zielgruppe« angehört haben. Sehr viel bedeutender schien jedoch für ihn sein »komplettes Versagen« gewesen zu sein, da es ihn besonders gekränkt habe, dass seine selbst gebauten Waffen nicht funktioniert haben. Die Tötung von Jana L. und Kevin S. sowie die Schüsse auf Jens Z. und Dagmar M. habe er als Kollateralschäden geschildert, die ihn emotional nicht zu belasten schienen. Der Angeklagte sei in einen heftigen Erregungszustand geraten, als er, der Sachverständige, versucht habe, ihm zu erklären, welche Emotionen diese Art der Darstellung des Angeklagten bei ihm ausgelöst habe.

Am dritten Tag der Untersuchung habe der Sachverständige versucht, weniger über die Überzeugungen und die Tat zu sprechen, sondern über die bisherige Lebensgeschichte des Angeklagten. Daraufhin sei der Angeklagte zunehmend angespannt gewesen und habe die Befragung schließlich laut schimpfend abgebrochen.

An allen drei Tagen der Exploration sei der psychopathologische Befund im engeren Sinne: keine krankhaften, geistigen oder psychischen Störungen. Die Gedankengänge hätten oft von den ideologischen Überzeugungen des Angeklagten gehandelt, es seien jedoch keine wahnhaften Inhalte erkennbar gewesen.

Der Sachverständige sagt, er werde nun auf Grundlage der eigenen Angaben des Angeklagten und der Aussagen während der Hauptverhandlung die psychiatrisch relevanten Lebensereignisse des Angeklagten vortragen.

Der Angeklagte sei als einziges gemeinsames Kind seiner Eltern mit der drei Jahre älteren Halbschwester aufgewachsen. Die Eltern hätten sich geschieden, als er 14 oder 15 Jahre alt gewesen sei. Dem seien laute Streits vorausgegangen, zu denen der Angeklagte keine Angaben machen wollte. Wie bereits erwähnt, seien Angaben zu seiner Biografie und seiner Familie sehr knapp gewesen. Nach der Scheidung sei der Vater in Helbra verblieben und die Mutter mit beiden Kindern nach Benndorf gezogen. Mit kurzer Unterbrechung während des Wehrdiensts und des Studiums habe der Angeklagte dort durchgehend gewohnt. Der Vater sei Rundfunk- und Fernsehmechaniker und sei vom Angeklagten als »einfacher Arbeiter« beschrieben worden. Die Mutter sei Grundschullehrerin und vom Angeklagten als freundlich und fürsorglich beschrieben worden, da er trotz seines Alters noch bei ihr leben durfte. Weitere Angaben zu seinen Eltern habe er nicht gemacht. Es sei jedoch insgesamt der Eindruck entstanden, dass er eine enge Beziehung zu seiner Mutter gehabt habe. Der Zeuge Mario S. habe eine emotionale Beziehung des Angeklagten zu dem vierjährigen Sohn der Schwester des Angeklagten beschrieben, was dieser bestätigt habe. In Bezug auf frühere Erkrankungen habe der Angeklagte von gehäuften Durchfällen in seiner Jugend berichtet. Aus den Unterlagen der Hausärztin habe sich eher ein häufiges Auftreten von Atemwegserkrankungen ergeben.

Kurz nach dem Bestehen des Abiturs, Mitte Juli 2010, sei der Angeklagte zwei Tage stationär behandelt worden, nachdem er, möglicherweise um Suizid zu begehen, ein psychotropes Hustenmittel sowie Engelstrompeten zu sich genommen habe. Ein Psychiater habe damals neben der Drogenintoxikation eine sozial gehemmte Persönlichkeitsstörung diagnostiziert und dem damals 18-Jährigen eine ambulante Psychotherapie empfohlen, die nicht erfolgt sei. Der Sachverständige sagt, dass all dies auf den Krankenakten basiere, da der Angeklagte selbst davon nichts berichtet habe.

Laut eigenen Aussagen habe er selten Cannabis und regelmäßig Amphetamine für insgesamt neun Monate konsumiert. In den letzten Jahren habe er nicht geraucht und keinen Alkohol getrunken. Ab Februar 2013 habe der Angeklagte unter Oberbauchbeschwerden gelitten, weshalb im April 2013 eine Bauchoperation erfolgt sei. Darauf werde er später noch genauer eingehen, sagt der Sachverständige.

Über die Kindheit und Schulzeit des Angeklagten würden keine Angaben seiner Eltern vorliegen. Gegenüber der Zeugin Antje W. soll die Mutter des Angeklagten gesagt haben, dass sie wisse, dass ihr Sohn ein Autist sei, da er jeden Morgen dieselbe Sorte Fisch gegessen habe. Da seine Eltern berufstätig gewesen seien, habe der Angeklagte einen Kinderhort besucht. Dazu habe der Angeklagte jedoch keine Erinnerungen oder habe nicht darüber sprechen wollen. Zu seiner Einschulung und während der Schulzeit sei er der Kleinste in der Klasse gewesen und sei häufig hin und her geschubst worden. Laut Aussagen der Zeugin Karin D. sei er ein ruhiges, wissbegieriges Kind gewesen, das gegenüber Erwachsenen aufgeschlossen, aber gegenüber Gleichaltrigen zurückhaltend gewesen sei, und das in der Grundschule keine Freunde gehabt habe. Seine frühere Grundschullehrerin habe ihn als mitteilsames und kluges Kind, aber auch als Einzelgänger, der keine Freunde gehabt habe und belehrend aufgetreten sei, in Erinnerung gehabt. Nach eigenen Angaben habe er an der Realschule besonders negative Erfahrungen gemacht, da er sich in der Hierarchie seiner Mitschüler »ganz unten« befunden habe. Er habe Probleme gehabt, da seine Persönlichkeit sich von denen seiner Mitschüler stark unterschieden habe. Er sei schon immer »unsozial« gewesen. Den Begriff »unsozial« habe der Angeklagte mehrfach auf sich selbst bezogen verwendet. So habe er seine geringen sozialen Kontakte damit begründet, dass er aufgrund seiner Eigenschaften »eben unsozial« sei. Auf ein Gespräch über die erwähnten Eigenschaften habe sich der Angeklagte jedoch nicht einlassen wollen. Auf dem Gymnasium habe er lediglich zu einem Mitschüler Kontakt gehabt. Zu größeren Konflikten sei es dort nicht gekommen. Seine schulischen Leistungen habe er als »mäßig bis schlecht« bewertet. Er habe in der Schule nichts getan, weil ihn bis auf Theologie kein Fach interessiert habe. Das Gymnasium habe er im Jahr 2010 mit 18 Jahren und dem Abitur mit der Abschlussnote 2,8 abgeschlossen. In der frühen Jugend habe er zeitweise Zinnfiguren gesammelt und sonst nach eigenen Angaben seine ganze Freizeit am Computer verbracht. Dabei habe es sich vor allem mit Rollen- und Strategiespielen sowie Ego-Shootern beschäftigt. So habe er bereits damals außerhalb der Schule kaum Kontakt zu anderen Menschen gehabt und habe sich überwiegend alleine in seinem Zimmer beziehungsweise in der virtuellen Welt aufgehalten. Nach dem Abitur habe er ab dem 1. Oktober 2010 den Grundwehrdienst absolviert, den er von neun auf sechs Monate verkürzt habe, da er laut eigenen Aussagen dort kaum habe schießen können und stattdessen an rechtlichen Belehrungen habe teilnehmen müssen.

Bei seinen Kameraden sei er wegen seiner Unsportlichkeit nicht besonders beliebt gewesen. Der Zeuge Martin H., ein ehemaliger Kamerad des Angeklagten, habe seine Unsportlichkeit und seinen »komischen Gang« sowie seine Schwierigkeiten sich einzugliedern, in Erinnerung gehabt. Einerseits habe der Angeklagte Streitigkeiten provoziert, andererseits sei er von seinen Kameraden schikaniert worden. Zwischen dem Ausscheiden aus der Bundeswehr und dem Beginn des Studiums im Oktober 2011 in Magdeburg sei der Angeklagte keiner Arbeit nachgegangen. In dieser Zeit habe er sich nicht nur mit dem Computer beschäftigt, sondern auch begonnen, allein Sport zu treiben, da es ihm gefallen habe, fitter zu sein und über eine muskulösere Statur zu verfügen. Offen bleibe, ob er sich gefreut habe, Kontakt zum anderen Geschlecht zu finden. Er habe nie eine Freundin gehabt und sei laut eigener Aussage bei Frauen nicht erfolgreich. Gegenüber dem Haftrichter habe er am 10. Oktober 2019 gesagt, dass er im Alter von 18 oder 19 Jahren kurz vor dem Beginn einer Beziehung gestanden habe. Das habe er aber laut eigener Aussage »selbst verbockt«. Es habe eine gemeinsame Übernachtung mit einer Frau gegeben, wo aber »nichts gelaufen« sei. Dazu habe er keine weiteren Angaben machen wollen. Es sei deutlich geworden, dass der Angeklagte unter dem Umstand gelitten habe, keine Beziehung mit einer Frau gehabt zu haben, was er als »beschämenden Makel« empfunden habe.

Das Studium »Molekulare und Strukturelle Produktgestaltung« in Magdeburg habe ihn nicht sonderlich interessiert. Er habe dies begonnen, um überhaupt etwas beruflich zu unternehmen. Dort habe er kaum Kontakt zu Kommilitonen gehabt und habe sich schwer zurechtgefunden. Laut Unterlagen der Universität habe er nur Seminare im ersten Semester belegt, die er beide nicht bestanden habe. Im Sommersemester 2012 habe er keine Kurse mehr besucht. Zum Wintersemester 2012 habe er nach Halle in ein Chemiestudium gewechselt. Laut Unterlagen der Universität habe er dort im ersten Semester zwei Kurse mit der Note 3,3 bestanden und im zweiten Semester keine Kurse besucht. Gegen Ende des ersten Semesters in Halle seien beim Angeklagten wiederholte Oberbauchbeschwerden aufgetreten, wegen derer er sich erstmals am 17. Februar 2013 ambulant vorgestellt habe. Er habe angegeben, am Abend zuvor Amphetamine konsumiert zu haben und nun unter Luftnot und einem Druckgefühl zu leiden. Eine Ursache sei damals nicht gefunden worden. Am 9. April 2013 sei er wegen krampfartiger Bauchbeschwerden stationär aufgenommen worden. Eine endoskopische Untersuchung habe einen unauffälligen Befund erbracht. Am 10. April sei er mit der Diagnose »funktionelle«, also »psychisch bedingte Oberbauchbeschwerden« entlassen worden. Am 11. April sei er erneut mit Oberbauchbeschwerden vorstellig gewesen, und eine weitere Endoskopie habe erneut einen unauffälligen Befund erbracht. Anschließend hätten sich heftige Schmerzen im Oberbauch entwickelt, woraufhin er drei Tage später operiert worden sei. Dabei habe man eine Wühlblutung im Zwölffingerdarm entdeckt, die durch eine der Untersuchungen entstanden sei, und das Hämatom entfernt. Man habe den Dünndarm direkt mit dem Magen verbunden, den Zwölffingerdarm stillgelegt. Bei einer zweiten Operation sei dies rückgängig gemacht worden. Es sei unklar, welchen Hintergrund die anfänglich psychogenen Beschwerden gehabt hätten. Der Sachverständige sagt, dass das Erleben der bedrohlichen Komplikationen den Angeklagten deutlich beeinflusst habe. Er sei vorher bereits ein Einzelgänger und ein sozial gehemmter, unsicherer Mensch gewesen. Nach der Operation habe er sich noch stärker in sein Zimmer zurückgezogen und keinen Versuch unternommen, in das Studium zurückzukehren. Stattdessen habe er sich, in seinen Grundbedürfnissen von seiner Mutter versorgt, in sein Kinderzimmer vor dem Computer sitzend zurückgezogen.

Die Fragen, welchen Aktivitäten er neben Computerspielen nachgegangen sei, auf welchen Imageboards er sich bewege und mit wem er kommuniziert habe, habe der Angeklagte nicht beantworten wollen.

Der Sachverständige sagt, der Angeklagte scheine bereits vor der »Flüchtlingskrise« 2015 eine ausländerfeindliche Einstellung gehabt zu haben, da er sich im Sommer 2015 ein Perkussionsgewehr gekauft habe, um sich im Falle eines »muslimischen Eroberungskampfs« zu verteidigen. Die Aufnahme von Flüchtlingen im Herbst 2015 habe er als eine Art »Kriegserklärung der Gesellschaft gegen ihn und andere ›weiße Männer‹« verstanden. Mit dem Begriff »weiße Männer« habe er wohl arbeitslose und alleinstehende junge Männer gemeint, sagt der Sachverständige.

Einzelheiten des Ablaufs und der Zwischenstationen zur Entwicklung seiner Einstellung, die hier den Hintergrund der Tat bilde, habe der Angeklagte nicht mitgeteilt. Bis jetzt sei kaum etwas über seine Entwicklung bekannt geworden. Die Ideen, aus denen sich sein Weltbild zusammensetze, scheinen durchgehend aus dem Internet zusammengetragen worden zu sein. Es müsse zudem offen bleiben, ab wann sich die ausländerfeindliche Einstellung und die paranoiden Verschwörungsideen mit einem antisemitischen Weltbild verbunden habe oder ob sich diese parallel entwickelt hätten. Das Weltbild des Angeklagten beruhe auf der »Überzeugung einer großen jüdischen Weltverschwörung, die alle weiteren Übel der Welt initiiert oder befördert« habe und sich der Hilfe dieser Übel – also Islam, Christentum, Kommunismus, Feminismus oder die Umweltbewegung – bedient habe. Der Sachverständige sagt, auf Einzelheiten diesbezüglich sei der Angeklagte nicht eingegangen. Den eigenen Angaben zufolge sei dem Angeklagten klar gewesen, dass Menschen in seiner Umgebung seine Ansichten nicht geteilt hätten. Laut Aussagen des Zeugen Mario S. habe der Angeklagte sich in dieser Hinsicht kontrolliert und weitestgehend zurückgehalten. So habe er sich auch nie mit jemandem diesbezüglich persönlich auseinandergesetzt. Soweit man das beurteilen könne, sei der Angeklagte auch online ein Einzelgänger gewesen, der sich nicht über längere Zeit mit den gleichen Personen oder einer Gruppe ausgetauscht habe. Eine eigentliche Kommunikation habe anscheinend weder offline noch online stattgefunden.

Der Angeklagte habe sich »eher einer diffusen Gruppe ›weißer Männer‹ zugehörig« gefühlt, habe sich auf entsprechenden Onlineplattformen passende Darstellungen sowie Meinungsbekundungen herausgesucht und dort seine eigenen Gedanken verkündet.

Während der Untersuchung sei der Angeklagte ausgesprochen mitteilungsfreudig in Bezug auf seine Einstellungen gewesen und habe gar versucht, über diese Themen ins Gespräch zu kommen. Bei seinen Ausführungen habe es sich um Darstellungen gehandelt, die Postings im Internet entsprächen. Auf kritische Nachfragen habe er heftig reagiert, was für die Kritiklosigkeit in Bezug auf seine Überzeugung spreche und für die hohe emotionale Bedeutung seiner eigenen Überzeugungen. Schließlich habe die Beschäftigung mit diesen Themen den größten Teil seines Lebensinhalts der letzten Jahre ausgemacht. Dazu habe seit Ende 2015 beziehungsweise

Anfang 2016 der Waffenbau gehört, der nach eigenen Aussagen rein vorsorglich zu Verteidigungszwecken gewesen sei. Vermutlich habe die Beschäftigung mit den Themen und dem Waffenbau einen Selbstzweck gehabt, da sie dem Angeklagten das Gefühl vermittelt hätten, selbst aktiv zu werden, seine freie Zeit sinnvoll zu nutzen und sich seiner eigenen Fähigkeiten durch den Bau von Waffen zu versichern. Die Schwierigkeiten während des Baus habe er während der Exploration sehr betont und die Herstellung als eine große Leistung dargestellt, von der ein gewisser Stolz ausgehe.

Daraus lasse sich die Enttäuschung ableiten, dass die Waffen während der Tat nicht die erhoffte Wirksamkeit gehabt haben, denn die Tat habe zu einem hohen Anteil der Demonstration der Leistungsfähigkeit der Waffen gedient, da die Beschreibung dieser ungefähr drei Viertel des »Pre Action Reports« ausmache.

Der Anschlag im März 2019 in Christchurch scheine, so wie der Angeklagte es angegeben habe, tatsächlich der Anlass gewesen zu sein, den Waffenbau nicht zur Verteidigung fortzuführen, sondern um die Waffen aktiv einzusetzen. Doch schon der Waffenbau selbst habe vermutlich eine eigene Dynamik geschaffen, die Effizienz und damit die eigene Leistungsfähigkeit unter Beweis stellen zu wollen, so der Sachverständige.

Diagnostisch ergebe sich kein Hinweis darauf, dass der Angeklagte im fraglichen Tatzeitraum unter einer psychiatrischen Erkrankung gelitten habe. Sicherlich sei er von der Richtigkeit seiner Verschwörungs- und Verfolgungsideen ausgesprochen überzeugt, aber die Unkorrigierbarkeit einer unsinnigen Überzeugung reiche nicht aus, um diese als krankhaften Wahn anzusehen. Ein »tatsächlicher Wahn« beinhalte immer einen krankhaften Ich-Bezug beziehungsweise ein enormes Bedeutungsbewusstsein. Es gebe keine Hinweise, dass sich der Angeklagte in besonderer Weise auserwählt gefühlt habe zu handeln. Dies habe er vor allem mit seinem eigenen Scheitern begründet. Da er sozial isoliert gewesen sei und ohne Familie, habe er auch nichts zu verlieren gehabt. Zur Definition des Wahns gehöre, dass der Wahninhalt von der soziokulturellen Umgebung nicht geteilt werde, da es keinen kollektiven Wahn als psychische Erkrankung gebe, sondern der wahnhaft Kranke mit seiner Überzeugung allein dastehe. Im soziokulturellen Umfeld, also dem Internet, gebe es eine nicht unbeachtliche Zahl an Menschen, die die ausländerfeindlichen und antisemitischen Einstellungen sowie die Verschwörungstheorien des Angeklagten teilten. So würden viele seiner Ausführungen von Postings mutmaßlicher Gleichgesinnter auf den von ihm besuchten Imageboards stammen. Eine isolierte wahnhafte Störung ließe sich bei dem Angeklagten nicht feststellen. Zusammenfassend spreche nichts für das Vorliegen einer psychischen Verfassung, die dem Rechtsbegriff der »krankhaften seelischen Störung« im Sinne der Schuldfähigkeitsbestimmung entsprechen würde.

Der Angeklagte habe den Anschlag auf die Synagoge über längere Zeit geplant und vorbereitet. Im Zusammenhang mit den versuchten und vollendeten Tötungsdelikten habe er mit Begriffen wie »Adrenalinkick« und »Rotsehen« eine besondere Verfassung beschrieben, als er zu scheitern gedroht habe. Dieser Kampfmodus habe jedoch seiner ursprünglichen Intention entsprochen, da er sich geplant und gezielt in eine Art »Schlacht« begeben habe. Seine wiederholten Kommentare während der Tat hätten gezeigt, dass er sich nicht in einem bewusstseinsgestörten Zustand befunden habe. Er habe das Geschehen realitätsgetreu wahrgenommen und habe dann sein Handeln darauf ausgerichtet. Eine Bewusstseinsstörung sei also zu keinem Zeitpunkt der Tat anzunehmen. Ebenso sei von keiner intellektuellen Beeinträchtigung des Angeklagten auszugehen.

Hinsichtlich der Persönlichkeit ergebe sich ein Bild eines in seinen sozialen Kontakten unbeholfenen und gehemmten Einzelgängers mit einem labilen Selbstwertgefühl und einer leichten Kränkbarkeit, der darunter in seiner Jugend gelitten habe.

Nachdem er in seinem zweiten Studium gescheitert sei, habe er psychogene Beschwerden entwickelt. Wahrscheinlich sei es dann im Rahmen der klinischen Untersuchung zu einer Darmverletzung gekommen, gefolgt von einer Bauchoperation. Seit dem Erleben der Operation und den Folgen habe er alle Kontakte abgebrochen und wie ein Kind, von seiner Mutter versorgt, zurückgezogen in seinem Zimmer gelebt. Er habe sich dort in ein Weltbild voller Verfolgungsideen und Verschwörungstheorien verstrickt. Diese Auffälligkeiten würden einer komplexen Persönlichkeitsstörung entsprechen, die durch schizoide, paranoide und selbstunsichere Anteile geprägt seien. Die schizoiden Anteile seien bereits in seiner Jugend durch den Mangel an sozialen Kontakten und Beziehungen sowie seinen ausgeprägten Einzelgängerbeschäftigungen deutlich geworden. Diese Tätigkeiten hätten sich auf mechanische, unpersönliche Bereiche wie Computer und Waffenbau beschränkt. Offenbar habe es in seinem Leben kaum etwas gegeben, was ihm Freude oder Vergnügen bereitet habe, weshalb er kein eigenes berufliches Interesse gehabt habe. Nach außen gebe sich der Angeklagte distanziert und kühl. Gleichzeitig sei er schnell kränkbar, was Schwierigkeiten im Umgang mit anderen Menschen zur Folge habe. Das paranoide Grundmisstrauen habe sich während der Untersuchung in einer ausgeprägten Zurückhaltung gezeigt. Er sei ständig von der Angst geleitet worden, von außen kontrolliert und ausspioniert zu werden, um ihm zu schaden. Dieses Misstrauen hindere ihn daran, vertrauensvolle Beziehungen mit Menschen einzugehen.

Viele Aspekte in der Biografie und den Auffälligkeiten in seiner Persönlichkeit würden Parallelen zu Merkmalen aufweisen, die bei Menschen mit einer Autismus-Spektrum-Störung zu finden seien. Bei Menschen mit sogenanntem Asperger-Autismus sei die Diagnose im Erwachsenenalter schwierig, da klassische autistische Symptome nur noch verdeckt in Erscheinung träten. Beim Angeklagten komme hinzu, dass man keine Angaben zu seinen frühkindlichen Verhalten habe. Laut DSM-5[4] würden Menschen mit Autismus-Spektrum-Störung Auffälligkeiten in der Kommunikation und sozialen Interaktion zeigen – Kriterium A. Zum anderen würden sie repetitive Verhaltensweisen, das Festhalten an einem geordneten Tagesablauf und die Beschäftigung mit Sonderinteressen zeigen – Kriterium B. Die eigene Darstellung des Angeklagten als »unsozial« betreffe vermutlich seine Schwierigkeiten, mit anderen Menschen in einen emotionalen Kontakt zu treten sowie seine Gedanken und Gefühle zu teilen. Dies entspreche Kriterium A. Dazu gehörten auch Defizite in der Aufnahme und Aufrechterhaltung von persönlichen Beziehungen. Die geringe Fähigkeit, emotionale Signale wahrzunehmen, habe sich in der Exploration gezeigt, so der Sachverständige. Die teilweise überzogene und ungelenke Gestik sowie die grob überzeichnete Mimik und theatralische Sprache würden auf Defizite in der nonverbalen Kommunikation verweisen. Die scheinbaren Witze in den von ihm hochgeladenen Dokumenten, in denen es letztendlich um die Tötung einer großen Zahl von Menschen gegangen sei, würden auf die Schwierigkeiten verweisen, das eigene Verhalten den sozialen Kontexten anzupassen. Als er versucht habe, dem Angeklagten zu erklären, dass er diese Witzigkeit nicht nachvollziehen könne, hätten die heftigen Reaktionen gezeigt, dass der Angeklagte nicht verstanden habe, was dies in anderen Menschen auslöse. Die Information, dass der Angeklagte über Jahre hinweg den gleichen Fisch gegessen haben soll, entspreche Kriterium B. Der Angeklagte schüttelt leicht den Kopf. Der Sachverständige sagt, dazu passe auch das häufige nach außen hin unpassend erscheinende Lachen, die teils plakativen Schilderungen während der Exploration, die Fokussierung auf den Computer und zuletzt den Bau von Schusswaffen – also der intensiven Beschäftigung mit Sonderinteressen. Auch die detaillierte Vorbereitung der Tat könne so bewertet werden. Viele Auffälligkeiten des Angeklagten würden Züge einer Autismus-Störung zeigen, ohne dass hier »das Vollbild« einer solchen Störung vorliege. Man müsse also diese autistischen Züge der Gesamtdiagnose einer komplexen Persönlichkeitsstörung zuordnen.

Die Vorsitzende sagt, sie müsse bald unterbrechen, um eine Lüftungspause zu machen und fragt den Sachverständigen, wann es ihm passe. Der Sachverständige sagt, er brauche noch zehn Minuten, aber er könne an dieser Stelle gut unterbrechen. Die Vorsitzende unterbricht die Sitzung für 15 Minuten. Um 14.25 Uhr setzt sie die Sitzung fort, stellt die Anwesenheit der Beteiligten fest und erteilt dem Sachverständigen Leygraf erneut das Wort.

4 5. Auflage des »Diagnostic and Statistical Manual of Mental Disorders« (DSM), einem Klassifikationssystem für psychische Störungen.

Beim Angeklagten seien die allgemeinen diagnostischen Merkmale einer Persönlichkeitsstörung erfüllt, sagt der Sachverständige. Dies betreffe insbesondere seine Affektivität und sein Denken, was sich bereits in seiner Jugend manifestiert habe. Die Auffälligkeiten seien »dauerhafter und nicht episodischer Natur« und sein Verhalten habe sich in vielen Situationen als »unpassend« gezeigt. Deswegen sei bereits im Alter von 18 Jahren die Diagnose einer sozial gehemmten Persönlichkeitsstörung gestellt worden. Es sei hier von einem hinreichenden Schweregrad auszugehen. Der Angeklagte habe erhebliche Defizite in der emotionalen Ansprechbarkeit und in seiner Fähigkeit, sich in andere Menschen hineinzuversetzen. Zudem zeige er stereotypes Verhalten und sei in seiner Lebensführung eingeengt. Eine berufliche Entwicklung oder eine partnerschaftliche Beziehung habe er aufgrund seiner Defizite nicht ansatzweise herstellen können. Es bestehe eine erhebliche Selbstwertproblematik und eine Tendenz zur Übernahme und Ausgestaltung von Verschwörungstheorien.

Die Persönlichkeitsstörung sei derart ausgeprägt, dass sie dem Rechtsbegriff der »schweren anderen seelischen Abartigkeit«[5] zuzuordnen sei. Aus psychiatrischer Sicht sei eine Beeinträchtigung der Schuldfähigkeit des Angeklagten jedoch nicht anzunehmen. Auch wenn die Tat aus Sicht des Angeklagten gerechtfertigt gewesen sei, sei ihm sehr bewusst gewesen, dass die Tat fundamental den Wertvorstellungen der Gesellschaft entgegengestanden habe. Deswegen spreche nichts für die Beeinträchtigung seiner Unrechtseinsichtsfähigkeit. Es habe sich um eine langfristig geplante und minutiös vorbereitete Tat gehandelt, bei der das exekutive Steuerungsvermögen offenbar nicht beeinträchtigt gewesen sei. Beide vollendeten Tötungsdelikte seien nicht Teil des ursprünglichen Tatplans des Angeklagten gewesen. Es würde jedoch seinem Denken entsprechen, auf seinem vermeintlichen »Feldzug« gegen die jüdischen Besucher der Synagoge, den Tod von Unbeteiligten als Kollateralschaden in Kauf zu nehmen. Wie bereits erwähnt, würden die Kommentare des Angeklagten während der Tat darauf hinweisen, dass er in der Lage gewesen sei, sein Verhalten den sich verändernden Bedingungen anzupassen, um seinem sekundären Ziel entsprechend möglichst viele Muslime zu töten. In Abgrenzung zur Wahnhaftigkeit habe der Angeklagte sich innerlich nicht zur Tat gedrängt gefühlt. Er habe sich auch nicht als besonders für die Tat auserwählt gefühlt und habe abwarten können, um den für ihn besten Zeitpunkt für die Ausführung der Tat nutzen zu können.

5 Nicht unumstrittener Sammelbegriff für Krankheitsbilder, der zur Prüfung der Schuldunfähigkeit (§20 StGB) oder der verminderten Schuldfähigkeit (§21 StGB) angewendet werden kann.

Zusammenfassend ließe sich beim Angeklagten eine komplexe Persönlichkeitsstörung feststellen, die dem Rechtsbegriff der »schweren anderen seelischen Abartigkeit« im Sinne des § 20 nach StGB entspreche.[6] Diese Störung habe jedoch nicht die Unrechtseinsichtsfähigkeit oder das Steuerungsvermögen des Angeklagten beeinträchtigt. Aus psychiatrischer Sicht sei von keiner Beeinträchtigung oder Aufhebung der Schuld auszugehen. Somit entfalle auch die Voraussetzung für die Unterbringung in einem psychiatrischen Krankenhaus gemäß § 63 StGB.

Er komme nun auf die psychiatrischen Voraussetzungen der Anordnung einer Sicherungsverwahrung zu sprechen, sagt der Sachverständige.

Hintergrund der Tat sei die ausgeprägte antisemitische und ausländerfeindliche Einstellung des Angeklagten in Verbindung mit der Vorstellung einer jüdischen Weltverschwörung, in deren Kontext unter anderem die »Flüchtlingskrise« im Jahr 2015 gestanden habe. Diese Einstellungen würden beim Angeklagten seit Jahren bestehen. Er habe diese mit einem »ausgeprägten Fanatismus« während der Untersuchung und der Hauptverhandlung vertreten. Seine Persönlichkeitsstörung und seine Lebenssituation habe ihn anfälliger gemacht für die Aufnahme und Manifestierung ideologischer Gedanken und Verschwörungstheorien, weil diese ihm externe Erklärungen für seine Lebenssituation und schlechten Aussichten ermöglicht hätten. Die autistisch anmutende Fähigkeit, sich über lange Zeit allein mit einer speziellen Aufgabe zu beschäftigen, habe ihm ermöglicht, ein Waffenarsenal herzustellen. Sein »Mangel an affektiver Affizierbarkeit durch das Leid anderer Menschen« habe ihm ermöglicht, einen akribischen Tatplan, mit dem Ziel möglichst viele Menschen zu töten, zu entwerfen. Auch wenn er bei der Befragung die vollendeten Tötungen als »unnötig« bezeichnet habe, sei ein tatsächliches Bedauern, nicht zu erkennen gewesen. Vielmehr habe die Verärgerung überwogen, dass es ihm nicht gelungen sei, den ursprünglichen Plan umzusetzen. Alles weise darauf hin, dass die Tat in einem engen Zusammenhang mit einer tief verwurzelten psychischen Verfassung des Angeklagten stehe, die ihn zu entsprechendem Verhalten disponiere. Es gäbe keine Hinweise, dass es zu einer Veränderung dieser Einstellungen und Dispositionen gekommen sei. Deswegen sei mit einer

6 Der § 20 StGB »Schuldunfähigkeit wegen seelischer Störungen« lautete bis zum 31. Dezember 2020: »Ohne Schuld handelt, wer bei Begehung der Tat wegen einer krankhaften seelischen Störung, wegen einer tiefgreifenden Bewußtseinsstörung oder wegen Schwachsinns oder einer schweren anderen seelischen Abartigkeit unfähig ist, das Unrecht der Tat einzusehen oder nach dieser Einsicht zu handeln.« Nach jahrelangen Kontroversen wurde durch Artikel 1 Sechzigstes Gesetz zur Änderung des Strafgesetzbuches vom 30. November 2020 BGBl. I S. 2600 das Wort »Schwachsinn« durch das Wort »Intelligenzminderung« und das Wort »Abartigkeit« durch das Wort »Störung« ersetzt. Diese Änderung ist seit dem 1. Januar 2021 wirksam.

»überwiegenden Wahrscheinlichkeit davon auszugehen«, dass der Angeklagte erneut vergleichbar schwere Straftaten begehen würde, wenn sich ihm die Möglichkeit biete.

Die Vorsitzende bedankt sich für das »ausführliche Gutachten« beim Sachverständigen.

Richter Harald Scholz sagt, der Sachverständige habe die »Schwere der seelischen Abartigkeit«, aber keine Beeinträchtigung der Steuerungsfähigkeit des Angeklagten feststellen können. Er habe nachvollziehen können, dass die Persönlichkeitsstörung aus medizinisch-psychiatrischer Sicht schwerwiegend sei. Bei der juristischen Prüfung sei es jedoch schwierig, beide auseinanderzuhalten, so wie es im Gutachten dargestellt worden sei. Es gebe eine Rechtssprechung, die besagen würde, dass, wenn man die Schwere einer Persönlichkeitsstörung, also »die Schwere der Abartigkeit« bejahe, es dann nahe liege, dass davon auch die Steuerungsfähigkeit beeinträchtigt sei. Er stelle sich die Frage, ob durch die Feststellung der Steuerungsfähigkeit überhaupt eine »schwere seelische Abartigkeit« vorliege und ob das Zwanghafte im Verhalten des Angeklagten so dominierend sei, dass man von einer »schweren seelischen Abartigkeit« ausgehen müsse. Der Sachverständige habe betont, dass eine gewisse Anpassungsfähigkeit erhalten geblieben sei. So sei von einer »Tollpatschigkeit« die Rede gewesen, die der Angeklagte später abgelegt habe. Er sei zudem in der Lage gewesen, sich sportlich als auch sprachlich weiterzuentwickeln. Beispielsweise habe der Angeklagte Englisch gelernt. Außerdem könne man davon ausgehen, dass viele Menschen in ihrem Leben scheitern würden. Man studiere erst, was einen nicht wirklich interessiere, und dann komme eine Krankheit hinzu. Der Richter fragt, ob das wirklich auf die »Schwere der seelischen Abartigkeit« hindeute.

Der Sachverständige antwortet mit »Ja«. Er erinnere sich an eine einmalige Entscheidung des Bundesgerichtshofs (BGH) aus dem Jahre 1999. Es habe 2005 zudem eine Arbeitsgruppe aus Psychiatern, Psychologen, Staatsanwälten und BGH-Richtern gegeben, die ein Papier mit dem Titel »Mindestanforderungen für Schuldfähigkeitsgutachten«[7] entwickelt hätten, in dem auf die Frage eingegangen worden sei, ob eine so schwere Persönlichkeitsstörung vorliege, dass man von einer »schweren anderen seelischen Abartigkeit« ausgehen könne. Man könne schlecht umgekehrt argumentieren: Weil die Steuerungsfähigkeit nicht eingeschränkt sei, könne die Abartigkeit nicht schwer sein. Es sei ein Bereich, in dem man »nicht mit einem Zentimetermaß messen« könne. Man könne nur versuchen, dies näher einzugrenzen, was er

7 Siehe Boetticher, Nedopil, Bosinski, Saß: Mindestanforderungen für Schuldfähigkeitsgutachten. In: *NStZ* 2005, Heft 2, S. 57–62.

in Bezug auf die »Schwere der Abartigkeit« und die Steuerungsfähigkeit versucht habe. Er sei zu dem Ergebnis gekommen, dass es aus seiner Sicht eine »schwere andere seelische Abartigkeit« vorliege, auch wenn die Steuerungsfähigkeit nicht wesentlich beeinträchtigt gewesen sei. Man könne einzelne Aspekte hervorheben und sagen: »Na gut … Englisch hat er auch noch gelernt.« Der Sachverständige lacht. Insgesamt sei es ein Mensch gewesen, der »in seiner gesamten Lebensentwicklung eingefroren« gewesen sei. Damals hätte man, unabhängig von antisemitischen und ausländerfeindlichen Einstellungen, sagen müssen, dass man ihm hätte weiterhelfen müssen. Insofern sei dies eine »schwere Problematik«. Richter Scholz pflichtet ihm bei, es sei auf jeden Fall eine »schwere Problematik«. Die Frage sei, wo man dies verorte. Es sei wichtig zu wissen, dass der Sachverständige sich nicht an der Rechtssprechung, die er zitiert habe, orientiert habe und nicht von einer schweren Persönlichkeitsstörung oder schweren Abartigkeit auf eine verminderte Steuerungsfähigkeit geschlossen habe.

Die Vorsitzende fragt, ob es weitere Fragen gebe.

Rechtsanwalt Weber sagt, er habe die letzten Ausführungen als sehr aufschlussreich empfunden. Er habe auch die Ausführungen des BGH herangezogen, die bereits erwähnt wurden. Es wäre eine interessante Frage für den BGH, ob sich das Ergebnis der Arbeitsgruppe in der Rechtssprechung wiederfinde. Das Thema sei damit erledigt, da dies auch seine erste Frage gewesen wäre.

Eine weitere Frage stehe im Zusammenhang mit der Aussage seines Mandanten, dass er während der Tat »Rot gesehen« habe. Dies habe der Sachverständige auch in seinem Gutachten erwähnt. Er wisse nicht, ob der Sachverständige dies der Hauptverhandlung entnommen oder der Angeklagte es ihm direkt geschildert habe. Der Angeklagte habe auf Nachfrage mitgeteilt, dass es sich nicht um das sprichwörtliche »rotsehen« im Sinne von »ich bin ausgerastet« handele, sondern er habe tatsächlich eine entsprechende Wahrnehmung gehabt. Rechtsanwalt Weber fragt, ob der Sachverständige sagen könne, worauf dies zurückzuführen sei. Dieser antwortet, er habe noch nie gehört, dass jemand plötzlich alles mit einem Rotfilter gesehen hätte. Wenn er noch nie davon gehört habe, sei die Frage, ob es einen medizinischen Teilbereich gebe, der sich mit dieser Problematik befasse, sagt Rechtsanwalt Weber. Der Sachverständige fragt, ob das Rotlicht gemeint sei. Einige Anwesende im Saal lachen leise. Rechtsanwalt Weber sagt, er wolle es nicht darauf beschränken. Vielleicht sei es eine Form von Halluzination. Er könne dies nicht beurteilen, deswegen frage er, ob es einen Spezialbereich in der Medizin gebe.

Der Sachverständige antwortet, er sei für Halluzinationen zuständig, und das sei keine Halluzination. Rechtsanwalt Weber sagt, er könne nur wiedergeben, was sein Mandant mehrfach in Vernehmungen wiederholt habe. Er fragt, ob der Sachverständige das Problem also nicht kenne, was dieser bestätigt. Nur im übertragenen Sinne sei ihm dies bekannt, sagt der Sachverständige. Das habe der Angeklagte ausdrücklich zurückgewiesen, sagt Rechtsanwalt Weber. Er habe tatsächlich »Rot gesehen«; er habe »roten Schimmer vor Augen« gehabt. In welche medizinische Disziplin dies fallen würde, fragt Rechtsanwalt Weber. Der Sachverständige sagt, dass ihm dazu nichts einfallen würde. Man könne einen Augenarzt fragen. Einige Anwesende lachen im Gerichtssaal. So eine Beschreibung habe er noch nicht gehört, sagt der Sachverständige. Rechtsanwalt Weber erwidert, dass er ja auch Arzt für Neurologie sei, was der Sachverständige bejaht. Rechtsanwalt Weber fragt, ob es aus neurologischen Gesichtspunkten eine Erkenntnis gäbe, was der Sachverständige verneint. Die Vorsitzende sagt, dass sie dies schon einmal im Zusammenhang mit psychotropen Substanzen gehört habe. Der Sachverständige sagt, hier werde die Wahrnehmung insgesamt verändert und so auch die Farbwahrnehmung. Rechtsanwalt Weber sagt, dass er sich notiere, dass der Sachverständige einen Augenarzt erwähnt habe. Der Sachverständige erwidert, dass dies nicht ernst gemeint gewesen sei. Im Gerichtssaal lachen mehrere Anwesende auf.

Rechtsanwalt Weber sagt, wenn die »schwere Abartigkeit« in der Regel die Steuerungsfähigkeit beeinträchtige, stelle sich die Frage, ob es hier weitere Anhaltspunkte gebe, die dafür sprächen. Er habe sich die Definition notiert: »Das Hemmungsvermögen ist beeinträchtigt, wenn die Fähigkeit, den Tatanreizen in der konkreten Tatsituation zu widerstehen und sich normgemäß zu verhalten – im Vergleich mit der eines ›Durchschnittsbürgers‹ – aufgrund seiner psychischen Verfassung in erheblichem Maße verringert ist.«[8] Für ihn stelle sich die Frage, ob Dinge wie Geltungsdrang dazu führen könnten, dass ein großer Motivationsdruck entstehe, der die Steuerungsfähigkeit beeinträchtige. Dabei denke er an die Aussage des Angeklagten, die er gegenüber der Sachverständigen Lisa John gemacht habe, dass Menschen ihn erst seit der Tat für einen energischen Menschen halten würden. Ob das heiße, dass er mit der Tat seinen Geltungsdrang ausgedrückt habe, fragt Rechtsanwalt Weber. Wann dies relevant sei, frage er sich. Er verweise auf das fehlende Selbstbewusstsein und insbesondere die immer wieder im Video zu hörende Aussage des Angeklagten: »Ich bin ein Loser!« Außerdem spreche für einen Geltungsdrang, dass der Angeklagte mit seiner Tat die Öffentlichkeit gesucht habe und sich über sein »Manifest« und den Livestream in den Vordergrund gerückt habe. Seine Frage sei, wenn er die Definition zur Beeinträchtigung der Steuerungsfähigkeit nehme: Wann könne Geltungsdrang die Steuerungsfähigkeit beeinträchtigen, und welche Kriterien seien hierfür wichtig?

8 Siehe BGH 4 StR 272/03, Beschluss vom 23. September 2003 (LG Halle).

Der Sachverständige sagt, dass der Wunsch nach Anerkennung durch andere ein Motiv der Tat gewesen sei, sei offensichtlich. Deswegen habe er die Tat im Internet präsentiert. Das sei jedoch »nur ein Mitmotiv« für die Tat und bedeute nicht, dass er in seinem Steuerungsvermögen beeinträchtigt gewesen sei. Es handele sich um eine Tat, die lange und sorgfältig vorbereitet worden sei. Der Angeklagte habe nicht den Drang gehabt, diese sofort umzusetzen, sondern habe überlegt, wann der beste Zeitpunkt sei.

Rechtsanwalt Weber sagt, er habe sich eine Entscheidung des BGH vom 12. Juni 2007 herausgeschrieben. Hier würde der BGH schreiben, dass starker Motivationsdruck aufgrund abnormer Persönlichkeit dazu führen könne, dass die Fähigkeit sich normgerecht zu verhalten, deutlich vermindert werde. Er fragt den Sachverständigen, was das Abgrenzungskriterium sei, und warum es in diesem Falle nicht ausreichend sei. Der Sachverständige sagt, wenn jemand fähig sei, die Tat aufzuschieben und denke: »Besser an Jom Kippur«, denn da seien mehr Menschen anwesend, dann sei der Täter in der Lage, seine Motive zu beherrschen. Rechtsanwalt Weber fragt, weil er auf den richtigen Moment warte? Weil er aus seiner Sicht auf den besten Moment warte, bestätigt der Sachverständige.

Nun habe der Angeklagte laut eigenen Angaben sein Tatziel, Menschen in der Synagoge zu töten, nicht erreicht, sagt Rechtsanwalt Weber und fragt, wie der Motivationsdruck in diesem Moment zu beurteilen sei, da er aufgrund des durch die Öffentlichkeit selbst aufgebauten Drucks nicht in der Lage gewesen sei abzubrechen. Der Verteidiger fährt fort, sein Mandant habe dann das gemacht, was er sich bereits vorher überlegt hatte, wenn er keine Juden töten könne: Und zwar Muslime zu töten, was sein Sekundärmotiv gewesen sei. Rechtsanwalt Weber bezieht sich auf die Schlussfolgerung auf Seite 91, dass insbesondere deswegen die Steuerungsfähigkeit nicht beeinträchtigt gewesen sei, weil sein Mandant die Tat über einen langen Zeitraum geplant und vorbereitet haben soll. Er spreche hier von einer tiefgreifenden Bewusstseinsstörung, zu der es zahlreiche Entscheidungen des BGH gebe, die besagten, dass die lange Vorbereitungszeit kein Kriterium sei, die Schuldfähigkeit anzunehmen. Der Sachverständige entgegnet, er wäre dankbar, wenn Rechtsanwalt Weber ihm eine dieser Entscheidungen des BGH zeigen würde – diese gebe es nicht. Richter Scholz lacht und schüttelt den Kopf. Eine lange Vorbereitung spreche auch bei einer »schweren anderen seelischen Abartigkeit« gegen die Beeinträchtigung des Steuerungsvermögens. Rechtsanwalt Weber fragt, ob dies anders sei als bei einer tiefgreifenden Persönlichkeitsstörung, was der Sachverständige verneint. Es sei genauso. Das heißt, dass wenn über einen langen Zeitraum geplant und vorbereitet werde, dies als Indiz für bestehende Steuerungsfähigkeit angesehen werde, fragt Rechtsanwalt Weber, was der Sachverständige bejaht. Es gebe einiges an Rechtssprechung, die das anders sehe, sagt Rechtsanwalt Weber. Er wolle dies festhalten.

Rechtsanwalt Weber sagt, der Sachverständige habe in seinem Gutachten ausgeführt: »keine progrediente Zunahme in seinem Erleben«. Im Grundschulalter sei der Angeklagte zwar auffällig gewesen, doch bis zu Beginn seines Studiums sei dieses Verhalten in einem Ausmaß geblieben, das nicht so massiv und nachhaltig gewesen sei, wie es sich später gezeigt habe. Der Sachverständige habe eine Untersuchung des Angeklagten im Alter von 18 Jahren erwähnt, die ihm bisher nicht bekannt gewesen sei, bei der persönliche Probleme festgestellt worden seien. Zudem habe der Angeklagte im Studium weitere Niederlagen durch seine Krankheit erlebt. Dann habe er sich im Internet radikalisiert und sei dort auf entsprechende Unterstützer getroffen.

Der Sachverständige entgegnet, dass Rechtsanwalt Weber die erwähnte Untersuchung aus dem Jahre 2010 im Gutachten auf Seite 29 hätte lesen können. Rechtsanwalt Weber lacht. Der Sachverständige sagt, »Progredienz des Erlebens« meine etwas anderes. Zum Beispiel, dass man in Bezug auf das sexuelle Erleben immer stärker den Drang verspüre, bestimmte sexuelle Praktiken durchführen zu wollen. Der Drang dies irgendwann zu tun, werde mit der Zeit immer größer. Das wäre für den Angeklagten der Fall gewesen, wenn er im Jahr 2016 gedacht hätte: »Jetzt geht's los!«, sich aber noch zurückgehalten hätte. Dieser Drang etwas zu tun, wäre dann immer stärker geworden, bis er 2019 gesagt habe, jetzt tue ich es endlich. Doch es sei für den Angeklagten von der Ideologie her gleichbleibend. Mit Christchurch sei dann der Gedanke gekommen: »Wenn der das macht, dann mach ich das auch!«

Rechtsanwalt Weber sagt, dass eine Zunahme im Erleben doch offensichtlich sei. Man habe gehört, dass er sich im Familienkreis ausländerfeindlich geäußert habe; bis zu dem, was er getan habe, sei es ein weiter Weg gewesen. Dazwischen sei die Bekanntschaft mit Leuten im Internet gewesen. Ob das dazwischen oder parallel abgelaufen sei, wisse man nicht, sagt der Sachverständige. Man wisse über die Entwicklung in dieser Zeit »überhaupt nichts«. Der Angeklagte habe beschrieben, dass der Gedanke, etwas gegen Juden oder Ausländer unternehmen zu wollen, immer stärker geworden sei. Rechtsanwalt Weber fragt nach weiteren Vorbildern im Internet und im realen Leben. Der Sachverständige sagt, Christchurch sei ein Vorbild. Der Angeklagte habe auch Anders B. als Vorbild genannt, aber dahingehend unterschieden, dass Anders B. seine Tat nicht gestreamt habe. Ob in diesem Zusammenhang nicht auch Gewaltspiele stehen würden, die den Alltag des Angeklagten bestimmt hätten, fragt Rechtsanwalt Weber. Ego-Shooter seien eine weitverbreitete Freizeitbeschäftigung, sagt der Sachverständige.

Rechtsanwalt Weber sagt, er verstehe nicht, warum der Sachverständige der Auffassung sei, dass es im Sexualbereich in Betracht käme und hier nicht. Die Vorsitzende schüttelt den Kopf.

Der Sachverständige sagt, er habe versucht zu erklären, dass der Angeklagte eben nicht beschrieben habe, dass der Gedanke, er müsse etwas tun, immer stärker in ihm gebohrt habe, und er sich diesem nur schwer habe widersetzen können. Er habe stattdessen den Gedanken gehabt: »Okay, so kann man es machen; du bist ja arbeitslos und ohne Familie, also machst du es ...«

Rechtsanwalt Weber sagt, die Problematik mit politischem Extremismus werde häufig mit Fragen der Schuldfähigkeit diskutiert. Er fragt, wann der Glaube an Verschwörungstheorien einen Bereich erfasse, der den Menschen so stark beeinflusse, dass er nicht mehr klar denken könne. Es gehe darum, ob das Ganze ein krankhafter Wahn sei, sagt der Sachverständige. Glaube und Ideologie seien an sich keine Krankheiten. Es gebe krankhaftes Wahnerleben, und davon sei der Angeklagte nicht betroffen. Er vertrete Verschwörungsideologien, die viele andere auch vertreten würden. Welches Abgrenzungskriterium gäbe es, um zu sagen, der Glaube an Verschwörungstheorien habe irgendwann krankhafte Züge, fragt Rechtsanwalt Weber.

Eine Verschwörungsüberzeugung sei dann Ausdruck von wahnhaftem Erleben, wenn sie mit einem abnormen Bedeutungsbewusstsein einhergehe, sagt der Sachverständige. Also zum Beispiel, wenn der Angeklagte nicht denken würde, die Ausländer kämen hierher, um den weißen Männern die Frauen wegzunehmen, sondern die Juden hätten die Ausländer geschickt, weil die Juden es persönlich auf ihn abgesehen hätten – das wäre ein abnormer Ich-Bezug. Oder der Angeklagte sei etwa der Überzeugung gewesen, er sei von einer göttlichen Weisung auserwählt worden, die Nation vor Ausländern und Juden zu retten – auch das wäre ein krankhafter Ich-Bezug. Zweitens habe ein Wahnkranker seinen persönlichen Wahn und seine eigenen Überzeugungen, mit denen er allein dastehe. Es gebe keinen kollektiven Wahn, wiederholt der Sachverständige. Das bedeute, dass er im Kontext der politischen Verschwörungstheorien nie zu dieser Einschätzung kommen würde, weil kein individueller Wahn feststellbar sei, fragt Rechtsanwalt Weber. Anhänger von politischen Verschwörungstheorien seien nicht wahnkrank, wenn andere diese auch vertreten würden, sagt der Sachverständige.

Es gebe noch andere Stufen, sagt Rechtsanwalt Weber. Wo könne man abgrenzen, wenn jemand die Einsichtsfähigkeit habe, aber in der Steuerungsfähigkeit beeinträchtigt sei.

Das habe nichts mit »krank« oder »nicht krank« zu tun, sagt der Sachverständige. Auch ein Wahnkranker, müsse nicht in seiner Einsichtsfähigkeit beeinträchtigt sein und wisse, dass man Menschen nicht umbringen dürfe. Er fühle sich aber möglicherweise dazu gelenkt. Dann sei dies eine Frage der Steuerungsfähigkeit und nicht der Einsichtsfähigkeit. Das wolle er nicht in Abrede stellen, sagt Rechtsanwalt Weber und fragt, ob es ein Abgrenzungskriterium in Hinblick auf die Steuerungsfähigkeit gebe, was der Sachverständige verneint und sagt, dass das Abgrenzungskriterium »krank« oder »nicht krank« sei, also »Wahn« oder »nicht Wahn«.

Rechtsanwalt Weber fragt, ob die politische Gesinnung, die auf einer Verschwörungstheorie basiere, so wie der Angeklagte sie gezeigt habe, nie in der Lage sei, die Steuerungsfähigkeit zu beeinträchtigen, egal wie stark der Glaube sei. Der Sachverständige verneint und sagt, das habe nichts mit psychischer Störung zu tun. Es gehe darum, wie weit eine Person neben ihrer politischen Gesinnung krank oder gestört sei. Rechtsanwalt Weber sagt, dass er sich dies notieren müsse. Das Krankheitsbild der Schizophrenie sei bereits thematisiert worden. Er fragt, wann der Glaube an Verschwörungstheorien die Schizophrenie erreiche oder ob man dies überhaupt sagen könne. Es gebe keine Hinweise beim Angeklagten auf eine schizophrene Psychose, psychotische Ambivalenz, Ich-Störungen, Halluzinationen oder Wahn, sagt der Sachverständige. An keiner Stelle in der Biografie des Angeklagten habe es einen Verdacht auf Schizophrenie gegeben. Rechtsanwalt Weber sagt, der Angeklagte habe Verfolgungswahn im Kontext seiner Verschwörungstheorien geäußert, zum Beispiel, dass die Frauen weggenommen und die weißen Männer verdrängt würden. Hier handele es sich um Verschwörungstheorien und nicht um Verfolgungswahn, erwidert der Sachverständige. Verfolgungswahn sei, wenn jemand sich zum Beispiel vom CIA verfolgt fühle. Das sei bei dem Angeklagten nicht der Fall.

Er wolle noch mal auf die Aussage des Angeklagten zu sprechen kommen, dass der Zustrom von Flüchtlingen dafür verantwortlich sei, dass er Angst habe, keine Frau zu finden, sagt Rechtsanwalt Weber. Er fragt, ob man hier von einem Eifersuchtswahn sprechen könne, denn es werde etwas imaginiert, was nicht stattfinde. Wenn, dann gehe es hier nicht um Eifersucht, sondern um Neid, dass andere Frauen abbekommen würden und der Angeklagte nicht, sagt der Sachverständige. Hier gehe es nicht um Angst des Angeklagten. Dieser nutze die Ausländerproblematik zur Externalisierung. Bis zu diesem Zeitpunkt habe er keine Frau gehabt und auch das eigene Manko hinnehmen müssen, keine Frau zu haben, weil er nach eigener Aussage unsozial gewesen sei. Mit dem Zuzug von Ausländern habe er den Grund für sein Alleinsein externalisieren können. Das habe nichts mit Angst zu tun. Rechtsanwalt Weber sagt, dass er keine weiteren Fragen habe.

Die Vorsitzende sagt, dass sie vor der Lüftungspause eine Frage an den Angeklagten habe. Der Sachverständige habe aus dem Arztbrief vom 20. Juli 2010 zitiert. Er sei zwei Tage stationär im Klinikum Lutherstadt Eisleben untergebracht gewesen. Die Diagnose sei eine akute Intoxikation durch Dextromethorphan und Engelstrompetenblätter, akute Symptome durch Vergiftung sowie eine depressive Episode gewesen. Die Notaufnahme sei bei akuter Intoxikation in suizidaler Absicht erfolgt. Es hätten Anzeichen eines anticholinergen Syndroms vorgelegen. Der psychiatrische Konsiliararzt habe eine Drogenintoxikation bei unregelmäßigem Gebrauch festgestellt. Eine suizidale Situation sei ausgeschlossen worden. Es habe eine sozial gehemmte Persönlichkeitsstörung bestanden, und es seien ambulante psychotherapeutische Probesitzungen empfohlen worden. Ob er diese wahrgenommen habe, fragt die Vorsitzende den Angeklagten, was der Angeklagte deutlich verneint. Er sei nur wegen der Vergiftung dort gewesen. Es habe kein langes psychologisches Gespräch stattgefunden. Immerhin sei er zwei Tage stationär untergebracht worden, sagt die Vorsitzende. Wegen der Vergiftung, sagt der Angeklagte, und nicht wegen suizidaler Gedanken. Was die Eltern des Angeklagten dazu gesagt hätten, fragt die Vorsitzende. Das wisse er nicht mehr, sagt der Angeklagte. Das sei schon so lange her – zehn Jahre. So lange sei das nicht, sagt die Vorsitzende. Sie frage sich, ob in der Familie darüber gesprochen worden sei. Natürlich habe man sich wegen der Vergiftung Sorgen gemacht, sagt der Angeklagte. Das sei, wie zuvor erwähnt, kein großes psychologisches Gespräch gewesen. Er glaube, es habe zehn Minuten gedauert.

Die Vorsitzende sagt, dass die Verhandlung bis 15.35 Uhr unterbrochen werde. Um 15.36 Uhr wird die Sitzung durch die Vorsitzende fortgesetzt. Sie fragt, ob die Nebenklagebeistände Fragen hätten.

Rechtsanwalt Siebenhüner fragt den Sachverständigen, ob er es richtig verstanden habe, dass der grundlegende Unterschied zwischen dem krankhaften und gesunden Menschen sei, dass der gesunde Mensch umschalten, die krankhafte Ich-Bezogenheit oder Hass gegen Andersdenkende ablegen und erkennen könne, dass nicht alles, was passiere, ihm gelte. Der Sachverständige sagt, er sei zumindest in der Lage, es von einer anderen Seite aus zu betrachten. Er wage zu bezweifeln, ob er von heute auf morgen seine Grundüberzeugung ändern könne. Ob der Angeklagte in der Lage gewesen sei umzuschalten, fragt Rechtsanwalt Siebenhüner. Bei den Geschädigten in Wiedersdorf habe er differenzieren können, da er gesagt habe, sie hätten ihm das Auto geben sollen, er wolle sie nicht töten. Der Wahnkranke hätte seinen Wahn weiter verfolgt, die beiden erschossen und das Auto erbeutet. Jens Z. sei in den Augen des Angeklagten kein Verfolger und kein Muslim, sagt der Sachverständige. Deswegen habe er nur das Auto gewollt und ihn nicht unbedingt erschießen wollen. Man könne also nicht sagen, nur weil der Angeklagte hier differenziert habe, sei es kein Wahn, sagt Rechtsanwalt Siebenhüner. Nein, sagt der Sachverständige, es sei ohnehin kein Wahn gewesen. Beim Wahn sei immer eine ausgeprägte Ich-Bezogenheit vorhanden, fragt Rechtsanwalt Siebenhüner, die hier nicht gegeben sei. Dem stimmt der Sachverständige zu. Er sagt, eigentlich sei jede Art von Wahn eine Art Größenwahn: »Ich bin was ganz Besonderes, deswegen bin ich im Zentrum der Verfolgung.« Es gehe immer darum, etwas ganz Besonderes zu sein, sagt der Sachverständige.

Die Vorsitzende erteilt dem Angeklagten das Fragerecht. Der Angeklagte bedankt sich und sagt zum Sachverständigen, er habe »ein paar Themen anzusprechen«. Er wisse, dass er von ihm falsch zitiert werde. Er wisse, dass er damals nur mit Zettel und Stift Notizen gemacht habe, und es sehr schnell gegangen sei. Trotzdem würden seine Ansichten an vielen Stellen falsch wiedergegeben werden. Auf drei Stellen möchte er eingehen, da er es so nie gesagt habe, wenn es erlaubt sei. Er verweist auf Seite 64 und sagt, sie hätten sich über die ermordete Studentin in Freiburg unterhalten. Er habe gesagt, »das ist ein totaler Witz«, dass sie von einem Flüchtling ermordet worden sei und der Vater gesagt habe, man solle keine Blumen ablegen, sondern für Flüchtlinge spenden, aber das sei »kein guter«. Der Sachverständige habe daraus »ein guter« gemacht und so die Bedeutung ins Gegenteil verkehrt. Ob der Sachverständige sich daran erinnern könne, fragt der Angeklagte.

Der Sachverständige sagt, er könne das nicht bestreiten, es könne sein, dass er »ein« statt »kein« gehört habe. Das habe er vermutet, sagt der Angeklagte. Er habe gesagt, es sei »kein guter, also kein Witz« gewesen. Das wolle er nur anmerken. Der Sachverständige fragt, ob es immer noch um die Freiburg-Geschichte gehe. Die Vorsitzende stimmt zu und zitiert: »Da wäre ein Mädchen vergewaltigt worden und ersoffen und der Vater wolle nicht, dass man Blumen aufs Grab stelle und man solle das Geld spenden.« Der Sachverständige sagt, er habe geschrieben: »Es sei alles nur ein Witz, was da ablaufe, aber ein lustiger.« Der Angeklagte sagt, er habe gesagt, es sei ein Witz, was da ablaufe, »aber kein guter«. Er wisse nicht, warum der Sachverständige sich das so notiert habe. Er habe das mit sarkastischem Unterton gesagt, und er denke, dass der Sachverständige das auch gehört habe. Das könne gut sein, antwortet dieser. Der Angeklagte sagt, er lache »sicherlich nicht über ein totes Mädchen«. Das sei ihm aufgestoßen.

Der zweite Punkt sei auf Seite 58: Der Sachverständige habe ihn zu seinem Drogenkonsum gefragt, und er habe gesagt, die komplette amerikanische Pornoindustrie sei jüdisch, und damit wolle er nichts zu tun haben – er habe nur Anime-Bilder. Daraus sei gemacht worden, dass seine ganze Pornosammlung jüdisch sei. Das sei eine Verkehrung der Tatsachen, und er fühle sich in seiner Ehre als Antisemit verletzt. Einige Anwesende lachen. Er möchte das ansprechen, weil es ihm sonst später vorgeworfen werde. Das habe der Angeklagte ihm so nicht gesagt, entgegnet der Sachverständige. Das zuvor mit »ein« und »kein« habe er nachvollziehen können. Er wisse aber nicht, wie er sich hier verhört oder verschrieben haben könne. Der Angeklagte wisse nicht, warum der Sachverständige das so schreibe, »außer, um mir zu schaden«. Der Sachverständige sagt, er wisse nicht, wie er ihm damit Schaden zufügen könne. Angeregt fragt der Angeklagte, ob der Sachverständige ihm unterstellen wolle, dass seine Pornosammlung jüdisch sei. Die Vorsitzende fragt nach, ob er sagen wollte, dass seine Pornosammlung aus Anime-Bildern bestehe. Der Angeklagte stimmt dem zu und sagt, er habe nur Anime-Bilder. Man habe ja seine elektronischen Asservate. Der Sachverständige sagt, das man nur die Asservate gehabt habe, die der Angeklagte zugänglich machen wollte. »Alle!«, korrigiert der Angeklagte. Der Sachverständige verneint und sagt, dass nicht alle elektronischen Asservate zugänglich seien. Die Vorsitzende fragt, ob er nur Anime-Pornos gehabt habe. Der Angeklagte sagt, er habe nur Anime-Bilder, und er habe dies so mitgeteilt. Er habe gesagt, die Pornoindustrie sei jüdisch, und er wolle mit dem Judentum nichts zu tun haben.

Rechtsanwältin Dr. Kati Lang, Vertreterin der Nebenklage, sagt, ihr sei nicht klar, was hier gerade stattfinde. Sie fragt, ob der Angeklagte von seinem Fragerecht Gebrauch mache oder ob er eine Einlassung abgebe. Die Vorsitzende sagt, der Angeklagte habe klargestellt, was der Sachverständige falsch wiedergegeben habe. Das sei sein gutes Recht.

Der Angeklagte sagt, auf Seite 44 sei es um eine Wachübung in seiner Bundeswehrzeit gegangen. Dort habe man Panzer bewachen sollen, und die Ausbilder hätten Vorfälle mit Platzpatronen inszeniert, bei denen zum Beispiel Hunde auf das Gelände liefen. Bei ihm seien die Panzer mit Molotowcocktails angegriffen worden. Die Vorschrift sei gewesen, Halt zu rufen und wenn dies nichts bringe, einen Warnschuss abzugeben und dann einen Schuss in die Beine. So habe er das auch gemacht. Das sei militärisch richtig, aber dafür würde man in Deutschland zivilrechtlich angeklagt werden. Das sei einer der Gründe, warum er die Bundeswehr verlassen habe, weil er dem Konzept »Bürger in Uniform« widerspreche. Der Sachverständige habe geschrieben, dass der Angreifer sich dem Panzer nur genähert hat, und er ihm [mit Platzpatronen, Anm. d. Hgg.] ins Bein geschossen habe. Er wisse nicht, warum der Sachverständige das umgeschrieben habe. Es gebe ein weiteres beschriebenes Szenario in Afghanistan, wo der Sachverständige geschrieben habe, dass die Angreifer sich nur genähert hätten. »Außer Antimilitarismus« sehe er keinen Grund, warum der Sachverständige das geändert haben solle. Der Sachverständige entgegnet, beim Afghanistanbeispiel habe er das so nicht geschrieben und zitiert aus dem Bericht. Der Angeklagte sagt, der Sachverständige habe die ganze Argumentation verdreht. Der Sachverständige verteidigt sich, er habe es genauso wiedergegeben, wie es der Angeklagte erzählt habe, abgesehen davon, dass der Angeklagte nichts von dem Molotowcocktail erzählt habe.

Der Angeklagte fällt dem Sachverständigen ins Wort und sagt, er wisse nicht, warum er ihm das unterstelle. Der Sachverständige lacht. Der Angeklagte sagt, dass das nicht lustig sei. Der Sachverständige sagt, er wisse nicht, warum er das anders darstellen solle, weil es »marginal« sei. Warum der Sachverständige ihm das unterschieben wolle, sei »ganz einfach«, sagt der Angeklagte. Der Sachverständige sei frustriert gewesen, weil er ihn am dritten Tag habe stehen lassen. Er habe erst später erfahren, dass er ein »großer Experte für solche Fälle« sei. Dann sei ihm bewusst geworden, dass er ihn nicht hätte stehen lassen sollen. Er sehe das alles als Folge davon.

Die Vorsitzende sagt, sie könne dem Angeklagten kurz helfen. Sie habe vielfach erlebt, dass die Angeklagten sich nicht auf Aussagen und insbesondere nicht auf die Explorationen einließen. Auch der Angeklagte sei darüber aufgeklärt worden, dass es ihm freistehe auszusagen und dass es kein Nachteil für ihn bedeute, wenn er sich nicht auf die Explorationen einlassen würde.

Der Angeklagte erwidert, er werde trotzdem anmerken, wenn ihm Aussagen unterstellt werden würden, die er nicht getätigt habe. Er habe »weitere Fakten« zum Ergebnis des Gutachtens des Sachverständigen. Auf Seite 96 werde ihm unterstellt, eine psychische Störung zu haben. Er sagt, er finde das lächerlich und lacht. Er wolle sagen, dass es hier um Politik gehe und nicht um die Betrachtung des Falls. Der Sachverständige habe zum Punkt, warum er angeblich eine »schwere seelische Abartigkeit« habe, geschrieben, dass seine »Tendenz zur Übernahme und Ausgestaltung umfassender Verschwörungstheorien« auf eine »deutliche Schwäche seiner Realitätsprüfungsmechanismen« hinweise. Das sei absurd. Er möchte anmerken, dass jemand, der improvisierten Sprengstoff baue, »ziemlich nah an der Realität« sei, weil er sich keinen Fehler erlauben könne. Außerdem habe er genau dargelegt, dass es sich nicht um Verschwörungstheorien handele. Ihm werde unterstellt, paranoid zu sein. Spätestens seit Snowden sei bekannt, dass große Regierungen versuchen würden, so viel Daten wie möglich zu sammeln. Das sei Fakt und nicht paranoid. Fakt sei auch, dass die Medien Einfluss nähmen würden. Der Angeklagte spricht zunehmend angeregt und stockend. Das Wort »Verschwörungstheorien« sei mittlerweile veraltet. Mittlerweile hieße es überall »Verschwörungsmythen«, was von allen Medien übernommen worden sei. Aber ihm werde unterstellt, es sei eine Verschwörungstheorie, dass mit den Medien versucht werde, Einfluss auszuüben.

Der Angeklagte beklagt sich, dass seine berufliche und partnerschaftliche Situation als Grund für eine psychische Störung genommen werde. Er sagt, es gebe viele partner- und arbeitslose Menschen, die nicht psychisch gestört seien. Ein weiterer Punkt sei, dass der Sachverständige seine Ernährung mit Dosenfisch als Zeichen einer autistischen Störung sehe. Hätte man ihn gefragt, hätte er sofort erklärt, dass er sich ab 2015 auf einen Bürgerkrieg vorbereitet habe. Deswegen habe er jeden Tag einen Dosenfisch gegessen, weil dies eine günstige, haltbare Nahrung sei. Es würde die Moral runterziehen, wenn man plötzlich damit konfrontiert werden würde.

Die Vorsitzende sagt, sie wolle kurz richtig stellen, dass dies die These seiner Mutter gewesen sei. Das wisse er, sagt der Angeklagte. Er habe natürlich seiner Mutter nicht den wahren Grund genannt. Er möchte nur anmerken, dass der Sachverständige ihn nie gefragt und die Aussage der Mutter genutzt habe, ihn als psychisch krank zu beschreiben.

Der Sachverständige fragt, ob dies eine Frage sei. Es sei bis jetzt nur von Fisch die Rede gewesen. Zum Zeitpunkt der Exploration sei ihm die Information nicht bekannt gewesen. Deswegen habe er den Angeklagten auch nicht darauf ansprechen können.

Der Angeklagte sagt, da es im Gutachten vorkomme, sei er darauf zu sprechen gekommen. Darüber hinaus spreche der Sachverständige von einem

»eingebildeten muslimischen Eroberungskampf«. Was vor ein paar Wochen in Dresden oder was in Nizza passiert sei und ob er sich das alles einbilde, fragt der Angeklagte.

Die Vorsitzende sagt, sie müsse eingreifen. Es gehe darum, Fragen zu stellen und nicht darum Gegendarstellungen zu erbringen. Der Sachverständige würde eine Empfehlung für das Gericht geben. Dies in Zweifel zu ziehen, obliege den Schlussvorträgen.

Der Angeklagte fragt, ob der Sachverständige das ernst meine, dass Verschwörungstheorien ausreichen würden, um jemanden »psychisch krankzuschreiben«.

Allein sicherlich nicht, erwidert die Vorsitzende. Sie habe sich vor ein paar Jahren damit beschäftigt. Es gebe eine gute Zusammenfassung: ICD-10, das sei ein Handbuch der psychischen und psychiatrischen Erkrankungen. Da werde das getan, was auch der Sachverständige getan habe, nämlich eine Differenzialdiagnose mit Blick auf mögliche autistische Züge. Das mache man anhand von Kriterien des Verhaltens. Diese Kriterien seien nicht einzeln zu betrachten, sondern in der Gesamtschau sei das Verhalten zu bewerten. Es sei schwierig, einzelne Kriterien herauszugreifen. Es möge Anhänger von Verschwörungsmythen geben, die sonst keine Auffälligkeiten zeigten. Ob dies so richtig sei, fragt die Vorsitzende den Sachverständigen.

Er glaube, dass es bei den meisten Verschwörungstheoretikern zutreffe, dass diese nicht psychisch gestört seien. Dafür gebe es zu viele davon. Einige Anwesende lachen im Gerichtssaal. Der Angeklagte sagt, für den Sachverständigen sei dies ein Grund, warum er angeblich eine psychische Krankheit habe. Der Sachverständige stimmt dem zu und sagt, es sei *ein* Grund, wie der Angeklagte gesagt habe. Die Vorsitzende ergänzt, dass der Sachverständige mehrere Punkte aufgeführt habe, und es komplex sei. Der Angeklagte antwortet weiterhin erregt, dass es anscheinend nicht gereicht habe, von einer »einfachen Persönlichkeitsstörung« zu sprechen, sondern von einer »komplexen Persönlichkeitsstörung« die Rede sei, um die wenigen Punkte, die man finden konnte, zu einer Krankheit zu formieren. Er denke, das sei politisch motiviert. Der Sachverständige sagt, dass dies keine Frage, sondern eine Anmerkung sei.

Wenn sonst niemand eine Frage habe, sagt die Vorsitzende, bedankt sie sich bei den beiden Sachverständigen Leygraf und John und wünscht ihnen eine gute Heimreise.

Die Vorsitzende sagt, sie habe für das weitere Vorgehen etwas mitzuteilen, da der Pressesprecher heute nicht da sei. Sie sagt, sie habe Herrn L. am nächsten Tag für 13.30 Uhr geladen. Dieser befinde sich jedoch in Quarantäne, da eine seiner Kolleginnen erkrankt sei. Sie beabsichtige jedoch nicht, L. für einen anderen Termin zu laden, da die Videos, die L. in Augenschein genommen habe, bereits selbst betrachtet und die Berichte in die

Selbstleseliste genommen worden seien. An der Authentizität der Berichte bestehe keine Zweifel. Deswegen werde sie ihn nicht zu einem späteren Zeitpunkt laden.

Für morgen sei die Sachverständige Karolin Schwarz auf Antrag von Rechtsanwältin Antonia von der Behrens, Vertreterin der Nebenklage, und Rechtsanwältin Lang geladen. Die Sachverständige habe am 9. Oktober 2019 die Internetlandschaft untersucht und einschlägige Foren besucht. Sie habe erklärt, dass sie dazu Aufnahmen angefertigt habe. Sie habe veranlasst zu schauen, welche Auswirkungen der Umstand, dass der Angeklagte Dinge im Internet verbreitet habe, gehabt habe.

Außerdem sei Sebastian E. zur Berichterstattung über die Datensicherung für 11 Uhr geladen. Das sei für morgen das einzige Programm.

Natürlich gebe es die Möglichkeit, weitere Anträge zu stellen. Eine Anregung sei bereits von Rechtsanwältin Lang gekommen: Benjamin Steinitz habe Untersuchungen zu den Auswirkungen des Attentats auf jüdische Gemeinden in Deutschland gemacht. Er sei für den 17. November um 9.30 Uhr geladen.

Sie beabsichtige, nicht die Beweisaufnahme schon am 4. November zu schließen, sondern möglicherweise erst am 17. November. Sie habe bereits die Vertreter der Bundesanwaltschaft gebeten, Schlussvorträge für Mitte November vorzubereiten. Das gelte für alle, da sie davon ausgehe, dass es zu einem Ende kommen könnte. Sie sei gefragt worden, ob alle angesetzten Termine noch benötigt würden. Das könne sie nicht sagen. Ihr Plan sei es, in der übernächsten Woche mit den Schlussvorträgen zu beginnen, in der Reihenfolge der Sitzordnung, oder man einige sich anderweitig. Sie könne schwer einschätzen, wie viel Zeit jeder brauche. Vorsorglich habe sie den 21. und 22. Dezember angesetzt, da die Verhandlung am 3. Dezember nicht stattfinden könne. Es wäre ihr »ganz lieb«, wenn diese Tage nicht benötigt werden würden. Für die ein oder anderen sei es ein hoher Feiertag, der danach komme. Deswegen könne sie sich vorstellen, die Urteilsverkündung auf den 11. Dezember zu legen. Sie wisse nicht, ob Corona »einen Strich durch die Rechnung« mache. Heute sei eigentlich alles gut gelaufen. Sie fragt, ob es weitere Fragen gebe. Morgen sei man vermutlich schon am frühen Nachmittag fertig. Sie bedankt sich für die Mitwirkung und wünscht allen einen angenehmen Nachmittag. Die Sitzung wird um 16.07 Uhr beendet.

Mitschrift von Grischa Stanjek

19. Verhandlungstag
9. November 2020

Die Vorsitzende Richterin Ursula Mertens setzt die Hauptverhandlung um 9.35 Uhr fort. Sie stellt die Anwesenheit fest.

AUSSAGE DER SACHVERSTÄNDIGEN ZEUGIN KAROLIN SCHWARZ (FACHJOURNALISTIN UND PUBLIZISTIN, ZUR ONLINEREZEPTION DES ANSCHLAGS)

Als Erstes ist die sachverständige Zeugin Karolin Schwarz geladen. Sie ist 35 Jahre alt und Mitgründerin von Hoaxmap. Sie forscht am Institut für Demokratie und Zivilgesellschaft (IDZ) in Jena. Seit Anfang 2020 arbeitet sie an dem Projekt »Rechte Radikalisierung in sozialen Netzwerken«. Bei Erwähnung des IDZ muss der Angeklagte leicht lachen, schaut dennoch durchaus interessiert zu der Zeugin. Karolin Schwarz gibt an, zudem Journalistin, Fact-Checkerin und Trainerin zu sein.

Die Vorsitzende fragt die sachverständige Zeugin nach ihren Kompetenzen und weshalb sie da sei. Karolin Schwarz antwortet, dass sie ihr Studium nicht abgeschlossen habe. 2016 habe sie begonnen, sich mit Falschmeldungen im Zusammenhang mit Geflüchteten auseinanderzusetzen. Sie habe Hoaxmap gegründet und Fact-Checking für verschiedene Medien betrieben. Sie fügt hinzu, dass das damals in Deutschland noch nicht etabliert gewesen sei. Danach habe sie den journalistischen Weg gewählt und auch weiterhin als Fact-Checkerin gearbeitet, dabei habe sie sich viel mit Methoden der Open Source Intelligence beschäftigt. Im letzten Jahr habe sie ein Buch geschrieben, und sich als Journalistin mit der extremen

Rechten im Internet, im Speziellen im Bereich der verschiedenen Plattformen und ihrer jeweiligen Rolle, auseinandergesetzt.[1]

Die Vorsitzende sagt: »Als Sie am 9. Oktober 2019 von den Ereignissen in Halle erfahren haben, haben Sie gleich angefangen, zu schauen und sich ins Internet begeben?« Die Zeugin antwortet, als sie die erste Eilmeldung bekommen habe, habe sie erste Fotos kursieren sehen, und weil sie sich im Zuge der Recherche für ihr Buch mit den Anschlägen in Christchurch et cetera beschäftigt habe, habe sie direkt vermutet, dass es sich um so einen Anschlag handeln könnte. Sie habe sich dann auf einschlägige, vor allem deutschsprachige Plattformen begeben und habe schauen wollen, ob es eine Ankündigung gegeben habe; es sei ja zunächst nicht klar gewesen, dass der Anschlag rechtsterroristisch sei. Die Vorsitzende möchte wissen, wann sie im Netz unterwegs gewesen sei. Karolin Schwarz sagt, sie habe kurz nach 13 Uhr begonnen. Zwischen 13 und 14 Uhr sei sie zum Beispiel auf Kohlchan, einem deutschsprachigen Imageboard, unterwegs gewesen.

Die Vorsitzende bittet die Zeugin, die vorbereitete Präsentation zu öffnen und diese durchzugehen. Karolin Schwarz sagt, sie könne vorher noch den Verlauf des Tattages schildern. Sie habe angefangen, sich umzuschauen und die Daten zu sichern. Zeitgleich habe ihr Kollege Felix Huesmann, der auch im Raum gewesen sei, dasselbe getan. Das hätten sie den ganzen Nachmittag lang gemacht. Gegen 17 oder 18 Uhr hätten sie dann den Streamlink auf Kohlchan gefunden, damals habe man ihn auch öffnen können, und sie, die Zeugin, habe angefangen, den Stream zu sichern. »Ich habe gleichzeitig das LKA informiert. Die sagten, dass ihnen das schon bekannt ist. Ich habe dann einen Kollegen im RBB informiert und journalistisch berichtet. Dann war der Stream nicht mehr da, aber ich habe ihn auf Telegram gefunden. Ich habe auch Dokumente gefunden und [diese] einem Bekannten im Justizministerium in Sachsen-Anhalt gemeldet.«

Die Zeugin ruft anschließend die erste Folie ihrer Präsentation auf. Darauf sei die erste Diskussion zum Anschlag zu sehen. Leider sei es so, sagt Karolin Schwarz, dass die Bilder nicht gesichert worden seien, das sei ihr im Stress nicht aufgefallen. Im Imageboard sei es so, dass ein Bild gepostet werde und Nutzer darauf reagierten. Bei anderen Imageboards hießen alle Anonymous. In deutschen Foren hießen alle Bernd; alle, die dort etwas teilten, hätten also diesen Namen. Das Bild jedenfalls zeige einen Post auf Kohlchan

1 Karolin Schwarz ist Autorin des Buchs *Hasskrieger: Der neue globale Rechtsextremismus*, Freiburg im Breisgau: Verlag Herder 2020. In der Publikation geht es um globale, digitale Netzwerke der radikalen und extremen Rechten.

von 13.07 Uhr. Die User hätten in diesem Fall nur die Berichterstattung und die Eilmeldungen gesehen und ein Thread sei dazu eröffnet worden. Der Inhalt sei gewesen: In Halle sollen Schüsse gefallen sein; es seien Informationen von der *Mitteldeutschen Zeitung* und der *Bild* geteilt worden. Diesen Informationen nach sei der Täter auf der Flucht nach Leipzig gewesen. Die Vorsitzende liest den Post vor: »Halle, mehrere Schüsse, *MZ* berichtet, Granate, schießt um sich, Leipzig, mehrere Personen getötet«, und ergänzt: »Hört sich ja erst mal ganz allgemein an.« Karolin Schwarz sagt, sie habe mehrere gesicherte Kanäle; Kohlchan sei nur einer davon. Sie habe auch auf Meguca recherchiert, dort, wo auch die Ankündigung[2] gewesen sei und auch auf 4chan und Telegram habe sie nachgesehen, weil ein großer Teil der rechtsterroristischen Fanszene mittlerweile dorthin abgewandert sei. Die Zeugin möchte wissen, ob sie die gesammelten Posts auch vorlesen solle.[3] Die Vorsitzende sagt, sie solle die Posts vorlesen, die ihr wichtig erscheinen. Die Zeugin sagt, die nächsten Antworten auf den Post [der auf den Bildschirmen aller gezeigt wird, Anm. d. Hgg.] seien wichtig, da ginge es nämlich um den Sprengsatz. Es hieße, dass dieser auf einen islamistischen Anschlag hinweisen würde. Der Nächste schreibe, dass es andererseits ja in Ostdeutschland passiert sei. Ein anderer schreibe: »Wenn es ein Deutscher war, stellt euch folgende Schlagzeile vor: ›Deutscher Antisemit und Rassist … Merkel fliegt ein.‹« Wieder ein anderer schreibe, man solle nicht spekulieren und hoffe, der Täter sei ein »Musel«. Der Täter sei zudem auch als »Ronny« bezeichnet worden, so die Zeugin weiter. Das sei ein Sammelbegriff für Menschen, die abgewertet werden würden, die also rechts eingestellt seien, aber auf die man herabblicke, weil sie dumm seien. »Musel« wiederum sei ein Begriff für Muslime. »Rechtsneet« sei jemand, der nicht in Ausbildung sei. Jemand anderes schreibe noch: »90 % Muslim, Sören.« Das seien Menschen, auf die auf eine andere Weise herabgeblickt werde, weil diese sich für etwas Besseres hielten. Außerdem habe jemand geschrieben, Halle sei in Sachsen-Anhalt, dort gebe es keine Asylsuchenden, deswegen sei es ein rechter Anschlag. Es würden, sagt die Zeugin, auch menschenverachtende Dinge geschrieben werden, die sich über die Opfer lustig machen.

2 Bei Meguca hatte der Angeklagte kurz vor der Tat einen kurzen Text, den Link zu seinem Livestream auf Twitch und einen Link zu mehreren selbstverfassten Dokumenten gepostet.

3 Es handelt sich dabei um die Kopien mehrerer Kanäle, welche die Zeugin Karolin Schwarz ab dem Tattag bis zu diesem Verhandlungstag gesichert hat.

4 Gemeint ist Brenton T., der rechtsextreme Attentäter von Christchurch, Neuseeland.

5 Diese Aussage bezieht sich auf den rechtsradikalen Anschlag am und im Olympia-Einkaufszentrum in München am 22. Juli 2016. Der Täter, David S., hatte im Zuge dessen neun Menschen getötet und weitere fünf verletzt.

Die Zeugin fährt fort, dass der Nächste schreiben würde, dass der Täter aufgrund seines Kampfanzugs »ein Brenton T.«[4] sei. Wegen des Kennzeichens auf der Jacke des Täters, das auf dem von ihm geposteten Foto zu sehen sei, würde auch vermutet werden, dass es ein Deutscher sei, ein Reichsbürger. Es gebe auch einen ersten Bezug zum Olympiazentrum.[5] Es seien auch Verschwörungserzählungen zu finden gewesen, etwa, dass die Opfer Zufallspassanten seien oder der Täter ein »psychisch Kranker« sei. Auch werde vermutet, dass es eine »False Flag«[6] sei, weil es ein jüdischer Feiertag sei, und es gereicht haben solle, die Tür abzuschließen. Es habe auch ablehnende Reaktionen von Personen gegeben, die sich als »AfDler« bezeichneten, und so in etwa sagten, wenn man »den Tod der Juden« bejubeln würde, stünde man auf einer Stufe mit Islamisten. Es gebe zudem auch Gewaltfantasien gegen den Täter.

Die Sachverständige erklärt weiter, dass es relativ üblich in dieser Szene sei, dass nach solchen Vorfällen vermutet werde, dass es zu einer Zensur komme. Die User würden denken, dass es zu Repressionen und der Abschaltung der Boards kommen könne. Das sei beispielsweise nach dem Anschlag von El Paso[7] passiert. Es würde auch vermutet werden, dass die Tat von der Öffentlichkeit »Incels« zugeschoben werden würde. Es herrsche außerdem der Glaube vor, dass alles, was die Kultur der Boarduser ausmache, unterdrückt werde.

Insgesamt seien es vier Threads gewesen, die sie, Karolin Schwarz, gesehen habe. Drei davon habe sie archiviert. Sie scrollt durch die Threads und kommentiert die Beiträge, die voller Referenzen seien: Ein Bild von »St. Tarrant«,[8] »14/88«, »Heute ist Tag X«. Das Letzte sei dabei ein Begriff für den Umbruch, nach dem die Gesellschaft neu gestaltet werden könne. Es gebe auch reihenweise Spott, und der Angeklagte würde als Versager und als unfähig beschimpft werden. So habe er »nur zwei Leutchen umgebracht«. Er habe es auch nicht geschafft, das Holztor zu öffnen. Jemand schreibe, es hätte die größte »Passierung«, was die Übersetzung des englischen Begriffs »Happening« sei, sein können. Laut der Sachverständigen spreche das dafür, dass viele sich gewünscht hätten, dass etwas passiere. Währenddessen schaut der Angeklagte nicht mehr zu der Zeugin, sondern auf den Tisch vor sich [vermutlich liest er auf dem Bildschirm die Screenshots der Boards mit, Anm. d. Hgg].

6 »False Flag« bezeichnet ein Täuschungsmanöver unter »falscher Flagge«. Hier bedeutet der Begriff, dass vermutet wurde, es solle der Eindruck entstehen, die Tat sei von einem Rechtsterroristen verübt worden.

7 Hier ist von einem Attentat in El Paso die Rede, bei dem ein Rechtsextremer am 3. August 2019 22 Menschen in einem Walmart-Supermarkt tötete und weitere 26 Menschen verletzte.

8 Innerhalb der Szene werden die Rechtsterroristen als »Saints«, also »Heilige«, bezeichnet und verehrt.

Die Zeugin sagt, dass auch die Medien und die Polizei angesprochen würden. Um sich abzusichern, würden die User schreiben, dass alles im Board ein Scherz sei. Karolin Schwarz öffnet einen Beitrag und sagt, er sei aus der Kategorie »Trolling«. Dort frage jemand, ob schon »Witze«, Falschinformationen und Ähnliches auf anderen Netzwerken wie Twitter oder Facebook geteilt worden seien. Jemand anderes antworte, er habe eine falsche Ankündigung gepostet. Einige sagten, sie hätten auf Twitter falsche Informationen zu möglichen Tätern geteilt. Der Livestream sei zudem mehrfach im Unterforum /pol/[9] geteilt worden. Dort würde er gar verlinkt werden. Auch würde diskutiert werden, wie der Stream gesichert werden könne. Die User gäben sich dabei gegenseitig Tipps, wie der Stream tatsächlich gesichert werden könne und erst dann lade es der Erste hoch. Auch erwarte man, dass es Ankündigungen oder Schriften geben werde. In den Foren seien auch die Waffen mehrfach besprochen worden. Was es für welche seien, mit den jeweiligen Links dazu. Es sei sich auch darüber lustig gemacht worden, dass die Waffen des Angeklagten nicht funktioniert hätten.

Es würde außerdem über die Rolle der Imageboards diskutiert werden, fährt die Zeugin fort. Der Täter sei sicher auf Boards gewesen, weil er ein bestimmtes Wort benutze. Es handele sich um die Szene im Tätervideo, in der er im Hinterhof nicht weiterkomme. Da sage er: »100 % Fail haben wir selten hier«, und das würden die User im Thread ihrem Board Kohlchan zuordnen. Dieser Satz würde dort schließlich genutzt werden, weshalb vermutet werden würde, dass er »einer von ihnen« sei.

Außerdem, so Karolin Schwarz weiter, gebe es einige Memes, die sich über den Angeklagten lustig machten; in weiteren Pamphleten und Fotos werde er gar beleidigt. Es gebe auch Bilder von anderen Terroristen, die als Heilige dargestellt werden, sowie Fotos von seinen Schriften.[10] Jemand habe ferner geschrieben, er kenne jemanden aus Benndorf, der sage, es habe einen Suizid in der Familie des Täters gegeben. Unter einem Foto des Angeklagten aus dem Gerichtssaal schreibe wiederum jemand, warum dieser grinse, er habe schließlich nichts geschafft. Auch habe jemand die Information geteilt, es habe eine Ankündigung gegeben, die mit den Initialen des Angeklagten unterzeichnet worden sei. Die Zeugin fügt hinzu, dass sie dahingehend weiter recherchiert habe, und es tatsächlich eine Videoankündigung mit den Initialen des Angeklagten gegeben habe, allerdings nicht auf Twitch, sondern auf einer Onion-Seite [im Darknet, Anm. d. Hgg.].

Anschließend fährt die Zeugin mit dem Imageboard 4chan fort. Sie schickt vorweg, dass die unter den Posts angegebenen Uhrzeiten nicht abgleichbar seien; es handele sich nämlich um Posts, die automatisch archiviert würden.

9 /pol/ steht für »politically incorrect«.

10 Gemeint sind das »Manifest« und der »Pre Action Report« des Angeklagten.

Auch in diesen Foren würde gemutmaßt werden, wer es gewesen sein könnte und, ob es ein »Incel« gewesen sei. Karolin Schwarz erklärt dabei, dass die Flaggen neben den IP-Adressen automatisch zugeordnet würden, aber man könne sie auch selbst auswählen. Daher sei es lediglich ein Hinweis, aber kein Beweis. Es würden auch Verherrlichungen mit Bezug zu dem Attentäter von Christchurch und Nazisymbolik gepostet werden. Auch würden viele Links zu Uploads geteilt, in denen sich über eines der Opfer lustig gemacht werde, wie es auch Memes gebe, die sich über die Tat an sich lustig machten, beispielsweise das Meme »Virgin German vs. Brenton T.«

Die Sachverständige kommt nun auf das Imageboard Meguca zu sprechen. Sie zeigt auch hierbei Screenshots und erklärt, das Publikum würde hier in die Tat einbezogen werden. Es diene als Multiplikator, da es dazu da sei, das Video herunter- und wieder hochzuladen, so wie es bei dem Attentat in Christchurch der Fall gewesen sei. Dabei würde das Video kopiert, nachbearbeitet und hochgeladen, weil es automatische Erkennungen gebe, ein beispielsweise durch sogenanntes Video-Fingerprinting.[11] Diese Praxis sei auch bei Kindesmissbrauch und islamistischem Terror angewandt worden. Bei Christchurch habe es beispielsweise 800 Versionen des Videos gegeben. Es kehre immer alles wieder, genau wie bei Kohlchan. Es gehe also nicht nur um eine einzige Plattform, die Reaktionen seien überall ähnlich. Auch Waffen seien bei Meguca ein Thema gewesen. In einem Beitrag feuere jemand den Täter zu einer Zeit an, als der Stream offenbar noch gelaufen sei; laut Zeitangabe des Beitrags sei es kurz nach 12 Uhr gewesen. Auch in diesen Posts werde Bezug auf Recherchen der Polizei und der Presse genommen und behauptet, das im Board Geschriebene sei Satire.[12]

Die Zeugin setzt mit ihrem Bericht über die Telegram-Kanäle fort. Telegram spiele eine große Rolle für die Szene, da viele Kanäle in der Regel englischsprachig seien. Anhänger von Terroristen würden sich dort sammeln und mehrmals am Tag Material verbreiten, in denen Täter glorifiziert würden. Die rechte Szene sei teilweise zu Telegram abgewandert. Dies sei schon vor der Abschaltung von 8chan, also nach dem Anschlag von El Paso teilweise passiert, habe sich danach aber als Trend verstärkt. Telegram sei zudem eine Plattform, auf der man sich relativ sicher fühle, fügt die Zeugin hinzu.

Karolin Schwarz berichtet im Weiteren über einen Kanal mit dem Namen Bowlcast. Das sei ein nach Dylann R.[13] bennanter Podcast, der ein

11 So können neu hochgeladene Kopien von bereits gesperrten Videos automatisch erkannt und gelöscht werden. Die Nachbearbeitung der Videos soll dazu dienen, die automatische Erkennung zu umgehen und somit die Löschung zu verhindern.

12 Diese Praxis dient als Vorsorgemaßnahme gegen strafrechtliche Verfolgung und soll das vorher Geschriebene relativieren.

Maskottchen der Szene sei. Er habe eine auffällige Frisur und sei ein endloser »Running Gag«. Der Kanal würde zudem von einem 27-Jährigen betrieben werden, der behauptet, Kontakt zu Terroristen in Kalifornien zu haben. In diesem Channel seien Vorfälle im Vorfeld besprochen worden, wie beispielsweise Walter Lübcke oder Nordkreuz, die Gruppe, die sich Leichensäcke und Kalk bestellt habe.

Es folgt eine kurze Lüftungspause.

Karolin Schwarz setzt anschließend nochmals bei Telegram an. Hier seien diverse Fotos geteilt worden, Screenshots aus dem Livestream sowie Zitate des Angeklagten aus dem Video, mit dem Versuch, die Tat zu glorifizieren. Das Video sei dabei mehrfach hochgeladen und geteilt worden. Dann hätten die ersten Kanäle angefangen, das Attentat abzulehnen und den Angeklagten als Versager zu betiteln. Ein Kanal habe sich aber für den Angeklagten mit der Begründung ausgesprochen, dass dieser es wenigstens versucht habe. Es habe auch deswegen Ablehnung gegeben, weil die Opfer Deutsche gewesen seien, wobei die Opfer zugleich auch verspottet worden seien beispielsweise frauenfeindlich, und dass die Opfer selbst schuld gewesen seien. Außerdem habe es Spott gegeben, weil der Täter eine richtige Waffe dabeigehabt, aber diese nicht eingesetzt habe.

Es habe noch weitere Memes gegeben, so die Zeugin, beispielsweise ein »Marie-Kondo-Meme«[14] neben dem Bild des Angeklagten. Auch ein »Bowlcast-Pantheon«[15] und eine Liste von »Saints«, also »heiligen Attentätern«, seien verbreitet worden. Dort seien mitunter Deutsche aufgelistet gewesen, der Angeklagte aber nicht. Karolin Schwarz sagt, sie habe nachrecherchiert: In der Liste seien Menschen gewesen, die allein gehandelt hätten, sie seien »Einzeltäter« gewesen, auch wenn dieser Begriff »nicht richtig gut passt«. Sie hätten jedenfalls aus rassistischen Motiven gehandelt, Polizisten getötet oder Anschläge auf Abtreibungskliniken ausgeübt.

13 Dylann R. ist ein rechtsextremer Attentäter, der am 17. Juni 2015 in einer Kirche in Charleston (South Carolina) neun Schwarze US-Amerikaner·innen getötet hat. Er trug dabei eine Topfschnittfrisur, im Englischen bowl cut, was eine Art Markenzeichen der Szene wurde.

14 Marie Kondo ist eine japanische Ordnungsberaterin. Sie rät zu Minimalismus und wurde für ihre Frage berühmt: »Macht es mich glücklich, wenn ich diesen Gegenstand in die Hand nehme?« Diese Frage wurde zur Vorlage für zahlreiche Memes.

15 In Anlehnung an den Ruhmestempel in Frankreich werden in einem sogenannten Pantheon die Namen der Rechtsterroristen gesammelt.

Die Vorsitzende fragt, ob die Zeugin Erkenntnisse darüber habe, wie viele Menschen diese Plattformen überhaupt nutzten beziehungsweise konkret, wie viele es an diesem Tag getan hätten. Sie, die Vorsitzende, habe ja gesehen, dass die IP-Adressen angegeben gewesen seien, aber das sei vermutlich die Nummer der Nachricht gewesen. Sie möchte wissen, ob denn diese Zahl auch Aufschluss über die Anzahl der Nutzer geben könne. Die Zeugin sagt, dass es bei Kohlchan extrem schwer zu sagen sei. Was man sagen könne sei, dass man dort, im Vergleich zu 4chan, nicht allzu aktiv sei. Bei 4chan wisse man, dass es Millionen von Nutzern gebe, bei Kohlchan sei das aber nicht der Fall. Zum Zeitpunkt des Anschlags sei jedenfalls eine hohe Aktivität festzustellen gewesen, aber diese könne einzelnen Personen nicht zugeordnet werden. Auch bei anderen Boards, so auch deutschsprachigen Foren, könne sie nicht sagen, wie viele Boards es gebe und wie viele User auf diesen unterwegs seien. Bei Telegram wiederum sehe man die Zahl der Views. Da seien ein paar Zahlen, die klein seien, weil der Originalpost gelöscht worden sei und es dann keine Gesamtzahl gebe. Auch würde schließlich viel untereinander geteilt werden. Karolin Schwarz ergänzt, dass es noch viele andere Beiträge gebe, sie habe die ganze Auswahl auf einem USB-Stick gespeichert.

Rechtsanwältin Kristin Pietrzyk möchte wissen, ob diese Boards offen erreichbar seien oder ob es »Zugangshemmnisse« gebe. Karolin Schwarz antwortet, dass man die Seiten kennen müsse, denn es seien keine Plattformen, auf die man einfach stoße. 4chan kenne man zwar, aber es gebe Boards, die weniger frequentiert seien. Man könne die Seiten aber offen aufrufen, sich alles durchlesen und daran teilnehmen, ganz ohne Anmeldung. Aus der Gemeinschaft der Boards selbst gebe es aber Hürden, die aufgebaut würden. Nutzer, die neu seien, seien uneingeweiht, und es werde vorausgesetzt, dass diese erst mal mehr lesen, als selbst schrieben.

Rechtsanwältin Assia Lewin, möchte eine Anschlussfrage stellen: Woran erkenne man diejenigen, die neu seien. Die Zeugin antwortet, das erkenne man, wenn sie etwas kommentierten, was da nicht hingehöre, und wenn ihnen die Begriffe nicht bekannt seien. Es gebe schließlich ein Vokabular, das als identitätsstiftend gelte.

Rechtsanwältin Lewin sagt, die Zeugin habe eingangs gesagt, »Sörens« seien aus der Mitte der Gesellschaft, und »Ronny« gelte als abwertend. Sie fragt die Zeugin, ob das Menschen seien, die viel Freizeit hätten und ihre Zeit demnach mit Nichtstun verschwenden würden. Karolin Schwarz sagt, dass es schon so sei, dass Kommentare auch von den Moderatoren, also den Menschen, die die Threads öffneten, gelöscht würden. Es sei relativ homogen und einer der Orte im Netz, an dem die Regel gelte, alles gehe. Entsprechend würden auch Menschen, die sich ablehnend äußerten, ausgeschlossen werden. Rechtsanwältin Lewin sagt, sie könne das nicht nachvollziehen.

Wenn alle »Bernd« hießen und sie daran nicht sehen könne, wer neu sei, wie funktioniere es denn dann, dass man Menschen ausschließen könne. Die Zeugin erklärt, dass man nicht jemanden komplett ausschließen könne. Ihre vorherige Aussage beziehe sich vielmehr auf einzelne Kommentare, die man löschen oder sperren lassen könne, da [im Forum oder der Untergruppe, Anm. d. Hgg.] würde dann deutlich ablehnend kommentiert werden, dass der Nutzer raus sei. Komplett aussperren gehe aber nicht.

Rechtsanwältin Lewin möchte wissen, ob alle anonym auf diesen Boards seien. Die Zeugin antwortet, dass das im Prinzip so sei, dass man alle IP-Adressen über den Anbieter abfragen könne, wobei es dann die Möglichkeit gebe, ein VPN oder TOR zu nutzen, [um die eigene IP-Adresse zu verschleiern, Anm. d. Hgg.]. Aber die Server seien in den USA, merkt Rechtsanwältin Lewin an. Karolin Schwarz entgegnet, dass das nicht auf alle Boards zuträfe, auf Kohlchan beispielsweise nicht.

Lewin fragt, warum manche Kommentare mit Regenbogenfarben unterlegt seien. Die Zeugin erklärt, dass das in der Regel nicht so aussehe. Zu dem Zeitpunkt aber habe alles geflimmert, als man es sich angeschaut habe. Es sei ein Ausschlussprinzip: Dadurch, dass der Text schwerer lesbar sei, würden potentielle Leser ausgeschlossen werden. Das hätten die Nutzer gemacht, als klar gewesen sei, dass die Ankündigung dort gewesen sei. Es sei darum gegangen, das Lesen optisch zu erschweren. Zuerst habe es geheißen, die Ankündigung sei auf Kohlchan gewesen, und Kohlchan sei im Nachhinein abgeschaltet worden.

Rechtsanwalt David Herrmann bedankt sich bei der Zeugin dafür, dass sie das alles erläutert habe, und fügt hinzu, dass man das eigentlich vom BKA erwartet habe, aber es sei nun, wie es sei. Der Rechtsanwalt möchte anschließend wissen, ob die Zeugin in absoluten Zahlen sagen könne, wie viele Leute auf den Post reagiert hätten, beispielsweise auf Kohlchan. Die Zeugin verneint, das sei nicht ermittelbar, weil es keine IDs für User gebe. Es gebe nur die absolute Zahl der jeweiligen Threads, aber nicht die der User selbst. Rechtsanwalt Herrmann sagt: »Es gibt also keine Werte, wie viele es nutzen?« Die Zeugin verneint. Generell gebe es viele Unterforen, teilweise seien sie inaktiv. Sie sagt, alles, was wir dort gesehen hätten, sei aus dem Unterforum /b/ – Random bei Kohlchan. Diese seien deutlich aktiver, und es würde dort täglich viel gepostet werden, trotzdem sei die Aktivität bei 4chan höher. Rechtsanwalt Herrmann merkt an: »Ein erheblicher Teil der Beiträge sind Straftaten nach dem Strafgesetzbuch und Straftaten werden gebilligt. Ist Ihnen bekannt, ob Ermittlungsaufwand betrieben wird?« Karolin Schwarz sagt, sie wisse nicht, ob die Inhalte justiziabel seien. Es wäre ihr nichts dazu bekannt. Auch wisse sie nicht, ob es Anzeigen gebe oder ob die Community selbst ermitteln würde.

Nebenklagevertreter Rechtsanwalt Jan Siebenhüner möchte wissen, ob es Erkenntnisse darüber gebe, wer die Betreiber seien. Die Zeugin verneint, bei einzelnen Boards wisse man es sicherlich, wie beispielsweise bei 8chan. Bei Kohlchan wisse sie es wiederum nicht. Dazu müsse sie nachschauen, wo es gehostet werde, dann wisse man auch, ob es ermittelbar sei. Sie würde aber sagen, dass der Host sicher nicht in Deutschland sei. Rechtsanwalt Siebenhüner hakt nach, wo er denn dann sein könne. Sie sagt, in der Regel in den Ländern, in denen eine rechtliche Suche nicht möglich sei.

Rechtsanwalt Siebenhüner fragt, ob die linksradikale Szene auch solche Foren nutze. Die Zeugin sagt: »Es gibt eins, das mir bekannt ist, das ist [aber] nicht sonderlich aktiv. Den Namen müsste ich raussuchen.« Sie wisse nicht, ob es Weitere gebe.

Rechtsanwalt Mark Lupschitz fragt, ob der Zeugin bekannt sei, wie Imageboards finanziert werden; es gebe ja sicherlich Wartungs- und Serverkosten. Sie sagt, sie gehe davon aus, dass es nicht wahnsinnig viel koste. Gerade die, die wenig frequentiert seien, basierten auf einer Software, die frei abrufbar sei. Man müsse ein bisschen technisch versiert sein, »Moderationsaufwand« gebe es aber größtenteils nicht. Sicherlich sei es bei 4chan teurer, weil es mehr Content und Zugriffszahlen gebe. Ob es eine Finanzierung gebe, könne sie allerdings nicht sagen. Rechtsanwalt Lupschitz fragt, ob es Werbung oder Spenden gebe. Karolin Schwarz antwortet, dazu sei ihr nichts bekannt, Werbung kenne sie jedenfalls auf keinem Imageboard.

Rechtsanwältin Lewin möchte wissen, was der Vorteil von Boards im Vergleich zum Darknet sei. Die Zeugin antwortet, es sei weniger Aufwand, sich dort anzumelden. Es sei aber auch so, dass Boards teilweise auch im Darknet verfügbar seien. Es gebe beispielsweise eine 4chan-Adresse im Darknet, und 8chan sei nach der Abschaltung dort ebenfalls kurz verfügbar gewesen, bevor es wieder ins Clearnet gegangen sei. Bei dem Board sei es so, dass man sich im Vergleich zum Darknet nicht vorher einen TOR-Browser installieren müsse, es sei somit einfach leichter für die Nutzer.

Rechtsanwältin Lewin fragt, ob es einfach nur eine »Laberseite« sei, auf der man »dumme Kommentare« posten könne. Die Zeugin sagt, es käme auf die Definition von »dumm« an. Es gebe »Shit-Postings«, es gebe aber auch Unterforen, in denen man sich über psychische Erkrankungen oder die eigene, soziale Stellung austausche. Es gebe »Random Boards«, wo alles Mögliche vorhanden sei, aktuelle Ereignisse, Threads, die sich über Menschen lustig machten, pornografisches Material et cetera. Rechtsanwältin Lewin sagt, also sei es für die, die nicht ins Darknet gehen wollten. Die Sachverständige antwortet, es gebe welche, die technisch versierter seien, aber man brauche das an dieser Stelle eben nicht. Man könne es außerhalb machen, also warum solle man es nicht nutzen. 8chan sei auch nicht aus rechtlichen

Gründen abgeschaltet worden, sondern weil der Dienstleister die Zusammenarbeit gekündigt habe. Dann habe es die Möglichkeit nicht mehr gegeben. Inzwischen sei es aber wieder im Clearnet abrufbar.

Rechtsanwältin Lewin möchte wissen, wie man, insbesondere in Bezug auf die Gefahr der Boards, mit diesen umgehen sollte. Ob man beispielsweise dafür sorgen müsste, dass Dienstleister nicht mehr zur Verfügung stünden. Karolin Schwarz antwortet, dass es nicht genug wissenschaftliche Erkenntnisse dazu gebe, was passiere, wenn man ihnen diese Netze entziehen würde. Die wanderten schließlich auch teilweise ab. Es sei ein »Katz-und-Maus-Spiel«. Die Szene verstreue sich bereits, sie lande nicht stets auf der gleichen Plattform, sondern nutze andere Plattformen und wechsele zum Beispiel zu Telegram oder Sonstigem. Dazu komme noch, dass es bei Telegram so sei, dass die Betreiber zumindest einzelne Kanäle abgeschaltet hätten, aber viele andere nicht. Rechtsanwältin Lewin fragt, ob es einzelne Forschungsprojekte dazu gebe. Karolin Schwarz bejaht, es gebe welche, größtenteils in den USA. In Deutschland sei das Ganze aber noch neu.

Rechtsanwältin Antonia von der Behrens sagt, die Zeugin habe Reaktionen dargestellt und gruppiert. Ob sie noch mal abstrakt sagen könne, in welche Kategorien sie diese sortieren würde, was sozusagen »typische Reaktionsmuster«, auch bei anderen Anschlägen, seien. Die Zeugin sagt, da seien der Versuch der Glorifizierung, der Spott, der Versuch des Selbstschutzes, indem man sage, frühere Posts seien nicht so gemeint gewesen, um Boards zu schützen, dann die Umdeutung, beispielsweise zu behaupten, es sei ein islamistischer Anschlag und das zu verbreiten wie auch die Fachsimpelei über andere Anschläge und Waffen. Der Versuch der Glorifizierung habe dabei mehr Raum eingenommen. Ein großer Teil des Inhalts sei dieses »Propaganda-Paket, das PR-Paket, das reproduziert werden« solle. Rechtsanwältin von der Behrens sagt, die Zeugin habe in ihrem Buch das Wort »Terror Crowdsourcing« benutzt, und fragt, was das sei. Die Zeugin erklärt, es gebe die Ansprache der Täter an ein imaginiertes Publikum, die ihre Materialien – Fotos, Dokumente oder Videos beispielsweise – hochladen würden. Die Funktion des Publikums sei dabei die Vervielfältigung und die Umgehung von Maßnahmen, wenn es Repressionen gäbe, so beispielsweise, wenn das Video geblockt würde, entsprechend neue Versionen anzufertigen und das Video so zu verändern, dass es weiter geteilt und nicht direkt, etwa anhand digitaler Zahlenkombinationen, die hinter all diesen Uploads stünden, erkannt werden könne. Dann schreibe man: »Seeding, würde mich darüber freuen.« Die User würden also genutzt werden, um die Taten weiter zu verbreiten.

Rechtsanwältin von der Behrens fragt anschließend, ob die Zeugin die Dokumente des Angeklagten gelesen habe und ob sie die Sprache aus den Foren erkannt habe. Die Zeugin bejaht, es gebe die bereits bekannten, abwertenden Begriffe für jüdische Menschen. Auf dem Bild sei außerdem das »Moon Man«-Symbol zu finden. Es würden auch rassistische Inhalte transportiert werden. Im Livestream sei auch der Begriff »Anon« gefallen, was ein Bezug auf »Anonymous« sei. Auch in den Achievements seien eine Reihe von verschiedenen Begriffen und Witzen, die auf den Boards bekannt seien, eingebaut gewesen.

Rechtsanwalt Siebenhüner fragt, ob, historisch betrachtet, solche Foren gezielt dazu gegründet worden seien, rechte Ideologien zu teilen, oder ob sie sich erst dazu entwickelt hätten. Die Zeugin sagt, es sei unterschiedlich. Es gebe einige Erkenntnisse darüber, dass bei 8chan jemand mit rechter Ideologie an der Gründung beteiligt gewesen sei. Das Board 4chan wiederum habe es schon eine Weile gegeben. Dann habe es eine große Kampagne 2014 oder 2015 gegeben, wo Gamingjournalist·innen, entschieden hätten, dass Inhalte nicht zulässig seien. Dann seien die User auf das nächste Board abgewandert. Es sei ein Wechselverhältnis mit der Prämisse, alles sei möglich, solange es nicht gegen US-Gesetze verstoße.[16] Bei Darstellungen von Kindesmissbrauch beispielsweise, wehre man sich schon dagegen, aber es gebe auch Boards, wo auch das zu finden sei.

Rechtsanwalt Siebenhüner möchte wissen, wie es mit dem persönlichen Kontakt unter den Nutzern aussehe. Karolin Schwarz sagt, es sei möglich, dass es Verabredungen gebe. So habe sie beispielsweise auf einem Board die Verabredung zur »Bernd Con«[17] in Dresden gefunden. Es werden dabei keine Nummern getauscht, vielmehr würde man zu einer bestimmten Zeit an einem bestimmten Ort sein. Rechtsanwalt Siebenhüner fragt, ob denn persönliche Nachrichten verschickt werden könnten. Die Zeugin antwortet, das sei nicht möglich.

Rechtsanwältin Dr. Kati Lang möchte wissen, ob die Zeugin etwas zu Steam und Discord sagen könne. Karolin Schwarz sagt, sie sei keine ausgemachte Gamingexpertin, da würde sie andere Experten empfehlen. Aber soweit sie das beurteilen könne, spiele Discord für die Vernetzung durchaus eine Rolle. Zudem gebe es auch Sprachkontakte mittels derer man live miteinander reden könne. Bei Discord sei es konkret so, dass es, zumindest bei Bowlcast, einen Discord-Channel gegeben habe, der abgeschaltet worden sei und sich dann auf zwei Plattformen verteilt habe, nämlich Telegram und Gab, die wiederum den Ruf hätten, tatsächlich auch viel von rechten Akteuren genutzt zu werden. Die Rolle von Spielen habe sie, die Zeugin, aber in diesem Zusammenhang nicht betrachtet. Es gebe Erkenntnisse aus

16 Die Server der Imageboards sind meist in den USA.

17 In deutschsprachigen Foren erhalten alle User den Namen »Bernd«. Eine »Bernd-Con« bezeichnet entsprechend ein Offlinetreffen der Nutzer·innen.

dem Anschlag auf das Münchner Olympia-Einkaufszentrum und Prozessgutachten, denen zufolge sich der Täter wie auch ein weiterer Mensch in den USA in einem Forum ausgetauscht hätten, welches es auf Steam gegeben habe. Auch bei Steam gebe es den Austausch und den Versuch, einschlägige Spiele hochzuladen. Es gebe außerdem Begriffe aus der Gamingszene. Man rede dabei von einer Gruppe relativ junger Menschen, die Spiele in einem entmenschlichenden Zusammenhang, und ein entsprechendes Vokabular nutzen würden. Die Achievements seien beispielsweise eine Referenz auf Gaming.

Rechtsanwältin Pietrzyk sagt, die Zeugin habe gesagt, sie sei keine Gamingexpertin, sie möchte von ihr wissen, wer denn so ein Experte sei. Die Sachverständige sagt, die Auswahl sei relativ groß in der Szene. Bei der Amadeu Antonio Stiftung sei es Mick Prinz, der sich mit Gaming auskenne, bei dem »Olympiazentrum-München-Fall« habe unter anderem Dr. Matthias Quent ein Gutachten veröffentlicht, was dazu beigetragen habe, dass der Anschlag nach langer Zeit als rechtsextrem eingeordnet worden sei.

Rechtsanwältin Pietrzyk sagt, die Reaktionen und Rezeptionen seien alle abwertend gewesen, und fragt, ob die Zeugin das begrifflich zusammenfassen könne, welche Ismen hier eine Rolle spielen würden. Karolin Schwarz sagt, im Zusammenhang mit der Tat habe es wenige oder keine emphatischen Reaktionen gegeben, weil der Angeklagte Deutsche getötet habe. Es habe eine Reihe von abwertenden antisemitischen Äußerungen gegeben, die immer wieder aufgekommen seien. Rassismus, antimuslimischer Rassismus, Frauenfeindlichkeit, auch im Zusammenhang mit dem Opfer, Homophobie, vor allem im Zusammenhang mit dem Täter, der so bezeichnet wurde, und auch Abwertungen von behinderten Menschen habe es gegeben. »Das ganze Programm« sei also dabei gewesen.

Rechtsanwalt Alexander Hoffmann sagt, man habe vergeblich »nachgestochert«, wie viele Personen beteiligt gewesen seien. Er fragt, ob die Zeugin denn wenigstens am Tag des Anschlags eine Anzahl habe feststellen können. Sie sagt, dass auch das schwer sei. Sie habe eine ganze Reihe von Screenshots gemacht. Bei Kohlchan habe es vier Threads mit jeweils dutzenden Antworten gegeben; einer hatte zwar weniger, aber es seien insgesamt jeweils mehr als hundert Antworten gewesen. Bei 4chan habe es mehr Threads an dem Tag gegeben und zwei Tage später, bei Telegram, sei es auch schwer einzuschätzen gewesen, weil sie nicht alle Kanäle kenne. Es seien aber auch dort dutzende Posts verbreitet worden. Sie habe sich dabei auf die englischsprachigen Kanäle bezogen, weil diese die Glorifizierung der Tat versuchten. Aber auch deutschsprachige Telegram-Kanäle habe sie sich angesehen, vor allem diese hätten das Video verbreitet.

Rechtsanwalt Hoffmann fragt, seit wie vielen Jahren die Zeugin sich damit beschäftige. Sie sagt, dass sie über »Desinformationen« dazu gekommen sei und sich seit 2016 intensiv damit beschäftige. Mit Telegram wiederum etwas später, nachdem es immer relevanter geworden sei. Sie fügt hinzu, dass sie auch in diesem Jahr vor allem mit Telegram beschäftigt gewesen sei. Rechtsanwalt Hoffmann möchte wissen, wie häufig und wie verbreitet rassistische, neonazistische und gewalttätige Propaganda dort sei. Sie antwortet, es komme auf das Unterforum an. Wenn es um die Unterforen gehe, wie /pol/ oder /b/ – Random, dann sei es erheblich. Innerhalb von Sekunden würde sie etwas finden, wenn sie es jetzt aufmachte, da müsse man nicht einmal danach suchen. Es gebe viele unterschiedliche Inhalte, pornografische aber weniger. Auch der soziale Status werde nicht allzu oft thematisiert. Es gebe in diesem Bereich mittlerweile auch Untersuchungen. In Schweden sei beispielsweise Antisemitismus bei /pol/ auf 4chan untersucht worden. Dort sei der Anteil der antisemitischen Posts erheblich höher gewesen als bei Plattformen wie Reddit oder Twitter. Die Zeugin ergänzt, sie könne diese Untersuchung nachreichen.

Rechtsanwalt Hoffmann fragt, ob sie Erkenntnisse darüber habe, dass die Medien genutzt werden, um Anschläge zu bewerben. Ob es also gezielte Aufrufe zu Attentaten gebe. Karolin Schwarz sagt, es gebe Montagen oder Memes auf denen mehrere Terroristen abgebildet seien und ein freier Platz mit der Andeutung, jemand könnte der Nächste sein. Im Fall von Bowlcast sei es so, dass dort regelmäßig darüber gesprochen und dazu aufgerufen werde. Es gebe auch Anregungen, das »Manson-Buch« zu lesen. Unter anderem würden auch die Atomwaffen Division und eine andere Gruppe massiv beworben werden, und es gebe viele Aufrufe, Anschläge zu begehen. In der Verherrlichung sei das schließlich ohnehin impliziert. Der Rechtsanwalt möchte wissen, ob in diesem Kontext die Bewerbung des »Großen Austauschs«, des Volkstods und Ähnliches eine Rolle spielen würden. Die Zeugin bestätigt, dass diese Begriffe regelmäßig vorkämen, allein schon durch den Bezug auf den Attentäter von Christchurch werde oft darüber gesprochen.

Rechtsanwalt Hoffmann fragt, ob diese Boards auch von organisierten Gruppen und Parteien genutzt würden. Die Zeugin sagt, bei Imageboards sei das schwer zu sagen. Bei Telegram wiederum sei es klar, weil Kanäle offiziell beworben werden würden. Beispielsweise von der NPD, von Die Rechte wie auch von rechten Musik- und Kleidungslabels. »Ansgar Aryan« hätte beispielsweise gerade erst ein T-Shirt von Brenton T. beworben. Außerdem sei auch die Atomwaffen Division bei Telegram aktiv.

Rechtsanwalt Hoffmann fragt, was die Atomwaffen Division sei. Die Zeugin erklärt, es sei eine international agierende Terrororganisation, die versuche, über diese Kanäle neue Anhänger anzusprechen und Zellen aufzubauen.

Der Rechtsanwalt fragt, ob [in diesem Zusammenhang, Anm. d. Hgg.] auch Straftaten verübt worden seien. Die Sachverständige antwortet, es gebe

Videos, in denen gezeigt werde, wie Waffen getestet werden. Es habe auch abermals Aufrufe gegeben, Anschläge zu begehen.

Rechtsanwalt Hoffmann hakt nach, was es zum Waffenbau im Genauen gegeben habe. Die Zeugin sagt, dass sie dazu nichts gesagt habe, aber dass es sehr wohl Referenzen zu Anleitungen zum Waffenbau gebe. Sie würden immer wieder verbreitet werden, auch schon vor dem Anschlag vom 9. Oktober 2019. Es gebe derartige Unterforen, aber da könne sie, die Zeugin, keine Aussagen machen. Rechtsanwalt Hoffmann möchte wissen, ob sie sich an Aussagen erinnere, wie Waffen verbessert werden könnten. Die Zeugin verneint, das könne sie nicht.

Die Vorsitzende entlässt Karolin Schwarz aus dem Zeugenstand.

Die Verhandlung wird für kurze Zeit unterbrochen.

AUSSAGE DES ZEUGEN SEBASTIAN E. (BKA, ZU DEN DATENTRÄGERN DES ANGEKLAGTEN)

Um 12.05 Uhr wird die Sitzung mit der Befragung des Zeugen Sebastian E. fortgesetzt. Die Vorsitzende belehrt ihn über seine Zeugenpflichten und befragt ihn zu seinen Personalien. Sebastian E. ist 37 Jahre alt und als Kriminalhauptkommissar beim BKA Wiesbaden tätig.

Die Vorsitzende sagt, der Zeuge habe nach dem 9. Oktober 2019, genauer am 15. Oktober 2019, zwei Vermerke gemacht. Diese seien bereits Gegenstand der Beweisaufnahme gewesen. Es handele sich um die gewaltverherrlichenden, antisemitischen, rassistischen und homophoben Inhalte auf den Festplatten des Angeklagten.

Sebastian E. sagt, die beiden Asservate gehörten zusammen, und ergänzt, dass der USB-Stick und die Festplatte in einem Rucksack im Fluchttaxi gefunden worden seien. Es seien sowohl ZIP-Dateien als auch »entpackte Ordner« gewesen, die sich gleichen würden, beziehungsweise ähnliche Inhalte hätten. Auf der Festplatte gebe es einzelne Ordnerstrukturen, die gelöscht und woanders abgespeichert worden seien. Es sei dabei nicht klar gewesen, ob Dateien später »ge- oder entpackt« worden seien. Bei der Festplatte seien in den Unterordnern Animes, Memes und auch Anleitungen zur Waffenherstellung, die im Internet allgemein auffindbar und nicht vom Angeklagten selbst verfasst worden seien, gefunden worden. Es gebe außerdem auf einem Datenträger viele Dateien, die sich mit Brenton T. beschäftigen, unter anderem das Originalvideo von Christchurch und Adaptionen dessen, die von Dritten erstellt worden seien.

Auf dem USB-Stick würden außerdem alle Ordnernamen gleich lauten, auch wenn die Inhalte sich unterscheiden würden. Dort befänden sich auch mehr Dateien als auf der Festplatte. Es seien dort extremistische Lieder vorzufinden, mitunter welche von den Kassam-Brigaden der Hamas, Kriegslieder aus Serbien, dem Kosovo, Musikstücke, die rechten Bands zuzuordnen seien, der Wehrmacht oder der Waffen-SS wie auch gewalttätige und gewaltverherrlichende Videos. Es gebe zum Beispiel »Videoschnipsel« von Verstümmelungen von Menschen mit einer Machete und auch Tötungsvideos des sogenannten IS. Zwei Videos hätten dabei besonders hervorgestochen, da sie von dem IS hochprofessionell erstellt worden seien; so beispielsweise ein Beitrag über die Tötung zweier Soldaten, die angekettet bei lebendigem Leib verbrennen, in hoher Auflösung, das zudem in Zeitlupe wiederholt werde. Der Zeuge fügt hinzu, das sei ein verstörender Effekt gewesen. Im anderen Video seien zwei Soldaten mit Sprenggürteln im Sand kniend zu sehen gewesen. Bei der Sprengung erlitten die Soldaten massive Verletzungen und würden teilweise enthauptet werden. Im Weiteren seien diverse Videos von Messerangriffen und Suiziden zu finden gewesen; eine Vielzahl von Gewaltvideos eben. Zudem, so Sebastian E., habe es auch verschlüsselte Container gegeben, die damals nicht zu öffnen gewesen seien. Inwiefern das mittlerweile gesichtet werden konnte, wisse er aber nicht.

Die Vorsitzende merkt an, dass es seine Aufgabe gewesen sei zu sehen, was überhaupt vorhanden sei. Sebastian E. bestätigt, es sei um die Erstsichtung der Inhalte mit Verfahrensbezug und der Spuren, die weiter zu verfolgen seien, gegangen. Die Aufgabe sei somit gewesen, das Asservat in Bezug auf das Attentat und den Angeklagten zu bewerten.

Die Vorsitzende fragt, ob die Daten Zeitstempel aufgewiesen hätten. Der Zeuge antwortet, die Zeitstempel zeigten insgesamt verschiedene Daten an. Mit der forensischen Software habe man mehrere Stempel herauslesen können, so beispielsweise wann die Dateien erstellt oder verändert worden seien. Das früheste Datum in der Abfolge sei dabei mutmaßlich das Erstelldatum der Dateien, beziehungsweise das Abspeichern auf dem jeweiligen Datenträger, gewesen. Das Herunterladen der Dateien habe aber nicht immer einen Zeitstempel gehabt, vielmehr zeige der Zeitstempel den Zeitpunkt der Erstellung.

Die Vorsitzende sagt, im Unterordner /K/, der »Happening« hieße, gehe es um Christchurch. Da habe der Zeuge herausgearbeitet, dass das Datum selbst vom 16. März 2019 sei, das Erstelldatum aber auf den Juli 2019 hinweise. Der Zeuge bestätigt, dass das Datum des 16. März 2019 vom Videobeitrag selbst stamme.

Die Vorsitzende kommt auf die Anlagen zu sprechen und sagt, sie zeigten Anhänge mit verschiedenen Anime-Bildern mit entsprechender nationalsozialistischer Symbolik wie Hakenkreuzflaggen im Hintergrund oder Anime-Girls in SS-Uniform. Der Angeklagte lacht bei einem Anime mit Adolf Hitler. Sebastian E. sagt, das sei symbolisch. Es stehe für Nationalsozialismus, die Atomwaffen Division, Kampfübungen und Fahnenverbrennung.

Rechtsanwältin Pietrzyk fragt, ob der Zeuge sich den Ordner /pol/ angeschaut habe. Der Zeuge antwortet, es habe dazu keine dezidierte Auswertung gegeben. Der Ordner werde im weiteren Verlauf außerdem als »Meadhall« bezeichnet, was auch der Name des Forums auf dem Imageboard Meguca sei, auf der die Tat angekündigt worden sei. Rechtsanwältin Pietrzyk fragt, ob ihm bekannt sei, dass /pol/ für »politically incorrect« stehe. Der Zeuge sagt, das entziehe sich seiner Kenntnis.

Rechtsanwältin Pietrzyk nimmt Bezug auf die Zeugin Karolin Schwarz und ihrer Aussage zur Atomwaffen Division und fragt, wie der Zeuge es denn einschätze. Sebastian E. sagt, es sei ihm aufgrund von Recherchen bekannt, dass das eine vorrangig extremistische Gruppe in den USA sei, die politisch dem rechten Spektrum zuzuordnen sei. Inwieweit es Ableger in anderen Staaten gebe, könne er aber nicht mit Sicherheit sagen.

Rechtsanwältin Pietrzyk möchte wissen, wozu die Videos dienen, die er gefunden habe; eine dezidierte Auswertung habe es anscheinend auch da nicht gegeben. Der Zeuge sagt, die Abschlussaufforderung des Videos sei »Join your local Nazis.« Ob das eine Aufforderung sei, sich irgendwo anzuschließen, könne er aber nicht weiter beurteilen.

Die Vorsitzende entlässt den Zeugen.

INAUGENSCHEINNAHME EINES HANDYVIDEOS VOM TATGESCHEHEN

Die Vorsitzende Richterin sagt, sie möchte keine Mittagspause machen, um zügiger durchzukommen. Wenn jemand dringend eine Pause brauche, [dann würde sie ihn auf später vertrösten, Anm. d. Hgg.], denn die Verfahrensbeteiligten hätten etwas zu beraten und würden deshalb später für eine halbe Stunde unterbrechen.

Sie sagt, es sei beim Selbstleseverfahren aufgefallen, dass es auf einer Seite der Selbstleseliste, bezogen auf Fundstelle Band 8.16.4, heißen müsse »Blatt 1–3«. Da stehe, so glaube sie, gerade nur »3«.

Anschließend sagt sie, sie möchte nun gern ein Handyvideo in Augenschein nehmen. Auch, fährt sie fort, habe Rechtsanwalt Florian Feige beantragt, die ärztlichen Atteste seiner Mandanten hinzuzufügen. Dies würde sie aber noch überdenken. Sie lasse es jedenfalls dem Angeklagten in das Gefängnis zukommen, aber ohne die Adresse der Nebenkläger Dagmar M. und Jens Z. zu nennen. Der Angeklagte nickt.

Die Vorsitzende fährt fort, dass das Handyvideo aus dem Fenster in dem Wohnhaus gegenüber der Synagoge in der Humboldtstraße entstanden sei. Darauf sei die Tötung von Jana L. zu sehen. Es solle nun zum Gegenstand der Beweisaufnahme werden und entsprechend in die Hauptverhandlung eingeführt werden.

Die Vorsitzende spielt das Video ab. Darauf sind Schüsse zu hören, und ein Fußboden ist zu sehen. Das Video wird anschließend wiederholt.

Diesmal ist es der Blick aus einem Fenster, und es ist zu sehen, wie Jana L. in den Rücken geschossen wird. Die Blickrichtung ist dabei vom gegenüberliegenden Wohnhaus in der Humboldtstraße auf die Synagoge.

ANTRAG AUF ERTEILUNG EINES RECHTLICHEN HINWEISES DURCH DIE RECHTSANWÄLTIN ILIL FRIEDMAN (NEBENKLAGEVERTRETERIN VON AFTAX I., VERTRETUNGSWEISE VERLESEN VON RECHTSANWALT BENJAMIN DERIN)

Rechtsanwalt Benjamin Derin verliest anschließend in Vertretung der Rechtsanwältin Ilil Friedman den Antrag, dem Angeklagten einen rechtlichen Hinweis gemäß § 265 StPO[18] zu erteilen.

Das Anfahren des Nebenklägers Aftax I. sei als versuchter Mord zu werten, der aus niedrigen Beweggründen und mit gemeingefährlichen Mitteln begangen wurde. Der Antrag ziele insbesondere darauf ab, dass der Angeklagte den Nebenkläger Aftax I. als »schwarze Person« erkannt und ihn aus einer rassistischen Motivation heraus angefahren habe. Anders als in der Anklage aufgeführt, komme daher eine Verurteilung wegen versuchten Mords in Betracht. Der Angeklagte habe mehrfach betont, dass er den Tod gebilligt hätte und dass er das ausschließlich anhand der Hautfarbe des Geschädigten ausgemacht habe.

So werde dem Angeklagten in der Anklageschrift der Bundesanwaltschaft vorgeworfen, er sei »vorsätzlich und grob verkehrswidrig zu schnell gefahren und habe fahrlässig Leib und Leben eines anderen Menschen gefährdet.« Er, Rechtsanwalt Derin, führe aber im Folgenden Beweise gegen diese Sichtweise ein:

Erstens: Der Angeklagte habe im Saal berichtet, beim Zufahren deutlich erkannt zu haben, welche Hautfarbe die Person auf der Straße habe, weil dieser kurze Ärmel getragen habe. Da der Bordstein aber sehr hoch gewesen sei, habe er nicht direkt darauf zugehalten, weil er sich selbst nicht habe gefährden wollen. Er habe gewusst, dass es sehr knapp gewesen wäre, dem Geschädigten und seinem Begleiter auszuweichen, es sei ihm aber egal gewesen, was diesen Personen passiere. Bei weißen Personen hätte er auf jeden Fall versucht auszuweichen.

Zweitens: Der Zeuge Erik D. habe ausgesagt, der Angeklagte habe abrupt, und gezielt auf die Gruppe zugehalten.

18 Der Paragraf bestimmt, dass ein Angeklagter nicht wegen eines anderen als des in der Anklage angeführten Strafgesetzes verurteilt werden darf, ohne dass ihn das Gericht zuvor auf diese drohende Gefahr aufmerksam gemacht und ihm erklärt hat, wegen welcher Gesetze eine Verurteilung noch in Frage käme. Der Angeklagte soll so davor bewahrt werden, von einem möglicherweise härter bestraften Gesetzesverstoß überrascht zu werden, als er noch in der Anklage formuliert war. Rechtsanwältin Friedman will hier erreichen, dass das Gericht dem Angeklagten den Hinweis erteilt, dass eine Verurteilung wegen versuchten Mords an Aftax I. in Betracht komme.

Drittens: Der Nebenkläger habe Verletzungen erlitten, sei traumatisiert und in Behandlung.

Viertens: Der Zeuge Shafi H. habe ausgesagt, er sei aus der Bahn ausgestiegen und habe nur bemerkt, wie ein Fahrzeug auf der falschen Fahrspur auf sie zugekommen sei. Er habe den Nebenkläger gewarnt und sei dann weggelaufen.

Fünftens: Die Situation vor Ort sei folgende gewesen: Der Gleisbereich sei zwar nicht durch einen Bordstein, aber sehr wohl durch bauliche Maßnahmen gut sichtbar abgegrenzt gewesen. Ein Wechseln zwischen Fahrbahn und Gleisbett wäre demnach ohne Probleme möglich gewesen.

Sechstens: Der Angeklagte habe kurz vor der Tat in seinem Fahrzeug den »Alek M.«-Soundtrack abgespielt. Dieses Lied beziehe sich auf den Anschlag mit einem Van in Toronto und enthalte unter anderem Textzeilen darüber, mit einem Fahrzeug in eine Menschenmenge zu fahren. Wenige Minuten vor der Tat, habe der Angeklagte dieses »aggressive Musikstück«, das klaren Bezug zur Tötung von Menschen mit einem Fahrzeug beinhalte, gehört. Dies spreche auch dafür, dass sich der Angeklagte bereits im Vorfeld damit auseinandergesetzt habe, sein Auto als Waffe zu nutzen und damit Menschen zu töten.

Bei der Verlesung schaut der Angeklagte gelangweilt zu Rechtsanwalt Derin hinüber.

Dieser kommt nun zur Beweiswürdigung und führt aus, dass sowohl der Zeuge Erik F. als auch der Zeuge Shafi H. glaubhaft angegeben hätten, dass der Angeklagte den Nebenkläger Aftax I. gezielt angefahren habe. Die Aussagen des Angeklagten wiederum seien nicht glaubhaft, denn er habe schon in der Vergangenheit Schutzbehauptungen abgegeben, so beispielsweise, als er gesagt habe, er habe nicht gewusst, ob die Synagoge besucht sei oder nur als Museum diene. Die Anklage stütze sich somit vor allem auf den Angeklagten selbst. Das sei aber nicht länger glaubhaft. Auch wenn es in der Anklage hieße, das Fahrzeug sei beschädigt gewesen, was das Bremsen unmöglich gemacht habe, so erkläre es nicht das gezielte Steuern auf den Nebenkläger Aftax I. Die Behauptung der Bremsschwierigkeiten sei zudem nicht glaubhaft und der Angeklagte habe dies auch nicht mehr erwähnt. Zudem stellten sich die objektiven Gegebenheiten anders als in der Anklage dar.

Außerdem, betont Rechtsanwalt Derin nochmals, habe der Zeuge Shafi H. anders ausgesagt, als es in der Anklageschrift stehe, nämlich, dass der Angeklagte den Nebenkläger bewusst angefahren habe.

Rechtsanwalt Derin verliest anschließend die rechtliche Würdigung des Antrags. Da der Angeklagte den Nebenkläger Aftax I. absichtlich angefahren habe, liege ein direkter Vorsatz vor; allenfalls aber ein bedingter Vorsatz, da der Angeklagte die tödliche Wirkung erkannt und gebilligt habe. Alle Zeugen hätten geschildert, das Fahrzeug habe sich schnell genähert, mit 60 bis 80 km/h. Bei 60 km/h könne ein Aufprall tödlich ausgehen, bei über 70 km/h sei sicher davon auszugehen. Der Angeklagte habe sich eingelassen, dass ihm bewusst gewesen sei, dass es zu einer Kollision kommen könnte; unabhängig von der Absicht sei ihm demnach bewusst gewesen, dass es zu einem Zusammenprall kommen könnte. Selbst wenn es dem Angeklagten nur darauf angekommen wäre, möglichst nicht ausgebremst zu werden, würde dies als Billigung genügen. Zudem habe der Angeklagte seine rassistischen Motive klargemacht. Nach seinen eigenen Angaben sei ein Ausweichen riskant, aber möglich gewesen, für eine weiße Person hätte er das auch getan, aber eben nicht für den Nebenkläger. Der Angeklagte sei zu hinreichenden Lenkbewegungen in der Lage gewesen und habe das auch gewusst. Der Tatbericht habe außerdem gezeigt, dass hier auch kein Bordstein im Weg gewesen sei, ein Überschlagen sei also völlig fernliegend gewesen; es sei denn, der Angeklagte habe auch noch auf die Plattform der Haltestelle auffahren wollen, um den Nebenkläger dort zu treffen. Es wäre ferner auch keine Vollbremsung nötig gewesen, vielmehr soll der Angeklagte gar noch beschleunigt haben.

Das völlige Desinteresse des Angeklagten an der Vermeidung des Zusammenpralls sei auch daran zu erkennen, dass er nicht mal gehupt habe, was auch möglich gewesen wäre, wenn er sich selbst hätte schützen wollen. Der Angeklagte habe etwa sechs, sieben Sekunden Zeit bis zum Aufprall gehabt – Zeit, um die grausamen Abwägungen anzustellen. In diesem Zeitraum wäre es ihm aber auch ohne Probleme möglich gewesen, einen Aufprall zu vermeiden. Ihm sei schließlich auch bewusst gewesen, dass er unkontrolliert habe andere treffen können. Dies erfülle das Mordmerkmal »gemeingefährlich«. Tendenziell sei bei rassistischer Motivation ohnehin eine geringere Schwelle zum Mord gegeben. Nach § 211 StGB[19] sei ein Mordmerkmal gegeben, wenn niedrige Beweggründe zuträfen, also sittlich auf niedrigster Stufe stehende Motive. Der Nebenkläger habe allein aufgrund seiner Hautfarbe zu den politischen Feinden des Angeklagten gezählt. Das Lebensrecht sei ihm vom Angeklagten dementsprechend nicht anerkannt worden. Das Mordmerkmal gemeingefährlich sei gegeben, wenn man eine Mehrzahl von Personen gefährden könne, da man die Auswirkungen nicht in der eigenen Gewalt habe. Der Angeklagte habe also davon ausgehen müssen, weitere Personen an der Haltestelle zu treffen.

Die »Ermöglichungsabsicht«[20] sei zudem auch dann gegeben, wenn nur ein bedingter Vorsatz, sprich das Anfahren, um auf der Flucht schnell wegzukommen, vorhanden sei. Der Angeklagte habe aber bekundet, sich nur auf Fluchtfahrt begeben zu haben, um seine Taten fortsetzen zu können;

19 § 211 StGB definiert den Tatbestand Mord.

20 Töten in »Ermöglichungsabsicht« setzt voraus, dass es dem Täter zielgerichtet darauf ankommt, durch sein Vorgehen eine andere Tat zu fördern.

der bedingte Vorsatz stehe somit nicht im Widerspruch zum Mordmerkmal.

Rechtsanwalt Derin sagt abschließend, dass abweichend zur Anklage eine Verurteilung zum versuchten Mord in Betracht käme. Ein rechtlicher Hinweis sei zu erteilen.

Die Vorsitzende sagt, das Gericht nehme den Antrag zu Protokoll und gebe der Bundesanwaltschaft die Möglichkeit zur Stellungnahme.

Oberstaatsanwalt Stefan Schmidt sagt, sie, als Bundesanwaltschaft, nehme ablehnend Stellung dazu. Der Anfangsverdacht habe sich in der weiteren Beweisaufnahme nicht bestätigt.

Rechtsanwältin von der Behrens möchte sich dem Antrag von Rechtsanwalt Derin anschließen. Die Vorsitzende erwidert, dass sie nicht wisse, ob das gehe, da es sich nicht um ihren Mandanten handele.

Außerdem geben die Rechtsanwält·innen Gerrit Onken, Lang, Lupschitz, Onur U. Özata, Markus Goldbach, Dr. Peer Stolle, Herrmann, Doreen Blasig-Vonderlin, Pietrzyk und Hoffmann an, sich dem Antrag anschließen zu wollen.

Der Verteidiger des Angeklagten, Rechtsanwalt Hans-Dieter Weber, schließt sich dagegen der Stellungnahme der Bundesanwaltschaft an.

Rechtsanwältin Pietrzyk merkt daraufhin an, dass es in Bezug auf die Verbreitung der Dokumente, am Vortag ein Urteil gegeben habe.[21]

STELLUNGNAHME EINER NEBENKLÄGERIN, DIE NAMENTLICH NICHT GENANNT WERDEN MÖCHTE (VORGETRAGEN DURCH IHREN VERTRETER RECHTSANWALT ALEXANDER HOFFMANN)

Rechtsanwalt Hoffmann trägt anschließend eine Stellungnahme einer seiner Mandantinnen vor und fügt hinzu, dass er sich diese inhaltlich zu eigen gemacht habe.

Sie hätten, so Hoffmann, einen fundierten Rechtshinweis gehört, in welchem zahlreiche Beweise aus der Hauptverhandlung aufgenommen worden seien. Er sagt: »Ich bin irritiert, dass die Bundesanwaltschaft mit wenigen, dünnen Worten, ohne dezidierte, inhaltliche Auseinandersetzung, mit Hinweis auf das Plädoyer, wo das nicht hingehört, den Antrag abtun will. Es verdient eine inhaltliche Auseinandersetzung. Ich finde, es ist eine

21 Das Landgericht Mönchengladbach hatte am 3. November 2020 einen arbeitslosen Informatiker zu einer achtmonatigen Bewährungsstrafe verurteilt, weil er das »Manifest« des Angeklagten im Internet verbreitet hatte. Im Juli 2021 wurde die Bewährungsstrafe in eine Geldstrafe umgewandelt, da der Angeklagte glaubhaft machen konnte, die Ideologie nicht zu teilen.

Missachtung, die hier erfolgt ist.« Insbesondere in Zusammenhang mit der Aussage der BKA-Ermittlerin Yvonne R., so Hoffmann weiter, die die Lieder der Playlist ausgewertet habe, liege es doch nahe, dass der Angeklagte von Anfang an auch vorgehabt habe, Tötungen und weitere Taten mit seinem Pkw vorzunehmen, sofern ihm dies möglich gewesen wäre. Es sei schließlich auch mehrfach gefragt worden, warum der Angeklagte den Pkw nicht genutzt habe, weil er doch noch mehr vorgehabt habe. Bei der mühevoll zusammengestellten Playlist, in der ein Lied vorkomme, in dem es um Tötungen mit einem Pkw gehe, habe zudem alles der Annahme, dass es kein Tötungsdelikt sei, widersprochen.

Die Vorsitzende fragt den Vertreter der Bundesanwaltschaft, Oberstaatsanwalt Schmidt, ob er etwas erwidern wolle. Dieser verneint.

Es folgt eine Unterbrechung.

Um 13.45 Uhr wird die Verhandlung fortgesetzt.

VERLESUNG EINES BKA-VERMERKS (ZUR WEBSITE DER SYNAGOGE)

Die Vorsitzende diktiert der Protokollantin etwas zu einem Vermerk des BKA zur Website der jüdischen Gemeinde zu Halle, genauer zu der Frage, ob man anhand der Website feststellen könne, ob die Website Auskunft darüber gebe, dass die Synagoge aktiv genutzt werde oder dass dort zum Zeitpunkt des Attentats Veranstaltungen stattgefunden hätten. Auch solle festgestellt werden, ob es Veränderungen zwischen der heutigen Website und jener der Tatzeit gebe.

Die Vorsitzende liest anschließend eine Liste der Suchmaschinentreffer vor: Wenn man unter Google »Synagoge Halle, Homepage« eingebe, seien die ersten Treffer: »jghalle«, »Wikipedia« und »Gemeinden Sachsen-Anhalt«.

Daraufhin wird ein Screenshot der Website der Synagoge gezeigt. Daraus gehe hervor, so die Vorsitzende, dass die Gemeinde in der Humboldtstraße als Synagoge genutzt werde. Über den ersten Treffer gelange man zu der deutschsprachigen Seite. Diese lasse sich auch auf Russisch umschalten. In der oberen Leiste sei unter anderem der »Monatsplan« zu lesen. Zudem sei die Facebook-Seite der Gemeinde verlinkt, als auch ihre Adresse vermerkt. Die Startseite der Website zeige, ohne weitere Auswahlmöglichkeiten, einen Artikel vom 6. September 2019. In der »Dropdown-Liste« finde man unter anderem auch den Punkt »Gemeindeleben«. Für den Oktober 2019 seien dabei »22 Gottesdienste« eingetragen, so auch am »9. Oktober 2019, 9.30 Uhr Jom Kippur«. Außerdem gebe es weitere Details zu dem Termin, es stehe etwa »11-Stunden-Gottesdienst, Synagoge Humboldtstraße 52« da. Man könne sich auch den Stadtplan anschauen. Wenn man darauf klicke, öffne sich direkt Google Maps. Es gebe ferner einen Hinweis, dass sich die Gottesdienste regelmäßig wiederholen. Unter der Hauptüberschrift »Rabbinat« seien außerdem

Gottesdienste aufgeführt, und es gebe eine ausführliche Tabelle als PDF. Zur Bewertung, sagt die Vorsitzende weiter, sei es keine [offizielle] Sicherung[22] vor dem Anschlag, insofern könne auch keine [definitive] Aussage getroffen werden, welche Inhalte damals zugänglich gewesen seien. Veränderungen der Website konnten jedenfalls nicht nachvollzogen werden. Es wäre somit sehr leicht festzustellen gewesen, dass die Synagoge von der Gemeinde aktiv genutzt worden sei. Auch im Oktober 2019 sei es klar gewesen, dass es eine aktive jüdische Gemeinde gebe.

Verteidiger Rechtsanwalt Weber sagt, sein Mandant wolle Ergänzungen dazu abgeben. Es sei eine Klarstellung erforderlich, auch wenn er sich dazu bereits geäußert habe.

Der Angeklagte sagt, er wolle erstmal angeben, dass er niemals die jüdische Synagoge gegoogelt habe. Das sei »komplett bescheuert«. Wenn man das eingebe, erhalte die Suchmaschine doch die entsprechende IP-Adresse. Er ergänzt, dass das ein »extremes Sicherheitsrisiko« gewesen wäre. Er habe zudem eine alternative Karte, Open Street Map, gehabt, weil er Google Maps nicht vertraue. Bei Open Street Map seien die Städte mit den unterschiedlichen Symbolen, nämlich Synagoge, Moschee und Kirche, gekennzeichnet. Er habe jedenfalls nur mit dieser Karte gesucht. Die Website der Gemeinde kenne er auch nicht. Der Angeklagte fügt hinzu, dass, wenn man nach dem Anschlag die Synagoge bei Google suchen würde, es ja logisch sei, dass sie bei den Suchmaschinen weit oben sei, weil weltweit viele Leute danach gesucht hätten, und das schließlich auch den Algorithmus verändere.

DISKUSSION VERSCHIEDENER ANTRÄGE

Die Vorsitzende geht auf die Einlassung des Angeklagten nicht ein und fährt stattdessen mit einem Antrag der Rechtsanwältin Kristin Pietrzyk fort. Sie sagt, die Rechtsanwältin Pietrzyk habe am 2. November 2020 per Mail den Antrag eingereicht, Matthias Quent als Experten zu den Motiven des Angeklagten zu laden. Er solle auch Ausführungen dazu machen, dass der Angeklagte zwar allein gehandelt habe, aber Teil eines virtuellen, weltweiten Netzes sei. Die Vorsitzende gibt sogleich an, nicht zu beabsichtigen, dieser Anregung zu folgen.

Der Antrag wird für die Dolmetscher·innen ausgeteilt.

Rechtsanwältin Pietrzyk bemängelt, es sei schon ein Problem, wie die Vorsitzende ihren Antrag zusammengefasst habe. Es gehe schließlich um

22 Damit ist gemeint, dass es keine Sicherung der Ermittler ist, sondern eine automatisch erstellte Archivierung, die auch manipuliert sein könnte.

psychische Unterstützer und um die Weitergabe von Ideologien. Es gehe darum, wie die Anschläge in Oslo, El Paso, Christchurch et cetera aufeinander aufbauen würden. Es gehe auch darum, wie Nachahmungstäter angesprochen werden würden. Sie, werde jedenfalls einen weiteren Antrag stellen. Die Vorsitzende stellt anschließend fest, dass ein rechtlicher Hinweis nach § 265 Absatz 2 StPO zum Anklagevorwurf wegen eines möglicherweise versuchten Mords eingegangen sei, entsprechend dem Antrag der Rechtsanwältin Friedman, der von Rechtsanwalt Derin vorgetragen wurde. Der Senat erkläre keine vorläufige Bewertung und kündige eine anschließende Beratung an.

Der Verteidiger Rechtsanwalt Weber bittet um eine Unterbrechung, um das mit seinem Mandanten zu besprechen.

Rechtsanwalt Hoffmann sagt, er bitte um eine schriftliche Ausfertigung. Die Vorsitzende antwortet, sie habe bereits gesagt, dass es das im Anschluss an die Sitzung geben werde.

Sie fährt anschließend damit fort, dass der Beweisantrag der Nebenklage Christina F., Ezra W. und anderen abgelehnt werde. Die Nebenkläger hätten beantragt, Beweise über die Aktivitäten auf den Gamingplattformen wie Steam zu erheben. Der Antrag sei abzulehnen, so die Vorsitzende, weil die zu Beweis gestellten Anträge für das Urteil nicht von Bedeutung und zum Teil bereits erwiesen seien.

Laut Punkt A des Antrags solle bewiesen werden, dass der Angeklagte sich schon vor 2015 radikalisiert haben solle. Das sei ihrer Ansicht nach nicht relevant. Auch werde die, unter Punkt B geforderte Beweiserhebung abgelehnt, weil die antisemitische und rassistische Gesinnung des Angeklagten ständig von ihm selbst eingeräumt worden sei. Dies sei also ebenfalls bereits erwiesen. Ebenso habe der angeführte Punkt C keinen Bezug zur Urteilsfindung. Selbst wenn er die Spiele gespielt habe, habe das keinen Einfluss auf das Strafmaß. Bei Punkt D sei zudem kein unmittelbarer Bezug zur Urteilsfindung vorhanden. Beweistatsachen seien aus Sicht des Gerichts durch die Vernehmung der Zeugin Viola T. vom BKA bereits erwiesen.

Dass der Angeklagte sich sein Wissen über die Jahre durch seine Aktivitäten im Internet angeeignet habe, sei durch seine eigene Einlassung ebenfalls bereits erwiesen. Deutlich habe er sich dabei in dem Jahr vor der Tat radikalisiert. Die Funktions- und Wirkungsweise von Spielen und Plattformen, die ihn dabei unterstützt hätten, seien nicht Gegenstand der Verhandlung. Auch die Wertungen seiner Gamingaktivitäten seien kein Gegenstand der Verhandlung, denn es bestehe kein Bezug zur Straf- und Schuldfrage. Gleiches gelte für die Bilder, die der Zeuge[23] erstellt haben soll.

Anschließend unterbricht die Vorsitzende die Sitzung für eine Absprache des Verteidigers Rechtsanwalt Weber mit seinem Mandanten.

Die Nebenklagevertreter Rechtsanwalt Özata und Rechtsanwalt Stolle geben an, ebenfalls einen Antrag stellen zu wollen.

In der Pause gibt es kurz einen Aufruhr, weil Rechtsanwalt Siebenhüner gegenüber Journalist·innen anmerkt, der Verteidiger, Rechtsanwalt Weber, könnte nun die Aussetzung der Verhandlung beantragen und damit den ganzen Prozess zum Scheitern bringen. Es gibt laute Wortwechsel unter den Rechtsanwält·innen der Nebenklage.

Nach 15 Minuten wird die Verhandlung fortgesetzt.

Rechtsanwalt Weber erhält das Wort. Er gibt an, einen Antrag zur Aussetzung der Hauptverhandlung zu stellen, zumindest aber eine Unterbrechung für mindestens drei Wochen zu fordern. Grund sei der Antrag, die fahrlässige Körperverletzung als Mordversuch zu werten, dazu gebe es schließlich keinerlei Erkenntnisse im Verfahren.

Die Vorsitzende nimmt den Antrag zu Protokoll. Sie sagt, alle Verfahrensbeteiligten werden eine Abschrift und auch die Gelegenheit zur Stellungnahme erhalten; entweder sofort oder bis Mittwoch in der Folgewoche.

Rechtsanwalt Hoffmann ergreift das Wort. Er sagt, es würde vielleicht helfen, wenn er eine Klarstellung zu dem Antrag beantragen würde. Nach seiner Einschätzung sei der Hinweis in sich widersprüchlich. Es sei grundsätzlich so, dass Hinweise nach § 265 StPO immer nur dann genutzt werden dürften, wenn eine vorläufige Bewertung des Ergebnisses vorliege. Hier werde im ersten Absatz ein Hinweis aufgrund einer vorläufigen Bewertung gegeben und gesagt, es sei keine vorläufige Bewertung vorgenommen worden. Es werde eine Abweichung von der rechtlichen Bewertung der Tat vorausgesetzt, so sage es die Literatur, daher sei sie fehlerhaft. Rechtsanwalt Hoffmann fordert anschließend, dass der Senat Klärung geben solle.

Die Vorsitzende lässt in das Protokoll aufnehmen, dass der Hinweis widersprüchlich sei, und sie darüber noch beraten werden.

Rechtsanwalt Onken sagt, so wie er es verstanden habe, sei der Termin in der folgenden Woche aufgehoben. Er frage sich, wie die Anwält·innen bis dahin Stellung nehmen sollten, und dass sie die Zeit heute nutzen müssten.

Die Vorsitzende antwortet, dass der Verteidiger den Antrag trotzdem stellen könne. Es sei schon öfter gemacht worden, und es gebe keinen Grund, »dies übers Knie zu brechen«. Heute sei keine weitere Beweiserhebung erforderlich.

23 Gemeint ist der von den Antragsteller·innen vorgeschlagene Gamingexperte, der vermutlich als Beweise Screenshots hätte vorlegen sollen.

24 Tateinheit ist ein Begriff aus dem deutschen Strafrecht für den Fall, dass ein und dieselbe Handlung ein oder mehrere Strafgesetze mehrfach verletzt.

Rechtsanwalt Özata sagt anschließend, dass ein rechtlicher Hinweis nach § 265 Absatz 2, neben der Anklage des Generalbundesanwalts, wegen versuchten Mords aus niedrigen Beweggründen beantragt werde. Die Begründung dessen sei es, dass der Angeklagte die Tötung der Polizeibeamten, aber auch seines Mandanten İsmet T. habe herbeirufen wollen. Sein Mandant habe geschildert, dass er kurz vor der Apotheke gewesen sei, als er einen Schuss gehört habe. Er sei dabei 30 Meter von dem Angeklagten entfernt gewesen und habe sich hinter einem Auto verstecken müssen. Dann sei er weiter Richtung Steintor gelaufen. Der Zeuge Nils P. habe von dem Tatort in der Ludwig-Wucherer-Straße geschildert, dass die Durchschlagskraft der Projektile habe belegt werden können. Dies gilt auch für das Gebäude, vor dem İsmet T. in Deckung gegangen sei. Der Sachverständige habe die erhebliche, tödliche Wirkung der Waffen dargelegt, selbst nach 30 Metern hätten sie noch eine Geschwindigkeit von 150 m/sec gehabt. Die grundballistische Wirkung habe ergeben, dass sie dabei bis zu 19 Zentimeter in menschliche Körper eindringen könnten.

Alle Schüsse seien darüber hinaus abgegeben worden, um alle »missliebigen Personen« zu töten, so Rechtsanwalt Özata weiter. Dies hätte auch dem Tatplan des Angeklagten entsprochen. Der Angeklagte habe es zudem für möglich gehalten, die Menschen im Streuradius zu töten, die Streubreite sei ihm auch bekannt gewesen, auch dass es die Zielsicherheit herabsetze. Der Generalbundesanwalt beziehe es zu Unrecht nur auf die Polizisten, eine Opferauswahl habe nämlich nicht stattgefunden. Sein Mandant habe sich außerdem in räumlicher Nähe der Polizisten befunden.

Die bisherige Beweisaufnahme habe außerdem ergeben, dass die Ludwig-Wucherer-Straße belebt sei, so dass jederzeit ein Passant hätte getroffen werden können. Die Verengung auf die Polizisten sei demnach nicht angebracht. Eine versuchte Tötung der Polizisten und seines Mandanten sei also tateinheitlich[24] zu betrachten. Es sei eine Handlungs- und Tateinheit, wenn der Täter, wie dort gegeben, ohne zeitliche Zäsur auf mehrere Personen schieße. Die Beweisaufnahme habe gezeigt, dass der Angeklagte »bis zum bitteren Ende« bereit gewesen sei, Juden und Muslime zu töten.

Nach all dem, so Rechtsanwalt Özata abschließend, komme eine Verurteilung zu versuchtem Mord in Betracht, ohne dass es einer »Nachtragsanklage«[25] bedürfe.

25 Durch eine Nachtragsanklage wird das Verfahren auf weitere Straftaten des Angeklagten, die nicht in der ursprünglichen Anklage erfasst sind, ausgeweitet.

26 Es geht um den Gerichtskostenbeihilfeantrag des Verteidigers Rechtsanwalt Weber.

27 Es geht um den vom Verteidiger Rechtsanwalt Weber gestellten Antrag zur Aussetzung des Verfahrens.

Die Vorsitzende erklärt abermals, dass alle Verfahrensbeteiligten die Abschriften im Anschluss erhalten würden. Sie ruft Rechtsanwalt Stolle auf, seinen Antrag zu stellen.
Rechtsanwalt Stolle sagt, sein Mandant Conrad R. beantrage, den Angeklagten in tatsächlicher Hinsicht darauf hinzuweisen, dass, neben Begehung des versuchten Mords mittels eines Sprengsatzes, zusätzlich versuchter Mord mit der Schusswaffe durch die Scheibe in Betracht komme. Aus niedrigen Beweggründen und aus der Frustration, nicht genug Menschen erschossen zu haben, sei der Angeklagte zu dem Dönerimbiss gekommen. Dort habe er »andere Repräsentanten der muslimischen Gruppe« töten wollen. Er habe einen Sprengsatz in Richtung der Eingangstür geworfen, um zu töten oder die Personen in dem Laden wehrlos zu machen. Der Sprengsatz habe die Tür verfehlt und sei auf dem Gehweg aufgekommen. Danach habe er im Imbiss Kevin S. getötet, weil er ihn für einen Muslim gehalten habe. Sein Mandant, Conrad R., so Rechtsanwalt Stolle weiter, sei währenddessen in den Toilettenraum geflohen.

Mindestens ein Schuss sei in die Frontscheibe gegangen, nur die erste Scheibe sei dabei durchschlagen worden. Im Video sei ersichtlich, dass der Angeklagte sich nach dem Wurf der Nagelbombe in Richtung der Geschäftsräume begeben habe und einen weiteren Schuss abgegeben habe.

Conrad R. habe bekundet, dass er einzelne Elemente vor Augen habe. Unter anderem habe der Angeklagte die Waffe auf ihn gerichtet. Conrad R. habe in seiner Aussage gar die Schussrichtung angezeigt. Die Angaben von Conrad R. seien zudem von den Zeugen Bernd H. und Nils P. bestätigt worden. Tateinheitlich zum Tatvorwurf komme somit auch versuchter Mord durch die Schussabgabe hinzu, wodurch auch Rıfat T. hätte getroffen werden können. Dies habe der Angeklagte billigend in Kauf genommen. Es ergehe somit der rechtliche Hinweis nach § 265 Absatz 2 StGB, schließt Rechtsanwalt Stolle seinen Antrag.

Die Rechtsanwält·innen Pietrzyk, Lang, Lupschitz, Hoffmann, Onken, Özata, Feige, Goldbach, Derin, Herrmann, Blasig-Vonderlin und von der Behrens schließen sich dem Antrag an.

Die Vorsitzende sagt, dass die Staatsanwaltschaft und die Verteidiger Gelegenheit erhalten würden, die Anträge von den Rechtsanwälten Stolle und Özata in Augenschein zu nehmen und dazu Stellung zu beziehen. Die Frist sei dafür bis zum 16. November 2020 angesetzt.

Der Angeklagte, ein weiterer Nebenklagevertreter und Rechtsanwältin Blasig-Vonderlin würden zum Schriftsatz der Bundesanwaltschaft[26] vom 28. Oktober 2020 ebenfalls Gelegenheit zur Stellungnahme bis zum 16. November 2020 erhalten.

Verteidiger Rechtsanwalt Weber möchte wissen, ob das bedeute, dass der von ihm gestellte Antrag »negativ sei«.[27] Die Vorsitzende antwortet, dass noch nichts gesagt sei, die Bundesanwaltschaft habe zwar ablehnend Stellung genommen, aber da sei jetzt noch Zeit, eventuell ergänzend Stellung dazu zu nehmen. Rechtsanwalt Siebenhüner möchte, in Anbetracht der Folgen dieses Antrags, nämlich der möglichen Aussetzung des Verfahrens, »ein Rechtsgespräch«[28] beantragen und es in den nächsten Tagen erwirken. Vielleicht, fügt er hinzu, könne man auch den heutigen Tag nutzen, um das Verfahren nicht unnötig in die Länge zu ziehen.

Die Vorsitzende antwortet, sie sehe das nicht als erforderlich an, denn nach vorläufiger Bewertung gehe es um neu hinzutretende Umstände. Das Vorliegende sei aber kein neu hinzutretender Umstand. Vielmehr sei all das, was im sehr ausführlichen Schriftsatz von Rechtsanwältin Friedman geschrieben und von Rechtsanwalt Derin vorgetragen worden sei, eine ausführliche Beweiswürdigung. Rechtsanwältin Friedman habe das »in die Richtung gemacht«, und in der Anklageschrift habe man sich ebenfalls damit auseinandergesetzt; es sei dementsprechend bereits ausgeführt worden. Das bedeute, dass es keine neuen Umstände seien. Es sei etwas, was der Angeklagte schon bestritten habe, sodass es ihrer vorläufigen Bewertung nach zwar das Recht des Angeklagten und seines Verteidigers sei, so einen Antrag zu stellen, ihrer Erfahrung nach aber eine Aussetzung nicht infrage komme.

Der Verteidiger Rechtsanwalt Weber hat daraufhin noch eine Anmerkung zum psychiatrischen Gutachter Prof. Dr. Nobert Leygraf. Er wolle seine Empfehlung nicht aufgreifen, einen Augenarzt zu holen, aber für dieses Rotsehen habe er, Rechtsanwalt Weber, einen Beweisantrag vorbereitet; er beantrage einen neurologischen Sachantrag. Es handele sich um eine Migräne mit Aura durch verminderte Hirndurchblutung.

Sein Mandant habe erklärt, dass nach dem gescheiterten Versuch, in die Synagoge einzudringen, »alles aus dem Ruder gelaufen sei«. Dieses Phänomen solle nicht im sprichwörtlichen Sinn verstanden werden, er, Rechtsanwalt Weber, könne das nicht beurteilen. Einer Person aber, die mit autistischen Kindern arbeite, sei das Rotsehen sehr wohl bekannt, und es sei auch bei einzelnen, von ihr betreuten Kindern zu sehen. Dieses Rotsehen könne fünf bis 60 Minuten dauern. Obwohl es Migräne heiße, so Rechtsanwalt Weber, müsse es nicht mit Kopfschmerzen einhergehen. Auslöser dessen könne dabei Stress sein, und Bewusstseinsstörungen könnten eine Folge davon sein.

28 Ein Rechtsgespräch ist eine Unterredung unter den Verfahrensbeteiligten zum Zweck einer Verständigung.

Es gehe jedenfalls um die Schuldfähigkeit des Angeklagten, und dass Sachverständige Leygraf das nicht habe zuordnen können. Er, Rechtsanwalt Weber, habe versucht, die Charité zu erreichen, aber keine Äußerung erhalten.

Die Vorsitzende sagt, sie kenne Migräne so, dass die Betroffenen nichts, beziehungsweise bestimmte Dinge nicht machen könnten. Sie fügt hinzu, dass sie bis Donnerstag, den 12. November 2020 Gelegenheit zur Stellungnahme zu dem Antrag von Rechtsanwalt Weber gebe.

Die Hauptverhandlung werde geschlossen, fährt sie anschließend fort. Man sehe sich am 17. November 2020 wieder. Eventuell komme der 30. November 2020, ein Montag, als Zusatztermin in Frage, um den 22. Dezember 2020 zu vermeiden.

Rechtsanwältin Pietrzyk sagt, es sei »nett«, dass man sowas drei Wochen vorher erfahren würde, und ergänzt, dass das nun etwas schwierig sei.

Die Vorsitzende entgegnet, man werde sehen, ob das notwendig sei. Sie habe ja langfristig geplant.

Rechtsanwältin Pietrzyk sagt, der 21. und 22. Dezember seien zwar keine Wunschtermine, aber alle seien immerhin darauf eingestellt gewesen.

Rechtsanwalt Hoffmann fragt, ob er, wenn er noch im Saal bliebe, die Kopie der Anträge bekommen könnte. Auch sei er an den beiden Terminen verhindert. Es sei für ihn in jedem Fall unmöglich zu erscheinen, er habe sich mit Mühe die bereits vorgegebenen Termine freigehalten.

Rechtsanwalt Onken fragt, was gegen den 21. und 22. Dezember spreche. Die Vorsitzende entgegnet, dass es die Weihnachtswoche sei. Rechtsanwalt Onken sagt, er habe es nur fragen wollen.

Die Sitzung wird um 15.15 Uhr geschlossen.

Mitschrift von Duška Roth

20. Verhandlungstag
17. November 2020

Die Vorsitzende Richterin Ursula Mertens setzt die Hauptverhandlung fort und stellt die Anwesenheit fest. Im Anschluss teilt sie mit, dass das Gericht den Antrag der Verteidigung, das Verfahren auszusetzen oder hilfsweise zu unterbrechen, ablehne, da die Voraussetzungen für eine solche Aussetzung nicht vorlägen.

Verteidiger Hans-Dieter Weber beantragt, einen weiteren Gutachter als den für heute vorgesehenen Prof. Dr. Norbert Leygraf bezüglich der möglichen Migräneaura, die der Angeklagte gehabt habe, zu beauftragen. Die Verteidigung hält es für möglich, dass hinter dem Rotsehen, das der Angeklagte bei der Tat erlebt haben will, eine solche Aura stecken könnte. Der Gutachter Norbert Leygraf sei befangen, da er in seinen bisherigen Aussagen eingeräumt habe, sich mit Migräne nicht ausreichend auszukennen.

AUSSAGE DES SACHVERSTÄNDIGEN BENJAMIN STEINITZ (GESCHÄFTSFÜHRER DES BUNDESVERBANDS DER RECHERCHE- UND INFORMATIONSSTELLE ANTISEMITISMUS, ZUR AUSWIRKUNG DER TAT AUF DAS JÜDISCHE LEBEN IN DEUTSCHLAND)

Benjamin Steinitz wird in den Saal gerufen. Die Vorsitzende erklärt ihm, dass das Gericht diskutiert habe, ob er als Zeuge oder als Sachverständiger gehört werden solle; sie hätten sich dann für die Rolle des Sachverständigen entschieden. Benjamin Steinitz wird über seine Pflichten als Sachverständiger belehrt und zu seinen Personalien befragt. Er ist 37 Jahre alt, Politik- und Afrikawissenschaftler und Geschäftsführer des Bundesverbands der Recherche- und

Informationsstellen Antisemitismus, kurz: RIAS. Die Vorsitzende bittet den Sachverständigen zu erklären, warum er etwas zu den Auswirkungen des Anschlags auf das jüdische Leben in Deutschland sagen könne, wie es Rechtsanwältin Antonia von der Behrens über ihn gesagt habe. Benjamin Steinitz erklärt, dass der RIAS-Bundesverband eine zivilgesellschaftliche Institution und eine Meldestelle für antisemitische Vorfälle sei. Diese würden in mehreren Sprachen aufgenommen und gingen von jüdischen und nicht-jüdischen Meldenden ein. Im Mittelpunkt stünden bei der Arbeit stets die Bedürfnisse der Betroffenen, die gegebenenfalls an Beratungsangebote, etwa von der Mobilen Beratung oder OFEK, verwiesen würden.[1] RIAS stünde zudem in engem Austausch mit den verschiedenen jüdischen Gemeinden, Gespräche würden auch mit den Landeskriminalämtern geführt. 2015 habe RIAS mit der Arbeit in Berlin begonnen und seitdem mehr als 5000 antisemitische Vorfälle aufgenommen. Die Grundlage sei dabei die IHRA-Arbeitsdefinition.[2] Mit der Lage des Antisemitismus in Sachsen-Anhalt habe sich RIAS unter anderem für eine »Problembeschreibung Antisemitismus« beschäftigt, die im April 2020 bei einer Pressekonferenz mit Ministerpräsident Reiner Haseloff vorgestellt worden sei. Sie haben für diese Problembeschreibung bereits im Juli 2019 vierzehn Interviews mit Betroffenen und im Januar 2020 Nachbefragungen mit den Interviewpartner·innen durchgeführt.

Der Sachverständige Steinitz sagt, er wolle nun die Auswirkungen des Anschlags auf Jüdinnen und Juden in Deutschland darstellen. Ihm seien dabei besonders drei Aspekte wichtig, nach denen er seine Aussage strukturieren wolle: Erstens gehe es ihm um die Besonderheiten sogenannter Botschaftstaten, zweitens wolle er den Antisemitismus im Alltag jüdischer Gemeinden und die Rolle der Polizeibehörden darstellen, drittens sei die Kontinuität extremer antisemitischer Gewalt in Deutschland seit 1945 von Bedeutung.

Antisemitische Taten seien Botschaftstaten, sagt Benjamin Steinitz. Botschaftstaten hätten ihre Wurzeln stets in gesellschaftlichen Herrschaftsverhältnissen und würden darauf abzielen, Marginalisierte zu treffen und die Hegemonie der eigenen, vermeintlich überlegenen Gruppe durchzusetzen. Der Begriff der »Hasskriminialität«, der aus den USA komme, habe sich in Deutschland für derartige Taten durchgesetzt und werde etwa bei der Polizei

1 Gemeint sind die verschiedenen Mobilen Beratungen gegen Rechtsextremismus, die Betroffene rechter Diskriminierung und Gewalt beraten, sowie die bundesweit aktive Beratungsstelle gegen antisemitische Diskriminierung und Gewalt OFEK e. V.

2 2016 nahm das Plenum der International Holocaust Remembrance Alliance (IHRA) die folgende Arbeitsdefinition von Antisemitismus an, die seither von verschiedenen bedeutenden politischen, wissenschaftlichen und zivilgesellschaftlichen Akteur·innen übernommen wurde: »Antisemitismus ist eine bestimmte Wahrnehmung von Jüdinnen und Juden, die sich als Hass gegenüber Jüdinnen und Juden ausdrücken kann. Der Antisemitismus richtet sich in Wort oder Tat gegen jüdische oder nichtjüdische Einzelpersonen und/oder deren Eigentum sowie gegen jüdische Gemeindeinstitutionen oder religiöse Einrichtungen.«

verwendet. Im Alltag der Betroffenen seien derartige Botschaftstaten oftmals wesentlich subtiler, als es dieser Begriff vermuten lasse, und würden oft von keinem Straftatbestand abgedeckt. Sie würden unterschiedliche Wirkungsebenen auf die Betroffenen entwickeln: Als Angriff auf die Identität der Betroffenen würden sie sich grundlegend von anderen Formen der Kriminalität unterscheiden. Mögliche Wirkungen seien etwa die Isolation der Betroffenen, da sie deren Gewissheit, sich im Alltag sicher zu bewegen, stören würden. Sie würden so stets auf die ganze Gruppe und nicht nur auf die unmittelbar betroffene Person wirken und exkludierende gesellschaftliche Strukturen verstärken.

Als Konsequenz aus den Taten des sogenannten Nationalsozialistischen Untergrunds seien rassistisch menschenverachtende Gründe in § 46 StGB[3] als Faktor für die Strafzumessung aufgenommen worden. Im März 2020 seien dann auch antisemitische Motive in diesen Paragrafen aufgenommen worden, was ihm eine unmittelbare Konsequenz auf den Anschlag im Oktober 2019 zu sein scheine, sagt der Sachverständige. Es werde durch diese Gesetzesänderungen auch deutlich gemacht, dass antisemitische und rassistische Angriffe als Angriffe auf die demokratische Verfasstheit der Gesellschaft an sich betrachtet würden.

Der RIAS Bundesverband und RIAS Berlin hätten seit 2017 nicht repräsentative Umfragen unter Betroffenen zur Wahrnehmung von und Umgangsweisen mit Antisemitismus durchgeführt. Befragt worden seien Menschen in Bayern, Hessen, Brandenburg, Nordrhein-Westfalen, Sachsen, Sachsen-Anhalt und Baden-Württemberg. Durch diese Befragungen hätten sich zwei Befunde ergeben: Antisemitismus sei ein Phänomen, das den Alltag von Jüdinnen und Juden präge, und es bestehe ein großes Dunkelfeld in diesem Bereich und große Wahrnehmungsdiskrepanzen zwischen Betroffenen und Nicht-Betroffenen.

Bei den Interviews im Juli 2019 in Sachsen-Anhalt hätten die befragten Betroffenen etwa zahlreiche Angriffe auf sich und auf als jüdisch wahrgenommene Einrichtungen geschildert. Die Vorfälle hätten unter anderem verletzende Ansprachen, Bedrohungen und körperliche Angriffe umfasst. Post-Shoah-Antisemitismus, israelbezogener Antisemitismus, die Leugnung

3 Der Paragraf regelt die Grundsätze der Strafzumessung. Seit 2015 wird dort als ein Aspekt, der gegen den Täter spricht, die »rassistische, fremdenfeindliche oder sonstige menschenverachtende« Motivation aufgeführt. Am 15. Oktober 2019 regte die Bayerische Landesregierung an, auch antisemitische Motive in diese Aufzählung explizit aufzunehmen. Das Bundeskabinett schloss sich dieser Anregung im Februar 2020 an, als es die entsprechende Änderung von § 46 StGB im Rahmen des Entwurfs des Gesetzes zur Bekämpfung des Rechtsextremismus und der Hasskriminalität forderte. Mutmaßlich bezieht sich Benjamin Steinitz hier auf diesen Schritt im Frühjahr 2020. Verabschiedet wurde das genannte Gesetz im Juni 2020 vom Bundestag und trat am 3. April 2021 in Kraft. Seither wird in § 46 StGB nun auch die antisemitische Motivation als potenziell strafverschärfend aufgeführt.

der Shoah und Äußerungen des Schuldabwehr-Antisemitismus seien die häufigsten Erscheinungsformen in Sachsen-Anhalt gewesen. So habe ein Befragter etwa geschildert, dass er aus der Synagoge gekommen sei und jemand aus einem Auto in seine Richtung »Kindermörder« gerufen habe. Eine andere Befragte habe von wiederholten abwertenden Bemerkungen über Juden in der Straßenbahn berichtet, wobei ihr in der Situation nicht klar gewesen sei, ob sie mit diesen Aussagen gezielt gemeint gewesen sei.

Antisemitismus begegne Jüdinnen und Juden in sozialen Interaktionen aller Art, so Benjamin Steinitz. Betroffene seien so ständig gezwungen, das Verhältnis von jüdischer Identität und Antisemitismus neu auszuhandeln, wobei es um Fragen der Sichtbarkeit und der Sicherheit, etwa in möglichen Konfrontationen, gehe. »Gehe ich weg oder antworte ich der Person, die sich antisemitisch äußert?«, stellt der Sachverständige diesen Konflikt dar. Besonders anschaulich werde diese Problematik geschildert, wenn es um die dramatische Situation jüdischer Kinder und ihrer Eltern gehe. So sei es für Eltern schwierig, die jüdische Identität ihrer Kinder zu fördern, ohne sie der Gefahr auszusetzen, angefeindet zu werden. Ob Kinder ihre jüdische Identität verstecken sollten, um sie vor Mobbing zu schützen, oder wie sie reagieren sollten, wenn »Jude« eine übliche Beleidigung unter Gleichaltrigen sei, seien er und sein Team zigfach gefragt worden. Diese Fragen würden Eltern, Angehörige und Kinder gleichermaßen beschäftigen.

In den Befragungen sei auch gesagt worden, dass in den Gemeinden Umgangsstrategien zu diesen Fragen diskutiert würden. Es gebe da eine Gewöhnung oder Trivialisierung, weil das Problem so normal geworden sei. Beleidigungen und andere Straftaten würden teils kleingeredet, um sie im Alltag verarbeiten zu können, und es gebe eine Resignation, auch strafbares Verhalten nicht mehr zur Anzeige zu bringen. Nur in fünf der vierzehn Interviews hätten die Betroffenen berichtet, dass sie die beschriebenen antisemitischen Vorfälle zur Anzeige gebracht hätten. Generell gelte für antisemitische Taten und auch andere »Verbrechen der Hasskriminalität«, dass nur ein Bruchteil angezeigt werde. Er könne dafür zahlreiche Beispiele nennen, sagt der Sachverständige. Der jüdische Gastronom Yorai Feinberg habe etwa aufgehört, antisemitische Beschimpfungen per Mail und Telefon, die ihn monatelang erreicht hätten, anzuzeigen, da es ohnehin keinen Ermittlungserfolg gegeben habe. Der Besitzer des Restaurants Schalom in Chemnitz habe alle antisemitischen Vorfälle protokolliert und komme insgesamt auf 1492 antisemitische Anfeindungen in zehn Jahren, wie er im Gespräch mit dem Journalisten Ronen Steinke gesagt habe. Mit den Anzeigen aufgehört habe er bereits nach 45, da sich ohnehin nichts geändert habe.

»Warum werden so wenige Straftaten zur Anzeige gebracht?«, fährt Benjamin Steinitz fort. Viele Jüdinnen und Juden würden die jeweiligen Erfahrungen möglichst schnell abschließen wollen und würden daher den

Aufwand scheuen, wenn die Erfolgsaussichten ohnehin gering seien. Außerdem bestünden oft Sorgen um die eigene Sicherheit, da der Täter über das Verfahren an die Namen und die Adressen der Betroffenen kommen könnte, wenn es in dem jeweiligen Bundesland keine Beratungsstellen gebe, die dort Abhilfe leisten würden. Viele Betroffene würden aber auch angeben, dass sie kein Vertrauen in die Polizei hätten. Antisemitische Vorfälle würden regelmäßig nicht nur verkannt, sondern sogar in Abrede gestellt und Polizist·innen würden auf Betroffene einwirken, keine Anzeige zu erstatten.

Auch hier wolle er ein paar Beispiele nennen, sagt der Sachverständige: So sei etwa berichtet worden, dass ein Vorsitzender einer jüdischen Gemeinde nachts von der Polizei geweckt worden sei, da die Polizei wegen eines offenstehenden Fensters angenommen habe, dass in Räumlichkeiten der Gemeinde eingebrochen worden sei. Sie seien dann von der Wohnung des Vorsitzenden gemeinsam zur Gemeinde gefahren. Dort sei dem Vorsitzenden gesagt worden, er solle zuerst das Gebäude betreten. Auf die Frage, warum das in dieser potenziell gefährlichen Situation nicht der Spürhund mache, habe der Polizist geantwortet: »Der Hund kostet 10.000 Euro.«

Von einem anderen nennenswerten Fall habe der MDR am 6. Juni 2020 berichtet: Laut dem Bericht soll ein aus Taschentüchern geformtes Hakenkreuz vor dem Gemeindegelände in Halle zu sehen gewesen sei. Zwei Polizeibeamte, die nach der Meldung dieses Hakenkreuzes zur Synagoge gefahren seien, hätten später angegeben, sie hätten das Symbol nicht vorfinden können. Erst durch die Auswertung der Kamerabilder sei aufgefallen, dass einer der beiden Polizisten auf die Taschentücher getreten sei und den Tatort so verändert habe. Die Polizei ermittele derzeit gegen den Beamten wegen des Verdachts der Strafvereitelung im Amt.

Ein weiterer Fall sei der zweier Juden, die ihre Kippot getragen hätten und deshalb auf offener Straße in Sachsen-Anhalt als »Drecksjuden« bezeichnet worden seien. Sie hätten dies anzeigen wollen und bei einer Polizeiwache angerufen. Dort seien sie zunächst lediglich auf die Onlinewache hingewiesen worden. Als sie dann doch zur Vernehmung auf der Wache gewesen seien, habe ein Beamter mehrfach die Beleidigung wiederholt und deren antisemitischen Gehalt geleugnet, es handele sich um eine bloße Beleidigung ohne antisemitischen Kern. Beide Opfer seien von dieser Behandlung nachhaltig verstört gewesen und hätten keinen weiteren Kontakt zur Polizei gewollt. Sie würden heute von der Mobilen Beratung betreut. Der kriminologische Begriff für dieses Geschehen laute »sekundäre Viktimisierung«, sagt Benjamin Steinitz.

Als belastend für das Verhältnis zur Polizei hätten mehrere Befragte auch die Nähe der Polizei zu Rechtsextremen beschrieben und explizit das Beispiel der Anwältin Seda Başay-Yıldız genannt. Sie und ihre Familie seien in Nachrichten, die mit »NSU 2.0« unterschrieben waren, massiv bedroht worden, wobei auch Details der Lebensverhältnisse genannt worden seien.

Später habe sich herausgestellt, dass kurz vor diesen Nachrichten die persönlichen Daten der Anwältin von einem Computer der hessischen Polizei abgerufen worden waren. Seitdem seien insgesamt 38 Verfahren gegen Polizisten eingeleitet worden.

Er wolle nun zum dritten der Aspekte kommen, die ihm hinsichtlich der Auswirkungen des Anschlags wichtig erscheinen, nämlich zur Frage der Kontinuität extremer antisemitischer Gewalt in Deutschland seit 1945, sagt Benjamin Steinitz. Antisemitismus ziele in seiner Konsequenz immer auf die Vernichtung von Jüdinnen und Juden ab. Seit dem Ende der Shoah habe weder der Antisemitismus aufgehört zu existieren, noch hätten die gezielten Tötungen von Jüdinnen und Juden ein Ende gefunden. RIAS nehme bei der Aufnahme antisemitischer Vorfälle unterschiedliche Bewertungen vor, eine Kategorie sei die der »extremen Gewalt«. Darunter würden für sie schwere Körperverletzung, Brandanschläge, Geiselnahmen und Taten, die aufs Leben der Betroffenen zielen würden, zählen. Für sein Buch *Terror gegen Juden* habe der Journalist Ronen Steinke eine Chronik antisemitischer Gewalt erstellt. Der Sachverständige sagt, er wolle nun die Fälle antisemitischer extremer Gewalt verlesen, die Ronen Steinke recherchiert habe:

Am 9. November 1969, dem Jahrestag der Novemberpogrome, versucht die Gruppe »Tupamaros West-Berlin« einen Sprengstoffanschlag auf die Gedenkveranstaltung im Jüdischen Gemeindehaus in Berlin zu verüben. Er scheitert nur knapp.

Am 10. Februar 1970 versuchen drei palästinensische Terroristen, eine Maschine der israelischen Airline El Al in München zu entführen. Im Verlauf dieses Versuchs, der zwar scheitert, töten sie einen jungen Israeli mit einer Handgranate.

Durch den Brandanschlag auf das Altenheim der Israelitischen Kultusgemeinde München und Oberbayern in München am 13. Februar 1970 sterben sieben Menschen, allesamt Überlebende der Shoah.

Im August 1975 überlebt Heinz Galinski, Vorsitzender der Jüdischen Gemeinde Berlin, einen Paketbombenanschlag. Die Täter·innen bleiben unbekannt.

Am 19. Dezember 1980 werden in Erlangen Shlomo Lewin und Frida Poeschke von einem Neonazi erschossen, nachdem Rechtsextreme jahrelang antisemitisch gegen Lewin gehetzt hatten.

Am 15. Januar 1982 wird ein Sprengstoffanschlag auf das israelische Restaurant Mifgash in Berlin verübt. Ein Kleinkind stirbt.

Am 23. Februar 1992 wird in Frankfurt am Main die Jüdin Blanka Zmigrod von einem schwedischen Rechtsterroristen erschossen.

Vier Rechtsextreme verüben am 25. März 1994 einen Brandanschlag auf die Lübecker Synagoge, in der fünf Personen schlafen. Die Betroffenen überleben. Ein gutes Jahr später, am 7. Mai 1995, wird erneut ein Brandanschlag auf die Synagoge verübt, die Täter·innen werden nie ermittelt.

Die Erfurter Synagoge, die bewohnt ist, wird am 20. April 2000 in Brand gesetzt. Zwei Rechtsextreme werden als Täter ausgemacht und zu Haftstrafen von ein bis zwei Jahren verurteilt.

Am 27. Juli 2000 ereignet sich in Düsseldorf am S-Bahnhof Wehrhahn ein Rohrbombenanschlag auf zehn Personen aus der ehemaligen UdSSR, die einen nahegelegenen Sprachkurs besuchen. Unter ihnen sind mehrere Jüdinnen und Juden. Eine Schwangere verliert infolge des Anschlags ihr ungeborenes Baby. 2018 wird ein Rechtsextremer freigesprochen, der Fall bleibt damit ungeklärt.

Am 3. Oktober 2000 werfen zwei Männer Molotowcocktails auf die Düsseldorfer Synagoge. Sie werden gefasst und zu Bewährungsstrafen verurteilt.

Sieben Tage später, am 7. Oktober 2000, greifen rund 250 Menschen im Anschluss an eine anti-israelische Demonstration die Essener Synagoge mit Steinen, Brandsätzen und einer Schreckschusswaffe an.

Am 19. Februar 2001 wird nach einer anonymen Drohung vor der Lübecker Synagoge eine Bombenattrappe gefunden.

In Oberuckersee-Potzlow, Brandenburg, wird am 12. Juli 2002 der 16-jährige Marinus Schöberl von drei rechtsextremen Jugendlichen ermordet. Zuvor war er von diesen unter anderem antisemitisch beleidigt worden.

Am 25. Februar 2007 wird eine Rauchbombe in eine jüdische Kita in Berlin geworfen, die zuvor mit antisemitischen Parolen beschmiert worden war.

Vor einer jüdischen Einrichtung in Berlin brüllt am 22. Juni 2007 ein Mann antisemitische Parolen und beschimpft eine Frau, die das Gebäude verlässt. Als ein 24-Jähriger helfen will, wird er von dem Mann mit einem Messer bedroht und dann mit einem Auto angefahren.

Am 7. September 2007 wird ein Rabbiner in Frankfurt am Main zunächst antisemitisch beschimpft und dann mit einem Messer niedergestochen. Der Täter wird später zu dreieinhalb Jahren Gefängnis verurteilt.

In der Nacht vom 1. auf den 2. November 2008 bremsen in Berlin zwei Männer einen Kleinbus aus, in dem ein Rabbiner mit acht Schüler·innen sitzt, beschimpfen den Mann antisemitisch und werfen einen brennenden Gegenstand in Richtung des Busses.

Am 31. Oktober 2010 wird in Mainz nahe der Synagoge ein Brandsatz gezündet.

Ein Bungalow in einer Kleingartenanlage in Berlin wird am 23. Januar 2011 in Brand gesetzt. Die Hütte wird vorher mit einem Davidstern und dem Wort »Raus!« beschmiert. Der Mann der Besitzerin des Gartens ist Jude.

Am 29. Juli 2014 werfen drei junge palästinensische Männer Molotowcocktails auf die Synagoge in Wuppertal. Wegen versuchter Brandstiftung werden sie später zu Bewährungsstrafen verurteilt. Der Richter hält fest, dass die Täter nicht aus »antisemitischen Gründen per se« gehandelt hätten, sondern gegen den Krieg in ihrer »Heimat« hätten protestieren wollen.

Am 1. Januar 2016 stößt ein Mann einen anderen in Nürnberg in ein U-Bahn-Gleisbett und hindert ihn mit Tritten gegen den Kopf daran, aus diesem herauszuklettern. Bei der Polizei soll der Täter, der wegen versuchten Totschlags zu fünf Jahren Haft verurteilt wird, als Tatmotiv angegeben haben, dass er den Mann für einen Juden gehalten habe.

Am 18. Mai 2019 verüben Unbekannte einen Brandanschlag auf das Wohnhaus eines jüdischen Ehepaars in Hemmingen bei Hannover. Die Haustür war zuvor mit »Jude« besprüht worden.

Vor dem Hintergrund dieser Kontinuität antisemitischer extremer Gewalt seit 1945 verwundere es nicht, dass der rechtsextreme Anschlag an Jom Kippur im Jahr 5780 für Jüdinnen und Juden nicht sonderlich überraschend gewesen sei, meint Benjamin Steinitz.[4] Nur vier Tage vorher habe es schon einen Vorfall in Berlin gegeben, bei dem ein Mann mit gezogenem Messer über die Absperrung vor der Neuen Synagoge geklettert sei und nur durch die Polizei habe gestoppt werden können. Der Anschlag habe zu unmittelbaren Reaktionen in ganz Deutschland geführt. Neben den Solidarisierungsbekundungen habe es aber auch antisemitische Folgehandlungen gegeben, wenn auch in sehr begrenzter Anzahl. Es sei dabei vor allem um antisemitische Störungen von Gedenkveranstaltungen gegangen, etwa in Halle oder in Brandenburg im Rahmen eines Amateurfußballspiels. Am Denkmal für die ermordeten Juden Europas in Berlin habe es eine gezielte Sachbeschädigung gegeben, mit der mutmaßlich Bezug auf den Attentäter von Halle genommen worden sei. Dort sei eine Sprüherei mit »Free« und einer Verkürzung des Vornamens des Täters zu lesen gewesen. Das Gefühl von Unsicherheit und Bedrohung habe sich für viele Jüdinnen und Juden noch einmal verstärkt. So sei die Anzahl der Gottesdienstbesucher·innen in mindestens einer Stadt derart gesunken, dass es nicht mehr die nötige Anzahl von Personen für das Abschlussgebet gegeben habe.

Die Gemeinde in Halle, so der Sachverständige, sei vor allem mit einer enormen Welle an Solidaritätsbekundungen konfrontiert gewesen. Diese hätten deutlich gemacht, dass der Großteil der Gesellschaft an der Seite der Gemeinde in Halle gestanden habe. Dies habe allerdings auch neue Herausforderungen mit sich gebracht. So habe eine große Anzahl von Nicht-Mitgliedern die Synagoge besuchen wollen. Die Gemeinde habe aber auch antisemitische Zuschriften mit Bezügen auf den Anschlag erhalten. Auch in Dessau und Halberstadt seien in Sachsen-Anhalt Reaktionen auf den Anschlag feststellbar gewesen. In Dessau habe es eine Diskussion über die

4 Im jüdischen Kalender beginnt die Zählung im Jahr 3761 v. Chr. Das Jahr 5780 fällt mit den Jahren 2019 und 2020 n. Chr. zusammen.

Sicherheitsmaßnahmen gegeben, die Nachbar·innen als unverhältnismäßig kritisiert hätten. In Halberstadt sei kurz darauf in der Presse diskutiert worden, dass die Stadt gewissermaßen durch Juden aufgekauft werde, da die örtliche Einkaufspassage im Besitz einer jüdischen Stiftung sei.

In vielen Gemeinden sei das direkte Gespräch zwischen Sicherheitsbehörden und Gemeindevertreter·innen gesucht und die Polizeipräsenz erhöht worden, so Benjamin Steinitz. Der Bund habe 22 Millionen Euro für zusätzliche Sicherheitsmaßnahmen zur Verfügung gestellt, Sachsen-Anhalt 2,4 Millionen und Bayern 8 Millionen. Auch würden derzeit neue Risikobewertungen durch die Landeskriminalämter und jüdische Institutionen vorgenommen. Erst danach werde sich wirklich zeigen, ob das Geld auch ausreiche. Sicherheitsmaßnahmen, etwa für Sicherheitsschleusen oder -kameras, würden schon heute viel Personal binden, das eigentlich für die aktive Förderung jüdischen Lebens oder die Organisation des Gemeindelebens gebraucht werde.

Die Vorsitzende ordnet eine 15-minütige Lüftungspause an, dies müsse aufgrund der Pandemiesituation sein.

Die Verhandlung wird um 10.48 Uhr fortgesetzt.

Benjamin Steinitz führt seine Ausführungen fort, er sei vor der Pause bei seinem Bericht von den Sicherheitsmaßnahmen stehengeblieben. Aus der Sicht von RIAS hätte der Staat den besonderen Schutzbedarf von Synagogen, insbesondere in Sachsen-Anhalt, schon vor dem Anschlag kennen müssen. Gerade in diesem Bundesland gebe es stark divergierende Einschätzungen des Sicherheitsbedarfs zwischen Gemeinden und Behörden. Ein Ablauf aus Dessau verdeutliche das: Im Mai 2019 habe das LKA dort die Anbringung von Gittern und Schutzfolien an den Räumlichkeiten der Gemeinde empfohlen. Mit dieser Empfehlung habe sich die Gemeinde an Innenminister Holger Stahlknecht gewendet und nach einer Finanzierung gefragt. Aus dem Antwortschreiben sei dann hervorgegangen, dass der Staatsvertrag eine solche Kostenübernahme nicht vorsehe. Im Oktober 2020, wenige Tage vor dem Jahrestag des Anschlags, habe der Innenminister dann gegenüber Angehörigen der Polizei Aussagen getroffen, die ihn selbst schockiert zurücklassen würden, sagt Benjamin Steinitz. Holger Stahlknecht habe gesagt, dass die notwendigen Arbeitsstunden für den Schutz der jüdischen Gemeinden auch ein Grund für die Unpünktlichkeit der Polizei bei anderen Belangen sei. Mittlerweile gebe er dazu an, dass er sich missverständlich ausgedrückt habe, und relativierte seine Aussage wieder, ergänzt der Sachverständige.

Ein Jahr nach dem Anschlag zeige sich heute auf traurige Weise zweierlei, kommt Benjamin Steinitz zum Ende seiner Ausführung: Der Innenminister komme den erforderlichen Schutzmaßnahmen offenbar nicht nach. Und leider müsse man davon ausgehen, dass es in der Polizei ein Problem mit Antisemitismus gebe. Im Oktober 2020 sei zum Beispiel bekannt geworden, dass ein Imbiss in der Nähe der Polizei in Magdeburg von den Beamt·innen über Jahre als »Jude« bezeichnet worden sein soll.

Steinitz sagt, er wolle mit einem positiven Eindruck schließen: Der Botschaftscharakter der hier verhandelten Tat werde durch die vielstimmige Nebenklage konterkariert. So sei es durch die Nebenklage auch gelungen, erhebliche Solidarisierungsprozesse außerhalb des Gerichtssaals anzustoßen. Diese Prozesse würden empowernd wirken und an ihnen sollte sich der künftige gesellschaftliche Umgang mit Botschaftstaten messen lassen.

Vier Punkte wolle er abschließend noch einmal zusammenfassen: Die Tat sei nicht in einem gesellschaftlichen Vakuum entstanden, sondern eine weitere Botschaftstat extremer Gewalt in einer langen Kette gewesen. Der Anschlag habe die Bedrohung der Normalität jüdischen Lebens verfestigt. Er habe an transgenerationale Prozesse angedockt und Wissenbestände von anderen Anschlägen oder antisemitischer Gewalt seien durch die Tat bei den Betroffenen evoziert worden. Und der Anschlag habe viertens zu besonderen Solidaritätsmaßnahmen betroffener Communitys geführt.

Nebenklageanwältin Dr. Kati Lang fragt, wie denn bundesweit die Rückmeldungen bezüglich der Reaktionen auf den Anschlag gewesen seien und ob sich für die verschiedenen Gemeinden durch den Anschlag etwas verändert habe.

Der Sachverständige antwortet, dass die Tat in allen Gemeinden Deutschlands sehr deutlich wahrgenommen worden seien. Menschen von Frankfurt über München, Erlangen und Cottbus hätten sich von diesem Anschlag betroffen gefühlt. Konkret sei ihm in Gesprächen geschildert worden, dass Menschen mit dem Gefühl herumgelaufen sind: »Es hätte auch unsere Synagoge treffen können«, erzählt Benjamin Steinitz. Aus dem In- und Ausland habe es zahlreiche Reaktionen gegeben. Es habe unter anderem solidarische Anteilnahmen aus dem Ausland, besonders aus dem europäischen Ausland, gegeben. Diese Solidaritätsbekundungen hätten Kraft gegeben, soweit es ihm geschildert worden sei, sagt der Sachverständige. Das habe auch für solidarische Statements von politischen Entscheidungsträgern gegolten.

In ganz Deutschland gebe es in jüdischen Gemeinden ein Wissen über Antisemitismus, das in der post-nationalsozialistischen Gesellschaft auch immer mit der Erfahrung der Vernichtung in irgendeiner Form zu tun habe. Durch den Anschlag seien Wissensbestände aktiviert worden. Familiär weitergegebene, tief sitzende verletzende Erfahrungen seien wach gerufen und transgenerational evoziert worden.

Weitere Fragen an den Sachverständigen gibt es zunächst nicht.

Der Angeklagte sagt dann: »Sie sind ja Experte für Antisemitismus. Wissen Sie, was das beste Mittel gegen antisemitische Anschläge in Deutschland ist?« Nebenklageanwalt Mark Lupschitz beanstandet die Frage, da sie nichts mit dem Thema zu tun habe. Der Angeklagte beantwortet sie derweil laut selbst: »Keine Juden in Deutschland.« Die Vorsitzende sagt scharf zu ihm, dass er Fragen stellen solle und keine Stellungnahmen abgeben. Er schweigt daraufhin.

Die Vorsitzende entlässt den Sachverständigen im allseitigen Einvernehmen.

DISKUSSION VERSCHIEDENER ANTRÄGE

Rechtsanwältin Kristin Pietrzyk sagt, sie wolle die gerade gehörte Aussage des Angeklagten protokollieren lassen. Die Vorsitzende erwidert, sie denke nicht, dass das nötig sei, es hätten ja alle gehört, und es seien ja nur vier Worte gewesen. Es stehe der Anwältin aber natürlich frei, einen förmlichen Antrag zu stellen, über den sie dann entscheiden werde.

Die Vorsitzende Richterin fährt dann fort, dass sie eigentlich dem Sachverständigen Norbert Leygraf Gelegenheit geben wolle, zu dem Antrag der Verteidigung Stellung zu beziehen. Insgesamt würde sie dafür eine Stunde Zeit vorschlagen. Dieser sagt, dass er das schaffe.

Die Vorsitzende kündigt daraufhin eine Pause bis 12 Uhr an, die Stellungnahme des Sachverständigen Leygrafs zum Ablehnungsgesuch durch Verteidiger Rechtsanwalt Weber werde sie in der Zwischenzeit in der Pause entgegennehmen, sobald sie fertig sei.

Die Verhandlung wird um 12.03 Uhr fortgesetzt. Die Vorsitzende Richterin sagt, es gebe nun seit 11.50 Uhr eine Stellungnahme von Norbert Leygraf, die allen in Kopie vorliegen würde. Sie bittet die Prozessbeteiligten um Stellungnahmen zum Antrag.

Oberstaatsanwalt Stefan Schmidt beantragt, den Befangenheitsantrag der Verteidigung abzulehnen, da er unzulässig sei. Es fehle ihm zum einen die Grundlage, zum anderen sei er unstatthaft, da er sich nur auf Teile des Gutachtens beziehe. Die Grundlage eines Befangenheitsantrags könne aber immer nur der Gutachter, nicht das Gutachten sein. Außerdem sei der Antrag auch unbegründet. Einem Befangenheitsantrag sei erst dann stattzugeben, wenn es für einen unbeteiligten Dritten einen Anlass gebe, zu dem Urteil zu kommen, dass es Zweifel an der Unbefangenheit eines Gutachters gebe. An der Aussage, auf die sich die Verteidigung beziehe, könne eine solche Befangenheit aber nicht festgemacht werden. Norbert Leygraf habe gesagt, dass das Rotsehen gegebenenfalls eine Sache für den Augenarzt sei. Diese Aussage bedeute lediglich, dass die Symptome des Angeklagten für das Gutachten des Gutachters ohnehin bedeutungslos seien. Es handele sich bei dieser Aussage aber keineswegs um eine Diskriminierung des Angeklagten, die Anlass zum Zweifel an der Unbefangenheit des Gutachters geben könne. Aus den Zweifeln an der Sachkunde des Gutachters seitens der Verteidigung würde sich noch keine Befangenheit ergeben. Der Sachverständige habe außerdem, anders als es die Verteidigung in dem Befangenheitsantrag behaupte, nicht eingeräumt, nicht kompetent zu sein. Er habe lediglich erklärt, dass die geschilderten Symptome des Rotsehens für sein Gutachten bedeutungslos seien. Keineswegs habe er damit ausgedrückt, dass er die Äußerungen des Angeklagten nicht ernstnehme.

Rechtsanwalt Alexander Hoffmann sagt, dass er bislang nicht vom Angeklagten gehört habe, dass es sich überhaupt um seinen Befangenheitsantrag handele, das sei bislang nur vom Verteidiger vorgebracht worden und wäre so nicht zulässig. Rechtsanwalt Hoffmann bittet darum, dass das abgefragt werde. Er habe den Angeklagten bislang immer so verstanden, dass er es gerade darauf anlege, voll schuldfähig zu sein. Der Rechtsanwalt führt fort, dass der Antrag in der vorliegenden Form unzulässig sei, da er an eine Bedingung geknüpft sei. Im Antrag stehe eingangs: »Soweit der Gutachter…« Einen bedingten Antrag könne es aber nicht geben, er sei daher abzulehnen.

Die Vorsitzende sagt, sie wolle ergänzen, dass es im Antrag heiße, dass der Angeklagte den Gutachter ablehne. Dieser habe außerdem eben genickt. Sie sei daher nicht davon ausgegangen, dass der Verteidiger diesen Antrag über den Kopf seines Mandanten hinweg gestellt habe.

Verteidiger Rechtsanwalt Weber führt aus, dass die Stellungnahme von Norbert Leygraf bestätige, was er in seinem Antrag formuliert habe: Dieser sage, dass die geschilderten Symptome des Rotsehens keine Rolle für sein Gutachten zur Schuldfähigkeit gespielt hätten, und er räume auch ein, dass er zu dieser Symptomatik keine Kenntnisse gehabt habe. Als Verteidiger müsse er die Befangenheit des Gutachters auch nicht beweisen, sondern es reiche aus, dass aus Sicht des Angeklagten Zweifel an der Unbefangenheit entstehen könnten. Das sei hier der Fall, schließlich habe sich der Gutachter schon auf die Bewertung festgelegt, dass die mögliche Aura einer Migräne keine Rolle für die Schuldfähigkeit spielen würde.

Rechtsanwältin Lang meldet sich zu Wort und sagt, sie wolle gerade nichts zu dem Antrag sagen: Sie sehe im Zuschauerraum neben dem Zeugenstand aber gerade Personen in offen rechter und zu Gewalt aufrufender Kleidung. Das scheine ihr hier besonders unangemessen; es wundere sie ohnehin, dass Menschen mit einem »ACAB«-Aufdruck auf der Kleidung hier den Raum betreten dürften, das müsse ja jemandem auffallen.

Die Vorsitzende erwidert, dazu sei ihr bislang nichts bekannt gewesen, sie werde dazu mit dem verantwortlichen Justizbeamten sprechen.

Die Vorsitzende unterbricht die Sitzung zur Beratung über den Antrag.

Die Verhandlung wird um 13.22 Uhr fortgesetzt.

Die Vorsitzende teilt den Beschluss des Gerichts mit: Das Ablehnungsgesuch wegen Besorgnis der Befangenheit werde abgelehnt und zurückgewiesen. Selbst wenn die Zulässigkeit unterstellt würde, sei es in der Sache unbegründet. Bedenken bezüglich der Zulässigkeit würden bestehen, weil ein Sachverständiger nur im Ganzen aufgrund seiner Person, nicht aber aufgrund seines Gutachtens abgelehnt werden könne. Grundsätzlich könnten Sachverständige aus denselben Gründen, die auch zur Ablehnung eines Richter führen könnten, abgelehnt werden: Maßgeblich sei dabei die Frage, ob bei einem vernünftigen beziehungsweise verständigen Dritten Zweifel an einer inneren Haltung des Richters oder Sachverständigen, die die erforderliche Unvoreingenommenheit störend beeinflussen, auftreten könnten. Zu der Ausführung des Angeklagten, der Sachverständige sei nicht ausreichend sachkundig, sei zu sagen, dass die vermeintlich fehlende Sachkunde grundsätzlich nicht geeignet sei, eine Befangenheit zu begründen. Eine Voreingenommenheit ergebe sich auch nicht aus der Tatsache, dass sich Norbert Leygraf in seinem Gutachten nicht vertiefend mit dem Umstand des Rotsehens befasst habe: Dies sei nicht der Fall, er sei vielmehr sowohl schriftlich als auch mündlich auf die Symptomatik eingegangen. Dass er nicht zu den von dem Angeklagten gewünschten Schlüssen gelangt sei, könne keine Befangenheit begründen. Auch die Aussage zum »Augenarzt« begründe keine Befangenheit: Sie stehe im Kontext des gesamten Gutachtens und dürfe von diesem nicht isoliert betrachtet werden.

Verteidiger Rechtsanwalt Weber beantragt, durch einen weiteren neurologischen Sachverständigen ein Gutachten bezüglich des Rotsehens zu veranlassen. Der Angeklagte habe bei der Exploration durch den Sachverständigen Leygraf und auch in der öffentlichen Hauptverhandlung geäußert, dass ihm nach dem Scheitern an der Synagogentür alles außer Kontrolle geraten sei, und er »Rot gesehen« habe. Der Sachverständige habe erklärt, dass er dieses Phänomen, so es denn nicht sprichwörtlich gemeint sei, nicht kenne und daher nichts dazu sagen könne. Es könne sich bei diesem Rotsehen, so der Rechtsanwalt, aber durchaus um einen akuten Fall von Migräne mit einer Aura handeln, die mit der fehlenden Durchblutung bestimmter Gehirnareale verbunden sei. Das Gericht habe den Sachverständigen zu dieser Möglichkeit mit einem weiteren Gutachten beauftragt. Da er aber selbst eingeräumt habe, dass er das Phänomen nicht kenne, sei seine Sachkenntnis dazu zweifelhaft. Es sei daher ein weiteres Gutachten durch einen anderen Sachverständigen erforderlich. Er rege an, Dr. Christoph Berwanger, ärztlicher Direktor des Neurologischen Zentrums Bad Zwesten, mit dem weiteren Gutachten zu beauftragen.

Die Vorsitzende sagt, dass dieser weitere Beweisantrag Verteidiger Webers nicht die Einvernahme des Sachverständigen Leygraf behindere, den sie nun hören wolle.

AUSSAGE DES SACHVERSTÄNDIGEN PROF. DR. NORBERT LEYGRAF (FORENSISCHER PSYCHIATER, ZUM ROTSEHEN DES ANGEKLAGTEN BEI DER TAT)

Norbert Leygraf wird erneut über seine Pflichten als Sachverständiger belehrt und zu seinen Personalien befragt. Er ist 67 Jahre alt und über sein Büro in Münster zu laden.

Die Vorsitzende bittet ihn auszuführen, ob das beschriebene Rotsehen mit einer Migräne zusammenhängen könne.

Professor Leygraf erklärt, dass es bei einer klassischen Migräne vor dem Beginn der Kopfschmerzen oftmals zu Wahrnehmungsstörungen komme, am häufigsten zu optischen. Dies sei die Vorbotin der Symptomatik, die sogenannte Aura. Dass eine solche Aura auftrete und dann die Kopfschmerzen nicht eintreten würden, komme manchmal vor, sei aber eher selten. Dass jemand, ohne vorher in seinem Leben Migräne gehabt zu haben, eine solche Aura erleide, sei unwahrscheinlich. Sehr unwahrscheinlich sei es dann, dass jemand gerade dann eine solche Aura erleide, wenn er mit einer schweren Straftat beginne und diese danach wieder ende. Und völlig unwahrscheinlich sei es dann schließlich, dass diese Aura allein aus einem Rot bestünde. Eine Aura habe typischerweise einen dynamischen, sich verändernden Charakter: Visuell beginne sie in der Regel im zentralen Blickfeld und entwickle sich dann zum peripheren Blickfeld. Sowohl positive Eindrücke wie helle Bilder, weiße Flecken, Lichtblitze oder farbige, bewegte Lichtstrahlen, als auch negative wie Gesichtsfeldausfälle oder blinde Flecken seien möglich. Der Angeklagte beschreibe hingegen keine derartigen Symptome sondern lediglich eine rote Einfärbung des Gesichtsfeldes. Es handele sich dabei also nicht um eine Aura und diese visuelle Veränderung beeinträchtige auch nicht die Schuldfähigkeit. Zwar gebe es Migräneverläufe mit einer schweren Hirnstammaura, die auch das Denken beeinträchtige, das liege hier aber nicht vor.

Sie wolle einmal blöd fragen, sagt die Vorsitzende, ob er sich als Neurologe mit Migräne auskenne. »Ja, ich bin zwar in den letzten Jahren als forensischer Psychiater tätig«, beginnt der Sachverständige Leygraf, er sei aber Facharzt für Neurologie und habe sich in diesem Bereich auf dem Laufenden gehalten, weil es auch bei psychiatrischen Störungen manchmal neurologische Ursachen gebe. Er müsse aber zugeben, dass er nun kein Experte und nicht der Richtige sei, wenn es darum ginge, eine Migräne zu behandeln. Wie eine Migräne aber aussehe, habe sich in den letzten 30 Jahren nicht verändert, und das wisse er. Die Vorsitzende fragt weiter, was man bei einem Migräneanfall denn mache. Sie leide selbst nicht unter Migräne, aber kenne das so, dass man sich dann in einen abgedunkelten Raum lege, was der Sachverständige bestätigt. Wenn man Migräne habe, könne man nicht Auto fahren, sondern würde sich eher zurückziehen. Die Aura mache manchen Betroffenen auch panische Angst, da sie etwa dächten, sie erlitten einen Schlaganfall.

Was eine Hirnstammaura sei, hakt die Vorsitzende Richterin nach. Die Hirnstammaura verursache Bewusstseinsstörungen, berichtetet der Sachverständige. Es gebe aber keine Hinweise, dass eine solche beim Angeklagten vorgelegen habe. Üblich sei in ihrem Verlauf etwa das Alice-im-Wunderland-Syndrom: Gegenstände oder man selbst würden größer oder kleiner, die Zeit laufe schneller oder langsamer oder man könne Entfernungen nicht mehr richtig einschätzen. Die visuelle Aura allein würde nicht für die Diagnose ausreichen, sondern man bräuchte etwa auch Symptome wie Sprachstörungen oder doppelte Bilder.

Die Vorsitzende fragt nach, warum der Sachverständige beim Angeklagten keine Anhaltspunkte für Bewusstseinsstörungen sehe. Der Sachverständige erläutert, dass dieser die ganze Zeit in der Lage gewesen sei, das Geschehen um ihn herum wahrzunehmen und darauf aus seiner Sicht sinnvoll zu reagieren. Er habe beispielsweise den Imbiss attackiert und das damit begründet, dass dort Muslime seien oder Menschen aus den Maghrebstaaten. Dann habe er auf Prof. Dr. Bernd H. geschossen und damit schließlich aufgehört, weil er wahrgenommen habe, dass dieser kein Muslim sei. In seiner Wahrnehmung sei er also völlig ungestört gewesen und habe nach seinen Überzeugungen sinnvoll gehandelt.

Ob es denn irgendetwas gebe, das darauf schließen lasse, dass eine Bewusstseinsstörung vorgelegen habe, insbesondere bei der Tat gegen Jana L., will die Vorsitzende weiter wissen; der Angeklagte habe sich ja in der Verhandlung und auch gegenüber dem Sachverständigen sehr klar dazu eingelassen, was der Sachverständige verneint. Der Angeklagte habe auch in Bezug auf Jana L. nie Bewusstseinsstörungen geschildert, sondern lediglich gesagt, dass er eben nicht richtig nachgedacht habe. Das Rotsehen, das bis zur Fahrt mit dem gestohlenen Taxi angehalten haben soll, stelle keine Bewusstseinsstörung dar.

Verteidiger Rechtsanwalt Weber fragt den Sachverständigen, wie er für seine Aussage hier denn recherchiert habe. Der erklärt, dass er in den Datenbanken Web of Science und MEDLINE nach »Migräne« und »Farbe sehen« und »Erythropsie«, was Rotsehen bedeute, nach Literatur gesucht habe und dann die gleiche Suche noch einmal mit den Begriffen auf Griechisch vorgenommen habe. Rechtsanwalt Weber erwidert, dass er bei seiner Onlinerecherche auf sehr ähnliche Ergebnisse wie der Sachverständige gestoßen sei, aber dass das sicher keine medizinische, wissenschaftliche Literatur gewesen sei. Der Rechtsanwalt fragt nach, ob die Aussage, dass man mit Migräne nicht Auto fahren könne, nicht auf die Kopfschmerzen zu beziehen sei, was der Sachverständige verneint. Auch die Aura selbst sei dann so störend, dass man nicht Autofahren könne. Ob die Aura denn nicht stark oder weniger stark sein könne, hakt Rechtsanwalt Weber nach. Das sei zwar richtig, sie sei aber in jedem Fall eine dynamische Sehstörung und nicht einfach nur Rotsehen, erwidert der Sachverständige.

Es könne aber doch zu Durchblutungsstörungen des Gehirns kommen, will Rechtsanwalt Weber wissen, was der Sachverständige bestätigt. Die Fähigkeit, die eigenen Handlungen zu steuern, werde aber nicht durch solche Durchblutungsstörungen des Okzipitallappens gestört. Beim Autofahren sei etwa die Steuerfähigkeit, nicht aber die Steuerungsfähigkeit gestört. Die Aura könne mit Sehstörungen, Kribbeln oder Lähmungserscheinungen einhergehen, das beeinträchtige aber alles nicht die Steuerungsfähigkeit der eigenen Handlungen.

Rechtsanwalt Weber fragt, ob Norbert Leygraf also schon daran zweifle, dass der Angeklagte eine Aura durch Migräneerscheinungen gehabt habe. »Ich halte es für ausgesprochen unwahrscheinlich«, antwortet der Sachverständige.

Rechtsanwalt Weber sagt, dass er selbst recherchiert habe, dass Migräne auch in großen Stresssituationen auftreten könne, und irgendwann sei ja immer das erste Mal. Der Angeklagte sei hier doch in einer Stresssituation gewesen, in der er noch nie gewesen sei und wohl nie mehr wieder sein werde. Es könne doch also nicht ausgeschlossen werden, dass hier eine Migräne aufgetreten sei.

Der Sachverständige sagt, er habe das auch nicht ausgeschlossen, sondern aufgrund vieler Faktoren als »völlig unwahrscheinlich« eingeschätzt. Stressbedingte Migräne habe ihre Ursache nicht in einer besonders heftigen Stresssituation, etwa bei einer Prüfung, sondern es gehe da um ein hohes Stresslevel über einen längeren Zeitraum. Es gehe da um Stresssituationen über Tage oder Stunden, und die Migräne werde nicht von jetzt auf gleich angeknipst.

Der Angeklagte habe seinen Entschluss aber doch drei Tage vorher gefasst, setzt Rechtsanwalt Weber noch einmal an, und sei bereits da in einer Stresssituation gewesen. Vielleicht sei die Migräne dann ja in dem Moment umgekippt, in dem der Peak des Stresses erreicht gewesen sei. Der Sachverständige antwortet, dass man dann wohl eher ein Ansteigen der Aura bis zu diesem Moment erwarten würde und nicht, dass diese schlagartig kommt. Er wolle aber noch einmal wiederholen, dass eine Migräneaura nicht einfach nur aus der Rotfärbung des Sehens bestehe.

Rechtsanwalt Weber bittet den Sachverständigen, einmal etwas zum aktuellen Stand der Forschung zur Migräne zu sagen, da sei ja immer noch vieles unbekannt und unerforscht. Dieser antwortet, er habe ja eben gesagt, dass er mit der Behandlung einer Migräne und den aktuellen Forschungen dazu nicht vertraut sei und dazu nichts sagen könne. Zur Symptomatik könne er aber sehr wohl etwas sagen, da sich diese in den letzten 20 Jahren nicht verändert habe. Der Rechtsanwalt fragt noch einmal nach, ob er es also für sehr unwahrscheinlich halte, dass sein Mandant eine Migräneaura gehabt habe, es aber nicht ausschließen könne. Ausschließen könne man in der Medizin nie etwas, erwidert der Sachverständige, es sei ja eine

Erfahrungswissenschaft. Er habe aber jedenfalls noch nie einer Schilderung einer bloßen Rotfärbung als Symptom einer Migräneaura gesehen. Er habe doch aber auch gar keine Migränepatienten, hakt Rechtsanwalt Weber ein. »Doch, ich habe natürlich Patienten mit einer Aura behandelt«, erwidert der Neurologe. Er habe das nur in der letzten Zeit nicht mehr getan.

Wie er denn dann das Rotsehen erklären würde, will Weber abschließend vom Sachverständigen wissen. Der sagt, er würde diese Beschreibung noch immer als einen Ausdruck für eine besondere Anspannung sehen. Es gebe auch eine andere mögliche Erklärung fürs Rotsehen, nämlich die Schädigung des Okzipitallappens, da sei die Färbung dann aber dauerhaft. Eine weitere Option sei, dass es sich um das Resultat einer Blendung handele, das sei dann aber wirklich ein Fall für den Augenarzt: In diesem Fall wäre das Rotsehen das Ergebnis einer starken Blendung, etwa durch Schnee, Helligkeit oder die Entfernung von Grauem Star.

»Hatten Sie denn Wahrnehmungsstörungen?«, wendet sich die Vorsitzende an den Angeklagten. Der verneint. Sein Blickfeld sei lediglich verengt gewesen und habe eben diese Rotfärbung gehabt. Wenn er sich konzentriert habe, habe er trotz dieser Störungen sehen können. Außerdem habe er natürlich einen Tinnitus gehabt, das aber auf die Waffe geschoben. Wenn man aus kurzer Entfernung gegen eine Wand schieße, komme der Schall natürlich zurück. Der Tinnitus sei über die Zeit dann auch wieder leiser geworden.

Der Sachverständige Norbert Leygraf wird entlassen.

Rechtsanwalt Christoph Günther stellt für seine Mandantin Sarah B., eine Polizistin, die vor dem Kiez Döner im Einsatz gewesen war, einen Adhäsionsantrag. Verteidiger Rechtsanwalt Weber beantragt in Bezug auf diesen Adhäsionsantrag[5] die Übernahme seiner Beiordnung.

Die Vorsitzende sagt, dass Rechtsanwalt Jan Siebenhüner außerhalb der Hauptverhandlung einen Adhäsionsantrag für seinen Mandanten Daniel L., einen Kollegen Sarah B.s, gestellt habe. Auch dazu beantragt Rechtsanwalt Weber die Beiordnung.

Die Verhandlung wird für eine Pause von 14 bis 14.20 Uhr unterbrochen.

5 Im Adhäsionsverfahren können im deutschen Prozessrecht zivilrechtliche Ansprüche, die aus einer Straftat erwachsen, statt in einem eigenen zivilgerichtlichen Verfahren unmittelbar im Strafprozess geltend gemacht werden. Die Einleitung eines Adhäsionsverfahrens setzt einen Adhäsionsantrag voraus. Antragsberechtigt ist jeder, der unmittelbar aus der Tat des Beschuldigten einen vermögensrechtlichen Anspruch gegen ihn geltend machen kann. Der Verteidiger will seinen Mandanten auch in diesem Bereich vertreten.

Die Vorsitzende bittet die Prozessbeteiligten um Stellungnahmen zum Antrag der Verteidigung, ein weiteres Gutachten zu der möglichen Migräneaura einzuholen. Bundesanwalt Kai Lohse beantragt die Ablehnung der Anträge. Der Sachverständige Norbert Leygraf habe sich nachvollziehbar geäußert, Voraussetzungen nach § 244 StPO[6] lägen für den Antrag nicht vor. Es sei dort auch nicht dargelegt, warum der neue Sachverständige über besondere Kenntnisse in diesem Bereich verfügen solle. Rechtsanwalt Weber sagt, er wolle in Erinnerung rufen, dass Norbert Leygraf selbst erklärt habe, sich zu aktuellen Forschungsergebnissen gar nicht äußern zu können. Er habe sogar gesagt, dass er selbst nicht in der Lage sei, einen Migränepatienten zu behandeln.

Weitere Stellungnahmen zu dem Antrag gibt es nicht.

Die Vorsitzende sagt, sie wolle kurz auf die Adhäsionsanträge zu sprechen kommen: Förmlich müssten diese jetzt nicht eingeführt werden, sie wolle aber gern schon jetzt über die Prozesskostenhilfe entscheiden. Sie fragt die Anwälte Siebenhüner und Günther, ob sie die Erklärungen über die persönlichen und wirtschaftlichen Verhältnisse ihrer Mandanten dabei hätten. Rechtsanwalt Siebenhüner sagt, sie würden diese nachreichen, nach Möglichkeit schon bis morgen.

Die Vorsitzende Richterin wolle nun die Entscheidungen über einige andere Anträge mitteilen: Der Antrag İsmet T.s auf Erteilung eines rechtlichen Hinweises, dass auch eine Verurteilung wegen versuchten Mords in Betracht komme, werde abgelehnt: Bereits die Zulassung İsmet T.s als Nebenkläger zu diesem Verfahren sei vom Gericht mit dem möglicherweise vorhandenen Tötungsdelikt begründet worden. Einen weiteren Beschluss brauche es daher nach Einschätzung des Gerichts dazu nicht.

Auch der Antrag Conrad R.s auf die Erteilung eines rechtlichen Hinweises, dass bei Fall 6 in der Anklageschrift, der Angriff auf den Kiez Döner, auch ein versuchter Mord zum Nachteil von Conrad R. und Rıfat T. in Betracht komme, werde abgelehnt. Der Schuss in Richtung der beiden sei in der Anklageschrift im Wesentlichen beschrieben worden. Dort würde es heißen, dass es der Angeklagte mit allen Mitteln darauf angelegt habe, Personen im Dönerimbiss zu töten. Ein separater Hinweis zu dem möglicherweise vorhandenen Tötungsdelikt sei daher auch hier nicht nötig.

6 Der Paragraf regelt die Grundsätze der Beweisaufnahme und klärt, unter welchen Voraussetzungen Beweisanträge abgelehnt werden dürfen. Demnach ist auf Antrag ein weiterer Sachverständiger anzuhören, »wenn die Sachkunde des früheren Gutachters zweifelhaft ist, wenn sein Gutachten von unzutreffenden tatsächlichen Voraussetzungen ausgeht, wenn das Gutachten Widersprüche enthält oder wenn der neue Sachverständige über Forschungsmittel verfügt, die denen eines früheren Gutachters überlegen erscheinen.« Dies sei laut Bundesanwalt Lohse hier nicht der Fall, sodass der Antrag abgelehnt werden könne.

Rechtsanwalt Weber fragt, was mit seinem Antrag auf Beiordnung zu den Adhäsionsverfahren sei. Ohne diese Beiordnung werde er in dieser Sache auch keine Stellungnahme abgeben.

Die Vorsitzende bittet Rechtsanwalt Siebenhüner, seinen Adhäsionsantrag vom 17. November 2020 zu verlesen. Dem kommt Siebenhüner nach. Für seinen Mandanten beantrage er, dass der Angeklagte zur Zahlung eines angemessenen Schmerzensgelds in Höhe von mindesten 4000 Euro zuzüglich 5 Prozent Zinsen zu verurteilen sei. Die Höhe des Schmerzensgelds solle das Gericht festlegen. Der Angeklagte habe außerdem die aus der Tat entstehenden Kosten zu tragen, sofern diese nicht auf Dritte übergegangen seien, und solle die Kosten des Adhäsionsverfahrens zahlen.

Der Angeklagte habe am 9. Oktober 2019 auf seinen Mandanten geschossen, sagt Rechtsanwalt Siebenhüner. Infolge des Einsatzerlebnisses hätten sich Teilsymptome einer Posttraumatischen Belastungsstörung ergeben. Der Rechtsanwalt führt diese aus. Als Beweis diene der ärztliche Befundbericht. Der Adhäsionsantrag sei zulässig, weil der Adhäsionskläger berechtigt sei, und durch den entstandenen Schaden, den der Angeklagte kausal und zurechenbar verursacht habe, auch begründet. Rechtsanwalt Siebenhüner stellt noch einmal die psychischen Folgen des Anschlags für seinen Mandanten dar. Der Vorsatz des Angeklagten müsse sich lediglich auf die Rechtsgutverletzung, nicht aber auf alle Folgen beziehen. Zwar gehöre es zur Ausbildung und zum Beruf des Polizisten, mit solchen Situationen umzugehen, das Risiko seines Schadens sei im vorliegenden Fall aber nicht allein der Sphäre des Polizeibeamten zuzuordnen.

Rechtsanwalt Günther verliest im Namen seiner Mandantin Sarah B. ihren Adhäsionsantrag: Der Angeklagte soll zu einem Schmerzensgeld nach Ermessen des Gerichts verurteilt werden, das 3000 Euro jedoch nicht unterschreiten solle. Er solle außerdem die Schäden ersetzen, sofern die Ansprüche nicht auf Versicherer übergegangen seien, und diese die Kosten des Adhäsionsverfahrens trügen. Dieses Urteil solle vorläufig vollstreckbar sein. Auch Rechtsanwalt Günther führt aus, dass der Antrag zulässig und begründet sei und stellt die psychischen Folgen der Tat für seine Mandantin dar.

Die Vorsitzende sagt, sie bräuchte noch die Anlage zu Rechtsanwalt Siebenhüners Antrag, den ärztlichen Befundbericht. Rechtsanwalt Siebenhüner stellt klar, dass dieser bereits an anderer Stelle eingeführt worden sei. »Das wurde schon eingeführt? Dann brauchen wir es nicht«, sagt die Richterin.

Die Verhandlung wird zum Lüften für 15 Minuten bis 15.35 Uhr unterbrochen.

Rechtsanwältin Doreen Blasig-Vonderlin stellt für ihren Mandanten, ein Kollege des erschossenen Kevin S., einen Adhäsionsantrag.[7]

Da ihr Mandant nicht in der Lage sei, die Kosten für dieses Adhäsionsverfahren zu tragen, stellt sie zunächst einen Antrag auf Prozesskostenhilfe. Sie beantragt außerdem, dass der Angeklagte ein noch zu bezifferndes Schmerzensgeld, materiellen Schadensersatz einschließlich eines Schmerzensgelds für die psychischen Spätfolgen und die Kosten des Verfahrens zu zahlen habe. Die Rechtsanwältin stellt die massiven psychischen Folgen der Tat für ihren Mandanten dar. Sie beantragt ein Schmerzensgeld in Höhe von mindestens 80.000 Euro. Die materielle Entschädigung könne noch nicht beziffert werden, das hier erlassene Urteil solle für ein zivilrechtliches Verfahren genutzt werden, in dem es dann um die genaue Festsetzung der Schadenssumme gehe.

Rechtsanwalt Florian Feige stellt einen Adhäsionsantrag für seinen Mandanten Jens Z. Der Angeklagte solle zur Zahlung eines Schmerzensgelds, das noch zu beziffern sei, zu Schadensersatz und Schmerzensgeld für künftige Schäden verurteilt werden. Er habe außerdem die Kosten des Adhäsionsverfahrens zu tragen. Der Rechtsanwalt stellt dar, wie sein Mandant bis heute mit den psychischen Folgen des Anschlags zu kämpfen habe und den Alltag nur sehr erschwert bewältigen könne. Er sei bis heute arbeitsunfähig und habe einen Verdienstausfall. Die Folgeschäden könnten noch nicht ermessen werden. Es solle daher hier ein Grundurteil über den Anspruch auf Schmerzensgeld und Schadenersatz fallen, die Höhe werde dann später zivilrechtlich festgelegt.

Einen in den Forderungen gleichlautenden Adhäsionsantrag stellt Rechtsanwalt Feige auch für seine Mandantin Dagmar M. Auch diese leide bis heute an den psychischen Folgen der Tat, sie habe aufgrund der Schussverletzung außerdem auch gravierende körperliche Probleme im Alltag. Die ärztlichen Befunde dazu sollten im Selbstleseverfahren eingeführt werden, so Rechtsanwalt Feige, da seine Mandantin fürchte, dass diese öffentlich werden könnten.

Die Vorsitzende bewilligt die Adhäsionsanträge, die von den Rechtsanwält·innen Günther, Siebenhüner, Blasig-Vonderlin und Feige jeweils für ihre Mandant·innen gestellt wurden. Auch für die Adhäsionsverfahren werden den Betroffenen jeweils die genannten Anwält·innen beigeordnet.

Über die Anträge von Verteidiger Rechtsanwalt Weber werde bis morgen entschieden, sagt die Vorsitzende, das sei in der Sache nicht so ganz eindeutig. Die Beweisaufnahme könne heute ja ohnehin noch nicht geschlossen werden.

7 Der Mandant möchte namentlich nicht genannt werden.

Sie sei bei ihrer Zeitungslektüre zuletzt auf zwei Artikel gestoßen, die sie hier gern noch einbringen wolle, sagt die Vorsitzende Richterin. Bei dem ersten Artikel handele es sich um eine Meldung aus der *Mitteldeutschen Zeitung* vom 15. November 2020. Die Vorsitzende verliest Auszüge aus dem Artikel. Es geht um die Ermittlungen gegen die Gruppe S., die Anschläge auf Moscheen mit möglichst vielen Toten geplant haben soll. Nach einem Bericht des *Spiegels* sei bei einem der Tatverdächtigen ein Video des Attentäters von Christchurch gefunden worden. Der Mann habe auch eine Sequenz des Angriffs auf die Synagoge in Halle abgespeichert.

Der zweite Artikel ist dann der Bericht aus dem *Spiegel*: Beim Verdächtigen sollen demzufolge Videos der Anschläge von Christchurch und Halle gefunden worden seien. Einige Angehörige der Gruppe S. haben bereits längere Zeit im Gefängnis gesessen, unter anderem wegen Vergewaltigung und schwerer Körperverletzung. Der Kopf der Gruppe, Werner S., habe sich laut Chats auf »jämmerlich verreckte Körper« gefreut.

Die Vorsitzende sagt, sie habe diese Artikel deshalb hier vorgelesen und Kopien an die Prozessbeteiligten ausgehändigt, weil man nun als gerichtsbekannt voraussetzen könne, dass die Veröffentlichung der Videos geeignet sei, derartige Taten zu fördern.

Rechtsanwältin Pietrzyk stellt einen Protokollierungsantrag zum heutigen Verhandlungstag: Der Angeklagte habe den Sachverständigen Benjamin Steinitz demzufolge gefragt: »Sie sind Experte für Antisemitismus. Da wollte ich Sie fragen: Wissen Sie, was das beste Mittel ist, um antisemitische Anschläge in Deutschland zu verhindern?« Nachdem die Frage von Rechtsanwalt Lupschitz beanstandet worden sei, habe der Angeklagte dann laut und deutlich gerufen: »Keine Juden in Deutschland« und daraufhin gegrinst.

Der Protokollierungsantrag sei mit dem Anfangsverdacht der Volksverhetzung zu begründen. Der Kontext der Aussage sei Tat des vielfachen versuchten Mords an Jüdinnen und Juden, der Angeklagte habe sich außerdem mehrfach zu eliminatorischem Antisemitismus bekannt. Seine Aussage sei daher in diesem Kontext nur als Aufforderung zur Gewalt zu verstehen, mit der er Nachahmer motivieren wolle. Dem Antrag schließen sich die Rechtsanwält·innen Lupschitz, Hoffmann, Gerrit Onken, Lang, von der Behrens, Ilil Friedman, Onur U. Özata, Feige, Blasig-Vonderlin und Peer Stolle sowie die Nebenklägerinnen Christina F. und Naomi H.-G. an.

Nebenklägerin Christina F. sagt, sie wolle dazu noch zwei Bemerkungen machen: Zum einen sei die Protokollierung auch aus wissenschaftlich-historischer Perspektive sehr wichtig, gerade wenn es um die fehlende Sensibilisierung für einen angemessenen Sprachgebrauch gehe, die sich in diesem Prozess gezeigt habe. Zum anderen bitte sie darum, die Aussage des

Angeklagten nicht mit den Worten »Das waren ja nur vier Worte« zu bagatellisieren. Das sei für sie als Nebenklägerin durchaus verletzend.

Die Vorsitzende sagt, dass ihr ihre Anwältin vermutlich erklärt habe, dass es bei dieser Bemerkung ihrerseits nur um die Voraussetzungen, die für eine Protokollierung vorliegen müssten, gegangen sei.[8]

Rechtsanwältin Pietrzyk beantragt, Dr. Matthias Quent für den 18. November 2020 als selbst geladenen Sachverständigen zu hören. Dieser werde bekunden, dass der Angeklagte Anhänger des Konzepts des sogenannten Ethnopluralismus und Anhänger der Verschwörungserzählung des »Großen Austauschs« sei und ihn dies mit dem Attentäter von Christchurch verbinde. Als Verantwortliche für die Verschwörung des »Großen Austauschs« betrachte er »die Juden«. Die genannten Konzepte und Verschwörungserzählungen seien verbindende Elemente virtueller rechtsextremer und rechtsterroristischer Netzwerke, die sich auf Imageboards wie 8chan, 4chan, Kohlchan oder Meguca organisieren und sich über eine gemeinsame Sprache und ideologische Bezüge definieren würden. Der Sachverständige könne außerdem bekunden, dass der Angeklagte seine Tat in einer Reihe mit dem Anschlag in Christchurch gesehen habe, wie dies auch für die Täter dreier weiterer allein im Jahr 2019 erfolgter antisemitischer und rassistischer Anschläge gelte, nämlich die am 27. April 2019 in Poway in Kalifornien, am 3. August 2019 in El Paso in Texas und am 10. August 2019 in Oslo.

Die Tat sei durch ihre Ausführung mittels Livestream dazu bestimmt gewesen, Gleichgesinnte zur Nachahmung zu motivieren und zu befähigen. Auch das Verhalten des Angeklagten in der Hauptverhandlung ziele auf diese Motivierung möglicher Nachahmer ab. Ein Beispiel für solch einen Nachahmungstäter sei ein Angeklagter aus dem Landkreis Cham, der sich seit dem 19. November 2020 vor dem Landgericht Nürnberg-Fürth verantworten müsse und dem im Rahmen der Anklage vorgeworfen werde, sich in Chatforen des international aktiven Netzwerks »Feuerkrieg Division« unter dem Chatnamen »Heydrich« bewegt, sich Informationen über den Attentäter von Christchurch und den hier Angeklagten beschafft, sich Waffenteile besorgt und sich im Internet über den Bau von Sprengsätzen informiert zu haben. Der Sachverständige Dr. Matthias Quent könne außerdem bekunden, dass sich aus den vom Angeklagten verfassten Dokumenten ergebe, dass er neben dem Antisemitismus auch einen eliminatorischen Rassismus vertrete und die Taten im Kiez Döner eine zwingende Fortsetzung der Tat an der Synagoge darstellen würden.

8 Die Wortlautprotokollierung kann dann angebracht sein, wenn der exakte Wortlaut einer Aussage für das weitere Verfahren wichtig ist, und es nicht nur um deren Inhalt geht. Die Vorsitzende meint hier vermutlich, dass sie mit »Das waren ja nur vier Worte« diese nicht habe abtun wollen, sondern habe sagen wollen, dass sie so klar für alle zu verstehen gewesen seien, dass man sie nicht wörtlich protokollieren müsse.

Rechtsanwältin Pietrzyk fährt mit der Begründung dieses Antrags fort: Die beantragte Beweiserhebung sei mit Blick auf das Motiv, die Tatausführung und die Folgen der Tat geboten. Ablehnungsgründe würden nicht vorliegen, insbesondere seien die unter Beweis gestellten Tatsachen noch nicht bewiesen worden. Das Gericht sei insbesondere nach § 46 Absatz 2 StGB im Rahmen der Strafzumessung, aber auch in Hinblick auf die Feststellungen zu den niedrigen Beweggründen im Bereich der versuchten Tötungsdelikte, gehalten, zu erkunden, welche Tatmotivationen beim Angeklagten vorgelegen haben, welche Folgen die Taten hatten und haben und wie das Verhalten des Angeklagten nach der Tat, etwa im Rahmen der Hauptverhandlung, zu bewerten sei. Zur Tatmotivation gehöre die Frage, ob es neben der antisemitischen, rassistischen und antifeministischen Motivation auch wichtig gewesen sei, eine Tat zu begehen, die sich in die Linie vergleichbarer internationaler Anschläge von Rechtsterroristen einreihe und darauf abziele, Gleichgesinnte zu ähnlichen Taten zu motivieren und dazu in die Lage zu versetzen. Schon die Anklageschrift der Bundesanwaltschaft zeige, dass diese Fragen zur Tatmotivation aufzuklären seien, da an verschiedener Stelle, die Rechtsanwältin Pietrzyk zitiert, die genannte Linie rechter Terroranschläge und die möglichen Folgen des Anschlags thematisiert würden.

Bewiesen seien diese Zusammenhänge in der bisherigen Beweisaufnahme indes noch nicht. Insbesondere der Zeuge Kriminalkommissar Marcel L. und die Einlassung des Angeklagten würden den zutreffenden Wertungen der Anklageschrift sogar widersprechen. Marcel L. sei in der Hauptverhandlung vom 26. August 2020 als Zeuge gehört und auch nur als Zeuge belehrt worden. Er habe auch keine Angaben dazu gemacht, dass er eine besondere Ausbildung oder besondere politologische oder soziologische Kenntnisse habe oder sich vertieft mit Rechtsextremismus befasst habe. Beweiswert komme daher nur seinen Wahrnehmungen und Ermittlungshandlungen, nicht aber seinen Analysen oder Wertungen zu. Die vergleichende Analyse der Dokumente des Attentäters von Christchurch und des Angeklagten hätte als Sachverständigenbeweis eingeführt werden müssen, es lägen aber keine Anhaltspunkte dafür vor, dass der Kriminalkommissar Marcel L. als Sachverständiger geeignet sei. Er habe dazu nicht das notwendige Wissen. So habe er in seiner Einvernahme in der Hauptverhandlung den Schluss gezogen, dass die Veröffentlichungen des Täters von Christchurch und die des Angeklagten grundlegend voneinander abweichen und beide grundlegend verschiedenen Ideologien anhängen würden, sodass aus diesen unterschiedliche Tatmotivationen zu ziehen seien. Auf Befragung der Nebenklage habe der Zeuge dann allerdings eingeräumt, dass er nicht in der Lage sei, die Botschaften der Veröffentlichungen des Täters von Christchurch sowie die des Angeklagten zusammenfassend darzustellen. Weder zum Konzept des Ethnopluralismus noch zur Idee des »Großen Austauschs« habe er etwas sagen können. Die Einvernahme des Zeugen sei daher als Beweis zu den genannten Themenkomplexen nicht ausreichend.

Auch die Einlassung des Angeklagten reiche nicht als Beweis aus. Zum einen könnten diese grundsätzlich nicht allein die Grundlage für Feststellungen sein, da sich mehrfach gezeigt habe, dass die seine Angaben falsch und nicht belastbar seien: Zu bestimmten Vorbereitungshandlungen habe er keine oder nicht plausible Angaben gemacht, seine belastenden Angaben zur Person Mark M. würden nicht durch die Ermittlungsergebnisse gestützt, und er habe, unter anderem durch das Verschlüsseln und Löschen von Daten, versucht, Spuren zu verwischen. Auch die Aussagen zur Tatmoti-vation seien nicht ausreichend, da sein ideologisches Konstrukt und Handeln kompetent in ein größeres, virtuelles rechtsextremes Netzwerk eingeordnet werden müsse. Die Funktionsweise dieses Netzwerks und die dortige Rezeption des Anschlags habe die Sachverständige Karolin Schwarz bereits erläutert. Die Feststellungen des Gerichts, dass der Angeklagte aus antisemitischen und rassistischen Gründen gehandelt habe, würden zu kurz greifen, um Motive, Tatausführung und Folgen der Taten des Angeklagten zu erfassen, so Rechtsanwältin Pietrzyk. Es handele sich nicht um eine Gelegenheitstat, wie es oft bei extrem rechten Gewalttaten der Fall sei, sondern um eine geplante Tat, die sich in eine Reihe internationalen Rechtsterrorismus stellen wolle und über ihre Verbreitung im Internet wiederum als Vorlage dienen solle. Dieser Unterschied sei bedeutsam für die Folgen der Tat. Die Strategie, mit der sich der Angeklagte identifiziere, sei aufzuklären und dies könne nicht durch die seine eigenen Einlassungen erfolgen. Diese Analyse sei einem Sachverständigen vorbehalten.

Der Sachverständige Dr. Matthias Quent verfüge über die erforderliche Sachkunde, so Rechtsanwältin Pietrzyk. Er sei Soziologe und Gründungsdirektor des Instituts für Demokratie und Zivilgesellschaft in Jena, wo seine Arbeitsschwerpunkte Rechtsextremismus, Radikalisierung und Hasskriminalität seien. Er habe Soziologie, Politikwissenschaft und Neuere Geschichte studiert und über die »Zusammenhänge und Dynamiken der individuellen, gruppalen und gesellschaftlichen Einflüsse auf die Radikalisierung des rechtsterroristischen NSU promoviert.« Er sei unter anderem Sachverständiger für Untersuchungsausschüsse des Thüringer Landtags, des Deutschen Bundestags sowie im sächsischen Landtag und für die Stadt München gewesen.

Mehrere Rechtsanwält·innen schließen sich dem Antrag an, darunter die Anwält·innen Lang, Lupschitz, Hoffmann, Onken und Goldbach. Die Verhandlung wird für eine kurze Lüftungspause bis 17.12 Uhr unterbrochen.

Die Vorsitzende bittet um Stellungnahmen zu den Anträgen. Bundesanwalt Lohse sagt, die Zeit erscheine ihm heute etwas zu knapp. Verteidiger Rechtsanwalt Weber erwidert, er wolle mit seinen Stellungnahmen auf die der Bundesanwaltschaft warten.

Die Sitzung wird daher von der Vorsitzenden beendet.

Mitschrift von Linus Pook

21. Verhandlungstag
18. November 2020

Die Vorsitzende Richterin Ursula Mertens setzt die Hauptverhandlung fort und stellt die Anwesenheit fest.

DISKUSSION VERSCHIEDENER ANTRÄGE

Bundesanwalt Kai Lohse beginnt mit einer Stellungnahme zum Antrag auf Protokollierung der Äußerung des Angeklagten, die am Vortag im Zuge der Einvernahme des Sachverständigen Benjamin Steinitz gefallen ist. Er habe länger darüber nachgedacht, ob hier eine Protokollpflicht vorliegen würde, das heißt, ob ein begründeter Verdacht auf eine Straftat vorliege. Es komme mindestens der Tatbestand der Volksverhetzung, nämlich das Aufstacheln, in Betracht. Der appellative Charakter im Sinne eines Aufrufs zu Gewalt- oder Willkürmaßnahmen sei hier noch nicht verwirklicht, das Aufstacheln sei aber in der Tat relevant. Es gebe eine Entscheidung vom Bundesverfassungsgericht vom 7. Juli 2020, da heiße es, dass bei der Beurteilung von Äußerungen die jeweilige Wirkung im Kontext in Betracht zu ziehen sei. Dabei gelte es, die besondere Erfahrung der deutschen Geschichte und die systematische Ermordung der Juden Deutschlands zu bedenken. Dieser Kontext würde eine gesteigerte Sensibilität im Umgang mit der abwertenden Bezeichnung von jemandem als Jude erfordern, insbesondere wenn die Person auf Stimmungsmache gegen die jüdische Bevölkerungsgruppe abziele oder sich auf die nationalsozialistische Rassenlehre beziehe. Maßgeblich für die Beurteilung einer Äußerung sei allerdings sie selbst und ihr unmittelbarer Kontext. Angewendet auf die betreffende Äußerung des Angeklagten,[1] sprächen diese Gesichtspunkte dafür, einen Verdacht auf eine Straftat ernsthaft in Betracht zu ziehen, da sie im Kontext der Erörterung antisemitischer Straftaten getätigt worden und die Zielrichtung der Äußerung eine Selbstviktimisierung gewesen sei, was auch nicht ganz vom Prozessgegenstand zu trennen sei. Auch weitere Voraussetzungen lägen vor, wie die Störung des öffentlichen Friedens, sodass der Bundesanwalt im Ergebnis dem Antrag zustimme.

Verteidiger Rechtsanwalt Hans-Dieter Weber erklärt, die Aussage seines Mandanten sei im Rahmen seiner Verteidigung erfolgt. Er habe auf seine Art versucht, sich mit dem Sachverständigen auseinanderzusetzen.

Anschließend nimmt Bundesanwalt Lohse zum Antrag von Rechtsanwältin Kristin Pietrzyk Stellung, den Soziologen Dr. Matthias Quent als Sachverständigen zu laden. Der Bundesanwalt sagt, der Antrag werfe eine ganze Reihe von rechtlichen Fragestellungen auf. Er wolle gleich zu Anfang sagen, dass er im Ergebnis zu einem Scheitern des Antrags gelange – für die Nebenklage liege keine Befugnis für die Stellung eines solchen Antrags vor. Die Befugnisse der Nebenklage seien festgelegt, ihre Antragsmöglichkeiten nur nach §244 StPO, nicht aber nach §245 genannt.[2] Der Gesetzeswortlaut spreche gegen eine solche Befugnis, da dort einzelne Befugnisse explizit genannt seien. Der Bundesanwalt fragt, warum das so sein sollte, wenn diese Befugnisse doch erweitert werden sollten. Das sei auch deshalb eine wichtige Frage, da sich – wenn man das weiter durchdenke – auch die Frage nach der Verfahrenshoheit stelle. Die Beschränkung der Nebenklage auf das übliche Beweisantragsrecht überlasse die Entscheidung, wann welche Beweise angehört werden, dem Gericht, das die Verhandlungsgestaltung zu gewährleisten habe. In diesem Rechtsproblem sei also eine grundsätzliche, nicht nur prozessuale Frage angesprochen. Zudem werfe ein zweiter Punkt Bedenken auf: Es sei unstrittig, dass die Nebenklage keine weiteren Rechtsbefugnisse habe, sobald es um die Strafzumessungstatsachen gehe. Im Antrag seien aber fast ausschließlich solche angesprochen. Außerdem stelle

1 Gemeint ist hier eine Äußerung des Angeklagten gegenüber dem Sachverständigen Benjamin Steinitz vom Vortag: Der Angeklagte hatte gesagt, das beste Mittel gegen antisemitische Straftaten in Deutschland sei »Keine Juden in Deutschland«.

2 Der Konflikt zwischen Bundesanwalt und Nebenklagevertreterin berührt den Aufbau der Strafprozessordnung: In § 244 und § 245 StPO werden die Möglichkeiten und Grenzen von Beweisanträgen seitens der Anklage und Verteidigung erläutert. Erst § 397 StPO regelt dann, welche Verfahrensrechte analog auch für die Nebenklage gelten. Die Verfahrensbeteiligten sind hier unterschiedlicher Ansicht, inwiefern die Nebenklage selbst Sachverständige laden kann und ob diese dann anzuhören sind.

sich die Frage, ob auch im juristischen Sinne ein Beweismittel vorliege. Das sei durch die Anwesenheit von Matthias Quent noch nicht gewährleistet. Er traue ihm zu, so der Bundesanwalt, ohne weitere Vorbereitung auszusagen – doch sei nicht klar, wie zum Beispiel das Verhalten des Angeklagten in der Hauptverhandlung ohne weitere Verfahrensmittel beurteilt werden könne. Auch da gelte: Eigentlich werde ein Sachverständiger vom Gericht angeleitet, und es sei die Frage, inwieweit das Gericht seine Verfahrensgestaltung durchführen könne. Zudem gebe es sehr eng gefasste Ablehnungsgründe – man würde hier zumindest in die Nähe von Ablehnungsgründen wie den des Erwiesenseins kommen; Karolin Schwarz habe ja bereits einen Sachverständigenbericht vorgelegt. Ein wichtiger Punkt in dem Antrag drehe sich ja darum, die Äußerungen des Angeklagten einzuordnen. Auch in Verbindung mit der Aussage von Schwarz sehe er da nicht zwingend, dass das Gericht noch einer Sachverständigenberatung bedürfe. Es sei aber auch nicht ausgeschlossen, dass die Einvernahme des Sachverständigen noch zu weiterem Erkenntnisgewinn führen könnte. Eine Einvernahme sei nicht ausgeschlossen, auch wenn sie nicht unbedingt rechtlich geboten sei.

Die Antragstellerin Rechtsanwältin Pietrzyk führt einen Entscheid des Bundesverfassungsgericht vom 1. September 2020 an, dort wird die Frage, erörtert was die Nebenklage dürfe und was nicht. Der Zweck der Nebenklage spreche gleichfalls nicht für deren Beschränkung. Die Nebenklage habe eine Beteiligungsbefugnis am gesamten Verfahren mit der Möglichkeit, sich aktiv am Verfahren zu beteiligen. Sie sei sich bewusst, in welchem Stadium sich der Prozess befinde – deshalb habe man ja gesagt, dass der Sachverständige seine Wertung aus öffentlich zugänglichen Quellen schöpfen solle. Zur eigenen Sachkunde müsse sich das Gericht positionieren.

Die Vorsitzende sagt, in den ersten Entwürfen des Antrags sei noch die Rede davon gewesen, dass der Soziologe Matthias Quent die Möglichkeit auf Akteneinsicht und Exploration des Angeklagten erhalten solle. Das sei ja nicht mehr das Ziel des aktuellen Antrags, was Rechtsanwältin Pietrzyk bestätigt. Die Vorsitzende fragt daraufhin den anwesenden Sachverständigen Dr. Matthias Quent, inwieweit dieser sich in der Lage sehe, zu den Beweisthemen, die ihm mitgeteilt worden seien, Stellung zu nehmen – jedoch ohne Akteneinsicht und Exploration des Angeklagten. Matthias Quent antwortet, das sei sicher möglich. Er könne natürlich keine Aussagen zu Dingen machen, die er nicht wisse. Zu allem, was öffentlich zugänglich sei, halte er sich aber für aussagefähig.

Rechtsanwalt Alexander Hoffmann sagt, er schätze den Vorschlag von Bundesanwalt Lohse, dass das Gericht den Sachverständigen hören könne. Der Antrag, der hier mit dem Ziel des Selbstladungsverfahrens gestellt worden sei, verteidige die Anklageschrift in zentralen Punkten. Teile der Behauptungen in der Anklageschrift würden auf Erkenntnissen zur Ideologie des Angeklagten und deren Darlegungen von Mitarbeitern des Bundeskriminalamts beruhen, die sich in der Hauptverhandlung eben nicht als sachverständige Gutachten erwiesen haben und teilweise nicht hätten überzeugen können. Deshalb wäre es für Hoffmann wünschenswert gewesen, dass der Generalbundesanwalt selbst nachgelegt hätte, um die Anklageschrift ohne Zweifel zu decken. Offenkundigkeit sei nicht gegeben, egal wie viele *Spiegel*-Artikel hier eingeführt würden. Man werde schon jemanden dazu hören müssen, der mehr Kenntnisse habe, als bemühte Sachbearbeiter des Bundeskriminalamts, die einfach nicht die notwendigen Vorkenntnisse und Grundlagen hätten, um solche Einschätzungen treffen zu können.

Rechtsanwalt Weber schließt sich der Bundesanwaltschaft an, was die formelle Problematik betrifft. Was die eigene Sachkunde angehe, müsse das Gericht entscheiden.

Es folgt eine kurze Unterbrechung.

AUSSAGE DES SACHVERSTÄNDIGEN DR. MATTHIAS QUENT (RECHTSEXTREMISMUSFORSCHER, ZUR IDEOLOGIE DES ANGEKLAGTEN UND DEREN HISTORISCHEM HINTERGRUND)

Anschließend sagt die Vorsitzende, sie würde die Anregung von Bundesanwalt Lohse aufnehmen und Dr. Matthias Quent in den Sachverständigenstand rufen. Dieser wird an den Zeugentisch gebeten. Die Vorsitzende sagt, sie habe unabhängig vom Vorliegen der formalen Voraussetzungen von §245, entsprechend dem Vorschlag von Bundesanwalt Lohse, nach ihrer eigenen Amtsaufklärungspflicht nach §244 entschieden, ihn als Sachverständigen zu den Punkten anzuhören, die im Antrag von Rechtsanwältin Pietrzyk aufgeführt seien. Sie sagt, der Sachverständige habe vorher nicht an der Verhandlung teilgenommen und kenne den Angeklagten nicht. Was er wisse, wisse er von Rechtsanwältin Pietrzyk oder aus der Presse. Sie möchte wissen, welche Beweggründe für die Tat seiner Ansicht nach eine Rolle spielten. Der 34-jährige Soziologe und Direktor des Instituts für Demokratie und Zivilgesellschaft in Jena wird über seine Sachverständigenpflichten belehrt und seine Personalien werden aufgenommen.

Die Vorsitzende bittet ihn, mit seinen Ausführungen zu beginnen. Matthias Quent erklärt, er beschäftige sich seit zehn Jahren als Soziologe mit Rechtsterrorismus und habe zur NSU-Radikalisierung promoviert. Um zu verstehen, wie jemand zum Attentäter werde, müsse man individuelle, gesellschaftliche und bewegungsbezogene Faktoren berücksichtigen. Man könne in der Geschichte des Rechtsterrorismus einige Kontinuitäten erkennen. Dazu gehöre die Konstruktion von inneren und äußeren Feinden, den inneren Feinden werde vorgeworfen, die äußeren Feinde reinzulassen, um das eigentlich »reine, wahrhafte Volk« zu zerstören. Da sei man schon bei den antisemitischen Ideologiefragmenten, die eine lange Geschichte haben. Der Angeklagte habe gesagt, dass er sich auf den

Attentäter von Christchurch beziehe, der sein »Manifest« »Der Große Austausch« genannt habe. Das sei eine neurechte Formulierung für eine rassistische und antisemitische Paranoia, die früher als »Rassenselbstmord« bezeichnet worden sei und auch in der Bevölkerungspolitik des Nationalsozialismus wegweisend gewesen sei. Dahinter stecke die Idee, dass eine jüdische Weltverschwörung darauf hinarbeite, das deutsche Volk zu zerstören. Auch der Ku-Klux-Klan habe schon vor über 100 Jahren über den Rassenselbstmord gesprochen. Der Angeklagte befinde sich somit in einer rassistischen, antisemitischen und faschistischen Traditionslinie. Auch der NSU habe antisemitische Verschwörungserzählungen bedient. Der rechtsextreme Attentäter von Oslo und Utøya, der 77 Menschen tötete, habe ein 1500-seitiges »Manifest« veröffentlicht und dort ähnliche antisemitische Verschwörungstheorien verbreitet. Die Verbindung von Antisemitismus und Rassismus in der rechtsextremen Ideologie sei nicht zu trennen. Der Attentäter von Christchurch habe sich auf die Verschwörungslegende vom »Großen Austausch« nach Renaud Camus bezogen – deren Kernaussagen seien auch in den Ausführungen des Attentäters von Halle wiederzufinden. Dieser habe behauptet, dass das Hauptproblem die niedrigen Geburtenraten seien. In der Ideologie des Angeklagten sei der Grund dafür der Feminismus, für den die Juden verantwortlich seien. Er habe mit seinem Video eine internationale rechtsradikale Subkultur ansprechen wollen, unter anderem mit der Aussage, dass die Juden an Feminismus und Massenmigration die Schuld trügen. Das sei relativ kohärent in der Geschichte des faschistischen Denkens, die Vorstellung, dass Feminismus Teil einer Verschwörung sei, die zum »Ende des deutschen Volkes« führe. Die Verschwörungserzählung vom »Großen Austausch« werde in Deutschland etwa von der Identitären Bewegung und von Teilen der AfD propagiert. Der Sachverständige erklärt, Terroristen würden immer positive und negative Bezugsgruppen konstruieren. Letztere seien Feinde, die man vernichten wolle, um eine Katastrophe von der eigenen Gemeinschaft abzuhalten. Erstere wolle man ansprechen und für Nachahmungstaten mobilisieren. Das habe der Attentäter von Norwegen besonders erfolgreich getan, eine ganze Reihe von Anschlägen stehe in der Nachfolge dieses Attentäters – etwa das Attentat von Christchurch. Diese Konstruktion von positiven und negativen Bezugsgruppen sehe man auch bei anderen Anschlägen, wie der Ermordung von Walter Lübcke und in ähnlicher Form auch bei dem Anschlag von Hanau. Dass so etwas weltweit passiere, habe etwas mit sozialem Wandel, insbesondere aber mit der Vernetzung von Attentätern über soziale Netzwerke zu tun. Das sehe man auch am Beispiel des Anschlags auf das Olympia-Einkaufszentrum in München. Auch dieser Attentäter sei antisemitisch und rassistisch gewesen, auch er sei international über die Spieleplattform Steam vernetzt gewesen. Er habe mit jemandem aus New Mexico Kontakt gehabt, der dann ein Jahr später dort einen rechtsextrem motivierten Anschlag verübt habe. Verschwörungsdenken sei nicht individualpathologisch, so der Sachverständige, sondern Teil einer subjektiven Rationalität in rechtsextremen Kreisen.

Die Frage der Öffentlichkeit und der Versuch zur Mobilisierung sei im Fall des Angeklagten besonders deutlich. Dieser habe Nachahmer motivieren wollen und in seinem »Manifest« geschrieben, dass sein zweites Ziel gewesen sei – neben dem Willen, die Möglichkeit selbstgebauter Waffen zu zeigen – , die Moral und den Kampfgeist von Weißen zu stärken. Sein drittes Ziel sei die Vernichtung von vermeintlich Nicht-Weißen, also Juden, gewesen. Die Mobilisierung der eigenen Gemeinschaft sei dem Angeklagten noch wichtiger als die eigentlichen Kampfhandlungen gewesen. Bei einem solchen Attentat gehe es ja nicht um Geländegewinne, sondern um Kommunikation. Das sehe man auch vor Gericht daran, wie der Angeklagte versucht habe, den Prozess als Bühne zu nutzen. Es gehe um den Versuch, die vermeintlichen Feinde einzuschüchtern und gleichzeitig die »eigene Gruppe« zu mobilisieren. Zudem gebe es in der Ideologie des Angeklagten eine Verwandtschaft zur misogynen »Incel«-Subkultur, was auch durch seine Musikauswahl zum Ausdruck gekommen sei. In der Sozialwissenschaft seien Gemeinsamkeiten einer ganzen Reihe von Anschlägen erwiesen – es gebe keinen prinzipiellen Widerspruch zwischen dem Attentat von Christchurch und dem hiesigen Attentäter. Es gebe lediglich eine unterschiedliche Intensität der Ausarbeitung und leicht differierende subkulturelle Prägungen – beim Angeklagten sei etwa Anime wichtig gewesen. Es sei aber fast zufällig, in welchen rechtsradikalen Subkulturen man sich bewege – gemeinsam sei ihnen allen ein kulturpessimistisches Untergangsdenken und eine antisemitische Ideologie. Es gebe immer einen inneren Feind, der einen äußeren Feind ins Land hole. Wie man dann angreift, sei oft strategischen Überlegungen geschuldet. Der NSU zum Beispiel habe lediglich deshalb keine Juden angegriffen, weil sie zu gut geschützt gewesen seien – und habe deshalb Terror gegen Migranten ausgeübt. In Deutschland habe es durchaus positive Bezugnahmen auf das Attentat gegeben, etwa im Kontext der Gruppe S. Die Verbreitung des Tatvideos sei leider gelungen, was ja auch Karolin Schwarz schon erörtert habe.

Die Vorsitzende bedankt sich beim Sachverständigen für seine Ausführungen. Sie fragt, wer der Träger des Instituts für Demokratie und Zivilgesellschaft sei, ob es sich um eine private Institution oder eine Nichtregierungsorganisation handele. Der Angeklagte grinst. Matthias Quent erklärt, das IDZ sei als Konsequenz aus dem NSU-Prozess gegründet worden und Träger sei die Amadeu Antonio Stiftung. Finanziert werde das Ganze vom Bundesforschungsministerium. Es seien derzeit zwischen 23 und 26 Leute am IDZ tätig, je nachdem, ob man Honorarkräfte mitzähle.

Anschließend erhält Rechtsanwältin Assia Lewin das Wort. Sie fragt, wie die Tat des Angeklagten in Bezug auf Nachahmer zu beurteilen sei, da er ja gescheitert sei und nach seiner eigenen Ideologie Menschen aus seiner eigenen »Rasse« getötet habe. Quent antwortet, das sei schwer zu beantworten, da das Feedback in diesen Onlinegemeinschaften ohnehin sehr rau im Ton sei,

»auch gegeneinander«. Es gebe da eine große Konkurrenzsituation, Abwertung sei auch in den Feedbackschleifen dominant. Der Angeklagte werde vor allem als »Loser« bezeichnet, aber es gebe dann den ideologischen Antrieb, es »besser zu machen«. Es gebe Leute, die seine Tat als »Kinderkram« bezeichnen würden. Es sei nicht auszuschließen, dass es zu Lerneffekten kommen könnte und der nächste Attentäter aus bestimmten Fehlern zum Beispiel in der Waffenkonstruktion lernen würde. »Das halte ich für besonders besorgniserregend«, so der Sachverständige.

Rechtsanwältin Lewin fragt, ob es auch einen Lerneffekt im Hinblick auf die Reaktion der Zivilgesellschaft gebe. Es habe ja eine große Welle der Solidarität gegeben. Sie fragt den Sachverständigen, ob er schon mal untersucht habe, was das für Auswirkungen habe. Der Sachverständige erklärt, wenn jemand ein so festes ideologisches Weltbild habe und die einschlägigen Begriffe der rechtsextremen Szene nutze, dann spreche das für eine ideologische Geschlossenheit seines Weltbilds. Wenn jemand davon überzeugt sei, dass die »heilige weiße Rasse« mit allen Mitteln zu verteidigen sei, könne es dazu führen, dass er sich sage: »Jetzt erst recht«, wenn sich Teile der Gesellschaft dagegen wendeten. Es gebe allerdings demobilisierende Effekte, wenn Betroffene statt des Täters in den Vordergrund gestellt würden. Das würde eine negative Aufmerksamkeit bedeuten, die nicht mit Begriffen wie »einsamer Wolf« arbeite. Das könne dazu führen, dass der Reiz der Aufmerksamkeit abnehme, was ein sehr starkes Motiv sei. Zudem sei die Frage von zivilgesellschaftlicher Mobilisierung für die Betroffenen wichtig, nicht unbedingt als Mittel zur Verhinderung von terroristischen Anschlägen.

Rechtsanwältin Lewin fragt weiter, ob es Forschung dazu gebe, inwieweit es bei unterschiedlichen Attentätern Gemeinsamkeiten im Hinblick auf deren familiären Kreis gebe. Der Sachverständige sagt, da gebe es eine ganze Reihe von Untersuchungen. In Deutschland finde »White Supremacy Terrorismus« häufig transgenerational statt - zum Beispiel wenn von den Großeltern nationalsozialistische Weltbilder weitergegeben werden. Das würde man auch am Beispiel des NSU sehen. Häufig kämen Attentäter aus eher zerrütteten Familien. Man müsse aber vorsichtig damit sein, das als Erklärung zu sehen, denn es gebe natürlich viele zerrüttete Familien. Im Falle des Angeklagten scheine es, als ob ihn auch ein antisemitisches Raunen in der Familie geprägt habe. Es handele sich um eine Radikalisierung aus der Mitte der Gesellschaft. Da brauche es keine Hassprediger von außen. Auf die Frage, ob er es für ausgeschlossen halte, dass es in der Familie keine Unterstützung gegeben habe, antwortet der Sachverständige: »Ich halte es für unwahrscheinlich, wenn in einer Familie antisemitische Äußerungen getätigt werden, und der Sohn dann einen antisemitischen Anschlag begeht, dass da kein Zusammenhang besteht.« Rechtsanwältin Lewin wendet ein, die Mutter des Angeklagten sei Lehrerin mit einer Vorbildfunktion gewesen und habe das Fach Ethik unterrichtet. Es sei schwer nachvollziehbar, dass sie ihrem

Kind grundlegende Werte nicht wirksam vermittelt habe. Sie fragt den Sachverständigen, ob er noch eine konkrete Aussage auf Basis dieser Tatsache machen könne, wie wahrscheinlich oder unwahrscheinlich es sei, dass auch in diesem Fall NS-Gedankengut in der Familie tradiert wurde. Matthias Quent antwortet, er halte es für extrem wahrscheinlich, dass der Angeklagte auch antisemitisches Gedankengut von seiner Mutter übernommen habe, wenn sie dieses schon im Fernsehen so offen äußere. Studien würden zeigen, dass 20 bis 30 Prozent der Bevölkerung antisemitische Stereotype verinnerlicht hätten. Darunter seien natürlich auch Lehrer und Pädagogen, es gebe keine Beschränkung auf bestimmte gesellschaftliche Statusgruppen.

Verteidiger Weber sagt, der Sachverständige habe ja auf eine Erklärung der Mutter des Angeklagten bei *Spiegel TV* angespielt. Diese Befragung der Mutter sei unmittelbar im Anschluss an ihre Kenntnisnahme des Attentats erfolgt, sie habe sich in einem Zustand äußerster Verwirrung und Niedergeschlagenheit befunden. Die Vorsitzende erwidert, dass jeder für sich entscheiden könne, wie dies zu bewerten sei.

Rechtsanwältin Dr. Kati Lang kommt auf den Angriff auf den Kiez Döner zu sprechen. Matthias Quent habe erläutert, dass zur ideologischen Grundlage des Attentats auch eine Unterteilung in innere und äußere Feinde gehören würde. Sie fragt, ob die Besucher·innen eines Dönerrestaurants, egal welcher Herkunft, sozusagen als weiße, innere Feinde wahrgenommen würden. Der Sachverständige antwortet, er selbst sei weiß und nicht jüdisch und gehöre wahrscheinlich trotzdem ins Feindbild dieses Mannes. Es könne gut sein, dass jemand als Feind wahrgenommen werde, weil er dort isst oder einkauft. Es sei vorstellbar, dass es sich hier um Menschenverachtung in zweiter, dritter Instanz handele: Wer mit dem »Feind des Volkes« gemeinsame Sache mache, sei auch nicht lebenswert. Die Rechtsanwältin hakt nach, wie wahrscheinlich genau so eine Feindkonstruktion sei im Hinblick auf die Bevölkerungsstruktur in Sachsen-Anhalt. Sie fragt, ob sich der Angriff auf den Kiez Döner für den Sachverständigen so darstelle, dass es egal gewesen sei, ob sich dort innere oder äußere Feinde aufhielten beziehungsweise wer sich darin befand. Dieser bejaht die Frage und erläutert, die Auswahl des Tatorts sei klar aus rassistischen Motiven erfolgt, was auch eine vorgreifende Opferauswahl einschließe. Die Auswahl »auf wen schieße ich wo« sei ganz klar Teil der rechtsextremen und rassistischen Ideologie.

Anschließend richtet Rechtsanwalt Juri Goldstein das Wort an Matthias Quent. Der Angeklagte sei jemand, der sein Leben nicht so richtig in den Griff bekommen habe. Seine Vorbilder würde man ja mittlerweile auch kennen. Er möchte wissen, wie der Sachverständige es einschätze, dass man diese Tat mit anderen Attentaten vergleiche. Dieser antwortet, die Taten würden in einer Reihe stehen und zusammenhängen. Sie seien ideologisch verbunden, teilweise auch im Hinblick auf das tatoperationale Setting – also den Livestream. Er setzt nach, dass er die Frage des Rechtsanwalts nicht ganz verstanden habe. Dieser erwidert, man habe auf der einen Seite eine völlig fehlgeschlagene Tat und auf der andere Seite Taten, die sehr vielen Menschen das Leben gekostet haben. Seine Frage sei, wie der Sachverständige eine solche Gleichsetzung als Wissenschaftler einschätze. Der Sachverständige antwortet, dass die Frage nach dem erzielten Schaden ja zahlenmäßig auf der Hand liege. Das sei aber nicht der Kern von Terrorismus. Es gehe darum, ein Zeichen zu setzen, um Angst und Einschüchterung zu erzeugen, nicht darum, feindliche Truppen zu dezimieren. Für die Botschaft sei das letztlich auch nicht erheblich, die Botschaftswirkung auf Betroffene könne auch bei einem Attentat wie dem des Angeklagten ähnlich sein, weil sie sich im Alltag verunsichert fühlten. Hinsichtlich der rechtsradikalen Szene befinde sich der Angeklagte sicher auf einer Stufe, auf der viele nicht seien, da er es »zumindest probiert« habe, »im Gegensatz zu euch Maulhelden«. Aber er sei natürlich auf den Rankings der »Saints« nicht so hoch eingestuft – das werde anhand von Todesopfern gerankt.

Rechtsanwalt Siebenhüner sagt, der Angeklagte versuche, mit seiner Tat »die weiße breite Masse« zu schützen. Er möchte wissen, wie das Echo auf die Tat in der deutschen Gesamtbevölkerung gewesen sei und wie die breite Masse dazu stehe. Der Sachverständige antwortet, das Echo auf die Tat habe man in allen Medien vernehmen können. Natürlich halte die absolute Mehrheit der Bevölkerung nichts von Terrorismus. Rechtsterroristen seien nie die Vollstrecker, als die sie sich sehen würden. Das heiße jedoch nicht, dass es nicht teilweise auch Zustimmung gebe. Gerade Rechtsextreme würden anders als Islamisten aus einer subjektiv wahrgenommenen Mehrheitsposition heraus handeln, was aber ein Trugschluss sei: Der überwiegende Teil der Bevölkerung habe zwar Vorurteile gegen bestimmte Bevölkerungsgruppen, sei aber gegen Rechtsextremismus. Viele wollen, dass die Regierung mehr gegen Rechtsextremismus tue. Der Rechtsanwalt hakt nach, inwieweit dieser radikale Rechtsextremismus in der deutschen Bevölkerung verankert sei. Er fragt den Sachverständigen, ob er da eine Zahl nennen könne. Quent antwortet, die Statistik für ein geschlossen rechtsextremes Weltbild liege derzeit bei 5 bis 10 Prozent der Bevölkerung – das seien aber nicht automatisch Personen, die auch Gewalt befürworten würden. Die Sicherheitsbehörden würden von etwa 34.000 Rechtsextremisten ausgehen, da habe es aber viele Versäumnisse in den letzten Jahren gegeben, die Zahlen seien sehr schlecht. Auch der Angeklagte habe auf keiner Liste gestanden. Rechtsradikale Netzwerke, die sich online zusammentun, seien quantitativ nicht einzuschätzen, auch wegen der Anonymität. Der Rechtsanwalt fragt weiter, ob er Forschung dazu betrieben habe, wie man solche Taten in Zukunft verhindern könne. Der Sachverständige antwortet, es gebe begünstigende Faktoren auf drei Ebenen: Gesellschaft und Staat als Makroebene, Subkulturen und Narrative als Mesoebene und schließlich die individuelle beziehungsweise Kleingruppenebene. Man müsse auf unterschiedlichen Ebenen ansetzen. Dazu gehöre ein gesamtgesellschaftliches Klima, in dem Antisemitismus und Rassismus keinen Zuspruch erfahren. Netzwerke müssten polizeilich zerschlagen werden, der Zugang zu Waffen sei zudem oft der Punkt, an dem Gewaltfantasien in Tatpläne umschlagen würden.

Rechtsanwalt Goldstein sagt, der Angeklagte habe sich vor allem im englischsprachigen Raum bewegt. Er möchte wissen, ob es eine qualitative Unterscheidung zwischen Gruppen im deutschen und im englischen Raum gebe. Quent antwortet, qualitativ müsse man eher auf die Zugangsbarrieren schauen. Es gebe auch radikale deutschsprachige Gruppe, da komme man aber nicht ohne Weiteres rein. Die internationale »White Supremacy Terrorism-Verherrlichungsszene« sei weitgehend englischsprachig. Der Rechtsanwalt fragt weiter, ob der Sachverständige Angaben zur Verwendung von »Humor« als Medium der Verbreitung von rassistischen Inhalten machen könne. Dieser erklärt, mit Memes und zynischen Darstellungen sollten Hemmschwellen sinken und junge Menschen angesprochen werden. Häufig könne man dabei eine kalkulierte Ambivalenz zwischen strafbar und nicht-strafbar beobachten. Die sei kein explizites Internetphänomen, wie etwa das Beispiel des NSU-Videos zeige, das ebenfalls darauf abgezielt habe, die eigene Gemeinschaft »spielerisch« zu desensibilisieren und den Feind verächtlich zu machen. Es handele sich um ein Phänomen in Jugendsubkulturen, um gezielt Radikalisierung voranzutreiben. Der Rechtsanwalt fragt, den Sachverständigen, ob er denke, dass der Angeklagte bewusst »Humor« als Teil der Propaganda eingesetzt habe, um Inhalte zu transportieren. Dieser antwortet, das werde gezielt eingesetzt. Er wisse, dass das Video in vielen Schulklassen kursiere, auch weil es »spaßige Elemente« enthalte. Der Angeklagte lächelt, als der Soziologe über die Verbreitung seines Videos spricht.

Der Rechtsanwalt fragt weiter, warum man in Deutschland immer noch die Links zu »diesen Hassseiten« bekomme. Der Sachverständige antwortet, es sei unmöglich, diese aus dem Netz zu bekommen. Es gebe seitens der Anbieter keinen Geoblock[3] für den deutschsprachigen Raum und juristisch sei das nicht möglich. Es sei aber auch auf Mainstreamplattformen viel zu tun.

3 Geoblocking ist die im Internet eingesetzte Technik zur regionalen Sperrung von Internetinhalten durch den Anbieter. Die Technik kommt insbesondere beim Urheberschutz über das Internet verbreiteter Werke wie Filme und Fernsehübertragungen zum Einsatz.

Anschließend meldet sich Rechtsanwalt Alexander Hoffmann zu Wort. Er habe verstanden, dass es ideologische Gründe für den antisemitischen und rassistischen Angriff gegeben habe. Dem Angeklagten werde auch ein Mord an einer Frau vorgeworfen, die an ihm vorbeigegangen ist. Sie habe ihn angesprochen, sei dann weitergegangen und habe ihm den Rücken zugekehrt. Sie sei für ihn keine Bedrohung gewesen, und er habe ihr in den Rücken geschossen. Für ihn, Hoffmann, sei nicht geklärt, was die Motivation für dieses sinnlose Schießen in den Rücken gewesen sei. Er fragt den Sachverständigen, ob dieser im Hinblick auf sein Wissen über die Ideologie des Angeklagten eine mögliche Erklärung finde, warum so eine vernichtende Gewalt gegen eine Frau ausgeübt wurde, die keine Bedrohung gewesen sei.

Der Sachverständige antwortet, es sei naheliegend, die Hinweise auf Frauenfeindlichkeit in den Dokumenten des Angeklagten zu Grunde zu legen. Ein misogynes Motiv könne eine Rolle gespielt haben. Es könne aber auch relativ pragmatisch daran gelegen habe, dass der Täter sich frustriert gefühlt habe und dieser Mord Ausdruck seines verallgemeinerten Menschenhasses gewesen sei, der immer mitschwinge. In der Ideologie des Angeklagten spiele die Abwertung von Frauen eine Rolle, insbesondere die Vorstellung, dass sie ihren »historischen Auftrag« nicht erfüllt hätten, viele weiße Kinder zu produzieren. Die Zuweisung dieser Rolle an Frauen könne sich auch in Handlungen ausdrücken, es gebe aber keinen Hinweis, dass er hier gezielt eine Frau als Opfer ausgesucht habe. Eher habe es sich um eine Zufallsbegegnung gehandelt, in der Menschen- und Frauenverachtung eine Rolle gespielt haben können.

Der Rechtsanwalt hakt nach, ob man sagen könne, dass Antisemitismus, Rassismus und Frauenverachtung Kernelemente in der Ideologie seien, die der Erzählung vom »Großen Austausch« zu Grunde liege. Der Sachverständige antwortet: »Ja, selbstverständlich.« Der Angeklagte habe sich auch mit einem Musikstück auf den Attentäter von Toronto bezogen, der ein frauenverachtendes Attentat ausgeführt hat.

Der Rechtsanwalt befragt den Sachverständigen weiter zur Ideologie des »Großen Austauschs«. Abgesehen von den Aufforderungen zum bewaffneten Kampf, so der Rechtsanwalt, werde die damit verbundene Ideologie in Deutschland auch von Gruppen und Organisationen vertreten, sodass der Angeklagte auch außerhalb von einschlägigen Websites mit dieser Ideologie in Berührung gekommen sein könnte. Der Sachverständige bestätigt dies, vor allem werde die Erzählung vom »Großen Austausch« von Seiten der Neuen Rechten in die Öffentlichkeit getragen, etwa dem Institut für Staatspolitik, der Identitären Bewegung und teilweise auch von AfD-Politikern. Es handele sich um eine Kerndeutung des Rechtsextremismus für soziale Wandlungsprozesse. Der Rechtsanwalt fragt weiter, ob es Buchveröffentlichungen zu dieser Ideologie gebe. Quent gibt an, da gebe es verschiedene, etwa von Martin Sellner, aber auch in den Zeitungen des Instituts für Staatspolitik und in dem Buch von Björn Höcke gehöre diese Ideologie und eine Vorstellung vom »Volkstod« zum Standard. Da komme man in diesen Milieus »nicht drum herum«, das sei deren ideologischer Zusammenhalt. Der Rechtsanwalt möchte wissen, wo das Institut für Staatspolitik sitze. Der Sachverständige antwortet: »In Schnellroda«.

Rechtsanwältin Kristin Pietrzyk führt die Befragung des Sachverständigen fort. Sie sagt, in der Presse werde der Angeklagte als »einsamer Wolf« eingeordnet. Sie möchte wissen, ob es eine soziologische Definition für diesen Begriff gebe und wenn ja, ob man den Angeklagten darunter subsumieren könne. Der Sachverständige erklärt, der Terminus sei als politikwissenschaftlicher Begriff verbreitet, da gebe es solide Definitionen. Der Begriff komme selbst aus der Neonaziszene in Form der Selbstdarstellung und bezeichne also auch eine Form der Taktik: Einzeln handelnde Attentäter, die sich allein vorbereiten, seien schwerer haftbar zu machen. Er selbst, Quent, bevorzuge den Begriff des »Lone Actor« [allein Handelnder, Anm. d. Hgg.]. Man dürfe jedoch nicht den Fehlschluss ziehen, dass es sich dabei um eine subkulturell oder gesellschaftlich isolierte Person handele, denn der Angeklagte habe sich natürlich in einem Netzwerk radikalisiert. Die Rechtsanwältin fährt mit der Frage fort, ob die Fokussierung auf die Betroffenen und auf diejenigen Gruppen, die von den Tätern als Feinde betrachtet würden, eine gute Art der Prävention seien. Der sachverständige Zeuge antwortet, das sei auch eine Lehre aus islamistischen Anschlägen hinsichtlich des öffentlichen Umgangs, um Nachahmungs- und Märtyrereffekte zu verhindern: Solidarität und Empathie zu dokumentieren, sei eine erfolgsversprechende Umgangsstrategie.

Rechtsanwalt Mark Lupschitz spricht den geschichtlichen Zusammenhang der Einteilung in innere und äußere Feinde an. Er fragt, ob dieses Narrativ neu sei oder ob es das in der Weltgeschichte schon einmal gegeben habe. Der Sachverständige antwortet, diese Vorstellungen haben im nationalsozialistischen und faschistischen Denken unterschiedlicher Couleur eine lange Tradition. Die Grundannahme des Rechtsextremismus sei, dass Menschen von Grund auf ungleich seien. Mit der Aufklärung sei das Versprechen der Menschenrechte einhergegangen, aber für Rechtsextreme würden diese für einige nicht gelten. Im Nationalsozialismus seien dann Menschengruppen als Feinde des Volks dargestellt worden. Hitler habe etwa in seinem Testament ausschließlich über Juden geschrieben. Im klassischen Antisemitismus extistiere die Vorstellung, dass eine übermächtige Kraft für vermeintliche Zersetzungsprozesse verantwortlich sei. Der Rechtsanwalt erwidert, das höre sich so an, als ob dieses Narrativ mit dem Nationalsozialismus begonnen habe. Er meine aber, das schon mal gehört zu haben, in einer anderen Zeit in einem anderen Land, beispielsweise im zaristischen Russland, wo Juden oder Polen als innere Feinde gegolten hätten. Er fragt, ob ihn das überraschen würde oder ob es diese Form von Menschenverachtung schon vorher gegeben habe. Der Soziologe antwortet, dass das nicht überraschen würde: Antisemitismus und Antijudaismus gebe es schon seit Jahrhunderten.

Da es keine weiteren Fragen an den Sachverständigen gibt, bedankt sich die Vorsitzende bei ihm und verabschiedet den ihn.

BESCHLÜSSE ZU VERSCHIEDENEN ANTRÄGEN

Anschließend erklärt die Vorsitzende, dass der Antrag des Angeklagten, einen weiteren neurologischen Sachverständigen anzuhören, zum Beweis der Tatsache, dass sein beschriebenes Rotsehen vor Abgabe der Schüsse medizinisch als akuter Fall von Migräne mit Aura einzustufen sei, abgelehnt werde. Die Voraussetzung für den Einsatz eines weiteren Sachverständigen liege nicht vor. Die Anhörung eines weiteren Sachverständigen könne abgelehnt werden, wenn durch ein früheres Gutachten das Gegenteil der Behauptung bereits bewiesen sei. Der Sachverständige Norbert Leygraf habe nachvollziehbar, widerspruchsfrei und überzeugend begründet, dass der Angeklagte während der ganzen Tatausführung nicht unter Wahrnehmungsstörungen gelitten habe. Leygraf sei seit vielen Jahren als forensischer Sachverständiger tätig und verfüge über die notwendige Sachkunde. Im Hinblick auf die Erscheinungsformen und Auswirkungen von Migräneerkrankungen sei er auf dem neuesten Stand der Wissenschaft. Auch sei auszuschließen, dass ein neuer Sachverständiger über Forschungsmittel verfüge, die den seinen überlegen seien.

Anschließend teilt die Vorsitzende den Beschluss hinsichtlich des Antrags des Angeklagten auf Bewilligung von Prozesskostenhilfe gegen die Adhäsionsanträge mit. Dem Angeklagten werde Prozesskostenhilfe unter Beiordnung von Rechtsanwalt Weber bewilligt.

Weiterhin werde im Hinblick auf den Antrag auf wörtliche Protokollierung die vollständige Protokollierung und Verlesung des folgenden Vorgangs angeordnet: Der Angeklagte habe den Sachverständigen Benjamin Steinitz gefragt, welches Mittel für ihn als Experten das beste gegen Antisemitismus sei. Der Angeklagte habe dann wörtlich erklärt: »Keine Juden in Deutschland«. Die Vorsitzende gibt dem Beschuldigten Gelegenheit zu einer Erklärung. Dieser sagt, er habe von antisemitischen Anschlägen gesprochen, nicht von Antisemitismus an sich. Sie sagt, man nehme zu Protokoll, dass der Angeklagte erklärt habe: »Ich habe nicht gesagt ›gegen Antisemitismus‹, sondern ›gegen antisemitische Anschläge in Deutschland‹«. Der Angeklagte erwidert etwas Unverständliches. Die Vorsitzende sagt, sie könne das jetzt nicht anhören. Man habe seine Korrektur aber gehört. Sinn und Zweck des Protokollierungsvorgangs sei, dass man ihm noch mal Gelegenheit zur Stellungnahme gebe.

Die Vorsitzende fährt fort, der Antrag auf Aktenbeiziehung von Verfahrensakten der Staatsanwaltschaft Mönchengladbach von Rechtsanwältin Antonia von der Behrens werde abgelehnt. Dabei handele es sich um einen Beweisermittlungsantrag, der Senat halte dies nicht für geboten, da in der Beweisaufnahme bereits vielfältig ausgeführt worden sei, dass der Angeklagte versucht habe, Nachahmungstäter zu finden und seine Taten online zu verbreiten. Auch der Antrag von Rechtsanwalt Erkan Görgülü auf wörtliche Protokollierung der Angaben des Angeklagten im Zusammenhang mit dem Schusswechsel der Polizei werde zurückgewiesen, da es auf den genauen Wortlaut des Angeklagten nicht ankomme.

Die Vorsitzende sagt, sie habe am Vortag noch ergänzende Urkunden ausgeteilt. Sie erklärt, sie beabsichtige, das Selbstleseverfahren abzuschließen. Es gibt keine Einwände. Die Vorsitzende stellt fest, dass alle Urkunden, die in der Hauptverhandlung zum Gegenstand des Selbstleseverfahrens gemacht worden sind, von den Gerichtspersonen gelesen worden seien und alle übrigen Verfahrensbeteiligten Gelegenheit dazu hatten. Damit könne man nach ihrem Plan die Beweisaufnahme nun schließen.

Anschließend wird die Beweisaufnahme von der Vorsitzenden geschlossen. Sie erteilt Bundesanwalt Kai Lohse das Wort für seinen Schlussvortrag.

SCHLUSSVORTRAG DER BUNDESANWALTSCHAFT

Der Bundesanwalt beginnt, der Gegenstand dieser Hauptverhandlung – der Anschlag vom 9. Oktober 2019 – gleiche einem Alptraum. »Ein schwer bewaffneter und von unbändigem antisemitischem Hass und Vernichtungswillen angetriebener Attentäter will in einem jüdischen Gotteshaus, in dem sich zur Feier von Jom Kippur zahlreiche Menschen versammelt haben, ein Blutbad anrichten, woran er buchstäblich nur um Türesbreite scheitert.« Um zu Taten gegen Juden, Muslime und andere aufzustacheln, sowie Tod und Terror zu verbreiten, habe er anschließend völlig willkürlich auf zufällig vorbeikommende Passanten, Gäste eines Dönerlokals und Polizisten gefeuert. Im Zuge seiner Flucht habe er weitere schwere Straftaten begangen. »Am Ende dieses Alptraums hat der Täter zwei Menschen ermordet, drei Personen erheblich verletzt und zahlreichen Menschen bleibende psychische Verwundungen zugefügt.« Dieser Terroranschlag stelle einen tiefen Einschnitt dar. Dies gelte nicht nur für die unmittelbaren Opfer der Taten, sondern auch für die unvermittelt aus ihrem Gefühl der Sicherheit herausgerissenen Bürgerinnen und Bürger der Stadt Halle und der Gemeinde Landsberg Wiedersdorf. Das gelte aber auch für alle in der Bundesrepublik Deutschland lebenden Menschen, egal welcher Herkunft.

In besonderer Weise seien die jüdischen Gemeinden betroffen. »Der Angriff auf die Synagoge in Halle ist einer der widerwärtigsten antisemitischen Akte seit dem Zweiten Weltkrieg. Nicht auszudenken, was geschehen wäre, wenn es dem Attentäter gelungen wäre, in das Gebäude einzudringen.« Der Angriff habe sich nicht nur gegen die Menschen in der Synagoge gerichtet, er habe auf das jüdische Leben in Deutschland insgesamt gezielt. »Damit richtete der Täter seinen Angriff zugleich gegen uns alle, denn das jüdische Leben ist und bleibt ein unverzichtbarer Teil der Kultur unseres Landes. Die hier lebenden Menschen jüdischen Glaubens sind ein Teil von uns.« Dies werde eindrucksvoll durch die Welle der Solidarität belegt, die nach der Tat stattgefunden habe. Dass die Tat sich gegen »uns alle« gerichtet habe, würde aber nicht nur an den ersten Überlegungen zu einem todbringenden Angriff auf eine Moschee oder Kultureinrichtungen deutlich, sondern auch durch den weiteren Verlauf des Attentats. Nach dem Fehlschlagen des Plans gegen die Synagoge habe der Täter blitzartig seine Angriffsrichtung geändert. Er habe nun wahllos Personen ins Visier genommen, denen er aus einer rassistischen, fremden- und frauenfeindlichen Ideologie heraus ein Lebensrecht abgesprochen habe – »so wie Jana L., die er in seiner Frustration als störend und minderwertig betrachtete und wie Kevin S., der sterben musste, weil er Gast in einem Dönerbistro war.« Deutlicher könne kaum werden, dass sich antisemitische, rassistische und antifeministische Gewalt gegen unsere gesamte Gesellschaft und alle in diesem Land lebenden Menschen richte. Ehe seine Kollegen Oberstaatsanwalt Stefan Schmidt und Staatsanwalt Christoph Birkenholz das Beweisergebnis im Einzelnen würdigen würden, möchte er noch einige weitere Vorbemerkungen zu diesem Prozess machen. Dabei wolle er sich zunächst den Opfern der Taten mit großem Respekt zuwenden, unabhängig davon, ob sie zur Nebenklage gehörten oder nicht. Im Verlauf der Hauptverhandlung sei in vielen berührenden Momenten offenbar geworden, welches Leid der Täter seinen Opfern zugefügt habe. Viele Opfer und Angehörige würden auch heute noch schwer daran tragen, das Erlebte habe bleibende Spuren hinterlassen. Umso bemerkenswerter sei es, dass bei vielen ein »jetzt erst recht« spürbar geworden und der Wille zum Ausdruck gekommen sei, sich von antisemitisch und rassistisch motiviertem Terror nicht beeindrucken zu lassen. Ein bleibender Eindruck aus der Hauptverhandlung sei, dass dem Täter immer wieder bewusst eine andere, ermutigende Botschaft entgegengesetzt werden konnte. Gleichwohl liege die Hauptfunktion eines Strafprozesses in erster Linie darin, den durch die Anklage fixierten Schuldvorwurf zu klären, Schuld oder Nicht-Schuld festzustellen und eine Entscheidung über die Rechtsfolgen zu treffen. Damit sei zwangsläufig eine Fokussierung auf die Person des Angeklagten und seine Tat verbunden. Die Weite der notwendigen Sachaufklärung sei zwar in jedem Prozess neu auszumessen – und der Verfahrensgegenstand sei gerade dann in größerer Tiefe auszuleuchten, wenn es um ein einschneidendes Verbrechen des Staatsschutzstrafrechts mit weitreichenden gesellschaftlichen Folgen und Ursachen gehe – doch drohe sich ein Strafprozess von seiner eigentlichen Funktion zu entfernen, wenn er sich zu sehr von den konkret zu verhandelnden Taten entferne und sich in Randthemen verliere. Zu einem rechtsstaatlichen Verfahren gehöre nicht nur, die gesetzlich garantierten Verfahrensrechte zu respektieren, sondern auch einen zügigen Abschluss des Verfahrens zu gewährleisten. Bei antisemitischen und rassistischen Gewalttaten gelte dies in seinen Augen besonders, so der Bundesanwalt, denn sie würden nach einer schnellen und entschiedenen Antwort des Rechtsstaats verlangen. Der Bundesanwalt fährt fort, er finde, es sei in diesem Prozess trotz der äußeren Widrigkeiten in Zeiten der Pandemie unter dem Strich gut gelungen, diese verschiedenen Belange in einen »angemessenen Ausgleich« zu bringen. Der Angeklagte habe keine Bühne erhalten, um seine menschenverachtende Ideologie zu verbreiten, gleichwohl seien seine prozessualen Rechte umfassend gewahrt worden. Niemand werde behaupten können, es sei kein fairer Prozess gewesen. Zugleich hätten sich die Nebenkläger, die dies wollten, in die Hauptverhandlung einbringen und prägende Akzente setzen können. Ebenso seien die Hintergründe und Zusammenhänge der Tat sorgfältig beleuchtet worden. Schließlich sei auch dem Interesse der Öffentlichkeit Rechnung getragen worden. Der Bundesanwalt sagt, er sei jetzt schon neugierig, wie Historiker in circa 30 Jahren die Verhandlung beim Hören der Tonaufnahmen beurteilen würden und wie in jener Zeit Rechte von Angeklagten, Opferinteressen und die Notwendigkeit, die Leistungsfähigkeit der Strafjustiz zu sichern, austariert sein werden.

Was den Angeklagten beträfe, wolle er lediglich zwei Aspekte vorwegnehmen. Das eine sei die Frage nach seiner Motivation. In der Anklage sei die Staatsanwaltschaft davon ausgegangen, dass sich der Angeklagte aus einer rassistischen, fremdenfeindlichen und antisemitischen Haltung heraus zur Begehung der Taten entschlossen habe. Zudem seien mit Blick auf die »Incel«-Bewegung auch Bezüge zu frauenfeindlicher Ideologie festzustellen. Diese Einschätzung habe er in der Hauptverhandlung in vollem Umfang bestätigt gefunden. Die Ungleichwertigkeit sei der Kern der Ideologie des Angeklagten. Ausgehend von seinem Denken in Rassen meine der Angeklagte, ihm stünden als Weißem Privilegien zu, während andere Menschen minderwertig seien und als seine Konkurrenten, die von einer jüdischen Verschwörung begünstigt seien, kein Lebensrecht hätten. Der Prozess habe versucht, eine Antwort darauf zu finden, weshalb der Angeklagte vom Wort zur Tat geschritten sei und woraus sein Hass und Vernichtungswillen resultiere. Die individuelle Herleitung sei dabei das eine – ungleich herausfordernder stelle sich die Aufgabe dar, für die Zukunft zu verhindern, »dass Radikalisierungen buchstäblich am PC im Kinderzimmer in Anschläge münden«. Selbstverständlich gebe dieser Fall Anlass, neue Phänomene wie etwa die »Incel«-Bewegung sowie Radikalisierungsverläufe im virtuellen Raum verstärkt und sorgfältig zu beobachten. Es könne allerdings nicht ernsthaft bestritten werden, so der Bundesanwalt, dass strafprozessuale Mittel bei dieser übergeordneten Präventionsaufgabe nicht im Vordergrund stünden. Eine absolute Sicherheit könne es nicht geben, wie der verhandelte Fall zeige.

Anschließend fährt der Bundesanwalt mit der Frage fort, ob der Angeklagte als Einzeltäter anzusehen sei. Im juristischen Sinne sei dies ohne Weiteres zu bejahen, da es keine Anhaltspunkte für Mitwisser, Helfer oder Mittäter gegeben habe, was auch unter Berücksichtigung seiner anonym gehaltenen Kommunikation im Internet gelte. Das Internetverhalten des Angeklagten wie auch die übrigen Tatumstände seien – soweit technisch und kriminalistisch möglich – umfassend und zuverlässig vom Bundeskriminalamt aufgeklärt worden: »Vereinzelt an ihrer Arbeit laut gewordene Kritik entbehrt einer Grundlage.« Der Bundesanwalt versichert, dass sie weiterhin jedem Hinweis auf in strafbarer Weise beteiligte Dritte nachgehen würden. Der Generalbundesanwalt führe dazu nach wie vor ein Verfahren gegen Unbekannt, sagt Lohse, und fügt hinzu: »Wir nehmen unsere Aufgabe sehr ernst«.

Auf der anderen Seite müsse man bei der Beantwortung der Frage nach der Einzeltäterschaft zur Kenntnis nehmen, dass der Angeklagte in einem nicht-juristischen Sinne sich offensichtlich in zweifachem Zusammenhang zu anderen Tätern sehe. Gleich zu Beginn seines Videos würde der Angeklagte den Holocaust leugnen und zur Tötung aller Juden aufrufen. »Damit verknüpfte er den von ihm beabsichtigten unmittelbar bevorstehenden Massenmord an den Synagogenbesuchern mit dem Völkermord der Nationalsozialisten. Bewusst stellte er sich in die Tradition der Täter an der Rampe von Auschwitz.« Der zweite Bezug, den der Angeklagte hergestellt habe, sei genauso offensichtlich: Durch das Filmen und Streamen des Tatgeschehens habe er sein mörderisches Tun bewusst in eine Serie von ähnlichen grauenvollen Anschlägen einreihen und damit global Nachahmer motivieren wollen. Wie in einem Videospiel sei es ihm darum gegangen, eine möglichst große Zahl von Menschen zu töten und seine Vorbilder zu übertreffen. »Die mörderische Ideologie, unbändiger Hass und Vernichtungswillen, die bewusste Anknüpfung an den Nationalsozialismus und aktuelle Massenmorde mit der erstrebten Generierung von Nachahmern in globaler Perspektive« seien als Charakteristika zusammengetroffen und machten die Tat so verabscheuungswürdig. In scharfem Kontrast dazu stehe die ernüchternde Biografie und die kläglichen Lebensumstände des Angeklagten, der seine von Misserfolg und Versagen geprägte Existenz auf diese Weise habe überhöhen und ihr Bedeutung verleihen wollen.

Anschließend erhält Staatsanwalt Birkenholz das Wort, der die in der Hauptverhandlung zu treffenden Feststellungen zu Person und Sache rasch verliest.

VORGESCHICHTE DES ATTENTATS

Bei dem Angeklagten handele es sich um einen seit seiner Jugend sozial zurückgezogenen Menschen, der abgesehen von seiner Familie zuletzt ausschließlich Kontakte im Internet über Imageboards und Spieleforen gepflegt habe. Seit seiner Schulzeit habe er eine rechte Gesinnung vertreten und dabei insbesondere Ausländer und eine multikulturelle Gesellschaft abgelehnt. Nach der Schule und dem Wehrdienst habe der Angeklagte im Jahr 2013 aus gesundheitlichen Gründen sein Chemiestudium abgebrochen. Von diesem Zeitpunkt an habe er wieder bei seiner Mutter gewohnt und sich immer weiter von anderen isoliert. Gelegentlich habe er sich auch im Haus seines Vaters aufgehalten. Der Angeklagte habe über kein festes Einkommen verfügt und eine Ausbildung oder Erwerbstätigkeit verweigert, auch deshalb, weil er Staat und Gesellschaft aus ideologischen Gründen ablehne. Aus diesem Grund habe er auch keine Sozialleistungen bezogen. Geringe Einkünfte habe er durch den Verkauf von Zinnfiguren im Internet erzielt, seine Mutter sei für seinen Lebensunterhalt aufgekommen und habe seine Krankenversicherung gezahlt. Aufgrund seines gescheiterten Studiums, seiner Perspektivlosigkeit und wegen seiner Unfähigkeit, soziale Beziehungen zu anderen Menschen – insbesondere zu Frauen – aufzubauen, habe er sich als Versager empfunden. Der Angeklagte habe dabei Mitbürger aus anderen Kulturkreisen, insbesondere »südländischer Herkunft« als Erklärung für sein Versagen herangezogen. Er habe sich von diesen Bevölkerungsgruppen sozial bedroht gefühlt, weil sie in seinen Augen sowohl seine Berufsaussichten als auch seine Chancen auf eine Beziehung mit einer Frau vereitelt hätten. Ausgehend von einer Einteilung der Menschen in verschiedene Rassen würden in der Vorstellung des Angeklagten »Eindringlinge aus anderen Kulturen« den Bestand der aus seiner Sicht höherwertigen »weißen Rasse« zu verdrängen drohen. Die Glaubensgemeinschaft der Juden machte er dabei als Verursacher und Drahtzieher dieser Entwicklungen verantwortlich. In diesem Zusammenhang teilte er antisemitische Theorien über eine angebliche Weltverschwörung der Juden. Ferner habe er sich als Teil der sogenannten »Incel«-Bewegung gesehen, eine im Internet entstandene und teilweise gewaltverherrlichende, frauenfeindliche Gemeinschaft sexuell frustrierter Männer. Der Angeklagte habe zunehmend das Bedürfnis verspürt, sich gegen diese vermeintliche Entwicklung zu wehren. Dies habe zu einer weiteren Radikalisierung geführt, sodass der Angeklagte spätestens im Zuge der »Flüchtlingskrise« im Herbst 2015 die Notwendigkeit gesehen habe, sich zumindest zum Zwecke der Selbstverteidigung zu bewaffnen. Er habe dann eine Schusswaffe erworben. Sein bereits bestehendes Interesse an Waffen habe ihn veranlasst, mit dem Eigenbau von Schusswaffen zu beginnen. Es sei davon auszugehen, dass der Angeklagte schon beim Bau der Waffen – zumindest in abstrakter Form – in Erwägung gezogen habe, die Waffen im aktiven Kampf gegen die von ihm abgelehnten Bevölkerungsgruppen einzusetzen. In der Folgezeit habe der Angeklagte insgesamt sieben Schusswaffen angefertigt, wozu er auf Bauanleitungen aus dem Internet zurückgegriffen habe. Für die Herstellung notwendige Materialien habe er im Internet bestellt. Einen Teil der Waffen aus Plastik habe er mit einem zu diesem Zweck angeschafften 3D-Drucker angefertigt.

TATVORBEREITUNG

Staatsanwalt Birkenholz fährt fort: Der 2019 verübte Anschlag auf zwei muslimische Einrichtungen in Christchurch, Neuseeland, habe den Angeklagten endgültig veranlasst, mit Waffengewalt gegen Juden oder Ausländer vorzugehen. Der Anschlag in Christchurch habe in ihm die Überzeugung geweckt, dass es möglich sei, auch als Einzelner eine Vielzahl von ihm zu Feinden erklärten Personen zu töten und dass es sich deshalb lohnen würde, ein entsprechendes Risiko einzugehen. So habe er den Bau der Waffen intensiviert und auch mit der Herstellung von Munition begonnen, wobei ihm sein Wissen aus dem Chemiestudium zu Gute gekommen sei. Insgesamt habe der Angeklagte mindestens 1364 Schuss Munition angefertigt. Mit dem Material, dass nach der Herstellung der Munition übrig geblieben sei, habe er sich entschlossen, zusätzlich Sprengsätze herzustellen.

Eine Nebenklagevertreterin bittet den Staatsanwalt, etwas langsamer zu sprechen, woraufhin dieser in kaum geminderter Geschwindigkeit fortfährt und Details zu den vom Angeklagten gebauten Sprengkörpern erläutert. Diese habe er zu seiner Sicherheit in einem ihm zugänglichen Zimmer im Haus seines Vaters gelagert.

Die Vorsitzende unterbricht Birkenholz und bittet ihn ebenfalls, etwas langsamer zu sprechen. Dieser fährt fort, der Angeklagte habe auch sein Zimmer in der Wohnung seiner Mutter stets abgeschlossen, in dem er ebenfalls zeitweilig Waffen gelagert habe.

Im Rahmen der Tatvorbereitung habe der Angeklagte ab März 2019 mehrere Textdokumente erstellt, die er dann später im Rahmen des geplanten Anschlags veröffentlichen wollte, um seine Weltanschauung und die Beweggründe für den Anschlag zu erläutern. Im Dokument »Pre Action Report« habe der Angeklagte seine Überlegungen zu möglichen Tatabläufen und Tötungsvarianten dargelegt. Außerdem habe er beabsichtigt, das Tatgeschehen in Anlehnung an sein Vorbild, den Attentäter von Christchurch, zu filmen und gleichzeitig zu streamen. Dazu habe er die nötige Ausrüstung erworben und einen Account auf der Streamingplattform Twitch angelegt.

Der Staatsanwalt wird abermals gebeten, etwas langsamer vorzutragen, damit die flüsternden Dolmetscher·innen eine Chance haben, das Plädoyer zu übersetzen. Birkenholz erwidert, er werde sich bemühen und fährt fort.

Als Anschlagsziel habe der Angeklagte die Synagoge in Halle ausgewählt. Zuvor habe er auch einen Anschlag auf eine Moschee oder Kultureinrichtung erwogen, sich dann aber dafür entschieden, eine Synagoge anzugreifen, weil er nach seinem Vorstellungsbild in den jüdischen Glaubensangehörigen die vermeintliche Ursache für seine Lage erkannt und zu bekämpfen geglaubt habe. Er habe möglichst viele »Personen jüdischen Glaubens« töten wollen und deshalb den höchsten jüdischen Feiertag, Jom Kippur, als Tatzeitpunkt ausgewählt. Als mögliche Alternative oder Ergänzung seines Vorhabens habe er weiterhin in Erwägung gezogen, auch Personen aus anderen

Bevölkerungsgruppen anzugreifen. Er habe durch die Veröffentlichung des Videos von dem Attentat im Internet gemeinsam mit den veröffentlichten Dokumenten unter Beweis stellen wollen, dass man mit selbstgebauten Waffen eine solche Tat begehen könne, um so Nachahmer auf der ganzen Welt zu motivieren. Der Angeklagte habe zudem seine Tat in eine Reihe mit vorherigen, ihm als Vorbild dienenden rassistisch motivierten Massenmorden stellen wollen. So habe er seiner von Misserfolg und Versagen geprägten Existenz besondere Bedeutung zu verleihen gehofft. Im Spätsommer habe der Angeklagte Ausspähfahrten zur Synagoge unternommen und sich über Satellitenbilder aus dem Internet über die Lage und Zugänge der Synagoge informiert. Im September habe er dann einen Mietwagen gemietet, um damit zur Tatausführung zur Synagoge zu fahren. Am 7. Oktober 2019 habe er das Fahrzeug abgeholt. Am Abend desselben Tages habe er nochmals die zur Veröffentlichung bestimmten Dokumente überprüft. Am Folgetag habe der Angeklagte zunächst Teile der Waffe und die Munition in das Auto geladen, am Nachmittag habe er im Haus seines Vaters die Sprengsätze für die Tat vorbereitet und das restliche Guthaben in Höhe von 600 Euro von seinem Konto abgehoben, um es für eine mögliche Flucht zu verwenden. Außerdem habe der Angeklagte eine Fluchttasche mit Kleidung, Hygieneartikeln und Lebensmittel gepackt. Er habe vorgehabt, sich nach einer Flucht für eine Weile zu verbergen und bei einer sich bietenden Gelegenheit, weitere Angriffe zu begehen.

Am Morgen des Tattags habe der Angeklagte die zur Veröffentlichung bestimmten Dokumente ins Internet gestellt und Teile der Daten auf seinem Computer gelöscht, andere habe er verschlüsselt. Anschließend habe er sich beiläufig von seiner Mutter verabschiedet und die restlichen Waffen in einer Tasche verstaut und ins Auto gebracht. Danach sei er zum Haus seines Vaters gefahren, wo er die selbstgebauten Sprengvorrichtungen in das Auto geladen habe. Außerdem habe sich der Angeklagte für die Tatausführung angekleidet, er habe einen Helm und eine Schutzweste getragen, die zusammen mit seiner dunklen Kleidung den Eindruck einer Militärmontur vermitteln sollten. Anstecker hätten Anspielungen unter anderem auf die Alt-Right-Bewegung enthalten, ebenso habe er eine Auswahl von Musikstücken zur Untermalung des Geschehens vorbereitet, die rassistische, antisemitische, homophobe und antifeministische Texte enthielten. Schließlich habe der Angeklagte noch ein Lichtbild von sich angefertigt und sei dann zur Synagoge losgefahren. Seine Planung habe sich darin erschöpft, bewaffnet die Mauer zur Synagoge zu überwinden und anschließend die dort versammelten »Menschen jüdischen Glaubens«, einschließlich Frauen und Kinder, ausnahmslos zu töten. Dabei habe der Angeklagte einkalkuliert, infolge des zwangsläufig drohenden Polizeieinsatzes, selbst getötet zu werden. Er habe so lange wie möglich durchhalten und eine möglichst hohe Anzahl von Juden töten wollen. Er sei entschlossen gewesen, Schutzpersonen oder Dritte, die bei der Tatbegehung in irgendeiner Weise hätten stören können, ebenfalls zu eliminieren. Für den Fall einer erfolgreichen Flucht habe der Angeklagte geplant, entweder später oder noch am selben Tag weitere Einrichtungen anzugreifen.

Die Beweisaufnahme habe keine Anhaltspunkte dafür erbracht, dass der Angeklagte bei Planung oder Vorbereitung des Anschlags Unterstützung oder Hilfe von Dritten erhalten habe.

TATAUSFÜHRUNG

Im Anschluss kommt der Staatsanwalt auf die Tatausführung am 9. Oktober 2019 zu sprechen. Nachdem der Angeklagte mit seinem Mietwagen um kurz vor 12 Uhr auf einem Parkplatz nahe der Synagoge angekommen sei, habe er mit Hilfe seines mitgebrachten Laptops die Links zum Livestream sowie zu den Dokumenten auf dem Imageboard Meguca hochgeladen und in einem Beitrag zu deren Verbreitung aufgerufen. Gleichzeitig habe er die Videoaufnahme mit dem an seinem Helm befestigten Smartphone gestartet, die mittels Livestream auf dem Internetportal Twitch öffentlich zugänglich gemacht und in Echtzeit übertragen worden sei. Zudem habe er noch eine weitere Aufnahme mit einer zweiten Kamera angefertigt, die an seiner Schutzweste befestigt gewesen sei. Diese habe er später nach der Tat veröffentlichen wollen. Der Angeklagte sei davon ausgegangen, dass eine größere Anzahl von Personen die Aufnahme im Internet mitverfolge.

TAT 1 DER ANKLAGESCHRIFT: VOLKSVERHETZUNG IM INTERNET

Nach Beginn des Livestreams habe der Angeklagte in englischer Sprache gesagt, er glaube nicht, dass der Holocaust stattgefunden habe. Er habe in dem Bewusstsein gehandelt, dass eine solche Äußerung angesichts der historischen Tatsache des Massenmords an den europäischen Juden und der Herrschaft des Nationalsozialismus in Deutschland unter Strafe gestellt ist. Der Angeklagte habe Juden als Wurzel der Probleme bezeichnet, die für den Feminismus, den Rückgang der Geburtenraten in der westlichen Welt und infolge auch für Massenmigration verantwortlich seien. Unter indirekter Bezugnahme auf den von den Nationalsozialisten begangenen Völkermord habe der Angeklagte mögliche Empfänger zu einer feindseligen Haltung gegenüber Juden, zu deren Ausgrenzung und letztlich zu ihrer physischen Vernichtung aufrufen wollen. Ebenso habe der Angeklagte in dem hochgeladenen Dokument, das mit dem Begriff »Manifest« in japanischer Schrift betitelt gewesen sei, dazu aufgerufen, Angehörige bestimmter Bevölkerungsgruppen zu töten, darunter Juden, Muslime oder »Menschen mit dunkler Hautfarbe«. In dem ebenfalls auf Englisch veröffentlichten Dokument »Pre Action Report« habe der Angeklagte die verwendeten Schusswaffen dargestellt, ihre Beschaffenheit beschrieben und ihren Herstellungsprozess erklärt. Außerdem habe er darin Juden unter anderem als »Ratten« bezeichnet, die man aus der Synagoge heraustreiben müsse. Diese Äußerungen, die volksverhetzend seien, würden Fall 1 der Anklageschrift darstellen.

TAT 2: ANSCHLAG AUF DIE SYNAGOGE

Gegen 12 Uhr sei der Angeklagte in die Humboldtstraße gefahren und habe mit dem Auto direkt vor der Synagoge gehalten. Er sei mit zwei Schusswaffen und einem Sprengsatz bewaffnet aus dem Fahrzeug ausgestiegen und sei zur hinteren Eingangstür an der Mauer der Synagoge gegangen. In diesem Moment sei der Angeklagte davon ausgegangen, unmittelbar nach Überwinden der Mauer mit der Tötung der Synagogenbesucher beginnen zu können. Zu diesem Zeitpunkt hätten sich 51 Besucher, allesamt jüdischen Glaubens, in der Synagoge aufgehalten. Die Tür ebenso wie die weiteren Zugänge auf das Gelände seien jedoch verschlossen gewesen – der Schlüssel habe innen im Schloss gesteckt. Der Angeklagte habe deshalb vergeblich an der Türklinke gerüttelt. Der Wachmann der Synagoge habe das Vorhaben des Angeklagten durch eine Überwachungskamera bemerkt und rasch den Schlüssel von der Tür in der Mauer abgezogen. Anschließend habe der Angeklagte versucht, die rechte Eingangstür und das Zufahrtstor in der Mauer zu öffnen. Er habe nunmehr beabsichtigt, das Tor mit einem Sprengsatz aufzusprengen – die Detonation sei jedoch zu schwach gewesen. Anschließend sei der Angeklagte davon ausgegangen, dass es ihm nicht gelingen würde, das Tor zu öffnen. Er habe dann versucht, über den Hinterhof eines Nachbargrundstücks auf das Gelände der Synagoge zu gelangen, was ihm jedoch ebenfalls nicht geglückt sei. Später sei er dann in die Humboldtstraße zurückgekehrt, »um letzte Anstalten zu machen, doch noch Besucher der Synagoge zu töten«. Er habe mehrfach mit einer Schusswaffe auf die Eingangstür geschossen, was jedoch ebenso gescheitert sei wie der Versuch, die Synagoge mit Hilfe von Sprengsätzen in Brand zu setzen, die er über die Mauer geworfen habe. Auch ein letzter vergeblicher Tritt gegen die Eingangstür habe nichts genutzt. Daraufhin habe der Angeklagte davon abgelassen, in die Synagoge einzudringen und sei in Richtung Innenstadt gefahren. Bei den Besuchern der Synagoge habe der Angriff teilweise erheblich psychische Folgen hervorgerufen. Mehrere Geschädigte würden unter Posttraumatischen Belastungsstörungen leiden und hätten therapeutische Behandlung in Anspruch nehmen müssen.

TAT 3: MORD AN JANA L.

Nachdem der Angeklagte einen Sprengsatz an der Synagoge gezündet habe, sei die Passantin Jana L. vorbeigekommen und habe sich über den Lärm beschwert. Ihr sei in diesem Moment nicht bewusst gewesen, dass der Angeklagte bewaffnet gewesen sei und die Besucher in der Synagoge habe töten wollen. Sie habe auch nicht damit gerechnet, selbst vom Angeklagten angegriffen zu werden, weshalb sie ihren Weg fortgesetzt und sich nicht weiter um das Geschehen gekümmert habe. Der Angeklagte habe in diesem Moment in Tötungsabsicht mit einer Schusswaffe auf Jana L. angelegt und ihr mit einer Salve von vier Schüssen in den Rücken geschossen. Diese sei vornüber gefallen und bewegungslos auf dem Boden liegen geblieben. Der Angeklagte habe aus Verärgerung über das absehbare Scheitern seines Anschlags auf die Synagoge und aus Ärger über die Äußerung von Jana L. auf diese geschossen, um auf diese Weise seine Aggressionen abzureagieren. Er habe Störungen seines Vorhabens bereits in seinen Tatplan einbezogen und Jana L. zudem für menschlich minderwertig gehalten. Später habe er einen weiteren Feuerstoß von elf Schüssen auf die am Boden liegende Jana L. abgegeben, weil sie nach dem Vorstellungsbild des Angeklagten in dieser Situation immer noch eine Gefahr für ihn dargestellt habe. Dabei habe er versehentlich einen Schuss auf den linken Reifen des Mietfahrzeugs abgegeben. Außerdem habe er Jana L. zweimal als »Schwein« bezeichnet. Die 40-jährige Jana L. sei noch am Ort des Geschehens verstorben. Sie sei den multiplen Schussverletzungen erlegen.

TAT 4: MORDVERSUCH AN MANDY R.

Unmittelbar nach den Schüssen auf Jana L. habe sich der Angeklagte – der sich weiterhin im Kampfmodus befunden habe – gegenüber möglichen weiteren Störungen seines Vorhabens absichern wollen. Er sei dazu bereit gewesen, Personen zu töten, die die Durchführung seiner Tat potenziell hätten gefährden können. Er habe Mandy R. aus etwa 30 Metern Entfernung wahrgenommen und mit einer Schusswaffe auf sie gezielt, um sie ebenso zu erschießen. Bei Betätigung des Abzugs habe er jedoch erkannt, dass die Waffe eine Ladehemmung gehabt habe. Er habe spontan »Klemmt!« gerufen, die Waffe abgesetzt und versucht, sie wieder funktionsfähig zu machen. Mandy R., die zuvor beobachtet hatte, wie der Angeklagte Jana L. niedergeschossen hatte, habe die Situation als bedrohlich eingeschätzt und sei davongerannt. Auf einem Parkplatz habe sie Schutz hinter einem Fahrzeug gesucht.

Die Geschädigte, bei der sich der Angeklagte während der Hauptverhandlung entschuldigt habe, habe durch die Tat eine Posttraumatische Belastungsstörung erlitten und sei für vier Wochen arbeitsunfähig gewesen. Aufgrund der Verhandlung habe sie erneut unter vermehrten Schlafstörungen gelitten.

TAT 5: MORDVERSUCH AN STANISLAW G.

Als der Angeklagte festgestellt habe, dass er Mandy R. nicht mehr würde erschießen können, sei er zu seinem Fahrzeug zurückgekehrt, wo er Stanislaw G. erblickt habe. Dieser habe angehalten, um Jana L. Hilfe zu leisten. Der Angeklagte habe ihn für einen Juden aus der Synagoge gehalten und ihn deshalb töten wollen. Er habe seine Schusswaffe auf das Opfer gerichtet und den Abzug betätigt, habe jedoch wieder eine Ladehemmung gehabt. Auch ein zweiter Schussversuch sei gescheitert. Noch bevor der Angeklagte ein drittes Mal hätte schießen können, sei Stanislaw G. wieder in sein Auto eingestiegen und zügig davongefahren. Da habe der Angeklagte erkannt, dass eine Verfolgung sinnlos gewesen wäre, weil das Auto sich immer weiter entfernt habe, und er deshalb Stanislaw G. nicht mehr habe töten können. Stanislaw G. habe keine Verletzungen davongetragen und bisher auch nicht unter psychischen Langzeitfolgen gelitten.

Die Vorsitzende legt eine Lüftungspause ein.

TAT 6: ANSCHLAG AUF DIE GASTSTÄTTE KIEZ DÖNER

Nach der Pause fährt Staatsanwalt Birkenholz fort: In Anbetracht seines Scheiterns habe der Angeklagte beschlossen – wie bereits im Tatplan erwogen – ersatzweise eine andere der von ihm gehassten Gruppe anzugreifen, um doch noch Menschen für seine Zuschauer zu töten. Er habe also über den Stream angekündigt, dass er jetzt Muslime töten wolle. In der Ludwig-Wucherer-Straße habe er auf der gegenüberliegenden Straßenseite den Kiez Döner erkannt, in dem er »ausländische Mitbürger« vermutet habe. Der Angeklagte sei bewaffnet ausgestiegen und quer über die Ludwig-Wucherer-Straße auf die Gaststätte zugegangen. Zunächst habe er einen Sprengsatz in Richtung der Eingangstür geworfen, bereits damit habe er so viele Menschen wie möglich töten sowie andere desorientieren und kampfunfähig machen wollen. Im Dönerimbiss hätten sich zu diesem Zeitpunkt fünf Personen befunden, darunter der Angestellte Rıfat T. Der Sprengsatz habe jedoch sein Ziel verfehlt und sei vor der Gaststätte explodiert, wodurch Margit W. verletzt worden sei. Der Angeklagte sei auf die Eingangstür zugegangen, hinter der Kevin S. gestanden habe, und habe einen Feuerstoß von zwei Schüssen auf ihn abgeben, da er ihn für einen Muslim gehalten habe. Dabei habe er zunächst die Fensterscheibe getroffen. Kevin S. habe sich dann hinter dem Kühlschrank versteckt. Rıfat T. habe sich hinter dem Tresen verborgen, Conrad R. sei in einen Abstellraum geflüchtet und habe sich auf der Toilette versteckt. Prof. Bernd H. habe am Tisch gesessen, sei nach der Detonation aufgesprungen und Conrad R. in den hinteren Bereich der Gaststätte gefolgt. Der Angeklagte habe geglaubt, auch in ihm einen Muslim zu erkennen. Er habe auf ihn angelegt und dreimal den Abzug betätigt. Wegen erneuter Ladehemmung sei es ihm aber nicht möglich gewesen, Schüsse abzugeben, sodass Bernd H. habe entkommen können. Der Angeklagte habe dann den Raum auf der Suche nach Opfern durchquert. Dabei habe er Kevin S. und einen Arbeitskollegen von ihm, der namentlich nicht genannt werden möchte, entdeckt und auf beide gezielt, sei aber wieder an einer Ladehemmung gescheitert. Der Arbeitskollege von Kevin S. habe die Gelegenheit genutzt, um durch das Fenster zu flüchten, während Rıfat T. durch die Eingangstür geflüchtet sei. Kevin S. sei währenddessen hinter den Kühlschränken zusammengekauert und weinend liegen geblieben. Der Angeklagte habe auf ihn geschossen, Kevin S. sei daraufhin verletzt hinter den Kühlschränken liegen geblieben. Wegen des Problems mit seiner Waffe habe der Angeklagte sie mitsamt Magazinen auf den Boden geworfen und die Gaststätte verlassen, sei jedoch mit einer anderen Schusswaffe aus seinem Wagen zurückgekehrt. Mit dieser habe er drei weitere Schüsse auf Kevin S. abgegebenen, bis er sicher gewesen sei, ihn getötet zu haben. Kevin S. sei kurze Zeit später vor Ort verstorben. Der Geschädigte Bernd H. habe sich beim Sprung aus dem Fenster einige Verletzungen zugezogen und habe über einen Zeitraum von sechs Wochen Schmerzmittel einnehmen müssen. Der Arbeitskollege von Kevin S. leide unter einer Posttraumatischen Belastungsstörung. Er habe sich zunächst mehrere Monate in stationärer und seitdem in ambulanter Behandlung befunden. Eine Wiederaufnahme der Erwerbstätigkeit sei noch nicht abzusehen. Rıfat T. leide seit der Tat unter Schlafstörungen und befinde sich in psychologischer Behandlung. Er sei noch nicht in der Lage, längere Zeit in der Gaststätte zu verbringen und zu arbeiten. Auch der Geschädigte Conrad R. habe mit den psychischen Folgen der Tat zu kämpfen.

TAT 7: MORDVERSUCH AN MALEK B.

Nachdem der Angeklagte nach den ersten Schüssen auf Kevin S. zu seinem Mietfahrzeug zurückgekehrt sei, um eine weitere Waffe zu holen, habe er auf der anderen Straßenseite den tunesischen Staatsangehörigen Malek B. bemerkt. Er habe in ihm einen Ausländer erkannt und habe ihn aus diesem Grund töten wollen. Er habe mit seiner Schusswaffe aus wenigen Metern Entfernung auf ihn angelegt. Malek B., der die Gefahr erkannt habe, sei davongerannt. Der Angeklagte habe einen Schuss auf ihn abgegeben, der jedoch nicht getroffen habe, da er über das sich duckende Opfer hinweg gegangen sei. Anschließend habe der Angeklagte keine Möglichkeit mehr gesehen, die Schusswaffe nachzuladen und einen weiteren Schuss auf Malek B. abzugeben, da dieser sich mit hoher Geschwindigkeit entfernt habe – obwohl er ihn weiterhin habe töten wollen. Seit dem Vorfall leide der Geschädigte unter Alpträumen und Schlafstörungen.

TAT 8: MORDVERSUCH AN ABDÜLKADIR B. UND AN EINER UNBEKANNTEN PERSON

Der Angeklagte sei anschließend zu seinem Fahrzeug zurückgekehrt und nur wenige Meter gefahren, als er unmittelbar vor der Gaststätte den türkischen Staatsangehörigen Abdülkadir B. und eine weitere männliche Person erblickt habe. Der Angeklagte habe in beiden Personen Ausländer erkannt und sich deshalb entschlossen, sie zu töten. Er habe den Wagen angehalten und sei bewaffnet ausgestiegen. Die beiden Opfer, die die Gefahr erkannt hatten, seien in südöstliche Richtung davongerannt. Der Angeklagte sei ihnen hinterhergerannt und habe dabei zwei Schüsse auf die beiden Männer abgegeben, die jedoch ihr Ziel verfehlt hätten. Da habe der Angeklagte erkannt, da der Vorsprung der Flüchtenden so groß gewesen sei, dass eine weitere Verfolgung sinnlos sei und er die beiden Männer nicht mehr würde töten können. Enttäuscht sei er in die Gaststätte zurückgegangen, wo er Kevin S. in einer Art Hinrichtung mit Schüssen aus naher Distanz endgültig getötet habe. Abdülkadir B. habe etwa eine Woche lang unter Schmerzen an den Füßen gelitten, da er bei der Flucht Sicherheitsschuhe getragen habe. Wegen der psychischen Folgen habe er eine Woche nach der Tat seine Arbeitsstelle aufgegeben und etwa ein halbes Jahr bei seiner Familie verbracht, bevor er wieder in der Lage gewesen sei zu arbeiten.

TAT 9: SCHUSSWECHSEL MIT DEN POLIZEIBEAMTEN

Der Angeklagte sei wieder in den Mietwagen gestiegen, habe aber nach wenigen Metern erkannt, dass ihm ein Polizeifahrzeug den Weg versperrt. Das Polizeifahrzeug sei mit Polizeikommissarin Sarah B., Polizeiobermeister Dirk F. und Polizeimeister Daniel L. besetzt gewesen. Außerdem seien Polizeikommissar Robert L. und Polizeikommissar Robert D. mit einem weiteren zivilen Fahrzeug zum Einsatzort gefahren und hätten dieses schräg hinter dem Einsatzwagen abgestellt. Der Angeklagte habe sich dazu entschlossen, nicht aufzugeben und ein Feuergefecht aufzunehmen. Für den Fall, dass er überleben und flüchten würde, habe er beabsichtigt, weitere Angehörige der von ihm als Ziel ausgewählten Bevölkerungsgruppen zu töten. Der Angeklagte habe also angehalten und sich hinter der geöffneten Fahrertür positioniert. Er habe die Möglichkeit erkannt, die Polizisten tödlich zu treffen, habe sich mit diesem Umstand aber abgefunden, weil er unbedingt weitere Menschen habe töten wollen. Es seien drei Schüsse gefolgt, zudem habe der Angeklagte beabsichtigt, eine Rauchgranate zu zünden, um sich in deren Schutz den Polizeibeamten nähern und besser angreifen zu können. Als der Attentäter ein Feuerzeug in die Hand genommen habe, habe Polizeimeister Daniel L. das Feuer erwidert und den Angeklagten am Hals getroffen – ein Durchschuss an der linken Halsseite. Der Angeklagte sei zu Boden gefallen und für etwa 30 Sekunden benommen liegen geblieben. Als er wieder bei Bewusstsein war, sei er in sein Auto gestiegen und in die entgegengesetzte Richtung davon gefahren. Ihm sei in diesem Moment bewusst gewesen, dass er in dem Feuergefecht mit den Polizeibeamten unterlegen wäre. Die Polizeibeamten seien physisch unverletzt geblieben, die Polizeifahrzeuge seien jedoch durch die Schüsse des Angeklagten beschädigt worden.

Kurz nach dem Angriff auf die Gaststätte habe Rıfat T. seinem Bruder İsmet T. über Mobiltelefon berichtet, was geschehen sei. İsmet T. habe sich deshalb in Richtung der Gaststätte bewegt. Auf dem Weg sei er auf Abdülkadir B. und den unbekannten Mann getroffen, die davon berichtet hätten, dass da ein bewaffneter Mann auf Leute schieße – er sei trotzdem in Richtung der Gaststätte weitergerannt. Während des Feuergefechts zwischen Polizei und Angeklagtem habe sich İsmet T. im Bereich zwischen den Polizeibeamten auf dem von ihm gesehen rechten Gehweg befunden. Als er nach der ersten Schussabgabe durch den Angeklagten umherfliegende Munitionsteile wahrgenommen habe, habe er hinter einem Fahrzeug Schutz gesucht. An dem Fahrzeug hätten sich auf der Straßenseite nach der Tat Munitionsreste befunden, an den umliegenden Hauswänden seien Spuren von Einschüssen zu finden gewesen. Es sei nicht festzustellen, dass der Angeklagte gezielt einen Schuss auf İsmet T. abgegeben habe. Es gebe keine Anhaltspunkte dafür, dass der Angeklagte ihn vor, während oder nach der Schussabgabe überhaupt wahrgenommen habe. Es sei auch nicht davon auszugehen, dass der Angeklagte im Moment der Schussabgabe damit gerechnet habe, andere Personen als die Polizeibeamten zu treffen oder ihm das gleichgültig gewesen sei – ihm sei es vielmehr darauf angekommen, seine Flucht fortsetzen zu können. Polizeiobermeister Dirk F. sei nach dem Tattag in psychologischer Behandlung gewesen und leide unter einer Posttraumatischen Belastungsstörung. Auch sei es ihm nach der Tat an manchen Tagen nicht möglich, seinen Dienst zu verrichten. Auch zwei weitere der Polizisten seien nach der Tat unter psychischer Belastung fast sieben Tage krankgeschrieben gewesen. Zur Verarbeitung des bei ihnen eingetretenen Traumas hätte es mehrerer Therapiestunden beim polizeiärztlichen Dienst bedurft.

TAT 10: VORFALL AUF DER MAGDEBURGER STRASSE

Auf der anschließenden Fluchtfahrt sei der Angeklagte mit der für ihn höchstmöglichen Geschwindigkeit durch Halle gefahren. Am Steintor sei er im Zuge einer Überholung leicht mit einem Fahrzeug kollidiert. Anschließend sei er auf der Rechtsabbiegespur geradeaus über eine Kreuzung gefahren, obwohl die Lichtzeichenanlage in diesem Moment auf rot geschaltet gewesen sei. Als er auf die Haltestelle Magdeburger Straße zugefahren sei, habe dort in diesem Moment eine Straßenbahn gehalten, und mehrere Personen hätten das Verkehrsmittel verlassen, unter ihnen Aftax I., der auf die gegenüberliegende Straßenseite zu seinem Arbeitgeber habe gelangen wollen. Aufgrund der Verkehrssituation sei dem Angeklagten die Weiterfahrt geradeaus auf der rechten Fahrbahn der Magdeburger Straße an der Haltestelle vorbei verwehrt gewesen. Deshalb habe er sich entschlossen, die Haltestelle auf der Gegenfahrbahn zu passieren, um seine Flucht fortsetzen zu können. In diesem Moment sei auch Aftax I. auf die Gegenfahrbahn zugegangen, um die Straße zu überqueren.

Als er die Fahrbahn betreten habe, habe er erkannt, dass der Angeklagte auf ihn zugekommen sei. Er habe noch versucht, ihm auszuweichen, was jedoch nicht mehr vollständig gelungen sei. Er sei vom Seitenspiegel des Angeklagten erfasst worden und zu Boden gestürzt. Er habe sich dabei einige Verletzungen zugezogen. Der Angeklagte habe kurz vor der Kollision bemerkt, dass eine Person auf die Fahrbahn getreten sei, die er möglicherweise angefahren hatte. Auch habe er wahrgenommen, dass es sich dabei um eine Person mit dunkler Hautfarbe handele. Es könne aber nicht festgestellt werden, dass der Angeklagte sich zu einem Zeitpunkt, in dem er sich bewusst war, den Zusammenstoß noch verhindern zu können, dafür entschieden habe, Aftax I. absichtlich anzufahren und zu töten. Ebenso sei nicht zu belegen, dass der Angeklagte bei seinem Fahrmanöver davon ausgegangen sei, Personen tödlich zu verletzen und sich damit abgefunden hatte oder ihm dies gleichgültig gewesen sei.[4]

Aufgrund des Unfalls sei der Geschädigte Aftax I. für etwa zehn Tage arbeitsunfähig gewesen. Er habe nach der Tat unter Angstzuständen gelitten und sei insgesamt etwa vier bis fünf Wochen krankgeschrieben gewesen. Der Geschädigte befinde sich weiterhin in psychologischer Behandlung.

TAT 11 UND 12: SCHÜSSE AUF JENS Z. UND DAGMAR M.

Der Angeklagte habe seine Fluchtfahrt bis zur Ortschaft Wiedersdorf fortgesetzt, wo er den Mietwagen aufgrund der Beschädigung der Reifen habe abstellen müssen. Er habe beabsichtigt, ein anderes Fahrzeug in seinen Besitz zu bringen. Er habe seinen Rucksack mit technischer Ausrüstung, einer Schusswaffe und den verbliebenen Magazinen bepackt. Eine weitere Schusswaffe habe er an sich genommen und die Schutzkleidung abgelegt, um nicht aufzufallen. Er habe dann den Pkw von Jens Z. vor dessen Grundstück entdeckt, welcher sich zu diesem Zeitpunkt hinter dem Tor zu seinem Grundstück befunden habe. Der Angeklagte habe eine Person hinter der Tür bemerkt und sich erhofft, von ihr die Zündschlüssel für das Auto zu erhalten. Er habe an das Tor geklopft, woraufhin Jens Z. ihm geöffnet habe. Der Angeklagte habe ihn gefragt, ob das Auto ihm gehöre, was dieser bejaht habe. Daraufhin habe der Angeklagte die Waffe auf Jens Z. gerichtet und die Herausgabe der Zündschlüssel gefordert. Dieser habe sich jedoch geweigert, diese herauszugeben. Aus Verärgerung darüber habe der Angeklagte sodann aus einer Entfernung von circa eineinhalb Metern auf Jens Z. geschossen. Er habe die Möglichkeit erkannt, dass Jens Z. in dieser Situation zu Tode kommen könnte, habe sich

4 Um die Tat als versuchten Mord oder versuchten Totschlag zu bewerten, müsste sie vorsätzlich erfolgt sein. Der Staatsanwalt erläutert hier, warum er im Handeln des Angeklagten in dieser Situation auch den sogenannten bedingten Vorsatz nicht verwirklicht sieht: Dieser liegt dann vor, wenn der Täter einen Schaden für möglich hält und ihn nach dem Motto »Ist mir egal« billigend in Kauf nimmt.

jedoch abgewendet, weil er unbedingt seine Flucht habe fortsetzen wollen, um weitere Personen in der Folgezeit töten zu können. Jens Z. sei im Nacken getroffen worden und zu Boden gestürzt. Der Angeklagte habe anschließend der hinzugekommenen Dagmar M. in die Beine geschossen, wobei er die Möglichkeit erkannt habe, sie zu verletzen, was ihm jedoch gleichgültig gewesen sei. Er habe verhindern wollen, dass Dagmar M. die Polizei rufe und dafür das Überraschungsmoment ausgenutzt. Dagmar M. sei in der linken Gesäßhälfte getroffen worden und zu Boden gesunken. Als der Angeklagte das Grundstück verlassen habe, habe er es für möglich gehalten, beide durch die Schüsse so verletzt zu haben, dass sie in der Folgezeit versterben würden. Jens Z. erlitt eine stark blutende Schussverletzung mit Steckschuss in die Nackenmuskulatur, die eine operative Entfernung des Projektils erforderlich gemacht habe. Dagmar M. habe man das Projektil aus dem linken Oberschenkel operativ entfernen müssen. Beide seien seit der Tat auf nicht absehbare Zeit arbeitsunfähig und würden weiterhin unter den körperlichen und psychischen Folgen leiden. Sie würden weitestgehend zurückgezogen leben und selten das Haus verlassen, so der Staatsanwalt.

TAT 13: ERBEUTUNG DES TAXI-FLUCHTFAHRZEUGS

Nach dem Verlassen des Grundstücks sei der Angeklagte zu seinem ursprünglichen Plan übergegangen, eines der in der Nähe abgestellten Taxifahrzeuge zu erbeuten.

Die Vorsitzende bittet den Staatsanwalt abermals darum, etwas langsamer zu sprechen.

Dieser fährt fort, der Angeklagte sei auf das Taxi von Christian W. zugegangen, der gerade dabei gewesen sei, es vor der Werkstatt zu beladen. Die Frage des Angeklagten, ob dieser Wagen ihm gehöre, habe er bejaht. Daraufhin habe der Angeklagte die Herausgabe des Fahrzeugs gefordert, was Christian W. zunächst für einen Scherz gehalten habe. Der Angeklagte habe ihn dann mit geladener Waffe bedroht, woraufhin dieser seinen Bruder, Daniel W. und Kai H., aus der Werkstatt zu sich gerufen habe. Mit dem Hinweis, er sei ein gesuchter Schwerverbrecher, habe er alle Anwesenden bedroht und die Herausgabe eines Fahrzeugs gefordert. Daraufhin habe Daniel W. ihm die Zündschlüssel zu seinem Taxi zugeworfen. Als Daniel W. das Angebot des Angeklagten abgelehnt habe, ihn für die Nutzung des Autos zu bezahlen, habe dieser zwei Fünfzigeuroscheine vor diesem auf den Boden geworfen. Er habe sie aufgefordert, ihm zehn Minuten Vorsprung vor der Polizei zu geben und sei in dem Taxi davongefahren. Kai H. habe umgehend die Polizei gerufen und sich anschließend gemeinsam mit Christian W. um die Verletzten Dagmar M. und Jens Z. gekümmert. Daniel W. habe mit dem Taxi seines Bruders die Verfolgung des Angeklagten aufgenommen. Er habe infolge der Tat einen Hörsturz erlitten, es sei außerdem eine Anpassungsstörung und eine leichte depressive Episode mit somatischen Symptomen bei ihm diagnostiziert worden. Christian W. leide seit der Tat an einer Posttraumatischen Belastungsstörung sowie an einer generalisierten Angststörung. Auch an Kai H. sei das Erlebte nicht spurlos vorübergegangen, er habe dieses vor allem in Gesprächen mit seiner Frau verarbeitet.

FESTNAHME DES ANGEKLAGTEN

Auf der weiteren Flucht sei der Angeklagte nach einer Verfolgungsjagd mit der Polizei gegen 13 Uhr des Tattags festgenommen worden, nachdem er eine rote Lichtzeichenanlage überfahren habe und mit einem entgegenkommenden Lkw zusammengestoßen sei. Zunächst habe er noch versucht, zu Fuß zu flüchten, und habe in der polizeilichen Vernehmung bedauert, seine Waffen im Auto zurückgelassen zu haben – so habe er sie nicht mehr gegen die ihn festnehmenden Polizisten einsetzen können. Das Taxi sei später sichergestellt und wieder an Daniel W. zurückgegeben worden.

ZUR SCHULDFÄHIGKEIT

Der Angeklagte leide unter einer schweren Persönlichkeitsstörung in Form einer komplexen Persönlichkeitsstörung, die durch schizoide, paranoide und selbstunsichere Anteile geprägt sei und zudem Züge einer Autismus-Spektrumsstörung aufweise. Diese Beeinträchtigung habe sich aber bei keiner der Taten auf seine Einsichts- oder Steuerungsfähigkeit ausgewirkt.

BEWEISWÜRDIGUNG

Oberstaatsanwalt Schmidt kommt anschließend zur Beweiswürdigung. Er legt also dar, wie die vorher erläuterten Feststellungen von Beweismitteln gestützt seien. Dabei ergebe sich das Tatgeschehen bereits in weiten Teilen aus dem Geständnis des Angeklagten und auch im Video von der Tat sei es detailliert dokumentiert. Das dabei festgehaltene Tatgeschehen werde vom Angeklagten in objektiver Hinsicht ebenso eingeräumt wie die anschließend verübten, nicht in den Aufnahmen festgehaltenen Taten. Der Angeklagte bestreite lediglich bei einigen Taten Umstände auf der inneren Tatseite.[5] Dabei handele es sich – soweit überhaupt von Bedeutung – im Wesentlichen um die Feststellung, in Tötungsabsicht mit der Schusswaffe auf Mandy R. angelegt zu haben. Zweitens bestreite er, bereits mit dem Wurf des Sprengsatzes auf

5 Mit »Umstände auf der inneren Tatseite« ist das Innenleben des Angeklagten zum Tatzeitpunkt gemeint – also die Frage nach seinen Absichten und der Motivation.

den Kiez Döner in Tötungsabsicht gehandelt zu haben. Drittens bestreite er auch, bei Abgabe der Schüsse auf die Polizeibeamten von einer tödlichen Wirkung ausgegangen zu sein. Viertens bestreite er zudem, bei den Schüssen auf Dagmar M. und Jens Z. in Tötungsabsicht gehandelt zu haben und mit tödlichen Folgen gerechnet zu haben.

Außerdem werde er im Folgenden darlegen, warum sich keine Feststellung eines Tötungsvorsatzes des Angeklagten im Rahmen des Feuergefechts mit den Polizeibeamten zum Nachteil des İsmet T. und im Zusammenhang mit dem Verkehrsunfall in der Magdeburger Straße zum Nachteil von Aftax I. habe treffen lassen.

Zur Vorgeschichte geht der Oberstaatsanwalt auf das zurückgezogene Sozialverhalten des Angeklagten ein, das vom Angeklagten selbst ebenso eingeräumt werde wie der Verlauf seiner Schulausbildung und das gescheiterte Studium. Auch die gesundheitlichen Probleme und die anschließende Zeit ohne berufliche Perspektive seien von ihm übereinstimmend mit den wenigen Zeugen aus seinem privaten Umfeld geschildert worden. Die bereits in der Jugendzeit von ihm vertretene rechtsgerichtete Gesinnung werde durch Aussagen aus seinem privaten Umfeld, insbesondere durch den Zeugen Mario S., bestätigt. Die Angaben des Angeklagten zu seinen finanziellen Verhältnissen seien weitgehend von den entsprechenden Finanzermittlungen bestätigt worden. Auch die weitere Radikalisierung des Angeklagten, »ob der von ihm wahrgenommenen Gefahr der Verdrängung durch ›ausländische Bevölkerungsgruppen‹«, werde von ihm eingeräumt. Ebenso würde der Angeklagte den Zeitpunkt der Herstellung der Waffen bestätigen, wobei dieser angebe, die selbstgebauten Waffen zunächst nur zum Zwecke der Selbstverteidigung gegen die von ihm erwähnten Bevölkerungsgruppen habe einsetzen wollen. Dies scheine angesichts der Anzahl und Art der Waffen unglaubhaft. Unter anderem gebe die Anzahl von sieben angefertigten Waffen und die Herstellung etwa von Schalldämpfern darauf einen Hinweis.

Es sei davon auszugehen, dass sich der Angeklagte bereits längere Zeit vor dem Anschlag von Christchurch im März 2019 eingehender damit beschäftigt habe, selbst eine solche Tat zu begehen und sich im Anschluss an dieses Ereignis lediglich seine Bemühungen und Vorbereitungen intensiviert haben. Für den Fall, dass die Waffen ausschließlich der Selbstverteidigung hätten dienen sollen, hätte wohl auch nicht das Bedürfnis bestanden, ihre Herstellung derart vor den Familienangehörigen geheim zu halten, wie der Angeklagte es beschrieben habe.

Seine Gesinnung, insbesondere seine antisemitische, rassistische und ausländerfeindliche Einstellung sowie seine Affinität zur »Incel«-Bewegung, sei ja bereits im Rahmen der Einlassungen des Angeklagten wie auch in den Ermittlungen deutlich geworden. Darüber hinaus seien sie auch durch das vom Angeklagten verfasste »Manifest«, die weiteren veröffentlichten Dokumente sowie die Vielzahl von elektronischen Daten auf den bei ihm sichergestellten Datenträgern belegt. Das gehe zudem auch aus seiner besonderen Aufmerksamkeit für den Attentäter von Christchurch hervor.

TATVORBEREITUNG

Seine Vorbereitungshandlungen nach dem Anschlag von Christchurch würden vom Angeklagten ebenso eingeräumt wie der Umstand, dass dieses Ereignis für ihn die konkrete Tatplanung ausgelöst habe. Seine Angaben zu den Vorbereitungen, insbesondere hinsichtlich der Waffenherstellung, würden durch Ausführungen im »Pre Action Report« untermauert. Die Geldbewegungen auf dem Konto des Angeklagten würden darüber hinaus die zunehmende Beschäftigung mit den nötigen Materialien belegen. Die nähere Anschlagsplanung und die Auswahl der Synagoge als Ziel habe der Angeklagte ebenso eingeräumt wie die Erstellung der Dokumente und das Vorbereiten des Livestreams. Auch die Auswahl des Tatzeitpunkts mit dem Ziel, eine möglichst hohe Anzahl von Menschen jüdischen Glaubens zu töten, sei vom Angeklagten bestätigt worden. Das gelte auch für seine Überlegungen im Falle einer Flucht sowie für die Ausspähfahrten vor der Tat.

TATAUSFÜHRUNG

Im Folgenden, so der Oberstaatsanwalt, werde er auf jene Umstände eingehen, die der Angeklagte in Abrede stelle oder die nicht durch die Filmaufnahmen dokumentiert seien.

TAT 1: KOMMENTIERUNG DES LIVESTREAMS UND VERÖFFENTLICHUNG DER DOKUMENTE

Das Hochladen der Dokumente im Internet und die Kommentierung des Livestreams würden vom Angeklagten eingeräumt und durch die Filmaufnahmen belegt. Die Dokumente hätten im Internet gesichert werden können und seien in die Hauptverhandlung eingeführt worden.

TAT 2: ANSCHLAG AUF DIE SYNAGOGE

Der Anschlag auf die Synagoge sei Gegenstand der Filmaufnahmen des Angeklagten und der Überwachungskamera der Synagoge. Darüber hinaus sei er durch die Überwachungskamera von mehreren Personen in der Synagoge beobachtet worden. Der Angeklagte räume auch das Scheitern seines Anschlags aus seiner Sicht ein, nachdem er zuletzt gegen die Tür in der Mauer getreten hatte. Die örtlichen Verhältnisse in und um die Synagoge seien durch die eingeführten Tatortbefundberichte mit entsprechenden Lichtbildern belegt. Ob der Angeklagte, wie er es in der Hauptverhandlung dargestellt habe, ernstlich damit gerechnet habe, dass die Synagoge möglicherweise nicht genutzt werde und daher an diesem Tag unbesucht gewesen sei, sei aus den nachfolgend noch darzulegenden Gründen bedeutungslos. Im Übrigen sei eine solche Annahme lebensfremd – der Angeklagte könne den Anschlag mit diesem Aufwand über Monate oder gar Jahre hinweg wohl kaum geplant haben und das persönliche Risiko dabei eingegangen sein, wenn er ernstlich damit gerechnet haben sollte, dass schon im Ansatz keine Chance auf eine erfolgreiche Tatausführung bestanden haben könnte. Dies sei insbesondere vor dem Hintergrund der späteren Aussagen des Angeklagten abwegig, dass es ihm darauf angekommen sei, nicht als Versager dazustehen.

Der Angeklagte habe auch eingeräumt, an andere Möglichkeiten des Eindringens in die Synagoge in dem Moment nicht gedacht zu haben. Dass dieser mit dem baldigen Eintreffen der Polizei gerechnet habe, so der Oberstaatsanwalt, sei die einzig naheliegende Erklärung dafür, dass er sein ursprüngliches Vorhaben aufgegeben habe.

Die Anzahl der Besucher der Synagoge ergebe sich aus der Einvernahme des Kriminalbeamten Christian W. sowie der Aussage der Zeugin Mollie S. Die Auswirkungen der Tat auf die Besucher der Synagoge wiederum ergäben sich aus deren Einvernahmen.

TAT 3: MORD AN JANA L.

Auch die Feststellung dieser Tat beruhe auf dem Geständnis des Angeklagten und den verschiedenen Filmaufnahmen. Darüber hinaus habe er auch die Motive für seine Tat eingeräumt. Die tödlichen Verletzungen seien durch rechtsmedizinische Sachverständige belegt worden. Ein solches Vorgehen habe der Angeklagte bereits bei der Tatplanung in Erwägung gezogen – er habe mit möglichen Störungen der Tatausführung gerechnet und habe diese mit Waffengewalt unterbinden wollen. Auch seine verächtliche Haltung gegenüber Jana L. habe er eingeräumt.

TAT 4: MORDVERSUCH AN MANDY R.

Der Angeklagte gebe an, sich an diesen Vorfall nicht erinnern zu können und bestreite, dass er auf Mandy R. habe schießen wollen. Das Richten der Waffe auf Mandy R. erkläre er mit einem überlegten Absuchen der Gegend unter Vorhalt der Waffe. Die Ladehemmung habe er festgestellt, ohne den Abzug betätigt zu haben. Für diese Darstellung spreche unter Gesamtwürdigung aller Umstände allerdings nichts, so der Oberstaatsanwalt. Dass der Angeklagte die Schusswaffe auf Mandy R. angelegt habe, werde durch die Videoaufnahmen des Smartphones eindeutig belegt. Ein rein zufälliges Richten der Waffe auf eine etwa 30 Meter entfernte Person könne ausgeschlossen werden. Es könne zwar nicht belegt werden, dass der Angeklagte den Abzug der Waffe bereits betätigt hatte, bevor er die Ladehemmung bemerkte. Es hätte für den Angeklagten aber, so der Oberstaatsanwalt, auch kein Anlass bestanden, die Ladehemmung mit dem Wort »Klemmt!« zu kommentieren, wenn er nicht bereits unmittelbar den Finger am Abzug gehabt und einen Schuss beabsichtigt hätte. Aufschluss gebe zudem die Einordnung dieser Handlung in das vorangegangene und nachfolgende Geschehen. Der Angeklagte habe unmittelbar zuvor auf Jana L. geschossen und sich seinen Angaben zufolge im Kampfmodus befunden. Er sei entschlossen gewesen, die von ihm als »potenzielle Störer wahrgenommenen Personen« mit Waffengewalt auszuschalten. Dass dieser Zweck in dieser Situation handlungsleitend gewesen sei, werde auch daran deutlich, dass er wenig später aus derselben Motivation heraus versucht habe, Stanislaw G. zu erschießen, denn auch dieser habe die Tatumsetzung des Angeklagten gestört. Unmittelbar vor und nach dem Richten der Waffe auf Mandy R. habe der Angeklagte zudem ein eher unkoordiniertes Verhalten gezeigt, was durch die von blindem Tötungswahn getriebenen Schüsse auf Jana L. unmittelbar vorher und im Anschluss daran belegen würden. Dabei mag situativ auch eine Rolle gespielt haben, dass er aus Frustration über das absehbare Scheitern des Anschlags nicht nur Jana L., sondern auch weitere Personen habe töten wollen. Ein überlegtes und kontrolliertes Verhalten, wie vom Angeklagten behauptet, könne in dieser Situation ausgeschlossen werden, zumal dann für seinen Kommentar »Klemmt!« keinerlei Grund bestanden hätte.

Vielmehr habe der Angeklagte, wie das Geschehen unmittelbar davor und danach zeige, auf alles schießen wollen, was ihm vor die Waffe gekommen sei. Dabei sei er im Bezug auf Mandy R. nur durch die Ladehemmung gehindert worden, die er bemerkt habe, als er den Abzug habe betätigen wollen. Auch deshalb spreche es nicht gegen einen Tötungsvorsatz, dass ein Betätigen des Abzugs nicht festzustellen gewesen sei. Zudem sei zu berücksichtigen, dass der Angeklagte in seiner polizeilichen Vernehmung spontan geäußert habe, sich nicht mehr an die Situation zu erinnern. Es liege nahe, dass es sich bei der Einlassung um eine erst nachträglich zurechtgelegte Schutzbehauptung handeln könnte. Es sei auch wichtig zu berücksichtigen, dass Mandy R. nicht zur Zielgruppe der von ihm bekämpften Bevölkerungsgruppe zähle, weshalb er sich auch bei der Geschädigten als einziger während der Verhandlung entschuldigt habe. Er habe also auch einen erkennbaren Beweggrund gehabt, das Tatgeschehen im Nachhinein zu beschönigen. Dass der sonst weitestgehend geständige Angeklagte diese Tat in Abrede stelle, sei damit zu erklären, dass er im Nachhinein mehr wisse: dass das Opfer nicht seinen Angriffszielen entsprochen habe, und er es am liebsten ungeschehen machen wolle.

TAT 5: MORDVERSUCH AN STANISLAW G.

Aufgrund der eindeutigen Beweislage bleibe zum Mordversuch an Stanislaw G. nicht viel zu sagen. Der Angeklagte habe auch nicht aus freien Stücken von der weiteren Tatausführung Abstand genommen. Wegen der Ladehemmung, seiner Äußerung »Pech« und dem Umstand, dass Stanislaw G. schnell wieder in sein Fahrzeug eingestiegen sei, habe der Angeklagte in der Hauptverhandlung eingeräumt, dass er ihn für einen Jude und möglichen Besucher der Synagoge gehalten habe. Wie der Verlauf des Geschehens zeige, sei es ihm darum gegangen, Personen dieser Glaubensrichtung zu töten. Es liege folglich kein nachvollziehbares Motiv vor, weshalb der Angeklagte am Ende zu dem Entschluss gelangt sein sollte, Stanislaw G. doch nicht mehr zu erschießen.

TAT 6: ANSCHLAG AUF DIE GASTSTÄTTE KIEZ DÖNER

Auch die Fahrt zu der Imbissbude und das anschließende Tatgeschehen würden vom Angeklagten eingeräumt und seien mit den Kameraaufzeichnungen belegt. Darüber hinaus werde das Tatgeschehen durch die Aussagen der Zeugen Bernd H., Conrad R., den Arbeitskollegen von Kevin S., und Rıfat T. bestätigt. Die Feststellungen zu den örtlichen Gegebenheiten würden auf den Tatortfundberichten mit Lichtbildern beruhen. Die Folgen für die Opfer gingen aus den Zeugenaussagen, den Arztberichten und den Angaben des rechtsmedizinischen Sachverständigen über die Ergebnisse der Obduktion von Kevin S. hervor.

Soweit der Angeklagte angebe, dass diese Tat nicht geplant gewesen sei, beziehe sich dies lediglich auf das konkrete Anschlagsobjekt, da nicht festzustellen sei, dass er die Gaststätte vorher ausgewählt habe. Es sei eher davon auszugehen, dass das Objekt auf der Fluchtfahrt des Angeklagten zufällig in seinen Fokus geraten sei. Seine abstrakten Planungen habe er nun angesichts des gescheiterten Anschlags auf die Synagoge dann am Kiez Döner in die Tat umgesetzt. Auch wenn der Angeklagte angebe, den Sprengsatz nicht mit Tötungsabsicht in die Gaststätte geworfen zu haben – er behaupte, er habe lediglich der Desorientierung gedient und habe die Gäste kampfunfähig machen sollen –, sei dies aus den noch darzulegenden Gründen für die rechtliche Einordnung des Geschehens bedeutungslos. Im Übrigen sei diese Behauptung aber auch in tatsächlicher Hinsicht unglaubhaft. Dagegen spreche bereits die Beschaffenheit des Tatmittels, das zu dem Zweck vom Angeklagten hergestellt worden sei, Personen zu verletzen und zu töten. Es habe kein konkreter Anlass für den Angeklagten bestanden, von einer nichttödlichen Wirkung auszugehen. Im Ergebnis sei es fernliegend, dass sich der immer noch im Kampfmodus befindliche Angeklagte, der im Begriff gewesen sei, weitere Menschen mit Tötungsabsicht anzugreifen, in dieser Situation überhaupt über eine mögliche abgeschwächte Wirkung des Sprengsatzes Gedanken gemacht habe. Bei lebensnaher Betrachtung des

Sachverhalts sei zudem anzunehmen, dass der Angeklagte nach dem Betreten der Gaststätte davon ausgegangen sei, die von ihm wahrgenommenen Flüchtenden nicht mehr verfolgen und töten zu können. Eine freiwillige Abstandnahme der Verfolgung und Tötung von diesen Personen sei angesichts der darauffolgenden hinrichtungsartigen Tötung von Kevin S. nicht plausibel.

Die Vorsitzende legt eine kurze Unterbrechung ein.

TAT 7 UND 8: MORDVERSUCH AN MALEK B., ABDÜLKADIR B. UND AN EINER UNBEKANNTEN PERSON

Auch die Feststellungen zu diesen Taten würden auf den Videoaufnahmen und den Zeugenaussagen beruhen. Auch hier bestehe angesichts der Identität der Tatopfer kein Anhaltspunkt für die Annahme, dass der Angeklagte freiwillig die weitere Tatausführung habe aufgeben können. Auch hier hätten sich die Opfer nur durch ihre schnelle Flucht der Tötung durch den Angeklagten entziehen können. Dies sei im Hinblick auf Malek B. auch durch entsprechende Unmutsäußerungen belegt, hinsichtlich Abdülkadir B. und der unbekannten Person habe der Angeklagte sogar die Verfolgung aufgenommen und kurze Zeit später sichtlich erschöpft und schwer atmend abgebrochen.

TAT 9: SCHUSSWECHSEL MIT DEN POLIZEIBEAMTEN

Die Feststellung zum Tatgeschehen würde im Wesentlichen auf den Aussagen der eingesetzten Polizeibeamten und des Kriminalbeamten Christian W. zur Schussentfernung beruhen. Sein Motiv für die Schüsse auf die Polizeibeamten habe der Angeklagte in der polizeilichen Vernehmung eingeräumt. Er habe behauptet, nicht davon ausgegangen zu sein, dass die verwendete Waffe auf diese Entfernung tödlich sei. Auch diese Einlassung habe sich als Schutzbehauptung dargestellt, die durch die Beweisaufnahme widerlegt worden sei. Zum einen erscheine es schlichtweg abwegig, bei zielgerichteten Schüssen mit der verwendeten Schusswaffe – ein Gegenstand, der zur Tötung von Lebewesen bestimmt sei – auf Menschen, überhaupt in Erwägung zu ziehen, dass der Täter ernstlich darauf vertraut habe, dass diese Schüsse nicht tödlich seien. Nur das würde einen Tötungsvorsatz ausschließen. Zum anderen habe der Angeklagte bei seiner polizeilichen Vernehmung freimütig eingeräumt, dass er die Polizeibeamten habe töten wollen. Die Untersuchungen der Sachverständigen haben ergeben, dass die Schüsse aus der Waffe des Angeklagten tatsächlich auf eine Distanz von 70 Metern tödlich hätten sein können. Dementsprechend seien die Polizeifahrzeuge auch nicht unerheblich beschädigt worden.

Die Vorsitzende unterbricht Oberstaatsanwalt Schmidt kurz und sagt zu Rechtsanwalt Eifler, er könne sich auch mit Abstand und ohne Maske an eine andere Stelle im Saal setzen, wenn es ihm gerade nicht gut gehe. Dieser gibt zu verstehen, dass es ihm bereits wieder besser gehe.

Der Oberstaatsanwalt fährt fort, es erscheine fernliegend, dass der Angeklagte in dieser stressaufgeladenen Situation sich über die nähere Wirkmächtigkeit der Waffe überhaupt Gedanken gemacht haben könnte. Er hätte vielmehr erst kurz zuvor Kevin S. mit der gleichen Waffe getötet. Wenn er davon ausgegangen sein sollte, dass die Schüsse nicht tödlich wären, erkläre sich auch nicht, woran er dann dieses aus seiner Sicht hoffnungslose Feuergefecht überhaupt gesucht habe, statt sofort mit seinem Pkw vor der Polizei zu fliehen. Seine Aussage, stressbedingt nicht an eine Flucht gedacht zu haben, könne der Angeklagte jedoch nicht glaubhaft zurückziehen, nachdem er die Fluchtfahrt nur kurz nach seiner Bewusstlosigkeit infolge des Treffers angetreten habe. Zudem sei es aus den gleichen Gründen wie beim Angriff auf die Synagoge und den Wurf des Sprengsatzes auf den Kiez Döner aus noch auszuführenden Gründen in diesem Zusammenhang bedeutungslos, selbst wenn der Angeklagte tatsächlich davon ausgegangen sein sollte, die Polizeibeamten nicht tödlich zu treffen.

Anschließend erläutert der Oberstaatsanwalt, warum in diesem Zusammenhang kein Mordversuch zum Nachteil von İsmet T. anzunehmen sei. Soweit İsmet T. sich während des Feuergefechts zwischen Angeklagten und Polizeibeamten auf dem Gehweg befunden habe und wegen umherfliegender Munitionsteile hinter einem Fahrzeug in Deckung habe gehen müssen, sei ein zumindest bedingter Vorsatz des Angeklagten, ihn zu töten, nicht zu belegen. Der insoweit relevante Unterschied zwischen bedingtem Vorsatz und bewusster Fahrlässigkeit liege darin, dass der bewusst fahrlässig Handelnde mit der ihm als möglich erkannten Folge nicht einverstanden sei und deshalb auf ihren Nicht-Eintritt vertraue, während der bedingt vorsätzlich Handelnde mit dem Eintreten des schädlichen Ereignisses in der Weise einverstanden sei, dass er es billigend in Kauf nehme oder sich wenigstens mit der Tatbestandsverwirklichung abfinde. Die Grenzen dieser beiden Schuldformen würden nah beieinander liegen, weshalb die Merkmale der inneren Tatseite durch ausreichende, tatsächliche Feststellungen belegt werden müssten. Dabei stelle es sich als rechtsfehlerhaft dar, allein aus der Erkenntnisfähigkeit oder der vorhandenen Kenntnis des Täters von der Gefährlichkeit seiner Handlung, auf das voluntative Element des Vorsatzes, die billigende Inkaufnahme, zu schließen. Mit dem Wissen von der generellen Gefährlichkeit seines Verhaltens sei nicht gesagt, dass der Täter den konkreten Erfolgseintritt auch akzeptiert oder sich innerlich damit abgefunden habe. Dies gelte erst recht, weil der Angeklagte von der konkreten Gefährdung des Opfers keine Kenntnis gehabt habe. Es sei völlig unerheblich, ob der Angeklagte es begrüßt hätte, İsmet T. zu treffen. Der Angeklagte habe angegeben, bei den Schüssen auf das Polizeifahrzeug auf dieses gezielt zu haben und niemanden außer den Polizeibeamten in der konkreten Tatsituation wahrgenommen zu haben. Es bestünden keine konkreten Anhaltspunkte, die diese Einlassung widerlegen könnten. Vielmehr würden die zielgerichteten Schüsse auf die Polizeibeamten durch die Videoaufnahmen belegt, aus denen auch nicht erkennbar sei, dass İsmet T. für den Angeklagten zu sehen gewesen sei. Soweit İsmet T. im Zusammenhang mit dem Antrag auf Zulassung seiner Nebenklage angegeben habe, dass der Angeklagte gezielt auf ihn geschossen habe, habe er diese Behauptung in seiner Aussage in der Hauptverhandlung nicht aufrechterhalten. Es lasse sich nicht nachweisen, dass der Angeklagte İsmet T. bei Abgabe der Schüsse in irgendeiner Form wahrgenommen habe, auch wenn sich die Situation für den Nebenkläger gefährlich dargestellt habe. Dem Angeklagten sei es darauf angekommen, die Polizeibeamten auszuschalten, um sein Anschlagsvorhaben fortzusetzen. Für die Annahme, der Angeklagte habe dabei gleichzeitig ernstlich damit gerechnet, auch Muslime oder andere Personen zu töten, gebe die Beweislage nichts her. Dabei hätten die sichergestellten Munitionsteile in unmittelbarer Nähe des Fahrzeugs, hinter dem İsmet T. in Deckung gegangen sei, auch keine nachhaltige Aussagekraft hinsichtlich des Ausmaßes der konkreten Gefährdung des Nebenklägers. Es könne nicht ausgeschlossen werden, dass diese Tatspuren durch die zuvor aus derselben Waffe abgegebenen Schüsse des Angeklagten auf Abdülkadir B. und die unbekannte Person stammen könnten, die im selben Bereich der Straße abgefeuert worden seien. Es sei zudem zu berücksichtigen, dass der Angeklagte in diesem Stadium des Anschlags durchaus hinsichtlich möglicher Tatopfer differenziert habe – er habe sichtlich davon Abstand genommen, Margit W. zu töten oder auf die Personen zu feuern, die auf der Ludwig-Wucherer-Straße vor der Gaststätte entlang gefahren seien, da diese nicht seinem Angriffsziel entsprochen haben. Es könne daher nicht von einer generellen Gleichgültigkeit des Angeklagten hinsichtlich der Identität seiner Tatopfer ausgegangen werden. Soweit darauf verwiesen werde, dass es sich beim Tatort um eine in der Innenstadt gelegene Straße handele, und der Angeklagte damit gerechnet haben dürfte, dass sich dort Passanten aufhielten, sei gleichzeitig zu berücksichtigen, dass dieser bereits seit einigen Minuten mehrere Schüsse in diesem Bereich abgegeben habe. Er dürfte also eher damit gerechnet haben, dass sich etwaige Passanten vom Ort des Geschehens entfernen. Die Beweisaufnahme habe auch keine Erkenntnisse dazu gebracht, dass dieser Bereich der Ludwig-Wucherer-Straße belebt gewesen sei. Es sei festzustellen, dass der Tatortbereich zum Zeitpunkt der Schussabgabe aus der Gegenrichtung von der Polizei bereits abgeriegelt gewesen sei. Auch die Filmaufnahmen würden kein Bild einer belebten Straße widerspiegeln. Daher könne im Ergebnis nicht allein aufgrund des zuvor vom Angeklagten gezeigten Vernichtungswillens in dieser Situation auf einen generellen Tötungsvorsatz gegenüber allen Personen geschlossen werden, die sich, ob von ihm erkannt oder nicht, im Wirkungsbereich der Schusswaffe aufgehalten hätten.

TAT 10: VERKEHRSUNFALL AUF DER MAGDEBURGER STRASSE

Der Oberstaatsanwalt kommt anschließend zu dem Verkehrsunfall in der Magdeburger Straße. Die Feststellungen zu dieser Tat würden auf der Einlassung des Angeklagten und der Aussage des Nebenklägers Aftax I. sowie auf den Aussagen der Zeugen Erik D. und Shafi H. beruhen. Die örtlichen Gegebenheiten seien durch den Tatortbefundbericht und die entsprechenden Lichtbilder belegt. Nach Ergebnis der Beweisaufnahme lasse sich ein Tötungsvorsatz des Angeklagten zum Nachteil des Nebenklägers Aftax I. nicht belegen. Der Angeklagte habe spontan angegeben, dass in dem Moment, als er auf die Gegenfahrbahn gefahren sei, ihm eine Person mit dunkler Hautfarbe »vor das Auto gesprungen« sei. Er habe aufgrund des zerschossenen Reifens nicht mehr richtig bremsen können. Er habe nicht sagen können, ob er den Passanten angefahren habe. Es wäre ihm aber, so der Oberstaatsanwalt, aufgrund der Hautfarbe des Nebenklägers durchaus recht gewesen, wenn er ihn getötet hätte. In der Hauptverhandlung habe der Angeklagte angegeben, er habe den Geschädigten schon aus einiger Entfernung wahrgenommen – gebremst habe er nicht, aufgrund der Höhe des Bordsteins sei ein Ausweichen auf den Bürgersteig für ihn nicht in Frage gekommen. Der Nebenkläger und der Zeuge Erik D. würden dagegen davon ausgehen, dass der Angeklagte ihn absichtlich angefahren habe. Dies machten sie am Fahrmanöver und der hohen Geschwindigkeit des Fahrzeugs fest. Nach den Aussagen der beiden sei jedoch davon auszugehen, dass kurz vor dem Zusammenstoß eine Straßenbahn an der Haltestelle angehalten habe und Personen ausgestiegen seien. Infolge dessen erscheine die Einlassung des Angeklagten glaubhaft, dass ihm die Weiterfahrt geradeaus versperrt gewesen sei. Daran ändere es nichts, dass der Zeuge Erik D. angegeben habe, dass die Verkehrslage ruhig gewesen sei. Zudem erscheine es nachvollziehbar, dass das Ausweichen auf die Gegenfahrbahn erforderlich gewesen sei, um schnellstmöglich die Fluchtfahrt fortzusetzen. Gegen die Annahme eines Mordversuchs sprächen mehrere Gesichtspunkte. Zunächst müsse man nach dem Beweisergebnis davon ausgehen, dass durch die Blockade der rechten Fahrspur aus Sicht des Angeklagten objektiv ein Anlass bestanden habe, statt zu Bremsen mit anhaltender Geschwindigkeit unter verkehrswidriger Nutzung der Gegenfahrbahn zu überholen. Unter Berücksichtigung des nicht zu widerlegenden Umstands, dass der Angeklagte auf der rechten Fahrspur hätte bremsen oder anhalten müssen, entfalle die Hypothese, der Angeklagte habe gezielt den verkehrswidrigen Fahrbahnwechsel vorgenommen, weil er Aftax I. habe töten wollen.

Als Ursache für das Fahrmanöver sei der für den Angeklagten erkennbare Halt der Straßenbahn und der daraus folgende Stopp des Verkehrs auf der rechten Fahrbahn zu Grunde zu legen. Damit scheide die Möglichkeit eines bereits im Zuge der Anfahrt, vor dem Erreichen der Kreuzung, gefassten Tatentschlusses aus. Der Angeklagte hätte die Entscheidung für ein gezieltes Anfahren von Aftax I. also ungleich kurzfristiger gefasst haben müssen, nämlich erst während des Straßenseitenwechsels im Kreuzungsbereich. Auch eine solche Annahme sei nicht plausibel. Der Angeklagte hätte zum einen das Risiko, gefasst zu werden, deutlich erhöht, wenn er dabei bewusst Personen angefahren hätte, auch wenn diese seinem Angriffsziel entsprochen hätten. Es sei auch nicht erkennbar, dass ein solches Szenario Teil seines ursprünglichen Tatplans gewesen sei. Er habe sich nach der Flucht zurückziehen wollen, um zu einem späteren Zeitpunkt die ihm verhassten Bevölkerungsgruppen zu attackieren. Es könne nicht festgestellt werden, dass der Angeklagte zu einem Zeitpunkt, als er den Zusammenstoß noch hätte verhindern können, sich dazu entschlossen habe, Aftax I., bewusst anzufahren. Dies wäre aber erforderlich, damit er nach Fassung des Tatentschlusses noch eine Handlung vornehme, die den tatbestandlichen Erfolgseintritt herbeiführe. Dagegen spreche schon das Aussageverhalten des Angeklagten. In der polizeilichen Vernehmung habe dieser spontan angegeben, dass Aftax I. ihm vors »Auto gesprungen« sei. In Anbetracht der sonst glaubhaften Aussagen des Angeklagten in dieser Vernehmung, hätte es im Falle eines tatsächlich stattgefundenen Mordversuchs nahegelegen, dass sich der Angeklagte dazu bekannt hätte. Das gelte umso mehr, als er kurz darauf die durch seine Weiterfahrt entgangene Möglichkeit ansprach, anzuhalten und Aftax I. mit einer seiner mitgeführten Waffen zu töten. Des Weiteren wäre, wenn der Angeklagte tatsächlich einen solchen Anschlag auf den Nebenkläger hätte begehen wollen, damit zu rechnen gewesen, dass er dies in der Tonaufzeichnung entsprechend kommentiert hätte. Die Aufzeichnung dieser Tatphase vermittle aber das Bild des vom Fehlschlagen seines Tatplans enttäuschten Angeklagten, dem es allein darum gehe, schnell aus der Stadt zu flüchten. Außerdem habe es in dieser Situation eine näherliegende Möglichkeit gegeben, in eine Menschenmenge zu fahren, nachdem kurz zuvor Fahrgäste aus der Straßenbahn ausgestiegen seien. Letztlich sei auch nur ein einziges solches Fahrmanöver des Angeklagten bekannt. Wenn er konkret in Erwägung gezogen haben sollte, in eine Menschenmenge zu fahren, wäre davon auszugehen, so der Oberstaatsanwalt, dass er dies auch an anderer Stelle versucht hätte. Demgegenüber seien die Angaben des Angeklagten, des Nebenklägers Aftax I. und der vernommenen Zeugen zu Geschwindigkeiten und Distanzen ungeeignet, um einen Tötungsvorsatz zu begründen. Es wäre rechtsfehlerhaft, so der Oberstaatsanwalt, ihre ungenauen Schätzungen als Grundlage für Berechnungen zur Rekonstruktion des Unfallgeschehens zu nutzen. Dies gelte insbesondere, da es sich um ein Geschehen von wenigen Sekunde gehandelt habe. Die gefahrene Geschwindigkeit sowie die konkreten

Sichtverhältnisse des Angeklagten würden sich nicht mehr tragfähig rekonstruieren lassen. Deshalb sei es unerheblich, dass der Angeklagte in der Hauptverhandlung erstmals angegeben habe, dass es ihm recht gewesen sei, wenn der Nebenkläger gestorben wäre. Soweit er den Nebenkläger tatsächlich mit bedingtem oder direktem Tötungsvorsatz angefahren hätte, bestünde kein nachvollziehbarer Grund, warum er diesen Umstand hätte bestreiten sollen. Da der Nebenkläger seinem Angriffsziel entsprochen habe, wäre es naheliegender, dass der Angeklagte sein Verhalten wie auch in den vergleichbaren Fällen eingeräumt hätte. Anders als bei den Mordversuchen zum Nachteil von Mandy R., Dagmar M. und Jens Z. bestehe aus Sicht des Angeklagten kein Anlass, sein Verhalten zu bedauern und vor Gericht zu beschönigen. Man würde auch nicht zu einer anderen Bewertung gelangen, wenn man zusätzlich den Liedtext des Musiktitels berücksichtige, den der Angeklagte zuvor zur musikalischen Untermalung des Anschlags ausgewählt habe. In diesem werde auf ein Anschlagsgeschehen Bezug genommen, in dem der Attentäter mit einem Fahrzeug in eine Menschenmenge gefahren sei. Daraus lasse sich nicht ableiten, dass der Angeklagte ein solches Anschlagszenario für sich in Erwägung gezogen und in dieser Situation habe umsetzen wollen. Diese Annahme finde weder in der Aussage des Angeklagten noch in sonstigen objektiven Umständen eine Stütze. Dies gelte umso mehr, als mit der nötigen Sicherheit kein unmittelbarer zeitlicher Zusammenhang zur Kollision in der Magdeburger Straße herzustellen sei. Daher erscheine es fernliegend, dass der Angeklagte diesen Musiktitel, den er über längere Zeit vorausgewählt habe, auf der für ihn stressbeladenen Flucht im Bewusstsein gehabt habe, als er an der Haltestelle vorbeigefahren sei. Es sei nicht feststellbar, dass dieser Musiktitel in dieser Situation abgespielt worden sei. Zudem sei nicht erkennbar, dass der Angeklagte für sich ein solches Anschlagsszenario konkret in Erwägung gezogen habe. Ein vergleichbares Vorgehen werde weder im »Manifest« noch im »Pre Action Report« beschrieben. Auch ansonsten würde die Tatplanung abgesehen von dem Musiktitel keine Anhaltspunkte dafür geben, dass er auf diese Weise einen Anschlag habe begehen wollen. Eine Absicht des Angeklagten, den Nebenkläger Aftax I. anfahren zu wollen, um ihn zu töten, sei bei einer Würdigung sämtlicher Umstände nicht zu belegen. Schließlich könne auch nicht festgestellt werden, dass der Angeklagte schon bei Einleitung des Fahrmanövers auf die Gegenfahrspur aufgrund einer gefährlichen und rücksichtslosen Fahrweise den Tod von Passanten und damit auch des Nebenklägers billigend in Kauf genommen habe. Zu der Abgrenzung von bedingtem Vorsatz und bewusster Fahrlässigkeit gelte das zuvor Gesagte: Rein aus der Gefährlichkeit des riskanten Fahrmanövers könne man keinen bedingten Tötungsvorsatz schließen. Der genaue Zeitpunkt, an dem der Angeklagte Personen auf der Gegenfahrbahn erkannt habe, sei nicht mehr rekonstruierbar. Der zeitliche und räumliche Abstand zwischen dieser Wahrnehmung und dem Zusammenstoß sei nicht einmal näherungsweise festzustellen. Dies wäre aber erforderlich, um zu belegen, dass der Angeklagte von Anfang an mit einer Person gerechnet habe, zumal das Überqueren der Fahrbahn an dieser Stelle für Fußgänger nicht erlaubt gewesen sei. Bei Betrachtung des Gesamtgeschehens sei festzustellen, dass sich der Zusammenstoß und das Fahrmanöver innerhalb weniger Sekunden ereignet hätten. Berücksichtige man den Umstand, dass es dem Angeklagten erkennbar in dieser Situation um eine schnelle Flucht gegangen sei, werde man zumindest mit dem für ihn streitenden Zweifelsgrundsatz letztlich nicht mehr die für eine Verurteilung erforderliche Überzeugung ausschließen können, dass der Angeklagte in dieser Situation ernstlich darauf vertraut habe, die Haltestelle ohne weitere Vorkommnisse passieren zu können.

TAT 11 UND 12: MORDVERSUCH AN JENS Z. UND DAGMAR M.

Das Tatgeschehen werde durch die Aussagen der Nebenkläger und durch die größtenteils weitgehend geständige Einlassung des Angeklagten belegt. Die Verletzungen und Tatfolgen für die Opfer würden aus den rechtsmedizinischen Untersuchungen erkennbar. Die kriminaltechnischen Untersuchungen des Tatorts würden damit übereinstimmen. Der Angeklagte stelle in Abrede, dass er den Nebenkläger Jens Z. durch den Schuss in den Nacken habe töten wollen. Dies sei aber bereits aufgrund des feststellbaren objektiven Tatgeschehens abwegig. Durch die Schmauchspur im Nacken des Nebenklägers sei belegt, dass die Schussabgabe aus nächster Nähe erfolgt sei. Soweit der Angeklagte behauptete, dass er sich aufgrund seiner Halsverletzung nur eingeschränkt habe bewegen und zielen können, sei zu bemerken, dass er nach übereinstimmenden Angaben bereits vorher das Opfer mit der Waffe anvisiert gehabt habe. In dem Moment, als sich Jens Z. wegdrehte, habe er den Schuss abgegeben. Die Bewegung des Tatopfers könne somit keine Auswirkung auf die vertikale, allenfalls auf die horizontale Schussrichtung gehabt haben. Daher würde eine etwaige Bewegungseinschränkung des Angeklagten nichts daran ändern, dass er bewusst auf den Kopf von Jens Z. geschossen habe. Zudem habe der Angeklagte bei Verlassen des Grundstücks zumindest die Möglichkeit in Betracht gezogen, dass das Opfer hätte sterben können, was durch seine Äußerung vor dem Haftrichter belegt sei. Demnach sei er nach seiner Festnahme erleichtert gewesen, dass Jens Z. und Dagmar M. überlebt haben. Diese nachträgliche Äußerung, lasse den Schluss zu, dass er diese Folgen auch bei der Schussabgabe schon in Betracht gezogen habe. Es sei kein Grund ersichtlich, weshalb sich dieses Vorstellungsbild nachträglich geändert haben sollte. Zusätzlich sei die Schwere der Verletzung des Nebenklägers zu berücksichtigen. Für ein ernstliches Vertrauen des Angeklagten darauf, dass Jens Z. diese Schussverletzung hätte überleben können, gebe es keinen Anlass. Gleiches gelte für den Mordversuch zum Nachteil von Dagmar M. Auch wenn er ihr in die Beine geschossen habe, bestünden keine Anhaltspunkte, dass er ernstlich darauf vertraut habe, dass der Schuss nicht hätte tödlich sein können. Einen Treffer in den Unterleib, eine Region mit lebenswichtigen Körperfunktionen, hätte der Angeklagte in dieser Situation kaum steuerbar vermeiden können – zumal er nach eigener Aussage in seiner Bewegung und seinem Zielvermögen eingeschränkt gewesen sei. Er habe in der Folgezeit auch keine Vorstellung davon haben können, wie schwer die Nebenklägerin verletzt gewesen sei. Für die Nebenklägerin hätte kein Anlass bestanden, dem Angeklagten so ungeschützt entgegenzutreten, wenn sie zuvor gewarnt gewesen wäre, so der Oberstaatsanwalt. Die Einwände des Angeklagten, dass er Jens Z. und Dagmar M. als weiße Menschen nicht habe töten wollen, seien irrelevant. Die Tat stelle keinen weiteren Angriff im Rahmen seines Anschlagsvorhaben dar, sondern habe der Erlangung eines Fluchtfahrzeugs gedient. Der Angeklagte sei sichtlich willens gewesen, zu diesem Zweck den Tod von Menschen in Kauf zu nehmen. Dabei sei auch zu berücksichtigen, dass es ihm darauf angekommen sei, gezielt deren Widerstand effektiv und endgültig auszuschalten.

TAT 13: ZUR ERBEUTUNG DES FLUCHTTAXIS

Das Tatgeschehen werde durch die geständige Einlassung des Angeklagten und die Aussagen der Brüder Daniel und Christian W. und des Zeugen Kai H. belegt. Die Aussagen würden auch mit den Ergebnissen der kriminaltechnischen Untersuchungen am Tatort korrespondieren. Die Feststellungen zu den Tatfolgen würden auf den Aussagen der Nebenkläger beruhen.

FESTNAHME DES ANGEKLAGTEN

Das Geschehen rund um die Festnahme des Angeklagten werde durch die Aussagen der beteiligten Polizeibeamten sowie durch die Lichtbilder vom Festnahmeort dokumentiert.

ZUR SCHULDFÄHIGKEIT

Hinsichtlich der Frage der Schuldfähigkeit des Angeklagten sei auf das Gutachten des Sachverständigen Prof. Leygraf zu verweisen. Es bestünden keine Zweifel an einer uneingeschränkten Einsichts- und Steuerungsfähigkeit zu den Tatzeitpunkten. Darüber hinaus bleibe lediglich ergänzend festzuhalten, dass bereits anhand des gesamten Tatbilds eine erhebliche Beeinträchtigung der Steuerungsfähigkeit beim Angeklagten auszuschließen sei. Jeder Teilbereich der verübten Straftaten sei vom Angeklagten laut des »Pre Action Report« bereits vorab zumindest abstrakt als mögliche Entwicklung des Geschehens in seine monatelange Planung einbezogen worden. Das gelte insbesondere auch für die spontan verübten Schüsse auf Passanten und die Taten im Zusammenhang mit der Erbeutung des Fluchtfahrzeugs. Der Angeklagte sei dabei planvoll und zielgerichtet vorgegangen. Auch wenn er einige seiner Opfer verfehlt habe, habe er dennoch mit gezielten und treffgenauen Schüssen zwei Menschen getötet und zwei Personen schwer verletzt. Ein affektiv aufgeladenes Verhalten des Angeklagten sei nicht ersichtlich.

RECHTLICHE WÜRDIGUNG

Anschließend kommt Oberstaatsanwalt Schmidt zur strafrechtlichen Würdigung des Verhaltens des Angeklagten.

TAT 1: KOMMENTIERUNG DES LIVESTREAMS UND VERÖFFENTLICHUNG DER DOKUMENTE

Das Verbreiten des Tatvideos und der Dokumente stelle in mehrfacher Hinsicht eine Volksverhetzung gemäß § 130 StGB dar. Die Dokumente des Angeklagten würden Gewaltaufrufe zur Tötung von Juden und Muslimen enthalten und seien folglich als friedensgefährdende Hetze zu sehen. Gleichzeitig werde durch den Vergleich von Juden mit Ratten diese religiöse Gruppe beschimpft und verächtlich gemacht. Die englische Äußerung des Angeklagten zu Beginn des Livestreams stelle ebenfalls eine friedensgefährdende Hetze dar. Die Äußerung habe dazu gedient, Juden als minderwertige Menschen darzustellen. Diese Äußerungen würden zudem die erforderliche Eignung zur Störung des öffentlichen Friedens aufweisen, da sie über das Internet verbreitet worden seien. Zudem hätten sie den Auftakt für einen antisemitischen Massenmord bieten sollen, wobei der Angeklagte darauf abgezielt habe, durch die Verbreitung dieser Äußerungen andere zu Nachahmungstaten zu motivieren. Die Äußerung des Angeklagten in Bezug auf den Holocaust stelle eine friedensstörende Leugnung des Holocaust dar. Soweit der Angeklagte durch die Veröffentlichung des Dokuments »Manifest« zur Tötung von Juden und Muslimen aufgerufen habe, beruhe dies auf ein und derselben Handlung und stelle deshalb eine einheitliche Tatbestandsverwirklichung dar. Gleiches gelte für die zeitgleich veröffentlichte friedensstörende Hetze über den Livestream, insoweit teilweise dieselbe Personengruppe betroffen sei. Zwischen der friedensstörenden Hetze und der Holocaustleugnung sei Tateinheit gegeben.

TAT 2: ANSCHLAG AUF DIE SYNAGOGE

Der Anschlag auf die Synagoge stelle einen versuchten Mord in 51 tateinheitlich zusammentreffenden Fällen dar. Der Angeklagte habe bei dieser Tat die Mordmerkmale der niedrigen Beweggründe, der Heimtücke und der gemeingefährlichen Mittel verwirklicht. Die antisemitische, von Rassenhass getragene Gesinnung des Angeklagten stelle sich als von allgemeiner sittlicher Anschauung verachtenswertes und auf tiefster Stufe stehendes Tatmotiv dar.

Indem der Angriff auf die Synagoge für die Besucher überraschend habe erfolgen sollen, handele es sich um eine heimtückische Begehungsweise. Das Mordmerkmal der Tötung mit gemeingefährlichen Mitteln sei durch die beabsichtigte Verwendung von Sprengstoffen, Brandsätzen und automatischen Schusswaffen erfüllt. Die Gefährdung einer Mehrzahl von Personen sei bei der Tat nicht ausgeschlossen gewesen, da der Angeklagte im Umgang mit diesen Tatmitteln nicht geübt gewesen sei.

Anschließend fährt der Oberstaatsanwalt mit der Frage nach dem unmittelbaren Ansetzen zum Mordversuch fort. Der Angeklagte habe bereits dadurch unmittelbar zur Tatbestandsverwirklichung angesetzt, indem er mit Schusswaffen und Sprengsätzen bewaffnet die Eingangstür in der Mauer zu öffnen versucht habe. Dies gelte ungeachtet der nachfolgenden Angriffshandlungen, wie den Versuch, die Synagoge in Brand zu setzen, die jeweils für sich genommen ein unmittelbares Ansetzen darstellen würden. Das unmittelbare Ansetzen zur Tatbestandsverwirklichung bestehe in einem Verhalten des Täters, das nach seiner Vorstellung im ungestörten Vorgang ohne Zwischenakte zur vollständigen Tatbestandserfüllung führe oder im unmittelbaren räumlichen und zeitlichen Zusammenhang in sie einmünde. Diese Voraussetzung könne schon gegeben sein, bevor der Täter eine der Beschreibung des gesetzlichen Tatbestands entsprechende Handlung vornehme. Auch eine für sich gesehen noch nicht tatbestandsmäßige Handlung könne hier relevant sein, soweit sie nach der Vorstellung des Täters der Verwirklichung eines Tatbestandsmerkmals räumlich und zeitlich unmittelbar vorgelagert sei oder nach dem Tatplan mit ungestörtem Vorgang ohne Zwischenakte in die Tatbestandsverwirklichung einmünden solle.

Diese abstrakten Maßstäbe würden der wertenden Konkretisierung im Einzelfall bedürfen. Wesentliche Abgrenzungskriterien seien das aus Sicht des Täters erreichte Maß konkreter Gefährdung des Rechtsguts und die Dichte des Tatplans. So seien Handlungen, die keinen tatbestandsfremden Zwecken dienen, sondern wegen ihrer notwendigen Zusammengehörigkeit mit der Tathandlung nach dem Plan des Täters als deren Bestandteil erscheinen, weil sie an diese zeitlich und räumlich angrenzen und im Falle der Ausführung mit ihr eine natürliche Einheit bilden würden, nicht als der Annahme des unmittelbaren Ansetzens entgegenstehende Zwischenakte anzusehen. Ein weiteres Kriterium könne sein, ob es zur Umsetzung des Tatplans eines weiteren Willensimpulses bedurft hätte. Das Öffnen einer verschlossenen Zugangsmöglichkeit zum Tatort als einzigem Hindernis stelle nach Rechtsprechung des Bundesgerichtshofs keinen wesentlichen Zwischenschritt dar, der einem unmittelbaren Ansetzen zur Tatbestandsverwirklichung entgegenstehe. Daran gemessen habe der Angeklagte durch den Angriff auf die Tür zum Synagogengebäude unmittelbar zum Mordversuch angesetzt. Er sei erkennbar davon ausgegangen, nach Überwinden der Tür unmittelbar mit der Tötung der Synagogenbesucher beginnen zu können. Der Taterfolg sollte daher nach

Vorstellung des Angeklagten in unmittelbarer zeitlicher und räumlicher Nähe herbeigeführt werden. Eines weiteren Willensrucks oder gar einer gesonderten Entschlussfassung habe es dafür nicht bedurft. Im »Pre Action Report« werde das Überwinden der Mauer vom Angeklagten als einziges Hindernis für eine erfolgreiche Tatbegehung beschrieben. Dies sei auch tatsächlich zutreffend gewesen, da die Tür zur Synagoge zu diesem Zeitpunkt unverschlossen gewesen sei. Der Angeklagte sei nicht davon ausgegangen, dass es für den Eintritt noch weiterer Bedingungen bedurft hätte. Die Durchführung sei auch nicht von einer weiteren Opferauswahl abhängig gewesen. Vielmehr habe der Angeklagte ersichtlich jede Person auf dem Gelände sofort erschießen wollen. Die Synagogenbesucher seien zu diesem Zeitpunkt also bereits konkret gefährdet gewesen. Daran ändere auch die wenig glaubhafte Behauptung des Angeklagten nichts, nicht gewusst zu haben, ob die Synagoge noch genutzt werde. Diese Behauptung sei irrelevant, denn für die Frage des unmittelbaren Ansetzens komme es auf das Vorstellungsbild des Angeklagten von der Tat an und nicht darauf, wie sich der Angeklagte ein mögliches Scheitern der Tat vorgestellt habe. Zu einer aus seiner Sicht erfolgreichen Tatausführung habe es zwingend gehört, hinter der Mauer auf Besucher zu stoßen, die er sofort habe töten wollen. Allein auf diesen vom Angeklagten geschilderten Geschehensablauf sei bei der Frage des unmittelbaren Ansetzens abzustellen.

Zur Frage des Rücktritts erläutert der Oberstaatsanwalt, dass der Angeklagte erkennbar nicht freiwillig von dem Mordversuch zurückgetreten sei. Er habe erkannt, nicht mehr in die Synagoge gelangen zu können und sei vor dem baldigen Eintreffen der Polizei geflüchtet. Dass ihm tatsächlich noch weitere Mittel zur Verfügung gestanden hätten, an die der Angeklagte in diesem Moment nicht gedacht habe, sei unerheblich. Es komme allein auf sein Vorstellungsbild unmittelbar nach Abschluss der letzten Tathandlung an.

Die Mordversuche an den Besuchern der Synagoge würden zueinander in Tateinheit stehen. Mehrere Morde könnten dann in Tateinheit zueinander stehen, wenn eine Aufspaltung in Einzeltaten angesichts eines außergewöhnlich engen zeitlich und situativen Zusammenhangs willkürlich und gekünstelt erscheinen würde. In diesem Falle könne nur spekuliert werden, wie sich der Anschlag im Einzelnen später tatsächlich ereignet hätte. Der Angeklagte habe für den Anschlag Schusswaffen und Sprengsätze vorgesehen, bei denen eine Mehrfachtötung naheliege, was zwingend Tateinheit nach sich ziehen würde. Es könne jedenfalls nicht mit Bestimmtheit gesagt werden, dass der Angeklagte sämtliche Opfer nacheinander und getrennt voneinander angegriffen hätte. Eine Unterscheidung zwischen Tateinheit und Tatmehrheit würde sich in diesem Falle also als willkürlich darstellen, sodass hier eine Ausnahmekonstellation bestehe, in der trotz verschiedener Tatopfer von Tateinheit auszugehen sei.

Die Vorsitzende legt eine weitere Lüftungspause ein.

TAT 3: MORD AN JANA L.

Die Tat zum Nachteil von Jana L. erfülle die Mordmerkmale Heimtücke und niedrige Beweggründe. Diese würden nicht entfallen, weil der Angeklagte spontan geschossen habe, vielmehr habe er diese Art der Tatbegehung bereits lange zuvor konkret in seine Tatplanung aufgenommen. Lediglich die Opfer waren zuvor nicht bestimmt gewesen. Nachdem das Opfer ihm keinen nachvollziehbaren Anlass für seine Tat bot, habe der Angeklagte auch aus niedrigen Beweggründen gehandelt.

TAT 4: MORDVERSUCH AN MANDY R.

Der Mordversuch an Mandy R. erfülle aus den gleichen Gründen die Mordmerkmale der Heimtücke und der niedrigen Beweggründe. Die Tat stelle sich nicht als motivlos dar, sondern beruhe auf niedrigen Beweggründen. Der Angeklagte habe unmittelbar auf das Opfer angelegt, ein strafbefreiender Rücktritt liege nicht vor.

TAT 5: MORDVERSUCH AN STANISLAW G.

Gleiches gelte für den Mordversuch an Stanislaw G. Dieser habe keinen Anlass gehabt, mit einem tätlichen Angriff auf sein Leben zu rechnen. Auch der Umstand, dass er den Angeklagten bewaffnet auf sich habe zukommen sehen, würde das Mordmerkmal nicht entfallen lassen. Hier sei die Zeitspanne vom Erkennen der Gefahr bis zum ersten Schussversuch so kurz gewesen, dass Stanislaw G. keine Möglichkeit zu Verteidigung oder Flucht gehabt habe. Auch in diesem Falle habe der Angeklagte aus niedrigen Beweggründen gehandelt. Zum einen habe auch Stanislaw G. keinerlei Anlass für die Begehung einer Mordtat gegeben. Der Angeklagte habe ihn töten wollen, weil er ihn als Störfaktor für die weitere Tatausführung betrachtet habe. Da der Angeklagte das Tatopfer als Synagogenbesucher eingeschätzt habe, sei die Begehung des Mordversuchs auch in seinem Antisemitismus begründet. Ein strafbefreiender Rücktritt liege auch hier nicht vor.

TAT 6: ANSCHLAG AUF DIE GASTSTÄTTE KIEZ DÖNER

Der Anschlag auf den Kiez Döner stelle sich rechtlich als Mord in Tateinheit mit versuchtem Mord in vier tateinheitlich zusammentreffenden Fällen dar. Im Zusammenhang mit dem Anschlag auf die Gaststätte seien ebenfalls die Mordmerkmale der Heimtücke, der gemeingefährlichen Mittel und der niedrigen Beweggründe erfüllt. Insoweit würden die Ausführungen hinsichtlich des Anschlags auf die Synagogenbesucher entsprechend gelten. Durch den Wurf mit dem Sprengsatz in Richtung der Tür der Gaststätte habe der Angeklagte bereits unmittelbar zur Tatbegehung angesetzt. Dies würde aus den bereits zuvor genannten Gründen selbst dann gelten, wenn man dessen unglaubwürdiger Einlassung folge, dass er nicht davon ausgegangen sei, damit eine tödliche Wirkung zu entfalten. Aus den gleichen Gründen, wie im Falle des Anschlags auf die Synagoge, stelle sich auch dieses Verhalten als unmittelbar zeitlich und räumlich der eigentlichen Tatausführung vorgelagertes Geschehen dar. Die wenigen Sekunden zwischen dem Wurf des Sprengsatzes und dem Betreten der Gaststätte würden sich nicht als wesentlicher Zwischenschritt darstellen, der einem unmittelbaren Ansetzen entgegenstehen würde. Bereits zum Zeitpunkt des Wurfs des Sprengsatzes sei der Angeklagte fest entschlossen gewesen, wenige Sekunden später sämtliche Personen in der Gaststätte zu töten.

Der Angeklagte sei auch von den versuchten Morden nicht strafbefreiend zurückgetreten. Soweit der Angeklagte die Nebenkläger Conrad R. und Rıfat T. auch beim Betreten der Gaststätte nicht bemerkt habe, würde es an der erforderlichen Rücktrittshandlung mangeln. Hätte sich der Täter nach der letzten Ausführungshandlung keine Vorstellung über die Folgen seines Tuns gemacht oder wäre ihm der Erfolg egal gewesen, liege ein beendeter Versuch vor. Von diesem sei der Angeklagte mangels erforderlicher Verhinderungsbemühungen nicht zurückgetreten. Hinsichtlich der Nebenkläger Bernd H. und des Arbeitskollegen von Kevin S., der namentlich nicht genannt werden will, sei der Versuch sichtlich fehlgeschlagen, da diese wegen der Ladehemmung der Waffe die Flucht hätten ergreifen können. Der vollendete Mord und die vier Mordversuche stünden aus dem gleichen Grund wie im Zusammenhang mit dem Anschlag auf die Synagogenbesucher in Tateinheit. Auch hier würde eine Differenzierung nicht sachgerecht erscheinen, zumal der Angeklagte mit seiner Waffe abwechselnd auf den getöteten Kevin S. und dessen Arbeitskollegen gezielt habe.

TAT 7 UND 8: MORDVERSUCHE AN MALEK B., ABDÜLKADIR B. UND AN EINER UNBEKANNTEN PERSON

Auch im Falle der Mordversuche an Malek B., Abdülkadir B. und einer unbekannten Person seien jeweils die Mordmerkmale der Heimtücke und der niedrigen Beweggründe erfüllt. Die Schussabgabe auf Abdülkadir B. und die unbekannte Person sei durch eine Handlung erfolgt, weshalb diese beiden Mordversuche in Tateinheit zueinander stehen würden. In all diesen Fällen würde aufgrund des Fehlschlagens des Versuchs jeweils kein strafbefreiender Rücktritt vorliegen.

TAT 9: SCHUSSWECHSEL MIT DEN POLIZEIBEAMTEN

Im Hinblick auf das Feuergefecht mit den Polizeibeamten habe sich der Angeklagte des versuchten Mords in fünf tateinheitlich zusammentreffenden

Fällen strafbar gemacht. Er habe insoweit in der Absicht gehandelt, eine andere Straftat zu ermöglich, indem er die Polizeibeamten habe töten wollen, um anschließend weitere Menschen, die seinem eigentlichen Angriffsziel entsprachen, töten zu können. Auch wenn der Angeklagte hinsichtlich der Tötung der Polizeibeamten mit bedingtem Vorsatz gehandelt habe, stehe dies der Annahme einer Ermöglichungsabsicht nicht entgegen. Dieses Mordmerkmal sei bereits dann gegeben, wenn der Täter glaube, auf diese Weise eine andere Straftat schneller oder leichter begehen zu können. In solchen Fällen reiche es aus, dass nicht der Tod des Opfers, sondern die zur Tötung geeignete Handlung vom Täter als Mittel zur Begehung der weiteren Straftat angesehen werde. Durch die Schüsse hätten die Polizeibeamten daran gehindert werden sollen, den Angeklagten zu ergreifen oder zu verfolgen, da er sein Tatvorhaben weiter habe verfolgen wollen. Auch von diesen Mordversuchen sei der Angeklagte nicht strafbefreiend zurückgetreten. Aufgrund der größtenteils identischen Ausführungshandlungen und des engen räumlichen und zeitlichen Zusammenhangs würden auch hier die fünf Mordversuche zueinander in Tateinheit stehen.

TAT 10: VERKEHRSUNFALL AUF DER MAGDEBURGER STRASSE ZUM NACHTEIL VON AFTAX I.

Aufgrund der Kollision mit Aftax I. habe der Angeklagte die Straftatbestände des verbotenen Kraftfahrzeugrennens, der vorsätzlichen Gefährdung des Straßenverkehrs und der fahrlässigen Körperverletzung erfüllt. Indem er möglichst schnell vor der Polizei habe flüchten wollen und dabei entgegen der Fahrtrichtung gefahren sei, habe er sich als Kraftfahrzeugführer mit nicht angepasster Geschwindigkeit grob verkehrswidrig und rücksichtslos fortbewegt. Ein unerlaubtes Kraftfahrzeugrennen liege auch in Fällen einer Polizeiflucht vor, bei der es dem Täter darauf ankomme, mit möglichst hoher Geschwindigkeit zu entkommen. Durch den dabei verursachten Zusammenstoß habe der Angeklagte fahrlässig gehandelt. Das grob verkehrswidrige und riskante Fahrmanöver des Angeklagten sei zugleich Gegenstand des Verstoßes gegen die Sorgfaltspflicht im Rahmen der fahrlässigen Körperverletzung. Bei Beachtung der im Verkehr erforderlichen Sorgfalt hätte der Angeklagte von dem Fahrmanöver Abstand nehmen müssen, wodurch der Unfall ausgeblieben wäre. Das Fahrmanöver stelle auch eine Gefährdung des Straßenverkehrs dar, indem der Angeklagte an einer unübersichtlichen Stelle zu schnell gefahren sei. Dabei handele sich in der konkreten Verkehrssituation unabhängig von den örtlichen Gegebenheiten um eine unübersichtliche Stelle, da der Angeklagte auf die Gegenfahrbahn ausgewichen sei. Durch die Verletzung des Nebenklägers liege die erforderliche Erfolgsqualifikation in Form der Gefährdung von Leib und Leben eines anderen Menschen vor. Die Tatbestände stünden in Tateinheit zueinander.

TAT 11 UND 12: MORDVERSUCHE AN JENS Z. UND DAGMAR M.

Die Taten zum Nachteil von Jens Z. und Dagmar M. würden sich jeweils als versuchter Mord in Tateinheit mit gefährlicher Körperverletzung und mit versuchter räuberischer Erpressung mit Todesfolge darstellen. Hinsichtlich beider Taten lägen die Mordmerkmale der Habgier und Ermöglichungsabsicht vor. Das für das Mordmerkmal der Habgier erforderliche hemmungslose und übersteigerte Gewinnstreben sei durch die angestrebte Inbesitznahme eines Fahrzeugs erfüllt, auch wenn nur für einen gewissen Zeitraum Gebrauchsvorteile dadurch gezogen werden sollten. Der bedingte Tötungsvorsatz stünde in diesem Fall der Annahme von Habgier nicht entgegen, da der Tod nach dem Tatplan nicht Voraussetzung für die Erlangung des Fahrzeugs gewesen sei. Die Ermöglichungsabsicht liege vor, weil der Angeklagte das Fahrzeug durch die Tat habe räuberisch erpressen wollen. Insoweit stehe der lediglich bedingte Tötungsvorsatz auch der Annahme von Ermöglichungsabsicht nicht entgegen. Ebenso sei Ermöglichungsabsicht hinsichtlich der vom Angeklagten geplanten weiteren Anschläge gegeben, die er durch die Erbeutung des Fahrzeugs habe erreichen wollen. Darüber hinaus liege im Hinblick auf Dagmar M. auch Heimtücke vor, da diese sich zum Zeitpunkt der Schussabgabe keines Angriffs auf ihr Leben bewusst gewesen sei, und der Angeklagte dieses Überraschungsmoment bewusst ausgenutzt habe. In Bezug auf den Nebenkläger Jens Z. entfalle dieses Merkmal, da der Angeklagte ihm schon längere Zeit vor der Schussabgabe offen feindselig gegenüber getreten sei und ihn mit der Schusswaffe bedroht habe. Auch wenn der Angeklagte Dagmar M. in die Beine geschossen habe, um sie daran zu hindern, die Polizei zu rufen, habe der Angeklagte nicht in Verdeckungsabsicht gehandelt. Ob der Angeklagte aus niedrigen Beweggründen gehandelt habe, weil er die beiden Opfer für minderwertig halte, könne letztlich offen bleiben. Bei einer Bündelung mehrerer Tatmotive komme dem Mordmerkmal der niedrigen Beweggründe nur dann eigenständige Bedeutung zu, wenn dieses bewusstseinsdominant gewesen sei. Indem der Angeklagte mit bedingtem Tötungsvorsatz auf Dagmar M. und Jens Z. geschossen habe, sei jeweils auch eine versuchte räuberische Erpressung mit Todesfolge gegeben, in Form der versuchten Erfolgsqualifikation des Versuchs. Durch eine Schussverletzung habe der Angeklagte zusätzlich den Tatbestand der gefährlichen Körperverletzung erfüllt. Der Angeklagte sei weder vom versuchten Mord noch von der versuchten räuberischen Erpressung hinsichtlich beider Nebenkläger strafbefreiend zurückgetreten. Hinsichtlich der versuchten räuberischen Erpressung liege ein Fehlschlag des Versuchs vor, nachdem der Angeklagte letztlich keine Möglichkeit mehr gesehen habe, doch noch an die Fahrzeugschlüssel zu gelangen. Hinsichtlich des versuchten Mords liege ein beendeter Versuch vor, von dem der Angeklagte mangels geeigneter Verhinderungsbemühungen nicht zurückgetreten sei. Die beiden Taten stünden in Tatmehrheit zueinander, nachdem beide Opfer nacheinander angegriffen worden seien.

TAT 13: ERBEUTUNG DES FLUCHTTAXIS

Die Erbeutung des Fluchttaxis stelle sich als besonders schwere räuberische Erpressung dar. Dieser Tatbestand sei auch dann erfüllt, sollte der Angeklagte beabsichtigt haben, am Ende der Flucht das Fahrzeug zurückzulassen. Zwar komme eine Strafbarkeit wegen räuberischer Erpressung nur in Betracht, wenn der Angeklagte in der Absicht gehandelt habe, sich oder einen Dritten zu bereichern. Der bloße Besitz einer Sache bilde nur dann einen Vermögensvorteil, wenn ihm ein eigenständiger wirtschaftlicher Wert zukäme, etwa weil er zu wirtschaftlich messbaren Gebrauchsvorteilen führe. Daran fehle es nicht nur in den Fällen, in denen der Täter die Sache unmittelbar nach Erlangung habe vernichten wollen, sondern auch dann, wenn er den mit seiner Tat verbundenen Vermögensvorteil nur als notwendige Folge seines ausschließlich auf einen anderen Zweck gerichteten Verhaltens hinnähme. Als erstrebter Vermögenszuwachs könne aber auch die Erlangung des Besitzes einer Sache bewertet werden, selbst bei einem nur vorübergehenden Besitzerwechsel. Hier sei aus Sicht des Angeklagten mit der Erbeutung des Taxis ein messbarer Nutzen verbunden gewesen, indem er das Fahrzeug für seine weitere Flucht für unbestimmte Zeit habe nutzen wollen. Der wirtschaftliche Wert werde nicht zuletzt dadurch belegt, dass der Angeklagte sich gehalten gesehen habe, zwecks Entschädigung des Nebenklägers Geld auf den Boden zu werfen. Rechtlich würden noch die tateinheitlichen Bedrohungen zum Nachteil der Nebenkläger Christian W. und Kai H. hinzukommen, die nicht vom Rücktritt des Angeklagten von der besonders schweren räuberischen Erpressung zum Nachteil der beiden erfasst seien. Aufgrund der teilweise zeitgleichen Bedrohung aller drei Personen durch dieselbe Handlung des Angeklagten, stünden die Bedrohungen in Tateinheit zu der besonders schweren räuberischen Erpressung.

Im Ergebnis sei der Angeklagte daher aus Sicht des Generalbundesanwalts schuldig: Des Mords in zwei Fällen, davon in einem Fall in Tateinheit mit versuchtem Mord in vier tateinheitlich zusammentreffenden Fällen (Fälle 3 und 6 der Anklageschrift), des versuchten Mords in 51 tateinheitlich zusammentreffenden Fällen (Fall 2), des versuchten Mords in fünf tateinheitlich zusammentreffenden Fällen (Fall 9), des versuchten Mords in zwei tateinheitlich zusammentreffenden Fällen (Fall 8), des versuchten Mords in drei Fällen (4, 5 und 7), des versuchten Mords in zwei Fällen jeweils in Tateinheit mit versuchter räuberischer Erpressung mit Todesfolge und mit gefährlicher Körperverletzung (Fälle 11 und 12), der besonders schweren räuberischen Erpressung in Tateinheit mit Bedrohung in zwei tateinheitlich zusammentreffenden Fällen (Fall 13), der fahrlässigen Körperverletzung in Tateinheit mit vorsätzlicher Gefährdung des Straßenverkehrs und verbotenem Kraftfahrzeugrennen (Fall 10), sowie der Volksverhetzung in zwei tateinheitlich zusammentreffenden Fällen (Fall 1).

Die Vorsitzende bedankt sich bei Oberstaatsanwalt Schmidt und bittet Bundesanwalt Kai Lohse fortzufahren.

ZUR STRAFZUMESSUNG

Der Bundesanwalt kommt daraufhin zur Strafzumessung. Für jede der Straftaten seien jeweils die Strafrahmen und Einzelstrafen zu bestimmen. Bevor er auf die einzelnen Taten eingehe, wolle er einige Gesichtspunkte benennen, die bei der Strafzumessung in allen Fällen zu berücksichtigen seien. Es sei festzustellen, dass der Angeklagte nach den Erkenntnissen des Sachverständigen Leygraf vollumfänglich schuldfähig sei. Eine Strafrahmenverschiebung aus diesem Grunde scheide damit aus.

Zu Gunsten des Angeklagten sei zu werten, dass dieser bislang nicht vorbestraft sei und sich überwiegend geständig gezeigt habe. Er habe bereits im Ermittlungsverfahren ausführliche Angaben gemacht. Ebenso habe er sich in der Hauptverhandlung geständig eingelassen. Die Wertigkeit des Geständnisses des Angeklagten werde allerdings stark dadurch gemindert, dass es nicht von Einsicht und Reue getragen gewesen sei. Der Angeklagte habe vielmehr weiterhin versucht, seine Taten unter Herabsetzung der Opfer zu rechtfertigen.

Zu Lasten des Angeklagten wirke als maßgeblicher Gesichtspunkt dessen antisemitische, rassistische, fremden- und frauenfeindliche Tatmotivation. Gleiches gelte für die von dem Angeklagten aufgewandte erhebliche kriminelle Energie, welche sich insbesondere in der langen und akribischen Tatvorbereitung sowie dem Umfang des mitgeführten Waffen- und Sprengstoffarsenals, dem Anstreben möglichst hoher Opferzahlen, der gezielten Animation von Nachahmern durch die Internetliveübertragung sowie in der Fortführung der Tötungsvorhaben unter Auswahl neuer Opfergruppen zeige. Insgesamt müsse gesehen werden, dass der Angeklagte in kürzester Zeit eine Vielzahl schwerster Delikte begangen habe.

Anschließend bespricht der Bundesanwalt die verschiedenen Taten im Einzelnen, der Verständlichkeit halber in chronologischer Reihenfolge.

Der Strafrahmen der Volksverhetzung weise eine Mindestfreiheitsstrafe von drei Monaten und ein Höchstmaß von fünf Jahren auf. Strafschärfend sei zu sehen, dass der Angeklagte durch dieselbe Handlung in mehrfacher Weise den Tatbestand erfüllt habe. Die strafbaren Gewalt- und Tötungsaufrufe seien gravierend gewesen, hätten zu direkten Aktionen führen sollen und sich gegen zwei Opfergruppen gerichtet. Darüber hinaus habe der Angeklagte jeweils tateinheitlich eine friedensgefährdende Hetze und eine Holocaustleugnung begangen. Weiterhin sei es als strafschärfend zu betrachten, dass die vom Angeklagten ins Internet gestellten Dokumente ebenso wie das Tatvideo und seine darin getätigten Aussagen im Nachhinein im Internet keine geringe Verbreitung gehabt haben. Dies sei auch das Ziel des Angeklagten gewesen, der in bewusster Anlehnung an andere Mordanschläge durch die Nutzung dieses Mediums möglichst viele gleichgesinnte Zuschauer habe erreichen wollen. Im Ergebnis werde für diese Tat eine Freiheitsstrafe von drei Jahren als tat- und schuldangemessen angesehen.

Hinsichtlich der folgenden Tatvorwürfe des Mords sehe das Gesetz eine lebenslange Freiheitsstrafe vor. Diese Strafandrohung gelte grundsätzlich auch für einen versuchten Mord. Zu prüfen bleibe aber, ob in Anbetracht der ausgebliebenen Vollendung der Tat durch eine Strafrahmenverschiebung Rücksicht zu nehmen sei. Bei Annahme einer solchen Verschiebung gelte ein Strafrahmen von mindestens drei bis zu fünfzehn Jahren Freiheitsstrafe.

Nach der Rechtsprechung des Bundesgerichtshofs seien bei dieser Prüfung alle schuldrelevanten Umstände abzuwägen. Dabei seien neben der Persönlichkeit des Täters die Tatumstände im weitesten Sinne und dabei insbesondere die versuchsbezogenen Gesichtspunkte, die Nähe zur Tatvollendung, die Gefährlichkeit des Versuchs und die eingesetzte kriminelle Energie zu würdigen.

Unter Anwendung dieses Maßstabs würde die Bundesanwaltschaft zu folgenden Ergebnissen kommen: Hinsichtlich des versuchten Mords an den Besuchern der Synagoge könnte für die Vornahme einer Strafrahmenverschiebung sprechen, dass der Versuch relativ schnell gescheitert sei. Trotz der Bedrohlichkeit der Situation seien die Besucherinnen und Besucher der Synagoge körperlich nicht verletzt worden. Gleichwohl würde eine Strafrahmenverschiebung hier angesichts des Tatbilds und -ergebnisses ausscheiden. Der Angeklagte habe die Tat über Monate hinweg geplant und vorbereitet. Er habe Waffen, Munition und Sprengstoff in erheblichem Ausmaß hergestellt und einsatzbereit bei sich geführt, wobei sich aus der geplanten und tatsächlichen Verwendung automatischer Waffen und Sprengsätze auch jenseits des Mordmerkmals der Gemeingefährlichkeit eine besondere Gefahrensituation ableite. Mit den weiteren Merkmalen der Heimtücke und der niedrigen Beweggründe habe der Angeklagte zwei weitere, also insgesamt drei Mordmerkmale verwirklicht. Besonders schwer wiege zudem, dass der Angeklagte den Mordversuch zum Nachteil einer Vielzahl von Personen begangen habe, nämlich in 51 tateinheitlich zusammentreffenden Fällen. Ebenfalls besonders schwer wiege, dass der Angeklagte bewusst Zeit und Ort des Anschlags danach ausgewählt habe, aus antisemitischen und menschenverachtenden Beweggründen eine möglichst große Anzahl von Menschen zu ermorden und zugleich Nachahmer zu motivieren. Zu beachten seien auch die durch den Anschlag bei zahlreichen Tatopfern hervorgerufenen Traumatisierungen, die vielfach therapeutischer Behandlung erfordert haben. Bei der Gesamtwürdigung dieser Umstände müsse eine Strafrahmenverschiebung ausscheiden. Der Angeklagte sei daher wegen des Anschlags auf die Synagoge zu lebenslanger Freiheitsstrafe zu verurteilen.

Für den Mord an Jana L., bei dem der Angeklagte zwei Mordmerkmale erfüllt habe, sei zwingend eine lebenslange Freiheitsstrafe zu verhängen.

Hinsichtlich des versuchten Mords an Mandy R. stelle sich wieder die Frage einer Strafrahmenverschiebung. Auch bei dieser Tat habe der Angeklagte zwei Mordmerkmale erfüllt. Einzubeziehen sei auch der bei dieser Tat zum Ausdruck kommende Wille, sich durch Passanten nicht von der Anschlagsbegehung abhalten zu lassen. Für eine Strafrahmenverschiebung spreche indes die in diesem Fall objektiv vorliegende Erfolgsferne, da aufgrund der Stellung des Bügels der Waffe eine Schussabgabe situativ von vornherein nicht möglich gewesen sei. Dem Gesichtspunkt der Vollendungsnähe messe die Rechtsprechung herausgehobene Bedeutung bei. Es erscheine deshalb angezeigt, den Strafrahmen zu verschieben. Bei der konkreten Zumessung des Strafrahmens könnte zugunsten des Angeklagten dessen Entschuldigung bei der Geschädigten Berücksichtigung finden. Straferschwerend seien über die bereits genannten Gesichtspunkte hinaus auch die schweren psychischen Folgen der Tat für die Geschädigte zu berücksichtigen. Nach Abwägung aller Umstände halte die Bundesanwaltschaft für diese Tat eine Freiheitsstrafe von zwölf Jahren für tat- und schuldangemessen.

Nicht grundlegend anders stelle sich die Situation im Falle des versuchten Mords an Stanislaw G. dar. Der Angeklagte habe mehrmals versucht, mit einer Schusswaffe aus kurzer Distanz auf den Geschädigten zu schießen. Zu berücksichtigen sei, dass der Angeklagte dabei zwei Mordmerkmale verwirklicht habe und mehrfach auf das Tatopfer angelegt habe. Andererseits spreche auch hier die Erfolgsferne für eine Strafrahmenverschiebung, da sich aufgrund eines technischen Defekts kein Schuss habe lösen können. Das Tatopfer sei körperlich unverletzt geblieben, der Mordversuch habe den Geschädigten nach eigenen Angaben bisher nicht psychisch beeinträchtigt. Im Ergebnis sei deshalb der Strafrahmen zu verschieben. Unter Würdigung aller Umstände halte die Bundesanwaltschaft auch in diesem Fall eine Freiheitsstrafe von zwölf Jahren für tat- und schuldangemessen.

Im Fall des Angriffs auf das Lokal Kiez Döner sehe das Gesetz aufgrund des neben den vier versuchten Morden tateinheitlich begangenen vollendeten Mords an Kevin S. insgesamt eine lebenslange Freiheitsstrafe vor. Dadurch würden auch die versuchten Morde an Rıfat T., Conrad R., Bernd H. und dem Arbeitskollegen von Kevin S. gesühnt.

Im Fall des versuchten Mords an Malek B. stelle sich wieder die Frage nach einer Strafrahmenverschiebung. Bei dieser Tat habe der Angeklagte ebenfalls zwei Mordmerkmale erfüllt. Eine Vollendung liege bei Betrachtung des Tatgeschehens nicht sehr fern, der Angeklagte sei bei der für das Opfer völlig überraschenden Schussabgabe nur wenige Meter von diesem entfernt gewesen. Der Mordversuch habe eine erhebliche Gefahr für den Geschädigten dargestellt. Er sei zwar körperlich unverletzt geblieben, was aber in erster Linie seiner schnellen Reaktion zu verdanken gewesen sei. Auch habe er psychische Beeinträchtigungen davongetragen. Gleichwohl sei mit Blick auf die nur einmalige Schussabgabe in einer Gesamtabwägung von einem Überwiegen des faktisch noch ausgebliebenen Erfolgs auszugehen. Unter Berücksichtigung der genannten Umstände erscheine eine Freiheitsstrafe von dreizehn Jahren als tat- und schuldangemessen.

Der tateinheitlich begangene versuchte Mord an Abdülkadir B. und an einer unbekannten Person erscheine mit der vorherigen Tat im äußeren Ablauf in wesentlichen Punkten vergleichbar. Zu Lasten des Angeklagten sei zu sehen, dass tateinheitlich ein Mordversuch an zwei Personen begangen worden sei. Ebenso seien die psychischen Spätfolgen für den Geschädigten zu würdigen, der sich nach eigenen Angaben aus dem Leben zurückgezogen habe und über ein halbes Jahr arbeitslos gewesen sei. Dennoch erscheine auch hier die Gewährung einer Strafrahmenverschiebung angemessen, zumal gegen eine Vollendungsnähe spreche, dass der Angeklagte dem Geschädigten zwar noch nachgesetzt habe, dieser sich aber rasch habe entfernen können. Unter Anwendung des so gemilderten Strafrahmens falle bei einer Abwägung aller für und gegen den Angeklagten sprechenden Gesichtspunkte insbesondere die tateinheitliche Begehung des versuchten Mords an zwei Menschen ins Gewicht. Insgesamt werde deshalb für diese Tat eine Freiheitsstrafe von vierzehn Jahren für tat- und schuldangemessen gehalten.

Auch bei der folgenden Tat des versuchten Mords an den fünf Polizeibeamten sei anhand der dargestellten Kriterien eine Strafrahmenverschiebung möglich. Die Tat habe fünf Opfer betroffen. Wie die Beschädigung des Polizeifahrzeugs zeige, seien die Polizeibeamten in erheblichem Maße gefährdet gewesen. Auf der anderen Seite sei hier jedoch zu beachten, dass der Angeklagte nur ein Mordmerkmal erfüllt habe und lediglich mit bedingtem Tötungsvorsatz und nicht in Tötungsabsicht gehandelt habe. Eine akzentuierte Gewichtung des letzteren Gesichtspunktes führe auch hier zu Bejahung einer Strafrahmenverschiebung. Im Rahmen der dann vorzunehmenden konkreten Strafzumessung falle dann allerdings besonders ins Gewicht, dass der Tatbestand des versuchten Mords in fünf tateinheitlich zusammentreffenden Fällen verwirklicht worden sei. Außerdem haben die Geschädigten mit psychischen Folgen zu kämpfen. Unter Abwägung aller für und gegen den Angeklagten sprechenden Umstände werde deshalb eine Freiheitsstrafe von fünfzehn Jahren für tat- und schuldangemessen gehalten.

Im Hinblick auf die Tat zum Nachteil von Aftax I. sei zu Lasten des Angeklagten die tateinheitliche Verwirklichung von drei Straftatbeständen zu berücksichtigen. Ferner seien das erhebliche Ausmaß der Gefährdung sowie die erlittenen Verletzungen des Geschädigten zu beachten. Weiter müsse gesehen werden, dass sich die verkehrsrechtlich in strafbarer Weise durchgeführte Fluchtfahrt über eine längere Strecke hingezogen habe. Währenddessen habe der Angeklagte durch seine verkehrswidrige Fahrweise neben dem Vorfall mit dem Geschädigten Aftax I. noch weitere Unfälle und Gefahrensituationen verursacht. Unter Abwägung aller maßgeblichen Umstände, insbesondere das Ausmaß der Verletzungen des Geschädigten werde ein Strafmaß von zwei Jahren und drei Monaten für tat- und schuldangemessen gehalten.

Bei der Prüfung einer Strafrahmenverschiebung zum Nachteil des Geschädigten Jens Z. sei zu beachten, dass der Geschädigte durch den aus der Nähe abgefeuerten Schuss getroffen und dabei schwer verletzt worden sei. Da der Schuss aus kürzester Entfernung auf Kopfhöhe abgegeben worden sei, liege sowohl eine unmittelbare Vollendungsnähe als auch eine erhebliche Gefährlichkeit vor. Weiter habe der Angeklagte mit der Tat zwei Mordmerkmale erfüllt. Ebenso seien die schweren Folgen für den Geschädigten zu berücksichtigen. Allerdings sei dem Angeklagten bei dieser Tat ebenfalls ein lediglich bedingter Vorsatz zu Gute zu halten. Trotz der Nähe zur Vollendung des Delikts werde deshalb eine Strafrahmenverschiebung gerade noch für angemessen gehalten. Bei der konkreten Strafzumessung haben die zuvor genannten Gesichtspunkte besonderes Gewicht, weshalb der Angeklagte in diesem Fall zu einer Freiheitsstrafe von fünfzehn Jahren zu verurteilen sei.

Ähnlich verhalte es sich bei dem Mordversuch an Dagmar M. Auch hier sei der Schuss aus wenigen Metern Entfernung abgegeben worden und hätte potenziell lebensgefährliche Verletzungen hervorrufen können. In der Gesamtschau sei auch zu sehen, dass der Angeklagte tateinheitlich mehrere Straftatbestände verwirklicht habe. Auch die schwerwiegenden Tatfolgen für Dagmar M. seien zu berücksichtigen. Allerdings sei auch in diesem Fall die Tat lediglich mit einem bedingten Vorsatz begangen worden, weshalb auch hier eine Strafrahmenverschiebung gerade noch für angemessen gehalten werde. Im Rahmen der konkreten Strafzumessung sei aufgrund der zuvor genannten Umstände ebenfalls eine Freiheitsstrafe von fünfzehn Jahren gegen den Angeklagten zu verhängen.

Der Strafrahmen für die besonders schwere räuberische Erpressung zum Nachteil von Daniel W. betrage im Mindestmaß eine Freiheitsstrafe von fünf Jahren, im Höchstmaß eine Freiheitsstrafe von fünfzehn Jahren. Für die Gesamtumstände, insbesondere auf die zusätzlich in Tateinheit begangene

Bedrohung zum Nachteil von Christian W. und Kai H., würden keine ausreichenden strafmildernden Umstände vorliegen, die einen minderschweren Fall rechtfertigen würden. Insbesondere seien der Wert des erlangten Fahrzeugs, der entstandene finanzielle Schaden und die psychische Belastung des Geschädigten aufgrund der Tat bei der Strafzumessung zu berücksichtigen. Unter Abwägung aller für und gegen den Angeklagten sprechenden Umstände erscheine für die besonders schwere räuberische Erpressung eine Einzelstrafe von acht Jahren als tat- und schuldangemssen.

Aus den genannten Einzelstrafen sei nunmehr eine Gesamtfreiheitsstrafe zu bilden. Abschließend sei gegen den Angeklagten eine lebenslängliche Freiheitsstrafe zu verhängen. Zudem sei bei dem Angeklagten auch die besondere Schwere der Schuld festzustellen. Diese Feststellung setze voraus, dass das gesamte Tatbild einschließlich der Täterpersönlichkeit von den erfahrungsgemäß vorkommenden Fällen des Mords so sehr abweiche, dass eine Strafaussetzung der lebenslangen Freiheitsstrafe auch bei dann günstiger Täterprognose unangemessen sei. Tatsächlich ergebe sich dies in diesem Falle allein schon aufgrund der Vielzahl der begangenen versuchten und vollendeten Morde. Den Taten des Mords und versuchten Mords habe vielfach die Vorsatzform der Absicht zu Grunde gelegen. Auch sei zu sehen, dass der Angeklagte bei nahezu jeder Tatausführung gleich mehrere Mordmerkmale erfüllt habe. Die Motive des Angeklagten zur Tatausführung seien zutiefst menschenverachtend gewesen. Der Angeklagte habe für seine auf eine möglichst hohe Opferzahl zielende Tat für längere Zeit ein ganzes Arsenal eigener Kampfmittel selbst hergestellt. Demgegenüber trete das straffreie Vorleben des Angeklagten und sein Geständnis in den Hintergrund, zumal der Angeklagte hierbei mit einer bemerkenswerten emotionalen Kälte auch in der Hauptverhandlung nicht von seinen Tatzielen abgewichen sei, sondern diese noch bestärkt habe.

Darüber hinaus sei für den Angeklagten eine nach der Strafhaft sich anschließende Sicherungsverwahrung anzuordnen. Mangels vorliegender Vorverurteilungen stehe die Entscheidung über die Anordnung der Sicherungsverwahrung im pflichtgemäßen Ermessen des Gerichts. Wie der Bundesgerichtshof mittlerweile bestätigt habe, sei neben der Verhängung einer lebenslangen Freiheitsstrafe, auch bei Feststellung besonderer Schuldschwere zusätzlich die fakultative Anordnung der Sicherungsverwahrung zulässig. Während bei der Verhängung einer lebenslangen Freiheitsstrafe und der Feststellung der besonderen Schwere der Schuld, die durch die Taten verwirklichte Schuld des Täters maßgeblich sei, und diese eine staatliche Reaktion auf schwer rechtswidriges Verhalten darstellen würden, diene die Sicherungsverwahrung präventiv vornehmlich dem Schutz der Bürger vor erheblichen Straftaten durch eine zu befürchtende Rückfälligkeit. Voraussetzung dafür sei ein Hang zu erheblichen Straftaten. Diese Voraussetzung verlange eines gegenwärtigen und bei umfassender Vergangenheitsbetrachtung festgestellten, eingeschliffenen inneren Zustand des Täters, der ihn immer wieder neue Straftaten begehen lasse. Insoweit komme das psychiatrische Gutachten des Sachverständigen Leygraf zu dem Ergebnis, dass davon auszugehen sei, dass der Angeklagte mit einer überwiegenden Wahrscheinlichkeit, aufgrund einer fest in seiner Persönlichkeit verankerten Überzeugung und Handlungsbereitschaft in Freiheit gelassen, erneut schwere Straftaten bis hin zu erneuten Tötungsdelikten begehen würde. Beim Angeklagten handele es sich um einen fanatischen ideologisch motivierten Einzeltäter, dessen antisemitische und ausländerfeindliche Überzeugungen, insbesondere sein Glaube an eine jüdische Weltverschwörung, tief verwurzelt seien. Diese Überzeugungen bestünden auch nach der Tatbegehung fort, ohne dass der Angeklagte auch nur einen Anflug von Reue oder Einsicht eines Fehlverhaltens in der Hauptverhandlung gezeigt habe. Auch die Persönlichkeit des Angeklagten begünstige weiter die Begehung entsprechender Taten. Seine einzelgängerische Art und seine Gehemmtheit hinsichtlich des Aufbaus sozialer Kontakte haben zunächst die Aufnahme und Verfestigung ideologischer Gedanken ermöglicht. Weiter sei beim Angeklagten zum einen eine ausgeprägte Empathielosigkeit festzustellen, zum anderen erscheine der Angeklagte in seiner Überzeugung unkorrigierbar und akzeptiere in dieser Hinsicht keine andere Meinung und reagiere darauf nicht konstruktiv. Hinsichtlich der Gefahrenprognose sei nicht davon auszugehen, dass ein langjähriger Strafvollzug an den Überzeugungen des Angeklagten etwas ändern könne, es sei vielmehr zu erwarten, dass der Angeklagte in Freiheit seinen Kampf, zu dem er sich verpflichtet fühle, fortführen würde. Auch, dass der Angeklagte aufgrund seiner dargestellten Kälte und Empathielosigkeit anlasslos zur Begehung schwerwiegender Straftaten in der Lage sei, habe der vorliegende Tatablauf gezeigt. Der Angeklagte sei, wie vom Gesetz vorausgesetzt, auch für die Allgemeinheit gefährlich. Mildere Mittel der vom Angeklagten ausgehenden Gefährlichkeit entgegenzuwirken, seien nicht ersichtlich. Deshalb sei eine Sicherungsverwahrung für den Angeklagten anzuordnen.

Weiterhin sei ihm die Fahrerlaubnis zu entziehen und sein Führerschein einzuziehen. Der Angeklagte sei aufgrund der verwirklichten Tatbestände als ungeeignet zum Führen eines Kraftfahrzeugs anzusehen. Zudem sei eine Sperre zur Wiedererteilung der Fahrerlaubnis auszusprechen, es sei zu berücksichtigen, dass der Angeklagte auf seiner Fluchtfahrt den vollendeten Tatbeständen der Gefährdung des Straßenverkehrs und des verbotenen Kraftfahrzeugrennens sowie diverse andere Verkehrsverstöße und riskante Manöver begangen habe und dabei Unfälle verursacht habe. Es sei allein dem Zufall überlassen geblieben, dass hierbei insbesondere im Hinblick auf den geschädigten Aftax I. keine Person schwerer verletzt worden sei. Insofern erscheine die Bestimmung einer Sperrfrist von vier Jahren erforderlich, aber auch ausreichend.

Im Übrigen seien alle Gegenstände einzuziehen, die zur Begehung oder Vorbereitung der Tat verwendet worden seien. Darunter würden alle Gegenstände fallen, die der Angeklagte bei der Tat verwendet habe. Soweit sich auf den Speichermedien des Angeklagten Inhalte befänden, die bei Verbreitung einen Straftatbestand erfüllen würden, insbesondere die durch den Angeklagten verbreiteten Dokumente -, liege ein zusätzlicher Einziehungsgrund vor.

Bundesanwalt Lohse schließt seinen Vortrag mit den Worten: »Ich beantrage daher abschließend: Der Angeklagte ist wegen Mords in zwei Fällen, davon in einem Fall in Tateinheit mit versuchtem Mord in vier tateinheitlich zusammentreffenden Fällen, Fälle 3 und 6 der Anklageschrift, des versuchten Mords in 51 tateinheitlich zusammentreffenden Fällen, Fall 2, des versuchten Mords in fünf tateinheitlich zusammentreffenden Fällen, Fall 9, des versuchten Mords in zwei tateinheitlich zusammentreffenden Fällen, Fall 8, des versuchten Mords in drei Fällen, den Fällen 4, 5 und 7, des versuchten Mords in zwei Fällen jeweils in Tateinheit mit versuchter räuberischer Erpressung mit Todesfolge und gefährlicher Körperverletzung, Fälle 11 und 12, der besonders schweren räuberischen Erpressung in Tateinheit mit Bedrohung in zwei tateinheitlichen Fällen, Fall 13, der fahrlässigen Körperverletzung in Tateinheit mit vorsätzlicher Gefährdung des Straßenverkehrs und verbotenem Kraftfahrzeugrennen, Fall 10, sowie der Volksverhetzung in zwei tateinheitlich zusammentreffenden Fällen, Tat 1, schuldig zu sprechen.« Anschließend beantragt der Bundesanwalt die zuvor erläuterten Einzelstrafen. Weiter beantragt er, den Angeklagten als Gesamtstrafe zu einer lebenslangen Freiheitsstrafe zu verurteilen. Ebenso sei die besondere Schwere der Schuld festzustellen und die anschließende Sicherungsverwahrung anzuordnen. Ferner werde beantragt, dem Angeklagten die Fahrerlaubnis zu entziehen, den Führerschein einzuziehen und eine Sperre von vier Jahren zur Wiedererteilung der Fahrerlaubnis zu verhängen. Die Tatmittel des Angeklagten seien einzuziehen. Der Bundesanwalt gibt an, von einer Stellungnahme zu den Adhäsionsanträgen abzusehen und beantragt zudem, die Fortdauer der Untersuchungshaft anzuordnen, da die Haftgründe fortbestehen würden.

Die Vorsitzende bedankt sich bei Bundesanwalt Lohse, Oberstaatsanwalt Schmidt und Staatsanwalt Birkenholz. Sie sagt, die Schlussvorträge der Nebenklägerbeistände würden am 1. Dezember 2020 erfolgen. Damit wird die Sitzung geschlossen.

Mitschrift von Tujia Wigard

22. Verhandlungstag
1. Dezember 2020

Die Vorsitzende Richterin Ursula Mertens setzt um 9.32 Uhr die Verhandlung fort und stellt die Anwesenheit der Beteiligten fest. Es sind rund 20 Pressevertreter·innen und rund 30 Besucher·innen im Verhandlungssaal. Die Vorsitzende sagt, dass heute die Schlussvorträge der Nebenklage begännen. Es habe sich etwas in der Reihenfolge geändert. Rechtsanwalt Onur U. Özata habe telefonisch gebeten, bereits heute seinen Schlussvortrag zu halten. Wie geplant würden heute Rechtsanwalt Christian Eifler und Rechtsanwalt Erkan Görgülü mit den Schlussvorträgen der Nebenklage beginnen.

Die Vorsitzende Richterin sagt, man habe ein Stehpult vorbereitet, da laut Tontechniker die Mikrofone an den Plätzen nicht dafür vorgesehen seien, im Stehen vorzutragen. Es bleibe den Vortragenden überlassen, ob sie am Stehpult oder vorn sitzend vortragen wollen.

SCHLUSSVORTRAG VON RECHTSANWALT CHRISTIAN EIFLER (NEBENKLAGEVERTRETER VON M. S., MUTTER VON KEVIN S.)

Die Vorsitzende erteilt Rechtsanwalt Eifler das Wort.

Er steht neben seiner Mandantin M. S. Beide befinden sich am Rand des abgetrennten Zuschauerbereichs, in dem weitere Prozessbeteiligte und Prozessbegleiter·innen Platz genommen haben, neben ihm M. S., die Mutter des getöteten Kevin S.

Er begrüßt die Anwesenden und sagt, man habe sicherlich bemerkt, dass er nicht vorn, sondern im Zuschauerbereich Platz genommen habe. Seine Mandantin habe es heute zum ersten Mal geschafft, an der Verhandlung teilzunehmen. Er sagt, ihm falle das Sprechen schwer, und seiner Mandantin gehe es schlecht. Der Grund dafür säße ihm gegenüber. Rechtsanwalt Eifler spricht langsam und stockt immer wieder. Sie hätten lange überlegt, ob er einen langen oder kurzen Schlussvortrag halten solle. Aus Rücksicht gegenüber seiner Mandantin werde er nicht viel sagen. Die Bundesanwaltschaft habe bereits über mehrere Stunden den Sachverhalt dargelegt, der sich durch die Beweisaufnahme ergeben habe und habe diesen juristisch eingeordnet. Er sei auch der Überzeugung, dass der Angeklagte am 9. Oktober 2019 losgezogen sei, um Juden und Ausländer zu töten. Er habe versehentlich, wie der Angeklagte gesagt habe, »als Kollateralschaden auch zwei Deutsche – zwei Weiße – umgebracht«.

Rechtsanwalt Eifler spricht den Angeklagten direkt an: Er habe »absolut versagt«, was man auch einschlägigen Internetforen entnehmen könne, wo Menschen schrieben, die die gleiche Gesinnung hätten und ihn beschimpften. Es habe alles nicht funktioniert.

Der Angeklagte sei in gutem Elternhaus behütet und gut situiert aufgewachsen, sei »nicht dumm«, habe Abitur gemacht und studiert. Dann habe es bei ihm einen »Schicksalsschlag« gegeben: Er sei krank geworden, habe nicht mehr studieren können und sei dann in Selbstmitleid verfallen. Der Angeklagte habe Kevin S. umgebracht. Dieser habe seinen Schicksalsschlag bereits zu seiner Geburt bekommen und nicht, wie der Angeklagte, erst Jahrzehnte später. Kevin S. sei als geistig behindertes Kind geboren worden und habe es in seinem Leben ziemlich schwer gehabt. Er habe immer versucht, aus seinem Leben etwas zu machen. Dafür habe er mehrere Jahre länger gebraucht als andere, und dennoch habe er es geschafft, sich einen Platz in der Gesellschaft zu erarbeiten. Er habe Freude beim Fußball und an Musik gehabt, habe Freunde gehabt und zuletzt eine Lehre. Das habe der Angeklagte ihm aufgrund seiner »geistigen Entgleisung oder Entartung« genommen. Der Angeklagte habe gesagt, dass er »keine Weißen, keine Deutschen« töten wolle. Dennoch sei er in den Dönerimbiss gegangen und habe Kevin S. erschossen – und das nicht nur mit einem Schuss. Er habe geschossen, dann habe er Probleme mit der Waffe gehabt, sei herausgegangen, zurückgekommen, habe »kaltblütig« erneut geschossen und damit Kevin S. getötet. Damit habe der Angeklagte sein eigenes Leben zerstört. Er werde vermutlich den Rest seines Lebens in der JVA Burg verbringen. Der Angeklagte habe das Leben seiner eigenen Familie und insbesondere das seiner Mutter, die sich sehr um ihn gekümmert habe, zerstört. Er habe das Leben seiner Schwester und das Leben seines Vaters zerstört. Er habe das Leben »vieler jüdischer Mitbürger stark beeinflusst«, die vermutlich den Rest ihres Lebens davon geprägt seien. Der Angeklagte habe auch einer Mutter »auf ekelhafteste und perverseste Weise ihr Kind genommen«.

Rechtsanwalt Eifler sagt, er denke, der Angeklagte habe den Rest seines Lebens Zeit, darüber nachzudenken, und das werde in der JVA Burg sein. Der

Angeklagte sei bereits eine Weile in Untersuchungshaft und dort relativ behütet. Dort habe er kaum Kontakt zu anderen Mithäftlingen. Er solle dort versuchen, »seine Denkweise, die er in die Welt bringen wollte, zu verteilen«. Dort habe er arabische, osteuropäische und russische, teils jüdische Mithäftlinge. Mit denen könne er diskutieren und versuchen, ihnen seine Weltanschauung zu vermitteln. Dann werde der Angeklagte für den Rest seines Lebens wenig Spaß haben. Mehr wolle Rechtsanwalt Eifler zu der Sache nicht sagen. Er bitte lediglich darum, »die gesetzlichen Möglichkeiten auszuschöpfen und den Angeklagten für den Rest seines Lebens hinter Gitter zu stecken«.

Die Vorsitzende bedankt sich und erteilt Rechtsanwalt Erkan Görgülü das Wort.

SCHLUSSVORTRAG VON RECHTSANWALT ERKAN GÖRGÜLÜ (NEBENKLAGEVERTRETER VON KARSTEN L., VATER VON KEVIN S.)

Rechtsanwalt Görgülü begrüßt die Anwesenden und sagt, er werde sich als Nebenklagevertreter kurzfassen. Der Sachverhalt habe sich zum Großteil, wie in der Anklageschrift dargestellt, bewahrheitet. Er wolle sich »im Großen und Ganzen« den Ausführungen der Bundesanwaltschaft anschließen. Ausnahmen seien hier die Beurteilung der Taten zulasten von İsmet T. und Aftax I. Er sei sich sicher, dass hierzu Rechtsanwältin Ilil Friedman und Rechtsanwalt Özata ausführlicher plädieren werden, und er deswegen nichts weiter dazu sagen werde.

Die Verteidigung werde versuchen, an zwei Stellen »zu schrauben«. Der erste Komplex sei rund um die Geschehnisse an der Synagoge. Die Verteidigung werde behaupten, dass der Angeklagte nicht »unmittelbar angesetzt« und dadurch keinen Vorsatz gehabt habe. Sie werde sagen, dass der Angeklagte ausgesagt habe, nicht zu wissen, ob die Synagoge in Betrieb gewesen sei. Auch die für Juristen wichtige »Schwelle zum: Jetzt geht es los«, könne man diskutieren, da von der Mauer bis zum Hauptgebäude der Synagoge eine zu überwindende Distanz von 15 Metern liege. Die Behauptung des Angeklagten, dass er nicht gewusst habe, ob die Synagoge in Betrieb sei, »beleidigt die Intelligenz sämtlicher anwesender Personen«. Auf der Homepage der Gemeinde sei alles aufgeführt: wer, wann, wo und was gefeiert werde. Auch eine Google-Maps-Karte sei dort zu sehen gewesen. Der Angeklagte habe behauptet, er habe die Behörden nicht auf sich aufmerksam machen und seine IP-Adresse hinterlassen wollen. Er habe auch gesagt, dass er sich im Darknet bewegt habe. Wer im Darknet unterwegs sei, könne sich ohne Probleme auf der Website www.jghalle.de den Kalender anschauen. Er sei also den ganzen Tag im Internet gewesen und will das nicht überprüft haben, fragt Rechtsanwalt Görgülü. Der Angeklagte habe sich »selbst ein Bein gestellt«, denn er habe ausgesagt, dass er keine Leiter mitgenommen habe, weil er dann hätte springen müssen. Möglicherweise wäre er nicht zurückgekommen beziehungsweise überwältigt worden, oder er hätte sich verletzen können. Er habe behauptet, wenn er gefangen genommen worden wäre, hätte er sich lächerlich gemacht. Rechtsanwalt Görgülü spricht den Angeklagten direkt an und fragt: Wenn er glaube, dass die Synagoge leer sei, wer hätte ihn dann überwältigen können? Dass er über eine Mauer springen könne, habe er in der JVA Halle bewiesen.[1] Außerdem hätte er sich noch lächerlicher gemacht, hätte er monatelang einen Anschlag auf eine Synagoge geplant, die nicht voll gewesen sei. Der Angeklagte wolle die Prozessbeteiligten »veräppeln«, und das werde ihm nicht gelingen, sagt Rechtsanwalt Görgülü. Auch im Video sage der Angeklagte: »Vielleicht kommen sie ja raus«. Der Angeklagte habe sehr genau gewusst, dass dort Menschen drin gewesen seien und habe in Kauf genommen, dass diese durch seine Schüsse oder Spreng- und Brandsätze zu Tode kämen. In seinem »Pre Action Report« habe er geschrieben, dass dies der nächste Ort sei, wo viele Juden seien. Wenn es sich seiner Meinung nach um eine stillgelegte Synagoge gehandelt hätte – warum sollten dann am höchsten jüdischen Feiertag dort Menschen sein, fragt Rechtsanwalt Görgülü. Außerdem sei in einer Video-Sequenz Stanislaw G. zu sehen gewesen. Dazu habe der Angeklagte gesagt: »Ich habe vermutet, dass es ein Jude aus der Synagoge ist.« Der Angeklagte habe also doch vermutet, dass Menschen in der Synagoge gewesen seien.

Die Verteidigung werde außerdem versuchen, einen Rücktritt zu problematisieren, da er angeblich hätte weitermachen können. Das wolle er entkräften, sagt Rechtsanwalt Görgülü, denn der Angeklagte habe seine Autoreifen beschädigt und sei geflohen. Somit handele es sich nicht um eine freiwillige Aufgabe. Die Verteidiger Rechtsanwalt Hans-Dieter Weber und Rechtsanwalt Thomas Rutkowski hätten mehrfach versucht, ihrem Mandanten eine »goldene Brücke«[2] zu bauen. Sie hätten immer wieder argumentiert, dass er seinen Plan hätte vollenden können, doch das nicht der Fall gewesen sei, denn der Angeklagte habe selbst gesagt, dass es für ihn »klar gewesen« sei, dass er es nicht schaffen werde, als er gescheitert war, die Tür zu öffnen. Die »goldene Brücke« habe der Angeklagte durch seine Aussage eingerissen.

Anmerken möchte er außerdem, dass der Sachverständige gesagt habe, dass die Sprengsätze, die er über die Mauer geworfen habe, auch »tendenziell tödlich« gewesen seien. Die Diskussion über einen Rücktritt oder einen fehlenden Vorsatz sei somit hinfällig.

1 Der Angeklagte war bei einem Fluchtversuch aus der JVA Halle am 30. Mai 2020 unbeaufsichtigt über einen 3,40 Meter hohen Zaun geklettert und in ein angrenzendes Gefängnisgebäude gelangt. Daraufhin wurde er in die JVA Burg verlegt.

2 Bezeichnet die Möglichkeit der Straffreiheit, durch den Rücktritt aus eigenem Antrieb nach Beginn des Versuchs einer Straftat. Nach § 24 StGB bleibt ein solcher Versuch, von dem der Täter zurückgetreten ist, straffrei.

Der Bundesanwalt habe argumentiert, dass der Angeklagte die Tür mit dem Auto hätte auffahren können. Dies sei aufgrund der großen Anzahl an Brand- und Sprengsätzen im Kofferraum »waghalsig« gewesen. »Waghalsig« habe sich der Angeklagte auch auf seiner Flucht verhalten und habe später ausgesagt, dass er seinen eigenen Tod in Kauf genommen hätte. Das Argument, dass es zu gefährlich gewesen sei, mit dem Auto in die Tür zu fahren, würde nicht verfangen, da der Angeklagte diese Option schlicht und einfach nicht bedacht habe.

Der zweite Komplex, auf den er eingehen wolle, sei der Schusswechsel mit der Polizei auf der Ludwig-Wucherer-Straße, sagt Rechtsanwalt Görgülü. Der Sachverständige habe gesagt, dass die Waffe tödliche Verletzungen hätte verursachen können. In einer Einlassung habe der Angeklagte sich verwundert gezeigt, dass das Auto nicht zerstört worden sei. Wenn der Angeklagte Metall zerschieße, könne er auch einen Menschen tödlich verletzten. Somit sei ein Vorsatz gegeben. Unterstrichen werde dies durch einen Wortwechsel des Angeklagten mit der Vorsitzenden am zweiten Verhandlungstag: Sie habe ihn gefragt, was der Angeklagte durch die Tat gelernt habe, und er habe geantwortet, dass die Mündung nicht ausgereicht habe. Das habe er vorher nicht testen können. Das zeige, dass er es für möglich gehalten habe, die Polizisten und auch İsmet T. tödlich zu treffen. In der Verhandlung habe sich außerdem herausgestellt, dass die Schüsse tödlich gewesen wären, hätte der Angeklagte einen Meter höher gezielt.

Alles Weitere sei klar, bemerkt Rechtsanwalt Görgülü und fährt fort, er wolle Wiederholungen vermeiden und damit seine Ausführungen zum Sachverhalt abschließen.

Er spricht den Angeklagten direkt an und sagt, dieser spreche immer wieder von »seinem Kampf«. Doch ein Kampf setze eine Auseinandersetzung »mit ansatzweise gleichgearteten Chancen« voraus. Er möchte darauf eingehen, wen der Angeklagte getötet habe, sagt Rechtsanwalt Görgülü.

Jana L. habe er in den Rücken geschossen und »arglistig« getötet. Er habe den Sohn seines Mandanten, Kevin S., getötet, der sich hinter einem Kühlschrank kauernd versteckt habe. Mit angezogenen Knien und den Händen schützend vor dem Gesicht habe er den Angeklagten angefleht. Auf diesen habe der Angeklagte zweimal geschossen – einmal davon ins Gesicht. Auch andere fliehende Menschen habe er erschießen wollen: Bauarbeiter, einen Rentner, einen 450-Euro-Jobber – das seien keine ebenbürtigen Gegner. »Das ist kein Kampf, das ist feige«, sagt Rechtsanwalt Görgülü.

Der Angeklagte habe nicht nur das Leben der Opfer und der Angehörigen zerstört, er habe auch das Leben seiner eigenen Familie zerstört. Seine Mutter habe sich das Leben nehmen wollen, und seine Schwester könne aus Angst, Scham und Fürsorge nicht mehr ruhig weiterleben. Auch sein eigenes Leben habe er zerstört. Die Voraussetzungen für ein lebenswertes Leben seien vorhanden gewesen: Bis auf eine Ausnahme sei der Angeklagte gesund gewesen, seine Eltern berufstätig, seine Schwester in Ausbildung, er sei Onkel und habe Abitur. »Was wollen Sie eigentlich mehr?«, fragt Rechtsanwalt Görgülü den Angeklagten. Er solle auf Kevin S., den Sohn seines Mandanten, schauen. Dieser sei geistig und körperlich behindert gewesen, und Ärzte hätten gesagt, dass er das Teenageralter möglicherweise nicht erreichen werde. Kevin habe jedoch gekämpft, habe leben wollen, habe sein eigenes Geld verdienen, sich integrieren und Freunde haben wollen. Dafür habe er gekämpft und sei beliebt gewesen. Das alles hätte der Angeklagte auch tun können. Stattdessen habe er tagelang in seinem Kinderzimmer »gelungert« und sich Anime-Pornos angeschaut. Der Angeklagte habe gesagt, dass er am unteren Rand der Gesellschaft gelebt habe, und wenn andere Menschen [nach Deutschland, Anm. d. Hgg.] kämen, würden Menschen wie er verdrängt werden. Diese Aussage verstehe er nicht, sagt Rechtsanwalt Görgülü und fragt: »Warum? Woraus?« Der Angeklagte habe in einem Dorf in Sachsen-Anhalt gelebt. Woraus er gedrängt werde – »aus Ihrem Kinderzimmer?«

Der Angeklagte habe die Waffen mit Werkzeugen seines Vaters und seines Großvaters gebaut, die sicherlich nicht stolz auf ihn seien. Seine Familie würde sich für ihn schämen. Er habe gesagt, dass er für den Staat und die Gesellschaft nichts tun wolle. Dieser Staat werde ihn für die nächsten Jahre ernähren, und dieser Staat habe ihm durch die Operation am Darm das Leben gerettet. Er solle sich vorstellen, [was mit ihm passiert wäre, wenn, Anm. d. Hgg.] er in einem »Dritte-Welt-Land« gelebt hätte. Seine Operation sei vermutlich von der Krankenkasse bezahlt worden, und die Krankenkassenbeiträge zahle die gesamte Gesellschaft, »also Juden, Ausländer, Kommunisten«. Die gesamte Gesellschaft, die einzahle, habe ihm das Leben gerettet, und das sei sein Dank.

Rechtsanwalt Eifler habe bereits gesagt, dass Menschen seinesgleichen sich über ihn lustig machen würden. Er habe nichts bewegt – ganz im Gegenteil. Er solle sich die Menschen, die im Zuschauerbereich sitzen, anschauen. Diese hätten jede Woche bei jedem Wetter draußen gewartet. Diese würden noch für lange Zeit die Gesellschaft prägen. Er meine auch die Menschen, die vom ersten Tag an draußen für Vielfalt demonstriert hätten. Auch die Besucher der Synagoge hätten geschildert, wie sie zusammengerückt seien. Die Botschaft sei eine »schallende Ohrfeige« gewesen: »Du kriegst uns nicht klein!«

Der Großteil der Gesellschaft habe rechten Terror vorher nicht mitbekommen. Zwar habe man vom NSU gehört, aber man habe nicht gewusst, was einen das angehe. Bis dahin sei es nach dem Motto gelaufen: »Die Juden übertreiben – den Ausländern geht es doch gut«. Er sei sich sicher, dass jeder eine solche Aussage schon mal gehört habe. Der Angeklagte habe gezeigt, dass es nicht so sei und habe der Gesellschaft einen Spiegel vorgehalten. Er habe gezeigt, dass nicht nur Juden und Ausländer vom rechten Terror betroffen seien. Er habe der Gesellschaft gezeigt, dass das alle etwas angehe, was zu einem »deutlich spürbaren Ruck« geführt habe.

Der Angeklagte habe aber auch den Sohn seines Mandanten getötet, der trotz eines schweren Lebens immer wieder aufgestanden sei. Er habe ihn nicht nur erschossen, sondern »qualvoll hingerichtet«. Das Video könne man sich an vielen Stellen im Internet herunterladen und anschauen. Damit habe der Angeklagte nicht nur Kevin S. getötet, sondern auch »pietätlos« gehandelt.

Rechtsanwalt Görgülü sagt, er werde keinen konkreten Antrag stellen, wolle aber betonen, dass der Angeklagte weiterhin gefährlich sei. So habe er vor Gericht gesagt, dass »seine Feinde nicht besiegt« seien, und es »nur ein Schlag« gewesen sei. Er bitte den Senat, dass der Angeklagte nie wieder auf freien Fuß komme. Abschließend wolle er mit den letzten Worten des Sohns seines Mandanten Kevin S. enden: »Nein, bitte nicht. Bitte nicht. Nein. Nein. Bitte, bitte nicht. Nein, bitte nicht.«

Mehrere Prozessbeteiligte und Zuschauer·innen weinen. Die Vorsitzende bedankt sich bei Rechtsanwalt Görgülü, verkündet eine 20-minütige Lüftungspause und unterbricht die Verhandlung.

Um 10.22 Uhr setzt sie die Verhandlung fort und stellt die Anwesenheit der Beteiligten fest.

SCHLUSSVORTRAG VON RECHTSANWALT ONUR U. ÖZATA (NEBENKLAGEVERTRETER VON İSMET T. UND RIFAT T.)

Die Vorsitzende erteilt Rechtsanwalt Özata das Wort. Er begrüßt die Anwesenden und sagt, er vertrete İsmet T. und Rıfat T., die Brüder und Überlebenden des Anschlags vom 9. Oktober 2019. Er werde auch in ihrem Namen seinen Schlussvortrag halten, der in Rücksprache mit einem Teil der Nebenklage einzelne Aspekte beleuchten solle und keinesfalls eine umfangreiche Stellungnahme darstelle.

Sein Mandant İsmet T. habe an allen Tagen der Hauptverhandlung teilgenommen und diese aufmerksam verfolgt. Er habe jeden Zeugen und jede Aussage des Angeklagten ertragen müssen. Sein Bruder Rıfat T. habe es stattdessen vorgezogen, im Kiez Döner, dem gemeinsamen Laden, »die Stellung zu halten«. Jeder gehe anders mit der Tat und ihren Folgen um. Beide seien seit der Tat andere Menschen geworden. Das Gefühl bedroht und als Bedrohung wahrgenommen zu werden, habe ihren Blick auf Deutschland verändert. Rechtsanwalt Özata sagt, er bestaune den Lebensmut und das Durchhaltevermögen der Brüder. Diese »Widerstandskraft« komme vermutlich aus ihren Einwanderungsbiografien, die sie aus dem Südosten der Türkei nach Deutschland gebracht hätten. Jeden Tag würden sie hier hart arbeiten, um sich und ihren Kindern ein besseres Leben zu ermöglichen. Er denke, dies sei etwas, worauf sie stolz sein können, auch wenn diese Biografien weiterhin zu wenig Anerkennung fänden. Halle sei für seine Mandanten »die schönste, ruhigste Ecke« gewesen, die sie hätten finden können. İsmet T. habe einmal gesagt, wenn er in der Türkei sei, wolle er nach zwei Wochen zurück nach Hause. Rechtsanwalt Özata sagt, das Zuhause seines Mandanten sei Halle, sei das Paulusviertel, wo auch die Synagoge stehe. Dort, wo Menschen aus aller Welt eine Heimat haben könnten, und dort, wo vor rund 300 Jahren das Institut für Orientalistik an der Universität Halle gegründet worden sei, an dem Hebräisch gelehrt und erforscht worden sei. Dies sei »ein Zeichen für die Weltoffenheit der Stadt« und »ein Zeichen, dass wir nicht alleine auf der Welt« seien. Über diesen Ort habe der Angeklagte »Schrecken und Terror« gebracht.

Die polnische Schriftstellerin Zofia Nałkowska habe mit einem Satz die Verbrechen der Deutschen in Polen während des Zweiten Weltkrieges zusammengefasst: »Das haben Menschen Menschen angetan.« Es seien Menschen, die »mit kalter Perfektion« Millionen Männer, Frauen und Kinder »entrechtet, vertrieben und ermordet« hätten, zitiert Rechtsanwalt Özata. Es seien »ganz gewöhnliche Menschen« gewesen, die sich eine menschenverachtende Ideologie zu eigen gemacht haben, um Freunde, Kollegen und Nachbarn zu verraten. Dieser Antisemitismus und Rassismus habe in der Shoah gemündet.

Auch hier habe »ein Mensch anderen Menschen großes Leid angetan« und das Leben von Jana L. und Kevin S. ausgelöscht. Ein »eliminatorischer Antisemitismus gepaart mit Rassismus und Islamhass« sowie einer »ausgeprägten Verachtung für Frauen« liege dem Handeln des Angeklagten zugrunde. Es müsse betont werden, dass der Angeklagte ein Mensch und kein Monster oder Psychopath sei, weil die Pathologisierung oder Entmenschlichung den Blick auf die Gesinnung und Motive des Angeklagten verstelle. »Dem Versuch geh[e] stets die Versuchung voraus« und so habe sich gezeigt, dass in den letzten Jahrzehnten in Deutschland »keine Versuchung so groß war, wie die, den Rechtsterrorismus gegen Juden, Muslimen und andere Gruppen zu bagatellisieren und zu verleugnen«.

Der Angeklagte sei als Einzelner zur Tat geschritten, doch sei er kein Ausgegrenzter, sondern sei »aus unserem Schoße hervorgegangen«. So seien Hass und Vorurteile gegenüber Juden und Muslimen weitverbreitet und hätten eine lange Tradition »in unserem Land«. Dadurch sei der Angeklagte »in guter Gesellschaft« – von dort speise sich sein »gedankliches Rüstzeug«.

Nicht erst seit Thilo Sarrazin gebe es Diskriminierung und Verachtung gegen Muslime in Deutschland. Die »rassistischen Thesen in pseudowissenschaftlichem Gewande« hätten jedoch die unterschwellige Ablehnung von vielen Deutschen gegenüber Muslimen verharmlost und mit konkreter Angst unterfüttert.[3] Es seien Thesen wie: »Die Türken erobern Deutschland genauso wie die Kosovaren den Kosovo erobert haben: durch eine höhere Geburtenrate.« Diese »Hassrhetorik« habe die »spätere Gewalt intellektuell vorbereitet« und bedeute letztendlich eine »Aufstachelung zum Terror« gegen die sogenannten Eroberer. Auch der Angeklagte habe mit der Erzählung einer »schleichenden Islamisierung durch faule und feindselige Muslime, ›die ständig neue Kopftuchmädchen‹ produzieren würden«, seine Taten begründet.

Man würde auf den Angeklagten verweisen, aber worin unterscheide sich »sein Duktus« von dem, was man täglich hören und sehen würde, fragt Rechtsanwalt Özata. Man müsse nicht erst auf die zahlreichen »rassistischen und menschenverachtenden Äußerungen von AfD-Politikern« verweisen, um das Ausmaß des Problems zu veranschaulichen. Stattdessen solle man sich selbst fragen, »wie wir eigentlich über Muslime, [...] Flüchtlinge und Obdachlose, [...] Sinti und Roma, [...] die Schwachen und Bedrängten in unserer Gesellschaft« sprechen würden.

Die Leipziger Autoritarismus-Studie 2020[4] zeige, dass rechtsextreme Einstellungen in Deutschland weiterhin »auf einem hohen Niveau« seien. Dem Satz »Die Ausländer kommen nur hierher, um unseren Sozialstaat auszunutzen« würde jeder vierte Deutsche zustimmen. Ähnlich viele hätten angegeben, dass Muslimen »die Zuwanderung nach Deutschland untersagt werden« solle. Nahezu jeder zweite Deutsche fühle sich durch »die vielen Muslime hier wie ein Fremder im eigenen Land«. In Deutschland würden sich antimuslimische Ressentiments verbreiten, Gewalttaten gegen Muslime würden zunehmen und islamfeindliche Gewalt sei alltäglich geworden, sagt Rechtsanwalt Özata. »Das Schlimme und Besondere« beim antimuslimischen Rassismus sei heute, wie gesellschaftsfähig er geworden sei. Wer gegen Muslime hetze, werde weder geächtet noch ausgeschlossen. So habe Thilo Sarrazin eine »herausragende Verantwortung für unser Land« getragen, und Rainer Wendt[5], der weiterhin der Bundesvorsitzende der Deutschen Polizeigewerkschaft und »damit Sprachrohr von circa 100.000 Beamten« sei, habe gesagt, dass es bei Muslimen zu »den genetischen Grundbausteinen dieser Kultur«[6] gehöre, Frauen zu verachten. Man könne also »Unsägliches« äußern und trotzdem Teil der deutschen Sicherheitsbehörden sein. Rechtsanwalt Özata fragt, ob es daher verwundere, wöchentlich Nachrichten über »Rassisten und Verfassungsfeinde in Uniform« zu erhalten. Er fragt, ob es überraschend sei zu hören, dass Menschen, die die

3 Aussagen des ehemaligen SPD-Politikers Thilo Sarrazin aus einem Interview in der *Lettre International* (1. Oktober 2009, Nr. 86) wurden als rassistisch und antisemitisch kritisiert, erhielten jedoch auch Unterstützung durch zahlreiche Politiker·innen und Publizist·innen.

4 Oliver Decker, Elmar Brähler (Hgg.): *Autoritäre Dynamiken. Neue Radikalität – alte Ressentiments. Leipziger Autoritarismus Studie 2020*, Gießen: Psychosozial-Verlag 2020.

5 Rainer Wendt ist seit 2007 Bundesvorsitzender der Deutschen Polizeigewerkschaft (DPolG), die nach der Gewerkschaft der Polizei (GdP) die zweitgrößte deutsche Polizeigewerkschaft ist.

6 Aussage von Rainer Wendt von 2015 aus einem Interview mit dem *Compact-Magazin*, das seit März 2020 durch den Bundesverfassungsschutz als rechtsextremistischer »Verdachtsfall« beobachtet wird.

Gesellschaft vor Menschen, wie dem Angeklagten, schützen sollten, Waffen, Munition, Sprengstoff und Leichensäcke für den »Tag X« horten würden.[7]

»Miese Türkensau! Du machst Deutschland nicht fertig. Verpiss dich lieber, solange du hier noch lebend rauskommst, du Schwein! Als Vergeltung schlachten wir deine Tochter«, zitiert Rechtsanwalt Özata. Er sagt, diese Worte seien nicht vom Angeklagten, auch wenn diese ihm zuzutrauen wären, sondern würden »sehr wahrscheinlich aus den Reihen der Frankfurter Polizei« stammen und seien an die Kollegin und Rechtsanwältin Seda Başay-Yıldız geschickt worden.[8] Sie sei eine Frau, habe eine Tochter und engagiere sich als Rechtsanwältin für Menschenrechte. Das allein und ihre türkische Herkunft würden ausreichen, um sie zum Ziel »für glühende Patrioten« zu machen.

Ohne Zweifel gebe es in den deutschen Sicherheitsbehörden »rassistische und rechtsextreme Strukturen«. Die Annahme, es handele sich, laut Bundesinnenminister Horst Seehofer, um »Einzelfälle im Promillebereich«,[9] würde sich immer wieder rächen.

Beamtinnen und Beamte hätten einen Eid auf die Verfassung geleistet, sagt Rechtsanwalt Özata. Wer als Diener des Staates dagegen agiere, müsse aus dem Staatsapparat entlassen werden – der Beamtenstatus stehe ihnen nicht zu. »Natürlich« müsse man das Verhalten derer, die für die Sicherheit zuständig seien, »stets kritisch prüfen«. Der Staat und seine Polizei dürften sich Kritik nicht verwahren. Es habe nicht jedem gefallen, dass Nebenklägerinnen und Nebenkläger von ihren positiven sowie negativen Erfahrungen im Umgang mit der Polizei in Halle berichtet hätten. Es sei »unanständig«, an diesen Stellen »zu raunen«. Dem liege ein falsches Verständnis von Demokratie zugrunde, denn fundierte Kritik würde die Sicherheit stärken. Ignoranz hingegen mache das Land nicht sicherer. Rechtsanwalt Özata sagt, wer die Sicht der Überlebenden belächele, begebe sich damit nicht nur auf eine Stufe mit dem Angeklagten, sondern würde den Überlebenden weiteren Schaden zufügen.

7 Die dem Hannibal-Netzwerk zugehörige Nordkreuz-Gruppe bestehend aus Bundeswehrsoldaten, Polizisten und anderen soll ein Netzwerk aus rechtsextremen Preppern aufgebaut haben, um sich auf einen erwarteten Staatszusammenbruch am »Tag X« vorzubereiten beziehungsweise diesen herbeizuführen. Zahlreichen Elitesoldaten und Polizisten aus Spezialeinheiten wird vorgeworfen, Waffen, Munition, Sprengstoff und Leichensäcke beschafft zu haben, um massenweise politische Gegner zu töten.

8 Die Rechtsanwältin Seda Başay-Yıldız erhielt am 2. August 2018 ein Fax mit der zuvor zitierten Morddrohung, unterschrieben mit NSU 2.0. Sie hatte im NSU-Prozess die Familie von Enver Şimşek, dem ersten Mordopfer des NSU, als Nebenkläger vertreten. Sie und andere (vorwiegend) Frauen erhielten über Jahre Dutzende weitere Morddrohungen mit zum Teil sensiblen persönlichen Daten, die zuvor von Polizeicomputern abgefragt worden waren.

9 Bundesinnenminister Horst Seehofer (CSU) auf der Pressekonferenz zur Vorstellung des Verfassungsschutzberichts am 27. Juni 2019.

Seine Mandanten würden sich von der Staatsanwaltschaft im Stich gelassen fühlen, denn seit Beginn habe die Bundesanwaltschaft »alles dafür getan«, İsmet T. aus diesem Verfahren »herauszuhalten«. Entgegen seinem Wissen als Opfer und entgegen der Lebensgefahr, in der er sich befunden habe, halte die Bundesanwaltschaft an ihrer »falschen Einschätzung der Sach- und Rechtslage« fest. Rechtsanwalt Özata spricht die Vertreter der Staatsanwaltschaft direkt an: Es bleibe »ein schwerer rechtlicher Fehler«, dass sie die lebensgefährlichen Ereignisse in der Ludwig-Wucherer-Straße, nicht als das betrachten würden, was sie gewesen seien, nämlich ein versuchter Mord. Der Angeklagte habe hier zumindest bedingt vorsätzlich gehandelt. Dies sei dann der Fall, »wenn der Eintritt des Tods als mögliche, nicht ganz fernliegende Folge des eigenen Handelns erkannt und gebilligt oder sich um des erstrebten Ziels willen zumindest mit dem Eintritt des Tods abgefunden wird, mag der Erfolgseintritt für den Täter auch gleichgültig oder an sich unerwünscht sein.«[10] Ob der Täter nach diesen rechtlichen Maßstäben bedingt vorsätzlich handele, sei »in Bezug auf das Wissens- und Wollenselement im Rahmen der Beweiswürdigung umfassend zu prüfen und durch tatsächliche Feststellungen zu belegen [...] Ihre Bejahung oder Verneinung kann nur auf der Grundlage einer Gesamtbetrachtung aller objektiven und subjektiven Umstände des Einzelfalls erfolgen, [...] in welche insbesondere die objektive Gefährlichkeit der Tathandlung, die konkrete Angriffsweise des Täters, seine psychische Verfassung bei der Tatbegehung und seine Motivationslage einzubeziehen« seien. Der Bundesgerichtshof weise in ständiger Rechtsprechung[11] darauf hin, dass »im Rahmen der vorzunehmenden Gesamtschau die objektive Gefährlichkeit der Tathandlung einen wesentlichen Indikator sowohl für das kognitive als auch für das voluntative Vorsatzelement« darstelle. Habe »der Täter eine offensichtlich äußerst gefährliche Gewalthandlung begangen, liegt es daher im Regelfall nahe, dass er den Eintritt des Tods als mögliche Folge seines Tuns erkannt und, indem er gleichwohl sein gefährliches Handeln begonnen und fortgesetzt hat, den Todeserfolg auch billigend in Kauf genommen hat. [...] Die Gefährlichkeit der Tathandlung und der Grad der Wahrscheinlichkeit eines Erfolgseintritts sind jedoch keine allein maßgeblichen Kriterien für die Entscheidung, ob ein Angeklagter mit bedingtem Vorsatz gehandelt hat; vielmehr kommt es auch bei in hohem Maße gefährlichen Handlungen auf die Umstände des Einzelfalls an.«

10 Rechtsanwalt Özata zitiert hier und im Folgenden Urteile des BGH.

11 Wenn eine Rechtsfrage über einen längeren Zeitraum immer wieder gleich ausgelegt wird, wird davon ausgegangen, dass diese Rechtsprechung auch zukünftig nicht anders sein wird.

Gemessen an diesen Grundsätzen müsse der Senat im vorliegenden Fall einen bedingten Vorsatz des Angeklagten bejahen, sagt Rechtsanwalt Özata. Außer Zweifel stehe die »objektive Gefährlichkeit« des Verhaltens des Angeklagten. Die Bundesanwaltschaft habe die Schüsse auf die Polizeibeamten berechtigterweise als Mordversuch gewertet. Die Beweisaufnahme habe ergeben, dass die Handlungen des Angeklagten für alle Menschen »im Wirk- und Streuradius« der Schüsse »potenziell tödlich« gewesen seien.

İsmet T. sei ferner einer sehr viel größeren Gefahr ausgesetzt gewesen, verletzt oder getötet zu werden, da er dem Angeklagten rund 40 Meter näher gewesen sei, als die für diese Situation ausgestatteten und ausgebildeten Polizeikräfte. Deswegen verweise er auf den von ihm erstellten Antrag auf Erteilung eines rechtlichen Hinweises vom 4. November 2020.

Der Bundesgerichtshof habe mehrfach festgestellt, dass »das Vertrauen auf ein Ausbleiben des tödlichen Erfolgs regelmäßig dann zu verneinen ist, wenn der vorgestellte Ablauf des Geschehens einem tödlichen Ausgang so nahekommt, dass nur noch ein glücklicher Zufall diesen verhindern kann.«

Auch İsmet T. habe es dem Zufall zu verdanken, dass er hinter einem Fahrzeug in Deckung gehen konnte und nicht von den Geschossen des Angeklagten getroffen worden sei.

Die Äußerungen der Bundesanwaltschaft würden sich in Bezug auf die konkrete Gefährdung von İsmet T. widersprechen. So werde einerseits eine objektive Gefahr für die Polizeikräfte angenommen und dies durch die besondere Gefährlichkeit der Tathandlung begründet, anderseits jedoch die konkrete Gefährdung seines Mandanten nicht anerkannt. Auch die Annahme der Bundesanwaltschaft, dass die Spuren am Haus durch Schüsse auf Abdülkadir B. und eine unbekannte Person verursacht worden seien, würde einer »außergewöhnlichen Gefährlichkeit« der späteren Schüsse in Richtung von İsmet T. nicht widersprechen.

Rechtsanwalt Özata zitiert einen Beschluss des Bundesgerichtshofs: »Ein gewichtiges Indiz bei der Prüfung, ob ein Vorsatz oder etwa eine (bewusste) Fahrlässigkeit vorliegt, kann die Motivlage des Täters im Rahmen der gebotenen umfassenden Gesamtwürdigung aller Umstände sein. Auch wenn der mit bedingtem Tötungsvorsatz handelnde Täter in Verfolgung eines anders gelagerten Handlungsantriebs in der Regel über kein Tötungsmotiv verfügt, kann die Art der Beweggründe für die Prüfung von Bedeutung sein, ob der Täter nach der Stärke des ihn treibenden Handlungsimpulses um des angestrebten Ziels willen bei der Tatausführung die Tötung eines anderen Menschen billigend in Kauf nahm.«

Der Angeklagte habe, nachdem er an der Synagoge gescheitert sei, nur noch das Ziel gehabt, möglichst viele Ausländer und Muslime zu töten. Er sei davon so überzeugt gewesen, dass er bereit gewesen sei, dafür zu sterben. Dem Angeklagten sei es nicht darum gegangen, der Polizei zu entgehen, um zu fliehen. Er habe die Gegenwehr der Polizeibeamten brechen wollen, um weiter Muslime töten zu können. Gleichzeitig sei die Polizei für ihn bereits im Vorhinein ein untergeordnetes Anschlagsziel gewesen. Bereitwillig habe die Bundesanwaltschaft das Narrativ des Angeklagten übernommen, dass die Schüsse auf die Polizeibeamten nur widerwillig erfolgt seien. Sie sei damit dem Angeklagten »auf den Leim gegangen« und habe die dem »Terroranschlag zugrunde liegenden Feindbilder« zu wenig Beachtung geschenkt. In den vor der Tat erstellten Dokumenten würde der Angeklagte seine Gesinnung und seine Beweggründe darlegen. Im »Pre Action Report« habe er auch Polizisten in ihrer Funktion als Bedienstete des Staats als Feinde und mögliche Opfer des Anschlags erklärt. Sie hätten jederzeit von ihm getötet werden können so wie andere vom Angeklagten als mögliches Angriffsziel markierte Personen. Es sei dem Angeklagten »zumindest gleichgültig« gewesen, ob er beim Schusswechsel mit der Polizei Muslime getötet hätte. Schon die »Gleichgültigkeit gegenüber dem zwar nicht erstrebten, wohl aber hingenommenen Tod des Opfers, rechtfertigt die Annahme eines bedingten Tötungsvorsatzes.«

Der Angeklagte habe nicht damit rechnen können, dass Passanten sich vom Mordgeschehen entfernen würden. Spätestens nach dem Mord an Jana L. habe er gewusst, dass Gegenteiliges der Fall sei, da spätestens hier der Angeklagte gewusst habe, dass nicht jeder erkenne, was sein Vorhaben gewesen sei. Auch Jana L. habe sich »in völliger Arglosigkeit« auf den Tatort zubewegt. Die Beweisaufnahme habe bestätigt, dass sich zum Zeitpunkt des Anschlags eine Vielzahl von Personen auf der Ludwig-Wucherer-Straße befunden hätte, auch wenn die Bundesanwaltschaft in ihrem Schlussvortrag Gegenteiliges behauptet habe. Der Polizeibeamte und Nebenkläger Daniel L. habe vor der Abgabe seines Schusses rund fünf Passanten am rechten Fahrbahnrand beschrieben. Die Polizeibeamtin und Nebenklägerin Sarah B. habe auf dem linken Fußgängerweg Passanten gesehen. Schließlich komme es nicht darauf an, ob der Angeklagte potenzielle Opfer gesehen habe – entscheidend sei, dass ihm letztlich egal gewesen sei, ob sich jemand in der Schusslinie befunden habe. Dies sei längst in der Vorsatzdogmatik anerkannt worden und zuletzt durch das Urteil des Berliner Landgerichts vom 26. März 2019 [zum »Ku'damm-Raser«-Fall, Anm. d. Hgg.] deutlich gemacht worden. Mittlerweile vom BGH bestätigt, sei dort bei einem Raser ein Tötungsvorsatz im Hinblick auf den Insassen eines gerammten Fahrzeugs angenommen worden, unabhängig davon, ob der Täter dieses Fahrzeug wahrgenommen habe. Es sei verwunderlich, dass die Bundesanwaltschaft dieser Behauptung des Angeklagten ohne Zweifel glaube, obwohl sie dies an vielen anderen Stellen nicht getan habe. Es sei eindeutig, dass der Angeklagte an diesem Punkt eine »perfide Strategie« verfolge. Er sei nicht bemüht, etwas zur Aufklärung beizutragen. Es gehe ihm vielmehr darum, die Opfer in ihrem »Kampf um Anerkennung« vorzuführen und als Lügner darzustellen. Dies zeige sich auch im Kontext der Tat zulasten des Nebenklägers Aftax I.

Von den Motiven und Strategien des Nationalsozialistischen Untergrunds habe man gelernt, dass es eine Wirkungsebene rechten Terrors sei, eine Täter-Opfer-Umkehr und das Misstrauen des Staats gegenüber migrantischen Opfern zu bewirken. Mit ihrer Deutung spiele die Bundesanwaltschaft dem Angeklagten in die Hände. Rechtsanwalt Özata sagt, er warne den Senat »inständig«, nicht auch »in diese Falle zu tappen«.

Der Angeklagte sei wegen versuchten Mords an İsmet T. zu verurteilen. Er sei auch wegen des versuchen Mords an Rıfat T. schuldig zu sprechen. In diesem Fall und den weiteren Anträgen schließe er sich der Bundesanwaltschaft an.

Seine Mandanten hätten sich häufig vom Staat »im Stich gelassen« gefühlt, denn sie seien mit ihren Sorgen und ihrer wirtschaftlichen Not allein gelassen worden. Der Angeklagte habe nicht nur versucht, das Leben seiner Mandanten, sondern auch ihre wirtschaftliche Existenz zu vernichten. Dass ihm dies nicht gelungen sei, hätten İsmet und Rıfat T. anderen zu verdanken. Da, wo der Staat hätte hilfsbereit sein müssen, habe man nur »mit den Schultern gezuckt«. Wie alle Opfer von rechtsextremem oder rassistischem Terror seien die Brüder T. stellvertretend für eine ganze Gruppe angegriffen worden. Es sei nicht ihre Schuld gewesen, was ihnen widerfahren sei. In diesen Fällen sei es »originäre Aufgabe« der Gemeinschaft, sich bedingungslos hinter Betroffene zu stellen. Tue sie dies nicht, übe sie »Verrat an den Opfern«.

Er wollte das zu Beginn erwähnte Zitat von Zofia Nałkowska wiederholen: »Das haben Menschen Menschen angetan.« Menschen könnten sich gegenseitig schreckliche Dinge antun. Es sei jedoch auch so, dass den »Ungerechten« ebenso viele, wenn nicht mehr »Gerechte« gegenüberstünden, Menschen, die sich der Mitmenschlichkeit verpflichtet fühlten; Mitmenschen, die durch ihren »unermüdlichen Einsatz für die Schwächsten« deren »Last und Bürde buchstäblich mittrügen«. Ein Beispiel seien die jungen Menschen, die an jedem Verhandlungstag vor dem Gerichtsgebäude stehen, um auf den Prozess aufmerksam zu machen und mit den Überlebenden solidarisch zu sein. Den »Schmerz und die Verzweiflung« habe auch das Team der Mobilen Opferberatung[12] mitgetragen, das bei Bedarf immer an der Seite seiner Mandanten gestanden und sie umfassend unterstützt habe. »Ergreifend« sei auch das außerordentliche Engagement von Studierenden aus der Jüdischen Gemeinde, die mit einer großzügigen Kampagne mitgeholfen hätten, den finanziellen Auswirkungen des Anschlags auf den

12 Die Mobile Opferberatung in Sachsen-Anhalt unterstützt Menschen nach einem rassistischen, rechtsextremen oder antisemitischen Angriff.

Kiez Döner entgegenzuwirken.[13] Viele Menschen in Halle und in Deutschland hätten sich solidarisch mit den Überlebenden gezeigt. All diese haben die Werte des Zusammenlebens erneuert und Hoffnung gespendet. »Ihnen allen gebührt unser Dank«, sagt Rechtsanwalt Özata.

Hoffnung habe auch das Gericht gespendet – auch ihm gebühre großer Dank. Die Überlebenden haben vor einem Gericht Zeugnis abgelegt, welches sich »schützend vor sie gestellt« habe. »Hass und Häme« des Angeklagten habe es nicht geduldet und in »beispielloser Weise« den Opfern den Raum gegeben, ihre Erfahrungen und ihren Schmerz mit der Welt zu teilen. Der hessische Generalstaatsanwalt Fritz Bauer habe mit Blick auf den Frankfurter Auschwitz-Prozess gesagt: »Deutschland würde aufatmen und die gesamte Welt und die Hinterbliebenen derer, die in Auschwitz gefallen sind, und die Luft würde gereinigt, wenn endlich einmal ein menschliches Wort fiele.« Abschließend sagt Rechtsanwalt Özata, er glaube, »Fritz Bauer wäre mit diesem Verfahren zufrieden gewesen, denn dieses war auch ein menschliches.«

Die Vorsitzende bedankt sich bei Rechtsanwalt Özata und erteilt İsmet T. das Wort.

SCHLUSSWORT VON İSMET T. (NEBENKLÄGER)

İsmet T. begrüßt die Anwesenden und bedankt sich ausdrücklich bei der Vorsitzenden. Es sei sein erster Gerichtsprozess in seinem Leben und dieser bedeute ihm viel. Aber »bei allem Respekt«, sagt T., respektiere er nicht, was die Bundesanwaltschaft »gegen ihn« gesagt habe. Wenn »der Feigling« ihn habe nicht töten wollen, hätte er ihn gestoppt, um ihn am Weitermachen zu hindern. Er frage die Bundesanwaltschaft, warum er seit über einem Jahr »Alpträume, diesen Schmerz« und das Gefühl habe, dass der Angeklagte ihn habe töten wollen.

Eine Polizeibeamtin habe gesagt, sie sei seit dem Jahr 1988 im Dienst und seit dem Anschlag verletzt und noch nicht geheilt. Wenn eine ausgebildete Polizistin, also »ein Profi«, bewusst zu so einer Situation mit kugelsicherer Weste und Waffe komme und schwer traumatisiert worden sei, »was sollen wir als Nebenklage dazu sagen?« Wenn Polizisten mit 30-jähriger Berufserfahrung, die ihren Job machen, schon so verletzt seien, »dann brauchen wir keinen Ton zu sagen«.

13 Die Jüdische Studierendenunion Deutschland (JSUD) hatte zum ersten Jahrestag des Anschlags im Oktober 2020 mit einer Spendenkampagne rund 29.000 Euro für den Kiez Döner gesammelt.

Er dankt den Anwesenden für ihre Aufmerksamkeit – »außer einer Person«.

Ein Großteil der Besucher·innen steht als Zeichen der Anerkennung auf.[14] Die Vorsitzende bedankt sich bei T. und verkündet eine 20-minütige Pause.

Die Vorsitzende setzt um 11.14 Uhr die Verhandlung fort und stellt fest, dass alle Beteiligten anwesend seien. Sie erteilt Rechtsanwältin Ilil Friedman das Wort.

SCHLUSSVORTRAG VON RECHTSANWÄLTIN ILIL FRIEDMAN (NEBENKLAGEVERTRETERIN VON AFTAX I.)

Rechtsanwältin Friedman begrüßt die Anwesenden und sagt, sie dürfe heute für ihren Mandanten Aftax I. Stellung nehmen. Der »Angriff aus dem Nichts, dieser rassistische Mordversuch« von einem Menschen, der Aftax I. aufgrund seiner Hautfarbe habe überfahren wollen, obwohl er ihn nicht gekannt und er dem Angeklagten nie etwas getan habe, stelle einen »tiefen Einschnitt« im Leben ihres Mandanten dar. Bis heute habe er mit den Folgen zu kämpfen und werde das vermutlich noch lange oder sein ganzes Leben lang. Die rassistischen Angriffe gegen Aftax I. hätten nicht am 9. Oktober 2019 begonnen und würden nicht mit dem Gerichtsverfahren enden.

Aftax I. sei in Somalia geboren und vor Gewalt und Verfolgung vor fünf Jahren nach Deutschland geflohen, um Schutz und Sicherheit zu suchen. In Halle habe er sich ein Leben mit Freunden und Arbeit aufgebaut. Das sei sein Alltag gewesen. Zu diesem Alltag hätte leider auch gehört, auf der Straße oder in der Straßenbahn rassistisch angefeindet zu werden. Auch viele andere hätten immer wieder Erfahrungen mit Rassismus machen müssen. Es sei im wahrsten Sinne des Wortes »alltäglich« geworden.

»Wenn sich nichts ändert, wird mich irgendwann jemand umbringen«, habe ihr Mandant im Gespräch einmal zu ihr gesagt. Es möge von außen »zynisch« wirken, wenn jemand trotz des Schocks und des Traumas durch die Tat sage, dass es nicht unerwartet gewesen sei. Doch das sei ein Phänomen, das man hier bei vielen Nebenklägerinnen und Nebenklägern habe beobachten können. Dies sei die Konsequenz daraus, wenn Menschen immer wieder zu spüren bekämen, dass sie »die Anderen« seien. Das bedeute nicht, dass es nicht mehr schmerzen würde, und es heiße nicht, dass sich ihr Mandant damit abgefunden habe.

Die Tat habe ihn sehr getroffen. Der Angeklagte sei mit hoher Geschwindigkeit mit seinem Fahrzeug auf Aftax I. zugefahren und hätte ihn vermutlich

14 Die Vorsitzende Richterin hatte an vorangegangenen Prozesstagen die Zuschauer·innen gerügt, wenn diese ihre Anerkennung gegenüber den Betroffenen mit Beifall bekundet hatten. Daraufhin begannen die Zuschauer·innen an den folgenden Prozesstagen aufzustehen.

tödlich verletzt, wäre er nicht im letzten Moment zur Seite gesprungen. Die körperlichen Folgen spüre er teilweise noch heute: Er habe etwa Schmerzen, wenn er länger sitze oder Fußball spiele.

Der Angriff habe jedoch »vor allem seelisch tiefe Spuren hinterlassen«. Ihr Mandant sage, dass er seit der Tat ein anderer Mensch sei und sein Leben nicht mehr dasselbe sei. Er habe keine Lust mehr, das Haus zu verlassen, habe Schwierigkeiten, anderen Menschen zu vertrauen, leide unter Alpträumen, habe Schlafprobleme und Konzentrationsschwierigkeiten. Dies seien typische Symptome einer Posttraumatischen Belastungsstörung. Wenn er an einer Ampel die Straße überquere, schaue er manchmal so oft nach links und rechts, dass er die grüne Ampelphase verpasse. Weiterhin sei er in psychologischer Behandlung und benötige regelmäßige Betreuung durch die Opferberatungen. Im Zuge seiner Zeugenaussage und der Gerichtsverhandlung habe er sich erneut mit dem »traumatischen Angriff« auseinandersetzen müssen, was die Symptome verschlimmert habe. Um den Angriff hinter sich lassen zu können, plane er aus Halle wegzuziehen.

Für Aftax I. sei es besonders schockierend gewesen, im Krankenhaus unmittelbar nach dem Angriff zu erfahren, dass es sich bei dem Angreifer um einen rassistischen und antisemitischen Attentäter gehandelt habe, der bereits mehrere Menschen getötet habe. Ihm sei plötzlich klar geworden, wie leicht er selbst das dritte Todesopfer hätte sein können. Umso wichtiger sei es für ihn, dass die Tat auch im Gerichtssaal als rassistischer Mordversuch anerkannt werde. Dies hätten sowohl die Ermittlungen als auch die Beweisaufnahme eindeutig belegt. Rechtsanwältin Friedman sagt, dass sie dies auch im Verlauf des gesamten Verfahrens vertreten und vorgetragen habe. Nichtsdestotrotz habe die Bundesanwaltschaft zu Beginn die »völlig abwegige Annahme« vertreten, dass der Angriff auf ihren Mandanten lediglich ein Verkehrsunfall und eine fahrlässige Körperverletzung gewesen sei. Daran halte die Bundesanwaltschaft »trotz überwältigender gegenteiliger Beweislage« weiterhin fest. Die nicht nachvollziehbare Weigerung, die Tat als rassistischen Angriff anzuerkennen, stelle eine besondere Belastung für ihren Mandanten dar, der heute sowie an anderen Tagen als Nebenkläger im Saal anwesend sei. Sie habe in ihrem Antrag auf Erteilung eines rechtlichen Hinweises bereits ausführlich geschildert, warum nicht nur eine fahrlässige Körperverletzung, sondern ein Mordversuch vorliege.[15] Dieser rechtliche Hinweis sei dem Angeklagten vom Senat auch erteilt worden.

15 Am 19. Verhandlungstag, dem 4. November 2020, beantragte die Rechtsanwältin Friedman, dass das Gericht dem Angeklagten den rechtlichen Hinweis erteilen möge, dass die Autoattacke gegen ihren Mandanten Aftax I. als versuchter Mord bewertet werden könne. § 265 StPO sieht vor, dass ein Angeklagter nur wegen der in der zugelassenen Anklageschrift aufgeführten Vorwürfe verurteilt werden darf, wenn ihm nicht zuvor ein entsprechender Hinweis erteilt worden ist, dass sich die Sachlage oder deren Bewertung geändert haben.

Deshalb werde sie an dieser Stelle auf die wichtigsten Punkte und Argumente aus dem Schlussvortrag der Bundesanwaltschaft eingehen.

Nachdem der Angeklagte an der Synagoge und dem Kiez Döner versucht habe, möglichst viele Menschen zu töten und sich einen Schusswechsel mit der Polizei geliefert habe, sei er geflohen, um weitere rassistische und antisemitische Taten zu begehen. Der Angeklagte habe ausgesagt, dass er, als er sich mit erhöhter Geschwindigkeit einer Straßenbahnhaltestelle genähert habe, bereits aus 100 Metern Entfernung erkannt habe, dass ihr Mandant versucht habe, die Straße zu überqueren. Der Angeklagte habe Aftax I. bewusst als »Schwarzen Menschen« und aufgrund seiner rassistischen Überzeugung und seines Tatplans als Feind wahrgenommen. Statt dem Straßenverlauf zu folgen, habe der Angeklagte sein Fahrzeug nach links »auf Kollisionskurs« mit ihrem Mandanten gesteuert. Der Zeuge Eric F. und ihr Mandant hätten ausgesagt, dass der Angeklagte hierbei zielgerichtet auf Aftax I. zugefahren sei. Das Zusteuern auf ihren Mandanten sei somit »gezielt, gewollt und bewusst und folglich absichtlich« gewesen. Der Angeklagte habe sofort erkannt, dass es durch seinen Fahrkurs zu einer Kollision mit ihm kommen würde und dass dies für ihn hätte tödlich ausgehen können. Dem Angeklagten sei bewusst gewesen, dass er einen Zusammenstoß jederzeit hätte verhindern können. Bewusst habe er nicht gebremst, sei nicht ausgewichen oder habe nicht zur Warnung gehupt. Der Angeklagte habe mehrfach geäußert, dass er den Tod von Aftax I. gebilligt hätte und keine Versuche unternommen habe, diesen zu verhindern. Es handele sich somit um einen fast »lehrbuchartigen Fall des bedingten Vorsatzes«. Laut Aussagen des Angeklagten wäre es ihm möglich gewesen auszuweichen, was für ihn Risiken bedeutet hätten. Für eine weiße Person wiederum wäre er diese Risiken jedoch eingegangen. Dem Angeklagten sei auch die Möglichkeit des potenziell lebensrettenden Abbremsens bewusst gewesen, habe es jedoch ausgeschlossen, weil dies zum Ende seiner Flucht und seiner Festnahme geführt hätte. Er habe sich laut eigener Aussage somit bewusst dagegen entschieden, mögliche Maßnahmen zu ergreifen, um eine potenziell tödliche Kollision zu verhindern. Er habe darauf verzichtet, weil es dem Angeklagten »schlicht nicht wert« und der Tod ihres Mandanten durch den Angeklagten »erwünscht« gewesen sei. Sie wolle erneut darauf hinweisen, dass der Angeklagte nicht einmal gehupt habe, um Aftax I. zu warnen, was bei einem kleinsten Interesse an Verhinderung einer Kollision »das Allermindeste« gewesen wäre.

»Völlig unverständlich« sei es deswegen, dass die Bundesanwaltschaft in ihrem Schlussvortrag weder von Absicht noch von bedingtem Vorsatz ausgegangen sei. Die Bundesanwaltschaft stütze sich bei ihrer Argumentation, dass der Angeklagte – entgegen den Aussagen des Zeugen Eric F. sowie ihres Mandanten – nicht vorsätzlich gehandelt habe, wie bereits in der Anklageschrift dargelegt worden sei, auf die Aussagen des Angeklagten selbst, da dieser abgestritten habe, absichtlich gehandelt zu haben. Rechtsanwältin Friedman sagt, sie habe bereits in der Hauptverhandlung dargelegt, warum dies nicht glaubhaft sei. Der Angeklagte habe zwar seine grundsätzliche Täterschaft und seine rechtsradikale Gesinnung nicht geleugnet, aber habe zu fast allen Tatvorwürfen offensichtliche Schutzbehauptungen abgegeben und einzelne Aspekte der Vorwürfe bestritten. Er habe unter anderem mehrfach die Behauptung aufgestellt, nicht gewusst zu haben, ob sich zum Zeitpunkt der Tat, also an Jom Kippur, Menschen in der Synagoge befinden würden. Er habe außerdem behauptet, seine Waffen nicht getestet zu haben, und er sei davon ausgegangen, dass die von ihm geworfenen Sprengsätze nicht mehr schlagkräftig gewesen seien. Ebenso habe er abgestritten, mit Tötungsvorsatz auf Mandy R. gezielt oder gegenüber Dagmar M. und Jens Z. mit Tötungsvorsatz gehandelt zu haben. Anders ausgedrückt, gebe es so gut wie nichts, was der Angeklagte nicht abgestritten habe. Davon glaube die Bundesanwaltschaft berechtigterweise nichts – außer im Falle ihres Mandanten. Und das, obwohl der Angeklagte sich als »insgesamt unglaubwürdig« erwiesen habe. Würde man ihm diese Schutzbehauptung glauben, stünde dies in »eklatantem Widerspruch« zur Bewertung seiner anderen Aussagen. Laut Bundesanwaltschaft sei der einzige Grund, dem Angeklagten hier ausnahmsweise zu glauben, der Umstand, dass dieser keinen Grund gehabt habe, sein Handeln zu beschönigen, da die Tat seinen Absichten entsprochen habe. Rechtsanwältin Friedman spricht zur Bundesanwaltschaft und fragt, welchen Grund der Angeklagte gehabt habe, den Angriff auf die Synagoge, wo er bestritten habe, gewusst zu haben, dass sich dort Menschen befunden hätten, zu beschönigen und ob man dem Angeklagten hier nun auch Glauben schenken müsse. Diese Argumentation sei »offensichtlich nicht konsequent«. Sie halte es für unvertretbar, den Schutzbehauptungen des Angeklagten zu glauben und nicht den Zeugen, die ein »absichtliches Zufahren« beschrieben hätten. Eindeutig sei, auch durch die Einlassungen des Angeklagten selbst, dass zumindest ein bedingter Tötungsvorsatz vorhanden gewesen sei. Der Angeklagte und die Bundesanwaltschaft hätten argumentiert, dass ihr Mandant vom Angeklagten nicht absichtlich angefahren worden sei, da er das schnelle Entkommen über alles andere gestellt habe. Es entspreche exakt der Definition des bedingten Vorsatzes, wenn ein Angeklagter, der ein gefährliches Fahrmanöver vornehme, um vor der Polizei zu flüchten, hierbei den Tod anderer Menschen in Kauf nehme, weil ihm deren Schicksal gleichgültig sei. Es spreche nicht gegen einen bedingten Vorsatz, wenn es dem Angeklagten zuerst um ein schnelles Fortkommen gegangen sei. Denn gerade, wer seine eigenen Ziele um jeden Preis verfolge und dabei in Kauf nehme, anderen zu schaden, handele bedingt vorsätzlich. »Warum bremst er nicht? Warum weicht er nicht aus? Warum hupt er nicht einmal?«, fragt Rechtsanwältin Friedman und verweist auf sogenannte Raser-Urteile. Demnach mache sich ein Autofahrer des versuchten Mords mit bedingtem Vorsatz schuldig, wenn er sich einer Kreuzung so schnell nähere, dass er auf der Kreuzung eine Kollision nicht mehr vermeiden könnte, und es dort wahrscheinlich zu einem Zusammenprall mit anderen Verkehrsteilnehmern kommen könnte – unabhängig davon, ob er andere Menschen zuvor wahrnehme. Raser, die nachts auf nahezu leeren Straßen fahren, werden aufgrund dieser Grundsätze zu lebenslangen Haftstrafen verurteilt.

Ein »bekennender Terrorist und Mörder« der ohne Rücksicht und mit hoher Geschwindigkeit auf eine Straßenbahnhaltestelle zufahre; der zugebe, dass es ihm recht sei, wenn dabei Menschen sterben würden; der sich verweigere, seine Fahrt »zu entschärfen«, weil er festgenommen werden könne – der handele angeblich nur fahrlässig, fragt Rechtsanwältin Friedman. Sie fragt weiter, ob es nicht der bewusste Beschluss des Angeklagten gewesen sei, sich um des schnellen Fortkommen willens, der offensichtlichen Gefahr zum Trotz, in diese potenziell tödliche Situation begeben zu haben und davon nicht abzulassen, bis es zu spät gewesen sei? Die Ausführungen der Bundesanwaltschaft seien diesbezüglich nicht überzeugend gewesen, dass die hierfür relevanten Distanzen und Zeitangaben nicht rekonstruierbar und nicht ansatzweise bestimmbar gewesen seien.

Einerseits ließen sich diese Feststellungen mithilfe der Aussagen des Angeklagten sowie der Zeugen und der Messungen am Tatort durchaus treffen, wie sie bereits ausführlich im von ihr gestellten Antrag ausgeführt habe. Dadurch ergebe sich, dass die Straßenbahnhaltestelle spätestens aus einer Entfernung von 150 Metern komplett überschaubar gewesen sei. Spätestens hier erfolge die Entscheidung, ob man langsamer werde oder bereit sei, Leben zu gefährden. Andererseits stelle sich die Frage, wessen Aufgabe es gewesen sei, sich in einer von der Bundesanwaltschaft geführten Ermittlung, um diese Feststellungen zu bemühen. Es erscheine »zweifelhaft«, ob jemals ein ernstzunehmendes Interesse daran bestanden habe, hier einen versuchten Mord aufzuklären oder ob von vornherein Fahrlässigkeit festgestellt worden sei.

»Äußerst unangemessen« seien in diesem Kontext die Andeutungen, ihr Mandant trage eine Mitschuld an dem Angriff. Polizei und Bundesanwaltschaft hätten es offenbar für glaubwürdig und entlastend gehalten, dass der Angeklagte gesagt habe, dass Aftax I. ihm »vors Auto gelaufen« sei. Darüber hinaus werde immer wieder darauf hingewiesen, dass Aftax I. und sein Begleiter die Straße angeblich verkehrswidrig hinter der Straßenbahn überquert hätten. Rechtsanwältin Friedman sagt, dass sie nicht glaube, dass dies dazu führe, dass man beide überfahren dürfe. Im Hinblick auf die Frage bezüglich des Vorsatzes sei es irrelevant, ob die Fahrbahn vor oder hinter der Straßenbahn überquert werde.

Es zeuge zudem von einer »bemerkenswerten Unsensibilität«, wenn einem Menschen verkehrswidriges Verhalten vorgeworfen werde, der von einem »rassistischen Mörder« fast überfahren worden wäre, der entgegen der Fahrtrichtung mit hoher Geschwindigkeit gefahren sei, und der versucht habe, so viele Menschen wie möglich zu töten. Letztlich habe man sich offensichtlich darauf geeinigt, dass sowohl der Mörder als auch sein Opfer sich fahrlässig verhalten hätten.

Zuletzt wolle sie noch etwas zu dem Argument sagen, der Angeklagte habe nicht durch einen Zusammenstoß aufgehalten werden wollen, denn er habe noch weitere Verbrechen begehen wollen. Rechtsanwältin Friedman sagt, man solle sich daran erinnern, welche Verbrechen dies seien: »Juden töten. Muslime töten. Schwarze töten.« Es wäre keine Unterbrechung für den Angeklagten gewesen, ihren Mandanten zu überfahren, sondern eine Fortsetzung seines vermeintlichen Kampfs. Dass die Bundesanwaltschaft dies nicht begreife, zeige sich, wenn diese in ihrem Schlussvortrag behaupte, der Angeklagte habe bessere Möglichkeiten gehabt, Menschen zu überfahren, beispielsweise im Stadtgebiet von Halle, was er aber nicht getan habe. Wer es zu diesem Zeitpunkt noch immer nicht begriffen habe, warum der Angeklagte gerade Aftax I. und nicht beliebige Fußgänger in Halle angefahren habe, der wolle es nicht verstehen, sagt Rechtsanwältin Friedman.

Abschließend wolle sie den Appell ihres Mandanten aussprechen, den Angriff als das anzuerkennen, was er sei, nämlich »der klare Versuch, ihn als Schwarzen Menschen aus rassistischen Motiven zu töten«. Dieser Versuch sei glücklicherweise und nur deswegen gescheitert, weil ihr Mandant im letzten Moment ausgewichen sei, weshalb er aus diesem Grund heute hier sein könne, und sie für ihn sprechen dürfe. Er wolle an dieser Stelle sein Beileid für Jana L. und Kevin S. aussprechen, die heute nicht hier sein könnten.

Dieses Strafverfahren sei für ihren Mandanten durch einen Kampf um Anerkennung als Opfer eines rassistischen Attentats geprägt worden. Dabei habe er Unterstützung durch viele Nebenkläger wie zum Beispiel İsmet T. bekommen, mit dem er gemeinsam regelmäßig aus Halle zum Prozess fahre, sowie von Betroffenen aus der Synagoge, der Opferberatung, seiner Dolmetscherin und politischen Initiativen. Nur so habe er die Chance gehabt, an diesem Gerichtsprozess teilzunehmen und seine Rechte als Nebenkläger wahrzunehmen. Mit dem kommenden Urteil bestehe die Chance, Aftax I. die ihm zustehende Anerkennung auszusprechen und Gewalt, Rassismus und »einen gewalttätigen Rassisten im wahrsten Sinne des Wortes zu verurteilen«.

Die Vorsitzende bedankt sich bei Rechtsanwältin Friedman und unterbricht die Verhandlung. Sie setzt sie um 12.46 Uhr fort, stellt die Anwesenheit der Beteiligten fest und erteilt Rechtsanwältin Kristin Pietrzyk das Wort.

SCHLUSSVORTRAG VON RECHTSANWÄLTIN KRISTIN PIETRZYK (NEBENKLAGEVERTRETERIN VON JACQUELINE LAUREN F., SABRINA S. UND A. A. W.)

Rechtsanwältin Kristin Pietrzyk begrüßt die Anwesenden und sagt, ihr Schlussvortrag werde nur einen Aspekt beleuchten, da man sich unter den Nebenklagevertretern bestimmte Themen aufgeteilt habe.

Um die Tat des Angeklagten zu verstehen, müsse neben der Planung, der Dynamik und des Ablaufs, auch der Charakter der Tat betrachtet werden. Die Tat sei gekennzeichnet als »eine soziale Interaktion unter Abwesenden«, denn es handele sich bei dem Angeklagten nicht um einen Einzeltäter. Der Angeklagte passe aber auch »nicht ins Bild«, wenn man an andere vergangene, tödliche, rechte Angriffe denke. In seinem Umfeld sei keine Kameradschaft gefunden worden, mit der er sich regelmäßig getroffen haben könnte, um Liederabende oder Demonstrationen zu besuchen. Man würde keine Bilder des Angeklagten sehen, die ihn mit Kameraden und Hakenkreuzflagge auf einem Berg in Sachsen zeigen würden. Man würde ihn nicht hören, wie er mit Kameraden das Horst-Wessel-Lied[16] singe oder als Teilnehmer auf einem Fackelmarsch »in der Optik einer profaschistischen Adaption« auftauche. Aber nur weil man nicht sehe, was bereits bekannt sei, heiße es nicht, dass es nicht existiere. Die bekannten Bilder der Kameradschaften und anderer öffentlich auftretender Gruppierungen, aufgrund derer sich eine Bedrohung von rechts in den Köpfen manifestiere, würden nicht mehr allein stehen. Seit Jahren gebe es bereits virtuelle Gemeinschaften, die rechtes Gedankengut in anonymen Onlineforen austauschen würden. Diese würden zunehmend die Bindung von Tätern wie dem Angeklagten an rechte Gruppen verdrängen und entsprächen der in der rechten Szene seit Jahrzehnten propagierten Strategie des »führerlosen Widerstands«.[17] So werde neben den beständigen Kameradschaften und Parteien eine Struktur geschaffen, die Menschen anspreche, die keinen Anschluss an traditionelle Strukturen wollen würden. Beim Angeklagten spiele die digitale Welt und Imageboards eine besondere Rolle.

Anders als die Sachverständigen des BKA sei die Sachverständige Karolin Schwarz in der Lage gewesen, den Prozessteilnehmern diese Welt näherzubringen, in die der Angeklagte eingetaucht und als Mörder von Jana L. und Kevin S. in die »analoge Welt« zurückgekommen sei. Imageboards würden es ihren Nutzern

16 Das Horst-Wessel-Lied war ein Kampflied der SA, Hymne der NSDAP und ist weiterhin bei Rechtsextremen beliebt. Die Verbreitung ist gemäß § 86a StGB verboten.

17 Die Strategie des »führerlosen Widerstands« beschreibt das Agieren klandestiner Kleingruppen und Einzelpersonen (»lone wolfs«) ohne übergreifende Befehls- oder Organisationsstruktur, die gleichen ideologischen Zielen folgen. Seit den 1970er Jahren wurde dieses Konzept unter anderem von zahlreichen rechtsterroristischen Gruppierungen und Einzelpersonen propagiert und in die Tat umgesetzt.

ermöglichen, anonym zu kommunizieren. Mithilfe von Bildern und kurzen Kommentaren würde auf den nicht auf klassische Debatten ausgelegten Imageboards kommuniziert. Die Nutzer würden sich mit Memes, also mit kurzen Phrasen unterlegten Bildern, GIF-Animationen, Zeichnungen sowie Links austauschen und dabei einfache Antworten auf komplexe Fragen geben. »Grenzen des Sagbaren« würden nicht existieren. Die Kommunikation auf diesen Imageboards bestehe aus vielen Anspielungen und werde deswegen vorwiegend nur von »Eingeweihten« verstanden, zu denen sich der Angeklagte zähle. Eindrucksvoll habe die Sachverständige Schwarz aufgezeigt, dass der Angeklagte sich im Tatvideo auf Imageboards beziehe und dabei andere »Eingeweihte« angesprochen habe, während diese Anspielungen anderen und, wie die Aussagen gezeigt hätten, auch den Ermittlungsbehörden verborgen geblieben seien. Noch während der Tat habe der Angeklagte mit »seinen Leuten«, also anderen Nutzern, kommuniziert, die er vor Gericht nach eigenen Aussagen nicht habe verraten wollen. Doch die Verweigerung des Angeklagten, dem Gericht Einblick in dieses »exklusive Wissen« zu geben, diene nicht nur dem Schutz dieser Gemeinschaft, sondern ermögliche ihm, in seiner Community zu verweilen. Es sei Voraussetzung für den Angeklagten, weiter einer von ihnen zu sein, denn Verrat würde den Ausschluss aus »seiner Peergroup voller Rassisten, Antisemiten und Antifeministen« bedeuten, in der einfache Antworten auf komplexe Fragen zu finden seien und in der »die Erkenntnis, dass zu Verschwörungstheorie immer Vernichtungsfantasien gehören, Realität« sei. Der Angeklagte sei nicht der Erste gewesen, der einen rechten Anschlag auf Imageboards angekündigt oder ein Video von der Tat den Nutzern zur Verfügung gestellt und die Verbreitung von »seinen Leuten« gefordert habe. Allein im Jahr 2019 seien vier tödliche Anschläge vorab auf Imageboards angekündigt worden. Die Namen der Tatorte hätten sich in das Gedächtnis der von den Tätern verhassten Teile der Bevölkerung eingebrannt: Jüdinnen und Juden, Musliminnen und Muslime, Migrantinnen und Migranten, Frauen und Linke würden sehr genau wissen, was gemeint sei, wenn sie Christchurch, Poway,[18] El Paso[19] oder Bærum[20] hören würden. Allein im Jahr 2019 seien bei rechten Gewalttaten mit Bezügen zu Imageboards insgesamt 78 Menschen getötet worden.

18 Am 27. April 2019 verübte ein Rechtsextremer einen Anschlag auf eine Synagoge in Poway, USA, tötete eine Frau und verletzte drei Menschen. Die Tat wurde von ihm auf dem Imageboard 8chan angekündigt.

19 Am 3. August 2019 tötete ein Rechtsextremer in einem Supermarkt in El Paso, USA, 23 Menschen und verletzte mehr als zwei Dutzend weitere. Zuvor hatte er die Tat auf dem Imageboard 8chan angekündigt.

20 Am 10. August 2019 griff ein Rechtsextremer eine Moschee in Bærum, Norwegen, an und wurde von Anwesenden überwältigt. Zuvor hatte er seine adoptierte Schwester ermordet. Die Tat hatte er auf dem Imageboard EndChan angekündigt.

Die Anschläge hätten gemeinsam, dass die Täter nicht nur versucht hätten, die Tat live zu streamen, sondern die Täter auch die Überzeugung geteilt hätten, dass das Bestehen ihres »selbst herbeiimaginierten biologistisch definierten Volkes« durch Bevölkerungsgruppen mit höheren Geburtenraten gefährdet werden würde und eine angebliche jüdische Weltverschwörung für den Niedergang ihrer »weißen Rasse« verantwortlich sei. Alle Täter seien Anhänger der »White Supremacy« gewesen und hätten sich aufeinander bezogen.

Dies erkläre auch, warum die vom Angeklagten veröffentlichten Dokumente sowie die Erklärung des Angeklagten im Video keine ausführliche Herleitung der Ideologie bräuchten, da er diese seinen Adressaten nicht erklären müsse. Er habe darauf vertrauen können, dass die alleinige Benennung von Stichworten und Versatzstücken ausreiche, um die von ihm adressierte Öffentlichkeit und Gleichgesinnte zu erreichen und zu zeigen, dass er einer von ihnen sei. Durch seine Texte, seine Accessoires wie der Moon-Man-Button und seinen Sprachgebrauch, habe sich der Angeklagte als erfahrener User der Imageboards inszeniert, der die Codes seiner Community kennt und nutzt und somit zu ihnen gehöre. Er wolle als »erfolgreicher Waffenbauer und entschlossener Mann« angesehen werden, der sich dem »herbeifantasierten Kampf seiner Rasse« aufopfere und damit seinem »vermeintlich ins Hintertreffen geratenen Geschlecht wieder zur Ermächtigung« verhelfe. All dies basiere auf dem Bedürfnis des Angeklagten, einer gewählten Gruppe anzugehören. Auch diese Gruppe, in der der Angeklagte seinen Halt gefunden habe, trage Verantwortung, denn auch diese habe den Angeklagten bei seiner Tat angetrieben.

Nachdem der Angeklagte seinen Plan, in die Synagoge einzudringen, um möglichst viele der dort betenden Menschen zu töten, als gescheitert angesehen habe, sei sein Misserfolg durch den von ihm selbst veröffentlichten Livestream nicht mehr zu leugnen gewesen. Um weiterhin in einer »nach Blut und Tod gierenden Community« bestehen zu können, sei es für ihn geradewegs zwingend gewesen, sich einer ebenfalls verhassten Bevölkerungsgruppe als Opfer hinzuwenden. Dies sei dem Angeklagten nicht schwergefallen, da die von ihm und seiner Gemeinschaft geteilte Weltanschauung zahlreiche potenzielle Opfer, also »Gruppen von Menschen, denen man ein Lebensrecht« aberkenne, bereithalte.

Bereits früher habe der Angeklagte den Plan gehabt, eine Moschee oder ein antifaschistisches Zentrum anzugreifen. Dementsprechend sei die Tötung von Jana L. sowie Kevin S. und die versuchten Morde an Gästen des Kiez Döners sowie an vermeintlich nicht-deutschen Menschen auf der Flucht kein Zufall, sondern der Ideologie des Angeklagten folgend »unausweichlich und konsequent«, da er seiner Gemeinschaft »ein Event im vermeintlichen Abwehrkampf der weißen Männer mit möglichst vielen getöteten imaginierten Feinden« habe bieten wollen. Dies habe er getan, um seine vermeintliche Männlichkeit und Überzeugung zu beweisen. Der Angeklagte habe sich sicher sein können, dass nur die Fortsetzung des Tötens von seiner digitalen Gemeinschaft belohnt werde. In einer Gemeinschaft, die nur Hass und Abwertung für andere übrig habe, antisemitische Verschwörungstheorien verbreite, sich positiv auf den Nationalsozialismus beziehe, Frauen verachte und Feinden, das Recht zu leben abspreche, zähle nur »die Vernichtung des imaginierten Feinds«. Damit stehe fest, dass der Angeklagte kein »isolierter Einzeltäter« gewesen sei. Verübt habe er die Tat allein. Bei der Tat und in seinem Leben davor sei er dies aber keinesfalls gewesen. Er habe sich auch nicht allein radikalisiert. Weder seine Familie noch seine Freunde hätten ihm widersprochen, als er sich rassistisch geäußert habe. Seine Mutter habe ihren Antisemitismus in ihrem Abschiedsbrief offen gezeigt. Auch wenn der Angeklagte die Tat allein geplant und ausgeführt habe, sei das Publikum für den Entschluss und den Ablauf der Tat wichtig gewesen. Noch während der Tat habe er mit dem Publikum kommuniziert, indem er sich für die seiner Ansicht nach zu geringe Zahl an Opfern entschuldigt und seine Tat selbst bewertet habe.

Noch heute wende sich der Angeklagte an sein Publikum und seine Gemeinschaft: Indem der Angeklagte gesagt habe, dass die Botschaft wichtiger sei als die Tat, trage er damit auch die Motivation der Täter weiter, die vor ihm ihre »eliminatorische Ideologie« in die Tat umgesetzt hätten. Damit werde ein »Verweisungs- und Deutungszusammenhang« erschaffen, der es weiteren Usern von Imageboards ermögliche, diesen bis heute zu pflegen und welcher sehr wahrscheinlich erneut tödlich enden werde. Letztlich sei es auch die Absicht des Angeklagten gewesen, einen Platz in der Reihe der Mörder, die seine »Peergroup« hervorgebracht habe, einzunehmen und seinen Namen damit in das kollektive Gedächtnis jener »Antisemiten, Rassisten und Antifeministen« einzuschreiben, denen er sich weiterhin zugehörig fühle. Das sei ihm jedoch nicht gelungen, und auch die Medien würden ihm größtenteils nicht die Aufmerksamkeit schenken, die er sich erhofft habe, was gut sei. Wie der Sachverständige Dr. Matthias Quent ausgeführt habe, sei es wichtiger, Betroffene von Hass und Anschlägen, wie sie der Angeklagte verübt habe, zu stärken.

Rechtsanwältin Pietrzyk sagt, sie wolle deswegen auch im Namen ihrer Mandantinnen, mit dem, woran man sich erinnern solle, schließen – nämlich die Namen der Menschen, »die einer eliminatorischen ›White-Supremacy‹-Ideologie aus den Reihen von Antisemiten und Rassisten seit dem 9. Oktober 2019 zum Opfer fielen: Gökhan Gültekin, Sedat Gürbüz, Said Hashemi, Mercedes Kierpacz, Hamza Kurtović, Vili Viorel Păun, Fatih Saraçoğlu, Ferhat Unvar, Kaloyan Velkov,[21] Jana [L.], Kevin [S.]«

21 Am 19. Februar 2020 verübte ein Rechtsextremer einen rassistisch motivierten Anschlag in Hanau, bei dem die neun Menschen, die die Rechtsanwältin Pietrzyk hier namentlich nennt, ermordet wurden.

Ein »Wehret den Anfängen« sei längst nicht mehr genug, denn wir seien mittendrin, sagt Rechtsanwältin Pietrzyk. Man müsse verhindern, dass diese Liste fortgesetzt werde. Es brauche eine gemeinsame Anstrengung, um Taten wie diese aktiv zu verhindern, denn – sie wolle mit den Worten ihrer Mandantin schließen: »The bullet is still in the gun.«

Einige Besucher·innen stehen als Zeichen der Anerkennung auf. Die Vorsitzende bedankt sich bei Rechtsanwältin Pietrzyk und unterbricht die Sitzung für 15 Minuten.

Um 14.22 Uhr setzt die Vorsitzende die Verhandlung fort, stellt die Anwesenheit der Beteiligten fest und erteilt Rechtsanwalt Mark Lupschitz das Wort.

SCHLUSSVORTRAG VON RECHTSANWALT MARK LUPSCHITZ (NEBENKLAGEVERTRETER VON IONA B., KAREN E., AGATA M., M.B., H.R., Y.R., A.T. UND G.V.)

Rechtsanwalt Lupschitz begrüßt die Anwesenden und sagt, es seien bereits zahlreiche Anträge gestellt und Erklärungen abgegeben worden. Er wolle die Anträge seiner Kollegen unterstützen und das Gericht bitten, ein »gerechtes und weises Urteil« zu treffen. Seine Anerkennung möchte er dafür aussprechen, dass das Gericht es trotz der Pandemie geschafft habe, ein Gerichtsverfahren durchzuführen, das allen rechtsstaatlichen Grundsätzen entspräche und als »fair« bezeichnet werden könne.

Er sagt, in diesem Verfahren gebe es viele Nebenklägerinnen und Nebenkläger. Allen, die sich als Nebenkläger oder als Zeugen gemeldet hätten, seien sie zu Dank verpflichtet. Durch ihre Aussagen und eindrucksvollen Reden habe man den Tatverlauf nicht nur »gleich einem Videospiel« beobachten können, sondern auch erfahren, wie sich diese »Untat« auf die Betroffenen ausgewirkt habe und was bei dem Einsatz der Polizei schief gelaufen sei. »Beeindruckend« seien die so aufgezeigten »einsatztaktischen und organisatorischen Fehler der Polizei und die Ermittlungslöcher«. Besonders die persönlichen Berichte der Betroffenen seien bemerkenswert gewesen, etwa die Worte einer Nebenklägerin, die gesagt habe, sie könne dem Angeklagten verzeihen, dass er sie habe töten wollen; sie könne ihm aber nicht verzeihen, dass jemand an ihrer Stelle ermordet worden sei.

Doch nicht alle Betroffenen hätten vor Gericht ausgesagt, so Rechtsanwalt Lupschitz. So nehme von der Öffentlichkeit unbemerkt eine weitere Gruppe von Betroffenen an dem Verfahren teil. Mehrere Betroffene, so auch ein Großteil seiner Mandanten, habe sich entschlossen, nicht zu den Verhandlungen zu erscheinen, sich vertreten zu lassen. Zum Ende des Verfahrens sei es »unsere Pflicht, ihnen eine Stimme zu geben«.

Es sei nicht Angst oder Verdrängung gewesen, welche diese Menschen dazu veranlasst habe, nicht persönlich teilzunehmen, sondern das Vertrauen in die Rechtsordnung und das Selbstverständnis dieser Menschen dazuzugehören, ein Teil der Gesellschaft zu sein und nicht übergangen zu werden. Diese Menschen seien in den letzten Jahrzehnten aus den Ländern der ehemaligen Sowjetunion nach Deutschland gekommen und hätten ein neues Zuhause, ein neues Leben, eine neue Synagoge und ein neues Vertrauen in die Gesellschaft gefunden. »Was soll nun die Öffentlichkeit von diesen Menschen hören?«, fragt Rechtsanwalt Lupschitz. Er sagt, dass drei einfache Worte erklingen sollten: »Wir sind da« oder auf Jiddisch, der Sprache der Großeltern- und Elterngeneration seiner Mandantinnen und Mandanten: »Mir záynen do!« Diese Worte seien »so klangreich«, dass sie Teil des Lieds der jüdischen Partisanen geworden seien, das »unter lebens- und menschenwidrigsten Umständen« im Getto Vilnius verfasst worden sei.[22] Es heiße darin: »Kúmen vet nokh úndzer óysgebenkte sho, s'vet a poyk ton úndzer trot – mir záynen do!« Übersetzt bedeute dies: »Kommen wird noch unsere heiß ersehnte Stunde, wie ein Paukenschlag ertönt unser Tritt, denn wir sind da!«

»Wir sind da« – das hätten sie sagen wollen. Niemand könne sie »auslöschen und ausmerzen«, sagt Rechtsanwalt Lupschitz. »Wir sind da und lassen uns unsere Lebensweise nicht nehmen.« Rechtsanwalt Lupschitz erklärt, dass »wir« sehr verschiedene Bedeutungen habe: »Wir«, das seien »sehr viele«; es seien die Nebenklägerinnen und Nebenkläger, die sich entschlossen hätten, nicht vor Gericht zu erscheinen, – gemeint seien alle Betroffenen des Terroranschlags von Halle. »Wir teilen uns nicht in verschiedene Gruppen auf, denn betroffen sind wir alle«, aber Opfer seien sie nicht, sagt Rechtsanwalt Lupschitz. Es seien auch »alle Menschen, die miteinander friedvoll gemeinsam leben und nicht nach Schuldigen für unsere selbstgemachten Miseren« suchen würden. »Wir«, das seien alle im Prozess, sagt Rechtsanwalt Lupschitz. Gemeint seien alle Unterstützer, draußen vor dem Gerichtsgebäude, das interessierte Publikum, die Zeugen und die Betroffenen, die den Anschlag miterlebt haben. »Wir«, das seien auch Betroffene, die nicht zur Gerichtsverhandlung erschienen seien, von denen jede und jeder Gründe gehabt hätte. Dies seien etwa familiäre Gründe, Verachtung gegenüber dem Angeklagten oder weil die Gesundheit es nicht zulasse. Und doch seien sie hier, weil sie in der Synagoge gewesen seien. Und weil sie kämpfen würden, sagt Rechtsanwalt Lupschitz. Sie hätten in der Synagoge füreinander gekämpft, indem jeder dafür gesorgt habe, dass keine Panik ausbreche, die Eingänge verbarrikadiert und niemand zurückgelassen worden sei. Sie würden auch weiter gegen »innere Geister« kämpfen, die sie täglich besuchen würden und damit gegen den Täter und seine Gleichgesinnten.

22 Der Text des jiddischen Partisanenlieds »Zog nit keyn mol« (»Sage niemals«) wurde 1943 von Hirsch Glik im litauischen Getto Vilnius verfasst.

Für jeden der Betroffenen sei das ganze Leben nach dem Terroranschlag ein Kampf, den sie bereit seien aufzunehmen. Einen Kampf, den »wir alle« aufnehmen müssten. »Jeder für sich und jeder für uns.« Alle Betroffenen hätten sich entschlossen, diesen »Kampf gegen den Terrorismus, gegen Antisemitismus, Antiislamismus, Antifeminismus, Rassismus und Fremdenfeindlichkeit« – den »Kampf gegen Unmenschlichkeit« – zu führen, indem sie ihren Alltag weiterleben und als Juden weiterhin in die Synagoge gehen, die Feste feiern, sich nicht einschüchtern lassen und »all dieser Unmenschlichkeit« die Stirn bieten würden. Denn sie seien da, und sie seien bereit, das zu zeigen. Sie seien da, und sie würden nicht weggehen. Der Terroranschlag von Halle habe einmal mehr gezeigt, wie wichtig es sei, für diese Selbstverständlichkeit zu kämpfen, und wie mutig die Menschen seien, die diesen Kampf aufnähmen, indem sie sich nicht einschüchtern ließen und etwas Selbstverständliches täten: Weiterleben.

Ein anderes Partisanenlied[23] aus dem Getto Vilnius ende mit den beeindruckenden Zeilen: »Nėjn! Mir wern nit kėjn mol zajn lėctė Mohikanėr. Bringt dėr naht den zunnenšajn – der Jid der Partizanėr.« Frei übersetzt bedeute dies: »Nein! Wir werden niemals sein, letzte Mohikaner. Wir bringen der Nacht den Sonnenschein…«. Das hätten »wir alle« mit dem Gerichtsverfahren getan – »der finsteren Nacht den Sonnenschein gebracht«, sagt Rechtsanwalt Lupschitz und bedankt sich.

Mehrere Zuschauer·innen stehen als Zeichen der Anerkennung auf. Die Vorsitzende bedankt sich und erteilt Rechtsanwältin Dr. Kati Lang das Wort.

SCHLUSSVORTRAG VON RECHTSANWÄLTIN DR. KATI LANG (NEBENKLAGEVERTRETERIN VON DR. EZRA W., CHRISTINA F. UND NAOMI H.-G.)

Rechtsanwältin Lang grüßt die Anwesenden und sagt, dass die Tat sich in eine »viel zu große Anzahl rassistischer, antisemitischer und extrem rechter Gewalt in Deutschland« einreihe und ein »weiteres Glied in der Kette des internationalen Rechtsterrorismus« sei.

Die Gerichtsverhandlung sei Teil der Aufarbeitung dieses Verbrechens und sei »Brennglas im Umgang mit Antisemitismus und Rassismus«. Zu Beginn habe die Frage im Raum gestanden, ob es dem Angeklagten gelingen würde, die Gerichtsverhandlung zu seiner Bühne zu machen. Unter anderem durch das »vehemente und kraftvolle Auftreten vieler Nebenkläger und Nebenklägerinnen« sei es ihm nicht gelungen.

23 Das jiddische Partisanenlied »Yid, du Partizaner« wurde von Shmerke Kaczerginski im Getto Vilnius geschrieben und komponiert.

Zu Beginn des Gerichtsprozesses habe ein Teil der Betroffenen in einer gemeinsamen Erklärung die Öffentlichkeit dazu aufgefordert, den Namen des Täters nicht zu nennen und sein Gesicht nicht abzubilden. Ein Teil der Medien sei diesem Appell gefolgt. Der Sachverständige Matthias Quent habe in seiner Aussage dargelegt, dass es eine wirksame gesellschaftliche Gegenstrategie darstelle, wenn den Tätern diese Bühne genommen werde, indem der Fokus auf die Betroffenen und nicht die Täter gelenkt werde, um »der Tat nachgelagerten Heroisierungs- und Verbreitungsstrategien« entgegenzuwirken.

Der Versuch des Angeklagten, den Prozess nutzen zu wollen, um seine Tat zu glorifizieren und Nachahmer zu motivieren, sei »wirkungsvoll begrenzt« worden. Es müsse aber beachtet werden, dass der Angeklagte, die ihm zur Verfügung stehenden Mittel genutzt habe, um das Bild von sich in der Öffentlichkeit zu beeinflussen. Der Angeklagte habe etwa Datenträger gelöscht oder verschlüsselt, die bisher nicht rekonstruiert werden konnten. Andere Dateien sollten offensichtlich gefunden werden wie auch die Dokumente, die er gemeinsam mit dem Livestream veröffentlicht habe. Der Angeklagte habe vor Gericht bewusst nur zu bestimmten Punkten Angaben gemacht und habe zu anderen Punkten geschwiegen. Er sei geradezu »aufgeblüht«, sobald er eine Möglichkeit gesehen habe, seinen »unverhohlenen Antisemitismus und Rassismus« zu äußern. Fragen zu seiner Familie, Freunden oder seinem Umfeld habe er, wenn überhaupt, »äußerst schmallippig« beantwortet. Im Hinblick auf Kontakte oder weitere Hintergründe der Tat habe er betont, dass er »seine Leute« nicht verraten werde und kein Interesse daran habe, dass seine Feinde die Tat durchblicken und dann Schutzmaßnahmen treffen könnten. Der Angeklagte, der wiederholt erklärt habe, dass er sich im Krieg befände, habe versucht, auch aus der JVA zu fliehen, um dann »Schritt für Schritt« weiterzuschauen, wie er gesagt habe.

Aufgrund seiner bedachten Selbstdarstellung seien die Aussagen zum Mord an Jana L. und Kevin S. als unglaubhaft zu werten. Rechtsanwältin Lang fragt, was der Angeklagte in Jana L. gesehen habe und ob er erkannt habe, dass sie nicht in der Lage gewesen sei, die Gefahr der Situation zu erfassen. Jana L. sei gestorben, weil der Angeklagte aus misogynen Motiven heraus gehandelt habe. Sie sei ebenso wie Kevin S. gestorben als eine der verletzlichsten Personen, denen der Täter begegnet sei. Es sei unglaubhaft, dass der Angeklagte Jana L. als Bedrohung angesehen habe. Sie sei an ihm nichts ahnend vorbeigegangen. Es ist davon auszugehen, dass er sie aus einer Kombination von Motiven, »getragen von frauenfeindlichen Beweggründen«, getötet habe. Aus Frust über das sich abzeichnende Misslingen seines Primärziels – den Tod der Jüdinnen und Juden in der Synagoge – habe er eine Frau getötet, die es gewagt habe, ihn anzusprechen. Aus der Perspektive des Angeklagten eine Frau, die den »weißen Krieger« angesprochen und nicht ernst genommen habe und ihm unwissend

»die Erbärmlichkeit seiner selbst« gespiegelt habe. In seiner Ideologie habe sich also genau das von ihm imaginierte Verschwörungsbild der durch »die Juden« verursachten emanzipierten Frau fortgesetzt. Jana L. werde in Zeitungsartikeln als warmherzige Frau beschrieben, die ein großer Musikfan gewesen sei, die durch die Bundesrepublik gereist sei, um ihrer Liebe zur Musik zu folgen. Es sei eine »große Fehlstelle« des Gerichtsverfahrens gewesen, dass Jana L. in diesem Verfahren »faktisch gesichtslos« geblieben sei. Dies sei nicht durch eine fehlende Vertretung der Hinterbliebenen zu erklären. So wäre es im Verfahren möglich gewesen, Jana L. eine Identität zu geben, die über die »bloße Objektivierung als Mordopfer« hinausgehe. Es seien im Verlauf des Prozesses Zeitungsartikel verlesen sowie eine Vielzahl von Zeuginnen und Zeugen befragt worden, aber nahezu nichts sei zur Person und Persönlichkeit von Jana L. in die Verhandlung aufgenommen worden.

Auch die Erklärungen des Täters zu Kevin S. seien unglaubhaft. Er habe auf alle im Kiez Döner anwesenden Personen geschossen, weil sie seiner Ideologie zufolge als »innere Feinde« gegolten hätten, und es demnach egal gewesen sei, ob sie Muslime seien oder nicht, wie der Sachverständige Quent erläutert habe. Wer sich aus Sicht von Rechtsextremen mit »volksfremden« Personengruppen zusammentue, werde zum »inneren Feind« erklärt. Dieses Feindschema verdeutliche sich dadurch, dass die einzige Person, bei der sich der Täter entschuldigt habe, Mandy R. gewesen sei. Offenbar sei sie die einzige Person, die der Angeklagte weder als »äußeren Feind« wie die Jüdinnen und Juden oder die Musliminnen und Muslime noch als »inneren Feind« wie die Besucher des Kiez Döners oder die Betroffenen aus Wiedersdorf und die Polizist·innen gesehen habe.

In einer »schmerzhaften, zutiefst berührenden« Zeugenaussage habe Karsten L., der Vater von Kevin S., über seinen Sohn gesprochen. Das Leid der Eltern, ihr Kind zu verlieren, sei unermesslich und sei mit Worten nicht zu beschreiben. An dieser Stelle solle große Dankbarkeit an Karsten L. ausgesprochen werden, dass er die Kraft in diesem Prozess aufgebracht habe, von seinem Sohn zu erzählen, der mit »unglaublicher Kraft« und Selbstwillen, mit »unermesslicher Liebe« und Unterstützung seiner Eltern, seinen »nicht immer leichten Weg« gefunden habe. Die Familie habe es Kevin S. ermöglicht, seinen Traum von einem selbstständigen Leben zu verwirklichen. Jana L. und Kevin S. seien tot – »die Leere, die sie hinterlassen, ist durch nichts zu füllen«, sagt Rechtsanwältin Lang. Beide seien auch gestorben, weil der Angeklagte an seinem primären Tatziel gescheitert sei. Er habe die Jüdinnen und Juden töten wollen, die sich an Jom Kippur, dem höchsten Feiertag in der Synagoge aufgehalten hätten – eine »bunte Mischung« aus Mitgliedern der Hallenser Gemeinde und jungen Menschen aus verschiedenen Ländern, die nach Halle gekommen seien, um dort die Gemeinde zu unterstützen. Viele von ihnen hätten sich diesem Verfahren als Nebenklägerinnen und Nebenkläger angeschlossen.

Diese hätten vor Gericht »beeindruckende und kraftvolle« Aussagen abgegeben. Es sei ihr Verdienst, dass dieses Verfahren so viel offenbart habe. Es sei jedoch auch eine Bürde der Überlebenden, da dieser Prozess Wunden aufgerissen habe, was den meisten Betroffenen viel Kraft gekostet habe. In einigen der Aussagen habe sich Dankbarkeit gezeigt, nun die Möglichkeit zu haben, die die Großeltern nicht gehabt hätten, Teil eines rechtsstaatlichen Verfahrens zu sein und gehört zu werden. Andere hätten verdeutlicht, dass sie große Solidarität durch die Gesellschaft erfahren hätten, etwa als sich am Schabbat nach dem Anschlag hunderte Menschen vor der Synagoge versammelt hätten. Fast alle hätten dem Krankenhauspersonal wegen seiner Herzlichkeit gedankt, weil sie als Gäste empfangen worden seien.

Rechtsanwältin Lang fragt, ob nicht auch »die liberale, deutsche Gesellschaft« dankbar sei, dass die Überlebenden so stark aufgetreten seien. Nehme man nicht gern die Rolle an, fragt sie, dass der Prozess den Betroffenen bei der Aufarbeitung geholfen habe und so Deutschland mit diesem Verfahren »sein gutes Gesicht« gezeigt habe?

Gleiches gelte für die »Heldenerzählung« der »deutschen Eichentür«, die von einem deutschen Tischler gebaut worden sei. Es habe sogar Darstellungen der Tür gegeben, die mit der Musik aus dem Film *Schindlers Liste* hinterlegt worden seien. Dies entspreche jedoch nicht der »objektiven Gefährdungslage«, die der Prozess aufgezeigt habe. Die Tür und die unweit entfernte Toreinfahrt hätten zwar das Eindringen des Täters verhindert, doch auch die von außen vom Angeklagten über die Mauer geworfenen Sprengsätze hätten tödliche Wirkung gehabt. Die Tür hätte nichts geholfen, wenn die Sprengsätze die Fenster durchbrochen oder sich jemand außerhalb der Synagoge aufgehalten hätte. Das Verfahren dürfe deswegen in seiner Bewertung nicht »zur Bühne des guten Deutschlands« werden, denn dazu eigne es sich nicht. Dass dieses Verfahren überhaupt notwendig sei, liege daran, dass eine derartige Tat überhaupt möglich sei, und sie sei in einem familiären Rahmen möglich gewesen: Die Leiterin der Grundschule, an der die Mutter des Angeklagten angestellt gewesen sei, habe berichtet, dass die Mutter sehr wohl von den rassistischen Einstellungen ihres Sohns gewusst habe. Der Ex-Freund der Schwester, mit dem der Angeklagte auch Teile seiner Freizeit verbracht habe, habe eingeräumt, in einer rechten Gruppe unterwegs gewesen zu sein, und die Mutter habe bei ihrem Selbstmordversuch einen »antisemitisch konnotierten Abschiedsbrief« hinterlassen.

Auch wenn andere Zeuginnen ausgesagt hätten, dass es in der Familie für Rassismus und Antisemitismus keine Anzeichen gegeben habe, so stelle sich die Frage, ob es diese wirklich nicht gegeben habe oder ob Aussagen gegen vermeintliche Überfremdung oder angebliche Steuerung der Regierung durch dunkle Mächte bei Teilen der Bevölkerung kein Aufsehen errege. Das alles sei in Sachsen-Anhalt und in vielen anderen Teilen Deutschlands »bittere Realität«.

Die Tat sei in einem gesellschaftlichen Rahmen möglich gewesen, in dem Rassismus und Antisemitismus »alltagstauglich« seien, Synagogen als nicht schützenswert gelten und Betroffene bis heute »die Anderen« bleiben würden. Aktuell diskutiere die CDU Sachsen-Anhalt, ob man gemeinsame Sache mit der AfD bezüglich des Rundfunkbeitrags machen solle – trotz des Eklats von Erfurt,[24] trotz des historischen Wissens um die Machtübernahme der Nationalsozialisten und trotz des Wissens, dass insbesondere die AfD in Sachsen-Anhalt maßgeblich durch den extrem rechten Flügel der Partei getragen werde. Rechtsanwältin Lang sagt, sie wolle nochmals ansprechen, warum ein Teil der von ihr vertretenen Nebenklägerinnen, wie Christina F. und Naomi H.-G., das Agieren von Polizei und Bundesanwaltschaft mit Nachdruck thematisiert hätten, obwohl es im Vergleich zum Anschlag selbst als geringer erscheine. Als Jüdinnen seien sie mit Antisemitismus aufgewachsen. Das bedeute, dass einerseits die Hoffnung und »die Zukunftsgerichtetheit der Generation der Überlebenden« ihnen gewissermaßen mit in die Wiege gelegt worden seien. Teil einer jüdischen Identität sei immer auch das Wissen um die eigene Bedrohtheit, insbesondere im Land der Täterinnen und Täter. Daher stelle die Tat selbst etwas Erwartbares dar.

In Deutschland seien Jüdinnen und Juden nicht sicher, denn jüdisches Leben sei nur hinter Mauern, geschützt von Sicherheitspersonal möglich. Die offene, diverse Gesellschaft sei, wenn überhaupt, nur unter massivem Schutz möglich, der der Hallenser Gemeinde eben nicht gewährt worden sei. Genau daher komme die Wut und die Klage gegenüber den Sicherheitsbehörden. Sie spiegele im Kern ein vorhandenes Vertrauen gegenüber dem Staat wider, dass dieser willens und in der Lage sei, Minderheiten zu schützen. Genau darin habe der Staat aber zum wiederholten Male auf unterschiedlichen Ebenen versagt – etwa beim Schutz der Jüdischen Gemeinde zu Halle. Der Landtag in Sachsen-Anhalt widme sich nun unter anderem der Frage, ob die Gefährdungslage falsch eingeschätzt worden sei. Wie es sein könne, dass in den unterschiedlichen Bundesländern stark abweichende Gefährdungseinschätzungen vorliegen würden, fragt Rechtsanwältin Lang. Während in anderen Städten Veranstaltungen in Synagogen stets durch Polizeikräfte geschützt würden, sei man in Halle offenbar »tiefenentspannt« gewesen. Ferner sei man gar der Auffassung, dass religiöse Minderheiten die Daten der Feiertage von sich aus zu übermitteln hätten. Hier werde offensichtlich die Schutzfunktion des Staats »grundlegend falsch verstanden«. Die Bürgerinnen und Bürger hätten den Schutz nicht beim Staat zu beantragen, sondern der Staat habe diesen zu garantieren.

24 Thomas Kemmerich (FDP) ließ sich am 5. Februar 2020 mit Stimmen der AfD-Fraktion im Thüringer Landtag ins Amt des Ministerpräsidenten wählen. Einen Tag später kündigte er seinen Rücktritt an.

Das Verfahren habe gezeigt, dass die Polizei nicht in der Lage sei, eine sachgerechte Analyse zur Bedrohungslage von Minderheiten im Kontext des internationalen Rechtsterrorismus vorzunehmen. Die Anschläge von Utøya, Charleston, Christchurch, München oder der Rohrbombenanschlag auf eine Dresdner Moschee[25] würden offenbar nicht ausreichen, um ernsthafter über Gefährdungslagen nachzudenken. Insofern müssten sich die verantwortlichen Politikerinnen und Politiker sowie Behördenleiter die Frage nach einer Mitschuld und der Übernahme von Verantwortung gefallen lassen.

Auch im weiteren Verlauf des Verfahrens hätten sich Fehler gezeigt. So sei nur ein kleiner Teil der Betroffenen durch die Polizei vernommen worden, obwohl das Gesetz ausdrücklich die Aufklärung der Tatfolgen vorsehe. Wie man wissen wolle, ob es psychische Verletzungen [bei den Betroffenen, Anm. d. Hgg.] gebe und wie schwer diese seien, fragt Rechtsanwältin Lang. Sie fragt, ob es den Ermittlungsbehörden egal gewesen sei, welche Auswirkungen die Tat auf die Betroffenen gehabt habe. Für eine deutsche Strafverfolgungsbehörde sei es mehr als angebracht gewesen, sich mit der Thematik des transgenerationalen Traumas zu beschäftigen und dies zum Gegenstand der Ermittlungen zu machen. Jüdisches Leben in Deutschland bedeute fast immer, dass es sich um Nachkommen von Überlebenden der Shoah handele. In den Familien seien also nicht nur die spezifischen Erfahrungen der nationalsozialistischen Vernichtungsideologie, sondern auch die Erfahrungen des Überlebens weitergegeben worden.

Niemand unterstelle bewusstes Handeln, wenn aber Rettungskräfte Jüdinnen und Juden eine Nummer gäben, wenn Eltern von ihrem Kind getrennt würden, wenn religiöse Riten lächerlich gemacht würden, wenn Polizeikräfte in Uniform daneben stünden während Jüdinnen und Juden ihr Hab und Gut – in diesem Fall ihr Essen für das Fastenbrechen – sortieren sollten, dann könne man sich vorstellen, welche Bilder das wachrufe. Es seien »die vielen kleinen, aber auch großen Versäumnisse der Ermittler«, die sich auch im Gerichtsprozess fortgeführt hätten. So habe der Sachverständige des Bundeskriminalamts für Waffen bei einer Demonstration mit einer Tatwaffe in Richtung der Nebenklagebank gezielt. Niemand unterstelle dabei bewusstes Handeln, vielmehr gehe es darum, dass offensichtlich keine Reflexion und keine Vorbereitung stattfinde. In diesem Moment hätten Überlebende des Anschlags in die Mündung der Waffe des Täters geblickt. Andere Ermittler des Bundeskriminalamts hätten analytische Lücken offenbart. So seien die ideologischen Zusammenhänge zu den Taten von Christchurch und Halle nicht

25 Am 26. September 2016 verübte ein Rechtsextremer zwei Bombenanschläge auf eine Moschee und das Kongresszentrum in Dresden.

identifiziert worden. Im Themenfeld der Internetradikalisierung sowohl in Bezug auf Imageboards als auch auf das Gamingverhalten des Angeklagten sei eine nahezu »blanke Unkenntnis« offenbart worden. Es hätte weder detaillierte Angaben zur Funktionsweise von Imageboards oder Spieleplattformen noch zu deren besonderer Bedeutung für die Verbreitung und Vernetzung für die extreme Rechte aufgezeigt werden können. Auskünfte zur Auswirkung des Anschlags auf die jüdischen Gemeinden in Deutschland seien nicht erfragt und somit nicht zum Gegenstand der Ermittlungen gemacht worden.

Es sei dem Gericht zu verdanken, dass diese Aspekte im Gerichtsverfahren erörtert worden seien. Es habe allen Betroffenen, die hätten aussagen wollen, die Möglichkeit dazu gegeben. Das Gericht habe mit Karolin Schwarz, Benjamin Steinitz und Matthias Quent Sachverständige gehört, die umfangreiche Fachkenntnis vermittelt und damit ermöglicht hätten, den Kontext der Tat zu verstehen.

Im Namen ihrer Mandantinnen und Mandanten sei allen gedankt, die diese Tat gestoppt hätten, die den Angeklagten aufhielten, noch mehr Menschen anzugreifen und zu töten. Es sei auch den Menschen gedankt, die nach der Tat und im weiteren Verlauf die Betroffenen unterstützt hätten.

Abschließend wolle sie mit einem positiven Blick in die Zukunft ihren Vortrag beenden, sagt Rechtsanwältin Lang. Die Tat habe zu »unermesslichem Leid« geführt und habe »tiefe Spuren« bei den Überlebenden hinterlassen, aber den Betroffenen des Anschlags sei es gelungen, miteinander »ein Band der Solidarität« zu knüpfen. Ob Jüdinnen und Juden, Migranten, Muslime oder Besucher des Kiez Döners – sie hätten jene Allianz geschaffen, die der Angeklagte versucht habe zu vernichten. Sowohl die Überlebenden der Synagoge als auch aus dem Kiez Döner hätten betont, dass sie »hier waren, hier sind und hier bleiben werden« und dass jüdisches sowie migrantisches Leben Teil der Gesellschaft bleiben werde.

Abschließen wolle sie daher mit einem Zitat von Mollie S., die als erste Betroffene ausgesagt habe. Sie werde das Zitat bewusst nicht ins Deutsche übersetzen, da die deutsche Sprache keine äquivalente Übersetzung für »people« habe – ein Wort, welches keine geschlossene Volks- oder Gruppenkonzeption beinhalte: »He messed with the wrong person. He messed with the wrong family. And he messed with the wrong people.«

Die Vorsitzende bedankt sich bei Rechtsanwältin Lang und unterbricht die Sitzung für 30 Minuten. Sie setzt die Verhandlung um 14.16 Uhr fort, stellt die Anwesenheit der Beteiligten fest und erteilt Rechtsanwalt Gerrit Onken das Wort.

SCHLUSSVORTRAG VON RECHTSANWALT GERRIT ONKEN (NEBENKLAGEVERTRETER VON Y. Z.)

Rechtsanwalt Onken begrüßt die Anwesenden und sagt, er wolle sich kurz halten. Was geschehen, zu analysieren und zu sagen sei, betreffe nicht nur den kleinen Kreis von Menschen im Gerichtssaal, sondern alle Menschen. Im Schlussvortrag von Bundesanwalt Lohse habe »viel Wahres« gesteckt, und man hätte es damit belassen können. Er wolle jedoch die Ideologie des Täters genauer beleuchten, die Kern dieses Prozesses sei. Im neutralen Sinne meine Ideologie die Lehre von den Ideen, also den wissenschaftlichen Versuch, die unterschiedlichen Vorstellungen über Sinn und Zweck des Lebens, die Bedingungen und Ziele des Zusammenlebens zu ordnen. Im vorliegenden Fall könne hiervon keine Rede sein. Eine wissenschaftliche Annäherung habe nicht einmal der Angeklagte selbst behauptet. Im weiteren Sinne würden Ideologien zur Begründung und Rechtfertigung politischen Handelns dienen. Ideologien seien daher immer eine Kombination von bestimmten Weltanschauungen, die jeweils eine spezifische Art des Denkens vorgeben, und sie seien eine Kombination von bestimmten Interessen und Intentionen, die üblicherweise eigenen Zielen dienen würden. Ideologien seien daher wesentlicher Teil politischer Orientierung und seien sowohl Voraussetzung als auch Einschränkung politischen Handelns.

Die insoweit für den Angeklagten maßgebliche »Agenda« bestehe in der Auffassung, der Holocaust habe nicht stattgefunden, die menschliche Rasse sei eine Gattung, der Feminismus sei die Ursache für den Rückgang der Geburtenraten im Westen und diene der Massenimmigration und der Verantwortliche für diese Probleme sei »der Jude«. Dieser sei ein Parasit, der die »weiße Rasse« seit fast 2000 Jahren befallen habe, den Kommunismus, den Feminismus und das Christentum erfunden und verbreitet habe, um die »weißen Männer« zu schwächen und zu unterwerfen. Die Juden würden demnach angeblich versuchen, durch eine »Austauschmigration einen Genozid an den Weißen« zu verüben. Dieser »geistige Müll« sei die Richtschnur des Angeklagten, der dem Täter von Christchurch gedankt habe, da dieser ihm Klarheit über die Zukunft verschafft habe.

Der rechtsradikale Attentäter des Terroranschlags auf zwei Moscheen in Christchurch, Neuseeland, der am 15. März 2019 aus rassistischen Motiven 51 muslimische Menschen ermordet habe, habe sein sogenanntes Manifest, mit »The Great Replacement« beziehungsweise »Der Große Austausch« betitelt. Er habe sich dabei explizit auf die gleichnamige Verschwörungstheorie bezogen, die die Existenz eines geheimen Plans behaupte, welcher vorsehe, weiße Mehrheitsbevölkerungen gegen muslimische oder nicht-weiße Einwanderer auszutauschen und in der Konsequenz zu einem »Untergang Europas« oder einem »Genozid am weißen Volk« führe. Der Sachverständige Matthias Quent habe hierzu erklärt, dass in der Geschichte des internationalen Rechtsterrorismus stets zwei oder drei Kontinuitäten erkennbar seien.

Dazu gehörten die Adressierung von inneren Feinden und die Konstruktion von äußeren Feinden wie etwa die Vorstellung, dass es Akteure im Inneren gäbe, die die Feinde von außen hereinließen, um das »reine, wahrhafte, stärkere Volk« zu zerstören. Diese Ideologiefragmente in unterschiedlichen Gewändern hätten eine lange Geschichte antisemitischer Verschwörungserzählungen.

Der Angeklagte folge einer Neuformulierung dessen, was früher als »Rasseselbstmord« oder »Volkstod« beschrieben und in der »Völkerkunde« im Nationalsozialismus verbreitet worden sei. So werde in *Mein Kampf* von Adolf Hitler die Behauptung aufgestellt, »die Juden« hätten »den Neger an den Rhein« gebracht. Das bedeute, dass die Vorstellung von einer jüdischen Weltverschwörung, einer vermeintlichen destruktiven jüdischen Kraft, die darauf hinarbeiten würde, »die Weißen« oder das »wahre deutsche Volk« zu zerstören, in einer Traditionslinie stehe, die als antisemitisch, rassistisch aber auch als faschistisch bezeichnet werden müsse. Zu den Feinden des Angeklagten würden Jüdinnen und Juden, Muslim·innen, Christ·innen, Kommunist·innen, People of Color und »Volksverräter« gehören.

Auch der NSU sei der Auffassung gewesen, dass die »weiße Bevölkerung« durch »Multikultur und Mischehen« abnehmen würde. Zum »Erhalt der deutschen Nation« habe der NSU neun Menschen aus Einwandererfamilien sowie eine Polizistin getötet und habe weitere Anschläge mit zahlreichen Verletzten begangen. Um eine angebliche Islamisierung zu stoppen, habe ein norwegischer Rechtsterrorist am 22. Juli 2011 insgesamt 77 Menschen, größtenteils junge Sozialdemokrat·innen, ermordet, um sie daran zu hindern, Muslim·innen ins Land zu lassen. Am fünften Jahrestag der Anschläge in Norwegen, am 22. Juli 2016, habe ein rassistischer Attentäter in München gezielt neun Menschen erschossen sowie fünf weitere Menschen verletzt. Sieben der neun Todesopfer seien Muslime gewesen, eines ein Rom und eines ein Sinto gewesen. Der Täter von München habe den Täter von Oslo und Utøya bewundert. Der Rechtsterrorist aus Christchurch habe diesen ebenso bewundert und erklärt, nationalistische und populistische Bewegungen unterstützen zu wollen. Er habe mehrfach geschrieben, dass es »die Geburtsraten« seien, um zur massenhaften Tötung von Muslimen aufzuhetzen, die angeblich die »weiße Rasse« ersetzen würden. Der Täter von Halle habe das Attentat von Christchurch zum Vorbild genommen. »Der rote Faden des Gifts ist offenbar«, sagt Rechtsanwalt Onken.

Antisemitische und rassistische Ideologien seien eng miteinander verbunden und könnten nicht voneinander isoliert betrachtet werden. Rassismus funktioniere nach einer Logik der Entmenschlichung: Die radikale Rechte besetze Begriffe wie Identität, Kultur, Religion und Ethnie als kämpferische Kategorien, die in ihren Augen über Existenzberechtigung und die Hierarchie in der Gesellschaft bestimme. Sie erkläre Migranten kurzerhand zu »Invasoren«, Migrationsbewegungen und demografische Entwicklungen würden als »Großer Austausch«, als »Umvolkung«, »Volkstod« oder »Genozid an den Weißen« betitelt. Emanzipatorische Bewegungen, die eine grundlegende Veränderung der gesellschaftlichen Normen wie der traditionellen Rollenverteilung und der patriarchalischen Kultur anstrebten, würden ebenfalls als Bedrohung verurteilt. Ausgehend von der »Tradition faschistischen Denkens« sei dies konsequent, da hier ein Bruch mit dem für Frauen vorgesehenen historischen Auftrag bestehe, möglichst viele »weiße« Kinder zu gebären, und der ideologische Kernbestandteil dieser Rollenzuweisung angetastet werde. In ebendieser Traditionslinie sehe sich der Angeklagte, in dessen Äußerungen sich immer wieder »Bezüge zu alten faschistischen, nationalsozialistischen, rassistischen und antisemitischen sowie antifeministischen Ideen« finden. Sein Denken stehe in der Tradition der Rassenlehre des Nationalsozialismus. In den 1930er Jahren habe der Bevölkerungswissenschaftler und Nazi Friedrich Burgdörfer vor dem »Volkstod« durch »Unterbevölkerung der weißen Bevölkerung« und der angeblich höheren Fertilität der als minderwertig bezeichneten Schwarzen Bevölkerung gewarnt. Mit »Geburtsraten« hätten die Nazis schließlich den Zweiten Weltkrieg, die Shoah und das Euthanasieprogramm gerechtfertigt. Laut Burgdörfer seien Individualismus, Liberalismus und Materialismus, verursacht durch die »destruktiven geistig-seelischen Einflüsse« der Juden, schuld am angeblichen »Rassenselbstmord« der Weißen gewesen. Genau hieran schließe der Attentäter von Halle an. Die Behauptung des »Volkstods« und »Genozids an den Weißen« gehöre weltweit schon lange zum ideologischen Fundament der radikalen Rechten. Das Gerede vom »Bevölkerungsaustausch« oder »Umvolkung« sei dabei nicht allein eine Verschwörungstheorie, sondern »Kern der globalen Erneuerung der rassistischen Ideologie«.

Rechtsanwalt Onken unterbricht kurzzeitig seinen Vortrag und sagt zum Angeklagten, dass dieser den Saal verlassen könne, wenn er dies nicht hören wolle. Der Angeklagte grinst.

Rechtsanwalt Onken setzt fort und sagt, neu sei dabei nicht die Ideologie, sondern ihre Öffentlichkeit. Kein Rechtsterrorist radikalisiere sich allein. Dies geschehe in rechten Subkulturen und heute größtenteils im Internet. Gemeinsam sei diesen Umgebungen, dass sie Diskurse, Konflikte und Vorurteile aus der Mitte der Gesellschaft zuspitzten. Doch Worten würden Taten folgen: Das Attentat von Halle zeige, was es bedeute, wenn jemand Ernst mache mit der »rassistischen Paranoia«, dass der »Volkstod«, so Björn Höcke, die »Umvolkung«, so Akif Pirinçci, durch einen »Großen Austausch«, einen »Geburten-Dschihad«, so Gottfried Curio, oder eine »feindliche Übernahme«, so Thilo Sarrazin, durch die »Invasoren«, so Alexander Gauland, beispielsweise des »afrikanischen Ausbreitungstyps«, so Björn Höcke, drohe. Tat und Täter würden zeigen, was passiere, wenn jemand sich tatsächlich aufmache, um die »weiße« Mehrheitsbevölkerung gegen den angeblichen Feind zu verteidigen. Der Präsident des Verfassungsschutzes Thomas Haldenwang habe erklärt, dass die AfD sich zwar vordergründig von Gewalt distanziere, aber die Verschwörungstheorie der »Umvolkung« befördere und das Gefühl vermittele, dass etwas geschehen müsse, um solche vermeintlichen Entwicklungen zu stoppen. Laut Haldenwang sei das der »geistige Nährboden« für Taten wie den Anschlag von Halle.

Rechtsextremen Gewalttätern diene das Narrativ vom Bevölkerungsaustausch dazu, Angriffe auf vermeintliche Feinde als legitime Selbstverteidigung darzustellen. Die Möglichkeit extremer Gewaltanwendung sei dabei in jeder ethnozentristischen Ideologie fest verankert. Hitler habe von der »Eiskälte menschlicher Logik« gesprochen. Genau dies lasse Menschen Grausamkeiten begehen und sie die Fähigkeit entwickeln, diese Grausamkeiten als gerechtfertigt oder notwendig zu betrachten. Hannah Arendt habe solch ideologisches Denken als prinzipiell von Erfahrungen und der Realität unbelehrbar beschrieben.

Der hiesige Täter habe sich mit diesem Szenario beschäftigt – nicht wie ein Wahnsinniger, sondern in »eiskalter Logik« mit der Unterteilung in »lebenswertes« und »lebensunwertes« Leben. Und so sei es nicht verwunderlich, dass er nach dem Morden der Welt erzähle, dass es nicht kompliziert sei, Menschen zu töten, und er sich nicht anders als zuvor fühle. Die Auswahl der Getöteten sei dabei »die konsequente Umsetzung seiner Ideologie«.

Insofern sei der Anschlag nicht nur ein Akt von »Hass, Gewalt und Terror« oder eine beliebige Form von »Extremismus«. Erst recht sei es nicht die Tat eines Geisteskranken. Solche Verallgemeinerungen oder Pathologisierungen seien »töricht und respektlos« gegenüber den Opfern. Diese seien für einen Rassisten eben nicht austauschbar. Rechtsanwalt Onken sagt, an dieser Stelle wolle er mit dem Missverständnis aufräumen, dass der Täter wahllos getötet habe, denn das Gegenteil sei der Fall gewesen.

Sein Mandant wünsche sich, dass der Täter eine lebenslange Freiheitsstrafe verbüßen und »nie wieder auf freien Fuß« kommen werde. Dieser Wunsch werde wohl in Erfüllung gehen.

Rechtsanwalt Onken sagt, er wolle sich an dieser Stelle bei all jenen Nebenkläger·innen und Zeug·innen bedanken, die während dieses Verfahrens »um die Barbarei in Halle« dem Täter furchtlos gegenübergetreten seien, und damit »den Resonanzraum für den Täter eng und selbigen für die Betroffenen weit« gemacht haben. Stellvertretend dafür möchte er eine Aussage einer der Betroffenen zitieren: »Du wirst mir keine Qualen mehr bereiten. Es endet hier und heute« [Aussage der Überlebenden Mollie S., Anm. d.Hgg.]. Dies sei nicht nur eine Botschaft, es sei wesentlicher Bestandteil für das »Nie wieder!« Solchem Mut gebühre Respekt und dafür verneige er sich vor ihnen, sagt Rechtsanwalt Onken und verbeugt sich mit Blick zur Nebenklage.

Einige Vertreter·innen der Nebenklage stehen auf.

Die Vorsitzende bedankt sich bei Rechtsanwalt Onken und verkündet eine Unterbrechung. Die Vorsitzende setzt um 14.49 Uhr die Verhandlung fort und erteilt Rechtsanwältin Antonia von der Behrens das Wort.

Rechtsanwältin von der Behrens bedankt sich und sagt, sie spreche heute für ihre drei Mandant·innen: die Rabbiner Jeremy B. und Rebecca B. sowie eine Überlebende, die darum gebeten habe, dass ihr Name nicht veröffentlicht werde. Letztere sei US-amerikanische Staatsbürgerin und habe bisher nicht am Verfahren persönlich teilnehmen können. Sie habe zuvor ein Freiwilliges Soziales Jahr in einer KZ-Gedenkstätte absolviert und habe einen Text auf Deutsch verfasst, den Rechtsanwältin von der Behrens nun vortragen werde.

SCHLUSSWORT EINER BETROFFENEN, DIE NAMENTLICH NICHT GENANNT WERDEN MÖCHTE (NEBENKLÄGERIN)

Es habe zwei Anschläge auf zwei Synagogen in Halle und auf die zu ihnen gehörenden Jüdinnen und Juden gegeben – jeweils am 9. Tag eines Monats im Herbst. Der erste sei im November 1938 gewesen, während der Novemberpogrome und der zweite im Oktober letzten Jahres am jüdischen Feiertag Jom Kippur. »Wegen dieser beiden sind wir hier«, zitiert Rechtsanwältin von der Behrens den Text der Überlebenden. Zwischen diesen Anschlägen gebe es eine historische Verbindung. Die zweite Synagoge existiere heute nur, weil die erste Synagoge am 9. November 1938 zerstört worden sei. Dies könne man schon daran erkennen, dass ein Friedhof zwischen der Synagoge und der Straße liege. Synagogen würden in der Regel nicht neben Friedhöfen errichtet werden. Es gebe auch eine ideologische Verbindung zwischen den beiden Anschlägen: Antisemitismus. Zuallererst betreffe Antisemitismus Jüdinnen und Juden. Seine zentrale Wirkungsweise sei es, Jüdinnen und Juden als »die Fremden« zu markieren. Es gebe Zeiten, in denen sich die Vorstellung ausbreite, alles als fremd markierte, vernichten zu müssen. Dies sei in Halle geschehen. Es seien alle und alles angegriffen worden, was als »fremd« definiert worden sei und dazu habe auch der Kiez Döner gehört. Der Täter habe sogar auf die Kontinuität, in der seine Tat stehe, hingewiesen, als er am Anfang des Livestreams den Holocaust geleugnet und sich zu seinem Antisemitismus bekannt habe.

Während sie in der Synagoge gewesen sei und versucht habe, sich zu schützen und zu verstecken, habe sie nicht wissen können, was er gesagt habe. Sie habe den Livestream nicht gesehen, aber sie habe ihn nicht gebraucht, um zu wissen, dass es immer noch Menschen gebe, die gerne in einer aus ihrer Sicht »homogenen Gesellschaft« lebten. Diese Idee habe Europa im 20. Jahrhundert geprägt und sei der Grund dafür gewesen, dass Verwandte von ihr in die USA geflohen seien. Ihnen sei sie dankbar, weil sie deswegen am Leben sei.

»Ledor Vador« sei ein hebräischer Ausdruck, der in der jüdischen Tradition einen hohen Stellenwert habe und »von Generation zu Generation« bedeute. Als Kind habe sie sich nie vorgestellt, als Jüdin selbst irgendwann einmal um ihr Leben fürchten zu müssen. So etwas würde der Vergangenheit angehören, habe sie gedacht. Sie habe nicht verstanden, dass die Vergangenheit ein Teil der Gegenwart sei. »Ledor Vador« werde oft im Sinne von Lernen benutzt. Die ältere Generation lehre die jüngere. Sie seien verpflichtet, die Vergangenheit wiederzugeben, damit sie die Zukunft verbessern könnten. Als sie mehr über das Konzept der Erinnerungskultur gelernt habe, habe sie dies mit der Idee von »Ledor Vador« verglichen. Obwohl die Ideen aus zwei verschiedenen Perspektiven stammten, gäben beide Antworten auf die Frage, wie eine Gruppe mit den Ereignissen der Vergangenheit umgehe. Man könne sagen, dass die KZ-Gedenkstätten konkrete Antworten auf diese Frage aus der Perspektive der Erinnerungskultur seien. Als Austauschschülerin und danach als FSJlerin in einer Gedenkstätte habe sie eine Menge über die deutsche Erinnerungskultur gelernt.

Zwei Sätze habe sie fast täglich während ihrer Arbeit gehört: »Nie wieder!« und »Nie vergessen!« Nie wieder solle Deutschland zur Diktatur werden; nie wieder solle ein Völkermord geschehen; nie wieder sollten Menschen, die nicht zur »Volksgemeinschaft« gehörten, in Lager eingesperrt werden. Und vor allem sollten nie wieder Jüdinnen und Juden sowie andere Minderheiten um ihr Leben fürchten. »Die Idee des ›Nie wieder‹ ist schon gebrochen«, zitiert Rechtsanwältin von der Behrens den Text der Überlebenden.

Als sie im Januar 2020 bei der Gedenkstunde des Bundestags zum Tag des Gedenkens an die Opfer des Nationalsozialismus teilgenommen habe, habe Bundespräsident Frank-Walter Steinmeier etwas Bemerkenswertes in seiner Rede gesagt: »Meine Sorge ist, dass wir [Deutsche] die Vergangenheit inzwischen besser verstehen als die Gegenwart. Wir dachten, der alte Ungeist würde mit der Zeit vergehen. Aber nein: Die bösen Geister der Vergangenheit zeigen sich heute in neuem Gewand.«
Zwei Anschläge würden jetzt zur Vergangenheit gehören. 75 Jahre trenne sie, aber sie seien durch eine auf Hass basierende Ideologie verbunden. Nach dem Anschlag habe sie viele Fragen gehabt. Mittlerweile seien einige beantwortet, aber sie habe noch viele weitere und eine davon laute: »Wie viele Menschen müssen sterben und wie viele Menschen müssen um ihr Leben fürchten, bevor die Mehrheitsgesellschaft versteht, dass Hass auf Minderheiten nicht verschwunden ist?«

Unmittelbar nach dem Krieg habe es bereits Diskriminierung gegen Jüdinnen und Juden gegeben. Aber nach dem Krieg habe es auch Jüdinnen und Juden gegeben, die wieder leben, feiern und genießen wollten, nachdem sie »aus dem Leben gerissen« worden seien.

Für das Judentum sei die Vergangenheit und die Erinnerung daran wichtig.

Viele jüdische Feiertage erzählten, was in der Vergangenheit geschehen sei – die »Zichronot«, Hebräisch für Erinnerungen, blieben mit ihnen. Sie müssten sich daran erinnern, egal ob es gut oder schlecht sei, damit künftige Generationen davon lernen könnten. Es gebe jedoch einen großen Unterschied zwischen der deutschen Erinnerungskultur und dem Verständnis von »Zichronot« im Judentum. Dieser Unterschied sei nicht nur einer von Tausenden Jahren, sondern hauptsächlich einer der zeitlichen Perspektive. Deutsche Erinnerungskultur versuche, an die Vergangenheit zu erinnern. Die Idee von »Zichronot« betreffe gleichzeitig die Vergangenheit und die Zukunft. Deswegen würden sie jedes Jahr an Jom HaShoah, dem Holocaustgedenktag, »Yizkor« sagen.

Die Bedeutung von »Yizkor« sei: »Man wird erinnern.« Das Wort sei etymologisch mit »Zichronot« verwandt, aber»Yizkor« sei grammatikalisch ein Wort der Zukunft und nicht der Vergangenheit. Es sei ein Versprechen, das jedes Jahr erneuert werden müsse. Es sei wie ein Weckruf, der regelmäßig ertöne, damit sie es sich nicht zu bequem machten und begännen zu vergessen. Die Idee erscheine paradox, weil sie gleichzeitig Zeit trenne und vereine. Genau deshalb habe sie eine solche Wirkung. Erinnerung funktioniere nur, wenn man sich erlaube, »die Schreie der Vergangenheit, der Gegenwart und auch der Zukunft« zu hören, denn keine Zeit existiere für sich ohne den Einfluss der anderen.

Sie sei jung und habe ihr ganzes Leben noch vor sich. Sie könne nicht vergessen, was während des Anschlags passiert sei, und der Anschlag werde ein Teil ihrer Erinnerungen bleiben. Solange sie am Leben sei, könne sie darüber schreiben, was sie erlebt habe. Sie leihe ihre Stimme aber nicht nur »den sechs Millionen, die nicht mehr sprechen können«, sondern auch den Opfern und Überlebenden, die nach dem Kriegsende nicht ernst genommen worden seien. Dies könne sie nur tun, weil sie überlebt habe. Das Schweigen zu Antisemitismus und Rechtsextremismus müsse gebrochen werden. Dazu müsse die Mehrheitsgesellschaft beitragen. Zwei Anschläge seien schon zu viel. »Lassen Sie es nicht mehr sein«, zitiert Rechtsanwältin von der Behrens den Text der Überlebenden und bedankt sich.

SCHLUSSWORT VON JEREMY B. (NEBENKLÄGER)

Rechtsanwältin von der Behrens sagt, der zweite Text, den sie verlesen werde, stamme von ihrem Mandanten Jeremy B., der heute auch nicht anwesend sein könne. Sie trägt den Text von ihm vor.

Der amerikanische Rabbiner Abraham Joshua Heschel habe im 20. Jahrhundert über seine Arbeit für die Bürgerrechtsbewegung in den USA geschrieben: »In einer freien Gesellschaft sind einige schuldig – aber alle tragen Verantwortung.« Während dieses Prozesses habe er zunehmend ein Verständnis dafür entwickelt, was das bedeute.

Vor dem Anschlag habe er Sorge gehabt, auf der Straße die Kippa zu tragen. Seit dem Anschlag trage er die Kippa fast überall. Er sei jeden Monat mehrfach mit Antisemitismus konfrontiert: meist durch hasserfüllte Kommentare mit Verweis auf Vorurteile, Israel oder am häufigsten den Widerhall des Nationalsozialismus, manchmal auch in Form von offen gezeigter Aggression. Es seien nicht die Kommentare, die ihm am meisten zu schaffen machten, auch wenn es ihn zermürbe und kräftezehrend sei. Was ihm keine Ruhe lasse, sei die Tatsache, dass ihm nach einer solchen Bemerkung in der Öffentlichkeit nur einmal jemand zu Hilfe gekommen sei. Natürlich sei manchmal niemand in der Nähe, der die Äußerungen hören könnte, aber in den meisten Fällen habe er das Gefühl, dass die Umstehenden so etwas nicht wahrnehmen wollen würden. Sie würden nicht hineingezogen werden wollen, denn es sei anscheinend nicht ihr Problem. Außerdem sei ja nichts passiert, denn es seien nur Worte gewesen und niemand sei körperlich verletzt worden.

In seinem Schlussvortrag habe der Staatsanwalt die Frage gestellt, was in der Erziehung des Täters schief gelaufen sei. Er wolle das so beantworten: »Hat ihm denn jemals jemand deutlich gemacht, dass die Dinge, die er sagte, falsch waren?« Er frage, ob jemals irgendjemand aus der Familie oder von den Freunden dem Angeklagten aufgrund »seiner menschenverachtenden Überzeugungen« etwas entgegengebracht habe. Gewalt entstehe nicht ohne Weiteres aus dem Nichts – »sie schwelt im Inneren, baut sich auf«. Je weiter der Täter mit seinen Bemerkungen durchgekommen sei, desto näher sei er der Realisierung seiner »schrecklichen Ideologie und abscheulichen Überzeugungen« gekommen.

In seiner Zeugenaussage habe er sich zum Teil auf das Vorgehen der Polizei am Tag des Anschlags in Halle konzentriert, so B., weil es eben die »ganz normalen Deutschen« seien, also Polizeibeamte, Fahrgäste in der U-Bahn oder Besucher in einem Café, die die Verbreitung von Antisemitismus, Rassismus und Hass stoppen müssten.

Als am Tag des Anschlags die Polizei gekommen sei, und sie eher als Verdächtige statt als Opfer behandelt habe, habe die Polizei die Ereignisse als einen außerhalb ihrer Vorstellungswelt liegenden Ausreißer behandelt. Es sei eine Erweiterung einer klassischen deutschen Strategie: die Annahme, dass so etwas hier passieren könne, die bloße Vorstellung des Anschlags an Jom Kippur sei für die deutsche Gesellschaft »vor, während und nach Halle« unvorstellbar. Dies stehe in Verbindung mit der Verweigerung der deutschen Gesellschaft, ihre Verantwortung zu übernehmen.

Mindestens ein Mensch sei schuldig, so viel sei klar, aber die gesamte deutsche Gesellschaft trage Verantwortung. Die Rechtsanwälte, Richter, Polizeibeamten in diesem Gerichtssaal, die Politiker, ja sogar die Nebenkläger – alle seien verantwortlich dafür, eine bessere, gerechtere Gesellschaft zu schaffen. Es müsse eine Gesellschaft sein, die Antisemitismus, Rassismus,

Fremdenfeindlichkeit, Islamophobie und Hass nicht nur politisch, sondern jederzeit bekämpfe. Jeden Tag und jede Minute müsse jeder seine Stimme erheben. »Wann immer wir etwas sehen, wann immer wir etwas hören, müssen wir etwas sagen, müssen wir handeln«, zitiert Rechtsanwältin von der Behrens den Nebenkläger. Ein weiteres Halle und ein weiteres Hanau könne nur verhindert werden, »wenn die guten und anständigen Menschen der deutschen Gesellschaft« so etwas nicht noch einmal zulassen würden.

SCHLUSSVORTRAG VON RECHTSANWÄLTIN ANTONIA VON DER BEHRENS (NEBENKLAGEVERTRETERIN VON REBECCA B., JEREMY B. UND EINER BETROFFENEN, DIE NAMENTLICH NICHT GENANNT WERDEN MÖCHTE)

Rechtsanwältin von der Behrens sagt, sie komme nun zu ihrem eigenen Schlussvortrag. Sie begrüßt die Anwesenden und sagt, dass dieses Verfahren nicht für sich allein stehe. Es reihe sich in Gerichtsverfahren gegen Täter ein, auf die der Angeklagte sich bezogen habe: die Anschläge von Christchurch in Neuseeland, Poway in Kalifornien, El Paso in Texas und Bærum bei Oslo in Norwegen, alle aus den letzten zwei Jahren. Diese Taten seien durch die Tatorte und nicht die Namen der Täter beschrieben. An diesen Orten seien Menschen ermordet worden, weil sie Muslime, Jüdinnen und Juden oder Hispanics gewesen seien. Die Gerichtsverfahren gegen die Täter von Poway und El Paso würden noch ausstehen; die Urteile gegen die Täter von Christchurch und Bærum seien gefallen.

Die Grundstrukturen und Konfliktlinien dieser Verfahren seien ähnlich: Es handele sich um Täter, die ihre Taten öffentlich verbreiten wollen und sie nicht abstreiten würden; bei denen nach psychischen Erkrankungen als Erklärung für ihre mörderische Ideologie gesucht werde und die sich für gesund, aber nicht für schuldig hielten.

Auch die Herausforderungen in diesen Strafverfahren seien ähnlich: Der Selbstinszenierung dieser Täter unter Wahrung der Rechte der Angeklagten – auch wenn diese Art von Tätern diese nicht für sich beanspruche – keinen Raum zu bieten und stattdessen die Überlebenden zu den Folgen der Taten zu Wort kommen zu lassen.

In dem Verfahren in Norwegen sei dies weniger gut gelungen, wenn man mit Blick auf die Selbstinszenierung des Angeklagten im Gerichtssaal und den eher geringen Einfluss der Betroffenen auf das Verfahren urteile. In dem Verfahren gegen den Täter von Christchurch hätten hingegen die Überlebenden und die Angehörigen der Mordopfer das Verfahren geprägt: 66 Berichte über das Leben der Ermordeten, vom Überleben und von Unbeugsamkeit im Angesicht von Rassismus und Islamhass seien vor Gericht gehört worden. Auch dort habe eine Botschaft die unterschiedlichen Stimmen geeint, was ein Angehöriger so ausgedrückt habe: »Du dachtest, du könntest uns zerbrechen. Aber du bist jämmerlich gescheitert.«

Die Hauptverhandlung in diesem Verfahren sei ebenfalls von den Nebenkläger·innen, den Angehörigen der Mordopfer und den Überlebenden geprägt worden. Das Gericht habe insofern seine strafprozessuale Verpflichtung ernst genommen. Es habe nach § 46 Absatz 2 StGB[26] die Auswirkungen der Taten aufgeklärt, habe hierzu unter anderem den Sachverständigen Benjamin Steinitz gehört, und nach § 69 Absatz 2 Satz 2 StPO[27] habe es die Nebenkläger·innen auch zu den Folgen der Taten angehört.

Wie tiefgreifend und prägend die unmittelbaren Tatfolgen der Ermordung von Jana L. sowie Kevin S. und die dutzendfachen Mordversuche seien, hätten Nebenkläger·innen eindringlich geschildert. Doch habe sich ein weiteres Thema durch die Aussagen vieler Überlebender gezogen: die Auswirkungen des Umgangs der Polizei mit den Betroffenen. Ohne den Begriff des Sachverständigen Steinitz von der »sekundären Viktimisierung« verwendet zu haben, haben die Betroffenen genau dies beschrieben.

Dass die Folgen der Taten tatsächlich so umfassend aufgeklärt worden seien, sei den Nebenkläger·innen zu verdanken. Obwohl es vielen schwergefallen sei, seien sie dazu bereit gewesen, in der öffentlichen Hauptverhandlung und im Angesicht des Angeklagten sehr persönlich und umfassend auszusagen.

Es werde Aufgabe des Gerichts sein, die Bekundungen zu den primären und sekundären Tatfolgen in dem Urteil angemessen darzustellen, unabhängig davon, inwieweit diese im Rahmen der Strafzumessung dem Angeklagten als direkte Auswirkungen der Taten zuzurechnen seien.

Rechtsanwältin von der Behrens sagt, da ihre Kolleg·innen schon viele wichtige Aspekte der Tat und des Verfahrens hervorgehoben hätten oder dies noch tun würden, wolle sie sich auf einen einzigen Aspekt beschränken: das polizeiliche Handeln am 9. Oktober und dessen Auswirkungen. Dabei meine sie nicht das Handeln jedes einzelnen Beamten, sondern das polizeiliche Handeln in seiner Gesamtheit, wie es sich an dem Tag dargestellt habe. Sie wolle nun schildern, was die Hauptverhandlung in Bezug auf das polizeiliche Handeln ergeben habe.

26 Die Grundsätze der Strafzumessung folgen aus § 46 StGB. Laut Absatz 2 müssen unter anderem folgende Umstände berücksichtigt werden: »die Beweggründe und die Ziele des Täters, besonders auch rassistische, fremdenfeindliche, antisemitische oder sonstige menschenverachtende, die Gesinnung, die aus der Tat spricht, […] sein Verhalten nach der Tat, besonders sein Bemühen, den Schaden wiedergutzumachen, sowie das Bemühen des Täters, einen Ausgleich mit den Verletzten zu erreichen.«

27 Laut § 69 Absatz 2 Satz 2 StPO ist Zeugen, die durch die Straftat verletzt sind, insbesondere Gelegenheit zu geben, sich zu den Auswirkungen, die die Tat auf sie hatte, zu äußern.

Die eindrücklichen Aussagen der Zeug·innen lägen nur wenige Verhandlungstage zurück. Sie wolle deshalb nur einige schlaglichtartig erwähnen und den roten Faden aufzeigen, der sich aus ihrer Sicht ergebe. Dabei bitte sie im Gedächtnis zu behalten, wie zumindest der Nebenkläger Jeremy B. seine Zeugenaussage verstanden wissen wolle. Er habe gesagt: »Ich möchte auch anmerken, dass die Begebenheiten, die ich über die Polizei und die Interaktion mit der Polizei berichten werde, nicht dazu dienen sollen, die Polizei zu beschuldigen. Aber es gibt noch viele Dinge zu verbessern.«
Wie der Nebenkläger Max P. berichtetet habe, seien die polizeilichen Maßnahmen zum Schutz der Synagoge ohne Beteiligung der Hallenser Gemeinde geplant worden und selbst am höchsten jüdischen Feiertag auf ein Minimum reduziert worden. Der Zeuge habe berichtet, dass der islamistische Anschlag am Berliner Breitscheidplatz im Jahr 2016 in der Gemeinde große Sorgen um ihre eigene Sicherheit verursacht habe. Dies habe insbesondere das damals nur fünf Tage nach dem Anschlag beginnende Chanukkafest betroffen. Sie haben deshalb ausdrücklich um erhöhten Polizeischutz gebeten. Dieser sei ihnen jedoch verwehrt worden. Die Gemeinde habe also keine andere Wahl gehabt, als sich selber zu schützen.

Was am 9. Oktober 2019 um 12 Uhr geschehen sei, wisse man. Nur aufgrund des von der Gemeinde selbst organisierten Schutzes haben die Jüdinnen und Juden in der Synagoge überlebt. Von den quälenden Minuten bis die Polizei eingetroffen sei, bis zur Evakuierung der Überlebenden gegen 16.30 Uhr, seien Stunden der Unsicherheit und Unklarheit vergangen. Das wisse man von vielen Zeug·innen. Es habe an einer auch nur halbwegs klaren Kommunikation gefehlt, was geschehen sei, welche Gefahren es noch gegeben habe und vor allem, wann die Überlebenden aus der Synagoge herausgebracht werden sollten. Diese Zeit des Wartens sei für die Nebenkläger·innen Rebecca B. und Jeremy B. aufgrund des polizeilichen Verhaltens besonders unerträglich gewesen. Während der Zeugin Mollie S. nach dem Anschlag noch Zutritt zur Synagoge gewährt worden sei, sei dies für das Baby und den Babysitter ihrer Mandanten nicht mehr möglich gewesen. Die Eltern seien Stunden von ihrer Tochter getrennt und mit einer Polizei konfrontiert gewesen, die sich willkürlich und verständnislos verhalten habe. Dies sei so weit gegangen, dass die Eltern entschieden hätten, dass der Vater die Synagoge nicht verlasse, bis nicht die Tochter und der Babysitter von der Polizei zu der im Bus wartenden Mutter gelassen worden seien. Die Wirkung der Trennung von einem Kind in solch einer Situation habe für jeden Polizeibeamten offenkundig sein müssen. Dieser habe dafür nicht wissen müssen, dass die Familien von Rebecca B. durch die Erfahrung der Shoah und der Trennung der Tochter von der Mutter in Auschwitz geprägt gewesen seien.

Nachdem festgestanden habe, dass alle Menschen aus der Synagoge herausgebracht werden sollten, sei die Polizei nicht in der Lage gewesen, dies in einer Art und Weise zu organisieren, die der Situation, also dem Umgang mit einer Gruppe von Menschen, die gerade einen antisemitischen Mordanschlag überlebt hatten, angemessen gewesen sei. Jeremy B. habe beschrieben, dass es nicht nur keinerlei Verständnis für die jüdischen Überlebenden und ihre Bedürfnisse gegeben habe, sondern dass sie mehr als Verdächtige denn als Opfer behandelt worden seien. Dazu habe etwa das anfängliche Verbot gehört, kein koscheres Essen aus der Synagoge mitnehmen zu dürfen und dann, nach vielen Diskussionen, dies nur mit der Auflage zu dürfen, dass das Essen in kleine Tüten umgefüllt werden müsse. Anschließend hätten die Überlebenden lange Zeit in dem von allen Seiten einsehbaren Bus warten müssen. Sie seien dort für alle, insbesondere von Pressefotografen, gut sichtbar gewesen. In dieser Situation sei dann schließlich auch noch Jüdinnen und Juden, die gerade einen antisemitischen Anschlag überlebt hatten, eine christliche Nonne als Seelsorge geschickt worden.

Bei der Nebenklägerin Karen E. habe diese Art des polizeilichen Umgangs mit den jüdischen Überlebenden die gleichen Gefühle ausgelöst, faktisch als Täter und nicht als Opfer behandelt zu werden. Welche anderen Gefühle hätten sich auch einstellen sollen, wenn ihre Taschen außerhalb der Synagoge unter den Blicken der Presse und Schaulustigen durchsucht worden seien, fragt Rechtsanwältin von der Behrens.

Die Nebenklägerin Agatha M. habe dargestellt, wie schwer erträglich es gerade auch im Hinblick auf ihre Familiengeschichte gewesen sei, dass sie und die anderen Überlebenden von der Polizei Schilder mit Nummern bekommen haben und durch diese identifiziert worden seien.

Im Krankenhaus angekommen, hätten die Überlebenden entschieden, den Gottesdienst fortzusetzen. In der Mitte des Abschlussgebets habe die Polizei versucht, dieses zu unterbrechen, um Befragungen durchzuführen, obwohl die Gemeindemitglieder mit offensichtlich »relevanten Wahrnehmungen« schon auf das Polizeirevier gebracht worden waren. Nur aufgrund der Intervention des Krankenhauspersonals sei der Gottesdienst beendet und das Fasten gebrochen worden. Jeremy B. habe dieses Geschehen im Kontext der Bedeutung von Jom Kippur so geschildert: »Bei dem Gebet Neïlah geht es um das Schicksal, bevor das Tor schließt. Und das war für uns extrem emotional. Wir waren in einem Krankenhaus, wir haben einen Angriff überlebt, und da standen zwei deutsche Polizisten und – so das Gefühl – sie entscheiden über unser weiteres Schicksal.«

Anschließend hätte eine Unterkunft für die Rabbinerfamilie gefunden werden müssen, die zuvor in der Synagoge übernachtet hatten. Die Polizei habe sich nicht verantwortlich gefühlt, den in Halle Fremden, die keine persönlichen Gegenstände, wie Geld, Ausweisdokumente, Kleider, Windeln oder Nahrung für das Baby bei sich gehabt hatten, zu helfen.

Die Nebenklägerin Christina F. habe von den unwirschen Reaktionen auf ihre entsprechenden Fragen für die Familie und die Widerstände berichtet, die sie habe überwinden müssen, um diesen ein Hotelzimmer zum Übernachten zu organisieren, damit sie nicht in einer Notschlafstelle, die vielleicht irgendwann zur Verfügung gestellt worden wäre, übernachten mussten.

Während sich die überwiegende Anzahl der Überlebenden im Krankenhaus befunden habe, seien diejenigen, die »konkrete eigene Wahrnehmungen« gemacht haben, direkt zum Polizeirevier gebracht worden, zu denen auch der Vorbeter und Nebenkläger Roman Yossel R. aus Berlin gehört habe. Dieser habe geschildert, wie er auf dem Revier als Erstes gefragt worden sei, »wer er überhaupt sei«, und er sich habe ausweisen sollen. Nachdem er den ganzen Tag gefastet habe, habe er Wasserflaschen gesehen und gefragt, ob er eine haben dürfe. Diese Frage sei von einem Beamten forsch verneint worden. Eine andere Beamtin hätte immerhin eingegriffen, sich entschuldigt und gesagt, dass alle im Stress seien, und er selbstverständlich Wasser haben könne. Auf seine Frage, wie er jetzt in sein Hotel in Halle komme, sei ihm gesagt worden, dass er einfach gehen solle. Er sei in seinen Crocs, die er an Jom Kippur statt seiner Lederschuhe getragen habe, nachts nach draußen in den Regen geschickt worden. Er habe dort sehen müssen, wie er sich ohne Geld und Papiere – begleitet von dem Gefühl der anhaltenden Unsicherheit – im herrschenden Durcheinander durchschlage.

In Bezug auf den Angriff auf die Menschen im Kiez Döner habe der Nebenkläger Karsten L., der Vater des ermordeten Kevin S., geschildert, wie er nicht von der Polizei über den Mord an seinem Sohn informiert worden sei, sondern sechs Stunden nach der Tat durch das Video des Täters erfahren habe.

Der Nebenkläger Conrad R. habe von mehreren Situationen berichtet, in denen Polizeibeamte offensichtlich keinen Begriff und kein Gefühl dafür gehabt hätten, in welcher Lage er sich befunden habe.

An dem Tatort in Wiedersdorf habe sich diese Erfahrung, obwohl die Betroffenen sogar äußerlich schwer verletzt waren, wiederholt. Der Nebenklägerin Dagmar M. sei es trotz ihrer Verletzungen gelungen, den Notruf anzurufen. 20 Minuten lang sei ihr dort nicht geglaubt und ihr nicht zugehört worden. Sie habe gesagt, ihr Mann sei am Verbluten und statt einer Reaktion hierauf sei sie unzählige Male nach ihrem Namen gefragt und aufgefordert worden, nach draußen zu gehen und nach dem Täter zu schauen. Es hätte schließlich der Nachbar eingreifen und die Lage dem polizeilichen Gegenüber am Telefon bestätigen müssen, bis endlich reagiert worden sei. Dann sei nur ein Polizeiauto mit einem Polizisten gekommen. Dieser habe sich beim Anblick der Verletzungen von Dagmar M. und denen des Nebenklägers Jens Z. so erschrocken, dass er nur geflucht habe. Während anschließend Jens Z. mit dem Hubschrauber ins Krankenhaus gebracht worden sei, sei Dagmar M. trotz ihrer Verletzungen im Sitzen in einem Krankenwagen ins Krankenhaus gebracht worden.

Der Taxifahrer und Nebenkläger Daniel W., der mutig und geistesgegenwärtig dem Täter aufgrund der aus dem Taxi gesendeten Navigationsdaten hinterhergefahren sei, sei auf einen Polizeiposten an der Autobahn gestoßen, der nur widerwillig seine Informationen entgegengenommen habe. Zwar habe der Angeklagte das Ortungsgerät aus dem Auto geworfen, jedoch habe Daniel W. es geschafft, über den Autohersteller Zugang zu dem im Fahrzeug verbauten zweiten Ortungsgerät zu erhalten. Als er dies dem Polizisten mitgeteilt habe, habe der ihn angeschrien, woher er wisse, wo das Fahrzeug sich befinde und ihn dann gemaßregelt, dass das Orten von Autos seine Aufgabe sei und ihn, Daniel W., daraufhin kritisiert, dass er nicht alle vermeintlich notwendigen Informationen von dem Autohersteller eingeholt habe.

Genauso wie diese negativen Erfahrungen mit der Polizei ein durchgehendes Muster in den Aussagen seien, seien dies auch die positiven Erfahrungen in den Krankenhäusern. Nahezu alle Betroffenen hätten in ihren Aussagen hervorgehoben, dass sie in den Krankenhäusern erstmals auf Menschen getroffen seien, die zu verstehen schienen, was sie gerade durchgemacht hatten und darauf angemessen reagierten.

Bezeichnenderweise finde sich zu dem polizeilichen Umgang mit den Betroffenen – unabhängig vom Tatort – so gut wie nichts in den Gerichtsakten. Keine der zuvor geschilderten Vorfälle sei aktenkundig gemacht worden. Zu dem Ablauf der Evakuierung der jüdischen Gemeinde aus der Synagoge schweige die Akte vollständig. Sogar der Zeitpunkt sei nur durch Aussagen der Zeug·innen bekannt geworden.

Was andauere, seien die Auswirkungen, die diese Art des polizeilichen Umgangs habe. Gerade auch deshalb, weil sich die meisten der geschilderten Vorfälle nicht mit Chaos, Stress oder Überforderung, die an diesem Tag bei der Polizei geherrscht haben, erklären lassen, was vorschnell zur Rechtfertigung angeführt werden würde. Warum solle Stress verhindern, dass ein Baby zu seinen Eltern, die gerade einen Anschlag überlebt haben, gelassen wird? Warum seien die Taschen der Überlebenden durchsucht worden? Warum werde einem Zeugen, der über essenzielle Informationen bei der Fahndung nach dem Täter verfüge, vorgeworfen, er mache gerade die Arbeit der Polizei, statt dankbar seine Informationen entgegenzunehmen, fragt Rechtsanwältin von der Behrens. Diese Verhaltensweisen seien nur erklärlich, wenn es ein »durch und durch obrigkeitsstaatliches Denken« bei der Polizei gebe, dass Bürger – und Opfer schwerster Straftaten – als stets am Rande der Strafbarkeit oder anderer Überschreitungen Stehende sehe und die Empathie mit Opfern als Gegensatz zu ihrer Rolle als Polizisten verstehe. Im Falle der jüdischen Überlebenden habe sich dies mit einer »großen und zum Teil nicht verhohlenen Ignoranz der jüdischen Religion gegenüber« gemischt. Der Grad zum antisemitischen Ressentiment sei dann oft schmal.

Nun komme sie zu der Frage, warum das Verhalten der Polizei in vielen Zeugenaussagen einen beachtlichen Raum eingenommen habe und was die Auswirkungen dieses Verhaltens seien. Dieser Stellenwert erscheine auf den ersten Blick bei der Schwere der Taten des Angeklagten und der Tatfolgen vielleicht unverständlich. Zumindest für ihre Mandant·innen könne sie sagen: Sie würden bereits ihr Leben lang um die Shoah, die Gefahr des eliminatorischen und des Alltagsantisemitismus und um alte und neue Nazis wissen. Sie würden bereits wissen, wie es Bundesanwalt Lohse formuliert habe, »dass es eben eine absolute Sicherheit nicht geben kann«. In diesem Wissen haben sie sich bewusst erst wenige Monate vor der Tat für ein Leben in Deutschland und den Aufbau jüdischen Lebens in Berlin entschieden. Womit sie jedoch nicht gerechnet hätten und was sie deshalb umso härter getroffen habe, sei, dass die Hallenser Gemeinde von der Polizei nicht den Schutz erhalten habe, der für die Existenz jüdischen Lebens in Deutschland notwendig sei, und dass die Polizei nicht in der Lage gewesen sei, angemessen auf die Taten zu reagieren und den Betroffenen das Gefühl zu vermitteln, sie könnten sich auf sie verlassen. Stattdessen bleibe das Gefühl, von der Polizei am 9. Oktober auf eine Art im Stich gelassen worden und völlig auf sich alleine gestellt zu sein. Dies habe nicht nur Traumata aktualisiert, sondern neue Verletzungen verursacht. Auch wenn dies nicht beabsichtigt gewesen sei, habe es die Wirkung der Tat des Angeklagten verstärkt. Es habe ihnen das vorher bestehende Gefühl genommen, mit der Existenz von Neonazis leben zu können, weil sie sich auf die Polizei verlassen und diese bei Gefahr ohne Sorge rufen könnten.

Der Sachverständige Steinitz habe nachdrücklich geschildert, dass seine Untersuchungen ergeben hätten, dass Skepsis gegenüber der Polizei unter Jüdinnen und Juden in Sachsen-Anhalt bereits vor dem Anschlag verbreitet gewesen sei. Viele antisemitische Beleidigungen und Angriffe seien nicht zur Anzeige gebracht worden, weil die Betroffenen kein Vertrauen in die Polizei gehabt haben. Dies habe er an mehreren Beispielen deutlich gemacht – etwa an einer Zeugenbefragung, in der die angezeigte antisemitische Beleidigung von dem Polizeibeamten mehrfach wiederholt und deren antisemitischer Gehalt bestritten worden sei.

Der Sachverständige Steinitz habe sich in seiner Darstellung auf die Situation in Sachsen-Anhalt konzentriert.

Ein eindringliches Beispiel für eine Täter-Opfer-Umkehr habe sich 2018 in Bonn zugetragen: Jitzchak Melamed, ein durch seine Kippa als Jude erkennbarer Professor aus den USA, sei im Bonner Hofgarten antisemitisch beleidigt und körperlich angegriffen worden. Die zu Hilfe gerufenen Polizeikräfte seien Melamed hinterhergerannt, der den Täter verfolgte habe, haben ihn zu Boden gebracht und ihm mehrfach hart ins Gesicht geschlagen, bis seine Begleiterin die Polizisten davon habe abbringen können. Anschließend sei ihm deutlich gemacht worden, dass er sich nicht mit der deutschen Polizei anlegen solle. Doch genau dies habe Melamed getan. Er habe Anzeige erstattet und den Vorfall öffentlich gemacht. Einmal wieder um den Ruf Deutschlands fürchtend, habe es viele Entschuldigungen hochrangiger Politiker gegeben. Man habe sich für ein »Missverständnis« entschuldigt, das den Beamten unterlaufen sei, die den Kippatragenden für den antisemitischen Angreifer gehalten hätten. Das Strafverfahren gegen die Polizeibeamten sei eingestellt und nur der erste Angreifer verurteilt worden. Der Professor habe immer wieder betont, dass er den offen antisemitischen Angriff als viel weniger schlimm, als die von ihm erlittene Polizeigewalt und die Vertuschungsversuche empfunden habe. Das Gefühl eines fehlenden Schutzes durch die Polizei gehe für viele, wie Jeremy B., mit dem Gefühl und der Erfahrung einher, auch von der Gesellschaft in kritischen Situationen nicht ausreichend geschützt zu werden. Der Alltagsantisemitismus sei für Jeremy B. weniger schlimm, als das verstohlene Wegsehen der Passanten, wenn er antisemitischen Anfeindungen ausgesetzt sei. Als er sein Schlusswort für dieses Verfahren geschrieben habe, habe er noch nichts von dem antisemitischen Messerangriff auf einen Rabbiner in Wien am 27. November 2020 gewusst. Der Rabbiner sei nur durch Glück unverletzt geblieben. Dieser habe den Medien gesagt: Passanten hätten weggeschaut und nicht eingegriffen.

Das Gefühl, sich nicht bedenkenlos an die Polizei wenden zu können, habe neben konkreten Erfahrungen auch noch eine andere Grundlage: das Ausmaß von offen rassistischen, antisemitischen und antimuslimischen Einstellungen unter Angehörigen der Sicherheitsbehörden. Expert·innen sei dieses schon lange bekannt, doch sei stets von den Behörden »der systematische Charakter dieses Problems entrüstet geleugnet« worden. Seit ungefähr drei Jahren werde das Leugnen jedoch zunehmend schwieriger bis unmöglich, da zunehmend rechtsextreme und zum Teil bewaffnete Netzwerke aufgedeckt worden seien. Es seien diesbezüglich erwähnt: die Nordkreuz-Gruppe, das Hannibal-Netzwerk, die Verbindungen von NSU 2.0 zur hessischen Polizei, die rechtsextreme Kultur des KSK der Bundeswehr und die unzähligen Chatgruppen von Polizeibeamt·innen und Soldat·innen, in denen neonazistische, rassistische und antisemitische Inhalte geteilt werden. Diese Tendenzen hätten in den letzten drei Jahren nicht zugenommen, sondern seien lediglich aufgedeckt worden. Ein klares Eingeständnis dieses Problems und die umgehende Entlassung der Täter·innen aus dem Dienst, sei die einzige Reaktion, die Vertrauen aller Bevölkerungsgruppen in die Polizei wiederherstellen könne.

Bundesanwalt Lohse habe in seinem Plädoyer gesagt, der Angeklagte »zielte auf das jüdische Leben in Deutschland insgesamt [und] damit richtete [er] seinen Angriff zugleich gegen uns alle, denn das jüdische Leben ist und bleibt ein unverzichtbarer Teil unseres Landes«. Dieser Satz sei eine politische Aussage, aber verkenne die Folgen, die auf die Identität der Betroffenen gerichtete Anschläge hätten. Der Sachverständige Steinitz habe anschaulich die Wirkung dieser Art von Angriffen im Unterschied zu anderen Straftaten beschrieben. Menschen der Mehrheitsgesellschaft würden nicht schon deshalb Unsicherheit und Angst fühlen, weil ihre gesellschaftlichen Vorstellungen und Werte mit dem Anschlag angriffen worden seien. Wenn hingegen die Mehrheitsgesellschaft sich als Opfer fühle, könne das auch darin münden, Betroffenen von antisemitischen und rassistischen Taten, ihre spezifischen Erfahrungen abzusprechen und sich selber zu entlasten.

Wie wenig tatsächlich von einigen Politikern – um erneut Bundesanwalt Lohse zu zitieren – »die hier lebenden Menschen jüdischen Glaubens [als…] ein Teil von uns« angesehen werde, demonstriere der sachsen-anhaltinische Innenminister Holger Stahlknecht. Der Sachverständige Steinitz habe geschildert, dass Stahlknecht gegenüber Polizeibeamt·innen die hohen Arbeitsstunden für den polizeilichen Schutz jüdischer Gemeinden angeführt habe, um die polizeiliche Unpünktlichkeit bei anderen Notfällen zu rechtfertigen. »Das Praktische« sei, das gerade antisemitische Äußerungen auch wirkten, wenn sie später zurückgenommen oder als Missverständnisse deklariert werden würden, wie es Stahlknecht gemacht habe. Joseph Schuster der Präsident des Zentralrats der Juden in Deutschland, habe die Aussage entsprechend mit knappen Worten eingeordnet: »Ein Landesinnenminister scheue sich nicht, Juden als privilegiert darzustellen und sie gegen andere Bevölkerungsgruppen auszuspielen. Damit befördert er Antisemitismus.«

Die Aussagen der Zeug·innen haben aber nicht nur etwas zur Wirkung des Verhaltens der Polizei am 9. Oktober 2019 gesagt, sondern auch dazu, was für die Zukunft notwendig sei: Die Forderungen nach besserer Ausbildung und Bildung von Polizeibeamt·innen müsse auch das Wissen darüber vermitteln, was Rebecca B. in ihrer Aussage wie folgt zusammengefasst habe: »Zum Abschluss möchte ich noch einmal sagen, dass das intergenerationale Trauma etwas ist, was nicht nur mich alleine betrifft, es gibt viele Menschen, die davon betroffen sind. Und Deutschland muss die Tatsache anerkennen, dass, obgleich es nur wenige Überlebende gibt, es noch ihre Kinder und Enkel gibt, die mit diesem Trauma leben. Man muss anerkennen, dass gewisse Vorgehensweisen der Polizei dieses Trauma verstärken können.«

Zugleich sei es jedoch essenziell, die Normalität jüdischen Lebens in Deutschland, jenseits der Shoah und antisemitischer Anschläge, zu vermitteln. Dazu haben auch die vielen jüdischen Überlebenden durch ihre Aussage beigetragen: Sie haben anhand ihrer Familiengeschichten und persönlichen Umstände gezeigt, wie vielfältig die Lebenswege und Lebensrealität von Jüdinnen und Juden heute in Deutschland seien. Von dieser Realität haben viel zu wenig Menschen der Mehrheitsgesellschaft einen Begriff. Doch zugleich könne Bildung nur Wirkung entfalten, wenn in der Polizei »die vorherrschende obrigkeitsstaatliche Haltung« aufgegeben werde, wenn Korpsgeist nicht über das Recht gestellt werde, wenn eine Fehlerkultur etabliert und unabhängige Beschwerdestellen für Opfer von Polizeigewalt oder anderer polizeilicher Übergriffe eingerichtet werden würden.

Rechtsanwalt Weber, Verteidiger des Angeklagten, packt hörbar bereits seinen Laptop mit Netzteil ein. Der Angeklagte macht Notizen.

Rechtsanwältin von der Behrens sagt, dass sie mit der Erinnerung an die mutige und unbeugsame Haltung von Rebecca B. enden wolle und zitiert ihre Mandantin: »Der Angeklagte wird niemals erfolgreich sein. Er wird keinen Erfolg haben. Ich bin der lebende Beweis dafür. Leute wie er werden keinen Erfolg haben. Die schrecklichen Ereignisse vom 9. Oktober werden mich nicht von meiner Arbeit abhalten, in Deutschland in der jüdischen Gemeinde weiterzuarbeiten und den jüdischen Glauben anderen in Deutschland näherzubringen.«

Rechtsanwältin von der Behrens sagt, sie schließe sich im Namen ihrer drei Mandant·innen den Anträgen der Bundesanwaltschaft an. Die Vorsitzende bedankt sich bei Rechtsanwältin von der Behrens.

Vertreter·innen der Nebenklage sowie Zuschauer·innen stehen als Zeichen der Anerkennung auf. Auch der Angeklagte steht grinsend auf und sagt etwas Unverständliches.

Die Vorsitzende sagt, dass laut ihrer Information Rechtsanwältin Assia Lewin, Rechtsanwalt Juri Goldstein sowie die Rechtsanwältin Katrin Kalweit an der Reihe seien. Leider sei es nicht möglich, die für den 8. Dezember geplanten Schlussvorträge auf den morgigen 2. Dezember vorzuziehen. Ursprünglich sei der Plan gewesen, dass am heutigen Tag noch die Schlussvorträge von Naomi H.-G. und Christina F. gehört werden. Es sei jedoch darum gebeten worden, diese auf den 8. Dezember zu verschieben. Da der 8. Dezember bereits voll sei, schlage sie vor, dass beide am morgigen Tag, dem 2. Dezember, als Erste vortragen.

Rechtsanwältin Lang sagt, dass es unmöglich sei, so kurzfristig als juristische Laien bis zum nächsten Tag einen Vortrag vorzubereiten. Sie haben zudem darum gebeten, am Ende sprechen zu können. Die Vorsitzende sagt, dass es nicht unmöglich sei. Sie habe mitbekommen, dass beide Nebenklägerinnen kompetent genug seien. Wenn beide nicht in der Lage seien, morgen vorzutragen, könne sie sich vorstellen, dass beide nach dem Schlussvortrag von Rechtsanwalt Alexander Hoffmann vortragen könnten. Er sei der letzte Nebenklagevertreter, der zum Geschehen um die Synagoge vortragen werde.

Jedoch sei sie darauf angesprochen worden, dass es nicht akzeptiert werde, dass »eine Repräsentanz durch die beiden Damen« stattfinde, da sie nicht die Sprecherinnen der Nebenkläger seien. Es würde auch zum Tatverlauf passen, dass beide nach Rechtsanwalt Hoffmann sprechen würden, sagt die Vorsitzende und fragt, ob Rechtsanwältin Lang damit einverstanden sei, was diese verneint.

Die Vorsitzende sagt, dass sie trotzdem dabei bleiben werde und den beiden Nebenklägerinnen das Wort nach dem Vortrag von Rechtsanwalt Hoffmann erteilen werde. Sie sei generell zu Kompromissen bereit, aber auch der Meinung, dass die Wünsche der anderen Rechtsanwälte berücksichtigt werden sollten.

Die Vorsitzende erteilt Rechtsanwältin Kalweit das Wort. Rechtsanwältin Kalweit sagt, sie wolle der Vorsitzenden zustimmen, da es eine Vielzahl von Nebenklägerinnen und Nebenklägern gebe, und jeder nur für sich allein sprechen könne. Es gebe keine gewählten Sprecherinnen. Deswegen sei es unpassend, einem Einzelnen dies zuzuteilen.

Die Vorsitzende erteilt Rechtsanwältin Lewin das Wort. Diese sagt, sie möchte Rechtsanwältin Kalweit zustimmen. Es sei sinnvoll, dass die Nebenkläger in zeitlicher Nähe zu ihren Vertretern ihren Schlussvortrag halten würden. Sie fände es nicht richtig, diese an den Schluss zu stellen.

Die Vorsitzende sagt, dass sie denke, dass die von ihr vorgeschlagene Vorgehensweise ein Kompromiss darstelle. Falls »beide Damen« morgen nicht vortragen würden, hätten sie noch bis zum 8. Dezember zur Vorbereitung Zeit. Rein thematisch und sachlich würde das passen. Die Vorsitzende erteilt Rechtsanwältin Lang das Wort.

Rechtsanwältin Lang sagt, sie wisse nicht, woher das Missverständnis komme, dass ihre Mandantin im Namen aller Nebenkläger sprechen wolle. Das habe sie selbstverständlich nicht vor. Es sei lediglich darum gegangen, dass die Nebenklägerinnen in persona zum Schluss das Wort bekommen sollten. Sie gehe davon aus, dass es sich hier um ein Missverständnis handele.

Die Vorsitzende erteilt Rechtsanwalt Tobias Böhmke das Wort. Dieser sagt, wenn Christina F. nicht der Auffassung sei, dass sie alle Besucher der Synagoge vertrete, werde es kein Problem sein, dass sie in der von der Vorsitzenden vorgeschlagenen Reihenfolge vortrage. Sein Mandant habe diesbezüglich auch Vorbehalte.

Die Vorsitzende sagt, dass dies heute nicht entschieden werden müsse und noch besprochen werden könne.

Rechtsanwältin Lang sagt, sie finde es befremdlich, dass, während ihre Mandantin im Raum sei, öffentlich über sie gesprochen werde. Man könne dies direkt mit ihr besprechen. Zudem habe sie nie behauptet, für andere sprechen zu wollen. Dies sei mehr als befremdlich.

Die Vorsitzende sagt, dass dies morgen besprochen werde und beendet die Sitzung um 15.45 Uhr.

Mitschrift von Grischa Stanjek

23. Verhandlungstag
2. Dezember 2020

Die Vorsitzende Richterin Ursula Mertens setzt die Hauptverhandlung um 9.45 Uhr fort. Sie stellt die Anwesenheit fest: Rechtsanwalt Miroslav Duvnjak und Rechtsanwalt Dr. Peer Stolle ließen sich heute beide vertreten. Rechtsanwältin Ilil Friedman werde durch Rechtsanwalt Benjamin Derin vertreten. Rechtsanwalt Christoph Günther sei nicht anwesend. Rechtsanwalt David Herrmann, der am vorherigen Verhandlungstag nicht da gewesen sei, sei heute wieder dabei. Verteidiger Thomas Rutkowski sei heute nicht anwesend, in Absprache mit Rechtsanwalt Hans-Dieter Weber, dem anderen Verteidiger, werde dieser den gemeinsamen Mandanten heute allein vertreten. Ansonsten seien, alle Verfahrensbeteiligten anwesend, die auch vor der Unterbrechung da gewesen seien.

SCHLUSSVORTRAG VON RECHTSANWÄLTIN ASSIA LEWIN (NEBENKLAGEVERTRETERIN VON VLADISLAV R. UND T. R.)

Um 9.47 Uhr beginnt Rechtsanwältin Assia Lewin ihren Schlussvortrag. Sie sagt, gestern, am 22. Verhandlungstag, sei von ihren Vorrednern sehr viel Richtiges und Wichtiges gesagt worden, dem sie sich anschließen wolle. Außerdem wolle sie sich auch dem Schlusswort der Bundesanwaltschaft »voll und ganz« anschließen, insbesondere was die Würdigung des Angriffs auf die Synagoge am 9. Oktober 2019 angehe.

Normalerweise wäre ihr Plädoyer in einem Strafprozess damit beendet, so Rechtsanwältin Lewin, aber dies sei kein normaler Prozess. Er finde 75 Jahre nach den Nürnberger Prozessen statt, bei denen einige wenige Nazis vor einem

Gericht der Alliierten zur Verantwortung gezogen worden seien. Ein Gericht der Alliierten habe es damals auch sein müssen, da es im Land fast ausschließlich Nazirichter gegeben habe. 75 Jahre nach den Nürnberger Prozessen stehe sie, Rechtsanwältin Lewin, nun hier als Organ der Rechtspflege, als Nebenklagevertreterin von zwei Nebenklägern, nämlich von Frau T. R. und Herrn Vladislav R. und beantrage eine gerechte und angemessene Strafe für die Tat vom 9. Oktober 2019. »Was macht diesen Prozess so besonders, dass er von der Weltöffentlichkeit so aufmerksam beobachtet wird?«, fragt die Rechtsanwältin. Es liege wahrscheinlich daran, dass hier ein Anschlag auf eine Synagoge in Deutschland, also in dem Land, das für die Ermordung von 6 Millionen Jüdinnen und Juden verantwortlich war, verübt worden sei. Als einsichtiger und vernünftiger Mensch würde man sich fragen: »Wie konnte das passieren?«, so Rechtsanwältin Lewin. Wie sei es möglich, dass der damals 27-jährige Angeklagte einen solchen Hass entwickelt habe, dass er Jana L. und Kevin S. getötet, Dagmar M. und Jens Z. angeschossen und so viele weitere Personen psychisch verletzt habe? Durch diese Benennung von einzelnen Personen wolle sie niemanden ausschließen, schiebt die Rechtsanwältin hinterher.

Die Frage, wie das habe passieren können, sei auch am Ende des Prozesses nicht geklärt. Dies liege unter anderem daran, dass die Familie des Angeklagten von ihrem Zeugnisverweigerungsrecht Gebrauch gemacht habe. Es bleibe ungeklärt, wie es dazu habe kommen können, dass der Angeklagte sein zutiefst rassistisches und menschenverachtendes Vorhaben in die Tat umgesetzt habe. Zur Tat beigetragen habe, wie schon oft in der Geschichte, das Schweigen, das Wegsehen, das Unter-den-Teppich-Kehren, insbesondere der Familie des Angeklagten. Rechtsanwältin Lewin sagt, sie wolle darauf hinweisen, dass die Familie des Angeklagten zwar nicht im strafrechtlichen Sinne schuldig sei, die Eltern aber eine große moralische Verantwortung dafür trügen, dass ihr Sohn ein rassistischer Massenmörder geworden sei. Über Jahre habe die Mutter ihrem Sohn immer denselben Fisch aus der Dose aufgetischt, während ihr Sohn den Tag damit verbracht habe, Munition und Waffen herzustellen. Über Jahre habe der Vater des Angeklagten dieselbe Werkstatt wie sein Sohn genutzt und nichts bemerkt. »Warum haben sie ihn nicht gestoppt?«, fragt Rechtsanwältin Lewin.

Der Angeklagte habe, wie es die Vorsitzende mehrfach richtig gesagt habe, zu viel Tagesfreizeit gehabt, um sich in Imageboards zu tummeln. »Sehen Sie der Wahrheit ins Gesicht, Herr Angeklagter«, richtet sich die Rechtsanwältin direkt an diesen. Niemand wolle von ihm befreit oder verteidigt werden. Dagmar M. habe ihn so zutreffend als »weinerliches, quengeliges Kind« bezeichnet. »Sie benehmen sich wie ein Kind«, fährt Rechtsanwältin Lewin fort, während sich der Angeklagte gleichzeitig eine Frau an seiner Seite wünsche, die sich ihm unterordne und ihm deutsche Spezialitäten zubereite. Dieser Traum sei nun aber zerplatzt: »Und das hat nichts mit attraktiven

Ausländern zu tun. Das liegt ganz allein an Ihnen.« Er habe zu Beginn der Hauptverhandlung gesagt, Muslime und People of Color seien seine Feinde, hält die Rechtsanwältin dem Angeklagten vor. Auf ihre damalige Frage, wie Juden in dieses Muster einzuordnen seien, habe er keine Antwort gehabt. Auf die Frage »Wer sind denn nun diese Juden?« könne er keine Antwort geben. Auch als der Zeuge Ezra W. ihn gefragt habe, was er gegen ihn, Ezra W., speziell habe, habe der Angeklagte keine Antwort geben können. Nach dem Prinzip »Ich plappere einfach nach, dass der Holocaust nicht stattgefunden hat«, habe der Angeklagte seine Gedanken in einem Livestream in schlechtem Deutsch und noch schlechterem Englisch ausgedrückt und habe im Anschluss zwei Menschen getötet. Rechtsanwältin Lewin sagt, ihrer Meinung nach dürfe man den Angeklagten nicht einmal in einem Atemzug mit seinen Vorgängern nennen: »Selbst das wäre zu viel der Ehre.« Sie richtet sich wieder direkt an den Angeklagten: »Aber was haben Sie erreicht, Herr Angeklagter?« Genau das Gegenteil des von ihm Gewollten habe er erreicht. In diesem Prozess habe er Jüdinnen und Juden das erste Mal live gesehen. Er habe erreicht, dass eine Vielzahl von Jüdinnen und Juden vor Gericht ausführlich ihre Lebensgeschichten einer breiten Öffentlichkeit erzählt hätten. Ihr selbst zittere heute noch die Stimme, wenn sie an diese Erzählungen denke.

Der Angeklagte habe mit ansehen dürfen, wie, entgegen seiner Annahme, den Holocaust hätte es nicht gegeben, dieser das Leben und die Familien von Jüdinnen und Juden bis heute beeinflusse. Viele Nebenkläger hätten sich die große Solidarität, die sich am nächsten Schabbat-Gottesdienst nach dem Anschlag in Halle gezeigt habe, zum Anlass genommen, dauerhaft in Deutschland zu bleiben. Sie hätten sich entschieden, ihr jüdisches Leben in »unserer pluralistischen Gesellschaft« aufzubauen. Trotz der Tat des Angeklagten gedeihe das jüdische Leben in Deutschland und Juden würden hier nicht im Verborgenen leben.

Im Namen ihrer Mandanten und als deutsche und jüdische Rechtsanwältin wolle sie, Rechtsanwältin Lewin, dem Angeklagten sagen: »Sie haben auf ganzer Linien versagt.« Er genieße die Vorzüge und Errungenschaften des Rechtsstaats, ohne auch nur irgendetwas zurückzugeben. Auch sein absurder Kommentar, er würde für sich selbst die Todesstrafe bevorzugen, werde ihm nicht helfen und nichts daran ändern, dass er künftig jeden Tag daran denken solle, dass er mit seiner Tat nicht nur zwei Leben ausgelöscht, sondern auch sein eigenes und das Leben seiner Familie zerstört habe. Während sich ihre Mandanten möglicherweise eines Tages mit der Tat arrangieren würden, werde er damit leben müssen, dass er seinen Neffen nicht werde aufwachsen sehen, dass sich sein Neffe eines Tages für ihn schämen werde. Er werde damit leben müssen, niemals in den Genuss einer Beziehung mit einer Frau zu kommen, jedenfalls für einen so langen Zeitraum nicht, dass er danach keine Kinder mehr zeugen können werde. All diese Freuden des Lebens würden ihm versagt bleiben.

Der misslungene Versuch des Angeklagten, in die Synagoge einzudringen, werde dazu beitragen, dass das Profil der Sicherheitsbehörden in Bezug auf Terror gegen Juden, Muslime oder People of Color geschärft werde.

Seine Taten seien weder mutig noch heroisch, sondern feige und verachtenswert gewesen. Niemand werde sich an sie erinnern. Erinnern würden sich die Leute künftig aber an dieses rechtsstaatliche Verfahren in Deutschland. Dieses gerechte Verfahren sei der zweite Grund, weshalb die Welt derzeit auf diesen Prozess schaue, so Rechtsanwältin Lewin. Und dafür danke sie diesem Gericht.

Hier vor Gericht hätten sich Deutsche und Nichtdeutsche, Juden, Muslime, Christen und Nichtgläubige getroffen und miteinander gesprochen und nicht übereinander. »Jedenfalls die meisten«, meint die Rechtsanwältin. In einer Welt, in der es den globalen Klimawandel gebe, komme es nicht darauf an, welche Hautfarbe man habe.

Schließen wolle sie mit einem Appell an die Zuschauer und alle Menschen »da draußen«: Wenn ihnen Rassismus oder Antisemitismus begegne, sollten sie sich zuständig fühlen. Sie sollten eingreifen, wenn Menschen andere Menschen anpöbeln, nur weil diese eine andere Sprache sprechen. Sie sollten wachsam sein und etwas sagen, sonst könnten ihre Angehörige möglicherweise eines Tages spazierengehen und über ihre Namen stolpern.

Sehr bald würden Juden auf der ganzen Welt das Wunder von Chanukka feiern, sagt Lewin. In Berlin würden, hoffentlich auch in diesem Jahr, vor dem Brandenburger Tor Kerzen angezündet werden. Ihre Mandanten würden zu diesem Anlass dieses Jahr auch das Wunder von Halle feiern, sagt Rechtsanwältin Lewin. Dies sei sicherlich auch dem Handeln ihres Mandanten, des Sicherheitsbeamten Herrn Vladislav R., zu verdanken.

Rechtsanwältin Lewin bedankt sich bei den Zuhörenden und sagt, sie wolle noch einige persönliche Worte anbringen: Auch sie habe am 9. Oktober 2019 Jom Kippur gefeiert und sei in einer Berliner Synagoge gewesen. Abends hätten sie zahlreiche Solidaritätsbekundungen aus dem gesamten Bundesgebiet erreicht. Sie selbst habe das Ausmaß der Tat von Halle da noch gar nicht erfasst gehabt. Aber als sie das erste Mal davon gehört hätte, da sei ihr schon der Rücken gestärkt worden. Mit der Nebenklägerin Mollie S. wolle sie sagen: »Der Schrecken von Halle endet für mich hier und jetzt.« Ihr herzliches Beileid gelte den Angehörigen von Jana L. und Kevin S., beendet Rechtsanwältin Lewin ihren Schlussvortrag.

Die Vorsitzende Richterin unterbricht die Verhandlung für eine 20-minütige Lüftungspause.

SCHLUSSVORTRAG VON RECHTSANWALT JURI GOLDSTEIN (NEBENKLAGEVERTRETER VON ROMAN YOSSEL R. UND Y. L.)

Um 10.24 Uhr beginnt Rechtsanwalt Juri Goldstein seinen Schlussvortrag. Er vertrete den Kantor Roman Yossel R. und Y. L., die sich beide am Tag des Anschlags in der Synagoge befanden. In dem aktuellen Verfahren gehe es um eines der schlimmsten antisemitischen Verbrechen der Nachkriegszeit, sagt der Rechtsanwalt. Es sei ein Verfahren, das von allen Beteiligten viel Kraft und Aufmerksamkeit verlangt habe. Die Beteiligten hätten viele Betroffene gehört, Sachverständige seien zu Wort gekommen, und es sei allen klar, dass der Prozess das Problem des Antisemitismus in seiner hässlichsten Form beleuchtet habe. Hass auf Juden, Hass auf Muslime und der Hass auf viele andere seien der Grund für die Tat gewesen. Es sei erforderlich, den Angeklagten wegen versuchten Mords und wegen Mords zu einer lebenslangen Freiheitsstrafe mit anschließender Sicherungsverwahrung zu verurteilen. Rechtsanwalt Goldstein habe der Bundesanwaltschaft diesbezüglich nichts hinzuzufügen. Die Tat sei an Abscheulichkeit nicht zu überbieten gewesen, und es könne für sie eigentlich keine gerechte Strafe geben. Der Angeklagte habe mit seiner Tat erreicht, dass das Thema des Antisemitismus erneut in den Mittelpunkt gerückt und gesellschaftlich diskutiert würde.

In der Hauptverhandlung würde Antisemitismus aber von linker und rechter Seite auch instrumentalisiert und missbraucht. Der Angeklagte habe erreicht, dass Menschen, statt miteinander zu sprechen, Antisemitismus verbreiten würden.

Valentin L. habe gesagt, dass Reden gegen Antisemitismus helfe. Diese Antwort sei einem geladenen Experten nicht eingefallen oder, so Rechtsanwalt Goldstein, habe diesem vielleicht nicht einfallen dürfen.[1] Dem Angeklagten sei eine Bühne geboten worden, die es nicht habe geben dürfen.

Rechtsanwalt Goldstein führt aus, welche Parallelen er zum Eichmann-Prozess in der Darstellung Hannah Arendts sehe.

Die Ehre müsse auch denjenigen gebühren, die durch ihre Arbeit Schlimmeres verhindert hätten, zum Beispiel dem Tischler Thomas T. aus Dessau, sagt Rechtsanwalt Goldstein.[2] Thomas T. habe gute Arbeit geleistet und Leben gerettet.

Zwei Nebenklägerinnen verlassen kurz nach dieser Aussage des Rechtsanwalts den Saal.[3]

1 Gemeint ist vermutlich einer der Sachverständigen.

2 Dieser hatte das Tor zum Gelände der Synagoge in Halle gebaut. Das Narrativ, die »Tür aus deutscher Eiche« habe die Synagogenbesucher·innen gerettet, war in der Verhandlung auch kritisiert worden.

3 Sie stellten später gegenüber den Herausgeber·innen klar, dass sie den Saal nicht wegen der Aussage von Rechtsanwalt Goldsteins verlassen haben.

Sein Mandant, sagt Rechtsanwalt Goldstein, habe gesagt, dass jeder Schuss wie ein Schuss ins Herz gewesen sei. Die Synagoge sei sein Zuhause gewesen. Von seinem Lebensziel, das jüdische Leben in Deutschland zu bereichern, werde sich sein Mandant nicht abbringen lassen.

Google man heute »Halle-Prozess«, so gebe es 160.000 News-Treffer und 2 Millionen Treffer insgesamt, sagt Rechtsanwalt Goldstein. Das Interesse sei offenbar groß. Es gebe in der Debatte um den Anschlag aber auch falsche Vergleiche: Wer diesen Anschlag mit der Shoah oder mit den Taten der Vorbilder des Angeklagten gleichstelle, der fördere eine Instrumentalisierung des Anschlags, wie sie Extremisten von links und rechts anstreben würden, so der Rechtsanwalt. Wer auf diese Art versuche, die Probleme der Gesellschaft in diesem Prozess zu verhandeln, bei dem es um einen konkreten Anschlag auf die Synagoge ginge, der habe nur eines im Blick und das sei der Aufklärung nicht dienlich. Wer so vorgehe, öffne Extremisten von links und rechts die Tür.

Professor Dr. Bernd H. habe gesagt, dass es sich bei der Tat um ein verabscheuungswürdiges Verbrechen handele und dass dieses aus der Mitte der Gesellschaft komme. Wie sehr das zutreffe, habe die Zeugenaussage des ehemaligen Freunds der Schwester des Angeklagten gezeigt. Dieser habe gesagt, dass es in bestimmten Kreisen keinen Sinn mache, Antisemitismus zu widersprechen. Solchen Zeugen müsse man helfen, so Rechtsanwalt Goldstein. Man dürfe sie nicht allein lassen. Immer wieder habe er, sich im Verfahren die Frage gestellt, wie man so werde; zu einem ausgewachsenen Antisemiten, zu jemandem, der beim Töten nicht zwischen Kindern und Erwachsenen unterscheide. Diese Frage sei unbeantwortet geblieben.

Es sei bedenklich, dass das Tragen einer Kippa einen Angriff auslösen könne. Ein noch größeres Problem sei es aber vielleicht, wenn die angegriffenen Menschen dann nicht richtig geschützt würden. Hoffnung gebe Rechtsanwalt Goldstein indessen, dass nicht wenige Betroffene den Willen hätten, weiterhin jüdisches Leben in Deutschland zu leben, sagt er.

Antisemitismus müsse weiter bekämpft werden und dazu hätten alle beigetragen, die hier an diesem Prozess mitgewirkt hätten, sagt Rechtsanwalt Goldstein. Er danke daher ausdrücklich jedem, der an diesem Verfahren mitgewirkt habe. Der Kampf gegen Antisemitismus gehe alle an.

SCHLUSSVORTRAG VON RECHTSANWÄLTIN KATRIN KALWEIT (NEBENKLAGEVERTRETERIN VON ANASTASSIA P. UND VALENTIN L.)

Die Rechtsanwältin Katrin Kalweit, die die Nebenkläger·innen Anastassia P. und Valentin L. vertritt, beginnt ihren Schlussvortrag um 11.02 Uhr mit einem Ausschnitt aus einer Rede von Richard von Weizsäcker: »Schuld oder Unschuld eines ganzen Volkes gibt es nicht. Schuld ist, wie Unschuld, nicht kollektiv, sondern persönlich.«[4] Die Frage der Schuld stehe in diesem Verfahren im Mittelpunkt, so Rechtsanwältin Kalweit. Immer wieder gehe es um die Schuld des Angeklagten, der Polizei, der Gesellschaft und um die Schuld aller. Auch ihr Mandant fühle sich schuldig, obwohl er keine Schuld am Geschehenen trage. Er fühle sich schuldig, weil er die Reise zu Jom Kippur nach Halle geplant habe. Die Gruppe, mit der ihre Mandanten gereist seien, habe der Hauptstadt für den Gottesdienst entfliehen wollen. Stundenlang hätten sie schließlich zusammen ausgeharrt, ohne zu wissen, was draußen geschehe. Gestärkt gewesen seien sie dabei durch den Zusammenhalt und ihren Glauben. Unerträglich sei es, den Angeklagten hier emotionslos sitzen zu sehen, sagt die Rechtsanwältin.

Sie führt aus, wie sie auch ganz persönlich über Fragen der Schuld nachdenke, wie sich diese Fragen auf die Vergangenheit und die Zukunft erstrecken würden. Im Kern stehe die Frage, wie Taten wie diese verhindert werden könnten.

Über die Frage der Schuld des Angeklagten, so die Rechtsanwältin, habe der hohe Senat zu entscheiden. Sie schließe sich in der Darstellung und Würdigung des Geschehens im Wesentlichen dem Bundesanwalt an, wolle aber noch einige Ergänzungen machen.

Der Angeklagte, führt die Rechtsanwältin aus, habe die Tat letztlich über Jahre vorbereitet, indem er etwa Waffen gebaut habe. Juristisch stelle sich die Frage, zu welchem Zeitpunkt er dann zum Mord an den Besuchern der Synagoge, darunter auch ihren Mandanten, angesetzt habe. Entscheidend sei die Frage, wann er im Sinne von »Jetzt geht es los« zur Verwirklichung angesetzt habe. Wenn man ihm Glauben schenken wolle, dass er nicht gewusst habe, ob die Synagoge ein Denkmal oder ein Gebetsort sei, stelle sich doch die Frage, warum er dann den Livestream gestartet und nicht abgebrochen habe. Er habe Sprengsätze werfen und eine Tür zerstören wollen. Das tue kein Mensch, der ernsthaft daran zweifele, dass Menschen, auf die er es abgesehen habe, in der Synagoge seien. Es handele sich bei der Tat daher um einen fehlgeschlagenen Mordversuch. Er sei nicht von seinem Plan abgerückt, sondern habe es schlichtweg nicht geschafft, auf das Gelände der Synagoge zu gelangen. Mit Kevin S. und Jana L. habe er dann arg- und wehrlose Menschen erschossen.

Ob der Angeklagte auch schuldfähig sei, fragt Rechtsanwältin Kalweit. Dies wäre nicht der Fall, wenn ein Täter unfähig ist, das Unrecht seiner Tat einzusehen oder nach dieser Einsicht zu handeln. Störungen habe der Täter offenbar, so die Rechtsanwältin. Er könne nicht objektiv zwischen Fakten

4 Das Zitat entstammt einer vielbeachteten Rede, die der damalige Bundespräsident Richard von Weizsäcker zum 40. Jahrestag der Befreiung vom Hitlerfaschismus am 8. Mai 1985 im Deutschen Bundestag hielt.

und Verschwörungstheorien unterscheiden, sei gefühlskalt und habe keinerlei Sinn für Humor. Der Sachverständige Prof. Dr. Norbert Leygraf habe Störungen festgestellt, aber eine klare Abgrenzung zum Wahn getroffen: Der Angeklagte sei demnach weder in seiner Unrechtseinsichtsfähigkeit noch in der Steuerungsfähigkeit eingeschränkt gewesen. Er handelte weder im Affekt noch im Wahn, was auch seine lange Vorbereitungszeit belege. Auch eine Bewusstseinsstörung habe nicht vorgelegen. Norbert Leygraf, so Rechtsanwältin Kalweit, habe herausgearbeitet, dass davon auszugehen sei, dass der Angeklagte weitere Straftaten begehen würde. Dieser habe auch selbst gesagt, dass sein Kampf noch nicht beendet sei. Wie er zu bestrafen sei und welche Antwort man ihm geben wolle, sei nun die Frage. Welche Antwort gebe man auf Frauenfeindlichkeit, Rassismus, Antisemitismus und jede Art von Diskriminierung, fragt die Rechtsanwältin. Es gebe darauf eine Antwort, die in Artikel 1 des Grundgesetzes stünde: »Die Würde des Menschen ist unantastbar.« Die Rechtsanwältin wendet sich direkt an den Angeklagten und unterstreicht, dass dort »Menschen« stünde, ohne jede Einschränkung. Auch wenn er, der Angeklagte sich die Todesstrafe für sich wünsche: Auch seine Würde sei unantastbar.

Rechtsanwältin Kalweit fordert für den Angeklagten eine lebenslange Freiheitsstrafe, die Feststellung der besonderen Schwere der Schuld und die Anordnung der Sicherungsverwahrung. Er habe außerdem die Kosten des Verfahrens zu tragen.

Die Vorsitzende Richterin ordnet eine Pause von 11.15 Uhr bis 11.45 Uhr an.

SCHLUSSVORTRAG VON RECHTSANWALT FLORIAN FEIGE (NEBENKLAGEVERTRETER VON DAGMAR M. UND JENS Z.)

Rechtsanwalt Florian Feige beginnt seinen Schlussvortrag und sagt, es seien bereits viele Details zum Anschlagsversuch und zum »Amoklauf« des Angeklagten thematisiert worden. Er wolle die chronologische Reihenfolge nun verlassen und lediglich etwas zu den Mordversuchen an seinen Mandanten Dagmar M. und Jens Z. ergänzen. Im Wesentlichen schließe er sich dabei der Bundesanwaltschaft in ihrer Bewertung an.

Der objektive Tatbestand des versuchten Mords sei mit den Schüssen auf Jens Z. zweifelsfrei verwirklicht gewesen. Der Angeklagte habe in Richtung des Kopfes des Betroffenen gezielt und dabei eine Waffe genutzt, die geeignet gewesen sei, tödliche Verletzungen herbeizuführen. Das Ziel des Kopfes sei dabei nicht zufällig gewählt gewesen. Nicht umsonst werden in Computerspielen, wie der Angeklagte sie gespielt habe, ein »Headshot« mit besonders hoher Punktzahl honoriert und führe besonders zuverlässig zum Tod der gegnerischen Figur. Dass die Schüsse nur eine Verletzung hervorgerufen hätten, habe nicht im Einflussbereich des Angeklagten gelegen.

Auch der subjektive Tatbestand sei erfüllt. Die Aussage des Angeklagten, er habe Jens Z. nicht töten wollen, betrachte er als eine Schutzbehauptung und wolle auf die Motivation des Angeklagten verweisen, sagt Rechtsanwalt Feige. Der Angeklagte habe in der fraglichen Situation von Jens Z. dessen Fahrzeug gewollt, um zu verhindern, dass die Polizei gerufen werde und er habe von seinem Mandanten gefordert, dass er von ihm ernst genommen werde und dieser sich nicht widersetze. Diese drei Prioritäten habe der Angeklagte gesetzt. Die Leben Jens Z.s und Dagmar M.s seien ihm dabei schlichtweg egal gewesen. Auch die Aussage des Angeklagten, er sei davon ausgegangen, der Schuss würde nicht tödlich wirken, sei eine Schutzbehauptung: Der Angeklagte habe keine genauen Kenntnisse von der Wirkungsweise der Waffe und der Munition gehabt. Als ehemaligem Wehrdienstleistenden seien ihm nicht primär das Schießen, sondern vor allem die Sicherheitsmaßnahmen im Umgang mit einer Waffe gelehrt worden. Er habe also um die Gefahr gewusst. Der Angeklagte könne außerdem nicht sagen, er habe Jens Z. durch einen gezielten Schuss nur nicht-tödliche Verletzungen zufügen wollen. Ihm sei bewusst gewesen, dass er aufgrund seiner Verletzung beim Halten der Waffe und Anvisieren beeinträchtigt gewesen sei und er deshalb nicht in der Lage gewesen sei, einen sicheren Schuss abgeben zu können.

Dieses In-Kauf-Nehmen des Tods Jens Z.s zeige sich auch in der Nachbetrachtung der Tat durch den Angeklagten, sagt Rechtsanwalt Feige. Der Bundesanwalt habe bereits ausgeführt, wie erleichtert der Angeklagte gewesen sei, als er durch Polizeibeamte erfahren habe, dass Jens Z. und Dagmar M. überlebt hätten. Drei weiteren Zeugen in Wiedersdorf habe er außerdem gesagt, dass er zwei Menschen erschossen habe und dabei in Richtung des Grundstücks von Jens Z. und Dagmar M. gezeigt. Er sei, so Feige, also davon ausgegangen, die beiden erschossen zu haben. Auch sei der Angeklagte nicht von der Tat zurückgetreten.

Rechtsanwalt Feige schließt sich dem Bundesanwalt an und bittet den Senat, das Strafmaß voll auszuschöpfen.

Abschließend wolle er ein paar Worte an den Angeklagten richten: Seine Tat werde unvergessen bleiben, aber nicht in einer Weise, wie er sich das gedacht habe. Das sei in den anderen Schlussworten deutlich geworden. »Sie werden nur als namenloses Irrlicht in Erinnerung bleiben«, sagt Rechtsanwalt Feige zum Angeklagten. Vor der Zeit des Internets sei es so gewesen, dass der Dorftrottel den Einzelplatz in der Stammkneipe gehabt und nur einmal im Monat den Mut zusammengenommen habe, an einen anderen Tisch zu gehen und seine Verschwörungstheorien zu erzählen. Ihm sei dann ein Bier ausgegeben worden, man hätte ihm gesagt, wie toll er alles durchschaut habe, und er sei zurück an seinen Tisch gegangen. Im Zeitalter des Internets sei es so, führt Rechtsanwalt Feige aus, dass all diese Dorfdeppen online zusammenkommen und sich ergänzen würden. Doch auch wenn viele Dorfdeppen zusammenfinden würden, blieben ihre Ideen immer noch der gleiche Unsinn. Nur weil so viel Unsinn von vielen Menschen erzählt werde, werde er nicht richtiger, so der Rechtsanwalt. Das Problem sei die Masse der Dorfdeppen, die sich untereinander bestärken würden. Er hätte sich lieber mit den historischen Wurzeln der Verschwörungsmythen beschäftigen sollen, die bis vor unsere Zeitrechnung zurückreichen würden, richtet sich Rechtsanwalt Feige an den Angeklagten. Vielleicht könne der Angeklagte das ja nachholen. Er, Rechtsanwalt Feige, wolle das Urteil nicht vorwegnehmen, aber denke, dass der Angeklagte dazu bald viel Zeit haben werde. Fleißig sei er ja, das habe sich im Verfahren gezeigt, und vielleicht wolle er ja ein Buch über die Geschichte der Verschwörungsmythen schreiben, sich mit diesen beschäftigen und seine und die Taten seiner Vorgänger einordnen. Er habe gesehen, dass der Angeklagte bei den Schlussvorträgen der Nebenkläger viel mitgeschrieben habe, sagt der Rechtsanwalt. Er bitte ihn, nicht von der Möglichkeit seines letzten Worts Gebrauch zu machen. Er habe das Recht dazu, aber er müsse dieses nicht nutzen und solle die Anwesenden mit seiner »Cerebralen Diarrhoe« verschonen.

Rechtsanwalt Feige sagt, dass er gesehen habe, dass einige Nebenkläger heute den Saal bei Worten eines Kollegen verlassen hätten.[5] Das verstehe er, der Rechtsanwalt, nicht ganz. Er sei Atheist und für Kommunikation. Das Zusammenstehen gegen Antisemitismus werde mit solch einem Verhalten der Nebenkläger konterkariert und das fände er persönlich schade.

Die Vorsitzende Richterin sagt, dass in der nächsten Woche die Schlussworte und Statements von Nebenklägern anstünden, und sie sich sicher sei, dass da untereinander eine Reihenfolge der Vortragenden gefunden werde. Fehler in der Kommunikation könnten passieren, auch ihr, aber nächste Woche werde man das sicher regeln können.

Der 24. Verhandlungstag am Dienstag, 8. Dezember 2020, könnte unter Umständen lange dauern. Er sei sehr voll, da einige Nebenklagevertreter unvorhergesehen verhindert gewesen seien und es daher noch viele Schlussworte zu hören gäbe. Am Mittwoch, dem 25. Verhandlungstag am 9. Dezember 2020, stünden dann die Schlussvorträge der Verteidiger und gegebenenfalls das letzte Wort des Angeklagten an.

Da der Senat Zeit für die Urteilsberatung brauche, werde die Urteilsverkündung zwei Wochen später, am Montag, dem 21. Dezember 2020 um 11 Uhr stattfinden. Auch an diesem Tag werde schon ab 7 Uhr der Einlass zum Gericht möglich sein. Sie bitte daher also insbesondere die Presse,

5 Gemeint ist offenbar die Situation im Verhandlungssaal nachdem Rechtsanwalt Juri Goldstein die Synagogentür erwähnt hatte.

frühzeitig zu kommen. Auch könnten die Kontrollen länger dauern. Wenn alle erst um 10 Uhr kämen, würde es nicht möglich sein, alle bis 11 Uhr zu kontrollieren.

Der Verhandlungstag endet um 12 Uhr.

Mitschrift von Linus Pook

24. Verhandlungstag
8. Dezember 2020

Um 9.45 Uhr setzt die Vorsitzende Richterin Ursula Mertens die Hauptverhandlung fort und stellt die Anwesenheit der Prozessbeteiligten fest. Die Bundesanwaltschaft werde weiterhin durch Oberstaatsanwalt Stefan Schmidt und Staatsanwalt Christoph Birkenholz vertreten. Die Nebenklagevertreter·innen Rechtsanwältin Ilil Friedman, Rechtsanwalt Sebastian Scharmer, Rechtsanwalt Alexander Hoffmann und Rechtsanwalt Christoph Günther seien heute wieder anwesend. Rechtsanwältin Katrin Kalweit lasse sich vertreten, und Rechtsanwalt Juri Goldstein sei nicht zugegen.

Die Vorsitzende erklärt, dass die Nebenklage die Reihenfolge ihrer Schlussvorträge untereinander ausmachen könne und dass statt Rechtsanwalt Scharmer zunächst Rechtsanwalt Tobias Böhmke sein Plädoyer halten werde.

SCHLUSSVORTRAG VON RECHTSANWALT TOBIAS BÖHMKE (NEBENKLAGEVERTRETER VON MAX P.)

Rechtsanwalt Böhmke beginnt seinen Vortrag damit, dass der Angeklagte des versuchten Mords zu Lasten seines Mandanten schuldig sei, und erklärt, dass er im Folgenden über den zweiten Tatverhalt sprechen werde, nämlich den Angriff auf die Synagoge. Der Angeklagte habe versucht, seinen Mandanten Max P. mit verschiedenen Waffen, die der Rechtsanwalt aufzählt, zu ermorden. Diese Tat falle tateinheitlich mit 51 anderen Fällen zusammen. Die Anklage der Bundesanwaltschaft sei somit zutreffend.

Der Angeklagte habe am 9. Oktober 2019 um 12 Uhr bewaffnet versucht, in die Synagoge zu Halle einzudringen. Er habe sich als Tattag Jom Kippur ausgesucht, da er davon ausgegangen sei, dass an diesem Tag besonders viele Menschen in der Synagoge sein würden. Dem Angeklagten sei das Eindringen aber nicht gelungen, da er bereits am Tor der Synagoge gescheitert sei. Das Geschehen vom 9. Oktober 2019 sei geklärt; der Angeklagte habe sich dazu auch ausführlich eingelassen, weil er seine Tat als Teil eines politischen Kampfes verstehe. Zudem sei das Geschehen von zwei Kameras, die der Angeklagte bei sich führte, sowie von einer Überwachungskamera gefilmt worden. Ferner habe ein Anwohner ein weiteres Video von der Tat aufgenommen. Außerdem gebe es Zeugen des Geschehens.

Der Angeklagte habe aus antisemitischen Gründen gehandelt. Diese stünden sittlich auf niedrigster Stufe, so Rechtsanwalt Böhmke. Er habe heimtückisch gehandelt, da seine Opfer in der Synagoge arg- und wehrlos gewesen seien. Die Tat sei auch mit gemeingefährlichen Mitteln erfolgt, da der Angeklagte Waffen eingesetzt habe, die als solche zu beurteilen seien.

Die Verteidigung habe die Motivation des Angeklagten im Verlauf der Verhandlung nicht infrage gestellt. Sie habe aber die Frage gestellt, ob es einen weiteren Zaun vor der Synagoge gegeben habe und ob die Tür zu dieser selbst verschlossen oder jedenfalls verschließbar gewesen sei. Die Verteidigung wolle daher möglicherweise das unmittelbare Ansetzen zur Tat verneinen und sie lediglich als Bestandteil der Vorbereitung verstanden wissen. Sie könne damit aber, so Rechtsanwalt Böhmke weiter, nicht durchkommen. Das unmittelbare Ansetzen zur Tat sei schließlich laut BGH bereits dann der Fall, wenn der Täter seiner Vorstellung nach mit seiner Handlung die Schwelle zum »Jetzt geht's los« überschreite. Demnach habe der Angeklagte im vorliegenden Fall unmittelbar zur Tat angesetzt. Er sei bereits dann in das Versuchsstadium eingetreten, als er erstmals versucht habe, die Tür zu öffnen. Er habe die beschriebene Schwelle damit übertreten, da er davon ausgegangen sei, dass er seine Waffen nach dem Öffnen der Tür einsetzen werde. Zudem habe er wenige Minuten später Brandsätze über die Umgrenzungsmauer der Synagoge geworfen, weil er gehofft habe, Menschen dahinter treffen und somit auch töten zu können. Die Verteidigung verkenne somit im Ansatz, dass etwaig hinderliche Objekte zwischen Tor und Synagoge keine Rolle spielen würden, weil es allein auf die Vorstellung des Täters ankomme. Selbst wenn es einen Zaun zwischen der Mauer und dem Gebäude der Synagoge als solche gegeben hätte oder die Tür zur Synagoge abgeschlossen gewesen wäre, hätte er mit dem Versuch, die Tür in der Umfassungsmauer zu öffnen, unmittelbar zur Tat angesetzt. Plakativ wolle er sagen, so Rechtsanwalt Böhmke, dass, auch wenn es ein unüberwindliches Hindernis zwischen der Synagoge und der Umfassungsmauer gegeben hätte, der Angeklagte mit dem Versuch, die Umfassung zu öffnen, zur Tat angesetzt hätte. Dies wäre nur dann nicht der Fall, wenn der Angeklagte tatsächlich von einem Hindernis ausgegangen wäre. Auf eine solch irrige Annahme des Angeklagten deute aber nichts hin.

Der Angeklagte habe zwar ausgesagt, dass er nicht gewusst habe, ob die Synagoge als Gotteshaus oder als Museum genutzt werde, doch auch mit diesem Ansatz könne die Verteidigung nicht durchkommen, denn diese Aussage stehe im Widerspruch zu seiner Tatmotivation. So habe er, der Angeklagte, angegeben, dass er für den Angriff ausdrücklich den Feiertag Jom Kippur ausgesucht habe. Außerdem hätte bereits eine oberflächliche Internetrecherche ergeben, dass die Synagoge als Gotteshaus genutzt worden sei. Auch der Gottesdienst zu Jom Kippur sei, gemeinsam mit der Adresse der Synagoge in der Humboldtstraße, auf der Internetseite der Jüdischen Gemeinde angegeben gewesen. Die Aussage, dass der internetaffine Angeklagte das alles nicht recherchiert haben solle, sei dabei lebensfremd. Zwar habe der Angeklagte gesagt, er habe durch eine entsprechende Recherche nicht das Aufsehen von Sicherheitsbehörden erregen wollen. Dies sei aber eine Schutzbehauptung. Zum einen sei es unwahrscheinlich, dass bereits das Googeln der Synagoge einen Alarm bei den Sicherheitsbehörden ausgelöst hätte. Zum anderen gebe es selbst für den kundigen Laien die Möglichkeit, anonymisiert zu suchen.

Die Annahme eines strafbefreienden Rücktritts von der Tat komme somit nicht in Betracht. Diese sei schließlich schon deshalb ausgeschlossen, weil der Angeklagte Brandsätze über die Mauer geworfen habe, und der Versuch mit eben diesem Wurf vollendet gewesen sei. Außerdem sei die Freiwilligkeit der Abstandsnahme von der Tat zu verneinen. Der Angeklagte sei nach dem Versuch, die Tür zu überwinden, davon ausgegangen, dass er dies nicht schaffen werde und habe dann aufgegeben, wie er es auch mit deutlichen Aussprüchen auf dem Video festgehalten habe. Die Verteidigung habe daher in diesem Bereich auch gar nicht ernsthaft angesetzt und nicht versucht, einen Rücktritt vom Versuch darzulegen.

Welches Glück hätten die Besucher der Synagoge gehabt, so Rechtsanwalt Böhmke, dass dem Angeklagten nicht eingefallen sei, das Tor der Synagoge mit dem Auto einzufahren, wie er es im Vorfeld der Tat auch überlegt gehabt habe. Welches Glück hätten die Besucher gehabt, dass er die Mauer nicht an einer Stelle überwunden habe, an der sie etwas niedriger war. Der Angeklagte habe das alles zwar nicht getan, es sei aber sehr knapp gewesen.

Natürlich wirke die Tat abartig, »aber ist für den Täter auch die Abartigkeit festzustellen?«, fragt Rechtsanwalt Böhmke in den Raum hinein. Er selbst habe die Ticks in Gestik und Mimik des Angeklagten durchaus wahrgenommen. Auch das aufbrausende Verhalten des Angeklagten in der Hauptverhandlung habe er bemerkt. Nichtsdestotrotz […] sei es fraglich, ob das für die Feststellung einer »seelischen Abartigkeit« reiche.

Zu Beginn der Hauptverhandlung habe der Angeklagte gesagt, dass seine Mutter Ethiklehrerin sei und dabei gegrinst. Er, Rechtsanwalt Böhmke, habe den Eindruck gewonnen, dass der Angeklagte das Wertesystem genau kenne und sich bewusst dagegen entschieden habe. Er habe ein eigenes Wertesystem, nämlich ein tribalistisches, das sich auf Familie, Dorf und Volksgemeinschaft beziehe. Das nationalsozialistische Wertesystem klinge hier bereits an. »Führt ein solches Wertesystem bereits zur ›seelischen Abartigkeit‹?«, fragt Rechtsanwalt Böhmke abermals in den Raum, und fügt hinzu, dass er froh sei, dass er dies heute nicht beantworten müsse.

Im Ergebnis habe Prof. Dr. Norbert Leygraf die Schuldfähigkeit des Angeklagten festgestellt. Die Verteidigung dringe nicht mit ihrem Argument durch, dass diese durch eine Migräne-Aura mit optischen Phänomenen eingeschränkt sei. Sie müsse sich zudem entgegenhalten lassen, dass sich aus Norbert Leygrafs Ausführungen die Unschlüssigkeit dieses Arguments ergebe. So habe dieser ausgesagt, dass bei einer Migräne-Aura die Steuerfähigkeit, etwa in Bezug auf ein Fahrzeug, nicht aber die Steuerungsfähigkeit eingeschränkt sei.

Anschließend gibt der Rechtsanwalt an, dass für ihn insbesondere der zur Schau getragene Antisemitismus des Angeklagten unerklärlich sei, der wiederum den Kern der Tat bilde. Der Angeklagte sei der Meinung, dass »die Juden« für Feminismus, Zuwanderung und den demografischen Wandel verantwortlich seien. Er habe offenkundig nicht verstanden, dass es »die Juden« als homogene Gruppe ebensowenig gebe, wie etwa »die Christen«. Es sei zwar menschlich, dass wir uns Gruppen zugehörig fühlen wollen, etwa einer Fußballmannschaft, erklärt Rechtsanwalt Böhmke, die Gruppenzugehörigkeit sei sicher auch bei der Tat des Angeklagten ein Handlungsmotiv gewesen – einer anderen Gruppe aber in dieser Weise zu schaden, wie im vorliegenden Fall »den Juden«, sei vollkommen abwegig. Der Angeklagte habe angegeben, er sei Juden bereits begegnet, habe aber nicht sagen können, wann und wo. Er, Rechtsanwalt Böhmke, glaube, dass der Angeklagte in diesem Gerichtssaal zum ersten Mal Jüdinnen und Juden begegnet sei. Vielleicht sei dem Angeklagten der »Blick verstellt« gewesen, aber er, Rechtsanwalt Böhmke, meine, dass »die Juden in diesem Gerichtssaal« sehr unterschiedlich gewesen seien. Sie seien eben in erster Linie menschliche Wesen, die als eben solche sehr unterschiedlich seien.

Anschließend wendet sich Rechtsanwalt Böhmke zum Angeklagten, und erklärt, dass er ihm noch mitgeben wolle, wen er hier angegriffen habe: 1945, nach dem Holocaust, habe es kaum jüdisches Leben in Halle gegeben. Das habe sich sich erst ab 1989 geändert, als sich etwa eine Million Juden aus der ehemaligen Sowjetunion auf den Weg gemacht hätten, etwa 200.000 davon nach Deutschland gekommen seien und »seitdem unter uns leben« würden. Er, Rechtsanwalt Böhmke, beobachte diese Gemeinde seit zehn Jahren. Sein Blick sei zwar eingeschränkt, aber er müsse feststellen, dass »sie mit uns zusammenleben« würden. Sie würden etwas leisten und damit auch ihre Rechte verlangen. Die Integration sei gelungen.

Der Angeklagte halte sich für einen politischen Gefangenen, fährt der Rechtsanwalt fort, und ergänzt, dass das nicht neu sei. Schon in den 1970er Jahren hätten sich linke Terroristen der Roten Armee Fraktion als politische Gefangene betrachtet. Sie seien es ebensowenig gewesen, wie es der Angeklagte sei, sondern seien schlichtweg Terroristen geblieben. Vor diesem Hintergrund würden politische Kundgebungen nicht in den Gerichtssaal gehören. Er, Rechtsanwalt Böhmke, müsse zugeben, dass er den politischen Enthusiasmus einiger Kollegen, die den politischen Statements des Angeklagten eigene Statements hätten entgegensetzen wollen, nicht nachvollziehen könne. Diese Statements seien schließlich soweit gegangen, dass von einer Kollegin thematisiert worden sei, ob der Landtag in Sachsen-Anhalt der GEZ-Erhöhung zustimme. Es seien Dinge in Zusammenhang gebracht worden, die nichts miteinander zu tun hätten.

Rechtsanwalt Böhmke wendet sich abermals an den Angeklagten und betont: »Sie sind kein politischer Täter und Gefangener. Sie sind ein Mörder.« Der Angeklagte habe zwei Menschen ermordet und versucht, viele weitere Menschen zu ermorden. Er, Rechtsanwalt Böhmke, wünsche dem Angeklagten, dass er irgendwann begreifen werde, welches Unrecht er diesen Menschen angetan habe und ergänzt, dass sich sein Mandant Max P. den Anträgen der Bundesanwaltschaft anschließe.

Im Anschluss bespricht die Vorsitzende mit den Nebenklagevertreter·innen, wer als Nächstes einen Schlussvortrag hält.

SCHLUSSVORTRAG VON RECHTSANWALT MIROSLAV DUVNJAK (NEBENKLAGEVERTRETER EINES EHEPAARS, DAS AM TATTAG DIE SYNAGOGE BESUCHTE)

Rechtsanwalt Miroslav Duvnjak sagt, er habe für seinen Mandanten nichts zu sagen. Sie hätten alles gehört, was es zu sagen gebe. Der Angeklagte habe gezeigt, dass er keinerlei Reue und keinerlei Einsicht bezüglich des Schreckens zeige, den er den Besuchern der Synagoge, des Dönerimbisses und letztlich den übrigen Bewohnern der Stadt Halle angetan habe.

Insofern sei es nicht seine, Rechtsanwalt Duvnjaks, Aufgabe, dem Angeklagten eine Bühne für seine Überzeugungen zu geben, die nicht nachvollziehbar seien. Ebensowenig für seine Haltungen, die so unzutreffend seien, wie sie es schon immer gewesen seien. Deshalb schließe er sich den Anträgen des Generalbundesanwalts vollumfänglich an, schließt Rechtsanwalt Duvnjak seinen Vortrag.

Die Vorsitzende unterbricht die Verhandlung für eine pandemiebedingte Lüftungspause bis 10.25 Uhr.

SCHLUSSVORTRAG VON RECHTSANWALT ALEXANDER HOFFMANN (NEBENKLAGEVERTRETER VON TALYA F. UND JESSICA W.-E.)

Rechtsanwalt Hoffmann adressiert in seiner Anrede die Anwesenden, die Nebenklägerinnen und Nebenkläger, wie auch seine Mandantinnen Talya F. und Jessica W.-E., die heute leider nicht anwesend sein könne. Er nimmt vorweg, dass er sich mit einigen Kollegen bezüglich der Plädoyers abgestimmt habe, sodass er nicht vollumfänglich plädieren müsse.

Den mörderischen Angriff wolle man am liebsten als »Wahnsinnstat eines Verrückten«, als Amoklauf oder als nicht nachvollziehbare irrationale Handlung eines Dorfdeppen, eines isolierten, gesellschaftlichen Verlierers bewerten, beginnt Rechtsanwalt Hoffmann seine Ausführungen. Diese Bewertung der Tat, als wäre sie eine Art Naturereignis, eine unvermeidbare Katastrophe oder ein Schicksalsschlag, würde es erst ermöglichen, einfach weiterzuleben und das Selbstverständnis, das Vertrauen in eine glückliche Zukunft aufrechterhalten zu können. Das Vertrauen darauf, weiterhin ein ungestörtes und ungefährdetes Leben führen zu können, könne somit beibehalten werden. Die Taten würden auf diese Weise von der Gesellschaft abgekoppelt und weggeschoben.

Wenn er, Rechtsanwalt Hoffmann, dennoch die Ideologie des Täters und die ideologischen Hintergründe der Tat ergründe, wie es § 46 StGB gebiete,[1] so gebe er dieser Ideologie keinen überflüssigen Raum und tue dem Angeklagten damit keinen Gefallen. »Wir analysieren diese Ideologie, wir zerlegen sie in ihre Einzelheiten, wir demaskieren die Phrasen und Floskeln in den Erklärungen des Angeklagten«, so Rechtsanwalt Hoffmann, und er ergänzt, dass sie dies tun würden, um festzustellen, welche Ideologie, welche Beweggründe, welche Ziele den Angeklagten zu seiner Tat motiviert hätten. Die Bewertung dieser Ziele bestimme schließlich auch die Höhe und das Gesamtausmaß der Strafe mit. Sie würden dies außerdem tun, um zu klären, woher der Angeklagte seine Ideenwelt bezogen habe, wie er Anhänger dieser Ideologie habe werden können und wie man persönlich und gesellschaftlich der Verbreitung solcher Ideen entgegentreten könne.

Die Nebenkläger·innen in diesem Verfahren hätten völlig unterschiedliche Lebensgeschichten, so Rechtsanwalt Hoffmann. Für Menschen, die

1 In § 46 Absatz 2 StGB heißt es: »Bei der Zumessung wägt das Gericht die Umstände, die für und gegen den Täter sprechen, gegeneinander ab. Dabei kommen namentlich in Betracht: die Beweggründe und die Ziele des Täters, besonders auch rassistische, fremdenfeindliche, antisemitische oder sonstige menschenverachtende, die Gesinnung, die aus der Tat spricht, und der bei der Tat aufgewendete Wille, das Maß der Pflichtwidrigkeit, die Art der Ausführung und die verschuldeten Auswirkungen der Tat, das Vorleben des Täters, seine persönlichen und wirtschaftlichen Verhältnisse sowie sein Verhalten nach der Tat, besonders sein Bemühen, den Schaden wiedergutzumachen, sowie das Bemühen des Täters, einen Ausgleich mit dem Verletzten zu erreichen.«

nach Deutschland gekommen seien, um hier ohne Diskriminierung leben zu können und die daher Deutschland stets auch als Ort der Erfüllung dieser Träume wahrgenommen hätten, möge es angsteinflößend sein festzustellen, dass Antisemitismus, Rassismus und Frauenhass in der deutschen Gesellschaft verankert seien. Die Frage, ob der Täter seine Ideologie aus der Mitte der Gesellschaft bezogen habe, stelle dann möglicherweise den eigenen Lebensentwurf infrage. Menschen, die nach Deutschland gekommen oder hier geblieben seien, obwohl ihre Verwandten Opfer der Shoah, der industriellen Vernichtung der jüdischen Bevölkerung Europas, geworden seien; Menschen, die bewusst jüdisches Leben in Deutschland erleben und stärken wollen würden, hätten keine Scheu, die Kontinuität antisemitischer Ideologie in Deutschland als zentrales Element dieses Prozesses zu betrachten. »Es ist geschehen, und folglich kann es wieder geschehen. Darin liegt der Kern dessen, was wir zu sagen haben«, zitiert Rechtsanwalt Hoffmann aus Primo Levis Buch *Die Untergegangenen und die Geretteten*. Vor diesem Dictum, so der Rechtsanwalt weiter, sei es »unsere Aufgabe«, jeden antisemitischen Angriff, insbesondere einen versuchten Massenmord an Besucher·innen einer Synagoge, daraufhin zu untersuchen, ob die Tat ideologisch eine Kontinuität zur Ideologie des eliminatorischen Antisemitismus des Nationalsozialismus aufweise. Dies gelte für die Tat des Angeklagten an der Synagoge, aber auch für rassistisch und faschistisch motivierte Tötungsdelikte, die seit 1990 mehr als 185 Leben gekostet hätten. Es gehe auch darum festzustellen, fährt Rechtsanwalt Hoffmann fort, ob eines der Hauptmotive der Tat Antisemitismus gewesen sei, woher dieser komme, wie der Angeklagte zu dieser Ideologie gekommen sei und auch, wie verbreitet diese sei. Es müsse auch geklärt werden, ob jederzeit mit ähnlichen Taten zu rechnen sei.

Der Angeklagte nehme unter anderem Bezug auf die Ideologie des »Großen Austauschs« und damit eindeutig auch auf Anschläge und Massenmorde der vergangenen Jahre. Die ideologischen Grundlagen des »Großen Austauschs« würden in Deutschland unter anderem vom »Institut für Staatspolitik«[2] in Schnellroda diskutiert und verbreitet, wie es schließlich auch der Sachverständige Matthias Quent in der Hauptverhandlung erklärt habe. Diese Ideologie finde also keineswegs nur in anonymen Boards und Internetchats statt. Die Auseinandersetzung mit der Ideologie der Anschläge sei, so der Rechtsanwalt, eine Auseinandersetzung mit einer Wahnvorstellung – es gäbe »Rassen«, ethnisch definierbare Völker, und die Kultur einer Bevölkerung sei in irgendeiner Weise mit der Zugehörigkeit zu einer »Rasse« verknüpft. Die völlige Verweigerung einer aufgeklärten Weltsicht sei ein besonderes Merkmal solch nationalsozialistischer und rassistischer Ideologien.

2 Eine rechtsextreme Institution, die als eine Art Bildungs- und Netzwerkstätte oder Thinktank fungiert.

Anschließend gibt Rechtsanwalt Hoffmann an, aus der Entscheidung des Bundesverfassungsgerichts vom 17. Januar 2017 zum »ethnischen Volksbegriff« zitieren zu wollen und schickt voraus, dass dieser auch von der NPD und dem sogenannten Flügel der AfD vertreten werde. Der Rechtsanwalt zitiert: »Das politische Konzept der Antragsgegnerin ist mit der Garantie der Menschenwürde im Sinne von Artikel 1 Absatz 1 des Grundgesetz nicht vereinbar. Sie akzeptiert die Würde des Menschen als obersten und zentralen Wert der Verfassung nicht, sondern bekennt sich zum Vorrang einer ethnisch definierten ›Volksgemeinschaft‹. Der von ihr vertretene Volksbegriff negiert den sich aus der Menschenwürde ergebenden Achtungsanspruch der Person und führt zur Verweigerung elementarer Rechtsgleichheit für alle, die nicht der ethnischen ›Volksgemeinschaft‹ angehören. Ihr Politikkonzept ist auf die Ausgrenzung, Verächtlichmachung und weitgehende Rechtlosstellung von Ausländern, Migranten, Muslimen, Juden und weiteren gesellschaftlichen Gruppen gerichtet.«

Der Angeklagte habe angegeben, dass der Auslöser für seine Entscheidung für den Anschlag die »Flüchtlingskrise« im Jahr 2015 gewesen sei. Nach der Beweisaufnahme sei allerdings nicht davon auszugehen, dass der Angeklagte im Jahr 2015 zum ersten Mal mit jener Ideologie in Berührung gekommen sei, die die Tat beherrscht habe. Vielmehr seien die Angaben des Angeklagten so zu bewerten, dass er zu diesem Zeitpunkt bereits überzeugter Rassist gewesen sei, der die Aufnahme von Kriegsflüchtlingen in Deutschland als Bedrohung einer imaginierten deutschen Rasse empfunden habe. Hinter der Entscheidung, aus humanitären Gründen Geflüchtete in Deutschland aufzunehmen, habe er geheime, international agierende, von »jüdischen Kräften« gesteuerte Mächte ausgemacht. Diese Überzeugung habe er nicht nur mit militanten Neonazis und Verschwörungstheoretikern, sondern auch mit erheblichen Teilen der AfD und zahlreichen Menschen aus der sogenannten Mitte der Gesellschaft geteilt. So zitiert Rechtsanwalt Hoffmann aus einer Rede Björn Höckes vom 14. Oktober 2015 in Magdeburg: »Ich will, dass Magdeburg und dass Deutschland nicht nur eine tausendjährige Vergangenheit haben. Ich will, dass sie noch eine tausendjährige Zukunft haben, und ich weiß, ihr wollt das auch.« Am 13. Juli 2019 habe Höcke außerdem in Cottbus über »die sogenannte Einwanderungspolitik, die nichts anderes ist, als eine von oben verordnete, multikulturelle Revolution, die nichts anderes ist als die Abschaffung des deutschen Volks« gesprochen, und am 18. November 2015 in Erfurt gesagt: »Wir müssen unsere Männlichkeit wiederentdecken. Denn nur, wenn wir unsere Männlichkeit wiederentdecken, werden wir mannhaft. Und nur, wenn wir mannhaft werden, werden wir wehrhaft. Und wir müssen wehrhaft werden, liebe Freunde!« Die zentralen Elemente dieser Aussage, die Rechtsanwalt Hoffmann als positiven Bezug auf den Nationalsozialismus, völkischen Rassismus und übersteigertes Männlichkeitsbild benennt, fänden sich zentral auch in der Selbstdarstellung des Angeklagten.

Die AfD sei heute mit mehr als 20 Prozent im Landtag von Sachsen-Anhalt vertreten, führt er weiter aus und betont, dass die zitierten Positionen damit auch als repräsentativ für einen erheblichen Teil der Bevölkerung angenommen werden könnten. Auch die »Sinus-Studie« in der Bundesrepublik Deutschland habe im Jahr 1980 offenbart, dass mindestens 13 Prozent der westdeutschen Bevölkerung über ein »geschlossenes, rechtsextremes Weltbild« inklusive Antisemitismus verfügen würde. Die zitierten Positionen würden außerdem, über die AfD hinaus, auch von Anhänger·innen anderer Parteien vertreten werden.

Insbesondere vor dem Hintergrund der hier bereits zitierten Äußerungen der Mutter des Angeklagten könne daher davon ausgegangen werden, dass der Angeklagte bereits vor seiner Entscheidung zum Mord und versuchten Mord ein überzeugter Rassist und Antisemit gewesen sei. Die Vorgänge im Jahr 2015 seien für ihn offensichtlich Katalysator für den Übergang zum bewaffneten Kampf gewesen. Doch auch hierfür, so der Rechtsanwalt, fände sich eine Erklärung in der Politik und der Ideologie rassistisch-biologistisch argumen-tierender, völkischer Rechter. Die ab 2015 einsetzenden massiven und sich dynamisch radikalisierenden Aktionen, Demonstrationen und Blockaden von Geflüchtetenunterkünften und die Anschläge auf diese hätten, begleitet von einer völlig enthemmten, durch gewaltsame Sprache geprägten Propaganda, eine Notwehrsituation suggeriert, auf die sich jeder Deutsche berufen könne. In dieser Propaganda seien der nahe Umsturz und die »Notwendigkeit auch gewalttätiger Aktionen zur Abwehr der herbeifantasierten Gefahr für das ebenfalls herbeifantasierte biologistisch deutsche Volk« beschworen worden. Diese Bilder würden die Veröffentlichungen des Angeklagten prägen, der wiederum versuche, sich zum Helden und zum Märtyrer im Kampf für diese gemeinsame Sache zu stilisieren und gleichzeitig Nachahmer zu ermutigen. Dass der Angeklagte einen großen Teil seines Propagandatexts mit der Beschreibung der selbstgefertigten Waffen fülle, zeige vor allem, betont Rechtsanwalt Hoffmann, dass die deutschen Waffengesetze Wirkung zeigen würden und dass die Umsetzung eines Konzepts des führerlosen Widerstands nicht so einfach umzusetzen sei, wie es etwa in den Vereinigten Staaten oder anderen Ländern der Fall sei. Die Grundlagen für die Tatmotivation des Angeklagten, so Rechtsanwalt Hoffmann, seien nicht allein in seiner Familie, sondern in seiner gesamten Lebenswelt geschaffen worden, in der rassistische, antisemitische und frauenverachtende Einstellungen toleriert worden seien. »Der Angeklagte mag ein Einzelgänger gewesen sein«, dies habe aber nicht daran gelegen, dass er wegen seiner politischen Einstellung ausgegrenzt worden sei. Sein Umfeld habe diese vielleicht teils abstoßend gefunden, aber nicht direkt oder indirekt kritisiert: »Rassismus, Antisemitismus, Frauenhass wurden und werden eben als normale, tolerierte Einstellungen akzeptiert.«

Die Hinwendung des Angeklagten zum bewaffneten Kampf sei in einer Zeit erfolgt, in der die Hetze gegen Minderheiten und vermeintlicher oder tatsächlicher politischer Gegner eine neue Massenbewegung angetrieben habe. Der Angeklagte habe diese Hetze als Legitimation und Auftrag verstanden, sie in die Praxis umzusetzen.

»Ein Urteil ist ein Urteil, nicht mehr und nicht weniger«, schließt Rechtsanwalt Hoffmann seinen Vortrag. Die Aufgabe, die dahinterstehende Ideologie zu bekämpfen, »die Vernichtung des Nazismus mit seinen Wurzeln«, wie es im Schwur von Buchenwald formuliert werde, müsse aber außerhalb des Gerichtssaals erfüllt werden. Und weil in diesem Gerichtssaal immer noch nicht alle Betroffenen des Anschlags Anerkennung fänden, wolle er abschließend versichern: »Niemand wird vergessen, hiç unutmadık, hiç unutmayacağız!«[3]

SCHLUSSWORT VON JESSICA W.-E. (NEBENKLÄGERIN)

Rechtsanwalt Hoffmann verliest anschließend ein Statement seiner Mandantin Jessica W.-E.

Diese fragt zunächst, was der Zweck dieses Prozesses sei. Es liege ein Video vor, so Jessica W.-E., das das Verbrechen beweise. Ohne den geringsten Zweifel daran zu lassen, habe der Angeklagte das Verbrechen außerdem eingeräumt und gezeigt, wie stolz er darauf sei. Die Beweislast sei damit aus der Gleichung gestrichen worden und im Gerichtssaal herrsche ein Gefühl von: »Bringen wir es hinter uns.« Um tiefergehende Nachforschungen und Fragen gehe es nicht.

»Doch dieser Prozess hat einen höheren Zweck und eine weiterreichende Bedeutung«, schreibt Jessica W.-E. weiter. Es gelte, die Bedingungen und Hintergründe der Tat zu verstehen und zu hinterfragen. Wenn diese nicht thematisiert würden, würden sie weitere Verbrechen dieser Art nach sich ziehen. Viele Nebenklägerinnen und Nebenkläger würden seit dem Tag des Anschlags versuchen, das Geschehene zu verstehen. Sie hätten sich mit den Wurzeln der Onlineradikalisierung auseinandergesetzt, mit der drohenden Präsenz des Rechtsextremismus in Deutschland und auf der ganzen Welt, dem darin eingebetteten Sexismus, Rassismus und der hegemonialen Männlichkeit, und seien so zu unfreiwilligen Expertinnen und Experten dieser Themen geworden. Dies alles hätten sie trotz der persönlichen Betroffenheit und trotz anderer Verpflichtungen geleistet. Jessica W.-E. ergänzt: »Es hätte nicht unsere Aufgabe sein sollen«, doch mit dem Voranschreiten des Prozesses sei es immer klarer geworden, dass es ihre Aufgabe bleiben würde, »und wir sind müde.«

3 Aus dem Türkischen für »Wir werden nie vergessen!«

»Herablassend, naiv und schmerzlich kurzsichtig«, so Jessica W.-E., habe es gewirkt, dass die »sogenannten wahren Experten, die Staatsanwaltschaft, Teile der Nebenklagevertretung« das Thema der Ideologie nicht hätten weiter verfolgen wollen und auf diese Weise die Möglichkeit verpasst hätten zu untersuchen, was beim Anschlag genau und aus welchen Gründen passiert sei. Die erwähnten Nebenkläger·innen hätten ihre Zeit darauf verwendet, das Verbrechen zu verstehen, während sich beschämenderweise gezeigt habe, wie die Ermittlerinnen und Ermittler die Arbeit auf ihre Kolleginnen und Kollegen abschoben und Verantwortung von sich gewiesen hätten. Sie hätten sich geweigert, über ihr eng gestecktes Aufgabenfeld hinaus zu ermitteln. Verbindungen zu anderen Anschlägen wie dem von Christchurch seien zudem abgetan worden. Als Grundtenor sei in den Berichten und Antworten der BKA-Ermittler·innen die Haltung »Ich habe nur Befehle befolgt« zu erkennen gewesen. Nicht einmal ansatzweise sei Verantwortung übernommen oder Eigeninitiative ergriffen worden, so Jessica W.-E., und sie ergänzt, dass sie sich absolut sicher sei, dass diese Passivität und Gleichgültigkeit gegenüber Rechtsextremismus nicht geeignet sei, sich weiteren Verbrechen dieser Art entgegenzustellen. Die Haltung der Ermittlerinnen und Ermittler sei bezeichnend für die gesellschaftliche Ignoranz, die diese Art Terror erst möglich gemacht habe. »Wir haben uns ihre Entschuldigungen, ihre Versäumnisse und ihre unbeholfene Inkompetenz geduldig und schweigend angehört«, fährt Jessica W.-E. fort. Es sei noch milde ausgedrückt, dass die unverblümte Nachlässigkeit der Ermittler·innen ihnen noch mehr Schmerzen zugefügt habe. Den deutschen Institutionen sollte dies Anlass zur Scham sein.

Ein um das andere Mal seien die Nebenklägerinnen und Nebenkläger enttäuscht worden. »Enttäuschend war die Unfähigkeit, die rassistische Sprache zu mäßigen, derer sich der Angeklagte bediente und die auch von einigen der Anwälte in diesem Prozess wiederholt wurde. Enttäuschend war die gänzlich fehlende Verantwortlichkeit seitens des BKA. Enttäuschend war der Ausschluss einiger Stimmen und Nebenklagen. Und die jüngste Enttäuschung war der Kampf darum, hoch relevante Sachverständige vor diesem Gericht zu hören.« Die Nebenklägerinnen und Nebenkläger hätten so viel Druck wie möglich ausgeübt, damit diese Stimmen Gehör fänden und »natürlich wurden einige, nämlich die, die sich mit den weiterreichenden Folgen des rechtsextremen Terrors und dem Internet beschäftigen, nicht zugelassen.«

Es gehe in diesem Prozess nicht wirklich um die Nebenklägerinnen und Nebenkläger, schreibt Jessica W.-E., und fügt hinzu, dass es in vielerlei Hinsicht auch nicht wirklich um den Angeklagten gehe. Wenn das Urteil einmal gefällt sei, würde dieser mit hoher Wahrscheinlichkeit vergessen werden, selbst von seinen Onlinefreunden. Vielmehr ginge es in diesem Prozess um das große Ganze, und dies würde willentlich ignoriert werden.

Der Anschlag sei nur einer in einer immer länger werdenden Reihe von Angriffen in Deutschland und im globalen Westen gewesen. Er sei nur eine von vielen Gewalttaten gegen Minderheiten gewesen, die im letzten Jahrzehnt verübt worden seien. Ebenso wie die rechtsterroristischen Anschläge von Christchurch, Oslo und Poway habe auch dieser Anschlag darauf abgezielt, bejubelt und nachgeahmt zu werden. In der Planung, in der Verunglimpfung der Opfer, der Ermittler und des Gerichts sei er dabei zielgerichtet gewesen. Der Anschlag habe sich zudem direkt an eine globale Community gerichtet, die für ihre toxische Männlichkeit und ihren Rassismus bekannt sei. Es handele sich um einen Anschlag wie aus dem Lehrbuch und um ein klares Produkt der Imageboardkultur.

»Das Versagen des deutschen Staats, all dies zu erkennen, macht alles noch verwerflicher und ist schlicht und einfach erbärmlich«, so die Nebenklägerin. Sie fragt zugleich, wie es sein könne, dass die zahlreichen Verbindungen zu Christchurch abgetan würden, nur weil der Angeklagte sich zu seiner Ideologie weniger umfangreich geäußert habe. So habe der BKA-Beamte gesagt: »Hier lässt sich feststellen, dass der Attentäter von Christchurch umfangreich schreibt. Das ist im ›Pre Action Report‹ nun nicht der Fall.« Diese Aussage wirke dabei so, als würde dieselbe rassistische Ideologie weniger Schaden anrichten, nur weil sie knapper oder weniger wortgewandt ausgedrückt werde.

Auch könne es nicht sein, dass Ermittler·innen, ohne Kenntnisse der Gamingkultur, dafür eingesetzt worden seien, eben diese zu untersuchen. Der Anschlag sei weithin als einer der schlimmsten, antisemitischen Angriffe der Nachkriegszeit begriffen worden, aber die Antwort des BKA habe darin bestanden, unerfahrene Hochschulabsolvent·innen auf diesen Fall anzusetzen. So seien auch Bezüge auf Memes und Insiderwitze nicht verstanden worden, weil eine oberflächliche Einschätzung laut den Vertreter·innen des BKA »ausreichend« zu sein schien. Die Inkompetenz des BKA sei dabei so offensichtlich, dass der Angeklagte den Beamt·innen und ihrem mangelnden Verständnis »direkt ins Gesicht« gelacht habe.

»Wie kann ein Mann sein eigenes Waffenarsenal bauen, zwei Menschen umbringen, zahlreiche weitere verletzen und zu ermorden versuchen, ohne dass seine Motivation, das Umfeld das ihn geprägt hat, minutiös analysiert werden?«, fragt Jessica W.-E. weiter. Die Nebenklägerinnen und Nebenkläger, wie auch das Rechercheteam, die die Time Map zum Anschlag von Halle zusammengestellt haben, hätten jedenfalls ehrenamtlich bessere Arbeit geleistet.[4]

4 Gemeint ist das Projekt »Global White Supremacist Terror: Halle«, an dem unter anderem die Nebenklägerin Talya F. beteiligt war. Auf der Website des Projekts (www.halle.nsu-watch.info) wurde eine digitale Time Map erstellt, die die Kontexte und Zusammenhänge rechtsterroristischer Taten abbildet.

Der Prozess habe offengelegt, so die Nebenklägerin, wie veraltet das Verständnis darüber sei, wie einzelne sich radikalisieren und auch, wie die extreme Rechte sich organisieren könne. So sei das Gericht etwa darauf fixiert gewesen, eine persönliche Interaktion außerhalb des Internets zwischen dem Täter und Neonazigruppen aufzuspüren. Als sich eine solche Interaktion nicht feststellen lassen habe, seien keine weiteren Anstrengungen unternommen worden, die Community zu verstehen, die den Täter hervorgebracht und ermutigt habe. Erneut fragt Jessica W.-E.: »Jetzt, wo wir alle unsere Leben in den Onlineraum umsiedeln, wie kann es den Anwesenden in diesem Saal so unverständlich sein, dass ganze Gemeinschaften und soziale Identitäten ausschließlich online existieren und schon lange vor Corona auf diese Art existiert haben?« Ganz offensichtlich sei der Angeklagte Teil einer Gemeinschaft gewesen, die eine definierte Sprache und Kultur habe. Diese Community treffe sich regelmäßig online, tausche Ideen, Wissen und Ressourcen aus und sei gut organisiert. Es handele sich um eine Gemeinschaft, die diesen Mann nach dem Anschlag als einen der ihren erkannt habe. Jessica W.-E. fügt hinzu: »Sie haben eine klare Vorstellung davon, wer dazugehört und wer nicht, und wieder und wieder haben sie bewiesen, dass sie bereit sind, ihren Ansichten Taten folgen zu lassen.«

Der Prozess hätte die internationalen Netzwerke des Rechtsextremismus aus dem Schatten zerren können, die weiterhin in Deutschland agieren würden. Er hätte helfen können, auch als Gesellschaft eine Antwort auf extremistische Gewalt zu finden, die über ein »Nie wieder!« hinausgehe. Es passiere »immer und immer und immer wieder«, und es seien eben keine isolierten Einzelfälle, auch wenn sie als solche behandelt werden würden. Es sei zu sehen gewesen, dass sich »das System« lieber auf das bequeme Bild der Juden als Opfer und des isolierten Neonazis am Rande der Gesellschaft »zurückziehe«. Schwarze und muslimische Stimmen würden nur widerstrebend gehört und nur widerstrebend würden sie mit derselben Wichtigkeit und derselben Geltung behandelt werden; nur widerstrebend werde somit der Rassismus erkannt, den sie erleben würden.

»Dieser Prozess hätte die Chance sein können, dem Rassismus in unserer Gesellschaft etwas entgegenzusetzen. Den rechtsextremen Terror endlich einmal nicht kleinzureden, sondern zuzugeben, dass seine Wurzeln weit über diesen einen Mann, diesen einen Gerichtssaal, dieses Land hinausreichen. Dieser Prozess war eine Chance, doch wie sich nach vier Monaten herausstellt, wurde diese Chance nicht ergriffen«, beendet Jessica W.-E. ihr Schlusswort.

SCHLUSSWORT VON TALYA F. (NEBENKLÄGERIN)

Die Nebenklägerin Talya F. trägt im Anschluss ihr Schlusswort vor. Dieses wird auf Englisch gehalten, und von ihrem Anwalt, Rechtsanwalt Hoffmann, abschnittsweise in der deutschen Übersetzung vorgelesen.
Talya F. beginnt damit, dass mittlerweile die Plädoyers der Bundesanwaltschaft und einiger Nebenklagevertreterinnen und -vertreter gehört worden seien. So seien Betroffene von dem Kiez Döner, aus Wiedersdorf, diejenigen »die ins Visier genommen und auf der Straße angefahren wurden« und aus der Synagoge gehört worden. Sie alle seien dabei hier, »um Gerechtigkeit in ihren verschiedenen Formen zu finden, für diesen Tag, dieses Böse, das wir alle auf unterschiedliche Art erlebt haben.«

Sie selbst habe sich der Nebenklage angeschlossen, so Talya F., als ihr klar geworden sei, dass die Bundesanwaltschaft nicht vorhatte, die jüdischen Überlebenden aus der Synagoge, also die vorsätzlichen Ziele dieses Anschlags, als Opfer von versuchtem Mord in die Anklageschrift aufzunehmen. Dies sei zumindest anfangs nicht der Fall gewesen. Heute, nachdem der Angeklagte monatelang rassistische und antisemitische Ideologien von sich gegeben habe, würden Aftax I. und İsmet T. noch immer nicht als Opfer versuchten Mords anerkannt werden, obwohl es offensichtlich sei, dass sie wegen ihrer Hautfarbe, ihrer Herkunft und ihres Glaubens zum Ziel geworden seien. Es sei »unfassbar entmutigend und niederschmetternd, das zu sehen« und auch, dass sich diesbezüglich noch keine Gerechtigkeit eingestellt habe.

In dem Gerichtssaal werde sie beständig daran erinnert, dass Gesetz und Gerechtigkeit nicht dasselbe seien, so Talya F. Es sei schließlich klar, was »dieser Mann« getan habe, auch seine Motive seien von Anfang an klar gewesen. Sie, Talya F., hoffe und vertraue darauf, dass er für den Rest seines Lebens eingesperrt werde. Er sei aber das Symptom einer rechtsextremen »White Supremacist«-Ideologie, die die Gesellschaft mit rasanter Geschwindigkeit durchdringe und auf der ganzen Welt in die Worte unserer Politikerinnen und Politiker und in die Mainstreammedien einsickere. Conrad R., einer ihrer Mitnebenkläger, habe gesagt: »Dieser Mann hat vielleicht an diesem Tag in Halle allein gehandelt, aber er hat nicht allein gedacht. Und auch jetzt denkt er nicht allein.« Sie selbst füge dem hinzu, dass keine der hasserfüllten Verschwörungstheorien, die »dieser Mann« von sich gegeben habe, neu seien, denn jeder wisse, was passiere, wenn diese Propaganda und diese Sprache sich ungehemmt ausbreiten könne. »Deutschland weiß es. Ich weiß es.«

Den 9. Oktober 2019 habe sie überlebt, weil die Gemeinde in Halle so gut reagiert habe, sagt die Nebenklägerin. Sie und niemand sonst. Im Moment des Anschlags habe sie gewusst, dass sie alle tun würden, was getan werden muss, um sich gegenseitig Sicherheit zu geben. Deswegen habe sie keine Angst gehabt. Seit sie aber dem Prozess beiwohne, sei sie von einer Angst eingenommen worden. Sie sei auch wütend über die vielen Zeuginnen und Zeugen gewesen, »die völlig unbehelligt ihre beiläufigen Einstellungen zum Thema Rassismus von sich geben, [ich] war wütend über ihre Weigerung, aufzubegehren, wenn herabwürdigende Begriffe gegen Minderheiten benutzt werden, [ich] war wütend über ihre eigene Beteiligung in Hassgruppen und an der Verbreitung antisemitischen Gedankenguts.«[5] Sie sei auch wütend auf das BKA, das behaupte, es sei nicht seine Aufgabe, den Kontext der Tat zu verstehen und die offensichtliche Verbindung zwischen diesem Anschlag und anderen Formen der online und offline stattfindenden Radikalisierung herzustellen. Es sage damit letztendlich, dass es nicht daran glaube, künftig vor Gewalt dieser Art schützen zu können. Die Ermittlerinnen und Ermittler würden nicht glauben, dass »White Supremacy«-Extremisten eine tödliche und beständige Bedrohung in unseren Regierungen, unseren Vollzugsbehörden, unserer Zivilgesellschaft seien, weil das angeblich nicht zu ihrer Aufgabe gehöre. Auch auf die Polizeibeamt·innen, die in ihren Zeugenaussagen achtlos mit rassistischen Beleidigungen und Stereotypen um sich geworfen hätten, sei sie, Talya F., wütend. Die Beamtinnen und Beamten hätten »unverschämterweise« alles aufgezählt, was die Überlebenden falsch gemacht hätten, statt die Schuld einzugestehen die sie selbst daran tragen würden, dass so etwas passieren konnte. »Wir haben nicht darum gebeten, dass uns das passiert. Und diese Wut, diesen Schmerz, diese Trauer können oder sollten wir nicht allein ertragen. Diesen Schmerz müssen wir und sie alle ertragen«, sagt Talya F. und ergänzt: »Jana L., Kevin S., sagt ihre Namen. Möge der Verlust und der Schmerz ihrer Familien schwer auf euren Herzen und eurem Gewissen lasten.«

Im Anschluss möchte sich die Nebenklägerin auch an die Presse und die Medien direkt wenden. Der Angeklagte nutze den Prozess als Plattform dafür, Hass zu verbreiten und zu weiterer Gewalt aufzurufen. Er werde auch seine letzten Worte im Prozess als Gelegenheit nutzen, andere zu inspirieren, so wie auch er inspiriert worden sei. »Machen Sie sich nicht zu Komplizen«, richtet sie sich an die Presse. »Zitieren Sie ihn nicht. Nennen Sie seinen Namen nicht. Zeigen Sie sein Gesicht nicht. Wenn Sie es dennoch tun, tragen Sie die Schuld zu einem Kreislauf der Brutalität beizutragen, der hier und jetzt zu Ende sein muss. Genug ist genug!«

Die Vorsitzende unterbricht die Verhandlung anschließend für eine pandemiebedingte Lüftungspause von 11.10 Uhr bis 11.30 Uhr.

5 Die Nebenklägerin meint vermutlich die Polizist·innen, die als Zeug·innen ausgesagt haben.

SCHLUSSWORT VON CHRISTINA F. (NEBENKLÄGERIN)

Nebenklägerin Christina F. beginnt ihr Schlusswort mit einem Rückblick: In den letzten fünf Monaten seit dem Prozessbeginn habe sie immer wieder Nachrichten über Social-Media-Kanäle erhalten. Am Anfang seien es vor allem Nachrichten gewesen, die die Geschehnisse des 9. Oktober 2019 verharmlost und ihre Wahrnehmung und Einschätzung der aktuellen politischen Situation in Deutschland infrage gestellt hätten. Es seien aber auch ehrlich erstaunte Nachfragen von Menschen darunter gewesen, die in Deutschland leben würden und einfach nicht glauben könnten, dass es um die Demokratie und die offene Gesellschaft in diesem Land wirklich so schlimm bestellt sei. Dies seien Menschen, so Christina F., die nicht wahrhaben wollen würden, dass rechte Ideologien in Deutschland nach wie vor Verbreitung fänden und dass Antisemitismus und Rassismus auch nach der Shoah noch immer tief in dieser Gesellschaft verwurzelt seien.

Vor wenigen Wochen habe sie dann die erste offen antisemitische und frauenfeindliche Hassnachricht erhalten. Aus der anfänglichen Frage »Was wollt ihr eigentlich, euch Juden ist doch eh nichts passiert?«, sei ganz schnell »Fick dich, scheiß Jüdin!« geworden. Nach dem ersten Verhandlungstag im Juli habe eine Userin ihr auf Facebook die Frage gestellt, ob es denn in Deutschland wirklich so schlimm sei. Diese Frage wolle sie heute nochmals beantworten: »Ja, ist es!«

Deutschland habe ein Antisemitismus- und Rassismusproblem. Dieser Realität könne man sich nicht weiter verweigern; es sei eine Erkenntnis, die spätestens dieser Prozess gebracht habe. Obwohl es die rechten Ideologien nun schon lange gebe, werde ihre Existenz immer wieder infrage gestellt, wie auch ihre Gefahr und ihr Ausmaß verharmlost würden. Auch das immer wiederkehrende Narrativ vom sogenannten armen, irren Einzeltäter sei in diesem Prozess ein für alle Mal widerlegt worden. Dies sei nicht durch die Aussagen der Beamtinnen und Beamten der Polizei geschehen, sondern durch die geladenen Sachverständigen wie der Journalistin Karolin Schwarz, Benjamin Steinitz, dem Leiter der Recherche- und Informationsstelle Antisemitismus und Matthias Quent, dem Gründungsdirektor des Instituts für Demokratie und Zivilgesellschaft.

In ihrer Zeugenaussage Anfang September habe sie selbst, Christina F., darüber gesprochen, dass sie wegen des Umgangs der Polizei mit den Betroffenen am Tag des Attentats jegliches Vertrauen in Deutschland und den Rechtsstaat verloren habe. Daran habe sich im Verlauf des Prozesses bisher auch nichts geändert. »Der unglaubliche Unwille, mit dem die meisten der geladenen Polizeibeamt·innen sowie Mitarbeiter·innen des BKA hier in den Zeugenstand getreten sind, und deren erschreckendes Unwissen hinsichtlich der Onlineradikalisierung, das hier zu Tage getreten ist, haben mir die Hoffnung genommen, dass es auch besser oder zumindest anders geht.« Sowohl im Gerichtssaal als auch davor habe sie in den letzten Monaten immer wieder über Verantwortung gesprochen. »Der Anspruch, dass Sie, hohes Gericht, wie auch Sie alle, die Sie in diesem Saal sitzen, stellvertretend für Deutschland – und zwar für Politiker·innen und Gesellschaft – Verantwortung übernehmen, ist fast schon unverhältnismäßig. Aber eben nur fast.« Sie alle seien ein Teil Deutschlands. Die Nebenklägerinnen und Nebenkläger in diesem Prozess hätten es auf sich genommen, trotz Trauma, trotz Müdigkeit und Erschöpfung auszusprechen, was die Mehrheit da draußen nicht wahrhaben wolle, nämlich: »Der Angeklagte ist kein Einzeltäter. Das Attentat vom 9. Oktober 2019 war kein Einzelfall. Antisemitismus, Rassismus und Frauenfeindlichkeit sind keine neuen Erscheinungen und erst recht keine Missverständnisse, sondern Teil einer rechtsradikalen Ideologie, die die Demokratie fortwährend gefährdet.« Wer sich diesen Realitäten nicht stelle, so die Nebenklägerin, bagatellisiere die Gefahr und das Ausmaß rechter Ideologie, verharm-lose die Niederträchtigkeit eines Attentats wie dem in Halle und verhöhne auf diese Weise letztlich auch die Betroffenen und Hinterbliebenen. »So kann es nicht weitergehen.« Eben weil es so nicht weitergehen könne, so Christina F. weiter, sei Schweigen keine Option. »Als Mitglieder einer offenen Gesellschaft mit demokratischen Werten können wir es uns nicht leisten, auch nur ein einziges Mal ein Auge zuzudrücken. Denn nur, weil wir nicht hinsehen, heißt das nicht, dass niemand vor unseren Augen körperlich angegriffen wird. Nur weil wir nicht hinhören, heißt das noch lange nicht, dass neben uns nicht jemand antisemitisch oder rassistisch beschimpft wird. Nur weil wir nicht eingreifen, heißt das nicht, dass antidemokratische, antisemitische, rassistische und frauenfeindliche Ideologien einfach versanden. Uns zurückzulehnen und zu schweigen, können wir uns ganz einfach nicht leisten. Wir müssen immer wieder aufstehen, müssen aufzeigen und unermüdlich weiter thematisieren. Wir müssen uns einmischen.« Bessere Zeiten kämen nicht von Untätigkeit, fährt Christina F. fort. Veränderung brauche schließlich Engagement und vor allem Courage, den Mut zum Unbequemen.

Im Anschluss richtet sich die Nebenklägerin direkt an die Vorsitzende Richterin und sagt, dass sie, die Vorsitzende, in diesem Prozess das letzte Wort habe und dass damit eine enorm große Verantwortung auf ihren Schultern laste, mit der aber auch Möglichkeiten einhergingen. So könne sie, die Vorsitzende, mit gutem Beispiel vorangehen und sich der Verantwortung stellen. Sie habe außerdem die Möglichkeit, »ein angemessenes Urteil in angemessener Sprache vorzutragen.«

Es gebe wohl kaum etwas Niederträchtigeres, sagt Christina F., als einen unschuldigen Menschen, der in einer Ecke kauere und um sein Leben flehe, zu erschießen. Und es gebe nichts Feigeres, als einer unschuldigen Person auf offener Straße in den Rücken zu schießen. Dieser abscheuliche Mord an zwei Unschuldigen könne durch nichts aufgewogen werden. Daher könne es ihrer Meinung nach niemals eine wirklich gerechte Strafe geben, sondern nur eine angemessene. Mit einem angemessenen Strafmaß würde die Vorsitzende ihr auch die Möglichkeit geben, das verlorene Vertrauen in den Rechtsstaat, zumindest ein Stück weit, wieder aufzubauen. Sie würde ihr die Möglichkeit geben, vertrauen zu können und »glauben zu dürfen, dass ich im Zweifelsfall nicht allein gelassen werde.«

Sie selbst sei heute stärker als vor einem Jahr, stärker auch als zu Prozessbeginn, erklärt die Nebenklägerin. Sie stünde jetzt hier, weil sie mit ihrem Trauma abschließen wolle. Die Voraussetzungen dafür habe ihr die Vorsitzende gegeben, indem sie alle, die hätten sprechen wollen, auch gehört habe »und dafür möchte ich Ihnen, Frau Vorsitzende, meinen Dank aussprechen.«

Mit dem Trauma abzuschließen bedeute aber nicht nur, zu sprechen und gehört zu werden, sondern primär, dass Schmerz und Leid Anerkennung fänden. Ein angemessenes Urteil müsse daher auch bedeuten, alle Betroffenen als solche anzuerkennen und »deren erlebtem und hier erzähltem Schmerz auch juristisch Realität und Berechtigung zu geben.« Sie, die Vorsitzende, habe eine große Aufgabe vor sich, dennoch bitte sie, Christina F., sie darum, diese Gelegenheit nicht verstreichen zu lassen und die Betroffenen nicht allein zu lassen: »Das letzte Wort in diesem Prozess haben Sie, Frau Vorsitzende. Das letzte Wort jenseits dieses Gerichtssaals aber haben wir.« Mit diesem »Wir« meine sie dabei alle Prozessbeteiligten, die Richter und Richterinnen, Anwälte und Anwältinnen, Nebenkläger und Nebenklägerinnen, Dolmetscher und Dolmetscherinnen, Justizbeamte und Justizbeamtinnen, Journalisten und Journalistinnen, Tontechniker, Zuseher und Zuseherinnen. Sie alle hätten jetzt eine moralische Verpflichtung, die weit über das Ende dieses Prozesses hinausreiche. »Wir dürfen keine Ruhe geben! Wir müssen immer wieder aufstehen, Zivilcourage zeigen und uns unermüdlich für den Erhalt unserer Demokratie einsetzen.« Was alle in den letzten Monaten in dem Gerichtssaal gesehen und gehört hätten, müsse mit nach draußen und mit in die Zukunft genommen werden. Ausblenden und Vergessen seien dabei keine Optionen.

Den 9. Oktober 2019 werde sie nie vergessen, auch nicht, wie der Prozess ausgehe. »Vor allem aber werde ich mich für immer an Jana und Kevin erinnern. Und weil ich mich an sie erinnere, werde ich auch nicht schweigen«, schließt Christina F. ihr Schlusswort.

Die Vorsitzende gibt anschließend an, dass nun die Nebenklägerin Naomi H.-G. ihr Schlusswort halten solle.

Dr. Kati Lang, die Rechtsanwältin der Nebenklägerin, sagt, dass sie vorher darauf hinweisen möchte, dass der Angeklagte versuche, die plädierenden Nebenkläger·innen zu irritieren und zu diesem Zwecke selbstgemalte Zettel hochhalte. Sie bitte daher darum, die Verhandlung für zehn Minuten zu unterbrechen, da ihr dies kein angemessener Rahmen für das Schlusswort zu sein scheine.

Die Vorsitzende sagt, sie selbst habe das nicht gesehen, kündigt aber an, die Verhandlung für 15 Minuten zu unterbrechen. Dann könne der Angeklagte das einmal mit seinen Verteidigern, Rechtsanwalt Hans-Dieter Weber und Rechtsanwalt Thomas Rutkowski besprechen.

Der Verteidiger Rechtsanwalt Weber fragt, was der Angeklagte denn gezeigt habe. Rechtsanwältin Lang erwidert, dass sie diesem keine Plattform bieten werde und fügt hinzu: »Sie können sich umdrehen, nach links sehen, einfach mal Ihre Augen benutzen, Herr Weber!«

Die Vorsitzende unterbricht die Verhandlung für 15 Minuten.

Um 11.55 Uhr wird sie pünktlich fortgesetzt. Rechtsanwalt Weber sagt, dass seinem Mandanten ein Zettel sowie seine Aufzeichnungen weggenommen worden seien. Die Vorsitzende sagt, dass er Letztere zurückbekommen könne. Sie wendet sich anschließend an den Angeklagten: »Aber Sie haben hier den Ausführungen zu folgen!« Rechtsanwalt Weber sagt, dass sein Mandant nichts hochgehalten habe. Rechtsanwältin Lang erwidert energisch, dass sie es doch selbst gesehen habe. Rechtsanwalt Weber antwortet, dass es außer ihr aber wohl niemand gesehen habe.

Für wenige Sekunden folgt ein lauter Wortwechsel.

Die Vorsitzende bittet die Beteiligten sich zu mäßigen und sagt, die Nebenklägerin Frau Naomi H.-G. könne nun sprechen.

SCHLUSSWORT VON NAOMI H.-G. (NEBENKLÄGERIN)

Die Nebenklägerin Naomi H.-G. spricht auf Englisch. Ihre Rechtsanwältin Lang übersetzt abschnittsweise ins Deutsche.

»Es gibt eine Bedeutung jenseits der Absurdität«, beginnt Naomi H.-G. ihr Statement. Sie wünsche, diese Worte seien ihre, aber es seien die von Rabbiner Abraham Joshua Heschel, einem der vielen, großen jüdischen Denker und Rabbiner, die aus Deutschland fliehen mussten, um der Shoah zu entkommen. Rabbiner Heschel sei jemand, der zu einem vehementen Kämpfer für die Menschenrechte geworden sei. Seine Worte seien schließlich zu ihren eigenen geworden.

»Was an diesem Tag, am 9. Oktober 2019 geschah, ist unverständlich. Es ist nicht verständlich, nicht für Sie, [den] Senat. Nicht für uns, die Betroffenen. Und nicht für die Familien der Verstorbenen. Nicht einmal für den Typen dort drüben. Oder um es anders zu sagen: Was an jenem Tag geschah, ist absurd. Es widerspricht jeglicher Vernunft oder dem gesunden Menschenverstand.« Niemand solle schließlich um sein Leben fürchten, weder aufgrund der Hautfarbe, der Herkunft, der Identität oder des Glaubens noch in Abhängigkeit davon, wen diese Person liebe. In der Fantasie des Angeklagten wären sie alle ohnehin bereits tot. »Und doch sind wir noch am Leben. Wir, wir sind am Leben. Und wir trauern um die verlorenen Leben von Kevin S. und Jana L. Diese verlorenen Leben, sie sind Teil der Narben, die wir von diesem Tag mit uns tragen. Aber was tun, wenn die Absurdität weitergeht?«, fragt Naomi H.-G. Wie eine Spirale winde sich die Absurdität immer tiefer und tiefer und die Zahl der Fragen werde immer größer und größer. Die Ereignisse von jenem Tag würden von jetzt an den Blick auf die Welt von ihnen allen prägen. In den Zeugenaussagen sei zwar zu hören gewesen, dass jeder diesen Tag anders erlebt habe, und doch hätten sie alle gemeinsam, dass dieser Tag sie geprägt und gekennzeichnet habe, bis heute.

»Wie konnte es nur zu diesem Angriff kommen? Wie konnte es überhaupt einen Zweifel daran geben, dass ich Opfer eines Mordversuchs war? Wie kann ich von hier aus weitermachen? Kann ich diesen Ort wirklich ›mein Zuhause‹ nennen? Wie kann weniger als fünf Monate später ein weiterer Anschlag stattfinden, der neun Menschen das Leben kostete? Ist die Kontinuität des Hasses und Rassismus nicht offensichtlich? Wie kommt es, dass mein Schmerz nicht gesehen wird?«, fährt die Nebenklägerin fort. Dies seien zwar nur einige ausgewählte Fragen, die einigen von den Anwesenden vielleicht bekannt vorkämen, sie selbst, Naomi H.-G., denke aber, dass sie alle nicht danach streben sollten, allein Antworten auf diese Fragen zu finden, sondern darüber hinaus nach der Bedeutung und einem Sinn suchen sollten, »aber wie macht man das?«

»[…] Hüte Dich und pass gut auf Dich auf, damit Du die Dinge, die Deine Augen gesehen haben, nicht vergisst. Trage sie in Deinem Herzen dein Leben lang; teile sie mit Deinen Kindern und Deinen Kindeskindern«,[6] zitiert Naomi H.-G. zunächst auf Hebräisch, dann auf Englisch aus der Thora. Rechtsanwältin Lang liest die deutsche Übersetzung vor.

Die Nebenklägerin erklärt, dass sie diesen Vers aus der Thora deswegen zitiere, weil sie der Meinung sei, dass er allgemein wahr sei; unabhängig davon, woran der Einzelne glaube, woher er komme und unabhängig von jeglichen, biografischen Merkmalen. »Wir alle tragen die Verantwortung, nicht zu vergessen«, fährt Naomi H.-G. fort. »Nicht zu vergessen, was in diesem Gerichtssaal im Zuge unseres Strebens nach Gerechtigkeit geschehen ist. Und für diejenigen, die diesen Tag miterlebt haben, sind es die Ereignisse, die uns hier in diesem Saal haben versammeln lassen. Jedoch muss man ihnen, um nicht zu vergessen eine Bedeutung geben. Man muss einen Sinn finden.« Der zitierte Vers zeige im Wesentlichen, warum sie sich entschlossen habe Nebenklägerin zu werden. Sie habe dies aus einem Gefühl der Verantwortung heraus getan. Aus einer Verantwortung gegenüber den Marginalisierten der Vergangenheit, der Gegenwart und der Zukunft, gegenüber ihren Großeltern, die einst zu eingeschüchtert gewesen seien, um ihr Recht einzufordern, und gegenüber den Menschen in ihren Communitys und außerhalb dieser. »Ich möchte, dass sie es wagen, Gerechtigkeit einzufordern, wo es Gerechtigkeit bedarf.«

6 Aus: *Deuteronomium* 4,9.

Es sei zunächst nicht klar gewesen, ob die 50 Personen, die am 9. Oktober 2019 mit ihr in der Synagoge gewesen seien, als Opfer eines Mordversuchs betrachtet werden würden. Über Monate hätten sie sich in dieser Schwebe und Ungewissheit befunden. Nun seien es İsmet T. und Aftax I., die sich in dieser Ungewissheit befänden, obwohl die Beweise offensichtlich seien. Die Mordversuche an ihnen zu bezweifeln, erscheine absurd, wie Rechtsanwältin Friedman, Rechtsanwalt Onur U. Özata und İsmet T. es selbst während des Prozesses und in ihren Schlusserklärungen immer wieder dargelegt hätten.

Sie sei zudem, so die Nebenklägerin weiter, aus einem Gefühl der Verantwortung sich selbst gegenüber der Nebenklage beigetreten. Sie wolle nicht, dass die Ereignisse des 9. Oktober 2019 über sie herrschen und ihr Leben diktieren würden. Vielmehr habe sie alle Facetten des Angriffs verstehen und auch wissen wollen, was ihn ermöglicht habe. Sie ergänzt, dass sie das gewollt habe, um heilen zu können. Sie wolle auch ihren Teil dazu beitragen, das Narrativ dessen, was an diesem Tag geschehen sei, mitzugestalten. So habe sie deshalb an fast allen Verhandlungsterminen teilgenommen und dadurch gesehen, wie Rassismus, Xenophobie und Antisemitismus sich in diesem Gerichtssaal abgespielt hätten. »All diese unverblümten und offensichtlichen Äußerungen, aber auch die kleinen Handlungen, Interaktionen und Wortwechsel.« Diese Momente seien schmerzhaft, qualvoll und kräftezehrend gewesen, so Naomi H.-G. Nicht selten hätte sie ein Gefühl der Verzweiflung und Hoffnungslosigkeit hinterlassen, und auch Erinnerungen an den Tag des Anschlags seien geweckt worden.

Ihr habe sich auch die Frage gestellt, ob sich die ganze Mühe überhaupt lohne. An solchen Tagen habe man sehen können, wie sie dem Verfahren zugehört habe, während sie ihre »Seele mit den Worten des Buchs *Esh Kodesh*, das heilige Feuer, von Rabbi Kalonymus Kalman Shapira, beruhigte, der versuchte, in Zeiten großen Elends im Warschauer Getto bei seinen Anhängern Hoffnung zu wecken.« Auch während dieses Schlussworts habe sie, Naomi H.-G., dieses Buch bei sich gehabt und in der Hand gehalten. Die Nebenklägerin hält das Buch hoch, während sie aus der Predigt des Rabbiners vom 21. September 1940 zitiert: »Im Angesicht von Tod und Trauer habe ich die Kraft gefunden, Glückseligkeit zu finden und habe auch andere zur Freude inspiriert. Als andere meine Fassung und Seligkeit trotz so großer Schwierigkeiten beobachteten, fanden auch sie durch mein Beispiel innere Stärke angesichts ihrer eigenen Schwierigkeiten. Diese innere Stärkung wird selbst die Wirkung haben, Böses in Gutes zu verwandeln.« Sie komme immer wieder auf diese Worte zurück, auch wenn sie unter anderen Umständen entstanden seien. Diese Worte würden nämlich nicht nur auf den damaligen Kontext zutreffen, sondern vielmehr die Stärke, die Entfaltung und die Solidarität widerspiegeln, die viele der Mitkläger in den vergangenen Monaten an den Tag gelegt hätten, allen Widrigkeiten zum Trotz. »Wir haben einander zugehört und sind näher zusammengerückt. Wir haben

Allianzen gebildet und stehen füreinander ein. Was aus dem Elend jenes Tages erwuchs, ist Solidarität. Wir lernen immer noch, wie wir mit diesen Narben leben können. An manchen Tagen gelingt es uns besser als an anderen.« Naomi H.-G. fügt hinzu, dass dieser Lern- und Heilungsprozess nicht mit dem Gerichtsprozess zu Ende sein werde. Sie sagt, dass sie bei dieser Gelegenheit ihre Freundin und auch Mitklägerin Talya F. zitieren möchte: »Einige von uns hatten die Chance, unserem Angreifer vor Gericht gegenüberzutreten, andere nicht. Einige von uns haben sich dafür entschieden, direkt mit diesem Übel zu sprechen, und einige haben sich dafür entschieden, auf unterschiedliche Weise zu sprechen; durch Familie, durch Musik, durch Schreiben, durch Kunst. […] Einige von uns haben Gerechtigkeit in ihren verschiedenen Facetten gefunden, und einige von uns kämpfen immer noch für diese Facetten. Die Gewalt, deren Zeuge wir geworden sind, sie lastet auf unseren Herzen, aber auch auf unseren Gemeinschaften und auf unserem Land. Aber wir sind hier, wir bleiben hier, und wir werden weitermachen.«

Anschließend gibt die Nebenklägerin an, an der Stelle enden zu wollen, an der sie auch begonnen habe und zitiert abermals: »Es gibt einen Sinn jenseits der Absurdität. Seid Euch sicher, dass jede kleine Tat zählt, dass jedes Wort Kraft hat und dass wir alle unseren Teil dazu beitragen können, die Welt zu verbessern, trotz aller Absurditäten, aller Frustrationen und aller Enttäuschungen. Und vor allem denkt daran, dass der Sinn des Lebens darin besteht, das Leben so zu leben, als wäre es ein Kunstwerk.« Sie wiederholt, dass diese Worte einst Heschels gewesen, nun zu den ihren geworden seien und dass sie aufrichtig hoffe, »dass sie auch zu Ihren werden. Dass sie zu Ihren werden, während wir versuchen, dieses Böse in etwas Gutes zu wandeln und uns weiterhin für eine gerechtere und offene Gesellschaft einsetzen.«

SCHLUSSWORT VON ANASTASSIA P. (NEBENKLÄGERIN)

Die Nebenklägerin Anastassia P. erklärt zunächst, dass seit dem 9. Oktober 2019 ihr persönlicher Zustand unterschiedliche Phasen durchlaufen habe. Das gelte auch für ihr Vertrauen in die Demokratie und ihre Einstellung zu dem kollektivierenden Begriff »Wir«.

Die erste dieser Phasen sei durch das Überleben selbst gekennzeichnet gewesen. »Wir haben den Anschlag überlebt und haben noch Monate danach das Adrenalin in unseren Adern gespürt, das mich immer wieder persönlich dazu getrieben hat, lauthals zu schreien: ›Uns zermürbst du nicht, verfluchter Antisemitismus, uns kriegst du nicht klein! Wir gehen stärker da raus, als wir davor waren! Und nein! Wir haben keine Angst!‹ Das habe ich immer wieder laut in jedes uns vorgehaltene Mikrofon fast wie ein Mantra gesagt.« Im persönlichen Gespräch untereinander seien dann auch

Fragen nach Panikattacken, Schlafschwierigkeiten oder Empfehlungen zu guten Therapeutinnen oder Therapeuten besprochen worden. Zusammen hätten die Betroffenen geschwiegen und manchmal auch »schweigend geweint«.

Es seien dann jedoch andere Phasen eingetreten, schildert die Nebenklägerin weiter. »Ein emotionales Tief, die Realisierung, was mit uns geschehen ist, die Wiedereingliederung in den Alltag, die immer noch schrittweise vorangeht, Reaktionen der Nächsten und der Öffentlichkeit.« Sie, Anastassia P., habe dabei beobachtet, wie es für einige Betroffene und auch für sie persönlich schwer geworden sei, mit Freund·innen und auch mit ihren Eltern über die Geschehnisse vom 9. Oktober 2019 zu reden. Alle hätten derartig unterschiedliche Gefühle gehabt, mit denen sie dann auch allein gewesen seien. Sie selbst suche immer noch Worte für ihre Gefühlslage und dafür, wie sich diese in ihrem Alltag manifestieren könnten.

Am verstörendsten, so Anastassia P. weiter, habe sie dabei den Versuch vieler ihre Bekannten gefunden, so zu tun, als ob es den Anschlag nicht gegeben hätte, oder als ob er nicht Menschen mit echten Leben, echten Plänen für die Zukunft getroffen hätte. Auch als ob er nicht Personen betroffen hätte, die sie persönlich kennen würden. Irgendwann sei ihr klar geworden, dass es die Angst sei, die diese Menschen stumm machen würde. Die Angst zu fühlen, die Angst, zu fragen und die Angst, die eigene Familiengeschichte, die Gesellschaft und das berühmte »Nie wieder!« zu hinterfragen. »Ist das ›Nie wieder!‹ doch zu einem ›schon wieder‹ mutiert, während wir geschlafen haben?«, fragt die Nebenklägerin und ergänzt, dass zwar auch sie Angst vor diesen Fragen, vor allem vor der letzten habe, aber zugleich bereits darin geübt sei, um diese Angst herum zu artikulieren. Sie habe eine Sprache dafür gefunden und auch schon Erfahrung darin, diese zu benutzen. Sie würde diese Fragen auch an ihr Umfeld und die Gesellschaft stellen. Nun sei es an der Zeit, dass auch andere diese Sprache für sich finden, sich ihren Ängsten stellen und lernen würden diese zu artikulieren, bevor sie zu Verleugnung und zu Hass mutierten. Die Gruppe der Überlebenden des Anschlags auf die Synagoge sei im vergangenen Jahr medial und gesellschaftlich in Deutschland, aber auch darüber hinaus sehr aktiv und präsent gewesen. Auch sie selbst habe dieses Sprachrohr genutzt, um über die soeben erwähnten Ängste zu sprechen. Ihr sei es aber nicht nur wichtig zu reden, sondern auch nach Handlungsansätzen zu suchen und etwa Vorschläge zu machen, wie das Schulsystem optimiert und die Polizei verbessert werden könne oder was von der Politik zu erwarten sei. Ihnen allen seien unterschiedliche Themen wichtig gewesen, doch eines hätten sie gemeinsam gehabt, nämlich »die Wahrnehmung des Unrechtes zu verstärken, das sowohl uns als Jüdinnen und Juden widerfahren ist, aber auch uns, als Migrant·innen, Frauen, Personen die von Rassismus betroffen sind und auch uns als Mitglieder der Gesellschaft, in der das möglich war.«

Für sie persönlich, so die Nebenklägerin, reihe sich dieses Ereignis in ein bereits seit Jahren bestehendes Muster des rechten Terrors ein, das in Wellen, mal aggressiver, mal subtiler, doch immer in ihrer Wahrnehmung präsent gewesen sei. Präsent gewesen sei es für sie zunächst als Jüdin, aber auch als eine Person mit einem unmissverständlich slawisch klingenden Namen. »Ja, wir sind leider Expert·innen in Fragen Benachteiligung und Ausgrenzung. Wir haben als Bürger·innen dieser Gesellschaft schon tausend Mal überlegt, was sich ändern kann, doch wer hörte uns wirklich zu?« Der Anschlag vom 9. Oktober 2019 schien ihr dabei ein Wendepunkt zu sein, leider sei die Brisanz des rechten Terrors aber erst durch den Anschlag vom 19. Februar 2020 in Hanau wirklich deutlich geworden, da dieser nicht mehr auf Einzelfälle habe reduziert werden können.

Sie sei zwar Sozialwissenschaftlerin, fährt Anastassia P. fort, aber auch eine höchst praktisch orientierte Sozialpädagogin. Als solche sei es für sie immer wichtig zu fragen: »Und jetzt? Was machen wir damit? Wie wenden wir die Erfahrung an? Welche Schlüsse ziehen wir daraus und machen unsere Gesellschaft zu einem gerechteren Miteinander?« Der Halle-Prozess sei für sie eine Möglichkeit, geschlossen gegen die Unmenschlichkeit aufzustehen und eine Gelegenheit dafür, einige verantwortungstragende Systeme des Staats zu Empathie aufzufordern. Er sei außerdem eine Möglichkeit, der Objektifizierung der Betroffenen entgegenzuwirken und die Kontinuität der Gewalt, des Wegschauens und des Relativierens auf allen gesellschaftlichen Ebenen aufzuzeigen.

Als eine in Deutschland lebende Person sei ihr im Prozess dabei nicht nur die Verurteilung des Angeklagten wichtig, sondern auch die Aufdeckung struktureller Schieflagen und Schwachstellen, die Sensibilisierung der Öffentlichkeit für die Alltäglichkeit des Antisemitismus, Rassismus, Chauvinismus und vor allem für den leider allgegenwärtigen Mangel an Empathie füreinander. Es gebe einen Mangel an Kritikfähigkeit und auch an Reflexionsvermögen über das eigene Handeln. Viele Menschen hätten Angst davor, ihre Gefühle wahrzunehmen, mit anderen mitzufühlen und die eigene Familiengeschichte zu reflektieren. Es sei der ständige Versuch zu beobachten, sich hinter politisch korrekten Aussagen zu verbarrikadieren und diese just im selben Moment zu verraten, in dem nicht entsprechend gehandelt werde. Es sei wichtig, Empathie zu entwickeln und bei Antisemitismus, Rassismus und Chauvinismus nicht wegzuschauen. Anastassia P. ergänzt: »Ja, es ist schmerzhaft, aber da müssen wir als Gesellschaft durch, wenn wir unsere demokratischen Werte erhalten wollen.«

Die Nebenkläger·innen hätten von Erinnerungskultur, Lippenbekenntnissen der Politik und der Gehorsamkeit der Obrigkeit gegenüber gesprochen, die beim Individuum häufig an die Stelle des Mitgefühls trete. Dabei hätten sie im Laufe des Prozesses aber auch feststellen können, wie komplex die Biografie eines Menschens sei, und wie viele Ereignisse, Personen und

Umstände dazu führten, dass einer zu einer derartigen Handlung greife, die im Zentrum dieses Prozesses stehe. Sie selbst sei Biografieforscherin, konkretisiert sich Anastassia P. Sie betrachte die Biografien der Einzelnen als eine individuelle Entwicklung im Kontext der Gesellschaft, in der diese leben, sich bewegen und handeln würden. Eine Biografie könne ein Lackmusstreifen für gesellschaftliche Entwicklungen sein und genau zeigen, woran man in der Gesellschaft, in der man lebe, sei. Jede Biografie sei dabei wichtig, und auch die vom Angeklagten habe Regelmäßigkeiten aufgezeigt, die seine Handlung und seine Entwicklung erklären würden. Ebenso hätten auch die Einflüsse von außen und die Rahmenbedingungen das Attentat begünstigt. Diese Rahmenbedingungen und strukturellen Einflüsse seien genau die Stellen, an denen man gesellschaftlich ansetzen könne und gar müsse.

Sie, Anastassia P., werde regelmäßig gefragt, was es für sie als Person mit einer jüdischen Biografie bedeute, jüdisch zu sein. Jüdisch zu sein, so die Nebenklägerin, bedeute für sie, sich jeden Tag zu entscheiden, nach dem jüdischen Gesetz zu leben und im öffentlichen Raum als Jüdin aufzutreten, sich jeden Tag zu entscheiden, Jüdin zu sein. Dies würde schöne Traditionen und eine starke Gemeinschaft bedeuten, aber auch heißen, diversen Ausprägungen von Ressentiments und Hass entgegenzutreten. Mehrfach seien die Nebenkläger·innen nach ihren Aussagen im Gericht gefragt worden, ob sie denn auch weiterhin in Deutschland leben bleiben wollten. Diese Frage habe sich dabei in erster Linie an jüdische Nebenkläger·innen gerichtet, so als ob es nur für die Jüdinnen und Juden eine Frage der Möglichkeit sei, das Land zu verlassen. Das habe fast wie die »Erwartung, dass sie es sich noch einmal überlegen« geklungen. Es gehe wohl um die »berühmten gepackten Koffer.«

Sie habe von diesem Prozess erwartet, dass er Menschen berühre; sowohl diejenigen, die ihn eng verfolgen würden, als auch diejenigen, die nur ab und zu etwas in den Nachrichten oder auf Social Media mitbekommen würden. Dass er sie zum Mitfühlen und Nachdenken anrege, in welcher Gesellschaft wir leben und welche Verantwortung jede und jeder von uns in dieser und für diese tragen würde.

Bei dem Attentat sei sie zwar als Jüdin getroffen worden, die vom Angeklagten repräsentierte Gesinnung träfe sie aber auch als Migrantin, als Frau und als Teil der deutschen Gesellschaft, die so vielfältig und divers sei, dass jede und jeder irgendeiner Minderheit angehören könne, die unter Umständen diskriminiert werden könne. Sie frage daher alle Angehörigen der Gesellschaft: »Wollt ihr nach dem Attentat in Deutschland bleiben?« Für sich selbst sage sie: »Ja, ich will hier in diesem Land bleiben. Ich stelle aber einige Bedingungen und diese lauten: Zuhören, Ernstnehmen, Reflektieren, Fehler bekennen und im Sinne der Demokratie handeln. Doch in erster Linie, den Menschen sehen und keine Angst vor dem Mitfühlen haben«, schließt Anastassia P. ihren Vortrag.

SCHLUSSWORT VON MAX P. (NEBENKLÄGER)

Der Nebenkläger Max P. gibt zunächst an, dass in den Plädoyers der Bundesanwaltschaft sowie in denen der zahlreichen Nebenkläger bereits vieles über die abscheuliche Tat sehr zutreffend gesagt worden sei. Er wolle gerne Wiederholungen vermeiden, obwohl das nicht einfach sei. »Ein Mord ist ein Mord und ein Mörder ist und bleibt ein Mörder«, fährt Max P. anschließend fort. Für ihn persönlich sei es wichtig gewesen zu verstehen, worin die Quelle dieses »bestialischen Hasses gegen die Juden« bei dem Angeklagten liege, und auch zu wissen, ob er wirklich ein Einzeltäter gewesen sei, oder ob er Mitwisser, geistige Unterstützer oder sogar Komplizen gehabt habe. Er, Max P., meine, auf diese Fragen nun Antworten gefunden zu haben.

Es werde behauptet, so der Nebenkläger, dass sich der Angeklagte im Internet in anonymen Onlineforen radikalisiert habe und, wie er selbst einmal gesagt habe, im Jahr 2015 verstanden habe, dass man »die weiße Rasse schützen müsse«. Er, Max P. gehe aber davon aus, dass der Ursprung für den Hass des Angeklagten weder im Internet noch in den Ereignissen vor fünf Jahren liege. Die Quelle sei vielmehr die Familie des Angeklagten selbst. Sicherlich stünde der Mutter und dem Vater ein Zeugnisverweigerungsrecht zu, so Max P. weiter, es sei aber zugleich schade, dass die Eltern, insbesondere die Mutter, von diesem Recht Gebrauch gemacht hätten. Sie hätten so möglicherweise verhindert, eine detaillierte Aufklärung zu bieten, wie ein Kind in familiärer Umgebung zu einem Mörder voller Hass und Verschwörungsmythen habe werden können. Er, Max P., hoffe dennoch, dass der Rechtsweg für die Klärung der Rolle der Eltern nicht ausgeschöpft sei und wolle sich dabei besonders an den Bundesanwalt richten.

Der »Attentäter« habe, setzt der Nebenkläger weiter an, eine »weiße Rasse« schützen wollen, was auch immer er unter diesem Begriff verstehen möge, und dabei eine unverzeihliche Spur des Leidens hinterlassen. Er, der Angeklagte, solle aber wissen, dass die von ihm gehassten deutschen Juden für die zwei von ihm ermordeten deutschen Nicht-Juden, Jana L. und Kevin S., ein Denkmal auf dem Synagogengelände errichtet und zwei Gedenktafeln an der Mauer vor der deutschen Synagoge und vor dem deutschen Kiez Döner angebracht hätten, die sie gemeinsam mit vielen weiteren deutschen Organisationen und Privatpersonen finanziert hätten. Der Angeklagte solle wissen, »dass sehr viele deutsche Christen, Muslime und Nichtgläubige, deutsche Weiße und deutsche Schwarze, deutsche Kinder, deutsche Frauen und deutsche Männer nach seinem Attentat den deutschen Juden ihre grenzenlose Solidarität geschenkt haben«. Und ihm solle auch bewusst sein, dass er weder jemanden geschützt, noch etwas Gutes in seinem Leben vollbracht habe. Die deutschen und nichtdeutschen Steuerzahler hätten bisher seine Existenz finanziert und würden dies, wie zu erwarten sei, auch bis zu seinem Ableben tun.

In zwei Tagen beginne das Chanukkafest, sagt Max P., das jüdische Lichterfest. Zwei Wochen später würden alle Christen Weihnachten feiern, ebenfalls ein Lichterfest. »Wir freuen uns auf beide Feste und grüßen unsere Freunde.« Die absolute Mehrheit der Menschen möge Licht und Helligkeit und glaube zudem an Gott, der diese Welt hell und fröhlich erschaffen habe. Sie würden auch glauben, dass die Seelen der beiden Mordopfer des Angeklagten, Jana L. und Kevin S., bei diesen Festen des Lichts vom Himmel leuchten werden. Der Angeklagte habe aber, so Max P. abschließend, einen anderen Glauben, denn »er glaubt an die Verschwörungen, an Hass, an Mord. Er glaubt an Dunkelheit und Finsternis. Jedem steht es frei, nach seinem Glauben oder seiner Weltanschauung zu leben. Wir haben das Licht gewählt, der Angeklagte die Dunkelheit. So wird er auch in Zukunft in Dunkelheit leben müssen.«

Die Vorsitzende unterbricht die Verhandlung bis 13.40 Uhr.

Nach der Unterbrechung ist das Pult, an dem die Nebenkläger·innen und ihre Vertreter·innen ihre Schlussvorträge halten, anders positioniert: Die Redner·innen sprechen nun in Richtung des Gerichts. Die Vorsitzende fragt Nebenklagevertreter Rechtsanwalt Sebastian Scharmer, ob dies in seinem Sinne sei. Dieser bejaht. Er habe diese Positionierung vorgenommen, da er zum Gericht sprechen wolle.

SCHLUSSVORTRAG VON RECHTSANWALT SEBASTIAN SCHARMER (NEBENKLAGEVERTRETER VON CONRAD R.)

Rechtsanwalt Scharmer gibt zunächst an, dass er seinem Plädoyer vorwegnehmen wolle, dass er den Nebenkläger·innen großen Respekt für ihre wortgewaltigen und wichtigen Beiträge zolle.

Er spreche heute für seinen Mandanten Conrad R. Dieser habe selbst kommen und etwas sagen wollen, es sei ihm wichtig gewesen, dass auch seine Stimme wahrgenommen werde. Er habe es aber nicht schaffen können zu kommen. Warum, werde er gleich erklären. Er werde also zunächst für seinen Mandanten sprechen und am Ende ein eigenes Statement von diesem verlesen, um ihm so zumindest indirekt Gehör zu verschaffen.

Er spreche heute, so Scharmer, nachdem bereits viele Plädoyers von Nebenklägerinnen und Nebenklägern, Kolleginnen und Kollegen sowie des Generalbundesanwalts zu hören gewesen seien. Er wolle die Anwesenden daher damit verschonen, alles zu wiederholen und werde sich auf die Punkte konzentrieren, bei denen aus seiner Sicht Ergänzungen oder Widersprüche nötig seien. Sein Plädoyer stehe in der Reihe seiner Kolleginnen und Kollegen Antonia von der Behrens, Lang, Kristin Pietrzyk, Friedman, Doreen Blasig-Vonderlin, Özata, Gerrit Onken, Mark Lupschitz und Hoffmann. Alles, was diese Kolleginnen und Kollegen dargelegt hätten oder noch darlegen würden, sei richti,g und er teile dieses ausdrücklich.

Rechtsanwalt Scharmer sagt, dass er sich auf drei wesentliche Punkte konzentrieren wolle. »Erstens, was ist Conrad R. am 9. Oktober 2019 geschehen und welche Folgen hatte es für ihn? Zweitens, warum konnte das

Conrad R. geschehen, und wer hat welche Folgen zu verantworten? Drittens, welche Aussagen kann ein Urteil dieses Senats treffen, um nicht nur einer Revision, sondern auch einer gesellschaftlichen und historischen Einordnung des Geschehens gerecht zu werden?«

Er wolle mit dem ersten Punkt der Frage, was Conrad R. am 9. Oktober 2019 geschehen sei, beginnen. Conrad R. habe an diesem Tag frei gehabt, sei entspannt gewesen und habe sich mittags zum Kiez Döner begeben, um sich etwas zu essen zu holen. Die Mitarbeiter des Restaurants habe er vom Sehen gekannt. Man habe sich sympathisch gefunden und ab und an ein Wort miteinander geredet. In dieser vollkommen normalen Alltagssituation sei es für ihn völlig unvermittelt zu dem Anschlag gekommen, an dessen Ende zwei Leben ausgelöscht worden seien und der eine Vielzahl von direkt mit dem Tod konfrontierten Menschen mit schweren Traumatisierungen hinterlassen habe. Sein Mandant, Conrad R., habe einen Mann vor dem Kiez Döner beschrieben, der aus seiner Sicht merkwürdig verkleidet gewesen sei. Er habe einen Helm und eine Schutzweste getragen. Das Nächste, was Conrad R., dann wahrgenommen habe sei gewesen, dass der Mann etwas vor die Tür mit einer brennenden Lunte geworfen habe. Dann sei es zu einer Explosion gekommen. Teile der Erinnerung dessen, was danach geschah, würden Conrad R. fehlen, was angesichts des Traumas nachvollziehbar sei, so Rechtsanwalt Scharmer. Es bestünden aber Gedächtnisfragmente, die sich eingebrannt hätten und die Conrad R. in allen Details nicht vergessen werde.

Das nächste Bild, das er in Erinnerung habe, sei, dass er aus dem Fenster schaue und eine Waffe direkt auf den Kiez Döner und damit auch direkt auf ihn gerichtet sehe. Es falle dann ein Schuss. Sein Mandant erinnere sich, wie er von der Tür wegrenne und dabei denke: »Nur weg von der Gefahr.« Um ihn herum breche in dieser Erinnerung Chaos aus. Ein älterer Herr, nach dem Ergebnis der Beweisaufnahme Herr Prof. Bernd H., zeige ihm auf seinem Handy die bereits eingetippte »110«. Conrad R. erwidere darauf: »Ja, besser anrufen«. Rıfat T. kauere währenddessen hinter dem Tresen, wirke verängstigt und zeige mit dem Finger auf den Mund, um Schweigen anzudeuten. Alles um Conrad R. bewege sich und er denke nur: »Raus hier!« Er suche nach einem Hinterausgang und laufe in den hinteren Bereich des Kiez Döners. Die Tür, die er dort finde, führe jedoch nicht nach draußen, sondern in eine dunkle, kleine Toilette. Er, Conrad R., denke, er sei gefangen. Die Tür habe keine funktionierende Klinke. Zwar könne man sie mit einem großen Eisenschlüssel abschließen, aber das wäre zu laut gewesen, er wolle schließlich nicht entdeckt werden und wisse nicht, ob draußen einer oder mehrere Täter seien. Auch wisse er nicht, was der Hintergrund des Angriffs sei, ob es eine Geiselnahme sei, ob die Situation Minuten oder Stunden dauern werde. In seiner Erinnerung versuche er die Tür, so gut es gehe, zuzuhalten. Vor der Tür höre er Schüsse, Schreie und Menschen um ihr Leben flehen.

Er schreibe eine Abschiedsnachricht in einen Familienchat. Er sei sich in diesem Moment sicher gewesen, dass er das nicht überleben werde. Das einzige, was er machen könne sei es, die Polizei anzurufen. Nur laut sprechen könne er natürlich nicht. Er schildere, was passiert sei und auch wo er sei, und hoffe auf Hilfe und Unterstützung. Er wisse nicht, ob er nun Opfer einer Geiselnahme oder eines Anschlags sei. Doch von der Polizei komme nur die Ansage, er solle einfach warten, bis die Einsatzkräfte kommen würden, dann folge nur ein: »Auf Wiederhören!« Sein Mandant sei über dieses Ende des Telefonats perplex gewesen und habe gedacht: »Auf Wiederhören? Die ist ja positiv. Also überlebe ich das hier?« Als er sich wenig später dann bei einem lauten Knall erschreckte, habe er die Tür nicht mehr festhalten können, sodass diese klapperte. Conrad R. denke in dieser Situation: »Das war es jetzt. Ich bin entdeckt.« Voller Panik warte er eine Zeit ab, die ihm unendlich lang vorkomme. Dann rufe er erneut die Polizei an, und versuche »verzweifelt flüsternd« auf seine Situation aufmerksam zu machen. Von der Polizei höre er jedoch nur rabiat, er solle »gefälligst lauter sprechen«, die Polizei sei außerdem bereits im Einsatz. Nun höre Conrad R. laute Stimmen und die Frage: »Ist da noch jemand?« Erst als die Tür geöffnet werde, sehe er bewaffnete Polizeibeamte und sei erst einmal erleichtert gewesen, er habe diesen Tag überlebt. Sein Mandant, fährt Rechtsanwalt Scharmer fort, werde aber daraufhin durch den Dönerimbiss, und an dem ermordeten Kevin S. vorbei, nach draußen geführt. Die Polizei kümmere sich nicht um ihn und befrage ihn später, gänzlich frei von Empathie, wer er sei und nehme knapp seine Daten auf. Er werde kurz von einem Sanitäter begutachtet, ehe dieser zum nächsten Ort gerufen werde. Konkrete Hilfe werde seinem Mandanten nicht angeboten. Am Abend suche er sich diese über die Mobile Opferberatung für Betroffene rechter Gewalt selbst.

Conrad R. habe dabei nur aus zwei Gründen überlebt, wie es auch später festgestellt worden sei. Zum einen sei ein Schuss in direkter Richtung von Conrad R. und Rıfat T. durch die Frontscheibe des Kiez Döners erfolgt, der wiederum zwischen den beiden Fensterverglasungen, die besonders stabil gewesen seien, steckengeblieben sei. Zum anderen habe der Sprengsatz, anders als im Tatplan vorgesehen, nicht vollständig umgesetzt. Rechtsanwalt Scharmer gibt an, auf diese beiden Tatsachen kurz näher eingehen zu wollen.

Der Generalbundesanwalt habe in seinem Schlussvortrag ausgeführt, dass er der Auffassung sei, die abgegebenen Schüsse nach der Detonation des Sprengsatzes seien nicht in Richtung von Conrad R. abgegeben worden. Nach der Beweisaufnahme sei allerdings, zumindest bezüglich eines der Schüsse, das Gegenteil belegt worden. Der Zeuge Nils P. habe als Tatortbeamter beschrieben, dass in der rechten Schaufensterscheibe der äußeren Scheibe der Doppelverglasung in Höhe von circa 1,70 bis 1,80 Metern ein Loch mit 7 Zentimetern Durchmesser sowie eine deformierte Metallkugel auf dem Grund des Fensters liegend, festgestellt worden seien. Zudem habe der Zeuge und

Nebenkläger Bernd H. ebenfalls beschrieben, dass er den Schuss auf die Schaufensterscheibe gesehen habe. Das Tatvideo zeige außerdem, dass der Täter nach der Detonation des Sprengsatzes mehrere Schüsse auf den Kiez Döner abgegeben habe. Der erste Schuss schlage dabei genau dort ein, wo ihn der Zeuge Nils P. später auch als Spur festgestellt habe. Dieser Einschlag befinde sich in einer direkten Schusslinie auf die Nebenkläger Rıfat T. und Conrad R.

Man könne argumentieren, so Rechtsanwalt Scharmer weiter, dass es letztlich rechtlich irrelevant sei, ob die mehraktige Tathandlung auch einen Mordversuch durch die Schussabgabe oder ausschließlich durch das Zünden des Sprengsatzes darstelle, schließlich sei die spätere Einlassung des Angeklagten, er habe die Nagelbombe zum Verletzen und Desorientieren und nicht zum Töten einsetzen wollen, ohnehin »vollkommen unglaubhaft«. Die Schussabgabe demonstriere allerdings den »unbedingten Tötungswillen des Täters«, der auch Rıfat T. und Conrad R. gegolten habe. Dieses Geschehen sei dem mehrfachen Betreten des Kiez Döners vorausgegangen, das mit dem Mord an Kevin S. und mehreren weiteren Mordversuchen geendet habe. Der Senat könne daher über dieses Detail nicht hinwegsehen. Dieser Tötungswille sei auch durch die genutzten Sprengsätze deutlich geworden und habe zudem zum Nachahmen animieren sollen. Um zu verstehen, was der Zweck der verwendeten Sprengsätze gewesen sei, müsse man zunächst auf deren Einsatz an der angegriffenen Synagoge schauen.

Es werden Details zu den Waffen und dem Tatplan erläutert. Rechtsanwalt Scharmer sagt, dass der Angeklagte mit den Sprengsätzen eine möglichst große Anzahl von Menschen, die nicht in sein Weltbild und das seines Netzwerkes gepasst hätten, habe töten wollen.

Anschließend erklärt Rechtsanwalt Scharmer, dass er nun zu der Frage komme, was für Folgen der Anschlag für Conrad R. gehabt habe. Sein Mandant habe überlebt, weil eine besonders starke Frontscheibe des Kiez Döners eine Kugel abgehalten habe und auch, weil er sich nicht nur habe verstecken, sondern auch habe ruhig bleiben können, sodass er nicht entdeckt worden sei. Sein Mandant habe aber nicht deshalb überlebt, weil etwa eine »geistesgegenwärtige Polizei in Absprache mit der Jüdischen Gemeinde zu Halle einen ausreichenden Schutz sichergestellt oder überhaupt ein Verständnis für Gefahren an diesem höchsten jüdischen Feiertag, Jom Kippur, entwickelt« hätte, oder weil Sicherheitskräfte schnell und effektiv an den Tatorten eingeschritten seien. Er sei heute aufgrund des Anschlags traumatisiert, aber auch deshalb, weil er die Ohnmacht erfahren habe, »in einem Moment voller Panik und Todesangst, keine Unterstützung seitens der Polizei bekommen zu haben.« Auch nach der Tat habe er keine Unterstützung, sondern eine »empathiefreie Behandlung« durch die Polizei erfahren.

Sein Mandant sei zwar dankbar dafür, dass er irgendwann durch bewaffnete Polizisten aus dem Kiez Döner herausgeholt worden sei, und er wisse natürlich, dass andere Personen und deren Angehörige, mit denen er sich solidarisiere, an dem Tag noch viel größeres Leid erfahren hätten. Trotzdem sei es ihm, Rechtsanwalt Scharmer, wichtig, zu beschreiben, was seinem Mandanten zugemutet worden sei. »Wie würden Sie sich fühlen, wenn Sie, in einer zwei Quadratmeter großen dunklen Toilette Schüsse und Schreie hörend, nicht wissend, was genau vor der Tür vor sich geht, in dieser Situation eingeschlossen sind, Hilfe […] über einen Notruf bei immerhin hierfür ausgebildeten Einsatzkräften suchen und einmal schlicht aus der Leitung geworfen und das andere Mal nur angeherrscht werden, gefälligst lauter zu sprechen?«

Sein Mandant habe zwar neuen Lebensmut gefasst und lebe heute, wie er es in der Verhandlung geschildert habe, jeden Tag so, als könne es sein letzter sein. Er habe aber auch Angst zu reisen, da er Panikattacken befürchte. Ein Trigger dafür seien schwer bewaffnete Sicherheitskräfte, wie sie auch in diesem Gerichtssaal notwendigerweise stehen würden. Dies sei auch der Grund, warum sein Mandant, auch wenn er es sich vorgenommen hatte, heute nicht anwesend sein könne. Er, Rechtsanwalt Scharmer, wolle aber im Namen seines Mandanten sagen, dass sich dieser in großer Solidarität verbunden mit den anderen Betroffenen fühle. Dies gelte zuvorderst für die Familien der Getöteten, Jana L. und Kevin S., aber auch für alle anderen Überlebenden der Anschläge »in der Synagoge, auf der Straße, im Kiez Döner und in Wiedersdorf. An allen vier Tatorten.«

Anschließend gibt Scharmer an, sich nun der Frage widmen zu wollen, warum dieser Anschlag habe geschehen können. Folge man den Schlussvorträgen einiger anderer Verfahrensbeteiligter, so Rechtsanwalt Scharmer, solle ein sozial isolierter Verlierertyp im Kinderzimmer Waffen gehortet haben, weil er sich ideologisch und anonym im Internet habe radikalisieren lassen. Diese Betrachtung greife aber zu kurz, da sie die Ursachen der Anschläge vom 9. Oktober 2019 psychologisiere und damit letztlich auch bagatellisiere. Zwar sei es eine Komponente des Hintergrunds der Tat, dass im realen Leben isolierte Versagertypen eine Selbstaufwertung dadurch erfahren würden, dass sie anderen Menschen das Lebensrecht absprächen. Es gebe aber viele solcher Menschen, sie seien keine Einzelphänomene. Mörderisch wirke außerdem nicht etwa eine vermeintlich abnorme Psyche eines Einzeltäters, sondern »die menschenverachtende Ideologie von Antisemitismus, Rassismus, Islamophobie und Frauenfeindlichkeit, die der Täter mit vielen anderen und in umfassenden Netzwerken teilt«.

Rechtsanwalt Onken habe in seinem Schlussvortrag die ideologischen Grundlagen zutreffend beschrieben. Der Täter möge vor Ort allein gehandelt haben, sei aber kein Einzeltäter gewesen, sondern Teil einer Gesellschaft, in der antisemitische, rassistische, islamfeindliche und frauenfeindliche Ideologie salonfähig sei und gemacht werde, und in der die daraus resultierenden Gefahren durch die Sicherheitsbehörden massiv unterschätzt würden.

»Rick Langenstein, Hans-Joachim Sbrzesny, Martin Görges, Andreas Oertel, Willi Worg, Alberto Adriano, Helmut Sackers, Jörg Danek, Hans-Werner Gärtner, Frank Böttcher, Eberhart Tennstedt, Matthias Lüders, Torsten Lamprecht und viele mehr«, listet Scharmer auf, seien seit den 1990er Jahren in Sachsen-Anhalt, lange vor Jana L. und Kevin S., durch rechte Gewalt getötet worden. Die Mobile Opferberatung für Opfer rechter Gewalt habe allein dort im Jahr 2019 133 Angriffe mit 262 Betroffenen gezählt, 2018 seien es noch mehr gewesen. Viele dieser Taten seien dabei antisemitisch und rassistisch motiviert gewesen. Die Zahlen dürften, vermutet Rechtsanwalt Scharmer, nur die »Spitze des Eisbergs« zeigen, da viele Betroffene keine Anzeigen oder Meldungen erstatten würden. »Diejenigen, die es wagen rechte Gewalt in Sachsen-Anhalt anzuzeigen, müssen damit rechnen, dass Polizei und Staatsanwaltschaft in vielen Fällen keine Veranlassung sehen, eine rechte Tatmotivation zu ermitteln oder gar anzuklagen. Nicht selten versuchen sie, den Betroffenen gar eine Mitschuld an dem Geschehen zu geben.« Diese Situation habe bereits vor dem 9. Oktober 2019 vorgelegen und in ihr hätten die Sicherheitsbehörden in Sachsen-Anhalt die Einschätzung getroffen, dass zu Jom Kippur keine Sicherheitsvorkehrungen in Absprache mit der Jüdischen Gemeinde zu Halle getroffen werden müsste. »Diese Anschläge hätten verhindert werden können und müssen«, fährt Rechtsanwalt Scharmer fort und ergänzt, dass Rechtsanwältin von der Behrens bereits ausgeführt habe, inwiefern das Verhalten der Sicherheitsbehörden begünstigend für die Tat gewirkt habe und auch, wie verheerend es sich auf die Betroffenen ausgewirkt habe.

Er, Rechtsanwalt Scharmer, wolle nun darauf eingehen, was das Urteil bewirken könne. Eine unmittelbare Folge sei zunächst recht banal: »Der Angeklagte wird nach der Beweisaufnahme für alle angeklagten Taten und darüber hinaus, insbesondere auch für die versuchten Morde an Aftax I. und İsmet T., verurteilt werden. Als Nebenklagevertreter ist es von Gesetzes wegen nicht meine Aufgabe, irgendein Strafmaß zu beantragen, zumal das Gesetz ohnehin nur eine mögliche Rechtsfolge als Strafe vorsieht, nämlich die lebenslange Freiheitsstrafe und hier auch selbstredend die besondere Schwere der Schuld. Auch die Frage der Anordnung der Unterbringung in der Sicherungsverwahrung ist offenkundig, wobei es vielleicht ein Stück Ironie der Geschichte ist, dass nun gerade die Sicherungsverwahrung als ein Rechtsinstrument, welches die Nationalsozialisten 1933 eingeführt haben, bei diesem Angeklagten Anwendung finden soll.«

Das Urteil habe aber noch andere, wichtige Funktionen, so Rechtsanwalt Scharmer weiter. So könne den Ermordeten und Überlebenden in den Urteilsgründen ein Gesicht gegeben werden. Dies möge vielleicht selbstverständlich erscheinen, sei es aber nicht, wie vielen Anwesenden bekannt sei, und wie es auch das Oberlandesgericht München mit seinem Urteil über die NSU-Morde gezeigt habe. Er bitte daher das Gericht, nicht den gleichen Fehler zu machen und die Betroffenen nicht »wie austauschbare Objekte aus

Sicht der Täter« zu beschreiben. Es würde so schließlich nur die Diktion der Täter übernehmen und reproduzieren. Das Urteil müsse außerdem Ursache und Wirkung der Tat benennen, fährt Rechtsanwalt Scharmer fort. Es müsse deren Entstehung genauso wie deren Folgen beschreiben. Nur so werde es sich auch in dem gesellschaftlichen Kontext, in dem Strafprozesse immer stünden, und vor der Geschichte bewähren können. Diese Aspekte sollten bei der Formulierung der Urteilsgründe beachtet werden, auch wenn sie für die Frage, ob das Urteil einer Revision standhalten werde, nicht ausschlaggebend erscheinen würden. Er fügt hinzu: »Nur wer die Probleme offen benennt, kann für eine Änderung einstehen.«

Er formuliere hier keine überfrachtete Zielvorstellung, sondern betone damit die ureigenste Aufgabe eines Strafprozesses »im Sinne von Wahrheit und Gerechtigkeit«, sagt Scharmer. Ausdrücklich wolle er dabei anerkennen, dass sich der Senat und vor allem die Vorsitzende Richterin dadurch ausgezeichnet hätten, den Familien der Getöteten und den Überlebenden Raum zu geben und Gehör zu schenken. Dies sollte zwar selbstverständlich sein, alle justizerfahrenen Anwesenden wüssten allerdings, dass dem oft nicht so sei. »Die Verfahrensführung durch dieses Gericht ist auch und gerade in Sachsen-Anhalt eine Ausnahme.« Der Prozess könne daher umso mehr, das sei jedenfalls zu hoffen, neue Standards setzen.

Nicht suggeriert werden dürfte hingegen, so Scharmer weiter, dass sich die Sicherheitsbehörden und die Gesellschaft von ihrer Mitverantwortung für die Anschläge durch den Prozess »reinwaschen« lassen könnten. Das Urteil könne bestenfalls einen Anstoß geben, um an der Situation etwas zu ändern. Vielleicht könne es auch ein Baustein dafür sein, »dass Polizei und Staatsanwaltschaften endlich ein strukturelles Problem erkennen und als solches behandeln.«

Anschließend gibt der Rechtsanwalt an, dass er nun die ungefilterten, persönlichen Worte seines Mandanten Conrad R. verlesen wolle und betont, dass das für ihn heute das Wichtigste sei.

SCHLUSSWORT VON CONRAD R. (NEBENKLÄGER)

Hier seien die Worte, die sein Mandant Conrad R. gern dem Angeklagten, den anderen Anwesenden und jedem, der seine Ansichten zum Prozess hören möge, mitgeben wolle, schreibt der Nebenkläger zu Beginn seines Schlussworts.

Es liege in der menschlichen Natur, so Conrad R., zwischen zwei Gruppen zu unterscheiden, der eigenen und der fremden. Beide Gruppen würden je nach Situation angepasst werden. »Die eigene Gruppe kann die Familie, die Arbeitskollegen, der lokale Sportverein oder der Freundeskreis sein, und jeder von uns versucht, seine Gruppe zu unterstützen und zu schützen. Es gibt einem das Gefühl von Sicherheit zu wissen, dass man nicht allein ist. Du [gemeint ist der Angeklagte, Anm. d. Hgg.] bist viel allein und hast dir von all den Gruppen, die so ziemlich größten ausgesucht: die deiner Nationalität und deiner Hautfarbe.« Diese Gruppen habe er, der Angeklagte, vor all dem schützen wollen, was ihm fremd sei. »Aber das Attribut, eine weiße Hautfarbe oder Deutsch als Muttersprache zu haben, ist genauso bedeutungslos wie Links- oder Rechtshänder zu sein. Geschlecht, Sexualität, Nationalität, nichts davon kann man sich aussuchen, warum misst du ihnen also Bedeutung bei? Nur die Handlungen eines Menschen lassen Bewertung zu.«

Die Handlungen des Angeklagten würden sich wie folgt beurteilen lassen, schreibt Conrad R. abschließend: »Du darfst nicht Teil unserer Gesellschaft sein. Wir schließen dich aus. Wir wollen deinen Hass nicht teilen. Wir trauern geschlossen um die Opfer deiner Ideologie, aber wir lassen uns nicht auf dein Niveau herab. Wir gestehen dir die Rechte zu, die du anderen verweigern willst. Du hast das Recht zu leben. Nur nicht mehr mit uns. Du wirst viel Zeit haben, über dich und deine Ideologien nachzudenken. Du wirst deine Taten verarbeiten müssen. Ich hoffe ernsthaft, dass du bereuen wirst, was du getan hast. Dass du es bereuen wirst, nicht mehr Teil von uns sein zu dürfen. Dieser Prozess hat gezeigt, welche Ideale wir in unserer Gesellschaft leben wollen. Daher danke ich allen, die den Betroffenen ihre Kraft und Zeit geschenkt haben.«

Im Anschluss sagt die Vorsitzende, dass Rechtsanwalt Andreas Schulz Schlussvortrag nun an der Reihe sei.

SCHLUSSVORTRAG VON RECHTSANWALT ANDREAS SCHULZ (NEBENKLAGEVERTRETER VON CHRISTIAN W. UND DANIEL W.)

Rechtsanwalt Schulz sagt, dass es nicht ganz einfach sei, als Schlusslicht für die von ihm vertretenen Nebenkläger ein Plädoyer zu halten, da der Vertreter der Bundesanwaltschaft bereits die Sach- und Rechtslage umfassend gewürdigt habe und die anderen Nebenkläger und Nebenklagevertreter all das gesagt hätten, was ihnen wichtig und notwendig erschienen sei. Außerdem würden seine Mandanten zu den »Glücklichen« gehören, die vom Angeklagten verschont geblieben seien und auch keine nachhaltigen Schäden davongetragen hätten. Was könne also für seinen Schlussvortrag übrig bleiben, fragt Rechtsanwalt Schulz, was nicht bereits angesprochen worden sei.

Der Sonntagsausgabe der *FAZ* vom 8. November 2020 könnte unter dem Titel »Die Richterin und der Hasser« entnommen werden, dass die Verhandlungsführung der Vorsitzenden die Chance eröffnen würde, etwas aus diesem Prozess zu lernen. Dem sei vorbehaltlos zuzustimmen, sagt Rechtsanwalt Schulz. Aus dem Verfahren könne zum einen gelernt werden, dass den Opfern und Hinterbliebenen von Terroranschlägen mindestens dieselbe Aufmerksamkeit zuteil werden solle, die das täterorientierte Strafrecht für den Angeklagten vorsehe, zum anderen auch, dass das Internet neben seinen Vorteilen auch eine »Infrastruktur des Bösen« bereithalte, »die mit allen Mitteln wirksam und zielführend bekämpft werden muss.« Angesprochen fühlen sollten sich zuvorderst alle, so Schulz weiter, die im Nachgang von Terroranschlägen in der Pflicht stünden, sich institutionell um die Opfer und Hinterbliebenen zu kümmern, aber auch der deutsche und europäische Gesetzgeber sowie alle staatlichen Behörden, die sich im Kampf gegen den digitalen Terrorismus befänden.

Rechtsanwalt Schulz sagt anschließend, er wolle zunächst den erstgenannten Punkt ausführen, nämlich die staatliche Für- und Nachsorge für Opfer und Hinterbliebene von Terroranschlägen. Sowohl das unzureichende polizeiliche Schutzkonzept für die Synagoge zu Halle, als auch die Defizite bei der »empathischen Nachsorge« von den Betroffenen des Anschlags seien bereits in der Beweisaufnahme und den vorangegangenen Schlussvorträgen thematisiert worden. Bei der letztgenannten staatlichen Nachsorge für Terroropfer bestehe einzelfallübergreifend eine »Diskrepanz zwischen der gesetzgeberischen Intention, den bestehenden Gesetzen und der gelebten Realität.« Seine Ausführungen, so Rechtsanwalt Schulz, sollten als Chance verstanden werden, dass die Entscheidungsträger der jeweiligen Leitungsebenen der Behörden, die nach einem Terroranschlag tätig werden würden, aus diesem Verfahren etwas für die Zukunft lernen und ihre Krisenmanagementprotokolle präziser einstellen würden. Vor allem müsse es uneingeschränkte Empathie für Betroffene und die unbürokratische Hilfe und Unterstützung geben, die nach einem Terroranschlag auf allen Sprechzetteln von Politikern und hohen staatlichen Funktionsträgern stünden. »Obwohl das Opferentschädigungsgesetz in der heute geltenden Fassung, als auch das ab 2024 in Kraft tretende SGB XIV[7] Verheißungsvolles versprechen und von den politischen Akteuren als substantieller Fortschritt im Kontext des Opferschutzes kommuniziert wird, sieht die Verwaltungspraxis in den unteren Bürokratieebenen bedauerlicherweise bis heute weitestgehend anders aus, und insoweit ist das, was den Betroffenen in Halle widerfahren ist, kein Einzelfall, sondern findet sich in der Kontinuität eines systembedingten Mangels an Empathie und administrativen Unvermögens in den Kapillargefäßen der staatlichen und privaten Versorgungseinrichtungen seit Jahrzehnten wieder.«

Dass diese Einschätzung konkret belegbar sei, wolle er, Rechtsanwalt Schulz, beispielhaft an Einzelfällen seit 1972 aufzeigen, die dabei stellvertretend für viele andere, ungenannte Einzelschicksale stünden. Er wolle

7 Das Sozialgesetzbuch XIV soll bis zum 1. Januar 2024 schrittweise den Rechtsbereich der sozialen Entschädigungen neu regeln. Das Bundesversorgungsgesetz und das Opferentschädigungsgesetz werden dann aufgehoben.

also zunächst zurück ins Jahr 1972 gehen. Am 5. September 1972 hätten in München palästinensische Terroristen, die im Vorfeld von deutschen Nazis unterstützt worden seien, das israelische Team im olympischen Dorf überfallen. Zwei israelische Sportler seien dabei sofort getötet worden, die übrigen neun Mannschaftsmitglieder seien in der Nacht vom 5. auf den 6. September 1972 bei der fehlgeschlagenen Befreiungsaktion auf dem Flughafen Fürstenfeldbruck ums Leben gekommen. Zu Beginn der Geiselnahme seien die Olympischen Spiele noch fortgesetzt und nach dem Tod der Sportler lediglich für einen halben Tag unterbrochen worden. Nach einer Gedenkstunde habe der damalige IOC-Präsident Avery Brundage die Spiele fortsetzen lassen, wobei der bemerkenswerte Satz »The Games must go on« gefallen sei. Willi Daume habe die Entscheidung zur Fortsetzung der Spiele mit »Es ist schon so viel gemordet worden, wir wollten den Terroristen nicht erlauben, auch noch die Spiele zu ermorden« begründet. Rechtsanwalt Schulz sagt, dass es zu bezweifeln sei, dass die Angehörigen der getöteten Sportler dies ebenso empfunden hätten. Ein offizielles Andenken habe das IOC bei allen folgenden Olympischen Spielen bis heute verweigert. Auch sei den Hinterbliebenen der Opfer erst rund 30 Jahre später ein Schmerzensgeld von 3 Millionen Euro gezahlt worden, wobei davon bereits 2 Millionen Euro für die Rechtsverfolgungskosten abzuziehen gewesen seien.

Er begebe sich nun ins Jahr 1983, so Rechtsanwalt Schulz weiter. Am 25. August 1983 habe der südamerikanische Auftragsterrorist Ramirez Sanchez, genannt »Carlos, der Schakal«, durch seinen deutschen Mittäter Johannes Weinrich einen Sprengsatz im Maison de France in Berlin, einer französischen Kultureinrichtung, explodieren lassen, weil sich der damalige französische Ministerpräsident geweigert habe, Carlos Freundin Magdalena Kopp, die in Paris inhaftiert gewesen sei, freizulassen. Dabei seien wesentliche Gebäudeteile und ein am Haus befindliches Baugerüst zusammengebrochen, wobei sich ein Bauarbeiter die Wirbelsäule gebrochen habe, sodass er fortan ein Stahlkorsett habe tragen müssen. Als dieser Bauarbeiter später dem zuständigen Versorgungsträger über andauernde Schmerzen im Bewegungsapparat geklagt habe, habe ihm ein Sachbearbeiter erwidert, es handele sich nur um »Phantomschmerzen in seinem Kopf«, er solle sich nicht so anstellen und dass die Schmerzen weggehen würden, sobald man nicht mehr daran denken würde. Weitere Maßnahmen seien dabei nicht zu veranlassen gewesen. So, sagt Rechtsanwalt Schulz, sei das im Berliner Versorgungsamt im Jahr 1983 gewesen. Auch einem anderen Geschädigten dieses Anschlags, der unter einer Posttraumatischen Belastungsstörungen gelitten habe, sei es ähnlich ergangen. Dieser Betroffene sei aufgrund der Belastungsstörung über viele Jahre nicht in der Lage gewesen, nach dem Bearbeitungsstatus seines Versorgungsantrags zu fragen. Als ein Anwalt im Jahr 2005 mit der Sache betraut worden sei und nach dem Status dessen gefragt habe, habe dieser zunächst die Auskunft erhalten, dass die Sache erledigt sei und daher kein entsprechender Antrag beschieden werden müsse. Erst durch die Akteneinsicht habe festgestellt werden können, dass seit der Antragstellung im Jahr 1983 keine inhaltliche Bearbeitung stattgefunden habe, und glücklicherweise auch keine Rechtsmittelbelehrung erfolgt sei, sodass nach einigen Jahren des behördlichen Kleinkrieges zwischen Anwalt und Versorgungsträger doch noch eine Rentenzahlung inklusive einer Nachzahlung erfolgt sei. Dazu habe es allerdings auch eines privaten Sachverständigengutachtens bedurft, das festgestellt habe, dass die Posttraumatische Belastungsstörung durch das Erleben des Terroranschlags verursacht worden sei und nicht, wie der medizinische Dienst des Versorgungsträgers gemutmaßt habe, eine unbefriedigende Partnerbeziehung.

Auch nachdem am 5. April 1986 im Auftrag des libyschen Geheimdiensts eine Bombe in der Berliner Diskothek La Belle explodiert sei, habe sich ein ähnliches Lagebild ergeben, fährt Rechtsanwalt Schulz fort. Auch damals hätten viele der über 300 Geschädigten eine ähnliche Odyssee durch die Versorgungsbürokratie durchmachen müssen. Ein besonders prägnantes Einzelschicksal wolle er dabei kurz schildern. Ein junger Mann habe bei dem Anschlag auf das La Belle ein Bein verloren und bei der Stadt Krefeld um einen Behindertenparkplatz für einen Pkw vor seiner Haustür gebeten. So einfach sei das aber nicht gegangen, da der Grad seiner Behinderung nicht ausgereicht habe. Zuerst habe dieser bei 50 Prozent, dann bei 60 Prozent gelegen, bis der Mann, nach jahrelangen Bemühungen seines Anwalts und eines Bundestagsabgeordneten, bei 90 Prozent angelangt sei. Dann habe er sich aber sagen lassen müssen, dass für einen Sonderparkplatz noch eine weitere Behinderung dazukommen müsse. Auf die Frage des Anwalts, worin eine solche denn bestehen könne, habe der Sachbearbeiter der Krefelder Genehmigungsbehörde gesagt: »Na, wenn er blind wäre«, hätte man kein Problem mehr mit einer antragsgemäßen Bescheidung gehabt, aber mit noch einem Bein und 90-prozentiger Behinderung könne er ja schließlich auch woanders einen Parkplatz finden, und ein bisschen Bewegung schade nie. So sei das im Jahr 2000 gelaufen, sagt Rechtsanwalt Schulz, »zumindest in Krefeld, der linksrheinisch gelegenen Stadt am Niederrhein, im 18. und 19. Jahrhundert historisch als eine Samt- und Seidenstadt erwähnt. Für diese ansprechende Beschreibung dürfte das besagte La Belle-Opfer eine anderslautende Bezeichnung gehabt haben.«

Er wolle nun zum Anschlag auf den Berliner Weihnachtsmarkt am 19. Dezember 2016 kommen, erklärt Rechtsanwalt Schulz. In Untersuchungsausschüssen in Nordrhein-Westfalen und in Berlin werde der Frage nachgegangen, was die Hintergründe des Anschlags gewesen seien und welche Empfehlungen für Sicherheitsbehörden und Modelle für die Betreuung und Unterstützung von Terroropfern entwickelt werden könnten. Unabhängig davon stünden aber bereits das Bundesamt für Justiz sowie Opferbeauftragte des Bundes beziehungsweise der jeweiligen Länder den Opfern und

Hinterbliebenen zur Seite. »Aber trotz der mittlerweile optimierten gesetzlichen und interministeriellen Infrastruktur auf Bundes- und Länderebene, existiert nach wie vor auf der untersten Ebene der staatlichen sowie privaten Versorgungsbürokratie in Hinblick auf mangelnde Empathie und administratives Unvermögen eine ressortübergreifende Kontinuität.« So hätten die Hinterbliebenen von verstorbenen »Breitscheidplatz-Opfern« zeitnah eine Kostenrechnung für die erfolgte Obduktion erhalten, die mit dem Hinweis verbunden gewesen sei, dass bei nicht fristgerechter Zahlung ein Inkassounternehmen eingeschaltet werden würde. Fälschlicherweise sei für diese unangemessene Routine der Institutsdirektor verantwortlich gemacht worden, der sich nach Bekanntwerden dieses Vorgangs sofort bei den Hinterbliebenen entschuldigt und alle Rechnungen storniert habe. Eine Entschuldigung für den Vorgang, den er nun beschreibe, sei allerdings ausgeblieben, da sich niemand verantwortlich gefühlt habe. Auf den Fragebögen für Anträge nach dem Opferschutzgesetz habe sich zudem eine Frage befunden, die in Anbetracht der Dimension des Terroranschlags für Hinterbliebene und Opfer an mangelnder Empathie nicht zu überbieten gewesen sei. Sie habe gelautet: »Hatten Sie mit dem Täter eine sexuelle Beziehung?« Obwohl ganz sicher keines der Opfer dieses Anschlags die Frage mit »Ja« hätte beantworten können, sei sie durch das Formular abgefragt worden. Erst später sei das Formular stillschweigend für zukünftige Fälle abgeändert worden, berichtet Rechtsanwalt Schulz. Mit zwei konkreten Einzelschicksalen von Betroffenen dieses Anschlags wolle er die Thematik der mangelnden Empathie und des administrativen Unvermögens verdeutlichen, die im Kontrast zu den Sprechzetteln der Politiker und hohen Funktionsträgern stünden, die nach Terroranschlägen sofort zur Solidarität aufrufen und Opfern sowie Hinterbliebenen schnelle, unbürokratische Hilfe versprechen würden. Während der erste Fall noch mit gewissem Humor in seiner Irrationalität zur Kenntnis genommen werden könne, zeige der zweite Fall »das gesamte Spektrum behördlichen Unvermögens« auf, so Schulz.

Der erste Fall habe sich folgendermaßen zugetragen: Ein verheirateter Familienvater mit vier Kindern habe am 19. Dezember 2016 auf dem Weg zum Weihnachtsmarkt in Berlin die Hardenbergstraße in Höhe des Breitscheidplatz überquert, als der Lkw des Terroristen Anis A. gegen 20 Uhr in diesen hineinfuhr. Als ausgebildeter Ersthelfer habe der Familienvater seine Familie gebeten, vor dem Kino Zoo Palast stehen zu bleiben und sei zum Tatort geeilt, um dort Verletzten zu helfen. Er sei dort jedoch erstarrt gewesen, als er die Folgen bei den Besuchern des Weihnachtsmarkts, die vom Lkw überfahren worden waren, gesehen habe und sei demnach nicht mehr fähig gewesen, sich zu bewegen. Der Familienvater sei dann in ein Krankenhaus gekommen, ärztlich versorgt und nach Hause entlassen worden. Später sei bei ihm eine traumabedingte, dissoziative Bewegungsstörung aufgetreten und diagnostiziert worden, die sich in einem unkontrollierbaren Zittern des ganzen Körpers gezeigt habe. In der Fachliteratur werde dies als sogenanntes Kriegszittern beschrieben, fügt Rechtsanwalt Schulz hinzu. Der Familienvater sei seitdem arbeitsunfähig und auf staatliche Hilfe, zuvorderst auf medizinisch-psychiatrische Behandlung, angewiesen gewesen. An diesem Tag habe sich sein gesamtes Leben sowie das seiner Familie schlagartig verändert. So würden etwa seine Kinder nicht mehr von ihm von der Schule abgeholt werden wollen, weil sich andere Kinder über den zitternden Vater lustig machen würden. Ein Arbeitsvermittler habe ihm außerdem geraten, seine Berufsperspektive neu auszurichten, als Barmixer oder Rapper würden Vermittlungschancen bestehen. Eine medizinische Cannabistherapie, welche die Symptomatik der Erkrankung dämpfen und dem Familienvater ein halbwegs normales Leben ermöglichen würde, werde zudem vom medizinischen Dienst der Krankenkasse nicht nur aus Kostengründen, sondern auch aus »sozialmedizinischen Gründen« abgelehnt. Medizinisch verordnetes Cannabis würde, so der Gutachter laut Rechtsanwalt Schulz, zwangsläufig in eine Sucht münden. Außerdem läge eine Kindeswohlgefährdung vor, wenn der Vater das Medikament im Beisein seiner Kinder am Esstisch oder im Kinderzimmer konsumieren würde, was gegebenenfalls, unter Einbeziehung des Jugendamts, verhindert werden müsse. Das Gutachten sei fernab der Tatsachen davon ausgegangen, dass »der medizinische Joint im Kreise der Familie munter die Runde macht: erst der Vater, dann die Mutter und danach die vier Kinder«, so Rechtsanwalt Schulz. Stattdessen sei dem Vater eine »Tanz-Sing-Therapie« empfohlen worden, und »folgsam tanzte und sang der Familienvater fortan, ohne dass sein Zittern hiervon beeinträchtigt wurde«, ergänzt Rechtsanwalt Schulz. Erst nach einem langen Ringen mit dem Medizinischen Dienst der Krankenkasse, mehreren Privatgutachten, der Intervention der Opferbeauftragten der Bundesregierung und durch Unterstützer auf Bundes- und Länderebene habe die private Krankenversicherung schließlich nach dreieinhalb Jahren eingewilligt, die Kosten für die Cannabistherapie zu übernehmen. Mitentscheidend sei vielleicht der Hinweis auf den medizinischen Dienst des Warschauer Zoos gewesen, »der für stressbelastete Elefanten bedingungslos eine Cannabistherapie befürwortete, ohne auf die zu vermutende Suchtproblematik und Kindeswohlgefährdung der Jungelefanten einzugehen«. Vielleicht sei aber auch die Vorlage des Falls im Bundeskanzleramt für das Einlenken der Krankenkasse entscheidend gewesen. Wie aber, fragt Rechtsanwalt Schulz, wäre der Fall ohne die Unterstützung von Dritten, die sich für den Familienvater eingesetzt haben, wohl verlaufen? Es sei »anzunehmen, dass dieser Familienvater heute noch tanzen und singen würde, aber auch immer noch zittern und seine Kinder nicht von der Schule abholen könnte«. Der Anwalt des besagten Mannes, fährt Schulz fort, habe auch Ansprüche bei der Unfallkasse Berlin angemeldet. Der Opferbeauftragte der Bundesregierung habe dieses Unterfangen als nicht besonders erfolgversprechend eingeschätzt, da der Mann ein »verhinderter Ersthelfer« und eben kein »echter Ersthelfer« gewesen sei, und daher nicht in den Genuss des weitreichenden Leistungskatalogs des Bundesversorgungsgesetzes kommen könne. Im November 2020 habe aber ein verantwortlicher Abteilungsleiter der Unfallkasse Berlin den Anwalt angerufen und sich für die lange Bearbeitungszeit entschuldigt, Opfern des Anschlags auf den Berliner Weihnachtsmarkt dürfe eine derart lange Bearbeitungszeit nicht zugemutet werden. Der Abteilungsleiter habe außerdem mitgeteilt, dass ein anerkennender Grundlagenbescheid bereits in der Fertigung und unterwegs sei. »Eines weiteren Kommentars hierzu bedarf es nicht, der Vorgang spricht für sich selbst«, schließt Rechtsanwalt Schulz die Schilderung dieses Falls.

Der zweite Fall wiederum entbehre jeglicher humorvoller Komponenten und zeige das »bürokratische Unvermögen der beteiligten Akteure in besonders tragischer Form« auf. Es handele sich bei diesem Fall um die Geschichte eines »selbstlosen Ersthelfers, der 2016 als Held gefeiert und sodann vergessen wurde, seitdem im Rollstuhl sitzt und darüber nachdenkt, wie er seinem Leben ein Ende setzen kann«. Der ehemalige Soldat aus dem Libanon, der 2016 in Berlin gelebt habe, habe sich beim Anschlag auf den Berliner Weihnachtsmarkt etwa zehn Meter vom Anschlagsgeschehen entfernt befunden. Ohne zu Zögern habe er sich sogleich um die Verletzten gekümmert, während viele andere Überlebende fluchtartig den Tatort verlassen hätten. Der Mann sei über Leichen und abgetrennte Körperteile gestolpert, die Polizei habe außerdem ihre Waffen auf ihn gerichtet, da sie ihn zunächst für einen Täter gehalten hätten. Als der Mann drei Verletzte aus einer beschädigten Bude des Weihnachtsmarktes habe befreien wollen, sei diese über ihm zusammengebrochen und habe einen doppelten Halswirbelbruch und eine Quetschung des Rückenmarks verursacht. Die Liste der Menschen, die ihm Genesungswünsche geschickt hätten, sei lang gewesen. So hätten ihm unter anderem Bundeskanzlerin Angela Merkel oder der Regierende Bürgermeister von Berlin, Michael Müller, geschrieben. Der damalige Bundespräsident Joachim Gauck habe ihn zwei Tage nach dem Anschlag besucht, um ihm für seinen Einsatz zu danken. Es habe sich dann aber wiederholt, so Rechtsanwalt Schulz, was er bereits mit den vorangegangenen Fällen aufgezeigt habe. »Eine empathielose Bürokratie, die auf Zuständigkeiten und Formalien allergrößten Wert legt und dabei übersieht, dass erforderliche Hilfe nicht beim Empfänger ankommt.« So sei etwa allein die Frage der Kostenübernahme für einen Adaptivrollstuhl zu einem jahrelangen Dauerthema geworden. Der bereitgestellte, provisorische, aber nicht angepasste Rollstuhl, der für den Zeitraum von der Beantragung bis zur Bewilligung eines individuell angefertigten Rollstuhls gedacht gewesen sei, sei seitdem der neue Lebensraum des Ersthelfers gewesen. Über Jahre hätten sich die Behörden nicht einigen können, wer für die Kosten des individuell angepassten Rollstuhls aufzukommen habe. Der Mann sitze daher seit Jahren in einem nicht angepassten, klapprigen Rollstuhl. Auch in diesem Fall kämpfe der Medizinische Dienst der Krankenversicherung an vorderster Front, so Rechtsanwalt Schulz, die behaupte, dass Pflegestufe 2 ausreichend sei, da keine Verschlechterung des Gesundheitszustands des Mannes festzustellen wäre. Erst nach dreieinhalb Jahren, als der Mann konkret über Suizid nachgedacht habe, seien ehrenamtlich tätige Dritte auf sein Schicksal aufmerksam geworden. Ihnen sei es gelungen, sein Leben etwas erträglicher zu machen, der Kampf um die Kostenübernahme gehe aber weiter. »Am 19. Dezember 2020 ist der vierte Jahrestag des Anschlags auf den Berliner Weihnachtsmarkt«, fügt Rechtsanwalt Schulz hinzu.

Er wolle nun, setzt der Rechtsanwalt an, auf den eingangs angesprochenen weiteren Themenpunkt eingehen. Die Vorsitzende sagt, dass sie die Verhandlung aber für eine 20-minütige Lüftungspause unterbrechen wollen würde, ehe Rechtsanwalt Schulz seinen zweiten Punkt ausführe.

Es erfolgt eine Unterbrechung.

Die Verhandlung wird gegen 14.50 Uhr fortgesetzt.

»Die Infrastruktur des Bösen verdient eine breitere Beachtung als dies bisher in der Beweisaufnahme erfolgt ist, beziehungsweise aus prozessualen Gründen auch nicht erfolgen konnte«, setzt Rechtsanwalt Schulz seinen Schlussvortrag fort. Er wolle sich nun der Frage widmen, was staatliche Behörden, der deutsche und der europäische Gesetzgeber, tun könnten, um dem Terrorismus im digitalen Zeitalter die Ressourcen zu entziehen und Menschen wie dem Angeklagten die Kommunikation untereinander zu erschweren. Die Diskussion um sogenannte Uploadfilter sei etwa noch in vollem Gange, Onlineanbieter sollten demnach verpflichtet werden, proaktiv terroristischen Content auf ihren Plattformen zu entfernen, aber entsprechende Inhalte auch schon automatisiert zu erkennen, während diese noch hochgeladen werden würden. Es sei hier nicht der Ort, um das »damit untrennbar verbundene grundrechtsrelevante Für und Wider sowie die damit verbundenen, vielschichtigen und komplexen Rechtsfragen« zu erörtern, ergänzt sich Rechtsanwalt Schulz, allerdings könne dieses Strafverfahren Anlass sein, über eine Option zum Uploadfilter nachzudenken, die bisher noch nicht berücksichtigt worden sei.

Nach den Terroranschlägen vom 11. September 2001 habe der US-amerikanische Gesetzgeber verschiedene Antiterrorgesetze erlassen. Besonders hervorzuheben sei aus diesen der »Justice Against Sponsors of Terrorism Act«. Einer Ausarbeitung des Wissenschaftlichen Diensts des Deutschen Bundestags zufolge, könnten Opfer von Terroranschlägen demnach zivilrechtlich nicht nur Terrorstaaten, sondern auch natürliche und juristische Personen, deren Handeln mitursächlich für den eingetretenen Schaden gewesen sei, in die Verantwortung nehmen. Bereits Ende 2001 hätten Anwaltskanzleien begonnen, Unterstützer von Terrorakten in die zivilrechtliche Haftung zu nehmen, die in den USA bekanntlich oftmals in Millionenhöhe ausgeurteilt werde. Auch in den Folgejahren seien Unternehmen wie Twitter, YouTube, Google und Facebook, über deren Kanäle Terroranschläge geplant und in Umlauf gebracht worden seien, wegen »Aiding and Abetting of Terrorist Acts« auf dem Wege der »Second Liability« verklagt worden. Dies habe in den USA fatale wirtschaftliche Konsequenzen gehabt, aber auch dazu geführt, dass sich die Akteure sehr genau überlegen müssten, »ob Unternehmensprofit im Gewand freier Meinungsäußerung zu einem unkalkulierbaren Risiko für den Fall einer Rechtsverletzung« führe. Internetprovider würden aus diesem Grund für ihre Dienste ein Haftungsfreistellungsprivileg beanspruchen. »Wenngleich algorithmenbasierte Tools aber jegliches Nutzerverhalten erfassen und verarbeiten, wird bei Straftaten über das Internet von eben diesen Unternehmen argumentiert, terroristischer Content könne entweder bei der Vielzahl der Nutzer beziehungsweise nicht in Echtzeit erkannt, respektive verhindert werden.« Dies sei dabei ein allzu durchsichtiges Scheinargument, so Rechtsanwalt Schulz, denn jeder wisse, dass man im Internet etwa Customized Advertisement bekomme, also auf das eigene Nutzerprofil abgestimmte Inhalte und Werbung. In den USA sei es für die Anbieter somit mittlerweile ein gefährliches und teures Unterfangen, nicht gegen terroristische Inhalte vorzugehen, zumal die Trump-Administration, wenn auch aus anderen Gründen, einen Gesetzentwurf vorgelegt habe, um die angesprochene Immunitätsklausel des § 230 Communications Decency Act für Internetprovider im Hinblick auf strafbaren Content abzuschaffen.[8]

»Wie sieht es nun hierzulande aus?«, fragt Rechtsanwalt Schulz anschließend. Bestelle man heute online eine größere Menge Ammoniumnitrat, habe man gute Aussichten, dass das BKA einem zeitnah einen Hausbesuch abstatte, wie die Mitglieder der vor dem Oberlandesgericht Düsseldorf angeklagten Terrorzelle Sauerland bestätigten könnten. Bestelle man jedoch zum Beispiel Utensilien, um minderjährige Kinder zu entführen, sie zu missbrauchen, danach zu töten und die Leiche in einer Schale mit Katzenstreu zu verscharren, gebe es für das Unternehmen, welches diese Tatwerkzeuge geliefert habe, derzeit keinerlei rechtliche Folgen. Im Fall des kleinen Mohammed, der 2015 auf dem Gelände des Landesamt für Gesundheit und Soziales in Berlin entführt worden war, habe der Täter eine bemerkenswerte Einkaufshistorie gehabt, wie etwa »Lebensechte Puppen, Teddybären mit verborgenen Kameras, Kinderhandschellen, Vaseline, Äther sowie Kinderspielzeug und

8 Im 47 U. S. C. § 230 heißt es: »Kein Anbieter oder Nutzer eines interaktiven Computerdiensts darf als Herausgeber oder Sprecher von Inhalten oder Aussagen behandelt werden, die von einem anderen Nutzer getätigt wurden.«

anderes mehr.« Das ungewöhnliche Bestellprofil sei offenbar keinem Algorithmus aufgefallen, es seien gar noch passende Ergänzungsprodukte vorgeschlagen worden.

Im vorliegenden Fall des Anschlags von Halle wiederum sei auch das Darknet angesprochen worden. Der Angeklagte habe über die Amazontochter Twitch seine Mordtaten live gestreamt. Der Fall sei damit auch ein Lehrstück über das »weltweite digitale Netz und sein zersetzendes Potenzial« gewesen. Es wäre dabei verheerend zu glauben, dass man mit der Verurteilung des Angeklagten das Böse dem Internet entrissen habe und nun wieder Rechtsfrieden herrsche. Junge, zornige Menschen, die sich aus jahrelanger Einsamkeit in die virtuelle Welt hineinbegeben würden, bis diese von ihnen Besitz ergreife, gebe es viele. Aufgrund der angesprochenen, persönlichkeitszersetzenden Kraft des Netzes dränge sich aber die Frage auf, »Was sollte uns hoffen lassen, dass diese Menschen der Verführungskraft dieser Medien nicht genauso erliegen könnten wie der Angeklagte?« Und auch, dass sie nicht genauso wie er getriggert werden könnten. Er, Rechtsanwalt Schulz, befürchte aber, dass es zu einer solchen Hoffnung leider wenig Anlass gebe, denn wegen der »persönlichkeitszerstörenden Kraft des Darknets« werde es mutmaßlich auch künftig Täter geben, die vergleichbare Terrorakte verüben würden. Die virtuelle Welt sei eine Welt, in der »systematisch und rund um die Uhr« Hass generiert werde. Jegliche Empathie werde »heruntergeregelt bis auf Null – und damit auch jede Tötungshemmung«. Der Angeklagte sei bei seiner Tat aus den Untiefen der virtuellen Welt in der realen Welt wieder aufgetaucht, als »monströse Gestalt«. Das sei für ihn nur ein kleiner Schritt gewesen.

Die Plattformbetreiber wie Twitch würden sich gern, so der Rechtsanwalt weiter, darauf zurückziehen, dass sie nur eine Infrastruktur bereitstellen würden. Was die Menschen dort treiben würden, falle nicht in ihren Verantwortungsbereich. Dies sei aber eine »sehr schlichte Sichtweise«, die nur der strafrechtlichen und zivilrechtlichen Exkulpation diene. Auch in Zukunft solle ihr Geschäftsmodell unangetastet bleiben und den Profit der Betreiber garantieren, »dafür geht man notfalls auch über Leichen und beweint dann mit anderen zusammen die Opfer.« Diese Geschäftsmodelle dürften in Deutschland aber nicht weiter unberührbar bleiben. Die Plattformen seien eben nicht einfach nur »Infrastruktur«. Die Bilder und »Vorstellungswelten«, die dort verbreitet werden würden, würden nämlich etwas mit denjenigen machen, die sich daran beteiligen würden. Sie würden dazu dienen, Straftaten herbei zu fantasieren und teils auch konkret vorzubereiten. Das Internet könne eben auch die Infrastruktur für schwere Verbrechen sein, »eine Infrastruktur des Bösen«. Wer eine solche Infrastruktur bereitstelle, trage sehr wohl die gesellschaftliche und rechtliche Verantwortung dafür, wie sie genutzt werde. Dieser Verantwortung könnten sich die Plattformbetreiber nicht entziehen. Der deutsche Gesetzgeber solle daher darüber nachdenken, ob insbesondere zivilrechtliche Instrumente gegen die Betreiber bereitgestellt werden sollten, wie es in den USA der Fall sei, damit die Unternehmen sich selbst um die präventive Gefahrenabwehr kümmern müssten. So könne man Tätern wie dem Angeklagten die Strukturen zur Vorbereitung und Umsetzung des Tatplans entziehen. Bei einer solchen gesetzlichen Regelung könnten Opfer und Hinterbliebene außerdem die rechtlichen Möglichkeiten bekommen, bei Umkehr der Beweislast das an einem Terroranschlag beteiligte Unternehmen in die zivilrechtliche Haftung zu nehmen, sollten diese die Gefahrenabwehr aus Profitgründen unterlassen. Gerichte könnten so durch Schadenersatzurteile Internet Service Providern verdeutlichen, was es koste, eine »todbringende Infrastruktur« zu betreiben.

Zusammengefasst, so Rechtsanwalt Schulz, wären diese rechtlichen Wege jene Chancen, aus diesem Verfahren etwas zu lernen, die er eingangs angesprochen habe. Wenn der Angeklagte in wenigen Tagen verurteilt werde, könne man trotzdem nicht beruhigt nach Hause gehen: »Wir können dann nicht sagen: Täter weggesperrt, Sache erledigt, das war's.« Der Kampf gegen den mörderischen Hass im Netz ende nicht mit diesem Urteilsspruch, er fange jetzt erst an.

SCHLUSSVORTRAG VON RECHTSANWALT DAVID HERRMANN (NEBENKLAGEVERTRETER VON PROF. DR. BERND H.)

Rechtsanwalt David Herrmann beginnt seinen Schlussvortrag mit einem Zitat Hannah Arendts: »Man kann sagen, dass der Faschismus der alten Kunst zu lügen gewissermaßen eine neue Variante hinzugefügt hat – die teuflischste Variante, die man sich denken kann – nämlich: das Wahrlügen.«

Rechtsanwalt Herrmann sagt, auch der Angeklagte habe sich, wie Hannah Arendt sagt, eine Welt zurecht gelogen, in der sein persönliches Scheitern auf Juden, Muslime, People of Color, Ausländer und Frauen zurückgehe, nur nicht auf ihn selbst und ergänzt: »Was für eine Lüge!« Aus diesem Weltbild heraus habe der Angeklagte nämlich entsetzliche Taten begangen und deswegen werde dieses Verfahren hier geführt. Aus mehreren Gründen sei dieser Prozess dabei außergewöhnlich: Aus materiell-strafrechtlicher Sicht sei es außergewöhnlich, weil der Angeklagte die schwersten Verbrechen begangen habe, die die Rechtsordnung kenne. Aus gesellschaftlicher Sicht sei es außergewöhnlich und beschämend, weil »wir über 70 Jahre nach dem Ende des NS-Regimes, im Täterland der Shoah, das die Welt mit Menschenverachtung und Rassenwahn grausam ins Unglück gestürzt hat, hier, auf deutschem Grund und Boden, wieder ein Verbrechen zu beklagen haben, das aus eben diesen Motiven begangen worden ist.« Schließlich sei das Verfahren dann auch aus strafprozessualer Sicht außergewöhnlich, weil das hiesige Gericht, sich der Verantwortung des deutschen Staates bewusst, eine besonders umsichtige Verfahrensweise gewählt habe, um den Gefühlen der Opfer Platz zu geben, die über die klassische Beweisaufnahme weit hinausgegangen sei.

Eben weil dieses Verfahren so außergewöhnlich gewesen sei, habe er lange überlegt, wie er seinen Schlussvortrag strukturieren könne, sagt Rechtsanwalt Herrmann. Er ergänzt, eigentlich sei das unmöglich, denn: Wie solle moralisch eine Reihenfolge gebildet werden, wenn Menschen, einfach weil sie da gewesen seien, ermordet worden seien. Wenn Menschen aufgrund ihrer Religion oder Herkunft ermordet werden sollten und wenn Menschen nur um ein Haar mit dem Leben davon gekommen seien, weil sie dem Angeklagten bei der Ausführung seiner Tat im Weg gewesen seien. Er bitte daher um Verständnis, dass er ein chronologisches Vorgehen gewählt habe und auch darum, dies als sachliches und in keiner Weise wertendes Kriterium zu verstehen. Die Banalität der Wiedergabe einer zeitlichen Abfolge könne keinem Opfer abschließend gerecht werden, aber ihm erscheine diese Herangehensweise alternativlos. Es sei ihm ein persönliches Anliegen, alle Opfer als solche wahrzunehmen und ihnen seine Solidarität zu versichern, und er wolle und könne hier niemanden weglassen. Aber auch er sei fehlbar. Mit seinem Schlussvortrag wolle er alle Opfer ansprechen, wenn er jemanden nicht erwähne, so bitte er um Nachsicht.

Er wolle sich der Sachverhaltsschilderung und der Chronologie der Anklage anschließen. Auch dem Schlussvortrag der Bundesanwaltschaft schließe er sich, mit zwei Ausnahmen, an. Zu diesen Ausnahmen komme er gleich noch.

Zunächst, so Rechtsanwalt Herrmann, gelange er in seinem Schlussvortrag aber erst einmal zu einer weiteren Banalität, die ihn beschäftige. Er stehe hier als Nebenklagevertreter und der Bundesgerichtshof definiere die Nebenklage als Rechtsinstitut, »das dem Nebenkläger die Gelegenheit gibt, seine persönlichen Interessen auf Genugtuung zu verfolgen«. Diese Definition berge zwei Schwierigkeiten: Seinem Mandanten gehe es zum einen nicht um persönliche Genugtuung, die es hierbei außerdem gar nicht geben könne, sondern darum, diesen Taten als Teil einer hoffentlich großen Zivilgesellschaft entgegenzutreten. Zum anderen ziele die Definition auf die persönlichen Interessen des Nebenklägers ab. Die persönlichen Interessen seines Mandanten hätten aus dessen Sicht angesichts der Tragweite der Tat aber zurückzutreten. Zwar könne man nun sagen, dass es eben gerade im »persönlichen Interesse« seines Mandanten sei, sich nicht nur zu dem ihm Widerfahrenen zu verhalten, gleichwohl sei die Definition des Bundesgerichtshofs aber eindeutig, dieser Schlussvortrag sei schließlich Bestandteil eines Strafverfahrens nach der Strafprozessordnung und eben keine politische Rede. Er werde sich daher, so Rechtsanwalt Herrmann, auf das Geschehen konzentrieren, das seinen Mandanten direkt betreffe, und auf die anderen Bestandteile dieses Verbrechens nur »kursorisch« eingehen. Diese würden sicherlich auch von den anderen Vertreter·innen der Nebenklage erschöpfend abgehandelt werden.

»Was also hat die Hauptverhandlung ergeben?«, fragt Rechtsanwalt Herrmann rhetorisch in den Raum. Der Angeklagte, den der Rechtsanwalt beim vollen Namen nennt, sei ein Mörder, der aus rassistischen, neonazistischen, antisemitischen und antifeministischen Motiven zwei Menschen getötet und eine Vielzahl von Menschen zu töten versucht und verletzt habe. Das stehe nach der Einvernahme vieler eindrucksvoller Zeugen, den Sachverständigengutachten und den abstoßenden Einlassungen des Angeklagten selbst fest. Die Reproduktion dieser menschenverachtenden Einlassungen sei im Folgenden leider nicht ganz zu vermeiden, so der Rechtsanwalt, und dass er nun zur Chronologie der Anklage kommen wolle.

Der Angeklagte habe zum Tatbeginn keinen Hehl aus seinem Hass gegen Juden, Muslime, Ausländer und People of Color gemacht und sich in seinem Livestream auch klar dazu bekannt. Er habe die Gräueltaten des Nationalsozialismus geleugnet. »Was für eine Lüge!«, ruft Rechtsanwalt Herrmann abermals aus. Es sei ihm dabei darauf angekommen, eine möglichst große Zahl von Menschen zu erreichen, um von Gleichgesinnten Bestätigung zu bekommen und Nachahmer zu motivieren. Der Angeklagte habe sich daher zur Synagoge der Jüdischen Gemeinde zu Halle begeben, habe in das Gebäude eindringen und mit selbsthergestellten Waffen und Sprengsätzen möglichst viele Menschen töten wollen. Juden seien in seinem Denken eine Gefahr für die »weiße Rasse« und würden eine weltumspannende Verschwörung betreiben. Sie hätten daher in den Augen des Angeklagten kein Lebensrecht. »Was für eine Lüge!«, ruft der Rechtsanwalt erneut. Die Wahrheit sehe so aus, dass der Angeklagte alle Menschen in den Gebetsräumen hätte erschießen wollen, hätte er Zutritt zu diesen bekommen. Auch daraus habe er in der Hauptverhandlung keinen Hehl gemacht und sogar bekräftigt, dass er auch Kinder erschossen hätte. Er habe sich außerdem dazu bekannt, dass der Modus Operandi des Anschlags von Christchurch sein Vorbild gewesen sei. Im Rahmen der Beweisaufnahme habe sich ergeben, dass die Menschen in der Synagoge dem Angeklagten schutzlos ausgeliefert gewesen wären, wäre es ihm gelungen das Tor zum Gelände der Synagoge zu überwinden. Es hätte sich dann keine Barriere mehr zwischen dem Angeklagten und den Besucherinnen und Besuchern der Synagoge befunden.

Die Verteidigung habe in der Hauptverhandlung bezweifelt, dass der Angeklagte, nach seinem Scheitern an der Tür oder dem Tor, unmittelbar zur Tat angesetzt habe. Der Versuch beginne aber, erklärt Rechtsanwalt Herrmann, wenn der Täter eine Handlung vornehme, »die nach seiner Vorstellung raumzeitlich der eigentlichen Tatbestandsverwirklichung unmittelbar vorgelagert ist, also nach natürlicher Betrachtung als deren Bestandteil erscheint«. Den anwesenden Juristen wolle er den sogenannten Tankwartfall des Bundesgerichtshofs aus einem Standardwerk in Erinnerung rufen: In diesem Fall seien die Täter zum Wohnhaus eines Tankwarts gegangen und hätten mit einer Pistole in der Hand geklingelt. Die nächste Handlung wäre dann die

Bedrohung der die Tür öffnenden Person gewesen, es sei aber niemand gekommen. Der Bundesgerichtshof habe gleichwohl das unmittelbare Ansetzen bejaht, dass die Täter sofort nach der Öffnung Gewalt hätten anwenden wollen. Die hier vorliegende Tat sei damit vergleichbar: Hätte der Angeklagte die Tür oder das Tor überwunden, so hätte er bei der ersten Gelegenheit das Feuer auf die Menschen in der Synagoge eröffnet. Auch die über die Mauer geworfenen Sprengsätze seien potenziell tödlich gewesen, wie es auch das Gutachten des BKA bewiesen habe. Der Angeklagte habe damit, zumindest billigend, in Kauf genommen, dass Besucherinnen und Besucher des Synagogengeländes durch die Sprengsätze getötet hätten können. Er habe behauptet, er habe gar nicht gewusst, ob die Synagoge in Betrieb oder nur ein Museum sei. »Was für eine Lüge!«, sagt Herrmann wieder. Der Angeklagte habe sich sonst als besonders internetaffin erwiesen und sei im Verwischen seiner Spuren so geschickt gewesen, dass es selbst dem BKA nicht gelungen sei, etwa Entschlüsselungen zu knacken. Dass die Synagoge an Jom Kippur belebt sein würde, sei im Internet ersichtlich gewesen, und das habe auch der Angeklagte gewusst. Er habe schließlich extra dieses Datum für den Anschlag gewählt, um möglichst viele Jüdinnen und Juden töten zu können. »Allen Menschen, die zum Zeitpunkt der Tat in der Synagoge waren, wünsche ich viel Kraft, um das Erlebte verarbeiten zu können«, schließt Herrmann seine Ausführungen zu diesem Tatkomplex.

Aus Frustration über sein Scheitern beim Eindringen auf das Gelände habe der Angeklagte dann mit seiner selbstgebauten Waffe Jana L. erschossen, fährt Rechtsanwalt Herrmann fort. Diese habe keinen Angriff erwartet, weil sie die Situation nicht vollständig erfasst habe. Sie sei arg- und wehrlos gewesen, als sie vom Angeklagten hinterrücks erschossen worden sei. Nicht einmal in der Hauptverhandlung, so der Rechtsanwalt, habe der Angeklagte echte Reue gezeigt. Er habe angegeben, er hätte so handeln müssen, da »Zögern« der Weg sei, »wie man verliere«. Er habe vermeiden wollen, entwaffnet zu werden und seinen Kampf nicht weiterführen zu können. Den Angehörigen und Freunden Jana L.s spreche er, Rechtsanwalt Herrmann, sowohl im eigenen wie auch im Namen seines Mandanten aufrichtiges Beileid aus.

Aus den genannten Gründen habe der Angeklagte auch versucht, auf die ebenfalls zufällig vorbeikommende Mandy R. zu schießen. Das sei nur an einer Ladehemmung gescheitert. Mandy R. habe, so Rechtsanwalt Herrmann, in ihrer Zeugenaussage auf beeindruckende Art und Weise unter Beweis gestellt, was für eine selbstbewusste Frau sie sei. Gleichwohl wünsche er ihr weiterhin viel Kraft bei der Verarbeitung des Erlebten.

Die nun folgende Handlung des Zeugen Stanislaw G. bilde einen besonderen Kontrast zu den grauenvollen Taten des Angeklagten: Stanislaw G. habe nicht gezögert, sein Fahrzeug anzuhalten, als er die am Boden liegende Jana L. gesehen habe und sei ausgestiegen, um ihr zu helfen. Dass das nicht selbstverständlich sei, habe man im Überwachungsvideo der Synagoge gesehen. Mehrere Autos hätten die leblose Jana L. in gemächlichem Tempo passiert, ohne dass die Insassen geholfen hätten. Auch auf Stanislaw G. habe der Angeklagte angelegt, der Schuss sei aber erneut an einer Ladehemmung gescheitert. Rechtsanwalt Herrmann bedankt sich bei dem Zeugen Stanislaw G. für dessen Mut.

Nachdem er den Bereich um die Synagoge verlassen habe, fährt Herrmann fort, sei der Angeklagte dann im Kiez Döner auf Kevin S. getroffen und habe in Tötungsabsicht auf diesen geschossen, weil er ihn wegen seiner krausen, dunklen Haare für einen Muslim gehalten habe. Diese hätten in den Augen des Angeklagten in Deutschland kein Lebensrecht. Er ergänzt wieder: »Was für eine Lüge!« Nachdem die ersten Schüsse auf Kevin S. nicht tödlich gewesen seien, sei der Angeklagte zu seinem Fahrzeug zurückgekehrt, habe die Waffe gewechselt und den um sein Leben bettelnden Kevin S. kaltblütig hingerichtet. Diese schreckliche Szene aus dem Video des Angeklagten werde er, Rechtsanwalt Herrmann, nie vergessen. Auch den Angehörigen und Freunden Kevin S. spreche er im eigenen und im Namen seines Mandanten aufrichtiges Beileid aus.

Auch Rıfat T., Conrad R. und den Arbeitskollegen von Kevin S, der namentlich nicht genannt werden möchte, hätte er im Kiez Döner erschossen, hätte er nicht daneben geschossen oder die Waffe keine Ladehemmung gehabt. Auch diesen Betroffenen, die bis heute schwer unter den Folgen der Tat leiden würden, wünsche er viel Kraft, so Rechtsanwalt Herrmann.

Er komme nun zum Tatabschnitt, der seinen Mandanten betreffe, sagt Rechtsanwalt Herrmann. Der Angeklagte habe schon im Ermittlungsverfahren ausgesagt, was er in der Hauptverhandlung wiederholt habe: Er habe auf den im Kiez Döner sitzenden, älteren Mann mit weißem Haar schießen wollen, weil dieser wie ein »Musel« ausgesehen habe und deswegen in Deutschland kein Lebensrecht hätte. Nicht einem Rücktritt des Angeklagten sei es zu verdanken, dass der Mandant heute noch lebe, sagt Rechtsanwalt Herrmann. Vielmehr habe der Waffensachverständige des BKA erklärt, wie sich eine Patrone im Lauf quergestellt und so die Waffe blockiert habe. Insbesondere auf dem Video, das von der Kamera stamme, die an der Kleidung des Angeklagten angebracht gewesen sei, erkenne man, dass es insgesamt drei gezielte Schussversuche auf seinen Mandanten gegeben habe. Der Angeklagte habe dabei nur wenige Meter entfernt gestanden. Erst als er damit beschäftigt gewesen sei, seine Waffe wieder schussbereit zu machen, habe sein Mandant fliehen können, erklärt Rechtsanwalt Herrmann. Im Ermittlungsverfahren habe der Angeklagte dazu noch belustigt angegeben, dass das Repetieren der Waffe »absurd lange« gedauert habe. »Nur dieser schon fast unmöglich anmutenden Verkettung von Zufällen ist es zu verdanken, dass mein Vater heute noch lebt«, sagt Rechtsanwalt Herrmann, dessen Mandant Bernd H. sein eigener Vater ist. Er müsse eingestehen, so der Rechtsanwalt, dass er dies in seiner ganzen Monstrosität erst während des laufenden Verfahrens realisiert habe.

»Sie wollten meinen Vater töten!«, richtet er sich an den Angeklagten. »Mit welchem Recht maßen Sie, ein gescheiterter Mensch, der im Leben nichts erreicht hat, sich an, über Leben und Tod zu entscheiden? Mit welchem Recht maßen Sie, der Sie nie etwas für die Allgemeinheit geleistet haben und sich immer nur von Mutti haben durchfüttern lassen, sich an, Menschen das Lebensrecht abzusprechen? Mit welchem Recht maßen Sie, der an allem, was er angefasst hat, versagt habe, sich an mir und meinem Bruder den Vater, meiner Mutter den Ehemann, meiner Tochter und meinem Neffen den Großvater zu nehmen?« Er maße sich dies mit einer Lüge an, sagt Rechtsanwalt Herrmann, mit den Worten von Hannah Arendt, mit einer »Wahrlüge«. Man könne auch sagen: Er maße sich das mit den Mechanismen des Hasses und des Faschismus an. Aus der Tat spreche das Mordmerkmal der niedrigen Beweggründe: Der Angeklagte habe den Menschen, die er getötet oder zu töten versucht habe, das Lebensrecht abgesprochen, da sie zu einer in seinen Augen minderwertigen Bevölkerungsgruppe gehören würden, weil sie Juden, Muslime, People of Color oder Vertreter·innen feministischer Positionen seien. All das seien die Feinde des Angeklagten gewesen, gegen die sein Kampf legitimiert sei. »Was für eine Lüge!«, ergänzt der Nebenklagevertreter erneut.

Im Zusammenhang mit den geschilderten Taten im Kiez Döner habe der Angeklagte auf der Ludwig-Wucherer-Straße auch in Tötungsabsicht auf die Zeugen Malek B., Abdülkadir B. und auf eine weitere Person, deren Identität nicht habe ermittelt werden können, geschossen. Auch hier habe er gemeint, diese als Muslime ausmachen zu können und daher auf sie geschossen. Malek B. und Abdülkadir B. hätten die Situation indes schnell erfassen und flüchten können. Beiden wünsche er viel Kraft, sagt Rechtsanwalt Herrmann. »Mögen Sie an dem Erlebten erstarken und nicht zerbrechen.«

Auf der Ludwig-Wucherer-Straße habe der Angeklagte außerdem in Tötungsabsicht auf Sarah B., Daniel L., Robert D. und Dirk F. geschossen. Diesen gebühre sein Dank, dass sie in dieser lebensgefährlichen Situation mutig ihren Dienst geleistet hätten, so der Rechtsanwalt. Das Waffengutachten des BKA habe die Gefährlichkeit der dabei eingesetzten Waffe gezeigt. Sie hätte daher auch beim mutigen İsmet T., der sich in dem Feuergefecht wiedergefunden habe, tödliche Verletzungen herbeiführen können. Der Angeklagte selbst habe zugegeben, dass mit dieser Waffe nur sehr ungenaues Feuer möglich gewesen wäre, es hätte daher auch İsmet T., der außerdem zur Zielgruppe des Angeklagten gehört habe, von einem Projektil getroffen werden können. Wenn für einen versuchten Mord auch ein Eventualvorsatz ausreiche, so Rechtsanwalt Herrmann, so könne wohl kein Zweifel daran bestehen, dass der Angeklagte auch des versuchten Mords an İsmet T. schuldig sei. Die Polizistinnen und Polizisten, auf die der Angeklagte geschossen habe, seien für ihn Vertreter eines missachteten Systems gewesen, das er bekämpfen wolle, da es seine erklärten Feinde in das Land hole. »Was für eine Lüge!«, kommentiert Rechtsanwalt Herrmann wieder.

Nachdem der Angeklagte auf seiner Flucht vom Tatort Ludwig-Wucherer-Straße zunächst ein Taxi gestreift und beschädigt habe, habe er auf der Magdeburger Straße »den dunkelhäutigen Zeugen [Aftax] I.«, einen somalischen Staatsangehörigen, erkannt. Dieser habe die Straße überqueren wollen, und der Angeklagte habe sich entschlossen ihn zu töten, indem er ihn überfahren wollte. Er habe dafür ein waghalsiges Fahrmanöver in Kauf genommen, um den Zeugen Aftax I. zu erfassen. Dieser sei glücklicherweise aber nur gestürzt und habe sich nur leicht verletzt. Dass der Angeklagte hier mit Tötungsabsicht gehandelt habe, habe sich im Rahmen der Haupt-verhandlung ergeben: Er habe selbst bestätigt, dass er versucht hätte, einem »weißen Menschen« auszuweichen und stattdessen hierbei weiter auf den Zeugen Aftax I. zugefahren sei. Er habe außerdem bei der Tat ein nach einem kanadischen Attentäter benanntes Lied abgespielt, dessen Modus Operandi es gewesen sei, Fußgänger zu überfahren. Insgesamt stecke die Tat des Angeklagten voller durchdachter Symbolik. Die Annahme, dass das ausgerechnet hier nicht gelten solle, liege daher fern. Er fühle sich, sagt Rechtsanwalt Herrmann, an die Wissenschaftstheorie von »Ockhams Rasiermesser« erinnert. Diese besage, dass bei mehreren hinreichenden möglichen Erklärungen für einen Sachverhalt die einfachste Theorie allen anderen vorzuziehen sei. Pointiert wolle er formulieren: Der Nazi, der erst versuche Juden und dann Muslime zu töten, der zwei Menschen kaltblütig erschieße, der auf Ausländer und Andersgläubige schimpfe und sich einen Soundtrack erstelle, in dem das Überfahren von Menschen glorifiziert werde, der solle ausgerechnet dann, wenn ihm ein Mensch aus seiner Zielgruppe »sprichwörtlich vors Auto« laufe, nur einen Fahrfehler begangen haben und kein versuchtes Tötungsdelikt, wenn er ihn fast überfahre? In der Gesamtschau überzeuge ihn das jedenfalls nicht, sagt Rechtsanwalt Herrmann.

Er wolle an dieser Stelle in der gebotenen Kürze auf die Arbeit der Ermittlungsbehörden eingehen, so der Rechtsanwalt weiter: Das BKA habe in seiner Ermittlungsarbeit bemerkenswerte Wissenslücken präsentiert und diesen Eindruck auch in der Hauptverhandlung nicht aus der Welt räumen können. Die Internetkultur, wie auch musikalische und künstlerische Symbolik, hätten bei der Tat und der Radikalisierung eine wichtige Rolle gespielt. Das BKA habe all das aber nicht verstanden und den Eindruck erweckt, als sei es von der Schnelllebigkeit der Zeit überholt worden und schaue diesen Entwicklungen im »scheinbar nahezu rechtsfreien Raum des Internets« ratlos zu. Die Bundesanwaltschaft habe die Arbeit des BKA in der Hauptverhandlung indes pauschal verteidigt und keinen Anlass für Kritik gesehen. Seine nun folgenden Ausführungen, so Rechtsanwalt Herrmann, wären erheblich wütender ausgefallen, wenn Bundesanwalt Kai Lohse in seinem Vorwort zum Plädoyer der Bundesanwaltschaft nicht doch noch Ausführungen zur Ermittlungsarbeit gemacht hätte.

Die Politik fordere nach jeder rechtsextremistischen Tat die vollständige Aufklärung, sagt Rechtsanwalt Herrmann. Dies könne jedoch nicht nur repressive, sondern müsse auch präventive Aspekte berücksichtigen, etwa die Frage, wie ähnliche Taten verhindert werden könnten. Dazu gehöre in jedem Fall ein Verständnis für relevante Subkulturen und deren Einfluss auf die Radikalisierung »alleinhandelnder Täter«. Auf den ersten Blick möge es als unwichtiges Detail erscheinen, die Spuren des Angeklagten im Netz zu ermitteln und zu verstehen, welche Symbole er verwendet habe. Das sei es aber eben nicht, wie es auch die Beweisaufnahme in Bezug auf Aftax I. bewiesen habe: Dem erwähnten Musiktitel sei in der Anklageschrift keinerlei Bedeutung beigemessen worden, obwohl die genannten Umstände in der Gesamtschau auf eine Tötungsabsicht des Angeklagten auch in diesem Fall hingewiesen hätten. Die Kollegin Rechtsanwältin Friedman habe dazu einen bemerkenswerten, juristisch fundierten Antrag auf Erteilung eines rechtlichen Hinweises an den Angeklagten gestellt, dass auch eine Verurteilung wegen eines versuchten Tötungsdelikts zu Lasten von Aftax I. in Betracht komme, welchem das Gericht auch entsprochen habe. In der schriftlichen Stellungnahme zu diesem Antrag habe sich die Bundesanwaltschaft zu der Angabe »verstiegen«, für eine Tötungsabsicht des Angeklagten hätte es »keine Anhaltspunkte« gegeben. Auch in der Hauptverhandlung sei der Bundesanwaltschaft dann noch einmal die Gelegenheit gegeben worden, Stellung dazu zu nehmen. Der Vertreter der Bundesanwaltschaft habe das aber lapidar abgelehnt.

Man könne in Bezug auf diesen Teilaspekt der Tat unterschiedlicher Auffassung sein, so Rechtsanwalt Herrmann weiter. Es sei aber erstens schlichtweg falsch zu behaupten, für ein versuchtes Tötungsdelikt gebe es keine Anhaltspunkte, und zweitens mindestens unangebracht, dazu in der Hauptverhandlung nicht zumindest einige Worte zu verlieren. Das stärke nicht das Vertrauen der Bevölkerung in eine lückenlose Aufklärung der gesamten Tatumstände. Vor dem Hintergrund der historischen Verantwortung des deutsches Volks sei die Vermittlung eines solchen Eindrucks fatal. Letztlich sei es auch ausdrücklich dem Gericht zu verdanken, dass der entscheidende Teilbereich für die rechtliche Bewertung der Tat gegen Aftax I. in der Hauptverhandlung überhaupt zur Sprache gekommen sei. Die Bundesanwaltschaft hätte diesen Aspekt schlichtweg ignoriert. Dass das Gericht diesen »Job« der Bundesanwaltschaft zumindest teilweise übernommen habe, spreche für sich. Es könne jedenfalls nicht dem Anspruch der deutschen Strafverfolgungsbehörden entsprechen, meint Rechtsanwalt Herrmann.

Keineswegs verkenne er, fährt der Rechtsanwalt fort, dass die Tat und die Schuld des Angeklagten Gegenstand der Hauptverhandlung seien. Es hätte hier aber an vielen Stellen genug Anlass für weitere Ermittlungen gegeben. Diese seien indes unterblieben, weil einige Aspekte der Tat nicht verstanden oder rechtlich für irrelevant gehalten worden seien. Beides dürfe aber nicht passieren und müsse in Zukunft vermieden werden. Wenn man sich vorstelle, dass hier nicht der auf die Außenwirkung bedachte Angeklagte, sondern ein schweigsamer Angeklagter gesessen hätte, dürfe man angesichts der Ermittlungsarbeit des BKA wohl bezweifeln, dass auch nur ansatzweise Aufklärung stattgefunden hätte. Für den Angeklagten spreche in Bezug auf diesen Komplex auch nicht, dass er in der Hauptverhandlung bestritten habe, dass er Aftax I. habe überfahren wollen. Ihm sei sein Scheitern nämlich sichtlich peinlich gewesen, in seinen eigenen Worten habe er sich »global lächerlich gemacht«. Es sei daher nur folgerichtig, den Tötungsversuch zu bestreiten, um nicht noch ein weiteres Scheitern einzugestehen. »Was für eine Lüge!«, ergänzt Rechtsanwalt Herrmann auch diese Aussage.

Er komme nun zu den Fällen 11 bis 13 aus der Anklageschrift, die die Taten in Wiedersdorf beträfen, sagt der Rechtsanwalt. Er habe den Eindruck, dass dieser Tatkomplex in der Öffentlichkeit nur den Status eines »Appendix« habe, obwohl die dortigen Taten als solche schon für ein kapitales Schwurgerichtsverfahren gereicht hätten. Der Angeklagte habe unter Waffeneinsatz versucht, von den Zeugen Jens Z. und Dagmar M. ein Fluchtfahrzeug zu erpressen und nach deren Weigerung auf beide geschossen. Nur durch Glück hätten sie überlebt. Der Angeklagte habe auch dabei den Tod der Zeugen billigend in Kauf genommen, was schon dadurch deutlich werde, dass er Jens Z. aus kurzer Distanz in den Hals geschossen habe. Sein erklärtes Ziel sei es dabei gewesen, an einen Fluchtwagen zu kommen, um seinen Kampf fortzusetzen. Im Anschluss an diese Taten habe er dann von den Zeugen Daniel und Christian W. und Kai H. ein Taxi erpresst, um mit diesem zu fliehen. Die Schilderungen der Zeugen aus Wiedersdorf in Bezug auf die Polizeiarbeit seien erschreckend gewesen, sagt Rechtsanwalt Herrmann: Jens Z. und Dagmar M. sei der Mordanschlag zunächst nicht geglaubt worden, ein Polizeiposten habe später die Verfolgung des Taxis verweigert, nachdem diese zunächst von einem Zeugen übernommen worden sei. Dies solle Anlass genug für die Polizei sein, so der Rechtsanwalt, die Mechanismen in einer solchen Lage zu überprüfen. Den Verletzten und Bedrohten aus Wiedersdorf wünsche er jedenfalls gute Genesung und Kraft bei der Verarbeitung des Erlebten.

Der Angeklagte sei, resümiert Rechtsanwalt Herrmann, schuldig im Sinne der Anklage und habe sich darüber hinaus auch des versuchten Mords an İsmet T. und Aftax I. schuldig gemacht. An Strafmilderungsgründe sei gar nicht zu denken, es sei vielmehr die besondere Schwere der Schuld festzustellen, für die die Voraussetzungen des Strafgesetzbuchs vorlägen: Der Bundesgerichtshof verlange die »zusammenfassende Würdigung von Tat und Täterpersönlichkeit« anhand von Umständen, »die Gewicht haben« würden. Es kämen zur Feststellung der besonderen Schwere der Schuld etwa eine besondere moralische Verwerflichkeit der Tatausführung oder der Motive, »mehrere Opfer bei einer Tat, die Begehung mehrerer Mordtaten oder, im oder ohne Zusammenhang mit dem Mord begangene, weitere schwere Straftaten« infrage. Die hier verhandelten Taten würden einen der schwersten antisemitischen und rassistischen Anschläge seit dem Zweiten Weltkrieg darstellen, so Rechtsanwalt Herrmann weiter. Sie steche dadurch selbstverständlich unter »vergleichbaren Taten« hervor. Darüber hinaus sei auch die Sicherungsverwahrung anzuordnen. Hierfür würden die Voraussetzungen nach § 66 StGB vorliegen.[9] Norbert Leygraf habe als Sachverständiger dargestellt, dass der Angeklagte ein tief ideologisierter Täter sei, der seinen Kampf nur wegen der derzeitigen Haft nicht fortsetzen könne. Es seien daher weitere schwere Straftaten von ihm zu erwarten. Der Angeklagte habe dies in der Hauptverhandlung auch selbst bekräftigt und sich als »Krieger« bezeichnet, der seinen Kampf fortsetzen würde.

»Gestatten Sie mir nun einige persönliche, eher unjuristische Anmerkungen« zu machen, sagt Rechtsanwalt Herrmann. Das Leitmotiv des Schlussvortrags einer Kollegin aus der Nebenklage sei »Schuld« gewesen.[10] Man solle nicht vergessen, so Rechtsanwalt Herrmann, dass der Angeklagte in einer Familiensituation mit beiden Eltern und einer Schwester gelebt habe. Niemand von diesen Personen wolle etwas von der Radikalisierung des Angeklagten und seiner Waffenschmiede mitbekommen haben. »Wer sich so gleichgültig und indifferent verhält und dem Angeklagten Raum für seine Lügen und seinen Hass lässt, ohne sich einzumischen, der trägt auch Schuld in sich«, meint der Rechtsanwalt. Er sei sich mit den Kolleg·innen einig: »Mischen wir uns ein. Reden wir. Schweigen wir nicht. Stellen wir uns gegen Hass, Rassismus, Faschismus, Antisemitismus.« Zu sagen »Das geht mich nichts an« sei dabei eine Lüge.

Rechtsanwalt Herrmann richtet sich anschließend noch einmal an den Angeklagten: Während des gesamten Verfahrens habe dieser seine Taten als gerechtfertigt und gar noch als notwendig dargestellt. »Was für eine Lüge!«, fügt Herrmann wieder hinzu. Er habe sich unbelehrbar gezeigt und immer wieder versucht, Fakten zu seiner rassistischen Weltanschauung auszubreiten, die allesamt Lügen seien. Er wolle ihm, sagt der Rechtsanwalt, noch einige belegbare Fakten, die keine Lügen seien, mit auf den Weg geben: Am ersten Verhandlungstag habe ihn die Vorsitzende auf seinen Nachnamen angesprochen, und er habe dazu angegeben, der Name sei französischen Ursprungs, stamme aus Elsaß-Lothringen, habe einen hugenottischen Hintergrund und bedeute »rotes Haar«. Sein Mandant aber habe Dr. Jürgen Udolph, der zuletzt Lehrstuhlinhaber für Onomastik, also Namenskunde, an der Universität Leipzig gewesen sei, gebeten, den Ursprung des Namens des Angeklagten zu recherchieren. Tatsächlich sei dieser im Elsaß zu finden gewesen. Der Name

9 Der Paragraf regelt die Voraussetzungen, die für die Anordnung einer Sicherungsverwahrung vorliegen müssen.

10 Gemeint ist wohl der Schlussvortrag der Rechtsanwältin Katrin Kalweit.

leite sich allerdings von einem dortigen Ortsnamen ab und habe mit »rotem Haar« nichts zu tun. Die lange Geschichte des Namens gehe aber noch weiter: Über die »GEDBAS-Datei«[11] habe Professor Udolph den Namen bis in das 17. Jahrhundert zurückverfolgt und als erste Namensträger einen Isaac, gestorben 1642, einen Abraham, gestorben 1684, und einen Jacob, geboren 1706, ausgemacht. Aus onomastischer Sicht spreche also vieles dafür, dass die ersten Träger des Namens des Angeklagten »jüdischen Glaubens« gewesen seien. Sein eigenes Beispiel solle ihm Anlass geben, über die Weisheit der Formel, dass »niemand wegen seiner Herkunft, Rasse, [...] bevorzugt oder benachteiligt werden« könne, nachzudenken.

Zum Sachverständigen Benjamin Steinitz habe der Angeklagte gesagt, dass es eine Lösung für den Antisemitismus gebe: »Keine Juden in Deutschland.« »Was für eine Lüge«, sagt Herrmann erneut. Die Wahrheit sei, dass es ohne Juden, ohne Zuwanderung und Vielfalt in Europa wohl niemanden im Saal gebe, auch den Angeklagten nicht. Deutschland und Europa sei nie der geschlossene Kulturraum gewesen, den der Angeklagte »herbeilüge«, und werde es auch nie sein. »Was für ein Glück!«, ruft Rechtsanwalt Herrmann jetzt aus.

Er schließe nun seinen Schlussvortrag mit dem Antrag, dass der Angeklagte zu einer lebenslangen Freiheitsstrafe zu verurteilen sei. Die besondere Schwere der Schuld sei dabei festzustellen und die Sicherungsverwahrung des Angeklagten anzuordnen. »Vielen Dank«, beendet Rechtsanwalt Herrmann anschließend seinen Vortrag.

Die Vorsitzende ordnet eine Pause bis 15.45 Uhr an. Danach sei Rechtsanwältin Blasig-Vonderlin an der Reihe.

SCHLUSSVORTRAG VON RECHTSANWÄLTIN DOREEN BLASIG-VONDERLIN (NEBENKLAGEVERTRETERIN EINES BETROFFENEN, DER NAMENTLICH NICHT GENANNT WERDEN MÖCHTE)

Rechtsanwältin Blasig-Vonderlin sagt zu Beginn ihres Schlussvortrags, sie schließe sich der Bundesanwaltschaft mit Ausnahme der Bewertung der Taten gegen İsmet T. und Aftax I. an, die Kolleg·innen Friedman und Özata hätten dazu bereits umfassend plädiert.

Dem Gericht, dem zugestanden werden müsse in den letzten Monaten ein faires und rechtsstaatliches Verfahren gegen den Angeklagten geführt und zugleich der Nebenklage Rechnung getragen zu haben, gelte außerdem ihr Dank für die Besonnenheit, mit der alle Verfahrensbeteiligten behandelt worden seien.

11 Eine genealogische Datenbank.

Sie vertrete, so Rechtsanwältin Blasig-Vonderlin, einen Betroffenen des Anschlags, der schwer traumatisiert und nicht in der Lage sei, dem Angeklagten hier gegenüberzutreten. Sie werde daher selbst seine Geschichte erzählen. Die Presse bitte sie dabei, den Namen ihres Mandanten nicht zu nennen, da dieser nicht in der Öffentlichkeit stehen wolle.

Bis zum Mittag des 9. Oktober 2019 habe ihr Mandant ein völlig normales Leben gelebt, beginnt die Rechtsanwältin ihre Schilderung. Geboren sei er 1974, aufgewachsen in Halle und Vater von zwei Kindern. Im März 2019 habe er in der Firma von Herrn G. als Trockenbauer angefangen – damals habe Kevin S. dort als Praktikant gearbeitet. Ihr Mandant habe gut um die Probleme von Kevin, den die Rechtsanwältin beim Vornamen nennt, gewusst, da sein eigener Sohn unter einem ähnlichen Krankheitsbild gelitten habe. Er habe die Zielstrebigkeit von Kevin bewundert: Diesem sei es wichtig gewesen arbeiten zu gehen und seinen Verein, den HFC, zu unterstützen. Ihr Mandant habe auch die Eltern von Kevin geschätzt. Er habe sich Kevin verbunden gefühlt und an seinem Beispiel gesehen, welche Möglichkeiten es für seinen eigenen Sohn geben könne. Er habe sich etwa für Kevin gefreut, dass er mit der Bahn aus Merseburg allein zur Arbeit habe kommen können.

Am Abend des 8. Oktober 2019 habe ihr Mandant, so die Rechtsanwältin weiter, einen Umzug in der Familie geplant. Vielleicht habe dieser Trubel noch fortgewirkt, als er am 9. Oktober 2019 vergessen habe, sein Mittagessen mit zur Arbeit zu nehmen, wie er es sonst immer getan habe. An diesem Morgen sei ihr Mandant noch gemeinsam mit Kevin bei einer Fleischerei gewesen, um Frühstück zu holen. Dort hätten sie sich auch mit »Bis morgen!« verabschiedet. Um 12.03 Uhr habe ihr Mandant dann aber eine Sprachnachricht von Kevin erhalten, in der dieser ihn gefragt habe, ob er zum Mittagessen herunterkomme, erzählt Rechtsanwältin Blasig-Vonderlin. Eigentlich hätten sie in ein anders Lokal gehen wollen, aber ihr Mandant habe Kevin dann gefragt, ob sie nicht lieber einen Döner essen gehen sollten. Er habe dabei genau gewusst, dass Kevin völlig egal gewesen sei, was sie essen würden; heute mache er sich wegen dieses Vorschlags große Vorwürfe.

Über den Liveticker[12] habe ihr Mandant den Prozess verfolgt und sei tief betroffen gewesen, als dort von der Aussage von Karsten L., dem Vater von Kevin S., berichtet worden sei.

Am Tattag habe ihr Mandant zunächst sein Geld vergessen und es holen gehen wollen, berichtet die Rechtsanwältin weiter. Er habe sich dann aber darauf eingelassen, dass Kevin das Geld auslegen würde, wie dieser es angeboten hatte. Heute stelle er sich die Frage, ob diese Minuten, in denen

12 Mehrere Medien, etwa die *Mitteldeutsche Zeitung* und die *Volksstimme*, hatten online einen Liveticker von der Verhandlung angeboten.

er sein Geld geholt hätte, Kevins Leben gerettet hätten. Aus einem ganz normalen Herbsttag sei ein schreckliches Erlebnis für ihren Mandanten geworden. Von den Schüssen vor der Synagoge hätten sie nichts gewusst und ganz normal ihr Essen bestellt. Als Kevin am Tresen gestanden habe, habe ihr Mandant noch mit der Mutter seiner Tochter telefoniert. Als dann die Kugel in das Fenster geflogen sei, habe er geschrien: »Hilfe, der will uns erschießen!« Dieser Ausruf sei das Signal für den Zeugen Bernd H. gewesen, der fasziniert das Splittern der Scheibe betrachtet habe und nur durch den Ruf ihres Mandanten aus dieser Beobachtung aufgeschreckt sei, sagt die Rechtsanwältin. Der Zeuge Bernd H. habe davon gesprochen, dass ihr Mandant ihm damit das Leben gerettet habe. Wie er in die hinteren Räumlichkeiten des Kiez Döner gelangt sei, wisse ihr Mandant heute nicht mehr genau. Er habe an diesem Tag in die Waffe des Angeklagten schauen müssen, habe seine Augen, seinen Hass gesehen und nur wegen einer Ladehemmung überlebt. Er sei dann aus dem Fenster gesprungen. Bernd H. habe ihm das nachgetan, nur so hätten die beiden überleben können.

Ihr Mandant mache sich aber bis heute Vorwürfe, dass er Kevin nicht mit sich gezogen habe, sagt die Rechtsanwältin. Er habe die Schüsse gehört, die Kevin getötet hätten. Er habe dessen Schreie gehört. Im Video von der Tat höre man ihren Mandanten außerdem flehen, berichtet Rechtsanwältin Blasig-Vonderlin: »Bitte nicht, ich habe Kinder.«

Vor der Tat sei ihr Mandant gerne zur Arbeit gegangen, habe gerne Konzerte besucht und sich liebevoll um seine Kinder gekümmert. Dieses Leben sei jetzt zu Ende. Zu den psychischen Folgen würden viele Atteste in den Akten sein, die wolle sie jetzt nicht wiederholen. Ihr Mandant beschreibe seine Situation jedenfalls so: »Mein Lebensmittelpunkt ist jetzt die Couch.« Er warte nur noch auf das Ende seines Lebens und gehe Gedanken wie »Hätte ich doch bloß nicht…« und »Ich bin an Kevins Tod schuld« nach.

Sie selbst wolle ihm entgegenrufen: »Nein, Sie sind nicht schuld.« Schuld sei auch nicht Kevins Vater. »Schuld ist der Angeklagte«, sagt die Rechtsanwältin. Schuld sei der Angeklagte, der in seinem Kinderzimmer kruden Verschwörungstheorien nachgegangen sei. Der Angeklagte, der »nichts, aber auch gar nichts« auf die Reihe bekommen habe. Schuld sei der Angeklagte, der sich 2015 bedroht gefühlt habe. »Von wem eigentlich, in seinem Dorf?«, fragt Rechtsanwältin Blasig-Vonderlin in den Raum. Der Angeklagte, der beschlossen habe, sich zurückzuziehen und sich mit ähnlich denkenden Menschen über Ideologien auszutauschen, die auf den Müllhaufen der Geschichte gehören würden: über Rassismus, Islamfeindlichkeit und Antisemitismus. Der Angeklagte, der sich selbst als »Incel« sehe. Darunter würden Hetero-Männer verstanden werden, die geprägt seien von ihrer Misogynie, ihrem Anspruch, ein Recht auf Sex zu haben und die Gewalt gegen Frauen nicht nur billigen, sondern auch anwenden würden. Die Zeugin Dagmar M. habe für den Angeklagten zutreffend den

Begriff »verweichlichtes Muttersöhnchen« gebraucht. In diesem Licht sei auch die Ermordung von Jana L. zu sehen. Sie könne sich hier nur der Einschätzung der Kollegin Rechtsanwältin Lang anschließen, dass es unglaubwürdig sei, dass er in dieser eine Bedrohung für seinen Tatplan gesehen habe, sagt Rechtsanwältin Blasig-Vonderlin. Sie habe vielmehr in sein misogynes Feindbild gepasst. Der Familie und den Freunden von Jana L. spreche sie ihr Beileid aus, sagt die Rechtsanwältin.

In Onlineboards sei der Angeklagte als das bezeichnet worden, was er sei. In dem dortigen Sprachgebrauch sei er ein »Ronny-Terrorist«.[13] Auch die Erfindung des Rotsehens, um in den Genuss einer Schuldminderung zu kommen, sei unerträglich. Menschen, die unter Migräne litten, so Rechtsanwältin Blasig-Vonderlin, würden nicht dazu neigen, Menschen zu erschießen.

Ihr Mandant könne leider nicht sagen: »Du wirst mir keine Qualen bereiten. Das endet hier und heute.« Aber der Abschluss des Verfahrens könne ihm vielleicht zumindest helfen.

Sie frage sich auch, wie man in 30 Jahren auf dieses Verfahren schaue, wenn die Tonbänder veröffentlicht werden würden. Sie hoffe, man werde in 30 Jahren kopfschüttelnd zurückblicken, weil Rassismus, Antisemitismus und Frauenfeindlichkeit nicht mehr existieren würden.

»Die Taten des Angeklagten gehen uns alle an«, setzt die Rechtsanwältin weiter an. Niemand könne sagen, er habe nicht gewusst, welche Gefahren die genannten Ideologien bergen würden. Es sei die Verantwortung aller, dagegen aufzustehen. Rechtsanwältin Blasig-Vonderlin betont, sie meine damit wirklich »aller«: »Stehen Sie auf. Widersprechen Sie. Verhindern Sie, dass aus abscheulichen Worten abscheuliche Taten werden.« Man solle auch bedenken, dass der Angeklagte meine, dass es keine Meinungsfreiheit gebe und sich damit in bester Gesellschaft befinde. Immer häufiger würden Menschen heute etwa über die »Lügenpresse« reden und glauben, es gebe in Deutschland keine Meinungsfreiheit mehr. »Und doch: Es gibt sie!«, widerspricht die Rechtsanwältin. Das garantiere schon das Grundgesetz: »Jeder hat das Recht, seine Meinung in Wort, Schrift und Bild frei zu äußern und zu verbreiten und sich aus allgemein zugänglichen Quellen ungehindert zu unterrichten. Die Pressefreiheit und die Freiheit der Berichterstattung durch Funk und Fernsehen werden gewährleistet. Eine Zensur findet nicht statt«, zitiert sie aus Artikel 5 des Grundgesetzes. Diese Freiheit aber gelte nicht uneingeschränkt. Sie ende dort, wo die Freiheit des Anderen ende. Es gebe kein Recht darauf, gehört zu werden und kein Recht auf die Akzeptanz jeglichen Unfugs. Jede Meinungsfreiheit ende dort, wo die Würde des Menschen angegriffen werde.

13 Gemeint ist wohl der Status als Versager oder »Möchtegern-Terrorist«.

Es sei beängstigend, so Rechtsanwältin Blasig-Vonderlin, welchen Zulauf heute etwa PEGIDA oder die Querdenken-Bewegung erhalten würden. Bewegungen wie die rechtsesoterische Anastasia-Bewegung würden selbstbewusst beginnen, in Brandenburg Grundstücke aufzukaufen, um unter dem Deckmantel der Ökologie Räume für ihre rechtsextreme Ideologie zu erkämpfen. Auch die Bewegung der Reichsbürger wachse. Diese Bewegungen aber, so Rechtsanwältin Blasig-Vonderlin, würden die Grundlagen für Taten wie diese schaffen: »Sehen Sie nicht weg. Diese Tat betrifft uns alle«, appelliert sie an die Anwesenden.

Sie beendet ihren Schlussvortrag mit einem Zitat Martin Niemöllers: »Als die Nazis die Kommunisten holten, habe ich geschwiegen; ich war ja kein Kommunist. Als sie die Sozialdemokraten einsperrten, habe ich geschwiegen; ich war ja kein Sozialdemokrat. Als sie die Gewerkschafter holten, habe ich geschwiegen; ich war ja kein Gewerkschafter. Als sie die Juden holten, habe ich geschwiegen; ich war ja kein Jude. Als sie mich holten, gab es keinen mehr, der protestieren konnte.«

Die Vorsitzende bittet Rechtsanwalt Jan Siebenhüner, mit seinem Schlussvortrag weiterzumachen.

SCHLUSSVORTRAG VON RECHTSANWALT JAN SIEBENHÜNER (NEBENKLAGEVERTRETER VON DANIEL L.)

Rechtsanwalt Siebenhüner sagt, der Generalbundesanwalt habe die Tat als einen der widerwärtigsten, antisemitischen Angriffe richtig bewertet. Die Taten des Angeklagten seien aber darüber hinaus auch ein »Angriff auf uns alle« gewesen, auf die Zivilgesellschaft und auf die freiheitlich-demokratische Grundordnung: »Es war ein Versuch, uns alle zu spalten.« Diese primären Absichten habe der Angeklagte mit seinen Taten verfehlt, wie etwa die vielen Menschen aus Halle, die zu den Tatorten geeilt seien, es auch zeigen würden. Der Großteil der Bevölkerung kämpfe gegen Rassismus, Antisemitismus und Frauenfeindlichkeit und wolle das schützen, was »uns allen« wichtig sei: Die freiheitlich-demokratische Grundordnung. Die Freiheitsrechte, die diese garantieren würden, würden von Frauen und Männern der Polizei, wie Sarah B. und Daniel L., geschützt werden. Diese beiden Polizisten seien, so Rechtsanwalt Siebenhüner, aus seiner Sicht die stillen Helden des 9. Oktober 2019. Sie hätten weitere Taten verhindert, indem sie selbstlos agiert und ihr eigenes Leben aufs Spiel gesetzt hätten, um das Morden des Angeklagten zu beenden. Sie hätten dabei auch noch besonnen agiert, als sie trotz der Gefahrensituation nicht wild um sich geschossen, sondern immer das Leben der anderen, der Unbeteiligten auf der Straße, im Sinn gehabt hätten. Als er, Rechtsanwalt Siebenhüner, sie darauf lobend angesprochen habe, hätten sie nur erwidert, dass das doch ihre Arbeit sei. Sie hätten keinen Dank, keine Prämien oder Orden erwartet, sondern ihr Vorgehen als ihre ganz normale Pflicht angesehen. Es gehe bei dieser Betrachtung aber schnell unter, dass auch Sarah B. und Daniel L. Opfer des Anschlags seien. Die Schüsse des Angeklagten seien immerhin der Versuch gewesen, die beiden zu ermorden. Obwohl der Angeklagte gesagt habe, dass er die Polizisten nur habe abwehren wollen, um seine Taten fortzusetzen, habe er auch angegeben, dass er verblüfft gewesen sei, dass nicht einmal die Scheiben zu Bruch gegangen seien. Wer aber in Kauf nehme, so der Rechtsanwalt, dass seine Schüsse ein Auto beschädigen würden, der nehme zumindest billigend, auch in Kauf, die Menschen, auf die er schieße, zu töten. Der Angeklagte habe sich daher des versuchten Mords schuldig gemacht.

Hinsichtlich der weiteren Tatkomplexe wolle er sich der Bundesanwaltschaft sowie den Kollegen Rechtsanwältin Kalweit und Rechtsanwalt Herrmann vollumfänglich anschließen, so Rechtsanwalt Siebenhüner.

Entschieden wolle er sich indes gegen die Vorträge einiger Nebenklagevertreter stellen, die gesagt hätten, dass der Polizeieinsatz an diesem Tag willkürlich gewesen sei. »Willkür« bedeute in Bezug auf polizeiliches Verhalten, dass es keinen Grund für dieses gegeben habe. Es habe für die jeweils kritisierten Situationen aber Gründe gegeben: So habe es etwa Gründe gegeben, die Menschen zunächst in der Synagoge zu lassen. Es sei unklar gewesen, ob mehrere Täter unterwegs gewesen seien und ob es Sprengsätze gegeben habe. Auch, dass die Menschen aus der Synagoge in einem normalen Bus mit großen Scheiben evakuiert worden seien, habe einen Grund gehabt: Die Polizei habe schlichtweg keinen Bus mit getönten Scheiben zur Verfügung gehabt, sondern nur drei Busse für den Gefangenensammeltransport. Man habe also in dieser Stresssituation sogar noch abgewogen, dass man die Betroffenen nicht wie Gefangene wegfahren wolle. Sicher sei der Einsatz nicht fehlerfrei und der Ton teils ruppig gewesen, so der Rechtsanwalt. Auch dafür habe es aber viele Gründe gegeben; etwa Stress, die Ausnahmesituation, eine Vielzahl von kursierenden Falschmeldungen und die Sorge um das eigene Leben. Sicher sei es auch ein Nachteil gewesen, dass die Mehrzahl der Polizisten keine Kenntnisse über die jüdische Religion und ihre Bräuche gehabt habe – der Grund dafür sei aber keine böse Absicht oder gar Antisemitismus, sondern liege eher im Neutralitätsgebot der Polizei. Ein Großteil der ostdeutschen Bevölkerung sei überdies atheistisch und habe daher im Allgemeinen keine besondere Nähe zu Religionen. Nun sei es das gute Recht jedes Einzelnen, Kritik zu äußern, so der Rechtsanwalt, diese müsse aber stets mit dem Willen zum gegenseitigen Verständnis erfolgen, da sie ansonsten nur Schaden anrichte.

Von vielen Bürgern, Deutschen und Ausländern sei er in den letzten Wochen gefragt worden, ob die geäußerte Kritik berechtigt sei und ob bei der Polizei nur Deppen arbeiten würden. Er habe dann versucht, Verständnis für die Kritiker zu erzielen und darauf hingewiesen, dass diese den Anschlag noch nicht verarbeitet hätten und daher nicht fähig seien, der Polizei mit Verständnis zu begegnen. Er appelliere aber an alle, aufeinander zuzugehen und zu versuchen, das Gegenüber zu verstehen. Dann werde man auch Verständnis für die Kränkungen erfahren.

Er danke diesbezüglich den Kollegen Rechtsanwalt Juri Goldstein und Rechtsanwältin Assia Lewin, sagt Rechsanwalt Siebenhüner. Diese jüdischen Rechtsanwälte hätten ihn nicht verurteilt, als er gesagt habe, dass auch er keine Ahnung von Jom Kippur gehabt habe. Sie hätten ihn nicht mit »intellektueller Arroganz« behandelt, sondern ihm alles erklärt.

[...] Die Politik habe sich im Übrigen, als es um die Wahl des Verhandlungssaals gegangen sei, unzulässig in das Hauptverfahren eingemischt, fährt Rechtsanwalt Siebenhüner. Der Senat habe dies im Sinne der Gewaltenteilung souverän von sich gewiesen. Für das faire Verfahren danke er dabei insbesondere der Vorsitzenden Richterin.

Auch der Verteidigung gebühre Respekt: Den Rechtsanwälten Weber und Rutkowski sei es gelungen, ihren Mandanten mit Distanz zu diesem zu vertreten und sich nicht, so wie es vielleicht anderen Anwälten hier geschehen sei, von ihm »vereinnahmen und benutzen« zu lassen.

Er danke auch den Justizbeamten, sagt der Rechtsanwalt. Er habe sich stets sicher gefühlt und von den Beamten nie ein unzufriedenes Wort gehört, obwohl auch diese Beamten die unsachliche Kritik mitbekommen und sich der Polizei nah gefühlt hätten.

Was man lernen müsse, so der Rechtsanwalt, hätten die Kollegen Rechtsanwalt Goldstein und Rechtsanwältin Kalweit allen mit auf den Weg gegeben: »Seien Sie wachsam, reden Sie miteinander, führen Sie einen Dialog.« Denn nur so könnten Taten wie die hier verhandelte verhindert werden. Schärfere Waffengesetze hätten diese Tat nicht verhindert. Vielmehr hätten die bestehenden Waffengesetze dafür gesorgt, dass es dem Täter nicht gelungen sei, mehr Schaden anzurichten.

Der Rechtsanwältin Lewin schließe er sich zudem dahingehend an, dass die Eltern des Angeklagten eine Mitschuld tragen würden. Ihnen sei es nicht gelungen zu verhindern, dass aus dem aufgeweckten Kind, das sich gar um Frösche gesorgt habe, ein Rassist, Frauenfeind, Fremdenhasser und Antisemit geworden sei. Seine Mutter habe ihre Schuld wohl verstanden, richtet sich Rechtsanwalt Siebenhüner anschließend an den Angeklagten. Sie habe sie mit ihrem Leben bezahlen wollen. Er richtet sich abschließend an den Angeklagten: »Sie werden auch bezahlen, nämlich mit Ihrer Freiheit.« Bis zum Lebensende werde er für seine Schuld bezahlen.

SCHLUSSVORTRAG VON RECHTSANWALT CHRISTOPH GÜNTHER (NEBENKLAGEVERTRETER VON SARAH B.)

Dieser Prozess habe auf der einen Seite aufgezeigt, dass der deutsche Rechtsstaat funktioniere, und auf der anderen Seite, wie vergiftet das gesellschaftliche Klima sei, beginnt Nebenklagevertreter Rechtsanwalt Günther seinen Schlussvortrag. Rassismus, Antisemitismus und Frauenfeindlichkeit würden heute vor allem im Netz stattfinden. Was früher der Stammtisch gewesen sei, seien heute die Foren und Chatgruppen. Die Radikalisierung, die hier online stattgefunden habe, sei dementsprechend auch kein deutsches, sondern ein internationales Problem. Es sei an der Zeit, so Rechtsanwalt Günther, dass sich der Umgang miteinander global verändere. Die globale Gesellschaft habe die Verantwortung, diesen Giftstachel endlich aus sich herauszuziehen.

Heute würde hier eine konkrete Tat eines konkreten Täters verhandelt werden, der Angeklagte sei aber Teil dieses gesellschaftlichen Giftstachels. Selbst die Familie habe auf ihn nicht als Korrektiv gewirkt. Darauf, dass sie Teil des Problems sei, deute der Abschiedsbrief der Mutter des Angeklagten hin.

Das Leid, das der Angeklagte verursacht habe, sei durch nichts zu rechtfertigen, so Günther weiter. Die Betroffenen habe der Angeklagte mit seinem Schwadronieren über die angebliche Verdrängung des »weißen Mannes« noch verhöhnt.

Seine Mandantin, Sarah B., sei als Polizistin betroffen gewesen. Ein Angriff sei die Tat aber auf die gesamte, pluralistische Gesellschaft gewesen. Die Antwort darauf könne nur das sein, was die Zeugin Mandy R. dem Angeklagten gegenüber geäußert habe: Er solle nie wieder das Licht der Freiheit erblicken.

Die Exekutive habe den Angeklagten so festgenommen, dass er sich hier diesem Verfahren stellen müsse. Dazu habe auch seine Mandantin beigetragen und sich dem Angeklagten unter hohem Risiko entgegenstellt. Bei aller Schelte sollten sich die Kritiker der Polizei vielleicht fragen, ob sie selbst so gehandelt hätten und ob die Form der Kritik angemessen sei.

Die Bundesanwaltschaft habe ebenfalls ihren Teil zur Aufklärung beigetragen und auch die Nebenklage habe ihre unterschiedlichen Perspektiven geschildert. Er hoffe, das helfe bei der Verarbeitung des Erlebten, sagt der Rechtsanwalt. Er schließe sich mit seinem Antrag dem Bundesanwalt an, wolle aber darauf hinweisen, dass dieser die psychischen Auswirkungen der Tat auf seine Mandantin nicht ausreichend gewürdigt habe. Im Hinblick auf die möglichen Entschädigungen schließe er sich den Ausführungen des Kollegen Rechtsanwalt Siebenhüner an.

»Ich hoffe, dass der Angeklagte eines Tages das von ihm begangene Unrecht einsieht«, schließt Rechtsanwalt Günther seinen Vortrag.

SCHLUSSWORT VON IONA B. (NEBENKLÄGERIN)

Rechtsanwalt Lupschitz bedankt sich bei der Vorsitzenden, dass seine Mandantin nun sprechen dürfe. Er erklärt, sie habe sich spontan entschlossen, ein abschließendes Schlusswort zu halten, das eben in der Verhandlungspause entstanden sei.

Die Nebenklägerin Iona B. erklärt zunächst, dass sie sich der Nebenklage angeschlossen habe, weil sie habe verstehen wollen, wie es zu so einer solchen Tat kommen könne. Sie hätte begreifen wollen, wie aus einem Dorfjungen ein hasserfüllter Mörder habe werden können. Als sie bei ihrer Zeugenaussage nach der Verwandtschaft mit dem Angeklagten gefragt worden sei, habe sie geantwortet: »Nicht, dass ich wüsste«, denn so unmöglich sei eine solche Verwandtschaft gar nicht. Sie habe viel Verwandtschaft im Osten und von Besuchen in der Nähe von Merseburg viele glückliche Kindheitserinnerungen. Vielleicht sei sie dem Angeklagten ja als Kind begegnet, wer wisse das schon, »die Welt ist klein.«

Ihre Kindheit und Jugend habe sie, so Iona B. weiter, in einem Dorf in Niedersachsen verbracht. Sie kenne daher das Dorfleben: Ob Punks, überzeugte Antifas oder NPD-Wähler, in ihrer Sprache hätten sie sich alle nicht groß voneinander unterschieden. Vielleicht kenne sie ja gar den nächsten Attentäter, ohne es zu wissen. Sie frage sich, ob auch sie damals Fehler gemacht habe, ob auch sie in der Vergangenheit schweigend danebengestanden habe, wenn der Nährboden für Taten wie diese gelegt worden sei.

Nach dem Abitur sei sie nach Israel gezogen. Es sei nicht überraschend gewesen, dass das zu vielen Kontaktabbrüchen mit ihren alten Bekannten geführt habe. Ihre Mutter sei im Dorf vielen antisemitischen Kommentaren ausgesetzt gewesen. Wenn sie heute nach Hause komme, so Iona B., habe sie nur Kontakt zu ihrer Mutter, »so weit ist es in Deutschland.«

Sie wünsche sich, die Gesellschaft hätte rechtzeitig vor dem »Point of no Return«, an dem der Angeklagte seiner Ideologie verfallen gewesen sei, die Gefahr erkannt. Sie hoffe, man wisse heute um diesen »Point of no Return«, damit andere Taten verhindert werden könnten. Für den Angeklagten wünsche sie sich, dass er ihn noch nicht erreicht habe und dass er eines Tages das Unrecht, das er begangen habe, sehen werde, auch wenn dieser Wunsch vielleicht naiv sei. Sie hoffe seinetwegen, dass er irgendwann Reue finden werde.

Warum sie hier vor diesem Gericht, stehe, wenn sie doch nur Fragen formuliere, fragt die Nebenklägerin rhetorisch in den Raum – weil sie wisse oder hoffe, dass sie irgendwann Antworten finden werde.

Mit »Vielen Dank«, schließt sie ihr Schlusswort.

SCHLUSSVORTRAG VON RECHTSANWALT MARKUS GOLDBACH (NEBENKLAGEVERTRETER VON KAI H.)

Rechtsanwalt Markus Goldbach sagt, er wolle sich im Namen seines Mandanten zunächst beim Senat und der Vorsitzenden für die gute Prozessführung bedanken. Besonders der besonnene Umgang mit den Betroffenen und die unaufgeregte Befragung des Angeklagten seien dabei hervorzuheben.

Der Angeklagte sei mit seiner Zielsetzung eigentlich völlig gescheitert, so Rechtsanwalt Goldbach weiter. Sein Wunsch sei es gewesen, einen Berg von Leichen zu produzieren und diesen triumphierend mit einem Schwert zu besteigen. Wäre er damit erfolgreich gewesen, dann würde es heute keine Beschwerden über das Verhalten der Polizei geben; die Reihen der Nebenkläger wären nämlich leer geblieben.

Der Angriff von Halle stelle, fährt Goldbach fort, einen Tabubruch dar. Der Angeklagte habe Synagogen und Moscheen als legitime Ziele für rechtsfaschistische Fanatiker markiert und zu weiteren Angriffen motivieren wollen. Ob er damit tatsächlich scheitere, hänge dabei von allen ab. Der Angeklagte sei mit diesen Zielen nur dann gescheitert, wenn sich nachfolgende Taten nicht doch noch ereignen würden, wenn Nachahmer tatsächlich auch verhindert werden würden.

Am vergangenen Freitag, dem 4. Dezember 2020, sei ein erster potenzieller Nachahmer in Nürnberg verurteilt worden. Der isolierte 23-Jährige habe online Kontakt zur »Feuerdivision« aufgenommen und einen Anschlag angekündigt, für den der Anschlag von Halle als Blaupause habe dienen sollen. Er sei dafür zu zwei Jahren Haft verurteilt worden und sei laut eines Gutachters immer noch gefährlich.

Die Frage, die sich alle stellen müssten sei also, wie ein künftiger Anschlag verhindert werden könne. Es brauche dafür aber nicht nur mehr Polizei oder Sicherheitsbehörden, sondern einen gesellschaftlichen Wandel, so Rechtsanwalt Goldbach. Einen gesellschaftlichen Wandel gebe es zwar derzeit bereits, allerdings leider in die falsche Richtung. Als 2013 der NSU-Prozess begonnen habe, hätten sich die Geschehnisse fast wie Ereignisse aus einer Zeitkapsel angefühlt. Zwei der Angeklagten hätten sich in der Zwischenzeit aus der Szene entfernt gehabt, einer sei Lokalpolitiker geworden. Heute habe sich einiges verändert: Die AfD habe an Bedeutung gewonnen und sei in die Parlamente eingezogen. In weiten Teilen der Bevölkerung, vor allem in Ostdeutschland, habe sich der Begriff »Jude« als Beschimpfung etabliert, wie selbst aus Polizeichats hervorgehe. Dieser abwertende Gebrauch erkläre vielleicht auch das Verhalten eines Polizisten, der die Besucher der Synagoge nicht als Juden, sondern als »Israelis« bezeichnet habe. Ein befangener Gebrauch des Wortes Jude allein sei aber nicht das Problem, erklärt Rechtsanwalt Goldbach. Auch hohe Wahlergebnisse für die AfD seien es nicht, es gebe in einer Demokratie nun mal den Wettstreit der Ideen. Was in einer Demokratie aber in jedem Fall gebraucht werde, sei eine gute Polizei. Bei aller Kritik gelte nämlich auch: »Es ist nun mal die einzige Polizei, die wir haben.«

Nach dem Ende des Zweiten Weltkriegs sei mit der 1948 verabschiedeten UN-Völkermordskonvention versucht worden, auch die Planer und Anstifter eines Genozids strafrechtlich zu belangen. Heute aber würde ein Blatt wie *Der Stürmer* wieder existieren, wenn auch unter englischem Namen. Er versorge zehntausende Leser mit antisemitischen Nachrichten, in einer internen Anweisung für die Mitarbeiter werde gar auf *Mein Kampf* verwiesen. Der Rechtsanwalt fragt anschließend: »Wie findet man *Den Stürmer* im Internet?« Er antwortet sich selbst: Das sei ganz einfach, man müsse nur danach suchen, es handele sich um den vierten Google-Treffer. »Wie kann es sein, dass nach 1948 die Streichers[14] heute nicht zur Verantwortung gezogen werden?«, fragt Goldbach wieder rhetorisch. Wie könne es sein, das über Jahre »Todeslisten« geführt werden würden, wie das Beispiel von Franco A. und der Gruppe Nordkreuz zeige, die schon Leichensäcke und Löschkalk bestellt haben sollen?

Bei all den nachvollziehbaren Forderungen nach einem starken Staat dürfe nicht vergessen werden, dass vor allem eine starke Zivilgesellschaft gebraucht werde. Dass ein Miteinander und ein Austausch möglich sei, zeige schon ein Blick auf die Reihe der Nebenklage, so Rechtsanwalt Goldbach. Anwälte und Nebenkläger unterschiedlichster Herkunft seien hier versammelt. Die Nebenkläger, die teils selbst Einwanderer seien, hätten gezeigt, wie gut sie sich hier entwickelt hätten.

Der Angeklagte habe gewusst, dass selbst die Flüchtlinge und Einwanderer aus dem Jahr 2015 in Deutschland schneller Fuß fassen würden als er selbst. Obwohl sie kein Wort Deutsch gesprochen hätten, würden sie am Ende doch durch Fleiß und Wille eine Bereicherung für das Land darstellen, wie es auch der Angeklagte gesehen habe.

Nach diesem Schlussvortrag schließt die Vorsitzende den 24. Verhandlungstag.

Mitschrift von Linus Pook

14 Der Rechtsanwalt spielt hier auf Julius Streicher, den Herausgeber des nationalsozialistischen antisemitischen Propagandablatts *Der Stürmer* an.

25. Verhandlungstag
9. Dezember 2020

Die Vorsitzende Richterin Ursula Mertens eröffnet um 10 Uhr die Sitzung. Im Saal sind alle 50 Sitzplätze, die für die Besucher·innen vorgesehen sind, besetzt. Die Plätze der Presse sind mit etwa 25 Vertreter·innen lediglich zur Hälfte besetzt.

Die Vorsitzende Richterin stellt fest, dass alle Beteiligten, die auch vor der Unterbrechung anwesend gewesen seien, wieder präsent seien. Lediglich Rechtsanwältin Ilil Friedman, fügt sie hinzu, werde von Rechtsanwalt Benjamin Derin, Rechtsanwalt Sebastian Scharmer von Rechtsanwalt Dr. Peer Stolle und Rechtsanwalt Andreas Schulz von Rechtsanwalt Markus Goldbach vertreten.

Man habe mit einer halben Stunde Verspätung begonnen, fährt die Vorsitzende fort. Die Einlasskontrolle habe ihr berichtet, dass ein großer Teil der Nebenklagebeistände erst um 9 Uhr gekommen sei. Das habe dazu geführt, dass Vertreter der Presse gewartet und länger im Regen gestanden hätten. Sie denke, dass man es sehr wohl einrichten könne, einigermaßen pünktlich zu kommen, das habe schließlich auch »was mit Respekt zu tun«, auch gegenüber dem Verteidiger, Rechtsanwalt Hans-Dieter Weber, der an diesem Tag seinen Schlussvortrag halten werde. Wenn dies am Tag der Urteilsverkündung ebenfalls so sein werde, würden Pressevertreter Vorrang erhalten; sie werde nämlich pünktlich um 11 Uhr und »keine Minute später« anfangen. Es sei ausreichend Zeit da, um am Vormittag Platz zu nehmen. Die Vorsitzende fügt hinzu, dass dies auch schriftlich mitgeteilt werden würde.

Anschließend erteilt sie Rechtsanwalt Weber, dem Verteidiger des Angeklagten, das Wort.

SCHLUSSVORTRAG VON RECHTSANWALT HANS-DIETER WEBER (VERTEIDIGER DES ANGEKLAGTEN)

Rechtsanwalt Weber sagt, seine Vorredner hätten bereits betont, dass dies ein schwieriges Verfahren sei. Er sei von der Presse auch gefragt worden, ob sein Mandant der bisher »schwierigste Mandant« für ihn gewesen sei. Dies habe er verneint, so der Rechtsanwalt. Sein Mandant sei stets »höflich und freundlich« ihm gegenüber aufgetreten, obwohl er, Rechtsanwalt Weber, ihm zu Beginn klargemacht habe, dass er dessen Gesinnung nicht diskutieren werde. Er habe in der Vergangenheit schon »im Umgang unangenehmere Mandanten« erlebt.

Das Strafverfahren wiederum sei für ihn das »vielleicht schwierigste Verfahren« in seiner beruflichen Laufbahn gewesen, weil die Taten, wie es bereits Vertreter der Nebenklage sowie der Bundesanwalt gesagt hätten, »in der Tradition nationalsozialistischer Verbrechen stehen« würden. Die Weltöffentlichkeit beobachte zudem das Verfahren dahingehend, »ob wir der historischen Verantwortung gerecht« würden. Die Bundesanwaltschaft sowie Nebenklagevertreter hätten bereits eine souveräne Verfahrensführung bescheinigt, dem möchte er sich ausdrücklich anschließen. Seinem Mandanten seien zu jedem Zeitpunkt die ihm zustehenden Rechte zur Verteidigung gewährt und anfängliche Irritationen seien ausgeräumt worden. Er, Rechtsanwalt Weber, habe dabei auch darauf hingewiesen, dass er seinen Mandanten »in keiner Weise reglementieren werde«, da es für die Beurteilung der Schuldfähigkeit wichtig sei, dass der Angeklagte »seine Psyche offenlegen« könne. Die Nebenkläger hätten außerdem im Verlauf des Verfahrens ausführlich über die Folgen und insbesondere über die Bedeutung der Taten sprechen können.

Ihm, Rechtsanwalt Weber, sei die Aussage des Vaters von Kevin S. in Erinnerung geblieben. Dem Vater und allen Opfern und Angehörigen gebühre sein »tiefstes Mitgefühl«. Er ergänzt, dass auch der Angeklagte sich durch die Aussage des Vaters »tief betroffen« gezeigt habe. Er, Rechtsanwalt Weber, wünsche dem Vater von Kevin S., dass dieser dem Angeklagten verzeihen und den »eigenen inneren Frieden« finden könne.

Im Zusammenhang mit der Synagoge sei ihm die Aussage der Nebenklägerin Rabbinerin Rebecca B. in Erinnerung geblieben, so der Rechtsanwalt weiter. Sie habe gesagt, dass der Angriff auf die Synagoge ein schweres Familientrauma wieder hervorgebracht habe. Sie habe geschildert, wie sie, als Nachkomme von Holocaustüberlebenden, den Angriff wahrgenommen habe. Dies habe ihn tief beeindruckt; auch ihr erkläre er ausdrücklich sein Mitgefühl.

Rechtsanwalt Weber fährt fort, dass die Bundesanwaltschaft »aber auch darauf hingewiesen [habe], dass das Strafverfahren sich nicht vom strafrechtlichen Inhalt entfernen« dürfe. Im Strafverfahren gehe es darum, die Schuld des Angeklagten auf der Grundlage des Strafgesetzbuchs und der

Strafprozessordnung festzustellen. Dementsprechend führe »nicht die Ungeheuerlichkeit eines Vorgangs« zu einer Strafbarkeit, sondern die Feststellung der objektiven und subjektiven Tatmerkmale wie auch die Schuldfähigkeit nach den Vorschriften des Strafgesetzbuchs. Das, betont der Rechtsanwalt, mache den Rechtsstaat aus.

Anschließend geht der Rechtsanwalt auf die dem Angeklagten vorgeworfenen Tatbestände einzeln ein: Das Verbreiten der Tatvideos und der Dokumente stelle Volksverhetzung gemäß § 130 StGB[1] beziehungsweise Holocaustleugnung gemäß § 130 StGB Absatz 3 dar, so Rechtsanwalt Weber weiter. Beides bedürfe »keiner Kommentierung seitens der Verteidigung«.

Der Angriff auf die Synagoge wiederum sei laut Anklageschrift und Plädoyer des Generalbundesanwalts als tateinheitlich versuchter Mord an 51 Besuchern der Synagoge zu werten. Zu keinem Zeitpunkt habe sein Mandant bestritten, dass dieser in die Synagoge habe eindringen wollen, »um Juden zu töten«; er habe die Mordmerkmale somit nie bezweifelt, sondern bestätigt. »Glücklicherweise«, verdeutlicht Rechtsanwalt Weber, habe sein Mandant sein Vorhaben nicht umsetzen können. Es stelle sich deshalb aber auch die Frage, ob dieser sich eines versuchten Mords überhaupt strafbar gemacht habe. Der Rechtsanwalt erklärt, dass es hierbei um die »Unterscheidung zwischen strafloser Vorbereitung und dem strafbaren Versuch« gehe. Der § 22 StGB laute schließlich: »Eine Straftat versucht, wer nach seiner Vorstellung von der Tat zur Verwirklichung des Tatbestands unmittelbar ansetzt.« Dort mache das Gesetz deutlich, dass zwei Elemente vorliegen müssten: ein subjektives Element, Vorstellung, und ein objektives Element, unmittelbares Ansetzen. Mit der Formulierung »nach seiner Vorstellung« meine der Gesetzgeber dabei, dass der Täter Vorsatz gehabt habe, den objektiven Tatbestand zu erfüllen. Das stehe in diesem Fall außer Frage, so Rechtsanwalt Weber. Versuchsstrafbarkeit aber, fährt der Verteidiger fort, liege aber nicht vor, nur weil der Täter den Tatbestand beabsichtige. Dies sei eine »unzulässige Vorverlagerung der Versuchsstrafbarkeit«, denn der Versuch setze objektiv voraus, dass der Täter nach seiner Vorstellung unmittelbar zur Tatverwirklichung ansetze. Somit sei nach dem Tatplan zu fragen, nämlich, wie sich der Täter die Umsetzung der Tat konkret vorgestellt habe. Zunächst müsse dabei zu erkennen sein, wie die Tat im Einzelnen ablaufen solle, um darauffolgend prüfen zu können, ob die Grenze zum Versuch überschritten worden sei.

1 Den Tatbestand der Volksverhetzung erfüllt, »wer in einer Weise, die geeignet ist, den öffentlichen Frieden zu stören«, zum Hass gegen Teile der Bevölkerung aufstachelt oder »zu Gewalt- oder Willkürmaßnahmen auffordert« oder »die Menschenwürde anderer dadurch angreift«, dass er Teile der Bevölkerung »beschimpft, böswillig verächtlich macht oder verleumdet« (§ 130 Absatz 1 StGB). Darüber hinaus ist die Verbreitung volksverhetzender Inhalte (Absatz 2) und die Holocaustleugnung (Absatz 3) strafbar.

Auf die Frage nach dem »Plan B«, habe sein Mandant geantwortet, keinen »Plan B« gehabt zu haben, und dass alles spontan abgelaufen sei. Sein Mandant habe auch erklärt, dass er die örtlichen Gegebenheiten der Synagoge nicht gekannt und nicht gewusst habe, ob Personen anwesend seien oder ob es sich um ein Denkmal handele. Im Video sei der Angeklagte außerdem mit den Worten zu hören gewesen: »Bitte, lass die Tür offen sein!« Dies zeige, dass sein Mandant sehr wohl die Vorstellung gehabt habe, ungehindert durch eine offene Tür in die Synagoge gelangen zu können. Somit hätte er unmittelbar zur Tat angesetzt und auf die erhofften und tatsächlich anwesenden Menschen geschossen. »Glücklicherweise« aber sei es »ganz anders gekommen« und der ursprüngliche Tatplan gescheitert, als er vor der verschlossenen Tür der Außenmauer gestanden habe. Dementsprechend, so Rechtsanwalt Weber, sei aber auch das unmittelbare Ansetzen zur Tat und die Umsetzung des Tatplans für den Angeklagten nicht mehr möglich gewesen, da eben »Tür und Tor verschlossen« gewesen seien.

Der Angeklagte habe überlegen müssen, wie er in die Synagoge gelangen könne. Es sei dabei aber zu beachten, sagt Rechtsanwalt Weber, dass die Synagoge nicht direkt neben der Außentür liege. Um in die Synagoge gelangen zu können, hätte auch die Tür der Synagoge selbst geöffnet werden müssen. Die Entfernungen seien von außen für den Angeklagten erkennbar gewesen, ebenso dass die Synagoge nicht sofort mit dem Öffnen der Außentür zugänglich gewesen sei. Diese Entfernungen seien noch zu überwinden gewesen, betont der Rechtsanwalt. Die Aussage des Angeklagten aber, die örtlichen Gegebenheiten nicht genauer gekannt zu haben, sei durch die Beweisaufnahme nicht widerlegt worden. Sein Mandant habe dementsprechend keinesfalls davon ausgehen können, nach dem Überwinden der Mauer und ohne jegliche Hindernisse zur Synagoge gelangen zu können. Die Anklage aber sehe mit dem »Angehen der Tür« ein »unmittelbares Ansetzen zur Tat«, da es in der Anklage, mit Bezugnahme auf eine Definition des unmittelbaren Ansetzens durch den Bundesgerichtshof, heiße, dass es »kein wesentlicher Zwischenschritt« sei, der einem unmittelbaren Ansetzen entgegenstehen würde, wenn der Täter keinen direkten Zugang zum Tatort habe. Dies würde Anwendung finden, wenn der Plan des Angeklagten, durch eine offene Außentür zur Synagoge zu gelangen, geklappt hätte. Es sei jedoch nicht so, erklärt der Rechtsanwalt, dass das in der Rechtssprechung verwendete »Jetzt geht es los!« in der hiesigen Argumentation der Bundesanwaltschaft und Nebenklage die Synagogentür meine.

Die Rechtsprechung aber, so Rechtsanwalt Weber, habe sich in sogenannten Auflauerungs- beziehungsweise Annäherungsfällen mit der Abgrenzung des »unmittelbaren Ansetzens« befasst. Die Grenze dazu sei noch nicht überschritten, wenn das Opfer etwa erst nach dem Klingeln an einem Gebäude heraustreten solle, um getötet zu werden. Er, Rechtsanwalt Weber, wolle das »Werfen [des Sprengsatzes] [zwar] nicht als ›Klopfen‹ oder ›Klingeln‹ bezeichnen«, sehe aber zugleich »kein unmittelbares Ansetzen zur Tat«.

Die Aussage des Angeklagten, dass dieser hinter der Mauer keine Stimmen gehört habe und somit sein »Handeln nicht auf das Töten von Menschen ausgerichtet war«, sei ebenfalls nicht widerlegt worden; zumal die Beweisaufnahme ergeben habe, dass sich dort keine Menschen befunden hätten.

Ein strafbarer Versuch aber sei laut BGH das Aufbrechen einer Tür, hinter der das Opfer vermutet werde. Der Rechtsanwalt zitiert anschließend aus der *Neuen Zeitschrift für Strafrecht [NStZ]* 1987, S. 20: »die ausgewuchtete Tür als Hindernis, um das Opfer töten zu können«. Dies sei in diesem Fall nicht zutreffend, gerade wenn man, so der Verteidiger, die Entfernungen zwischen Tür und Synagoge sowie die »dem Täter völlig unbekannten Gegebenheiten« beachte. Es liege mit dem Versuch, die Mauer zu überwinden, somit »keine Handlung vor, die unmittelbar zur Tat« führen solle, da es am »unmittelbaren zeitlichen und räumlichen Zusammenhang« mangele.

Die Aussage des Generalbundesanwalts, dass der Angeklagte »um Türesbreite am Vorhaben scheiterte«, sei zudem nur dann zutreffend, wenn der Angeklagte vor der Synagogentür gestanden hätte. Dies sei aber an einem Umstand, den der Plan des Angeklagten nicht vorgesehen habe, gescheitert. Die gewaltsame Öffnung der Tür sei durch den Angeklagten nicht vorgesehen gewesen, die mitgeführten Brandsätze des Angeklagten seien laut eigenen Angaben dafür da gewesen, um »Räume klarzumachen« und zu desorientieren. Der Versuch, die Tür aufzusprengen, sei demnach ein spontaner Entschluss des Angeklagten gewesen.

Dem Vorwurf der Nebenklage, dass es sich bei der Aussage des Angeklagten, keine Ortskenntnisse gehabt zu haben, um eine Schutzbehauptung handele, sei außerdem zu widersprechen, sagt der Rechtsanwalt. Im Video habe sich der Angeklagte mehrfach als »Loser« bezeichnet und sich bei seinen Zuschauern für das in seinen Augen »dilettantische Vorgehen« entschuldigt. Der Angeklagte habe zu keinem Zeitpunkt versucht, etwas zu beschönigen, seine »menschenverachtende und rassistische Einstellung« habe er stattdessen stets klar und deutlich formuliert; er habe gar »Bedauern [darüber] geäußert« beim Versuch, in die Synagoge einzudringen, um dort Menschen zu töten, gescheitert zu sein. Der Angeklagte hätte als Schutzbehauptung schließlich auch behaupten können, beim Versuch noch unentschlossen gewesen zu sein. Seine Aussagen vor Gericht seien aber »weit entfernt« von Schutzbehauptungen gewesen, so der Verteidiger. Die Bundesanwaltschaft habe schließlich auch im Haftbefehl den Angriff auf die Synagoge nicht als versuchten Mord bewertet.[2]

Wenn man von einem unmittelbaren Ansetzen ausgehen wolle, fährt Rechtsanwalt Weber fort, stelle sich die Frage, ob der Angeklagte

2 Im Haftbefehl wurde dem Angeklagten unter anderem zweifacher Mord und versuchter Mord in neun Fällen vorgeworfen.

»strafbefreiend vom Versuch zurückgetreten« sei. Die Bundesanwaltschaft gehe hierbei von einem fehlgeschlagenen Versuch aus. Laut Rechtsanwalt Weber läge dies aber vor, »wenn die Tat nach Misslingen des zunächst vorgestellten Tatablaufs mit den bereits eingesetzten oder anderen naheliegenden Mitteln objektiv nicht mehr vollendet werden kann und der Täter dies erkennt, oder wenn er subjektiv die Vollendung der Tat nicht mehr für möglich hält.«[3] Dabei komme es auf die Sicht des Täters nach der letzten Ausführungshandlung an. Objektiv hätten dem Angeklagten weitere Mittel zur Verfügung gestanden, unter anderem hätte er das Fahrzeug als »Ramme« einsetzen können, um die Tür zu öffnen, oder auch über die Mauer klettern können. Sein Mandant habe aber ausgesagt, den Pkw nicht zum Öffnen der Tür genutzt zu haben, da dieser mit Sprengstoff beladen gewesen sei. Er habe außerdem vom »Überwinden der Mauer« Abstand genommen, weil er die Gefahr gesehen habe, hinter der Mauer gefangen zu sein und so an der Flucht gehindert zu werden. Da er weitere Munition und Sprengstoff mit sich führte, wären weitere Sprengversuche sowohl »subjektiv als auch objektiv möglich« und »vermutlich« auch erfolgreich gewesen. Ein »fehlgeschlagener Versuch« liege deshalb nicht vor, sondern ein »unvollendeter Versuch, von dem der Angeklagte freiwillig abgelassen« habe. Der Angeklagte habe sich zudem ein Zeitfenster gesetzt, in dem er unentdeckt bleiben könne. Von weiteren Spreng- beziehungsweise Schussversuchen habe er abgesehen, um sich seine Fluchtmöglichkeit zu erhalten. Rechtsanwalt Weber zitiert anschließend aus einem BGH-Beschluss vom 24. Oktober 2017: »Allein der Umstand der Entdeckung und die sich anschließende Flucht können die Annahme unfreiwilliger Tataufgabe jedoch nicht tragen.«

Hinsichtlich Jana L. habe sein Mandant, so Rechtsanwalt Weber, den Tatbestand des Mords erfüllt. Dies bedürfe ebenfalls »keiner Kommentierung«.

In Bezug auf Mandy R. wiederum folge die Verteidigung nicht der Bundesanwaltschaft, die hier einen versuchten Mord sehe. Die Auswertung des Tatvideos habe ergeben, dass die Waffe eine Störung gehabt habe, und es unklar sei, ob der Angeklagte abgedrückt oder lediglich gezielt habe. Die Störung könne vom Angeklagten nicht unbemerkt geblieben sein. Gemäß »In dubio pro reo« könne somit nicht von einem unmittelbaren Ansetzen laut § 22 StGB ausgegangen werden.

Hinsichtlich Stanislaw G. habe der Angeklagte den Tatbestand des versuchten Mords erfüllt, auch hierbei bedürfe es »keiner Kommentierung«.

Der Anschlag auf den Kiez Döner stelle im Fall von Kevin S. einen vollendeten Mord und im Fall von Prof. Dr. Bernd H. einen versuchten Mord dar, was abermals »keiner weiteren Ausführungen« bedürfe.

3 Zitiert nach BGH *NStZ* 2013, S. 156.

In Bezug auf Conrad R. und Rıfat T. sei laut Anklageschrift bereits mit dem Werfen des Sprengsatzes »zur Tötung angesetzt« worden. Der Angeklagte habe, mit Verweis auf die mangelnde Sprengkraft, jedoch eine Tötungsabsicht verneint. Die mangelnde Sprengkraft hätte auch die Aussage einer Zeugin verdeutlicht, die lediglich eine leichte Verletzung am Fuß gehabt habe. Die erste Salve der Waffe habe zudem nicht allen Anwesenden, sondern Kevin S. allein gegolten.

Der Tatbestand des versuchten Mords hinsichtlich Malek B. und Abdülkadir B. sei wiederum erfüllt.

Bezüglich des Feuergefechts mit der Polizei habe der Angeklagte erklärt, dass er das Fahrzeug »viel zu früh gestoppt« habe, so Rechtsanwalt Weber. Die Einschätzung des Angeklagten, dass die eingesetzte Waffe eine fehlende Feuerkraft gehabt habe, um die 70 Meter entfernten Polizeikräfte töten zu können, habe sich nicht bestätigt. Der Angeklagte habe angegeben, durch das Zünden einer Rauchbombe den Versuch unternommen zu haben, sich den Polizeikräften nähern zu wollen. Fraglich sei, ob »durch die fehlende Beherrschbarkeit« der selbst gebauten Waffe ein »bedingter Tötungsvorsatz« angenommen werden könne, so der Rechtsanwalt. Die Annahme des Angeklagten, von einer mangelnden Reichweite ausgegangen zu sein, sei jedenfalls nicht widerlegt worden.

Ferner habe sich der Angeklagte laut Anklage auf der Flucht wegen vorsätzlicher Gefährdung des Straßenverkehrs und fahrlässiger Körperverletzung zum Nachteil von Aftax I. strafbar gemacht. Er, Rechtsanwalt Weber, meine, dass hierbei keine versuchte Tötung vorliege und er sich der Bundesanwaltschaft anschließe.

Vom Schuss auf Jens Z. wiederum sei ein »großes Gefährdungspotenzial« ausgegangen. Es sei dem Angeklagten jedoch darum gegangen, die Schlüssel zu dessen Auto zu erhalten. Das Gericht habe zu urteilen, ob hier ein Vorsatz angenommen werden könne. Entscheidend sei, dass der Angeklagte strafbefreiend zurückgetreten sei. Es sei ihm bewusst beziehungsweise auch möglich gewesen, noch einmal auf das Opfer zu schießen, was er aber nicht getan habe. Die Zeugin Dagmar M. habe zudem bestätigt, dass der Angeklagte sich über den Geschädigten Jens Z. gebeugt habe und versichert habe, dass dieser sich allein respektive mithilfe Dagmar M.s, in Sicherheit begeben könnte. Es sei auch zu berücksichtigen, dass der Angeklagte selbst eine Schussverletzung am Hals gehabt habe. Somit habe er aus eigener Erfahrung gewusst, dass diese Schussverletzung nicht lebensgefährlich sei.

Die Zeugen Kai H. und Daniel W. hätten ausgesagt, der Angeklagte habe zu ihnen gesagt, dass er bereits zwei Menschen erschossen habe. Der Zeuge Kai H. habe dabei angegeben, dass der Angeklagte währenddessen mit der Hand auf das Nachbargrundstück gezeigt habe. Der Zeuge Daniel W. habe das nicht bestätigen können. Der dritte Zeuge, Christian W., der laut eigener Aussage die Schüsse nicht gehört habe, habe außerdem ausgesagt, dass der Angeklagte ihm gegenüber lediglich gesagt habe, dass er Menschen erschossen habe. Dies treffe aber auch auf Kevin S. und Jana L. zu, weswegen er, Rechtsanwalt Weber, dafür plädiere, dass es hierbei bei gefährlicher Körperverletzung und versuchter räuberischer Erpressung bleibe.

In Bezug auf Dagmar M., fährt der Verteidiger fort, sei zu betonen, dass der Angeklagte bewusst auf die Beine der Geschädigten gezielt und sie entsprechend im Hüftbereich getroffen habe. Sein Ziel sei es nicht gewesen, sie zu töten, sondern sie lediglich daran zu hindern, die Polizei zu rufen. Dementsprechend verbleibe es bei einer gefährlichen Körperverletzung. Das Erbeuten des Taxis stelle aber eine besonders schwere räuberische Erpressung dar.

Anschließend führt Rechtsanwalt Weber an, dass der Psychiater Prof. Dr. Norbert Leygraf in seinem Gutachten zu dem Ergebnis komme, dass der Angeklagte eine »komplexe Persönlichkeitsstörung mit schizoiden sowie paranoiden Anteilen« habe und zudem Züge einer Autismus-Spektrum-Störung aufweise. Norbert Leygraf habe dabei bestätigt, dass die Störung derart schwerwiegend sei, dass eine »schwere andere seelische Abartigkeit« im Sinne des § 20 StGB[4] vorliege. Zu verweisen sei dabei auf den BGH-Beschluss in BGH *NStZ* 1992, S. 380; demnach weise eine vom Sachverständigen befundene Persönlichkeitsstörung gemäß ICD-10 in der Regel auf verminderte Schuldfähigkeit hin. Das Leben des Angeklagten, so Rechtsanwalt Weber weiter, sei durch eine zunehmende Isolation geprägt gewesen. In der Grundschule sei er bereits ein Einzelgänger gewesen. Mit zunehmendem Alter habe die »Selbstisolation« zugenommen. Die Beweisaufnahme habe ergeben, dass er in seiner Bundeswehrzeit bei den Kameraden in der Hierarchie »ganz unten angesiedelt« gewesen sei. Während des Studiums habe er auch fachliche Probleme gehabt und keine Freundschaften aufbauen können; der Angeklagte selbst könne keinen einzigen Freund benennen. Kurzzeitig sei seine Schwester bemüht gewesen, ihn in ihren Freundeskreis aufzunehmen, das sei jedoch auch gescheitert.

Mitarbeiter der JVA Halle hätten außerdem ausgesagt, dass der Angeklagte »beispiellos« und ohne jegliche Beschwerden auf die Inhaftierung reagiere. Das Gericht möge sich fragen, ob ein »vergleichbarer Fall ohne krankhafte

4 Der § 20 StGB Schuldunfähigkeit wegen seelischer Störungen lautete bis zum 31. Dezember 2020: »Ohne Schuld handelt, wer bei Begehung der Tat wegen einer krankhaften seelischen Störung, wegen einer tiefgreifenden Bewußtseinsstörung oder wegen Schwachsinns oder einer »schweren anderen seelischen Abartigkeit« unfähig ist, das Unrecht der Tat einzusehen oder nach dieser Einsicht zu handeln.« Nach jahrelangen Kontroversen wurde durch Artikel 1 des Sechzigsten Gesetzes zur Änderung des Strafgesetzbuchs vom 30. November 2020 BGBl. I S. 2600 das Wort »Schwachsinn« durch das Wort »Intelligenzminderung« und das Wort »Abartigkeit« durch das Wort »Störung« ersetzt. Diese Änderung ist seit dem 1. Januar 2021 wirksam.

Befunde« bekannt sei. Eine »ernstzunehmende, aber überwindbare Krankheit«, setzt Rechtsanwalt Weber an, habe seinen Mandanten aufgeben lassen. Dieser habe sich damit begnügt, bei seiner Mutter zu leben und von ihr abhängig zu sein. Er, Rechtsanwalt Weber, möchte dabei betonen, dass die Mutter des Angeklagten nicht für das Scheitern ihres Sohns verantwortlich sei. Er ergänzt, dass auch ihr Brief daran nichts ändere, da dieser schließlich »in einem Zustand tiefster Verstörung« verfasst worden sei; zumal die Beweisaufnahme auch ergeben habe, dass die Mutter des Angeklagten in »keiner Weise einer rechtsradikalen Gesinnung verdächtig« sei.

Der ehemalige Partner der Schwester des Angeklagten habe einen Einblick in das Familienleben geben können. Dieses sei »unauffällig« gewesen. Der Angeklagte habe aber innerhalb seines familiären Kreises keine Zustimmung für seine Ansichten erhalten und auch selbst ausgesagt, dass er Diskussionen in der Familie vermieden habe. Dies, so der Rechtsanwalt, passe zu den Erfahrungen der Verteidigung und zum Auftreten des Angeklagten im Gerichtssaal. Sobald das Gericht dem Angeklagten untersagt habe, »entsprechend seiner Gesinnung zu agitieren«, habe er sich daran gehalten. Rechtsanwalt Weber ergänzt, dass dies nicht selbstverständlich sei.

Der Angeklagte sei zunehmend in das Internet, insbesondere in das Darknet, »abgetaucht«, schildert der Rechtsanwalt. Dort sei er auf Verschwörungstheorien gestoßen und habe »einen scheinbaren Ausweg« gefunden, indem er dort auf »Gleichgesinnte« gestoßen sei. »Wie sehr das alles seine Psyche geprägt« habe, zeige dabei die Antwort des Angeklagten auf die Frage, ob er die Tat auch begangen hätte, wenn er Frau oder Kind gehabt hätte, nämlich: »Eher nicht.«

Die Nebenklage habe durch zwei Sachverständige die Vernetzung von rechtsradikalen und antisemitischen Gruppierungen beleuchtet.[5] Der Angeklagte sei strafrechtlich zwar ein Einzeltäter, so Weber, aber eine Gemeinschaft trage ihn. Zustimmung und Erfolgserlebnisse seien dem Angeklagten verwehrt geblieben und hätten zu völliger sozialer Isolation geführt. Erst durch Internetkontakte habe er Zustimmung und sozialen Austausch erhalten, und dementsprechend auch aus »Verblendung und Geltungssucht, sich in der Gemeinschaft im Internet zu bewähren«, die Taten begangen.

Anschließend kommt der Rechtsanwalt nochmals auf den Sachverständigen Leygraf zu sprechen und wiederholt, dass dieser dem Angeklagten eine »schwere andere seelische Abartigkeit« attestiert habe. Die Einschätzung des Sachverständigen, dass der Angeklagte trotzdem schuldfähig sei, stehe aber im Widerspruch zur Rechtsprechung. Zudem, so Rechtsanwalt Weber, sei es »einzig und allein Aufgabe des Gerichts« über die Schuldfähigkeit des Angeklagten zu urteilen.

5 Gemeint sind Karolin Schwarz und Dr. Matthias Quent.

Der Fall Anders B.[6] zeige, wie unterschiedlich diese Prüfung ausfallen könne. Dieser habe zunächst mit einer Explosion mehrere Menschen in Oslo getötet und habe anschließend in einem Zeltlager auf einer Insel wahllos um sich geschossen und weitere Menschen getötet. Im Strafprozess habe sich die Frage der Schuldfähigkeit des Täters gestellt. Ein Gutachten habe unter anderem »aufgrund extremer politischer Aussagen« eine paranoide Schizophrenie des Täters festgestellt. Das norwegische Recht gehe hierbei von Schuldunfähigkeit aus. In einem zweiten Gutachten aber sei diese Sicht widerlegt und eine narzisstische Persönlichkeitsstörung festgestellt worden. Norbert Leygraf habe sich dabei auch mit der Frage auseinandergesetzt, ob die Überzeugungen des Angeklagten derart übersteigert seien, dass sie die »Grenze zum Wahnhaften« überschreiten würden. Beim Angeklagten habe er dies nicht erkennen können. Durch die Feststellung des Sachverständigen »einer anderen seelischen Abartigkeit« aber sei im Sinne von § 20 StGB »zumindest verminderte Schuldfähigkeit indiziert«, bekräftigt Rechtsanwalt Weber.

Einen Antrag zur Strafhöhe und Schwere der Schuld stelle die Verteidigung im Übrigen nicht. Dies könne nur ein »gerechtes Urteil« bewerten. Der Rechtsanwalt sagt, die Sicherungsverwahrung sei häufig Gegenstand von Strafverteidigersymposien gewesen und sei dort auch auf große Ablehnung gestoßen. Deswegen verwundere es ihn, dass viele Vertreter der Nebenklage den Antrag der Bundesanwaltschaft unterstützen würden. Die Diskussionsrunden würden häufig von Herrn Leipold[7] aus München geführt werden. Aufgrund fehlender Vorstrafen des Angeklagten, so der Verteidiger abschließend, komme demnach lediglich § 66 Absatz 2 StGB[8] infrage. [...]

Der Rechtsanwalt ergänzt, dass der Angeklagte sich zwar mit seinen Taten und seinem Aussageverhalten »bemüht [habe], Argumente für eine Sicherungsverwahrung zu liefern«, er, Rechtsanwalt Weber, würde aber das Gericht bitten zu berücksichtigen, dass der Angeklagte aus einer »völligen, sozialen Isolation heraus« in den Rechtsextremismus »abgedriftet« sei. Zudem möge es »dessen junges Alter« beachten, wie auch den Umstand, welche

6 Anders B. ist ein Rechtsterrorist der am 22. Juli 2011 in Norwegen 77 Menschen ermordete. Ein erstes rechtspsychiatrisches Gutachten hatte ihn aufgrund einer paranoiden Schizophrenie als nicht zurechnungsfähig erklärt. Ein zweites Gutachten widersprach diesem Befund. Beide Gutachten wurden aus unterschiedlichen Gründen stark kritisiert. Am 24. August 2012 wurde er, entgegen dem Antrag der Staatsanwaltschaft, für zurechnungsfähig erklärt und zu 21 Jahren Haft mit anschließender Sicherungsverwahrung verurteilt – in Norwegen die Höchststrafe.

7 Prof. Dr. Dieter Leipold ist ein deutscher Jurist und emeritierter Hochschulprofessor. Er gründete unter anderem den Verein niedersächsischer Sicherungsverwahrter zum Schutz der Grundrechte.

8 § 66 StGB beschreibt die rechtliche Grundlage für eine etwaige Unterbringung in der Sicherungsverwahrung. Absatz 2 bestimmt die rechtliche Grundlage für eine Anordnung der Sicherungsverwahrung ohne frühere Verurteilung.

Auswirkungen eine langjährige Haftstrafe sowie die Haltungsänderung im Verlauf des Lebens des Angeklagten haben könnten.

Rechtsanwalt Weber beendet seinen Schlussvortrag um 10.42 Uhr. Er bedankt sich abschließend.

Die Vorsitzende kündigt eine Pause bis 11 Uhr an.

Sie setzt die Verhandlung fort und erteilt dem Verteidiger Rechtsanwalt Thomas Rutkowski das Wort. Dieser verzichtet auf seinen Schlussvortrag.

SCHLUSSWORT DES ANGEKLAGTEN

Die Vorsitzende erklärt dem Angeklagten, dass er nun das Recht auf das letzte Wort habe.

Dieser blickt zunächst auf einen Zettel mit Notizen. Dann sagt er, dass das Verfahren mehrmals mit den Nürnberger Prozessen verglichen worden sei. Dem würde er zustimmen, denn auch heute würde es sich um einen »rein politischen Schauprozess« handeln, der eine »Machtdemonstration der herrschenden Eliten« sei; das Ergebnis würde schließlich auch bei diesem Prozess bereits im Voraus feststehen. Das Urteil, so der Angeklagte weiter, werde »lebenslänglich mit Feststellung der besonderen Schwere der Schuld und anschließender Sicherheitsverwahrung« [sic] heißen.

Dies, fährt er fort, werde ihn jedoch nicht vom »rechten Pfad abbringen«, er werde weiterhin für »Herkunft und Rasse, gegen die jüdisch globalistische Neue Weltordnung« kämpfen. Man müsse sich schließlich »mit aller Kraft« gegen den »multikulturellen Weltstaat« stemmen, um die »damit einhergehende Versklavung aufzuhalten«. Dies werde jeden Tag deutlich, und man würde es auch »fast überall« sehen, bekräftigt er seine Aussage. Wenn man auf diese Entwicklung hinweise, so der Angeklagte weiter, würde man als »Verschwörungstheoretiker« oder »Verschwörungsmystiker« verachtet werden. Den Begriff »Verschwörungsmystiker« hätte es aber zum Zeitpunkt seiner Festnahme noch nicht einmal gegeben. Verantwortlich dafür sei »ihre Propaganda«. Er ergänzt, nach dem Bürgerkrieg werde man sehen, wer Recht behalte.

Nachdem »die Formalitäten geklärt« seien, fährt der Angeklagte fort, wolle er »zum Abschluss« über zwei Punkte sprechen, die ihm »am Herzen« lägen. Zum einen sei er durch Anwälte der Nebenklage persönlich angegriffen worden. Dies würde er gerne erwidern, doch habe er es »ausschließlich mit Juden und Gesinnungsjuden zu tun«, was wiederum »schade« sei. Zum anderen möchte er betonen, dass nichts »komplett sinnlos« sei und demnach auch dieser Gerichtsprozess zu einem »Erkenntnisgewinn« geführt habe. Er könne nun mit »gutem Recht behaupten«, dass »die einzig gute Sache, die die Juden je erfunden« hätten, »der Holocaust« selbst sei und dass Deutschland »für 6 Millionen tote Juden gezahlt« habe.

Mehrere Vertreter·innen der Nebenklage unterbrechen den Angeklagten an dieser Stelle durch lautstarke Zwischenrufe. Eine Rechtsanwältin ruft der Vorsitzenden zu: »Stoppen Sie das!« Der Angeklagte spricht aber weiter, dass man das »endlich geliefert bekommen [wolle], mit Zinseszins und Inflationsausgleich«. [...]

Eine Nebenklagevertreterin ruft erneut dazwischen und fordert das Gericht dazu auf, das Gesagte zu protokollieren.

Rechtsanwalt Alexander Hoffmann ergänzt, dass die Aussage des Angeklagten eine Straftat sei.

Die Vorsitzende sagt zum Angeklagten, dass Holocaustleugnung eine Straftat sei, auch wenn sie ihm das bereits erklärt habe, und ergänzt, dass er es im Schlussvortrag nicht wiederholen müsse. Dieser erwidert: »Das wäre alles« und schließt damit sein Schlusswort.

Die Vorsitzende erteilt Rechtsanwalt Hoffmann das Wort. Dieser gibt an, die Protokollierungen der Aussagen des Angeklagten beantragen zu wollen. Er werde es zwar nicht mündlich wiederholen, könne es aber schriftlich weitergeben. Es handele sich jedenfalls um eine strafbare Handlung und müsse demnach auch protokolliert werden.

Die Vorsitzende erteilt Oberstaatsanwalt Stefan Schmidt das Wort. [..., unverständlich, Anm. d. Hgg.] Anschließend erhält Verteidiger Rechtsanwalt Weber das Wort. [..., unverständlich, Anm. d. Hgg.]

Die Vorsitzende unterbricht die Verhandlung für 20 Minuten.

Um 11.34 Uhr wird die Sitzung fortgesetzt. Sie stellt abermals fest, dass alle Beteiligten anwesend seien.

Daraufhin erklärt sie, es sei zu Protokoll gegeben worden, dass der Angeklagte in seinem Schlusswort gesagt habe, dass »die einzig gute Erfindung, die die Juden erfunden haben der Holocaust« gewesen sei. Sie wendet sich dem Angeklagten zu und verdeutlicht ihm, dass sie ihm nochmals die Möglichkeit gebe, sich zur Protokollierung zu äußern. Dieser gibt nochmals an, »alles gesagt« zu haben. Die Vorsitzende fragt seine Verteidiger, Rechtsanwalt Weber und Rechtsanwalt Rutkowski, ob diese etwas sagen möchten. Beide verneinen. Anschließend erteilt sie dem Angeklagten abermals das letzte Wort. Dieser wiederholt, alles gesagt zu haben.

Die Vorsitzende beendet daraufhin den Verhandlungstag und gibt an, dass die Urteilsverkündung am 21. Dezember 2020 um 11 Uhr stattfinden werde. Sie ergänzt, dass man pünktlich anfangen und »nicht auf irgendjemanden warten« werde.

Mitschrift von Grischa Stanjek

26. Verhandlungstag
21. Dezember 2020

Der Verhandlungssaal ist gefüllt. Die Presseplätze im Saal und im Presseraum, von dem aus die Verhandlung per Audioübertragung mitverfolgt werden kann, sind, anders als an den anderen Verhandlungstagen, fast vollständig besetzt. Unter den Nebenkläger·innen befinden sich die Eltern des getöteten Kevin S.

URTEILSVERKÜNDUNG DURCH DIE VORSITZENDE RICHTERIN URSULA MERTENS

Um 11.08 Uhr betritt der Staatsschutzsenat des Oberlandesgerichts Naumburg den Saal. Die Anwesenden erheben sich. Die Vorsitzende Richterin Ursula Mertens setzt die Hauptverhandlung gegen den Angeklagten fort und stellt die Anwesenheit fest: Die Bundesanwaltschaft wird von Bundesanwalt Kai Lohse und Staatsanwalt Christoph Birkenholz vertreten. Die Anwesenheit in den Reihen der Nebenklagevertretung sei bereits aufgenommen worden, sagt die Vorsitzende Richterin [augenscheinlich sind alle Nebenklagevertreter·innen anwesend, Anm. d. Hgg.]. Auch der Angeklagte sowie die Verteidigung seien vollständig anwesend.

Innerhalb des Senats wird gefragt, ob sich die Anwesenden wieder hinsetzen könnten. Die Vorsitzende sagt zu ihren Kolleg·innen, die Anwesenden sollten für das Urteil noch stehen bleiben. »Dann verkünde ich nun im Namen des Volks das Urteil«, sagt die Vorsitzende Richterin laut. Der Angeklagte werde wegen zweifachen Mords, einer davon tateinheitlich[1] mit vierfachem versuchten Mord, versuchten Mords in 51 tateinheitlich zusammentreffenden Fällen, versuchten Mords in fünf tateinheitlich zusammentreffenden Fällen, versuchten Mords in zwei tateinheitlich zusammentreffenden Fällen, versuchten Mords in zwei Fällen, versuchten Mords in zwei weiteren Fällen, jeweils in Tateinheit mit versuchter räuberischer Erpressung mit Todesfolge und gefährlicher Körperverletzung, besonders schwerer räuberischer Erpressung, fahrlässiger Körperverletzung in Tateinheit mit vorsätzlicher Gefährdung des Straßenverkehrs und verbotenem Kraftfahrzeugrennen sowie Volksverhetzung in zwei tateinheitlich zusammentreffenden Fällen zu einer lebenslangen Freiheitsstrafe verurteilt. In den übrigen Punkten erfolge ein Freispruch. Es werde die besondere Schwere der Schuld festgestellt und die Sicherungsverwahrung angeordnet. Dem Angeklagten werde außerdem seine Fahrerlaubnis entzogen. Die Möglichkeit zum Antrag auf Wiedererteilung solle es nicht vor vier Jahren geben. Es werde außerdem die Einziehung aller Tatmittel angeordnet.

Der Angeklagte werde dazu verurteilt, ein Schmerzensgeld in Höhe von 4000 Euro nebst Zinsen in Höhe von 5 Prozentpunkten über dem Basiszinssatz an die Geschädigte Sarah B. und ein Schmerzensgeld in Höhe von 5000 Euro nebst Zinsen in Höhe von 5 Prozentpunkten über dem Basiszinssatz an Daniel L. zu zahlen. Außerdem habe er Dagmar M., Jens Z. und einem weiteren Geschädigten, der nicht namentlich genannt werden möchte, ihre Schäden zu ersetzen, soweit dahingehend nicht andere Versicherungen griffen. Dieses Urteil sei gegen eine Sicherheitsleistung von 110 Prozent vorläufig vollstreckbar.[2] Der Angeklagte habe außerdem die Verfahrenskosten, alle Auslagen der Nebenklage sowie die Adhäsionskosten zu tragen.

Die Vorsitzende bittet die Anwesenden, Platz zu nehmen.

Sie wolle zunächst mit der Darstellung der Tat gegen Jana L. beginnen. Diese sei am 9. Oktober 2019 mit der Straßenbahn durch Halle nach Hause gefahren. An diesem für sie völlig normalen Tag sei sie an der Haltestelle Am Wasserturm ausgestiegen, habe die Paracelsusstraße überquert und dann die Humboldtstraße passiert, in der sich die Synagoge befinde. Auf dem Bürgersteig habe ein Golf geparkt, sodass sie die Straße habe betreten

1 Nach § 51 StGB soll nur auf eine einzige Strafe entschieden werden, wenn eine Handlung zugleich mehrere Strafgesetze – oder dasselbe Strafgesetz mehrmals – verletzt. Die Strafe wird dann nach dem verletzten Gesetz bestimmt, das die höchste Strafe androht.

2 Für gewöhnlich müssen Verfahrensbeteiligte, denen etwa ein Schmerzensgeld zugesprochen wird, auf die Rechtskräftigkeit des Urteils warten, um dieses vollstrecken zu können. Hier wird von der Richterin festgelegt, dass sie alternativ auch schon vorher eine Sicherheitsleistung in Höhe von 110 Prozent der fraglichen Summe hinterlegen können. Sie können im Anschluss direkt gegen den Verurteilten vorgehen, um das Urteil zu vollstrecken und müssen nicht auf die Rechtskräftigkeit warten.

müssen. Ob sie dabei den Angeklagten wahrgenommen habe, wisse man nicht. Sie sei aber in jedem Fall auf die Knallgeräusche aufmerksam geworden und habe im Weiterlaufen sinngemäß gesagt, was das denn solle. Der Angeklagte sei frustriert gewesen und habe gegen 12.03 Uhr seine Waffe gegen sie erhoben und auf Jana L., die ihn zu diesem Zeitpunkt schon passiert und ihm daher den Rücken zugekehrt habe, vier Schüsse abgefeuert. »Sie hatte keine Chance, auf diesen feigen Anschlag zu reagieren«, so die Vorsitzende Richterin. Jana L. sei nach vorn gefallen und mit dem Gesicht aufgeschlagen. Wie aus einem Gutachten bekannt sei, sei sie zu diesem Zeitpunkt wegen gravierender Verletzungen der Aorta bereits tot gewesen. Sie habe die Beschimpfungen durch den Angeklagten nicht mehr gehört. Mehrmals habe der Angeklagte sie mit menschenverachtenden Schimpfworten beleidigt wie auf den Tatvideos ersichtlich sei. »Wir mussten es hören«, sagt die Vorsitzende Richterin. Durch die Videos hätten die Prozessbeteiligten auch sehen müssen, wie der Angeklagte noch einmal eine Gewehrsalve von elf Schüssen auf den Rücken der am Boden liegenden Jana L. abgegeben habe. Jana L. sei 40 Jahre alt geworden. Sie habe einen guten Kontakt zur Familie und viele Freunde gehabt und habe selbstständig in einer Wohnung in der Nähe des Tatorts gelebt. »Wir wissen nicht viel über Frau L.«, sagt die Vorsitzende, da die Angehörigen nicht gewollt hätten, dass Frau L. »großes Thema« in der Hauptverhandlung werde. Die Mutter von Jana L. habe sich zunächst als Nebenklägerin an dem Hauptverfahren beteiligen wollen, habe sich dann aber umentschieden. Sie selbst, die Richterin, habe gegen Ende des Prozesses noch einmal bei der Mutter nachgefragt. Diese sei dabei geblieben, keine Nebenklägerin sein zu wollen. Jana L. habe Musik geliebt und sei Mitglied in einem Chor in Halle gewesen. Die Vorsitzende Richterin berichtet, dass sie selbst am Samstag, drei Tage nach dem Anschlag am 9. Oktober 2019, diesem Chor auf dem Hallenser Marktplatz zugehört habe. Sie habe dabei erfahren, mit welcher Hochachtung die Chormitglieder über Jana L. gesprochen und gedacht hätten.

Sie beginne mit diesen Ausführungen, sagt die Richterin, weil sie einen Einblick in die Psyche des Angeklagten zulassen würden. Dieser habe nämlich mitnichten ein umfassendes Geständnis abgelegt. Er habe einzelne Punkte relativiert. In einigen Punkten habe seine Einlassung durch die Beweisaufnahme widerlegt werden können, in anderen nicht.

»Was hatte der Angeklagte vor?«, fragt die Vorsitzende. Er habe sich jahrelang zurückgezogen und isoliert und sich mit »kruden Verschwörungstheorien« befasst, die »ich Ihnen an dieser Stelle ersparen möchte«, sagt die Vorsitzende Richterin. Verschwörungstheorien kenne man seit Jahrtausenden. Auch in Zeiten moderner Technik stürben sie offenkundig nicht aus, man habe vielmehr das Gefühl, sie würden noch rasanter verbreitet und den Verbreitenden gelinge es noch besser, »Menschen einzufangen«, die, aus welchen Gründen auch immer, empfänglich dafür seien.

Der Angeklagte, der noch mit 27 Jahren in seinem Kinderzimmer bei seiner Mutter in Benndorf gehockt habe, sei empfänglich für solche Theorien gewesen. Er habe niemanden in seinem Umfeld gehabt, der in der Lage gewesen sei, »ihn zurückzuholen«. Vielleicht hätten die Menschen, die es gekonnt hätten, auch nicht gewollt. Dazu vermöge sie, die Richterin, nichts zu sagen, weil die Familie in der Hauptverhandlung nicht ausgesagt habe und auch der langjährige Freund der Schwester des Angeklagten nur Allgemeinplätze von sich gegeben habe. Er habe etwa angegeben, in der Familie sei nur übers Wetter gesprochen worden. »Sei es wie es sei«, fährt die Vorsitzende fort, der Angeklagte habe sich jedenfalls über Jahre mit diesem Hass beschäftigt und das abscheuliche, feige und menschenverachtende Denken entwickelt, das ihn zur Tat gegen Jana L. veranlasst habe. Von diesem Hass getrieben, habe sich der Angeklagte mit einem Auto, das mit Sprengstoff und Waffen vollgepackt gewesen sei, am 9. Oktober 2019 von Helbra nach Halle begeben. Dies sei bekannt, weil er sich am Morgen der Tat im Haus seines Vaters in Helbra fotografiert habe. Er habe dabei militärische Kleidung, Stiefel und Helm getragen. Er habe möglichst viele jüdische Menschen töten wollen, wie er auch in der Hauptverhandlung immer wieder gesagt habe. Die Vorsitzende Richterin sagt, sie wolle den Anwesenden ersparen, die Ideologien des Angeklagten wiederzugeben: »Nur so viel: Sie sind absurd und logischem Denken nicht zugänglich.«

Der Angeklagte habe im Vorfeld seiner Tat einen Link zu drei Dokumenten online gepostet, in welchen er den Tatplan, die Herstellung seiner Waffen und die Motive schildere. In einem dieser Dokumente sei ein Link zur Internetseite Twitch verfügbar gewesen. Er habe dort einen Livestream von der Tat erstellt, in dessen Vorwort er den Holocaust geleugnet habe. Die Wiederholung dieser Leugnung wolle die Vorsitzende den Anwesenden ersparen. Sie sei Teil der Beweisaufnahme gewesen und vom Angeklagten auch in dessen Schlusswort wiederholt worden. Der Angeklagte habe das Auto mit seinen Waffen als »böser schwarzer Mann«, verlassen. Die Vorsitzende Richterin richtet sich an den Angeklagten und sagt, dass ihn Kinder so bezeichnen würden. Um 12 Uhr habe er sich zur Synagoge begeben. Die Vorsitzende stellt die Synagoge und den dortigen Tatablauf noch einmal detailliert dar. [Der Angeklagte scheiterte daran, die Tür in der Synagogenmauer zu öffnen und warf im Anschluss Spreng- und Brandsätze mit teils potenziell tödlicher Wirkung über die Synagogenmauer, Anm. d. Hgg.]. Zwischen den beschriebenen Abläufen habe der Angeklagte um 12.03 Uhr Jana L. erschossen und Mandy R. sowie eine weitere Frau in Angst und Schrecken versetzt. Er habe außerdem versucht, einen Schuss auf Stanislaw G. abzugeben, der der am Boden liegenden Jana L. habe helfen wollen. Um 12.07 Uhr habe sich der Angeklagte eingestehen müssen, dass er mit seinem Angriff auf die Synagoge gescheitert sei.

Sie wolle die Geschehnisse bis hierhin noch einmal zusammenfassen, sagt die Vorsitzende Richterin: Zwischen 12 Uhr und 12.07 Uhr habe der Angeklagte versucht, 51 Menschen zu ermorden, wobei er aus niedrigen Beweggründen, heimtückisch und mit gemeingefährlichen Mitteln gehandelt habe. Von »heimtückisch« spreche das Gesetz – sie, die Vorsitzende Richterin, wolle das Vorgehen des Angeklagten hier einmal hinterhältig nennen. Es hätte nichts mit einem Kampf zu tun gehabt, der Angeklagte habe das Überraschungsmoment ausnutzen wollen, um die Menschen in der Synagoge, die arg- und wehrlos gewesen seien, zu töten. Er habe außerdem gemeingefährlich gehandelt, weil er mit gemeingefährlichen Mitteln vorgegangen sei. Die Vorsitzende listet an dieser Stelle die vom Angeklagten verwendeten Waffen auf. Entgegen seiner Einlassung und der Darstellung der Verteidigung habe der Angeklagte selbstverständlich unmittelbar zum Mordversuch angesetzt. Das unmittelbare Ansetzen bestehe nach ständiger Rechtsprechung in einem Verhalten des Täters, das im ungestörten Fortgang ohne Zwischenakte zur Tat führe oder im unmittelbaren und zeitlichen Zusammenhang in die Tat einmünde. Dabei werde auch Verhalten einbezogen, das für sich noch nicht die Tatbestandsmerkmale berühre. Immer komme es dabei auf den Einzelfall an. Der Angeklagte sei bei seiner Tat sehr komplex vorgegangen. Es spreche vieles dafür, dass bereits mit dem ersten Ansetzen zum Öffnen der Tür die Tat verwirklicht worden sei. Die restriktive Rechtsprechung bezüglich der Vorverlagerung der Versuchsstrafbarkeit wolle in erster Linie die Menschen schützen, die kurz vor der Verwirklichung der Tat von dieser absehen würden, also Menschen, bei denen von einer irgendwie gearteten Hemmschwelle auszugehen sei und die daher von der Tat zurückträten. »Bei Ihnen gab es aber keine Hemmschwelle«, richtet sich die Vorsitzende Richterin an den Angeklagten. Er habe alle menschlichen Züge zu dem Zeitpunkt abgelegt, als er am Tatmorgen seine Kampfmontur angelegt habe. Spätestens bei Jana L. seien dann alle Hemmschwellen gefallen. Er sei bereit gewesen, jedes Hindernis für die Tatausführung zu beseitigen, was man an der Ermordung von Jana L. habe sehen können. Es sei außerdem »komplett unerheblich«, wie viele Türen er habe überwinden wollen, da er ja auch ausgesagt habe, dass er auf aus der Synagoge Flüchtende hätte schießen wollen. Eines weiteren Willensentschlusses habe es also nach dem Anfassen der Tür nicht mehr bedurft, zumal er bereits das Überwinden der Begrenzungsmauer im »Pre Action Report« als Ziel seines Anschlags definiert habe.

Die Menschen in der Synagoge seien spätestens ab 12 Uhr ganz konkret gefährdet gewesen. Auch die Einlassung des Angeklagten, er habe nicht gewusst, dass sich in der Synagoge Menschen befänden, sei nicht zu beachten. Dies sei leicht zu recherchieren gewesen, außerdem wäre der Aufwand der Tatvorbereitung sehr übertrieben gewesen, wenn er geglaubt hätte, es würden sich keine Menschen in der Synagoge befinden.

Er habe um 12.03 Uhr Jana L. ermordet, indem er ihr hinterhältig und feige und aus niedrigen Beweggründen in den Rücken geschossen habe. Er habe sie menschenverachtend beschimpft und aus frauenfeindlicher Gesinnung und Frust heraus gehandelt.

Er habe dabei zweifelsfrei mit gemeingefährlichen Mitteln gehandelt. Er habe dann eine Frau mit Kinderwagen und Mandy R. wahrgenommen. Mandy R. habe die Straße passieren wollen, dann aber die Ermordung von Jana L. mit ansehen müssen. Man sehe auf dem Video, dass Mandy R. kurzerhand erstarrt und auf den Angeklagten schaut, als dieser seine Waffe auf sie richtet. Dass er diese auf sie gerichtet hat, habe man feststellen können, es sei aber nicht zu beweisen gewesen, dass er tatsächlich abgedrückt habe. Mandy R. und die andere Frau hätten in Deckung gehen können. Erst danach habe der Angeklagte, wie aus dem Video hervorgehe, die Waffe heruntergenommen und »klemmt« gesagt. Dieser Ausspruch sei also nicht während des möglichen Schusses, sondern danach erfolgt. Er habe sich dazu dahingehend eingelassen, dass er die Waffe heruntergenommen und vor seinem weiteren Vorgehen kontrolliert habe. Ein Klickgeräusch vom Abdrücken sei auf dem Video nicht zu hören. Der Senat müsse daher nach dem Zweifelsgrundsatz, der auch für den Angeklagten gelte, annehmen, dass dieser tatsächlich lediglich die Waffe habe kontrollieren wollen. Dass eine Ladehemmung der Grund dafür gewesen sei, dass er nicht auf Mandy R. geschossen habe, habe das Gericht nicht mit einer für die Verurteilung ausreichenden Wahrscheinlichkeit feststellen können.

Der Angeklagte habe sich dann gegen 12.04 Uhr zur Hofeinfahrt des Nachbargrundstücks der Synagoge begeben, um zu schauen, ob er von dort aus auf das Synagogengelände käme. In diesen Minuten sei Stanislaw G. am Tatort vorbeigekommen. Er sei in ihren Augen ein Held, sagt die Vorsitzende. Stanislaw G. habe sich um die am Boden liegende Jana L. gekümmert, der Angeklagte habe auf ihn gezielt, als er aus der Hofeinfahrt zurückgekommen sei, und zweimal abgedrückt. Es sei zweimal zu einer Ladehemmung gekommen, sodass Stanislaw G. die Situation genutzt habe, in seinen Wagen gestiegen und schnell davongefahren sei. Dieses Abdrücken habe einen versuchten Mord mit den Merkmalen der Heimtücke und der niedrigen Beweggründe dargestellt. Stanislaw G. sei arg- und wehrlos gewesen, als er der auf der Straße liegenden Jana L. habe helfen wollen und sogleich angegriffen worden sei. Nach Jana L. und Mandy R. sei Stanislaw G. schon die nächste Person gewesen, die der Angeklagte grundlos habe attackieren wollen. Laut Bundesgerichtshof handele auch derjenige aus niedrigen Beweggründen, der eine Person angreife, die ihm nicht im Ansatz einen Anlass dazu gebe.

Die Vorsitzende sagt, sie fasse das Geschehen bis hierhin noch einmal zusammen. Gegen 12.07 Uhr habe der Angeklagte die Synagoge verlassen und bis dahin unermessliches Leid verursacht. Er habe einer Mutter die Tochter, Freunden die Freundin und Angehörigen ein Familienmitglied genommen. Er habe Menschen, die den Mord mit angesehen hätten, in tiefes Leid gestürzt. Mandy R. habe Todesangst gehabt und eindrücklich geschildert, wie sie in ihrem Versteck auf ihren Mann gewartet habe.

Der Angeklagte habe Menschen, die gerade einen Gottesdienst gefeiert hätten, in Todesangst versetzt. Die Jüdische Gemeinde zu Halle habe an dem Tag Besuch von einer Gemeinde aus Berlin gehabt. Ein Rabbinerehepaar habe diese Fahrt organisiert, um Jom Kippur an einem ruhigen Ort zu begehen und Kontakt zu einer anderen Gemeinde aufzunehmen. Der Umsicht dieser 51 Helden in der Synagoge sei es zu verdanken, dass es an diesem Tag kein Massaker gegeben habe. Der Vorsitzende der Gemeinde Max P., der Kantor Roman Yossel R., der Sicherheitsbeauftragte Vladislav R. und viele andere hätten der Versuchung widerstanden, die Synagoge zu verlassen. Sie hätten ruhig und besonnen gehandelt und die Türen verriegelt. Einige hätten die Situation vor der Synagoge mittels einer Überwachungskamera mitansehen müssen. Eine Nebenklägerin habe dazu geschildert, dass ihr bei jedem Schuss das Herz zerrissen sei, sie bei jedem Schuss auf die Tür geachtet habe, dass sie Angst gehabt habe, dass die Tür nun nicht mehr standhalte und ihr die Sekunden des Nachladens wie Stunden vorgekommen seien. Die Besucher der Synagoge hätten außerdem lange in dieser ausharren müssen, ehe klar gewesen sei, dass keine weitere Sprengsätze irgendwo feige angebracht worden seien und es keine weiteren Täter gebe.

Erst am Nachmittag sei klar gewesen, dass der Angeklagte allein unterwegs gewesen sei. Auch diese Angst und die Tatsache, dass Menschen, die einen Gottesdienst haben feiern wollen, sich nicht frei hätten bewegen können, habe der Angeklagte zu verantworten.

Die Besucherinnen und Besucher der Synagoge hätten außerdem großes Glück gehabt: Gegen 11.30 Uhr habe eine Babysitterin die Synagoge durch die später angegriffene Tür verlassen, hinter ihr sei zum Glück abgeschlossen worden. Kurz vor 12 Uhr habe auch Mollie S. die Tür passiert, um einen Spaziergang zu machen. Auch hinter ihr sei glücklicherweise abgeschlossen worden. Es sei nicht auszudenken, was passiert wäre, wäre der Angeklagte nur ein paar Minuten früher da gewesen, sagt die Vorsitzende Richterin.

Gegen 12.10 Uhr habe sich eine Streife der Synagoge genähert. Eine junge Polizeibeamtin sei aus dem Wagen gestiegen und habe sich heldenhaft verhalten. Sie habe dafür gesorgt, dass niemand mehr die Straße betrete und in die Nähe des Tatorts komme. Sie wolle einen Perspektivwechsel anregen, sagt die Vorsitzende.[3] Zu diesem Zeitpunkt habe niemand gewusst, ob es weitere Täter gebe. Auch in den Medien sei es über Stunden allen unvorstellbar erschienen, dass ein einziger Täter so eine Tat ausüben könne. Auch habe die Polizistin nicht wissen können, ob der Täter womöglich Sprengstoff an

3 Die Einsatzkräfte waren im Prozess scharf dafür kritisiert worden, dass sie Jana L. nicht erstversorgt haben. Ein Verfahren wegen unterlassener Hilfeleistung war eingeleitet worden.

Jana L.s Körper versteckt habe. Gleichwohl sei sie am Tatort geblieben und habe allein darauf geachtet, dass sich niemand diesem nähere.

Der Angeklagte habe sich ab 12.07 Uhr mit seinem Auto über die Schillerstraße in die Ludwig-Wucherer-Straße bewegt. Dort befinde sich ein bunter, als solcher gekennzeichneter Dönerimbiss. Im Video habe der Angeklagte deutlich hörbar »Döner nehmen« gesagt, als er sich dem Restaurant genähert habe. Er habe sich entschlossen, Muslime anzugreifen, weil er auch diese für seine Lage verantwortlich gemacht habe. Er sei davon ausgegangen, dass sich vor allem Muslime in einem Dönerimbiss befinden würden und habe darüber hinaus auch Nicht-Muslime verachtet, die Döner äßen. »Näheres erspare ich uns«, sagt die Vorsitzende Richterin. Er habe sich mit Schusswaffen und Sprengsätzen bewaffnet dem Restaurant genähert und einen Sprengsatz in Richtung der Tür des Ladens geworfen. Dieser habe die Tür jedoch verfehlt und sei auf der Straße explodiert, wobei Margit W. am Fuß verletzt worden sei. Der Angeklagte habe dann den Verkaufsraum des Ladens betreten, sei auf Kevin S. getroffen und habe ohne Vorwarnung zwei Schüsse auf ihn abgegeben. Er habe ihn aber zunächst verfehlt, sodass Kevin S. sich habe verstecken können. Rıfat T. habe sich hinter dem Verkaufstresen versteckt und sei deshalb nicht gesehen worden. Auch Conrad R. habe sich auf der Toilette verstecken können. Der Angeklagte habe dann auf Bernd H. gezielt und zweimal abgedrückt. Nur aufgrund einer Ladehemmung habe sich kein Schuss gelöst, woraufhin Bernd H. in Richtung eines Abstellraums geflüchtet sei. Erneut habe der Angeklagte daraufhin versucht, auf Bernd H. zu schießen, es habe aber wieder eine Ladehemmung gegeben. Nun habe der Angeklagte Kevin S. ins Visier genommen. Neben diesem habe sich ein Kollege von Kevin S. befunden, der heldenhaft versucht habe, Kühlschränke zwischen sich und Kevin S. und den Angreifer zu bringen, um Kevin S. zu schützen. Der Angeklagte habe mehrfach in Richtung des Mannes, der namentlich nicht genannt werden will, und Kevin S. zielend abgedrückt. Wieder habe es eine Ladehemmung gegeben, sodass der Mann die Gelegenheit genutzt habe, um nach hinten in Richtung des Abstellraums zu flüchten. Auch Rıfat T. habe in dieser Situation entkommen können. Kevin S. habe nicht fliehen können. Der Angeklagte habe daraufhin zweimal in seine Richtung abgedrückt. Erneut habe es eine Ladehemmung gegeben. Er habe daraufhin seine Waffe auf den Boden geworfen und mit einer anderen Schusswaffe auf Kevin S. geschossen. Er sei dann zu seinem Auto gegangen, um eine weitere Waffe zu holen. Mit dieser sei er im Anschluss zurück in den Kiez Döner gekommen und habe einmal auf Kevin S. geschossen. Als er bemerkt habe, dass dieser noch lebt, habe er noch zwei weitere Male auf ihn geschossen. »Sie haben ihn an diesem Tag hingerichtet«, sagt die Vorsitzende Richterin.

Diese menschenverachtende Tat sei von einer Niedertracht geprägt, die ihresgleichen suche. Rechtsanwalt Erkan Görgülü und Rechtsanwalt Christian Eifler, die Anwälte der Eltern von Kevin S., hätten es zutreffend ausgedrückt: Der Angeklagte habe Kevin S. hingerichtet. Kevin S. sei hilf- und wehrlos gewesen. Der Angeklagte habe Kevin S. nicht gekannt, nicht gewusst, wer er gewesen sei oder was er geleistet habe. Kevin S. habe sich, anders als der Angeklagte, trotz seiner Krankheit nie in sein Kinderzimmer zurückgezogen, sondern ein Leben mit Freunden, mit der Anerkennung seiner Leistungen, mit großer Freude am Fußball, liebevollen Eltern und einem guten Elternhaus gelebt und habe erst kurz vor der Tat seinen Job angetreten. »All das ist Ihnen in 27 Jahren nicht gelungen«, sagt die Vorsitzende Richterin zu dem Angeklagten.

Bereits mit dem Werfen der Bombe habe der Angeklagte zum Töten angesetzt. Er habe zwar angegeben, er habe mit dieser nicht töten wollen, aber das sei vollkommen unglaubhaft, schließlich habe er die Wirkung gar nicht einschätzen können. Die Verletzung Margit W.s zeige außerdem die potenziell tödliche Gefahr, die von der Bombe ausgegangen sei. Es habe sich also um einen tateinheitlichen Mordanschlag auf fünf Personen gehandelt. Auch wenn der Angeklagte Conrad R. und Rıfat T. nicht gesehen haben sollte, sei der versuchte Mord an ihnen trotzdem verwirklicht. Hinsichtlich der Mordversuche an Bernd H. und dem Kollegen von Kevin S., der namentlich nicht genannt werden möchte, sei der Angeklagte keinesfalls vom Versuch zurückgetreten, sondern die beiden seien vor ihm weggelaufen. In Bezug auf Kevin S. sei der Mord vollendet worden. Die Tat sei heimtückisch erfolgt, man könne sie auch hinterhältig und feige nennen. Durch die Art der verwendeten Waffen habe der Angeklagte außerdem auch gemeingefährlich gehandelt. Die rassistischen und menschenverachtenden Motive seien »natürlich niedrige Beweggründe«. Die Tat gegen Kevin S. wäre, wenn es eine Steigerung der niedrigen Beweggründe gäbe, auf »der aller-, alleruntersten Stufe anzusiedeln«, sagt die Richterin. Kevin S. habe den Angeklagten angefleht. Dieser habe daraufhin die Möglichkeit gehabt, zur Besinnung zu kommen, als er seine andere Waffe geholt habe, »aber danach ging es erst richtig los«. Die Vorsitzende wendet sich direkt an den Angeklagten: »Mir fehlen die Worte, um das sachlich zu beurteilen, wie es meine Aufgabe ist.«

Sie komme nun zum weiteren Mordversuch an Malek B.: Dieser sei ein freundlicher und zugewandter Mann, der seit 2015 in Deutschland sei und einen technischen Studiengang studiere. Er sei am 9. Oktober 2019 auf dem Weg zum Bahnhof gewesen, um zu seiner Fachhochschule nach Merseburg zu fahren. Aufgrund seines Erscheinungsbilds habe Malek B. in das Feindbild des Angeklagten gepasst. Dieser habe auf Malek B. geschossen, ihn aber verfehlt. Malek B. sei, im Gegensatz zum Angeklagten, schlank, wendig, sportlich und er sei weggerannt. Den ganzen Weg zum Bahnhof, der zwei Kilometer weit sei, sei er gerannt, weil er gewusst habe, dass er dort Polizei antreffen würde. Der Angeklagte habe heimtückisch und aus niedrigen Beweggründen gehandelt. Da mit der in diesem Fall verwendeten Waffe des

Angeklagten keine unüberschaubare Anzahl von Verletzten möglich gewesen sei, sei das Mordmerkmal der Gemeingefährlichkeit hier nicht erfüllt.

Der Angeklagte habe [ehe er von seinem Auto in den Kiez Döner zurückkehrte, Anm. d. Hgg.] auf der Straße zwei Bauarbeiter wahrgenommen und auf diese geschossen. Abdülkadir B. aus der Türkei habe, anders als der Angeklagte, hart gearbeitet. Er sei um sein Leben gerannt. Er habe berichtet, dass ihm aufgrund des weiten Rennens in den schweren Sicherheitsschuhen noch monatelang die Füße geschmerzt hätten. Der Angeklagte habe die Verfolgung von Abdülkadir B. und dem anderen Bauarbeiter [der namentlich nicht bekannt ist, Anm. d. Hgg.] aufgenommen, sie aber erschöpft und schwer atmend nach wenigen Metern aufgegeben. Er sei von dem Versuch nicht zurückgetreten, sondern an der Reaktion der Männer gescheitert. Er habe bei diesem versuchten Mord heimtückisch und aus niedrigen Beweggründen gehandelt.

Es sei in der Chronologie der Tat nun 12.15 Uhr, der Angeklagte sei daraufhin zu Kevin S. zurückgekehrt und habe seine grausame Tat vollendet.

Die Verhandlung wird für 15 Minuten unterbrochen.

Die Vorsitzende fährt nach der 15-minütigen Pause fort. Anschließend habe sich der Angeklagte in sein Mietfahrzeug gesetzt und sei die Ludwig-Wucherer-Straße hochgefahren. Dort habe er zwei querstehende Fahrzeuge wahrgenommen, in denen sich Polizeibeamte befunden hätten. Die Beamten in den beiden Fahrzeugen hätten sich unabhängig voneinander, von anderen Einsätzen kommend, auf den Weg gemacht, um den Täter, der den Anschlag auf die Synagoge begangen habe, womöglich ergreifen zu können. Der Angeklagte habe gesagt, dass er durch die Polizeibeamten an der Flucht gehindert worden sei. Dem glaube das Gericht nicht. Er habe viele Möglichkeiten zur Flucht gehabt. Nichts habe ihn gezwungen, ausgerechnet in Richtung der Polizei zu fahren. Der Senat ginge davon aus, dass der Angeklagte Polizeibeamte habe töten wollen, die den ihm verhassten Staat repräsentierten. Der Angeklagte habe das Feuer in Richtung der Beamten eröffnet. Er habe mehrfach auf sie geschossen, habe aber nur deren Fahrzeug getroffen, da sie selbst in Deckung gegangen seien. Er habe eine Rauchgranate zünden wollen, um sich ihnen nähern zu können. Die Polizeibeamtin Sarah B. habe dem Beamten Daniel L. den Befehl gegeben zu schießen. Er habe sich aus der Deckung begeben und drei Schüsse auf den Angeklagten abgegeben. Ein Schuss habe den Attentäter am Hals getroffen. Dieser Schuss sei aus Sicht des Angeklagten der Anfang vom Ende gewesen. Er habe erkannt, dass er keine Chance habe, sein Vorhaben, Beamte zu töten, umzusetzen. Der Angeklagte sei danach wieder an der Synagoge vorbei in Richtung Steintor gefahren. Das Gericht wolle den Beamten Sarah B. und Daniel L. ausdrücklich für ihre Reaktion danken. Sarah B. habe vor Gericht auf die Frage, warum sie sich dem Angeklagten nicht zu Fuß genähert habe, geantwortet, dass sie gern am Ende eines Arbeitstags gesund zu ihrer Familie zurückkommen wolle. Dass hier drei Schüsse von Daniel L. gewagt worden seien, sei sehr mutig gewesen. »Wir danken ihm und seinen Kollegen ausdrücklich für ihren Einsatz.« Der Angeklagte habe die Polizisten zweifelsfrei töten wollen, das habe er gestanden. Auch das Gutachten des Bundeskriminalamts habe ergeben, dass die Schüsse aus einer Distanz von 70 Metern potenziell tödlich gewesen seien. Das sehe man auch an den Beschädigungen der Polizeifahrzeuge. Die Einlassung des Angeklagten, dass er sich über die Wirkung seiner Waffe keine Gedanken gemacht habe, sei unwahr, denn er habe vorher mit ihr auf Kevin S. und andere Personen geschossen. Auch seine Einlassung, dass er nur habe flüchten wollen, sei unglaubhaft. Auch das Vorhaben, die Rauchgranate zu zünden, zeige, dass er sich den Beamten habe nähern wollen, um diese zu töten.

Die Vorsitzende richtet sich anschließend an den Nebenkläger İsmet T.: »Es ist richtig Herr T., auch sie waren im Kugelhagel. Sie waren in Lebensgefahr, auch Sie sind ein Opfer dieses Anschlags.« Der Angeklagte hätte wegen versuchten Mords in seinem Falle jedoch nur verurteilt werden können, wenn er bedingt vorsätzlich gehandelt hätte. Mit dem Wissen, dass er gefährlich gehandelt habe, als er mit seiner Waffe die Straße entlang schoss, sei noch nicht gesagt, dass er auch den konkreten Erfolgseintritt akzeptiert hätte. Es sei nicht belegt, dass der Angeklagte İsmet T. wahrgenommen habe, dass er im Blickwinkel des Angeklagten gewesen sei, sei auf dem Video nicht zu sehen. Es sei nicht nachzuweisen, dass der Angeklagte ihn wahrgenommen hat. Was nicht in Frage stellen würde, dass die Situation für ihn gefährlich gewesen ist. Der Angeklagte habe, wie oben dargelegt, auf Malek B. und Abdülkadir B. geschossen, einen gezielten Schuss auf İsmet T. habe man aber nicht feststellen können. Hinzu käme, dass alle anderen Personen bei dem Gefecht weggelaufen seien. Der Angeklagte habe nicht damit rechnen können, dass sich jemand in die gefährliche Zone begeben würde. Die Straße sei nicht mehr belebt gewesen. Hinzu käme, dass die Polizeifahrzeuge die Straße vom Steintor her abgeriegelt hätten. Im Hinblick auf die Raserfälle hinke der Vergleich. Ein Täter, der mit 200 Kilometer pro Stunde den Ku'damm entlang fahre, müsse damit rechnen, Menschen zu verletzen. Er werde aber nicht wegen versuchten Mords an allen Menschen auf der Straße verurteilt.

Die Vorsitzende Richterin sagt, der Attentäter habe İsmet T. traumatisiert, deshalb müsse er die Kosten für seine Nebenklage tragen.

Anschließend kommt die Vorsitzende auf die Vorfälle in der Magdeburger Straße zu sprechen. Es stehe nicht fest, dass der Angeklagte Aftax I. vorsätzlich verletzt habe. Der Angeklagte habe im Ermittlungsverfahren angegeben, dass er aufgeregt und ihm schwammig vor Augen gewesen sei. Der Weg auf der linken Straßenseite sei versperrt gewesen. Er habe nicht anhalten wollen und sei auf die Gegenfahrbahn gezogen. Die Vorsitzende richtet sich direkt an den Angeklagten: »In dem Moment haben Sie eine Person mit dunkler

Hautfarbe gesehen, die Ihnen vor das Auto gesprungen ist.« Der Angeklagte habe wegen seines zerschossenen Reifens nicht mehr richtig bremsen können. Er habe nicht gesehen, ob er Aftax I. angefahren habe. »Es wäre ihm aber durchaus recht gewesen«, sagt die Richterin. Die Beweisaufnahme habe ergeben, dass der Angeklagte die Haltestelle erreicht habe, als dort die Straßenbahn angehalten habe. Die Fahrbahn, die er zuvor genutzt habe, sei auf der Höhe der Straßenbahn auf eine Spur verengt gewesen. Dort habe sich ein Hindernis, ein Metallgeländer, auf der linken Seite befunden.

Bei einem Frontalzusammenprall mit einem Fußgänger hätte sich das Risiko des Angeklagten, gefasst zu werden, deutlich erhöht, so die Vorsitzende. Außerdem habe der Angeklagte ausgeführt, dass er sein Ziel nach der Flucht habe weiterverfolgen wollen – insofern habe er eine Ergreifung natürlich verhindern wollen. Man habe nicht feststellen können, dass er Aftax I. bewusst angefahren habe. Der Angeklagte habe ausgesagt, dass er ihm vors Auto gesprungen sei. Eine Kollision habe nicht in seinem Interesse gelegen. Die Tatsache, dass er einen Song über den Attentäter von Toronto abgespielt habe, greife nicht. Zu der Zeit, als der Angeklagte die Playlist vorbereitet habe, deutlich vor der Tat, sei es ihm darum gegangen, die Menschen in der Synagoge zu ermorden – »nicht unter Einsatz eines Fahrzeugs«. Alles, was danach geschah, sei spontan gewesen. Bei seiner Flucht sei der Angeklagte zu keinem Zeitpunkt in eine Menschenmenge gefahren. Aus der Gefährlichkeit eines riskanten Fahrmanövers könne nicht automatisch auf einen bedingten Vorsatz geschlussfolgert werden. Es sei unklar, ob er überhaupt an dieser Stelle mit Passanten gerechnet habe. An der Stelle, wo Aftax I. die Straße überquert habe, befände sich kein Fußgängerüberweg. Das Fahrmanöver und der Zusammenstoß hätten sich innerhalb weniger Sekunden ereignet. Für das frühzeitige Erkennen von Fußgängern sei gar kein Raum gewesen, ein Zusammenstoß wäre dem Angeklagten nur hinderlich gewesen. »Nach dem Zweifelssatz ist nicht auszuschließen, dass er darauf vertraute, die Haltestelle problemlos zu passieren.« Fest stehe, dass Aftax I. mit dem Außenspiegel des Wagens gestreift worden sei. Durch die Einhaltung der Verkehrsregeln hätte der Angeklagte dies verhindern können. Durch sein Fahrverhalten sei es zur Körperverletzung zum Nachteil von Aftax I. gekommen. Die Vorsitzende sagt, der Geschädigte habe ihr berichtet, dass er seit 2015 in Deutschland ist. Er sei als 18-Jähriger hierhergekommen und vermisse seine Familie. Sie spricht dabei Aftax I. direkt an. »Zurzeit schuften Sie bei Amazon. Es geht Ihnen oft nicht so gut in Halle.« Der Geschädigte habe ihr berichtet, dass er häufig bedroht werde. »Das Leben ist nicht einfach für Sie, in einem Land, dass Ihnen Schutz vor Verfolgung bieten soll.« Es sei schlimm, dass er sich bedroht fühle. Das Gericht habe aber nicht feststellen können, dass der Angeklagte ihm nach dem Leben getrachtet habe. Das müsste es aber mit der für die Verurteilung erforderlichen Wahrscheinlichkeit feststellen.

Der Angeklagte sei dann weiter Richtung Landsberg gefahren und habe um kurz vor 13 Uhr Wiedersdorf erreicht. Er habe festgestellt, dass er seine Flucht mit dem beschädigten Fahrzeug nicht fortsetzen könne. Der Angeklagte habe seine Waffen aus dem Auto mitgenommen und sei zu einem Wohnhaus in der Nähe gegangen. Dort habe er sich bemerkbar gemacht. Jens Z. habe die Hoftür geöffnet. Der Angeklagte habe die Schlüssel für dessen Wagen vor der Tür des Hauses verlangt. Jens Z. habe gesagt, dass er die Schlüssel nicht habe. Aus Verärgerung habe der Angeklagte auf den Kopf von Jens Z. gezielt und abgedrückt. Dieser habe gerade den Kopf gedreht, sodass die Kugel in die Nackenmuskulatur eingetreten sei. Er habe operiert werden müssen, habe aber überlebt.

Dagmar M., die Lebenspartnerin von Jens Z., habe ihn gesehen. Den Angeklagten habe sie zu diesem Zeitpunkt noch nicht wahrgenommen. Die Vorsitzende spricht in ihren Ausführungen den Angeklagten immer wieder direkt an. »Dann taten Sie, was Sie am besten können: Von hinten feige und hinterhältig auf andere Menschen schießen.« Der Angeklagte habe Dagmar M. von hinten in den Oberschenkel geschossen. Er habe gegenüber beiden Opfern aus menschenverachtender Gesinnung heraus gehandelt und habe sie für minderwertig gehalten. Dabei habe er etwas von »Unterschicht gefaselt«. Zu welcher Schicht er denn zähle, fragt die Vorsitzende. Er hätte es für möglich gehalten, dass die beiden an ihrer Verletzung sterben. Es sei ihm aber vollkommen egal gewesen. Im Hinblick auf Jens Z. habe er mit direktem Tötungsvorsatz gehandelt: Ein Schuss auf den Kopfbereich mit einer scharfen Waffe führe nahezu zwingend zu schweren Verletzungen. Bezogen auf Dagmar M. sei von einem bedingten Tötungsvorsatz auszugehen. Dagmar M. habe ihrem Mann zu Hilfe eilen wollen. Der Angeklagte habe sie von hinten angeschossen, die Eintrittsstelle des Schusses könne sehr wohl auf die Bewegung von Dagmar M. zurückgeführt werden. Es wäre dem Angeklagten ein Leichtes gewesen, so die Vorsitzende, auf die Beine von Frau M. zu zielen, wenn er dies gewollt hätte. So wie der Schuss traf, sei auf die Körpermitte gezielt worden. Die Mordmerkmale Habgier und Ermöglichungsabsicht seien in beiden Fällen erfüllt. Der Angeklagte habe gehofft, mit seiner Tat eine räuberische Erpressung umsetzen zu können. Bezogen auf Dagmar M. sei auch das Mordmerkmal der Heimtücke erfüllt, da er ihr von hinten hinterlistig in den Rücken geschossen habe. Einen Rücktrittsversuch habe man nicht feststellen können, der Angeklagte habe keinerlei Rettungsbemühungen an den Tag gelegt. Stattdessen habe er Jens Z. nach den Autoschlüsseln durchsucht. Dagmar M. und Jens Z., die sich in Wiedersdorf mit viel Einsatz eine schöne Oase aufgebaut hätten, habe der Angeklagte aus dem Leben gerissen. Beide seien nicht mehr arbeitsfähig und müssten im Haus ihrer Eltern schlafen, da Dagmar M. die Treppen ihres Hauses nicht mehr bewältigen könne. Zum Angeklagten sagt die Vorsitzende: »Frau M. hat sie als Muttersöhnchen bezeichnet. Das wird sie mit ihrer Lebenserfahrung sicherlich gut einschätzen können.«

Die Vorsitzende sagt, es sei das erste Mal in ihrem Berufsleben, dass sie eine Urteilsbegründung für die Hauptverhandlung schriftlich niedergeschrieben habe. Sonst habe Sie Urteilsbegründungen immer frei vorgetragen, auch bei sehr langen Urteilen. In diesem Falle habe sie sich zwingen müssen, die Sätze aufzuschreiben, »damit man die Fassung behalten kann.«

Sie fährt mit der Erbeutung des Fluchttaxis fort. Das Schlimmste für die drei Geschädigten sei gewesen, dass jeder Einzelne von ihnen den Angeklagten hätte überwältigen können. Die Vorsitzende richtet sich auch hier immer wieder an den Angeklagten: »Einen Kampf mit diesen Herren hätten Sie auf keinen Fall gewonnen. Das treibt die drei besonders um.« Die Vorsitzende sagt, sie habe sich mit vielen Nebenklägern auch außerhalb der Verhandlung unterhalten, weil sie wisse, dass im Sitzungssaal nicht alles zur Sprache komme und sie sich für Menschen und ihre Schicksale interessiere. »Sie hätten keine Chance gehabt und das wussten Sie auch. Deshalb waren Sie relativ zurückhaltend.« Der Angeklagte habe sich zur Werkstatt von Kai H. bewegt und Christian W. bedroht. Er habe die Herausgabe des Fahrzeugs verlangt. Daniel W. und Kai H. seien dazugekommen. Daniel W. habe dem Angeklagten die Zündschlüssel zu seinem Taxi gegeben, aus Angst erschossen zu werden. Der Angeklagte habe zwei Fünfzigeuroscheine auf den Boden geworfen und sei davongefahren. Er habe sich besonders schwerer räuberischer Erpressung schuldig gemacht. Die Erpressung sei verwirklicht worden, dies reiche für eine Bereicherungsabsicht aus. Es habe nicht festgestanden, dass er das Fahrzeug nur für kurze Zeit habe nutzen wollen. Da der Angeklagte nicht gewusst habe, wem das Auto gehöre, beziehe sich die räuberische Erpressung auf alle drei Personen. Dank Daniel W., der die GPS-Daten des Taxis habe weitergeben können, und dem »heldenhaften Einsatz« der Polizeibeamten Roland F. und Jens K., die sich um 13 Uhr selbst in den Dienst versetzt hätten und den Angeklagten auf der B91 hätten festnehmen können, sei Schlimmeres verhindert worden. »Ich möchte sagen, dass die beiden Beamten unter Einsatz Ihres Lebens gehandelt haben. Bis heute sind sie von staatlichen Stellen nicht ausgezeichnet worden.« Auf Gedenkveranstaltungen, so hätten sie es der Vorsitzenden geschildert, seien sie nicht als Gäste eingeladen, sondern als Bewachungspersonal vor Ort gewesen. Die beiden hätten den Angeklagten festgenommen, ohne zu wissen, ob und in welcher Weise er noch bewaffnet gewesen sei und ob es weitere Täter gegeben habe.

Das seien die Geschehnisse des 9. Oktober 2019. Die Vorsitzende sagt, sie komme nun zur Frage der Schuldfähigkeit. Die Feststellungen des sachverständigen Zeugen Professor Norbert Leygraf seien eindeutig und nachvollziehbar gewesen. Der Angeklagte leide an einer komplexen Persönlichkeitsstörung, die durch schizoide, paranoide und selbstunsichere Anteile geprägt sei. Zudem gebe es Anzeichen einer Autismusstörung. Forensisch sei dieses

Bild nicht schwer. Es sei schwer zu ertragen, weil es dazu geführt habe, dass der Angeklagte seit Jahren allein in seinem Zimmer gesessen habe. Auch seine Eltern hätten keine Verhaltensänderung bei ihm bewirken können oder wollen, sie hätten ihn noch krankenversichert, um ihn nicht aus seiner Lethargie zu reißen. Von Norbert Leygraf habe man gehört, dass diese Persönlichkeitsstörung nicht zu einer verminderten Schuldfähigkeit führe. Man habe nachvollziehen können, wie der Angeklagte seiner Logik entsprechend konsequent vorgegangen sei und in der Lage gewesen sei, sein Verhalten zu steuern. Dass er gedachte habe, dass sein Verhalten richtig sei, ändere nichts daran, dass sein Verhalten nicht erlaubt sei, dass man die Menschenwürde zu achten habe und andere Menschen nicht töte oder verletze.

Die Vorsitzende fasst zusammen, wie der Angeklagte schuldig sei. Das Verbreiten des Tatvideos und der Dokumente stelle in verschiedener Hinsicht eine Volksverhetzung gemäß § 130 StGB dar. Die Dokumente »Manifest« und »Pre Action Report« würden Gewaltaufrufe zur Tötung von Juden und Muslimen beinhalten und folglich friedensgefährdende Hetze darstellen. Ferner habe der Angeklagte diese Menschen mehrfach beschimpft und verächtlich gemacht. Die Vorsitzende wolle die Worte des Angeklagten nicht wiederholen. Die in Englisch gehaltenen Äußerungen des Angeklagten am Beginn des Livestreams würden ebenfalls eine friedensgefährdende Hetze im Sinne von § 130 StGB darstellen, indem eine religiöse Gruppe böswillig verächtlich gemacht werde. Diese Äußerungen würden auch die erforderliche Eignung zur Störung des öffentlichen Friedens erfüllen, da sie über das Internet verbreitet und damit einer unbestimmten Anzahl von Personen zugänglich gemacht werden sollten. Dabei habe der Angeklagte auch darauf abgezielt, durch die Verbreitung Nachahmungstäter zu motivieren. Die Äußerungen des Angeklagten in Bezug auf den Holocaust würden zudem eine Leugnung des Holocausts gemäß § 130 Absatz 3 StGB darstellen.

Im Ergebnis sei der Angeklagte schuldig des Mords in zwei Fällen, davon in einem Fall in Tateinheit mit versuchtem Mord in vier tateinheitlich zusammentreffenden Fällen. Das beträfe den Überfall auf den Kiez Döner (Fälle 3 und 6 der Anklageschrift). Er sei weiterhin schuldig des versuchten Mords in 51 tateinheitlich zusammentreffenden Fällen (Fall 2 der Anklageschrift), des versuchten Mords in fünf tateinheitlich zusammentreffenden Fällen (Fall 9 der Anklageschrift), des versuchten Mords in zwei tateinheitlich zusammentreffenden Fällen (Fall 8 der Anklageschrift), des versuchten Mords in zwei Fällen (Fälle 5 und 7 der Anklageschrift), des versuchten Mords in zwei Fällen jeweils in Tateinheit mit versuchter räuberischer Erpressung mit Todesfolge und mit gefährlicher Körperverletzung (Fälle 11 und 12 der Anklageschrift), der besonders schweren räuberischen Erpressung zum Nachteil von Kai H. und den Brüdern W. (Fall 13 der Anklageschrift), der fahrlässigen Körperverletzung in Tateinheit mit vorsätzlicher Gefährdung des Straßenverkehrs und verbotenem Kraftfahrzeugrennen zum Nachteil von Aftax I. (Fall 10 der Anklageschrift) und der Volksverhetzung (Fall 1 der Anklageschrift).

Anschließend kommt die Vorsitzende zur Strafzumessung. Es sei festzustellen, dass der Angeklagte nach den Erkenntnissen des Sachverständigen Professor Leygraf vollumfänglich schuldfähig sei und bei den Taten auch kein Zustand einer verminderten Schuldfähigkeit gegeben sei. Eine Strafrahmenverschiebung komme hier also nicht in Betracht. Zugunsten des Angeklagten sei in allen Fällen zu werten, dass er bislang nicht vorbestraft sei und sich überwiegend geständig gezeigt habe. Als maßgeblicher Gesichtspunkt zulasten des Angeklagten würde gemäß § 46 Absatz 2 StGB dessen antisemitische, rassistische, fremden- und frauenfeindliche Tatmotivation gewertet werden. Gleiches gelte für die erhebliche kriminelle Energie, die der Angeklagte aufgewandt habe, die sich insbesondere in der langen und akribischen Tatvorbereitung, im Umfang des mitgeführten Waffen- und Sprengstoffarsenals, im Bestreben, möglichst viele Menschen zu töten, in der gezielten Aufforderung zum Nachahmen seiner Tat und in der Fortführung des Tötungsvorhabens und der Auswahl immer neuer Opfergruppen zeige. Insgesamt könne man sagen, dass der Angeklagte zwischen 12 Uhr und 13.15 Uhr eine Vielzahl schwerwiegendster Straftaten begangen habe. Für Volksverhetzung gebe es eine Mindestfreiheitsstrafe von drei Monaten und ein Höchstmaß von fünf Jahren. Es sei strafschärfend zu sehen, dass der Angeklagte durch dieselbe Handlung den Straftatbestand mehrfach verwirklicht habe, Absatz 1 und 3 seien erfüllt worden. Es sei auch strafschärfend zu berücksichtigen, dass die hochgeladenen Dokumente des Angeklagten und das Tatvideo und die Aussagen im Nachhinein im Internet eine Verbreitung gefunden hätten, was auch die Sachverständige Karolin Schwarz bestätigt habe. Dies sei auch das Ziel des Angeklagten gewesen, der in bewusster Anlehnung an andere Mordanschläge möglichst viele gleichgesinnte Zuschauer habe finden wollen. Das Gericht halte, wie die Bundesanwaltschaft, eine Freiheitsstrafe von 3 Jahren für tat- und schuldangemessen.

Bezogen auf die Mordvorwürfe sehe das Gesetz eine lebenslange Freiheitsstrafe vor. Dies gelte grundsätzlich auch für versuchte Morde. Zu prüfen sei, ob wegen der ausgebliebenen Vollendung nicht womöglich eine Strafrahmenverschiebung vorzunehmen sei. Dann würde der Strafrahmen von einer Freiheitsstrafe von 3 bis 15 Jahren reichen. Bei dem versuchten Mord an den Besuchern der Synagoge könnte für die Vornahme einer Strafrahmenverschiebung sprechen, dass der Versuch doch nach sieben Minuten »stecken geblieben« sei. Glücklicherweise seien die Besucherinnen und Besucher der Synagoge nicht körperlich verletzt worden. Trotzdem müsse hier eine Strafrahmenverschiebung nach der Auffassung des Senats, wie auch nach der der Bundesanwaltschaft, ausscheiden. Der Angeklagte habe über Monate die Tat vorbereitet, Waffen und Sprengstoff über einen langen Zeitraum hergestellt.

Er sei schwer bewaffnet gewesen, habe vollautomatische Waffen und Sprengsätze dabeigehabt. Er habe auch jenseits des Mordmerkmals der Gemeingefährlichkeit eine besondere Gefahrenlage geschaffen, die wirklich nur ganz knapp ihre Vollendung verfehlt habe. Außerdem habe der Angeklagte mehrere Mordmerkmale verwirklicht, er habe heimtückisch, aus niedrigen Beweggründen und gemeingefährlich gehandelt. Er habe letztlich 51 Menschen gefährdet und das wiege besonders schwer, weil er sich bewusst diesen Anschlagsort und diese Anschlagszeit ausgesucht habe, da er sich erhofft habe, dass an diesem Tag möglichst viele Menschen in der Synagoge zu Halle beten. Deswegen bleibe hier überhaupt kein Zweifel daran, dass der Angeklagte wegen dieser Tat zu einer lebenslangen Freiheitsstrafe zu verurteilen sei. Für den Mord an Jana L. sei nur eine lebenslange Freiheitsstrafe möglich, die man auch verhängt habe. Bei dem versuchten Mord an Stanislaw G. habe der Angeklagte zweimal versucht, ihn aus kurzer Distanz mit einer vollautomatischen Waffe zu erschießen. Dabei habe er zwei Mordmerkmale verwirklicht: Er habe kaltblütig und mit erheblicher krimineller Energie gehandelt und habe geäußert, dass auch antisemitische Motive eine Rolle gespielt hätten. Andererseits könne man, so die Vorsitzende, zugunsten einer Strafrahmenverschiebung ins Feld führen, dass sich kein Schuss gelöst habe und Stanislaw G. glücklicherweise keine psychischen Verletzungen davongetragen habe. Er habe vor Gericht sehr eindrücklich geschildert, wie er danach noch weitergearbeitet habe. »Herr G. hat in seinem Leben womöglich auch schon viele Dinge erlebt, er hat das Geschehen glücklicherweise gut verarbeitet.« Das sei zu berücksichtigen. Unter Würdigung aller Umstände halte das Gericht eine Freiheitsstrafe von 12 Jahren für tat- und schuldangemessen.

Im Falle des Angriffs auf den Dönerimbiss sehe das Gesetz aufgrund der vier versuchten Morde, tateinheitlich begangen mit dem vollendeten Mord an Kevin S. nach § 52 Absatz 2 StGB, insgesamt eine lebenslange Freiheitsstrafe vor. Durch die lebenslange Freiheitsstrafe würden auch die versuchten Morde zum Nachteil der Geschädigten – der Mandanten von Rechtsanwältin Doreen Blasig-Vonderlin, Conrad R., Rıfat T. und Bernd H. – gesühnt. Bezogen auf den versuchten Mord an Malek B. habe man wieder zu prüfen, ob eine Strafrahmenverschiebung vorzunehmen sei. Die Nichtvollendung dieser Tat sei von einem glücklichen Zufall abhängig gewesen. Der Geschädigte sei nicht weit vom Angeklagten entfernt gewesen und habe völlig überraschend auf ihn gezielt. Dieser Mordversuch habe für Malek B. eine erhebliche Gefahr dargestellt. Seiner schnellen Reaktion sei es zu verdanken, dass er körperlich nicht verletzt worden sei. Allerdings habe er psychische Beeinträchtigungen davongetragen. Gleichzeitig sei mit Blick auf die nur einmalige Schussverwirklichung davon auszugehen, dass die Strafe aus dem verschobenen Strafrahmen zu ziehen sei. Das Gericht halte eine Freiheitsstrafe von 12 Jahren für tat- und schuldangemessen.

Anschließend kommt die Vorsitzende auf Abdülkadir B. und die unbekannte Person zu sprechen. Da habe man einen vergleichbaren Ablauf wie bei Malek B. Es sei zu sehen, dass der Angeklagte zwei Personen im Visier gehabt habe. Zudem sei zu sehen, dass Abdülkadir B. schwer an den Taten trage. Er sei lange arbeitsunfähig gewesen und habe keine psychologische Hilfe in Anspruch genommen. Seine Familie habe ihn sehr unterstützt, aber er habe immer noch um Fassung gerungen, angesichts dessen, dass ihn jemand habe erschießen wollen. Die Vorsitzende richtet sich an den Angeklagten: »Jemand, der morgens ganz normal zur Arbeit gegangen ist, der drei Kinder hat, der seit Jahren in Halle lebt und versucht, sein Leben zu meistern, dass dieser jemand einfach unvermittelt Zielscheibe von Ihnen geworden ist«, daran habe Abdülkadir B. heute noch zu tragen. Trotzdem sei das Gericht der Auffassung, dass eine Strafrahmenverschiebung zu gewähren sei. Der Angeklagte sei den beiden Herren zwar hinterhergelaufen, habe aber dann, weil er durch seine schwere Kleidung körperlich nicht zu einer Verfolgung in der Lage gewesen sei, doch schnell aufgegeben. Das Gericht halte eine Freiheitsstrafe von 13 Jahren für tat- und schuldangemessen.

Auch bei den versuchten Morden zulasten der fünf Polizeibeamten, Daniel L., Sarah B., Dirk F., Robert D. und Robert L. sei eine Strafrahmenverschiebung zu prüfen. Diese Tat habe sogar fünf Tatopfer betroffen. Die Polizeibeamten seien alle erheblich gefährdet gewesen. Auf der anderen Seite sei zu sehen, dass der Angeklagte hier nur ein Mordmerkmal erfüllt habe und dass es den Polizeibeamten letztlich gelungen sei, sich doch zu schützen. Insofern sei das Gericht der Auffassung, dass eine Freiheitsstrafe von 14 Jahren angemessen sei. Sie hätten zwar eine Strafrahmenverschiebung vorgenommen, sich aber trotzdem am oberen Bereich orientiert, da hier fünf Polizeibeamte unter Einsatz ihres Lebens die Gesellschaft hätten schützen wollen und sich relativ spontan postiert hätten, um Hallenser Bürger vor dem Angriff zu schützen. Dass der Angeklagte diese Menschen ins Visier genommen habe, weil er sie als Repräsentanten des ihm verhassten Staats angesehen habe, habe das Gericht zu seinem Nachteil gewertet.

Im Hinblick auf die Tat zum Nachteil von Aftax I. handele es sich um eine fahrlässige Gefahr für Leib und Leben im Rahmen der Straßenverkehrsgefährdung in Tateinheit mit fahrlässiger Körperverletzung. Der Strafrahmen belaufe sich auf eine Freiheitsstrafe von bis zu drei Jahren oder eine Geldstrafe. Man habe zu berücksichtigen, dass durch die Tat drei Straftatbestände verwirklicht worden seien. Man habe zudem die Gefährdung von Aftax I. zu beachten. Es sei ein glücklicher Zufall, dass er nicht verletzt worden sei. Je nachdem, in welchem körperlichen Zustand das Opfer gewesen sei, hätten auch schwerere Verletzungen entstehen können. Das Gericht halte eine Freiheitsstrafe von 2 Jahren und 3 Monaten für angemessen.

Es folgt eine 15-minütige Lüftungspause.

Um 13.23 Uhr wird die Verhandlung fortgesetzt.

Jens Z. sei aus nächster Nähe getroffen und schwer verletzt worden, sagt die Vorsitzende. Die Grenze zur Vollendung sei »ganz, ganz knapp« nicht erreicht worden. Es lägen in diesem Fall zwei Mordmerkmale vor, und der Angeklagte habe mit direktem Vorsatz gehandelt. Jens Z. sei lange krank gewesen und versuche, jetzt wieder Fuß im Arbeitsleben zu fassen, wie er geschildert habe. Dies sei ihm aber über ein Jahr lang nicht möglich gewesen. Der Senat habe sich für eine Strafrahmenverschiebung entschieden und halte eine Freiheitsstrafe von 14 Jahren für angemessen.

Ähnliches gelte auch für die Tat gegen Dagmar M. Von einer Gutachterin sei erläutert worden, dass in der Nähe der Schusswunde an der Hüfte wichtige Gefäße lägen und Dagmar M. viel Glück gehabt habe, diese Verletzung überlebt zu haben. Es lägen drei Mordmerkmale vor. Anders als bei dem Schuss gegen Jens Z. gehe das Gericht hier von einem bedingten Vorsatz aus. Dagmar M. könne bis heute keine Treppen steigen und nicht arbeiten. Sie habe früher einen Job als Kellnerin gehabt, das gehe heute alles nicht mehr. Sowohl Jens Z. als auch Dagmar M. hätten große Probleme, sich in der Öffentlichkeit zu bewegen. Auch für den versuchten Mord an Dagmar M. entscheide sich das Gericht auf eine Freiheitsstrafe von 14 Jahren.

Für die besonders schwere räuberische Erpressung von Daniel und Christian W. sowie Kai H. verhänge der Senat eine Freiheitsstrafe von 8 Jahren. Der Strafrahmen liege hier zwischen 5 und 15 Jahren. Für die Annahme eines minderschweren Falls gebe es nicht im Ansatz irgendeinen Raum. Man müsse bedenken, was der Angeklagte vorher gemacht und dass das Taxi einen hohen Wert gehabt habe. Auch sei zu berücksichtigen, dass die Brüder das Taxi lange nicht zurückbekommen hätten und dass es derart beschädigt worden sei, dass man damit kein Geld mehr verdienen könne. Die Betroffenen hätten die Tat wohl »ganz gut verkraftet, haben aber auch daran zu knabbern«. Sie seien dem Angeklagten hilflos ausgeliefert gewesen, weil dieser eine Waffe gehabt habe. Andernfalls hätte jeder Einzelne von ihnen den Angeklagten mühelos überwältigt. Das mache ihnen besonders zu schaffen.

Kai H. habe außerdem berichtet, wie schlimm für ihn die Vorstellung sei, wenn an diesem Tag sein Auszubildender, der einen Migrationshintergrund habe, dabei gewesen wäre. »All das treibt Menschen um«, richtet sich die Vorsitzende an den Angeklagten. Diese Gedanken würden die Betroffenen der Tat auch Monate später beschäftigen.

Aus den dargestellten Strafen sei eine Gesamtstrafe zu bilden, sagt die Vorsitzende Richterin. Es käme hier nur die lebenslange Freiheitsstrafe in Betracht, etwas anderes gebe das Gesetz nicht her.

Der Senat stelle außerdem die besondere Schwere der Schuld fest. Das Gesamtbild der Tat weiche einfach so stark von einem »gewöhnlichen Mord« ab. »Ihre Schuld kann nicht nach 15 Jahren gesühnt sein«, sagt die Vorsitzende Richterin zum Angeklagten. Die Tat weiche zu stark von einem normalen Mord, wenn es so etwas geben könne, oder jedenfalls von einem durchschnittlichen Mord ab. Es seien ja allein schon zwei Morde und zudem viele weitere Straftaten, die er in rund einer Stunde und 15 Minuten verübt habe.

Die Tat sei zudem zutiefst menschenverachtend gewesen. Der Angeklagte habe mit Absicht, »also noch mehr als Vorsatz«, gehandelt und möglichst viele Menschen umbringen wollen. »Und ihre emotionale Kälte«, fährt die Vorsitzende Richterin in ihrer Begründung zur besonderen Schwere der Schuld fort, »hat alle besonders getroffen«. »Man musste da auch um Fassung ringen«, sagt sie, als der Angeklagte auf eine entsprechende Frage einer Nebenklagevertreterin gesagt habe, dass er auch Kinder umgebracht hätte, denn diese könnten ja später auch seine Feinde sein. Allein dieser Satz könnte schon für sich genug sein, um die besondere Schwere der Schuld zu rechtfertigen, sagt die vorsitzende Richterin.

Außerdem werde die Sicherungsverwahrung angeordnet. Sie kenne diese aus ihrem Berufsleben von Fällen, bei denen viele Vorstrafen vorgelegen hätten. Sie erinnere sich etwa an einen Angeklagten, der im Dezember freigekommen und im Januar schon wieder eine Reihe von Überfällen von Tankstellen mit Schusswaffengebrauch durchgeführt habe und für den dann eine Sicherungsverwahrung angeordnet worden sei. Vorstrafen lägen beim hier Angeklagten aber nicht vor, insofern käme nur § 66 Absatz 2 StGB infrage und sei zu prüfen.

Der Angeklagte sei ein fanatischer, ideologisch motivierter Einzeltäter. »Sie sind antisemitisch, Sie sind ausländerfeindlich, Sie sind menschenfeindlich«, sagt die Vorsitzende zum Angeklagten. »Sie sind ein Menschenfeind«, der zutiefst absurde Fantasien entwickelt habe, als er allein in seinem Kinderzimmer vor dem PC gehockt habe. Dazu wolle sie noch sagen, dass sie hier zwar immer von »Alleintäter« gesprochen habe, das aber natürlich in einem strafrechtlichen Sinne meine. Er habe in diesem Sinne allein gehandelt, aber habe vorher online Anschluss gesucht und auch gefunden. Insofern hätten sich auch viele, viele andere Menschen mitschuldig gemacht. Vielleicht seien darunter auch Menschen, die in diesen Kreisen nur mal hätten gucken wollen. Es habe den Angeklagten jedenfalls niemand auf- oder abgehalten und eine »Internetpolizei« gebe es nicht, da komme sie später noch drauf. Der Senat sei der Ansicht, dass die normale Strafe hier nicht ausreiche, um den Angeklagten »auf den rechten Weg« zurückzuführen. »Sie sind für die Menschheit gefährlich«, richtet sich die Vorsitzende Richterin wieder an den Angeklagten. Er sei für Bürger verschiedener Glaubensrichtungen extrem gefährlich, und dem Senat sei nichts anderes eingefallen, wie man die Bevölkerung schützen könne, als die Anordnung der Sicherungsverwahrung.

Nach § 74 Absatz 1 StGB werde außerdem die Einziehung der Gegenstände angeordnet, die der Angeklagte für seine Tatausübung verwendet habe. Im Urteil werde dazu Bezug auf die Auflistung in der Anklageschrift genommen, weil die Vorsitzende nicht noch einmal die lange Liste der Tatmittel vorlesen wolle, woran sich der Angeklagte vielleicht sogar noch einmal erfreuen würde. Die Auflistung aus der Anklageschrift werde dem Urteil daher dann beigefügt.

Sie komme jetzt noch einmal zu den Adhäsionsanträgen, fährt die Richterin fort. Das Gericht habe über diese entschieden und in Bezug auf Sarah B. und Daniel L. die Beträge des Schmerzensgelds gegenüber den Anträgen noch erhöht. Die Polizeibeamten hätten »uns unter Einsatz ihres Lebens geschützt«. Dies gelte auch für die anderen Einsatzkräfte, aber diese hätten keine Adhäsionsanträge gestellt. Der Senat habe in Bezug auf die Adhäsionsanträge bezüglich zukünftiger Schäden allerdings von einer Entscheidung abgesehen, sagt die Vorsitzende zu den Anwälten der Adhäsionskläger, zu Rechtsanwalt Jan Siebenhüner und Rechtsanwalt Christoph Günther. Wenn in Zukunft noch weitere Schäden entstehen würden, stehe es den Betroffenen frei, den Zivilrechtsweg zu bestreiten.

Sie wolle noch einmal ein Wort zu ihrem Mandanten sagen, richtet sich die Vorsitzende Richterin an Rechtsanwältin Doreen Blasig-Vonderlin. [Der Mandant, ein Arbeitskollege von Kevin S., möchte namentlich nicht erwähnt werden, Anm. d. Hgg.] Dieser trage sehr schwer an der Tat zulasten von Kevin S., wie eindringlich geschildert worden sei und auch aus vorliegenden Attesten hervorgehe. So sei das, wenn man sich um jemanden kümmere, wie es der Mandant von Rechtsanwältin Blasig-Vonderlin in Bezug auf Kevin S. getan habe, weil man ein großes Herz habe. Der Mandant habe gesehen, wie sich Kevin S. ins Leben gekämpft habe, und er fühle sich jetzt verantwortlich für das, was Kevin S. passiert sei. »Das ist das Perfide«, richtet sich die Vorsitzende an den Angeklagten. Es sei perfide, dass sich der Kollege von Kevin S. nun verantwortlich fühle, obwohl es nur einen Verantwortlichen, nämlich ihn, den Angeklagten selbst, gebe.

Es sei viel diskutiert worden, wer was falsch oder richtig gemacht habe. Eines sei aber klar: Der Mandant von Rechtsanwältin Blasig-Vonderlin habe alles richtig gemacht. Er habe sich vor Kevin S. gestellt und ihn schützen wollen, als dieser völlig unter Schock gestanden habe. Dem Angeklagten glaube sie kein Wort, dass er gedacht hätte, dass es sich bei Kevin S. um einen Muslim handele, sagt die Vorsitzende. »Und selbst wenn, würde das gar nichts ändern«, schiebt sie energisch nach. Der Angeklagte habe einfach alles niedergeschossen. Das sehe man auch an den Taten gegen Jens Z. und Dagmar M. Diese habe er frustriert niedergeschossen, da sonst niemand da gewesen sei. Die Leben der Betroffenen hätten sich durch das Verhalten des Angeklagten komplett verändert.

»Wir haben in 25 Verhandlungstagen in menschliche Abgründe geschaut«, sagt die Vorsitzende mit brechender und erstickter Stimme. Viele Momente seien unerträglich gewesen. Die Vorsitzende unterbricht ihre Rede kurz. Als Vorsitzende einer großen Strafkammer habe sie im Laufe ihres Berufslebens viele schreckliche Momente erlebt. So etwas wie in dieser Hauptverhandlung habe sie aber noch nie erlebt.

Aufgeklärt worden sei die Tat von jungen engagierten Beamten, die hier als Zeugen zu hören gewesen seien. Es sei aber nicht deren Aufgabe gewesen, etwa eine besondere Expertise zu Internetaktivitäten zu entwickeln.

Nach Kenntnissen des Senats sei das Bundeskriminalamt derzeit dabei, eine Art »Internetpolizei« aufzubauen. Das sei enorm wichtig, weil das Internet an Bedeutung gewonnen habe, wie man sehen könne. Sie wolle seinen terroristischen Vorgängern hier keine Bühne bieten, sagt die Vorsitzende zum Angeklagten. Deren Namen seien in dem Prozess schon zu oft genannt worden, und sie werde diese deshalb in dieser Urteilsbegründung nicht wiederholen.

Am besten sei es, so die vorsitzende Richterin, diese Menschen mit Schweigen zu bedenken. Man solle dabei natürlich nicht vergessen, was sie getan und gesagt hätten und nicht aufhören, darüber nachzudenken, wie man diese Taten verhindern könne.

Es sei relativ kurz zusammenzufassen. Der Angeklagte habe sich antisemitischen, antimuslimischen und antifeministischen Gruppen angeschlossen. Niemand habe ihn aufgehalten. Rechtsanwalt Feige habe das treffend gesagt. In der analogen Welt hätten ihn vielleicht Menschen aufgehalten und gefragt, ob er noch »alle beisammen hat«. Wenn man sich aber in der sozialen Welt gar nicht mehr bewege und diese Menschen wegschauten, dann würde man nicht gestoppt. Der Angeklagte sei jemand gewesen, der mindestens sechs Jahre völlig beschäftigungslos allein zu Hause in seinem Kinderzimmer gezockt habe. Vom Sachverständigen Dr. Matthias Quent habe man erfahren, dass sich viele Menschen in dieser Onlinewelt bewegen würden. Dass aber ein Angriff in der tatsächlichen Welt stattfinde, »dürfte trotz allem eher selten sein«.

Die Vorsitzende sagt, sie frage sich, wie es dazu komme, dass Bildung, Familie und soziales Umfeld so versagen. »Wie kommt es, dass jemand keine Herzensbildung erfahren hat?« Aus ihrer Zeit als Vorsitzende einer Jugendstrafkammer wisse sie, dass die ersten fünf Jahre des Lebens für die Entwicklung von Empathie entscheidend seien. Später entwickle sich dann das Verantwortungsgefühl. Alle Menschen würden unterschiedlich auf Gefahren reagieren. Der eine würde sich dem stellen, der andere sei ängstlich und rufe wenigstens den Notruf. Wieder andere würden nichts tun und wegsehen. Die Vorsitzende spricht den Angeklagten an: »Bei Ihnen hat niemand den Notruf angerufen. Niemand hat verstanden, welche Gefahr von Ihnen ausgeht.« Sie sagt, sie wolle niemandem einen Vorwurf machen.

Sie wisse nicht, warum es geschehen sei. Tatsache sei, dass es geschehen ist. Sie wünsche sich für die Zukunft, dass die Menschen Lehren aus diesem Vorkommnis ziehen. Sie sei 1963 geboren worden und mit einem unerschütterlichen Vertrauen in diesen Staat aufgewachsen. Die Vorsitzende Richterin sagt, sie denke, dass wir grundsätzlich in einer Gesellschaft lebten, in der Missstände und Skandale aufgeklärt würden und der Rechtsstaat letztlich alles richte. Wer im Geschichtsunterricht aufgepasst habe, wisse, dass Antisemitismus, Rassismus und Fremdenhass zu Krieg und Bürgerkrieg führten. Menschen, die so etwas [wie der Angeklagte, Anm. d. Hgg.] täten, würden die Grundfesten unserer Gesellschaft angreifen. Jeder solle seinen Glauben leben oder auch ohne Zugehörigkeit zur Religion leben können. Niemand dürfe Opfer von solchen Straftaten in unserem Staat werden. »Wir denken heute noch mal an alle Menschen, die so unsagbares Leid erfahren haben. Zwei Menschen haben ihr Leben verloren, viele wurden körperlich und seelisch massiv verletzt.« Die Vorsitzende sagt, das Gericht sei nicht dazu berufen, den Angeklagten für sein ganzes Leben der Freiheit zu berauben. Es sei aber dazu berufen, ihn mit einer angemessenen Strafe zu bedenken und die Gesellschaft vor ihm zu schützen, solange er seine Grundhaltung nicht ändere. »Und wenn Sie sie nicht ändern, werden Sie wohl niemals mehr in Freiheit leben können.«.

Im Anschluss verliest die Vorsitzende noch zwei Beschlüsse. Die Untersuchungshaft des Angeklagten dauere fort, der Haftbefehl vom 10. Oktober 2019 werde aus fortbestehenden Gründen seines Erlasses aufrechterhalten. Dann habe sie noch einen Streitwertbeschluss mitzuteilen. Der Wert der Adhäsionsanträge werde für die Nebenklägerin und Polizeibeamtin Sarah B. auf 4000 Euro, für den Nebenkläger und Polizeibeamten Daniel L. auf 5000 Euro sowie für die Nebenkläger Jens Z., Dagmar M. und den Mandanten der Rechtsanwältin Blasig-Vonderlin auf jeweils 50.000 Euro festgesetzt.

Die Vorsitzende teilt dem Angeklagten die Rechtsmittelbelehrung mit. Das Urteil könne er mit Revision anfechten. Eine Revision sei binnen einer Woche beim Oberlandesgericht einzureichen. Wenn das Urteil schriftlich abgesetzt sei, was in circa elf Wochen der Fall sein dürfte, werde es dem Angeklagten und seinen Verteidigern förmlich zugestellt. Dann habe er noch mal einen Monat Zeit, die Revision schriftlich zu begründen. Die Vorsitzende händigt ihm das Rechtsmittelformular aus.

Zum Abschluss des Verfahrens bedankt sich die Vorsitzende bei allen Verfahrensbeteiligten, dass dieses Verfahren in diesen schweren Zeiten doch habe beendet werden können. Sie sei dankbar dafür, dass die Regeln eingehalten worden und Menschen mit Krankheitssymptomen der Verhandlung ferngeblieben seien. Soweit sie wisse, habe sich im Saal niemand angesteckt. Sie beendet die Hauptverhandlung um 13.48 Uhr.

Ehe der Angeklagte aus dem Saal gebracht werden soll, wirft er einen Schnellhefter in Richtung der Nebenklage. Er hatte diesen vorher zusammengerollt und mit einem Gummi fixiert. Der Angeklagte wird von vier Sicherheitskräften an seinem Platz zu Boden gebracht und in Handschellen abgeführt.

Mitschrift von Linus Pook und Tuija Wigard

Danksagung

Die hier veröffentlichten Mitschriften der Verhandlung sind ein Ergebnis der intensiven Arbeit und Recherche zum Anschlag von Halle, die wir in den vergangenen zwei Jahren mit zahlreichen Menschen teilten. Ohne die Zusammenarbeit mit Michal Blau, Sharon Kotkovsky, Bernadette Schultze-Jena, Caroline Bollien, Jonas Fedders und Vincent Wolff wären sie nie entstanden.

Die Publikation entstand in enger Zusammenarbeit mit Hannah Englisch, Maja Redlin und Nils Krüger, Bachelorabsolvent·innen im Kommunikationsdesign der Burg Giebichenstein Kunsthochschule Halle, und Matthias Görlich, Professor für Informationsdesign an der Burg Giebichenstein Kunsthochschule Halle, Anne König, Jan Wenzel, Anna Magdalena Wolf, Anahit Bagradjans, Christin Krause und Frederik von Richthofen von Spector Books in Leipzig sowie democ. Zentrum Demokratischer Widerspruch e. V., dem Kompetenzzentrum für Prävention und Empowerment und OFEK e. V. – Beratungsstelle bei antisemitischer Gewalt. Unterstützt wurde das Projekt von der Amadeu Antonio Stiftung und vom Zentralrat der Juden in Deutschland. Ihnen allen danken wir von Herzen.

Zahlreichen Nebenkläger·innen und ihren Anwält·innen sind wir zu großem Dank für das Vertrauen verpflichtet, das sie uns im offenen Austausch geschenkt haben.

Bei Verwirrungen und Unklarheiten im und nach dem Prozess konnten wir uns stets auf die unkomplizierte Hilfe von Christina Brinkmann, Duška Roth und Valentin Hacken verlassen, die den Prozess vor Ort ebenfalls beobachteten. Mit ihren Beiträgen machten Christina Brinkmann und Duška Roth dieses Buch erst möglich.

Linus Pook dankt Latifa Kebba für die Unterstützung, den Halt und den Austausch während und nach der Prozessbeobachtung. Nicht möglich gewesen wäre dieses Projekt schließlich ohne die finanzielle Hilfe der Spender·innen, die uns kurz vor Prozessbeginn erreichte und unsere Arbeit erst ermöglichte, indem sie die Reise- und Unterbringungskosten trug. Unser Dank gilt auch dem democ.-Team, das uns für die gesamte Zeit Rückhalt gegeben hat.

Linus Pook
Grischa Stanjek
Tuija Wigard

Berlin, September 2021

Herausgeber·innen

Linus Pook studierte Philosophie und Theaterwissenschaft und arbeitet als Journalist und Videograf zu Antisemitismus und der extremen Rechten.

Grischa Stanjek studierte Art in Context und arbeitet als Journalist, Bildungsreferent und Fotograf zu Antisemitismus und der extremen Rechten.

Tuija Wigard ist Politikwissenschaftlerin und arbeitet zu Antisemitismus mit einem Schwerpunkt auf seinen islamistischen Erscheinungsformen.

Die Herausgeber·innen gründeten Ende 2019 den Verein democ. Zentrum Demokratischer Widerspruch e. V. mit Sitz in Berlin und sind dort im Vorstand aktiv.

Autor·innen

Christina Brinkmann studiert Kunstwissenschaften und arbeitet ehrenamtlich für das Freie Radio Corax in Halle (Saale). Gemeinsam mit Valentin Hacken berichtete sie über den Prozess gegen den Täter im Rahmen des Podcasts »Halle nach dem Anschlag«.

Duška Roth studierte Ethnologie und Kunstgeschichte und arbeitet als freie Journalistin und Autorin von Radiofeatures.

IMPRESSUM

Der Halle-Prozess:
Mitschriften

Herausgeber·innen:
Linus Pook, Grischa Stanjek, Tuija Wigard

Autorinnen:
Christina Brinkmann, Duška Roth

Gestaltung:
Hannah Englisch, Nils Krüger, Maja Redlin

Lektorat:
Anahit Bagradjans, Anne König

Korrektorat:
Anne König, Christin Krause,
Frederik von Richthofen,
Anna Magdalena Wolf

Erste Auflage

Printed in the EU

ISBN 978-3-95905-501-7

Erschienen bei:
Spector Books
Harkortstraße 10
04107 Leipzig
www.spectorbooks.com

Distribution:
Deutschland, Österreich:
GVA, Gemeinsame Verlagsauslieferung
Göttingen GmbH & Co. KG,
www.gva-verlage.de
Schweiz:
AVA Verlagsauslieferung AG,
www.ava.ch

Druck und Bindung:
druckhaus köthen

Ein Projekt von democ. Zentrum Demokratischer Widerspruch e. V.
in Zusammenarbeit mit dem Kompetenzzentrum für Prävention und Empowerment,
OFEK e. V. – Beratungsstelle bei antisemitischer Gewalt
und mit Unterstützung der Amadeu Antonio Stiftung,
der Burg Giebichenstein Kunsthochschule Halle und des
Zentralrats der Juden in Deutschland K. d. ö. R.

ofek
אופק

Burg Giebichenstein Kunsthochschule Halle
University of Art and Design

democ.

ZENTRALRAT DER JUDEN
IN DEUTSCHLAND

kompetenz
zentrum
PRÄVENTION UND EMPOWERMENT.

AMADEU
ANTONIO
STIFTUNG